余杭农业农村志

余杭农业农村志编纂委员会 编

方志出版社
Publishing House of Local Records

余杭农业农村志编纂委员会

美丽的余杭大地（2018年）　　阮锡芬 摄

仁和街道三白潭晨曦（2011年）

应召平 摄

中西北部低山丘陵

中东部水网平原（2001年）

径山镇前溪村前溪畈（2016年）

丰收

阮锡芬 摄

茶园　　　　孟旭峰 摄

临平甘蔗　　许明 摄

小林黄姜　　许明 摄

1 | 4
2 | 5
3

1. 塘栖枇杷（2005年）
2. 五常柿子（2006年）
3. 鸬鸟蜜梨（2015年）
4. 鸬鸟千亩桃花园（2007年）
5. 径山茶园（2006年）

1

2 3 4 5

1. 杭州万羽养殖有限公司养鸭场（2005年）
2. 博陆本牌甲鱼养殖基地（2004年）
3. 农林集团万头养猪场（2005年）
4. 农家养蚕（2002年）
5. 山羊养殖（2003年，原载《余杭通志》）

1975年4月15日，中共中央政治局委员、国务院副总理陈永贵考察翁梅公社联盟大队（前排中为陈永贵，陈永贵左为联盟大队支部书记施长庆，右为浙江省委书记谭启龙）

章胜贤提供

2007年8 月10 日，省委副书记夏宝龙就农业科技创新工作在余杭区调研

2008年12月2日，副省长茅临生等一行，调研余杭区粮食功能区建设

2012年10月，市委常委、余杭区委书记徐立毅，区长朱华调研余杭森禾基地

2013年6月5日，副省长黄旭明等一行，调研余杭区径山省级现代农业综合区花卉苗木示范区森禾基地

2013年8月20日，市委副书记、代市长张鸿铭等一行，现场检查余杭区径山省级现代农业综合区茶叶示范区径山茶受灾情况

2015年4月，市委常委、余杭区委书记徐文光调研瓶窑“三农”工作（余杭区瓶窑省级现代农业综合区—农业公共服务中心）

2017年10月16日， 中央农村工作领导小组办公室主任韩俊(中)调研余杭“三农”工作，右一为市委常委、余杭区委书记毛溪浩

2018年5月30日 ，副省长彭佳学到余杭区调研农业农村工作

2018年10月29日， 省委副书记、省长袁家军出席全省农业“两区”建设暨产业发展大会

2019年6月，省市领导视察余杭区现代农业产业园

2020年6月，中央一套焦点访谈栏目水稻轻简栽培专题片在余杭区拍摄期间，农业农村部、中国水稻所等领导和专家现场指导拍摄工作

博陆乡十二村庆祝土改胜利大会（1950年）

杭县农民在土改中分田立桩（1950年）

农民们齐心协力把地主的界碑拔掉（1950年）

乾元乡召开的第二届农民代表大会通过了土地改革的步骤，参会的妇女们拍手祝贺代表大会胜利闭幕（1950年）

余杭县黄湖公社联合大队（现王位山村）干部群众改造烂水田（1968年）

余杭县黄湖公社在大礼堂召开干部大会动员开展“农业学大寨”运动

扩种无秆桑（摄于1974年 拍摄地点为良渚镇吴家埭村） 康烈华提供

乔司络麻丰收（1974年） 叶国兴 摄

余杭县黄湖公社干部群众在改田造地（20世纪70年代）

余杭县水乡农户销售蚕茧（1975年）

区档案馆提供

最后的分红（摄于1978年 拍摄地点为塘栖水北一村办公室内，自那年起公社、大队改乡、村

叶国兴 摄

四维公社试制新农具（1958年）

农村文化活动（1959年）

浙江省第二届“我们的春晚”在闲林街道联荣村文化礼堂上演（2016年）

塘栖水乡庆丰年

瓶窑镇奇鹤村元宵喜乐会

开展冬片鱼种增殖放流（2014年）

春耕时节（2015年）

森禾种业余杭基地（2017年）

运河街道千亩荷塘

冯寿鹏 摄

春风长乐农业休闲园

水乡民宿塘栖人家

径山茶叶无人机植保（2018年）　　李方荣 摄

垦造耕地（2018年）　　区农林集团提供

北湖草荡（2016年） 区农林集团提供

粮食示范区（2016年） 区农林集团提供

1 | 2

3

1. 焕然一新的鸬鸟集镇（2015年）
2. 整治后的太平集镇　　　　王远山　摄
3. 小城镇整治样板——仓前集镇（2018年）

塘栖镇塘栖村（2018年）

美丽百丈镇（2017年）

汤荣华 摄

1. 塘超小径
2. 径山镇小古城村
3. 良渚街道港南村
4. 黄湖镇青山村

2015年5月19日，余杭区召开国家农产品质量安全县创建启动动员暨工作部署会议

葡萄栽培模式及技术培训现场（2017年）

水稻病虫害绿色防控

村务卡及村级资金使用网上审核系统启用

2011年3月18日，杭州市暨余杭区新春科技助农服务月启动仪式

农业“五送”（送法律、送政策、送信息、送技术、送种子）

2019年6月11日，浙江农林大学聘请余杭区农业技术专家为研究生导师、兼职导师

2019年6月11日，杭州市余杭区乡村人才协会召开成立大会

小古城村协商民主墙报（2016年）

区农业农村局行政办公楼（2018年）

2019年1月17日，区农业农村局挂牌仪式

余杭政区图

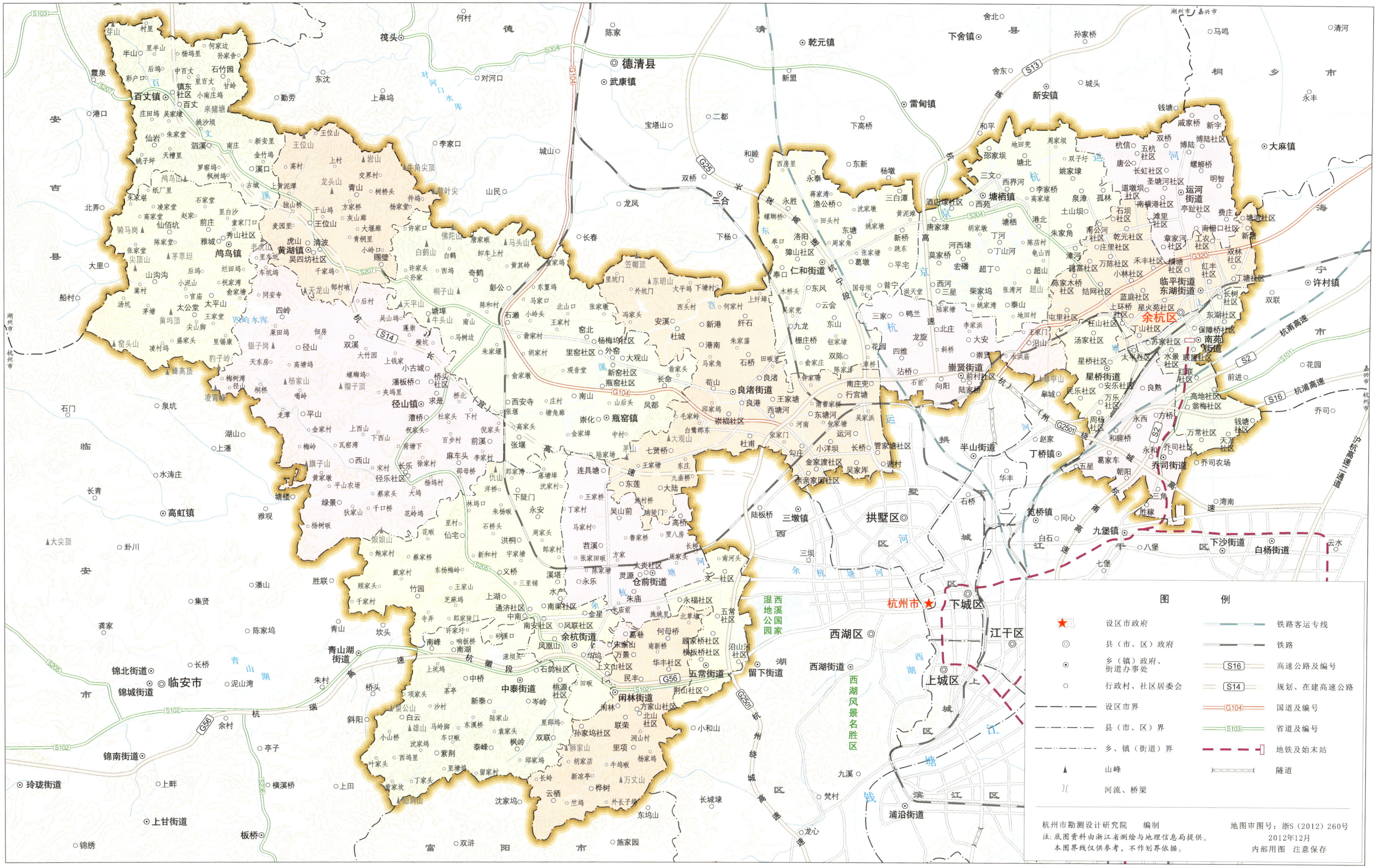

余杭区
杭州市
德清县
临安市
西湖区
下城区
江干区
上城区
拱墅区
富阳市
图 例
设区市政府
县（市、区）政府
乡（镇）政府、街道办事处
行政村、社区居委会
设区市界
县（市、区）界
乡、镇（街道）界
山峰
河流、桥梁
铁路客运专线
铁路
高速公路及编号
规划、在建高速公路
国道及编号
省道及编号
地铁及始末站
隧道
杭州市勘测设计研究院 编制
注：底图资料由浙江省测绘与地理信息局提供。
本图界线仅供参考，不作划界依据。
地图审图号：浙S（2012）260号
2012年12月
内部用图 注意保存

序

盛世修志，志载盛世。方今全国第二轮志书编修，照眼繁花，耀如雨后春笋。《余杭农业农村志》适逢其时，即将付梓，又值余杭广大干部群众认真落实习近平总书记对浙江工作的最新指示要求，坚持以“八八战略”为统领，建立健全“不忘初心、牢记使命”常态长效机制，干在实处、走在前列、勇立潮头，奋力实现余杭经济社会发展目标任务，确保如期高水平全面建成小康社会，努力成为新时代全面展示中国特色社会主义制度优越性的重要窗口之际，可喜可贺！

余杭广大干部群众深刻领会和践行习近平关于“三农”发展的一系列重要论述，全面推进产业振兴、人才振兴、生态振兴、文化振兴、组织振兴，营造各方协同抓落实的有效机制，夯实农业农村发展基础，加快打造乡村振兴先行区。区农业农村部门立足“农业强、农村美、农民富”的总体目标，坚持问题导向、生态导向和富民导向，不断强化要素集聚、完善支农政策、优化产业结构、创新发展模式，全力推进政策富农、改革惠农、质量强农、人才兴农、科技助农各项举措，有效化解问题和新挑战，保障农业农村发展行稳致远。

《余杭农业农村志》以习近平新时代中国特色社会主义思想为指导，坚持辩证唯物主义和历史唯物主义的立场、观点和方法，全面、客观、真实、准确地记述余杭农业农村的历史发展进程和改革开放成果，重点记述中国共产党领导余杭人民进行改革开放的大变革、坚持农业农村优先发展、为加快农业农村现代化而努力奋斗的历程。突出时代性、创新性，为努力打造新时代经济发达地区乡村振兴“余杭样本”的总体目标，开创余杭“三农”工作新局面提供存史、资政、教化作用。

一部良好的农业农村志，既能全面、系统、准确地反映当地的农业农村历史与现状，揭示农业农村事业发展的规律性，还能见微知著，反映整个社会的兴衰交替，能起到存史资治、服务当代、垂鉴后世的重要作用。《余杭农业农村志》编修的过程，也是全区各级从事农业农村干部和群众深入了解余杭农业农村工作的历史与现状、学习农业农村业务知识，梳理部门职能，确定新时期农业农村工作目标定位的过程，对于鼓舞干部和群众不忘初心，继续前进，必将产生重要作用。

方志乃经世致用辅治之作，亦为惠及后代传世之本。为政者既要重视修志，亦应重视用志。当兹《余杭农业农村志》即将问世之际，信笔抒怀，勉为之序。

2020年10月1日

（序者为余杭区农业农村局党委书记、局长，中共余杭区委、区人民政府农业和农村工作办公室主任，余杭区农业综合行政执法队队长）

凡　例

宗　旨

一、以马克思列宁主义、毛泽东思想、邓小平理论、“三个代表”重要思想、科学发展观、习近平新时代中国特色社会主义思想为指导，坚持辨证唯物主义和历史唯物主义的立场、观点和方法，依照国务院《地方志工作条例》规定，全面系统地记述余杭农业、农村及服务“三农”等方面的历史与现状，力求思想性、科学性、资料性统一，服务当代，垂鉴后世。

时　限

二、上限因事而异，尽量追溯至事物发端，贯通古今又详今略古，重点记述中华人民共和国成立以来的历史和现状。下限至2018年，个别重要内容适当延伸。

地　域

三、记述地域范围，尊重余杭建置多变的历史事实，叙事以杭州市余杭区现境为主，少数内容因追溯源流、叙述因果或不可分割等原因，适当兼及旧境之内、现境之外事项，随文注释记述范围之今属。

四、志不越境，然重要历史事实注重交代背景，反映与余杭行政区域外的横向对比、联系。

体　例

五、继承传统志书体例，并有所创新。采取章节体与条目体结合，其体裁为述、记、志、传、图、表、录及注释等。以志体为主，各体兼用。

六、横排门类，纵叙发展，述而不论。采用章、节、目结构，志首冠概述、大事记，志书主体大致按农业基础环境、农业生产经营方式、种植业、畜牧业、渔业、农业机具、农村集体资产经营管理、农业产业化、农业园区、农业行政执法、农业科技推广与农业教育、农产品质量安全、农业生态环境保护、美丽新农村建设、名优特产、机构、党群组织、农耕文化、人物，分类设卷，章下设小序，志末附丛录等。各章有相对独立性，允许必要的适当交叉记述。个别节、目为显特色而未严格横排门类。

七、采用现代语体文、记述体，力求准确、简明、生动。文字、数字、计量等按国家规定统一规范书写。记述农业面积类目事项时，仍沿用旧制“亩”为单位，个别粮食等产品量计算用旧制斤者，均为引用档案资料。以照顾读者阅读习惯。

八、图体包括地图、示意图和照片，注重典型性，与志体相得益彰，力求图文并茂。表格设计力求科学、规范。图片除署名外，均由区农业农村局提供。

九、丛录纂辑重要文献、文件、论文、诗文等，以明地域文化内涵。

纪　年

十、中华民国及以前，以传统中国历史纪年法纪年，用汉字书写（中华民国年号用阿拉伯数字），括注公元纪年；中华人民共和国以公元纪年，用阿拉伯数字书写。

十一、事件一般以年、月记时，重大事件至日，农历用汉字书写，公历用阿拉伯数字书写。

十二、世纪、年代表述均用阿拉伯数字书写，凡不注明世纪之年代，均指 20 世纪。

人 物

十三、人物选录原则注重政绩、著述、创造发明和社会贡献。人物记述源自历史文献和征集采访。

十四、坚持“生不立传”原则，入志人物以本籍为主，亦载在余杭活动并有较大影响的客籍人士。一般以事系人，人随事出。凡影响较大、事迹较多者立传，次之者为作传略。并为在世著名人士作简介，主要记其业绩。名录载副高以上农技人员、杭州市级以上劳动模范与先进工作者。

资 料

十五、资料主要来源于正史、旧志、专著、档案及实际调查，凡直录史籍文献原文者，注明出处。其他入志资料一般不注出处。史籍文献记载不一的，取有参考价值者；实难考订取舍者，则并存诸说。

十六、历史数据采自文献资料。中华人民共和国成立后，以统计部门资料为准；统计部门缺载者，酌采工作部门统计数据。

指 称

十七、“解放”特指中华民国 38 年（1949 年 9 月 30 日止）5 月 2 日余杭县解放，5 月 3 日杭县解放。“改革开放”系指 1978 年中共十一届三中全会后。“文化大革命”系指 1966 年—1976 年期间。

十八、政区名称以当时名称为准，地名采用现行标准地名，必要时用历史名称。古今地名不同者，书以当时地名，括注记述下限 2018 年时地名。

十九、机构、组织、单位等均用当时当地典章制度和约定俗成的称谓。使用频率较高的名称，首次出现用全称，括注简称，其后用简称。

目　录

概　述

东南形胜，余杭自古富庶繁华。千百年来，精诚所毓，灵秀所钟。

余杭，“其名自夏少康封庶子无余于越遂起”（明万历《杭州府志》卷一《沿革》）。后人解释大多与传说中的大禹有关，“禹杭者，夏禹东去，舍舟航登，因以为名”（清嘉庆《余杭县志》卷二《建置》）。实际上余杭历史可上溯至远古，马家浜文化时期，境内就有人类活动。而稍后的良渚文化时期，农业已率先由耜耕进入犁耕稻作时代，手工业处于专业化。据史籍记载：秦行郡县，始置钱唐、余杭，是中国历史上最早的建制县之一；南宋为京畿之地，成为全国经济社会最发达地区；明代出现雇人缫丝织绸工场，开启了商品资本支配生产的先声；民国建元，国外先进科技渐次引进。然因战争频仍，发展缓慢。

中华人民共和国成立以后，尤其是党的十一届三中全会以后，余杭地方经济快速发展，城乡日益繁荣。而作为改革开放的发端的农村，余杭农村独具的地域上的过渡性、环境上的多宜性的综合性充分发挥出其资源优势、区位优势和技术优势，新型的农业生产关系在变革和创新中不断完善，农业生产基础设施得到根本性的改造，农业科技得到广泛普及，农业生产力水平得到全面的提升，农村经济全面发展。进入新时期，余杭区委、区政府持续加大强农惠农富农政策力度，不断深化农村改革，建立健全农村基本经营制度，积极推进土地确权颁证和“三权分置”改革，推进农村管理体制和农产品流通体制改革，坚持以农业供给侧结构性改革为主线，扎实推进乡村振兴战略，诸多“三农”问题得到有效破解，开创了农业生产连年丰收、农民生活显著改善、农村社会和谐稳定的新局面。

一

杭州市余杭区位于杭嘉湖平原南端，西依天目山，南濒钱塘江，东西长约 63 公里，南北宽约 30 公里，总面积约 1228 平方公里。余杭区从东、北、西三面成弧形拱卫杭州中心城区，东面与海宁市接壤，东北与桐乡市交界，北面与德清县毗连，西北与安吉县相交，西面与临安市相邻，西南与富阳市相接。

余杭区跨越钱塘江和浙北杭嘉湖平原两个地层分区，宏观构造特征大体可分为西部山地丘陵区和东部平原区。地势由西向东倾斜。大致以东苕溪为界，西部山地丘陵河谷，长期基本稳定；东部水网平原、滩涂平原几经沧桑，从公元前 5 世纪起，随文明进步而逐步开拓，形成如今地貌。区境西北与西南部属天目山东麓和千里岗山脉之余脉。层峦叠嶂、茂林修竹。因苕溪而成的河谷平原分布在南、中、北 3 条苕溪谷口至东苕溪一带。东北部为水网平原，主要分布在京杭大运河流域，平畴一片，塘漾棋布，是闻名的杭嘉湖水乡平原。东南部为滩涂平原，分布于星桥街道周杨社区至运河街道亭趾村一线以南，是在海积作用为主，冲积、湖积作用为辅条件下形成的，地势略高亢平坦，土层深厚，是境内重要经济作物区。山地丘陵面积 4.72 万公顷，占全区总面积的38.52%。平原面积7.54万公顷，占全区总面积的61.48%。

境内河流纵横、湖荡密布，受山脉走向制约和亚热带季风气候影响，河流具有流量丰富、水位季节变化大的特点。因地形差异，形成两个不同水系：西部为天然河流，以东苕溪为主干，支流众多，呈羽状；东部多属人工开凿的河流，以京杭大运河和上塘河为骨干，河港交错，湖泊棋布，呈网状。在东苕溪下游和运河两岸，重湖沮洳，分布众多被称为荡、漾、潭的水域，其中较大的有三白潭漾(96.80公顷)、北太漾(30.60公顷)等。水资源的丰富对航运、灌溉、淡水养殖、发电、生产生活用水乃至旅游都十分有利。

余杭地处北亚热带南缘季风气候区，温暖湿润，四季分明，光照充足，雨量充沛。气候特征为气温适中，适宜双、三熟制；雨热同季，有利于叶茎类作物、瓜果和多种经济作物的生长。境内多种地貌类型分布，加之亚热带季风性气候调节，为各种植物生长和动物孳生繁衍，提供了良好的自然环境。

余杭"四山一水五分田"，70%的地域属于农村，45%的常住人口居住在农村，是杭州的农业大区。中华人民共和国成立以来，尤其是改革开放以来，余杭农业发生深刻嬗变，农村工作取得巨大成就，农民生活从小康步入富裕。进入新时期，按照统筹城乡经济社会发展的战略思想，余杭大力拓展与优化农业休闲旅游、农耕体验等功能，积极推动农业现代化发展，开辟"三农"工作新局面，为决胜全面建成小康社会和打造新时代经济发达地区乡村振兴"余杭样板"奠定了坚实基础。

二

余杭农业历史悠久，在漫长的社会发展中始终居先导性和基础性地位，对余杭经济繁荣乃至全省经济发展都有重要影响。距今5300年~4300年的良渚文化时期，有磨制精细的大型三角形石犁、扁薄长方形穿孔石斧、半月形双孔石刀及石耘田器、石镰等农业工具，考古研究证明，良渚文化时期的农业已从耜耕阶段发展到犁耕阶段，并向精耕细作方向发展。春秋战国，境内垦草创邑，辟地殖谷，劝农桑，养鱼畜牛。东汉熹平二年(173年)，余杭县令陈浑筑两湖，使蓄泄以时，旱涝无患，灌溉县境田亩1000余顷，使东苕溪下游人民受益。东汉末年及东晋南朝，北方战乱，致使江南人口激增，促进土地开发，农业发展。自隋以来，江南运河开凿至杭州，沟通南北经济，余杭为生产发达、物产丰富地区之一。吴越国时，奖励农垦，兴修水利，保境安民，农业生产持续发展。南宋时，余杭成为京畿之地，农业耕作技术更趋先进，粮食、蚕桑、畜禽生产更为发达。随后各朝，代有进步。"早作晏休，开辟种艺，务尽地利之所有。男多耕作，女勤织纴，尤善御蚕。闾阎童稚，皆知服业"(明嘉靖《余杭县志》)。但因封建生产关系制约，长期处于自给自足之自然经济状态。

民国初年，农机、农技开始引入，蹒跚步入近代农业。中华人民共和国成立后，在农业生产方面，除进行土地改革，解除农民身上的封建枷锁之外，为振兴农业生产，复苏和活跃农村经济，采取政策扶持、改良种养技术和疏通农产品流通渠道等措施。在致力发展粮食生产同时，力求林、牧、副、渔全面发展。20世纪50年代初，组织农民走互助合作道路，解放农业生产力。1956年，出现农业生产高潮。嗣后，几经波折，或毁林种粮，或退粮还林，经济作物受到制约，畜禽生产时起时伏，此长彼消，事倍功半。

1982年，改革农村经济体制，全面推行家庭联产承包责任制，普及农业科技，加快农村由自给半自给经济向商品经济转化的进程。乡镇企业发展使农民逐步从耕稼转向第二、第三产业，大多数人在较短时间内摆脱贫困。20世纪80年代中期，根据中央“决不放松粮食生产，积极发展多种经营”方针，首次调整农业结构。1990年，余杭被列入国家“八五”期间第一批建立商品粮基地建设县和浙江省“吨粮田”工程建设县。1992年再次调整农业结构，发展高产优质高效农业。嗣后，粮食生产和林、牧、副、渔得到较快发展，茶叶、蚕茧、油菜等经济作物，瓜果、蔬菜、花卉等园艺作物，禽畜、淡水鱼等养殖业均颇有成效。积极推进农业生产结构调整，大力发展效益农业，农村经济保持稳定发展。2000年，余杭全市第一产业实现增加值17.8亿元，全年粮食品产量27.60万吨，油菜籽产量1.65万吨，茶叶、水果分别为0.51万吨和0.89万吨，蔬菜产量31.42万吨，年末生猪存栏16.49万头，家禽存栏393.63万羽，水产品产量突破3万吨。农业生产条件又有新的改善。年末全市拥有农业机械总动力35.29万千瓦，联合收割机133台，农用运输车861台。综合抗灾能力进一步加强，年末全市有效灌溉面积达到3.33万公顷。农村民生进一步改善，农村改革持续深化，农村社会保持和谐稳定。

进入21世纪后，余杭实施战略性的结构调整，在凭借自身优越条件同时，依靠科技进步，从传统农业向现代化农业转轨，坚持用科学发展观统领农业经济，围绕提高农民、转移农民、保障农民、富裕农民，大力发展都市型农业，促进农业向提高质量、增加效益、满足市场需求方向转化。在加快农业产业转型升级，努力构建现代都市农业产业体系方面，大力培育发展新型农业经营主体，逐步形成以家庭承包经营为基础，农业产业化龙头企业、农民专业合作社、家庭农场为骨干，其他组织形式为补充的新型农业经营体系。通过进一步强化内部管理，创新制度，鼓励企业引进和采用先进生产技术和管理经验，规范经营行为，提高产品质量档次，逐步密切与农户的利益机制等手段，发展多种形式的农业规模经营和社会化服务，有效化解问题和新挑战，保障农业健康发展。2005年，农业总产值41.1亿元，比2001年增长58.6%。是年，余杭区人民政府获“全国农业标准示范区建设先进单位”“杭州市农村经济发展先进区”等称号。

2010年，全区实现农业总产值60.1亿元，其中种植业产值28.41亿元，林业产值5.61亿元，牧业产值8.71亿元，渔业产值14.38亿元；农村居民人均纯收入按统计口径15617元（按农经口径15884元），农村居民人均纯收入增幅已连续4年高于城镇居民人均可支配收入增幅。由于城乡建设快速发展，所占耕地日益增多，农业效益较低等影响农业和农村发展的一系列问题尚需逐步解决。是年，《余杭区“十二五”现代都市农业发展规划》编制完成，该规划提出“十二五”发展战略与目标，明确粮食、水果、畜牧等8大现代都市农业产业布局，确立粮食生产功能区、现代农业园区“两区建设”等现代产业体系建设、优势产业功能区建设及休闲观光农业板块建设四大发展重点及“现代农业产业集聚地建设工程”等十大工程。自此，余杭区不断强化要素集聚、优化产业结构、创新发展模式，努力提升农业“两区”建设水平，着力打造“生态、高效、精致”的现代农业，助推乡村振兴。余杭将现代农业园区作为现代农业高质量发展的主平台，坚持高效生态农业主攻方向，以绿色生态为导向，高标准建设现代农业园区；将粮食生产功能区作为确保粮食供给安全的重要保障，坚决落实“米袋子”行政首长负责制，坚持“藏粮于地”“藏粮于技”，保护利用好粮食生产功能区，稳步提高粮食亩产和总产量，牢牢掌握粮食安全主动权。

三

中共十八大以来，以习近平同志为核心的党中央观大势、谋全局，始终把解决好“三农”问题作为全党工作的重中之重，确定了大力实施乡村振兴战略，提出了“产业兴旺、生态宜居、乡风文明、治理有效、生活富裕”的总要求。余杭广大干部群众深刻领会和践行习近平总书记关于“三农”发展的一系列重要论述，坚持政策富农、改革惠农、质量强农、人才兴农、科技助农，营造各方协同抓落实的有效机制，夯实农业农村发展基础，加快打造乡村振兴先行区。

余杭以“产业强村、特色富农”为根本出发点，坚持“提升传统产业、挖掘潜力产业、发展新兴产业”的总体思路，全力推进“产、村、人”融合发展。2018 年，出台了“富村惠农双十条”新政，农业农村实现了较快发展，全区农业增加值达 52.41 亿元，农业总产值 79.96 亿元，全区村级经营性收入达 8.9 亿元，村均 339.7 万元，农村居民可支配收入达 37691 元，增幅连续 12 年高于城镇居民，城乡居民收入比为 1.67:1。2019 年，全区实现农业增加值 55.44 亿元、增长 2.8%，农村居民可支配收入 41347 元、增长 9.7%，排名全市第一。实现农业又丰收、农民再增收、农村变更美，为稳定经济社会发展大局发挥了“压舱石”的作用，也为打造新时代经济发达地区乡村振兴“余杭样板”开创了新局面。

产业兴旺，是乡村振兴的前提和基础。现代农业园区是区内现代农业高质量发展的主平台，余杭坚持高效生态农业主攻方向，以绿色生态为导向，高标准建设现代农业园区。立足当地资源禀赋，优化产业、产品结构和区域布局，加快培育优势特色农业；坚持示范引领，优化集聚农业生产要素，加快形成以农产品区域公用品牌、企业品牌和特色农产品品牌为主体的农业品牌体系。成功创建省级现代农业综合区 2 个、主导产业示范区 5 个、特色农业精品园 9 个，建成市级“菜篮子”基地 46 个、设施农业示范园 10 个，“百园农业”成效显著。2018 年，余杭已建成粮食生产功能区 492 个，现代农业园区 133 个。连续 4 年实现粮食生产面积和总量“双增长”，农业增加值稳步提高，各项数据位居全省前列。并通过完善农村土地“三权分置”制度，以土地流转为基础，引导农村土地逐步向新型农业经营主体聚集，促进农业规模化经营，全区土地(耕地)流转总面积达 26.81 万亩，流转率为 72.28%。通过与名校共建专题培训班、加强金融支农服务对接、农业政策性保险创新扩面和加大招商引资力度等措施，进一步做好农业经营主体规范监管和成长服务，培育壮大各类农业经营主体，全区已培育农民专业合作社 250 家、家庭农场 428 家、农业龙头企业 121 家、各类种养大户 1827 户。通过推进“三新”技术示范应用，加强金融支农和农业保险创新力度，在全省率先推出枇杷、茶叶低温气象指数险和新型农业经营主体综合保险，开展农业“机器换人”示范县(区)创建，全区设施农业面积达 3.5 万亩，综合机械化水平达到 80.1%，粮油等主要农作物生产已基本实现全程机械化。在夯实发展基础同时，进行以“强化农业品牌战略、加强农产品安全监管”为主要内容的深挖亩产效益行动，提升现代农业发展新水平。区内有农产品品牌有国家驰名商标 8 件、集体商标(含证明商标)14 件、省著名商标 24 件、市著名商标 42 件、区知名商标 63 件；省名牌产品 11 件、市名牌产品 6 件、区名牌产品 16 件。“塘栖枇杷”“径山茶”获国家农产品地理标志认证，“径山茶”品牌价值达到 23.56 亿元。累计制定农业标准 137 个，建设各级农业标准化示范基地 105 个，标准化率 65.2%。有效运行“镇街属地管理，部门协调监督，经营单位折价回收，农资公司存放运输，环保单位归集销毁”的废弃农药包装物回收处置机制，有效防止二次污染。

绿水青山就是金山银山。余杭区扎实推进农村人居环境整治提升行动和美丽乡村建设行动，按照“建设美丽余杭、创造美好生活”的总体要求，坚持“规划引领、统筹兼顾、突出重点、软硬并举”的原则，积极开展美丽乡村系列创建活动，系统实施美丽乡村示范区（县）、示范镇街、精品村和美丽庭院示范户“四级联创”，推进基础环境、村容秩序、配套设施、景观风貌、产业发展等整治提升行动，补齐发展短板，培育精品亮点，优化美丽环境、发展美丽经济、传承美丽人文，形成“面上洁净、管理有序，村点出彩、亮点纷呈”的余杭美丽都市乡村新格局。围绕构建“美丽城区+美丽集镇+美丽乡村”的要求，2017 年起实施了美丽乡村建设三年行动计划，开展美丽乡村精品村建设。统筹推进垃圾分类、庭院整治、治水治废、村容整治、绿化美化、景区村庄及美丽公路、农村礼堂、文明创建等专项行动，高水平高质量提升农村人居环境。全区已建成美丽乡村精品村 121 个，创建全国美丽宜居示范村 1 个，全国文明村 1 个；省级美丽宜居示范村 8 个、文明村 24 个；省级美丽乡村示范镇街 6 个、精品村 12 个、历史文化保护村 5 个；省级 A 级景区村庄 60 个（其中 3A 级 15 个），并获得 2018 年度“全省美丽乡村建设示范县（区）”。

由于工作成绩显著，余杭先后被授予全国农村集体“三资”管理示范县（区）、全国农产品质量安全示范县（区）、全国农村产业融合发展试点示范区、全国农业综合执法示范窗口、全国畜牧工作先进集体、全国数字农业农村发展水平评价先进县等称号，并获得全省新农村建设优秀单位、美丽乡村创建先进县（区）、农村生活污水治理工作优胜县（区）、农业社会化服务示范县（区）、农业标准化综合示范区、美丽乡村先进区、全省“河姆渡杯”粮食生产先进区（县）等一系列荣誉。

余杭区将继续坚持农业农村优先发展总方针，以乡村振兴战略为总抓手，推进城乡融合发展走在前列，全力推动农业农村高质量发展。为此，通过进一步统筹谋划“三农”工作，坚持问题导向、需求导向，全力攻坚品质农业、品牌农业、数字农业、美丽乡村、增收脱薄、“三农”人才、“三农”改革等领域，以更大的决心、更明确的目标、更有力的举措推动农业全面升级、农村全面进步、农民全面发展，谱写新时代余杭乡村全面振兴的新篇章。

大 事 记

新石器时代晚期

距今5300年—4300年的良渚文化时期，有磨制精细的大型三角形石犁、扁薄长方形穿孔石斧、半月形双孔石刀及石耘田器、石镰等农业工具，考古研究证明，良渚文化时期的农业已从耜耕阶段发展到犁耕阶段，并向精耕细作方向发展。

夏（前2070年—前1600年）

余杭县，《郡国志》云："夏禹东去，舍舟登陆于此，乃以为名。"（谭其骧《杭州都市发展之经过》："按杭，航也，渡也。盖古代浙东西之渡口在此。秦王于此立县，即以杭为名。余同于，是越民族的发语词，犹言于越，於潜、余姚。"）（宋乐史《太平寰宇志》卷九十三《太平御览》卷一百七十）

禹巡会稽至此，舍航登陆，故以航名州。（明万历《钱塘县志·纪疆》）

禹治之，奠高山大川，决九川，距四海，悯彼蛮方泽国，作西海险塘。（清孙之騄《南漳子》卷上）

大禹作塘，名西海险塘。（按：苕溪之堤塘，其险要厉害并埒于钱塘江海塘，位于杭州之西，故称。实为东汉熹平年间陈浑所筑，今称西险大塘。）（明陈善《南湖考》）

秦

秦王政二十五年（前222年），王翦遂定荆江南地；降越君，置会稽郡。

会稽郡，秦置。县二十六：余杭、钱唐……（"钱塘县，本秦旧县。《史记》曰：始皇三十七年东游过丹阳至钱塘。""余杭县，本秦旧县也。山谦之《吴兴记》云：秦始皇三十七年将上会稽，涂出此地，因立为县。"《太平寰宇记》卷之九十三《江南东道五·杭州》，汉《史记》卷六《秦始皇本纪》，东汉班固《汉书》卷二十八上《地理志》）

秦会稽郡置守、尉，守治民，尉佐守治军，居钱唐，郡置村官。（清顺治《海宁县志略·兵防志略》）东游会稽，徙大越民，置余杭、尹攻、囗故鄣。（宋宝庆《会稽续志》卷七）浙江又东径余杭故县南新县北，秦始皇南游会稽，途出是地，因立为县。（北魏郦道元《水经注·渐江水》）

汉

平帝元始四年（4年），余杭，莽曰进睦；钱唐，莽曰泉亭。（《汉书》卷二十八上《地理志》）

建武初(约25年),余杭,莽曰进睦,世祖建武初复故名。(清嘉庆《余杭县志》卷一引万历《县志》)

永建四年(129年),吴郡,顺帝分会稽置:余杭钱唐属吴郡。(宋范晔《后汉书》志第二十二《郡国四》)

熹平二年(173年),(陈浑)始筑两湖以潴水,其并溪者曰南下湖,环三十里;并山者曰南上湖,环三十二里。于湖西北为石门函以纳溪水,又于湖东南五亩塍立滚坝。(南宋《咸淳临安志》卷三四《山川》)

三国·吴

天玺元年(276年)秋七月,吴郡言临平湖自汉末草秽壅塞,今更开通,长老相传此湖塞,天下乱,此湖开,天下平。(《三国志》卷四十八《吴书三》,《宋书》卷二十七《符瑞上》)

晋

隆和元年(362年),东海王奕求海盐、钱塘以水牛牵埭税取钱直,帝初从之,严谏乃止。(《晋书》卷七十八《孔严传》)

元兴二年(403年)十月,钱唐临平湖水赤,桓玄讽吴郡使言开除以为异瑞,俄而桓玄败。(《晋书》卷二十九《五行志下》)

南　朝

元嘉十二年(435),东诸郡大水,民人饥馑,吴义兴及吴郡之钱唐升米三百。(《宋书》卷六十三《沈演之传》)十三年(436年)是年,东土饥,朝廷派遣扬州治中从事沈演之巡行。沈演之上表曰:钱唐令刘真道、余杭令刘道锡皆奉公恤民,恪勤匪懈,百姓称咏,讼诉希简,又翦荡凶非,屡能擒获。灾水之初,余杭高堤崩溃,洪流迅激,势不可量,道锡躬先吏民,亲执板筑,塘既还立,县邑获全。演之表真道及余杭令刘道锡有美政,宋文帝嘉之,各赐谷千斛,以道真为步兵校尉。(《宋书》卷四十九《刘怀肃传》)

至德二年(584)十一月,临平镇沉为湖,御史胡敏请建佛寺,从之。后主从其请,遂明召选,得二百八十九人,钦度为尼,仍敕冬官,于镇之西南崇建宝刹。(清沈谦《临平记》卷之一《事记》)

隋

开皇九年(589年),余杭郡,平陈置杭州,统县六:钱唐、盐官、余杭、绥安、富阳、於潜。(《隋书》卷三十一《地理志下》,《元和郡县志》卷二五《江南道》)

大业六年(610年)十二月,敕穿江南河自京口至余杭八百余里,广十余丈。自京口抵钱塘,梁陈以前不通漕,至隋炀帝始凿渠八百里,皆阔十丈。(《资治通鉴》卷八十二)

唐

天授三年(692年),(朝廷)敕钱塘、於潜、余杭、临安四县租税纲运径取道于此(苕溪),公私便之。(南宋咸淳《临安志》卷三十六)

开元四年(716年),新升望县:杭州余杭县开元四年二月二十六日升。余杭、钱塘一带缫丝、织绸、造纸等家庭手工业兴起。(宋王溥《唐会要》卷七十,《余杭县志》1990年版《大事记》)

天宝元年(742年),改杭州为余杭郡。杭州余杭郡,上。土贡:白编绫、绫、藤纸、木瓜、橘、蜜姜、芑、牛膝。有临平监、新亭监盐官二。(《旧唐书》卷四十《地理三》宋欧阳修、宋祁《新唐书》卷四十一《地理五》)

天宝八年(749年),旧仓城:在余杭县东南二里安乐山上,唐永贞五年刺史张纲奏置,仓宇四十二间;天宝八载,采访使奏置常平仓,同在城内。(清雍正《浙江通志》卷三十九引《咸淳临安志》)

广德年间(763年—764年),陆羽泉,唐陆鸿渐隐居苕,著《茶经》,常用此泉烹茶,品其茗次。按:《新唐书》卷一百九十六列传《陆羽》载:"上元初,更隐苕溪,自称桑苎翁,阖门著书,或独行野中诵诗。"《文苑英华》卷七百九十三《陆文学自传》:"上元初,结庐于苕溪之湄,闭关读书。"(清嘉庆《余杭县志》卷十引旧《县志》)

永贞元年(805年),(张纲)于县南三里安乐山筑仓城四十二间以贮粮。(清嘉庆《余杭县志·古迹》)

宝历元年(825年),归珧,宝历元年为余杭令。(清嘉庆《余杭县志》卷二十)余杭,望。南五里有上湖,西二里有下湖。宝历中,令归珧因汉令陈浑故迹置。北三里有北湖,亦珧所开,溉田千余顷。珧又筑甬道,通西北大路,高广径直百余里,行旅无山水之患。有铜。(《新唐书》卷四十一《地理五》)

太和八年(834年),临平湖竭,乡人言人有饥患,是岁中水竭,鱼鸟皆死。(唐李绅《却到浙西》诗注)

五代十国·后梁

开平四年(910年),吴越王筑捍海石塘,广杭州城,大修台馆,由是钱塘富庶盛于东南。(《资治通鉴·后梁纪二》)

龙德二年(922年),割钱塘、盐官各半及富春之长寿、安吉二乡置钱江县。后忠懿王纳土,改钱江为仁和。(《十国春秋》卷一一二《中国地理表下》)

五代十国·后晋

天福二年(937年),超山开始植梅。(《余杭县志》1990年版《大事记》)

北宋

太平兴国四年(979年),仁和,梁钱江县,太平兴国四年改。(《宋史》卷八十八《地理四》)

咸平二年(999年)四月,张咏知杭州,咏既至,以岁饥,宽盐禁,官属皆执不可,咏曰:钱塘十万家,饿殍如此,禁之严则聚而为盗。(《九朝编年备要》卷六》)

景德四年(1007年),千秋堰,在(余杭)县东南二里,会昌二年废,吴越王复置,咸平中又废。景德四年,令章得一复置,号千秋堰。(南宋咸淳《临安志》卷三十九)

熙宁五年(1072年),苏轼在杭州通判任,初冬督开汤村运盐河。(《梦粱录》卷十二:苏东坡尝雨中督役,开汤村运盐河。雍正《大清一统志》卷二百十七:汤镇:宋苏轼尝开汤村运河,今城东前后沙河皆达汤镇、赭山以接海口,有盐课司驻此。清乾隆《杭州府志》卷四十一)

元祐二年(1087年),八月辛卯,(朝廷)诏蠲免二浙盐亭户课盐旧钱,钱塘、仁和、盐官、昌国亭户计丁纳盐,历岁已久,至是除之。(《续资治通鉴长编》卷四百四)县令李元弼率民增筑(西险大塘)三尺,又差捍江兵,士豪寨官助之。(清《嘉庆余杭县志》卷十一《水利》)

崇宁五年(1106年),杨时,崇宁五年为余杭令,专务以德化民,而于水利尤尽心力。(清嘉庆《余杭县志》卷二十)

政和二年(1112年)七月,兵部尚书张阁言:钱塘江自元丰六年泛溢之后,潮汛往来率无宁岁,而比年水势稍改,自海门过赭山,即回薄岩门、白石一带,北岸坏民田及盐亭监地,东西三十余里,南北二十余里,江东距仁和监止及三里,北趣赤岸口二十里,运河正出临平下塘,西入苏秀,若失障御,恐他日数十里膏腴平陆皆溃于江,下塘田庐莫能自保,运河中绝,有害漕运。诏亟修筑之。(《宋史》卷九十七《志第十》)

三年(1113年),(钱塘江)海岸崩毁,浸坏民居,自仁和之白石至盐官上管百有余里。(宋何子远《春渚纪闻》卷四)

六年(1116年),杭州汤村海溢,坏居民田庐凡数十里,朝廷降铁符十道以镇之。(宋方勺《泊宅编》卷中)

南宋

绍兴元年(1131年),余杭清水丝绵列为贡品。(《余杭县志》1990年版《大事记》)

六年(1136年)六月,江东、淮南北郡县蝗,飞入湖州境,声如风雨,自癸巳至于七月丙申,遍于畿县,余杭、仁和、钱塘皆蝗。(《宋史》卷六十三《志第十六》)是年,东苕溪钱塘段分筑黄鄱、烂泥湾等10塘,化湾陡门、安溪陡门等5闸。(《余杭县志》1990年版《大事记》)

八月,钱塘等县大水成灾。(《宋史》卷六十六志第十九》)

隆兴二年(1164年)夏,行都畿县余杭大蝗,令漕臣察狱莅捕。(宋马端临《文献通考》卷三百十四,《宋史》卷六十二《志第十五》)

淳熙元年(1174年)七月壬寅、癸卯,钱塘大风涛,决临安府江堤一千六百六十余丈,漂居民六百三十余家,仁和县濒江二乡坏田圃。三年(1176年)八月癸未,行都大雨水,坏德胜、江涨、北新三桥,及钱塘、余杭、仁和县田,流入湖秀州,害稼。(《宋史》卷六十一《志第十四》)

九年(1182年)六月乙卯,飞蝗过都,遇大雨,堕仁和县界。(《宋史》卷六十二《志第十五》)

十四年(1187年)七月,仁和县蝗。(《宋史》卷六十六《志第十九》)

绍熙四年(1193年)八月辛丑,钱塘、临安、新城、富阳、於潜县大雨水,余杭县尤甚,漂没田庐,死者无算。(《宋史》卷六十一《志第十四》)

嘉定八年(1215年),知临安仁和县,辟学宫四百余亩。临平塘堤决,希言督役,亲捧土投石,兵民争奋,堤成,因筑重堤,后不复决。希言令仁和,有称,筑临平新堤,护田四万顷。(《宋史·赵希言传》民国《杭州府志》卷五十四《水利二》:端平二年(1235年)临平塘堤决,知仁和赵希言督役亲捧土投石,兵民争奋,堤成。因筑重堤后不复决。)十七年(1224年)春,余杭、钱塘、仁和三县饥。(《宋史》卷六十七《志第二十》)

绍定三年(1230年)十月,筑永和塘捍临平湖。(民国《杭州府志》卷五十四《水利二》清沈谦《临平》卷二:绍定二年,邑士范武倡义役筑塘古鼎湖旁,岁无水患,邑宰范光命名曰永和堤。)

淳祐七年(1247年)夏,大旱,城外运河干涸,赵安抚与踌奏:今委官相视,见得自奉口至梁渚仅有一线之脉,止可载十余石米,舟自梁渚至北新桥,则皆干涸不可行舟……一自北新桥至狗葬开阔三丈,深四尺;一自狗葬至奉口,开阔一丈。自是往来浙右者,亦皆称其便焉。(南宋咸淳《临安志》卷三十五)

咸淳八年(1272年)十月庚戌,以秋雨水溢,诏减钱塘、仁和两县民田租什二。(《宋史》卷四十六《本纪第四十六》)

十年(1274年)六月乙巳夜,地震,自西北有声如雷,余杭县为甚。(《宋史》卷六十七《志第二十》)八月癸丑,天目山崩,余杭民溺死者无算。(《续文献通考》卷二百二十一)

德祐元年(1275年)八月癸丑,大霖雨,天目山崩,水涌流安吉、临安、余杭,民溺死者亡算。九月戊寅,发米振余杭、临安两县水灾,余杭灾甚,再给米二千石。(《宋史》卷四十七《本纪第四十七》)

元

至元十七年(1280年)四月丁亥,立杭州路金玉总管府。杭州路,县八:钱塘、仁和、余杭……(《元史》卷十一《世祖本纪》)二十七年(1290年)“二月三日春分,余送女子嫁吴氏,至博陆,早雪作,至未时,电光继以大雷,雪下如倾,而雷不止,天地为之陡黑,余生平所未见,为惊惧者终日。”(宋周密《癸辛杂识续集》卷上)三十一年(1294年),两浙各地盐场由原44所并为34所,境内有仁和场。(《元史》卷九十一《百官志七》)

大德七年(1303年)七月,罢江南白云宗摄所,其田令依例输租。(《元史》卷十九《成宗本纪》)

延祐元年(1314年),王昌,字荣之。历官余杭县尹,经理田土,前官增赋十之二,昌力言于行省,复其旧,民立石颂德。(清雍正《江南通志》卷一百七十二)

至正十三年(1353年),余杭尹常野先增筑南湖塘。(清康熙《杭州府志》卷三十六)十九年(1359年)正月,张氏(士诚)军船往来苏杭,以旧河为狭,复自五林港开浚至北新桥。又南至江涨桥,河广二十余丈,遂成大河,因名新开河。(明嘉靖《仁和县志》卷六)

明

洪武四年(1371年)六月,杭州知府刘文徙仁和、钱塘二县于府治左右。文以县附府为便,乃以元之东北二录事司改为仁和、钱塘二县。(清康熙《杭州府志》卷三十六)设临平横塘税课局。五年(1372年)八月,余杭山谷水涌,人民溺死者众。(《明史》卷二十八《五行一》)

永乐三年(1405年),知仁和县彭奎重建四仓,东仓在城东北临平镇,南仓在城北郭石灰场,西仓在城西北仲墅,北仓在城北塘栖镇。(清张大昌《临平记补遗》卷一引《古今图书集成·职方典》)八月,戊辰,浙江杭州等府仁和等县水淹民田七十四顷四十六亩,漂庐舍千一百八十二间,溺死民男女四百四十一口。(《明成祖实录》卷四十五)九年(1411年)七月,辛未,工部言浙江潮水冲决仁和县黄濠塘岸三百余丈,孙家围塘岸二十余里,请发军民修筑。从之。(《明成祖实录》卷一百十七十)十一月丁丑,筑浙江仁和、海宁、海盐捍潮堤。(《明史》卷六《成祖本纪》)十一年(1413年),海潮冲陷仁和十九、二十两都,汤村之没在此时也。(清乾隆《杭州府志》卷五)八月戊申,赈浙江之仁和、嘉兴二县饥民三万三千七百八十余口,给米稻六千七百三十石。(《明成祖实录》卷一百四十二)十八年(1420年)夏秋,仁和、海宁潮涌,堤沦入海者千五百余丈。(《明史》卷二十八《五行一》)十月,丁未,杭州府仁和县民胡凯等言:本县土田濒江者连岁海潮冲塌七十余顷,而税额未除,为民患。命户部速遣人阅视,除豁。(《明仁宗实录》卷五)

宣德五年(1430年),自南津至塘栖,达杭州,桥道未接,(周忱)奏开路设桥以济不同。(清道光《石门县志》卷八引正德《崇德县志》)

正统七年(1442年),通判易条上利害,巡抚周忱相度便宜措备,自北新桥起迤北而东至崇德县界,修筑堤岸一万三千二百七十二丈四尺,桥七十二座,水陆并行,船无盗忧,便于漕饷。(明嘉靖《仁和县志》卷六)

天顺年间(1457年—1464年),小林大闸,在仁和县十五都,莫详所始。天顺间知府胡浚、知县周博重建,一乡蒙利,溉田数千。(清雍正《浙江通志》卷五十三)

成化十三年(1477年)二月,海宁县潮水横溢,冲圮堤塘……命杭湖嘉兴官属因地顺民,采石于临平、安吉诸山,物用林积,舟楫转挽,蔽河而至。(清张宁《海宁县障海塘碑》)

成化二十二年(1486年),塘栖一带富户与商人兴办雇人缫丝织绸的工场。缫织生产开始脱离农家副产,形成独立发展的手工业,部分农民成为劳动力出卖者。出现资本主义经济萌芽。(《余杭县志》1990年版《大事记》)

弘治十八年(1505年)七月戊戌,浙江余杭等县骤雨,山水漂房屋,伤禾稼,民有死者。(《明武宗实录》卷三)

正德初(1506年),岁饥,里人夏诚出粟二十余斛振济一方,旌表其门。(明嘉靖《仁和县志》卷二)四十年(1561年)于塘栖设水利通判,主捕盗。(民国《杭州府志》卷十九引万历《志》)四月,移水利通判守塘栖。(清张之鼐《栖里景物略》卷一,清康熙《杭州府志》卷三十七)四十三年(1564年)四月二十一日,余杭、临安大火,黄湖、双溪尤甚。(清光绪《余杭县志稿·祥异补遗》引《留清日札》)

隆庆三年(1569年)八月,通判罗星以署(水利通判厅)在墟墓丛薄间,与民居悬隔,请诸当

道移置西半里许，规制悉仍其故。（清光绪《唐栖志》卷十八）

万历十年（1582年），杭州知府刘伯缙在上塘河畔建永宁闸。（新纂）三十七年（1609年）巡抚浙江。浚复余杭南湖，民赖其利。（《明史》卷二百四十《刘一焜传》）三十八年（1610年）二月，户部疏请修理浙江余杭南湖，需钱粮4万余两，朝廷令杭嘉湖三府供力。（魏桥主编《浙江历史大事记》第310页，《明神宗实录》卷四六七）四十二年（1614年）七月，浙江完成土地经界，钱塘有土地64.67万亩，余杭有65.27万亩。（《杭州土地志》，中华书局2002年版）四十四年（1616年）"余杭径山万历时号称产茶最多，以后一直不衰"。余杭产笋号最多，"直北诸乡，以山为业，资竹为主"。（明万历《杭州府志》卷三十二《物产》）

崇祯十七年（1644年）夏，临平大旱，湖水涸绝。（清沈谦《临平记》卷之三）

清

康熙五年（1666年）四月，庚午，免浙江仁和等八县康熙四年分旱灾额赋有差。（《清圣祖实录》卷十八）十年（1671年）邑人施国元请于当事总督刘公，巡抚范公主其事，远近仕宦商贾多助修（塘堤）焉，起东敌楼至唐栖，延袤四十五里。（清光绪《唐栖志》卷十八）十一年（1672年）闰七月，虫飞食禾穗，有声如雨，万顷田禾俱尽。十二年（1673年）十二月，辛亥，命赒恤浙江仁和、钱塘二县被火灾民二千一百余家。（《清圣祖实录》卷四十四）十八年（1679年）大旱。南渠河水涸，往来者于河底陆行达省。禾稼尽枯，饥民掘土煮食，名观音粉。（清康熙《余杭县新志》卷之七）十九年（1680年）知县龚嵘疏浚南渠、木竹两河，增筑五亩塍、滚坝辅坝，加高湖堤，修筑十字长堤六桥，遍植桃柳。（《余杭镇志》1990年）四十七年（1708年）八月，癸亥，（朝廷）免浙江仁和、武康二县本年分水灾额赋有差。（《清圣祖实录》卷二百三十三）四十八年（1709年）十一月，庚午，（朝廷）赈济浙江余杭等六县水灾饥民。（《清圣祖实录》卷二百四十）

雍正二年（1724年）九月，丁卯，工部议浙闽总督觉罗满保疏覆、御史钱廷献条奏请开西湖、东湖，灌溉仁和、钱塘、海宁三县田亩。查三县之田，皆赖上下两塘河流灌溉，水源皆自西湖流注。至东湖实西湖蓄水之地，上塘戽水之源，自宋以来，从未开浚，仅存湖址六百余亩，竟同陆地，工程甚大，非一时可以并举，俟西湖工完，再为确议。运河四十余里皆多淤浅，粮船出入，田亩车戽，最关紧要，急应疏浚，均应如所请。从之。（《清世宗实录》卷二十四）五年（1727年）压沙溪塘，在五都五图瓶窑地方，国朝雍正五年总督臣李卫委员动帑修筑五十八丈。（清雍正《浙江通志》卷五十二）疏浚上塘河，自艮山门至施家堰，长7799丈。（《余杭县志》1990年版《大事记》）十一年（1733年）正月，戊子，浙江总督程元章疏言，海宁县今年夏秋潮势，自东而西，侵入仁和县界，石草各塘，坍卸无常，势甚危险。（《清世宗实录》卷一百二十七）

乾隆元年（1736年），大学士忌理浙江海塘嵇曾筠奏请毛城铺迤下河道疏浚，并在仁和、海宁等处酌建鱼鳞石塘6000余丈以固工程，乾隆从之。（魏桥主编《浙江历史大事记》第350页，《清实录》第9册第544页）四年（1739年）八月，议准疏浚钱塘、余杭二县交界之瓶窑镇溪河，以利杭、嘉、湖三府田畴。（《清高宗实录》卷一百七十三：八月乙巳，工部议准浙江巡抚常安疏称：钱塘、余杭二县交界之瓶窑镇溪河，为诸水汇归太湖之尾闾，水挟沙至，水去沙停，兼之窑户堆积废料残沙，渐以淤阻，上游无从宣泄，遂致泛溢，塘堤亦多冲刷，亟宜先为挑浚疏通，以利杭、嘉、湖三郡民生，并转饬该地方官，晓谕近窑户，不许仍前堆积，致妨水道。从之。）（《大清会典则例》卷一百三十四)九年(1744年)八月甲子,大学士鄂尔泰等议覆浙江布政使潘思榘奏称:浙省全赖溪湖,容蓄灌溉,如余杭之南湖,会稽之鉴湖,上虞之夏盖,余姚之汝仇,慈溪之荪湖,向称巨浸,今已弥望田畴,占湖之禁虽严,皆由地方官奉行不实,一有报垦,滥准升科,并将旧有堤闸损坏,贻害农田,请行严禁。查湖荡水利攸关,而奸胥地棍每借升科之名,任意侵占,一遇旱涝成灾,议蠲议赈,所费益钜。应如所请,除从前已垦地亩外,如有报垦,饬地方官亲查,倘占湖为田,即行禁止。从之。(《清高宗实录》卷二百二十三)十六年(1751年)乾隆南巡,考查江苏、浙江、安徽三省缴纳皇粮情况。查得苏、皖两省积欠额巨,而浙省未予拖欠。为表彰浙省,皇帝蠲免浙省地丁钱粮30万两,并将“圣谕”刻石,晓谕官民。乾隆蠲免浙江地丁钱粮御碑耸立在原杭州府水利通判厅遗址内(今余杭区塘栖镇广济桥北岸的水北街耶稣堂西侧)。碑正文429字,款10字,碑文四周镌有云龙纹。(新纂)十九年(1754年)闰四月,浙江巡抚雅尔哈善奏遵旨查勘浙省湖河滩地:惟余杭县之南湖,界址未清,田粮淆混,现在确勘,各里首报开垦田、地、荡二十六顷六十亩有奇,但地土肥硗不同,应分上中下三则科征,前项报升,内有民额地、山、荡改田二顷三亩有奇……今既改征,田粮应豁除,至南湖原分上下两湖,上南湖地高,久经开垦,惟下南湖为蓄水要区,请严立四至界限,不许居民私垦。(《清高宗实录》卷四百六十三)二十年(1755年)二月癸亥,议准浙江巡抚鄂乐舜疏报:余杭县清丈南上湖报垦屯田及原额地荡并各里报垦屯田地荡及县额地山荡、杭州卫额草荡,改垦屯田,共二十六顷六十亩三分有奇,请于乾隆十九年为始,分别升科;又余杭县南上湖地荡改垦屯田共一顷三十七亩五分有奇,各里地山荡改垦屯田共六十五亩八分有奇,杭州卫坐落余杭县草荡改垦屯田三顷九十七亩五分有奇,各项应免银米,请自十九年为始,照例豁除。从之。(《清高宗实录》卷四百八十三)二十四年(1759年)浙江巡抚庄有恭言:至杭州临平湖、绍兴夏盖湖,有关田畴大利,应设法疏挑,或召佃垦种,再体勘办理。允之。(《清史稿·河渠志》)二十七年(1762年)七月,大风雨,山水骤至,仁和、钱塘、海宁、余杭及杭州卫仁和场民屯田地灶被淹。《清史稿·灾异志》:七月,仁和、钱塘、海宁、余杭大风雨,山水骤发,灶场、田禾尽淹。(清乾隆《杭州府志》卷五十六)三十二年(1767年)巡抚熊学鹏准仁和县士民之请挑浚上塘各支河港汊,里民随段自出资力,官董其成。自刘坟村、黄村等处至赤岸,委塘栖巡检高芝董理;自赤岸村至临平,委临平务李董理。(清乾隆《杭州府志》卷四十一)三十四年(1769年)十月辛亥,朝廷定议根治南湖水患。据曹秀先奏浙江余杭县南湖久经淤塞,占垦民田,以致山水发时,杭、嘉、湖诸郡易被淹浸,请敕地方官查勘疏浚,永杜水患一折。(《清高宗实录》卷八百四十四)三十五年(1770年)县令汪皋鹤勘定南下湖。勘定周围共计三千九百六十丈。(清《续浚南湖图志》)乾隆年间(1736—1795年)《杭州府志》载:“藕粉,舂藕汁,去滓,晒粉。西湖所出为良,今出塘栖及艮山门外。”

嘉庆十三年(1808年),余杭蚕种优良,深受当时农户欢迎。(《余杭县志》卷三十八中,引海盐崔应榴《蚕事统记》)嘉庆年间,余杭盛产土蚕种,畅销海宁、桐乡、嘉兴、吴兴、安吉、新登等地。咸丰年间传入日本。光绪二十三年,销量达100万张。(《余杭县志》1990年版《大事记》)

道光三年(1823年),水灾,皂荚塘圮,余邑文山等十八庄及钱邑之钦贤等二十五庄均被其患,乡民自筑备塘,水势稍减。(清光绪《余杭县志稿·水利》)四年(1824年)十二月,己巳,浚浙江仁和等州县上塘河及省城内淤浅河道,修上塘河石塘、仁和县华光大桥,从署巡抚黄鸣杰请也。(《清宣宗实录》卷七十六)

咸丰元年(1851 年)五月，丁亥，谕：至浙西水利，余杭县南湖骤难浚复，先议开支河，修石闸，以资蓄泄，上游治而下游之患亦可稍平。(《清文宗实录》卷三十三)

同治元年(1862 年)，秋收大稔，太平军亦开仓收漕，按亩苛敛，而佛日、横山等村之棚匪时闻抢劫，不堪其扰。(清《难中记》)三年四月终，省派仁和县翁令莅栖查局，又诣东小河巡视粮仓，存米数千石，即将布政司封条发封，栖防局旋撤，改设厘捐局，并放本镇巡司倪公驻防，胡公将粮凭米文供应，上者作为兵饷。四年(1865 年)巡抚马新贻奏报余杭县荒芜未种及流亡未报并掘壕荒废田二千一十八顷八十六亩零，地六百一十四顷六十八亩零，山二千二百四十八顷四亩零，荡二百顷三十六亩零，荒芜未种屯田四十九顷七十二亩零，地一十四亩零，荡二十七亩零……饬县设局清赋招垦。(清光绪《余杭县志稿·田赋》)十年(1871 年)二月十九日，余杭县风雹尤烈，衙署、仓廒、民居坍损无算。(民国《杭州府志》卷八十五)

光绪元年(1875 年)，杭州府属自夏徂秋水旱相继，风雹虫蝝伤稼，仁和、钱塘、海宁灾尤重。(民国《杭州府志》卷八十五)二年(1876 年)大水，南湖塘圮，巡抚杨昌浚拨款修理，以工代赈。(清光绪《余杭县志稿·恤政》)八月，丁未，杨昌浚奏杭州等属被水被风情形一折：本年入夏以后，浙江杭州等所属之余杭等县，雨水过多，田庐多被淹没，并有淹毙人口。(《清德宗实录》卷三十九)四年(1878 年)八月，庚寅，谕内阁：给事中楼誉普奏浙江杭州等府同被水灾，请饬速筹抚恤一折。兹据该给事中奏称，本年五月下旬，余杭县之苕溪，水势骤涨，冲坍塘堤，田庐被淹。仁和、钱塘二县，农田亦被浸灌。(《清德宗实录》卷一百四十九)七年(1881 年)，余杭杨乃武记“风参牡丹牌”蚕种名气大振。八年(1882 年)五月二十三日，径山出蛟，双溪镇人有溺死者，钱塘化湾、阴山、龙岗等塘，余杭月湾塘圮各数十丈，田庐淹没。(民国《杭州府志》卷八十五)十五年(1889 年)十二月，癸巳，谕军机大臣等：据称浙西荒田，多招外来客民垦种，一遇荒歉，难保不藉端滋事，宜乘放赈查户之便，另编棚民保甲，以弭隐患。余杭县之南湖，关系浙西三府水利，宜仿以工代赈之法，浚河培堤，即用客民之强壮者，任以力役，免致群聚为匪等语。所陈二端，如能实力举行，自于赈务有益，著崧骏体察情形，妥筹办理。(《清德宗实录》卷二百七十九)十六年(1890 年)三月，乙未，浚余杭南湖。(《清史稿·德宗本纪》)十七年(1891 年)，浙江巡抚崧骏开浚南湖，并挑浚三苕溪，及修建石门桥、石坝、燕子窝涵洞等，十七年工竣。(清光绪《余杭县志稿·水利》)二十一年(1895 年)，余杭叶涛、方锡炜开设经华丝厂于盘竹弄，有茧灶 40 乘，丝车 50 台。(《余杭县志》1990 年版《大事记》)光绪二十五年(1899 年)正月，《贞文先生年谱》：与高凤岐、陈希贤同访处士夏同声于其草堂，而观宋梅于超山。(林纾《记超山梅花》：夏容伯同声，嗜古士也，隐于栖溪。余与陈吉士、高啸桐买舟访之，约寻梅于超山。《花随人圣庵摭忆》：陈吉士名希贤，曾知仁和县，有惠政，塘栖河流，陈所疏凿，超山有今日，惟陈之赐。)是年，擢浙江布政使，于杭州浚上塘河，临平、乔司等处农田三十余万亩，皆获灌溉之利。(《清史稿·恽祖翼传》)三十年(1904 年)正月间，(叶照波)纠集温台客民百十之多，就湖址搭棚，扦立界址，纷纷开掘，横暴异常。(清光绪《余杭县志稿·水利》)三十四年(1908 年)，丁祖训等人在三墩镇翠村禅院设立钱塘县桑蚕初级师范学堂。

宣统三年(1911 年)，仁和县申请临平区改乡为镇。(民国《杭州府志》卷一百七十七)

中华民国

元年(1912年)1月22日,仁和、钱塘两县合并,称杭县。

5年(1916年),杭县知事姚寅生批示,拨款补助临平镇筹设杭县模范养蚕场。

6年(1917年),杭县临平、亭趾等处育二蚕较往岁多,收成中稔,为十多年来所未有。

9年(1920年),茧价贵,茧壳议价每斛(约3.5公斤)价12元。冬11月甚寒,河水尽冰,塘栖蜜橘冻折殆尽。

11年(1922年)4月,余杭县淫雨,山洪暴发,飓风拔木。

12年(1923年)1月,勾庄一带农民聚众2800余人,开展"免租缓赋"斗争,延续半月。是年,小湖羊皮开始出口。

13年(1924年)3月21日,余杭县成立蚕桑研究社,有会员300余人。是年,余杭镇普照电灯公司以柴油机为动力碾米,代替木砻、石臼。

14年(1925年),省长夏定侯责成省立蚕校校长朱显帮办理蚕业推广工作,在余杭设场制造一代交杂种。

15年(1926年)7月上旬,连日大雨,杭县一堡至十堡尽成泽国,居民被冲走无数,获救生还者3000余人。

16年(1927年)2月,杭县乡村建立农民协会,领导"二五减租"。瓶窑区有良渚等18个农民协会。次年,94个村有农民协会。"余杭今岁新茧产额颇丰,茧质亦优。"

5月,杭县划出城区、西湖、会堡、湖墅、皋塘、江干6个区建立杭州市,市、县自此分设。

9月,中共杭州支部工作指导委员会改组为中共杭县县委,工作重心由城市斗争转向农村土地革命。在西镇地区运河两岸组织农民协会,发展党的组织。

18年(1929年)7月30日,临平镇农商代表呈请杭县县政府移设临平。是年,余杭、杭县两县蚕丝参加西湖博览会展出,余杭土丝获一等奖。政府取缔土蚕种,严禁出售蚕卵未曾变固有色泽(褐色)的种纸。

19年(1930年)5月19日—21日,西镇地区40余村2000多农民暴动,分四路攻打"保卫团"和地主宅院,烧毁文契账册,当众开仓分粮。22日凌晨,在勾庄聚合时,遭到国民党军警镇压,被打死3人,伤4人。后陆续有82人被捕,其中共产党员57人。7月,杭县各乡缺米,县长潘忠甲与瓶窑4个乡,调露、西镇等9个乡士商会商,筹款请领平米,分配各乡区办粜。是年,杭县政府设立土地陈报办事处,办理土地登记,交纳地价税和核发土地图照。余杭县县长评定蚕种价格,悬牌定种价,不准蚕种商人垄断。浙江大学农学院园艺系《塘栖枇杷种质资源考》详述18个枇杷品种。

20年(1931年),杭县政府治虫委员会在临平设立治虫事务所3处,防治稻螟,贯彻治螟九大技术措施。塘栖西界河夏家埭村,发现优良枇杷株,后选育成品种"宝珠"。

21年(1932年),浙江省建设厅,派张振为杭县、余杭刮除桑蟥卵块指导员。

22年(1933年)春,杭县、余杭县分别设立蚕桑改良区,并设余杭县蚕种制造改进所,禁制土种。行政院令颁:"浙江省余杭县取缔土蚕种暂行办法。"3月24日,余杭县制土蚕种农民聚众2000余人,抗议政府强迫取缔余杭土种,《浙江省余杭县改进土种暂行办法》推迟执行。是年,22

年(1933年),省民政厅测量大队杭县进行土壤结构调查,编写《浙江省杭县土壤调查报告》。杭县壤土占60%,砂土占30%,黏土占10%;余杭县壤土占30%,砂土占50%,黏土占20%。是年,开始引进试用硫酸铵、过磷酸钙,氯化钾等化学肥料。稻苞虫及稻螟危害甚烈。余杭县蚕丝业达历史最高产量,养蚕农户有15.15万户,年产茧22.39万担。

23年(1934年)夏,大旱60余天,两县境内河道干涸,田土龟裂,灾象惨重,为100余年间所未见。有富户始用动力抽水机。是年,省建设厅在杭县、余杭等7个县试办蚕业改良区。

24年(1935年),余杭县、杭县螟虫严重为害,余杭县受灾7万余亩。

25年(1936年),省民政厅用"掘地观察法"对杭县土地采样观察。推广纯系稻。"浙江省改进余杭蚕种暂行办法"公布。始养秋蚕。全县茶园总面积约为1.2万亩(800公顷),产茶叶1.8万担,外销畅通,茶叶价高,茶地培育较好。

26年(1937年)2月,杭县二十五年征工服役,县水利工程为培修西险大塘,工事事务所于离塘最近之瓶窑镇,积极进行。兹闻分段放样工作均已告竣。参与者有10个乡镇,动员壮丁计12000余名。7月,抗日战争全面爆发。9月,余杭人许焕初捐良田100亩,充抗战经费。日军将塘栖北灵山桥至李家桥公路两旁50米以内的枇杷、桑树尽皆砍毁。是年,成立"余杭蚕种制造改进所",举办种农登记。茶叶外销梗塞,价跌。

27年(1938年),省主席黄季宽将原蚕业改良区,改组为桐庐分水、於潜昌化、新登富阳,临安余杭4个改造区。

28年(1939年),日本人在临平镇开设白木公司,引入印度麻品种试种,1942年开始后大面积推广。

29年(1940年),枇杷因上年冻害,花而不实。

30年(1941年),余杭实测田为1032155.13亩(68810.34公顷),承粮田为473726.36亩(31581.76公顷)。

34年(1945年)10月19日—20日两日夜晚,肇元、仁庄两乡农民1000余人分别举行暴动,打死国民党乡长和恶霸地主7人。11月,杭县农业技术推广所在小河建立。37年1月,迁良渚,并附设农林场。

35年(1946年)10月,第一专署召集有关县组织东苕溪、南北湖水利参事会,疏浚东苕溪,抢修西险大塘。杭县段36年2月动工,4月竣工,完成土石方4.48万余立方米。10月,杭县稻苞虫、螟虫危害严重。行总浙江分署拨发美国制杀虫特效药剂谷生乐仁4斤、砒酸铅25斤,由县农推所派员分发各乡农民应用。是年,杭县在良渚荀山成立农业推广所和农林场,组织引进中籼改良种"龙凤尖"2540斤,"中籼10号"200,分别斤在塘河、严庄等乡推广。引进改良种小麦"浙农9号"2100斤,分别在临平、塘河、留下、义桥、三墩、良渚等乡推广试种。省建设厅成立蚕业推广区。杭县属第一区管,余杭属第二区管。

36年(1947年)夏,大旱,余杭县受灾3.8万亩;杭县受灾11.7万亩。9月,行政院救济总署浙江分署在石蛤里试办曳引机复耕区。杭县对地籍再次进行整理,办理所有权登记和核定地界等。行政院救济总署浙江分署,在余杭石鸽里办"曳引机复耕区"。

37年(1948年)2月,省农垦复耕队在闲林镇白洋畈华侨合作农场用拖拉机进行耕作示范。3月17日,余杭县归侨农场在闲林镇沈家店建立,有耕地732亩。参加的有归侨21户,侨属22户,共57人。1949年3月解散。是年,余杭县地籍整理处成立。杭县为推广化学肥料,实施以米换化肥(主要是硫铵),2斤谷或1斤米换1斤化肥,共换发156吨。余杭、杭县桑园衰败,面积仅存5.95万亩,产茧10548.55担。

38年(1949年9月30日止)5月2日下午,中国人民解放军廿一军六十一师、六十二师解放余杭县城。5月3日,杭州市解放,杭县同时解放。余杭县、杭县(以下简称两县)区乡人民政权先后建立。余杭县设黄湖区和21个乡(7月建7个区)。杭县设5个区、49个乡。5月,余杭、杭县人民政府内设实业科,分管两县农业、水利、林业、交通和建设等事宜。接管杭县农业推广所和农林场,并改为"杭县农场"(后为县良种繁育场)。设立杭县蚕业指导所,归属省蚕业改进所,蚕桑指导员30人。7月,省军管会组织蚕丝、棉麻以及其他工作队下乡,发放贷款、贷肥,推广水稻良种和收购蚕茧,帮助恢复生产,又在塘栖发动农户用农药"鱼藤精",控制枇杷黄毛虫危害。8月,开始以村为单位建立农民协会。

中华人民共和国

1949 年

10月9日—14日,杭县在拱宸桥召开首次农民代表会议,代表277人。余杭县于12日—14日召开,代表188人。

10月16日—18日,余杭县在县城在城镇召开首届一次各界人民代表会议。代表121人。11月7日—11日,杭县在县政府所在地拱宸桥召开首届一次各界人民代表会议,代表323人;省委副书记谭启龙到会并致词。两县会议主要议题均为落实省委剿匪反霸、废除保甲制度、实行减租减息及发展生产等任务。

12月23日,杭县划为省直属县。

是年,引进晚粳稻良种10509",该品种1951年被评为杭县"第一县选种",50年代期间成为境内晚稻主要栽培品种。

1950 年

1月,两县人民积极认购胜利折实公债。余杭县认购2.7亿元,杭县认购13.7亿元(均为旧人民币)。

2月9日—11日,杭县召开第二次农民代表会议,代表417人,成立县农民协会。余杭县第二次农民代表会议于3月16日—19日召开,代表187人。嗣后,各乡农会陆续建立。

2月,中共浙江省委和中共杭县县委分别在永和乡、花园乡进行民主建政试点。以后全面展开,至6月结束。余杭县改建为闲林、黄湖、仁爱、舟枕、仓前5个区,43个乡,1个直属镇。杭县改建为塘栖、乔司、临平、四维、三墩、瓶窑、留下、上泗、盐区9个区,75个乡,6个镇。

5月,稻螟虫危害严重,两县组织干部、教师下乡下田帮助群众治虫。省人民政府嘉奖杭县肇和乡治虫工作,命名为"治虫先锋"。5月26日《浙江日报》发表"向杭县肇和乡学习"社论。

8月,土地改革运动开始,先在杭县义桥、山桥和余杭县文闲、杨桥等乡试点。12月全面展开,次年5月基本完成,6月起复查,8月底结束。余杭县分到土地的农民2.58万户、11.19万亩,杭县分到土地的农民17.22万户、19.1万亩。同时,废除农民所欠债务,取消高利贷剥削。

8月，崇贤乡选种模范沈贵兴选出早籼“矮脚团头——双谷种”（即穗顶部两枝梗的顶粒相平，又称“双谷齐”），后在整个50年代一直是全县早稻的当家品种。

9月，肇和乡农民孟增山，因首创用丝棉兜捉虫办法，被评为治虫模范，列席9月在北京召开的全国劳模会议。

秋季，横湖、仁爱、舟枕等乡稻苞虫严重发生，蔓延成灾，临安专区专员萧方洲、余杭县长袁浩带领干部下田治虫。

11月，塘埠、九峰等乡建立第一批农业生产互助组。

12月，开展“抗美援朝，保家卫国”宣传教育运动，农民争卖“爱国粮”。

冬，掀起群众性学文化高潮，冬学、民校遍及城乡，农村剧团、秧歌队、黑板报等群众文化活动普遍开展。

是年，杭县人民政府发动全县进行小麦选种。络麻贷肥6.47万公斤，受益麻田6.5万亩。杭县春茧大丰收，总产2,77万担，比上年同期增69.9%。两县联合续建民国时期遗留的余杭塘河卖鱼桥段拓宽工程。

1951年

春，向农村贷肥16.25万公斤，贷放金额为27938元。全县开始将单季稻改为间作稻，共改1.2万亩。

3月，两县先后召开第一次农业劳动模范会议。

4月，各乡、镇召开人民代表会议，选举乡（镇）长和乡（镇）人民政府委员，至9月完成。杭县调整为10个区、2个直属镇、131个乡。

7月，杭县第一个渔民协会——塘栖镇渔民协会成立。

10月30日，浙江省水产养殖公司建立杭（县）德（清）吴（兴）养鱼总场。杭县生产自救渔场并入。

11月，杭县划归杭州市管辖（此前为省属县）。

12月，杭县、余杭县实业科撤销，建立县农林建设科。蚕业、棉麻等指导所由县农林科管辖。

是年，引进小麦良种“南大2419”，至1960年该品种在县内推广种植面积占小麦田的40.2%。组织养蚕共育室，训练催青防病技术队伍。新建四维区独山催青室。

1952年

春，全县推广陈永康小株密植等水稻栽培技术经验。普及改良蚕种，产茧38974担，比上年增1倍。留下原蚕饲育区开始筹建。

5月，杭县农场首次试将中籼稻改晚粳稻。同时，以“一穗传”法选育成“杭农1号”（又称“大稻头”）新品种。

6月，杭县双林乡江洪元初级农业生产合作社建立。次年2月，余杭县新桥乡朱阿毛初级社建立。

年底，杭县有初级农业生产合作社5个，常年互助组793个，临时互助组4737个，组织起来的农户占总农户数的64.9%。余杭县有常年互助组505个，临时互助组1462个，组织起来的农户占总农户数的60.2%。

是年，中国茶叶公司委托茶商收购茶叶，并制定收购标准。年底为茶农贷肥（豆饼）11750担，折贷款9.4万元。

1953年

1月，杭县开展水上民主改革运动。余杭县于6月进行。

3月，杭县农业技术指导站成立。杭县农林科总结水稻合理施肥经验，推广水稻落谷稀、小株密植以及冬季治虫——挖稻根等技术。引入甘薯新品种“胜利百号”。红麻出苗后大面积发生炭疽病，被迫改种黄麻。

9月，临平地区召开晚稻展览评比会，为“籼”改“粳”、“中”改“晚”做出示范。余杭县闲林、在城、仓前等地一批粮仓实现无虫，华东行政委员会决定在华东地区推广。

12月8日，杭县决定以临平镇为县城。县级机关从杭州拱宸桥迁到临平办公。

是年，开始推广“滴滴涕”“六六六”等有机氯农药治虫。国家蚕业生产方针从“积极发展”改为“目前维持，将来稳步发展”。留下区五常乡原蚕饲育区投产制种。在双林乡建成全县第一个国营抽水机站，1956年下放给集体。杭县农业技术指导站建立，开展推广新农具、化学治虫、普及良种和改变耕作制度等工作。

1954年

2月20日—25日，杭县举行第一届人民代表大会第一次会议。余杭县于7月15日—21日举行。

4月，开始建立信用合作社。至年底，各乡普遍建立，入社农户占总农户数的80%。

6月5日，开始兴建国家经营的粮食市场（交易所），杭县为38处，余杭县为11处。

6月，杭县组织第一批渔业捕捞互助组15个、121户，渔农互助组4个、75户。

7月，苕溪洪涝严重，杭县受灾粮食减产。从诸暨县引进早熟早籼“矮黄六十日尖头”种。

8月20日，浙江省杭（州）德（清）吴（州）养鱼总场撤销。地方国营杭县养鱼场建立（1961年4月改名余杭县水产养殖场），管理原总场经营的杭县境内外荡水面。

8月，余杭县新民乡曙光高级农业生产合作社建立。大面积推广人力打稻机并举办使用学习班。推广新工具掘稻根。开始使用“六六六”农药治螟。10月，杭县江洪元初级农业生产合作社转为红旗高级农业生产合作社。

秋，中共杭县县委强迫群众拔去荸荠苗4万亩，改种晚稻，导致2.97万亩（1980公顷）晚稻无收，经济损失200余万元。省委于次年6月通报批评，给予县委指责处分，县委书记警告处分。

冬，建立国营长命抽水机站。

是年，初级农业生产合作社发展迅速。年底，余杭县有557个，杭县有705个。余杭县由缺粮县变为余粮县，年度上缴粮食1000余万公斤。余杭县在“无虫粮仓”基础上又创造30座无虫、无霉、无鼠、无雀的“四无粮仓”。（次年，粮食部在全国开展“四无粮仓”活动，“四无”改为无虫、无霉、无鼠雀、无事故。）

是年，全县试办高级农业生产合作社2个，余杭县由缺粮县变成余粮县，年度上缴粮食1000余万公斤。杭县对全县重点土质，进行调查勘察，准备改良土壤。

1955 年

1 月，由于严寒，最低气温-9.6℃，致春花普遍受冻害。

2 月，两县先后建立科学技术普及协会，开展科学普及活动。

4 月，全县推广种植双季连作稻 1.04 万亩，间作稻 4.5 万亩。全县耕地复种指数首次突破一百大关，达 211.1%。引进并试种岱字棉，从而逐步取代了德字棉、珂字棉和中棉。荀山乡三联合作社社员周金玉，试种“低杆无拳式桑”成功，各地纷纷仿效。周金玉于 1956 年因此被评为省劳动模范。

5 月 27 日，全国人大代表张琴秋、俞平伯、陆士嘉、沈兹九到杭县视察。

5 月，引入巴克夏及中型约克夏种猪。

6 月，开始实行粮食“三定”（定产、定购、定销）政策。

8 月，两县出现农业合作化高潮，省委书记江华多次到余杭县调查和指导工作。至年底，余杭县有初、高级农业生产合作社 802 个，杭县有 1253 个。

12 月，荀山乡（今良渚街道）农民周金玉种植“低杆无拳桑”成功。杭州、嘉兴一带蚕区普遍推广。

是年，成立区农技站，作为县农林建设科下属机构。开始推广双轮双铧犁，不久即停止。县养鱼场古荡漾分场被评为 1955 年度全国淡水渔业先进集体。杭县农场被评为省级先进农场。

1956 年

2 月，开始调整行政区域，撤区并乡。余杭县建立 18 个乡，1 个镇，保留黄湖区建制；杭县建立 35 个乡，5 个镇。4 月底完成。

4 月，推广双季稻。两县早稻面积共 27.6 万亩，占粮田总面积的 65%。引入“甘蓝型”胜利油菜、番茄，以及黄麻种子“D154”。在和睦乡（今属闲林街道）建立原蚕区

5 月，余杭县开始引进与饲养奶牛。

7 月，全国人大代表马寅初到余杭县视察。

8 月 1 日，第 12 号台风袭击余杭县、杭县，余杭镇及附近农村万余人被洪水围困，省政府派飞机空投食品救援。

8 月 18 日，越南、印度、匈牙利、印度尼西亚和捷克斯洛伐克五国农业部部长组成的渔业考察团，考察运河养鱼。

8 月，三墩、塘栖区 12 个企乡的 83 个高级社投资合股筹建丁河鱼种场。

9 月，杭县水产局建立，翌年 1 月撤销。10 月，安溪乡塘东村唐顺福从晚粳稻自然变异中系统选育成晚粳新品种“松萝卜头”。

11 月，两县基本完成农业社会主义改造，余杭县建立 116 个高级农业合作社，入社农户占总农户数的 90%。杭县建立 413 个高级社，入社农户占总农户数的 98.4%。

1957 年

3 月，推广胜利油菜。丁河鱼种场建立。当年首次人工繁殖鲤鱼苗 525 万尾。

春夏之间，两县农业生产合作社群众性闹退社事件频发。其中杭县发生哄闹、殴打、互斗等

事件26起，其中全社性闹事16起。涉及杭县14个乡29个农业社，星桥乡二社、七社和十二社尤烈。至7月基本平息。

8月，分批开展农村基层整风和社会主义教育运动，对基层干部和农民进行方向前途教育。

9月16日，毛泽东在中共浙江省委办公厅了解杭县农村整风及社会主义教育情况。省委副秘书长薛驹介绍情况。（《毛泽东与浙江》，中共浙江省委党史研究室，1993年）

10月，朝鲜、日本、苏联三国渔业代表团到丁河考察外荡养鱼。是月，全县间作稻16.96万亩，连作稻4.26万亩。杭县农场全场亩产高达402.5公斤，良渚乡吴家埭农业社3队等实现粮食亩产400公斤，为全县第一批上《纲要》的单位。

11月，下沙乡中沙农业社络麻亩产高达260公斤，其中6亩平均亩产315公斤，成为全县当时的高产范例。

是年，良渚乡吴家埭农业生产合作社三队和杭县农场实现粮食亩产400公斤。下沙乡（今属江干区）东方红农业生产合作社三队亩产皮棉50公斤。余杭县石鸽乡推广土化肥，褚正根（后调临安县）赴全国农业展览馆作讲解。推广闹羊花、苦楝树叶等16种土农药治虫。

是年，县养鱼场运河大水面养鱼面积达12500亩（833.33公顷）。

1958年

2月，中共中央副主席朱德视察九堡蚕桑示范场。大办社队蚕种场，全县兴办97个。

3月10日、4月2日，杭县和余杭县农业局干部分别首批下放。

4月3日，省长周建人到良渚乡检查生产。

4月29日，杭县建制撤销，划为临平、塘栖、三墩、上泗4个区，属杭州市郊区。

8月，开始“大办钢铁”，组织几万人砍树烧炭和建造小高炉群。对经济、社会和自然环境造成严重破坏。农业生产上高指标、高产量等浮夸风和移苗并版等瞎指挥风。农业总产值降至1956年水平，而职工猛增，加剧社会商品供需矛盾，山林资源更是遭到严重破坏。

是月，良渚乡三联大队第一生产队试建成沼气池，利用沼气照明。

9月，撤销区、乡建制，实现人民公社化。余杭县建立跃进（后改余杭）、仓前、石鸽、长命、仁爱（后改潘板桥）、双溪、黄湖7个公社；原杭县辖区建成九堡、亭趾、临平、塘栖、东塘、四维、三墩、良渚、留下、上泗10个公社。

10月，开展工具改革。第一次使用插秧机。推广苏北大镰刀、快速收割器。

11月，各公社以生产队为单位普遍兴办公共食堂。至年底，两县共办食堂2574个，用膳447746人。1961年，食堂停办。

是月，余杭县建制撤销，并入临安县（按：省人民委员会1958年9月13日第39次会议决议，并报经国务院1958年11月21日全体会议第82次会议通过撤销23个县建制，其中含余杭县）。

12月，肇和乡庆丰农业合作社副社长徐宝来，因“一年养蚕17次，次次丰收”等蚕桑上的成就，而参加全国农业社会主义建设先进单位代表会议，获国务院嘉奖。

是年，境内第一座库容百万立方米的水库——康门水库开始兴建，1960年2月竣工。引进小麦良种“矮粒多”，大麦良种“立夏黄”，晚粳稻良种“新太湖青”等。石鸽公社沈家店大队建成第一个电力茶叶初制厂。全国茶叶机制现场会在石鸽公社举行。农村成立公社兽医站，1961年解散,1978年又恢复。地方国营余杭农具机械修造厂建立。同年,星桥、九堡、闲林、长命,横湖等公社先后创办农机广。

12月,县养鱼场西太漾分场被评为1958年全国农业社会主义建设先进单位,受到国务院和浙江省人民委员会的嘉奖。

1959年

1月,成立土地规划委员会,开展第一次土壤普查和土地规划。

3月8日,分片召开有数千人参加的基层干部大会,贯彻中共中央郑州会议精神,纠正“大跃进”中的“共产风”,清退“平调”(平均主义,无偿调拨)钱物。

3月30日,原杭县辖境建立半山、拱墅两联社。半山联社辖临平、九堡等6个公社,联社驻临平。拱墅联社以原拱墅区(城区)为主,并辖三墩、东塘等6个公社,联社驻湖墅。

4月,推广早稻直播、蒸气育秧和晚稻稀播壮秧以及深耕改土、增施有机质肥料等技术,大搞年产畈。引进早籼新品种“陆财号”,到1963年种植面积占全县早稻田的20.2%。

5月,县、社干部分头深入生产队,向社员宣读毛泽东《党内通信》,纠正讲假话、高指标等错误做法。

是月,丁河鱼种场人工繁殖鱼苗525万尾,供应各养鱼单位。至1960年,发展到2265万尾。重点养鱼公社陆续兴办鱼种场,结束两县依赖采购长江鱼苗历史。

9月下旬,塘栖人民公社丁河鱼种场,在杭州大学生物系师生和浙江省淡亦水产研究所科研人员的指导下,首次人工孵化鲢鱼苗2700尾。

9月,“反右倾,鼓干劲”运动展开,再次刮起浮夸风,提出粮食亩产1000公斤,力争1500公斤,对集体所有制的内部关系进行不恰当的过多变动。并盲目大办工业,大办文教卫生,大搞基建。

9—10月,半山、拱墅联社分别召开有两三千人参加的生产队长以上干部会,部署开展“反右倾、鼓千劲”运动,提出“千,五、万”(生产千斤麦、五百斤油菜籽、一万斤花草)等高指标,刮浮夸风。

10月,良渚公社秋茧高产,省委农工部总结经验并召开全省蚕桑生产工作会议推广。

11月,开始大办集体牧场。两个月内办起公社、大队、小队牧场4000余个。1961年后陆续停办。

是年,大批民工参加余杭塘河庆隆桥至大关段拓宽工程,并疏浚闲林港。省农业厅在北湖草荡建立种畜场,潘板桥公社张堰、西安寺、圣塘、毛元岭4个大队划拨给种畜场。

1960年

1月4日,拱墅联社划出原属杭州市区部分,其余与半山联社合并,建立钱塘联社,驻临平镇。

3月10日,寒潮严重威胁早稻秧苗,全县突击防冻。生产并推广木制人力插秧机3000台。

4月,因春蚕种饲养过多,桑叶平衡严重失调。

5月,县、社机关进行“新三反”运动,农村进行改造“三类队”工作,错批错斗了一批基层干部。

9月，在“大办农业，大办粮食”号召下，杭州市派出职工、干部1.3万人，到余杭、长乐、潘板桥等地兴办上城、下城、拱墅、西湖等农场。

11月，生产队重新给社员划分自留地。

是年，由于“大跃进”和“反右倾”的错误，余杭县发生严重的经济困难，出现财政赤字和物质供应紧张局面。农业总产值比1958年降10.88%；居民生活严重困难，与1957年相比，猪肉、菜油人均消耗量分别减少70%、23%；农民人均粮食占有量、消费量均低于1953年以来历年水平；浮肿病在部分地区流行，7000余人发病。

12月15日，《人民日报》报道塘栖恢复农村集市贸易一消息。

是年，连作稻扩大到31万亩，比上年增1倍，间作稻面积缩小到1.14万亩。引入“矮脚南特号”种子2.5公斤，良渚农场试种获亩产325公斤，该品种到60年代成为全县早稻主要种植品种。同年，还引进晚稻良种台北8号、853等。

1961年

3月23日，原余杭县境从临安县析出，划归钱塘联社。4月9日，撤销联社，恢复县建置，以余杭为县名。县级机关驻临平镇。

4月，恢复区级建制，建立临平、塘栖、余杭、三墩、瓶窑5个区。同时调整公社规模，全县改建为5个镇，45个公社。

6月，长乐林场首次用飞机喷药防治松毛虫。后扩大至舟枕、潘板桥及临平山。

8月，地处永建公社的下陡门排灌站动工兴建，1962年8月建成，受益农田2万余亩。是月起，精简吃商品粮人口，先后动员城镇居民2.7万余人转为农业户口。

9月，推行农副产品购销合同，用换购办法收购农副产品；同时发放商品优待券，市场紧张商品凭券供应。

10月，省委第一书记江华等到西行公社（今属三墩镇）调查大包干政策问题。

12月，县水产养殖场獐湾鱼种场首次人工繁殖团头鲂鱼苗成功。

是年，开始改麦稻“二熟制”为春花、早稻、晚稻连作的“三熟制”。引进小麦良种“矮秆红”。第3、4代三化螟大发生，严重田块螟害率达20%。全县5个区成立民办公助集体性质的畜牧兽医站。

1962年

2月，贯彻中共中央《关于改变农村人民公社基本核算单位问题指示》，落实以生产队为基本核算单位。次月，全县9600多个生产队，90%以上实行以生产队为基本核算单位。

4月，省农业厅北湖种畜场所属大队划归，新建北湖人民公社。

是月，县级机关实行精兵简政，下放干部66人去基层工作，县级机构设置从40个减至31个。全国妇联书记处书记罗琼到和睦公社蹲点调查，历时一个月。

6月15日—17日，县四届人大一次会议在临平举行，总结三年“大跃进”和两年调整的经验教训。

6月11日，中共中央政治局候补委员张闻天到县了解农村经济状况。

8月，探讨“矮脚南特号”翻秋栽培技术。

是年，全县供应化学磷肥29吨。售茧开始实行奖化肥，布票和煤油。余杭蚕种场建场（1965年正式投入制种生产）。为缅甸国提供枇杷良种"大红袍"。县政府每年拨出55万公斤粮、31.5万公斤生活用煤及食油、豆制品等，在临平等5个镇建立1800亩蔬菜基地。对收购生猪实行奖售办法，每头猪奖励精饲料30公斤、布票2尺，还有化肥、食糖、黄酒等。

1963年

3月，水稻始行连作化，普遍推广绿肥——连作稻二熟制外，又种春花一连作稻三熟制7万亩，改制面积扩大到35.6万亩，占粮田总面积的76.5%。良渚公社太平大队试用早稻尼龙薄膜育秧获得成功。良渚农场、澧桥农场早稻田试养绿萍成功。

5月9日，毛泽东为五常公社等浙江省7个干部参加劳动的材料批示，提出："阶级斗争、生产斗争和科学实验是建设伟大社会主义的三大革命运动。"

9月12日，12号台风袭击县境。暴雨持续28小时，东苕溪上游3天连续降雨346毫米。南苕溪北岸及中、北苕溪多处漫堤坍塘，受灾8个公社，79个大队，12.8万余户；淹没水稻10万余亩；死亡17人。县委组织工作组，到余杭、瓶窑等重灾区领导群众抗灾救灾。

9月，棉花2.82万亩，平均亩产55.1公斤，首次上《纲要》。

12月，长命抽水机站被评为全国水利管理先进单位，人民日报发表社论，推广该站经验。丁河公社郑家埭大队池塘养鱼连续3年获大面积高产，1963年77.1亩鱼塘，亩产成鱼188.6公斤。郑桂香代表出席华东农业先进集体代表会议。

是年，引入"广场矮6号"早籼和"农垦58"晚粳，其中"农垦58"，与此后引进的"农虎6号"、"农红73"并称为"三农"。推广氨水、石灰氮、过磷酸钙369万公斤。成立余杭县棉麻良种繁育场（1974年后划归下沙围垦场）。

1964年

2月10日，全国人大常委会委员长朱德偕夫人康克清再次视察九堡蚕桑场。

春，通往山区鸬鸟、太平两公社的公路先后通车。西险大塘开始在迎水坡干砌块石护堤，当年完成3.5万平方米，耗资34.5万元。

7月5日，良渚公社鱼种场首次人工繁殖草鱼苗成功，下塘鱼苗1.5万尾。翌年，亭趾公社鱼种场人工繁殖草鱼苗33万尾。

9月，17号台风致永建、舟枕、北湖万亩水田被淹。

12月中旬，四岭水库动工兴建，1966年5月竣工。1977年12月扩建，1985年完成。

是年，开始组织城镇知识青年上山下乡，插队落户。全年粮食亩产443公斤，超"纲要"，总产超2亿公斤。省良种会议上总结勾庄公社长埒大队联办种子队的经验（试验的场所，技术的学校，良种的基地，高产的样板），并在全省推广。从原麻区调出4000亩络麻面积至水稻区，扩大稻麦轮作。获省农业厅推广稻麻轮作科技成果一等奖。

1965年

1月，春粮面积锐减到7.86万亩，仅为1949年时的27%。

2月13日—26日，县委分批分片召开有2万余人参加的干部和贫下中农代表会议，传达中央《农村社会主义教育运动中目前提出的一些问题》，纠正运动中的错误做法。

6月，县委抽调干部和省委工作组一起，在良渚公社进行制订农村实现第三个五年计划的试点。

8月，推广"矮脚南特号"28.39万亩，占早稻面积的70.07%，亩产345公斤，比1957年产量翻一番，种"农垦58"11.77万亩，占晚稻面积的26.4%。

12月，仓前公社金星大队、长命公社卞家塘大队、勾庄公社长兜大队被列为全国农业机械化试点大队，引进一批电耕犁和拖拉机。

1966年

3月，推广塑料薄膜育秧3600余亩，后成为70年代育秧的主要方式。中桥公社中洪大队宋纪元创造桑苗横种和一苗多用法。

4月，中桥公社章岭大队在县区蚕桑干部技术指导下，种无杆密植桑成功。1972年在全县和全国各蚕区推广，1978年获省、市、县科技成果二、三等奖。

5月，推广夏绿肥以及根瘤菌拌种。

8月2日，良渚化肥厂建成投产。

8月，全县全面推广种植晚粳良种"农垦58"，推广种植面积占全县晚稻的45.2%。

10月起，从学校到单位，从城镇到农村，纷纷建立"文革小组"和"战斗队"等"造反"组织，层层揪斗"走资本主义道路当权派"，"踢开党委闹革命"，各级党政机关逐渐陷于瘫痪。

12月，余杭闸建成。又建南苕溪活动坝和文昌阁船闸，解决仓前、吴山、永建、舟枕等重点产粮公社近4万亩农田的灌溉水源。

是年，全县粮食年总产2.5亿公斤，年平均亩产超千斤（512公斤）。戴志达赴几内亚帮助发展茶叶生产、建设茶厂，1970年又出国援助阿尔及利亚发展茶叶生产。生猪全年饲养量达到42.19万头，每农户平均3.48头。

1967年

3月3日，县人民武装部奉命建立生产办公室，区、公社、大队相应建立各级生产领导小组，负责处理党政机关的日常工作，组织工农业生产。

夏，大旱100余天，成灾面积7000余亩。10月，奇坑水库动工兴建，为县内第二座土石混合坝百万立方米水库。1983年春竣工。

冬，山区大批竹木被乱砍滥伐，运至瓶窑、余杭等地销售，一时公路为之阻塞。经宣传教育，破坏山林行为得到制止。

是年，全县大多数工人、农民仍坚守工作岗位，工、农业总产值及粮食总产量均比上年有所增长。

1968年

2月8日，召开有区、社、队干部和"造反派"负责人参加的"农业学大寨"会议，部署开展"农业学大寨"运动。3月，建立学大寨办公室。5月，组织干部30人去山西省昔阳县大寨大队参观。

5月，县水产养殖场进行人工河蚌育珠试验。至1971年收珠5.17公斤。

7月17日，余杭县农林局撤销，成立县农业局革命委员会。引入"农红73"晚粳稻新品种。

8月，第5代褐稻虱在晚稻田大发。

10月，淡水捕捞渔业社会主义改造工作开始，对连家渔船，国家拨款拨料，扶助建房，实行陆上定居。1972年底结束，全县建立11个水产大队，计774户、3384人。

是年，1966年、1967年、1968年三届城镇初、高中毕业生被动员"上山下乡"，到农村接受贫下中农再教育。至次年12月，全县共动员、接收、安置杭州市区及县内下乡知识青年8231名。博陆公社红阳大队和良渚公社吴家埭大队试种"麦—稻—稻"新三熟制成功，在全县推广，从而使春粮面积重新回升。全县60年代平均耕地复种指数为250.5%。

1969年

3月18日，余杭县农业局革命委员会改名为余杭县人民农业服务站革命委员会，12月，又更名为余杭县农业办公室。

6月，引入中糯"京引15"。

秋，秋蚕试养"苏12·141"品种。全县有97个生产队，3769张蚕种，进行屋外育。和睦公社民丰大队全龄屋外育成功。

12月，杭州钱塘农药厂与超山石灰厂合并建成东风农药厂。

是年，双溪变电所建立，西部山区供电状况改善。

1970年

2月，四岭水库渠道、青山水库南干渠先后动工。1973年竣工。

3月，引入早籼稻良种"广陆矮4号竹，此后，一直是全县早稻的当家品种。

4月30日，勾庄公社白洋和吴王村两个大队部分生产队的春蚕，因周围工厂排放工业废气损失重大。

4月，上塘河通钱塘江引水工程兴建。次年7月建成通水。同时疏浚和睦港、乔司港。

是月，划南湖、长岗、平山等农场和长乐林场建立南京军区浙江生产建设兵团一师四团。1976年1月，兵团撤销，上述农场、林场划归余杭县管辖。

秋，北湖围垦工程开始，1972年2月完成。重建北湖堤塘，新筑围堤10.08公里，加固老堤4.6公里，完成土方79万立方米，用工71万工，投资59万元。

12月，开始调整大队、生产队规模。至1971年4月，将原有499个大队调整为520个，其中以大队为基本核算单位的从247个调整为75个，生产队从2780个调整为3368个。

是年始，全县群众在村旁、宅旁、路旁、河旁普遍种植速生楝树，至1973年，共种植楝树3000余万株。早稻广陆矮四号引入境内，逐步成为早稻当家品种，种植面积超过30万亩。

是年，全县农村基本实行合作医疗制度。开展消灭血吸虫病运动。

1971年

2月，县联合围垦指挥部发动下沙、九堡、乔司、翁梅4个公社近2万人，在下沙公社围垦钱塘江江涂，当年围成3000亩。至1975年，共围垦4.6万余亩。

春，推广撒播麦、宽幅条播麦和敲麦、压麦等增产措施。引入早熟早籼新品种"二九青竹。

7 月，沟通钱塘江和大运河的七堡船闸建成。

9 月中旬末，出现连续低温，最低日均气温 16.8℃，致部分晚稻“翘稻头”。

10 月，第一台东风—2 型机动插秧机在仓前公社金星大队试用。余杭农机厂组装成功小四轮拖拉机 4 台。

冬，彭公、北湖两公社联合开挖彭北十里渠。

是年，公社、大队普遍建立农机厂，为修理农机具服务，实行“大修不出社，小修不出队”。余杭农机厂组装成功小四轮拖拉机 4 台。在农村全面建立县、公社、大队、生产队四级农科网。到 1980 年底，全县有 46 个公社农科站，474 个大队农科队，2828 个生产队农科组，共有农民技术员 12197 人。

1972 年

春，临平区农技站与翁梅公社合作，首创“蚕室节能低烟囱地火龙加温”技术，1985 年通过技术鉴定。和睦公社民丰大队有 5 个生产队的 202 张春蚕种受临近杭州市的工厂废气污染中毒，损失较大。

5 月 18 日，全县“三级”（县、区、乡）农机修造网络初步形成。

8 月 14—17 日，受 9 号台风影响，水稻白叶枯病流行，有 17 个公社、31730 亩晚稻发病，损失粮食约 130 万公斤。

10 月，开始示范集中围田（荡）沤麻，1975 年在麻区普遍推广。

是年，全县全年粮食总产达 3 亿公斤，年平均亩产达 642 公斤。全县大麦种植面积扩大到 17.35 万亩（11567 公顷）。引进小麦良种“扬麦 1 号”、“浙农 12”、油菜良种“480”等新品种。

1973 年

春，引入小麦“908”良种。全县发生麦类赤霉病 23.13 万亩，损失春粮 363 万公斤。同时，黏虫发生，稻纵卷叶螟王爆发。推广使用“托布津”农药。

5 月，引进大型约克夏种猪。

8 月，全县 42.64 万亩（28427 公顷）早稻，平均亩产 375 公斤，比上年增产 10.3%。其中亩产一季超纲要的有 209 个大队，超千斤的有 17 个大队。

10 月 27 日，瑞典气象研究所所长施纳德考察瓶窑水文站水文测量设施。巴基斯坦、美国、日本及联合国派出的水文专家也先后前去考察。

10 月，市农机局在县机电学校举办全市公社以上农机管理干部培训班，受训人员 199 人。

冬，舟枕公社万石大队试建杉木基地，以后逐年推广。至 1985 年底，全县共营造杉木基地 20905 亩。

是年，潘板桥公社漕桥大队试种速生密植茶园成功，并向全县推广。

王位山、大麓寺、径山等山村先后通电，至此全县村村通电。

1974 年

1 月，县水利部门自行设计的库容百万立方米的双曲拱坝水库石门水库动工兴建，1980 年 6 月竣工。

3 月,推广早籼稻良种“原丰早”,晚粳良种“嘉湖 4 号”“矮粳 23”,此外引进试种墨西哥小麦品种。试用硼酸防治油菜花而不实,获得成功,此后在生产上推广应用。

4 月初,从湖南省衡阳市西湖养殖场引进银鲴夏花鱼种 45 万尾,分别在五常、蒋村、东塘、丁河等公社鱼种场和县水产养殖场试养。

8 月 19 日,遭 13 号台风和特大潮汛袭击。下沙围垦塘被冲坍 11 处,长达 7 公里。新围江涂近万亩被全部冲毁。全县受淹农田 14 万亩(9333.33 公顷)。

9 月中旬末,连续低温,致大批晚稻翘稻头,其中京引 15、广陆矮 4 号(早翻早)等受害甚重。水稻穗颈瘟连续在 1973 年、1974 年严重发病。

余杭区农技站在石鸽公社宝塔大队试用赤眼蜂防治稻卷叶虫,面积 156 亩(10.4 公顷),放蜂量 6 万头至 8 万头。

10 月,全县产茧量达 75195 担,创历年最高纪录。

1975 年

4 月 15 日,国务院副总理陈永贵视察翁梅公社联盟大队。

4 月,推广稻田球肥深施技术,面积 20602 亩。同时,推广水稻根外施磷肥、蚕沙、兔粪等浸出液。

8 月,全县种子队从 70 个发展到 188 个。引进晚粳稻新品种“嘉四辐”。推广晚稻两段育秧技术,应用面积 1.7 万亩。

秋季,褐稻虱大发生,第 5、6 代重叠发生危害,应治面积占晚稻面积的 68.1%。纹枯病大发生,早,晚稻两季共发生 53.5 万亩次。

11 月,县委抽调干部 300 余人,组成 23 个工作组,进驻 19 个公社、4 个厂矿,开展“学大寨、学大庆”活动。

12 月,中、北苕溪改道工程开始。至 1978 年先后竣工。中苕溪长乐公社段两处截弯取直,新开河道 2.1 公里,比原来缩短 2.55 公里。北苕溪潘板桥公社段堵截原来两条分流,另开长 4.2 公里河道。

是年,全县 46 个公社都建立农机管理站,配备农机专管员 121 人,以后发展到 138 人。

1976 年

5 月,省军区农场划归余杭县,改称下沙农垦场,面积 6078 亩(405.2 公顷)。

是年,博陆公社长征大队(今属运河街道)农科所 1.76 亩“矮优 2 号”亩产 1321 斤(660.5 公斤),5.8 亩试验田全年亩产 3060.6 斤(1530.3 公斤)。西部山区大批种植柑橘。

是年,建立海南繁育良种领导小组。同时扩大试种杂交稻面积。

1977 年

上年 12 月至 1 月间,连降大雪,低温严寒,农作物普遭冻害。全县柑橘树及枇杷幼果等冻害损失惨重。

1 月 1 日—5 日,连日大雪,山区积雪深达 30 厘米—40 厘米。公路、电话线路中断,大批竹木被压断。

5月，县内首次发生牲畜5号病，病源来自河南的仔猪。至1983年5月全部扑灭。

6月，试行早稻温室无土育秧成功。次年推广至31个公社，种大田8369亩。

11月7日，水利，林业从农业局中划出，另外成立林业水利局。

11月，百丈公社甘岭村利用山泉建成第一个农村自来水站。

12月，西险大塘全面加高拓宽，加高至10.5米以上，拓宽至6米—8米，并铺沙石，筑成简易公路。

是年，麦类赤霉病及黏虫重发年，稻蓟马危害猖獗。晚稻白叶枯病流行，全县40143亩早稻和19.19万亩晚稻发病。博陆公社长征大队、翁梅公社联盟大队，粮食大面积亩产超1500公斤，获杭州市政府1978年优秀科技成果一等奖

1978年

3月，恢复径山茶，并建立基地。1979年清明前后采制样品，参加全省评比，名列第一。

5月28日，联合国粮农组织官员17人到良渚公社考察沼气利用。良渚公社75%以上农户使用沼气。

是年，临平区组织民工2万人在钱塘江下沙段围垦江涂，筑堤10公里，围垦耕地2.08万亩。1978年全县粮食全年总产达3.84亿公斤，年平均亩产800公斤。

是年，推广敌百虫、杀螟松等农药，取代六六六等有机氯农药。

1979年

4月，县境内钱塘江自然水产资源鳗苗开始出口。5月，余杭县水产供销公司建立。并按行政区划分别下设临乎、塘栖、三墩、余杭4个区的水产购销站。

8月，开始更改地名工作，恢复以自然村命名。1985年结束后，县人民政府公布标准地名。

10月，境内开展第二次土壤普查，1980年全面展开，1981年野外调查结束，经省验收获得合格证书。

12月，由农牧渔业部及省农业厅投资，漕桥良种场改建为国内第一个湖羊场，专育湖羊原种，为湖羊产区唯一的湖羊原种场。

冬，和睦公社鱼种场从临安县青山水库引进白鲢亲鱼，翌年春人工繁殖成功，全县生产夏花鱼种8.7万尾。

是年，试种晚糯新品种“双糯4号”，并逐步取代了“京引15”。引种浙油7号、丽油1号和杂交油菜。粮食总产423035吨，亩产865公斤。乡镇企业产值超过亿元。

全县70年代耕地复种指数平均为260.8%。农业总产值首次突破2亿元，牧业总产值首次超5000万元。农村人均收入水平190元。全县全年粮食总产达4.25亿公斤，年平均亩产865公斤，创有记录以来最高水平。其中春粮23.31万亩(15540公顷)，亩产240公斤；早稻42.57万亩(28380公顷)，亩产428公斤。

1980年

1月，县水产养殖场从嘉善县陶庄购进三角帆蚌5吨，把病菌带入二白潭育珍珠蚌栈养池内，殃及全荡，损失30余万元。

春,引进“沪麦4号”大麦,80年代中期该品种成为全县大麦的主栽品种。同时,还引进甘蓝型油菜“九二—13系”,主要在县内棉麻区推广种植。

3月,全县建立桑苗基地300亩(20公顷),培嫁接苗300万株,达到桑苗自给。

5月,蚕桑受市郊工厂废气废水污染,有10个公社、27个大队16836亩(1122.4公顷)桑地受到影响。损失春茧5805担,茧款928880元。在杭州召开的第一届全国枇杷品比会上,塘栖“软条白沙”获白肉种鲜食第一名“平头大红袍”获红肉种鲜食和加工第一名。12月底,塘栖一带枇杷幼果遭严重冻害,影响下年产量。

6月,茶叶确定收购基数,超额部分减税返利。全县总产5.5万担,被列为全国产干茶五万担基地县之一。

7月,联合国粮农组织官员卡萨斯及印度等10个国家粮食专家到县考察。

8月,由于扩大早稻迟熟品种,晚稻插种迟,加上低温来临早,致晚稻大面积翘稻头,其中晚3—2品种最严重。全县晚稻总产比上年减少1.62亿斤,减产44.9%。

9月,浙江农业大学与县农科所协作选育成早籼“浙辐802”,定型。1984年经浙江省农作物品种审定委员会审定通过,并在南方八省一市推广种植。这项成果荣获杭州市政府1983年科技一等奖。

11月,部分生产队试行包工到户责任制。是月,县水产养殖场在三白潭试行网箱养鱼成功,折合亩产2280公斤。潘板桥公社推广万亩杂交晚稻成功,获省一等奖。此后,杂交晚稻成为全县晚稻当家品种之一。

12月,从1971年2月成立余杭县围垦海涂指挥部,到1980年12月止,共投资700.9万元,围垦造地4.08万亩(2720公顷)。

是年,全县四级农科网形成,有46个公社农科站,474个大队农科队,2828个生产队农科组,参加农科网工作的农民技术员共12197人。全年生猪饲养量达78.09万头,平均每农户5.17头,为历史最高年。

全年工农业总产值中,工业产值占60.85%,首次超过农业产值。

1981年

5月始,山区部分生产队试行包产到户责任制,将分散的土地和零星作物承包到户。到秋季,部分生产队实行春粮联产承包到户。大部分生产队实行联产到组或联产到户。

5月21日,联合国粮农考察团一行21人,再次到仓前公社金星大队考察细绿萍虫产。

5月,枇杷遭受严重日灼。下旬,省名茶评比会评出14种名茶和优质名茶,径山茶名列其中。

7月11日,中央农业广播学校余杭县办公室成立,第一期招收农学专业学员179人,其中正式学员132人,分5个教学班。

7月,四岭水库电站并网发电。

10月,全县各公社(乡)成立农机服务站。

12月,开始山林定权发证,稳定林权。至1985年底,定权发证面积562646亩,占林地面积的99.8%。是月,农业技术干部开始评定职称,至1985年底,有农艺师30人,助理农艺师48人,技术员26人。

是年，农村开始出现各种专业户；五常公社友谊大队试养尼罗罗非鱼越冬成功。县人事局根据上级批示，正式同意朱顺鑫等5人套改为农艺师。同时县人事局批复"同意91位老农技干部的套改技术职称"，其中套改为助农的有61人，套改为技术员的30人。

1982年

3月，县委决定推行"三包到户"家庭联产承包责任制。

4月，成立地膜育秧协作组。舟枕公社义桥大队育成首批地膜秧，种大田10.5亩。

5月，春蚕大面积遭受工业废气氟化物污染，蚕茧减产，遍及17个乡，171个村，被污染桑地2.8万余亩(1867公顷)，受害蚕种1.7万余张；塘栖一带河水污染严重，大批鲜鱼和鱼苗死亡。是月，径山茶经全省1979—1982年4次评比，质量优良，被省农业厅评为浙江省名茶。

7月1日起，县政府清理和处理村镇建房侵占耕地问题，规定村民建房暂停半年，制止毁田造房，节约和保护耕地。

9月，各种联产承包责任制逐步推行，部分生产队实行粮田包产到户。至1983年底，全县99.23%的生产队实行家庭联产承包责任制。

12月，普及使用磷钾肥，全县供应磷肥1.595万吨，钾肥供应4324吨。12月，建立余杭县老虎墩蚕桑场。

是年，市、县人民政府评定程世华等16人为农艺师，张士元为畜牧兽医师，同意确定王志镛等38人的技术职称。全县48.25万亩(32166.67公顷)晚稻亩产达376公斤，总产18148.5万公斤。油菜籽亩产104公斤，总产1521.5万公斤，为历史最高年。

1983年

3月，开始实行政社分设，恢复乡(镇)人民政府，建立乡经济联合委员会，至1984年4月完成；各种经济作物陆续推行联产承包，21个重点产鱼乡(镇)的鱼塘全部实行联产承包；山区生产队开始由点到面，将山林联产承包到户。

4月，雹灾、梅季连阴雨、盛夏又高温干旱，全县春粮、油菜、早稻、桑、茶等农作物均不同程度受害减产。

11月，历时4年的全县土壤普查完成，同时完成农业区划综合报告。

12月，黄、红麻"南种北栽"优势利用研究成功，获省农业科技一等奖。

至年底，省、市拨出鱼塘基本建设专项资金343万元，改造老塘10958亩(730.53公顷)，开挖新塘3592.27亩(239.48公顷)。

是年，"恢复和发展唐宋名茶""恢复和发展径山名茶"成果获省农业厅科技三等奖。

1984年

春，各乡村按照"大稳定、小调整"原则，进一步完善联产到户生产责任制。粮田承包期延长到15年左右，多年生经济作物承包期延长到20年左右。

5月，日本枇杷考察团将日本枇杷接穗接于塘南枇杷科研场、彭公乡塘埠朱家弄和双溪竹山村的枇杷园中，有田中等11个品种。

6月13日—14日，全县暴雨，苕溪、运河、上塘河均超过历史最高水位。受淹稻田39万亩

(26000公顷),水利设施严重受损。全县受淹鱼塘2.5万余亩(1666.67公顷),占池塘总面积的62%,南湖、北湖滞洪区开闸分洪。

10月,全面开展对原大队、生产队两级财务整顿。在翁梅乡搞经营管理服务公司试点,至1985年,全县推有534个村建立服务组,服务人员有1081人。

是年,有各类专业户9836户,联合体253个、2717户;全面推行乡镇企业经济承包责任制。全县年度粮食面积调减9%,棉花面积调减14%,经济作物面积扩大31%。国家经委、科委、农牧渔业部、林业部联合授予局畜牧兽医股"全国畜牧兽医技术推广奖"及先进集体光荣称号。方鸿鑫被评为全国农技先进工作者。

1985年

1月,全县2.66万亩(1773.33公顷)荸荠,其中约四分之一因瘟病基本无收。

4月中旬始,县水产养殖场在头白潭进行大面积圈养,水面200亩。

5月26日,农牧渔业部确定余杭县为全国沼气重点县。

6月4日,由县府多种经营办公室、县农业局、林水局、科委等单位联合组织成立"余杭县花卉苗木协会",会员共83人。

9月,在各区农技站内设立"土地管理小组",同时,各乡镇聘设1名兼职土地管理员。土地资源调查工作,在舟枕乡试点的基础上,全县展开。是月,晚稻褐稻虱大发,危害面积68.34万亩(45560公顷),为全县有调查资料以来危害最重的一年。农田鼠害严重,两季合计鼠害面积7万亩(4666.67公顷)。

10月,著名的超山梅林受工业废气污染,梅树大批枯死。省人民政府决定杭州钢铁厂超山耐火材料分厂转产,超山砖瓦厂停办。

11月,全县交售万斤以上粮食的农户共154户,平均户售粮6747.5公斤。是月,建立外荡水面定权发证办公室。开展外荡水面定权发证工作,历时1年结束。定权发证单位37个,发证水面52600亩(3506.67公顷)。是年,成鱼总产量首次突破万吨,达到11179.35吨,比上年增长20.9%。

是年起,取消粮食统购,实行合同定购。其他农副产品取消派购,全部放开。

是年,进行城郊型农业生产结构改革,粮食复种面积比上年调减9.75%,果蔗、荸荠、瓜类等经济作物种植面积及家禽、长毛兔等饲养量大幅度增长。全县粮食总产3.48亿公斤,比上年减少0.66亿公斤。农业总产值达2.75亿元,占全县工农业总产值的16.6%。农产品商品率达62.8%。全县农村人均收入648元,比上年增加150元。引进红突31、红突27、早香糯1号、ZRE16、ZR4号优质稻及油菜82—769(浙油8号)。径山茶被农牧渔业部评为部级优质名茶,在全国特优新产品展销会上展出。同年,试制红碎茶成功。

1986年

2月,建立乡镇一级财政,核定收支,独立核算。临平、塘栖、余杭、瓶窑等镇自1987年1月起实行。

3月25日,下午5时30分,双溪、潘板桥等21个乡(镇)遭受暴风、冰雹袭击,死4人,伤60余人。受损民房4960余间、农作物13万余亩。

4月25日，余杭县遭暴风雨及冰雹袭击，72720亩春粮、40863亩油菜倒伏，其中，2400亩春粮、300亩油菜无收。共损失春粮3250吨、油菜985吨。受损早稻秧田138亩。受损茶园3620亩，其中无收2000亩，灾情尤以双溪、潘板等乡为甚。

5月31日，浙江省第六次名茶品评会揭晓，余杭县试制的“双径雨前”和“谷雨春”名茶被列为一类优质茶。

5月中旬，塘南、五杭、中桥等13个镇乡春蚕遭受工业废气危害，受害蚕种万余张。7月，全县37.85万亩早稻，亩产达到436公斤，创历史最高纪录。

8月23日，浙江省农业厅正式确定余杭县为瘦肉型猪基地县。

8月，对全县农村大队和生产队两级的会计档案进行清理和整顿。

9月9日—14日，全县遭冷空气袭击，过程性降温达11.7℃，13、14日又降大雨至暴雨。连续三天日平均气温小于23℃初日出现在12日，旬平均气温20.9℃，比常年低2.3℃，18日最低气温为15.4℃。致使部分连晚出现抽穗迟缓、包茎等现象，影响了产量。

10月13日—14日，杭州市政协主席周峰等一行，对余杭县蚕桑生产进行考察。

10月30日，中央农广校校部检查组来余杭县检查工作。

10月，外荡水面定权发证结束，发证5.26万亩，占外荡总面积的50%；全县各乡镇均建立敬老院。

11月，塘栖枇杷良种“宝珠”接穗由浙江省农业厅运往日本。

12月7日—9日，农牧渔业部在余杭县召开养鸡科研生产经验交流会。

是年，全县粮食总产量达372301吨（含大豆产量），比上年增23586吨，增长6.8%，获浙江省人民政府表彰。是年，首次设立乡农技站农民技术员农技推广成果奖，共21项成果获奖。

1987年

2月，杭州市人民政府确认余杭县为世界银行贷款发展淡水养鱼项目单位，立项贷款为198万个特别提款权（约合229万美元，折合人民币854万元）。用于新建鱼塘4500亩、改造老塘1.5万亩。

3月26日，受霜冻影响，山地枇杷（双溪竹山、彭公朱家弄等）、梅子（横湖、百丈、鸬鸟等）几乎无收，马铃薯幼苗全萎，全县2万余亩茶园受冻，造成严重损失。是月，全县食品经营及农贸市场等的畜禽及其产品的检疫工作划归县农业部门管理。

3月，云会乡印染厂建造面积234平方米两间温室，利用厂锅炉蒸气余热加温培育温室无土育秧获得成功。温室内播种面积1305平方米，每批可播种谷1800公斤，一季可育两批，实种大田560亩，成秧率98%以上，开创了余杭县工厂化育秧的先例。

4月4日，杭州市副市长胡万里、农委副主任孙叙春等一行，专程前往云会乡检查无土育秧工作。

4月7日，余杭县委书记王国平到农业局听取关于粮油、棉麻、茶叶、果蔬、畜禽生产与科教工作情况汇报。并察看云会乡早稻无土育秧、塘栖养鸡场、养猪大户何德法；次日，察看老虎墩蚕桑场、县农科所。

5月20日，杭州市首届名茶鉴评小组评定余杭县“径山茶”夺魁，“谷雨春”第3名，“双径雨前”第6名，均为杭州市名茶。

5月29日，浙江省斗茶会在乐清举行，“径山茶”和“谷雨春”分获浙江省茶叶学会颁发的“最佳名茶”和“优质名茶”锦旗。

5月，余杭县畜牧兽医站在1986年推广青贮饲料工作中成绩优异，获农牧渔业部畜牧局、全国畜牧兽医总站奖状。

6月25日，农牧渔业部农业局局长高麟溢等一行，到余杭县了解发展粮食生产的有关政策执行情况、问题及建议等。

7月7日，上午9—10时，境内长乐、永建，舟枕等乡遭大风袭击，风力达10级以上。倒塌房屋102间，一般损失1000余间。早稻减产2成至3成的约1.7万亩。

7月18、19日，百丈、鸬鸟先后遭暴雨袭击，局部山洪暴发，早稻受淹816亩、冲毁262亩、冲毁秧田20.85亩。

7月下旬，受7号台风影响，22—24日、27—29日连降阵雨，到24日18时，瓶窑最高水位达7.38米；29日8时，塘栖最高水位达4.26米；25日12时，上塘河临平水位达6.03米。据28日统计；全县受内涝早稻面积14.24万亩，严重倒伏络麻0.6万余亩，棉花2700亩。

8月4日18时，临平上塘河灌区由于钱塘江处于低潮汛期，七堡闸引水困难，水位急骤下降，降至4.39米，沿河大部分机埠引不上水，严重影响灌区2万亩晚稻田的插种与返青管理。县防汛指挥部办公室采取紧急措施，并得到杭州市及海宁市防汛指挥部的帮助，至5日20时，上塘河临平水位回升到4.7米，从而解决旱情。

夏，全县蔬菜基地普遍推广应用钢管塑料大棚培育夏菜秧苗，使夏菜秧苗素质明显提高。

9月9日—11日，受12号台风和冷空气影响，全县普降大暴雨。3天降雨量：瓶窑183毫米、余杭195毫米、长乐192毫米、四岭207毫米、塘栖176毫米、三墩183毫米、临平177毫米。这次降雨的特点是时间长、范围广。由于前期土壤水分已饱和，后期雨量集中，致使苕溪、运河等各大水系水位猛涨。12日凌晨2时40分，在苕溪瓶窑水位达8.2米（保证水位为8米）；余杭水位8.76米；13日12时，塘栖大运河最高水位达4.86米。

10月18日，由农业部门对全县屠工屠商进行登记和兽医卫生技术考核。全县共颁发居工居商考核合格证，兽医卫生许可证725份（人），实行管理。

12月9日，临平上塘河最高水位达6.14米；11日，下沙地区内河水位达到7.2米，都大大超过警戒水位。全县农田受淹共33.16万亩，其中晚稻受淹达27.26万亩，受淹而损失三成以上成灾面积达10.56万亩，颗粒无收的1.05万亩。冲毁农田67亩，泥沙淹没农田0.32万亩，估计损失粮食155.6万公斤（还不包括连续低温阴雨而影响产量在内）。全县络麻受淹13231亩，棉花受淹5700亩，桑地受淹2664亩，竹地受淹2030亩，果地受淹1122亩，蔬菜及其他经济作物受淹26605亩，沉没鱼塘7683亩。

12月，浙江省农业高级技术职务评审委员会正式批复公布：朱顺鑫、程世华为高级农艺师，这是余杭县首次具有农业高级技术职务资格的人员。

是年，首次推广粮食高产模式栽培新技术。全县早稻推广27033亩、晚稻推广27208亩，早、晚稻通过高产模式栽培，共增产147.5万公斤粮食，增值54.9万元。

是年，全县有1173户搞稻田养鱼，养鱼面积1560.6亩，总产鱼116.4吨，亩产74.6公斤。

是年，翁梅乡农经服务站被农牧渔业部评为全国农经战线先进集体。

1988 年

5 月 16 日,印度农业理事会副总理事沙特法一行,到余杭县考察农作物生产的供给系统。

6 月 29 日,召开余抗县优质名茶新闻发布会,以提高全县茶叶知名度,并扩大影响。

6 月 30 日—7 月 25 日,持续高温 26 天,大于或等于 35℃的高温日计有 23 天,7 月 16 日最高气温达 39.1℃,严重影响早稻生长。

7 月 2 日—4 日,余杭县农科所、浙江农业大学共同组织,邀请长江下游各省市部分种子行家对继浙辐 802 后又推出的四辐 851、浙辐 7 号、浙辐 9 号这 3 个早籼新品系进行现场考察。

7 月 15 日—26 日,瓶窑、三墩、余杭地区出现严重旱情。

7 月 20 日前后,麻区第 3 代小造桥虫大爆发,发生面积达 10%。棉花红蜘蛛及 2 代棉铃虫来势凶猛,猖獗危害。

7 月 29 日—30 日,暴雨袭击棉麻地区,降雨量达 85.8 毫米;下沙等地还降了大冰雹,棉花、络麻折断严重。

8 月 8 日凌晨,7 号台风袭击全县,狂风暴雨造成 10 万亩晚稻受淹,其中有 450 亩受淹历时 5 个昼夜,稻苗腐烂,损失严重;还冲毁稻田 124 亩(在瓶窑区);1.2 万亩棉花,近 5 万亩络麻及果树、桑树、甘蔗等,均不同程度的倒伏或折断。全县约 28%的枇杷倒伏,共倒伏枇杷树 5.6 万余株,其中 6000 余株无救。16%的杨梅树被吹倒,共吹倒 4100 余株,其中 1300 余株无救。

8 月,鸬鸟、太平两乡 3 代白背稻虱大发生,最高虫量每亩超过 256 万只。全县晚稻 4、5 代稻虱大发生。4 代平均虫量每亩 48 万只,发生面积 35.59 万亩;防治面积 34.67 万亩次,挽回粮食损失 3077.09 万公斤;5 代平均虫量每亩 105 万只,发生面积 30.73 万亩次,防治面积 26.48 万亩,挽回粮食损失 6741.5 吨。

9 月 2 日,晚,连续暴雨 3 小时余,塘栖、瓶窑、三墩的降雨量分别达到 121 毫米、132 毫米、143 毫米,全县直接经济损失 450 多万元。

10 月,在博陆镇新圩村开展农村总会计、村级经济预决算制度和农业发展基金会制度试点工作。

11 月,塘栖镇丁河村有 9 个组引入竞争机制,开始推行公开招标承包。当年招标承包鱼塘面积 112 亩,共上缴承包款 4.26 万元,平均每亩 380.4 元,比轮养承包平均每亩上缴 ios.6 元,增加 274.8 元。

12 月,自 9 月底起,连续干旱历时长达 3 个多月,10—12 的 3 个月总雨量仅 22.3 毫米;气温、日照分别大高于或多于常年,造成严重的秋冬连续干旱。

是年,径山茶在杭州市第二届名茶评比中蝉联冠军,“谷雨春”和“双径雨前”茶又获“省一类优质茶”称号。

是年,首次实施黄红麻高产模式栽培,全县推广应用面积 6266.2 亩,比非模式栽培亩增 46.6 公斤,增长 11.8%。

是年,余杭县被农业部列为全国首批实施农业综合开发县。

1989 年

1 月 5 日,历时长达 3 个多月的旱情有所缓和(从 1988 年 9 月底起,10—12 月总雨量合计仅22.3毫米，连续干旱直到1989年1月），但已使早播的大小麦出苗迟、出苗率低、基本苗少、苗质差，造成春粮减产。

3月24日，县委书记刘永根到农业局听取农业生产汇报，并座谈科技兴农及促进农业生产上新台阶等事项。

3月，余杭县被浙江省农业厅列为茶叶丰收活动基点县，面积5000亩。

4月11—13日，出现日平均气温低于11℃的“倒春寒”，对早稻秧苗仅略有影响。4月日照之少是历史少见年份，5月又是长期低温阴雨，并引起赤霉病等湿害和病害。影响早稻、棉麻等作物的播种和苗期生长。

5月5日，余杭县委书记刘永根、县长程德鑫等一行，在良渚镇仰家塘村县高产模式栽培中心畈和农户一起插秧劳动。

5月12日，日本兵库县揖保郡御津町中国梅考察团柴困博之团长等一行，由浙农大教授沈德绪等陪同，到超山林场考察梅子生产。

7月3日上午至4日傍晚，浙北、浙中大片地区连降暴雨，造成全县境内钱塘江水位高达8米，境内塘栖水网区河道也达3.5米，内涝严重。对早稻、晚稻秧苗、棉花、络麻、蔬菜等都有不同程度影响。

9月2日，受冷空气影响出现大雨，日雨量38.8毫米。13日，受21号台风影响，降暴雨，日雨量83.8毫米。15日，又受23号台风影响，再降暴雨，日雨量98.7毫米。大片农田受害。幸9月下旬后天气转好。

9月18日—19日，全县蚕桑生产工作会议提出建立重点蚕桑基地乡镇、恢复发展蚕桑的《振兴余杭蚕桑业方案》。

9月上、中旬，阴雨不断，秋季低温（23℃）早来，影响杂交晚稻、早翻早及部分早熟晚粳稻抽穗扬花；给秋季蔬菜生产造成严重危害。

12月16日—20日，日本东京都立大学中本正智教授一行，经浙农大教授游修龄的推荐并陪同，专程到余杭县考查，为其日本水稻三千年前由海路传自中国江浙一带（良渚文化区）的论点寻找论据。

是年，浙江省推广高产模式百万亩粮田灾年夺丰收项目荣获1988年全国农牧渔业丰收奖一等奖。

是年，首次实施棉花模式栽培，全县推广面积1000亩。

是年，径山茶第三次蝉联杭州市冠军，“谷雨春”和“双径雨前”被浙江省农业厅正式定为省级名茶。

是年，余杭县商品瘦肉型猪基地通过首批验收，受到农业部表彰。

是年，早稻穗瘟流行。全县发病面积11.62万亩，占总面积的30.4%品种，以浙辐802为主，发病率在85%以上，平均穗发病率12.6%，损失率8.5%。同时，在余杭县已多年不造成危害的稻螟蛉突发，晚稻秧田期危害严重，发生面积10.59万亩。

1990年

3月9日，据浙江省农业厅种植业一站规划，余杭县被列入农业部南方14个省（市）亿亩水稻增产活动丰收计划实施县之一。

4月5日，潘板镇漕桥村等400多亩茶园遭到严重霜冻危害，影响高档茶的产量和质量。

5月14日，余杭县启动吨粮田工程建设。

6月8日，“径山茶”及“谷雨春”“双径雨前”茶通过浙江省农业厅复评，获合格证书。

6月12日，浙江省农业厅厅长赵小道在杭州市农业局副局长白长生等的陪同下，到余杭县良渚镇检查吨粮田工程建设实施情况。

7月4日—8月8日，全县46个乡（镇）480个村受旱，农作物受灾总面积33.26万亩。其中，成灾面积19.17万亩，绝收2.03万亩。因灾减产粮食671.29万公斤，因灾直接经济损失5842.77万元。

7月5日—26日，历时22天的高温干旱，使茶叶遭害，去冬今春发展的440.5亩新茶园有60%需重新补种。

7月11日，下午3时半左右和12日下午4时左右，长乐，舟枕、鸬鸟、长命、双溪、亭趾、博陆、五杭、乾元等乡（镇）先后遭到雷雨、大风、冰雹的突然袭击。长乐、舟枕、长命等地还夹降了30分钟左右的冰雹，给农作物造成严重损失。其中，早稻倒伏、严重落粒的面积达36581亩，损失程度二至八、九成不等；晚稻秧苗受损1000余亩；络麻倒伏7000多亩；折断竹木3万株；桑园折损400余亩；淋湿茶叶64.15万公斤，报废1万公斤以上。

8月8日—25日，全县发生历史上罕见的早秋蚕大面积杀虫双农药中毒事件，损失蚕茧10万余公斤。大井、星桥、翁梅、乔司、东塘5个乡镇损失均在50%以上。

10月，世界银行贷款发展淡水养鱼项目工程全面竣工。先后得到贷款154万个特别提款权，约为199.57万美元。

10月31日，因受台风影响，晚稻白叶枯病大发生。发生面积130056亩，枯死面积（折实）650余亩，总损失粮食41846吨。

12月10日，塘南乡成为杭州市第1个年产蚕茧超500吨（万担）乡镇，受到杭州市政府表彰。是日，余杭县畜牧兽医站在浙江省瘦肉型猪基地经验交流会上荣获农业部推广瘦肉型猪基地建设工作先进集体。

12月24日，余杭县首次在12个乡（镇）实施“三纲畈”面积1380.3亩，平均亩产1212.6公斤，完成预定计划和目标。

是年，11个计划创建吨粮的乡（镇）中已有塘南、东塘、云会、超山、宏磻、良渚、双桥、和睦，博陆、亭趾10个乡（镇）及3个村即临平镇横塘村、双林村、长命乡凤山村共9.36万亩粮田超过吨粮。此外，尚有沾桥、崇贤、塘栖、肇和、五杭5个乡（镇）及3个村共6.01万亩粮田年亩产也超吨粮。

是年，《振兴余杭蚕桑业方案》在下半年正式实施。入冬，全县种桑619万株。

是年，双桥、仓前、百丈等乡（镇）全年生产竹荪干品100余公斤，产值10万余元，成为省内最大的竹荪生产基地。

是年，余杭县水产技术推广站获农业部“全国农业科技推广年活动先进集体”奖。

1991年

1月26日，成立余杭县商品粮基地建设领导小组，县长程德鑫任组长。

1月，组织全县580个村开展财务会计工作“达标升级”活动。共确认三级单位26个村，达标单位266个村。

2月，余杭县被国务院授予“1990年度粮食生产先进单位”称号。

3月18日，余杭县被国家计委、农业部列为全国“八五”期间第一批商品粮建设基地县。总规划投资460万元，其中，国家为50%，省为15%，县为35%，分两年实施。1991年投资200万元。

3—6月，在春花作物生长期间和早稻生长前期，遇到了历史罕见的长期低温连阴雨。4个月中雨日多达69天，同比增加15天，日照只有430.8小时，同比减少37%。降雨量明显增加，且时空分布很不均匀。4—7月，瓶窑、临平、塘栖的总降雨量分别为816毫米、689毫米、594.5毫米。

4月26日，日本国宝千流煎茶道宗家姊崎有峰，由浙江省农业厅高级农艺师王家斌陪同，到径山考察径山寺、径山茶及茶道。

4月，在'91国际茶文化节上，“径山茶”被'91国际茶文化节组委会、浙江省人民政府和国家旅游总局评为中国文化名茶。

5月10日，首次在早稻实施“三高一稳”栽培技术。

5月30日，傍晚，临平、塘栖、余杭、瓶窑等局部地区遭受龙卷风、暴雨的袭击，持续时间约半小时，最大风力达9级以上，降雨量20毫米—25毫米。

5月，首次推广油菜大面积连片种植获得成功。

6月13日—14日，在主要河道水位较高的情况下，全县普降了80毫米左右的雨量，使河道水位猛涨，运河塘栖水位4.39米，苕溪瓶窑水位6.7米，使运河两岸农田普遍受涝。

7月上旬，全县遭受“7·5”洪涝，山区、半山区发生了局部山洪，平原地区普遍发生了严重内涝。7月2日—3日，全县普降了45毫米左右雨量，河道库塘基础水位较高。4日—6日，全县又普降大暴雨。从7月4日8时起的48小时内，四岭降雨128毫米，临平126.8毫米，其他各地都在100毫米以上，致使山塘水库普遍满库泄洪，河道水位猛涨，中苕溪北湖最高水位9.06米，苕溪瓶窑最高水位8.08米，运河塘栖最高水位4.69米，上塘河最高水位6.02米。由于受太湖水位顶托，嘉湖地区水位居高不下，致使本县水位回落十分缓慢，塘栖运河超4.5米的警戒水位持续了4天，超3.8米的起排水位从6月14日开始至7月21日，持续了38天之久，历史罕见。

7月13日—30日，上塘河灌区和部分山区、半山区发生了干旱。14日以后全县持续高温，特别是18日以后，钱塘江断汛，七堡闸无法引水，上塘河水位下降到4.2米，和睦港在建成20年来第一次发生局部干涸现象，乔司港、方桥港等河道无水可抽，旱情较为严重。同时，黄湖等山区、半山区也出现了较为严重的旱情。

7月26日，傍晚，太平、中桥乡遭受雷雨、大风和冰雹的袭击。最大风力在9级以上，使部分农作物、山林和民房遭受了损失。

8月5日—7日，瓶窑、塘栖、临平等地遭到大暴雨袭击，3天内降雨量100毫米左右，致使刚退到起排水位以下的运河水位又迅速上涨，塘栖最高水位又达4.27米，使运河两岸和彭公等地的农田普遍受涝。

9月3日，余杭县农业广播电视学校举行10周年校庆活动（实际成立时间为7月中旬）。

9月4日，浙江省农业厅副厅长吴章荣，到余杭县检查商品粮基地建设落实情况。

11月11日，印度尼西亚、尼泊尔、孟加拉国等国家农业专家一行，在国际水稻研究所瓦尔德赫特农学博士率领下，由中国水稻研究所费槐林陪同，到舟枕乡上湖村进行稻麦生产及农作物制度考察。

11 月 16 日，余杭县获农业部“七五”期间“全国渔业生产先进奖”称号。

11 月 20 日，日本北海道水稻专家原正市，到云会乡施家漾村传授旱地耐寒育秧和高产栽培技术。

11 月，“径山茶”及“谷雨春”“双径雨前”荣获国家科委“七五”星火成果博览会金奖。

12 月 27 日，余杭县参加浙江省首届名特优新农产品展销会的“小林姜粉”被评为畅销产品。

是年，塘南乡农机站荣获农业部授予的全国先进农机管理服务站称号。

1992 年

3 月 6 日，日本北海道水稻专家原正市，再次到余杭县水稻旱地育秧稀植栽培试点云会乡和县农科所，指导做好旱地育秧秧床及播种示范工作。

4 月 27 日，余杭县成为杭州地区首家实现农村电气化县。

4 月中旬，开展撤区扩镇并乡工作，到 5 月下旬结束，全县撤销 5 个区、扩并 23 个镇乡、新建 3 个镇乡，共设 23 个镇、7 个乡建制。

6 月 12 日，余杭县首家畜禽医院开业。此后，余杭、塘栖地区也相继成立了畜禽医院。

6 月 18 日，浙江省农业厅优质农产品开发中心农业基地部科长傅孝忠等一行，到余杭县检查商品粮基地建设。县委书记刘永根、副县长唐维生等陪同听取了县商品粮基地建设办公室工作汇报。

6 月，余杭县双溪镇泗岭村出产的“泗岭高绿”，在首届浙江省优质茶评比会上，名列所评出的省级优质茶中 12 只高级炒青绿茶类榜首。

7 月 22 日，余杭县首次引进的水稻旱地育秧稀植栽培技术在云会乡、余杭镇和县农科所试验成功。

7 月 27 日，浙江省副省长许行贯、杭州市副市长王良仟等一行，到余杭县农科所视察早籼优质米新品种。

7 月，余杭县农业局撰写的《径山茶》《谷雨春》《双径雨前》3 篇名茶介绍，编入了由上海科技出版社出版的《浙江名茶志》。

9 月 22 日晚至 24 日晨，余杭县遭 19 号台风的袭击。全县普降暴雨，部分地区大暴雨，过程降雨量普遍在 100 毫米以上，最大的达 160 毫米，加上青山水库大流量泄洪，致使河道水位急剧上涨，苕溪超过警戒水位，9 月 23 日夜，瓶窑最高水位达 8.06 米，余杭达 9.04 米，24 日下午，运河水位达 4.2 米。这次台风暴雨袭击时间长、雨量大，全县普遍受灾，损失严重，其中百丈、鸬鸟、黄湖、彭公、中泰、闲林等镇乡损失更为严重。据统计，在这次台风中，全县 20.98 万亩晚稻受淹倒伏，5 万余亩棉花、络麻、甘蔗、蔬菜等经济作物倒伏折断；3490 亩鱼塘淹没，其中 1860 亩严重逃鱼；55 处，9006 米堤塘决口，24 座堰坝、4 座机埠、6 座桥梁、2 座山塘、40 余亩农田被冲毁。

是年，全县柑橘因受去冬严重冻害，被毁 597 亩，剩余的 2310 亩柑橘产量骤减 72.64%。

1993 年

1 月 1 日,余杭县开始放开粮食购销和价格,取消国家粮食定购任务,粮食敞开供应,不再使用粮票。

2 月 18 日,杭州市政府召开 1992 年度享受国家特殊津贴科技人员表彰会。余杭县农科所所长范忠信成为县内第一个被评为有突出贡献和享受国家特殊津贴的科技人员。

2 月,自 1979 年开始历时 10 余年的调查,超山梅林衰败的原因终有定论,即主要缘由是氟化物污染所致。

3 月 26 日,余杭县政府印发《关于"吨优千"工程实施规划》的通知,规划从 1993 年至 1995 年全县实施"吨粮,优质、千元"工程建设,面积 20 万亩。是日,制定建立优质米开发示范基地计划。在重点产粮乡镇共推广早稻优质米面积 2 万余亩,并基本实现种植、收购、加工一条龙。

7 月 22 日,农业部畜牧司种畜场管理处处长王文儒等一行,到余杭湖羊场考察了解湖羊保种培育情况。

8 月 2 日,余杭县首次在临平镇万陈村试种"蜜枚无籽 1 号"无籽西瓜新品种获得成功。

9 月 13 日—10 月 21 日,农业部秋季蹲点调查浙江余杭小组一行 4 人(徐文海、周允将、陶亮、谢建民),在综合计划司副司长徐文海带领下,采取分片座谈、实地考察、下乡调查等形式,对余杭县农业和农村经济发展基本情况、农业服务体系建设、农业法规的宣传贯彻情况、乡镇企业转换机制与优化结构、商品粮基地县建设工作等方面开展全面、深入、细致调研。

9 月,第一批商品粮基地建设县建设项目从 1991 年 8 月开始,到 1993 年 8 月止,按要求已基本完成,实际投资总额 847.84 万元,为原计划额的 184.3%,其中国家投资 460 万元。

12 月 30 日,余杭县乡镇畜牧兽医人员首次技术考核、技术职称申报和评审工作完成,评定助理兽医师、兽医技术员、助理畜牧师、畜牧技术员等共 99 人。

1994 年

1 月 18 日,第二届全国农村综合实力百强县信息发布会在北京举行,余杭县位居百强县第 36 位。

2 月 10 日,省委书记李泽民等省、市领导到中泰乡南头村种粮大户汪寿洪家拜年。

4 月 5 日,经国务院批准,民政部批复同意余杭撤县设市。

4 月 5 日—6 月 24 日、9 月 17 日—10 月 27 日,农业部浙江蹲点调查组余杭小组一行在综合计划司副司长刘增胜率领下,分别于春、秋两季对余杭市进行为期 4 个多月的蹲点调查。并与余杭市委、市政府及市各有关部门建立资料交换制度,实现了调查小组和市级各部门的横向信息交流。

6 月 8 日以来,余杭市各地普降大到暴雨,到 13 日,全市普遍降雨量达 250 毫米,最高达 320 毫米。由于暴雨历时短,雨量集中,导致河道水位猛涨,东苕溪瓶窑洪峰水位 7.6 米,余杭洪峰水位达 8.75 米,运河水位 4.53 米,均超过警戒水位,以致造成严重内涝。全市农田内涝面积 32 万亩,其中,受淹单季晚稻秧田 1.2 万亩,早稻 5 万多亩;还有 2 万余亩经济作物受淹。

6 月 24 日以来,因天气持续高温少雨,余杭市较大范围发生旱情。从 7 月 20 日至 7 月底,受旱 8.27 万亩,其中,水田 6.17 万亩,旱地 2.1 万亩;已种晚稻田晒白开裂 2.41 万亩,枯苗死苗

1.1 万亩,无法插种的晚稻 1.03 万亩。旱灾造成农业直接经济损失 1174 万元,其中,粮食作物 934 万元,经济作物 240 万元。

6 月 24 日,高温天气开始,直至 8 月 31 日,连续达 69 天。9 月 1 日—10 日,仍以晴热天气为主。9 月 1 日,虽有 18 号台风形成,但对浙江省影响不大,气温未见下降。高温加晴热天气持续 79 天之久,实属罕见。9 月 11 日开始降温。

6 月 29 日—30 日,余杭市商品粮基地建设项目通过国家验收。

7 月 7 日,余杭市被列入国家扶持商品粮、棉大县发展经济项目计划。

7 月 16 日下午 4 时,中泰、余杭、仓前、长乐、五杭、博陆等镇乡遭受龙卷风和特大暴雨袭击。此次龙卷风风力达 10 级以上,暴雨持续时间 1 小时以上,给农业生产带来极大损失。据实地调查统计,即将收割的 5.5 万亩早稻倒伏,落粒严重,每亩损失稻谷约 150 公斤,合计损失粮食 8250 吨; 已插单季晚稻、连作晚稻和连晚秧田受灾面积分别为 1.71 万亩、1.72 万亩和 0.55 万亩。总计粮田受灾面积 9.48 万亩。

1995 年

3 月 16 日,受联合国粮农组织委派,国际原子能机构查尔斯·普鲁克博士,在浙江农业大学校长教授夏英武教授陪同下,到余杭市考察粮食育种情况。

3 月 20 日—6 月 28 日,在 3 个多月中雨天 42 天,阴天 20 天,阴雨天比例占 65%。

4 月 5 日—5 月 18 日、9 月 15 日—10 月 24 日,农业部浙江蹲点调查组余杭小组在综合计划副司长司薛亮一行,分春、秋两季对余杭市进行蹲点调查。调查组深入乡镇、村、户,从各方面了解农民关心和需要的是什么,了解和反映农村、农业的真实情况和问题。

6 月 20 日以来,余杭市普降大雨,局部地区大到暴雨,各地降雨量普遍达到 180 毫米以上,最大的达 250 毫米,造成“6·25”洪涝灾害。20 余万亩早稻不同程度地受淹,其中受淹 2 天以上需重播出有 1447 亩。

6 月 28 日,浙江省农业厅厅长赵宗英等一行,到余杭市视察农业生产,了解农业工作情况。

7 月 6 日,余杭市遭受暴雨袭击,致使早稻受淹 14.12 万亩,内涝无法排出的 1.91 万亩,对早稻生长极为不利。

7 月 8 日—9 月 8 日,高温干热天气达 63 天。

8 月 5 日,余杭市被农业部列入“八五”期间第三批巩固完善商品粮基地 1995 年基本建设投资计划,总投资 100 万元。其中,中央拨款 40 万元,分两年实施。

9 月起, 全市 21 个镇乡的 379 个村全面推行按人口分配口粮田, 按劳动力划分责任田的“双田制”,实行口粮田、责任田分离。年底全面推行。

10 月 31 日,中国农村评价中心评定出中国综合实力百强县,余杭市位居第 40 位。

11 月 18 日,“吨优千”工程实施和推广项目通过以浙农大育种专家夏英武教授为首的专家鉴定,被评为浙江省领先。1995 年是实施“吨优千”工程建设项目的最后一年,三年(1993—1995)累计“吨优千”工程实施面积 22351 亩,其中 1995 年实施面积 12510 亩,比计划增 25.1%;三年累计“吨优千”工程带动推广面积 26.4 万亩,其中 1995 年带动推广面积 13 万亩。

12 月中旬,余杭市通过浙江省小康县(市)考核验收组的考核验收,进入浙江省首批小康县(市)行列。

1996 年

1 月 13 日，浙江省、杭州市“八五”农村改水考核团作出综合评价：余杭市达到杭州市“八五”改水先进标准。

1 月 16 日，浙江省农业厅授予余杭市农业局“1995 年度农业工作先进集体”称号。

2 月 8 日，余杭镇上湖村种粮农民兰兆祥被团中央、国家科委评为“全国青年星火带头人”。

3 月 9 日，参加浙江省委、省政府召开的全省粮食作物轻型栽培技术现场会的浙江省委常委、副省长刘锡荣等与会领导，参观余杭镇上湖村抛秧现场。同日，首次引进的太湖 2ZPY-C 型水稻抛秧机在千亩机 680 亩试验示范基地——余杭镇上湖村进行演示，上湖村金年早、晚稻实施机械抛栽面积 680 亩。余杭市机抛面积 2480 亩。

3 月，余杭市被列为浙江省 11 个粮食作物轻型栽培技术推广重点市（县）。

4 月 8 日开始，连续 8 天出现日平均气温低于 11℃的“倒春寒”竹天气，致使春花成熟期推迟，大、小麦抽穗期比上年推迟 7 天—10 天，油菜抽苔期比上年推迟 7 天—10 天左右。

4 月 10 日，浙江省委副书记卢展工、省政府副秘书长王良仟等一行，检查余杭市春耕备耕工作。

5 月 9 日，据《浙江省人民政府关于扩大杭州市区行政区域的批复》：三墩镇划归杭州市西湖区管辖，九堡镇、下沙乡（包括围垦区）划归杭州市江干区管辖。

6 月 28 日，国际粮农组织美籍专家查理斯·勃朗克博士等一行，考察余杭市农科所与浙农大协作选育的早稻新品种“浙辐 504”等新品系。

6 月 29 日傍晚以来，余杭市连降暴雨，造成“6·30”洪涝灾害。据统计，受淹农田 50 多万亩，受灾面积 43 万亩，23.6 万亩早稻成灾，其中绝收早稻面积 4.7 万亩，需重插单季稻面积 2.3 万亩，重播连作晚稻秧田面积 2.5 万亩，预计损失粮食 3.1 万吨；受淹受损经济作物面积 15 万亩，其中绝收蔬菜面积 4 万亩，络麻、甘蔗等经济作物绝收面积 2 万亩；冲毁淹没鱼塘面积 3.2 万亩；死亡牲畜 4 万头、家禽 5 万多羽。农牧渔业直接经济损失 1.6 亿元。

7 月 1 日—8 日，余杭市种子公司先后从嘉兴、嘉善、平湖、上虞、桐乡、海宁、宁海和浙江省种子公司等地紧急调入救灾用种 233861 公斤，降价亏本供应灾区。并为方便灾民及时提种，公司还赊账供种 103329 公斤（金额 25.65 万元）。同时，还派出科技人员等深入灾区指导帮助，对重灾区实行送种下乡下村，各供种点均全天候服务。

7 月 5 日，农业部抗灾救灾工作组和国家防汛总指挥部工作组受国务院委托，分别来余杭市视察“6·30”洪涝灾情。农业部工作组由农业司副司长王智才带队，在浙江省农业厅厅长赵宗英等陪同下，察看了瓶窑张堰村、彭公石濑村、潘板袁家桥村、余杭湖羊场、南湖农场，西险大塘乌龙涧等灾情严重地区。下午，水利部水文司副司长刘雅鸣带领国家防汛指挥部工作组，在浙江省水利厅等领导陪同下，到西险大塘和北湖草荡察看灾情。是日，浙江省副省长鲁松庭带领省级机关有关部门领导到灾区指导余杭市抗灾救灾工作，并慰问灾区人民。

7 月 21 日 16 时左右，云会、仓前、崇贤、良渚、獐山、五常、余杭、东塘、安溪、闲林 10 个镇乡，遭到持续时间达 1 小时的冰雹、暴风雨袭击。冰雹大如鸡蛋，小如蚕豆，造成 6.9 万亩早稻倒伏，减产 1217 万公斤。

8 月 18 日 14 时 40 分至 17 时 30 分，百丈镇遭到特大暴雨袭击后，黄湖、双溪等地也于 22

日 21 时至 23 时遭受暴雨侵袭。这两次暴雨降雨量分别高达 102 毫米、130 毫米。这次特大暴雨时间短、力度强、来势猛，使百丈镇 5 个村、黄湖镇 11 个村及双溪等地水位剧涨、洪水泛滥，部分地方出现山体滑坡、山洪暴发，直接经济损失达 24 万元。

9 月 24 日—28 日，国家科委在北京举办星火计划实施十周年暨“八五”农业科技攻关成果博览会。余杭市农科所参展的“播一次种，收二季稻，稳产高产的再生稻技术”被国家科委评为优秀项目奖。

11 月 1 日下午，中共中央政治局委员、国务院副总理姜春云和中央有关部委负责人一行，在浙江省委书记李泽民、副省长刘锡荣，杭州市委书记李金明等陪同下，到余杭市良渚镇仰家塘村视察了解粮食生产、收购工作情况。

是年，鸬鸟镇水蜜梨基地初具规模。已高标准建立水蜜梨基地 350 亩，水蜜桃基地 150 亩，青梅基地 250 亩。其中，水蜜梨效益最高，1996 年 190 亩初投产，平均亩产 421 公斤，亩均值达 1263 元，栽梨已成为该镇农民的热点。

是年，以“一乡一品”为特色的甲鱼、鲈(鳜)鱼、青(沼)虾、黑鱼等名特水产专养基地框架已形成。基地面积 2435 亩，全年生产名特水产品 500.95 吨。

1997 年

1 月 7 日，余杭市农业局召开粮食生产发展研讨会。浙江省农业厅总农艺师马岳、中国水稻所研究员费槐林、浙江省农科院研究员丁贤洁等领导、专家到会指导，会议就稳定发展余杭市粮食生产进行讨论，提出了建设性意见。

3 月 1 日，浙江省首例地方(余杭市)农业标准《径山茶》(DB0125.001—1997)标准正式发布，3 月 30 日开始实施。

3 月 4 日，浙江省暨杭州市农民科技日、科技下乡活动在余杭镇举行。这次活动是根据浙江省委宣传部的统一部署，由浙江省农业厅、浙江省农学会、杭州市农业局、杭州市农学会和余杭市农业局联合主办，浙江农业大学、浙江省农科院、中国水稻研究所协办。共有 50 余名专家和部分农技专业人员参与，并带了农业科技成果近百项，数千份(册)的图书资料和 10 多部农科教录像片，近 2000 余名农民参加了活动。浙江省委常委、副省长刘锡荣，浙江省农业厅副厅长谢力群，杭州市委常委、常务副市长马时雍等领导出席开幕式并致辞。活动将农业科技知识的传播、普及与农业新技术的推广、新品种的咨询、供应和现场示范有机地结合起来，收到良好效果。

6 月 2 日，在浙江省第十二届名茶和机制名优茶评比会上，余杭市开发的“娘娘山茶”获浙江省名茶证书。

7 月 6 日 8 时—11 日 8 时，余杭市持续 6 天普降大到暴雨，平均降雨量 250 毫米，其中临平地区达大暴雨程度，总降雨量高达 408 毫米。东苕溪、大运河、上塘河均超出警戒水位。据不完全统计，共受淹农田 40 万亩，其中，早稻成灾 5.12 万亩，需重插单季晚稻 1630 亩，重播连晚秧田 1540 亩，经济作物成灾 3.56 万亩；鱼塘没顶 1.30 万亩；损毁水利工程 194 处，堤塘决口 92 处，长度 1582 米。临平、塘栖等城镇部分城区严重积水，影响居民、企业正常生产和生活秩序。

8 月 18 日晚 10 时左右，11 号台风在温岭一带登陆，余杭市遭受严重影响，出现了暴雨和强风，18 日下午至 19 日夜里最大风速达 28 米/秒（10 级），是继 1956 年 12 号台风，1988 年 7

号台风后对余杭影响最严重的一次。据不完全统计，受淹受损农作物面积 22 万亩，其中成灾晚稻 3.6 万亩，经济作物 5 万亩，绝收晚稻和蔬菜等农作物近 8 万亩；毁坏粮田 2000 多亩，死亡牲畜 5200 头(只)，农业直接经济损失 4010 万元。

10 月 27 日，由农业部主办，国家科委、国内贸易部等单位协办的第三届中国农业博览会在北京落幕，余杭市选送的古钟牌径山茶被评定为名牌产品。

10 月，余杭市在乔司镇学稼村首次推广蔬菜微型喷灌和深井滴灌等新型园艺设施。

12 月，平均气温 7.3℃，比常年高 0.9℃；出现了历史少有的气温偏高，降水偏多，日照特少的烂冬天气，使余杭市遭受了罕见的冬汛。月降水量达 11.1 毫米，居历史第三位，为常年的 2.4 倍，月雨日 16 天；日照时数偏少，其中下旬无日照，月日照总时数 50.5 小时，为历史最少。各地河水上涨，农田积水严重，雨里种、雨里长的春粮和油菜出现死苗、烂根等现象，对农业生产很不利。

1998 年

1 月 22 日—23 日，普降大到暴雪，雪深达 20 厘米—27 厘米，为 1984 年来最大一场雪。3 月 19 日—20 日，又受罕见的寒潮影响，出现了大风、霰(雪子)、冰粒和雨雪天气，不时还有闪电雷声，气温普遍下降 14℃—16℃，最低气温在 0℃—2℃(这是自 1951 年有正规气象记录以后 3 月下旬的最低气温记录)，积雪深度 3 厘米。这两场雪使春粮、油菜、茶叶、桑树、果树等受害严重，给农作物的产量和品质带到不利影响。

1 月 25 日，余杭市农业局被浙江省农业厅评为 1997 年度农业工作先进集体。

2 月中旬，上年 11 月中旬起，降水 575.6 毫米，比常年增加 370.3 毫米，雨日数 61 天，比常年增加 26.2 天(仅 1998 年 1 月降水就高达 206.6 毫米，居历史第二位，为常年的 3.2 倍，雨日 19 天)，均创历史最高纪录；日照总时数 282.5 小时，比常年少 36.5 小时(1997 年 12 月下旬无日照)；平均气温 6.8℃，比常年偏高 1.5℃，这种阴雨寡照气温高的天气条件，造成春粮、油菜长势差，影响了品质和产量。

3 月 20 日，余杭市农业局被农业部评为 1997 年农业基点调查工作先进单位。

3 月—5 月，“卖猪难” 波及余杭市。据统计，全市 3 月底生猪存栏 11.64 万头，同比增长 33.9%，且外地活猪大量调入，使活猪收购价大跌，每 50 公斤毛猪跌到 300 元左右，同比下跌 25%。余杭市政府及时采取疏通地产猪收购渠道，优先屠宰地产猪等措施稳定了猪价。

4 月 3 日，杭州市委副书记虞荣仁、市委常委管竹苗、副市长安子云等一行，检查余杭市春耕备耕情况。

4 月 21 日，余杭市委、市政府与中国茶叶学会联合在径山举行纪念径山茶恢复开发 20 周年暨新闻界联谊会活动。

8 月，气温特高，降水特少，出现了持续高温晴热和强降温天气。月平均气温 29.5℃，比常年偏高 1.5℃；月极端最高气温 38.6℃(出现在 15 日)。8 月上中旬持续高温，旬平均气温分别为 30.9℃和 31.3℃，各居历年的第二、第三位，超过 35℃的高温天数多达 18 天，其中 8 日—17 日的日极端最高气温均在 37℃以上，并有 6 天超过 38℃，为历年之首；下旬受北方强冷空气的影响，气温急剧下降，日平均气温由 23 日的 31.9℃下降到 30 日的 21.1℃，过程降温达 10.8℃。

11 月 19 日，以阪下利茶为团长的日本福井市日中友好农业渔业代表访华团，在余杭市市长何关新等陪同下考察博陆镇黑鱼专养情况。

11月20日，农业部部长陈耀邦在浙江省农业厅厅长赵宗英、省乡镇企业局局长钱信洁、杭州市副市长安志云等陪同下，到余杭市考察指导工作，并与市有关部门进行座谈。是日，浙江省计划与经济委员会、省人民政府农村工作办公室公布366只农产品为首批省级优质农产品。其中，余杭市选送的蓝亿健牌螺旋藻胶囊（片）、古钟牌径山茶获金奖，博陆墨鱼、塘栖枇杷获银奖。

12月31日，境内第一条高等级县乡公路——新临博公路竣工通车。该公路全长近6公里，途经临平、亭趾、五杭、博陆4个镇。

是年，鸬鸟镇在坡地上扩大优质梨园830亩，成活率达99.3%。全镇梨园总面积达1330亩，成为余杭市最大的优质梨基地。

1999年

1月18日，余杭市农业局被浙江省农业厅评为1998年度农业工作先进集体。

3月3日，日本梨专家中田隆人、金子友昭等一行，到鸬鸟镇生态实验场、横山村、前庄村梨园辅导梨栽培先进技术。

5月23日，首届中国塘栖枇杷节开幕。

6月15日，中泰乡遭受了历史上罕见的特大暴雨，24小时降水量143毫米，造成山洪暴发。全乡24个村均不同程度受灾，农户进水2137户，紧急转移1980人。粮食作物受损13530亩，其中绝收2175亩；经济作物受损2115亩，其中绝收525亩。砂石堆积损坏粮田1170亩，死亡畜禽1.6万头，鱼塘受损631亩。这次暴雨造成的洪灾也使全市39346亩早稻和12320亩直播单季晚稻、5115亩单季晚稻秧田受淹。

6月23日晚以来，余杭市普降暴雨，持续时间之长，降水量之大，河道水位之高，受灾面积之广，损失之惨重，为历史所罕见，超过1996年“6·30”洪灾的受灾程度。至7月1日18时止，平均降水量达420毫米，局部地区高达476毫米；东苕溪瓶窑水位最高达9.18米，比1996年“6·30”洪水高出0.11米，运河塘栖水位最高达5.48米，比1996年“6·30”洪水高出0.26米，均超过历史最高水位。为确保西险大塘和省城杭州的安全，余杭市北湖和南湖滞洪区先后于6月25日18时45分、7月1日8时47分开闸分洪。这次特大洪灾给工农业生产和人民群众生命财产安全带来了极大的危害，损失特别惨重。据统计，农作物受灾面积47.02万亩，其中绝收16.14万亩（粮食9.88万亩，经济作物6.26万亩），毁坏耕地2.35万亩；淹死畜禽14.30万头，淡水鱼损失4.9万亩，“6·30”洪灾造成的农业直接经济损失4.13亿元。

6月28日—7月5日，余杭市种子公司分别从嘉兴、湖州、杭州、宁波、绍兴等地区的16个种子公司抢调各类救灾种子16.80万公斤，加上原有自备的种子，共落实救灾种子24.24万公斤，供应21.20万公斤。

6月，余杭市渔政站对外荡水域首次实施大规模夏花增殖工作。共投放夏花1330万尾，有20余个外荡生产单位受益。

7月3日，浙江省政府副秘书长、省农办主任王良仟率省农业厅、省水产局、省农科院、浙江大学、中国水稻研究所、杭州市农业局等单位农业专家、技术干部等一行，到余杭市帮助指导“6·30”洪灾的抗洪救灾工作。

9月23日—28日，1999年中国国际农业博览会在北京举行，“古钟牌”径山茶、“蓝亿健”螺旋藻、“超山牌”话梅等5种农产品获“中国国际农业博览会名牌产品”称号。

9月，浙江省人民政府颁发证书，认定余杭市古钟牌径山茶为浙江省农业名牌产品。径山茶生产基地面积达7310亩，产量5万公斤，产值1100万元，分别比1997年增长4.7万公斤和1000万元。

10月25日—27日，全国农业“三元结构”项目审核会议在余杭市召开。

11月10日，浙江省地方标准《径山茶》(DB33/257—1999)由浙江省质量技术监督局发布，该标准包括栽培技术、鲜叶和加工工艺技术、商品茶三部分，填补了余杭农产品无系列标准化空白。

是日，崇贤镇农民沈洪奎30万元购买“三家村”藕粉注册商标。

12月3日，“山区稻麦两熟高产高效技术”和“粳型杂交水稻制种技术”通过验收。

2000年

2月17日，余杭市农业局被浙江省农业厅评为“1999年度农业工作先进集体”。

2月21日，中共中央政治局常委、全国政协主席李瑞环到余杭市作“三讲”教育动员讲话。此前，李瑞环到博陆镇螺蛳桥村视察。

3月，余杭市第一家茶叶专业市场——江南名茶市场在闲林镇开业。年茶叶交易量达3000吨，交易额1.2亿元，实现三产增值1600万元。

3月下旬至5月中旬，持续了较长时间的晴热少雨天气，出现了少有的春旱天气。气温持续偏高。特别是5月气温明显偏高，降水偏少，平均气温22.7℃，居历史第三位，月最高气温34.2C。月降水量82.6毫米，不到常年一半，比上年少近五成，其中中旬仅1.7毫米，为有记录以来最少。5月10日，经余杭市政府协调，并由国家工商局8月28日正式核准，将原余杭市特产公司使用于茶叶类商品上的杭州市著名商标“径山”牌商标有偿转让给余杭市径山茶业管理协会。

5月22日，杭州市、余杭市及各镇乡三级“双思”(致富思源、富而思进)教育工作组共1593名干部进村入户到企业，展开为期一个月的“双思”教育。

7月20日，农业部、国家农业综合开发办公室批准余杭市为国家级秸秆养羊示范项目实施县(市)。

8月17日，在鸬鸟镇举办余杭市首届梨王赛。33个样品参评，杭州地区有40余个样品参展。最后，由专家评选出鸬鸟镇横山村赵祖根参评的一个重872克的梨为梨王。

8月，传统名牌“三家村藕粉”被评为杭州市著名商标，并获得2000年度杭州市优质农产品金奖。

11月10日，在2000年西湖博览会中国杭州旅游交易评比会上，由余杭市科政玉艺工艺美术品有限公司提供的“三家村”藕粉等3个产品被评为铜奖。

11月12日，余杭市首家土地股份合作制企业在乔司镇泥桥村成立。

2001年

1月5日，余杭镇上湖村“上湖现代农业科技园区”通过省级鉴定。

2月6日，博陆镇被命名为“浙江省黑鱼之乡”，亭趾镇被命名为“浙江省甲鱼之乡”。

3月9日，经国务院同意，浙江省政府批复，撤销县级余杭市，设立杭州市余杭区。以原县级余杭市区域为余杭区的行政区域。区人民政府驻临平镇。

7月，杭州余杭天龙茶叶有限公司生产的“虎跑春竹”茶获第三届国际名茶金奖。

8月1日—15日，组织参加中国长春国际农业食品博览会。余杭区的“野天羽”酱鸭、“三家村”藕粉等6个农产品获名牌产品称号。

8月8日，余杭区实行镇乡行政区域调整，全区辖14个镇、1个乡和4个街道。

8月13日，国家质量监督总局批准余杭区本牌中华鳖管理协会承担国家级万亩本牌中华鳖标准化示范区项目，本项目在甲鱼生产上是全国首次列项。

9月11日，浙江省委书记张德江等一行，到博陆黑鱼园区视察余杭区黑鱼产业发展情况。

10月10日，在崇贤、黄湖镇开展村会计代理制试点，率先建立村级财务会计服务中心。

10月15日，余杭区农业高效特色园区工程正式启动，首批11个农业特色园区建设项目批准立项，总面积16763亩，总投资5382万元。

10月27日，区省级现代农业示范中心建成，并通过省级验收。

11月7日—12日，组织参加2001年中国国际农业博览会。余杭的“古钟牌”径山茶、“超山牌”话梅、“本牌”中华鳖、“玉鼎牌”大米、“临平牌”红烧羊肉等6个产品获名牌产品。

11月30日—12月3日，组织参加2001年中国浙江国际农博会。余杭的“古钟牌”径山茶、“本牌”中华鳖、“径山牌”水煮笋被评为金奖，“三家村”藕粉等5个农产品被评为银奖。

2002年

3月8日，对余杭城区实行统一集中屠宰检疫。

4月16日，首届中国茶圣节在径山镇举行。并由余杭区农业局为主组织进行了径山茶王赛。

5月8—10日，在2002年中国精品名茶博览会上，“古钟牌”径山茶被评为金奖。

6月30日，全面推行村会计代理制。全区22个镇乡(街道)及开发区等单位都建立了村会计服务中心，505个村的财务都纳入了会计服务中心管理。

7月1日，全面实行生猪免疫标识制度。凡出售、屠宰的生猪，必须凭统一的免疫耳标和免疫证明。

7月27日，在浙江省优质早熟梨评比会上，余杭区选送的5个早熟梨品种全部获奖。其中“天堂鸟牌”新世纪梨获金奖，开创了余杭梨获省级金奖先例。

8月14日，挪威农业大学Trond Storebekken教授等一行，到余杭区参观考察新科养殖有限公司、千亩黑鱼养殖园区、区黑鱼研究所、南苑农业开发有限公司等水产养殖场所。

9月11日，省林业厅授予径山镇“浙江省茶叶之乡”称号。

9月24日，中国科学院、中国工程院的6位院士等一行组成的中科院咨询调研项目考察团，在中科院地学部主任孙枢院士率领下，到五常西坝考察生态村建设情况。杭州市副市长孙景森等陪同考察。

10月25日，杭州市委副书记于辉达等一行，在余杭区区长何关新等陪同下，参观了区农科所的大棚生产。

10月26日，余杭高新农业开发区建成开园。

10月25日—28日，余杭区举行海峡两岸都市农业发展研讨会。

11月30日—12月4日，组织参加浙江省农业博览会。“径山牌”水煮笋、“三家村”藕粉系列、“本牌”中华鳖、“径山牌”和“古钟牌”径山茶、“临平牌”红烧羊肉、“玉鼎”优质大米等6个农产品获金奖。

12月6日，“本牌”中华鳖、“中华牌”径山茶和“临平牌”红烧羊肉通过浙江省绿色农产品认定委员会认证，成为省级绿色农产品。

2003年

1月，余杭区委农办、区农业局被浙江省委、省政府评为“百乡扶贫攻坚”挂钩扶贫先进单位；被农业部评为2002年度先进基金调查县（区）。被浙江省农业厅评为2002年度农业工作先进集体。

2月14日，国家工商局正式核准注册径山茶原产地证明商标。

2月26日，杭州大麓茶业有限公司生产的“大麓牌系列茶”通过国际标准验证，成为余杭区首列采用国际标准的农产品。

4月1日，国家级“粮经饲”三元结构种植试点项目通过验收。

4月11日—14日，径山茶参加在上海举行的中国精品名茶博览会，并获博览会金奖。

4月15日，浙江省委书记、省人大常委会主任习近平，在省、市领导周国富、王国平等陪同下，到余杭区调研“三农”工作，实地考察区高新农业开发区、仁和镇夏家桥花卉苗木园区、运河镇黑鱼养殖基地。余杭区委书记何关新就余杭区经济社会发展现状及农业农村工作情况作了汇报。

7月30日，杭州市农业局局长邵银泽等一行，对顺丰祥禽蛋专业合作社进行调研。

8月26日，杭州市“百千”工程领导小组办公室副主任、市农办副主任徐纪林等一行，到余杭区指导“十村示范、百村整治”工作。

8月，在仓前镇进行村规模调整试点工作。

9月17日，浙江省农业厅副厅长朱志泉率专家指导组，到余杭高新农业开发区检查指导。

9月29日，村规模调整工作基本结束。

10月15日，全区各村集体资产移交工作基本完成，新村开始正常运作。

11月28日—12月2日，2003年浙江省农业博览会举行。余杭的三家村藕粉、临平红烧羊肉、古钟径山茶、本牌中华鳖、万隆香肠、天堂鸟蜜梨、髻仔种獭兔等7个农产品获金奖；径山玉笋、申乐蒸青菜、玉鼎大米获银奖；另有8个产品获优胜奖，创下历届农博会获奖产品之最。

11月，余杭区获浙江省茶树良种先进县（区）称号。

12月2日，余杭区区长刘庆龙等一行，到农办、农业局调研农业农村工作。

12月31日，浙江省农业技术推广基金会会长、原常务副省长许行贯等一行，到余杭区就稻鸭共育技术推广应用等问题开展重点调研。

2004年

1月7日，由杭州市农业局、余杭区农业局牵头组织的科技下乡活动在运河镇举行。来自市、区各相关部门的40余名农业科技人员及专家到现场开展咨询活动。

1月9日，余杭区农业局被浙江省农业厅评为2003年度农业工作先进集体。

2月26日，全国防治禽流感指挥部检疫监管组组长、国家质量监督检疫总局局长李长江，在浙江省委常委、常务副省长章猛进等的陪同下，到杭州华东家禽交易中心有限公司进行实地考察指导市场经营和防控禽流感工作。

2月，杭州新天利特种水产有限公司在余杭区首次引进鳗鲡池塘养殖获得成功。

3月7日，杭州市委常委、组织部部长王金财等一行，到余杭高新农业示范中心进行调研。

3月17日，国家质检总局批准余杭区对塘栖枇杷原产地域产品保护的申请。

3月23日，余杭区委副书记许明等一行，到区委农办、区农业局调研“三农”工作。

4月15日，余杭区政府下发《关于实施农民素质教育工程的意见》，全区的农民素质教育工程全面启动。

4月，经过2年的引种饲养试验，无偿援助西藏那曲地区进行浙江湖羊在高海拔缺氧气候条件下的生产适应性研究获得成功。

5月4日，浙江省农业厅副厅长赵利民等一行，到余杭区检查春耕备耕工作。

5月20日，余杭区政府在浙江世贸中心举办塘栖枇杷原产地域产品保护新闻发布会暨2004中国塘栖枇杷节开幕式。

5月27日，在浙江省农业厅召开的浙江省十大名茶新闻发布会上传出喜讯：余杭区的径山茶喜获浙江省十大名茶称号。

6月10日，余杭区委书记何关新等一行，到区委农办、区农业局调研“三农”工作。

6月，全区规模调整村村经联社换届选举工作基本结束。

7月11日，浙江省委副秘书长、省农办主任王良仟等一行，到余杭区调研“三农”工作。

7月14日，全区规模调整村已全部选举产生了新一届村委会班子。

7月22日，浙江省农业厅农作局局长孙建等一行，到余杭区视察早稻生产情况。

7月，全面开展农村二轮土地承包完善工作。

8月2日，径山镇村民在径山村九龙瀑的水塘中发现晶莹透明、呈伞状的小生物。经鉴定，为世界濒危野生动物桃花水母。这是余杭首次发现被称为“水中大熊猫”的桃花水母。

8月5日，杭州市农业局副局长张振华等一行，到浙江蓝天生态鳖养殖示范园区，就园区建设进行检查指导。

8月28日，农业部渔业局政策法规处处长栗倩云等一行，专程到余杭区考察水产示范园区及专业合作社组织建设情况。

9月21日，浙江省农机管理局副局长蔡立民等一行，到余杭区调研农机培训工作。

9月24日，浙江省首届湖羊赛羊会在桐乡市举办，杭州余杭宏发食品厂湖羊场、塘栖镇柴家坞村姚家湾湖羊场、浙江余杭湖羊场饲养的3个湖羊种公羊荣获二等奖。

9月28日，农业部农村经济研究中心副主任关瑞捷等一行，到余杭区调研农产品行业协会工作情况。

10月25日，杭州新天利特种水产有限公司起水的2.5吨成鳗出口韩国。

10月26日，浙江省委副秘书长、省农办主任王良仟等一行，到余杭区调研“三农”工作。

10月，北京恒德企业集团董事长施明德等一行，专程到余杭区考察甲鱼产业，就“余杭甲鱼进京,创国家级品牌”项目与区有关部门及企业进行了商谈。

11 月 2 日,参加“杭台”农业生物科技对接洽谈会的台湾农业生物科技代表团一行到余杭区考察。

11 月 26 日—30 日,2004 浙江农业博览会举行。余杭区组织 26 家企业的九大类 30 多个农产品近 200 个品种参加了展销。实现销售额 65 万元,合同定货 850 多万元,创历届农博会销售之最。“三家村”牌藕粉喜获“十大”市民最喜爱的品牌农产品,古钟牌径山茶、本牌生态鳖、三家村牌藕粉、临平牌红烧羊肉、玉鼎牌大米、秾仔牌腌腊兔肉等 6 个农产品荣获金奖产品。

12 月,浙江省副省长茅临生对余杭区农村土地承包信息化管理工作给予了充分肯定,并作出了重要批示:“余杭区对农村土地承包实施信息化管理的做法对加强承包管理产生积极意义。请省农业厅给予总结指导,希望能进一步采用地理信息系统,为全省作个示范。”

2005 年

1 月 1 日起,全区全面取消农业税。

1 月 4 日,浙江省委书记、省人大常委会主任习近平,视察径山镇小古城村,指出“加强基层民主法治建设,服务好三农”。

是日,浙江省政府授予余杭区为“粮食生产先进县(市、区)”荣誉称号。

1 月 5 日, 浙江省委、省政府农业和农村工作领导小组办公室授予余杭区委农办为“2004 年度全省农办系统先进单位”称号,这是农办连续第 10 次荣获这一称号。

1 月 24 日,为期 4 天的余杭区首届名特优新农产品展销会落下帷幕。本次展销会共有 10 万人次参观购物,实现销售额 75.8 万元。

2 月 18 日,余杭区种子技术推广站与浙江省农科院作核所共同育成的常规晚稻品种“浙粳 40”“浙粳 50”通过省级审定,并在全省示范推广。余杭区农技推广中心首次有了自主知识产权的品种。

2 月 24 日,浙江省委副秘书长、省农办主任王良仟等一行,对余杭区开展的农村工作指导员工作进行调研。

3 月 1 日,首期以“送政策、送法律、送信息、送技术、送良种”为主要内容的农业“五送”活动在余杭镇溪塔村举行。

3 月 3 日,浙江省农业厅厅长程渭山等一行,到余杭区考察城北畜禽交易市场、杭州万隆食品有限公司、杭州小洋坝屠宰场等单位。

3 月 27 日,余杭区农业局被农业部市场与经济信息司评为 2004 年度农业基点调查工作先进单位。

4 月 24—30 日,余杭区在上海市农科院举办都市农业研修班。

4 月, 余杭区完善二轮土地承包档案归档工作完成, 建立区级完善二轮土地承包档案 5771卷。

5 月 26 日—29 日,2005 年全国枇杷学术研讨会暨中国园艺学会枇杷分会成立大会在余杭区召开。

5 月,开始实施苕溪流域养鸭污染综合整治工作。

5 月,区委下达《关于实施集体经济相对薄弱村组合式帮扶的若干意见》。明确为期三年的第五轮集体经济相对薄弱村组合式帮扶形式，确定33个相对薄弱村为帮扶对象。

6月12日，《人民日报》刊登题为《浙江创新农业技术促农增收》的文章，介绍余杭区推广稻鸭共育技术的情况。

6月初至7月12日，余杭区遭受30年不遇的干旱天气。

6月，全区村经联社换届选举工作基本结束，涉及的122个非规模调整村中已有116个村完成了换届选举，共选举产生了114名村经联社社长(不包括已完成股份制改革村)。

7月21日，浙江省农技推广基金会副会长肖东荪、杭州市农技推广基金会副会长兼秘书长白长生等一行，到瓶窑镇对茭白田套养甲鱼进行实地检查指导。

7月26日，余杭区人大常委会副主任宋福友等一行，到鸬鸟镇前庄村对相对薄弱村帮扶工作进行调研和指导。

7月27日，余杭区农业、工商两部门举行股份经济合作社营业执照首发仪式。并联合制定《杭州市余杭区农村社区股份经济合作社工商登记办理手册》。

8月15日，余杭区人大常委会副主任唐维生、凌美娟、王德璋等一行，对苕溪禁鸭工作进行视察。

是日，国家标准化工作委员一行，到余杭区调研农业标准化工作。并授予余杭区政府全国农业标准化示范区建设先进单位称号。

8月27日，余杭区区长刘庆龙等一行，对苕溪流域禁鸭工作进行检查，并召开工作情况汇报会。至此，苕溪流域禁鸭工作取得阶段性成果，共计禁养鸭子260万羽。

8月，余杭区成立杭州地区首个农机警务室，与交警部门实现有效合作，强化农机安全管理。

9月12日，第15号台风“卡努”正面袭击余杭区，给农作物尤其是晚稻和大棚设施造成较为严重影响，农作物直接经济损失1508万元。

9月18日，农业部农机监理总站农机规范化建设检查组一行，到余杭区检查农机规范化建设工作。

10月28日，杭州市农业局副局长、市农科院院长程春建一行，到运河镇生态养殖有限公司调研渔业科技推广示范工作。

11月1日，余杭区农业局、塘栖镇政府、高新农业示范中心、浙江大学等相关单位专题研究塘栖枇杷提纯复壮及品种改良问题。通过建立枇杷种资源保护园，做好塘栖枇杷提纯复壮及品种良工作。

11月7日—8日，余杭区在临平首次举行农业招商引资洽谈会。

11月15日，农业部党组成员、中纪委驻经农业部纪检组长朱保成为组长的农业部赴浙江、福建、广东三省督导组一行，检查城北家禽交易市场防控禽流感工作。

是日，余杭区区长刘庆龙等一行，到区委农办、区农业局调研畜牧兽医工作。

是日，浙江余杭湖羊场改扩建国家级项目竣工并通过省级验收。

11月21日，浙江省副省长茅临生等一行，到华东家禽交易中心检查指导高致病性禽流感防控工作。

11月24日，全国水产技术推广总站副站长孙喜模等一行，到余杭区调研基层水产技术推广体系改革工作。

11月25日—30日，组织18家农业龙头企业参加2005浙江农业博览会暨海峡两岸（浙江）农业合作交流会。古钟牌径山茶、西湖之春中华鳖、临平牌红烧羊肉、玉鼎牌大米、梦春牌笋干、三家村牌藕粉、彪牌甲鱼等7个农产品获金奖。余杭组团实现销售额90余万元，比上届农博会增加10万元。

11月26日，中央电视台农业和军事频道记者到余杭区，采访杭州余杭顺丰祥禽蛋专业合作社利用农民信箱进行交易的情况，并在28日晚中央电视台7套播出。

11月28日，农业部总经济师、财务司司长薛亮等一行，到余杭区考察农业工作。

11月30日，余杭区渔业水域养殖证核发工作完成。

12月12日，余杭区农业局在临平城区建立的第一个犬类防疫处正式挂牌，将对城区的养殖犬类实施规范化防疫。

12月25日，组织乔司镇五星村、星桥街道南星村、临平街道星火村、五常管委会荆山村的党组织负责人，参加2005年度中国“三农”发展（杭州）论坛暨首届“浙江村官”峰会。

12月，余杭区农业局被浙江省农业厅评为2005年度农村集体经济审计工作先进单位；余杭区农业局被浙江省农业厅授予2005年度全省农业系统“四五”普法先进单位称号。

是年，《杭州市余杭区都市农业发展规划》编制完成。

是年，“径山茶”商标被浙江省工商局认定为浙江省著名商标；径山茶被认定为浙江十大旅游名茶；经省名牌产品认定委员会复评，径山茶再获2005年度浙江名牌产品称号。

2006年

1月3日，以倡导“绿色、安全、品牌”为主题的余杭区第二届名特优新农产品展销会开幕。

1月7日，余杭区委农办被浙江省委、省政府农业和农村工作领导小组办公室授予“2005年度全省农办系统先进单位”称号。

2月20日，区委、区政府印发2006年1号文件《关于全面推进社会主义新农村建设的决定》，明确提出全区全面推进社会主义新农村建设总体目标。

2月23日，中央电视台“聚集三农”栏目组到余杭区进行为期3天的采访，介绍余杭基层民主建设经验和余杭区建设社会主义新农村方面的具体措施与规划。

2月27日，余杭区成立由区委、区政府主要领导任组长，区级37个部门（后增补5个，现为42个）参加的社会主义新农村建设工作领导小组。

3月至5月，全区开展中华人民共和国成立以来第一次农业机械拥有量情况的摸底普查。经普查，全区农机总动力为44.18万千瓦。

4月6日，余杭区政府被浙江省委办公厅、省政府办公厅评为渔业工作先进县（市、区），授予“渔业杯”。

4月13日，浙江省海洋与渔业局命名余杭区为浙江省“生态甲鱼之都”。

4月21日，余杭举办首届径山茶品评暨拍卖会。径山茶金茶王由杭州银泉茶叶有限公司夺得，杭州王位山茶叶园区有限公司、杭州余杭区径山水云涧茶厂分获银茶王、铜茶王。

5月10日，浙江省粮食局副局长钟传厚带队的省粮食生产检查组，在杭州市农业局副局长程春建等的陪同下，检查余杭春季粮食生产工作。

6月2日，余杭区代区长姜军等一行，到区委农办、区农业局调研指导工作。

6月10日，中央党校部级领导干部培训班调研组一行，到余杭调研新农村建设情况。

6月26日，农业部档案处副处长王大平等一行，到余杭区调研指导农村土地承包档案、农村财务管理等工作。

6月29日，由农业部兽医局、国家工商总局市场规范监管司、卫生部应急办等单位组成的调研组一行，到余杭区调研活禽市场禽流感防控工作。

6月30日，东湖街道成为余杭区首个全面完成农村社区股份合作制改革的镇乡（街道）级单位。

7月3日，浙江省委副秘书长、省农办主任王良仟等一行，到余杭区调研社会主义新农村建设工作。

8月3日，余杭"径山茶"在浙江省工商系统推进品牌大省建设工作会议上获得浙江省"十大特色农产品品牌""十大地理标志区域品牌"荣誉奖，并荣列"十大"榜首，是杭州市唯一的上榜的品牌。

8月15日，余杭区代区长姜军等一行，先后到余杭、径山、瓶窑、高新农业示范中心等地调研新农村建设工作。

9月9日，成功举办从杭州实践看沿海地区新农村建设路径选择的新农村论坛，并形成"余杭共识"。

10月12日，由浙江省农业厅、杭州市农业局、余杭区人民政府联合主办的浙江省《农产品质量安全法》宣传活动启动仪式暨报告会在余杭区举行。

10月26日—27日，中国科学院地理科学与资源研究所刘彦随、陈玉福、龙花楼、张富刚研究员等一行，到余杭开展现代农业和新农村建设调研。

11月7日，杭州市政府办公厅副主任周定炎等一行，到余杭区督查和调研新农村建设工作。

是日，商务部生猪屠宰加工行业专项整治检查组，到余杭区畜禽屠宰有限公司临平屠宰场，检查定点屠宰和区动检所派驻临平屠宰场检疫组的生猪屠宰检疫实施情况。

11月19—21日，中国农业经济学会2006年年会暨社会主义新农村建设学术研讨会在余杭召开。

12月2日，联合国粮农组织农业与经济发展部长帕拉胡·平伽里等一行，到余杭考察农业和农村发展状况。

12月3日，杭州市举行首届"白马湖杯"农家乐烹饪大赛。余杭区格林农庄选送的农庄豆腐煲获得金奖，山沟沟毛笋干烧肉、塘栖刺毛肉元等6个菜式获得银奖，醋烧鱼、红烧水煮花鲢等7个菜式获得铜奖。

12月6日，浙江省海洋与渔业局党组书记、局长叶鸿达等一行，考察余杭区高效生态渔业发展情况。

是日，浙江省畜牧兽医局局长张火法等一行，专程到余杭区考察动物防疫示范村建设活动和畜牧兽医体制改革后的体制运作情况。

12月12日，余杭区纪委书记魏祖民等一行，到区委农办、区农业局调研。

12月16日，农业"五送"活动在仓前镇举行，5位余杭区级农技大师首次挂牌接受农民群众的现场咨询。

12月16日—17日，在仓前镇举办区第三届名特优新农产品展销会。

12月24日，农业部动物卫生监督执法检查组，检查临平生猪屠宰场和杭州城北家禽交易市场。

12月26日，余杭区农业局被杭州市农办授予2006年度杭州市农民信箱工作先进集体称号。

12月26日，余杭区举行首届赛兔大会。养兔大户周敏民的一只长毛兔以一次剪毛量达560克位居榜首，荣获长毛兔组冠军；另一养兔大户阮建荣的兔子分别摘得了獭兔组、肉兔组金奖桂冠。

12月29日，余杭区农业局被杭州市农业局授予2006年度农业工作目标责任制考核优秀单位。

12月30日，余杭区委农办被浙江省农业厅授予全省农村经营管理工作先进集体。

12月，《余杭区社会主义新农村建设规划(2006—2020)》编制完成。

是年，继2004年之后，余杭区再次获"浙江省粮食生产先进县(区)"称号。

2007年

1月8日，浙江省农业厅授予余杭区农业局全省"浙江农民信箱"工作先进单位称号。

1月11日，浙江省农科教协调领导小组授予余杭区委农办为"浙江省千万农村劳动力素质培训工程先进单位"称号。

1月12日，由中国动物疫病预防控制中心流行病学研究中心主任王树双、上海分中心王世山等组成的农业部冬季禽流感防控工作督察组，来余杭督察冬季禽流感的防控工作。

是日，浙江省农业厅授予余杭区农业局2006年度农业统计工作一等奖。

1月15日，浙江省农业厅授予余杭区农业局全省绿色食品工作先进集体称号。

1月16日，浙江省委、省政府农业和农村工作领导小组办公室授予余杭区委农办为"2006年度全省农办系统先进单位"称号，这是区委农办连续12年获此荣誉。

1月17日，杭州市委副秘书长、市农办主任高乙梁等一行，到余杭区调研"三位一体"农村新型合作体系建设。

是日，浙江省农业厅授予余杭区农业局为"2006年度全省农业工作先进集体"称号；余杭区农业局被杭州市农业局评为"农业法制规范化建设先进单位"。

1月22日，浙江省海洋与渔业局授予余杭区中华鳖养殖区为"农业部水产区(场)"称号。

1月30日，浙江省农业厅授予余杭区农业局"全省农业系统依法行政工作先进集体"称号。

1月，浙江省农办、省财政厅联合对2006年度全省农家乐休闲旅游工作考核进行表彰奖励，余杭区荣获全省农家乐休闲旅游工作一等奖。

2月17日，杭州市委、市政府授予余杭区为"杭州市2006年度社会主义新农村建设先进区"称号。

3月13日，浙江省农业厅副厅长赵兴泉等一行，到余杭区调研新农村建设中有关农村社区股份合作制改革、农民专业合作社发展等情况。

3月14日，杭州市农民素质培训工程领导小组授予余杭区"2006年度杭州市农民素质培训工作先进单位"称号。

3 月 16 日，杭州市委副秘书长何关新等一行，到余杭区调研新农村建设工作。余杭区区长姜军、区委副书记戚建国参加新农村建设专题座谈会。

3 月 21 日，农业部农机化司农机监督管理处处长白艳等一行，到余杭区调研外籍拖拉机安全监管情况。

3 月 25 日，以“宣传北秀明珠，繁荣瓶窑经济”为主题的中国·瓶窑首届生态竹笋节在瓶窑镇举行。朱金坤宣布生态竹笋节开幕。

3 月 25 日，浙江省农办副主任顾益康等一行，到黄湖、径山镇考察。

3 月 29 日，杭州市委副秘书长、市农办主任高乙梁等一行，到余杭调研新农村建设工作。

4 月 4 日，杭州市农办副主任林国蛟等一行，到余杭区调研农业产业化建设发展情况。

4 月 10 日，浙江省农业厅副厅长冯一鹤等一行，到余杭区调研现代农业发展情况。

4 月 16 日，浙江省农业厅副厅长赵兴泉等一行，到余杭区调研减轻农民负担工作。

4 月 18 日，余杭区委、区政府召开共建共享“生活品质之城”大讨论暨“清洁余杭”行动动员大会，全区“清洁余杭”行动启动。

4 月 27 日，余杭鸬鸟果农专业合作社召开社员大会，通过自荐直选方式，民主选举产生了合作社第二届理事会理事长、理事、监事会执行监事。这是余杭区首个通过自荐直选的方式进行换届选举的合作社，标志着全区农民专业合作社在民主化、规范化建设上又迈出了一步。

5 月 10 日，浙江省农科院党委书记管竹伟一行，到余杭考察农业情况，商谈有关科技合作事宜。

5 月 17 日，杭州市委常委、余杭区委书记朱金坤等一行，实地督查临平副城各重点推进村“清洁余杭”行动工作情况。

5 月 20 日，金兔牧业中心参加浙江省首届暨宁波市第三届獭兔种公兔比赛会议，荣获金奖，这也是杭州市唯一获此殊荣的企业。

5 月 21 日，农业部总经济师、办公厅主任薛亮等一行，到余杭区调研现代农业建设。

5 月 30 日，杭州市农办副主任黄幼均等一行，到余杭调研指导村庄整治工作。

5 月，为提升塘栖枇杷品质，扩大塘栖枇杷对外的影响，配合“2007 塘栖美食·枇杷节”，举办了首届塘栖枇杷品评暨拍卖会。经过对 68 位果农选送的 83 只参赛样品的评选，“白沙”“大红袍”“宝珠”“杨墩”4 个品种的“金果”“银果”“铜果”奖各有归属。

5 月，余杭区开展运河流域及敏感地区畜禽禁养工作。

6 月 2 日，余杭区政府召开政策性农业保险试点工作动员大会，全区政策性农业保险试点工作全面启动。

6 月 6 日，余杭区区长姜军等一行，到中泰南湖村调研“清洁余杭”工作。

是日，浙江省农业厅授予余杭区农业局 2006 年度农业宣传工作先进集体称号。

6 月 7 日，余杭区人大常委会副主任凌美娟等一行，到良渚镇杜甫村、东塘河村调研非禁养区养猪业对环境造成的污染情况。

6 月 9 日，是余杭区党员干部参加“清洁余杭”爱国卫生义务劳动日。30 余家区级部门、近 600 余名党员干部分别到所联系的 24 个“清洁余杭”重点推进村参加义务劳动，各镇乡（街道）机关党员干部也到本地重点推进村参加义务劳动，主要开展清理垃圾、庭院整治、拆除违法建筑等工作。

6月14日，余杭区纪委书记魏祖民等一行，到运河镇博陆村和径山镇小古城村，就廉政文化进农村工作进行调研。

6月20日，杭州市副市长何关新等一行，到余杭调研“三位一体”农村新型合作经济服务体系建设工作。

6月22日，运河镇博陆村召开渔民代表大会，以50票同意、0票反对的表决结果，通过《关于要求上缴国有水面使用的决议》，标志着余杭区回收国有外荡水面使用权证工作启动。

6月27日，杭州市委常委、余杭区委书记朱金坤等一行，赴建德市李家镇开展“联乡结村”帮扶工作调研。

7月1日，根据《杭州市实施〈中华人民共和国动物防疫法〉办法》的精神和动物疫病防控的要求，余杭区外来动物和动物产品登记备案报验工作正式实施。

7月5日，粮油、茶叶、畜牧、水产、竹笋、农机等15个农林产业和专业的首席农林技推广专家、责任农林技师、农民大师正式由余杭区委农办、区农业局、区人事局、区林水局联合发文确定。余杭区构建形成了以首席农林技推广专家为龙头、责任农林技师为骨干、农民大师为基础的新型农技推广队伍体系。

7月9日，余杭区委副书记许保金等一行，到区委农办、区农业局调研并指导工作。

7月17日，浙江省畜牧兽医局副局长范克强等一行，到余杭区调研畜牧兽医体系改革和能力建设情况。

7月18日，在由浙江省农业厅、省农产品产销协会主办的“浙江省十大品牌大米”评选活动中，杭州余杭粮油加工有限公司生产的玉鼎牌大米被评定为“浙江省十大品牌大米”。

8月2日，在运河镇政府举行该镇博陆村国有外荡水面使用权证上缴仪式，博陆村专业水产组(10组—14组)750余名“失水”渔民将真正“上岸”成居民。余杭区收回国有外荡水面使用权证正式开始。

8月7日，余杭区召开新型农民培育和新型农技推广体系建设工作会议。向14位受聘的“首席农林技推广专家”、75位“责任农林技师”和134位“农民大师”颁发聘书，余杭区以首席专家、责任技师、农民大师为主体的三级新型农技推广队伍体系正式构建完成。

8月10日，省委副书记夏宝龙就农业科技创新工作在余杭区调研。

8月22日，浙江省农业厅副厅长朱志泉、杭州市农业局副局长严建立等省市有关人员组成的督导组，对余杭水稻病虫害防控工作进行督促指导。

8月28日，杭州市委副秘书长、市农办主任王忠德等一行，到余杭调研新农村建设工作。

9月6日，余杭区政府向中国渔业协会正式递交了“中国生态甲鱼之都”称号申报材料，余杭争创“中国生态甲鱼之都”工作正式启动。

9月11日，杭州市政府办公厅副主任赵国钦带队的新农村建设督察小组，到余杭区督察新农村建设工作。

9月29日，浙江省农办、浙江日报社主办的“我为‘两创’献计献策”座谈会在余杭区仁和镇花园村召开。这是浙江省第十二次党代会提出“创业富民、创新富省”工作思路、省级有关部门召开一系列“创业富民、创新强省”献计献策座谈会以来，首次直通余杭区农村基层。

10月7日，第16号台风“罗莎”影响余杭区，平均降雨量近200毫米，对农作物生长造成严重影响。8日，余杭区农业局当晚分8个调查组到各镇乡、街道调查农业受损情况。据统计，农作物受灾总面积 9.8 万亩，经济总损失 19871.11 万元。其中，粮食作物受灾面积 6.54 万亩；蔬菜、水果等经济作物受灾面积 3.26 万亩，有 6.9 万亩蔬菜绝收；淹没鱼塘 2.39 万亩；死亡牲畜 417 头、家禽 21.94 多羽，毁坏耕地 125 亩。全区实行水稻政策性保险试点，投保率 90%以上，并为受“罗莎”台风损失的投保农户理赔 1000 余万元。

11 月 8 日，国务院办公厅和保监会产险部组成的农业保险专题调研组一行，到余杭区调研政策性农业保险工作。

11 月 12 日，杭州市委常委、余杭区委书记朱金坤等一行，专题调研“三农”工作及发展壮大村级集体经济工作。

12 月 1 日—5 日，2007 年浙江农业博览会举行。径山茶、顺丰祥蛋品、梦春竹笋、万隆香肠等 9 只农产品获农博会金奖；余杭区推荐的浙江蓝天生态农业开发有限公司彪牌有机生态甲鱼、杭州佳美旅游营养食品有限公司溢佳香牛肉干 2 只优质农产品分别荣获农博会最高级别的奖项“十大最受市民喜欢的品牌农产品”，占全省最受市民喜欢的品牌农产品总量的 1/5，位居全省前列。

12 月 7 日，浙江省人大农资委主任赵宗英、省农业副厅长赵利民等一行，到余杭区调研现代农业发展情况。

12 月 11 日，杭州市委副秘书长、市农办主任王忠德等一行，到余杭区调研农副产品物流市场和农业产业化建设情况。

12 月 18 日，余杭区农业污染源清查工作完成。摸清了全区列入第一次全国污染源普查的农业普查数量以及相关情况，为开展农业污染源普查工作奠定了基础。据初步统计，列入本次普查的种植业和农村生活源农户总数为 17.6 万户，水产养殖户（场）为 1861 户，畜禽养殖户（场）为 1053 户，农药为 193 种，肥料为 51 种。

12 月 29 日，在高新农业示范中心举行“中国生态甲鱼之都”和“中华农业大观园”授牌仪式暨钱潮杯“魅力新农村”颁奖大会。中国渔业协会副秘书长于斌宣读了授予余杭区“中国生态甲鱼之都”的命名决定并授牌，中华农民报协会秘书长魏小兵宣读授予高新农业示范中心“中华大观园”和命名决定并授牌，仁和镇花园村、百丈镇仙岩村、黄湖镇赐璧村、径山镇小古城村、崇贤镇鸭兰村、仓前镇葛巷村、良渚镇安溪村、南苑街道高地村、五常街道横板桥村、钱江经济开发区姚家埭村被授予钱潮杯“魅力新农村”十佳村庄称号。

是年，2007 年度农民人均纯收入按农经口径 11308 元，增长 14.1%，按统计口径 10983 元，增长 14.2%，其增幅分别超过城市居民收入 2.3 个、2.4 个百分点，这是余杭历史上农民收入增长幅度首次超过城市居民。

是年，余杭区被列为农业部测土配方施肥项目县（区），基本完成土样采集和 410 多个水稻土样化验、数据分析工作。有 15 个镇乡按照“测、配、产、供、施”五个环节推广和实施了测土配方施肥工作。全区 40 万亩粮经作物总节本增收 2355.03 万元，减少肥料用量 151.83 万公斤，肥料利月率提高 5 个百分点，减少肥料流失 50 万公斤，达到了生态平衡和生态良性高效循环。

2008 年

1 月 4 日，余杭区农业局被浙江省农业厅评为“2007 年度全省农业工作先进集体”。

1 月 10 日，余杭区农业局被杭州市农业局评为“2007 年度农业目标责任制考核优秀单位”。

1月11日，余杭区委农办被浙江省委、省政府农业和农村工作领导小组办公室授予“2007年度全省农办系统先进单位”，这是区委农办第13次蝉联这一荣誉称号。

是日，余杭区农业局被浙江省农业厅评为“2007年度全省农产品质量安全管理工作先进单位”。

1月12日，余杭区委农办被浙江省农业厅评为“2007年度全省农村经营管理工作先进集体”。

1月16日，杭州市委副书记王金财等一行，到余杭区调研“三位一体”农村新型合作体系建设。杭州市委常委、余杭区委书记朱金坤，余杭区区长姜军等陪同调研。

1月26日，余杭区开始出现中到大雪和冰冻，对农业生产和农村群众生活产生了不利影响。

1月28日，余杭区被杭州市委、市政府授予“2007年度杭州市社会主义新农村建设优秀区、县(市)”称号。

1月，浙江省政府公布省农业特色优势产业强县强镇(乡)名单。余杭区被评为农业特色优势产业综合强县和水产养殖产业强县。

1月，在2008杭州市优质农产品迎新春大联展上，余杭展团实现销售收入达116余万元，有28只优质农产品被评为金奖产品，销售总量和获奖产品之多超过以往任何一届。在大联展活动中，余杭还借荣获“中国生态甲鱼之都”称号之东风，以大联展为平台，专门设立专题展示厅，大力宣传余杭生态甲鱼发展情况。

2月1日，余杭区开始普降中到大雪。区委农办、区农业局根据抗雪防冻工作要求，对农业抗雪防冻进行了及时部署。并召开紧急会议，要求各单位组织人员分赴各地，现场进行农业生产抗雪防冻技术指导。

2月1日—2日，余杭区遭受强降雪灾害天气，积雪达30厘米，对农业生产造成了较为严重影响。据2日上午不完全统计，雪灾已造成各类大棚设施倒塌1343亩，倒塌大棚3675个，直接经济损失达到712万元；大雪还造成梨、枇杷和杨梅等果树断枝开裂，受损面积约为8200亩左右，造成经济损失400万元左右；同时还造成5000余亩绿肥受淹受冻死亡，以及2万余亩油菜和0.6万亩大小麦受灾。3日，暴雪天气对农业生产带来极大影响。截至15时，农业损失已达7253.1万元。其中，家禽死亡10.16万羽，畜禽棚舍倒塌损失98.4万元，畜牧损失905.7万元；小麦受灾6000亩，油菜受灾2万亩，损失124.4万元；经济作物受灾2.5万亩，损失4340万元；坍塌渔业温室大棚54110平方米，损失甲鱼8万只、鱼类5000公斤，损失1613万元。

2月2日—4日，连续2天的大雪使临平城区道路积起了厚厚的雪，给交通及群众出行造成了严重影响。区委农办、区农业局组织机关及事业单位工作人员200多人，分7路开始清除道路积雪。3日，继续组织人员开展城区积雪清除行动。分别组织农技推广中心、畜牧兽医局、渔业渔政总站农业技术人员共27批84人次，重点到运河、乔司、塘栖、仁和、良渚、余杭、闲林、中泰、瓶窑、径山、黄湖、南苑、东湖等镇乡、街道进行种养业生产技术指导服务。

2月3日，根据灾情，组织人员分种植业、畜牧业、渔业、综合4个小组，由农技首席专家带队，及时组织技术人员赶赴各镇乡、街道、农场，深入村、大户、合作社、农业龙头企业等开展农业抗雪防冻技术指导。同时，余杭良渚绿益蔬菜专业合作社，每天将1.5吨—2.5吨蔬菜以每斤

1.5 元的价格送往市蔬菜公司三里亭批发交易市场，钱塘蔬菜专业合作社也同样每天将 15 吨的蔬菜运往三里亭，保证杭城蔬菜供应。此蔬菜调运一直延续到 6 日。

2 月 20 日，浙江省农业厅调查组，到余杭区调研雪灾后恢复生产及春耕备耕情况。

3 月至 5 月中旬，余杭区农业局开展“百名农技人员进百村科技减灾促春耕活动”，切实指导农户开展生产自救、灾后恢复生产，着力做好春季农作物田间管理和春耕备耕工作，进一步做好鱼牧业生产，努力夺取农业丰收，保障主要农产品的有效供给。此次活动，由局领导亲自挂帅，组织区相关农技推广部门和各镇乡农技人员组成 11 个科技小分队，对全区 11 个镇乡共 100 个村开展技术指导、培训和服务工作。

4 月 8 日，杭州市农业局副局长吴继先等一行，到余杭区检查农机、渔业渔政安全生产管理工作。

4 月 23 日，农业部种植业管理司副巡视员周普国等一行，到余杭区检查指导植保工作。

是日，杭州市农业局副局长严建立等一行，到余杭崇贤、良渚、径山、余杭等镇实地查看粮食千亩示范方、早稻机插秧育秧点建设情况，并对崇贤镇农业结构调整项目建设进行督查。

4 月 24 日，径山茶恢复创新 30 周年庆典活动在杭州和平国际会展中心广场举行启动仪式。

4 月 25 日，杭州市委副秘书长、市农办主任王忠德等一行，到余杭调研指导“联乡结村”工作。

5 月 12 日，四川汶川县等地发生强烈地震。区委农办、区农业局组织干部职工积极参与捐款活动，在职干部职工和离退休人员已捐款 76983 元。

5 月 27 日，已有 56 家农民专业合作社向四川汶川地震灾区捐款 114340 元，其中 632 名社员以个人名义捐款 93540 元。

5 月，区委农办、区农业局共产党员积极响应中组部“关于做好党员交纳‘特殊党费’用于支援四川汶川抗震救灾工作”的号召，机关党员共交纳“特殊党费”56100 元。

5 月，区委农业办、区农业局职工积极响应全国总工会关于开展“重建家园、再献爱心”每个工会会员交纳“一元钱”特殊会费活动。共收到职工给四川汶川地震灾区人民的“特殊会费”3629 元。余杭区 86 家农业企业通过各种渠道为灾区捐款 150 多万元。

5 月，农业部全国农技推广中心药械处副处长梁桂梅等一行，到余杭区调研植保统防统治工作。

6 月 7 日，余杭清水丝绵制作技艺作为传统技艺类蚕丝织造技艺的组成部分，被列入第二批国家级非物质文化遗产名录。

6 月 10 日，余杭区防汛抗旱指挥部在 22 时启动了防汛Ⅱ级紧急响应。

6 月 11 日，区委农办、区农业局组织 18 个调查组分赴各镇乡、街道了解农业受灾情况，并在受灾较重的镇乡实行蹲点。据各调查组反馈统计，至 11 日 15 时，农作物受灾面积 17.33 万亩、家禽死亡 13.32 万羽、水产损失 1.17 万吨，农业经济总损失达 8858.49 万元。

6 月 24 日，农业部乡镇企业局科教质量处处长杨泽刚等一行，到余杭区良渚成校调研农民素质教育工作。

6 月 25 日，杭州市委副秘书长林友保等一行，到余杭区检查指导新农村建设工作。

6月26日，杭州市农业局副局长严建立等一行，到杭州农副产品物流中心、良渚绿益蔬菜合作社、瓶窑梦春蔬菜合作社察看汛后杭州市应急蔬菜基地的余杭1000亩蔬菜播种情况。

6月27日，杭州市人大常委会组织市人大代表，在市农业局局长程春建陪同下，对余杭区食用农产品质量安全工作进行检查评议。

是日，杭州市农业局副局长严建立等一行，到余杭区督查崇贤镇农业结构调整示范区建设项目。

6月，全国水产技术推广总站下发了《关于印发水产技术推广工作"五大联合行动"方案的通知》，此次联合行动涉及推广体系运行机制创新、渔业主导和主推技术推广、养殖水产品质量安全技术服务、配合水产养殖执法、水产养殖良种化推进五大方面，余杭区被列入全国综合推广模式示范县(市、区)。

7月23日，余杭区良渚镇农技站获全国农业技术推广服务中心颁发的科技减灾促春耕耕活动先进集体。

7月31日，浙江省海洋与渔业局局长赵利民等一行，到余杭区调研甲鱼、黑鱼产业。

7月，余杭蓝莓"入驻"北京奥运会。拥有全国最大的蓝莓种植基地的浙江贝莱特蓝莓综合开发有限公司与北京京果果品配送有限公司签订合同，在奥运会期间提供3500公斤蓝莓，作为运动员住宿宾馆酒店的客户放置水果。

8月4日，杭州市副市长何关新等一行，考察余杭长岗蓝莓种植基地、种苗培育苗圃。

8月18日—22日，"杭州七宝"候选产品展示会——余杭展示周，展示径山茶、塘栖枇杷、玉鼎有机米、天堂鸟蜜梨、西湖之春生态鳖、溢佳香牛肉干、彪牌中华鳖。

8月，径山茶通过农业部茶叶质量监督检验测试中心和奥组委的严格检测，成功进入第27届北京奥运会，参与奥运村中国茶展示，并被奥组委评为二级国家礼品茶(接待副总理级)。在奥运村茶艺室，3000罐径山茶作为礼品茶赠送给各国运动员。

8月，余杭区外来动物及动物产品调运网上电子备案系统正式开通运行。

9月10日，杭州市委副书记王金财、市委组织部部长于跃敏、市政府副市长何关新等一行，专题调研杭千、杭徽高速公路沿线村庄整治工作。

9月12日，杭州市副市长何关新等一行，到农副产品物流中心专题调研农产品质量安全工作。

10月13日，杭州市委副秘书长林友保带队的杭徽专题督查组一行，到余杭专题督查杭徽高速公路沿线综合整治工作。

10月15日—19日，第六届中国国际农交会在北京农展馆举行。由浙江上升农业开发、浙江蓝天生态农业开发、杭州闲林龚老汉特种水产、杭州盛煌农业开发有限公司等4家生态甲鱼养殖规模企业组成的余杭"中国生态甲鱼之都"展团，进行了生态甲鱼展示展销。

10月，杭州市出入境检验检疫局、余杭区农业局决定建立余杭地区出口茶叶种植基地园区化管理体系，通过"提速、增效、减负"，切实提高出口茶叶安全卫生质量和市场竞争力，推动余杭出口茶叶产业健康可持续发展。

11月20日，杭州市副市长何关新等一行，到余杭视察村庄整治工作。

12月2日，浙江省副省长茅临生等一行，到余杭区仓前镇苕溪村、良渚镇石桥村调研粮食功能区建设。浙江省农业厅厅长孙景淼，杭州市委常委、余杭区委书记朱金坤，杭州市副市长何关新等参加调研。

12月6日，第二届中国杭州竹笋节开幕式在百丈镇举行。该届竹笋节是第十届中国杭州西湖博览会的系列活动之一，由杭州市政府主办，余杭区政府承办，以“宣传竹产业、弘扬竹文化、发展竹经济”为主题，活动丰富多彩。并举办了百丈竹文化周、中泰竹笛文化艺术周、鸬鸟竹乡生态游等主题活动。

是日，中国绿色农业协会授予余杭区“全国绿色农业示范区”称号，高新农业示范中心被授予“全国绿色农业示范基地”称号。

12月9日，杭州市委常委、余杭区委书记朱金坤，到区委农办、区农业局专题调研农业农村工作。

12月19日，杭州市鲜活食用农产品质量安全追溯管理启动仪式在杭州农副产品物流中心举行，蔬菜、生猪质量安全追溯机制正式启动。

12月20日，余杭区启动蔬菜质量安全追溯机制，进出杭州农副产品物流中心和保障桥蔬菜批发市场的蔬菜实行挂牌登记检测验货等准人准出制度。

12月25日，余杭区农业局被浙江省农业厅评为农业基点物价调查工作先进单位。

是年，瓶窑镇康源市政绿化工程有限公司与浙江大学合作开发的彩色草项目获得成功，五颜六色的彩色草获得国家发明专利，经推荐到北京奥运村试种奥运会会徽——“中国印·舞动的北京”，得到了北京奥组委认可后，该公司又以无偿捐赠的形式，把彩色草扩大种植在北京奥运村的升旗广场内和朝阳公园沙滩排球赛馆入口等处，余杭彩色草种进了北京奥运会场馆。

2009年

1月4日，余杭区委农办被浙江省农业厅授予“2008年度全省农村经营管理工作先进集体荣誉”称号。

1月16日，由杭州市农办、杭州市质监局、杭州日报社联合举办的“杭州七宝”评选活动，经过选宝、晒宝和评宝3个阶段的层层筛选，代表“杭州七宝”的获奖产品和提名奖产品均已产生。余杭区选送的径山茶被授予“杭州七宝”茶叶品牌获奖产品，彪牌、西湖之春等被授予“杭州七宝”甲鱼品牌获奖产品，塘栖枇杷获得“杭州七宝”提名奖。

2月2日，余杭区被杭州市委、市政府授予“杭州市2008年度社会主义新农村建设综合优胜区、县(市)”荣誉称号。

2月3日，余杭区委农办被浙江省委、省政府农业和农村工作领导小组办公室授予“2008年度全省农办系统先进单位”，这是区委农办第14次蝉联这一荣誉称号。

2月4日，余杭区委常委、区纪委书记魏祖民等一行，到区委农办、区农业局，对列入国家2008年新增中央预算内投资建设计划的塘栖镇和丰畜牧兽医合作服务站等10个乡镇兽医站基础设施项目进行检查指导。

2月10日，由浙江省海洋与渔业局副局长陈宗尧等一行，到余杭区调研生态渔业的发展情况。

2月12日，杭州市副市长何关新等一行，到余杭区调研径山茶产业发展情况。

3月2日，浙江电视台新农村频道“走进新农村”栏目播出“清洁绿化余杭”行动专题报道。

3月5日，杭州市政府副秘书长、市农办主任王忠德带队，到余杭区调研“风情小镇”建设工作。

3月11日,《余杭区加快推进社会主义新农村建设三年行动计划(2009—2011年)》出台。

3月19日,余杭区被浙江省海洋与渔业局授予“2008年度‘百万亩养殖塘建设工程’工作先进县(区)”荣誉称号。

3月19日、23日,中共杭州市委常委、余杭区委书记朱金坤等一行,专题调研区境内绕城、沪杭甬、杭浦、杭宁“一绕三线”高速公路沿线综合整治、沿线绿化苗木种植工作。

3月21日,余杭区委、区政府举行余杭区“一绕三线”环境综合整治工程启动仪式,杭州市委常委、余杭区委书记朱金坤宣布工程启动。

4月3日,浙江省农业厅农作局孙健局长等一行,到余杭乔司镇朝阳村、南苑街道钱塘村和良渚镇荀山村等地,实地查看蔬菜产业提升项目实施情况。

4月14日, 浙江省政府办公厅授予杭州市余杭区全省政策性农业保险试点工作先进县(市、区)荣誉称号。

4月23日,杭州市农业局副局长陈品南等一行,到余杭区径山镇视察早稻机插情况。

4月,历时两年的“清洁绿化余杭”行动集中整治阶段工作全面完成,初步构建起农村长效保洁管理体系。

5月12日,杭州市委常委、余杭区委书记朱金坤调研项目建设和高速沿线整治工作。

5月13日,浙江省农业厅副厅长叶新才等一行,到余杭区调研植物检疫防疫工作。

5月14日, 浙江省政协农业和农村工作委员会副主任、省海洋与渔业局局长赵利民等一行,到余杭区专题调研“渔民上岸”工作情况。

5月21日,杭州市人大常委会副主任于辉达等一行,对余杭区农业法及相关法律法规的贯彻执行情况进行检查。

5月26日,杭州市防治动物疫病指挥部副指挥长、市农业局局长程春建等一行,到余杭区检查春季动物防疫工作。

6月18日,余杭区首例农村土地承包纠纷仲裁案件正式开庭,对朱红亚诉余杭区中泰乡南湖村经联社及第11村民小组违法收回1.35亩承包田一案,仲裁庭依照法定程序对案件进行了审理。最后,仲裁庭作出了裁决:申请人朱红亚应享有原1.35亩土地的承包经营权,责令被申请人返还已收回的承包地1.35亩,由申请人朱红亚继续承包经营,最终使农嫁妇女的合法权益得到了有效保障。

6月28日,在浙江省十大名茶评审会上,径山茶经过组织形式审查、抽样、产品质量检测、专家感官评审和综合评分、参评陈述汇报、评委投票、公证处公证等多个环节的检验,最终以其独特的品质、深厚的文化底蕴、严格的行业管理、优秀的品牌建设、灿烂的发展前景,获得一致好评,高票蝉联浙江省十大名茶。

7月10日,财政部会计司副司长晏婉萍等一行,到余杭调研村会计代理制工作。

是日,浙江省农业厅副厅长冯一鹤等一行,检查余杭区农产品质量安全追溯管理工作。

7月13日,浙江省农业厅副厅长赵兴泉等一行,到余杭区调研病害动物尸体无害化处理工作。

7月16日,杭州市委常委、余杭区委书记朱金坤到杭州禾兴牧业有限公司运河门市部(兽药店)进行现场考察。

7月28日，杭州余杭长乐土地股份合作社召开成立大会，这是余杭区成立的首家土地股份合作社。

9月7日，杭州市副市长何关新、市政府办公厅副主任赵国钦、市农业局局长程春建等一行，到余杭区检查蔬菜生产质量管理工作。

9月8日，根据浙江省农业厅《关于公布2008年度浙江省茶树良种化先进县的通报》，余杭区被认定为浙江省茶树良种化先进县。

9月10日，杭州市委副书记王金财等一行，考察余杭区“一绕三线”高速沿线景观林带建设。

10月20日，杭州市政协副主席朱祖德率市政协委员一行，考察“清洁绿化余杭”和新农村建设工作。

10月23日，由杭州市委副秘书长林友保等一行，到余杭区督查“一绕三线”景观绿化进展情况。

11月10日，浙江省农办副主任李一飞，杭州市委副秘书长、市农办主任王忠德等一行，到余杭区调研检查村庄整治建设工作。

11月16日至次年1月，在余杭瓶窑浙江彭公竹制品市场举行第三届中国杭州竹笋节，全国各地近200家竹业经销、流通、加工企业和客商代表参加了经贸洽谈会，签约项目8个，协议总金额达3.2亿元。同时，经中国竹产业协会四届二次理事会讨论决定，新增余杭区为中国竹产业协会理事单位。并在中国竹产业发展杭州论坛上发布《中国竹业生态经济发展杭州宣言》，设立“中国竹子之乡”杭州联络处。

11月20日，浙江省政协副主席王永昌、省农业厅副厅长朱志泉等一行，到余杭调研农业工作。

11月30日，《畜禽规模养殖场卫生消毒技术规范》区级地方标准正式发布，填补了余杭区乃至杭州市畜禽规模养殖场标准化卫生消毒技术的空白。

12月6日，区政府下发《关于印发〈余杭区加快农村土地承包经营权流转的实施意见〉的通知》，确立季报制度，明确工作职责。至年底，各镇乡均成立土地流转服务中心，142个村建立土地流转服务站，区级土地流转中心也获准成立。

12月17日，浙江省委常委、杭州市委书记王国平等一行，视察余杭区“一绕三线”高速沿线综合整治及沪杭高速临平出入口节点绿化工程。在随后召开的杭州市“一绕四线”高速公路沿线综合整治总结表彰暨工作推进会上，余杭区获2009年度杭州市“一绕四线”高速沿线综合整治“突出贡献单位”荣誉称号。

12月25日，余杭区承担的国家标准《中华鳖池塘养殖技术规范》经向各地中华鳖主产区的46位专家征求意见，并通过水标委淡水分技委秘书处的初审，由浙江省海洋与渔业局向农业部渔业局报批。

是年，根据余杭区委十二届八次全体(扩大)会议和区委、区政府《关于构建现代产业体系，加快经济转型升级的决定》的精神，编制现代都市农业“一中心四板块”规划。至年底，高新农业示范中心及径山茶、塘栖枇杷、生态渔业、生态竹业等4个产业板块规划基本编制完成。

2010年

1月4日，农业部授予杭州市余杭区农（渔）业行政执法大队大队长赵建根全国农业综合执法先进个人称号。

1月12日，农业部农产品质量安全中心专家组，对杭州余杭万山水产专业合作社的翘嘴红鲌养殖等无公害认证基地开展专项检查。

1月15日，余杭区被杭州市委、市政府授予“杭州市2009年度社会主义新农村建设综合优胜区、县（市）”荣誉称号。

1月18日，余杭区农业局被浙江省农业厅评为“全省农机安全生产工作先进工作者单位”。

1月，国家标准委和专家组对蓝天农业循环经济标准化试点项目进行审核，蓝天农业以97.1考核分顺利通过国家级循环经济标准化试点。浙江蓝天生态农业开发有限公司成为全国第一家通过循环经济标准化试点项目的企业。

2月9日，余杭区农业局被浙江省农业厅授予“2009年度全省农业工作先进集体”荣誉称号。

2月10日，余杭区委农办被浙江省委、省政府农业和农村工作领导小组办公室授予“2009年度全省农办系统先进单位”称号，这是区委农办第15次蝉联这一荣誉称号。

2月12日，余杭区被浙江省委、省政府授予“2009年度社会主义新农村建设优秀单位”称号。

是日，杭州市副市长何关新到余杭考察指导农业企业发展建设情况。

2月，中国渔业协会龟鳖产业分会在北京召开“中国名鳖”颁奖大会，余杭浙江上升农业发展有限公司“西湖之春”牌榜上有名，且各项检测指标位列第一。

3月13日，农业部副司长黄延信，在浙江省农业厅副厅长叶新才等陪同下，到余杭区调研政策性农业保险工作。

3月19日，余杭区农业局被国务院第一次全国污染源普查领导小组办公室、环境保护部、国家统计局、农业部授予“第一次全国污染源普查先进单位”称号。

3月25日，余杭区委农办被杭州市委、市政府农业和农村工作办公室评为“2009年度全市农办系统优胜单位”。

3月28日，农业部总经济师张玉香等一行，到余杭区考察、调研杭州农副产品物流中心市场建设工作。

3月30日，余杭制定《加快推进现代都市农业产业化发展的政策意见》。

3月31日，浙江省人大常委会委员、人大农业与农村委员会主任委员王良仟等一行，到余杭区开展农业执法跟踪检查调研。

3月，在杭州市农业依法行政工作会议上，余杭区农业局被评为2009年度全市农业依法行政工作优秀单位。

4月7日，浙江省农科院书记竹伟等一行，到余杭区调研农业产业发展情况。

4月11日，农业部发展计划司副司长周应华等一行，到余杭区调研农业发展规划工作。

4月21日，在“中国名茶之乡”浙江新昌首次发布全国83个茶叶区域公用品牌的价值，其中径山茶品牌价值为9.62亿元。

4月25日，余杭区委农办、区农业局全体工作人员为“4·14”青海玉树地震捐款65750元。

4月28日，浙江省人大常委会委员、人大农业与农村委员会主任王良仟等一行，再次到余杭区就《浙江省农作物病虫害防治条例》立法开展调研。

5月11日，由余杭区农业局主持起草的《中华鳖池塘养殖技术规范（送审稿）》，经评审专家表决，全票通过了全国水产标准化管理委员会淡水分技术委员会的审定，并建议以推荐性国家标准尽快报全国标准化管理委员会批准发布。

6月10日，杭州市政协副主席张鸿建等一行，到余杭区调研农民素质教育工作。

6月15日，余杭区委、区政府全面启动第二轮“清洁绿化健康文明”行动。

6月，在农业部办公厅公布的全国农机专业合作社示范点名单中，余杭区径山丰和农业机械化专业合作社榜上有名，成为浙江省13家全国农机专业合作社示范点之一。

7月8日，全区农业公共服务体系建设动员大会召开，部署开展农业公共服务体系建设任务。

7月9日—10日，农业部规划设计研究院副院长郭红宇率农业部“十二五”规划调研组一行到余杭区，就全国农业和农村“十二五”经济发展规划编制，分专题对影响农业农村经济发展的若干问题进行调研。

7月15日，区农业、环保、国土、财政等部门联合下发《关于完善加强畜禽养殖污染综合治理实施畜禽生态养殖的办法》，提高畜禽生态养殖建设标准，加大扶持力度。

7月21日，杭州市副市长何关新等一行，专题调研余杭区余杭镇上湖村城北畈、仙宅村长岗农场马头山粮食生产功能区情况。

7月26日，农业部经管总站合作处调研员赵鲲、农业部农业干部管理学院现代农业研究中心副主任柳金平，在省农业厅经管处副处长顾金明的陪同下，到余杭区调研农民专业合作社建设工作。

是日，浙江省农业厅副厅长叶新才等一行，到余杭区调研农产品质量安全监管工作。

8月17日，新西兰皇家农业研究中心动物所布莱恩·丁沃尔（Brian Dingwall）一行，到杭州农副产品物流中心了解保障动物产品质量安全的相关情况。

9月8日，印发《关于印发（余杭区社会主义新农村“美丽洲精品村”创建实施意见）的通知》（余政办〔2010〕228号），“美丽洲精品村”建设启动。

9月26日，余杭区委、区政府印发《关于进一步加强城乡区域统筹发展的行动计划（2010—2015年）》，并制订《统筹城乡发展新农村建设项目五行动计划》。

10月8日，国家工商总局商标局公布217件驰名商标，杭州市余杭区径山茶行业协会注册商标“径山茶”名列其中，被认定为中国驰名商标。这是余杭区通过行政途径获得的首例中国驰名商标农产品，实现了余杭农产品“中国驰名商标”零的突破，也成为了杭州茶叶类产品中的第一个。

10月9日，杭州市委副书记王金财、市政府副市长何关新率市级有关部门、各区县（市）负责人等一行，到余杭区良渚镇东塘河村，实地考察该村创建市级高速沿线新农村建设示范村工作情况。

10月16日，在首届杭州市“名鸡”评选活动中，评出“白切鸡王”5个、“汤煲鸡王”5个，为“杭州市十大名鸡”。余杭区选送的径山镇杭州史氏生态养殖有限公司的“径山双溪”牌土鸡、黄湖镇杭州龙头山生态养殖有限公司的“龙头山土鸡”获得“汤煲鸡王”称号。

10月19日，日本岐阜市农林部畜产中心专家佐藤文胜等一行，到余杭区考察畜牧业发展情况。

11月6日，杭州市十大“名鳖”评选活动落下帷幕，余杭区选送的浙江蓝天生态农业开发有限生产的“彪”牌甲鱼、杭州盛煌农业开发有限公司生产的“野池”牌甲鱼和浙江上升农业开发有限公司生产的“西湖之春”牌甲鱼夺得三席“名鳖”称号。

11月10日，余杭区区长姜军等一行，专题调研现代农业“两区”（现代农业园区、粮食生产功能区）建设工作。

12月8日，杭州市副市长何关新到余杭区调研现代设施农业及叶菜功能区建设情况。

12月17日，余杭区农业局被浙江省海洋与渔业局评为“2010年度县级海洋与渔业工作先进县（市、区）局”。

12月31日，余杭区委农办被浙江省农业厅评为“2010年度全省农村经营管理工作先进集体”。

是日，区政府发布实施《浙江省杭州市余杭区粮食生产功能区建设规划（2010-2018）》。

12月，浙江省纪委常委张伟斌等一行，到余杭区调研督查“三资”管理等农村基层党风廉政建设有关工作。余杭区纪委书记魏祖民等陪同调研。

12月，杭州市种猪试验场（杭州大观山种猪育种有限公司）获农业部首批畜禽标准化示范场荣誉称号；余杭区农业局被杭州市农业局评为2010年度杭州市农业依法行政工作优秀单位。

是年，浙江省委、省政府确定开展现代农业园区和粮食生产功能区建设。为此，余杭区全面启动“两区”建设。全年已申报省级现代农业综合区2家，主导产业示范区8家，特色农业精品园16家。

是年，“一中心四板块” 现代都市农业产业体系构建的规划编制工作基本完成，出台径山茶、塘栖枇杷、生态渔业、生态竹业等4个产业板块的扶持政策。

2011年

1月4日，杭州市副市长何关新到余杭区高新农业示范中心，专程调研新迪国际食品有限公司设施农业项目建设。

是日，国家质检总局公布并通报表彰首批重点推进的出口食品农产品质量安全典型示范区名单，余杭区出口茶叶质量安全示范区榜上有名。

1月7日，浙江省政府授予“余杭区农业局全省百万亩生态型水产养殖塘标准化建设先进集体”称号。

1月14日，全国水产技术推广总站副站长李可心等一行，到余杭区调研淡水池塘养殖渔情信息采集试点工作开展情况。

1月18日—21日，余杭区出现连续性强降雪。

1月19日，余杭区农业局及时启动农业防汛防台抗旱抗雪应急预案，10支志愿服务小分队根据产业不同，都在第一时间赶赴现场，及时指导各地实施科学的防雪防冻应对措施。20日上午，紧急召开农业防汛防台抗旱抗雪应急工作领导小组全体成员会议。截至21日上午11

时，农业经济损失达1404万元，受灾面积15.51万亩(折算受损面积1.58万亩，其中，粮食作物受损面积2100亩、蔬菜850亩、果园12800亩)；牲畜死亡130头，家禽死亡7100羽；蔬菜大棚、水产棚舍等农业设施受损120余亩。

1月25日，浙江省农业厅授予“余杭区农业局全省农业统计工作先进集体”称号。

1月，杭州市召开“双学双比”工作会议，余杭区农业局被评为“杭州市城乡妇女岗位建功扶优结对先进集体”。

2月23日，杭州市委、市政府授予余杭区“杭州市2010年度社会主义新农村建设综合优胜区县(市)”称号。

2月24日，农业部科教司杨雄年副司长等一行，在浙江省农业厅副厅长陈利江等陪同下，到余杭区调研农业公共服务体系建设工作。

2月，余杭区农业局生态植保总站沈建国获得全国2010年度科技抗灾促春管保春耕指导服务活动先进个人称号，王忠获评全国土壤肥料信息统计工作先进个人。

3月6日，由杭州市人民政府主办，余杭区人民政府、杭州市农办共同承办的第四届中国杭州竹笋节开幕式和竹产业发展论坛、经贸洽谈会及第二届中国浙江彭公竹制品交易博览会、竹乡生态游等系列活动在余杭隆重举行。浙江省副省长葛慧君为竹笋节的成功举办发贺信。经贸洽谈会总协议金额1.92亿元；第二届中国浙江彭公竹制品交易博览会实现零售额800万元，订单逾4亿元。

3月18日，由杭州市农业局、市农科院、市农学会和余杭区农业局、区农学会联合主办，余杭镇政府承办的2011年新春科技助农服务月活动启动仪式在余杭镇政府广场举行。浙江省农业厅副厅长陈利江、杭州市副市长何关新等有关领导出席活动启动仪式。活动分为座谈现场、咨询现场、展示现场、执法现场、培训现场等5个分会场展开。本次活动，共展示新农机具20多种，全场共赠送书籍50种2000多册，科普资料120种20000多册，标准化模式图20中8000多张，赠送优新品种种子30种500多包，惠及农民2800多人。

是日，浙江省人大农委主任委员王良仟等一行，到余杭区调研农机化工作。

4月11日，在浙江新昌举行的2011中国茶叶大会上发布了全国茶叶区域公用品牌价值，“径山茶”品牌价值达10.42亿元，比上年增加0.8亿元。同时，“径山茶”又被认定为2011中国茶叶区域公用品牌——“最具带动力品牌”，浙江省委常委、副省长葛慧君为径山茶授牌。

4月14日，浙江省农办副主任高启华、杭州市农办副主任张炳新等一行，到余杭区考察农民素质教育和农村实用人才工作。

4月17日，召开中心村暨“美丽洲精品村”培育工作布置会议，标志着余杭区中心村和“美丽洲精品村”培育工作全面铺开，进入实质性规划编制阶段。

4月18日，中共杭州市委常委、余杭区委书记朱金坤等一行，赴临安市开展“区市协作”和“联乡结村”活动。

4月19日，浙江省人大常委会副主任程渭山等一行，到余杭区调研农村集体“三资”管理工作。

4月22日，中央纪委党风室、农业部农经司、财政部会计司联合调研组一行，到余杭区专题调研农村集体“三资”管理工作开展。

4月，浙江省农办、省财政厅对各地2010年农家乐休闲旅游工作进行考核评审，余杭区被评为浙江省农家乐休闲旅游工作一等奖。

5月23日,余杭的径山茶宴、十八般武艺入选第三批国家级非物质文化遗产名录。

5月25日,《余杭区"十二五"现代都市农业发展规划》通过专家评审会评审。

5月26日,杭州市政协副主席董建平等一行,到余杭区调研推进城乡区域统筹发展工作。

6月15日,在全区范围内开展废弃农药包装物处置工作。

6月28日,"径山茶" 杯第三届全国中学生商标知识竞赛颁奖仪式在北京人民大会堂隆重举行,全国人大常委会副委员长周铁农、国家工商行政管理总局副局长付双建等领导为代表颁奖。

6月,强降雨给蔬菜生产带来了极为不利的影响。据统计,余杭区蔬菜受灾面积达1.42万亩,经济损失1944.5万元。其中,被纳入2011年度杭州市"菜篮子"工程建设项目的12个市级叶菜生产功能区受淹面积达886.2亩,145个大棚不同程度受损,直接经济损失645.2万元。

6月,梅汛期间,余杭区连续遭遇四轮强降雨过程。据不完全统计,农业生产受灾损失情况较为严重,农作物受灾总面积5.52万亩,其中,绝收0.44万亩。农业经济损失4700多万元。

7月13日,杭州市农办副主任张炳新等一行,到余杭区调研农村"双证制"教育培训和实用人才"三培养"工程建设情况。

7月, 余杭区的杭州市及时雨植保防治服务专业合作社被农业部授予第一批全国农作物病虫害专业化统防统治示范组织称号。

8月3日,全区"数字兴农"工程暨信息服务工作启动。

8月29日,浙江省农业厅、省休闲观光农业行业协会公布浙江省最具影响力十大农事节庆名单。由余杭区主办并上报的"中国杭州塘栖枇杷节"活动被成功命名为"浙江省最具影响力十大农事节庆活动"。

29日晚至30日凌晨,受11号热带风暴"南玛都"外围影响,余杭区普降大雨,尤其是西部山区出现暴雨到大暴雨,16小时降雨量最大为百丈镇, 降雨量172.5毫米, 黄湖镇降雨量131毫米。强降雨天气导致黄湖、鸬鸟、径山等镇部分畜禽养殖户受灾严重。

9月19日,浙江省农业厅举办开通仪式,正式开通启动了全省农业应急指挥视频系统。区农业应急指挥室也成功和省、市节点进行了对接,标志着余杭区农业应急指挥视频系统正式开通。

9月20日,杭州市副市长何关新等一行,到余杭区调研运河、上塘河水产养殖面源污染防治工作。

9月28日,农业部同意部分农业产业化国家重点龙头企业更名,浙江省的浙江新迪国际食品集团有限公司名列其中。由浙江新迪国际食品集团有限公司全资控股的浙江新迪嘉禾食品有限公司取代其母公司获得农业产业化国家重点龙头企业资格。余杭区实现国家级农业龙头企业数量上零的突破。

9月29日, 国家标准化管理委员会发布《中华人民共和国国家标准发布公告》(〔2011〕14号),由余杭区农业局、水产行业协会和中国科学研究院长江水产研究所联合制定的国家标准《中华鳖池塘养殖技术规范》于7月19日发布,2012年2月1日正式实施, 标准编号GB/Tl26876—2011。该标准是余杭区主持制定的首个渔业国家标准,填补了国内同类标准的空白。

11月3日,浙江省农业厅、省财政厅、省监察厅命名全省10个县(市、区)为第二批浙江省村级财务规范化县,余杭区名列其中。

11 月 9 日,制定出台《关于促进现代都市农业产业发展的若干意见》。

11 月 20 日,余杭区村级集体“三资”条形码管理实现全覆盖。

11 月,余杭区运河镇双桥村被农业部认定为一村一品示范村镇。

11 月,由中国果菜专家委员会组织主办的第九届中国果菜产业发展论坛在海南省口市开幕。经评选认定,余杭区获“中国果菜产业化先进区”称号。

12 月 4 日,余杭区基层农业公共服务体系建设工作得到杭州市领导的肯定。杭州市市长邵占维专门在《杭州政务》上批示:“加强基层农业公共服务体系建设,是推进农业现代化,促进农民致富的重要富工作。请农办、农业局认真总结余杭区的经验,进一步在全市推进这项工作。”

12 月 16 日,农业部兽医局副局长张弘等一行,到余杭区调查农村兽医服务现状,并就如何完善兽医服务体系进行现场指导。

12 月 22 日,农业部农村合作经济经营管理总站授予余杭区农村土地承包纠纷仲裁委员会“土地承包经营纠纷调解仲裁工作先进单位”称号。

12 月 31 日, 浙江省农业厅授予余杭区农业局 “2011 年度全省农村经营管理工作先进集体”称号。

12 月,浙江省农业厅通报表彰全省农民信箱工作先进单位,余杭区农业局榜上有名。

12 月,塘栖镇“风情小镇”建设通过杭州市验收小组的实地考察验收。2009 年,塘栖镇被列为杭州市第一批“风情小镇”创建单位之一,确立了依托水乡优势,突出运河古镇文化和塘栖枇杷文化,以宜居、宜业、宜游、宜文为标准建设“江南佳丽地、塘栖品质城”。通过三年建设,2011 年塘栖镇“风情小镇,完成枇杷黄金果园、运河北岸水北风情街、乾隆御碑公园等建设项目,共投资 2.8 亿元。

12 月,农业部、国家安全生产监督管理局公布全国“平安农机”示范区创建认定通过单位,余杭区榜上有名。

是年,余杭区启动实施农业废弃物综合治理和面源污染治理。

是年,启动实施《余杭区统筹城乡区域发展新农村建设项目五年行动计划(2011-2015 年)》十大统筹共 42 个新农村建设项目。

2012 年

1 月 3 日,《农民日报》第一版上刊登题为《余杭:村集体“三资”全面实行信息化管理》的文章,重点介绍余杭区推进村级集体“三资”管理的背景、做法和取得的成效。

1 月 18 日,杭州市农业局副局长严建立等一行,检查余杭区“菜篮子”基地蔬菜留地情况,确保春节上市稳定供应。

1 月 31 日,余杭区委书记徐立毅、区政府代区长朱华等一行,专题调研农业农村工作,实地考察“三农”发展现状,指明发展思路。

1 月,余杭区农业局被评为“全省农村经营管理工作先进集体”“2011 年度浙江省农业工作先进集体”“2011 年度全省县级海洋与渔业工作先进单位”。

2 月 4 日,余杭区委农办获“2011 年度全省农办系统先进单位称号”。

2 月 9 日,《杭州日报》A7 版“光荣榜”刊登杭州市 2011 年度新型农民教育培训工作先进单位名单,余杭区被评为“杭州市农民素质培训工作先进单位”(名列首位)和“杭州市农村双证制教育培训工作先进单位”。

2月9日,余杭区获杭州市城乡区域统筹发展(新农村建设)工作优胜奖、城乡区域统筹发展区、县(市)协作贡献奖等奖项。

2月22日,农业部财务司司长李健华等一行,专题调研余杭区基层农技推广体系及示范县建设、粮食高产创建、农技购置补贴等政策落实及实施情况、项目资金使用及绩效情况。浙江省农业厅副厅长叶新才、余杭区副区长李红良等陪同调研。

3月6日,余杭区肉类流通追溯体系正式启用,实行从屠宰、检疫、批发、零售到最终消费环节全过程追溯。

3月21日,浙江省委副秘书长、省农办主任章文彪等一行,调研余杭区农民素质教育工作。

是日,浙江省农业厅副厅长陈利江等一行,对余杭区标准农田质量提升试点工作进行检查评估。

4月6日,杭州市市长邵占维在杭州政务信息上,对余杭区扎实推进标准农田质量提升工程阶段性成效和做法作出重要批示:“余杭的经验很好,要认真总结,推广全市。在推广过程中,要把握两个关键点:一是要组织科技人员下乡,进行面对面的具体指导。二是要加大政府补助力度,不要增加农民的负担”。

4月13日,农业部农村事业发展中心新农村建设处处长陈艳清等一行,调研余杭区农民专业合作社建设工作。

4月13日,余杭区益民农业生产服务专业合作社创造的油菜产量242.5公斤/亩,被收入2011年度浙江农业吉尼斯27项纪录。

4月21日,2012年中国(杭州)西湖国际茶文化博览会闭幕式暨十一届中国茶圣节开幕式在径山镇举行。

4月24日,浙江上升农业开发有限公司的“西湖之春 XIHUZHICHUN”商标被认定为中国驰名商标。

4月25日,央视曝光余杭蜜饯问题。余杭区农办、区农业局召开紧急会议,会同相关部门对蜜饯企业进行认真检查。

4月26日,第五届中国杭州竹笋节在余杭区彭公竹制品市场开幕。

5月10日,余杭区被评为“全国农技推广改革与示范县项目实施优秀区(县)”。

5月10日,杭州市委副秘书长、市农办主任张如勇等一行,到余杭区调研美丽乡村建设。

5月24日—26日,余杭径山古钟茶厂代表余杭区径山茶参加第六届中国国际有机食品博览会,“佛鼎”牌径山茶荣获金奖。

5月26日,2012年中国杭州塘栖批杷节开幕。

6月14日,杭州市委副书记王金财对余杭区积极引进工商资本投入现代农业园区建设做法专门作出批示:“余杭的做法值得总结、值得肯定,可以以现场会等形式,予以推广。”杭州市委副秘书长、市农办主任张如勇也作了批示:“根据市委、市政府关于大力发展农业实体经济的要求,余杭从抓好土地流转人手,构建农业规模经营主体,引入工商资本,工作已在实质性推进。”

6月20日,杭州市委常委、余杭区委书记徐立毅等一行,专题调研农业产业发展工作。

是日，区委、区政府印发《关于进一步加强余杭区村级集体经济组织留用地管理的实施意见》。

6月27日，杭州市副市长戚哮虎等一行，到余杭区调研农业产业发展工作。

7月3日，杭州市委常委、余杭区委书记徐立毅在关于径山茶发展提升和品牌建设的汇报材料上作出重要批示："径山茶是余杭农业发展的一个突出亮点和优秀品牌。多年来协会及农业部门为此做了大量卓有成效的工作，结果来之不易，希进一步加强品牌管理，确保径山茶的品牌荣誉；进一步拓展销售渠道，改进销售方式，扩大市场影响力；进一步开发夏茶、秋茶加工品种，借鉴龙泉红茶、乌龙开发经验，积极实践创新，更为显著地提升茶园效益。"

7月5日，浙江省副省长王建满在省政府办公厅《专报信息》第937期《建好账、管好账、查好账、晒好账——余杭区强化村级集体"三资"管理的主要做法》上批示，肯定余杭区强化村级集体"三资"管理做法："农村村级集体'三资'的管理，与农民群众利益息息相关，与农村基层党风廉政建设和民主建设十分密切，农民群众非常关注。余杭区强化村级集体'三资'管理的做法和举措，有力地保障了农民群众的合法权益，维护了农村的社会和谐。"

7月6日，杭州市委副书记王金财对余杭区农民SYB创业培训为抓手推动农民创业就业的主要做法作出批示："余杭区从培训现代农业农民人手，增强了针对性和有效性，值得总结借鉴。"10日，徐立毅也作出批示："推动和促进以创业促进就业、增收的思路是一种好做法，要以王金财副书记批示为动力，进一步深化这项工作，切实抓出成效。"

7月18日，浙江省畜牧兽医局局长张火法等一行，调研余杭区新型畜牧体系建设工作情况。

7月19日，杭州市委副秘书长、市农办主任张如勇一行，专题调研余杭区农业农村工作。

8月8日，台风"海葵"来袭期间，浙江省委常委、杭州市委书记、市人大常委会主任黄坤明等一行，到余杭区检查抗台防汛工作。

8月9日，杭州市农业局局长程春建等一行，视察指导余杭区农业救灾工作。截至15时，据调查统计，余杭区农业台风受灾面积24616亩，经济损失1976.535万元。

8月16日，杭州市农村土地流转与现代农业园区建设工作现场会在余杭区召开。王金财、郑荣胜、戚哮虎等杭州市领导出席会议。

8月24日，余杭区政协主席阮文静等一行，专题视察现代农业园区建设工作。

8月27日，浙江省农技推广基金会会长章猛进等一行，调研余杭区农技推广工作，实地考察仁和、运河杂交鳢繁育基地。杭州市委常委、余杭区委书记徐立毅参加调研。

8月29日，"回归乡土田园，打造都市农庄"·2012年杭州余杭现代农业园区招商会在上海国际会议中心举行。6个园区项目现场签约，总投资27.66亿元。

9月7日，百丈镇受强暴雨影响，余杭区农业局立即组织相关技术人员，赶到百丈镇仙岩村、溪口村等地，查看农作物受灾情况，指导农户进行应急处理。据统计，此次暴雨累计农作物受损面积789.3亩，直接经济损失148.24万元。

9月9日，余杭区农业局党员志愿服务队的田头基层服务活动在《浙江日报》要闻版专题报道，浙江在线、之江先锋网、浙江组织工作网等主流媒体进行了转载报道。

9月10日，农业部兽医局副局长黄伟忠率商务部等一行，到余杭畜禽屠宰有限公司开展生猪定点屠宰资格审核清理联合督查工作。

9月17日，杭州市副市长戚哮虎等一行，调研余杭区食品安全百日整治及农产品质量安全管理工作。

9月26日，杭州市城乡区域统筹发展工作委员会（扩大）会议在径山镇召开。杭州市领导黄坤明、王金财、徐立毅、郑荣胜等出席会议。实地参观径山双溪风情小镇建设项目。余杭区区长朱华代表余杭进行交流发言。

9月27日，中国工程院院士华南农业大学罗锡文教授等一行，现场考察“超级稻精量穴直播技术”仓前街道苕溪村示范点。

10月17日，杭州市委常委、余杭区委书记徐立毅等一行，到瓶窑镇西安寺村开展“联乡结村”帮扶调研。

10月18日，余杭区推荐选送的塘栖正盛湖羊养殖场种公羊喜获浙江产业发展大会暨第三届南浔湖羊文化节综合组（纯种湖羊）一等奖。

10月19日，农业部所属国家农业展览馆党委副书记曹举等一行，考察余杭区农业产业化工作。

10月24日，余杭区被农业部评为全国农村集体“三资”管理示范县（市、区）。

10月25日，余杭区区长朱华、副区长李红良等一行，专题调研农业农村工作。

是日，浙江省农业厅厅长史济锡等一行，调研余杭区农业工作。杭州市农业局局长程春建等陪同调研。

10月27日，农业部兽医局局长张仲秋等一行，到余杭区调研动物卫生监督分所及畜牧兽医合作服务站建设工作。

10月30日，余杭区被农业部认定为全国农村集体“三资”管理示范县，杭州地区仅此一家。

是日，农业部农机化司、农机监管总站副站长涂志强等一行，调研余杭区农机化监督管理工作。

11月13日，浙江省农办副主任邵峰等一行，到余杭区调研农业和农村工作。

11月19日—26日，余杭区副区长李红良率有关部门、各镇街分管农业负责人和现代农业园区业主等50人赴中国农业大学进行现代都市农业创新发展专题培训。

11月23日，杭州市委常委、余杭区委书记徐立毅等一行赴临安，开展“联乡结村”和“区市协作”活动。余杭区区长朱华、副区长李红良和临安市委书记邵毅、市长张振丰等参加活动。

12月25日，杭州市副市长戚哮虎、市政协副主席何关新等一行，考察余杭区现代农业园区建设情况。

12月，浙江省农业厅授予余杭区农业局全省农产品质量安全大整治百日行动先进集体称号。

2013年

1月23日，杭州市农业局副局长赵敏等一行，指导余杭区现代农业园区建设。

1月25日—28日，余杭名特优农产品迎新春展销会在余杭体育馆举办。据不完全统计，本次农展会吸引了2万多名市民参与，现场销售金额270余万元。

1月，“塘栖枇杷”荣获中国驰名商标。

1月，杭州副市长戚哮虎在《情况专报》第121期《余杭区突出六个特色加快城乡区域统筹发展的主要做法》上批示："余杭区在加快推进城乡区域统筹发展中突出重点、注重特色、务实创新、成效明显。"

2月6日，浙江省农业厅副厅长唐中祥、杭州市副局长赵敏等一行，到杭州农副产品物流中心调研指导农产品质量安全工作。

2月8日，浙江省省长李强等一行，调研余杭区蔬菜储备和春节前市场供应情况。余杭区领导徐立毅、朱华、李红良等陪同调研。

2月28日，浙江省农业厅副厅长冯一鹤等一行，检查指导余杭区春耕备耕生产工作。

2月，益民农业生产服务专业合作社获全国农机示范合作社称号。

3月4日，杭州市农业局副局长赵敏等一行，调研余杭家禽产业化调研。

3月6日，杭州市委常委、余杭区委书记徐立毅等一行，调研农业农村建设工作。

3月18日，浙江省农业厅副厅长唐中祥等一行，专题调研余杭区植保植物检疫工作。

3月27日，浙江省海洋与渔业局副局长俞永跃等一行，调研运河街道病死甲鱼无害化处置工作。

3月，余杭区被评为"浙江省2012年度社会主义新农村建设优秀单位"。

4月8日，浙江省工商行政管理局副局长黄笑苹等一行，调研余杭区农民专业合作社信用建设工作。

4月17日，余杭区制定《关于深入开展美丽乡村建设的实施意见》，以切实加快推进美丽乡村建设，全面提升新农村建设水平。

是日，余杭区制定《关于加快推进现代都市农业发展的若干意见》，明确要大力推进现代农业园区、粮食生产功能区建设，培育新型农业经营主体，创新农业经营体制机制，全面提升现代农业发展层次，增强农业综合生产能力、市场竞争能力和可持续发展能力。

4月27日，浙江省副省长黄旭明在专报信息第548期对余杭区积极引进工商资本参与现代农业园区建设做法专门作出批示："工商资本参与现代农业园区建设，已当其时。余杭的做法很好。对于工商资本参与农业"两区"建设，一定要把握住两点：一是项目内容要姓农姓粮；二是要保障当地农民利益。"

4月，余杭区农业局获"全省农业统计工作先进集体"称号；余杭区获"2012年度全省外向型农业工作优胜奖"。余杭区农业生态与植保管理总站汪爱娟获"全国'五一劳动奖章'"和"浙江省劳动模范"荣誉称号。

5月3日，浙江省委副秘书长、省农办主任章文彪等一行，调研余杭区历史文化村建设工作。

5月11日，2013中国(杭州)国际名茶博览会现场公布新评出的杭州"十大名茶"，径山茶以其独特的品质特征，悠久的文化积淀，严格的行业管理和优秀的品牌建设在众多参选茶叶中脱颖而出，位列第二。

5月16日，由余杭区政府、杭州市农办主办的2013年中国杭州塘栖枇杷节开幕。

5月21日，浙江省农业厅副厅长赵兴泉等一行，专题调研余杭区农业机械化发展工作。

5月24日，余杭区召开美丽乡村创建工作动员大会，新一轮美丽乡村建设全面启动。

6月4日，国土资源部规划司司长潘文灿等一行，调研余杭区农村集体土地产权制度改革工作。浙江省国土资源厅副厅长马奇，余杭区副区长李红良等陪同调研。

6月5日，浙江省副省长黄旭明等一行，调研余杭区径山省级现代农业综合区花卉苗木示范区森禾基地。

6月6日，杭州市政协副主席赵光育等一行，调研余杭区家庭农场建设工作。

6月，制定发布《余杭区现代农业园区布局规划》。

7月18日，浙江省农业厅副厅长冯一鹤等一行，到余杭区开展联系服务基层活动。

7月，余杭区获“2013年度省级养鱼稳粮增收工程示范县”称号“2012年省千万农民素质提升工程优秀县(市、区)”。

8月1日，农业部产业政策与法规司执法监督处处长刘德萍等一行，考察余杭区农业综合执法示范窗口创建工作。

8月7日，余杭区区长朱华等一行，调研美丽乡村创建和“清水治污”工作。

是日，泰国常任副秘书长差里等一行，在农业部国际交流服务中心处长孙咏华陪同下，参观考察余杭街道杭州顺升农业开发有限公司。

8月15日，杭州市副书记王金财等一行，检查指导余杭区农业抗旱工作。

是日，杭州市农业局屠国兴总农艺师等一行，检查余杭区“三位一体”农业公共服务体系示范乡镇项目建设。

8月17日，杭州市副市长戚哮虎在杭州政务第512期对余杭区“控源截污”大力推进农业面源污染整治成效显著做出批示：“通过禁养和升级结合，治理和养护结合，监管和引导结合等堵疏举措，对畜禽、水产养殖和农药包装废弃物的有效治理，做农业面源的‘控源截污’工作取得了显著成效，应充分予以肯定。望不懈努力，持之以恒，做出新业绩。”

8月20日，浙江省政协副主席、杭州市委副书记、代市长张鸿铭等一行，检查余杭区防旱抗旱恢复生产工作。徐立毅、戚哮虎、朱华等陪同调研。

8月，杭州市副市长戚哮虎在杭州政务第464期对余杭大力推进蔬菜产业发展保障杭州市“菜篮子”供应的做法做出批示：“余杭区为我市‘菜篮子’供应做出了积极努力，取得了很大成绩，应充分肯定。望继续创新发展，做出新业绩。”

9月2日，浙江省副省长黄旭明在浙江政务专报信息第188期对余杭大力推进蔬菜产业发展保障杭州市“菜篮子”供应做出批示：“余杭区在保障杭州‘菜篮子’供应方面，做了大量的卓有成效的工作，值得肯定。”

9月5日，浙江省农业厅副厅长刘嫔珺等一行，调研余杭区农产品质量安全监管工作。

9月13日，杭州市副市长戚哮虎就《杭州政务·情况专报》第576期《余杭区、下城区、临安市合力推进“区市协作”有力促进城乡区域统筹发展》一文批示：“第二协作组工作有特色，有力度，有活力，有成效。”

9月17日，杭州市农业局局长程春建等一行，调研余杭区养鱼稳粮增收工程实施情况，考察指导余杭区晚稻高产创建工作。

9月23日，杭州市副市长戚哮虎在《杭州政务·情况专报》第595期对《余杭区四措并举推进村级集体经济扶持项目落实》一文批示：“余杭区发展村级集体经济有力度，有实招，有特色，有成效。”

9月25日，浙江省副省长黄旭明等一行，专题调研余杭区以稻鱼(虾)共生创新模式为特色的养鱼稳粮增收工作。浙江省政府副秘书长陈龙、省海洋与渔业局局长彭佳学、省农业厅总农艺师王建跃，余杭区区长朱华等陪同调研。

9月，径山镇获全国一村一品示范镇称号。余杭区农(渔)业行政执法大队获2013年度全国农业综合执法示范窗口称号。

10月14日—15日，杭州市委常委、余杭区委书记徐立毅现场指导“菲特”台风灾后恢复农业生产工作。

10月17日，韩国水产会会长朴宰永(原韩国渔业水产部副部长)等一行，在中国渔业协会副秘书长刘瑞陪同下，考察余杭特色渔业产业——浙江上升农业西湖之春甲鱼园区。

10月，受“菲特”台风的影响，余杭区水稻受损严重。据调查统计，共有0.87万亩水稻受损，政策性水稻保险理赔380余万元。

10月，余杭区益民农业生产服务专业合作社获“全国创新示范合作社”称号。

11月5日，杭州市委副秘书长、市农办主任张如勇等一行，调研余杭区农民素质教育工作。

11月6日，余杭区区长朱华调研西部4镇农业园区、美丽乡村工作。

11月12日，浙江省畜牧兽医局局长张火法等一行，到余杭区开展助农增收调研服务活动。

11月13日，浙江省植物保护检疫局局长林伟坪等一行，调研余杭区农作物重大病虫害专业化统防统治工作。

11月15日，美国CIS社区综合服务有限公司总裁威立·奥斯丁等一行，考察余杭区现代农业园区。

11月17日，农业部种植业管理司司长叶贞琴等一行，考察调研余杭区植保和农药安全监管工作。

11月19日，杭州市副市长戚哮虎等一行，对余杭村(社区)组织换届选举工作进行督查指导。余杭区委组织部部长李志龙、副区长李红良等陪同调研。

11月23日，余杭区常务副区长陈如根、副区长李红良等一行，调研城东温室甲鱼治理工作。

12月10日，余杭区举行现代农业园区暨美丽乡村建设工作现场会。杭州市委常委、余杭区委书记徐立毅，余杭区区长朱华等参加会议。

12月16日，浙江省农民素质教育现场会在余杭召开，浙江省政府副秘书长陈龙、省农办副主任邵峰，余杭区副区长李红良等参加会议。

12月20日，余杭区畜牧兽医局被农业部授予“全国农业先进集体”称号。

2014年

1月2日，杭州市委常委、余杭区委书记徐立毅专题调研临平城东温室甲鱼养殖区域关停整治工作。常务副区长陈如根、副区长李红良等陪同调研。

1月14日，临平城东温室甲鱼关停整治100%完成签约工作。

1月16日—22日，余杭名特优农产品迎新春展销会在余杭体育馆举办。

2月20日，浙江省农业行政执法总队总队长陆元林等一行，到余杭区考察农资信息化及美丽乡村建设工作。

2月26日，浙江省农业厅副厅长刘嫔珺等一行，到余杭区调研农产品质量安全检测室建设情况。

2月，余杭区农业局获“2013年度全省农业工作先进集体”称号，并位列榜首；余杭区农业局获“2013年度全省县级海洋与渔业工作先进单位”称号；余杭区获“2013年度浙江省委、省政府新农村建设优秀单位”。

3月25日，杭州市农业局局长程春建、市农科院朱时建等一行，调研余杭区农业重点工作开展情况。

是日，农业部兽医局副局长王功民等一行，调研余杭区杭州余杭畜禽屠宰有限公司（临平生猪屠宰场）和塘栖屠宰场的生猪屠宰管理工作。

3月，浙江蓝天生态农业开发有限公司彪牌商标获国家驰名商标认定。

3月，杭州市副市长戚哮虎就《杭州政务·情况专报》第39期《余杭区健全动物防疫社会化服务网络保障畜牧业安全发展》一文作出批示：“余杭区动物防疫体系健全、要求严格、工作周密，值得总结肯定。”是月，杭州市副市长戚哮虎就《杭州信息》18期《余杭区打造全省首个全面禁养污染型畜禽区（县）》一文作出批示：“余杭区在狠抓畜禽养殖业污染治理的同时，注重疏与堵的结合，促进畜禽规模化、标准化、生态化发展。既提升产业水平，又实现环境改善，为各地作出了榜样。”

4月1日，浙江省农产品质量安全体验日活动在余杭区崇贤街道文化广场举行。浙江省农业厅厅长史济锡等有关领导出席活动启动仪式。

4月11日，浙江省副省长黄旭明等一行，专题调研余杭区农业农村工作。浙江省政府副秘书长陈龙、省农业厅厅长史济锡等参加调研。杭州市委常委、余杭区委书记徐文光，杭州市副市长戚哮虎、余杭区副区长李红良等陪同调研。

4月15日，杭州市政协主席叶明等一行，到余杭区开展农村生活污水集中专项督查活动。

4月28日，农业部经管司副司长、农经总站站长潘显政等一行，到余杭区调研农村社区股份制、土地股份制改革工作。

4月29日，余杭区被评为2013年度全省外向型农业工作单项考核优秀县。

5月13日，浙江省畜牧兽医局局长张火法等一行，到余杭区调研屠宰管理工作。

5月15日，2014年中国杭州塘栖枇杷节开幕。

5月16日，国家质检总局正式批准余杭区径山茶、中泰竹笛为国家地理标志保护产品。

5月27日，区政府下发《关于印发〈余杭区畜禽养殖污染综合整治工作实施方案〉的通知》。

5月，浙江省农办副主任严杰等一行，到余杭区调研美丽乡村农村生活污水治理工作。

7月24日，浙江省植物保护检疫局副局长卢英等一行，到余杭区检查植物疫情防控工作。

7月，浙江省副省长黄旭明就《浙江政务信息（专报）》《余杭区积极推进省级农业标准化综合示范区创建工作取得实效》一文作出批示：“余杭区的农业标准化工作做得很好，且意义重大。”

8月6日，根据浙江省农村承包耕地确权登记工作要求，确定黄湖镇作为试点单位，标志着余杭区农村承包耕地确权登记试点工作启动。

是日，杭州市副市长戚哮虎、政府副秘书长赵国钦、市农业局局长程春建等一行，现场考察余杭区瓶窑镇张堰村举行的遥控植保飞机治虫现场。

8月7日，杭州市政府顾问高乙梁等一行，调研余杭区西部生态补偿机制工作。

8月20日，浙江省农业厅副厅长叶新才等一行，到余杭区调研农经工作。

8月22日,余杭区政协主席阮文静等一行,到区农办、区农业局专题视察调研农村生活污水治理工作。

8月,浙江省副省长黄旭明就《余杭区堵疏结合率先全省全面禁养污染型畜禽的主要做法》一文作出批示:“这个标题,不细细看,有点唬人。余杭的做法是符合省委、省人大、省政府关于畜牧业转型升级要求精神的。”

9月3日,浙江省农业厅副厅长冯一鹤等一行,到余杭区开展农村确权赋权和畜牧业转型升级工作督查。

9月5日,杭州市副市长戚哮虎等一行,调研余杭区农产品质量安全工作。

9月9日,余杭区区长朱华等一行,赴中泰、径山两地调研农村经济新型业态培育工作。

9月25日,举办余杭区首届农产品质量安全检测技术比武大赛。

9月30日,临平城东温室甲鱼养殖区域关停整治全部完成。748户温室甲鱼养殖户的腾空交棚工作,共涉及温室大棚2140栋,面积123.27万平方米。

9月, 浙江省副省长黄旭明就余杭区推进省级农业标准化综合示范区创建工作经验作出批示:“余杭区的农业标准化工作做得很好,且意义重大。”杭州市副市长戚哮虎在《杭州政务·情况专报》中批示:“余杭区农业标准化建设扎实有效”。

10月11日,余杭区13个镇街(单位)畜禽禁养验收工作全部完成。全区畜禽禁养工作从2013年6月正式启动,到2014年8月5日全面完成。涉及禁养户2038户,共禁养生猪13万头、鸭子345万羽,拆除养殖棚舍面积65万平方米。余杭区成为全省首个全面禁养污染型畜禽区(市、县)。

10月,杭州市副市长戚哮虎就《杭州政务》“余杭区计划三年内推广黑鱼清洁养殖模式”一文作出批示:余杭的做法可以学鉴。

11月4日,余杭区农业局在南京农业大学举办余杭现代农业园区建设发展高级研修班,50多名农业园区业主参加培训。

11月18日,余杭区引进的首台秸秆捡拾压捆机在余杭街道首次应用。

11月,浙江省委、省政府召开全省深化千万工程建设美丽乡村现场会,余杭区获“2014年度浙江省美丽乡村创建先进县(市区)”荣誉称号。

11月,农夫乐园获浙江省首届农家乐创意大赛休闲设施及农事体验活动类一等奖,户外休闲和景观类二等奖。

11月,余杭区农业局获“2014年度浙江农民信箱工作优秀单位”。

12月6日,余杭区畜牧兽医局姚国忠获2014年全国首届动物防疫职业技能竞赛决赛三等奖。

12月18日,余杭区高技能人才创新工作室暨农业劳模创新工作室举行揭牌仪式。

12月,余杭区成功创建省级农业社会化服务示范县。

2015年

1月7日,杭州市农办副主任娄火明等一行,到余杭区调研美丽乡村建设工作。

2月10日,浙江省农业厅厅长史济锡等一行,到余杭区检查冬季重大动物疫病防控和畜产品安全监管工作。

3月11日，余杭高新农业示范中心与区台办共同举办“梅乡携手合作共赢”余杭-台湾南投农业园区考察和交流活动。

4月8日，杭州市副市长戚哮虎等一行，调研余杭区瓶窑省级现代农业综合区、农业公共服务中心。

5月19日，余杭区召开国家农产品质量安全县创建启动动员暨工作部署会议。

5月20日，余杭区温室甲鱼关停整治工作会议召开，标志着第二轮温室甲鱼关停整治工作正式拉开序幕。

5月22日—24日，余杭区组织径山茶行业协会及径山四岭名茶厂、余杭茶业专业合作社代表径山茶参加第十届浙江绿茶(郑州)博览会，径山四岭名茶厂“双径”牌径山茶获博览会金奖产品。

5月27日，余杭区区长朱华等一行，专题调研农产品质量安全管理工作，视察指导余杭畜禽屠宰有限公司生猪畜产品质量安全监管情况。

6月2日，余杭区成为浙江省首批农产品质量安全可追溯体系县。

6月5日，余杭区获2014年度浙江省发展外向型农业工作单项考核优秀市县。

6月30日，“醉美余杭 一带一路”余杭区现代民宿暨余杭旅游招商推介会在上海举行。

7月1日，余杭区“废弃农药包装物回收处置模式”获“浙江省十大创新技术与模式”称号。

7月2日，《浙江日报》第9版《生态循环、治污增效》报道余杭区废弃农药包装物回收处置工作。

7月14日，杭州市副市长戚哮虎等一行，到余杭区鸬鸟、径山、瓶窑、良渚、塘栖等地调研农村现代民宿工作。是日，余杭区人大常委会主任汪宏儿等一行，调研美丽乡村建设工作。

7月31日，余杭区被农业部认定为首批国家农产品质量安全县(市)创建试点单位。

8月1日，余杭区杭州湾里塘莲藕专业合作社生产的“湾里塘”牌莲藕获2015浙江精品蔬果展销会金奖，是杭州市唯一一个蔬菜金奖。

8月4日，余杭区仁和街道花园村被认定为第五批全国一村一品示范村镇。

8月21日，杭州市农业局副局长屠国兴等一行，到余杭区调研指导粮食生产及功能区建设等情况。

9月10日，杭州市农业局副局长唐建明等一行，到余杭区督查农业水环境治理工作。

10月13日，浙江省农办副主任高启华，杭州市农办副主任王国京等一行，到余杭区调研农民素质教育及农村实用人才“三培养”工作。

10月15日，自2015年11月15日起，余杭区全部行政区域划定为禁止露天焚烧秸秆区域，成为杭州地区首个全面禁止秸秆露天焚烧的区(县)。

是日，余杭区区长朱华等一行，调研现代农业园区提升发展专项行动工作进展情况。

11月6日，余杭区首家农民专业合作社联合社杭州禹农农产品专业合作社联合社正式挂牌成立。

11月7日，中国工程院院士、沈阳农业大学教授陈温福和江西农业大学教授石庆华、潘晓华等专家，到余杭区考察指导水稻精确定量穴直播技术示范推广工作。

11月25日，农业部农机化司处长宋建武等一行，到余杭区调研农机购置补贴工作。

11月30日，《浙江日报》第7版刊发专版《为美丽之洲添色加彩——余杭全力打好农业面源污染治理组合拳》。

12 月 3 日，仁和街道渔公桥村常规晚粳稻超高产攻关百亩示范方实割测产，手插攻关田的亩产达为 819.0 公斤，这是余杭区常规晚粳稻亩产首次超 800 公斤。

12 月 15 日，评选认定 30 个园区为首批余杭区规范化现代农业园区。

12 月，因余杭区晚稻成熟期遇连续阴雨和 5 日降雪，导致未收割晚稻倒伏情况严重，据统计，受灾总面积 8.1 万亩；部分园区大棚等生产设施不同程度受损。

2016 年

1 月 6 日，浙江省农业厅副厅长张火法等一行，到余杭区调研农产品质量安全工作。

1 月 28 日，浙江省农机局局长王建伟等一行，到余杭区检查农机安全生产。

1 月，余杭区“菜篮子”基地积极做好暴雪寒潮冰冻灾害天气防范工作，全力保障杭城蔬菜供应，受到杭州领导赞赏。

3 月 3 日，杭州市农办副主任娄火明等一行，到径山镇、中泰街道调研杭派民居示范村建设工作。

3 月 9 日，浙江省海洋与渔业局局长黄志平等一行，调研余杭区渔业工作。杭州市政府副秘书长赵国钦、市农业局局长程春建、余杭区副区长李红良等陪同调研。

3 月 12 日，余杭区绿鹰现代农业园区的“越心”草莓从全国 17 个省、市、自治区的 60 多个品种 800 多份果样中脱颖而出，获中国园艺学会草莓分会举办的第十一届中国草莓文化节暨中国精品草莓擂台赛活动金奖。

3 月 14 日，浙江省副省长黄旭明等一行，调研余杭区春耕备耕工作。

3 月 16 日，浙江省委副书记王辉忠等一行，到余杭区调研春耕备耕工作。

3 月 23 日，浙江省农业厅副厅长唐冬寿等一行，到余杭区调研大学生“农创客”培育工作。

3 月 31 日，浙江省农业厅授予余杭区农业局 2015 年度浙江省农业行政执法绩效考核优胜单位称号。

是日，“塘栖枇杷”获得中华人民共和国农产品地理标志登记证书，这是继“国家驰名商标”之后“塘栖枇杷”获得的又一国字号荣誉。

4 月 1 日，杭州市农业局党委副书记、副局长方月仙等一行，到余杭区调研农业科技合作工作。

4 月 12 日，农业部发布公告，对全国 103 个实施国家农产品地理标志登记保护，余杭区塘栖枇杷名列其中。

4 月 17 日，浙江省农业厅副厅长叶新才等一行，到余杭区调研径山茶工作。

4 月 27 日，杭州市农办副主任娄火明等一行，到余杭区调研闲林水库上游区域农村生活污水情况。

5 月 20 日—23 日，径山五峰茶业有限公司选送的径山茶在 2016(第十一届)浙江绿茶(西宁)博览会名茶评比活动中获金奖。

5 月 25 日，区农业局、区高新农业示范中心、区台办共同举办“2016 余台两地休闲农业发展论坛”活动。

5 月，王位山茶叶同区有限公司、银泉茶业有限公司分获 2016“浙茶杯”优质红茶评比活动金奖、银奖。

6月1日,浙江省农机局局长王建伟等一行,到余杭区瓶窑镇调研智慧农机工作开展情况。

6月5日,余杭区被评为2015年度浙江省发展外向型农业工作单项考核优秀市县。

6月24日,浙江省省农业厅副厅长刘嫔珺等一行,到余杭区考核验收省级农产品质量安全放心县创建暨督查G20峰会农产品质量安全保障工作。

7月7日,全国永久基本农田划定工作现场交流会考察团一行,到余杭街道永安村实地查看余杭区永久基本农田保护工作。余杭区区长朱华、副区长於卫国等一同参加。

7月8日,余杭区人大主任汪宏儿等一行,到区农产品质量安全检验检测站开展平安巡防、安全检查工作。

7月22日,鸬鸟镇召开土地确权登记工作推进会,余杭区土地确权登记试点工作启动。

7月27日,浙江省农业厅厅长林健东、副厅长张火法等一行,调研余杭区农产品质量安全工作。

7月28日,浙江省副省长黄旭明就《浙江政务信息(专报)》(第369期)《余杭区建立农业投入品"闭环"监管机制深化农产品质量安全全程可追溯体系》一文作出批示:"无论是配合'五水共治',还是保证农产品质量,农业投入品的全程监管都很重要。余杭的做法值得各地借鉴。"

8月1日,浙江省副省长朱从玖就《浙江政务信息(专报)》(第369期)《余杭区建立农业投入品"闭环"监管机制深化农产品质量安全全程可追溯体系》一文作出批示:"余杭区的做法有启发,可总结。"

8月1日,余杭区农业局召开服务保障G20峰会工作推进会,正式成立服务保障G20峰会志愿者队伍,开展服务保障工作。

8月18日,杭州市农业局副局长赵敏等一行,到余杭区检查无人机封存情况,为G20峰会顺利召开保驾护航。

8月21日,杭州市委常委、余杭区委书记徐文光等一行,赴黄湖镇、鸬鸟镇调研农业工作和峰会农产品供应基地食品安全。

8月27日,余杭区区长朱华等一行,赴黄湖镇、瓶窑镇检查峰会农产品供应基地食品安全工作。

9月5日,余杭区圆满完成杭州G20峰会期间农产品保供任务,提供优质新鲜莲藕5230公斤、荷叶845公斤、青菜4940公斤、广东菜心7334公斤、油麦菜1060公斤、红苋菜1480公斤、苦瓜200公斤、黄秋葵1970公斤、翠冠梨40000公斤、活鸡440只。

9月9日,《余杭区"十三五"农业农村发展规划》正式印发。

9月20日,余杭区获浙江省农产品质量安全放心县称号。

9月21日,浙江省副省长孙景森等一行,调研余杭区现代农业和美丽乡村建设工作。

9月29日,全国农业财务工作会议在杭州召开,农业部财务司司长陶怀颖等与会代表,到余杭区现场考察瓶窑镇农业公共服务中心、瓶窑镇奇鹤村,听取余杭区政策性农业保险等工作情况介绍。

9月30日,径山茶《GH/T 1127-2016 径山茶》部级标准正式发布,并于11月1日实施。

10月9日,由余杭区农业、财政、环保等部门组成的核查小组对塘栖镇、仁和街道、良渚街道、崇贤街道的黑鱼养殖污染综合整治工作进行核查，标志着余杭区黑鱼养殖污染综合整治工作全面完成。

10月10日，浙江省海洋与渔业局在余杭区仁和街道组织举办"聚焦内陆渔业转型，助推渔民增收致富"活动。全省13个区县渔业管理部门及养殖业主代表共40余人参加本次活动。

10月12日，杭州市农办副主任胡杰华等一行，到径山镇径山村和良渚街道港南村、新港村调研余杭区"一村一微"微信平台试点项目建设。

10月20日，浙江省政协副主席王建满等一行，到余杭区调研农村生活污水治理设施长效运维工作。

10月，余杭区首次引进农机北斗导航设备及农机作业精细化服务平台。

11月18日，麻车头村上方畈的甬优12百亩高产攻关方进行实割测产，实测其中三块田的亩产分别是794.64公斤、860.83公斤和932.41公斤，折百亩方的平均亩产为862.63公斤。这是余杭区历史上晚稻单产首次突破900公斤，百亩方平均亩产首次突破850公斤。

11月25日—29日，余杭区38家企业和合作社参加浙江省农业博览会，5个产品获2016浙江农业博览会产品金奖，1个产品获浙江农业博览会新产品金奖。

11月，浙江省副省长孙景淼就《浙汀政务信息（专报）》（第1492期）《余杭区高标准推进农资信息化建设有效保障农业生产和农产品质量安全》一文作出批示："余杭区在高标准推进农资信息化建设上已走出富有成效的路子。"

11月，余杭区组织部分优秀农村实用人才、农业行业领军人物赴台湾开展为期8天的专题讲座、经验传授、研讨交流和现场实训等考察学习活动。

12月8日，余杭区被农业部命名为第一批国家农产品质量安全县（区），是杭州地区唯一获得该项荣誉的县（区）。

12月，余杭区大径山农业产业集聚区被列入浙江省首批10个农业产业集聚区创建名单。

2017年

1月11日，余杭区委书记戴建平等一行，调研农业农村工作。

2月10日，余杭区首次获得浙江省政府授予的第二届"河姆渡杯"粮食生产先进铜奖单位，为杭州地区唯一获奖县（市、区）。

2月14日，杭州市"两区一基地"暨美丽农业建设现场推进会在余杭区召开。杭州市市长张鸿铭、副市长戚哮虎出席会议，余杭区委书记戴建平、区长陈如根、副区长葛建伟等参加会议。

2月20日，余杭区被评为2016年度"千万农民素质提升工程"优秀县（市、区）。

3月3日，浙江省农业机械局副局长布明华等一行，调研余杭区农业"机器换人"示范创建工作。

3月7日，经3个月的调查、取证、调解完成径山镇茶叶使用茶皂素纠纷的调处补偿款40.1万元，发放到位。

3月18日，全国水产技术推广总站站长肖放等一行，调研余杭区渔业工作。

3月23日，农业部市场与经济信息司副司长王小兵等一行，到余杭区调研农业信息化建设工作。

3月24日，余杭区获"全省2016年度社会主义新农村建设优秀单位"称号。

4月15日，浙江大学环境与资源学院副院长林清勇等一行，到余杭区考察水肥一体化、垦造耕地后续管护及农村生活垃圾资源化利用等工作。

4月20日，第十六届中国茶圣节开幕。展示大径山乡村国家公园和禅茶第一镇的建设成果。

4月26日，农业部农产品质量安全监管局副局长程金根等一行，调研余杭区农产品质量安全监管工作。

5月2日，《人民日报》报道余杭区黑鱼退养转产显成效。

5月18日—21日，以"品茗千年，中国好茶"为主题的首届中国国际茶叶博览会在杭州举办，余杭区径山茶在浙江省十大名茶展示区、杭州十大名茶馆及余杭径山茶展区进行展示。

5月23日，《余杭区大径山农业产业集聚区建设规划》通过专家评审。

5月26日，余杭区人民政府与浙江省淡水水产研究所建立全面战略合作关系。

5月，余杭区委、区政府制定《关于进一步加快西部发展推进城乡统筹的实施意见(2017—2019年)》，启动实施交通、教育、卫生、旅游、人才、文化"六大西进"三年行动。

7月12日，余杭区印发《关于推进大径山农业产业集聚区创建实施意见》，大径山集聚区建设进入攻坚阶段。

7月19日，径山茶成功入选中国茶叶品牌馆，在中国茶叶博物馆龙井馆区举行入馆仪式。

8月1日，美丽乡村村容秩序整治提升行动拉开序幕，全面推进美丽乡村基础环境整治工作。

8月5日，杭州良渚麟海蔬果专业合作社的"麟海"叶菜获2017年浙江精品果蔬展销会金奖。

9月11日，全国稻田综合种养现场观摩交流会在余杭区举行，余杭区"虾稻共生一草鱼循环"模式得到一致肯定。

9月13日，杭州市副市长王宏等一行，调研余杭区大径山农业产业集聚区。

9月29日，余杭区首笔农村承包土地的经营权抵押贷款成功落地，杭州祖群家庭农场有限公司获得贷款100万元。

10月16日，中农办主任韩俊等一行，到径山镇前溪粮食生产功能区、春风长乐现代农业休闲园和小古城村，调研余杭区"三农"工作。杭州市委常委、余杭区委书记毛溪浩陪同调研。

12月1日，首届余杭区"美丽乡村"全国摄影大赛正式拉开帷幕。

12月12日，余杭区人民政府与阿里巴巴（中国）软件有限公司正式签订《余杭区农村电子商务发展（农村淘宝）项目合作协议》。

12月22日，余杭区被中国互联网新闻中心推选为中国美丽乡村示范县（区）。

是日，人社部、农业部授予余杭区农业局党委书记、局长、农办主任丁少华全国农业先进工作者称号。

2018年

1月25日—26日，受北方冷空气与西南暖湿气流共同影响，全区出现强降雪过程。余杭区农业局组织种植业、畜牧业、渔业相关人员，深入一线了解各地抗雪防冻措施落实及受灾情况，指导做好农业雨雪冰冻防范及雪后补救工作。

2月2日，全国水产技术推广总站党委书记张锋等一行，调研余杭区渔业工作。

2月，余杭区获“全省社会主义新农村建设优秀单位”称号。

3月15日，举行余杭区农村产权交易中心授牌仪式。

3月29日，浙江省政协副主席陈小平、杭州市政协副主席翁卫军等一行，到余杭区调研径山茶产业发展工作。

4月11日，美国大豆协会资深淡水养殖技术专家Jesse.Chappell教授、周恩华教授一行，考察指导余杭区池塘循环流水养殖。

4月12日，余杭区制定《关于进一步发展农村经济推进“富村惠农”三年行动（2018—2020）的实施意见》。

4月16日，农业农村部耕地质量监测保护中心副主任谢建华等一行，到余杭区调研耕地地力保护补贴政策落实情况及耕地质量管理与建设工作。

4月17日，余杭区区长陈如根等一行，专题调研现代农业园区建设工作。

4月28日，发布“禹上田园”农业三产融合区域公共品牌，正式推出“禹上田园”LOGO。

5月4日，浙江省农业厅副厅长王建跃等一行，调研余杭区农业“两区”建设工作。

5月17日，余杭区召开名特优农产品产销对接会。

5月22日，余杭区古钟牌径山茶获第二届中国国际茶叶博览会金奖。

5月，余杭区制定《2018年余杭区“三农”改革实施意见》。

6月4日，余杭区美丽乡村建设暨农村公厕综合整治工作推进会召开，要求保质保量按时完成183个建制村509座农村公厕综合整治任务。

7月3日，欧盟委员会卫生与食品安全总司Mr Rudolf Wilmesg等专家来华，对中国动物和动物源性食品卫生管理体系进行全面考察，余杭区杭州荣顺畜产品有限公司作为出口肠衣企业接受欧盟专家的来访检查。

7月17日，余杭区首届“桃王”赛在瓶窑镇举行。

7月，杭州湾里塘莲藕专业合作社的“湾里塘”牌莲藕获2018年浙江精品果蔬展销会金奖。

8月7日，余杭区首批新版农村土地承包经营权证在塘栖镇丁河村颁发，标志着全区农村土地确权工作进入全面颁证阶段，余杭区成为杭州市除试点外第一个全面进入权证颁发阶段的县、市（区）。

8月22日，余杭区农村土地确权登记颁证工作通过杭州市验收专家组综合验收，质量评价为优秀。

8月29日，杭州市人大农工委主任邱卫星、杭州市农业局总农艺师邵京华等一行，到余杭区调研杭州市蔬菜基地蔬菜产销情况。

8月，余杭区级农村淘宝运营服务中心、农村电子商务孵化中心建设基本完成。

9月1日，区政府印发的《关于进一步加强我区村级留用地管理工作的实施意见》施行。

9月4日凌晨，随着最后一只母羊在余杭区的浙江华丽牧业有限公司成功分娩，中国首批保存20年的湖羊冷冻胚胎移植培育羔羊试验获得圆满成功。

9月12日，国内首家以美丽乡村建设、乡村产业振兴为主题的创业园区——“海峡两岸美丽乡村产业园”在塘栖镇丁山河村开园，现场有5个项目签约入园。

9月，径山茶成功通过农业农村部农产品地理标志最终评审。

9月,余杭区在浙江省率先创新推出新型农业经营主体综合保险。全年共有101家经营主体承保,总保费300余万元。

10月9日,发布《余杭区养殖水域滩涂规划(2017—2030)》。

10月12日,浙江省农业农村厅厅长林建东等一行,调研余杭区农业农村工作。

10月29日—30日,全省农业"两区"建设暨产业发展大会在余杭区举行。浙江省省长袁家军参加会议并讲话。

11月12日,余杭区被浙江省农业农村厅确定为县(市、区)农业绿色发展先行创建单位。

11月13日,中共杭州市委常委、余杭区委书记张振丰等一行,专题调研美丽乡村和美丽公路建设情况。

11月15日,院士专家余杭行暨中日休闲农业发展论坛在塘栖举行。

11月20日,余杭区益民农业生产服务专业合作社生产的"益民孝顺米"荣获2018浙江好稻米十大金奖产品。

12月6日,参加全国粮食生产技术推广工作会议的代表,到余杭区瓶窑农业公共服务中心、径山镇小古城村、森禾种业等地参观考察。

12月7日—8日,普降大雪,1万余亩水稻受灾倒伏。余杭区紧急启动大灾应急预案,及时开展定损理赔,确保农户灾后迅速恢复生产。28日,完成雪灾全部受灾水稻种植户定损理赔工作。

12月9日,杭州市农业局总农艺师邵京华等一行,到余杭区现场踏看益民合作社、及时雨合作社水稻生产基地,麟海蔬果、满山红合作社蔬菜生产基地,现场了解并指导水稻雪灾后抢收和蔬菜灾后恢复生产。

12月11日,余杭区科信种业的浙粳优1578产品获2018年度杭州市"十大好味稻"金奖。

12月23日—29日,由区农业局、咸丰县农业局联合举办的"余杭·咸丰第一期东西部综合农业产业提档升级培训班"在径山镇开班,咸丰县农技人员和新型职业农民45人参加培训。

12月,浙江省副省长彭佳学在浙江省政府办公厅《浙江政务信息(专报)》第592期《村级债务 包袱不轻——余杭区村级债务情况的调查分析》上批示:"要研究村级债务问题,防范风险。"

12月,良渚街道、瓶窑镇入选浙江省美丽乡村示范乡镇、黄湖镇青山村、塘栖镇塘栖村、运河街道杭南村获浙江省美丽乡村特色精品村称号。瓶窑镇奇鹤村、南山村、西安寺村、窑北村、彭公村、石濑村6个村获评浙江省AA级景区村庄。

12月,余杭区基本完成农村土地承包经营权确权登记颁证工作,共涉及10.331万农户、29.919万亩农村承包土地。累计颁发权证10.078万本,发证率97.55%。

是年,余杭区已完成484座农村公厕改造建设,为省定任务的130.8%。其中,市定46座、省定370座民生实事项目全部完工,完工率100%,并已超额完成全年482座区定任务,基本实现美丽乡村精品村"村村都有标准公厕"和农村公厕综合整治全覆盖的专项行动目标。

是年,余杭区农业执法工作荣获2017年度全省农业执法绩效考核优胜单位。

第一章　农业基础环境

杭州市余杭区位于杭嘉湖平原南端,西依天目山,南濒钱塘江,自然条件优越。西南部山地层峦叠嶂,修竹茂林;东部平原塘漾棋布,鱼米之乡。良好的植被,维系着生态环境的良好发展。区域气候温暖湿润,四季分明、雨量充沛、日照充足、无霜期长。气温适中,适宜发展双、三熟制;雨热同季,有利于叶茎类作物和瓜果生产;地处中亚热带向北亚热带过渡区,南北多种作物能栽培种植,具有发展粮食生产和经济作物的区位优势。在长期的生产实践中,余杭百姓注重气候与农业关系,并逐渐掌握自然利弊之处。自然灾害中,台风暴雨、洪涝灾害造成损失最大,干旱、冰雹等灾害仅在小范围局部地区发生,治水防洪历来为余杭当政者之要务,故农田水利建设基础较好。境内土壤类型多,分布复杂,性质特征各异。多数土壤土层深厚,土质肥沃,多宜利用。农业生产自然条件包括光热、水分、土地和生物条件等均较优异,社会经济条件中社会经济状况、人口劳动力、交通运输、工业和城镇基础条件评价也较高。余杭东部平原地区划入杭嘉湖平原粮、桑、油、茶区。种植业经营内容多样,生产水平较高。余杭东南部是旱地比重较大的种植业区,原以棉、麻生产为主,20 世纪 80 年代后粮食、油料、蔬菜等项生产所占比重较大。余杭西部以低山丘陵为主,为浙西山地丘陵茶、粮、果、桑区。

20 世纪 80 年代起,余杭提出加快种植业结构调整,主要内容为优化结构,由粮食作物一元结构,调整为粮食作物、经济作物和其他作物的多元结构;优化产品品质,大力推广优质早籼品种;优化产销关系,强调产前、产中和产后服务,发展农村商品经济;优化效益指标,重视产量也重视效益。

第一节　自然环境

余杭区地势西高东低,由西北和西南的山地向东北京杭大运河一带倾斜。大致以东苕溪为界,西北山地属天目山东北延伸余脉,西南部山地属千里岗向东南延伸余脉。山体顺南、中、北 3 条苕溪谷地两侧呈马蹄形展布,层峦叠嶂,修竹茂林;东北部为堆积平原,地势低平,塘漾棋布,属著名的杭嘉湖水网平原;东南部为滩涂平原,其间孤丘兀立,地势略高亢平坦。地貌分为山地、丘陵、平原、滩涂 4 个类型。因地形差异,形成东西两部分水系。西部为天然河流,以东苕溪为主干,支流众多,呈羽形状;东部多属人工开凿河流,以京杭大运河余杭段和上塘河为骨干,河港交错,呈网状形。河流具有流量丰富,水位季节变化大的特点。常年地表水 8.49 亿立方米,地下水为 1.94 亿立方米,水资源总量 9.15 亿立方米,水资源欠丰富,人均水资源量 1126 立方米,约占全省人均占有水资源量的 51%。境内土壤种类繁多,性态优良,宜种性广。气候温和湿润,四季分明,日照充足,雨量充沛。多年平均气温 15.8℃—16.2℃;多年平均雨量 139.8 毫米。受北亚热带季风调节和地形分布影响,天气多变,干旱、洪涝灾害较为频繁。

植被丰富，2010年，森林覆盖率达40.1%。良好的植被，维系着生态环境的良好发展。由于住房城乡建设的发展，生态环境受到一定影响。

一、地质 地貌

地质　余杭地域的大地构造，自震旦纪以来，各时代地层发育基本齐全，形成自元古界至新生界的沉积层。约距今6000年，海侵结束，余杭境内东部平原相继成陆。在地质历史时期，岩浆活动频繁，形成以各种岩性组成的自然地貌。余杭区跨越钱塘江和浙北杭嘉湖平原两个地层分区，宏观构造特征大体可分为西部山地丘陵区和东部平原区。地势由西向东倾斜。大致以东苕溪为界，西部山地丘陵河谷，长期基本稳定；东部水网平原、滩涂平原几经沧桑，从公元前5世纪起，随文明进步而逐步开拓，形成如今地貌。余杭区境西北与西南部属天目山东麓和千里岗山脉之余脉。山体顺南、中、北3条苕溪谷地两侧呈马蹄形展布，海拔500米以上的山峰大多在此。因苕溪而成的河谷平原分布在苕溪谷口。东北部为水网平原，主要分布在京杭大运河流域，是闻名的杭嘉湖水乡平原。东南部为滩涂平原，分布于星桥周扬至运河亭趾一线以南，地势略高亢平坦，土层深厚。地貌分山地、丘陵、平原、滩涂4个类型，有中山、低山、高丘、低丘、谷地、河谷平原、水网平原、滩涂平原等单元。

余杭地层跨越钱塘江浙北杭嘉湖平原两个地层分区，属扬子江南过渡区地层特征。发育地层有震旦系、寒武系、奥陶系、泥盆系、石炭系、侏罗系、白垩系、第四系等地层单元，以第四系分布面积为最广，广泛分布于东部平原和西部山地丘陵，约占区内陆地面积2/3以上。东部平原表层为全新统冲积——海积、湖积和河积——冲积层，三者无截然界线，岩性渐变过渡。分布在独山至超山一线以南。西部山地丘陵属下中更新统，见于瓶窑镇西中、安中及径山镇化城等地。上更新统见于黄湖里三村。全新统见于南、中、北苕溪下游河段，有冲积层、洪积层、残积层，组成洪积扇、坡积裙、洪积阶地地貌形态，见于径山镇潘板桥，瓶窑镇石濑，余杭街道万石、杨梅岭，中泰街道百亩地等地的低丘顶部古剥夷面上。由于第四系松散沉积物的掩盖，断裂

图1-1　山区、半山区、平原

和岩浆的破坏,多数地层单位出露不全,分布零星。其最厚处于平原地区可达50米。

余杭区濒临太平洋中生代岩浆活动带,自元古代震旦纪以来,历经神功、晋宁、加里东、印支、燕山、喜马拉雅等6个活动期。火山喷发和岩浆侵入主要发生在神功、晋宁、燕山期,尤以晚侏罗世燕山运动火山喷发最为强烈。侵入岩主要形成于燕山期,同位素年龄值129百万年至161百万年,产状为岩株、小岩株、岩枝、脉岩。岩类有花岗闪长岩、花岗岩、花岗斑岩、石英正长岩、正长斑岩等14个岩体。余杭区境内侵入岩出露面积约65.68平方公里。主要分布在黄湖镇里三村、鸬鸟镇后畈、太公堂等地,零星分布于径山镇长乐、良渚街道安溪、闲林街道等地,属燕山旋回早期产物。燕山期第一次侵入岩,主要为中酸性浅成岩枝,个别为小岩株。石英二长斑岩岩体为岩枝产状,出露0.88平方公里,侵入在华夏系构造带中,属晚侏罗世。斑状结构,基质为微粒柱和隐文象结构。燕山旋回第二期侵入岩,以中粒斑状花岗闪长岩为主,有闲林埠、全城坞、里三村、铜山4个岩体,均为小岩株,出露面积分别为0.28平方公里、4.06平方公里、0.44平方公里、2.30平方公里。燕山旋回第三期侵入岩,均为花岗岩,规模大,分布广泛,有黄湖镇里三村、径山镇长乐、鸬鸟镇嵩村及德清石门坑4个岩体,呈岩株、岩枝产出,出露面积约53.96平方公里。燕山旋回第四期及期次不明侵入岩,有鸬鸟镇全城坞正长岩、百丈镇泗溪石英正长斑岩等岩体,出露面积4.64平方公里。脉岩种类繁多,与燕山期岩浆活动有关者呈酸性、中酸性。常见有细粒花岗斑岩、流纹斑岩、细粒花岗岩、正长斑岩、石英斑岩、石英脉等,呈脉状分布于岩体内部及各时代地层中。霏细斑岩仅见于临平山。闲林街道荆山的花岗斑岩与隐伏岩体有关。脉岩于成矿作用有一定关系。火山岩集中分布在瓶窑镇彭公石门至良渚街道一带。化学成分以酸性为主。非金属矿产最为突出,主要有萤石、高岭土、瓷石、膨润土、伊利石—蒙脱黏土等。

区域内地质构造位于新华夏系第二隆起带的钱塘台拗区东北端,其基底构造总体呈北东向展布。印支期造成以古生界地层褶皱为主,同时伴随一系列的北东、北西向断层,奠定区内构造基础。燕山期以断块构造活动占主导地位,且伴有火山运动。区域构造线仍呈北东向走向。宏观构造特征大体可分为西部山地丘陵区—天目山相对隆起区和东部平原区—中、新、新生代平湖凹陷区,两者构造面貌迥然有异。印支期褶皱奠定余杭区域构造的基本轮廓,由一系列北东40°—55°方向的线型褶皱及断裂组成杭州—开化复向斜,向北东延伸至区境,东端没入于平原中,被第四系掩盖。南部出现中泰街道朱家舍、九峰山、杨桥头、紫荆山和东溪桥、杨家门前、孟坞7个规模不大的背斜、向斜构造,核部分别由志棠组砂岩、杨柳岗组灰岩、雷公组砂岩、寒武系灰岩、西阳山组石灰岩和页岩、西峰寺组白云质灰岩组成。东部出现皋亭山向斜、超山背斜、邱山背斜、独山背斜,核部分别由石炭系砂岩和石灰岩、杨柳岗组石灰岩、唐家坞组砂岩和西湖组白色石英砂岩组成;西部出现舟枕山背斜和里泗溪向斜,分别由奥陶系沙泥岩和灰岩、上侏罗统火山岩组成。断裂的展布方向有北东向、北北东向、北西向和东西向4组,其中以北东向和北北东向断裂最为发育。北东向断裂有40条,形成时间最早,较集中分布于闲林、超山、临平山和黄湖等地古生代地层分布区,断裂走向在北东40°—70°之间,以高角度正断层多见,次之逆冲断层,顺断裂带常有岩脉充填,是区境内主要控矿构造。北西向断裂有33条,较集中分布在鸬鸟至闲林的构造带上,与北东向断裂构造成山字形或棋盘格式构造,常见岩脉充填,是一组重要的储矿构造。北北东向断裂有14条,主要分布在区境西部上侏罗统火山岩系中,常见岩脉或矿脉充填,也是重要控矿构造。东西向断裂,见于半山断裂,长1200米;

长乐桥断裂，长 2000 米；里三村断裂，长 1000 米；鹅云山—田坞里断裂，余杭境内出露长 5000 米。在漫长的地质年代中，余杭大地经历海的消亡，陆的沉陷，山崩地裂，火山爆发，从出露地层存着各地质时期古生物遗体、地质构造痕迹、良渚文化遗址，都是沧海桑田的见证。距今 6500 万—180 万年前的第三纪以后，境内东部地域经历多次上升和下降，海陆交互沉积；西部处于相对慢间歇性抬升之中，形成多级阶梯地形，河流下切，起伏加大，地面日趋破碎，山地丘陵臻成，新构运动极为明显。与此有关的地震活动，频数不高，强度不大。据查实资料，自 859 年—1918 年间，内发生有感地震 47 次。近百年内，由于新构造运动趋缓，地震活动微弱，震级一般都小于 3 级。

地貌　境内西北与西南部属天目山麓和千里岗山脉之余脉。山体顺苕溪谷地两侧，呈马蹄形布展，山地面积 0.69 万公顷，占全区土地总面积的 5.36%。主要分布在鸬鸟、百丈、黄湖、径山等镇。山地由火山岩、侵入岩、砂页岩组合，呈支杈状曲折延伸，山岭走向呈西北—东南相。山间有缓坡地，土层深厚。其地年降水量 1600 毫米以上，且多暴雨，气候垂直差异明显。自然植被为竹、松、杉等，山顶多为灌木和茅草。海拔 1000 米以上山峰有窑头山（1095 米）和红桃山（1026 米）2 座，两山相连，分别位于鸬鸟镇太平的西端及与临安、安吉交接处。两山均由火山岩和侵入岩组合，呈等轴形分布。山坡陡缓相问，山顶浑圆状，谷身窄平，谷底堆积物浅薄。海拔 500 米—1000 米的山峰有 13 座，分别是位于鸬鸟镇的鸬鸟山（870 米）、峰高岭（708 米）、新岭（590 米）、黄婆岭（568 米）、师姑（588 米）；百丈镇的红山顶（640 米）、茅山（538 米）、石塔岗（536 米）、来猪塘（505 米）；黄湖镇的王位山（726 米）；径山长乐的径山（616 米）、豹子湾（596 米）和中泰仙洞山（525 米）。

境内丘陵与山地紧密相连，难以明确区分。其展布与山体一样，集中分布境内西北、西南不同两翼，含中泰、闲林、径山、瓶窑、黄湖、鸬鸟、百丈等地。面积 4.72 万公顷，占全区土地面积 38.50%。按其高程不同，可分为高丘、低丘、孤丘及谷地。海拔 350 米—500 米、切割深度大于 200 米的山体，主要分布在黄湖、径山、瓶窑、鸬鸟、中泰、闲林等地。面积 2.13 万公顷，占全区总面积的 17.37%。山体多呈枝杈状及等轴状分布，山坡以齐斜坡居多，坡度在 150°—20°，坡面有 20 厘米—30 厘米岩屑坡积物覆盖光条件比低丘优。土壤属黄壤类型，地带性植被原为常绿阔叶林，今已少见，常见的是竹林和针叶林。主要山峰有百丈镇的上大山（493 米）、天顶盏（470.6 米）、石坞头顶（415 米），鸬鸟镇的棋盘山（482.3 米）、骑马岗（408 米），余杭街道的舟枕山（397.9 米），均为褶皱背斜山，由砂岩与页岩构成；径山镇的帽子顶（469 米），瓶窑镇的白鹤山（428 米）、马头山（353 米），良渚街道的大遮山（459 米）均为块状断块山钵，由火山喷出岩组成；鸬鸟的烂田坞（460.9 米）为块状断状山体，由花岗岩组成；中泰街道的洞山（424 米）、紫荆山（403 米），闲林街道的午潮山（494 米）、鸡溪弄（469 米）、黄泥弄（443 米）、万丈山（359 米）等，均为岩熔发育微弱的褶皱山体，由白云质灰岩和沙页岩组成。海拔低于 350 米、切割深度在 50 米以下的山体，主要分布于良渚、瓶窑、径山、余杭、闲林、中泰等地。面积 2.01 万公顷，占全区总面积 16.43%。地形破碎，除少数条状褶皱山外，多数山脊线不明显，山顶圆滑，坡度 15°—28°，坡脚线不明显，沟谷多呈枝叉状分布，谷底浅宽，有较厚的冲积物堆积，坡麓有较厚的碎屑物覆盖。气候条件与平原近似，土壤属黄壤类型，农林皆宜。主要山峰有：径山镇的天平山（284 米）、瓶窑镇的孔井山（291.5 米）、良渚街道的中和山（303 米）等，残坡积层较发育，局部基岩秃露，由火山岩组成；闲林街道的高弓山（200 米）、金岭山（186 米），中泰乡的板桥山（221 米）、邵尖山（281 米）、美女山（319 米）、高峰山

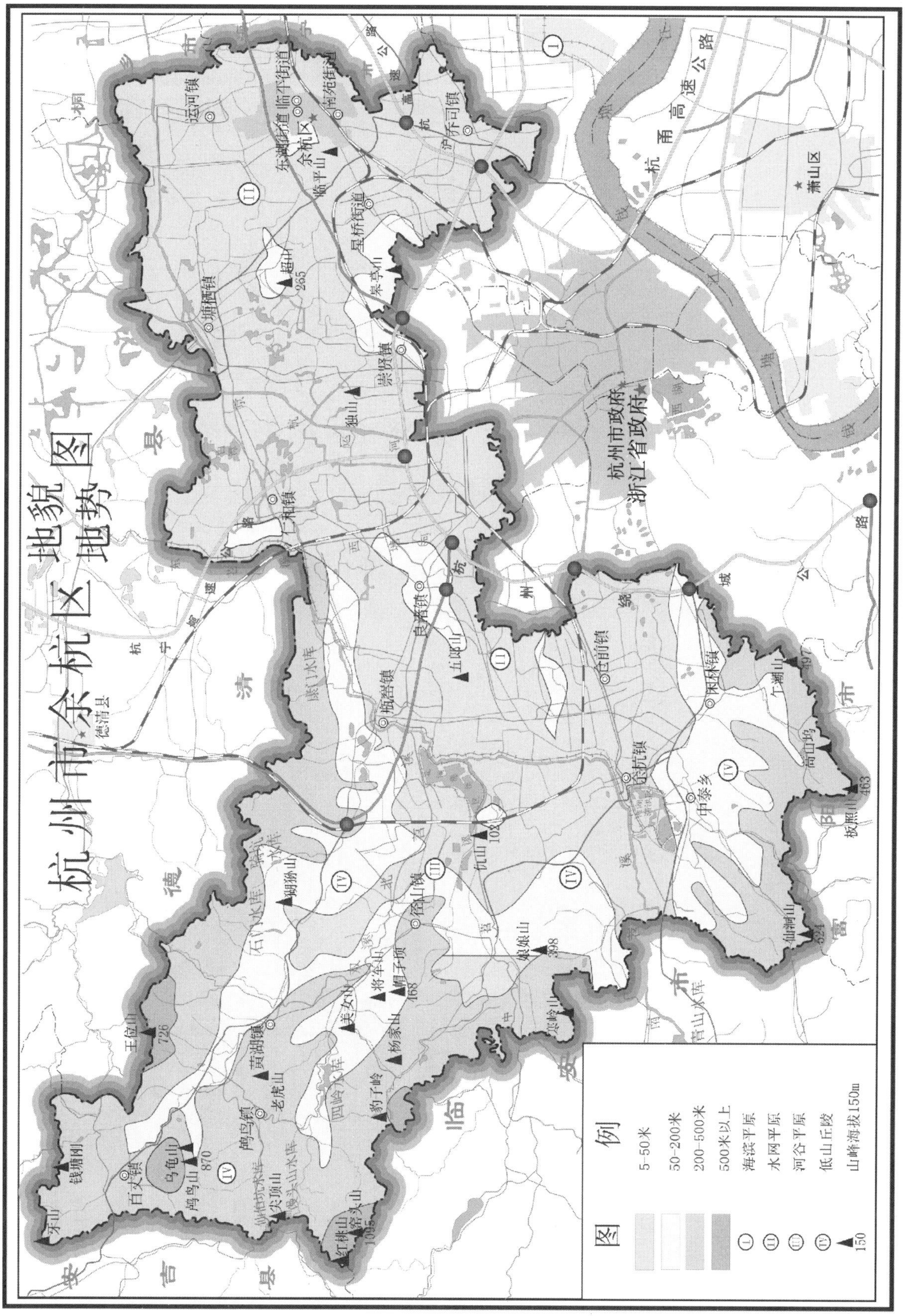

杭州市余杭区地形图(2005年)

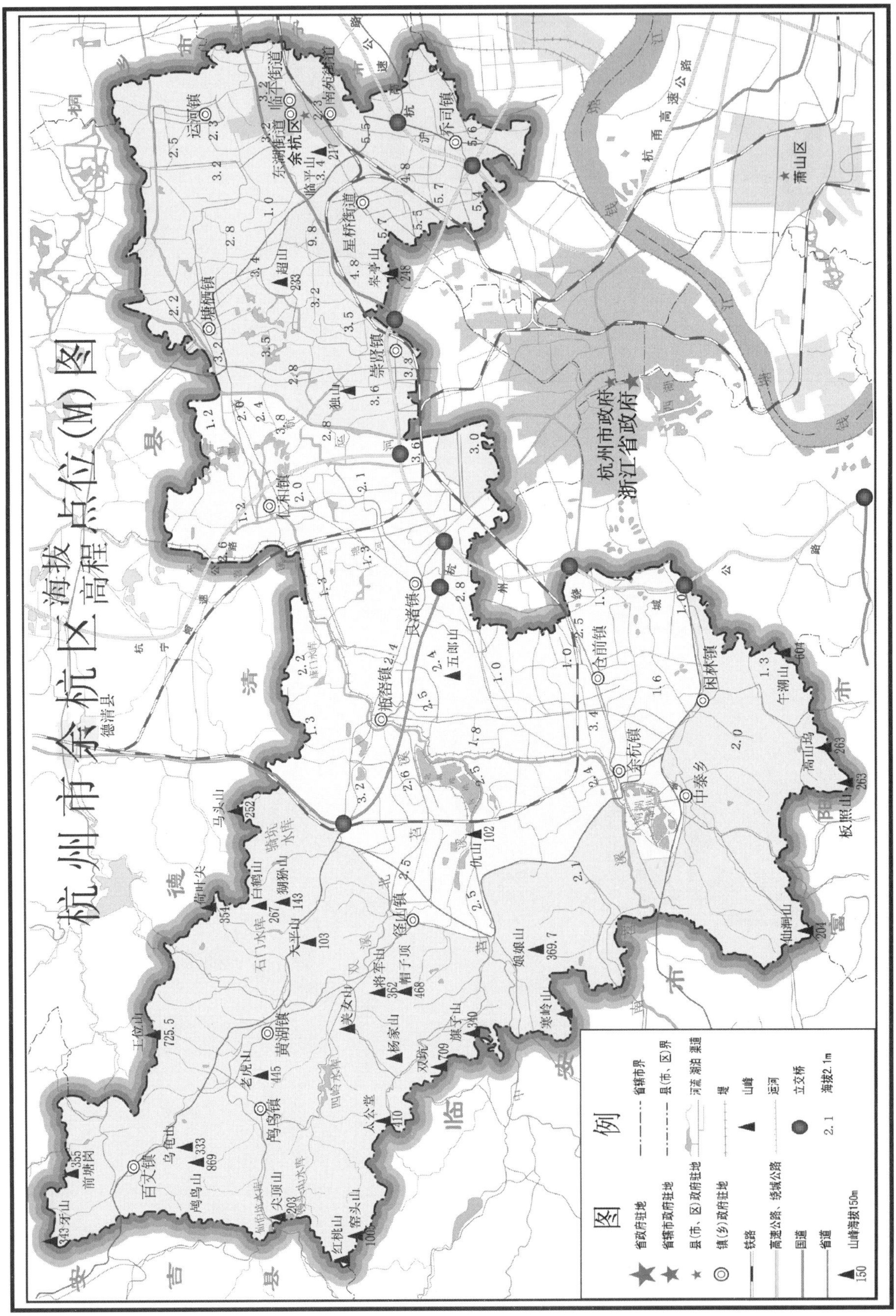

杭州市余杭区海拔高程点位图(2005 年)

(268 米)、石坞山(317 米)、馒头山(213 米)、九峰岭(205 米)、船桥山(128 米)、长岭山(288 米)、泰山(335 米)、铁帽山(205 米)、桃林山(256 米)、大朗山(252 米)、金仙山(206 米)、马鞍山(199 米)、对家山(178 米)、乌龙山(186 米)、藏兵山(121 米)等,均为褶皱,由白云质灰岩与不纯石灰岩构成。残坡积层发育,土质黏重,极易冲刷流失,基岩裸露于地表。地处中、北苕溪谷地两侧的鸬鸟、黄湖、双溪、潘板桥、长乐等地的褶皱低丘,由砂岩与页岩组合,山坡缓,土层厚,土壤呈酸性,宜种茶。海拔 27 米—361 米。距今约 7000 年时为海湾岛屿,由钱塘江和外海潮流所携泥沙,在全新世堆积成陆中形成孤丘。面积 0.58 万公顷,占全区土地总面积 4.73%。零星分布于苕溪南面的平原上,较大的有 43 座。其中瓶窑镇、仁和街道獐山一带有火山岩孤丘 27 座,以良渚街道的大雄山(亦名五郎山)面积最大,海拔 178 米,因山有大雄寺而名。另有窑山、乌山、荀山、獐山、洛山等。星桥、临平一带有砂岩、页岩组合的孤丘 11 座,以皋亭山、临平山规模最大,均为褶皱孤丘,具有明显的山脊线,山坡多凹形坡。皋亭山海拔 361 米,临平山海拔 217.6 米。临平街道的小林、超山一带有白云质灰岩与不纯石灰岩组成的孤丘 5 座,以超山规模最大,海拔 265 米。皋亭山至超山一带宜种梅及杨梅等果树。此外寡山、吴山、安乐山、狮子山、凤凰山、独山、方山、横山、丁山等,都是孤立于田畈中的小丘。海拔 5 米—100 米不等,主要分布于南、中、北 3 条苕溪的中上游。在中晚更新世堆积,组成洪积锥、坡—洪积裙,地面倾斜 20°—15°,切割深度大于 5 米。光热条件因河谷开阔度和朝向不同而异。鸬鸟、百丈的谷地较狭,日照短,气温低,冷空气易堆积,土温较低;而黄湖、径山等地谷地比较开阔,光热条件较前者为优。土壤以洪积泥沙田为主的水稻土和以培泥沙土为主的旱地,质地粗松,易漏水漏肥,也易受山垄冷水危害。

境内平原属杭嘉湖平原,约 6000 年前成陆。面积为 7.54 万公顷。根据成因可分为水网、滩涂、河谷平原 3 类。水网平原由全新世晚期河流湖泊堆积而成,主要分布在京杭大运河流域。地形平坦,微地形起伏,地势东西两翼略高,中间呈低洼的浅碟形,海拔 2.5 米—4.5 米。水资源丰富,地下水位高。地面和土体排水不良,易渍水成涝。成土母质为河、湖、古海相沉积物,土层深厚,土壤以青紫泥田为主的水稻土和堆叠土为主的旱地土,质地松黏程度与耕性好坏相差悬殊。河谷平原由苕溪自山地下注平原的夹带物发生淤积而成。主要分布在南、中、北 3 条苕溪谷口至东苕溪一带。地势稍高而微倾,比较平坦,海拔 3.5 米—5 米。北接低山丘陵,南连水网平原,三者呈渐变过渡。成土母质以新、老河流冲积物为主。土壤为泥质田为主的水稻土和以沙泥为主的旱地土,质地较匀细,夹有粗沙砾石,耕性较好。由于这里正处苕溪由陡转缓地段,水资源丰富,但调蓄能力差,洪水经常泛滥。滩涂平原分布于星桥街道周扬至运河街道亭趾一线以南,是在海积作用为主,冲积、湖积作用为辅条件下形成的。地势略高亢平坦,临平以南,地面高度可达 4.5 米—7.5 米。成土母质多为海湖相沉积和新浅海沉积物,土层深厚。土壤以小粉土和黄松土为主,质地松软耕作条件好,为境内重要经济作物区。地面缺少湖泊,土壤含盐较高,干旱时有盐害。

二、水文

余杭因地形背山濒江,水害严重。经历代劳动人民苦心经营,水系渐顺。境内河流纵横,湖漾密布,受山脉走向制约和亚热带季风气候影响,河流普遍具有流量丰富、水位季节变化大的特点。年平均降水量 1391.8 毫米,降水总量 17 亿立方米左右,年可用水资源 9.15 亿立方米。2013 年,人均水资源量约 1126 立方米,为全省人均水资源量的 51%。区内水资源量欠富,但大运河横贯其中,东南紧靠钱塘江,客水补给丰富。余杭境内地下水补给条件好,西部山区为整个余杭区地下水系统的补给区。经水文观测分析,余杭水文特征主要表现为降水受季风和地形影

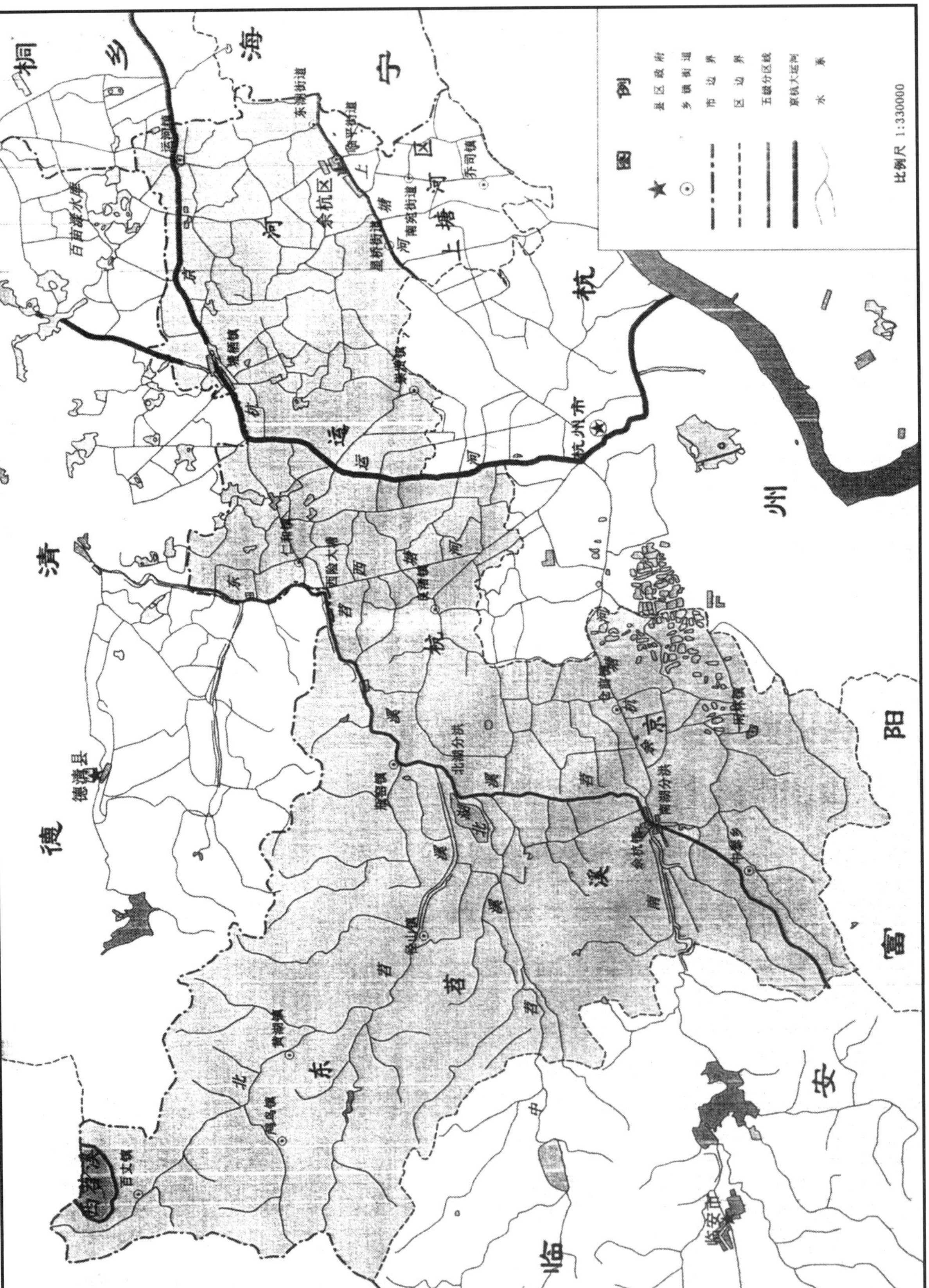

余杭区水资源分布图（选自浙江省水文局2005年《余杭区水资源调查评价及供水水源论证》）

响，年间不均，因降水量不均而造成的河流水位变幅大，流量和径流量差距大等特征。

水资源　余杭区地处江南，雨量充沛，但水资源却欠富。年平均降水量17亿立方米，水资源总量为9.15亿立方米，其中地表水资源量为8.49亿立方米，地下水资源量为1.94亿立方米，地下水资源与地表水资源间的重复计算量为1.28亿立方米，潜水蒸发量（平原区地下水与河川径流不重复量）为6594.86万立方米。平均每平方公里产水74.9万立方米。山区与平原地区水资源在不同保证率供需不一。以2003年水资源量为水平年，苕溪山区年用水保证率75%，需水量21073万立方米，可供水量27209万立方米，余水6136万立方米；年用水保证率90%，需水量24647万立方米，可供水量25839万立方米，余水1192万立方米；年用水保证率95%，需水量26811万立方米，可供水量23175万立方米，缺水3636万立方米；年用水保证率97%，需水量26811万立方米，可供水量20811万立方米，缺水6000万立方米。境内杭嘉湖平原区年用水保证率75%，需水量38884万立方米，可供水量52633万立方米，余水13749万立方米；年用水保证率90%，需水量43967万立方米，可供水52584万立方米，余水8617万立方米；年用水保证率95%，需水量47019万立方米，可供水量52559万立方米，余水5540万立方米；年用水保证率97%，需水量47019万立方米，可供水量52539万立方米，余水5520万立方米。

余杭区水能资源蕴藏量情况表

表1-1

河系	河流名称	河域面积（平方千米）	平均流量（立方米/秒）	河道长度（千米）	天然落差（米）	理　论蕴藏量（千瓦）	可开发水能资源		
							电站（处）	装机容量（千瓦）	年发电量（万度）
北苕溪	百丈溪	48	0.53	12.5	60	310	—	—	—
	鸬鸟溪	48	0.75	9.5	140	1040	1	250	80
	黄湖溪	148	2.65	10.0	30	780	—	—	—
	太平溪	75	1.06	16.0	140	1460	3	1765	527
	北苕溪	317	5.63	15.5	6	330	1	115	15
中苕溪		236	4.61	18.0	15	680	1	100	25
南苕溪		735	14.90	21.3	5.5	810	—	—	—
东苕溪		1463	28.10	21.3	0	0	—	—	—
递铺溪	石竹园溪	7	0.11	5.0	100	110	1	55	16
合计		—	—	—	—	5520	7	2285	663

根据浙江省水文局2005年1月编写的《余杭区水资源调查评价及供水水源论证》材料，余杭区划分4个水资源分区，即西苕溪区、东苕溪区、京杭运河区、上塘河区。西苕溪区位于余杭区百丈镇西北部山丘区，总面积12.1平方公里。东苕溪区位于余杭区西部，范围包括百丈镇一部分、黄湖镇、鸬鸟镇、径山镇、瓶窑镇一部分，良渚街道一部分、余杭街道一部分、中泰街道一部分，总面积543.9平方公里。西苕溪和东苕溪同属苕溪水系。京杭运河区位于余杭区中部，范围包括中泰街道一部分、余杭街道一部分、瓶窑街道一部分、良渚街道一部分、仓前街道、闲林街道、仁和街道、塘栖镇、崇贤街道、运河街道、东湖街道、南苑街道一部分、星桥街道一部分，总

面积600平方公里。上塘河区位于余杭区东部，范围包括乔司街道、南苑街道一部分、星桥街道一部分，总面积为65.5平方公里。京杭运河区和上塘河区均属杭嘉湖水系。

水资源量的特点：年际变化大。据1956年—2005年水资源总量系列统计，水资源总量最丰年为1999年，达153063万立方米，最枯年为1979年，水资源总量34138万立方米，丰枯值之比为1:4.48。大气降水形成的地下和地表产水量季节变化明显。每年降雨主要集中在春夏之间的梅雨期和夏秋之间的台风雨期，由于降雨集中，绝大部分以洪水径流的形式排泄，能够控制利用的量较小。年内分配不均，各月平均径流量最大为6月，占年径流量15.4%，汛期4月—10月径流量为年78.7%，非汛期11月至翌年3月为全年径流量的21.3%，局部地区发生缺水断流或内涝成灾现象。

与土地资源分布不匹配，按2005年耕地4.30万公顷（645174亩）计算，亩均水资源占有量1444.57立方米。上塘河区亩均水资源量为998立方米，西苕溪山丘区每亩耕地水资源量高达9523立方米。与人口分布不匹配，按2005年全区年末户籍总人口81.23万人计算，人均水资源占有量1126立方米，仅为全省人均占有量2210立方米的一半。上塘河区人口稠密，人均水资源量403立方米左右，为全省人均水资源量1/5，而西北部山丘区人口稀疏，人均水资源量超过1.5万立方米，人均水资源占有量多少之比在1:30以上。

余杭区在经济发展同时，各河流均受到不同程度污染，京杭运河、上塘河区水质为劣V类水。水体污染降低水的使用功能，使水资源供需矛盾更为突出。余杭区西部属低山丘陵地区，源短流急，水能资源贫乏。据年平均流量和天然落差计算，理论蕴藏量为5520千瓦，其中南苕溪810千瓦、中苕溪680千瓦、北苕溪3920千瓦、递铺溪支流110千瓦。如通过建造水库，开渠引水，实际可开发水能2285千瓦，其中中苕溪100千瓦、北苕溪2130千瓦、递铺溪支流55千瓦。

三、水系

东苕溪、大运河、上塘河为流经余杭区境的三大水系。东苕溪自西向东折北贯穿区境西北，大运河由南而北穿越区境中部，上塘河从西向东横贯临平城区。境内众多支流河道汇集其间。余杭区域因地形差异，水系呈东西两部分。西部水系为天然河流，以东苕溪为主干，支流众多，呈羽状形；东部水系多属人工开凿的河流，以京杭运河和上塘河为骨干，河港交错，湖泊棋布，呈网状形。

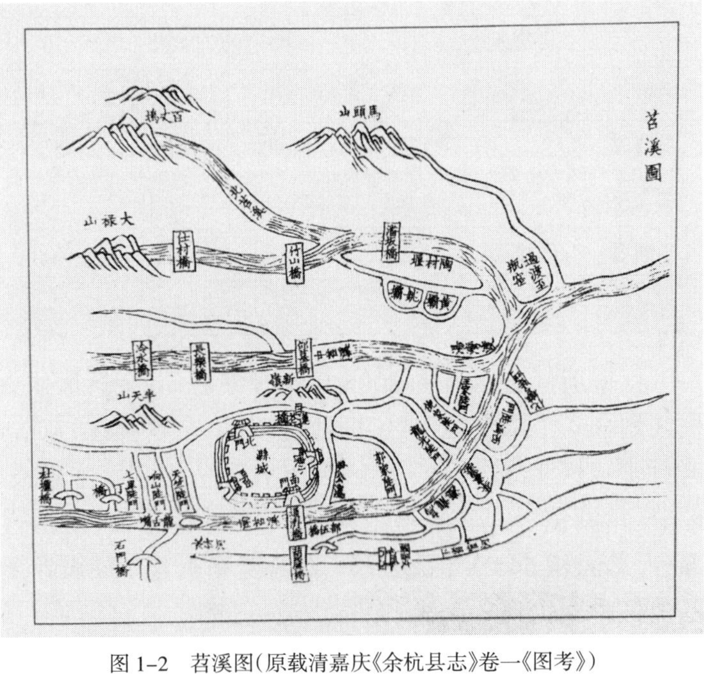

图1-2　苕溪图（原载清嘉庆《余杭县志》卷一《图考》）

东苕溪　为指认方便，境内东苕溪支公里分别称北苕溪、中苕溪和南苕溪。东苕溪全长160.68公里，境内主流长48公里。南苕溪系东苕溪主流，源于东天目马尖岗。自中泰乡入境，流经余杭、仓前，在瓶窑汤湾渡、龙舌嘴分别与中苕溪、北苕溪汇合，经安溪至獐山劳家陡门入德清县境，境内全长45公里。“祥符志云:阔七十六步(居民填塞,今阔六十步。秋天深五尺,春夏深九尺)”,“在於潜、临安两县界东流百五十里,经本县又东流二十七里而至钱塘界,又东流六十二里二百步,步入安吉州德清县”(南宋咸淳《临安志》卷三十六《山川》)。“耆老传云:夹岸多苕花,每秋风飘散水上如飞雪然,故名。”(清嘉庆《余杭县志·水利》)南苕溪境内主要支流有二,即中桥溪、里山坞溪。北苕溪主流为鸬鸟溪,源于安吉县山川乡石门山,全长47公里,流域面积317平方公里。中苕溪因位于南、北苕溪之间而名。境内长18公里,流域面积43.88平方公里。斜坑溪为其主要支流。在余杭、瓶窑附近尚有南湖、北湖两个滞洪区。在余杭镇、瓶窑镇附近,尚有建于东汉的南湖和唐代的北湖两个滞洪区。东苕溪主要支流有中苕溪、北苕溪、百丈溪、太平溪、石门溪、骑坑溪、斜坑溪等。

大运河　南起杭州,北至北京,是中国唯一南北走向的长河,全长1794公里。据《三国志》卷四十七《吴志·孙权传》及《建康实录》卷二载:三国吴赤乌八年(245年),陈勋修破岗渎,凿句容中道,至云阳西城(今江苏丹阳),以通吴、会。此渎沟通建康(今江苏南京)与太湖流域,航道直通苏州、绍兴,为隋代江南运河起源。据《资治通鉴》卷一八一《隋记》:隋大业六年(610年)穿江南河,自京口(今江苏镇江)至余杭(今杭州),800余里。此段系在三国破岗渎与南北朝时南齐的丹徒水道基础上开成。大运河自江涨桥入境,经良渚、崇贤、仁和、塘栖、运河等镇乡街道流入桐乡。境内全长31.27公里,流域面积667平方公里。流域内年平均降水量8.55亿立方米,年平均径流量为3.39亿立方米。河宽60米—70米,常年水深3.5米。水位稳定,并承受中泰、余杭、闲林及杭州西部山水。运河水系的河流相互沟通,荡漾棋布,构成网状。由塘栖向东经博陆东出余杭区境人桐乡市,为运河古道。另有由塘栖向北经邵家村入德清县。元代前,大运河主道从桐乡崇福经海宁长安到临平,走上塘河至杭州。元末张士诚以旧河狭窄,遂开拓武林头至江涨桥段运河河道,大运河方经塘栖。所属河流其支流主要有余杭塘河、西塘河、良渚港、沿山港、禾丰港、亭趾港、内排港等。

图1-3　昔时上塘河临平段(原载《临平志》)

上塘河　又名上塘运河,秦称陵水道。秦始皇“治陵水道到钱塘越地,通浙江”(东汉《越绝书》)。唐称夹官河,贞观八年(635年)于海宁筑长安坝,而成上河。明洪武年间(1368—1398年)筑德胜坝,其南始称上塘河。源出杭州西湖,于艮山门承内外城河之水,过上塘河东去入大运河。自杭州艮山门流入境内星桥岳庙渡,贯穿临平城区,经贺家堰流入海宁,全长48公里,境内长11.38公里,河宽20米—40米,流域面积245平方公里。常年水深2米左右。平均降水量2.14亿立方米,年平均径流量为0.7亿立方米。上塘河流域属滨海冲积平原,沿岸地势较高,沙壤土易冲刷易淤积。加之河短而集雨面积小,虽自唐末后筑有坝闸涧闭之,但仍常现河道干涸。现靠德胜坝翻水站和星桥横山翻水站从大运河翻水以补充水源,保证两岸农田灌溉和企业用水。上塘河因地势比京杭大运河高,故自成一水系,主要支流有乔司港、和睦港和赭山港。

2005 年余杭区水资源量分区情况表

表 1–2

水资源五级区	计算面积（平方千米）	河川径流（万立方米）	河川基数（万立方米）	潜水蒸发（万立方米）	地下水资源（万立方米）	地表水与地下水间重复计算量（万立方米）	水资源总量（万立方米）	降水入流系数	产水系数	产流模数（万立方米/平方千米）
西苕溪	12.1	1192.31	208.48		208.48	208.48	1192.31	0.104	0.59	98.5
东苕溪	543.9	42749.57	5809.96	1686.96	9074.92	7387.96	44436.53	0.108	0.55	81.7
大运河	600.0	37443.47	1166.47	4358.04	9188.13	4830.09	41801.51	0.104	0.53	69.7
上塘河	65.5	3547.29		549.86	962.21	412.35	4097.15	0.107	0.50	62.6
全区	1221.5	84932.64	7184.91	6594.86	19433.74	12838.88	91527.50	0.106	0.54	74.9

四、土壤

境内土壤类型多，分布复杂，性质特征各异。多数土壤土层深厚，土质肥沃，多宜利用。西部山地丘陵谷土，属第四纪全新世，距今约 1.5 万年。在亚热带季风气候影响下，土壤风化较彻底，氧化作用强烈，有机物分解、淋溶、淀积明显。东部水网平原水稻土，属第四纪全新世泥沙沉积物，成土年代以公元前 5 世纪至公元前 16 世纪不等。据 1980 年—1984 年全国第二次土壤普查，余杭境内土壤共分 5 个类、12 个亚类、38 个土属、79 个土种，总面积为 10.23 万公顷。其中红壤土类分布最广，为 4.16 万公顷，占全区土壤总面积的 40.66%；次为水稻土 3.76 万公顷，占全区土壤总面积 36.75%。

土壤的组合受气候、地形、母质、时间和人为等因素影响，其中母质是土壤的物质基础，成土的母质除岩石直接就地风化的残积物外，通常是经过搬运。余杭境内土壤母质成因复杂，来源多样，形成繁多的土壤种类，其母质可分残积物、坡积物、冲积物等 6 类：土壤类型是根据作物根系活动范围，以 50 厘米土体内母质类型为主定名。

境内土壤类型多，分布复杂，性质特征各异。多数土壤土层深厚，土质肥沃，多宜利用。

西部山地丘陵河谷土，属第四纪全新世，距今约 1.5 万年。在亚热带季风气候影响下，土壤风化较彻底，氧化作用强烈，有机物分解、淋溶、淀积明显。东部水网平原水稻土，属第四纪全新世泥沙沉积物，成土年代以公元前 5 世纪至公元前 16 世纪不等。据 1980 年—1984 年全国第二次土壤普查，余杭境内土壤共分 5 个类、12 个亚类、38 个土属、79 个土种，总面积为 10.23 万公顷。其中红壤土类分布最广，为 4.16 万公顷，占全区土壤总面积 40.66%；次为水稻土 3.76 万公顷，占全区土壤总面积 36.75%。丰富的土壤资源，利于农用和林业种植。

土壤组合　土壤母质。土壤的组合受气候、地形、母质、时间和人为等因素影响，其中母质是土壤的物质基础，成土的母质除岩石直接就地风化的残积物外，通常是经过搬运。余杭境内土壤母质成因复杂，来源多样，形成繁多的土壤种类，其母质可分残积物、坡积物、冲积物等 6 类：

残积物。地表岩石风化后残留原地未经搬运的淋余物质。有角质碎块和石砾，棱角明显，颗粒混杂，未经分选，基本保留原来基岩特征。主要分布在径山、窑头山、鸬鸟山等西部山区，海拔 500 米—600 米以上的山坡上部。各种岩石的残积风化体成为黄壤类土壤的主要成土母质。

坡积物。局部山地或丘陵岩风化后碎屑物质经流水搬运和重力作用,滚抛移动后覆盖在山坡上、中、下部的堆积物。坡积物于短距离搬运堆积,由碎石和黏土混杂而成。分布在余杭区西部海拔500米以下的山地、丘陵,这些山地、丘陵的各种基岩和第四纪红土的风化堆积物是红壤类土壤的成土母质。

洪积物。山洪携带大量砾石、泥沙堆积在山谷两边出口处,这些堆积物称为洪积物。洪积物在山谷出口处形成扇形,称为洪积扇,靠近谷口的洪积扇上部高而突出,砾石多,中部变缓,含有一定数量的砾石,外缘积物变细。洪积泥沙田是余杭西部低山丘陵地区土壤的主要成土母质。

冲积物。岩石风化物或土壤物质经过江河流水搬运在两岸形成的沉积物。由于流水的分选作用,具有颗粒较均匀和成层性,是余杭境内河谷平原土壤的主要成土母质。

湖积物。系湖泊静水沉积的物质,土粒匀细而质地黏重,富含有机质层次,常夹有腐泥层和泥炭层,是余杭区东部水网平原土壤的主要成土母质之一。

浅海沉积物。海水搬运海岸变迁的沉积物,是余杭区东部滨海平原土壤的成土母质。浅海沉积物母质形成的土壤从上到下,颗粒较细,成比例一致。浅海沉积物沉积后的时间长短与形成土壤有关。古老浅海沉积物形成的土壤,长期受降水和灌溉水的作用,脱盐脱钙彻底,不再显示盐和石灰性反应。沉积历史不长的浅海沉积物发育的土壤,显示盐分和石灰性反应。

组合类型。土壤组合受地貌制约,母质变化及人类长期耕作熟化过程的影响,按地貌类型简述土壤组合。

滨海平原土壤组合。主要分布在乔司、星桥、临平等地。成土母质为新、老浅海沉积物。由于成陆时间迟早和人为耕种利用程度的深浅,在分布上具有明显规律性。土壤由南向北顺次分布着611-1流板沙→621-1轻咸沙土→522-1潮闭土,均为沙壤级,粗粉沙含量在70%甚至80%以上。土色由黄灰渐变为灰黄,有机质从0.55%提高到1.0%,表土的阳离子交换量从7.8毫克当量/100克土提高到12.7毫克当量/100克土。由于耕作利用,土壤肥力和有机物含量由南向北逐渐提高。

水网平原土壤组合。境内水网平原地形平坦,微地形起伏,整个地势显示东西两翼略高,中部低洼的浅碟形,海拔高度在2.5米—5.6米间,多数在3米—4米,湖塘密布,河流纵横,洼地众多,土壤成土母质为河、湖相沉积物和老浅海沉积物的交互沉积,土壤分布多数表现为相互穿插和镶嵌,呈现土壤种类的多样性。由东向西分布着728-1黄松田→727-1小粉田→727-7粉泥头小粉田→733-1青粉泥田→726-1黄斑田→731-1青紫泥田土壤。728-1黄松田主要分布在乔司、临平、星桥地区;727-1小粉田主要分布在崇贤、塘栖、仁和、临平北侧至良渚镇安溪一带;727-7粉泥头小粉田主要分布在闲林、崇贤、良渚、仓前等镇乡;733-1青粉泥田主要分布在崇贤、塘栖、仁和等地;726-1黄斑田主要分布在瓶窑、仓前、良渚和南湖农场等地;731-1青紫泥田主要分布在余杭街道和仁和街道。

河谷平原土壤组合。苕溪河滩的河谷平原,地势低平,河谷土壤分布规律由河谷冲积物的沉积规律决定,土壤母质为河流冲积物,贴近河道两岸为最新冲积物,其冲积物较疏松。相反离河床愈远,沉积颗粒愈细,形成与河流平行的条带分布状态,这是形成河谷土壤分布规律的基础。从境内苕溪向两侧依次分布着:512-1清水沙→725-1培泥沙田→724-1泥质田,其中泥质田(土)为最好。由于畈内排水不良,畈心低洼处常分布着小面积的潜育性水稻土。河流从上游到下游，由于沉积物类型不同，质地不同，土壤组合也不同，土壤的保水供肥性能也有差别。泥质田主要分布在瓶窑镇彭公、余杭街道舟枕、径山镇长乐和潘板及中泰街道等地。

低山丘陵土壤组合。包括余杭街道西北部和瓶窑镇西南部的中、低山丘陵和谷垄，山脉走向有两组，土壤分布有三种：第一种为丘陵山垄土壤，母质为酸性岩浆岩及砂岩等风化体，土壤以 122—1 黄泥土和 114—1 红泥土为主，主要分布在中泰、径山、百丈、黄湖等镇乡山丘；第二种是山地狭谷土壤，分布在苕溪上游各地，土壤母质以洪积物为主，夹有两边山上的坡积物，土壤有 721—1 峡谷泥沙田、721—2 谷口泥沙田和 723—1 泥沙田，主要分布在黄湖镇、径山镇双溪、瓶窑镇彭公等地；第三种是山地土壤，从山脚到山顶的 500 米以下分布着 114—1 红泥土和 122—1 黄泥土，600 米以上的分布着 211—3 山地香灰土和 212—1 山地黄泥沙土。该地区地形复杂，土壤种类繁多，主要分布在径山、百丈、鸬鸟、南山林场等地区。

土壤分类　土壤类型是根据作物根系活动范围，以 50 厘米土体内母质类型为主定名。根据 1980 年—1984 年第二次全国土壤普查，余杭境内土壤分为 5 个土类、12 个亚类、38 个土属、79 个土种。

民国 22 年（1933 年），浙江省民政厅测量大队对杭县进行土壤调查，将杭县的土壤分为自成式土等 3 个大土类，红色土等 3 个土类和厚层红色土等 13 个土属，并绘制了十万分之一的杭县土壤图和杭县肥力图。1954 年，杭县对全县重点土壤组织了一次勘察，将全县土壤分为青紫土、黄泥土、渔田、垅田及山岗土 5 个类型，并分别作出评价，提出改良意见。1979 年，余杭县首批开展第二次土壤普查工作。按照不除去路、渠、建筑用地等而量算的毛面积计，共有山地 726897 亩（48458.8 公顷），旱地 289967 亩（19331.13 公顷），水田 562882 亩（37525.47 公顷）。

余杭区土壤分类表

表 1–3

土类		亚类		土属		土种	
代号	名称	代号 1	名称	代号	名称	代号	名称
1	红壤	11	红壤	111	黄筋泥	111—1	黄筋泥
						111—2	黄泥骨
				114	红泥土	114—1	红泥土
						114—3	红砾泥
		12	黄红壤	121	亚黄筋泥	121—1	亚黄筋泥
				122	黄泥土	122—1	黄泥土
						122—2	黄泥沙土
						122—3	黄砾泥
				123	黄红泥土	123—1	黄红泥土
				124	沙黏质红土	124—1	沙黏质红土
		13	侵蚀型红壤	131	石沙土	131—1	石沙土
2	黄壤	21	黄壤	211	山地黄泥土	211—3	山地香灰土
				212	山地黄泥沙土	212—1	山地黄泥沙土

续表 1-3

土类		亚类		土属		土种	
代号	名称	代号 1	名称	代号	名称	代号	名称
3	岩性土	31	钙质紫沙土	312	红紫沙土	312—2	红紫沙土
		32	石灰岩土	321	黑油泥	321—1	黑油泥
				322	油黄泥	322—1	油黄泥
5	潮土	51	潮土	511	洪积泥沙土	511—1	峡谷泥沙土
						511—2	谷口泥沙土
						511—3	砾石滩
				512	清水沙	512—1	清水沙
						512—3	并沙土
				513	培泥沙土	513—1	培泥土
						513—2	培沙土
				514	泥沙土	514—1	泥沙土
						514—2	泥质土
				515	湖泥土	515—1	湖泥土
				516	堆叠土	516—1	堆叠土
						516—2	钙质(头)堆叠土
		52	钙质潮土	522	淡涂沙	522—1	潮闭土
7	水稻土	71	渗育型水稻土	712	黄泥田	712—1	黄泥田
				72(14)	山地黄泥沙田	72(14)—1	山地黄泥沙田
				722	黄泥沙田	722—1	黄泥沙田
						722—2	黄粉泥田
						722—3	黄大泥田
						722—4	钙质黄粉泥田
						722—7	钙质黄泥沙田
						722—8	腐泥心黄大泥田
						722—9	钙质黄大泥田
				72(16)	黄油泥田	72(16)—1	黄油泥田
				721	洪积泥沙田	721—1	峡谷泥沙田
						721—2	谷口泥沙田
						721—5	钙质峡谷泥沙田

续表 1–3

土类		亚类		土属		土种	
代号	名称	代号 1	名称	代号	名称	代号	名称
7	水稻土	72	潴育型水稻土	723	泥沙田	723—1	泥沙田
						723—2	钙质泥沙田
				724	泥质田	724—1	泥质田
						724—4	钙质泥质田
						724—7	腐泥心泥质田
						724—8	钙质泥筋田
						724—9	腐泥心钙质泥筋田
				725	培泥沙田	725—1	培泥沙田
				726	黄斑田	726—1	黄斑田
						726—2	腐泥心黄斑田
						726—9	钙质黄斑田
				727	小粉叫	727—1	小粉田
						727—5	钙质头小粉田
						727—6	腐泥心小粉田
						727—7	粉泥头小粉田
				728	粉泥田	728—1	黄松田
				729	白粉泥田	729—1	白粉泥田
				72	堆叠泥田	72(10)—1	堆叠泥田
		73	脱潜潴育型(古潜育底潴育型)水稻土	731	青紫泥田	731—3	腐泥心青紫泥田
						731—5	小粉心青紫泥田
						731—7	腐泥钾泥炭心青紫泥田
						732—1	黄化青紫泥田
						733—1	青粉泥田
						733—4	小粉心青粉泥田
						731—3	腐泥心青紫泥田
				732	黄化青紫泥田	731—5	小粉心青紫泥田
						731—7	腐泥钾泥炭心青紫泥田
				733	青粉泥田	732—1	黄化青紫泥田
						733—1	青粉泥田
						733—4	小粉心青粉泥田

续表 1–3

土类		亚类		土属		土种	
代号	名称	代号 1	名称	代号	名称	代号	名称
7	水稻土	73	脱潜潴育型（古潜育底潴育型）水稻土	733	青粉泥田	733—6	腐泥钾青粉泥田
						733—8	白粉泥头青粉泥田
		74	潜育型水稻土	741	烂灰田	741—1	烂灰田
				742	烂翁田	742—1	烂翁田
				743	烂泥田	743—1	烂泥田
						743—2	烂泥沙田
						743—3	钙质烂泥田

水田土壤有 50 个土种，562882 亩（毛面积），占全县耕地面积的 66.0%。主要分布在临平区的中北部、塘栖区，三墩区、余杭区的中部和东部、瓶窑区的中部和东部。水田土壤的基础肥力较高，质地砂粘适中，酸碱度适宜，农艺性能较好。基本形态特性是：全土层较深厚，多数在 80—100 厘米以上，土色黄棕至浅青灰，剖面发育较好，各发生层明显，土壤质地轻壤至轻粘土，以中壤至轻黏土为主，酸碱度 5.5—6.5。耕作层有机质平均含量 1.40%—4.35%，全氮 0.099%—0.223%，全磷 0.024%—0.194%，速效钾 33—104ppm，阳离子代换量 9.2—26.9 毫克当量/100 克土。

旱地土壤全县有 15 个土种，占全县耕地面积的 34.0%。旱地土壤从东到西穿插分布，随着地貌类型的不同，土壤形态上有所差异：一是滨海平原的旱地，面积 116085 亩，占全县旱地的 40.03%。由于成陆利用历史短，土壤发育年轻，土色棕灰，心底土沉积层次明显，全层有石灰反应，酸碱度 7.5—8.0，质地以沙壤至轻壤为主，土壤含盐量 0.072%—0.121%。表土层有机质含量 0.36%—1.54%，全氮 0.03%—0.112%，全磷 0.069%—0.153%，速效钾 27—161ppm。

水网平原旱地，面积 155987 亩，占全县旱地的 53.79%。由于成陆和利用历史悠久，故剖面发育较好，土色以暗棕灰为主，土层深厚，质地中壤至重壤为主，酸碱度 5.5—7.3。表土层有机质 0.93%—3.51%，全氮 0.067%—0.227%，全磷 0.035%—0.147%，速效钾 46—230PPm。利河谷平原旱地，面积 17895 亩，占全县旱地的 6.17%，土壤的成土年龄和土层厚度差异较大，土色以灰为主，质地砂壤至重壤，酸碱度 5.5—6.8，表土层有机质 1.60%—2.54%，全氮 0.085%—0.140%，全磷 0.067%，速效钾 44—48ppm。

山地土壤全县有 16 个土种，726897 亩，占全县土地总面积的 34.5%。其中：海拔高程在 500 米以下丘陵占 93.8%（200 米以下的中低丘占 58.8%），500 米以上的中低山占 6.2%。因山地土壤母岩不同而存在差异。2006 年 6 月，首先在良渚街道开展 GPS 定位耕地地力调查与分等定级试点工作。至年底，已完成 200 个土样的氮、磷、钾和有机质等 1200 个指标的化验。

土壤分布　根据 1980 年—1984 年第二次全国土壤普查资料，余杭境内土壤共有 1535562 亩（10.24 万公顷），分为红壤、黄壤、岩性土、潮土、水稻土五大土类，其中红壤和水稻土面积最大，各占全区土壤的 40.66%和 36.75%。境内土壤分布及特性如下：

红壤土类。根据地形、母质和附加成土过程不同，分为红壤、黄壤、侵蚀性红壤 3 个亚类，面积为624370亩(4.16万公顷),占全区土壤总面积的40.66%。红壤亚类主要分布在苕溪河谷两侧的丘陵山地和中、东部平原的残丘上,海拔高度多数在200米以下。母质以中性岩浆岩、石灰岩风化体为主,部分酸性岩浆岩风化体。土层深厚、质地黏、层次发育较好,土色棕红色,酸性反应,粉粒含量高,干燥时疏松多孔,通气通透性好。红壤亚类土壤分布面积56016亩(3734.4公顷),利用植被多为茶叶、松、杉、果木等。

红壤亚类的主要土属有黄筋泥和红泥土。

黄筋泥土在余杭街道石鸽和瓶窑镇北湖有小块分布,面积约7619亩(507.95公顷)。红泥土主要分布在临平、星桥、超山、良渚街道大陆及瓶窑镇北湖、长命、彭公和南山林场等丘陵地,面积约48397亩(3226.47公顷)。黄红壤亚类是区内分布面积最大的山地土壤,面积约551138亩(3.67万公顷)。土层较薄,50厘米—60厘米,岩石碎屑多,常呈浅棕橙色。抗水蚀性能比黄筋泥等红壤弱。植被多为薪炭林和用材林,中低丘多数为毛竹和茶叶。黄红壤亚类分为亚黄筋泥、黄泥土、黄红泥土和沙黏质红土4个土属。亚黄筋泥有23216亩(1547.73公顷),分布在瓶窑镇彭公、径山镇潘板桥、双溪及余杭镇舟枕等低丘上。黄泥土分布在各丘陵和林场,面积约442835亩(2.95万公顷)。黄红泥土壤有44141亩(2942.73公顷),分布在中泰、余杭、瓶窑、黄湖、长乐等地。沙黏质红土有40946亩(2729.73公顷),分布在径山镇长乐、双溪,鸬鸟、太平,百丈等花岗岩山地。侵蚀型红壤亚类主要有石沙土土属,分布在岩性较为坚硬的山丘陡坡和山头部分,临平、塘栖、瓶窑、径山、黄湖、鸬鸟等地均有分布,面积约17216亩(1147.73公顷),成土母质为各种岩石的富铝化或硅铝性风化残积体。土体厚度不足30厘米,母质为流纹斑岩、石英沙等风化残积体,土层浅薄,土色浅淡。

余杭县土壤分布示意图图例(图上编号与土种名称对应表)

表1-4

图上编号	土种名称	分布面积(亩)	图上编号	土种名称	分布面积(亩)
1	111—1 黄筋泥	6369	21*	312—2 红紫泥土	9554
2	111—2 黄泥骨	1250	22	321—1 黑油泥	17775
3	114—1 红泥土	45179	23	322—1 油黄泥	49422
5	114—3 红砾泥	3218	25*	511—1 狭谷泥沙土	407
7	121—1 亚黄筋泥	23216	26*	511—2 谷口泥沙土	275
8	1221 黄泥土	347404	27*	511—3 砾石滩	1050
9	122—2 黄泥沙土	75013	28*	512—1 清水沙	461
10*	122—3 黄砾泥	20418	29	512—3 并沙土	1207
11	123—1 黄红泥土	44141	30	513—1 培泥土	2533
12	124—1 沙黏质红土	40946	31*	513—2 培泥土	6328
15	131—1 石沙土	17216	32*	514—1 泥沙土	4170
18	211—3 山地香灰土	12081	33*	514—2 泥质土	1464
19	212—1 山地黄泥沙土	13695	34*	515—1 湖泥土	8723

续表 1–4

图上编号	土种名称	分布面积（亩）	图上编号	土种名称	分布面积（亩）
35	516—1 堆叠土	145144	114*	726—9 钙质黄斑田	1080
36*	516—2 钙质(头)堆叠土	2120	73	727—1 小粉田	63075
38	522—1 潮闭土	71901	75*	727—5 钙质头小粉田	645
40	611—1 流板沙	3545	76*	727—7 腐泥心小粉田	3320
41	621—1 轻咸沙土	40639	77	727—7 粉泥头小粉田	35457
42*	721—1 黄泥田	113	80	728—1 黄松田	26402
43*	72(14)—1 山地黄泥沙田	45:	83	729—1 白粉泥田	6634
44	722—1 黄泥沙田	11643	84	72(0)—1 堆叠泥田	3357
45	722—2 黄粉泥田	25131	85	731—1 青紫泥田	49533
46*	722—3 黄大泥田	7992	86	731—3 腐泥心青紫泥田	22745
47*	722—4 钙质黄粉泥田	3239	87	731—4 腐泥钾青紫泥田	34045
49*	722—7 钙质黄泥沙田	502	88	731—5 小粉心青紫泥田	15996
50*	722—8 腐泥心黄大泥田	467	89*	731—6 小粉钾青紫泥田	3012
51	722—9 钙质黄大泥田	2022	90*	731—7 腐泥钾泥炭心青紫泥田	911
52*	72(16)—1 黄油泥田	2135	91*	731—8 腐泥钾小粉心青紫泥田	10011
53	721—1 峡谷泥沙田	12597	94	732—1 黄化青紫泥田	6514
54	721—2 谷口泥沙田	6725	95*	732—3 腐泥心黄化青紫泥田	4241
55*	721—5 钙质(头)狭谷泥沙田	323	96	733—1 青粉泥田	48887
58	723—1 泥沙田	4686	97	733—2 腐泥心青粉泥田	7228
59	723—2 钙质泥沙田	2986	99	733—4 小粉心青粉泥田	13065
60	724—1 泥质田	34632	100	733—6 腐泥钾青粉泥田	12545
62	724—4 钙质泥质田	1169	101*	733—8 白粉泥头青粉泥田	28
64	724—7 腐泥心泥质田	3776	104	741—1 烂灰田	28
65*	724—8 钙质泥筋田	678	106	742—1 烂翁田	834
66*	724—9 腐泥心钙质泥筋田	2786	109*	743—1 烂泥田	685
67	725—1 培泥沙田	3963	110*	烂泥沙田	320
68	726—1 黄斑田	60866	107*	钙质烂泥田	652
69*	726—2 腐泥心黄斑田	2671	—	—	—

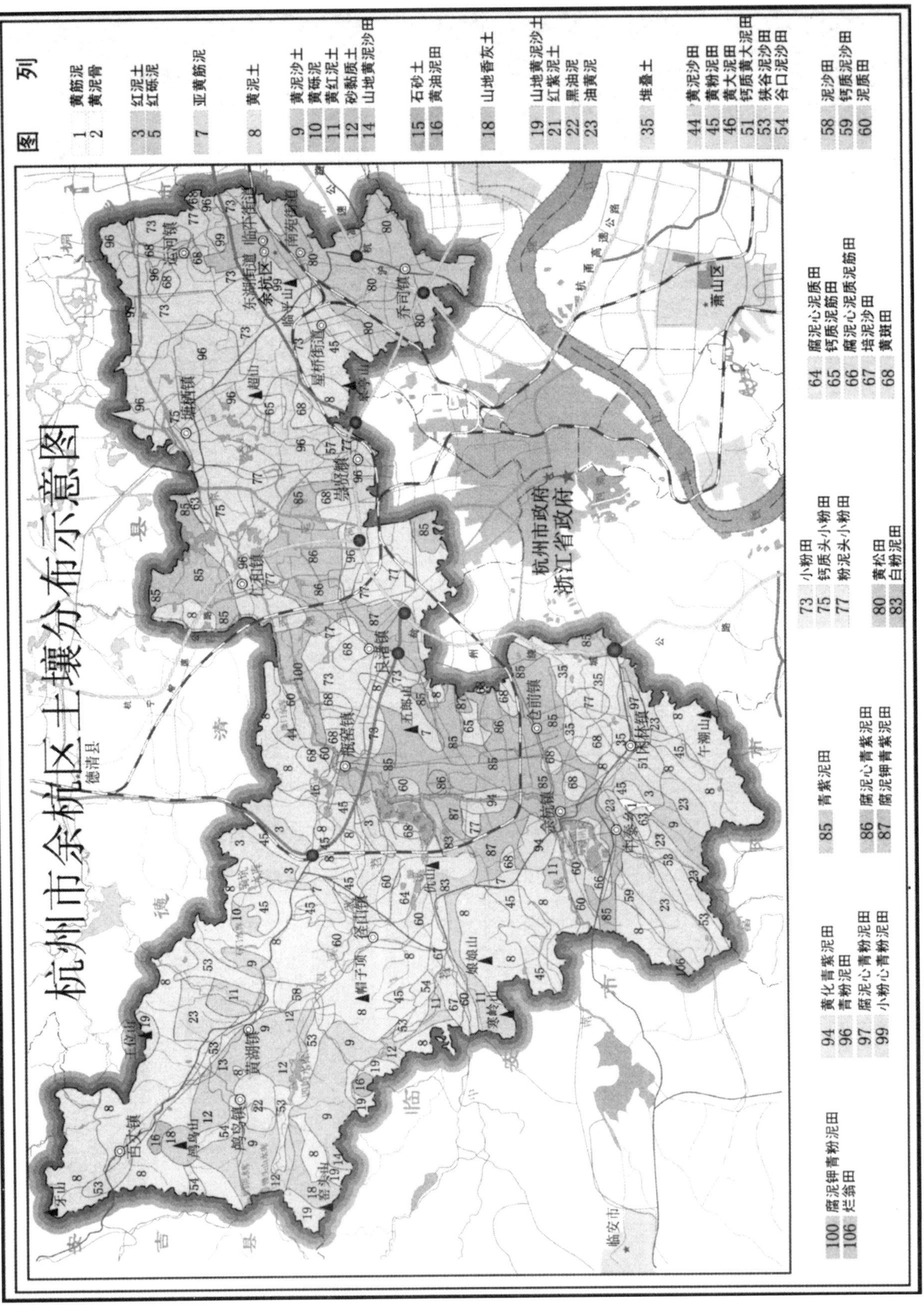

杭州市余杭区土壤分布示意图

黄壤土类 主要亚类有黄壤，分布在海拔500米—600米以上的低山上，包括鸬鸟、径山、黄湖等镇，面积25776亩(1718.4公顷)，占全区土壤总面积的1.66%。土壤植被保护较好，土层深厚，草被茂密，腐殖化作用强于矿质化作用，表土有机质积累多，含量可达5%—10%以上，厚度可达10厘米—20厘米以上。其主要土属有山地黄泥土和山地黄泥沙土。山地黄泥土主要分布在鸬鸟、太平、长乐等地，土色灰黑，质地中壤，土层较为深厚湿润，有机质丰富，是发展林牧业的好资源。面积为12081亩(805.4公顷)。山地黄泥沙土主要分布在黄湖、鸬鸟、径山等地海拔500米—600米以上山地，土体多砾而松散，土色黄至棕黄。面积为13695亩(913公顷)。

岩性土类 主要分布在余杭区西部和南部的石灰岩山区，面积76751亩(5116.73公顷)，占全区土壤总面积的5%，可以制造水泥等建筑材料。岩性土类主要亚类有钙质紫色土和石灰岩土。钙质紫色土分布在中泰乡丘陵地，面积9554亩(636.93公顷)。该土壤无石灰性反应。石灰岩土面积67197亩(4479.8公顷)。其母质为石岩和泥质灰岩等，形成土壤质地黏重，土层较薄，呈灰黑、棕褐、棕黄色，pH值近中性。主要土属有黑油泥和油黄泥。黑油泥主要分布在中泰乡、鸬鸟镇的太平和黄湖等地的高丘上，面积17775亩(1185公顷)；油黄泥分布在闲林、中泰、黄湖、百丈等地，面积49422亩(3294.8公顷)。

潮土类 潮土类土壤多数用于种植桑、果、蔬菜、稻麦等农作物，在滨海、水网、河谷平原广为分布，面积245783亩(1.64万公顷)，占全区土壤总面积的16%。其亚类主要有潮土和钙质潮土。潮土分布在水网平原，包括径山、余杭、良渚、临平等地。面积173882亩(1.16万公顷)。潮土亚类分为洪积泥沙土、清水沙、培泥沙土、泥沙土、湖泥土和堆叠土等6个土属。洪积泥沙土分布在瓶窑镇彭公、径山镇长乐和黄湖等地，面积115.47公顷(1732亩)；清水沙土壤分布在径山境内两苕溪支流汇合处，面积1668亩(111.2公顷)；培泥沙土分布在瓶窑镇长命、北湖，中泰街道中桥，余杭街道永建，良渚街道安溪等地，面积8861亩(590.73公顷)；泥沙土分布在余杭镇永建、舟枕，瓶窑镇北湖，径山镇潘板桥等地，面积5634亩(375.6公顷)；湖泥土多数是孤立的高墩地，地表排水较好，分布在崇贤镇沾驾桥，仁和镇獐山、东塘等水网平原，面积8723亩(581.53公顷)；堆叠土分布在临平、塘栖、良渚等地，面积147264亩(9817.6公顷)。堆叠土土壤多数是人工挖土平地、开河提泥堆叠而成，在水网平原的河流两岸和田畈中呈条状分布。钙质潮土亚类仅分布在乔司镇三角村，是盐土与潮土过渡类型，土壤质地以细沙壤为主，该亚类的主要土属有淡涂沙土属，是境内唯一土种，面积71901亩(4793.4公顷)。

水稻土类 境内水稻土类面积562882亩(3.75万公顷)，占全区土壤总面积的36.75%，各镇乡和农场都有分布。水稻土类分为渗育型水稻土、潴育型水稻土、脱潜潴育型水稻土和潜育型水稻土4个亚类。渗育型水稻土主要分布在丘陵和山地岗坡或上坡地。有黄泥田土属，在瓶窑镇彭公丘陵上坡有小面积分布，面积113亩(7.53公顷)。母质为流纹岩、凝灰岩的风化坡积体，土层较薄，为30厘米—50厘米，土色灰黄，质地轻黏土至黏土，耕层浅。潴育型水稻土亚类分布在河谷、水网、滨海平原和丘陵等地，面积331004亩(2.21万公顷)。成土母质以河、湖、海相冲沉积物为主，也有红、黄壤堆积物。土属有山地黄泥沙田、黄泥沙田、黄油泥、洪积泥沙田等13个土属。脱潜潴育型(古潜育底潴育型)水稻土主要分布在水网平原的良渚、獐山、仓前、永建等地，面积229264亩(1.53万公顷)。母质为古代湖沼、湖海相沉积体，是潜育型水稻土脱潜后向潴育型水稻土转变的过渡类型的水稻土。该土所处地形低平，地下水位高，土体较软。其主要土属有青紫泥田、黄化青紫泥田和青粉泥田。潜育型水稻土分布在水网平原和丘陵山区的局部低洼处，包括中泰、黄湖、径山镇双溪、长乐，鸬鸟镇太平等地，面积2519亩(167.93公顷)，母质来源复杂，水渍严重，亚铁反应显著。潜育型水稻土分为烂灰田、烂翁田和烂泥田3个土属。烂灰田分布在鸬鸟镇太平的低山峡谷洼地，由山地黄壤开垦而成，表土褐色，有机质含量高，面积28亩(1.87公顷)。烂翁田分布在中泰、鸬鸟的丘陵垅底，质地中壤至重壤，土层较厚，土色暗灰，面积834亩(55.6公顷)。烂泥田分布在黄湖、中泰、闲林及余杭镇舟枕的低丘谷地和近山谷地，该土壤地势低洼，土色暗灰带黄，有石灰性反应，面积1657亩(110.47公顷)。

五、气候

余杭地处北亚热带南缘，晚第三纪是东亚季风盛行区。第四纪早期，由温和稍湿润转为凉干。全新世初渐暖，距今约7000年前，年均气温比现在高4℃以上，相当于南亚热带气候。春秋晚期，出现短暂寒冷时期。隋、唐至北宋时气候再暖。南宋初，经过一个世纪寒冷期，然后出现短暂回暖，旋又转入寒冷期，至17世纪为甚。直至20世纪中叶，气温才逐渐转暖。余杭区域气候温暖湿润，四季分明、雨量充沛、日照充足、无霜期长。气温适中，适宜发展双、三熟制；雨热同季，有利于叶茎类作物和瓜果生产；地处中亚热带向北亚热带过渡区，南北多种作物能栽培种植，具有发展粮食生产和经济作物的区位优势。受温带西风带天气系统与热带天气系统交替控制，不同性质气团频繁交替作用，一年中，冷、热、干、湿的季节变化很大，而季风的不稳定性会使某一时段的气象要素发生异常，造成多种灾害性天气，尤以春季倒春寒、初夏梅雨为烈。

气候特征　一年四季以候(5天为1候)平均气温而定，大于22℃为夏季，小于10℃为冬季，10℃—22℃为春秋季。余杭气候特征为四季分明，冬夏两季较长，春秋两季较短。春季温凉多雨，夏季炎热湿润，秋季先湿后干，冬季多晴冷燥。全年日照较足，雨量充沛，温暖湿润。光、温、水配合良好，春夏季雨热同步，秋冬季光温相补。光、温、水地域差异明显。水量时空分布不均及地形不同，小气候差异明显，西部易旱，中部易涝，东部常缺水。灾害性天气较多，以洪涝、干旱为最。常年始于3月31日，终于6月10日，历时72天，平均温度14.2℃。太阳辐射量逐渐增加，地温转暖，气温呈波浪式回升，变幅较大。间有倒春寒(连续3天以上日平均气温≤11℃的阴雨少日照天气)天气出现，南北方的冷暖气流交汇频繁，风向多变，降水较多，占常年降水量的20%。常年始于6月11日，终于9月12日，历时99天，平均温度26.70℃。夏季可分为梅雨期和干热期，6月中旬至7月中旬为梅雨期，冷暖气流再次频繁交替，连阴雨、大雨或暴雨增多，时有洪涝发生。温湿同步增长，气候变化剧烈，常有冰雹与大风出现。7月中旬至8月上旬为干热期，常受亚热带高压控制，盛行下沉气流，以晴热天为主，午后到傍晚有雷雨，造成洪涝灾害。常年始于9月13日，终于11月18日，历时62天，平均温度为17.2℃。8月下旬至9月下旬为秋雨期。副热带高压减弱，北方小股冷空气南侵，冷暖空气再次交替，连阴雨、暴雨时有发生。10月受长江中下游小高压的影响，天气比较稳定，常呈现天高云淡、爽气宜人的天气，也常受台风影响。日夜温差较大。常年始于11月19日，终于次年3月30日，历时132天，平均温度4.62℃。太阳辐射量减少，受极地干冷气团的影响，以多晴、寒冷、干燥、西北风为主的天气。如北方冷空气势力强，就出现寒潮，带来严重的霜冻、冰冻和风雪。

气候要素　日照。余杭地处中纬度地区，太阳总辐射量全年为101.76千卡/平方厘米左右。除山区外，各地太阳辐射量差异小，而年际间变化大，差距最高达39.48千卡/平方厘米。各月辐射值与温度的年变化基本一致。3月起逐渐加强，7月至8月间太阳辐射最强，9月后逐渐减弱。境内太阳辐射量在浙江省内及杭嘉湖地区属于偏少的区域。偏少的原因为全区阴雨天气较多，日照百分率在省内处于中下水平，又受杭城烟幕影响等。太阳总辐射以夏季最强，冬季最弱，与温度的年变化基本一致。

年日照为1800小时—2000小时，日照百分率41%—44%。境内东部日照约2000小时，日照百分率为45%；西部由于受山体遮蔽的影响，日照时数少于1800小时，日照百分率小于41%；东部比西部日照偏多200小时以上。冬春作物和夏秋作物的光照条件，东部平原均比西部山区优越。年内日照以8月最多，平均为251.9小时。2月最少，平均不到120小时；最少月与最多月相差一倍以上。日照时数在年际间存在明显的差异，最多年达2124.2小时，最少年1507.1小时，极差为617.1小时，相当于全年时数的1/3。

境内水域面积大，水体效应明显，属湿润地区。年平均蒸发量等值线东部大于西部，平原大于山区，等值线值在700毫米—750毫米之间。年平均水面蒸发量681.5毫米，蒸发量小于降水量。蒸发量的大小与气温的高低基本一致，气温高则蒸发量大，气温低则蒸发量小。因地形影响，平原年水分蒸发量高于山区。年内月水面蒸发量最大为7月、8月，约占年蒸发量的25.8%，最小为1月、2月，约占年蒸发量的3%—4%。汛期水面蒸发量占全年水面蒸发量的75.7%。20世纪80年代，年水面蒸发量呈减少趋势，90年代存在较大幅度的波动。2000年以后略呈上升趋势。据百丈水文站记载，1981年—2002年平均年水面蒸发量为655毫米，最大达816.7毫米（1994年），最小仅580.7毫米（1999年），差值236毫米，年蒸发量最大值是最小值的1.4倍。百丈站位于西北山丘区，较平原区年蒸发量小。

气温。余杭区域在20世纪20年代—40年代，气候逐渐变暖，气温升高。年平均气温15.8℃—16.2℃。其中1951年—1990年，余杭年平均气温为16℃—16.5℃，1991年—2000年为16.8℃，2001年—2005年为17.68℃。1950年—2000年，年平均高温（35℃以上）天气22.5天，2001年—2005年年平均高温天气为43.5天。等温线横穿境内中部，受地形、海拔影响，水网平原和滩涂平原年均气温稍高，为15.9℃—16.2℃；河谷平原为15.8℃；西部山区则低于15.5℃。在山区年平均气温的垂直递减率为0.41℃/100米，递减率各月不同，以8月为最大，为0.56℃/100米；11月为最小，为0.26℃/100米，且有随气温升高而递减率增大的趋势。山区气温除海拔影响外，还与坡向、开阔度等地形条件有关。如百丈地处狭窄的山谷中，日照短，冷空气易堆积；而径山东面山坡，开阔向阳冷空气不阻滞，又在逆温层中，海拔高出百丈100米，而气温反高于百丈。

全年气温7月、8月最高，7月平均气温28.5℃左右；以1月为最冷，月平均温度3.5℃，四季气温有明显变化。年极端最高温度40.70C左右，年平均值为38℃—38.7℃；极端最低温度-9.6℃—-14.9℃，年平均值为-7.4℃—-8.9℃，一般出现在12月至翌年2月。各地高温以37℃、38℃为多数，39℃以上较少。38℃以上高温，境内东部约2年一遇，西部每年都有。39℃以上高温，东部约7年—8年一遇，西部3年一遇。40℃以上，东部少见，西部8年一遇。各地低温以-5℃、-7℃为多数，-9℃以下较少。-7℃低温东部4年—5年一遇，西部1年—2年一遇。-9℃低温东部少见，西部2年—5年一遇。

降水。余杭境内平均年降水量在1391.8毫米，年降水130天—145天，基本能满足农业生产的需要。降水空间分布与地形地貌相吻合，西北部、西南部山丘区是雨量高值区，东部是低值区。变化趋势由东向西递增。降水量均值等值线高值区在西北百丈镇附近，为1650毫米—1700

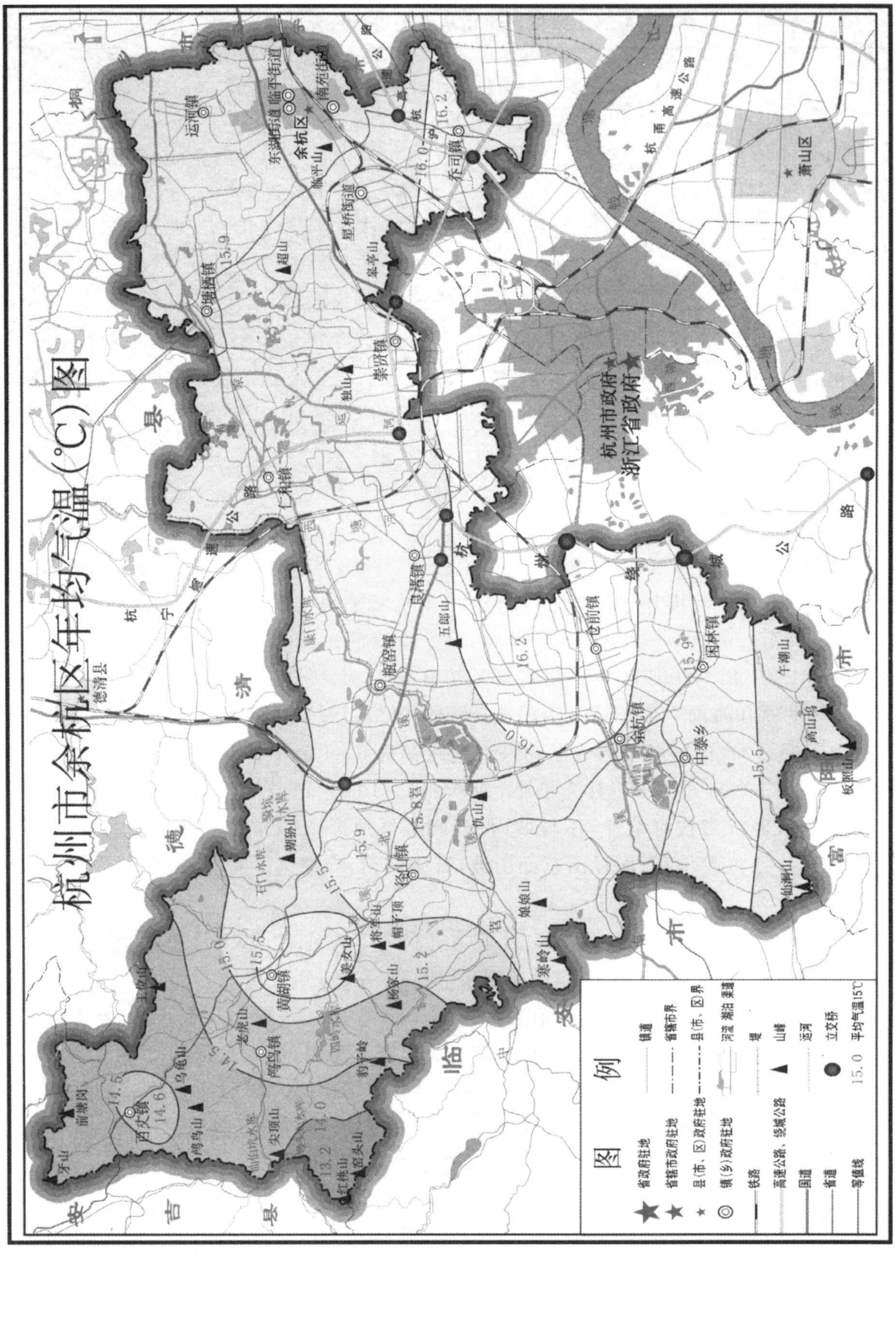

杭州市余杭区年平均气温图(2005年)

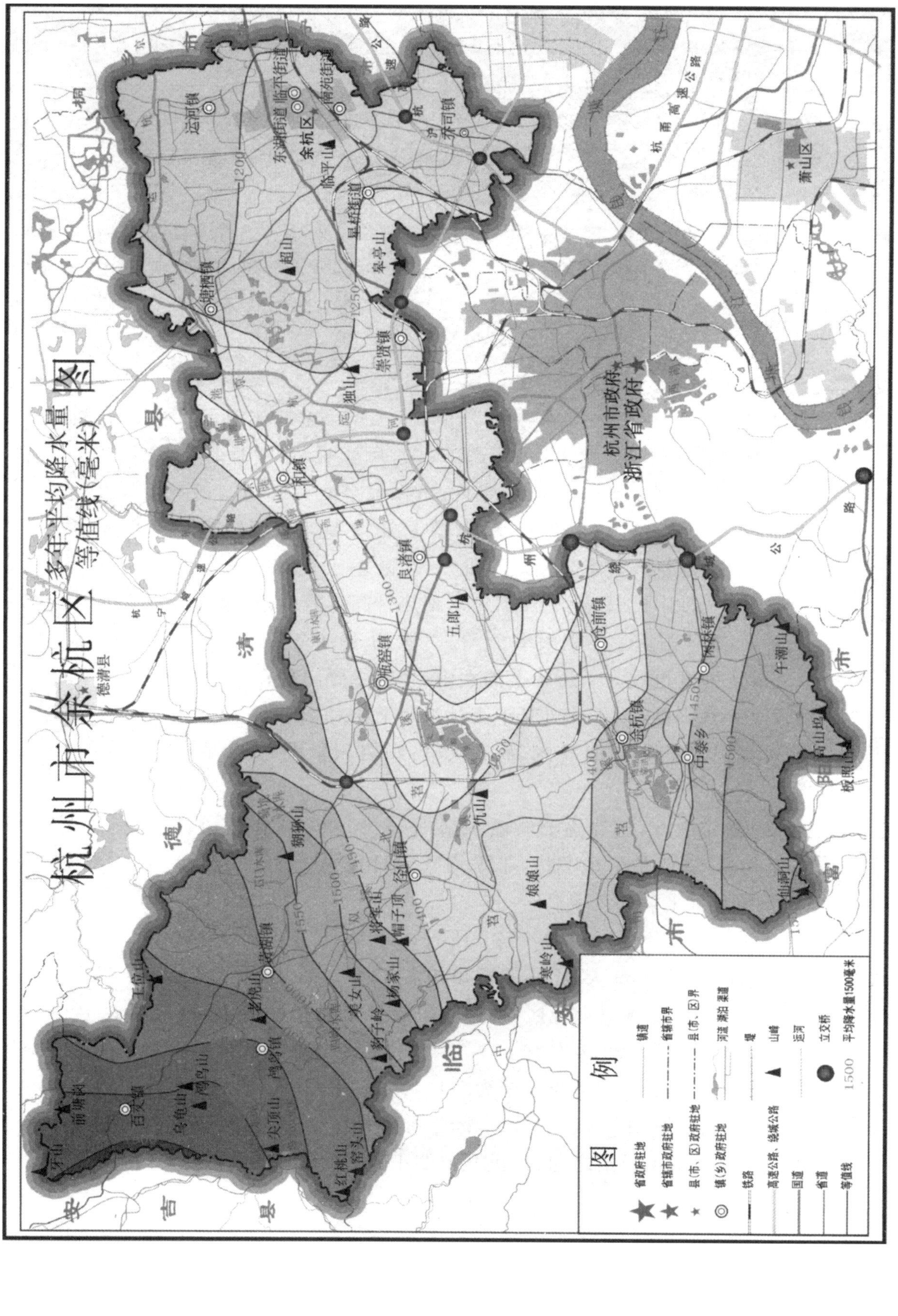

杭州市余杭区多年平均年降水量等值线图(2005年)

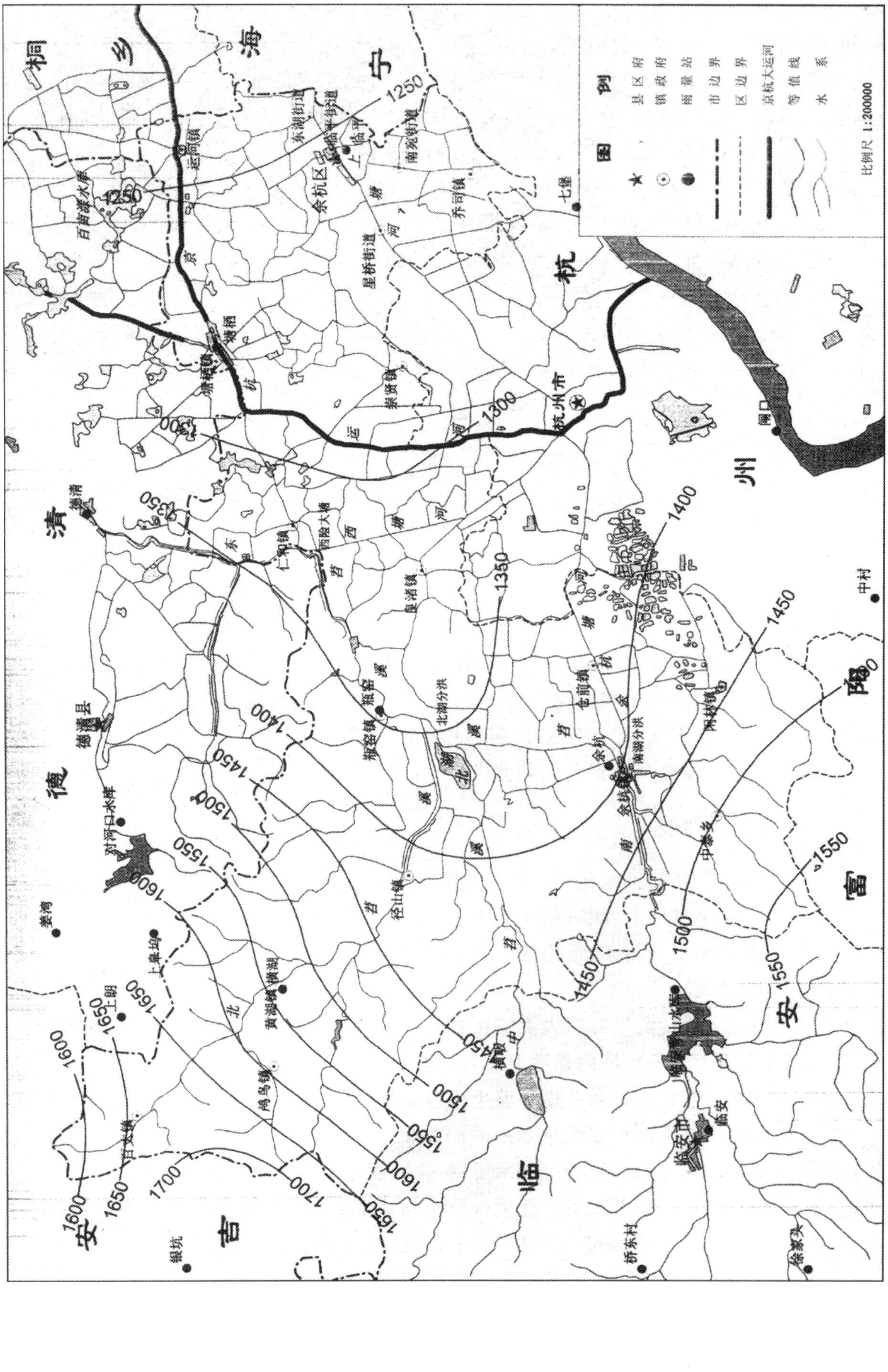

余杭区 1956 年—2000 年平均年降水等值线图(浙江省水文局制)

毫米;低值区在临平、五杭以东,为 1250 毫米。西苕溪区 1662.4 毫米,东苕溪区 1474.5 毫米,京杭运河区 1326.1 毫米,上塘河区为 1256.2 毫米,全区平均年降水量为 1391.8 毫米。余杭区降水年际变化最大值与最小值之比值在 2.1—2.4 之间,其中最大点是黄湖雨量站,为 2.4 倍。余杭境内年降水量变差系数 Cv 值为 0.136—0.187,其中变差系数最大点临平雨量站为 0.18,最小值余杭站为 0.164。余杭区域内年平均降水量年内分配不均,6 月平均雨量最大为 211.3 毫米,占全年平均雨量 1391.8 毫米的 15.2%;汛期 4 月—10 月为 1031 毫米,占全年平均雨量的 74.1%。

根据降水相对集中的特点,全年可分为 3 个雨期和 2 个旱期。春雨期,3 月—4 月是环流调整的季节,常常春雨连绵,雨日平均有 31 天,大雨或暴雨开始出现,降水量 230 毫米左右,约占全年降水量 20%,对早稻育秧和正处拔节抽穗的大、小麦影响较大。梅雨期,5 月—6 月是春、夏过渡时期,冷暖空气常交汇于江淮流域一带,大雨、暴雨频繁,大气变化剧烈,冰雹、大风多出现在此时期。常年 6 月 15 日左右入梅,7 月 7 日左右出梅,历时 23 天左右,雨量特别集中,高温高湿,是江南著名的梅雨期,平均梅雨量 2390 毫米,但实际变化很大。入梅最早 5 月 18 日,最晚 6 月 28 日;出梅最早 6 月 15 日,最晚 7 月 20 日。1954 年出现二段“梅”,俗称“重梅”,历时 77 天,降水量 1136.5 毫米;1978 年仅 5 天,降水量 29.7 毫米;2005 年梅季短,降水量 8 毫米,俗称“空梅”。秋雨期,处暑至秋分(8 月下旬至 9 月下旬),副热带高压减弱,台风活动增多,冷空气开始南侵,出现连阴雨,形成秋雨期。连阴雨率 7 天—8 天为 40.6%,9 天—10 天为 31.3%,11 天以上为 18.8%。降水强度也较大。历史上的大雨、暴雨主要出现在这个时期。干旱期,7 月—8 月盛夏和 10 月至翌年 2 月为两个相对干旱期。盛夏高温,少雨,蒸发量大,降水量常年平均 111 毫米—212 毫米,易有伏旱;10 月秋旱次之,冬旱较少,降水量常年 44 毫米—96 毫米。

风盛行风向明显反映季风气候的特色,随冬夏季风的交替而变化。每年 11 月至次年 2 月盛行西北风,3 月—6 月和 8 月盛行偏东风,7 月盛行西南风,9 月—10 月盛行偏北风。年平均风速为 1.5 米/秒—2.3 米/秒。东北平原地区风速较大,年平均在 2 米/秒;丘陵、河谷盆地风速较小,年平均风速 1.3 米/秒。1985 年—2004 年,年平均风速为 2.3 米/秒,定时风速为 24 米/秒;西南风最少,风速亦最小,平均 2 米/秒。各月都有风速大于 17 米/秒的大风发生,4 月—8 月为多风时期。风速大小与地形有密切关系,突出山顶、山岗、迎风山坡的风速较山垄谷地成倍增大。一年中平原地区以 1 月—4 月平均风速最大,6 月—7 月平均风速最小。山地 6 月—10 月风速最小,冬、春风速较大。台风是夏秋季影响余杭的重要灾害性气候,影响较小时带来的降水和 4 级—6 级阵风,能缓解盛夏干旱和酷暑。对余杭有影响的台风集中在 7 月下旬至 9 月中旬。其时,发生在太平洋热带洋面上的台风,沿西太平洋副热带高压南侧东风气流西行,影响沿海地区。凡台风中心进入北纬 25°—30′,东经 115°—125°区间的台风,对余杭地区均有不同程度影响。影响余杭的台风最早出现在 5 月下旬(1964 年第 6402 号台风),最迟出现在 10 月上旬(1994 年 9430 号台风)。台风从形成到消失一般在 10 天左右,对余杭影响期一般为 3 天—5 天。

六、气候与农业

余杭为农业大县,浙江省重点产粮地区,粮食生产历史悠久。早在良渚文化时期,已栽培水稻。境内经济作物品类较多,其中茶叶、蚕茧、油菜籽、瓜果、蔬菜是全省的重点产区,淡水鱼养殖和畜禽饲养也很普遍。境内光、热和水,均适宜农作物栽培,然某一时段的气象要素发生异常造成灾害性天气,对作物生长和养殖产生不利。在长期的生产实践中,余杭百姓注重气候与农业关系，并逐渐掌握自然利弊之处。

气候与粮食作物　境内粮食作物主要是麦类和水稻。

麦类　原产高纬度地区，是长日照作物。大小麦全生育期对光照都有要求，全生育期日照时数在960小时以上，能满足大小麦生长所需。在时间分布上，冬季光照充足，11月至翌年2月日照百分率平均为42%，生长后期的春季(3月—5月)，日照百分率仅36%，对大小麦产量形成影响较大。

大小麦是耐低温作物，全生育期大麦需正积温为1700℃，小麦为1900℃左右，气温在30℃以下时大小麦基本停止生长。境内最冷月1月平均气温为3.5℃，年极端最低气温-9.6℃—-14.9℃，仅部分山区有不长的越冬期。整个生育期间积温有余，冷害少见。因此，在适宜播种的前提下，绝大部分年份大小麦在越冬期间仍能缓慢生长以及分蘖。大小麦是不耐湿的旱地作物，全生育期需水量一般在450毫米—500毫米左右。余杭北部为少雨区，降水量在600毫米以下。全生育期平均降水量在550毫米—990毫米之间，80%保证率降水也在450毫米—620毫米，全生育期(包括各生育阶段)雨量均明显偏多。因此，大小麦一直处于过湿状态下生长，尤其是抽穗、灌浆、成熟期多雨寡照，湿害严重，导致大小麦根叶功能衰退，影响粒重并易导致病害的发生蔓延。湿害是导致大小麦产量不高不稳的主要原因。

大小麦产量是由穗数、每穗粒数及粒重三个因素构成。穗数的多少主要取决于基本苗和年前分蘖数。实践证明，增加播种密度将抑制分蘖和次生根的生长，植株生长细弱，达不到高产的穗粒结构。因此，必须适时播种，控制播量促早发。大麦二叶一心，小麦三叶以后开始地上分蘖，地下分根，该期日照充足、雨量偏少有利形成强大根群及粗壮茎蘖，一般能发育成有效穗。决定有效穗的气候关键期在12月上旬至翌年1月中旬，该时期内余杭为相对多照区，平均日照237小时以上。决定大小麦产质量的另一气候关键期是孕穗至成熟期，一般为4月上旬至5月中旬。粒数、粒重与该期的日照有明显的正相关，与雨量为负相关，农谚“大麦晒须，小麦晒蒲”也正说明这一点。因为大小麦抽穗期的群体遮蔽度达到最大值，如遇多雨寡照、根群水渍，加上生理上的逐渐衰老，根系活力减弱，叶片早衰，造成籽粒饱满度下降而达不到高产的要求。该期内，余杭为多照区，平均日照236小时。

大小麦的适宜播种期既要求年前有一定的分蘖数，又不发生拔节冻害现象。在适宜土壤湿度条件下播种，其出苗、出叶、出蘖速度主要取决于当时的气温水平，气温高则生长快。从大小麦高产栽培要求看，年前(12月31日前)每亩苗数应达到50万茎—60万茎，单株分蘖1个—2个，主茎叶龄4片—5片，分蘖茎叶龄1片—2片。达到上述要求，播种至年前，大麦需350℃—450℃正积温，小麦需500℃—650℃的正积温。从12月31日前推上述积温指标到达之日，即小麦适宜播种期。余杭西部山区大小麦适宜播种期为10月下旬和11月上旬；平原地区大小麦适播期为11月5日—11月15日。大小麦不耐湿，生育期内雨水过多就会造成不同程度的湿害。在播种出苗期、分蘖越冬期和抽穗灌浆期大小麦对湿害反应明显。大小麦全生育期各阶段降水量均大于需水量，水分过多，造成湿害。播种出苗期土壤湿度以田间持水量的65%—75%为适宜，水分过多造成烂耕烂种，影响播种质量。以11月雨量大于75毫米、雨日大于11天为烂种指标，约3年—7年一遇。分蘖越冬期水分过多易造成根浅无活力、茎细叶黄，对大小麦越冬及后期生长发育和产量有很大影响。以12月至翌年2月雨量在250毫米—300毫米、雨日大于等于40天或雨量大于300毫米(不考虑雨日)作为重度湿害指标，余杭出现概率在5%—15%之间。抽穗灌浆期正值春雨期和前汛期，为全年降水量多的时期之一，往往造成田间积水，大小麦根系活力减弱甚至发黄发黑，对产量影响很大。4月中旬至5月中旬降水量大于240毫米的过湿年份占26%—65%，降水量在80毫米—120毫米的适宜年份仅占5%—10%，抽穗灌浆期湿害严重。阴雨天气，光照不足、湿度大(相对湿度在90%以上)，尤其是雾的持续时间较长同时平均气温在15℃以上时，就可能发生赤霉病；如平均气温在25℃左右时，赤霉病的发生发展就很快。大小麦抽穗至灌浆前期共20天时间内的温湿度是决定赤霉病病情轻重的关键。而大小麦抽穗到灌浆初期(4月中旬至5月上旬)正是气温逐渐回升、春雨较多时期，从4月中旬开始，55%以上的年份平均气温超过15℃，从4月下旬开始，90%的年份平均气温超过15℃，加之此期正值春雨期和前汛期，阴雨连绵，雨水多。这种暖湿天气极易导致赤霉病发生蔓延。赤霉病重发年概率4年—5年一遇，轻发年概率为2年—3年一遇。余杭由于地势多属平坦低洼，地下水位较高，应做好开沟排水工作。在晚稻品种搭配以粳(糯)稻为主的区域，因收获期较迟，小麦播种偏迟，宜种植大麦为好。

水稻　喜温喜湿短日照作物，要求较高气温下的短日照和充沛的雨量。余杭早、晚稻全生育期间总的来说，光热水条件较好，基本上能满足生育所需，但一些生育阶段光热水配合不当以及气候的年际变化等因素仍对早、晚稻的高产稳产造成一定影响。余杭早稻全生育期太阳总辐射在1756兆焦耳/平方米—1923兆焦耳/平方米，日照时数在630小时—760小时左右，平原为高值区，西部山区为低值区。光照基本上能满足全生育期需要，生长前期(播种育秧期)由于连绵阴雨造成光照偏少不利壮秧。早稻生育期要求10℃以上积温在2700℃—2790℃左右，日平均气温稳定在10℃以上的天数为122天左右。空间分布上，低丘谷地及平原热量条件相对较差。时间分布上，气温与生育进程同步增长，抽穗灌浆期与一年中气温高峰期相遇。余杭早稻全生育期热量充裕，前期气温低而不稳及后期高温时有发生，给早稻高产稳产带来一定影响。早稻全生育期平均降水量在580毫米—760毫米之间，80%保证率的降水量在470毫米—580毫米，降水量多值区分布在西部丘陵山区。全生育期降水较充裕，需水高峰期的扬花至乳熟期降水量也能满足需要。晚稻生育期的光资源优于早稻。全生育期太阳总辐射在1756兆焦耳/平方米—1965兆焦耳/平方米，平原在1923兆焦耳/平方米以上，西部山区低于1797兆焦耳/平方米。日照时数平均在740小时—890小时之间，分布规律与太阳辐射相一致。晚稻全生育期对光资源的需求能满足需要。气温最高月平均气温在27℃—29℃之间，生育期10℃以上积温在2900℃—3090℃之间，生长期长达100天以上，热量最优区为平原区，西部山区热量条件较差。全生育期气温处于由高到低的变化过程中，后期由于受秋季低温的影响，易使晚稻在抽穗开花期和灌浆期遭受低温危害。晚稻全生育期降水量在410毫米—540毫米，80%保证率降水量在285毫米—390毫米。晚稻生育期间的雨量能满足晚稻的需水要求，由于雨量的时空分布不均匀，7月—8月各地均有不同程度的旱象出现，对晚稻生产带来一定影响。

早、晚稻全生育过程中，灾害性天气影响频繁，农业气象问题比较突出。影响早、晚稻生育的主要农业气象问题有二熟制早稻播种育秧期的低温连阴雨、移栽分蘖期的低温、抽穗至成熟期的高温以及晚稻抽穗开花期和灌浆期的低温危害。4月上旬初，平均气温回升到12℃以上的几率在70%左右，4月上旬后期，日最低气温小于5℃的概率在25%以下，多数年份基本能满足早稻秧期对气温条件的要求。但在4月上中旬仍有1/3的年份不能满足气温要求，而此时又是余杭连阴雨最常出现的时段，因此，这种低温连阴雨天气对绿肥田早稻的播种育秧危害较大。

早稻抽穗至灌浆成熟期由于梅雨结束，后期受西太平洋副热带高压控制，出现少雨、高温、强日照天气。抽穗扬花期需水较多，同期降水尚能满足。灌浆成熟期，因副热带高压引起的少雨往往会出现水分亏缺以及高温伤害，影响早稻结实率和籽粒饱满度。若遇连续5天或以上日最高气温大于等于36℃，就会造成籽粒灌浆不足，粒重降低，导致减产。统计7月高温危害情况，为3年—5年一遇。以5日滑动平均气温低于22℃作为晚籼稻(包括杂交稻)的低温危害指标。5日滑动平均气温低于20℃作为晚粳(糯)稻的低温危害指标，20℃低温平均出现在9月22日—30日。以西部山区出现较早，平原区出现较迟，其中80%的年份平均出现在9月13日—21日，20%的年份出现在9月4日—10日。

晚稻在抽穗扬花期遭受秋季低温危害会造成晚稻大面积"翘稻头"，使空秕粒增加，粒重下降，从而影响高产稳产。秋季低温是影响晚稻生产的主要气象早稻播种期正值春雨连绵季节，如遭强冷空气影响，易造成秧苗冻害甚至烂秧。余杭大部分地区安全播种期均在4月1日—10日之间。以稳定通过15℃初日的80%保证率作为早稻安全移栽期的气温指标，平原安全移栽期在4月26日—30日。西北部的百丈、鸬鸟为迟栽区，安全移栽期在5月5日—19日。其余地区为中栽区，安全移栽期在4月30日—5月5日之间。

秋季由于北方冷空气活动加强，气温由高逐渐降低。晚稻抽穗期若遇低温冷害，会影响抽穗开花，使空秕粒增加。为避免低温危害，根据晚稻抽穗扬花期对气温的要求，以日平均气温稳定通过20℃终日的80%保证率日期作为晚粳稻的安全齐穗期指标，稳定通过22℃终日由于晚稻抽穗开花期，在出现稳定通过20℃或22℃终日的数天低温时段后，往往又会出现回温现象，可减轻低温危害程度，使安全齐穗期推迟，有利于正常抽穗开花。粳稻安全齐穗期的分布，西部丘陵山区安全齐穗期较早，在9月23日以前(8月31日—9月23日)。

籼稻安全齐穗期的分布基本类似粳稻。余杭区平原地区安全齐穗期最迟，在9月13日—18日之间。西部丘陵山区安全齐穗期最早，在9月7日以前。籼型晚稻的安全齐穗期一般比粳型早10天左右。

气候与经济作物　蚕桑、茶叶历来为余杭主要经济作物。不同的气候条件不仅影响它们的分布区域，而且影响产品的产量和质量。蚕桑是余杭农村主要特产之一，分布较广。余杭的气候条件适宜蚕桑生产，但由于经济结构和环境质量的变化，蚕桑生产布局多次调整。

蚕桑　多年生木本植物，适生性强，但桑叶的产量和质量受气候条件影响明显。桑树受四季气温条件制约分为生长期和休眠期。当春天气温稳定高过10℃时，冬芽开始萌动膨大进入生长期；秋季低于10℃时转入休眠期，枝叶停止生长。余杭海拔200米以下的低丘谷地及平原盆地桑叶生长期平均在227天—246天之间。从桑叶生长期的长短分析，余杭东部的气候资源较优。影响桑叶产量的气候条件。余杭多年平均桑叶生长期为227天—246天，但年际之间相差较大，各地最多可相差1月，最早的年份在3月中旬就开始生长，而最迟要在4月上旬，春蚕催青工作要因年因地而异，以求桑叶与蚕平行生长。每年在桑树夏伐后雨量是否适宜，与桑树新枝的生长关系密切，6月—9月总雨量在500毫米—700毫米之间时，有利于次年桑叶高产。据统计，余杭6月—9月平均降水量在560毫米—670毫米之间，一般年份对次年桑树枝叶生长是适宜的，个别年份雨量偏多或偏少较多时，次年桑叶产量就会受到影响。4月和5月是桑芽从脱苞到叶片形成及生长期，这是影响当年春蚕期桑叶产量的关键时期，与全年的蚕茧产量有很大关系。此时期若雨量和雨日偏多，日照偏少，气温偏低则对桑叶生长不利，生产中应根据气候因子时空变化规律合理安排桑、蚕的比例。

蚕的生长发育受环境条件影响很大。在影响蚕的气候条件中主要是气温条件,当气温太高或太低时对蚕体生长发育都不利,通常认为气温≥15℃的时期为养蚕期。余杭各地的平均养蚕期为 180 天—190 天。余杭每年可养蚕 4 次—5 次,其中产量质量最高且所占比重最大的是春蚕。春蚕期的主要气象障碍是低温。小蚕适温范围为 25℃—27℃, 大蚕适温范围是 22℃—25℃,当遇 30℃以上高温时不利于蚕生长发育。整个春蚕期气温都偏低,尤其是小蚕期保持适当气温是十分重要的。气温高于 30℃时,对蚕生长就有不利影响。各旬最高气温达到 30℃以上的天数在春蚕期不太多,5 月中旬气温≥30℃天数较少, 余杭春蚕期热量资源虽较优,然少数高温天气可能产生危害。夏蚕和早、中秋蚕遭受高温危害的机会比德清、桐乡重点蚕区多,历年日最高气温≥35℃的天数在 20 天—75 天,平均为 40 天。极端最高气温多出现在 7 月中旬至 8 月中旬,这对发展夏、秋蚕生产不利,应注意采取必要的措施,防止夏、秋蚕受高温危害。晚秋蚕受低温危害机会多于高温。余杭稳定高于 20℃终日先后出现在 9 月下旬中期至末期,15℃终日先后出现在 10 月下旬中期至末期。从 200C 降到 15aC 历时约一月,是晚秋蚕的饲养期,该期间气温偏低,日最高气温在 30℃以上的天数已经很少,约 20℃以下。10 月中旬降至 18℃左右,下旬降到 15℃—16℃左右,但 10 月平均最高气温仍在 22℃—24℃之间,可满足晚秋蚕的基本需要。

茶树 原产于亚热带地区,是多年生常绿作物,喜温暖湿润气候,其经济栽培区域受气候生态条件制约。余杭是浙江省茶叶主要产地之一。径山茶是省十大名茶之一,还有娘娘山茶、余杭雀舌茶等名特品种,是余杭重要的经济作物。茶树对热量条件要求较高,当春季日平均气温稳定升达 10℃时,春芽即开始萌发;日平均气温在 15℃—30℃时适宜茶树生长。但由于冬季处于休眠状态,故越冬时能忍耐较低气温,长江流域主要栽培品种越冬期能忍耐-12℃—-14℃的低温。茶的主要经济栽培区分布于年极端最低气温平均在-10℃以上,且气温≥10℃期间积温在 4500℃以上的地区。茶叶产量与质量受生长期长短、积温多少及日照和雨量等气候条件的影响。春芽萌发期大致在阡平均气温稳定通过 10℃的时期。余杭各地回温早的年份在 3 月 15 日—20 日前后即可能稳定通过 10℃,东部平原比西北部山区略偏早,平均稳定通过 10℃的初日在 3 月 24 日—4 月 2 日。春茶采摘多数在一芽三叶时期。从春芽萌发到一芽三叶约需 10℃以上的有效积温在 120℃左右,到适宜开采期需 140℃左右。适宜开采期平均为 4 月中旬,平原偏早,山地偏迟。至于少数优质名茶,开采期标准为一芽二叶甚至一芽一叶,则应因地因时而异, 春季回暖早的年份在 3 月下旬至 4 月初即可开采。当春茶开始生长后遇到晚霜会受到冻害,妨碍茶树新芽的正常生长。以日最低气温≤4℃作为霜冻标准,4 月 1 日之后就有 80%的年份是安全的。春茶质优价高,在全年生产中占重要地位。当气温升高到一定限度时,太阳直接辐射也相应增强,新梢生长加快,茶叶质量随之下降。各地春季自稳定通过 10℃到稳定通过 20℃之间有 54—61 天。平原地区时间少于山区,山区生产优质春茶的时间较长。余杭夏季月平均气温约在 29℃以下, 适宜茶树生长, 但最高气温偏高, 尤其是 7 月、8 月两月平均最高气温达 35℃,加之同期降水量偏少,常呈高温、干旱状态,对茶叶生产不利。在规划新茶园时,应尽量选择靠近大水体,或有成片毛竹及乔木林的地方,借以改善茶园小气候条件。

中、小型茶树最适宜生长条件要求日平均气温稳定高于 10℃的期间积温在 4500℃以上。在水分条件得到满足的前提下,积温越多,生长期持续时间越长,则茶叶采摘批次就越多,产量就相应越高。余杭平原地区日平均气温稳定在10℃以上的天数在227天—245天之间,山区随高度上升而缩短。高温、高湿是取得优质高产茶叶的基本气候保证。日平均气温≥10℃期间积温在4700℃—5400℃左右,年降水量在1200毫米—1600毫米之间,3月—9月各月降水量在100毫米—200毫米左右,可满足茶树生长的需要。在热量和降水条件得到保证的条件下,湿润状态如何就成为茶叶生产的限制条件。在气温稳定高于10℃期间,干燥度K<1地区可以种植茶树;干燥度K<0.7的地区适宜茶树生长,是主要产茶区;干燥度K—0.5左右的地区茶叶质量优良;若春季4月前后K—0.3—0.4时,茶叶质量特别优良。据计算,余杭各地茶叶生长季节内(3月—10月)干燥度K值在0.62—0.72之间。春茶生长时期各地3月—6月各月K值都在0.5—0.6左右;此时气温逐渐升高,降水量同步增加,故K值基本稳定,有利于茶叶生长。平原地区夏季干燥度K>l,对茶叶生产有一定妨碍。由于山区降水量比平原地区多,而且在海拔500米—1100米之间的丘陵山地为相对多雨带,加上茶叶生长季节内气温随海拔高度每上升100米下降近0.5℃,所以干燥度明显偏小。选择热量条件适宜的山地种茶,其茶叶质量也比平原地区优良,可作为优质茶生产基地。选择地形、地势、土壤等条件适宜的地区,在海拔300米—600米的层次内都能发展茶叶生产,但因热量条件随高度上升而降低。所以应特别注意选择有利的小气候环境,如北有高大山体,朝南或东南的平缓坡地,极端最低气温在-15℃以上,多年平均极端最低气温在-10℃以上的地区,都适宜发展茶叶生产。

茶叶生长过程中,散射光在总辐射中所占的比重越多,越有利于增加新梢的内含物,提高芳香类物质含量和茶叶的持嫩性。余杭各月辐射量的变化,由于春雨梅雨的作用,使3月—6月天空散射辐射都大于太阳直接辐射,散射辐射占总辐射量的54%—59%;但7月—8月太阳直射光多于天空散射光,使茶叶新梢细胞角质层增厚易老化,茶叶质量也因之降低。9月散射辐射光占总辐射的51%,即略多于太阳直接辐射,有利于秋茶生产。天空散射辐射与总辐射之比,丘陵山区大于平原,因此,有"高山云雾出名茶"之说。

气候与果树　余杭气候条件优越,既可栽培温带落叶果树,又能栽培部分亚热带常绿果树,以及种类繁多的瓜类果品。4月下旬,樱桃、草莓即可采摘上市,继而有李、桃、杨梅、梨、西瓜、葡萄、柿子、柑橘等相继上市供应,直到11月底。如果用温室或塑料大棚等保温栽培方法,草莓等类水果冬季也可不断成熟。

枇杷　枇杷是塘栖著名的传统名果之一,有悠久的栽培历史,在冬季温暖的地区热量条件基本能满足它的需要。根据塘栖传统产地的实际情况,栽培品系的气候指标是:年平均气温在15℃以上;年极端最低气温在-8℃以上,冬季要求有适度低温,以免枝梢徒长;花期和幼果初期最低气温要在-6℃以上;当幼果直径在0.7厘米以上的时期,最低气温要求在-3℃以上,年雨量1000毫米以上;12月至次年1月少干冷天气,在低温时若伴西北风大于3级则加重冻害。

枇杷喜温怕严寒,耐阴怕烈日,耐旱怕渍涝,影响枇杷种植范围的主导因子是冬季最低气温。枇杷对气温反映最敏感的时期是开花和幼果期,栽植的枇杷花期一般持续约4个月,冬前花受低温限制难以成果。根据塘栖枇杷科研站的气象资料,该地的极端最低气温为-9.1℃。历史极端最低气温≥-10℃和年极端最低气温≥-8℃的概率在0.8以上,塘栖区视为枇杷越冬较适宜区。在该区域中,枇杷枝叶冬季不易徒长,有利于开春后果实的生长发育。

枇杷开花期,尤其是幼果期对低温最敏感。1月上旬到2月上旬气温每年低于-5℃的平均次数都比较多,2月中旬以后平均次数都少于0.20次,对枇杷开花及幼果期的威胁最小,是枇把最适种植区。冬春季低温期间再遇到干燥大风，加重花器官和幼果冻害程度。

梅　中国有3000多年栽培历史，分布在淮河以南地区。余杭是浙江省的传统主要产地之一，其中超山青梅尤为著名。梅虽素以不畏严寒著称，但主要的经济栽培区都分布在年平均气温16℃—23℃的区域，且要求年降水量在1000毫米以上。梅在盛花时若遇上-5℃以下的低温，花器官即受冻害，加之寒冷条件下昆虫活动受阻，缺少传粉媒介，难以结果；其次，盛花期遇连阴雨天气也严重妨碍正常授粉；花期以气温在5℃左右为宜。

余杭梅树一般在2月中旬始花，2月下旬至3月上旬盛花，3月下旬花期结束。梅树花期极端最低气温≤-5℃出现频率，3月上旬以后几无-5℃以下低温，2月下旬出现的概率不超过10%，即最多10年一遇。在梅树开花的2月中、下旬受-5℃危害的概率都不超过20%，且年平均气温都在16℃以上，年降水量1000毫米以上，基本满足梅树对气温和降水的要求。开花后幼果期遇-3.5℃低温就会产生严重冻害，因冻害而导致落果率可达50%。3月上旬危害概率为7%，2月下旬危害概率为20%，到2月中旬，危害的概率高达40%。梅树在花期及幼果期受低温危害还是比较严重的，造成产量不高不稳。所以发展梅树，应选择小气候较优的适宜地段。通过选育开花期偏迟或较耐寒的品种，从而避开低温危害，也是争取稳产、高产的有效措施。梅树开花期若遇连阴雨天气，会严重妨碍授粉。余杭2月上旬到3月上旬降水量相对偏少，而日照时数相对偏多。气候条件较适合于梅树开花期的需要。

梨　梨树是余杭重点果树之一，栽培历史悠久，品种繁多，既有传统品种，也有从外地引种成功的黄花梨、蜜梨等一批优良品种，味甜，汁多，产量高，有明显的生产优势，适合各地栽培。梨树对气候环境的适应性很强，一般品种越冬期遇-10℃低温时无冻害反应。夏季在高温条件下果质更显优良，因此气温高低不成为梨树栽培的限制条件。但是，在开花期、伏果期和果实收采期等时期，气候条件好坏对产量及质量有很明显的影响。

梨树开花阶段要求温暖、晴朗、微风及适宜的湿度等条件，当气温在10℃以上时花粉发芽正常，24℃左右最适宜，低于4℃—5℃时则受阻。因为梨树一般为自花不实的树种，其授粉质量受蜜蜂等昆虫的影响，而蜜蜂的活动又受天气条件的影响，只有在气温升到15℃以上，且天气晴朗时，蜜蜂才比较活跃。余杭梨树平均开花期在3月中旬到4月中旬，此时旬平均气温一般在10℃以上，基本可满足开花时的要求。但是春季气温年际波动较大，少数年份也可能遇到低温障碍，如遇低温连阴雨天气，则危害就更大。花期从3月下旬到4月上旬，日照时数与梨单位面积产量关系密切，即开花期晴天多的年份产量一般偏高。余杭梨树花期各旬降水量相对偏少，而日照时数相对略偏多，更适合于梨树花期的需要。

余杭7月—8月伏旱期间光照充足，热量丰富，但降水不足，仅为蒸发量的1/2左右。梨树果实成熟期喜高温，高温将导致果型大而圆，产量高，且糖分高，游离酸少，色泽优美。而降水偏少则妨碍产量的提高，有条件的地区应对梨园实施灌溉，以提高梨的产量。

桃　原产于中国西北部大陆性气候明显的区域，有3000年以上种植历史。在长期的栽培过程中，受到不同环境条件的驯化，已经形成分别适合于国内不同气候带的南方种群和北方种群。余杭的气候适宜于桃树的生长，是南方种群的生长区，能耐一定范围内的潮湿和高温条件。栽培品种的适宜生长条件为：年平均气温12℃—17℃；开花期最低气温在0℃以上；越冬期平均气温0℃—5℃；冬季开始进入休眠的临界气温为7.2℃；光照时间要长，但强度不宜太强；开花期忌连阴雨天气；水分敏感期为胚仁、果核形成期，既怕干旱，又怕积水；忌大风，防倒伏。

气候与蔬菜　余杭的蔬菜生产历史悠久，种类繁多。按照农业生物学分类，有根菜类、叶菜类、瓜茄豆类、葱蒜类、多年生蔬菜类、水生蔬菜及食用菌等12类、220多个品种。

露地蔬菜生产与气候条件关系密切。不同种类的蔬菜品种，对气候条件的要求不同。在影响蔬菜生长发育的环境因子中，以气温最为敏感。耐寒性蔬菜生长最适气温为15℃—20℃，能长期忍耐-1℃—-2℃的低温；半耐寒性的蔬菜生长适宜气温为17℃—20℃，能短期忍耐-1℃—-2℃的低温，气温高于20℃时生长受影响；喜温类蔬菜生长适温为20—30℃，气温达40℃以上时生长几乎停止，低于10℃—15℃时，则不开花结果；耐热性蔬菜生长要求高温，气温在30℃左右时生长最旺盛，有些在40℃以上仍能生长。蔬菜不仅对气温有敏感反应，而且不同品种对光周期的要求也不同。在环境气候条件和蔬菜的生物学特性共同作用下，形成一定的蔬菜栽培制度。余杭冬季严寒期较短，无霜期长，平均无霜期在230天—260天左右，最冷月平均气温及年极端最低气温分别在3℃—5℃及-7℃—-10℃左右，最热月平均气温在28℃左右。不同类别的蔬菜对光温条件的要求不同，从而形成蔬菜春播、秋播和冬播三大季蔬菜栽培制度。由于季风气候所带来的冬季寒冷低温和夏季炎热高温影响多数蔬菜生长发育，所以造成蔬菜供应上的“三淡三旺”现象：一般每年12月至次年2月，月极端最低气温都在-2℃以下，最冷可达-9.8℃，只有部分两年生耐寒品种可以生长，且因气温低，生长速度缓慢，产量较低，但11月及12月正值秋播蔬菜集中上市季节，弥补了此期低温造成的蔬菜供应不足现象，至1月、2月便形成“冬淡”期；春播的夏菜主要是一些喜温及耐热性品类，生长适温为20℃—30℃，气温在15℃以上时即可种植。夏菜春播期一般在4月—5月间。此时大宗春播夏菜播下不久，不能供应市场，而越冬的耐寒蔬菜又基本收获完毕，因而出现供不应求现象，造成“春淡”；7月、8月极端最高气温可达39℃左右，月平均气温为28℃—29℃，这种炎热高温天气不利于夏菜的继续生长，此期即为春播夏菜的收获期。秋菜以耐寒、半耐寒品种为主，生长适温为15℃—20℃，高于20℃生长受影响，播种期一般在10月上旬、中旬，而8月底至9月底夏菜旺收期已过，秋菜又不能上市，因而形成“秋淡”。为解决蔬菜供应的淡季问题，20世纪90年代初起，在制订生产计划时调整播期、多种植耐热菜及耐贮菜，并采用塑料大棚、温室栽培等措施，延长各季蔬菜的供应时节，解决蔬菜淡季问题。

气候与淡水鱼　余杭水域面积广阔，淡水鱼品种较多，主要有鲢、鳙、鳊、青、草、鲤、鲫鱼等。

鱼类是变温动物，水温的变化对鱼类的繁殖、生长、发育有着直接的影响。一般传统家鱼均属温水性鱼类，最适水温20℃—32℃，其中繁殖最适气温22℃—26℃，摄食和生长最适气温25℃—32℃。若水温超过32℃或低于20℃，鱼的食欲下降，生长缓慢，5℃以下则停止摄食，水温低于0.5℃或高于40℃时易死亡；非洲鲫鱼为热带性鱼，气温要求较高，一般生命活动的适温范围为20℃—35℃，最适气温为25℃—32℃，水温降到20℃以下时，摄食停止，游动缓慢，长期（10天以上）经受的致死低温一般为12℃—13℃；虹鳟鱼是冷水性鱼类，要求水质清澈，沙砾底质，氧分充足等条件，生长水温为3℃—25℃，适宜水温7℃—20℃，最适水温10℃—18℃。若长期处于25℃以上会导致体弱而死。在流量大、氧气足的水中，可以短期忍受30℃的水温。浑水和水温偏低会引起食欲不振，生长缓慢。

鱼种放养是成鱼养殖的一个关键环节，与气候条件关系密切。一般在水温达5℃—10℃（相当于气温3℃—8℃左右）放养。余杭的河网平原池塘养殖区，1月中旬至3月上旬旬平均气温在

3.5℃—7.8℃,且在2月中旬至3月中旬80%的年份旬平均气温达3.4℃—7.5℃,放养期可安排在2月中旬到3月上旬。鱼种放养时遇下雪天气会引起鱼体局部冻伤出血发生死亡,每年的放养期应考虑避开降雪天气,择晴放养。水库养殖区一般在晚秋(10月底至11月初)即可放养,既能使放养的鱼种延长生长期,充分利用水库的饵料资源,又可使鱼种较早地适应水库中的生活环境,从而提高成活率和生长率。鱼是热带鱼,不耐低温,应在水温20℃左右(相当于气温18℃左右)放养。余杭80%的年份4月下旬至5月上旬已达到这个气温条件,放养期可安排在4月下旬至5月上旬。

低温连阴雨不利鱼苗生长。5月中旬到6月底是鱼苗发塘期。鱼苗生长的快慢直接影响成品鱼规格的大小。如果气温低于20℃或出现长期连阴雨,会造成浮游生物大量死亡,影响鱼塘水质。病菌容易滋生、繁殖,鱼苗易感染、得病。5月—6月正值梅汛期。阴雨天气多,降水强度大。从5月平均气温情况看,20年中有4年是低于20℃的。因此,在每年5月—6月应十分注意防治鱼病的发生。每年7月、8月是高温少雨季节,又值农田灌溉高峰,山塘水库水位急剧下降,缩小鱼类活动觅食范围,加上水温上升,水体混浊,溶氧量减少,影响鱼类生长。若遇半个月以上连续晴热干旱天气,影响就很明显。由于梅汛期及台涝期降水集中且强度大,如果管理措施不力,往往造成溢池满塘,甚至冲毁拦鱼设施与堤岸塘坝,造成鱼类逃逸损伤,严重影响渔业生产的效益。鱼"嚎水"即鱼类浮头,主要由于水中溶氧量降低,致使鱼浮到含氧较多的水面吸氧。这种现象经常发生在5月初到10月初。造成缺氧的原因很多,但高温、高湿、低气压是主要原因。连续数天气压低、无风、湿度大、天气闷热,长期阴雨或重雾不散就易引起水中溶氧含量减少,从而出现"嚎水"现象。5月—9月是一年中气压较低的时期,特别是7月,气压低,雷雨多,气温高,雷暴前天气闷热,气压骤降,雷暴后气压骤升,天气变化急剧,往往会造成水中溶氧量降低,致使鱼类浮头,食量骤减,鱼塘有机物大量分解,浮游生物死亡腐烂,鱼类健康受损,严重时造成泛塘死亡。历年5月—10月雷暴总日数占全年的85%左右,为全年雷暴主要出现时段,其中7月、8月达最高,而气压7月、8月最低。因此,该时期尤其应注意采取措施避免或减轻鱼"嚎水"现象发生。

气候与畜禽　余杭多丘陵山地,气候类型多样,粮食生产水平较高,饲料资源丰富,有利于多种畜禽的饲养。从气候角度看,饲养各种畜禽都是适宜的,但由于各地畜牧业发展历史及资源不尽相同,因而形成各具特色的养殖业。余杭为杭州市商品猪主要产地之一,牛奶年产量在5000吨左右。

畜禽生产的适宜环境。在环境因子中,对畜禽生产起主导作用的因子是气温。环境气温直接影响到产品的产量和质量及经济效益。仔猪怕冷,肥猪怕热,气温在21℃左右增重最快,高于32℃或低于4℃时,增重就会受到影响。在饲料的利用率上,气温过高或过低时,饲料的利用率都会降低。气。气温在21℃左右,利用率最高气温对于畜禽的繁殖力也有影响,过高的气温可以导致胚胎的死亡。在32℃的环境中饲养的母猪,在配种后45天时活胚胎比饲养在15.5℃的环境中要减少3个,故在高温时应注意通风降温。半产奶的最适气温为5℃—20℃之间。相对来说,气温较低时对奶牛产奶有利。气温较高的7月、8月、9月产奶量为全年最低,而气温最低的冬季,产奶量则为全年最高。气温对牛奶的质量也影响较大,当气温超过150C时,牛奶中脂肪含量会迅速下降。气温对蛋鸡产蛋也有明显的影响。气温在20℃—21℃时,产蛋率最高;当气温超过23℃时,产蛋开始下降,蛋变小,蛋壳变薄;气温持续在7℃以下时,产蛋和饲料利用率都明显下降。

主要不利气候条件环境。畜禽是恒温动物。当外界环境条件不适宜且超过一定限度时，畜禽体内的调节机能就会受阻，生理功能减弱，导致生产力下降，饲料利用率降低，严重时甚至导致疾病和死亡。余杭冬春季节由于冷空气影响，气温较低，12 月及次年 1 月、2 月极端最低气温可达-7℃以下，月平均气温在 4℃—7℃左右，日平均气温小于 0℃的时段一般出现在 12 月底至次年 2 月初，农村禽舍条件较差，易导致家畜受冻害甚至死亡，尤其是耕牛，大多以稻草为主要饲料，营养价值低，冬季最容易遭受冻害威胁。夏季，最热月平均气温在 28℃左右，各地极端最高气温在 38℃—43℃之间，日最高气温≥35℃的高温，5 月—9 月均可出现，其中尤以 7 月、8 月太阳辐射为全年最大值，平均月日照时数达 210 小时以上，加上此期正值“双抢”(抢收抢种)大忙季节，农活集中，如果不注意让耕牛劳逸结合并加强调养，耕牛很容易发生中暑。仔猪肠胃炎、猪气喘病多发于春季，小鸡球虫病、雏鸡曲霉菌病多见于梅季，仔猪白痢病多发于春季和初夏，奶牛流行热常发于 6 月—9 月。疾病发生的气候原因在于连续阴雨，空气湿度过大，特别是 3 月、4 月，这种低温高湿天气易使家畜患呼吸道、肠道疾病以及感冒、风湿性疾病，如仔猪肠胃炎、仔猪白痢病、气喘病等。梅雨期平均气温在 25℃左右，相对湿度在 80%以上，这种温暖潮湿的气候易使饲料、垫草发霉，从而导致霉菌感染，如雏鸡曲霉菌病、小鸡球虫病、仔猪白痢病等。奶牛流行热重发年发病季节的 6 月—9 月气温高，湿度大，降水多(梅雨期及台风雨期)，气压低，一旦遇上气温骤变的天气，就易诱发流行热。

第二节 自然灾害

余杭地处杭嘉湖平原与浙西山区的过渡地带，西部山区及上游天目山脉系浙江省暴雨中心之一。境内东苕溪由南苕溪、中苕溪、北苕溪汇合而成，溪道坡陡流急，流经区多暴雨中心，每逢雨季，洪水暴涨而不能急泄，往往堤决闸崩，造成灾害。东部平原离杭州湾沿海较近，常遭台风侵袭，且河网交错，地势低平，上游洪水直下，下游太湖水顶托，易洪涝成灾。上塘河流域及部分山区地势高、水源缺，常发生干旱。自然灾害中，台风暴雨、洪涝灾害造成损失最大，干旱、冰雹等灾害仅在小范围局部地区发生，治水防洪历来为余杭当政者之要务。

根据民国《浙江通志》、《浙江省气候史料》、乾隆《杭州府志》、万历《钱塘县志》、民国《杭县志稿》及 1949 年后的有关档案记载，境内主要的水、旱、风雪等灾害分门别类予以辑录。

一、水灾

概述　余杭境内梅汛期暴雨和台汛期暴雨引起的自然灾害，一般 1.4 年遇上一次，多在 5 月—9 月。春、夏、秋三季均易出现连阴雨天气，造成涝害。一年中常有日降水量 50 毫米以上暴雨发生，暴雨往往由台风侵袭而成，5 月—9 月的暴雨次数占年暴雨总数的 80%—90%。地域分布由东向西递增，瓶窑、余杭镇以西，年平均暴雨 1.7 次以上。百丈、鸬鸟等山区是全区暴雨中心，常年 4 次以上。东部平原相对较少，全年平均出现 2.2 次—2.5 次。暴雨强度在 50 毫米—99.9 毫米这一级，占暴雨总数的 78.9%—97.3%；日降水量 100 毫米—149.9 毫米的，占暴雨总数的 2.4%—14.9%；日降水量 150 毫米以上的不到 5%；日降水量 300 毫米以上的特大暴雨较为少见。大暴雨和长期阴雨常造成洪涝灾害。

据史料不完全记载,278 年—2015 年的 1737 年中,发生洪涝灾害有 201 年,其中 1987 年—2015 年中有水灾 16 年,约 2 年一遇。从明成化六年(1470 年)至 1969 年记载较完整的 500 年中,涝年有 41 年,概率为 8.5%,约 12 年一遇;偏涝年 64 年,概率为 13.3%,约 8 年一遇;合计 105 年,概率为 21.7%,4 年—5 年一遇。以汛期总降水量大于或等于 900 毫米,总雨日大于或等于 75 天,月降水量大于或等于 300 毫米为洪涝指标,3 项都出现的为大涝;一段时间内集中降水,或有较长时间阴雨但强度不大的为小涝;介乎二者之间为中涝。据相关档案资料统计测算,1951 年—2016 年的 66 年中,大涝 10 年一遇,中涝 8 年一遇,小涝 6 年一遇。南、北湖滞洪区分洪 28 次。1964 年,青山水库建成后,南湖滞洪区使用频率减少。

纪略

南北朝·宋元嘉七年(430 年),钱唐县大水。

南北朝·宋元嘉十二年(435 年),钱唐大水。

南北朝·宋元嘉十三年(436 年)六月,余杭大水,高堤崩溃。

南北朝·宋元嘉十六年(439 年),钱唐大水,斗米 300 钱。

唐永徽四年(653 年),钱塘大水。

宋淳熙三年(1176)五月,积雨伤禾麦。八月癸未,行都大雨,坏德胜、江涨、业新三桥及钱塘、仁和县田。

宋淳熙四年(1177 年)夏五月己亥夜,钱塘江涛大溢,决堤 80 余丈;庚子又败堤百余丈。秋九月,钱塘堤又决,败濒堤 200 余丈。

宋淳熙十一年(1184 年),余杭水灾,漂流在万数。

宋绍熙五年(1194 年)八月辛巳,钱塘、临安、新城、富阳、於潜县大雨水,余杭县尤甚,漂没田庐,死者无算。

宋嘉泰元年(1201 年),钱塘夏五月大水。

宋嘉定三年(1210 年)春,阴雨 60 余日。夏四月,都民多疫死,五月淫雨至于六月,首种多败,蚕麦不登。富阳、余杭、盐官、新城大雨,水溺死者众,圮田庐市郭,首种皆腐。

宋嘉定六年(1213 年)六月,浙西雨至七月。戊子,钱塘、临安、余杭诸县大水。

宋嘉定十六年(1223 年)五月霖雨,浙西尤重。余杭、钱塘、仁和三县大水,秋江涛溢,圮沿江民庐。余杭、钱塘、仁和大水坏田稼。秋雨雹,八月大风雨害稼。

宋咸淳十年(1274 年),钱塘秋八月癸丑大霖雨,天目山崩水涌流。临安、余杭民溺死者无算。

元至元二十五年(1288 年),钱塘大水。

元泰定元年(1324 年),钱塘大水,饥;冬十二月海溢。

元天历元年(1328 年),钱塘秋八月大水。

明洪武九年(1376 年)夏六月壬辰,钱塘、仁和、余杭三县大水,下田被浸者 95 顷。

明永乐九年(1411 年)七月辛未,浙江潮溢,冲决仁和县黄濠塘岸 300 余丈、孙家园塘岸 20 余里。

明永乐十一年(1413 年)五月,大风潮,仁和十九、二十两都没于海,平地水高数丈,田庐殆尽,溺者无算。

明洪熙元年(1425 年),余杭霖雨伤稼,人民饥。

明宣德三年(1428年),钱塘六月大水。

明景泰七年(1456年),余杭夏五月霖雨,瓶窑塘圮。

明成化七年(1471年)夏霖雨,余杭大水,决化湾塘,淹没禾田,灾及旁邑,死亡无算。

明成化八年(1472年),钱塘秋七月大风雨,八月江潮溢。

明弘治十八年(1505年),余杭七月骤雨,山水大涌,漂屋,人多死者。

明正德三年(1508年),余杭夏五月大雨水。钱塘十二月大雨震电。

明嘉靖四年(1525年)冬十月晦,大雷电雨。

明万历三年(1575年),海涌数丈,没庐舍人畜无数。是月初一日夜,怪风震涛,冲击钱塘江,岸坝塌数千余丈,漂流官民船千余只,溺人无算。

明万历十六年(1588年)春,大雨水,自三月至五月中旬雨不止,蚕麦禾俱无,斗米二百钱,死者枕藉,鬻妻女者十家而八,骸骨满山谷间。

明万历三十六年(1608年)四月至五月,大雨,数十日连夜不止,水骤涨。六月,余杭南湖塘北堤为居民盗决,水直灌钦贤寺等乡20余里,一夜水涨丈余,墙屋俱坍,余民居箨尽,溺水者无算,得活者曦舟以居,一月水始退。浩荡若云海无算,稍露一二树杪盖,200年来未见此灾,米价涌贵,一日斗米增百钱。

明万历三十七年(1609年)秋八月,大雨水,初七至初十日骤雨昼夜不止,南湖诸堤坝俱决,苕溪暴涨,西溪、安溪复有水患,凤仪塘决,居民漂没。

明崇祯十三年(1640年)正月初六日,震雷大雨,至闰正月始晴。六月大疫,十室而九,八月大饥。米价每石二两五六钱,塘栖有抢粮之报。

清顺治二年(1645年)六月初八日,仁和大风雨拔木。闰六月,钱塘江潮连日不止。钱塘旱。秋大饥,民多疫死者,杭城尤甚。

清康熙十一年(1672年),余杭八乡七八月间淫雨,忽生青黑虫。

清康熙三十四年(1695年)夏五月,大水,塘栖市内行舟,豆麦无收。

清康熙三十八年(1699年),钱塘闰七月大雨,西山洪水骤发,西湖水高丈余。

清康熙四十七年(1708年)夏大水,五月初四日淫雨及旬,四野汪洋,舟行于市。六月又大水。七月初八日,狂风暴雨,屋庐倾圮,田禾悉被灾,三种三沉,岁大饥,塘栖饥民数千,群驾舟渡大江,欲就食江北,适逢狂飙,俱遭覆溺。康熙以来,凶荒此为最惨。

清康熙五十三年(1714年),钱塘五月十八日风雨海啸,上江顺流浮尸无数。

清康熙五十四年(1715年),钱塘夏初水灾。

清乾隆二十六年(1761年)夏多雨,七月十九日大风雨。山水骤至,仁和下田被淹。

清乾隆二十七年(1762年)七月,大风雨,山水骤至,仁和、钱塘、余杭及杭州卫民屯田地被淹,有甚于康熙四十七年七月初八日之灾。

清乾隆三十四年(1769年)夏梅雨,淹没仁和、钱塘、杭州卫下田。仁和七月大风雨。

清乾隆三十五年(1770年)七月,大风雨,山水江潮并至,仁和低田被淹。

清乾隆三十九年(1774年),钱塘、余杭等县冲坍堤。

清嘉庆六年(1801年)七月,风雨大至钱塘、余杭、仁和、富阳等县山水并注,田地场灶多被淹没。

清道光三年(1823年),仁和、钱塘、富阳、余杭水灾,秋霖雨。

清道光二十九年(1849年)四月至五月,梅雨不休,大云寺湾塘、化湾塘、安溪陡门三处大崩。余杭发大水,仁和尤甚。

清道光三十年(1850年)八月十五日,洪水冲坍烂泥湾塘、化湾塘、羊山塘、龙岗塘、下林陵塘、安溪陡门、康家渡塘。仁和等县发生水灾,禾苗先被水淹,继又久旱成灾。

清咸丰四年(1854年),杭州府仁和、钱塘、富阳、余杭、新城水旱风潮为灾。

清咸丰六年(1856年),杭州二月廿一日宝石山崩,天大雷雨,树木皆堕。

清同治四年(1865年)五月廿四日起大雨,阅七昼夜不绝,杭府属低田被淹,中防江塘崩坏,咸潮灌入内河,阅三月始淡。

清同治十二年(1873年),余杭五月雷震通济桥,城楼血雨。

清光绪元年(1875年),杭州府属自夏徂秋水旱相继,风雹、虫蝝伤稼,仁和、钱塘、海宁灾尤重。

清光绪二年(1876年),余杭蛟水大发。

清光绪八年(1882年),余杭二月雷击邑署大堂。五月二十三日大风雨,山洪暴发,平地陡高丈余,化湾塘、羊山塘、龙岗塘冲圮各数十丈,田庐淹没。

清光绪十五年(1889年),余杭九月大水。

清宣统元年(1909年),水灾。

民国2年(1913年),杭州水灾。

民国8年(1919年),杭县瓶窑乡河水暴涨,尽成泽国,市上各商店门首水深四五尺,彼此不能往来。

民国9年(1920年)6月20日上午6时,杭县、富阳交界处之龙门坎地方,山洪暴发,江水陡涨3尺,淹没田庐、牲畜无算,闻卒者不下20余人。

民国10年(1921年)9月24日,杭县附近一带大雨,临平等处,上水皆盈尺,络麻、甘蔗等土产全部淹没,桑根复损。

民国11年(1922年)4月,余杭淫雨时山洪发,飓风拔木。同年,中、北苕溪沿岸水淹屋顶,农民外出乞讨。

民国14年(1925年)6月,沿江自一堡至海宁,发生大水灾,低洼之处,水浸屋檐,灾民登屋登树,以待水退。

民国17年(1928年),杭县发生风灾、水灾暨虫灾,禾稻尽浸水中,茎叶枯槁,稻实浸烂,堤塘浦闸多被冲溃,受灾田9333.33公顷、地2666.67余公顷,内淤塞86.67公顷,米、豆、杂粮、棉花等损失无算,灾情惨重,灾民4600人。

民国19年(1930年)冬11月,河水尽冰,塘栖蜜橘冰折殆尽。

民国20年(1931年),因梅雨太多,苕溪下游不能宣泄,杭县五杭一带田禾尽没,陆路可通舟楫,秋收绝望。

民国35年(1946年)6月底起,梅雨连绵达十余日之久,淹没田庐2万余公顷。此涝为30年来所未有,秋绝收。

民国38年(1949年9月30日止)7月,余杭、杭县水灾,杭县被淹农田4501.33公顷;东塘区的永泰、洛山乡水灾严重,农田四淹四种。

中华人民共和国成立后,1951年7月16日始大雨3天, 洪水暴发,18日3时余杭最高水位10.07米，超过1922年。瓶窑水位8.48米，冲毁堤塘11处，受涝农田3793.33公顷。

1953年6月，两次大水，淹田1026.67公顷。

1954年5月5日起，连续降雨46天，降水量900.8毫米，6月29日余杭水位10.17米，瓶窑水位8.19米。余杭县先后塌塘40余处，溢堤14处，24个乡镇受灾。被淹春花、早稻、秧苗5000余公顷，损失粮食315余万公斤，冲塌房子102间。全县损失约45万元。

1955年6月，钱塘江洪峰高达11.6米，为百年未遇的大水，损失较大。

1956年8月1日凌晨，台风暴雨袭击全县，风力10级以上，洪水泛滥。受灾5415户，损坏、塌倒房屋16695间，伤亡187人；压、淹死牲畜800余头；水稻受淹1.09万公顷，其中133.33公顷颗粒无收，棉、麻、茶、渔、桑均损失一半以上；冲走粮食15余万公斤，受淹损失350万公斤。

1963年9月12日，12号台风袭击余杭县，3天连续降雨量达354.3毫米。潘板桥、长乐、北湖、舟枕、永建5个公社和中桥、彭公、安溪3个公社一半以上生产队受淹。南湖分洪，水灾严重。受灾13145户、53258人，死亡28人，受伤116人，其中重伤29人；损失牲畜5154余头，水稻受淹2.45万公顷，其中3733.33公顷颗粒无收；受淹损失60%以上的棉麻4960公顷，其他损失无算。

1974年8月19日，受13号台风和特大潮汛袭击。百丈一带8月20日降雨113.9毫米，3天连续降雨277.8毫米。特大潮汛冲毁海塘11处，长7000米，使1971年—1973年已围海涂602.33公顷全塌入江中，海水倒灌，全县受淹农田9466.67公顷。

1977年6月中旬连降大雨，河水猛涨，超过警戒水位。全县2万多公顷水稻受灾，颗粒无收133.33公顷。9月下旬连续阴雨，24日晚上，突然大雨滂沱，24小时内降水超100毫米，青山水库水位超历史，苕溪水位急涨，全县1.89万公顷农田受涝。

1981年5月2日中午，狂风暴雨袭击舟枕、永建、仓前等地，尤以舟枕公社受灾严重。损坏房屋1020间，倒伏小麦180公顷、油菜80公顷、花草种22.67公顷，损坏桑树32.67公顷；损失干茶700公斤，减产粮食250吨、油菜籽50吨。

1983年6月20日—7月2日连续降雨，全县2.77万公顷早稻受涝面积2.6万公顷，其中严重受淹1万公顷，颗粒无收2666.67公顷，海涂棉麻地塌毁100公顷，桑竹严重受淹1000公顷。10月4日—7日连降大暴雨，全县1.47万公顷晚稻受淹成灾，损失粮食2.65万吨。

1984年6月13日6时—14日8时，全县普降暴雨，县内三大水系水位迅猛上涨，接近或超过历史最高水位，造成严重洪涝灾害。全县2.77万公顷早稻受淹2.65万公顷，颗粒无收5000公顷；1400公顷棉花受淹1133.33公顷；5053.33公顷络麻受淹3786.67公顷；桑园近670公顷，其他瓜果蔬菜等损失无数。全县共损失246万元左右。6月30日，瓶窑镇王家发生近2万方泥石流，4人死亡。

1987年9月9日—11日，台风夹暴雨。12日2时40分，瓶窑水位8.2米；13日12时，塘栖水位4.86米。冲毁堰坝26座、山塘2处、桥梁2座，死1人，受灾农田7040公顷，淹没鱼塘513.33公顷。

1988年8月8日，第7号强台风袭余杭，最大风力12级以上，降大到暴雨，损毁房屋11570余间，冲毁堰坝山塘60座、“三线”（电线、广播线、电话线）断杆13580根，受灾农作物1万余公顷，死12人，直接经济损失1.2亿元。

1989年9月15日，受第23号台风影响，百丈、临平、塘栖等地3天降雨量均150毫米以上。全县倒塌房屋691间，损坏3691间，死1人，伤2人；农田受淹3061.6公顷，棉麻桑果作物受灾2798.93公顷，鱼塘受淹759.13公顷，冲毁堤塘、堰坝24处。全县经济损失3649万元。

1990年8月30日，第15号台风袭余杭，伴大到暴雨。9月1日，瓶窑水位达8.57米，北湖滞洪区开闸分洪，全县1.82万公顷农田内涝，冲毁堤塘70处3980米、堰坝70座，倒塌房屋3242间，死2人。

1991年7月2日—6日，境内山区、半山区发生局部山洪，平原地区普遍内涝。

1992年9月22日—24日，第19号台风袭余杭，普降暴雨，降雨量最大达160毫米。全县1.73万公顷农田内涝，1.4万公顷晚稻受淹倒伏，3333.33公顷棉麻果蔬受损；倒塌房屋889间；死1人，失踪1人；56家工业企业受损。经济损失1960万元。

1993年6月29日起连降暴雨，降雨量达200毫米—260毫米，7月4日北湖滞洪区闸前水位9.45米，开闸分洪。全县受淹农田2.11万公顷，鱼塘受损333.33公顷，倒塌房屋648间；死1人，伤6人；冲毁堤塘2466米，全县经济损失4800余万元。8月16日—19日又降暴雨，山塘水库溢洪。全县800公顷农作物成灾，鱼塘受损333.33公顷，倒塌房屋1321间，毁坏堤塘1100米，公路46.5千米，经济损失4000余万元。

1995年6月21日—7月6日，连降大雨，内涝面积1.69万公顷，堤塘塌坡11.72千米，冲毁堰坝16座。直接经济损失6000万元。

1996年6月29日—7月2日，境内暴雨成灾，平均降雨量289毫米，最高达343毫米，瓶窑最高水位9.07米，余杭11.08米，分别超过警戒水位1.57米和2.58米，为历史最高；运河塘栖水位5.22米，上塘河临平水位6.37米，接近历史最高。持续时间长达203小时。长乐、潘板桥、余杭、瓶窑等地堤塘决口33处，13个村1.2万人被洪水围困，水深1.5米以上。西险大塘乌龙涧段大滑坡长达50米。境内农作物受灾面积3.08万公顷，成灾面积2.35万公顷；死亡牲畜4万余头、家禽5万余羽；损坏堤塘64千米，决口33处3.51千米，冲毁堰坝67处、山塘5座、桥涵13座，杭长铁路和部分公路被中断，三线杆损坏3146根；倒塌房屋1477间，损坏房屋15413间；工业企业停产、半停产673家。余杭市直接经济损失7.2亿元。7月18日、8月22日，百丈、黄湖等地遭短时特大暴雨袭击，3小时降雨量百丈104毫米、黄湖124毫米，共倒塌房屋27间，冲毁堤塘23处1034米、堰坝25座、山塘7座，渠道4000米，损坏山塘6座。

1997年7月7日—11日，余杭境内连降大到暴雨，瓶窑、余杭、上塘河均超过警戒水位，北湖滞洪区9米以上高水位持续15小时，南部堤段溃堤决口，农田受灾2.67万公顷，损坏各类水利设施194处，经济损失共6500余万元。8月18日，受第11号台风影响，大雨如注。境内损坏倒塌房屋1.59万间，毁坏三线杆3500根，堤塘坍坡95处2800米，冲毁山塘15座、堰坝52处，农作物受灾1.47万公顷。直接经济损失1.1亿元。

1999年6月23日—7月1日，连降暴雨。7月1日瓶窑最高水位9.18米，余杭10.51米、塘栖5.48米，北湖南湖滞洪区相继分洪，水位仍居高不下。全市43万人受灾，有8.3万人被洪水围困，紧急转移1.8万人；受灾农作物3.134万公顷，1.07万公顷绝收，损坏耕地1533.33公顷；倒塌房屋1418间；死亡牲畜家禽14.3万只；损坏堤塘291.6千米，溃决28千米；冲毁山塘21座、渠道55千米、桥梁65座，损坏机埠540座；供电与通信线路中断145条，1989家工业企业停产、半停产。直接经济损失7.86亿元。

2001年6月22日—26日，受第2号台风“飞燕”和梅雨带影响，持续大到暴雨。6月26日，北湖滞洪区开闸分洪，余杭区各地发生洪涝灾害，直接经济损失 8900 万元。7 月 6 日 19 时—21 时，彭公突发山洪，直接经济损失 600 多万元。

2007 年 10 月 7 日，受台风“罗莎”影响，平均降雨近 200 毫米，损失严重。

2009 年 8 月 11 日，受第 8 号台风“莫拉克”影响，苕溪上游突降大暴雨，四岭水库水位破历史最高纪录。为确保西险大塘安全，北湖在开闸泄洪后，实施爆破分洪。

2011 年 6 月 19 日，连续暴雨使东苕溪和上游大中型水库均在警戒水位以上。为确保杭嘉湖平原安全，11 时 20 分，余杭北湖分洪。8 月 7 日，受台风“梅花”影响，全区普降暴雨到大暴雨。8 点 30 分，区防汛抗旱指挥部将防台应急响应提升至最高等级 1 级。全区及时转移危险区域人员 102712 人，奋战两天两夜，没有发生人员伤亡事故。

2013 年 10 月 7 日，受强台风“菲特”影响，余杭区降大到暴雨，从 16 时起，启动防汛Ⅱ级应急响应。22 时 50 分，北湖开始泄洪。全区受台风影响造成农业直接经济损失达 58387 万元。渔业、蔬菜、粮油、水果、花卉苗木、畜禽等产业遭受不同程度重创，径山、瓶窑、良渚、仁和等镇街成为重灾区。

2015 年 7 月 10 日起，受强台风“灿鸿”影响，其带来的狂风暴雨对区内农业产生有较为严重影响，农业生产直接经济损失 746.5 万元，农作物受灾面积 0.5396 万亩，其中粮食作物 0.0373 万亩，水稻 0.0168 万亩，经济作物 0.502 万亩，大棚等农业设施损毁 4 亩。主要受灾地：鸬鸟、瓶窑、径山、良渚等地。

2015 年 8 月 10 日，受台风“苏迪罗”强降雨影响，境内雨量较大，水库水位迅速上涨。10 时 40 分，馒头山水库大坝水位高程 159.01 米（超过溢洪道 103 厘米）。

2016 年 9 月 28 日，受台风“鲇鱼”外围云系影响，中午起出现降雨，降雨过程主要集中在 28 日 12 时至 29 日 8 时，强降雨范围主要集中在北苕溪上游。

2017 年 6 月 25 日，梅汛期强降雨，农作物受灾面积 28018 亩，农林牧渔业直接经济损失 1344.9 万元。

2018 年 6 月 7 日下午，普降大到暴雨，至 10 日上午 8 时，全区平均降雨量已达 85 毫米。区防汛抗旱指挥部于 10 日启动防汛Ⅲ级应急响应。

二、旱灾、虫灾

概述　余杭所受旱灾以伏旱频率最高，秋旱次之，冬旱较低。地域分布趋势是乔司、临平等东部滨海区和余杭、径山、瓶窑等山区发生干旱频率最高，中部平原和西部山区较低。山区溪径流量大，一般 7 天不降雨，旱情就露头，连晴半月，溪流则断流，常有干旱现象。历史上的干旱，据不完全记载，372 年—2015 年的 1644 年中，发生旱灾有 152 年，约 11 年一遇。明成化六年（1470 年）至 1969 年的 500 年中，旱年 31 年，约 16 年一遇；偏旱年 40 年，12 年—13 年一遇。1987 年—2015 年间有旱灾 11 年，约 2.5 年一遇。历史上记载的虫灾，主要为蝗灾，常与旱灾一起，故将虫灾附旱灾之后。除蝗灾外，造成灾害的虫类还有螟虫、蟊、松毛虫等。

旱灾

南北朝·宋元嘉二十七年（450 年）八月至次年三月，钱唐久旱不雨。

南北朝·梁天监元年（502 年）八月，钱唐大旱，人多饥死。

唐贞元六年（790 年），钱塘夏大旱，井泉竭，疫死者甚众。

宋建隆二年（961 年）五至七月，钱塘、钱江久旱不雨。

宋淳化二年(991年),余杭五月亢旱。

宋至道三年(997年),钱塘、仁和大旱。

宋熙宁六年(1073年)春,钱塘、仁和大旱,井水干涸。次年又旱。

宋绍兴七年(1137年)六月起,钱塘、仁和干旱70余日。次年冬旱。九年六月起又干旱60余日。

宋绍兴十二年(1142年)三月起,钱塘、仁和干旱60余日。

宋绍兴二十九年(1159年),钱塘、仁和春旱70余日。

宋乾道三年(1167年),钱塘、仁和九月不雨,麦种不入。

宋淳熙七年(1180年),钱塘秋七月不雨至九月。十一年冬,钱塘、仁和不雨至次年三月。

宋开禧三年(1207年),钱塘、仁和夏秋大旱,干枯绝种。

宋嘉定二年(1209年),钱塘、仁和四月旱至七月始雨。七年又夏旱。

宋嘉定十一年(1218年)秋,钱塘、仁和无雨至冬。

宋嘉熙三年(1239年)四月干旱。次年,钱塘、仁和、余杭饥荒。

宋淳祐七年(1247年)大旱,运河干涸,西湖可以步行。

明洪武元年(1368年),钱塘自四月至六月不雨。

明正统三年(1438年),钱塘等县自五月以后弥旬不雨,田禾槁死。

明嘉靖十八年(1539年),钱塘自春二月不雨至夏六月,井皆竭。

明嘉靖二十三年(1544年),钱塘大旱,无麦禾。

明万历十七年(1589年)旱疫,五月至六月大旱,瘟疫盛行,饿死者满道,白骨遍野,妇女掠贩过江几尽。

清顺治十二年(1655年)秋旱,钱塘、仁和、余杭等县免征赋税差役。

清康熙六年(1667年),仁和秋八月旱。

清康熙十八年(1679年)四月至七月大旱,余杭南渠河涸,可在河底行至杭州,禾稼尽枯。

清康熙三十二年(1693年)五月,钱塘旱。

清康熙四十一年(1702年)秋,钱塘大旱。

清康熙五十二年(1713年)七月,钱塘、仁和、余杭等县旱。次年六七月又旱。

清康熙五十八年(1719年),钱塘、仁和、余杭等县旱,拨米赈济,免征赋税。

清康熙六十年(1721年)夏秋,仁和大旱,亩枯河干,发仓赈济。次年又旱。

清乾隆十六年(1751年),钱塘、仁和五月初不雨,至闰五月二十八日始雨。七月,余杭旱。次年秋又旱。

清乾隆五十年(1785年),江浙秋旱成灾。余杭、钱塘、仁和等县五月至七月不雨,溪水干涸,禾苗枯死。

清嘉庆十九年(1814年),仁和、钱塘、余杭、临安、於潜等县旱。

清咸丰六年(1856年)六月,余杭、钱塘、仁和等县旱,河水尽涸。

清同治六年(1867年),余杭等县旱。

清光绪二十年(1894年)夏旱,上塘河干涸。

清光绪二十四年(1898年),余杭大旱。

民国13年(1924年),伏旱达四旬,上塘河干涸,舟楫不通。杭县附郭临平、沾驾桥、乔司等各乡饮水缺乏，疫病丛生。

民国23年(1934年)，伏旱两月，各区河道干涸见底，田土龟裂，禾苗枯萎，灾象惨重，为60年所未有。

民国33年(1944年)，余杭县旱，杭县入夏以来，天久未雨，致田土龟裂，禾穗不秀，上塘尤甚。

民国34年(1945年)6月—8月，大旱60多天，田土龟裂，因旱未能下种田4089亩，下种枯死1077.13公顷。

民国36年(1947年)旱灾。被旱田余杭2.53万公顷、杭县7824.4公顷。余杭21577人、杭县41395人受灾。

1953年6月1日—7月17日少雨，上塘河干涸，山溪断流，杭县、余杭县受旱9706.67公顷，其中成灾5680公顷。

1955年8月下旬，久旱无雨，受旱面积1333余公顷，全县组织1.08万余人，出动大小水车3000余部，进行抗旱。

1958年6月—8月，前后66天无雨，全年降雨量仅1060.9毫米，全县受旱面积6600余公顷。

1961年6月26日—8月3日干旱，8866.67公顷水稻受灾。

1967年7月6日—10月31日，118天中，余杭降水量94毫米，全年降水量923.5毫米。

1971年1月—4月少雨，7月—9月又旱，成灾面积1000公顷。

1978年5月—10月，降水量577毫米，成灾面积1373,33公顷。

1978年大旱，余杭全年降雨量939.9毫米。9月9日，塘栖运河水位降到2.02米，是1949年以来降雨量和水位最少最低的一年，致使全县受旱面积达6733.33公顷，其中成灾1373.33公顷。

1979年5月—10月，降水量551.8毫米，成灾面积973.33公顷。

1986年7月10日—8月10日少雨，泰山、石鸽等11个乡镇受旱面积2173.33公顷。

1990年7月4日—8月4日，高温少雨，山区溪河断流，山塘干涸，河道水位降至最低。26座10万立方米以上水库蓄水率从92.46%下降至42.62%。受害面积2.22万公顷，成灾1.28万公顷，绝收8200公顷。

1991年7月13日—30日，上塘河灌区和部分山区、半山区发生严重干旱。

1992年7月12日—8月14日，连续干旱少雨，降雨量仅41毫米，全县1.33万公顷农田受旱，3626.67公顷干旱严重。

1994年6月24日—8月18日，受副热带高压控制，干旱56天，高温(大于35摄氏度)46天。境内655座山塘水库干涸，受旱面积5613.33公顷，成灾面积3146.67公顷，绝收566.67公顷，经济损失3202万元。

2003年7月下旬至8月，雨量偏少，水库蓄水锐减，余杭镇、瓶窑等地受旱面积达6333.33公顷，成灾1600公顷。

2004年7月—8月，连续干旱40天，全区受旱面积近6666.67公顷，成灾2533.33公顷。

2005年6月，梅季短，雨量平均8毫米。四岭水库蓄水量降至41%，21座小型水库在死水位以下，山塘干涸。至6月28日，全区受旱面积1.33万公顷，重灾5153.33公顷；2.16万人饮用水困难。

2013年7月以来，持续高温干旱天气给农业生产带来严重影响，全区农作物受灾13.95万亩，成灾6.02万亩，绝收1.021万亩，经济损失11138万元。

虫灾

后唐天成三年(928年)六月，钱塘、仁和等地大旱，有蝗蔽天而飞，昼为之黑，庭户衣帐悉充塞之。

宋绍兴三十二年(1162年)六月，淮蝗飞入湖州境，自癸巳至七月丙申遍于几县，声如风雨，余杭、仁和、钱塘皆蝗。

宋隆兴元年(1163年)，余杭六月大蝗。

宋淳熙十四年(1187年)，钱塘夏六月旱，秋七月蝗。

宋嘉泰二年(1202年)，钱塘大蝗。

宋嘉定二年(1209年)，钱塘夏四月蝗，大疫，秋九月大饥。

明天顺元年(1457年)，余杭秋七月蝗害稼，九月旱。

明嘉靖四年(1525年)，钱塘秋九月蟊害稼。

明嘉靖二十五年(1546年)，钱塘夏六月大蝗，余杭大蝗。

明崇祯十四年(1641年)，钱塘大旱，飞蝗蔽天，六月大疫。

明崇祯十五年(1642年)，钱塘冬旱，飞蝗集地数寸，草木呼吸皆尽，岁饥，民强半饿死。

清康熙四十八年(1709年)，钱塘秋飞蝗蔽野，岁祲，五月海啸。

清乾隆十六年(1751年)，仁和八月虫灾。

1985年，余杭晚稻褐稻虱爆发，危害面积45560公顷。

1999年11月，南山林场松林发生松林线虫病，于2000年底除治。

2001年，蔗扁蛾侵入花卉苗木。

2005年9月，七(5)代褐飞虱大爆发，至10月7日，成灾(损失率在10%以上)稻田4.82万亩，占晚稻种植面积的14.6%；出现毁杆倒伏的田块有187亩，发生严重的有4.2万亩，占全区晚稻面积的12.7%。

三、风灾

据1951年—2015年的台风资料，影响境内的台风有138次，其中成灾32次。台风影响时间较早在5月上旬出现，最迟10月上旬，而7月下旬—9月下旬最为集中，占86.7%。台风常伴有大雨或暴雨。在成灾的30次台风中，过程降水量在100毫米以上的12次，占40%；200毫米以上的5次，占16.7%；300毫米以上的13次，占43.3%。最为严重的是1963年12号台风和1988年7号台风，最大风力分别达12级和10级以上，并普降暴雨。台风入境降雨量大小与台风路径、强度、季节及天文因素等密切相关。台风若在浙江象山港以北登陆北上，余杭境内必受严重影响；若遇冷空气南下，可能产生大暴雨。在舟山群岛海面北上的台风，则影响平原地区，在广东或闽南登陆西行的台风，对余杭境内影响不大。台风伴随的降水在境内分布趋势是：西部多，东部少。百丈、鸬鸟2个镇常成台风酿成的暴雨中心。台风往往伴随暴雨，引起洪涝灾害，其内容大多编入洪涝灾害。

唐大历十年(775年)，钱塘七月大风潮，杭州海溢，大风海水翻潮，溺州民5000家、船千艘。

宋淳化二年(991年)，余杭夏五月亢旱，己卯忽雷雨震惊，大风拔树，瓦片恶飘。

宋景祐四年(1037年)六月乙亥,大风雨,潮溢岸高6尺,坏堤千余丈。

宋淳熙元年(1174年)秋七月壬寅、癸卯,钱塘大风涛,决临安府江堤1660余丈,漂民居630余家,仁和县濒江二乡坏田围。

宋淳熙五年(1178年)九月丁酉、戊戌,大风雨驾海潮,败钱塘县堤300余丈。

明洪武五年(1372年),余杭八月乙酉大风,山谷水涌,没庐舍及人畜甚重。

明嘉靖二年(1523年),钱塘春三月大饥,秋七月大风潮。

清同治十年(1871年)二月二十九日戌刻,杭域雷电雨雹,大者如拳,暴风拔大木,余杭风暴尤烈。

清宣统三年(1911年),杭州三月、五月大风灾,拔树毁屋。

1956年7月12日下午3时15分,仁爱区遭狂风大雨袭击,漕桥、长乐、石濑等地受灾尤为严重,大量房屋倒塌,635.8公顷连作稻和981.33公顷间作稻均被吹倒,损失较大。

1962年9月5日,14号台风侵袭余杭县,1.16万公顷水稻、1733.33公顷棉花、2600公顷络麻受淹。

1967年3月26日晚,狂风袭击余杭县,九堡、下沙、乔司、永建、长乐等公社受灾严重,吹倒房屋1275间,油菜、蚕豆等作物损失较重。4月30日和7月27日,全县二度遭狂风袭击,农作物损失严重。

1970年7月26日下午4时左右,翁梅、小林、双林、星桥、乔司、九堡、下沙7个公社,先后遭狂风袭击,受灾早稻346.67公顷、络麻1407.8公顷、棉花326.67公顷。

1983年4月11日晚至13日晚,全县大风暴雨。

1991年5月30日傍晚,九堡、星桥、乾元、小林、塘南等地遭龙卷风袭击,倒塌房屋20间,三线倒杆70根,毁坏泥坯460万块,233.33公顷待收油菜损失严重,100公顷小麦倒伏,吹倒果树2500株,733.33公顷无土秧早稻受损。

2011年6月9日,大风袭击区高新农业示范中心,有秀山美地等12家企业受灾,7万平方米左右大棚不同程度受损,供电线路部分损毁,果树、花卉、蔬菜等受损较重,据初步估算直接经济损失达到950万元。

四、雪灾

清道光二十一年(1841年),余杭十一月大雪,屋圮无算。

清道光二十七年(1847年)八月廿八日雪,十月大雪,深积八九尺,翌年二月始消。

清咸丰十一年(1861年)冬十二月,大雪兼旬,平地高五六尺,山中几数丈,居民避寇山中,无处觅食,饿死无算,大疫。

1969年清明下雪,枇杷幼果受冻80%以上,茶、菜等冻害严重。

1977年1月连降大雪,农作物普遭冻害,柑橘和枇杷等果树损失严重。

1984年大雪,压断电杆6300余支。

2008年年初,遭受持续低温雨雪的灾害性天气,特别是2月1日—2日罕见大雪,余杭区平均降雪超过30厘米,其中最大为百丈镇九东山,积雪超过50厘米。给余杭农林业生产造成了严重的影响,其中倒塌和损坏大棚设施1946亩,倒塌畜禽棚舍121.5亩,倒塌水产生产设施130亩,总经济损失达到8156.2万元;同时使区内6.58万亩农作物遭受不同程度的冻害和渍害等,使许多的畜禽和温室甲鱼受压受冻死亡,直接经济损失达到3382万元。林业生产普遍遭受损失，受灾面积达到33.5万亩，其中毛竹、早竹等经济林受灾面积17.24万亩，用材林受灾面积4.4万亩，全区林业经济损失达到2.25亿元。全区受灾村255个，紧急转移安置人口1231人。至3日，全区生产生活秩序恢复正常。

2010年2月13日晚上突降大雪，14日凌晨部分山区积雪厚度已达20厘米以上，由于正值大年初一，对出行以及生产生活造成影响。

2011年1月18日开始，连续两次强降雪，全区农业经济损失达1404万元，受灾面积15.51万亩(折算受损面积1.58万亩，其中：粮食作物受损面积2100亩、蔬菜850亩、果园12800亩)；牲畜死亡130头、家禽死亡7100羽。蔬菜大棚、水产棚舍等农业设施受损120余亩，损失240余万元。

2016年1月20日—26日，出现一次明显的雨雪天气和严重低温冰冻过程，全区农林业受灾面积10.74万亩，其中农作物受灾面积1.17万亩(枇杷2980亩，蔬菜大棚35亩，其他农作物8685亩)，毛竹、早竹等林产业受灾面积9.58万亩。

五、雹灾

境内冰雹大风(龙卷风)常有发生，尤以4月—7月出现概率较大，几乎每年都有。民国7年(1918年)4月21日，塘栖东塘村一带忽降雨雹冰块，大如碗口。1960年—2005年的45年间，冰雹出现22次，有时危及一两个镇乡，有时危及十几个镇乡。降雹来势猛，时间短，一般仅10分钟—20分钟，降雹常常伴有大风，大风可持续数小时。冰雹小的如黄豆，大的如鸡蛋。境内冰雹有两个多发区，中泰、余杭、径山、鸬鸟等地和运河、塘栖、乔司等地。冰雹大风的路径有3条：一路是从天目山来的雹风，朝东袭击中泰、余杭一线；一路经窑头山，袭击鸬鸟、径山、瓶窑、仁和、塘栖一线；一路从莫干山由北向南袭击塘栖、临平、乔司一线。除冰雹大风外，局部地区大风也常有发生。

明嘉靖二十四年(1545年)秋七月丁卯，杭州大雨雹，二十八日自小林、塘栖下冰雹，大者如斗，小者如碗，坏田禾树木。钱塘大饥疫。

清康熙二十六年(1687年)六月十二日，雨雹大如斗，伤禾。塘栖邵锐会元石坊为雹击倒。

清康熙三十二年(1693年)，仁和六月皋亭山骤风雨，龙吐冰雹，冰雹厚一二尺。

清光绪三十年(1904年)，雹灾。

民国7年(1918年)4月21日午后7时许，塘栖东塘村一带忽雨雹冰块大如碗口，约5分钟始止，地上堆积盈尺，尤以东新桥为甚，各桑园、菜地、豆花等多被打伤十分之八九。

民国12年(1923年)，杭县郭西乡一带，如临平、义桥、西镇等处，5月7日下午4时，冰雹大如拳石，行人被伤，花息全损，约历20分钟始止。

1967年4月8日晚，塘栖区遭冰雹袭击，多似玻璃弹子大小，大的有3000克—3500克。

1981年7月14日下午5时左右，舟枕公社竹园大队遭鸡蛋般大冰雹袭击，早稻损失一半以上，减产约1吨。

1983年4月16日上午，瓶窑和塘栖区部分公社，又遭冰雹袭击，全县1467公顷春粮倒伏，3733.33顷油菜多数倒伏。4月28日凌晨2时，再遭风暴冰雹，大如鸡蛋，多数如山核桃大小。雹灾所及地区，麦子断秆，油菜折枝，桑叶铺地，蚕豆破荚，水果落地，早稻秧田千疮百孔，损失达16万元。

1990年7月11日3时30分、12日16时，冰雹袭长乐、舟枕、长命等地，形似山核桃大小，伴雷雨大风，受灾面积2906.67公顷，倒塌房屋64间，死1人。

六、地质灾害

境内虽少有地质灾害，然有隐患，大多受人类干预环境所致。据野外实际调查，2003年余杭区已发现地质灾害点48处，主要分布于西部及南东部12个镇乡、街道的中低山丘陵区，其中瓶窑镇、径山镇、中泰乡、百丈镇、星桥街道等地均在5处以上。其余乡镇街道一般有1处—3处。中部苕溪平原未发现有地质灾害。48处地质灾害点中，已发生25处，潜在23处。其中现状地质灾害发生时间基本集中在1980年—2002年。地质灾害类型主要为崩塌（隐患）、滑坡（隐患）、泥石流和地面塌陷，均属突发性地质灾害，其中前两者占88%，后两者占12%。崩塌（隐患）是余杭区域主要地质灾害之一，共发现现状崩塌3处，崩塌隐患20处，规模均属小型。主要分布于公路沿线、矿山、建房等人工切坡形成的陡坡地段，以岩质崩塌为主，主要为人为采石、切坡造成。如临平街道邱山隧道南口崩塌隐患，由于人为切坡，使坡体失稳，形成卸荷裂缝，构成隐患。

滑坡规模一般以小型为主，至2015年全区共发现滑坡和滑坡隐患20余处。主要类型为残坡积层土质滑坡，次之为岩质滑坡，易发生于风化岩层发育强烈地区，人为作用和汛期强降水是滑坡发生的主要因素，强降水期是滑坡的高发期。如1996年6月，中泰乡八角亭马坞口山体出现小裂缝。2002年，房产开发切坡取土，加速坡体滑动变形。1999年7月，黄湖镇王位山村独山受强降水影响，坡体滑动变形，出现裂缝。

泥石流是余杭区地质灾害中造成危害最大的灾种，主要发生在侏罗系火山碎屑岩分布区，且坡降较大的深切而狭窄沟谷的山区，全区共发生3处，一处是1984年6月30日，瓶窑镇王家自然村发生近2万立方米泥石流，造成4人死亡；第二处在2001年6月瓶窑镇彭公村卸车自然村发生1000多立方米的泥石流；第三处在2001年7月径山镇麻车头村官塘发生小型沟谷型泥石流，后2处均未造成明显经济损失。

地面塌陷类型，余杭境内为岩溶地面塌陷和采空区地面塌陷，前者主要发生于超山覆盖型碳酸盐岩分布区，与超采岩溶水有关；后者主要分布于仇山膨润土矿区和小山膨润土矿区，与不规范矿山开采有关。

第三节　生产条件

境内农业生产包括粮、棉、油、麻、丝、茶、糖、菜、烟、果、药、杂（指其他经济作物、绿肥作物、饲养作物和其他农作物）等农作物的生产。农业生产农业生产条件评价是从农业生态和生产的要求出发，对其自然，社会环境条件的有利与不利方面以及对农业生产的影响程度进行综合分析评价。包括自然条件、社会经济条件和技术装备条件评价等。农业生产自然条件评价又包括光热、水分、土地和生物条件评价等，社会经济条件评价包括社会经济发展历史、人口劳动力、交通运输、工业和城镇基础条件评价等；技术装备条件评价包括农业技术装备、技术水平和劳动素养评价等。

自然条件、社会经济条件和技术装备条件内容分散在各章。此节主要记载土地、农田水利、肥料等农业生产条件。

一、土地利用

余杭行政区域变动较多，土地面积又疏于记载。仁和、钱塘、余杭3个县土地面积统计，现存文献始于明代。明嘉靖《仁和县志》记载，明洪武九年（1376年），仁和县田地山荡土地面积760837亩，其中田477676亩、地184591亩、山51618亩、荡46952亩。清康熙《钱塘县志》记载，明洪武十年（1377年），钱塘县田地山荡土地面积417894亩，其中田192884亩、地57621亩、山143488亩、荡23901亩。清嘉庆《余杭县志》记载，明洪武二十四年（1391年），余杭县田地山荡土地面积516985亩，其中田146334亩、地61041亩、山297904亩、荡11706亩。民国17年（1928年）10月，《浙江省土地特刊》刊载，杭县土地总面积为1789971亩（119331.4公顷），其中平地1206241亩（80416公顷），山地392574亩（26171.6公顷），道路17279亩（1151.93公顷），河湖164157亩（10943.8公顷），沙涂9720亩（648公顷）；余杭县土地总面积1140460亩（76031公顷），其中平地459532亩（30635公顷），山地660409亩（44027公顷），道路2700亩（180公顷），河湖17819亩（1187.93公顷）。民国37年（1948年）浙江省土地测量，杭县土地总面积1411871亩（94125公顷），余杭县土地总面积1051066亩（70071公顷）。由于行政区划变更，民国37年（1948年）较民国17年（1928年），杭县土地总面积净减37.81万亩（25207公顷），余杭县土地总面积减少89394亩（5959.6公顷）。

中华人民共和国成立后，1951年，杭县、余杭县共有耕地863600亩（53573.33公顷），其中水田595400亩（39693.33公顷）、旱地208200亩（13880公顷），农业人口38.83万人，人均2.07亩。1984年，余杭县在全国第二次土壤普查基础上概查全县土地面积，查明余杭县土地总面积为2104242亩（140283公顷）。1986年9月至1990年4月，余杭县为浙江省土地详查试点县之一，全县土地面积为2113976亩（140932公顷）。其中耕地面积为915943亩（61062.87公顷），园地145155亩（9677公顷），林地面积为519428亩（34628.53公顷），牧草地面积为12亩（0.8公顷），城乡居民及工矿用地面积为162193亩（10812.87公顷），交通用地面积为30091亩（2006.07公顷），水域面积为259356亩（17290.4公顷），未利用土地详查面积为81799亩（53.27公顷）。1996年4月，余杭市下沙乡（包括下沙农场、围垦区）、九堡镇、三墩镇3个镇乡整体划入杭州市区，余杭市共划出土地面积274291亩（18286.07公顷），土地利用现状变更调查，余杭市土地总面积为1839685亩（122645.67公顷），其中耕地680645万亩（45373.33公顷）、园地115025亩（7668.33公顷）、林地495084亩（33005.6公顷）、牧草地9亩（0.6公顷）、城镇村及工矿用地180044亩（12002.93公顷）、交通用地32825亩（2188.33公顷）水域187681亩（12512.07公顷）、未利用土地148372亩（9891.47公顷）。2005年，土地变更调查，余杭沿用土地总面积为1839685亩（122645.67公顷），其中耕地645174亩（43011.6公顷）、园地126574亩（8438.27公顷）、林地502561亩（33504.07公顷）、水域面积14.7万亩（9800公顷）、居民点工矿用地24.68万亩（16453.33公顷）、交通用地30390亩（2026公顷）、水利设施用地5300亩（353.33公顷）、未利用土地135923亩（9061.53公顷）。2005年，境内后备土地135923亩（9061.53公顷），为土地总面积的7.39%。其中荒草地38254亩（2550.27公顷），裸岩石砾地4969亩（331.24公顷），裸土地31.9亩（2.13公顷）：河流水面后备资源面积90328亩（6021.87公顷），滩涂2246亩（149.33公顷），苇地93.9亩（6.26公顷）。余杭境内未利用土地面积少，后备土地资源不足。2008年，投入2801万元，完成7.13公顷建设用地的复垦，14.53公顷建设用地的出让准备工作，9.07公顷土地储备和50.67公顷储备前期工作，完成区政府下达的72.8

公顷的造田造地任务。

2010年，在2009年完成新一轮区级土地利用规划修编（2006年—2020年）的基础上，实施乡镇（街道）规划修编，通过规划基数转换、项目选址论证、用地结构调整等工作，将各类规划指标落实到具体地块。新一轮规划的获批，为全区新增7386余公顷的建设用地空间，用地布局也更加优化。2010年，省政府切块下达余杭区新增建设用地指标234.07公顷，其中农用地212.73公顷，含耕地151.33公顷，指标量在全省各县（市、区）中排在第二位。全年实施垦造耕地项目17个，新增耕地132.67公顷；实施建设用地复垦项目22个，新增耕地61.07公顷。2013年，推进土地流转，新增土地流转面积2.64万亩，累计完成耕地流转总面积30.06万亩，占耕地总面积73.6%。

2015年，实现耕地保有量不低于39166公顷，基本农田保护面积不少于32400公顷目标。是年，全年完成垦造耕地项目25个，面积162公顷；实施"旱地改水田"质量提升项目33.2公顷，新增水田9.2公顷，实施等级提升227.5公顷。根据2015年度土地利用变更调查统计情况，至2015年年末，余杭区土地总面积122823.23公顷。其中：耕地面积33392.36公顷（占比27.19%），园地面积9040.8公顷（占比7.36%），林地面积33670.53公顷（占比27.41%），草地面积469.47公顷（占比0.38%），城镇村及工矿用地25889.39公顷（占比21.08%），交通运输用地6500.44公顷（占比5.29%），水域及水利设施用地12399.79公顷（占比10.1%），其他土地1460.45公顷（占比1.19%）。

二、耕地

自有作物栽培开始时，土壤就被开拓成为耕地。余杭土壤的利用从扩大耕地开始，逐渐向提高土壤生产力演进。在境内良渚文化遗址中发现有大量栽培稻谷遗存，从同时出土的骨耜等农具说明，耕作水平已进入耜耕阶段。在此后漫长的农业生产发展过程中，农业土壤不断被开拓和利用，经过多次水、旱转换和迁移，使土壤形成多种类型，并通过"精耕细锄，厚加粪壤"等措施，使瘠土转化为肥土。当代农业以建设高产良田和改良低产田、地为目标，贯彻用地和养地相结合的方针，土壤的生产力得到迅速提高，保证耕地的持续利用。

土地面积余杭地域历来变动较多，土地面积又疏记载。据民国17年（1928年）10月《浙江省土地特刊》载：杭县土地面积1789971亩（11.93万公顷），余杭县1140460亩（7.6万公顷）。又据《中国实业志》载：民国21年（1932年），杭县耕地89.97万亩（5.99万公顷），余杭县耕地25.42万亩（1.69万公顷），合计115.39万亩（7.68万公顷），其中水田80.86万亩（5.39万公顷）。1949年，两县有耕地74.32万亩（4.95万公顷），其中水田62.2万亩（4.15万公顷）。其时，农业人口37.43万人，人均耕地1.99亩（0.13公顷）。

由于城乡建设发展，耕地面积渐趋减少，而人口不断增加，人均耕地面积下降。1965年，全县耕地面积为62.53万亩（4.17万公顷），农业人口57.05万人，人均耕地1.1亩（0.07公顷）。1976年，耕地面积64.81万亩（4.32万公顷），农业人口69.93万人，人均耕地0.93亩（0.06公顷）。2005年，全县耕地面积50.8万亩，农业人口59.97万人，人均耕地0.84亩（0.05公顷）。

据1992年4月统计，境内"四荒"（荒山、荒水、荒地、荒滩）和"四低"（低产耕地、园地、林地和水面）总面积31,94万亩（2.13万公顷）。

1949年—2005年(每5年)余杭区(县、市)耕地面积情况表

表1-5

年　份	年末耕地面积（万亩）			农业人口（万人）	人均占地（亩）	人均占地环比增减（%）	人均占地基比增减（%）
	合计	水　田	旱地				
1949	74.32	62.20	12.12	37.43	1.99		
1950	76.84	58.46	18.38	38.00	2.02	+1.5	+1.5
(1953)	77.05	59.84	17.21	39.50	1.95	−3.5	−2.0
1955	75.72	60.15	15.57	42.50	1.83	−6.2	−8.0
(1958)	74.70	55.82	18.88	44.78	1.67	−8.7	−16.1
1960	65.78	49.06	16.72	45.37	1.45	−13.2	−27.1
1965	66.79	49.05	17.74	57.05	1.17	−19.3	−41.2
1970	65.83	51.57	14.26	64.08	1.03	−12.0	−49.2
1975	66.80	51.56	15.24	69.91	0.96	−7.8	−51.8
(1978)	67.34	52.09	15.25	70.77	0.95	−1.0	−52.3
1980	66.51	52.25	14.26	69.19	0.96	+1.1	−51.8
1985	66.68	52.11	14.57	68.14	0.98	+2.1	−50.8
1990	65.87	51.66	14.21	72.33	0.91	−7.1	−54.3
1995	64.17	50.67	13.50	69.96	0.92	+1.1	−53.8
2000	53.19	44.43	8.76	61.35	0.87	−5.4	−56.3
2005	50.80	42.50	8.30	59.97	0.84	−3.4	−57.8

境内人多地少，素重精耕细作。1949年后，除少量用作桑、果、苗圃外，每年播种作物以稻、麦、油菜为主，络麻、棉花、甘蔗、蔬菜等占一定比例。1949年，两县耕地74.32万亩(4.95万公顷)，播种面积97.47万亩(6.29万公顷)，复种指数为131.1%。其中粮食作物占75.3%，工业原料作物占12.9%，其他作物占11.8%。随着耕作制度改变，复种指数不断提高。1972年，全县耕地58.88万亩(3.92万公顷)，播种面积157.91万亩(10.47万公顷)，复种指数为268.2%。其中粮食作物占72.2%，工业原料作物占12.7%，其他作物占15.1%。

1978年后，复种指数稳定在250%左右。1984年以后，随着国民经济迅速发展，建设用地剧增，耕地面积减少。20世纪90年代，因效益问题，土地抛荒现象一度严重。

境内平原地下水位较高，易遭洪涝，农民历来多在耕地四周围堤筑埂，埂上种桑。20世纪50年代中期开始连年组织农民挑埂搬墩，平整土地，进行农田基本建设。70年代实施山、水、田、林、路综合治理，建设"田成方、路成行、沟渠配套、树木成荫"的"格子田"。至1985年，全县平整土地20.59万亩(1.37万公顷)。同时不断改善水利设施，1987年旱涝保收面积45.97万亩(3.06万公顷)，占耕地总面积69.2%。

1970年，先后围垦北湖草荡和钱塘江滩涂。次年，北湖草荡垦复耕地近万亩。至1980年，围垦江涂10.44万亩(6960公顷)，其中余杭利用面积3.35万亩(2233.33公顷)。90年代合理开发

利用土地后备资源，造地改田，提高土地利用率。1989 年—1996 年利用河滩地、荒塘、坟地、废墟等造田造地 3465.5 亩（231 公顷）。

耕地管理土地改革后，根据《国家建设征用土地办法》，各项建设用地均须报经县人民政府批准。20 世纪 70 年代国家建设征用土地由县民政局管理。1981 年 5 月改由农业局土地管理股专职办理。是年，余杭县政府制定《余杭县土地管理实施办法（试行）》，对各项建设用地的申请、审批、补偿标准、违法用地处罚等作出规定。1982 年 6 月，余杭县政府发布关于《清理和处理村镇建设房侵占耕地问题的通知》，决定对 1979 年 1 月 1 日以后擅自侵占国家集体土地建房或进行其他建设的，逐一作相应处理。1983 年，县人民代表大会常务委员会作出《进一步贯彻我省城乡用地管理办法的决议》。1985 年，余杭县政府制定《关于进一步加强农村宅基地管理工作的通知》，各区、乡镇均建立土地管理小组。1991 年 9 月，成立余杭县土地管理局，负责全县土地和城乡地政统一管理职能。1999 年，余杭市政府制定《关于加快实施农村土地整理项目的通知》和《关于加强土地整理折抵指标使用管理的通知》。

1990 年 6 月，在良渚镇开展划定基本农田保护区工作试点，次年在全县范围依次展开。至 1992 年 10 月，30 个乡镇、576 个建制村，规划 2020 年末一级农田保护区 59.98 万亩（4 万公顷），保护率 97.6%；2000 年末，一级农田保护区面积 59.17 万亩（3.94 万公顷），保护率 96.3%。规划 1990 年—2020 年，建设规划留用地控制指标面积 23314 亩（1554.27 公顷），其中至 2000 年规划各项建设用地 1.52 万亩（1013.33 公顷）。1995 年稍作调整，基本农田保护率降为 92.9%。1996 年 10 月，因行政区域调整，相应调整 2000 年基本农田保护区面积控制指标，保护区面积 54.25 万亩（3.62 万公顷），保护率 92.92%，需开发耕地 0.27 万亩（180 公顷）。据 1992 年第一次土地利用规划，2000 年保护面积为 64.28 万亩（4.29 万公顷），其中灾害毁地 1700 亩（113.33 公顷），规划留用地面积 1.71 万亩（1140 公顷），保护率 97.4%，复垦耕地面积 1.49 万亩（993.33 公顷）。1996 年第二次土地利用规划，基本农田保护面积为 54.01 万亩（3.60 万公顷），保护率 92.92%。此后，数次修订基本农田保护规划。

2016 年末，耕地面积 33.23 千公顷，实际经营的林地面积（不含未纳入生态公益林补偿面积的生态林防护林）30.04 千公顷。

图 1-4　垦造耕地地力培育示范

耕地地力评价 2010 年，余杭区结合农业部测土配方施肥项目的实施，2007 年—2010 年测土配方施肥数据库中筛选 1492 个土样的检测数据和田间调查数据，建立《余杭区耕地资源管理信息系统》。在构建余杭区耕地地力评价指标体系的基础上，对余杭区 43.12 万亩耕地地力进行评价，将耕地地力划分为三等六级，其中：一等耕地 17.2108 万亩（占 39.9%），二等耕地 24.5879 万亩（占 57.0%），三等耕地 1.3183 万亩(占 3.1%)。同时,编著《余杭耕地质量与管理》一书,指导农业生产者和管理者开展日常的耕地质量管理与建设。

新增耕地质量等级评定　2011 年—2014 年，余杭区农业局开展新增耕地质量等级评定，通过野外调查、取样检测和分析评价,对余杭区 95 个垦造耕地、建设用地复垦、土地开发整理等项目新增耕地项目(面积 23471.63 亩)进行质量等级评定。其中:二等 3 级耕地 6874.66 亩(占 29.29%),二等 4 级耕地 12408.35 亩(占 52.87%),三等 5 级耕地 4013.19 亩(占 17.10%);三等 6 级耕地 175.43 亩(占 0.75%)。2015 年开始,国土余杭分局委托相关资质单位对补充耕地进行质量评定。

耕地质量监测　2008 年,余杭区按照杭州市的统一部署,根据区域土壤类型分布等因素设立了 4 个耕地地力长期定位监测点,每年定期开展耕地地力及环境质量监测;2010 年,余杭区按照杭州市农业局的要求,在菜篮子基地及钱江、太湖流域主要耕地上建立了 12 个动态监测点,定期针对土壤、灌溉水及农产品开展监测。每年根据监测结果编制并发布《余杭区耕地质量监测报告》,作为余杭区开展耕地质量管理的重要依据。2017 年,余杭区通过现场踏勘和农户调查，在原有的基础上新增 97 个耕地质量监测点和 31 个土壤污染监测点（包括常规监测点 19 个、综合监测点 12 个)并通过招投标确立专业的检测机构,针对土壤、灌溉水及农产品重金属进行监测。同时,余杭区农业局派出专业人员现场监督和指导样品采集,审核把关监测数据,定期调查监测点农户的日常农事及田间管理情况。

中低产田改造　据 1983 年的第二次土壤普查结果和 1996 年的调查统计，余杭区中低产田面积 22.65 万亩。其低产因素主要为:耕层浅薄,养分缺乏,有障碍层段,“三水”危害(高位地下水,山泉侧渗水,上层滞水)、管理粗放,而三水危害占中低产田面积的 84%。余杭区从 1996 年开始采取“工程措施和农艺、生物措施相结合”的办法,进行中低产田改造。1996 年—1998 年,主要在搞好示范、摸索经验;1999 年—2005 年为稳定发展期,主要是扩大成果,攻围成效;2006 年—2013 年为加快发展期,主要是加大推广力度,提升改造效果。改造措施主要为:田间沟、渠、路建设、田间绿化、秸秆还田、增施有机肥等。至 2013 年,余杭区累计完成中低产田改造项目 76 个,改造面积达 7.08 万亩,总投入低改资金近 9900 万元,共新建排灌渠道 38.05 万米,拓(新)建机耕道路 21.68 万米,新(修)建机埠、机耕桥 172 座,绿化植树 8.39 万株,同时,还投入有机肥料 75.83 万公斤,实施秸秆还田 5.78 万亩。通过改造,消除了低产因子,改善了农田基础设施条件,有力地促进了农田综合生产能力的提高。

标准农田质量提升　2009 年,余杭区按照浙江省农业厅的统一部署,开始实施标准农田质量提升工程土壤培肥项目。截至 2018 年，累计开展标准农田土壤培肥项目 43 个，实施面积 4.95 万亩,投入标准 800 元/亩(浙江省财政补助 200 元/亩,余杭区财政配套补助 400 元/亩,农户自筹 200 元/亩),主要用于农艺措施补助。通过连续四年的种植绿肥、实施秸秆还田、增施商品有机肥、推广测土配方施肥和应用配方专用肥等农艺措施,从提升土壤有机质、改良耕作层、平衡土壤养分三方面入手,提升农田地力水平和综合生产能力。2017 年底,余杭区已有 4.7 万亩二等标准农田如期提升为一等标准农田,实现“吨”粮生产能力,平均土壤有机质提高 9.12 克/公斤,耕层厚度增加 2.9 厘米,土壤容重下降 0.32 克/立方厘米,土壤有效磷与速效钾含量比例平均从实施前的 1:12.8 优化至 1:4.3。同时,土壤阳离子交换量均有提高。最后一期项目 2500 亩于 2018 年底完成提升目标。

垦造耕地后续管护 随着国民经济的快速发展和城镇化的快速推进，建设征占的耕地越来越多，为了确保耕地占补平衡，余杭区通过包括垦造耕地等一系列土地开发整理项目补充了一批新增耕地，虽然在数量上达到了占补平衡，但从质量上尚未达到真正意义上的占补平衡。因此，2015 年底，余杭区开始启动垦造耕地后续管护工作，制定《余杭区垦造耕地后续管护工作实施方案》，2016 年，正式开展垦造耕地后续管护工作。2018 年，余杭区开展后续管护的垦造耕地项目区块 74 个（包括 2016 年启动 27 个、2017 年启动 15 个、2018 年启动 32 个），管护面积 7454.8 亩（496.99 公顷），其中新增耕地 4679.76 亩（311.98 公顷），“旱改水”提升面积 991.18 亩（66.08 公顷）。

管护内容：一是落实承包耕种。对于垦造旱地，原则上以种植粮油、蔬菜、草本药材等为主，海拔较高、坡度较大的垦造耕地可种植茶、桑、果等经济作物；对于垦造水田，要求连续三年必须种植水稻，五年内不得种植多年生植物和苗木等经济作物。二是培肥耕层土壤。通过合理轮（套）种、种植绿肥、增施有机肥、秸秆还田、配方施肥等措施，提高土壤肥力，每年投入农家肥 2 吨以上。三是维护基础设施。对垦造耕地水利设施、田间道路、坡坎过桥等基础设施进行日常维护和修缮，确保正常发挥应有的效能。

村级留用地管理。村级留用地是一种因征地引起的补充安置途径，是指政府在征地达到一定数量后，以村级集体经济组织为单位，在城乡规划和土地利用规划确定的建设用地范围内，核定一定的面积规模，专项用于发展村级集体经济的土地。自 2006 年实行村级留用地政策以来，始终结合实际，取得一定成效。2006 年以后，共核拨村级留用地 2032 亩，涉及 101 个项目。出现如星桥街道太平社区汽车品牌 4S 店、五常街道横板桥社区返租科创园产业楼等一批成功案例。

2018 年 8 月，区政府《关于进一步加强我区村级留用地管理工作的实施意见》（以下简称《意见》）公布，9 月 1 日起施行。《意见》规定在区内重点开发区域范围内，原则上实行留用地额度置换房产办法（以下简称“额度换房产”），并在全区鼓励采用额度换房产进行村级留用地开发。《意见》对相关开发模式作进一步调整完善，明确区内村级留用地开发模式分为额度换房产、自主开发及合作开发三种。其中，额度换房产，是指村（社区）使用村级留用地额度与做地主体置换房产的一种操作模式，置换房产由做地主体负责筹集；自主开发，是指村（社区）自行开发村级留用地的一种操作模式；合作开发，是指村（社区）与余杭区属国有公司或其他下属国有公司成立项目公司进行村级留用地开发的一种操作模式。同时，《意见》明确留用地项目严禁用于商品住宅开发，所得房产由村（社区）长期持有，不得随意变卖。《意见》明确，村级留用地的管理由区政府统一领导，各做地主体、镇街按照属地责任原则，统筹谋划推进辖区内留用地安置工作，确保村级留用地项目能顺利实施、操作规范。各镇街审查把关辖区内村级留用地项目可行性、开发模式及村（社区）自有资金等内容，监督管理村（社区）村级留用地项目的资金使用、收益分配等方面。

《意见》明确采用自主开发模式的，村级集体经济组织自有资金需达到项目总预算 70%以上。欠缺自主开发经济实力，计划采用合作开发模式的，需与区属国有公司或其他下属国有公司合作开发，村（社区）在项目公司中所占股份原则上不低于 30%。《意见》明确，多高层安置公寓底商营业房等涉及划拨补办出让的置换房产，由做地主体补缴土地出让金，财政部门在扣除各项规费后，将资金返还至做地主体。自主开发和合作开发项目土地出让价款在扣除各项规费后，土地出让收益由区财政局全额返还至镇街，镇街应及时拨付用于村级留用地开发建设。

三、肥料

概况 境内历来对栽培作物有施用有机肥(农家土杂肥)的传统。旧时,作物施肥单纯施用农家土杂肥,如河(塘)泥、垃圾、豆饼、菜饼、人畜粪、毛灰等,并延续到20世纪的70年代。

商品化学肥料的引进与应用始于民国22年(1933年)。是年,从国外引进硫酸铵、过磷酸钙、贯化钾等肥。民国36年(1947年)8月,浙江省农业推广站辅导委员会推广化学肥料,配给杭县推广所铵磷化肥(原文如此)3.65吨、过磷酸钙5吨、硝酸铵3.35吨,共12吨。当时杭县将这批化肥发放给30个乡、镇,1124户农户。民国37年(1948年)杭县政府为使农业增产,推广以米换化肥(主要是硫铵),2斤谷或1斤米换1斤化肥,共换发156吨。主要分布在临平、乔司、上泗、瓶窑等地,用于桑、麻之类作物上。至1949年,余杭县施用的肥料中,化学肥料仅占5%,而农家肥料占95%。

中华人民共和国成立后,由县银行、县土产公司、县供销社负责进行贷肥工作,农户凭购买证向土产公司或供销社领取化肥,再由供肥单位向银行结账收款。据档案资料:“1951年春季,全县共贷放金额为27938万元(旧人民币),贷肥量16.25万公斤,其中硫酸铵2.5万公斤、豆饼6.15万公斤。贷肥面积14631亩。1952年全县实施群众性的订购肥料,即由农户预先自交部分订金,供销社组织肥料按时售给农户。全县共购出豆饼482.27万公斤、菜饼119.08万公斤、硫酸铵230.31万公斤。”

20世纪50年代,发展骨粉、堆肥、焦泥灰,60年代,畜禽肥、花草、沤肥包括草藁泥,70年代发展稻草还田、“一绿三水”(绿萍、水浮莲、水花生、水葫芦)、田菁、腐殖酸铵、“5406”菌肥等。1966年县内建成良渚化肥厂,不久又建成塘栖磷肥厂。70年代起,增加微量元素肥。80年代,发展各类复合肥。1980年,全县耕地平均亩施标准氮素化肥水平,居浙江省第3位和杭州市第1位。

施肥种类 余杭县施用的肥料,可分为两大类:一类是有机质肥料,即农家肥料或称土杂肥料,主要有人粪尿、家畜粪尿、厩肥、禽肥、蚕沙、河塘泥、沤肥、沼气肥、堆肥、焦泥灰、草木灰、腐殖酸铵、饼肥、杂肥、花草、绿萍、田菁、柽麻等。此类肥料有机质多,含养分全面,来源丰富,但含量往往较低,肥效迟缓,并经历较长时的腐解过程。另一类是无机质肥料,即化学肥料或称商品肥料,主要有5种:氮肥,包括硫酸铵、氯化铵、尿素、碳酸氢铵等;磷肥,包括过磷酸钙、钙镁磷肥,骨粉等;钾肥,包括硫酸钾、氯化钾等;复合肥,包括氮、磷、钾三复合,磷酸二氢钾等;微量元素肥,包括硼酸、硼砂、钼酸铵、硫酸锌、硫酸锰等。此类肥料含养分单一,但成分高,见效快,肥效短,能为农作物快速提供养分。但单独过量施用,会使土壤板结,理化性能恶化。此外,还有微生物肥料,主要有“5406”抗生菌肥、花草及花生根瘤菌剂等。

图1-5 菜园茭白秸秆覆盖还田

施肥量　据1976年—1980年期间调查分析，全县每年施用的人粪尿，约816万担，占同期有机肥施用总量的14%—20%，猪肥，1263万担—2343万担，占30%—40%，羊肥，512万担—582万担，占10%—13%，河泥450万担—500万担，占8%—12%，杂肥，约315万担，占5%—8%，绿肥，290万担—941万担，占6%—18%。1972年起，余杭县试用及推广"5406"抗生菌肥，主要应用于早稻催芽。1981年，全县应用"5406"菌肥催芽的稻谷量达275万公斤。1974年起，用硼酸防治油菜，主要是甘蓝型油菜的花而不实。1975年，全县短期推广应用过腐殖酸铵肥，即用氨水或碳酸氢铵和泥土，制成球肥深施于水稻田内。1982年短期在水稻等作物的叶面上喷施过米醋。

施肥水平　1949年时，全县平均施肥水平约折合标准肥31担（每担相当于含纯氮0.25公斤，下同），其中农家有机肥占99%，每担标准肥约产粮4.9公斤。1979年，每亩粮田平均施肥约174.8担，其中有机肥占51,4%。施肥水平比1949年提高4.6倍，但担肥产粮仍为4.95公斤。

1985年，全县粮田平均亩施肥量降为137.5担，其中有机肥仅占40.7%。旧时，施肥无定规，常是"见黄就施"或"想施就施"。1949年后，逐渐接受与掌握"科学种田"知识，施肥方法因而愈来愈多样和合理。如区分出基肥、面肥、追肥、穗肥、撒施、条施、沟施、穴施、塞秧根（深施）、根外喷施、"一基一追补"施肥法，"诊断施肥""平稳促进""全层施肥""配方施肥"等。农民和农技人员不断地探索着更为科学、易行的施肥技术和方法，以求促进增产，降低成本，提高施肥的经济效益和生态效益。

推广测土配方施肥技术　余杭区是浙江省重要的农业生产县（市、区）之一，随着农业生产快速发展、作物产量不断提高，对于农作物复种指数处于全国较高水平的余杭区，化肥施用量也逐年增加，不合理使用化肥的现象较为普遍。2010年，余杭区对合理施用化肥尤其是化肥减量较为重视。

2007年，余杭区被列为农业部测土配方施肥项目县，开始推广测土配方施肥技术，2017年，研制开发水稻、竹笋、茭白、枇杷等作物配方专用肥11个，并推广1.82万吨，应用面积达40.11万亩次；2008年，以良渚街道、瓶窑镇、余杭街道等小范围作为试点开始推广应用商品有机肥，2010年开始，余杭区对商品有机肥的推广应用进行补助，通过政策整合，将浙江省、杭州市补助和区财政配套补助整合在一起，统一按照300元/吨的标准进行补助，对年施用总量达到20吨以上的农业企业、农民专业合作社、家庭农场和种植业大户进行补助，截至2017年，共推广应用商品有机肥7.63万吨，应用面积33.10万亩次。

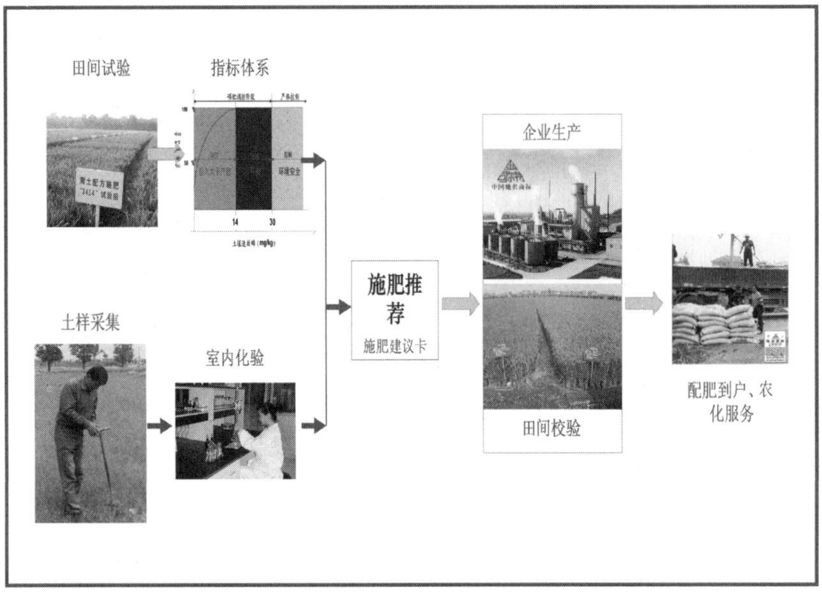

图1-6　余杭区测土配方施肥技术流程图

此外，2013 年，引起水肥一体化技术，伴随着水溶性肥料逐渐被农户接受并认可，至 2017 年底，引起水肥一体化设备 29 套，土地覆盖面积 4000 亩。

2015 年起，在瓶窑镇、良渚街道及余杭街道开展可水稻缓控（释）肥料试验示范，缓控（释）料正不断被广大余杭区粮油种植户接受。通过这一系列的科学施肥、精准施肥和化肥替代等化肥减量技术使余杭区农用化肥施用量（实物量）从原先 98120 吨（2007 年）下降到 49835 吨（2017 年），下降幅度 49.21%。

四、农田水利

概述　历代治水活动自夏朝开始，明代陈善《南湖考》载“大禹筑塘，名为西海险塘”（即西险大塘），东汉初（约 25 年），在钱塘江筑防海大塘，以防海水。汉熹平二年（173 年），创建上、下南湖，储苕溪水，熹平元年至七年（172—178 年），在西险大塘、南渠河等处筑西涵陡门、东郭堰等陡门、塘堰十余处，利蓄泄。唐代宗至唐武宗（763—846 年）筑北湖，建归珧百里长堤，以防水患。五代十国时（907—961 年）吴越王钱僇建都杭州，为保境安民，曾大兴水利，采用竹笼填石筑海塘，木桩破潮浪，保塘脚，以隋唐开筑塘浦圩田为基础，采用沿塘置泾，以泾通港，形成“七里为一纵浦，十里为一横塘，四连阡陌，位位相承”。对沿江沿海高地以浚深河道为主，对腹部低地，以筑圩堤为主，把高低河道沟通，建闸调节水位。南宋迁都杭州后，余杭水利颇得其利，修筑钱塘北岸海塘，疏浚运河及西塘河，建造龙光陡门，在东苕溪上置“十塘五闸”。明洪武年间（1368—1398 年）筑黄家、郑家、石赖坝，开挑古城、唐坞等 27 处河塘储水。清光绪十一年（1885 年）开浚北湖，时有万数千亩。

民国时期兴建水利甚少，而失修较多。古人修筑的水利设施，在历史上起到了积极作用，不少工程至今仍保留使用，但所筑工程少而落后，无法防御水旱灾害。中华人民共和国成立后，余杭各地大兴水利，防灾抗灾能力大幅度提高。1949 年 10 月至 1956 年，由于国家正处经济恢复期，百废待兴，水利主要以修复、加固堤塘为主，逐步发展小型水利，兴建排灌机埠。政府用以工代赈和发放贷款的办法，组织农民抢修险工，修理圩堤，修复加固西险大塘、南湖堤塘和钱塘江海塘。1951 年 11 月，组织 2 万余人疏浚上塘河，1.04 万余人抢修西险大塘和钱塘江海塘，兴建蓄水 1 万立方米以上水库 7 座，购置了一批柴油抽水机。1953 年、1954 年相继建立了杭县人民政府抽水机站和国营长命抽水机站，在当年又组织 1.4 万余人加固加高西险大塘。1955 年动工兴建西舍、狭石弄第一批库容 10 万立方米以上水库。通过近七年努力，余杭水利建设有了良好开端，局部洪涝灾害得到初步控制。1957 年—1965 年，随着《农业发展纲要》的贯彻实施，在农业合作化的基础上水利建设主要以治旱为重点，结合治涝。实行蓄、引、提结合，旱涝兼治，以小型为主，大、中、小结合，治山治水相结合的方针，由单一防治发展到综合治理，成效显著。至 1958 年，机电排灌已基本替代了木制水车，1959 年开始注重发展电力排灌，逐步淘汰内燃机，至 1963 年基本实现了电力灌溉。同时开展平整土地，开排水渠道，实行排灌分渠，建闸联河并圩。开建第一座库容百万立方米以上的康门水库，山区兴建了一批山塘水库。1961 年建造境内至今规模最大的余杭下陡门排涝站。1964 年春，西险大塘开始在迎水坡进行千砌块石护坡。同年 12 月动工兴建四岭水库。但是由于 1958 年开始的“国民经济大跃进”，导致工程建设盲目冒进，调研不周，仓促动工，急于求成，致使少数工程无法完成（如双溪水库），造成很大损失。1961 年国民经济实行“调整、巩固、充实、提高”的方针，水利建设转向小型为主，配套为主，使一些工程得以续建、配套、扫尾，效益逐步得到发挥。“文化大革命”

初期，水利建设陷于停滞状态。1969 年开展“农业学大寨”，水利建设才有较大发展。以海涂围垦、北湖草荡治理、四岭水库建设为重点，全面开展农田基本建设。1970 年动工开挖和睦港、乔司港，新建七堡船闸，1971 年 7 月完成上塘河沟通钱塘江的引水工程。抽调 12 个公社的 1.2 万余民工，全面治理北湖草荡，筑围堤、建水闸、灭钉螺，建成可控制的滞洪区。是年开始，根据钱塘江治理规划，开展大规模下沙海涂围垦，至 1980 年共围垦海涂 4 万余亩，构筑围堤 65.19 公里。1974 年提出山、水、田、林路综合治理，大搞农田基本建设，全县 33 万人投入平整土地，造地造田，做机耕路，增设排涝机埠。境内第一座新型（双曲拱坝）石门水库动工兴建。1975 年冬，中、北苕溪改造同时开工，于 1978 年竣工。1977 年 10 月，四岭水库扩建工程开工。1978 年西险大塘进行标准塘建设，完成投工 137.92 万工，完成土石方 56 万立方米，投资 529.04 万元。这个阶段水利基础设施得到了新的发展。实行改革开放以后，水利建设围绕综合治理和续建配套、除险加固展开。1979 年西险大塘建成堤顶简易路面 34.48 公里（余杭镇至劳家陡门），1983 年和 1984 年洪水后，开展以堤塘加固加高、堤身套井防渗和背水坡填筑石渣镇压平台为主要内容的第一期加固工程，至 1991 年基本完成加固计划，完成工程总投资 2300 万元，多数地段达 20 年一遇的防洪标准。1988 年 10 月，四岭水库扩建成中型水库，同时康门、奇坑等百万立方米以上水库进行保坝加固。1990 年，平原圩区列入杭嘉湖圩区整治规划，开始分期分批综合治理。同年，农村泵站第一期改造工程至次年 3 月底完工，共改造泵站 201 座，泵站（灌溉机埠）装置效率显著提高。随着经济社会各项事业的全面发展，余杭水利建设迈入了一个新的发展时期，通过综合治理，水利工程防灾抗灾标准大幅度提高。1991 年太湖流域发生特大洪涝灾害，洪水后，东苕溪西险大塘第二期加固（含南、北湖滞洪区改造）列为东西苕溪太湖流域综合治理十大骨干工程之一，按百年一遇防洪标准加固西险大塘，同时全面改造南、北湖滞洪区，重建分洪闸，加固加高围堤，至 2005 年底三项骨干工程全部完工。2002 年 10 月至 2009 年 12 月，对余杭通济桥，仓前土桥湾铁路桥和良渚安溪镇段三处束窄河段实施退堤扩孔改造，河道行洪不畅的情况得到根本改善。1995 年至 2011 年 8 月，全面加高加固东苕溪北塘，改造沿塘涵闸，工程总投资 8659 万元，堤塘防洪标准达到 10 至 20 年一遇。1995 年 1 月至 2005 年 6 月，完成下陡门、罗庄等 16 座国有农村泵站改造，工程总投资 1375 万元。2001 年 7 月至 2010 年 9 月，分期综合治理灵项溪、黄湖溪、斜坑溪、直路溪、四岭溪、大洋圩、鸬鸟溪、十里渠、百丈溪 9 条小流域，工程投资 1.07 亿元，治理小流域面积 265.37 平方公里，占总面积的 63.24%，防洪能力达到 10 年一遇。

图 1-7 西险大塘瓶窑段 潘飞鹤 摄

1949 年至 2010 年，全区用于水利建设的总投资达到 37.7 亿元，其中国家投入 29.07 亿元,完成投工 2.5 亿工。完成土石方 2.67 亿立方米。建成千万立方米水库 1 座,百万立方米以上水库 5 座,10 万立方米至百万立方米水库 21 座,10 万立方米以下塘坝 810 座,总蓄水量 5200 万立方米。建成机电排灌泵站 2825 座,4.8 万千瓦。山区灌溉堰坝建成 248 处,灌溉面积达到 58907 亩。

中华人民共和国成立初期,仅有低标准机电等灌溉面积不足 4 万亩,经过数十年努力,抗旱能力达 30 天以上,有效灌溉面积达到 48.36 万亩。全区机电排涝面积达 45.86 万亩,占易涝面积 49.28 万亩的 93%。旱涝保收面积达到 46.77 万亩,低于 3 年—5 年一遇排涝标准的面积仅为 2535 亩。(2016 年末,拥有小水电站 6 座,总装机 2935 千瓦,设计年发电量 671.25 千瓦时。)

2016 年末,全区共有拖拉机 1406 台,耕整机 396 台,旋耕机 346 台,播种机 70 台,水稻插秧机 147 台,排灌动力机械 4267 台,联合收获机 80 台,机动脱粒机 168 台。全区调查村中能够正常使用的机电井数量 181 眼, 排灌站数量 1217 个, 能够使用的灌溉用水塘和水库数量 923 个。全区在实际耕种的耕地中,有喷灌、滴灌、渗灌设施种植面积 0.96 千公顷;灌溉用水主要水源中,使用地下水的户和农业生产单位占 0.6%,使用地表水的户和农业生产单位占 99.4%。

2016 年余杭区农业机械和设备情况表

表 1–6

指 标	计量单位	数量
农业机械		
拖拉机	台	1406
耕整机	台	396
旋耕机	台	346
播种机	台	70
水稻插秧机	台	147
排灌动力机械	台	4267
联合收获机	台	80
机动脱粒机	台	168
饲草料加工机械	套	257
挤奶机	套	1
剪毛机	套	17
增氧机	套	2167
果树修剪机	套	569
内陆渔用机动船	艘	86
海洋渔用机动船	艘	0
农田水利设施		
能正常使用的机电井数量	眼	181

续表 1-6

指　　标	计量单位	数量
排灌站数量	个	1217
能灌溉用的水塘和水库	个	923
有喷灌、滴灌、渗灌设施的种植面积	千公顷	0.96
灌溉用水主要水源(%)		
地下水	%	0.6
地表水	%	99.4
设施农业		
温室占地面积	公顷	60.6
大棚占地面积	公顷	1508.6
渔业养殖用房面积	公顷	14.3

注:农业机械为实际在用数量;果树修剪机也包括茶园桑园用修剪机;大棚不包括中小棚

机电灌溉　民国20年(1931年)1月8日,省建设厅第2227号文训令各县县长,提倡机械灌溉,以兴水利。杭县县政府曾制定农田打水机保管使用办法。组织区乡有限责任打水机利用合作社,订立章程,推广使用抽水机。境内机械抽水始于民国23年(1934),当年大旱,河道干涸,富户购买小型抽水机,将漾潭里的水抽到小河里囤积起来。民国36年(1947)9月大旱,杭县县政府向行政院善后救济总署浙江分署借到5吋抽水机三套用于灌溉。民国37年(1948)发放小型农田水利贷款,兴办农田水利和购置抽水机,贷款购置来的抽水机属乡长所有。至1949年夏,全县仅有柴油机4台15.5马力,其中2台配水泵、2台配水车使用。

中华人民共和国成立后,机械灌溉逐步发展。1951年3月开始,"本着为农业增产服务,促进农业社会主义改造"和"重点试办,逐步建立,一定办好"的方针,省政府在宁波、嘉兴、温州、杭州新登等市县重点试办10个国营抽水机站,杭县属试点之一。1951年5月,浙江省供销合作社委托杭县举办第一期抽水机手训练班,由国家贷款给良渚等6个乡供销合作社购置柴油抽水机6套72马力,用作农业灌溉。1953年,在双林乡(今属临平街道)建立第一个国营抽水机站(临平抽水机站),当年装配抽水机6台85马力,次年投入使用(1956年改为民办)。1954年冬,建立国营长命抽水机站,装配柴油机5台90马力。1956年,发展第一批电力排灌机埠,建成上塘河翻水站及勾庄(今属良渚街道)、沾桥(今属崇贤街道)、五常、永建(今属余杭街道)等地11座机埠,总装机22台437马力。同时加紧机手培训工作,1951年—1957年,每年均举办机手培训班,共培训机手468人次。

1958年后,机电排灌得到快速发展,机手培训由各公社自行举办。1959年开始,以发展电力灌溉为主。当年电动机和柴油机各增加41台,电动机增加728马力,柴油机增加416马力。1960年电灌面积从上年度的15.3万亩上升到19万亩,而机灌面积从上年度的20.6万亩减少到13万亩,1962年柴油机为374台5809马力,灌溉10.3万亩,1963年减少到325台4227马力,灌溉面积7.8万亩。1962年电动机为493台,9606马力,1963年增加到692台13653马力,灌溉面积增加到39万亩。随着电力排灌的发展,原有电力渐显不足,水利部门着手兴建农业排灌专用变电所，1961 年 7 月，建成良渚变电所，1964 年建成塘栖变电所，同年扩建良渚变电所，1969 年，又建成双溪变电所，当时都作为农业排灌专用。截至 1985 年底，全县拥有机电设备 3964 台 75547 马力。其中电动机 3939 台 74917 马力，柴油机 25 台 258 马力。机电灌溉面积 59.79 万亩，占有效灌溉面积的 91.1%。1990 年，全省开展农村小型泵站更新改造工作（以下简称“泵改”），是年 10 月，余杭县政府发文建立余杭县农村泵站更新改造领导小组，在林水局设“泵改”办公室具体负责，分三期实施。首期选择一批使用年限长、机泵严重老化及受益面积较大的泵站先行改造，至 1991 年 3 月，共改造泵站 201 座，更新水泵 217 台、电动机 46 台，改建新建机房 190 座，重建出水池 150 只、修理 50 只，灌溉面积 10.85 万亩，投资 274.71 万元，其中省、县补助 94.6 万元。通过技术培训，采取去掉莲蓬头和出水弯头，缩短出水管等技术革新措施，电耗降低，效率提高，经对 84 座泵站 90 台水泵验收测试，平均装置效率 50.66%（泵改前为 29.65%），达到和超过省定标准。1992 年第二期，完成泵站改造 286 座，更新水泵 297 台、电动机 44 台，新建机房 122 座、维修改建 160 座，新建出水池 235 只，涉及灌面积 13 万亩，投资 275.13 万元，其中省县补助 111.8 万元。经更新改造后，机泵平均装置效率从原来的 24.07%提高到 52.15%，水泵出水率普遍提高 30 吭左右，每亩可节电 5.2 千瓦时。1993 年第三期，完成泵站改造 274 座，装机 2884 千瓦，投资 267 万元，其中省县 94.6 万元，装置效率从原来 28.36%提高到 52.37%。至 1993 年 10 月，全面完成 796 台机组 9381 千瓦，受益农田 35 万亩的“泵改”任务，能耗降低，效率提高，抗灾能力增强，据测算每年可节电 407.6 万千瓦时，节省灌溉成本 144.29 万元。经省水利厅组织验收，达到国内先进水平。1992 年，为配合农村小型泵站改造，原属县机电排灌总站的良渚、长命（今属瓶窑镇）、双桥（今属西湖区三墩镇）等 5 个乡镇的抗旱机埠，共 89 座 116 台 1526 千瓦，全部划给乡镇管理，统一纳入“泵改”。2010 年底，全区固定机电泵站灌溉面积 45.29 万亩，占有效灌溉面积 48.36 万亩的 93.64%。总装机在 100 千瓦以上提水灌溉的泵站有 4 座。横山二级翻水站位于小林乡屯里村（今余杭经济开发区屯里社区），横山一级翻水站位于小林乡屯里村（今余杭经济开发区屯里社区），窑坝头翻水站位于瓶窑镇老街窑坝头。

喷灌滴灌　喷灌滴灌是通过铺设管道，分段安装喷头，直接喷洒于作物的一项机械喷灌新技术，具有节水省工、喷洒均匀及调节田间小气候等优点。1978 年开始推广试用，曾有石鸽农场茶园、双林星火苗圃、安溪茶场，以及杭州市茶叶试验场、种猪场、大观山果园等处使用。杭州石濑茶叶试验场在 50 亩（3.33 公顷）丰产茶园进行对比试验，同等条件下喷灌的比常规茶园每亩增产 26.6%。1979 年，扩大到 1041 亩（69.4 公顷）。杭州鸽宝山种猪场建成茶、果、菜园固定喷灌 1005 亩（67 公顷）。1986 年，大观山果园建成喷灌工程 1500 亩（100 公顷），被列为全国示范工程之一。当年全县拥有喷灌机 356 台、1515 马力。后因布局调整、承包到户等多种原因，喷灌机械逐年减少，至 1990 年，全县尚有 67 套。

2000 年后，随着农业结构调整，又逐步发展起来。是年，长乐绿景塘村山林果园新建喷灌设施 50 亩。2001 年，鸬鸟三水果园等新建蓄水池，铺设管道 1.5 万米，喷灌面积 620 亩（41.33 公顷）。2002 年，长乐林场林木良种基地建设时，新建 1.2 万立方米蓄水库，铺设供水管道，安装喷灌系统 9.1 万平方米（136 亩，9.07 公顷）。余杭镇上湖现代农业园蔬菜基地应用滴灌 150 亩。2003 年，高新农业示范中心的浙江华野园艺公司等单位建成喷、滴灌面积 630 亩（42 公顷），华立中泰景观花卉种植园安装喷灌设施 100 亩（6.67 公顷），南苑五科蔬菜基地应用喷灌 50 亩（3.33 公顷）。2004 年，余杭镇竹园生态蜜梨基地节水灌溉项目实施。至 2005 年，全区喷、滴灌面积有近5000亩(333.33公顷),其中应用于果园1008亩(67.2公顷),花卉苗木1982亩(132.13公顷),蔬菜基地520亩(34.67公顷)。至2010年全区共有喷、滴灌机械379台套。

圩区整治　境内运河水网平原和东苕溪西北之河谷平原地区,历来是余杭重点产粮区。河网纵横,地势低平,地下水位较高,常遭洪涝渍害。历代农户为阻水保田,而浚河挖沟,筑埂围堤,形成众多大小不等的围圩。

余杭圩区属杭嘉湖圩区之一,早在春秋后期始,已有筑圩垦殖,至隋唐时期基本形成横塘纵铺格局,史称"塘浦制"。五代时逐步完善,形成"一里横塘,七里纵浦"(一说"七里一横塘,五里一纵浦")的塘浦圩田系统。至宋代,由于盲目围垦,以及豪强巨室侵占河湖滩地,水道阻塞,蓄泄功能降低,塘浦圩田系统开始解体。嗣后各朝代,圩岸、塘浦虽屡有修筑,但时兴时废,河湖继续被侵占,水网日趋混乱,塘浦圩田系统逐渐消亡,代之以小河小浜为界的小圩格局。这些圩区大多规模较小,圩堤低矮单薄,损坏严重,河道淤塞,涵闸失修,抗灾能力低。民国时期,农民为阻水保田,普遍围堤筑埂,埂上种桑(俗称桑埂),形成大小不等、高低不平,数以千计的围圩。

中华人民共和国成立初期,着手加固坍塌圩堤。1954年,太湖流域特大洪水,大量圩堤遭破坏,余杭县人民政府用以工贷赈和发放贷款的办法,鼓励农民抢修险工,加固圩堤,经一冬春培修,水毁圩堤得到恢复,标准有所提高。1958年,实现人民公社化后,开展挑埂搬墩,平整土地,治水改土,大搞农田基本建设,1965年起,在"农业学大寨"活动中,发展为山、水、田、林、路综合治理,大搞园田化建设,采取排灌兼治,以渠划方,按方平整,改建阳块,大小圩区合并成片,使原有的"箱子田""乌龟地"建成为田成方、路成线、林成行、沟渠相连的新田畈。至1985年,先后挑去地埂97631条、土墩23922个;新做机耕路2455条,长2149.43公里,绿化成林561.97公里;平整土地20.59万亩。1987年—1990年,开展低产田改造,通过改善排灌设施,疏理河道沟渠,使良渚、仁和、塘栖等镇街的23片计53260亩农田成为旱涝保收田。

1990年,余杭平原圩区列入杭嘉湖圩区整治规划,按照"全面规划,综合治理,因地制宜,合理配套"的原则和防洪20年一遇、排涝10年一遇的标准,分期分批综合整治。是年10月,建立余杭县圩区整治领导小组。圩区整治与建设"吨粮田"、农业综合开发相结合。运用劳动积累工制度,培修加固圩堤;由国家、省、市、县、乡、镇多方筹资,改建泵站、修建危闸、衬砌渠道及整治河道等;并根据地形水系格局,适当合并圩区。如仁和镇永泰圩区,由原有的南坝儿、渔公桥等9个圩区合并而成,集雨面积17.56平方公里,其中水田12848亩、鱼塘3738亩。新建螺丝坝、南庄湾、新桥头3座泵站,装机665千瓦,建成螺丝坝4.5米套闸1座,4米宽节制闸7座,培修加固圩堤17公里,砌石护岸2.5公里,投工9.75万工,完成土方9万立方米,投资214.2万元,其中国家与省144.59万元,市县42.84万元,乡村自筹26.77万元。至2000年底,全县共完成16个重点圩区整治,总面积120.65平方公里,其中农田面积10.92万亩。加固加高圩堤106.02公里,砌石护岸37.1公里,改建"三面光"渠道375.3公里;新建排涝闸站40座,装机3665千瓦,改建排涝闸站21座632千瓦,新建节制闸63座,改建21座。总投工63.46万工,土石方71.38万立方米,总投资3095.03万元,其中,中央与省安排1248.12万元,市县配套1114.79万元,乡村自筹732.03万元。整治后,圩区总数由l91个调整为140个,后因各类开发建设占用,至2010年圩区总数为127个。

第四节 经济环境

余杭自然条件优越,经济开发较早。稻米和蚕丝生产,以及制盐、纺织,都有着悠久的历史。自隋以来,即为全国生产发达、特产丰富地区之一。南宋为京畿之地,各业兴旺,市场繁荣。及至明代成化年间(1465年—1478年),塘栖出现雇工缫丝织绸工场,资本主义经济开始萌芽。

中华人民共和国成立后,尤改革开放以来,生产力得到进一步解放,经济活力不断增强。中华人民共和国成立后,经济发展虽屡经曲折,余杭地方经济实力仍日益壮大。1978年地区生产总值达3.09亿元。改革开放以后,生产力得到进一步解放,经济活力不断增强。1984年,地区生产总值达6.7亿元,1992年,综合经济实力名列全国百强县第36位。2000年,实现地区生产总值137.7亿元,在全国2072个县(市)中列第23位,居浙江省第6位。2005年,居全国百强县市第15位。2010年,实现生产总值(GDP)628.77亿元,人均GDP为73566元,按当年平均汇率计算突破1万美元,达到10868美元。2010年全区财政总收入达120.82亿元。中共十一届三中全会后,改革开放为余杭的城乡建设带来良好的契机,城乡建设的投资多、速度之快、变化之大,都是前所未有的。2013年,全区实现生产总值(GDP)934.41亿元,全区人均GDP为104188元,增长8.6%。按当年平均汇率计算,达到16824美元。;实现财政总收入200.1亿元,其中地方财政收入126.1亿元。全区共完成固定资产投资631.23亿元,同比增长23.3%,其中完成基础设施投资78.79亿元。

一、工农业总产值

《隋书·地理志》载:余杭等郡"川泽沃衍,有海陆之饶,珍异所聚,故商贾并辏。"南宋时,钱塘、仁和、余杭三县为京畿之地,为了发展农业,兴办了不少水利工程。耕地面积逐渐扩大,余杭县围田造地,连山区也种植水稻。农业生产工具不断改革,种植讲究精耕细作。各业兴旺,市场繁荣。及至元代,余杭仍不失其繁荣,集镇纷纷兴起,杭州十五镇市三分之一在余杭。明代,余杭社会经济继宋、元时代繁荣之后,在封建生产方式之内仍有一定发展。农业仍是重要的生产部门,商品性农业有了显著发展。同时,资本主义萌芽开始出现,"塘栖的徽杭大贾,贸丝开车者骈臻辐辏,开启了商品资本支配生产的先声"(浙江省经济研究中心《浙江省情》第5页,1986年版)。清康乾盛世,商品经济进一步发展,境内有"丝绸之府,鱼米之乡,花果玄地"之称。清末和民国时期,经济也有一定发展,但由于列强侵凌,战争频仍,发展滞缓。日军侵占期间,破坏惨重,直到余杭解放,尚未复原。

1949年,余杭、杭县两县工农业总产值6968万元(1980年不变价),其中农业总产值6201万元,占89%;工业总产值767万元,只占11%。中华人民共和国成立后,经济发展虽屡经曲折,但总体呈上升趋势,50年代进行农业、手工业和私营工商业社会主义改造,将千家万户的农民、手工业者组织起来,建立社会主义集体经济组织,纳入计划经济轨道,促进了生产发展。1958年"大跃进",人民公社化运动,破坏了生产力,经过国民经济三年调整,才走上健康发展道路。但接着到来的"文化大革命"运动,极"左"思潮进一步抬头,使经济发展趋于缓慢。1978年中共十一届三中全会后,农村和城镇先后实行经济体制改革,生产力得到新的解放,经济总量大幅增长,尤其是第二产业快速发展。1980年,工农业总产值6.09亿元,其中工业总产值3.7亿元,占

60.85%,开始超过农业。1984 年 GDP 达到 6.7 亿元,同改革开放初的 1978 年相比,6 年翻番。1987 年 GDP 达到 14.62 亿元,实现再次翻番。1991 年开始,国家对县域社会经济综合发展指数进行综合测评,余杭进入"全国百强县(市)"行列。1991 年排名第 39 位,2005 年进入第 l5 位。在浙江省进入"全国百强县(市)"的 30 强中,余杭居第 6 位。2006 年,在国家统计局公布的 2005 年全国小城镇综合发展水平千强镇中余杭有 11 席,分别是闲林、崇贤、塘栖、运河、良渚、乔司、余杭、瓶窑、仁和、径山、仓前镇。2005 年全区国内生产总值(GDP)285.8 亿元,其中第一产业增加值 26.8 亿元,第二产业增加值 163.7 亿元,第三产业增加值 95.3 亿元。三次产业结构的比重为 9.4:57.3:33.3。按户籍人口计算,人均 GDP 为 4311 美元。但就总体而言,经济实力与全国十强县(市)相比还有较大差距,经济发展中结构性、素质性、体制性矛盾尚未根本解决,要素制约的问题还较突出。

2010 年,全区实现地区生产总值(GDP)628.77 亿元,按可比价格计算,比上年增长 13.7%。其中第一产业增加值 38.45 亿元,增长 2.6%;第二产业增加值 339.11 亿元,增长 13.6%;第三产业增加值 251.21 亿元,增长 15.7%。三次产业结构由 2009 年的 6.7:53.5:39.8 调整到 2010 年的 6.1:53.9:40.0。按户籍人口计算,余杭区人均 GDP 为 73566 元,按当年平均汇率计算突破 I 万美元,达到 10868 美元。2010 年全区财政总收入达 120.82 亿元,增长 20.7%,其中地方财政收入 76 亿元,增长 27.4%,地方财政收入占财政总收入的比重由上年的 59.6%上升到 2010 年的 62.9%。2010 年,全区完成全社会固定资产投资 361.67 亿元,增长 22.1%,其中限额以上投资 348.01 亿元,增长 23.3%。从产业结构看,限额以上投资中第一产业完成投资 0.38 亿元,第二产业完成投资 90.36 亿元,增长 11.9%,第三产业完成投资 257.27 亿元,增长 27.8%,一、二、三产业投资的比例由上年的 28.6:71.3 调整为 0.1:26.0:73.9,第三产业比重提高 2.6 个百分点。2015 年,全区实现生产总值 1235.66 亿元,增长 11%;实现财政总收入 305.31 亿元,其中地方财政收入 187.65 亿元,分别增长 20.5%、16.2%。2015 年,全区共完成固定资产投资 920 亿元,同比增长 17%。2018 年,全区实施生产总值 2312.45 亿元,同比增长 11.2%;全年完成财政总收入 623.86 亿元,地方一般公共预算收入 336.38 亿元,分别同比增长 23.8%、20.1%。

1978 年—2018 年余杭地区生产总值情况表

表 1–7

年份	合计(亿元)	第一产业(亿元)	第二产业(亿元)	第三产业(亿元)	人均 GDP(元)
1978	3.09	1.30	1.10	0.69	386
1979	3.62	1.58	1.26	0.77	453
1980	4.35	1.89	1.90	0.56	547
1981	5.30	2.47	1.87	0.96	665
1982	5.42	2.16	2.24	1.03	676
1983	5.45	1.86	2.48	1.11	671
1984	6.70	2.02	3.36	1.32	818
1985	10.46	2.28	5.87	1.77	1269
1986	12.54	3.12	7.24	2.18	1510

续表 1-7

年份	合计(亿元)	第一产业(亿元)	第二产业(亿元)	第三产业(亿元)	人均 GDP(元)
1987	14.62	3.26	8.80	2.55	1743
1988	18.39	4.44	10.63	2.32	2167
1989	19.93	4.80	11.05	4.08	2326
1990	22.67	5.19	12.40	5.08	2509
1991	27.03	5.56	14.48	6.99	3111
1992	31.99	5.81	17.37	8.81	3665
1993	47.70	6.50	28.22	13.97	5434
1994	66.87	9.72	39.46	17.69	7571
1995	86.34	12.87	49.74	23.73	9704
1996	89.78	14.56	50.93	24.30	11504
1997	100.38	15.53	57.46	27.38	12810
1998	109.25	16.78	62.28	30.19	13911
1999	120.90	16.22	67.76	36.92	15364
2000	137.06	17.58	75.72	43.76	17352
2001	154.28	19.16	84.42	50.70	19441
2002	174.82	20.27	95.65	58.90	21955
2003	203.76	22.48	112.94	68.34	25495
2004	241.87	23.28	137.37	81.22	30090
2005	288.37	26.73	163.78	97.87	35630
2006	350.59	28.10	204.10	118.38	42983
2007	419.62	30.63	238.49	150.50	50989
2008	501.03	33.44	283.99	60	60209
2009	556.14	35.56	278.69	241.89	65979
2010	656.21	38.45	334.77	282.99	76777
2011	768.93	43.68	377.41	347.84	88500
2012	871.84	47.19	400.38	424.27	98674
2013	980.08	45.54	417.98	516.56	109280
2014	1101.23	45.54	441.25	614.45	120439
2015	1278.61	46.96	479.01	752.64	136284
2016	1699.23	49.71	494.19	1155.33	175586
2017	2034.47	50.38	586.01	1198.08	200926
2018	2312.45	50.46	629.68	1632.30	216208

1949 年—2008 年余杭工农业总产值及结构情况表

表 1-8

年份	工农业总产值		工业总产值		农业总产值	
	金额(万元)	环比增长(%)	金额(万元)	比重(%)	金额(万元)	比重(%)
1949	6968	100	767	11	6201	89
1950	9363	34.4	783	8.37	8580	91.63
1951	11169	19.3	975	8.73	10194	91.27
1952	12408	11.1	1101	8.87	11307	91.13
1953	12930	4.2	1266	9.79	11664	90.21
1954	11516	-10.9	1329	11.54	10187	88.46
1955	13307	15.6	1595	11.99	11712	88.04
1956	14155	6.4	1834	12.96	12321	87.04
1957	14534	2.7	2013	13.85	12521	86.15
1958	16978	16.8	3811	22.45	13167	77.55
1959	20890	23.0	6820	32.65	14070	67.35
1960	20483	-1.9	8393	40.98	12090	59.02
1961	16101	-21.4	4367	27.12	11734	72.88
1962	15959	-0.9	3402	21.32	12557	78.68
1963	16063	1.0	2794	17.39	13269	82.61
1964	18300	13.9	3023	16.52	15277	83.48
1965	20997	14.7	3647	17.37	17350	82.63
1966	22109	5.3	3946	17.85	18163	82.15
1967	22824	3.2	4112	18.02	18712	81.98
1968	21994	-3.6	4410	20.05	17584	79.95
1969	23144	5.2	4747	20.50	18397	79.50
1970	24371	5.3	5522	22.65	18849	77.35
1971	26162	7.4	6721	25.69	19441	74.31
1972	29668	13.4	8382	28.25	21286	71.75
1973	29583	-0.3	9128	30.86	20455	69.14
1974	29295	1.0	8418	28.74	20877	71.26
1975	29785	0.7	9846	33.06	19939	66.94
1976	30948	3.9	10987	35.50	19961	64.50
1977	35038	13.2	15132	43.19	19906	56.81
1978	43023	22.8	19162	44.54	23861	55.46

续表 1-8

年份	工农业总产值		工业总产值		农业总产值	
	金额(万元)	环比增长(%)	金额(万元)	比重(%)	金额(万元)	比重(%)
1979	50827	18.1	23289	45.82	27538	54.18
1980	60893	19.8	37051	60.85	23842	39.15
1981	70913	16.5	46290	65.28	24623	34.72
1982	78341	10.5	49573	63.28	28768	36.72
1983	85112	8.6	59201	69.56	25911	30.44
1984	110160	29.4	82389	74.79	27771	25.21
1985	165697	50.4	138214	83.41	27483	16.59
1986	213301	28.7	183806	86.17	29495	13.83
1987	272761	27.9	243615	89.31	29146	10.69
1988	339014	24.3	310075	91.44	29029	8056
1989	349953	3.2	321256	91.80	28697	80.20
1990	493426	41.0	422349	85.60	71077	14.40
1991	589683	19.5	515756	87.46	73927	12.54
1992	777715	31.9	700373	90.06	77342	9.94
1993	1169400	50.4	1087983	93.04	81417	6.96
1994	1817772	55.4	1733070	95.34	84702	4.66
1995	1349504	-25.8	1273457	94.36	76047	5.64
1996	1652582	22.5	1573265	95.20	79317	4.80
1997	1912270	15.7	1827658	95.58	84612	4.42
1998	2049058	7.2	1956952	95.50	92106	4.50
1999	2424362	18.3	2322131	95.78	102231	4.22
2000	3132962	29.2	2991963	95.50	140999	4.50
2001	3753470	19.8	3478483	92.67	274987	7.33
2002	4556603	21.4	4264938	93.60	291665	6.40
2003	6097355	33.8	5776431	94.74	320924	5.26
2004	8046061	32.0	7669882	95.32	376179	4.68
2005	8259491	24.9	7848500	96.21	410991	3.79
2006	10063174	31	9618174	95.57	445000	4.43
2007	12151600	29.9	11667468	96.01	484100	3.99
2008	10666900	20.3	10138000	95.04	528900	4.96

说明:1990年(含)以后为“90不变价”,以前为“80不变价”,2005年以后为“现行价”。

二、工业

秦汉时,境内已有缫丝、织绸等手工业,至两晋酿酒和造纸业兴起。元时,缫丝技术和工具不断发展。明洪武年间(1368年—1398年)出现两人操作的木制脚踏丝车,成化年间(1465年—1487年),塘栖一带出现富户雇工缫丝织绸的工场。清代丝织业更盛,据清《北新关志》记载:“清雍正间,临平镇有轻绸机,不下二三百张”,“机杼之声,比户相闻”。余杭的近代工业始于清末,光绪年间(1875年—1908年),富商如余杭叶涛、杭州丁丙、吴兴庞元济等先后在余杭县在城镇、仁和县塘栖镇开办经华丝厂、大纶丝厂,塘栖还因而成为中国“湖丝”主要的产地。其时,境内棉纺业也开始发达。据清乾隆《杭州府志》记载:仁和县“乡之男妇皆治棉布”,出于乔司者称乔司布,出于塘栖者称塘庄布。乔司一带用络麻和苎麻织成的叉袋布、苎麻布,畅销市场。民国初,余杭普照电灯公司、塘栖新明电气公司等相继开办,在此基础上发展机器碾米、榨油业,为余杭现代工业奠定基础,并促进传统工业的改造和进步。民国26年(1937年),境内有私营工业企业20多家,手工作坊250余家,从业人员5000余人。主要为铁作、木作、泥水作、成衣作、制伞,制扇、制笔、制陶、制瓦、造纸、造船等业。抗日战争中遭日军破坏,境内工业损失严重。民国37年(1948年),丝绸工业仅存崇裕丝厂,其他行业只剩酿造、碾米、榨油等小厂和作坊。中华人民共和国成立后,工业逐步恢复和发展。1956年,46家工厂经公私合营成为国营企业。1957年,全县工业产值2013万元,占工农业总产值的13.85%。20世纪60年代,适应农业机械化需要,创办国有工厂和社队工厂,一批手工业生产合作社也逐步改为集体工厂。1965年,全县有国有工厂32家,集体工厂213家,还有社队办工厂。“文化大革命”期间,城镇工厂一度停工停产,社队工业仍有所发展。70年代初,县办钢铁厂、水泥厂、农药厂、化肥厂、小煤窑等五小工业”兴起,农村社队则大多以农机厂为基础,利用本地资源开发产品,兴办丝绸纺织和为工业配套加工的工厂。1978年,全县工业总产值达到19162万元,占工农业总产值的44.54%。1979年,实施改革开放、加快经济发展政策,国有工业和集体工业持续发展,乡镇企业异军突起。1985年,乡镇企业产值达到88642万元,占全县工业总产值的64.1%。1992年起,外商投资企业和个体私营企业获得较快发展。到1995年底,外商投资企业增加到181家,其工业产值从2.7亿元增加到24.1亿元,个体私营企业发展迅速。1996年,个体私有工业企业发展到1.43万家,其中固定资产超百万元企业达40家。到2000年,个体私营企业完成工业产值130.7亿元,占工业总产值299.3亿元的43.7%。2001年3月,余杭撤市设区,实行“工业兴区”方针,再次筑起经济起飞的平台。纺织工业得到长足发展,2002年余杭获“中国布艺名城”“中国丝绸织造基地”等称号。2005年末,余杭工业产值1044.14亿元,规模以上企业(销售收入500万元以上)1367家,其中亿元以上企业85家。华立集团、诺贝尔集团、华鼎集团、西湖汽车零部件集团进入全国民营企业500强。高新技术企业达67家,产值88.3亿元,占工业总产值的8.4%。但余杭的工业企业普遍规模小,自主创新能力不足,能源消耗较大。工业的发展也使农村耕地减少,对生态环境造成一定影响。

2010年,全区工业总产值1642.18亿元,增长24.15%;工业增加值302.77亿元,增长13.2%,其中规模以上企业工业总产值1296.26亿元,增长23.23%;高新技术产业产值380.49亿元,增长23.12%;新产品产值250.97亿元,增长54.98%,新产品产值率由上年的14.5%提高到19.4%;利税109.42亿元,增长58.31%,其中利润73.81亿元,增长77.2%。装备制造产业、家纺服装产业、健康医药产业、电子商务产业、绿色能源产业五大产业集群完成产值785.61亿元,

3个经济开发区和8个工业园区完成产值738.98亿元，分别占规模以上工业产值的60.6%和57.0%，现代工业发展格局初步形成。强化节能减排，优化产业结构，全年淘汰印染产能1.67亿米、落后炼钢产能10万吨，关停或搬迁高能耗、高污染企业27家。全区全年工业外贸出口34.76亿美元，增长35.2%，列全省第八位，连续6年保持全省10强。新增中国驰名商标（工业）1件，全区累计有中国驰名商标（工业）18件、省级以上名牌工业产品31件。华立集团股份有限公司首次入围中国企业500强，华立集团股份有限公司、杭州老板实业集团股份有限公司入围中国大企业集团竞争力500强，杭州鼎胜实业集团有限公司、杭州诺贝尔集团有限公司等5家企业入围中国民营企业500强，杭州老板电器股份有限公司和南方泵业股份有限公司在深圳证券交易所。

2013年，全区围绕"打造产业余杭、建设创新强区"的目标要求，探索"工业强区"建设路线图，不断夯实工业强区创建基础。全年实现工业总产值2046.49亿元，增长4%；全部工业增加值389.12亿元，增长6.6%。年末，规模以上工业企业达到1118家，实现产值1463.2亿元，增长4.7%；销售产值1433.92亿元，增长5.7%；增加值268.98亿元，增长8%；实现主营业务收入1428.91亿元，增长5.4%；利润总额63.9亿元，增长1.1%。在规模工业33个行业大类中，7个行业增长在10%以上，其中先进装备制造、绿色能源、生物医药产业完成产值485.58亿元、135.80亿元、95.51亿元，同比分别增长7.5%、13.8%、6.7%，增幅分别高于规模工业平均2.8个、9.1个、2.0个百分点。全区建筑业实现增加值46.28亿元，占GDP总量的5%。实现产值222.52元，增长17.9%。年底，全区共有建筑业企业666家，区内企业270家（一级资质25家，二级资质91家），外进施工企业396家（一级及以上资质191家，二级资质205家），全年共计核发建筑施工许可证467个，办理竣工验收备案手续368个，共有在建项目480个，其中房建项目386个，建筑面积1463万平方米。

1978年—2018年余杭工农业生产情况表

表1-9　　单位：亿元

年份	农业总产值	种植业	林业	牧业	渔业	工业总产值
1978	2.39	1.80	0.07	0.45	0.06	2.67
1979	2.75	1.96	0.06	0.65	0.07	3.27
1980	2.51	1.78	0.07	0.59	0.05	4.85
1981	2.79	2.03	0.09	0.56	0.09	5.73
1982	3.15	2.24	0.14	0.65	0.11	6.19
1983	3.00	2.11	0.12	0.60	0.12	7.28
1984	3.42	2.31	0.14	0.78	0.15	9.85
1985	4.03	2.37	0.19	1.19	0.22	15.57
1986	4.52	2.71	0.24	1.15	0.32	21.34
1987	4.97	2.96	0.32	1.22	0.37	29.43
1988	6.59	3.80	0.46	1.70	0.51	38.18
1989	6.83	3.94	0.47	1.76	0.53	39.56

续表 1–9

年份	农业总产值	种植业	林业	牧业	渔业	工业总产值
1990	7.32	4.59	0.25	1.50	0.79	42.23
1991	8.39	5.26	0.29	1.72	0.90	51.58
1992	9.36	5.55	0.28	2.08	1.01	70.74
1993	11.01	7.07	0.30	2.44	1.20	108.80
1994	15.04	10.17	0.33	2.99	1.55	173.31
1995	19.90	13.15	0.99	3.87	1.88	184.87
1996	20.23	13.12	0.86	3.86	2.39	162.91
1997	22.41	13.95	1.19	4.44	2.83	182.77
1998	24.13	14.28	1.28	4.51	4.06	194.77
1999	23.14	14.16	1.69	4.33	2.96	227.34
2000	25.12	13.41	1.95	5.04	4.73	278.39
2001	27.50	14.09	2.31	5.50	5.59	318.58
2002	29.17	14.10	2.47	6.29	6.31	351.20
2003	32.09	13.66	2.89	7.14	8.40	449.95
2004	37.62	16.08	3.11	7.80	9.44	587.44
2005	41.10	18.17	3.42	8.26	10.05	784.85
2006	44.50	20.06	4.01	8.44	10.84	961.80
2007	48.41	21.58	4.40	9.10	12.33	1166.75
2008	52.89	23.30	4.95	9.92	12.87	1310.80
2009	55.71	25.61	5.21	8.97	13.69	1322.72
2010	60.10	28.41	5.61	8.71	14.38	1637.27
2011	67.74	32.18	6.14	10.71	15.38	1846.28
2012	72.95	36.34	6.49	9.76	16.71	1943.42
2013	71.96	37.69	6.64	9.55	14.43	2038.74
2014	72.00	39.58	7.09	6.06	15.18	2091.10
2015	74.22	42.18	7.49	5.75	14.60	2039.23
2016	78.51	45.09	8.24	5.73	15.00	2034.51
2017	79.42	46.48	7.55	4.41	16.05	—
2018	79.96	44.56	7.76	3.74	18.54	—

说明:2003 年始,农业服务业划入农业,2001 年前家庭商品性手工业入农业总产值;2000 年始,工业总产值为新口径数据即规上全面调查加规下抽样调查。

三、商贸

余杭商品经济发端较早。早在汉代,余杭县令陈浑就置县市。至宋益盛,杭垣以临平、汤村(乔司)、范浦、江涨桥为4镇。元末塘栖成镇,至明成化年间,成为通商要埠。清光绪时期,沪杭铁路临平设站,临平渐为交通枢纽,市场兴旺。至民国初期,境内有集镇49处,商店3000余家。民国25年(1936年),国民政府颁发《商业登记审查办法》,余杭县登记商店1331家,杭县登记商店4136家。至余杭解放之初的1949年5月,大小商店4201家,资产总额301.7万元。1956年,完成对私营商业的社会主义改造,个体商业走上合作化道路,商品贸易纳入计划经济轨道,次年全县社会商品零售总额为4095万元。1958年—1976年,商品流通领域强调计划和集中统一,政策上多管少放,造成物资匮乏,凭票限量供应商品和按计划统购派购产品不断扩大。经营体制以国营、供销合作商业占主导地位,个体私营商店被取消,集市贸易萎缩。至1978年改革开放前夕,全县的社会商品零售总额为1.54亿元,20年只增长2.77倍。1978年中共十一届三中全会以后,改革商业体制,传统商业经营模式发生变化,计划经济逐步向市场经济转变,商品流通由计划分配转为多渠道自由经营。1988年,全县社会商品零售总额7.76亿元,10年增长4倍。此后,个体私营商业发展,市场交易活跃,集市贸易由单一农副产品交易市场向工业品市场和生产资料市场扩展。商业结构,既有综合性大型商场,又有大量小型综合商店、专业商店、专卖商店,还有不少从事转手买卖的中介单位。至2005年底,全区有各类商品交易市场101家,市场成交金额134.48亿元;个体私营商业户23870家,全年社会消费品零售总额77.65亿元,为1978年的50多倍。余杭早在魏晋南北朝时就与海外有经济联系,自宋代进入鼎盛,明、清、民国皆有出口。清康熙年间,余杭清水丝绵就销往日本及东南亚一带。民国12年(1923年),余杭湖羊羔皮开始出口,国际市场享有盛誉。中华人民共和国成立初,对外贸易略有发展,商品多为农副土特产品,20世纪70年代始有轻工业产品出口。1978年,设置外贸公司专业经营产品出口,品种和数量逐年增多。1985年,出口工业品六大类80种,包括丝绸、纺织品、轻工产品、五金矿产、机械、化工医药等,工艺品也有10余个品种。1988年,余杭被国务院列为沿海经济开放区,外贸进出口量迅速增加,外商投资办厂开始起步。20世纪90年代继续增加出口货源,扩大自营出口,拓展国际市场,形成多层次、多渠道的对外开放格局。1995年,设立杭州海关余杭办事处,进出口更为方便快捷,涉外经济工作迈上新台阶。1999年,余杭市成为浙江省利用外资十强县(市)、浙江省出口创汇十强县(市)。是年,外商和港台商投资企业453家,总投资87275.9万美元,投资企业多为生产性项目,涉及丝绸、纺织、电子、化纤等10多个行业。2005年,余杭外贸出口交货值达162亿元,自营出口额超过10亿美元,实际利用外资1.32亿美元。出口产品包括粮油食品、土产畜产、纺织丝绸、服装、工艺品、轻工业品、化工产品、医药品、机械设备、光电产品、家电设备等。出口产品结构实现从农副产品向工矿机电产品、初级产品向精度较高制成品、利用国内原料加工向利用国际市场原料加工转变,产品销往世界50余个国家和地区。2005年,余杭境内有外商和港台商投资企业352家,在境外投资企业18家、贸易办事处17家。

2010年,全区商贸服务业生产总值50.13亿元,社会消费品零售总额176.72亿元,其中批零贸易额152.50亿元,餐饮业24.27亿元。全区全年进出口总额38.92亿美元,引进外资项目76个,合同外资8.1亿美元;引进世界500强企业3家(法国威立雅公司、美国礼来公司、瑞士诺华公司)。对外投资总额3814.5万美元,全年全区出口总额35.07亿美元,进口3.84亿美元。外贸流通企业、自营生产企业和外商投资企业分别占全区出口总额36.47%、38.11%、25.43%;

一般贸易和加工贸易出口分别占92.04%、7.96%。机电产品、纺织品和服装三大主要出口商品分别占出口的30.70%、25.03%、18.93%。至2010年底，全区有各类交易市场114个，其中生产资料市场14个、消费品市场92个。全年各类市场成交额447.5亿元。成交额亿元以上的市场有33个，占总量的28.9%。2013年，第三产业实现增加值452.2亿元，增幅居全省前列。全年实现社会消费品零售额277.83亿元，增长16.3%。其中，批发零售业250.89亿元，增长18.0%；住宿餐饮业26.94亿元，增长2.5%。据限额以上贸易单位分类商品零售额统计，汽车类零售额66.08亿元，增长49.2%，金银珠宝类增长66.3%，石油及制品类增长9.5%。全区商贸物流业实现增加值72.15亿元，占第三产业的比重为16.0%。全区商品交易实体市场共实现成交额750.86亿元，增长24.6%。信息服务业实现增加值达到160.57亿元，增长59.1%，其对GDP、第三产业增长的贡献率分别达到57.4%、83.6%。

第五节　区划和结构

余杭区地处杭嘉湖平原和浙西丘陵山地过渡地带。境内西北部为山地丘陵，东北部为冲积平原，东南部为滩涂平原。大致成“四山一水五分田”之势。地貌可分山地、丘陵、河谷平原、水网平原、滩涂平原等单元。其中平原面积占总面积的61.48%。境内河流纵横、航运通畅、灌溉便利、淡水养殖优越。河流总长约为240千米。主要河流有东苕溪、京杭运河和上塘河，常年可利用水资源13亿立方米。京杭运河流经境内31.27千米，水位平稳，支流众多。境内多种地貌类型分布，加上亚热带季风性气候调节，为各种植物生长和动物滋生繁衍，提供了良好的自然环境。

一、农业区划

根据1993年《浙江省农业区域综合开发总体规划》，余杭分属浙东北平原和浙西北山地丘陵开发区。其东部地势低平，土层深厚、熟化程度高；光照充足，气候湿润，热量较高；水域广阔，水质较好、淡水水产资源丰富；地理位置优越，水陆交通便利，农村经济发达；农业生产内容多样，生产水平高，是浙江省粮、桑、渔、畜、油等重要商品生产基地。西部以低山丘陵为主，光照、热量为低值区，降水丰沛，相对湿度较大，森林覆盖率高，为省内毛竹生产基地，种植业以粮、茶、果生产为主。

1986年，《浙江省种植业区划》研究成果将余杭东部平原地区划入杭嘉湖平原粮、桑、油、茶区。为典型水网平原，地势平坦、河港密布、肥力稳定，种植业经营内容多样，生产水平较高。余杭东南部，即乔司镇、南苑街道是旱地比重较大的种植业区，为钱塘江下游和杭州湾两岸棉、麻、桑、菜区，地势平坦，土层深厚，沙性较强，质地轻松，熟化程度高，适种性广。原以棉、麻生产为主，20世纪80年代后粮食、油料、蔬菜等项生产所占比重较大。余杭西部以低山丘陵为主，为浙西山地丘陵茶、粮、果、桑区。土壤类型多样，光热资源相对较少。土地资源尚丰，开发潜力较大，有81.06万亩山地，其中海拔在100米以下的低丘有30.22万亩(2.01万公顷)。种植业以粮、茶、果、桑生产为主。另据《浙江省畜牧业综合区划》，余杭分属浙北平原猪、禽、奶牛、湖(绵)羊、兔区和浙西丘陵山地羊、兔、牛、猪、蜂区。

二、结构与布局

境内农业结构与布局以产值计，1949年余杭、杭县解放时，农业产值4430万元，占农业总产值的71.4%；林业产值609万元，占9.8%；牧业产值413万元，占6.7%；渔业产值724万元，占11.7%，其余为副业。到1978年改革开放前，农业产值18889万元，占农业总产值的79.2%；林业产值662万元，占2.8%；牧业产值3677万元，占15.4%；渔业产值556万元，占2.3%；其余为副业。2005年，农业总产值为410991万元，其中种植业为181686万元，占农业总产值的44.2%，其中粮食占21.5%，蔬菜占32.3%，茶、桑、果占24.1%；林业为34152万元，占农业总产值的8.3%；牧业为82625万元，占农业总产值的20.1%；渔业为100528万元，占农业总产值的24.5%；农业服务业为12000万元，占农业总产值的2.9%。

种植业　境内种植业内容丰富，有粮、油、棉、麻、桑、茶、果、蔬菜、药材等项，系以粮食生产为主的综合农业区，又以水稻生产为特色、双季稻为主体的三熟制地区。

1949年中华人民共和国成立时，境内种植面积97.47万亩（64980公顷），其中粮食作物种植面积73.37万亩（48910公顷），占75.27%；油菜、棉花、黄麻、果蔗、蔬菜、绿肥种植面积分别为6.30%、2.32%、3.99%、1.17%、3.25%、4.56%。2005年，粮食作物面积构成为水稻23243.6公顷，占77.8%；大小麦1400公顷，占4.69%；豆类3496.27公顷，占11.7%；甘薯915.6公顷，占3.07%；玉米740.6公顷，占2.4%；其他杂粮42.86公顷，占0.14%。

境内一年生经济作物主要有油菜、棉花、络麻、甘蔗等；多年生经济作物主要有茶叶、蚕桑、水果等。2005年，经济作物种植面积占种植业总面积的16.7%。油菜是主要油料作物，主要分布在区境东部。2005年，种植面积4912.8公顷，占经济作物面积的14.5%。茶叶主要分布在西部丘陵山地，2005年种植面积3370公顷，占10.65%。蚕桑属传统经济特产，2005年桑地面积2446公顷，占7.31%。蔬菜19135.67公顷，占57.2%。水果种类较多，有枇杷、梨、桃、杨梅、果蔗、柿、葡萄等数十种，其中塘栖枇杷、临平甘蔗、超山杨梅、鸬鸟蜜梨享有盛誉。2005年，果树面积2513.33公顷，甘蔗806.67公顷，分别占7.51%、2.4%。

2017年，全区建设认定111个区级粮食生产功能区，总面积28546亩，超额完成2017年度建设认定任务（27900亩）；至2017年底，余杭区已建设认定粮食生产功能区共492个，总面积190315亩，提前超额完成2010—2018年19万亩粮食生产功能区规划建设任务。

养殖业　境内养殖业以畜禽和渔业为主。畜禽养殖以猪、羊、牛、兔和鸡、鸭、鹅为主。水产养殖以池塘养鱼和外荡养鱼为主，品种有鲢、鳙、鲤、鲫、鳖、虾、蟹等。20世纪90年代开始发展名特水产品养殖，逐步形成甲鱼、黑鱼、白条鱼、虾为主导品种的生产格局。

2005年，生猪年终存栏20.59万头，羊10.46万只，兔8.1万只，牛2575头（其中乳牛1385头）。全年出栏家禽1641.83万只，存栏479.16万只，禽蛋产量24973吨。淡水产品起水量48533吨，淡水鱼总产量45526吨，占87.24%，其中草鱼6207吨，占13.64%；鲢鱼7691吨，占16.9%；鳙鱼2744吨，占6.03%；鲫鱼2875吨，占6.32%；鳊鱼1749吨，占3.25%；鲤鱼1436吨，占3.15%；黑鱼6972吨，占15.31%；甲鱼10275吨，占22.57%。虾蟹类3280吨，占淡水产品起水量的7.2%；贝类2297吨，占5.05%。

林业　境内山林主要分布于西北、西南丘陵山地。树木种类分属77种树木495种，以松、柏、杉、桧为主。竹子栽培历史悠久，是散生竹中心分布区，有毛竹、早竹、苦竹、淡竹、石竹、刚竹等30余个竹种。2005年，境内林地4.6万公顷，采伐木材14934立方米、毛竹156.7万支、毛笋竹23.89万支、杂竹33712.9吨。

三、种植业结构调整

1984年起，余杭县提出加快种植业结构调整，主要内容为优化结构，由粮食作物一元结构，调整为粮食作物、经济作物和其他作物的多元结构；优化产品品质，大力推广优质早籼品种；优化产销关系，强调产前、产中和产后服务，发展农村商品经济；优化效益指标，重视产量也重视效益。

1985年—1998年，为适应两次种植业结构调整，种植制度也随之变化：经济作物参与粮食作物复种轮作成分增多，西瓜复种面积扩大。同时，提倡集约化种植及简化种植。前者强调连、间、套、混作高效率，实行多元多熟复合种植乃至立体种植；后者选择水稻等易于规模性生产收益较稳定作物实行少因素组合。1993年，开始实施高产模式栽培，开展"吨、千、优"（亩产粮食1吨、产值千元、优质）工程和"一优二高"（优质、高产、高效）农业建设，种植业结构呈逐渐结合趋势。

随余杭撤县设市、撤市设区，城郊型"一优二高"农业开始逐步向都市型效益农业发展，农业支柱产业逐渐成熟，"一乡一业、一村一品"的区域经济格局初步形成。1998年，粮食、水产、林木、蔬菜、水果、畜禽、茶叶七大支柱产业产值已占农业总产值80%左右。

1999年起，大力发展效益农业，通过调减粮食种植面积，因地制宜种植具有余杭特色、经济效益好、优势较明显的经济作物，发展稻田养殖、种草养畜。2005年，大幅度调减粮食种植面积，新增水产、蔬菜、瓜果、花卉面积6800公顷，粮食与经济作物比例从1998年的68:32调整到48:52，形成三大块状特色农业区域：东部地区为蔬菜、花卉、苗木、水产等产业经济区域，中部粮产区为粮食、水产、畜禽等产业经济区域，西部山区为茶叶、水果、畜牧、竹笋等产业经济区域。

2005年，粮食复种面积44.76万亩，其中早稻1.81万亩，晚稻33.06万亩，春粮3.42万亩，其他杂粮6.48万亩；油菜种植面积为7.11万亩，稻田养殖面积为4.02万亩，蔬菜复种面积为28.7万亩次（其中常年性蔬菜基地3万亩左右），果用瓜种植面积2.16万亩，花卉苗木草皮种植面积为5.3万亩。1998年—2005年，粮食播种面积从84.78万亩调减到44.76万亩，减少40万亩。新增蔬菜瓜果及花卉苗木等经济作物8万余亩，为粮油调减面积的20%。粮食面积减少主要是粮食种植制度由传统三熟制改为二熟制甚至一熟制所致。不少地方农田一年只种一季单季稻，区内单季稻面积已占粮食播种面积的73%，冬春季农田抛荒现象突出，土地利用率低下。同时，发展设施栽培是大田结构调整的重点，2005年全区大棚蔬菜、大棚西（甜）瓜等各类设施栽培面积1.1万亩，占耕地总面积2.2%。2005年，以发展设施农业、稻（茭）鸭共育、扩种经济作物为重点，开发利用冬春季土地，减少农田季节性抛荒，提高土地利用率，继续引导农民深入开展大田结构调整。推广大田种植结构新模式：在优化麦—稻、油—稻、肥—稻等传统模式基础上，推广大棚橘瓜、甜瓜、草莓、蔬菜、食用菌、西瓜等一年多熟的大棚设施栽培模式；推广稻鸭共育、茭鸭共育等种养结合模式；推广马铃薯—稻、油菜—稻、菜—稻等粮经轮作模式。

农田生产结构经过3次较大调整，粮食种植面积由"七五"期间年平均107.80万亩调减到"十五"期间的47.60万亩；粮食、经济作物比由"七五"期间的68:32调整到"十五"期间的50:50。粮食面积的调减，主要调减早稻和大小麦。早稻从1987年的38.11万亩下降到2005年1.81万亩，大小麦从1987年的19.50万亩下降到2005年的2.10万亩，晚稻也从1987年的44.90万亩下降到33.06万亩，单季稻已占晚稻面积的99%。经济作物面积有增有减，棉花从1987年1.28万亩调减到2005年的0.05万亩，络麻从1987年的5.01万亩调减到2005年的0.06万亩。油菜从1987年的15.34万亩调减到2005年的7.11万亩，果蔗从1987年4.25万亩调减到

2005 年的 1.21 万亩，绿肥从 1987 年 6.89 万亩调减到 2005 年的 2 万亩。增加的经济作物主要是蔬菜、花卉苗木等，蔬菜种植面积从 1987 年 13.11 万亩增加到 2005 年的 28.7 万亩。

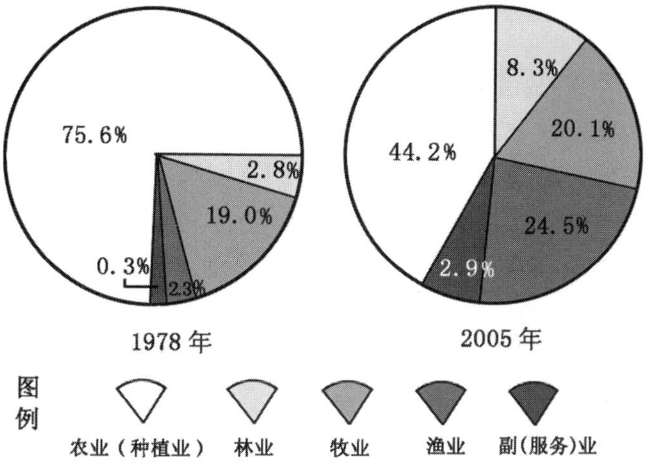

图 1—1　1978 年与 2005 年农业各业所占比例

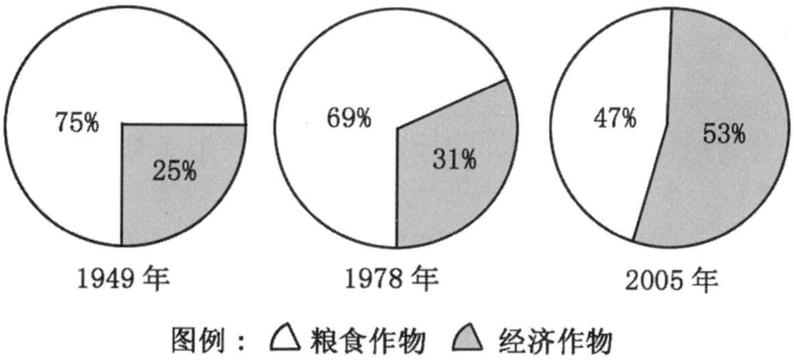

图 1—2　1949 年与 1978 年粮食作物、经济作物所占比例

此外，2016 年末，在乡镇地域范围内，有火车站的乡镇 16.7%，有码头的占 33.3%，有高速公路出入口的占 100%。100%的村通公路，97.5%的村内主要道路有路灯，村委会到最远自然村、居民定居点距离以 5 公里。全区 100%的村通电，33.1%的村通天然气，100%的村通电话，100%的村安装了有线电视，100%的村通宽带互联网，33.9%的村有电子商务配送站点（不包括代收代寄快递的小卖部、便利店和无人值守的各类配送柜）。

2016 年末，100%的乡镇集中或部分集中供水，100%的乡镇生活垃圾集中处理或部分集中处理。98.3%的村生活垃圾集中处理或部分集中处理，94.1%的村生活污水集中处理或部分集中处理，99.2%的村完成或部分完成改厕。

第六节　农村劳动力

余杭农业经济发达，劳动力主要从事农业生产。清末，境内引入机器缫丝，诞生第一代产业工人，然直至20世纪50绿代产业工人数量不多，城镇居民从业人员大都分布在商业。80年代后，部分农业人口转向乡镇。90年代起，因产业结构调整等原因，待业人员逐年增加。1992年起，改革用工制度，企业人员开始逐年增加。此外，尚有大批外来农民工成为境内劳动力资源。

一、农业人口和劳动力

余杭向来为农业经济区，城镇人口历来较农村少。民国35年（1946年），杭县劳动力总数为26.85万人，其中从事农业的占45.84%。38年（1949年9月30日上）上半年，余杭县劳动力总数14.32万人，其中从事农业的占76.63%。

1950年，总人口44.25万人，非农业人口6.25万人，占14%。至1962年，非农业人口占19.14%。20世纪80年代后，部分农业人口转向乡镇企业。1990年，境内21个建制镇，人口为45.8万人，占全县总人口52.6%。其中居住在镇建成区的占全县总人口23.18%。

1985年，余杭共有劳动力57.88万人，从事农业的占49.50%。据1996年第一次农业普查数据，是年末，余杭市从事生产经营活动的村住户16.45万户，其中农业户104954户，占63.80%；非农业户59546户，占36.20%。在全部农业户邙，纯农业户25.50%，农业为主兼营]「农业户占23.94%，非农业为主兼营农业户占50.56%；收入主要来源于农业的占29.15%，非农业的占70.85%。90年代末，劳动者人数为53.80万人，其中从事农业的占40.2%。2005年，劳动者人数为60余万，从事农业的近30%。

2010年，劳动者人数为60余万人，从事农业的近30%。2015年，全区户籍人口95.09万人，农村人口41.08万人，占43.1%；全区劳动者人数为60余万人，从事农业的近30%。2015年，全区共开展农民素质教育培训21947人，完成任务的120%，其中农业专业技能培训6114人，农村实用人才培训3118人，农民转移就业技能培训3492人，文明素质提升培训4081人，务工农民岗位技能培训2564人，“双证制”教育培训2578人。是年，余杭区新增各级各类农村实用人才1519人，其中女性人才704人，全区农村实用人才总量达到24194人。推进农村实用人才“213”工程①，全区新培育农民技师15名、农民助理技师45名，农民技术员14名，杭勇等15人被省农民高级技师职称评审委员会委评为农民高级技师。

2016年，全区共有1866个农业经营单位，11.41万户农业经营户，其中有1586户规模农业经营户。2016年末，在工商部门注册的农民合作社总数288个，其中，农业普查登记的以农业生产经营或服务为主的农民合作社191个。

二、农村住户的规模及结构

1996年余杭市第一次农业普查：“农业户所占比重下降，非农业户所占比重提高。纯农业户所占比重下降，兼业户所占比重提高。”1996年末，全市从事生产经营活动的村住户的164500户。其中农业户104954户，所占比重为63.8%，非农业户59546户，占36.2%。在全部农业户中纯农业户占25.5%，农业为主兼营非农业的户占23.94%，非农业为主兼营农业的户占50.56%。

随着农村二、三产业的快速发展，余杭农村住户的收入结构发生很大变化，在全部农村住户中，家庭收入主要来源于农业的占29.15%，主要来源于非农业的占70.85%。1996年末，余杭全市农村从业人员为433179人。平均每个从事生产经营活动的农村住户家庭从业人员数为

①农村实用人才“213”工程，即培训优秀农村实用人才200名，并从中选拔100名进行重点培养，对30名成绩突出的进行表彰奖励，吸引和留住新农村建设人才。

2.6人;其中,主要从事农业人员为165098人,占38.11%;

全部从业人员中从事种植业145626人,占33.62%;畜牧业3800人,占0.88%;林业8919人,占2.06%;渔业3397人,占0.78%;农业服务业3356人,占0.77%;工业165213人,占38.14%;建筑业18534人,占4.28%;交通运输业16194人,占3.74%;批零贸易餐饮业28435人,占6.56%;其他39705人,占9.17%。

在劳动年龄内的农村从业人员399620人,占农村从业人员总数的92.25%,其中,男性占48.83%,女性占43.42%;超过或低于劳动年龄的从业人员33559人,占农村从业人员的7.75%,其中,低于劳动年龄(15岁及15岁以下)的244人占0.06%,超过劳动年龄(男性61岁以上,女性56岁以上)的33315人占7.69%。劳动年龄外的从业人员主要从事农业生产的辅助劳动。

全部农村从业人员中,在本乡内从事劳动的从业人员为367382人,占从业人员总数的84.81%;在本乡以外从事劳动的从业人员为65797人,占15.19%。其中,在本市外乡从事劳动的为432447人,在本省外市从事劳动的30275人,在外省从事劳动的为3075人。农村从业人员从事非农业生产的321389人中,主要地点在农村的有280547人,占87.29%。在城市的有40842人,占12.71%。”

2012年,全区14.46万户农户中,纯农户2.12万户,仅占14.70%,农业兼业户、非农业兼业户、非农户分别为5.46万户、4.04万户、2.84万户,分别占37.80%、27.9%、19.6%。在全区44.58万农村劳动力中,从事第一产业的劳动力仅有7.54万人,占劳动力总数的16.9%,外出务工和从事二、三产业经营的劳动力占83.1%。

2016年,全区农业生产经营人员8.66万人,其中女性3.49万人。在农业生产经营人员中,年龄35岁及以下的0.32万人,年龄在36岁—54岁之间的3.65万人,年龄55岁及以上的4.69万人。

2016年,规模农业经营户农业生产经营人员(包括本户生产经营人员及雇佣人员)5506人,其中女性2168人,年龄35岁及以下的450人,年龄在36岁—54岁之间的2960人,年龄55岁及以上的2096万人。

2016年,农业经营单位农业生产经营人员1.21万人,其中女性0.46万人,年龄35岁及以下的0.12万人,年龄在36岁—54岁之间的0.65万人,年龄55岁及以上的0.44万人。

附:农业普查情况

2016 年余杭区农村基础设施建设

表 1-10 单位:%

指 标	比 例
乡镇、村交通设施	
有火车站的乡镇	16.7
有码头的乡镇	33.3
有高速公路出入口的乡镇	100.0
通公路的村	100.0
按通村主要道路路面类型分的村	
水泥路面	12.7
柏油路面	87.3
沙石路面	0.0
按村内主要道路路面类型分的村	
水泥路面	28.4
柏油路面	71.6
沙石路面	0.0
村内主要道路有路灯的村	97.5
村委会到最远自然村或居民定居点距离	
5 公里以内	95.3
6—10 公里	3.8
11—20 公里	0.8
20 公里以上	0.0
乡镇、村能源、通信设施	
通电的村	100.0
通天然气的村	33.1
通电话的村	100.0
安装了有线电视的村	100.0
通宽带互联网的村	100.0
有电子商务配送站点的村	33.9
乡镇、村卫生处理设施	
集中或部分集中供水的乡镇	100.0

续表 1-10

指　　标	比　例
生活垃圾处理或部分集中处理的乡镇	100.0
生活垃圾集中处理或部分集中处理的村	98.3
生活污水集中处理或部分集中处理的村	94.1
完成或部分完成改厕的村	99.2

注:电子商务配送站点不包括代收代寄快递的小卖部、便利店和无人值守的各类配送柜

2016 年余杭区农村基本公共服务

表 1-11　　单位:%

指　　标	比　例
乡镇、村文化教育设施	
有幼儿园、托儿所的乡镇	100.0
有小学的乡镇	100.0
有图书馆、文化站的乡镇	100.0
有剧场、影剧院的乡镇	33.3
有体育场馆的乡镇	50.0
有公园及休闲健身广场的乡镇	100.0
有幼儿园、托儿所的村	41.1
有体育健身场所的村	98.7
有农民业余文化组织的村	78.4
乡镇、村医疗和社会福利机构	
有医疗卫生机构的乡镇	100.0
有社会福利收养性单位的乡镇	66.7
有本级政府创办的敬老院的乡镇	50.0
有卫生室等医疗机构的村	61.4
有执业(助理)医师的村	51.7
村市场	
有 50 平方米以上综合商店或超市的村	77.1
开展旅游接待服务的村	14.0
有营业执照餐馆的村	83.1

注:基本公共服务数据为辖区在地统计,不代表其服务覆盖范围

2016 年余杭区农民生活条件

表 1–12

指标	户数(户)	构成比例(%)
住房数量与结构构成		
按拥有住房数量划分构成		
拥有 1 处住房	108,782	83.81
拥有 2 处住房	17,284	13.32
拥有 3 处及以上住房	2,637	2.03
没有住房	1,087	0.84
拥有商品房	20,443	15.75
按现居住房结构划分构成		
钢筋混凝土	10,388	8.00
砖混	116,073	89.43
砖(石)木	2,285	1.76
竹草土坯	121	0.09
其他	923	0.71
饮用水情况来源		
经过净化处理的自来水	126,526	97.49
受保护的井水和泉水	626	0.48
桶装水	2,581	1.99
其他水	55	0.04
家庭卫生设施类型		
水冲式卫生厕所	128,351	98.89
水冲式非卫生厕所	252	0.19
卫生旱厕	158	0.12
普通旱厕	734	0.57
无厕所	295	0.23
主要生活能源构成		
柴草	2,106	1.62
煤	647	0.50
煤气、天然气、液化石油气	128,344	98.89
电	123,491	95.15

注:主要生活能源指标每户可选两项,分项之和大于 100%

第二章　农业生产经营方式

农业生产经营方式,直接影响农业生产力的发展。在漫长的封建社会里,地主和官僚占有绝大多数土地,广大农民则很少或完全没有土地。辛亥革命结束了几千年的帝王制度,但并未推翻封建土地所有制。民国时期,农村中大量土地被地主阶级占有,占农村总户数一半以上的贫雇农,占有的土地不到五分之一,受尽多种形式的地租和高利贷的剥削。1950 年 8 月起,余杭县、杭县开展土地改革运动,实现了农民土地所有制。从 1951 年开始,按照自愿互利的原则,农民建立临时或常年互助组。在巩固与发展互助组的同时,着手进行农业生产合作社的试点工作,基本实现半社会主义的农业合作化。但是,初级农业生产合作社还没有得到巩固,就掀起办高级农业生产合作社高潮,实现了完全社会主义的农业合作化。1958 年,人民公社建立后,在农村推行"一大二公""政社合一"体制,实行统一经营、统一核算、统一分配、统一派工,影响群众生产积极性。60 年代和 70 年代虽作过不少改进,但效果并不显著。其间,持续十年开展农业学大寨运动,涌现出一批改造穷山恶水,大搞农业基础建设的新农村典型。但在"文化大革命"时期,学大寨成为阶级斗争的工具,严重挫伤农民生产积极性。

1978 年以后,稳步推进经济体制改革,陆续建立家庭联产承包、适度规模经营、土地使用权流转、股份合作等多种生产经营制度。推行家庭联产承包责任制之初,遇到一定的阻力和曲折。由于长期受"左"的思想束缚,实际的农村生产责任制推进明显滞后。在 1982 年 9 月,中共浙江省委召开会议,检查农业生产关系改革中存在"左"的影响问题,纠正了在农村全面落实联产承包责任制中存在的问题。家庭联产承包责任制在全县范围内基本实行,并得到完善与发展。20 世纪 70 年代末实行家庭联产承包责任制后,出现了农户承包的耕地分散、经营规模太小等问题,不利于商品经济的发展和农业现代化。余杭据上级部署,通过经济和法律措施,促进土地向种田能手集中,逐步扩大农业经营规模,发挥规模经济效益。2018 年,全区共有 19 个镇街,172 个村,2796 个村民小组开展了农村土地承包经营权确权登记颁证确权工作,涉及农户约 10.33 万户、面积约 29.92 万亩,完成合同签订约 10.07 万份,签订率达 97.5%,成为全市除试点地区外第一个通过全省数据库质量评价的区(县、市)和首个颁发权证的区(县、市),并以 94.3 分的得分通过省市农村土地确权工作综合验收。

第一节　土地租佃

土地是农业最基本的生产要素。在生产力十分低下时,土地和劳动者紧密结合在一起。封建社会的土地制度以私人占有为特征。大土地所有者依靠封建特权强制贫苦农民为自己服役,或把土地租给无地或少地农民而收取地租,或者雇佣长工在自己经营的土地上耕作。经过战乱、饥馑、疫疾,社会经济遭受严重破坏,出现大量耕地无人耕种,国家推行军屯、民屯,国有土地比重上升。随后土地又被官僚地主侵吞而私有化。地主阶级的土地兼并和买卖，自耕农占有的土地减少。自耕农自身固有的弱点，经不起天灾人祸的摧残，生产条件不断恶化，加上封建国家繁重的赋税徭役，逐渐走向破产。最终形成少数人占有大部分土地，凭借土地所有权占有农民劳动成果的封建土地关系。

秦代，境内余杭、钱唐县，土地多为皇室和贵族地主所有，并由农民花高额地租佃耕。隋唐时期，颁布均田令，规定农民可拥有自己土地，死后其永业田可传子孙，露田则要归还官府。宋元之后，由明入清，土地私有最终成为土地制度主流。具体可以分成庄园私有、地主租赁私有、自耕农私有。地主租赁制度与自耕农制度成为中国农村经济的主要形式。以后境内私有土地不断增加，至明成化八年（1472 年），据统计，钱塘、仁和、余杭 3 县私有土地已占土地总面积 91.27%，官田仅占 8.73%。民国 18 年（1929 年）间“半数以上的农民为全自耕农，不到三分之一为半自耕农，其他百分之十七为佃农，在小麦地区四分之三的农民为全自耕农，在稻谷地区全自耕农不及五分之二。佃农在稻谷地区占全部农民之四分之一，半自耕农则超过三分之一。”（黄仁宇《各名著提及 20 世纪中期以前中国土地占有的情况》）民国时期，私有土地逐步集中到中小地主手中。据民国 36 年（1947 年）调查，杭县和余杭县出租土地富绅户数仅占总农户 3.3%，出租的土地却占总土地的 27%。三墩镇工商兼地主朱阿荣占地尤为突出，清宣统二年（1910 年），朱继承父业土地 3000 余亩，以后靠剥削积累，至 1949 年，占地 43450 亩（在杭县 1.2 万余亩），扩张 14 倍之多，土改中起出的地契和图照，重量竟达 354 公斤。地主占有大量土地，靠出租土地不劳而获。农民占地很少，有的甚至“上无片瓦，下无寸土”，或向地（业）主租种，或出卖劳力，然缴租后所得不多，不能温饱。这种封建生产关系，严重地阻碍农村生产力发展。这样的土地形式一直延续到 1949 年之前。中华人民共和国成立之初，余杭、杭县即开展减租减息运动。

一、历代田制

秦用商鞅之法，废商周井田制，开阡陌、取民之制，“令黔首（民）自实田”（范文澜《中国通史简编》第二编）。这样就把土地私有制以法律的形式确定下来。从而促使新兴地主阶级的形成。公田制变为私人永业，确定了地主和农民的土地所有权。东汉开始出现地主庄园，土地买卖与兼并渐盛。豪强地主拥有巨大财富，占有大量土地。三国时，东吴实行世将制、奉邑制。这些奉邑，后来转化为世族地主的私有土地，促进世族地主庄园的发展。还实行兵业屯田制，又把山越人从山林中赶出，强行开发土地。晋隋、唐施行均田法。隋施行的是北齐的均田法。普通民众一夫受露田 80 亩，一妇受田 40 亩。又每丁受永业田 20 亩，种麻或种桑。唐前期施行的均田法是，男丁及十八岁以上给田一顷，其中十分之

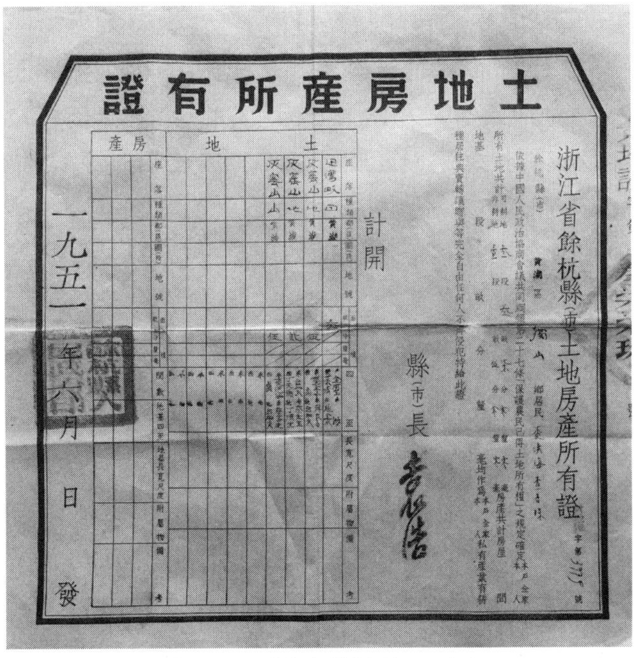
土地房產所有證
浙江省餘杭縣(市)土地房產所有證
計開
縣(市)長
一九五一年六月 日 發

图 2-1　土地房产所有证（1951 年）

二为世业(永业),八分为口分。老男、残疾人给40亩,27屯,获得少有的好收成,大历元年(766年)收入竟相当于浙西六州的租税总和。宋室南渡后,绍兴六年(1136年),以军兴用度不足,诏令出卖全部国有土地。以后,土地兼并更加激烈,出现“吞噬千家之膏腴、连亘数路之阡陌、岁人号百万斛”(刘克庄《后村先生大全集》卷51,《奏议,备对札子贴黄三》)的巨室。如张俊在浙江拼命搜刮,岁收租米60万斛,以当时每明初,朝廷调整土地关系,培植自耕农经济。在保护地主土地所有制的前提下,发展个体农民的小土地所有制。洪武元年(1368年)八月诏“各处人民曩因兵燹抛下田土,已被有力之家开荒成熟者,听为己业,其田主回乡,仰有司于附近荒田内,验数拨付耕种,各处荒用田地,许令诸人开垦,永为己业,与免杂泛、差役三年,后并依民田起科纳粮”(《明太祖洪武实录》卷34)。明朝中叶以后,浙江的官僚地主豪绅占地情况也很严重。清初,随着土地买卖关系发展,农民大量失去土地,地权集中在地主、富人手中。辛亥革命,结束了几千年来酌帝王制度,但并未推翻封建土地所有制。

二、赋役

赋即田赋。田赋,为中国历代对田地征收的税。春秋中期后,田地渐变为私产,产生向臣属的土地征收的谷物税。秦、汉、魏、晋、南北朝田赋称田租。后官田称租,私田称税。税率历代不一。夏、商、周大致十取其一。秦始皇三取其二。汉初十五税一。文帝改三十税一。役即徭役,徭役为中国历代统治者强迫人民从事的无偿劳役。徭役虽以户丁为对象,以各户的丁粮、资产多寡决定役差轻重,而田地又是主要资产,故役中也包含一部分土地税。隋朝,丁男受田纳课服役,未受田不服役,六十为老不服役,每年服役30日。课桑土调(田赋)绢1匹(4丈)、绵3两;麻土调布1端(6丈)、麻3斤,单丁及仆(部曲)隶(奴婢)半课。隋开皇十年(590年)文帝令,百姓年至50可纳庸,免兵役。庸就是免役人每日纳绢数尺(唐朝制每日3尺,当是沿隋朝制)。唐朝前期行均田制,实施租庸调法。租指田税,是按丁纳税。到天宝元年(742年)一户内有10丁以上者可免2丁之税,5丁以上者可免1丁之税。调是纳土特产。规定每丁每年纳绢(或绫或纯)2丈,绵3两;不产绢的地方,可交纳2丈5尺布和麻3斤。庸是纳物代役的税。规定税额为每丁每年服劳役幻天,如不服劳役,可用绢或布代暂,每天折合绢3尺或布3尺7寸5分。建中元年(780年)实行“两税法”。两税法规定:按旧征户税数,照丁、产定户等,分夏秋两次征税;租庸调折合钱价并入以上两税征收;地税和青苗钱等仍照大历十四年(779年)“见佃青苗地额”(耕地)重新摊征。夏税在六月,秋税在十一月完纳。这一税制直至明朝实行“一条鞭法”后始改变。按亩征收粟米的税额(地税),每亩官税粟9升5合,草4分。户税在建中三年(782年)两税钱,每1000加税200,所以户税也增加了。长庆二年(822年)白居易任杭州刺史,浚西湖。离任时,写下《别州民》诗:“……税重多贫户,农饥足旱田,惟留一湖水,与汝救凶年。”唐德清诗人孟郊《织妇词》:“筋力日已疲,不息窗下机。如何织纨素,自着蓝缕衣。”描写织妇辛勤劳动织成的纨素,都被官府征收,自己穿破烂衣裳。吴越王钱镠时,“常重敛其民以事奢僭”(《新五代史》卷六十七《吴越世家》),苛捐杂税,小至鸡、鱼、鸡蛋、鸡雏也纳税。凡欠税农户送官府按欠数定笞数。民免于兵之殃而不免于赋敛之毒。太平兴国三年(978年),吴越王所辖浙江东西13州,赋最重每亩3斗。宋朝,将唐户税和斛斗(地税)都按田亩征收,税额增加。官田、民田税额均称赋,田赋名始此。农民交纳两税(夏、秋两税)的税额,每亩秋苗1斗至3斗,夏税钱从几文到三四百文不等。实际两税的岁收比唐朝增7倍。还得输纳加耗数额很大。明朝,朱元璋称吴王时,沿用宋朝的两税法,赋税十取其一,役则计田出夫。明朝建立后,遵赋役法,以黄册(户口簿)为准,按田亩纳赋税,分夏、秋两次交纳。规定夏粮不过八月,秋粮不过次年2月。夏粮以米、麦为主,秋粮以米为主,丝麻为两税的附加,但均得将米、麦、丝、麻、棉、绢以银钞钱绢代纳,折征按一定比率进行,如米1石折银1两,钱1000文,钞10贯。麦比米减值十之一。棉苎1匹折米6斗,麻布1匹折米4斗,麦5斗。田赋税率各地不一。一般来说,官田亩税5升3合5勺,民田亩税3升3合5勺,重租田8升5合5勺,没官田1斗2升。杭州因土地肥沃,亩税7斗5升。明中叶实行"一条鞭法",主要是简化税制,先将赋和役分别归并,再将扰民最重的役逐步并入赋内,原为里甲十年一轮,改为每年出钱代役;赋银普遍用银折纳;征收起解从人民自理改为官府办理;赋役外的"土贡"、杂税也加以合并,合并后的赋役杂税均按田亩征收。明朝后期,杭嘉湖地区是全国田赋特别重的地区,也是征收丝和丝织物的主要地区。以杭州府9县(仁和、钱塘、海宁、余杭、富阳、临安、新城、於潜、昌化)的夏税丝额为例,洪武十年(1377)为25590斤8两有奇,成化八年(1472年)增至614210两有奇,隆庆六年(1572年)又增至684616两有奇(光绪《杭州府志》卷八十一)。清代征纳地丁。田赋与差徭是人民两个重大负担,差徭害民尤甚。满清人关,首采范文程建议,照万历定额征收钱粮,尽废天启崇祯各种加派。又采用一条鞭法(人民纳一定赋税后,所有运输募役等费用由官自办,民不预闻),免去杂徭。康熙五十年(1711年),规定"以后滋生人口,永不加赋"。从此丁银(人头税)有定额(用康熙五十年丁口税作为定额),广东开始将丁银随地亩摊征,每地银1两,摊丁银1钱6厘4毫不等。雍正时推行各省,每地银1两,摊丁银通常在一二钱间。雍正四年(1726年),按各县田亩均摊,每地粮1两,均摊丁银2钱4厘5毫。民国时期,田赋征收分正税和附税,正税是国民政府的财政收入,附税既有省的,也有县的。征收方式五花八门,法律上没有明确规定,各自为政,随意增加,巧立名目,任意勒征。民国23年(1934)浙江省田赋合计收入877.13万元,其中地丁银560.95万元,占总收入36.05%。许多县每亩负担1元至1元4角5分,历年捐税项目和征额有增无减。据《浙江百年大事记》载:"1932年杭县的镇长劳勤余等24人联名呈请行政院减免田赋附税,略称:田赋附税竟达12种,每亩正税仅需5角1分,而附税竟加至6角有奇,自民国16—21年的5年中,农民每户欠附税竟达13倍之多,请饬省府将旧欠附加罚金一概豁免。"

三、地租 雇工 高利贷

土地私有制社会里,地主阶级剥削农民主要靠地租、雇工、放高利贷。

地租 地租是封建地主剥削农民的主要形式。秦国的地租,西汉时的董仲舒曾记述:"或耕豪民之田,见税什五(即纳租十分之五),故贫民常衣牛马之衣,而食犬彘之食。"(范文澜《中国通史简编》,第二编,1964年8月)。农民缴纳的地租,常占全部收获量的50%。特别是秦二世时,征收田租三分取一。"男子力耕不足粮饷,女子纺绩不足衣服。"(《汉书》卷24上)南宋时,两浙路一般田亩产量大致1石、2石至3石米左右,佃客向地主缴纳定额地租是7斗、8斗甚至1.5石左右也相当普遍。清代田地分民田、官庄、官田、屯田四大类。民田占耕种地面积大部分,种类有十余项。最多的是民赋田(民间私产,准许自由买卖转移的赋税地),次多的是更名田(明朝藩王所领田地,清朝给与原承佃人,作为世业、称更名田或更名地)以及明朝江苏省苏州、松江两府,浙江省嘉兴、湖州两府的官田(事实上明朝已转成民田,清朝承认业主所有权作为民田,赋税仍照旧额征收)。民田中产物丰富,首推海边斥卤(沙地),如果气候适时,种稻每亩可收五六石或四五石。玄烨、胤禛、弘历三朝,注意江浙沿海堤塘的修筑,开发海边农利,超越前代。从来号称最膏腴的江南水田,农夫终年劳苦,每亩收稻多或二三石,少或一二石,不如海稻功半利倍，这是清朝新发展的富源。江南田价，清顺治初年良田每亩不过二三两，康熙年间涨至四五两。雍正年间回跌至顺治初年旧价。乾隆初期田价渐涨。顺治十八年江南大小绅士因欠粮革退一万四千余人。地主失去非法利益，田价跌落。乾嘉时代江南绅士侵占田赋几达赋额的半数，利益既大，田价上升，土地兼并也随着剧烈起来（《国民丛书》第一编，《中国通史简编》影印本，上海书店，1989 年 10 月，第 693 页—694页）。

民国时期，土地所有权基本上集中在军阀、官僚、商人、高利贷者手中，他们把土地出租给农民耕种、收取高额地租。地租形态尚以实物地租为主，只在商品经济比较发达的地方，货币地租才逐渐发展起来。地租有定租、分租、预租、押租、空头租、分种、转租、永佃租、活租等形式。定租制，又称死租、包租、板租、铁租。这是租佃关系中最普遍的形式，一般凡是土质较好的土地都采用定租制。定租制的租额，是在地主与农民订立租佃契约时，一次定死。多数注明"不论丰歉，租谷不得少升合"，俗称"荒熟无让"。定租制租额很重，农民至少要以正产收获的 50%以上缴租。一般地主得收入的 60%或 70%，佃户只得 40%或 30%，而生产资料如耕牛、肥料、种子等都由佃户自负。佃户生产除去缴租和成本，往往都要亏损。分租制，也称活租。分租租额的高低，一般是按照土地等级确定的，由地主与佃农议定分租比例，这种租额名义上是由地主、佃农对半分租。实际上大都为"倒四六"即地主得 60%佃户得 40%。更重的分租额有"倒三七"的，个别甚至有"倒二八"的，即地主得 70%或 80%，佃户仅得 30%或 20%。预租制，又称垫租或典租。这是一种先缴租米后种田的租制。地主规定佃农提前一年缴清租谷，次年耕种，即使颗粒无收，租谷概不退还。押租制，又称押金制。这种形式出现于明万历年间（1573 年—1620），清初盛行各地，以后更加普遍。地主出租土地时，先索取押金，一般每亩田需押金一石米的租金（如平阳县每亩收押金 50 元—60 元），地租照缴。倘欠租未清，则押金抵数。到佃户退佃不租时，押金才无息归还。地主利用押金放高利贷收取高额利息。分租，又称包田或劳役租、力租。地主将土地交给佃农耕种、供给种子、肥料等成本，由佃户负担全部劳动，约定收获时，地主、佃户各收获其一部分，其比例各不相同。有的种 18 亩，13 亩归地主，5 亩归佃户；有的种 31 亩，21 亩归地主，10 亩归佃户。有的收获物全部归地主，地主付给一定数量的工钱米。有的地方佃农除缴纳规定租额外，还要为地主无偿劳动，随叫随到，否则抽田。

境内地租形态主要有实物地租和货币地租两种。大部分为实物地租，即佃农按契约规定，每年向地（业）主缴纳一定数量稻谷。杭县塘栖镇租额，每亩上等田纳米 7 斗（每斗合 7.5 公斤），中等田 6 斗，下等田 4 斗，地 5 斗，鱼塘 4 斗—8 斗。临平镇租额，每亩上等田 10 斗，中等田 8 斗，下等田 6 斗。土地瘠薄，且易受灾田地而农作物产量无保障的，一般采用实物分成。肇和乡和崇贤乡业主分收获量的 37.5%，佃农得 62.5%；临平镇业主分 40%，佃农得 60%。商品经济比较发达的乡镇，经济作物地区实行货币地租较多。一般每亩上等田租额 3 元 8 角，中等田 3 元，下等田 9 角 9 分（法币）。据民国 24 年（1935 年）《浙江省生产会议报告书》记载，杭县种植特用作物及药用作物的土地，每年每亩租金 4 元—5 元。

出租方式有长租、活租、转租、押租 4 种。长租又称老租，地主租给佃农后，一般不抽回土地。塘栖镇长租占出租土地 65%。活租又称借田，地主随时可以收回土地，转租给愿缴纳更多租额的佃农。活租土地，往往以小租大，俗称"空头租"。塘栖镇活租占 30%。转租又称小租，.–地主将其永佃权土地转租给佃农，佃农需向地主和二地主双重纳租，且无永佃权。押租又称预租，先交相当于一年租额，佃农始得租种，多见山林出租。如不纳押金，为地主代管山林，称"管租"。

雇工　农村地主雇工经营的也不少。农民成为雇工，受到剥削更甚，全靠出卖劳动力维持最低生活水平。雇工形式有长工、短工、零工、包工4种。雇工多为无地少地农民，被逼出卖劳力，到外地谋生，或不离家为人打短工，工资菲薄。长工又称长年，其雇佣时间以年计算，由主、雇双方面议，协定劳动内容、时间和报酬。民国22年（1933年）全省各县平均，男工日工资（币种为银元）约3角，月工约7元，年工约65元。女工日工约1角8分，月工约3元，年工约43元。

余杭县长年年工资一般为大米600公斤，有技术特长的1000公斤左右，劳动力差的270公斤。短工包括月工，又称忙工、零工，一般是农忙季节雇佣，按天计酬。杭县短工每天工资米2公斤—2.5公斤，或现金0.5元—0.8元。童工多指牧童，为雇主牧牛，头一年只供膳食不给钱，第二年起逐年加工资，年工资米225公斤。包工又称估工，根据某一农活，估算几工完成来支付报酬，如开荒、手插秧、除草、掘地等农活。

高利贷　高利贷是地主剥削农民的另一种形式。地主通过高利贷剥削农民，从而占有土地。地主趁农民青黄不接、天灾人祸或贫病交迫之际放债。其中以“放青苗”为多。农民迫于生计，向地主借粮。春借夏还，借100斤，偿还150斤，也有加倍还息的。一般高利贷利率月息三分到八分不等，借期超过一年以复利计。粮食借贷占很大比重，即使货币借贷，也需折成粮食计算。农民借高利贷，不仅要付出高额利息，还要受通货膨胀所转嫁的负担。高利贷的年息有加四、加五、加六的，最高借一还一，即借1石米还2石米，而且春季借粮，秋收还粮，按一年计算。有时放债者贷出银元，收回农产，年利更高。所谓“利米”，佃户向人借洋10元，以田一亩作抵，每年纳利米6斗作息。又有所谓“赊叶”，即农户在上年预卖桑叶，如市价每担二三元，预卖仅一元五六角，此种借贷方法，实较普通高利贷利息更高。高利贷借贷时间很短，一般不满一年，短的仅几个月。而且借贷时间越短、利率越高。尤其是农村青黄不接时的借贷，其利率高于常利的三、五倍。更重时为“三个月对滚”，即借100元，三个月后还200元，还不出，再过三个月，就得还400元，越滚越重。大多数借贷需要抵押。一般是以田抵押。第一次押田，地主仍将原田租给原户耕种，如期分租，如欠租则加利息，直到押山、押房屋，待其全部家产押光后，原押租田也就由别人耕种。

地主多趁农民急需钱用时，以高利率借钱给农民，并以土地抵押，不能按时归还债务时，则利上滚利，有的农户无力偿还债务，最终以土地抵债，沦为赤贫户。余杭县西社乡农户有60%—70%因借高利贷沦为赤贫户，农民无奈地说：“这叫口干喝盐卤。”春天青黄不接时，农民向地主借粮，春借米1石，秋还1.8石。杭县农村流传一首民谣：“农民头上三把刀，租重、利高、税似毛；农民面前三条路，逃荒、上吊、坐监牢。”

第二节　土地制度改革

1950年6月，中央人民政府颁布《中华人民共和国土地改革法》（简称土改，下同），境内土地改革由点到面、逐步展开。1950年8月，省委在杭县义桥乡，杭县县委在山桥乡，临安地委在余杭县文闲乡，余杭县委在杨桥乡分别进行土改试点。试点工土改贯彻执行依靠贫农、雇农，团结中农，孤立富农，保护中小工商业者，打击地主的阶级路线。在土地改革中没收、征收地主、富农的土地，以及没收地主多余的耕畜、农具、房屋、粮食等财物，除留少量公用外，全部分配给无地或少地的农民，从而使农村土地占有情况发生历史性和根本性变化。

土地改革运动使在农村延续了几千年的封建制度基础的地主阶级土地土地改革消灭了地主阶级的封建土地所有制，实现了农民土地所有制，真正实现千百年来农民“耕者有其田”的愿望，调动农民的生产积极性，发展了农村生产力。

一、减租减息运动

1949 年 9 月 25 日，省政府发布《浙江省人民政府执行华东新区农村减租暂行条例实施补充办法》，作为浙江省减租的暂行条例。条例规定凡地主、旧式富农等出租的土地，从新中国成立之日起，一律按原租额的 30%减租，减租后租额最高不得超过土地正产物的 35%。农民向地主、旧式富农所借之旧债，一律按月利一分半计息清偿(即每元每月付息一分半)。

是年 10 月 24 日，杭县县委举行会议，专门研究减租减息工作，决定在广大农村广泛宣传《华东新区农村减租暂行条例(草案)》和华东区《农民协会组织章程(草案)》。11 月 4 日，余杭县委召开会议决定：依靠雇贫农，巩固地团结中农，全力做好减租，造成轰轰烈烈的群众运动，从政治上打垮封建地主的优势。另外，两县分别召开首届农民代表会议，学习贯彻《华东新区农村减租暂行条例(草案)》和《浙江省人民政府执行华东新区农村减租暂行条例实施补充办法》。两县县委分别派出农村工作队，并通过调查佃户户数、租田亩数、田亩产量和减租对象等措施。以村为单位召开村民大会，广泛宣传减租减息的意义，讲清浙江省减租条例的内容和做法。在此基础上，由佃户、佃富农、地主、旧式富农推出代表，组成评议委员会，其成员比例为佃户 70%、佃富农 10%、地主和旧式富农 20%。业佃双方以片或段为单位，评定产量，以上年分租的比例，算出业佃双方各得多少，应交的租为当年的原租额，再减租 30%，余额为佃户应交业主之租。如果业佃双方还有争执不能解决时，则由政府配合农会调解或仲裁解决。解放以前农民所欠地主的旧租一律免交，除地租以外的任何变相剥削与陋规，一律取消。佃户交纳地主的实物预租、押租应原数退还，押租金一律按缴纳时实物价格退还原佃户。地主不得因减租而收回土地或将土地转让出典或出卖。地主、旧式富农如违反减租条例，人民政府除勒令依法实行减租及将多收租额退还原佃户外，并根据情节轻重予以惩处。至 1950 年 2 月，杭县实行减租的土地 168973 亩，余杭县 77647 亩，每亩平均减租 25%左右

二、土改准备工作

1949 年 9 月 10 日—20 日，中共浙江省第一次代表会议确定农村工作为开展剿匪反霸、减租、减息、征粮、生产和组织群众“六大任务”，提出一年左右时间完成土地改革的准备工作。余杭、杭县两县县委分别于 10 月 9 日—14 日、12 日—14 日召开首次农民代表会议，贯彻省党代会决议，要求进一步扩大农会组织，彻底清剿土匪，开展反霸斗争，做好减租减息，为开展土地改革扫除障碍，奠定基础。

1950 年 1 月 29 日，中共浙江省委下发《为准备土地改革加强调查研究的指示》。随即，临安地委发出《关于建立调查组织的指示》。两县遵照省委、地委的指示，县委和各区委均建立调查组，对全县、全区的土地状况、阶级关系、各阶层土地占有情况、地主是如何剥削农民以及不同人士对土改的反映等进行调查研究。1950 年初，余杭县总户数 3.77 万户，土地总面积 25.13 万亩，其中贫农、雇农、中农共 3.13 万户，占总户数的 82.9%，占有土地 10.14 万亩，占土地总面积的 40.2%；地主 1236 户，占总户数的 3.3%，占有土地 6.79 万亩，占土地总面积的 27%。按人口平均计算，贫、雇、中农共 10.16 万人，平均每人占地 0.99 亩；地主人口 5399 人，平均每人占地

12.38 亩。杭县(不含四格、翁东、翁中、东安、禾丰、山桥、义桥、运河、安溪、纤石、永泰等 11 个乡和临平镇)户数 7.4 万户,土地总面积 59.36 万亩,其中贫农、雇农、中农共 6.37 万户,占总户数的 85.4%,占有土地 40.37 万亩,占土地总面积的 68%;地主 2472 户,占总户数的 3.3%,占有土地面积 10.9 万亩,占土地总面积的 18.4%。按人口平均计算,贫雇中农共 25.66 万人,平均每人占地 1.56 亩;地主人口 1.34 万人,平均每人占地 8.13 亩。

图 2-2 解放日报 1951 年 1 月 19 日刊登临平区土改照片

1950 年 8 月初,省委和省农民协会开始在杭县义桥乡进行土改试验工作。派工作队驻乡调查各阶层土地占有、租用等基本情况,研究实行土地制度改革的方案。8 月中旬,省委和杭县县委分别在义桥乡和山桥乡进行土改试点。工作中严格贯彻依靠贫农、雇农,团结中农,孤立富农,保护中小工商业者,打击地主的阶级路线。重点放在把广大农民充分发动起来,使他们在打倒地主阶级的斗争实践中,提高觉悟,培养组织能力,真正相信自己的力量,实现当家作主。试点工作大致经过发动群众、划分阶级、没收与分配、复查总结 4 个阶段。至 9 月上旬,试点工作均告完成。与此同时,临安地委和余杭县委分别在文闲乡、杨桥乡开展试点工作。两县在总结试点经验的基础上,举办土地改革训练班,组织干部学习土改文件,统一认识,端正态度,明确任务,掌握土改政策和遵守土改纪律。9 月,杭县三墩区和四维区所辖各乡全面展开,其他 7 个区和余杭县 5 个区仍搞试点乡。10 月,杭县已有 28 个乡完成土改。

三、土地制度改革的过程

在调查研究、训练干部、土改试验的基础上,从 1950 年 12 月开始,两县土地改革运动全面展开,成立由县委书记任主任的县土地改革委员会。两县的土改均分四个阶段进行。

1950 年 12 月初,两县县委分别召开区、乡领导干部会议,提出在土改运动中要充分发动群众,坚决依靠贫雇农,向地主阶级进行猛烈进攻。由于农村还没有普遍建立党的基层组织,党委、土改工作队与农民协会三者结合,成为土地改革运动的基本领导力量,以此发动和组织农民进行土改。1950 年,杭县组成土改工作队 7 个,237 人;余杭县 5 个队,345 人。此外,省市机关、民主党派、事业单位派出人员参加杭县土改运动。土改工作队下乡,一般实行与农民群众同吃、同住、同劳动,采取访贫问苦,扎根串连的办法,摸清情况,培养农民积极分子,深入发动群众。举办有农民协会干部、党团员、妇女干部、民兵干部参加的土改学习班,学习《中华人民共和国土地改革法》,运用回忆对比方法,启发贫雇农的阶级觉悟;培养典型诉苦,引导贫雇农揭发恶霸地主欺压与剥削农民的种种罪行,教育他们敢于斗倒地主,当家作主;阐明土改运动依靠贫农、雇农,团结中农,孤立富农,保护中小工商业者,打击地主的阶级路线;介绍土改试点乡的经验,讨论土改方案。通过宣传教育,访贫问苦,扎根串连,培养积极分子,组建农民协会、民兵队、青年会、妇女会、儿童团等群众组织,使广大农民群众认识到土地改革的意义,提高阶级觉悟,自觉投身土改斗争。在此基础上,杭县民主选举乡村两级土改代表 8383 人,其中贫农占 64.2%,雇农占 11.6%,中农占 20.7%,其他成分的占 3.5%。土改还结合镇压反革命,震慑了阶级敌人,打击了地主阶级的嚣张气焰,消除了部分农民思想顾虑。

余杭、杭县两县结合秋季征粮,查清农村各阶层农户、人口、土地占有和土地使用情况,掌握划分阶级的第一手资料。其时,有的乡瞒报土地情况较为严重,就及时揭穿地主瞒报土地或利用亲朋关系转让土地,借以混淆阶级阵线等罪行。杭县丁河乡朱家桥村地主朱春泉占有土地 800 余亩,只报当地的 400 余亩,隐瞒外地的 400 余亩。工作队发动群众开展说理斗争,揭穿地主瞒报罪行。通过对地主说理斗争,该乡 7 天内查出瞒报土地 4953 亩。工作队坚持把政策交给农民群众,组织群众反复学习政务院《关于划分农村阶级成分的决定》《浙江省关于划分阶级成分的补充规定》;向群众反复讲解划分阶级的标准,特别是地主与富农、富农与富裕中农、地主与小土地出租者之间的政策界线以及计算剥削程度的标准。划分阶级成分主要是划出地主,由村农民协会干部和土改代表召开各种会议,经民主评议地主、富农,然后报上级审批、张榜公布,对一时难定成分的先挂后定。农民内部则坚持实事求是,对号入座,先划出标准户,然后各户对照自报成分,小组评议。通过划分阶级,余杭县有地主 1236 户,占总户数 37743 户的 3.27%;杭县有地主 2472 户,占总户数 73807 户的 3.35%。

余杭、杭县农村划分阶级成分情况表

表 2-1

县别 / 阶级成分	余杭县				杭县			
	户数	比重%	人口数	比重%	户数	比重%	人口数	比重%
地主	1236	3.3	5399	4.3	2472	3.3	13392	4.4
半地主式富农	71	0.2	322	0.2	237	0.3	1886	0.6
富农	755	2.0	3644	2.9	2448	3.3	13340	4.4
中农	10264	27.2	38866	31.1	28654	38.8	120613	39.6
贫农	17779	47.1	57543	46.0	31125	42.2	126728	41.6
雇农	3254	8.6	5236	4.2	3963	5.4	9623	3.2
小土地出租者	713	1.9	2243	1.8	559	0.8	1638	0.5
贫民 游民	660	1.8	1718	1.4	113	1.3	2279	0.7
工商业兼地主	—	—	—	—	153	0.2	808	0.3
大佃农	52	0.1	288	0.2	—	—	—	—
商人小商贩	—	—	—	—	1913	2.6	7574	2.5
工商资本家	124	0.3	596	0.5	—	—	—	—
其他	2835	7.5	9234	7.4	2170	2.9	6577	2.2
合计	37743	100	125089	100	73807	100	304458	100

没收征收与合理分配。根据政策规定,土改中没收地主的土地、耕畜、农具、多余的粮食以及在农村的多余房屋;对地主兼营的工商业和其他财产不予没收,并同样分给地主一份土地,使他们也能依靠自己的劳动维持生活。对地主分子实行区别对待,团结地主中的开明绅士,着重打击少数恶霸地主。对富农多余的土地财产不予征收,采取保护富农经济的政策,以利于团结稳定中农。工作队事先做好调查研究工作,成立村没收保管委员会,规定没收范围,订出纪律,专人负责搬运、登记、造册、保管等具体工作。对地主对抗没收的行为,掌握确凿证据,分别情况,采取分化瓦解的斗争策略。经过清算斗争,余杭县没收与征收土地13.28万亩,房屋6733间、耕牛525头、农具3.18万件、粮食74.58万公斤;杭县(缺12个乡镇资料)没收与征收土地18.79万亩、房屋9495间、耕牛291头、农具25.84万件、大米123.51万公斤。在没收与征收土地和财物的同时,废除农民欠地主的债务,取消高利贷剥削。没收与征收土地。一般以乡为单位,按人口统一分配,在村与村之间抽补调整。分配前,推选办事公道、在群众中有一定威信的贫雇中农担任土改代表。评议修改以乡为单位计算分配方案,再以村为单位公布没收与征收的土地和财物、全乡土地平均数、各村调剂数及不动土地数,经上报批准后进行分配。余杭县分到土地的农民共2.58万户,其中贫农1.67万户、雇农3202户、中农5916户(占中农总数的57.6%);共分得土地11.19万亩,其中贫农7.85万亩、雇农1.01万亩、中农2.33万亩;分到房屋、耕牛、农具、粮食的农民共1.62万户,其中贫农1.13万户、雇农2635户、中农2256户;共分得房屋4993间、耕牛524头、农具2.47万件、粮食52.43万公斤。据不完全统计,杭县分到土地的有4.39万户,占全县总户数的59%,人口17.22万人,占全县总人口数的57%,分得土地19.1万亩,占土地总面积的28%,其中贫农2.19万户,分得土地9.47万亩;雇农3412户,分得土地1.35万亩;中农8946户,分得土地4.06万亩。分到房屋、耕牛、粮食、农具的农民共3.46万户,其中贫农1.70万户,雇农3742户,中农1.39万户;共分得房屋1815间、耕牛249头、农具34.18万件、稻谷129.5万公斤。

1951年6月15日,中共中央华东局提出检查完成土改的5条标准:有无逃亡、漏网的恶霸和不法地主还未法办;土改后地主有无反攻复辟倒算;有无漏划或错划阶级成分而未依法改正;已没收与征收的土地和财物,分配中有无不公平合理现象;干部在土改中有无包庇地主或多得没收财物的现象。8月,两县县委制定《关于结束土改工作的意见》,提出结束土改工作必须密切结合抗美援朝爱国主义教育,进一步充分发动群众,按照华东局提出的5条标准,处理土改遗留问题,8月底全部结束土改,颁发土地证。接着,两县县委先后召开区乡干部大会,总结土改的成绩与问题,学习完成土改的5条标准,提出做好土地改革复查工作。然后,以乡为单位,召开村干部会和贫雇农积极分子会议,广泛宣传5条标准,解除思想顾虑,分析和处理土改遗留问题。县委还派遣检查组,深入到问题较多的乡村进行复查。复查中发现不少地方存在错划、漏划现象。杭县67个村219户中农被错划为富农,7个村12户富农被错划为地主,128个村漏划地主270户。另外169个村存在着不同程度的地主复辟事件262次。检查组对照完成土改5条标准进一步发动群众,斗争不法地主,纠正错划、漏划的阶级成分,批评教育犯错误的干部,退回被贪污的财物。

两县建立发证整籍委员会和发证小组,发动群众逐亩逐丘自报登记,整籍与审核,填证发证,废除旧的地契和图照。8月,两县普遍颁发了土地证,土地改革基本完成。

土地改革运动使农民翻身作了主人。农民为了搞好生产,纷纷添置生产工具,购买耕牛,增施肥料。两县 1951 年粮食作物播种面积 86 万亩，比 1949 年多 14.8 万亩，增加 20.6%，粮食总产 1.23 亿公斤，比 1949 年增长 106.2%，发展了农村生产力。

第三节 农业互助合作

中华人民共和国成立初，两县农民就有农忙换工习俗，换工形式有两种：一为伴工，相互换工；二为工帮，帮内换工，帮外卖工。其时，杭县山桥乡有 41 个伴工和工帮小组。1950 年起，境内开始兴办农业互助组。临时互助组是简单的劳动互助，具有临时性、季节性及小型 3 个特点，适合农民固有的互助习惯。常年互助组开始实行农业和副业互助，有简单的生产计划，有某些技术的分工，有的还设置一部分公有农具和耕牛，积累了少量的公有财产。参加互助组的农户，大多是亲邻，在思想感情上合得来，又有亲帮亲、邻帮邻的习俗，关系较为融洽。1952 年初，两县县委在有领导地大量发展互助组的同时，按照自愿互利的原则，帮助农民建立临时或常年互助组。在巩固与发展互助组的同时，着手进行农业生产合作社的试点工作。至 l954 年，基本实现半社会主义的农业合作化。在实现农业合作化的过程中，经历了一段曲折的过程。农业生产合作社经过整顿后，大都得到巩固提高。但是，初级农业生产合作社还没有得到巩固，两县开始社会主义性质的高级农业生产合作社（简称高级社）的试办。高级农业生产合作社是对农业进行社会主义改造的最高形式，取消土地及主要生产资料私有制，变为集体所有制，土地由合作社统一经营，社员之间实行共同劳动，各尽所能，按劳取酬。实现了完全社会主义的农业合作化。

一、农业互助组

1949 年，杭县山桥乡伴工和工帮的小组有 41 个，此外还有伴工队 4 个，规模大于小组，约有上百户农户参加。1950 年春，浙江省委、省政府提出了“组织起来，生产自救”的方针，以帮助农民度荒备荒。同年 11 月，余杭县塘埠乡尉德顺互助组建立，在农忙季节为解决人力、畜力、农具等不足所采取的一种“穷帮穷”的办法。1951 年 8 月，两县发生旱情，共受灾 8.52 万亩。9 月，尉德顺互助组由 3 户扩大到 15 户，水田 88.6 亩、旱地 23.3 亩、竹山 84 亩，又开荒 33 亩，依靠集体力量，灾年夺丰收，每户粮食亩产增产一、二成。

1951 年 9 月 9 日，中共中央召开第一次全国互助合作会议，通过了《中共中央关于农业生产互助合作决议（草案）》（简称《决议（草案）》，并于 12 月 15 日发给各级党委试行。《决议（草案）》要求全党把农业互助合作当作一件大事去做。遵照《决议（草案）》的精神，两县县委要求区乡根据生产发展需要与可能条件，按照“稳步前进”的方针和自愿互利的原则，发展互助合作运动，引导农民走集体化道路。随即杭县举办互助组长训练班，学员 104 人，进行土地改革后农村发展方向和社会主义前景的教育，学习“自愿结合，等价交换，民主管理”三大原则。到年底，杭县有临时互助组 400 多个、常年互助组 20 个。1952 年 4 月，两县县委均设置农业互助合作部，加强对互助合作运动的具体指导，并派出互助合作干部驻村搞点，摸索经验，及时推广。杭县第一批互助组中，办得较好的有三白乡施德林、良渚乡金乾康、崇贤乡沈贵兴、荀山乡郎双泉、仓前乡费志福、塘南乡谢宝福等互助组；余杭县有新桥乡朱阿毛、新民乡俞阿毛、双溪乡马有水、建设乡吴昶泉等互助组。7 月底，杭县有常年互助组 541 个、5542 户，临时互助组 4092 个、3.76

万户；余杭县有常年互助组505个，临时互助1462。是年，两县粮食耕地面积9.73万亩，比1949年扩大10.13万亩，增加25.6%。

图2-3 1951年，杭县互助组组长训练班举行开学典礼

1953年3月下旬，两县层层贯彻中共中央《关于春耕生产给各级党委的指示》，明确农村中农业生产是压倒一切的中心工作，要求纠正互助合作运动中的冒进倾向，坚持“自愿结合，等价交换，民主管理”三大原则，稳定农民情绪。塘南乡谢宝福互助组通过民主协商安排生产。农忙季节种田割稻按田畈轮流，对劳力多、土地多的农户适当给予照顾。全组16个整半劳力，只用6天时间完成43亩单季稻的插种任务，比单干农户提前3天。农闲季节组里抽出剩余劳力，外出搞运输、做临时工，增加收入。同时鼓励组员多养猪羊，发展副业生产。崇贤乡沈贵兴常年互助组1952年早稻平均亩产329公斤，比1951年增产37%01953年底，杭县有常年互助组793个、8272户，临时互助组4737个、47636户，合计占总农户数的64.5%，土地45.79万亩，占总耕地面积的70%。余杭县有常年和临时互助组1814个、22590户，占总农户数的60.1%，土地16.36万亩，占总耕地面积的79.2%。是年，两县粮食总产量1.34亿公斤，比1951年增产1160万公斤，增长9.5%。1954年7月，杭县常年互助组增至2128个，临时互助组则减少到3310个，户数占总户数的75.3%。嗣后，随着初级合作社发展，互助组逐步减少。

二、初级农业生产合作社

概况 1952年初，中共浙江省委农委在新登县许桂荣互助组的基础上办起全省第一个初级社，并在第二届农业劳动模范大会上作了介绍。3月，中共浙江省委批转农委《关于试办农业生产合作社问题的报告》。5月22日，省委发出《关于试办农业生产合作社的指示》，要求各级党委亲自掌握，加强领导，摸索组织农业生产合作的经验。据此，两县县委在有领导地大量发展互助组的同时，有重点地试办土地入股的初级农业生产合作社。并明确办社条件：有坚强的骨干，互助组增产显著，有足够的劳力和必需的农具，群众有自愿参加初级社的要求。杭县第一批试办初级社5个、44户，其中江洪元初级社11户，季天福初级社8户，陈连法初级社9户，莫春法初级社8户，黄瑞章初级社8户。

江洪元初级社系杭县临平区委试点，1952年6月，临平区委派宣传干事王祖庭到双林乡江洪元常年互助组，帮助他们试办初级社。经过深入细致的思想工作，并在提高认识的基础上，民主制定18条具体政策，其内容为：土地入社，分等定级，统一使用，净收入的50%为土地分红，其余50%为劳力分红；农具按质论价，折价入社，分期付款，小农具自带；房前屋后的果树、竹园自留；每户再留适当的自留地，以种植蔬菜等。对提取公积金、公益金和使用办法，也作了具体规定。并对土地进行丈量，分等级入社。对自留地和农具也按规定都作了妥善处理。土改模范、农会组长江洪元被选为社长。江洪元初级社因为劳动力、工具统一使用，大量增加了土杂肥，加上精耕细作、引进新品种等科学技术的采用，当年就夺得了粮食、络麻大丰收，全社粮食平均亩产比周围农民高 15%—20%。年终分配结果，不仅社员普遍增加了收入，集体还增加了积累。周围农民看到初级社的优越性，纷纷要求加入江洪元合作社。是年冬，社员从原来的 11 户发展到 36 户。随后，该社把积累的集体资金，购买了一台 6 匹马力的柴油机，建立杭县第一个抽水机埠，在以后的抗旱和排涝中，充分发挥了作用。1953 年 2 月，余杭县新桥乡四村朱阿毛互助组，经县委批准，试办初级社，21 户、67 人，入社水田 57.1 亩，旱地 28.3 亩，山林 76.2 亩。杭县县委和余杭县委分别总结并推广了江洪元初级社和朱阿毛初级社的成功经验。针对各阶层农民对初级社的不同认识，通过办社干部向农民宣讲办社的宗旨：初级社是在土地私有制基础上实行统一经营、集体劳动、土地仍给报酬的半社会主义性质的组织；办社的目的是为了发展生产，增加收入；入社要自愿，还有退社的自由；做到“四个合理”，即土地入股评产合理，土地分租与劳力分红合理，农副业评工记分合理，肥料、农具、耕牛、种子投资折价合理；民主推选社长及管理委员会成员。从而提高农民对初级社的认识，调动办社的积极性。崇贤乡沈贵兴初级社、荀山乡郎双泉初级社早、晚稻两季丰收。浙江省人民政府奖励这两个初级社水牛各一头，并授予沈贵兴、郎双泉为省劳动模范荣誉称号。

余杭县在新桥乡 4 个村试办朱阿毛初级社，入社 21 户。1954 年初，杭县试办 35 个初级社，余杭县 7 个。1955 年初，杭县初级社 928 个，余杭县 601 个。发展中也出现有些社员退社，少数社自动散伙。至 6 月，杭县初级社收缩为 466 个，减少 462 个；余杭县收缩为 504 个，减少 97 个。8 月，两县县委根据毛泽东《关于农业合作化问题》的报告精神，重新部署，扩老社，建新社，并小社。至年底，杭县初级社 1707 个，入社农户 52454 户，占总农户数的 61.4%；余杭县 933 个，入社农户 25023 户，占总户数的 72.6%。1955 年 9 月开始，两县农村出现了扩大老社、发展新社、合并小社的高潮。余杭县仅在 1955 年 9 月县第一次党代会召开前后的 20 多天时间内，即有 500 余个老社进行了整顿巩固，247 个老社进行了扩大，并建新社 358 个。杭县到 10 月底，即建立新社 876 个，合作社总数达到 1342 个，入社农户占总农户的 46.7%。至年底，杭县有初级农业生产合作社 1707 个，入社农户 52454 户，占农户总数的 61.4%；余杭县有初级农业生产合作社 933 个，入社农户 25056 户，占农户总数的 72.6%。

初级社的经营管理　初级农业生产合作社是在互助组的基础上发展起来的，以土地入股、统一经营为特点，土地和主要生产资料私有，除按劳分配产品外，保留着土地分红，农民群众在自愿互利的基础上联合起来的半社会主义性质的合作经营组织。初级农业生产合作社根据《农业生产合作社示范章程（草案）》，结合本社实际情况，一般设有社务管理委员会，有社长（主任）、副社长（副主任）、会计、保管员等专职干部，下设几个生产小组或生产小队。

初级社在建立和发展过程中，逐步形成了一套较完整的管理制度，即四大管理加分配。在生产上实行计划管理。社务管理委员会在年初根据生产方针，制订年度计划，并根据年度计划，制订出季度计划。由各生产小组或生产小队负责组织实施。根据社里的计划和分配的任务，制订小段计划，以保证年度计划的完成。初级社的一切劳动力都由社务管理委员会统一调配使用。建立劳动组织，进行合理分工，实行生产责任制，大部分采取小段包工或季节包工。社员劳动计酬一般采取“底分活评”“按活评分”和“按件记工”等办法。初级社的财务管理贯彻执行“勤俭办社”的方针，并建立一套财务管理制度，规定开支范围、审批权限、公布账目、当众理财，以及财务人员的职责等。初级社的最高级权力机关是社员大会，每个社员都具有参加管理社务的权利和义务。由社员大会民主选举干部，产生管理委员会，管理委员会定期或不定期地向社员大会报告社务情况，接受社员的监督。初级社的年度收益分配是在全年总收入扣除生产总费用后的纯收入中进行。上交国家税收外，适当提留集体积累。公积金、公益金合起来一般不超过总收入的5%。公积金主要用于添置耕牛、农具等生产资料，公益金主要用于社员的福利。合作社根据生产发展和社内经济条件决定照顾特困户，对生病社员或因公负伤的给予适当补助。社员分配的办法是按土地、劳力比例分配，以劳力分红数高于土地报酬为原则。土地报酬的比例，一般按定产值扣除成本、公积金、公益金后，占45%—50%，一定几年不变。劳力分红按社员全年实做的劳动工分和当年分配的每个劳动日值，分户计算劳动报酬，季度预分，年终决算。

三、高级农业生产合作社

1954年，农业生产初级合作社迅速发展期间，两县开始社会主义性质的高级农业生产合作社（简称高级社）的试办。是年8月，余杭县新民乡曙光高级社建立，入社农户48户、190人，土地530亩。10月，杭县双林乡红旗高级社建立，以江洪元合作社为基础，吸收周围两个合作社和5个互助组组成，入社农户155户、639人，土地1496亩。该社在办社的第一年就积极改善生产条件，改变耕作制度，发展多种经营，1955年获得大面积增产。全社纯收入比1954年增加3.3万元，平均每户增收211元，其中最多的户增收694元，被评为1955年度浙江省丰产劳模单位。吸引了周围两个农业生产合作社和部分个体农民入社，社的规模扩大到678户，有8个大队、100个生产小队，分布在19个自然村。入社土地有水田3859亩、旱地2219亩、桑地271亩、渔荡280亩。高级农业生产合作社管理上实行“五统一”，即统一领导、统一计划、统一种植作物面积、统一收入和支出、统一分配。1955年12月，毛泽东主持选编的《中国农村的社会主义高潮》（原名《怎样办农业生产合作社》）出版。在按语中，毛泽东强调整齐划一，强调办大社。他说：“小社人少地少资金少，不能进行大规模的经营，不能使用机器。这种小社仍然束缚生产力的发展，应当逐步合并。”“向高级社转变的时候，应当把许多小型社合并起来成为大型社。”（《中国共产党执政四十年》第106页）同月，中共浙江省委第五次代表大会制定了1956年和1957年发展农业生产合作社的规划指标，要求1957年完成农业半社会主义合作化，高级社达到1万个左右，社员达到全省总农户的50%左右。余杭县在原有一个高作社的基础上，12月初计划试办高级社14个。之后计划不断被突破，到1956年1月，余杭县就建成高级社99个。杭县于1955年12月底计划试办63个高级社，并提出办高级社的条件：原社增加生产、增加收入明显，有一定的经营管理经验；增产潜力大，并有一定的公积金、公益金，社员一般不会减少收入；社内有党团组织，骨干较强，贫农和新下中农占领导优势；社员自愿。到1956年1月底，办起高级社170个，参加高级社的农户占总农户的32%。高级社实行土地和生产资料公有制，耕牛和大型农具作价归公，取消土地分红，产品收入按劳分配，土地、劳力、耕牛、农具“四固定”到组，劳动评工记分，计算工分值收益按工分进行分配。1956年11月，杭县高级社发展到413个，入社农户85407户，占总农户数的98.4%；余杭县高级社116个，入社农户31061户，占总农户数的90%，只剩下21个初级社和557户个体农户。由于多数干部缺乏经验，管理不善，集体多积累，社员少分红，部分社员收入减少，引起农民不满。1957年，夏季预分后，一部分高级社闹退社，两县共发生闹事46起，参加者约3300人。以后尽管采取措施进行整顿巩固，终未能全面解决。1958年秋，高级社还来不及巩固，又掀起人民公社化运动，矛盾被掩盖起来。

第四节 农村人民公社

1958年9月，农村基本完成人民公社化。到1984年底，政社合一的人民公社体制全部改由乡镇政府取代。人民公社从建立到撤销，经历20多年历史。

人民公社的特点是"一大二公""政社合一"，以集体所有制快速向全民所有制过渡。在公社化初期，全省农村先后三次刮起"一平二调"共产风，无偿占有社员个人生产资料和利益，使农村生产力遭到破坏。从1960年10月开始，各地根据中央"紧急指示信"纠正"一平二调"，认真退赔侵占财物。1962年春，"三级所有，队为基础"的人民公社体制重新得到落实。1983年在改革人民公社体制的基础上，建立起村经济合作组织。从60年代中期到70年代后期，持续十年开展农业学大寨运动，涌现出一批改造穷山恶水，大搞农业基础建设的新农村典型。1983年，在改革人民公社体制的基础上，建立起村经济合作组织。

一、人民公社化

1958年5月，中共第八次全国代表大会第二次会议通过了"鼓足干劲、力争上游、多快好省地建设社会主义"的总路线。广大农民开始更大规模地兴修水利，大搞农田基本建设和农业机械化事业，并先后根据党和毛泽东的要求开始了小社并大社的工作。

在分配制度上，工资制和供给制将逐渐成为人民公社分配的主要形式。人民公社的主要特点是"一大二公"：公社的规模比原农业生产合作社大，经营管理范围比农业生产合作社大。原初级社、高级社以从事农业生产为主，人民公社则是农林牧副渔全面发展，工农商学兵五位一体的社会基层行政组织。公，则表现在人民公社已与农村基层政权组织合而为一(政社合一)，消除所谓生产资料私有制残余，实行组织军事化、行动战斗化、生活集体化，大搞公共食堂等所谓公益事业，并实行工资制和供给制相结合的分配制度。

在1962年9月，中共八届十中全会通过《农业六十条》的修正案。明确规定"人民公社的基本核算单位是生产队。"生产队"实行独立核算，自负盈亏，直接组织生产，组织收益的分配。"在"四清"运动中，出现并队、搞大队核算和联队核算，没收生产队的山林、社员自留地等现象。这股风当时虽有制止，却由于紧接着开始的"文化大革命"而出现更严重的现象，尤其是在1975年普及大寨县运动中。中共十一届三中全会明确提出："人民公社现在要继续稳定地实行公社、生产大队和生产队三级所有，以生产队为基本核算单位的制度，集中力量发展农村生产力。"此后随着1979年开始的农村改革在广大农村的迅速铺开，联产承包责任制形式愈来愈显现出优越性，人民公社政社合一体制的弊端则更为暴露。1982年五届人大第二次会议修改宪法时，作出改变农村人民公社政社合一的体制，重新设立乡政权的决定。

1958年8月，中共中央作出《关于在农村建立人民公社问题的决议》。该"决议"认为："建立人民公社是形势发展的必然趋势。建立农林牧副渔全面发展，工农商学兵相结合的人民公社，是指导农民加速社会主义建设，提前建成社会主义并逐步过齷到共产主义所必须采取的基本方针。"1958年8月27日，中共浙江省委发出《关于发展人民公社的意见》。市农委随即选择临平区的双林乡、塘栖区的塘南乡、三墩区的良渚乡、上泗区的周浦乡、笕桥区的笕桥乡和西湖区的龙井乡等6个乡进行筹建人民公社的试点工作。9月，原杭县境域(时为杭州市临平、塘栖、三墩、上泗区)建立临平、塘栖、三墩、四维、九堡、亭趾、东塘、良渚、留下、上泗10个人民公社;余杭县建立跃进(余杭)、仓前、石蛤(石鸽)、长命、仁爱(潘板桥)、双溪、黄湖7个人民公社,实现人民公社化。人民公社既是社员集体经济组织,又是工、农、商、学、兵五位一体、政社合一的政权组织,权力高度集中。原高级社集体所有的全部财产一律归公社所有,社员自留地、开荒地、零星鱼塘、果林、竹园、较大副业加工用具均归公有,当地手工业社(组)也全部入社,供销社成为公社供销部。伴随公社化出现“五风”:平调风、浮夸风、命至1958年10月1日,杭州郊区、余杭县均成立“政社合一”“五位一体”在生产资料方面,原高级社集体所有的土地、山林、耕牛、农具、种子、肥料、农药、农业机械、农田基本设施等全部财产一律归公社所有;社员的自留地、开荒地、零星鱼塘、果林竹园,较大副业加工用具均折价归公;当地手工业社、组也全部人社,供销社成为公社供销部;小商小贩的固定资产全部归公社所有。这样,原来多种所有制成分的生产资料变成了“清一色”的公社大集体所有。在收益分配方面,实行“基本生活供给制与底分工资相结合”的分配办法,即社员个人分配收入,在供给制后的剩余部分,按每个劳动力评定的劳动底分进行分配;实物实行按需分配制,粮食实行供给制,由生产大队统一调配到食堂,统一供膳。1958年10月,各公社以生产队为单位普遍兴办公共食堂。至年底,杭州郊区12个人民公社兴办公共食堂1970个,其中原杭县10个人民公社兴办公共食堂1719个,用膳411746人;余杭县7个人民公社兴办公共食堂855个,用膳36000余户。在筹建公共食堂时,大刮“一平二调”的“共产风”,社员的房屋、桌椅、炊具等被无偿调用,社员饲养的家禽、家畜集中起来无偿地归食堂饲养和食用,社员的自留地收回作食堂的菜地。食堂普遍实行供给制,实行“吃饭不要钱”“放开肚皮吃饱饭”。供应不加限量,造成粮食消耗、浪费过大。有的食堂还存在账目不清,管理混乱,有贪污现象。一些公共食堂难以为继,时办时停,有的索性息灶散伙,社员对食堂意见很大。

1958年—1982年余杭县农村人民公社组织情况表

表2-2

年份	公社数	生产大队数	大队核算数	生产队数	三级核算数
1958	16	436		3285	
1959	16	438		3299	
1960	16	410		3088	
1961	49	733		7177	
1962	50	752		7308	
1963	50	749		7364	
1964	50	744		7356	
1965	46	710		7237	
1966	46	570		3985	
1967	46	570		3984	
1968	46	549		3449	
1969	46	491	231	2980	1582

续表 2-2

年份	公社数	生产大队数	大队核算数	生产队数	三级核算数
1970	46	499	240	2966	1568
1971	46	531	64	3406	3050
1972	46	540	26	3606	3470
1973	46	548	25	3671	3556
1974	46	550	27	3688	3556
1975	46	551	27	3698	3566
1976	46	550	25	3700	3576
1977	46	551	27	3691	3562
1978	46	549	32	3686	3535
1979	46	550	31	3668	3545
1980	46	550	31	3669	3546
1981	46	550	29	4157	4026
1982	46	564	27	4713	4550

二、分配形式

特征　人民公社的特征是“一大二公”和“政社合一”。“一大”表现为规模大，一个公社的平均户数超过原来高级农业生产合作社的数十倍，而且集农林牧副渔、工农商学兵于一体。“二公”表现为公有化程度高，不仅基本的生产资料归公社所有，而且把社员的自留地、家庭副业也收归公社所有，企图很快由集体所有制向全民所有制过渡，即当时的所谓“大集体、小全民”。“政社合一”也就是把国家基层政权组织与农民的集体经济组织合为一体。公社、大队、生产队三级管理委员会不仅担负经济职能，还担负政权职能。公社一级实行公社社员代表大会，类似乡人民代表大会，公社管理委员会类似乡人民委员会（乡政府）的制度，并且下设工业、农业、财贸、交通运输、文教卫生、武装保卫、政法、计划等组织，与县政府各种机构相对应。人民公社实行组织军事化、行动战斗化、生活集体化。对农村劳动力进行统一调配，县成立师，公社成立团，大队为营，生产队为连，以下分排班编队。

收益分配形式　人民公社初期实行由公社统一经营，统一核算，统一分配。收益分配推行工资制和供给制相结合的制度。工资部分实行基本工资加奖励；供给部分根据生产情况和收入水平，分别实行粮食供给制（吃饭不要钱）和伙食供给制（吃饭吃菜不要钱），少数收入水平较高的地区还实行基本生活资料供给制，至于实行全供给制（衣、食、住、行、生、老、病、死、学、育、婚、乐全由公社包干）的是极少数。1959 年，人民公社实行供给部分的比例，大多数占社员分配部分的 30%左右，少数公社占 20%，一些收入较高的公社占到 35%以上。这种分配制度到 1961 年下半年随着农村公共食堂的解体而自然消失。

“一平二调”公社化前期，农村的“一平二调”共产风先后刮了三次。第一次是公社刚建立到郑州会议前，由于当时对社会主义与共产主义、集体所有制和全民所有制、按劳分配与按需分配等重大问题界限不清，农村普遍发生“一平二调”。第二次是1959年下半年，由于不顾实际可能，大办水利工程，大办畜牧场，大办社队工业，共产风又在不少地方刮了起来。第三次是1960年上半年，为了加快“创造”所有制过渡条件，发展社有经济，不少地方又一次无偿平调生产队的劳力、粮食、现金和物资。公社化运动和“大跃进”以及“五风”（共产风、命令风、干部特殊风、浮夸风、对生产瞎指挥风）对农业生产力造成明显的破坏。农业生产急剧下降，经历三年困难时期。

共产风的主要表现有四个方面。一切财产归公社。根据中共中央有关指示精神，中共浙江省委于1958年10月18日发出的《关于巩固人民公社的指示》中规定，原来各个农业社的一切公有财产、公共积累都应当交给公社；社员的自留地、大片林木应当归公社；社员的猪、羊和规模较大的副业可以逐步归公社经营。还规定在人民公社普遍建立以后，各县可以成立联社（境内先后建有半山、拱墅联社，后又合为钱塘联社），统一调配劳力，调度资金，全面规划发展生产。大批农业劳动力调离农业生产第一线。1958年公社化中，浙江搞了全省性的猪羊归公，大办畜牧场运动。社员饲养的猪、羊、鸡等家畜家禽无代价归公。1959年，为了在短期内实现全省“一亩地一头猪”的指标，又一次掀起六级（省、地、县、社、大队、生产队）办场运动，将社员的猪、羊、鸡、鸭集中起来，办起大批集体畜牧场。全省畜牧生产大幅度下降。大办公共食堂，其中多数是常年食堂，少数是农忙食堂，同时提出“鼓足干劲生产，放开肚皮吃饭”的口号。

三、整顿人民公社

1958年12月上旬，中共杭州市委农村工作委员会召开扩大会议，部署1958年冬至1959年春对全市农村15个人民公社进行一次全面整顿和巩固工作，抽调市级机关8除名党员干部，组成整社工作组，参加整社运动。市农委扩大会议后，各公社都召开了三级干部会议，学习中共八届六中全会文件，贯彻省委农业会议精神，统一干部思想认识，具体布置整社工作。12月下旬，整社运动由点到两全面展开。从1959年3月开始，着重贯彻中央第二次郑州会议精神和毛泽东关于整顿和建设人民公社的方针，解决公社规模、所有制和管理权限下放的问题。在人民公社内部设管理区，原余杭辖区设25个管理区，原杭县辖区设8个管理区。1959年清理纠正时统计，全县平调生产队社员土地45259亩、房屋137447间、农机具297101件、劳动力499635工、耕牛618头、粮食555.6吨。根据中央有关规定，逐步纠正上述错误，退赔平调财物，并对若干政策予以调整。1961年，县行政区划调整，新组建的余杭县公社数由16个调整为50个，平均每个公社2272户；基本核算单位生产大队由410个，平均每个大队227户，调整为733个，平均每个大队155户；生产队由3088个，平均每队36.8户，调整为7177个，平均每队15.8户，大体以原高级社为基本核算单位，原初级社为生产队。是年停办大食堂，社员口粮分到户。恢复自留地6.56万亩，占集体耕地总数的8.5%，允许社员从事家庭副业。实行，民主管理，改进评工计分，实行多劳多得。1963年，恢复供销社、手工业社建制和集市贸易。1968年“文化大革命”中，农村再度出现献自贸地和合并生产队的风潮。1970年，自留地减到2.73万亩，占集体耕地总数的4.4%；生产队并掉1018个，再次挫伤农民生产积极性。1971年春纠正上述错误做法。但片面强调“以粮为纲”，影响农业全面发展；推行大寨式政治评工分，搞平均主义；生产上升了，集体提留过多，社员实际收入不多，当年人均分配收入125元，比1967年仅多1元。1983年3月后实行政社分设，恢复乡镇政权建制，取消人民公社，大队和生产队相应改为村民委员会和村民小组，设乡镇经济委员会和村经济联合社管理集体经济。在《农业六十条》贯彻前，全县有

16个大公社，平均每个公社7140户；有生产大队427个，平均每个大队267户；有生产队314个，平均每个队36户。到1961年10月，全县已调整人民公社8个，生产大队53个，生产队1421个。经调整，人民公社为49个，平均每个公社2330户；生产大队为740个，平均每个大队148户；生产队为7089个，平均每个队15.4户。到1962年，全县管辖5个区、5个镇、50个人民公社、752个生产大队、7308个生产队，人民公社、生产大队、生产队的规模比以前都有相当程度的缩小。1962年2月13日，中共中央发出了《关于改变农村人民公社基本核算单位问题的指示》。该指示把原来的基本核算单位从生产大队下放到生产队，将原来生产基本单位是生产队而统一分配单位是生产大队的不合理状况给理顺了。1962春，全县9600多个生产队，90%以上实行了以生产队为基本核算单位。是年9月27日，中共八届十中全会对《农业六十条》进行再一次修订，通过了《农村人民公社条例修正草案》。该条例修正草案对人民公社的体制又作了进一步的明确，规定了基本核算单位为生产队。从此，人民公社、生产大队、生产队三级的体制规模和管理上的各种关系基本稳定下来。

四、农业学大寨

1964年，毛泽东向全国人民发出"农业学大寨"的号召。同年12月，周恩来在第三届全国人民代表大会第一次会议上所作的政治报告中，把大寨经验概括为"政治挂帅思想领先的原则；自力更生艰苦奋斗的精神；爱国家爱集体的共产主义风格"，提倡全国学习和推广大寨经验。从60年代中期到70年代后期，境内持续开展农业学大寨运动。在"文化大革命"前各地涌现出一批学大寨的先进典型，取得了一定成绩。"文化大革命"中，江青反革命集团利用"农业学大寨"的口号，把大寨作为"无产阶级专政下继续革命"的典型，使农业学大寨运动偏离正确的方向。

1967年9月，浙江省军管会批转了生产委员会《关于在全省农村开展学大寨群众运动的报告》，要求把农业学大寨运动和"文化大革命"紧密结合在一起，在农村深入开展"革命大批判"。同年12月4日，中共中央在《关于今冬明春农村"文化大革命"的指示》中，要求广大农村"积极开展革命大批判"，要"抓革命、促生产"。而此时的大寨大队已从一个自力更生、艰苦创业的典型，变成了在农村全面推行所谓"无产阶级专政下继续革命理论"的"左"倾错误的政治典型。就在农业学大寨运动正逐步走向歧路的形势下，1968年2月8日，余杭县委召开有区、社、队干部和"造反派"参加的农业学大寨会议，全面部署开展农业学大寨运动。同年3月，余杭县农业学大寨办公室成立。5月，余杭县组织30名干部去山西省昔阳县大寨大队参观取经，还将大寨的劳动管理经验带回来在全县推广。为进一步掀起农业学大寨运动的新高潮，1968年10月16日—23日，余杭县再次召开了农业学大寨会议。会议就进一步掀起农业学大寨的群众运动进行了动员，要求把学大寨、开展清理阶级队伍和革命大批判、斗批改等有机地结合起来，这次会议，对大寨式"政治评分"办法、改变所有制、"三献一并"活动等做法给予肯定。会后不久的11月12日，余杭县委组织县内46个人民公社的180余人去大寨参观取经。随即，平原地区开始了拆埂并圩，挑墩平地，开沟筑路，进行园区化建设；山区开始大造梯田、梯地，一场大规模的农田基本建设在全县各地开展起来。余杭县自全面部署开展农业学大寨的群众运动后，树立长松、金星、五星、友谊、张堰、学忠、章岭、黄家墩等8个农业学大寨的先进典型。与此同时，全县社、队又掀起一个以大寨、南堡精神为榜样的"远学大寨，近学南堡"的群众运动。邀请桐庐县分水区和南堡大队负责人多次到余杭作战胜特大洪灾的事迹报告，还组织2万余人去南堡参观。1970年12月11日—22日,余杭县召开农业学大寨会议。会议认真回顾总结了在农业学大寨运动中的得失,统一各地学大寨的认识和方向,从路线斗争的高度,明确学大寨的根本。认为农业学大寨是五亿农民的大方向,是一场深刻的政治思想大革命,始终存在着两个阶级、两条道路、两条路线和两种世界观的激烈斗争。会议还要求全县各社、队按照县委制定的《关于在二三年内建成大寨式县的规划》,以大寨为榜样,围绕"二三年内建成大寨式新余杭"这个奋斗目标,以大寨精神学大寨,以昔阳经验赶昔阳,艰苦奋斗二三年,把余杭建成大寨式县。1973年10月,余杭县委再一次组织县、区、公社三级干部赴山西省大寨大队、昔阳县和河南省林县参观取经。通过对照大寨等所谓的先进经验,认为农业学大寨运动是一个路线问题,学不学大寨,是农村两个阶级、两条道路、两条路线的一场尖锐斗争。学不学大寨,是走社会主义道路还是走资本主义道路的问题,是农村生产资料所有制的社会主义改造基本完成以后要不要继续革命的问题。

五、改革政社合一体制

1982年,第五届全国人民代表大会第五次会议通过的新《中华人民共和国宪法》明确规定:"省、直辖市、县、市、市辖区、乡、民族乡、镇设立人民代表大会和人民政府。"改革人民公社政社合一的体制以法律形式确定下来。1983年10月,中共中央、国务院下发《关于实行政社分开建立乡政府的通知》。随着各地乡(镇)人民代表大会的召开和乡(镇)人民政府的成立,人民公社政社合一的体制消失,代之以乡(镇)人民政府和经济合作社。境内于1983年3月,开始实行政社分设,恢复乡(镇)人民政府,建立乡经济联合委员会,至1984年4月完成。随后全县580个村先后建立经济联合社,并确立村经济联合社是村级集体资产法定主体。

第五节 家庭联产承包

1978年12月,中共十一届三中全会作出《关于加快农业发展若干问题的决定》。从1979年开始,余杭县部分地区和部分作物试行包产到户、小段包干定额计酬、专业承包联产计酬、包产到组联产计酬、统一联产计酬等多种形式承包责任制。当时社队集体经济比较巩固,相当多的干部担心联产到组会导致"分小队",动摇以生产队为基础的三级所有制,因而改革步子显得缓慢。1982年8月,省委召开全省农村工作会议,推行家庭联产承包责任制。11月,县委召开四级干部大会,会后组织县级机关和乡镇干部1869人下生产队,全面推行家庭联产承包为基础、分散经营与统一经营相结合的双层经营体制。是年农业总产值28768万元,比上年增长16.83%。1983年底,全县有4828个生产队实行家庭联产承包责任制,占总数的99.2%。1984年重点处理好统一经营与分散经营的关系。95%以上的大田承包期,由原来的3年延长到15年以上,多年生经济作物承包期在20年以上。对山区、水域、滩涂实行开发性生产的联产承包制。调动广大农民的生产积极性,农村由传统的农业自然经济逐步向商品经济发展。

一、恢复和建立农业生产责任制

1978年12月,中共十一届三中全会原则通过《中共中央关于加快农业发展若干问题的决定(草案)》,肯定了"包工到作业组,联系产量计算劳动报酬"的责任制,但仍规定"不许包产到户,不许分田单干"。1979年9月,中共十一届四中全会修改并正式通过《中共中央关于加快农业发展若干问题的决定》,将草案中“不许包产到户,不许分田单干”,改为“不许分田单干”,初步肯定了“包产到户”的做法。提出发展农业生产力的25项政策和措施,从根本上端正了农业农村工作的指导思想。按照中央和省、市委的部署,余杭县委于1979年2月6日—14日召开三级干部大会,认真贯彻中共十一届三中全会和省委六届二次全会扩大会议精神,开始把工作重点转移到经济建设上来。

1979—1980年,主要是恢复和建立农业生产责任制。主要实行“小段包工,定额计酬”和“统一经营,包工到组”的生产责任制。当时,依照中共浙江省委提出“稳定所有制,加强责任制”的方针,要求生产搞得好的、集体经济巩固的、群众无强烈要求的就不要搞包产到户,应该建立其他形式的责任制;个别地方生产搞得差、集体经济不巩固、群众很不满意的,允许搞“包产到户”的意见。农村推行家庭联产承包责任制之初,遇到一定的阻力和曲折。由于长期受“左”的思想束缚,实际的农村生产责任制推进明显滞后。当时社队集体经济比较巩固,相当多的干部担心联产到组会导致“分小队”,动摇生产队为基础的三级所有制;有的村民认为“辛辛苦苦30年,一夜回到解放前”。为此,县委组织力量,调查研究农业经营管理各种生产责任制形式的利弊关系,并着手在部分地区和部分作物中试行包产到户、小段包干定额计酬、专业承包联产计酬、包产到组联产计酬、统一联产计酬等各种形式的承包责任制。是年,全县国民经济出现全面稳定增长的好势头,工农业总产值达5.08亿元,比1978年增长18.14%。1980年2月,《杭州日报》《人民日报》相继以《余杭县新老干部同心同德搞“四化”》为题,报道余杭县认真贯彻中共十一届三中全会精神,集中精力把农业搞上去,以及1979年粮食生产情况。

1980年10月,中共浙江省委提倡专业联产承包责任制,完善小段包工、定额计酬责任制;强调包产到户只宜在极少数贫困山区的“三靠”队实行。是年,县委在试行各种形式的农业经营承包责任制的实践中获得真知,把建立和健全农业生产责任制作为农村工作的重点,在农场、茶场、蚕种场、水产养殖场实行定人员、定产量、定工分、定成本和超额奖励的“四定一奖”制度,把责任和产量联系起来,多超产多奖励,少超产少奖励,调动了广大干部职工的积极性。

1980年9月27日,中共中央印发《进一步加强和完善农业生产责任制几个问题的通知》,对农业生产责任制推行过程中一些政策性问题作出规定。肯定“在生产队领导下,实行包产到户,是在依存于社会主义经济,而不会脱离社会主义轨道,没有复辟资本主义的危险,因而并不可怕”。10月29日,县委召开全县各区、镇、社党委书记会议,贯彻中央文件及省委工作会议精神。11月26日,县委再次召开三级干部大会,部署在农村建立和健全各种生产责任制,决定在部分生产队试行包产到户。12月5日—7日,召开全昼四级农科网座谈会,总结和交流“四定一奖”或“五定一奖”的生产责任制情况,充分肯定多种形式的生产责任制。

为深入贯彻中央提出的“决不放松粮食生产,积极开展多种经营,要发挥集体和个人两个积极性”精神,县委于1981年4月底召开公社党委书记、主任会议,取消禁令,允许社员从事家庭副业。6月27日—7月4日,县委召开全县农村工作会议。县委书记曹征南作《关于加强和完善农业生产责任制,发展多种经营》的报告,指出要树立农、林、牧、副、渔全面发展的大农业、大粮食的观念,进一步建立各种形式的生产责任制,发展多种经营,积极组织和支持社员个人经营家庭副业,发挥集体和个人两个积极性。并明确宣布:多种经营的项目,凡是适合集体搞的,由集体经营;适宜社员个人经营的,放手让社员个人去搞,取消一切禁限规定,不要乱加限制和干涉。会上,宏硚立新大队、长乐西山大队和斜坑大队等16个社队,介绍关于建立不同形式的生产责任制、发展多种经营的经验。7月，全县划分农村自留地、饲料地，鼓励农民从事家庭副业。山区部分生产队将分散的土地和零星作物承包到户。秋季，部分生产队实行联产承包到户，大部分生产队实行联产到组或联产到劳。全县3894个生产队中，有3847个生产队建立了专业承包、包干到组、联产到劳、包产（包干）到户、小段包工等生产责任制，使多种经营逐步推进，调动了农民生产积极性。通过一系列的政策引导，多形式的试点及细致入微的思想工作，初步解除广大农村干部的思想顾虑，长期僵化的思想被注入新的理念，为余杭全面推行农业联产承包责任制打下思想和实践基础。

二、家庭联产承包责任制全面推行

在1982年8月召开的全省农村工作会议上才肯定家庭联产承包责任制，提出经济发达地区也适宜推行这种责任制。9月，中共浙江省委召开会议，检查农业生产关系改革中存在"左"的影响问题，纠正了在农村全面落实联产承包责任制中存在的问题。至1983年4月，家庭联产承包责任制在全省范围内基本实行，并得到完善与发展。

1982年2月，县委全县农村工作会议传达贯彻中共中央批转的《全国农村工作会议纪要》精神，决定在加强农业生产责任制和落实农村各项经济政策的基础上，从3月起推行分田到户、土地承包为主要内容的家庭联产承包责任制。9月，各种形式的联产承包责任制逐步发展，中桥乡中桥2队、舟忱乡义桥大队等部分生产队实行粮田包产到户。11月，县委召开四级干部大会，决定全面推行联产承包到户责任制，同时组织县级机关和乡镇机关干部1869人下生产队，倾听群众意见，帮助、指导推行家庭联产承包责任制工作。1983年，县委、县政府在年初召开的全县农村专业户、重点户会议上，对185户专业户、重点户代表颁发劳动致富光荣证。3月起，随着粮田大面积包产到户，各种经济作物也陆续推行联产承包。21个重点产鱼乡（镇）的鱼塘全面实行联产承包，其余鱼塘水面，小则联产到户，大则联产到专业场、组或联户承包，合计占总鱼塘面积的90%。至1983年底，全县有4828个生产队实行家庭联产承包责任制，占生产队总数的99.23%，基本完成家庭联产承包责任制工作。与此同时，山区生产队开始由点到面，将21万余亩集体山林联产承包到户。家庭联产承包责任制的全面推行，还带动乡镇企业经济承包责任制的推行。是年，全县627家社镇办企业中，有500家企业落实经济承包责任制。

三、完善家庭联产承包责任制

1995年，余杭市按照"稳制活田""三权分离"和"依法、自愿、有偿"的原则，有条件地推行农业"双田制"，取得一定成效，但是在某种程度上还存在着承包期偏短、承包合同不够规范、承包双方权利义务不明等问题，从而影响了承包者对土地的投入，也使集体土地承包款难以足额收缴。

1997年，余杭第一轮农村土地承包期相继到期。1998年，全市本着"先易后难、分期分批、梯度推进"原则，全面开展了以"延长承包期30年"为核心内容的农村二轮土地承包工作（简称"延包"），向农户核发土地承包权证。是年，出台《关于开展延长土地承包期核发土地承包证工作的实施意见》，明确花两年时间把土地承包权证进一步落实到户，延长土地承包期30年，从1995年到2025年。至1999年底，"延包"工作基本完成。全市27个镇乡509个村、4332个组中，完成二轮农村土地承包478个村、4067个组，分别占村、组数的93.9%和93.88%，向农户核发"土地承包权证"15万本，占应发放数的90.2%。2003年3月1日，《中华人民共和国农村土地承包法》开始施行。针对村规模调整后承包权证需要变更和部分村"延包"工作未完成、承包权证未到户的实际，2004 年 4 月，全区开展了"延包"的完善工作。至 10 月底，全面完成了"延包"的扫尾、变更换发承包权证等完善工作。全区共换发变更承包权证 13.8 万本，新签订承包合同 3.7 万份，收回并公告注销原承包权证 9.5 万本。农户是农村土地承包的主体，在 30 年承包期内，"增人不增地、减人不减地"。若土地被征使用，所得收益，按农户实际享有的资源性资产股权进行兑现分配。2005 年，实施山林第二轮承包涉及 12 个镇乡、2 个街道、101 个村和 1279 个组，约 4.3 万农户，在第一轮承包基础上由承包户继续承包经营，延长责任山承包期 50 年。以村经济联合社为发包方，以农户为承包方，重新签订承包合同，换发中华人民共和国林权证。重申已经划定农户自留山，按原划定四至界线不变，由农户长期无偿使用；农户责任山、自留山面积不因人口增减而进行调整。集体统管山，明晰森林、林木和林地的所有权、承包权和使用权；建立与完善森林、林木和林地使用权的流转制度，依法有序推进森林、林木和林地使用权流转；依法保障林农的合法权益，促进林业可持续发展。

图 2-4　仁和镇普宁村村民获二轮"土地承包权证"(2004 年)

2008 年—2012 年，中央多次提出开展土地承包经营权登记试点。2013 年的中央《关于加快发展现代农业，进一步增强农村发展活力的若干意见》指出："改革农村集体产权制度，有效保障农民财产权利，全面开展农村土地确权登记颁证工作。健全农村土地承包经营权登记制度，强化对农村耕地、林地等各类土地承包经营权的物权保护。用 5 年时间基本完成农村土地承包经营权确权登记颁证工作，妥善解决农户承包地块面积不准、四至不清等问题。"2015 年，农业部等国家六部门出台、浙江省农业厅等七部门再次相继出台政策，提出开展农村土地承包经营权确权登记颁证，核心是确权，重点在登记，关键在权属调查。是年，余杭区再次在全区面上部署农村土地承包经营权确权登记颁证工作(以下简称"土地确权")，出台《余杭区关于深化农村土地承包经营权确权登记颁证工作的实施意见》，确定了二轮基础较好、确权面积较小的鸬鸟镇作为试点。意见明确，用 3 年左右时间基本完成全区该项工作。其中 2016 年 5 月底前鸬鸟镇全镇完成试点任务，2016 年全区全面开展，2017 年全区基本完成，2018 年扫尾完善，按照全省统一的规范要求建立农村土地承包电子信息与档案管理系统。2016 年，余杭区以"扎实严谨、确保稳妥"为原则，以"上半年试点先行，9 月 G20 峰会后全面推开"为总体目标，稳妥推进余杭区农村土地承包经营权确权登记颁证工作。是年 7 月，通过公开招投标程序确定浙江华东测绘地理信息有限公司和浙江正元地理信息有限责任公司为余杭区农村土地确权项目的测绘单位。是年 9 月，农村土地确权全面推行。2017 年，在 2016 年大地块测绘成果的基础上，重心转入通过"按序排位"和"虚拟还原"等确权方式将土地面积量化到户。是年 6 月—7 月，通过多方努力，多次协调，明确了区内“上清下不清”、跨区“飞地”问题等疑难问题的解决方式，10月开始，对重点镇、重点村强化督查指导，并在11月，顺利通过了浙江省测绘质量监督检验站专项检查。2018年，继续通过每周督查、重点督查、现场办公等形式督促镇村开展审核公示、合同签订等相关工作，制定《余杭区农村土地承包经营权确权登记颁证档案管理实施细则》和《余杭区农村土地承包经营权确权登记颁证检查验收工作方案》。8月，余杭区农村土地确权数据库顺利通过全省质量评价，完成区内首批权证颁发。经区政府批准，共有146个村社1189个组不确权（其中整村不确权69个村社729个组；混合整村，即不确权和暂缓确权的小组构成整村，16个村社183个组；部分不确权61个村社277个组），70个村社339个组暂缓确权（其中整村暂缓5个村社59个组，混合整村，即不确权和暂缓确权的小组构成整村，16个村社71个组；部分暂缓49个村社209个组）。至此，全区共完成了19个镇街，172个行政村，2796个村民小组的农村土地确权工作，涉及农户约10.33万户、面积约29.92万亩，完成合同签订约10.07万份，签订率达97.5%，成为全市除试点地区外第一个通过全省数据库质量评价的区（县、市）和首个颁发权证的区（县、市），并以94.3的分数顺利通过省市农村土地确权工作综合验收。

2015年—2016年，中央、浙江省相继制定有关开展农村承包土地经营权抵押贷款试点工作的政策文件。2016年，国务院颁布《关于农村土地所有权承包权经营权分置办法的意见》，将农村土地产权中的土地承包经营权进一步划分为承包权和经营权，实行所有权、承包权、经营权分置并行。2017年下半年，余杭区开始进行积极探索农村承包土地经营权抵押贷款工作，前往全国试点县长兴县考察学习，并结合实际拟定《余杭区农村承包土地经营权抵押贷款管理办法（试行）》。2017年，首宗农村承包土地经营权抵押贷款项目成功落地。2017年—2018年间，按照区委区政府相关文件精神，先后对西部五镇、全区范围内的各类农业经营主体（家庭农场、合作社、农业园区）就土地经营权抵押贷款意向开展调查，从杭州祖群家庭农场有限公司一家单位作为试点对象，到全区15家农业经营主体，共发放15本农村承包土地经营权他项权证，发放贷款金额542万元。2018年12月29日，第十三届全国人民代表大会常务委员会第七次会议通过了《关于修改〈中华人民共和国农村土地承包法〉的决定》（2019年1月1日起实施），该决定明确土地经营权人在一定条件下可以向金融机构融资担保。自此，农村土地“三权分置”实现法制化，开展农村承包土地经营权抵押贷款工作法律依据充足。

第六节　适度规模经营

20世纪70年代末实行家庭联产承包责任制后，出现了农户承包的耕地分散、经营规模太小等问题，不利于商品经济的发展和农业现代化。余杭据上级部署，通过经济和法律措施，促进土地向种田能手集中，逐步扩大农业经营规模，发挥规模经济效益。

适度规模经营是在一定的适合的环境和适合的社会经济条件下，各生产要素（土地、劳动力、资金、设备、经营管理、信息等）的最优组合和有效运行，取得最佳的经济效益。因土地是农业生产不可替代的生产资料，故农业规模经营在很大程度上指土地规模经营。

一、土地规模化经营

全面推行家庭联产承包责任制后，种植业产值占农业总产值的比重过大，1983年种植业产值占农业总产值的52.9%。粮食生产的产值比重过大,农田生产结构比较单一。1983年粮食作物播种面积116.68万亩,占农作物总播种面积的71.67%,粮食生产的产值10934万元,占种植业产值的57.5%。上述问题在平原粮食产区表现尤为突出,如双桥乡24110亩耕地中,1984年种植业用地20498亩,占总耕地的85%,其中粮食作物用地14149亩,占种植业用地的69%,全乡11730个劳力,用于种植业的就有7002个劳力,占总劳力数的59.7%,尚有占总劳力25.4%的2984个剩余劳力没有得到很好的转移。1985年,县委鉴于农业生产结构存在的问题,在保持农田性质和保证完成国家各项征派购任务的基础上,对农田生产结构进行改革。是年,粮食播种面积从1984年的116.68万亩调整到93.39万亩,减少19.94%,其中春粮减少5.35万亩,早稻减少5.94万亩,晚稻减少9万亩,将20.29万亩粮食播种面积改种多种经济作物。1987年和1985年相比,粮食少种10万亩,减少8.53%;棉花少种0.58万亩,减少16.49%;油菜籽多种1.98万亩,增加14.45%;蔬菜多种3.96万亩,增加6.84%;瓜类多种0.76万亩,增加1倍;甘蔗多种2.14万亩,增加4.98倍;荸荠多种1.24万亩,增加83.45%。

全面推行家庭联产承包责任制后,农村出现大量剩余劳动力和剩余劳动时间,劳动力开始向多种经营和非农业生产部门转移,涌现出一大批农业生产专业户、重点户和经济联合体。1982年,全县有农村专业户、重点户1733户。至1986年底,境内有专业户、重点户10628户,占总农户数的5.93%,专业户和重点户成为农业生产发展的重要力量。

全县土地规模经营形成了多种形式:部分农民将其承包的土地转移给别人经营,出现一批有一定规模的种粮大户,提供较多的商品粮。1987年,全县出售粮食5000公斤以上的有216户,彭公乡翁家村徐德坤7口之家种田42亩,售粮11.17吨。联合经营,包括承包经营、合作经营、股份经营等多种形式。1985年,全县农村有联合体81个,参加农户398户,劳动力645人,全年总收入120.2万元,净收入41.76万元,人均647元。其中少数是在实行联产承包责任制时保留下来的,有统一经营的专业队承包。如长乐镇西山村茶厂就用这种形式经营茶山1802亩。联户经营,落实家庭承包后,农户自愿联合扩大经营规模。如舟枕乡竹园村50户村民联合组成林茶果专业队,共同经营山林1600亩、竹笋50亩、茶园170亩、橘园120亩、水库养鱼120亩、杉木基地1200亩。农村经济发展进一步推进土地规模经营,舟枕乡中南村在制定农业发展总体规划方案中,经社员讨论同意,各生产队所有土地在产权不变的前提下,将经营权交给村经济联合社统一发包给承包者;同时,按照《杭州市农业承包合同条例》有关规定,变更原生产队与农户的承包关系。1992年4月20日,县农委原则上同意中南村实施。这在整个杭州市是首例。

随着城镇化进程的推进,农村劳动力非农化比例进一步提高,农业生产的专业化趋势愈加明显。到2012年,全区14.46万户农户中,纯农户2.12万户,仅占14.7%,农业兼业户、非农业兼业户、非农户分别为5.46万户、4.04万户、2.84万户,分别占37.8%、27.9%、19.6%。在全区44.58万农村劳动力中,从事第一产业的劳动力仅有7.54万人,占劳动力总数的16.9%,外出务工和从事二三产业经营的劳动力占了83.1%。在农户生产兼业化的同时,农业生产专业化趋势明显。是年,余杭区家庭承包经营的耕地面积为40.87万亩,流转面积26.56万亩,流转率近65%。实行规模经营(10亩以上)的耕地面积23.17万亩,其中经营面积10亩—30亩的经营主体2185个,平均经营规模19.3亩;30亩—50亩经营主体936个,平均经营规模40.6亩;50亩—100亩经营主体442个,平均经营规模71.7亩;100亩—200亩经营主体269个,平均经营规模

148.1 亩;200 亩以上的经营主体 148 个，平均经营规模 540.1 亩。经营主体包括家庭农场、专业大户、农业企业、农民专业合作社等。

图 2–5　2018 年 8 月 7 日，为塘栖镇丁河村颁发新版农村土地承包经营权证

二、土地使用权流转

1992 年，从事第二、第三产业的农村劳动力 20.48 万人，占全部农村劳动力的 44.6%，剩下务农的大多为老人和妇女，农田管理粗放，甚至出现弃耕抛荒现象。1994 年，按照“明确所有权、稳定承包权、搞活使用权”和“依法、自愿、有偿”的原则，推行农业“双田制”(按人口分配口粮田，按劳动力划分责任田)为主要内容的土地使用权流转机制。1995 年，实行大田“双田制”经营的面积 10.56 万亩(7040 公顷)，其中责任田 4.8 万亩(3200 公顷)。由集体农场经营的 1500 亩(100 公顷)，由大户招标承包的面积 2600 亩(173.33 公顷)，农户自行转包转让的有 1663 户，3200 亩(213.33 公顷)，经营 10 亩以上农户 1153 户、2.98 万亩(1986.67 公顷)，发放土地承包使用证 3642 本。同时，渔业生产责任制从分户轮养、联户并养，发展到内塘招标承包，承包面积达 2.17 万亩(1446.67 公顷)。

余杭市全面推行“双田制”后，土地承包使用权流转机制逐步健全。1999 年底，“二轮承包”工作基本完成。2001 年 9 月 8 日，区委、区政府制定《关于建立承包土地使用权流转机制的若干意见》，提出在农业“双田制”的基础上，按“稳制活田，三权分离”原则(在稳定家庭承包制的前提下，实行农村土地集体所有权、农户承包权和土地使用权的分离，按照市场经济的要求，搞活土地使用权)，采用农户间协商流转、反租倒包、股份合作、使用权出让、土地互换等方法，实现生产要素合理流动和优化配置，提高土地规模化、集约化经营程度，促进农业增效、农民增收。至年末，土地承包使用权流转面积达 7.5 万余亩。2003 年 3 月 1 日，《中华人民共和国农村土地承包法》开始施行。针对村规模调整后承包权证需要变更和部分村“延包”工作未完成、承包权证未到户的实际，2004 年 7 月，全区开展“延包”的完善工作。通过开展“延包”及完善工作，进一步规范了农村集体土地承包依法管理，促进了农村土地承包经营权流转，为农业规模经营和农民向非农产业转移打下了良好基础。2005 年，全区各地根据农业部《中华人民共和国农村土地承包经营权流转管理办法》的规定，按照“依法、自愿、有偿”的原则，指导规范流转工作，促进农村土地的规模化和集约化经营。区政府下发《关于进一步加强农村土地承包管理工作的意见》，提供《土地承包经营权流转委托书》《土地承包经营权流转合同》《土地承包经营权转包合同》等规范文本，余杭区土地流转逐步实现从自发流转到委托流转、从口头约定到书面协议转变，规范交易行为，保障双方权益。区土地流转形式主要有转包、租赁、转让、互换、入股等，绝大多数为租赁、转包形式。土地流转已从过去的农户之间进行转向以种养大户、农业企业、工商业主、农民专业合作社等受让主体为主，越来越多的工商资本、社会资金涉足开发现代农业，农业规模化经营水平有效提升，规模流转已逐渐占据主导地位。是年，耕地流转总面积 9.56 万亩

(6370.54公顷),其中规模经营7.55万亩(5035.6公顷),分别比上年增长2.31%、7.75%;林地流转总面积2.91万亩(1942.6公顷),其中规模经营2.21万亩(1473.2公顷),分别比上年增长17.97%、8.86%。

2008年1月,区政府印发《余杭区加快农村土地承包经营权流转的若干意见》,对符合条件的土地流转项目,按流转面积给予所在乡镇、街道一定的资金奖励,推进全区农村土地承包经营权快速、规范流转。是年,家庭承包耕地流转面积15.93万亩(10621.73公顷),占承包耕地总面积的35.84%。2009年,为创新土地流转机制,有效培育农村土地承包经营权流转市场,率先在余杭镇永安村、径山镇长乐村、塘栖镇邵家坝村和黄湖镇青山村开展农村土地股份制改革。通过召开全区股份制改革和土地流转工作座谈会,下发推行土地承包经营权股份制改革工作的实施意见和操作办法,明确工作要求、任务和创建形式、程序、相关文本等,推进土地股份制改革工作。完成土地股份制改革的4个村,涉及农户2563户、土地9904.95亩(660.33公顷)。12月,区政府下发《关于印发〈余杭区加快农村土地承包经营权流转的实施意见〉的通知》,确立土地流转信息季报制度,明确流转服务组织工作职责。至年底,区内成立了1个区级土地流转服务中心,15个镇(街道)土地流转服务中心和168个村土地流转服务站,“区—镇—村”三级农村土地流转管理服务体系建成,为土地流转提供信息发布、合同鉴证、政策咨询、价格指导、纠纷调处等服务。

2011年,区委、区政府制定《余杭区农村土地承包经营权流转交易管理办法》和《关于促进现代都市农业产业发展的若干意见》,规范土地流转交易行为,加大土地流转以奖代补力度,鼓励农户流出土地承包经营权。全区累计家庭承包耕地流转面积23.76万亩(15841.2公顷),占承包耕地总面积的56.94%。同时,完成8个村的农村土地股份制改革。2012年,区内土地流转工作与现代农业园区建设相结合,以规划引导流转,以流转促进布局。

2008年至2013年期间,余杭区先后制定一系列推进土地承包经营权流转和农业规模经营的政策措施,进一步规范土地流转服务管理,扶持服务机构建设,加大对土地流出农户和流入主体的财政补助力度,鼓励农户流出土地承包经营权。2009年至2014年间,区财政累计下拨土地流转奖补资金3341万元,对流出农户、土地股份合作社、流转服务机构等进行奖励,有效促进了土地流转工作。2014年补助政策到期废止。截至2018年末,全区城镇规划建设区以外的成片农村土地已基本流转到位,土地流出农户共7.92万户(占全区家庭承包经营农户的61.64%),耕地流转总面积达26.90万亩(17933.33公顷),其中家庭承包耕地流转面积24.87万亩(16582.27公顷),占承包耕地总面积的72.79%,处于全省前列。2018年,余杭区建立农村集体产权交易平台,把土地流转纳入农村集体产权交易中。是年,通过农村集体产权交易平台进行的土地流转达4409亩,涉及金额2275万元。

三、土地仲裁

2007年12月,成立余杭区农村土地承包纠纷仲裁委员会,由区委农办主任、区农业局局长任主任,区委农办副主任、区农业局副局长任副主任,区委农办(农业局)、区林水局、区法制办、区信访局、区司法局、国土余杭分局、区妇联等7个部门的相关人员为委员,并下设办公室在区委农办(农业局)。

2008年7月,仲裁委分别下发《关于印发〈余杭区农村土地承包纠纷案件仲裁审理规则(试行)〉的通知》《关于印发〈余杭区农村土地承包纠纷仲裁委员会仲裁员管理办法(试行)〉的通知》,同时聘请区政府法制办、区林水局等7家单位的9名工作人员作为区第一届仲裁员，负责仲裁案件的审理工作。2009年6月18日,余杭区首例农村土地承包经营权纠纷案例开庭审理,在规定时间内通过裁决形式结案,依法保障了申请人的合法权益。12月,建立余杭区农村土地承包纠纷仲裁办公室(以下简称“仲裁办”),并增挂“杭州市余杭区土地流转服务中心”牌子,为正科级事业单位,隶属于区委农办(农业局),核定人员编制3名,同时撤销区委农办(农业局)内设的“农村土地承包纠纷仲裁委员会办公室”。

图2-6 2016年12月7日,区农村土地承包经营权确权登记颁证工作领导小组在径山镇督查指导土地确权工作

2010年10月，仲裁委选聘了第二届仲裁员,2011年被农业部农村合作经济经营管理总站授予“农村土地承包经营纠纷调解仲裁工作先进单位”称号。2010年—2013年间,仲裁办共接待涉土信访300余件,针对复杂案件,调解仲裁员主动下基层调查核实相关情况,下基层调处信访30余件,仲裁委承办仲裁案件24件。2013年11月,区农村土地承包纠纷办公室(区土地流转服务中心)增加人员2名,达到5人。

2014年5月,根据工作实际需要,对仲裁委员会进行调整,同时开展第三届仲裁员的聘请工作,在原有的基础上,从各镇街选聘经验丰富的农经干部、司法所人员加入仲裁员队伍,2018年共有仲裁员达33名。2014年—2015年,仲裁委共组织仲裁员参加相关培训2次,培训80余人次,印发农村土地承包纠纷调解仲裁基本知识问答100余册。按照“调解为主、仲裁为辅”原则,仲裁办共接待涉土信访120余件,下基层调处20件,仲裁委开庭审理4件。

2016年,随着农村土地确权工作的深入推进,农村土地承包相关信访数量有所增加,为了及时有效将矛盾纠纷解决在基层,各镇街、村社成立基层调解组织。截至2017年底,全区共有20个镇街级农村土地承包纠纷调解委员会,218个村组调解小组,共有851个基层调解员。余杭区内未发生农村土地承包经营纠纷重大群体性事件及省级以上信访事件。

2018年11月,仲裁委开展第四届仲裁员选聘工作。在2014年每个镇街配备1名仲裁员的基础上,扩大律师在仲裁员队伍中的比例。全区共有44名仲裁员,其中律师10名,镇街人员23名。并组织仲裁员培训,印发《余杭区农村土地承包纠纷调解仲裁基本知识问答》《农村土地承包政策法律汇编》《农村土地承包仲裁实务选编》。是年,全区共发生农村土地承包经营纠纷共252件次,区内未发生农村土地承包经营纠纷重大群体性事件及省级以上信访事件。

第三章　种 植 业

境内种植业内容丰富，有粮、油、茶、麻、棉、果、菜、花、药材等项，系以粮食生产为主的综合农业区。余杭先民在农作物播植耕耘中，积累了丰富的种植经验，形成相应的农艺技术。

当代种植业技术体系内容在境内的应用和推广，为余杭种植业生产提供可靠保障开放后，陆续推出作物高产模式栽培、吨粮工程建设、"一优两高"农业等，余杭种植业取得突破性进展，商品粮、蚕桑、蔬菜、水果成为省重点基地。

第一节　种植制度

余杭县耕作制度形成与发展的过程，是受当时当地的自然和地理条件，社会经济条件等综合影响，相互制约的，而人文(社会及经济)条件是推动耕作制度发展的主导因素。余杭气候温和，雨量充沛，土壤肥沃，劳力充裕，水田、旱地均适宜发展一年多熟制。随着社会经济的发展，农田基础设施的改善，科学技术的进步，以及人们对农副产品需求的变化，粮地种植的作物种类逐渐增多，复种指数逐渐提高，粮食生产沿着高产、优质、高效的路子不断发展。

一、水田种植制度

汉代前，"江南之地，火耕水耨"(《汉书》卷六)。火耕水耨由水耕水耨转变而来。当时人们修筑陂塘沟渠，人工控水。耕种前，排干田水，待田干时举火烧草，耕地；耕种时，灌水人田，除草追肥。火耕水耨的耕作方式反映当时稻作农业已有较高水平。汉以后，农业进入犁耕阶段，普遍使用铁器农具和耕牛。农田水利的兴建，成为杭嘉湖重要的粮食产区之一。西晋时，稻田实行冬种苕草作绿肥，已发展紫云英、蚕豆等绿肥作物。从而改变了过去专靠休闲养地和"燔茂草以为田"的原始做法，粮地开始建立养用结合的连年种植制。

水田耕作余杭水田种植制度有单季稻、间作双季稻、连作稻和春花连作稻等。单季稻为麦稻两熟之传统耕作制，始于唐，盛于宋。

唐代始，灌溉农业有了发展，使一年一熟制开始向一年两熟制转变。南宋时，小麦开始从旱地扩种到水田，形成麦、稻两熟制及双季间作稻与旱粮复种等种植制度。明代中叶，出现商业性农业，栽培麦子、油菜等春花作物，形成水田一年两熟栽培制，从稻麦推广到其他作物的栽培。在冬作物中增添了蚕豆、豌豆、油菜和花草(紫云英)等，形成稻麦、稻油、稻豆、稻肥等多种内容的两熟制。轮作方式从一年轮作发展为多年的轮作，加上间作、套作等技术的出现，使种植制度不断完善。其中豆类作物除在轮作制中有其一定的地位外，又与其他粮食作物、经济作物进行间作、套种，扩大了间作、套作的种类。明末清初，农业经营的重点由粮食作物转向经济作物，农业经济重心转移到蚕桑方面，水稻生产遂退居附次地位，农田种植制度基本回复到一年一熟制。清末时期的种植制度继承和发展轮作复种、间作套种、多熟种植的优良传统。

除了双季稻和稻麦两熟有所扩展外，还发展了稻麻和麦棉等多种形式的两熟制，在部分地方还有三熟制的发展。同时，还继承和发展了稻豆间套作、麦豆间套作和稻绿肥间套作的种植制度。近代浙江的种植业基本处于停滞和衰退的状态，但有零星的技术改良。民国时，冬季作物以大麦、小麦、蚕豆、豌豆、油菜或绿肥互换轮作，夏季作物则以种植单季晚稻为主，部分为单季中稻。也有因劳力不足或因排水不良，实行冬季休闲，一年只种一季单季稻。全区粮食常年亩产 250 公斤左右。

晚清始行两季稻，仍以单季稻为主体的“春花一中籼稻”两熟制，间有些晚糯。至民国 21 年（1932 年），杭县引入早籼稻“六十日”，冬季作物是蚕（豌）豆、小麦（大麦）、油菜等。冬种面积较大，且以蚕豆为多。冬作的总产量较高，而亩产水平却较低，约在 50 公斤。《杭县志稿》有载：“当民国二十六年以前，石米市价恒不出十元以外，中稔之岁，普通农户往往卖新丝，籴陈谷，祇须添购三、四个月食粮，便可自给自足，故禾稼既纳，不问杂粮，秋收告成，靡勤各作。盖仲冬之月，土事无作，载于月令，农家所守弗替焉。自抗战期间，备受粮食恐慌之胁迫，尤于青黄不接之时，更觉创深而痛钜。于是改种早籼，广栽豆麦，或因节候而谋再熟（早籼收后，或种荸荠，或早籼将熟时，嵌种晚稻秧，谓之嵌稻），或觅隙地而植番薯，务极四体之勤，预筹一年之计。”

民国至 20 世纪 50 年代初为春花—单季稻两熟制，以种植单季中籼稻为主，有少量晚、糯稻。冬季作物主要是大、小麦、油菜、蚕豌豆等，并因地制宜逐步改革耕作制度，提高复种指数。

1949 年，全县水稻种植面积共 41.02 万亩（15 亩等于 1 公顷），基本上是单季的籼稻，其中大致上是早稻占 8.8%，中稻占 72.4%，晚稻占 18.8%。限于当时的经济技术及生产条件，还只能在耕作制度上作些比例调整性改良。原杭县农场（后改称县良种繁育场），1952 年试种单季晚粳稻 69.8 亩，由于运用了良种良法，结果平均亩产 292.3 公斤，比场内的中籼稻增产 56%。1953 年，因瓶窑区七贤乡（今属良渚街道），4880 亩中稻，平均亩产 207 公斤；300 亩晚粳，平均亩产 275 公斤。在全县开始推广晚稻粳稻。到 1955 年，全县单季中籼稻面积仅剩 9.26 万亩，降到当年水稻总面积的 15.4%。同时，总结推广间作稻，即在早稻栽插时预留下晚稻插种的行距，在早稻收割前约 10—15 天，嵌栽入晚稻大苗秧，故俗称为“嵌稻”。1951 年，全县间作稻扩大到 1.2 万亩，早季稻平均亩产 145 公斤，间作晚稻平均亩产 130 公斤，两季合计 275 公斤。而比单季中稻增产 54%，到 1955 年全县间作稻扩大到 4.51 万亩。由于扩大

图 3-1 茅山遗址良渚文化时期水稻田遗址

了晚稻、晚粳和间作稻比重，春粮生产相应受到些影响，春粮种植面积从1949年全县29.27万亩，到1955年减到22.14万亩，同期总产也从1260.5万公斤降到1128.5万公斤。另外，在以沾桥乡为中心的塘栖地区，有部分田的作物布局为“早稻—荸荠”。1949年时，全县这种布局有2.75万亩，占水田总面积的4.4%，在恢复时期及“一五”时期(1949年—1957年)平均每年3.67万亩，分别占各期水田总面积平均值的6.1%和6.2%。这段时期全县的耕地复种指数从1949年的131.1%到1955年发展到182.3%。粮食的年产水平：1955年为每亩270.5公斤，比1949年提高79.7%。全社会粮食总产量：1955年达到14598万公斤，比1949年增加145.2%。这6年间的粮食年平均递增率为1.16。

为了适应人民生活水平提高和经济发展对粮食的需求，各地不断改革水田耕作制度，坚持通过提高粮地复种指数，实行多熟制，以提高土地产出率，走出一条多种、高产、多收的路子。1955年，浙江省农林厅提出改革耕作制度的意见，要求因地制宜地对水稻和杂粮栽培制度实行“五改”，即双季间作稻改双季连作稻，单季稻改双季稻，中籼稻改晚粳稻，低产杂粮作物改高产杂粮作物，一年一熟改一年两熟或三熟。在粮食耕作制度上，余杭主要改革内容是“四改”：单季改双季，在这时包括间作稻和连作稻。由于上阶段打好了改革的技术基础，到本阶段逐步体现出成果。1955年，改籼稻为粳稻，改单季为双季，改间作为连作，单季中籼稻减少，单季晚粳稻、间作稻增加。是年，间作稻面积4.51万亩，占水田面积的7.4%，复种指数从1949年的131.1%提高到182.3%。1956年始，改间作为连作，改单季为双季，推广连作稻。是年，早稻种植面积由1955年的9.57万亩增加到27.6万亩，双季稻(包括间作、连作)由1955年的5.55万亩增加到21.6万亩。1955年，全县早稻面积仅9.57万亩，占水稻总面积的15.9%；1956年跃到27.6万亩，占36.9%。1955年，全县单季稻共49.11万亩，双季稻(包括间作、连作)5.55万亩。到1960年，单季稻减少到6.58万亩，而双季稻发展到32.48万亩。连作稻，即同垃田内，一年中连续种二季稻，早、晚两季间不共生。早、晚两季因此均可插足苗(丛)数，增加密度，从而比间作稻在产量上具优越性。1952年，原杭县农场就曾试种连作稻33.6亩，获得成功。到1955年，全县推广种植连作稻1.04万亩，比单季稻明显增产，但由于晚季的平均亩产水平低，全年产量还不及间作稻稳，因此影响推广速度。随着不断试验示范和总结，改进技术，调整品种。到1957年，全县连作稻发展到4.26万亩；1959年，增长到18.65万亩。且两季产量合计每亩平均408.5公斤，比同期的间作稻增产49.5公斤，增产13.8%，比单季晚稻增产68.1%。

1960年，双季稻发展到32.48万亩，占水田面积的66.2%，其中间作稻只占少数，仅1.14万亩。1963年后，全部改种连作稻，同时改良品种，改进栽培技术，复种指数进一步提高。1960年，组织农技人员前往绍兴县东湖农场等地参观取经，回来后进行试验、示范、总结三熟制的高产经验，到1963年全县“春花(大麦或油菜)—连作稻”这种新三熟制扩大到7万余亩，占粮田面积的18%。由于“绿肥(冬闲)—连作稻”多年实施，不能冬耕，土壤长期闭塞，理化性能变差，早稻起发慢，影响产量的进一步提高，使推广新三熟制成为必要。1969年，农技人员在良渚公社吴家埭大队蹲点，进一步从事新三熟制的高产试验。结果：545.8亩新三熟制全年平均亩产达816公斤，其中大麦166.5公斤，早稻401.1公斤，晚稻248.4公斤。1970年，又组织有关人员去江苏省沙洲县塘桥、吴县龙桥等地学习麦作高产栽培经验。1971年，为适应当地发展种植双季稻，全县开始扩大大麦，压缩部分绿肥田，大麦面积从1970年的3.49万亩，1971年，扩大到8.74万亩，增加一倍多。同时推广撒播麦、宽幅条播麦，以及敲麦、压麦等增产措施。1973年，全县大麦面积增加到 18,75 万亩，又增加一倍多。绿肥面积从 1970 年的 26.96 万亩，1971 年减少到 19.10 万亩，1973 年再减到 17.04 万亩。全县的春粮面积比重，从 1965 年的占粮食及黄豆作物播种总面积的 8.2%，到 1973 年提高到 20.7%。全县的春粮产量占全县全社会粮食总产量的比重：1965 年为 4.8%，1973 年增为 7,6%。同时，江苏省吴县龙桥的种麦经验开始在余杭县借鉴成功。全县推广薄片深翻、麦田开深沟、四沟配套、排除三水等增产措施，从而使 1974 年全县 23.15 万亩春粮，平均亩产 148 公斤，总产达 3413.5 万公斤。1965 年，全省农业技术总结会议上总结出良田、良制、良种、良法的“四良”配套经验：良田是稳产高产的基础，良制是稳产高产的保证，良种是稳产高产的中心，良法是稳产高产的手段。

1965 年后，大面积推广新三熟制，扩大种植春粮，实行良制与良田、良种、良法配套。嗣后，发展杂交优势利用，重点是推广杂交水稻。1975 年，余杭县开始试种及对比鉴定；1976 年，118.4 亩，其中示范田 18.8 亩，平均亩产 459.3 公斤。1977 年，种植晚季杂交稻 5078.9 亩，平均亩产 330.25 公斤，比全县常规晚稻亩产 283.5 公斤，增产 16.5%。1979 年，全县种植杂交稻 168976 亩，占晚稻总面积的 34.5%，是种植杂交稻以来面积最多的一年，当时全县 95%的“早翻早”面积为杂交稻所取代。潘板公社在 1978 年—1980 年连续 3 年种植万亩杂交稻，其中 1978 年是 11365 亩，占该公社晚稻面积的 81.5%。是年，被省农业厅列为全省 10 个“万亩杂交稻试验畈”示范点之一。杂交稻比常规稻每亩增产 72.2 公斤，增产 22.3%，全公社比上年全年总产增加 290 万公斤，增产四成。潘板公社因此在 1980 年荣获浙江省政府颁发的“杂交水稻推广”一等奖。1980 年—1985 年全县杂交水稻的面积每年都稳定在 7 万亩以上，占晚稻总面积的 15%左右。1977 年以前，余杭县的晚稻亩产量，有 10 年左右一直在 250 公斤上下徘徊。1977 年以后，除了灾害减产年份外，晚稻亩产量都在 350 公斤以上。1984 年，全县 47.35 万亩晚稻，平均亩产 418.5 公斤，比当年早稻亩产还高 26.5 公斤，全社会粮食总产 4.14 亿公斤。此外，在 70 年代中期以来，还试种过杂交早稻、杂交小麦、杂交油菜等。

1978 年后，复种指数保持在 250%左右。80 年代以来，由于商品经济的需要，在部分稻田中出现一种崭新的耕作制度，即发展稻田养鱼，稻鱼间作。这是一种种养业相结合的新形式，稻鱼共生，互相促进，稻田里的杂草、菌核、虫瘿、无效分蘖等作了鱼饵，又减轻了水稻病虫及杂草为害，减少了无效分蘖，提高土壤肥力，使水稻增产。方法是在稻田四周开深沟，中间开一条深沟并开几个鱼溜，鱼溜上可搭篷种丝瓜之类。5 月底放养鱼苗，晚稻收获前收捕。1985 年，全县推广稻田养鱼 1609 亩。大井乡农科站韩月根由于稻田养鱼成效卓著，荣获省先进个人称号。1985 年，调整农业结构，发展多样化的多熟制。调整后，经济作物面积占总播种面积的 33.5%。1985 年开始的农村种植业结构调整，以市场为导向，因地制宜，发展水旱结合、粮经结合、粮饲结合的多样化的多熟制，使耕地种植结构由传统的粮食—经济作物的二元结构，逐步转变为粮食—经济作物—饲料—绿肥的多元结构，如改一部分麦—稻—稻为春粮—瓜菜—稻、春粮—玉米—大豆—稻，或春粮—稻—经济作物、药材，或菜—稻—稻等；改油菜—稻—稻为油菜—经济作物—稻或油菜—稻—经济作物；改麦—棉两熟制为麦—冬菜—棉或冬菜—棉—瓜菜等。优化后的高效益种植结构的特点是：前后作搭配合理，土地利用率高；组合方式多，可供选择余地大；配套技术全，应变能力强；市场需求广，经济效益高。1985 年、1986 年两年全省扩大经济作物和挖塘养鱼，使粮地面积减少 132 万亩，大幅度调减春粮、早稻种植面积，导致全省粮食总产量下降，饲料粮仍依赖调入的缺口加大。

1987年,浙江省农业厅在总结台州地区开展杂交水稻高产模式栽培取得经验的基础上,提出在粮食高产地区有计划、有组织地推广高产模式栽培的指导性意见。1987年—1989年的3年中全省实施粮食作物高产模式栽培累计面积2825.18万亩(早、晚稻2394.38万亩,春粮430.8万亩),其中329.41万亩水田实现全年亩产超吨粮,对稳定粮食生产起到积极作用。1990年,浙江省人民政府在总结粮食作物高产模式栽培经验基础上,决定在全省开展吨粮工程建设,要求用3年时间先建成300万亩高标准的吨粮田和30万亩吨粮地。吨粮工程建设把农艺措施与工程措施及基础设施建设结合起来,是粮食作物高产模式栽培的深化。1992年,全省实施高产模式栽培技术和开展吨粮工程建设的地区,其种植制度均以春粮一双季稻三熟制为主体,粮食播种面积下降的势头有所遏制。

1990年5月,根据余杭县粮食生产基础水平和承担的国家粮食定购任务,县政府发出《关于创建吨粮乡和开展吨粮田工程建设的通知》,推广连片种植和超稀播育秧技术及适用技术,提高良种覆盖率。1992年,为达到"一优两高"农业新目标,推广新三熟制。是年,大、小麦和油菜产量分别比上年下降30%和13.4%。1993年,实施"吨粮、优质、千元"工程,通过农业生产结构调整应用高产栽培技术,生产出更多的优质农产品,达到亩产吨粮产值千元相组合的目标。该工程的实施途径为优化品质、优化种植结构、粮食经济作物轮作、生产加工增值。具体组合类型主要是:优质麦/稻/稻,大麦选用啤酒大麦品种,早稻选用优质米品种,晚稻选用高产优质品种;麦/瓜(或春玉米、春大豆)/稻,瓜类主要为西瓜、丝瓜等;非粮作物/稻/稻,非粮作物主要有豆类、蔬菜、食用菌及饲料用草等;早稻/秋冬水生作物,秋冬水生作物主要为慈姑、荸荠、茭白等。1993年—1995年,余杭"吨优千"工程实施面积累计1490公顷,带动推广面积1.76万公顷。良渚、安溪(今属良渚街道)、三墩(今属西湖区)等示范乡镇建立市级示范方12个,3年平均折实粮食亩产1164公斤,亩产值171.41元;面上带动推广折实粮食亩产1123.60公斤,亩产值1632.62元;3年累计增产粮食199.3万公斤(按优质麦/稻/稻组合实施面积14430亩计),可增加产值741.2万元。1994年,新三熟制发展到4660余公顷。新三熟制主要模式有6种:麦/瓜/稻、麦/春大豆/稻、麦/春玉米/稻、鱼草/稻/稻、菜/菜/稻、菜/稻/稻。2000年,大力调整优化品种结构。粮食、经济作物种植面积比例从上年的67:33调整到58:42,种植业与养殖业的产值比从上年47:53调整到33:67。2001年,余杭区农业结构呈现"机制调活,面积调大,结构调优,效益调高"的局面。粮食、经济作物比例日趋合理,为54:46。2002年调到51:49,2003年为47:53。在粮食作物中,早稻和连作稻的面积逐年下降,单季稻的面积逐年增加。2004年,农技部门推荐的大田种植模式有:绿肥/单季晚稻、绿肥/早稻/连作晚稻、油菜/单季晚稻、大小麦/西瓜/单季晚稻、大麦/早稻/连作晚稻、大麦/单季晚稻、春玉米/单季晚稻、春马铃薯/单季晚稻、春大豆/单季晚稻、黑麦草/单季晚稻。

二、旱地种植制度

春秋时期,旱地开始种植粢、黍、赤豆、麦、大豆等作物。明中叶商业性农业的兴起,和甘薯、玉米的传入,逐步形成麦—甘薯、麦—玉米两熟制,以及麦和蚕(豌)豆的混作间作,余杭的旱地种植制度原为一年一熟或两熟制,每年种一熟玉米、甘薯为主的夏秋旱粮,逐步形成麦/甘薯、麦/玉米两熟制,春粮/大豆/秋粮等三熟制。

余杭旱地占的比例曾经较大,随着水利条件的改善,旱地面积逐渐减少。

20世纪50年代以后,旱地种植制度由一熟制向两熟制、三熟制,老三熟制(传统的麦、玉米或大豆、甘薯等行距连环套种的种植制度)向新三熟制(麦、绿肥、春玉米、甘薯大小行间作套种的种植制度），两熟两收或三熟三收向多熟多收，间套少数几种作物向间套多种作物发展，搭配种植方式丰富。一年一熟制，分布在高海拔山区及部分陡坡贫瘠山地。这类旱地因地势垂直分布，气温差异明显，日照不足，蓄水困难，土层浅，肥力低，且土地零散，常年冬季休闲，每年种一熟玉米、甘薯为主的夏秋旱粮。一年两熟制，约占境内旱地总面积的80%以上。冬作一般是大麦、小麦、马铃薯、蚕(豌)豆、油菜、草籽种等；夏秋旱粮为玉米、甘薯、大豆、小米等。冬作与夏、秋作采用单种接作布局，是旱地粮食两熟制的基本特点。80年代以后，扩大旱地多熟制，两熟制面积明显减少。一年三熟制，除高山陡坡外，各地都有分布。这种复种方式运用套种间作争天时，延长作物生长期。旱地老三熟制的三季作物布局也有地区性，一般为冬作—大豆—秋旱粮或秋菜三熟；也有在秋旱粮行间种花生、大豆、秋菜的。还因地制宜实行大豆、花生、南瓜分别与玉米间作，甘薯分别和大豆、芝麻、赤豆、绿豆、西瓜等套种，豆、花生、南瓜分别与玉间作。茬口搭配旱地作物在地区间的分布较为明显且相对集中。如乔司、翁梅棉麻等经济作物集中产区。在这类地区的旱地种植制度中，以棉、麻为主要作物，其余是搭配作物。50年代，旱地面积在15万亩–23万亩之间，平均18.6万亩，占总耕地面积的24.4%。60年代，旱地占的比例在19%。旱地主要分布在山区、半山区及东部滨海平原。山区，以“冬作—夏秋旱粮”两熟制为主。冬作是大小麦、蚕豌豆、油菜、绿肥等。夏秋旱粮有甘薯、玉米、大豆等，以甘薯为多。东部滨海平原，棉麻面积较大，民国时以沟边麦套作棉、麻为主。60年代广泛推行春粮套种绿肥；70年代推广满畦麦或横幅条播，络麻套播于麦行中；80年代沟边麦又恢复并增加。络麻到10月上旬前后收剥后，紧接着播一期青菜或萝卜，供作腌菜。东部滨海棉麻区还盛行轮作。50年代，就有棉麻与经济作物如甘蔗、芋艿等隔年轮作。1956年起，始推广稻麻轮作。1964年，调出4000余亩络麻面积至水稻区，扩大稻麻轮作。实行隔一年或二年轮换一次，以控制麻类土壤传染的根线虫病等的为害，并使络麻比连作时增产。这类地区还精于间套作，常用的有沟边麦间作榨菜、芥菜等，沟边麦后期套种甘蔗或瓜类等。80年代以来，间套作形式有新的发展，即搞“立体农业结构”，如在幼龄桑地(果园)中套种黄姜，利用桑高而干疏，及姜喜荫畏夏季强光的特性，并因此还可免去搭荫棚。

另外，桑地套作菌菇、套作蔬菜等。在中部平原水网地带，多水田，虽以种粮为主，但结合浚河开渠，培筑圩岸、堤埂，在埂堤上广植桑、竹、果。这既符合“桑性恶湿而好干，恶瘠而好肥，恶荫蔽而好轩敞”《桑谱》的要求，又符合立体发展，充分利用了“天和地”，还改变了这些地区本来单一性的粮食生产结构，增加农户经济收入。因而，余杭历来就有“隙地皆树桑，虽田边小径，树低叶茂，植列成行”，“穷乡僻壤，无地不桑，季春孟夏，无人不蚕”。

三、茬口搭配

晋时，稻田在冬季种植豆科绿肥作物后，开始建立养用结合的种植制度。北宋时，麦子开始在水田栽培，冬季麦子夏季水稻，形成“一旱一水”麦稻两熟的茬口搭配。明代商业性农业发展，除稻麦两熟茬口外，又有稻油、稻豆、稻肥等多种内容的两熟制，形成稻与油菜，稻与蚕豆、豌豆，稻与绿肥作物等茬口搭配，并由一年复种发展到多年的轮作复种，其中豆类还有与其他粮食作物、经济作物进行间作、套作的茬口安排。50年代以来，种植的作物种类和品种繁多，衍生出多种茬口搭配。以季节性采取“水”作或“旱”作来区别，大体有5类复种搭配方式。一旱两水，这类复种制主要分布在海拔50米以下的平原、盆地农业区。这些地区的土劳负担较轻，土质较肥沃，水利条件较好，施肥水平较高，冬季种植麦、油菜、蚕豆、豌豆等作物，夏、秋两季种植水稻，构成全年不同方式的一旱两水复种制度。春粮一稻一一稻。主要有麦(大麦、小麦)一稻一

1949年—2015年（每5年）余杭区（县、市）耕地种植结构情况表

表3-1

单位：万亩

年份	总播种面积	粮食作物					经济作物									粮经比重
		小计	春粮	早稻	晚稻	杂粮	小计	油菜	棉花	络麻	果蔗	蔬菜	瓜类	绿肥	其他	
1949	97.47	73.37	29.27	3.60	37.42	3.08	24.10	6.14	2.27	3.89	0.51	3.17	0.61	4.45	3.06	75:25
（1953）	132.17	89.26	24.70	8.76	48.16	7.64	42.91	11.04	2.34	9.05	1.52	4.36	1.03	17.71	5.86	68:32
1955	141.66	89.40	22.14	9.57	50.62	7.07	52.26	16.64	2.23	12.96	0.36	3.69	0.72	12.47	3.19	63:37
（1958）	159.78	97.85	17.22	30.37	44.60	5.66	61.93	14.02	2.49	9.86	0.45	9.91	0.32	20.13	4.75	61:39
1960	160.42	102.03	16.16	34.74	45.06	6.07	58.39	11.56	2.48	8.11	0.26	9.26	0.38	22.78	3.56	64:36
1965	171.53	97.67	7.86	40.56	44.60	4.65	73.86	10.34	5.17	8.92	0.85	5.65	0.29	39.60	3.04	57:43
1970	163.10	107.52	9.13	44.82	47.98	5.59	55.58	10.44	3.37	7.48	0.49	5.31	0.07	26.96	1.46	66:34
1975	169.27	116.44	21.45	43.36	48.03	3.60	52.83	11.70	3.42	7.48	0.70	6.86	0.14	20.72	1.81	69:31
（1978）	171.24	118.32	22.13	43.12	48.51	4.56	52.92	12.56	2.90	7.46	0.40	7.71	0.21	18.24	3.44	69:31
1980	9.06	117.59	23.97	41.83	48.63	3.16	51.47	13.70	3.41	7.55	0.71	8.42	0.47	14.52	2.69	70:30
1985	161.73	107.47	22.77	38.14	43.81	2.75	54.26	15.68	2.95	7.96	2.57	8.52	1.44	9.19	5.95	66:34
1990	158.70	107.88	21.72	38.40	45.59	2.17	50.82	15.51	1.51	5.07	2.15	16.50	1.88	6.00	2.20	68:32
1995	102.95	65.26	8.37	22.79	30.92	3.18	37.69	10.00	0.72	0.92	1.49	18.22	1.61	2.88	1.85	63:37
2000	111.73	65.59	7.45	10.97	40.99	6.18	46.14	14.72	0.04	0.20	1.71	23.17	1.89	2.20	2.21	59:41
2005	94.70	44.76	2.10	1.81	33.06	7.79	49.94	7.11	0.05	0.05	1.21	28.70	2.16	2.73	7.93	47:53
2010	97.89	41.91	2.21	1.59	27.21	10.90	55.98	6.92	0.10	0.01	0.57	34.59	3.56	0.80	9.43	43:57
2015	75.06	23.47	2.02	0.66	14.92	5.89	51.59	4.12	0.08	—	0.24	33.55	2.19	0.43	10.98	31:69

表 3-2

1978 年—2015 年(每 5 年)余杭区(县、市)农业产值结构情况表

年份	农业总产值	农业		林　业		牧　业		渔　业		副　业		农林牧渔服务业	
		产值(万元)	比重(%)	产值(万元)	比重(%)	产值(万元)	比重(%)	产值(万元)	比重(%)	产值(万元)	比重(%)	产值(万元)	比重(%)
1978	23861	18036	75.6	662	2.8	4530	19.0	556	2.3	77	0.3	—	—
1980	25058	17830	71.1	733	2.9	5907	23.6	471	1.9	117	0.5	—	—
1985	40315	23739	58.9	854	4.6	11899	29.5	2182	5.4	641	1.6	—	—
1990	71077	42451	59.7	2589	3.6	16458	23.2	8179	11.5	1400	2.0	—	—
1995	81043	44320	50.0	4315	0.5	21229	24.0	11179	12.5	—	—	—	—
2000	140999	53603	38.0	6754	4.8	29243	20.7	51399	36.5	—	—	—	—
2005	410991	181686	44.2	34152	8.3	82625	20.1	100528	24.5	—	—	12000	2.9
2010	601040	284080	47.3	56107	9.3	87080	14.5	143773	23.9	—	—	30000	5.0
2015	742162	421772	56.83	74900	10.09	57491	7.75	145999	19.67	—	—	42000	5.66

注:1990 年(含)以后为“90 不变价”、以前为“80 不变价”,2005 年以后为“现行价”。

稻、蚕(豌)豆一稻一稻及马铃薯一稻一稻等 3 种形式,为水田三熟制中粮食年产量最高的一种方式。油菜一稻一稻。冬季的油菜是保证食用油料来源,增加经济收入,改良土质的重要熟制布局内容。肥一稻一稻。50 年代,为保证种植连作稻有足够的肥料,强调要种足、种好冬季绿肥,并推广"以磷增氮",提高鲜草产量,对扩大连作稻面积起到很大作用。但种植绿肥要少收一季春粮或油菜,随着土、肥、水条件的逐步改善。60 年代中期,相应压缩一部分绿肥面积,并实行与春粮、油菜等作物适当轮换种植。

"两旱一水" 这类复种形式主要有春粮(油菜)—早中稻—秋旱粮,分布在丘陵河谷地区及半山区,秋旱粮主要有玉米、大豆、甘薯、小米及秋菜等。"一旱一水"是在热量条件较差的山区、半山区,以及土劳负担重的平原稻区,一般以麦(草子种、大豆)稻两熟茬口搭配。以连作稻三熟制为主的地方,为预留好连作晚稻专用秧田,也采取搭配一定比例的春粮(油菜)—专用秧田—晚稻复种搭配方式。"水田两旱"是水田不定期的水旱轮作,种植经济作物的主要复种方式,主要分布在棉、麻和糖蔗集中产区。

第二节 粮食作物

余杭是浙江省重点产粮县之一,有着悠久的粮食生产历史。据考古发现,早在四五千年前的良渚一带,已栽培稻谷。玉米、大麦、小麦等栽培也早有历史记载。明万历元年(1573 年),钱塘初次引种玉米。田艺衡《留青日札》载:"御麦出于西番,花开于顶,实结于节,真异谷也,吾乡传得此种,多有种之者。"民国《杭县志稿》载:"民国三十五年度,杭县水稻种植面积三十七万市亩,米产量五十一万八千担","扩种冬作一万五千亩,以小麦、大麦为主"。

中华人民共和国成立后,粮食生产发展较快。余杭粮食生产以种植水稻为主。2006 年,全区有种粮大户 1055 户,种植面积 3365 公顷,全年粮食播种面积 2.95 万公顷,粮食总产量 20.85 万吨,平均单产 472 公斤,单产和总产分别比上年增长 9.5%和 8%,超额完成省、市下达的全年粮食生产目标任务。余杭区再次获浙江省粮食生产先进县(区)称号。2017 年 2 月,余杭区又获得省政府授予的第二届"河姆渡杯"粮食生产先进铜奖单位。

图 3- 2 2019 年 10 月 10 日,瓶窑镇崇化村陆家场甬优 1540 高产示范方长势长相

一、面积和产量

余杭种植粮食主要是水稻,其次为大、小麦,并有少量番薯、玉米、豆类等杂粮。历史上,粮食产量较低,平均亩产一般 100 公斤上下,丰年也不过 200 公斤。民国 18 年(1929 年),杭县产粮 5.26 万吨,亩产 101.70 公斤;余杭县产粮 1.6 万吨,亩产 83.25 公斤。杭县丰年粮食尚能自给,常年不足,荒年缺粮更多。余杭县丰年略有盈余,常年尚能自给。据民国 22 年

(1933年)《中国实业志?浙江省》载:杭县稻米播种期5月底,收获期10月中旬,与蚕豆、油菜、麦轮作。余杭、杭县两县共种植面积4533公顷(67995亩),总产量5000吨,每亩大致73.50公斤。又据《浙江之农产》载:1933年,杭县、余杭县产米总量113.10万石,而年需要量为125.50万石,不足约1成,其中杭县缺粮较多,全年平均约缺粮48天。是年,杭县产米约86万石,居全省第20位。

中华人民共和国成立后,粮食生产发展较快。1952年,种植粮食面积为49.73万亩,总产12.78万吨,亩产257公斤,总产和亩产分别比1949年增加1.15倍和0.71倍。1958年,亩产上升到331.50公斤。1964年,亩产443公斤。1966年,粮食耕地面积48.25万亩,总产24.91万吨,亩产512.50公斤,比1952年增加近一倍。"文化大革命"期间,粮食年产量徘徊在25万吨上下。1978年,粮食总产为38.23万吨,亩产800公斤。1979年、1982年、1984年这3年,粮食总产均超过40万吨,其中1979年总产42.30万吨,亩产865公斤。1985年调整农业结构,粮食耕地面积45.40万亩,总产34.80万吨,亩产762.50公斤,售粮超万斤种粮大户154户。1991年开始实施商品粮基地县建设项目,是年粮食耕地面积为45.91万亩,亩产895公斤,总产41.09万吨。1992年,种植耕地面积45.1万亩,亩产894公斤,总产40.29万吨。1996年,粮食耕地面积为37.18万亩,亩产860公斤,总产31.98万吨,种植10亩以上种粮大户1290户,2.89万亩,承担粮食定购任务844.56万公斤。2004年,粮食生产呈现恢复性增长趋势,粮食耕地面积达25.09万亩,总产21.33万吨,亩产850公斤。是年,余杭区被浙江省人民政府评为粮食生产先进区。2005年,粮食耕地面积24.87万亩,总产量18.55万吨,亩产746公斤。2010年—2013年,粮食播种面积和总产量持续下降。2010年, 粮食播种面积41.9万亩,2013年39.46万亩, 减少了2.44万亩,降幅5.8%;2010年粮食总产量19.17万吨,2013年18.45万吨,减少了0.72万吨,降幅3.7%。2010年—2013年,粮食亩产四连增,2010年粮食亩产457公斤,2013年467公斤,增加10公斤,增幅2.2%。

2014年, 因统计方法由全面调查汇总改为设立粮食面积监测点按公式推算,2013年面积和产量数据与2014年数据相差较大。2014年—2018年,全区粮食播种面积、亩产和产量实现五连增,2014年粮食播种面积21.87万亩,2018年粮食播种面积24.98万亩,增加3.11万亩,增幅14.2%;2014年粮食产量10.21万吨,2018年粮食产量10.44万吨, 增加0.23万吨, 增幅2.3%;2014年粮食亩产465公斤,2017年562公斤,增加97公斤,增幅20.9%。

余杭粮食生产以种植水稻为主,水稻播种面积占62%—71%之间。1981年—1985年的粮食总产量中,稻谷占86.6%(其中早稻占49%、晚稻占51%),麦占11.9%(其中大麦占63%、小麦占37%),蚕豌豆及夏秋杂粮占1.5%(其中番薯占88.7%、玉米占9.2%)。1990年,水稻产量占粮食总产量的87.4%,春粮占11.1%,夏秋杂粮占1.2%,黄豆占0.3%。1995年,水稻产量占粮食总产量的90.3%,其中早稻占粮食总产量的35.6%,晚稻占54.7%,春粮(大麦、小麦、蚕豌豆)占7.5%,杂粮(玉米、大豆、杂豆、甘薯等)占2.2%。

2000年,水稻产量占粮食总产量的89.1%(早稻占16.2%、晚稻占72.9%),春粮占6.7%,杂粮占4.1%。2004年,水稻产量占粮食总产量的87.3%(早稻占4.1%、晚稻占83.2%),春粮占3.3%,杂粮占9.4%。2010年,水稻种植面积占粮食播种面积68.7%,2011年占66.2%,2012年占64.6%,2013年占63.0%,2014年占67%,2015年占70.9%,2016年占66.2%,2017年占62.7%,2018年占56%。2010年-2018年8年间,全区早稻种植面积持续下降,2010年达到1.59万亩,

2011 年 1.34 万亩，2012 年 1.21 万亩，2013 年 1.25 万亩，2014 年 0.7 万亩，2015 年 0.66 万亩，2016 年 0.54 万亩，2017 年只剩下 0.22 万亩，2018 年 0.1 万亩。原因一是受天气影响大，产量不高，有亏本风险；二是双抢时间紧、劳动强度大，规模化难；三是粮食收购价格下跌，种植积极性不高。2010 年—2013 年，全区晚稻面积大幅减少，2010 年 27.21 万亩，2011 年 25.32 万亩，2012 年 24.37 万亩，2013 年 23.6 万亩，因出台粮食生产扶持政策，大幅提高规模种粮补贴力度，保护种粮农民积极性，实现 2014 年—2017 年晚稻面积四连增，2014 年 14.01 万亩，2015 年 14.92 万亩，2016 年 15.27 万亩，2017 年 15.4 万亩，稳定区域粮食播种面积。

春粮面积 2010 年 2.21 万亩，2011 年 2.1 万亩，2012 年 2.32 万亩，2013 年 2.28 万亩，2014 年 1.47 万亩，2015 年 2.02 万亩，2016 年 2.97 万亩，2017 年 5.57 万亩，2018 年 8.71 万亩。2014 年—2018 年间，春粮面积大幅增长。2015 年增长 0.55 万亩，增幅 37%；2016 年增长 0.95 万亩，增幅 47%；2017 年增长 2.6 万亩，增幅 87.5%，2018 年增长 56.4%。

全区杂粮面积逐年减少。2010 年达到 10.89 万亩，2011 年 11.5 万亩，2012 年 11.72 万亩，2013 年 12.33 万亩，2014 年 5.79 万亩，2015 年 5.87 万亩，2016 年 5.1 万亩，2017 年 3.73 万亩，2018 年 2.28 万亩。

1949 年—2005 年（每 5 年）余杭区（县、市）粮食耕年产量情况表

表 3-3

年份	合计			早稻			晚稻			春粮			杂粮		
	面积（万亩）	亩产（公斤）	总产（吨）	面积（万亩）	亩产（公斤）	总产（吨）	面积（万亩）	亩产（公斤）	总产（吨）	面积（万亩）	亩产（公斤）	总产（吨）	面积（万亩）	亩产（公斤）	总产（吨）
1949	39.60	150.5	59525	3.60	146.5	5280	37.42	106.5	39855	29.27	43.0	12605	1.39	128.5	1785
（1953）	51.99	259.0	134390	8.76	179.0	15690	48.16	204.0	94100	24.70	53.0	13105	5.08	227.0	11495
1955	53.89	271.0	145980	9.57	188.0	17985	50.62	216.0	109045	22.14	51.0	11285	4.98	154.0	7665
（1958）	48.15	332.0	159600	30.37	223.0	67805	44.60	161.0	71740	17.22	75.0	12950	4.32	165.0	7105
1960	46.95	306.0	156585	34.74	178.0	61070	45.06	11.0	72335	16.16	80.0	12900	4.22	243.0	10280
1965	45.86	46.5	812684	40.56	345.0	139900	44.60	146.5	653304	7.86	140.0	10980	2.35	362.0	8500
1970	48.18	516.5	240825	44.82	282.5	126600	47.98	219.0	104965	9.13	132.5	1085	2.71	301.0	8175
1975	48.06	578.0	280380	43.36	345.0	149675	48.03	215.0	103155	21.45	96.0	20625	2.20	315.0	6925
（1978）	47.45	800.0	382260	43.12	374.5	161385	48.51	366.5	177700	22.13	165.5	36655	2.21	295.0	6520
1980	47.85	641.5	308420	41.83	370.0	154805	48.36	205.5	99275	23.97	214.5	51385	1.27	232.5	2955
1985	45.40	762.5	347950	38.14	399.5	152320	43.81	344.0	150765	22.77	178.5	40590	1.79	238.5	4275
1990	45.81	865.0	397888	38.40	429.0	164589	45.59	404.0	184149	21.72	204.0	44352	2.17	221.0	4798
1995	41.85	872.0	364814	34.18	380.0	129752	46.38	430.0	199520	13.85	199.0	27493	3.48	231.0	8049
2000	33.22	891.0	276001	10.97	408.0	44723	40.99	491.0	201297	8.75	213.0	18611	4.88	233.0	11370
2005	24.87	776.0	192962	1.81	414.0	7489	33.06	475.0	156981	2.43	205.0	6997	6.48	332.0	21495

2010 年—2018 年余杭区粮食作物播种面积与产量情况表

表 3-4

年份	播种面积(万亩)	亩产(公斤)	总产(万吨)
2010	41.90	457	19.17
2011	40.26	459	18.48
2012	39.62	466	18.46
2013	39.46	467	18.45
2014	21.97	465	10.21
2015	23.47	468	10.99
2016	23.88	472	11.28
2017	24.92	476	11.85
2018	24.98	562	10.44

2010 年—2018 年余杭区水稻种植面积与产量情况表

表 3-5

年份	早稻			晚稻		
	面积(万亩)	亩产(公斤)	总产(万吨)	面积(万亩)	亩产(公斤)	总产(万吨)
2010	1.59	411	0.65	27.21	546	14.84
2011	1.34	435	0.58	25.32	554	14.03
2012	1.21	443	0.53	24.37	563	13.73
2013	1.25	441	0.55	23.6	564	13.31
2014	0.70	450	0.32	14.01	559	7.83
2015	0.66	455	0.30	14.92	565	8.43
2016	0.54	447	0.24	15.27	566	8.64
2017	0.22	450	0.1	15.40	599	9.46
2018	0.1	418	0.04	13.89	566	7.83

2010 年—2018 年余杭区春粮、杂粮种植面积与产量情况表

表 3-6

年份	春粮			杂粮		
	面积(万亩)	亩产(公斤)	总产(万吨)	面积(万亩)	亩产(公斤)	总产(万吨)
2010	2.21	229	0.48	10.89	294	3.2
2011	2.1	224	0.47	11.5	296	3.4
2012	2.32	216	0.5	11.72	316	3.7

续表 3-6

年份	春粮			杂粮		
	面积(万亩)	亩产(公斤)	总产(万吨)	面积(万亩)	亩产(公斤)	总产(万吨)
2013	2.28	224	0.51	12.33	331	4.08
2014	1.47	231	0.34	5.79	297	1.72
2015	2.02	232	0.47	5.87	305	1.79
2016	2.97	236	0.7	5.1	333	1.7
2017	5.57	241	1.34	3.73	255	0.95
2018	8.71	221	1.95	2.28	272	0.62

二、粮食功能区建设

2006 年,全区有种粮大户 1055 户,种植面积 3365 公顷,全年粮食播种面积 2.95 万公顷,粮食总产量 20.85 万吨,平均单产 472 公斤,单产和总产分别比上年增长 9.5%和 8%,超额完成省、市下达的全年粮食生产目标任务。余杭区再次获浙江省粮食生产先进县(区)称号。是年,落实粮食优质高产示范方 21 个,总面积 733 公顷。其中 8 个示范方参加省、市水稻优质高产示范竞赛活动,获市一等奖 1 个、二等奖 2 个、三等奖 3 个。全区 179 户农户参加全省水稻“万村优质高产示范”活动,经测产,早稻高产示范方平均亩产 526 公斤,攻关田最高亩产 564.2 公斤;晚稻高产示范方平均亩产 590 公斤,攻关田最高亩产 692 公斤。2006 年,以原良种场为基础的 106.67 公顷优质水稻种子繁育基地建设,列入杭州市种子种苗科技扶持项目。通过对种子生产全程技术辅导,严格种子质量检查检验,全年收购储备粮食种子 78.96 万公斤,供应各类农作物种子 45 万余公斤。2007 年,全区有粮油种植大户 1278 户,复种面积 3739 余公顷,发放农民种粮补贴 807 万元。其中种粮大户直补资金 168 万元,水稻良种补贴 21 万元,种粮农民农资综合直补资金 618 万元。年内,建立水稻高产示范方 6 个,面积 160 公顷,继续在全区范围内开展水稻优质高产示范与竞赛活动。2008 年内在良渚、余杭等 7 个重点产粮乡镇落实 10 个粮食千亩大畈,列入杭州市粮食生产功能区建设项目,实施面积 740 公顷,涉及农户 2449 户。按照 3 年建设目标,粮食生产功能区将建成旱涝保收的稳产区、解决抛荒的带动区、先进科技的应用区、统一服务的先行区、高产高效的示范区。至年底,已完成功能区内新建三面光渠道 4800 米、机耕路 3200 米和抗旱机埠 2 座。应用先进适用技术,实施统一布局、统一品种、统一植保、统一技术、统一机械化“五统一”的社会化服务;冬种 100%绿色过冬。区政府加大种粮补贴力度,制作发放种粮政策明白卡,与各乡镇(街道)签订粮食生产责任状分解落实粮食生产任务。经常性开展粮食生产督促检查,遏制耕地抛荒。建设粮食生产功能区为粮农示范,组织 11 个水稻高产示范方和 300 个高产示范户,开展粮食生产高产高效示范竞赛和水稻万村优质高产示范活动。全年全区粮食作物播种面积 30306.67 公顷,粮食总产量 20.6 万吨。2008 年,中央、省、市、区四级向种粮农民发放粮食生产扶持资金 2641 万元,比上年增加 1834 万元,增长 227%。其中,种粮大户直接补贴 333 万元,水稻良种补贴资金 132 万元,早稻普惠制补贴资金 68 万元,国家水稻良种补贴资金 464 万元,农资综合直补资金 1644 万元。2008 年,在良渚、余杭等 7 个重点产粮乡镇落实 10 个粮食千亩大畈,列入杭州市粮食生产功能区建设项目,实施面积 740 公顷,涉及

余杭区粮食生产功能区建设分布图

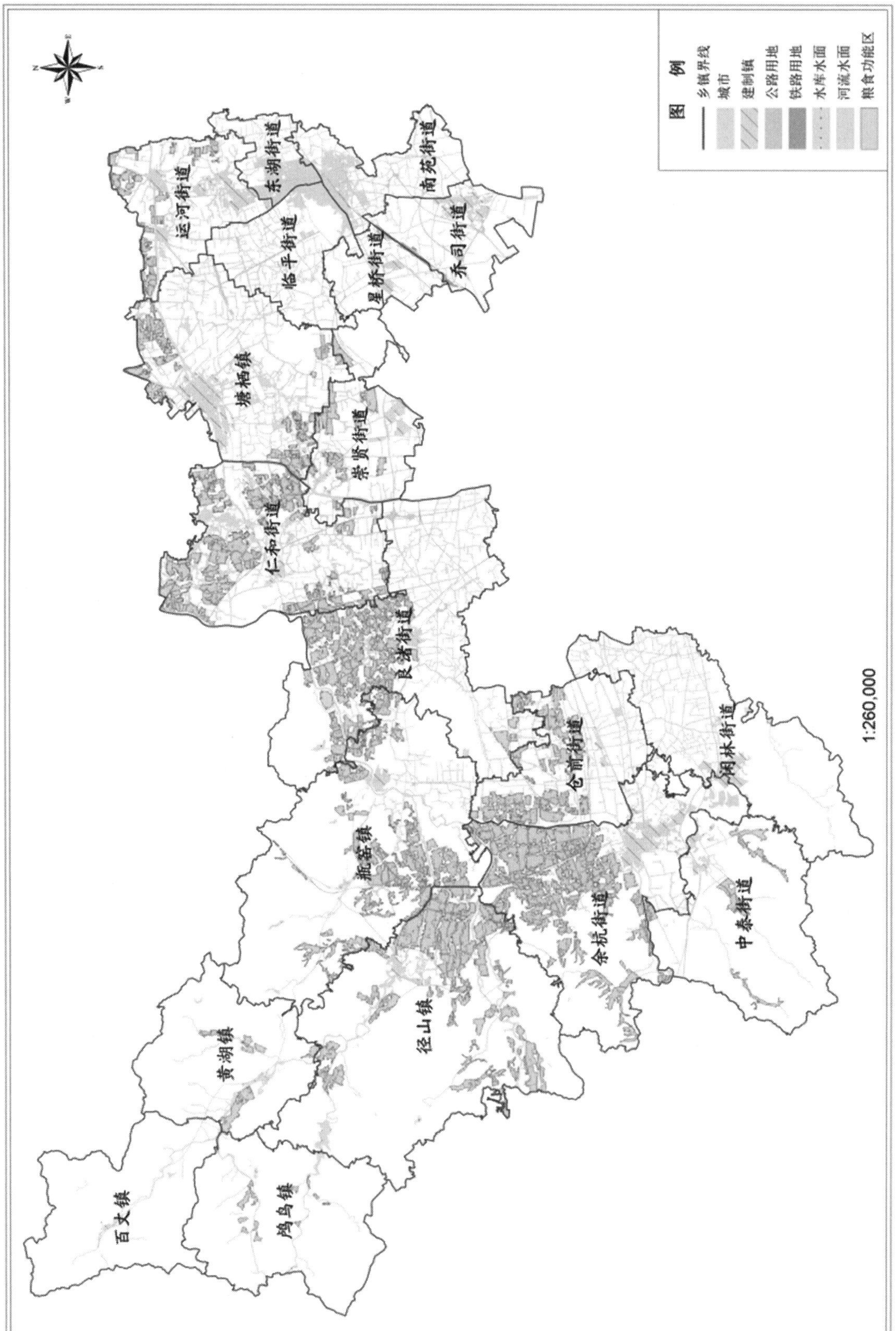

农户2449户。按照三年建设目标,粮食生产功能区将建成旱涝保收的稳产区、解决抛荒的带动区、先进科技的应用区、统一服务的先行区、高产高效的示范区。第一年建设已初见成效,功能区内新建三面光渠道4800米、机耕路3200米和抗旱机埠2座等农田基础设施;集成应用先进适用技术,全面实施统一布局、统一品种、统一植保、统一技术、统一机械化的"五统一"社会化服务;冬种达到100%绿色过冬,提高了农田复种指数。功能区建设创新了组织机制和土地流转新机制,整合了农业生产投入资源,提高了农田综合生产能力。

2010年12月,区政府发布《浙江省杭州市余杭区粮食生产功能区建设规划(2010—2018)》。该规划是根据浙江省《关于加强粮食生产功能区建设与保护工作的意见》、《关于印发粮食生产功能区建设规划编制导则和粮食增产任务的通知》等文件精神,由区粮食生产功能区规划编制与建设领导小组负责,于6月开始编制。规划划定粮食生产功能区596个,总面积12669.2公顷,其中2014年底前完成336个,建设面积7956.67公顷。是年,在径山镇前溪村新建了1个省级粮食生产功能区,总实施面积1470亩,至年底已全面完成基础设施建设项目,共新建机耕路810米,修复机耕路3000余米,新建渠道2089米,修复渠道2800余米,新建泵站1座,总计投入资金125.27万元,其中省级拨付90万元,镇乡、村级投入35.27万元。10个市级粮食生产功能区已完成2009年度各项建设任务,总计投入各级建设资金463.33万元,其中基础设施建设资金320.97万元。共新建机耕路5318米、排灌渠道8414.2米,修建机耕路10542米、排灌渠道10279米,新建或修建泵站11座,整理土地300亩,改良土壤200亩,植树950株等。粮食生产功能区在农田基础设施建设、农田质量提升、农业"三新"技术推广应用、社会化服务体系建设等方面较上一年水平有较大幅度提高,对辐射带动全区增加粮食产量、提高粮食综合生产能力发挥了作用。

2011年,10个市级粮食生产功能区在前两年建设的基础上,顺利完成2010年度各项建设任务指标,并于7月通过市级验收。项目实施三年,累计投入各项资金1648.51万元,其中基础设施建设资金1030.27万元,项目推进投入资金618.24万元,其中市级补助资金622万元,区级配套资金497.5万元。累计新建机耕路23020米,排灌渠道31268米;修建机耕路21293米,修建排灌渠道21099米;新建或修建泵站19座,改良土壤5750亩,道路两侧绿化合计4.8万米,功能区内达到田面平整,沟渠分系,布局合理,配套设施齐全,满足生产要求,农田地力得到有效提升,区内基础设施配套率提高到了98.5%,真正成为旱涝保收的稳产区,粮食综合生

图3-3 径山镇前溪村前溪畈省级粮食生产功能区

产能力得到大幅提高。与此同时,实施并基本完成了2011年新增2个市级粮食生产功能区建设任务,总实施面积1580亩,已投入资金172万元。同时,确定落实2011年区级粮食生产功能区建设项目61个,总建设面积2.52万亩,计划总投入基础设施项目建设资金2440余万元,已下达项目建设计划和第一批30%项目补助资金,2012年5月全部完成建设任务和区级验收认定。2012年底,余杭区已建成粮食生产功能区省级1个、市级15个、区级96个,总面积3706.67公顷。粮食生产功能区内田面平整,沟渠分系,布局合理,配套设施齐全,基础设施配套率上升至98.5%,满足生产要求,农田地力得到提升,成为旱涝保收的稳产区。全年下拨补贴资金4185.46万元(其中市、区两级配套资金838.55万元),补贴资金总额增幅2.6%。其中,中央农资综合补贴资金2097万元,国家农作物良种补贴资金和中央油菜良种补贴资金486.31万元,省、市、区级种粮大户等稻麦直补资金476.74万元。2012年,余杭区在瓶窑镇落实农业部高产创建单季晚稻万亩示范片1个,总面积700公顷(1.05万亩),并在西安寺村、张堰村粮食生产功能区内建立核心高产示范方各33.33公顷(500亩)。在塘栖镇、仁和街道、余杭街道、良渚街道和径山镇落实省级水稻高产创建千亩示范片5个,总示范面积374公顷(5610亩)。在余杭街道等7个重点产粮镇(街道)市级以上粮食功能区内落实水稻高产示范方12个,总示范面积275.47公顷。余杭街道上湖村城北畈单季晚稻高产示范方平均亩产741.6公斤,径山镇前溪村姚其畈单季晚稻高产示范方平均亩产727.5公斤。仓前街道苕溪村严家畈甬优12高产攻关田亩产888.7公斤,径山镇麻车头村上方畈甬优12高产攻关田亩产875公斤。瓶窑镇西安寺村低田畈、长岗农场马头山、永建畈等多个高产攻关田亩产超800公斤。

2013年,省政府下达余杭区粮食生产功能区建设任务1480公顷。全区共立项实施粮食生产功能区建设项目46个,总实施面积1484公顷。已累计建成省级粮食生产功能区3个,市级粮食生产功能区16个,区级粮食生产功能区158个(含省、市级),总面积5193公顷。通过项目建设,粮食生产功能区内田面平整,沟渠分系,布局合理,配套设施齐全,基础设施配套率提高到98.5%,农田地力得到有效提升,真正成为旱涝保收的稳产区,粮食综合生产能力大幅提升。全年共下拨补贴资金4083.57万元。其中:中央补贴资金2805.58万元,占68.7%;省级补贴资金442.18万元,占10.8%;市、区级配套补贴资金835.80万元,占20.5%。补贴资金中,农资综合补贴资金2067万元(中央),国家农作物良种补贴资金和中央油菜良种补贴资金473.55万元(中央),种粮大户等稻麦直补资金518.39万元(省、市、区),粮油生产机械化作业环节补贴655.36万元(省、区),农机购置补贴330.19万元(中央、省、市、区),2012年—2013年冬种油菜种植大户补贴39.08万元(省、区)。

2014年,省政府下达给余杭区的粮食生产功能区建设任务2813公顷,全区共立项实施粮食生产功能区建设项目104个,总实施面积2822公顷。年底,全区建成省级粮食生产功能区3个,市级粮食生产功能区17个,区级粮食生产功能区262个(含省、市级功能区),总面积8017公顷。2015年,余杭区新建区级粮食生产功能区2个,面积80公顷;市级旱功能区1个,面积14公顷;新认定区级粮食生产功能区62个,总面积1386.8公顷,超额完成省级下达的1333.33公顷建设任务。截至年底,全区建成粮食生产功能区324个(含省、市级功能区),总面积9403.33公顷。2015年,余杭区在余杭街道建设农业部粮棉油高产创建单季晚稻万亩示范片1个,总面积740公顷;其他5个重点产粮镇(街道)建设省级粮食高产创建单季晚稻千亩示范片6个,总面积453.33公顷;在径山镇麻车头村上方畈建设超级稻千公斤攻关百亩示范方1个,在仁和街道渔公桥村建设常规晚粳稻攻关百亩示范方1个。经专家测产，万亩示范片平均亩产612.6公斤，6个千亩示范片加权平均亩产748.4公斤；麻车头村“甬优12”高产攻关田最高亩产达到860.3公斤，较2014年增加29.1公斤，百亩示范方平均亩产821.3公斤；渔公桥村“绍粳18”高产攻关田亩产最高达到819公斤，百亩示范方平均亩产超700公斤。2016年，余杭区在余杭街道等5个重点产粮镇（街道）建设省级粮食高产创建单季晚稻千亩（1亩=0.067公顷）示范片6个，总面积440公顷，千亩示范片平均亩产753公斤。在径山镇麻车头村上方畈、仁和街道渔公桥村分别建设1个超级稻千公斤攻关百亩示范方和1个常规晚粳稻攻关百亩示范方。经专家测产，径山镇麻车头村上方畈“甬优12”百亩攻关方平均亩产862.6公斤，攻关田最高亩产932.4公斤，余杭区晚稻单产首次突破900公斤，百亩方平均亩产首次突破850公斤。

2017年，全区建设认定111个区级粮食生产功能区，总面积28546亩，超额完成2017年度建设认定任务（27900亩）。截至2017年底，余杭区已建设认定粮食生产功能区共492个，总面积190315亩，提前超额完成2010年—2018年19万亩粮食生产功能区规划建设任务。并委托省农科院数农所进行规划修编工作，将粮食生产功能区全部划入永久基本农田。规划修编后，共有粮食生产功能区466个，总面积19.08万亩，其中省级粮食生产功能区3个，市级及以上粮食生产功能区22个。2018年，余杭区进一步贯彻“藏粮于地，藏粮于技”战略，高质量推进粮食生产功能区建设保护，在良渚街道、仁和街道、黄湖镇和区农林集团长岗农场等地落实粮食生产功能区提标改造建设项目共6个，建设总面积6269亩，项目主要建设内容为机耕路、排灌渠、机埠和下田坡等农田基础设施。

三、种植品种

战国时，吴王夫差赞“越地肥沃，其种可嘉”。南朝时已有糯、粳稻之分。至宋，水稻品种多达56种之多。民国25年（1936年）后推广间作稻，引进一批早籼、晚籼及晚粳新品种。中华人民共和国成立后通过引进、品比、筛选、示范、推广，新品种数以百计。

中稻　民国时期，多为一年一熟的中稻，以籼稻为主，有少数粳、糯稻。主要品种有广籼、罗尖、青粳尖、龙凤尖及红壳糯、白壳糯等。陆续引进些改良种：胜利籼、中农34、中籼399等。据《杭县志稿》载：1946年3月间，杭县农业改进所“鉴于农民缺乏优良稻种，特向行总浙闽分署（行政院善后救济总署浙闽分署）请拨龙凤尖谷籽一千五百四十斤，中籼十号谷子二百斤。分别在塘河、严庄等乡推广。”又载：“特约示范农户二十五家，首先举办龙凤尖、中籼十号稻示范繁殖，共划用示范土地五百另八亩，播植种子二千五百四十斤。至秋收时，共收获谷子十三万七千八百斤，平均每亩产谷三百五十斤，较诸其他普通稻种，不论品质及产量，均有改进与增加。”1950年，全县中稻34.4万亩，占稻田总面积的65%。主要品种是中籼10号，约占40%，其他为罗尖、青粳尖等。1951年推广过中籼“2676”良种13725公斤。1958年后，基本不再种植中稻。

早稻　民国时，境内少种植早稻，1950年境内早稻面积仅5.8万亩，占稻田总量的11%。全是籼稻。1950年，境内早稻主要品种为团头天花落，另有六十日、尖头、半尖、半团等。1952年，崇贤乡沈家塘选种模范沈贵兴所在的互助组全组82.622亩早稻，平均亩产316.5公斤，比上年增产44.5%。沈贵兴从“团头”中选育出矮脚系，定名“矮脚团头”，在全县推广，同时推广种植的还有南特号、莲塘早、陆财号等。1955年全县早稻9.6万亩，其中矮脚团头约占95%。1962年该品种在全县种植14.7万亩，占当年早稻总面积的47.6%，常年一般亩产水平为200公斤—225公斤。50年代引进并推广的主要早籼品种尚有503（1951年）、矮黄六十日（1954年）、南特号

(1955年)、早南特(1957年)、早三倍(1957年)、莲塘早(1958年)、陆财号(1959年)等。上述品种的最大种植面积都达到1万亩以上,其中莲塘早,作为早熟搭配品种,1965年面积达8.1万余亩,占这年早稻总面积的20%;陆财号,作为中熟搭配品种,1963年达7.3万亩,占20.2%。这些品种到60年代中后期陆续退出生产领域。另外,50年代末期,还先后引进种植过一些早粳品种,如有芒早粳、宁丰,陆羽、卫国、青森5号、原子2号等。这些品种在1960年最多时种植面积约2.8万亩,占8.1%左右。由于易感病,产量低,不久便未使用。1960年,境内早稻品种布局实况是:团头占57.9%,陆财号占20.2%,莲塘早占11,5%,南特号0.6%,尖头0.6%,早粳类8.1%,其他1.1%。矮脚南特,1960年余杭县引入种子2.5公斤,在良渚农场作早稻试种,亩产650斤。当年该场翻秋繁种2.4亩,平均亩产366公斤。1961年良渚农场早季繁殖241亩,亩产351.7公斤,其中胜利油菜田茬1.05亩,亩产达401.5公斤,翻秋36.4亩,亩产256.8公斤,其中试验田1.427亩, 达347.6公斤。经过两年早、晚两季繁殖,1962年全县推广种植11723亩,1963年58627亩,1964年14.74亩, 占早稻总面积的35.8%,1965年达28.39万亩, 占早稻总面积的70%。是年,全县早稻平均亩产是345公斤,比上年增产45%。60年代引进并在生产上应用的其他主要品种有:矮南早1号、青小金早、圭陆矮6号、8号、团粒矮、先锋1号、珍珠矮、二腑、广马占等。其中:矮南早1号,属早熟早籼,1965年引进,1970年全县种植7万亩,占当年早稻总面积的15.6%,取代了莲塘早。60年代初推广矮脚南特,早稻以矮秆良种为主。

20世纪70年代初引进广陆矮4号,一般年份其种植面积在50%左右。同时种植的有二九青、原丰早等早熟品种。1970年,余杭县早稻品种布局:迟熟型矮脚南特,占56.9%,中熟型圭陆矮6号、8号,占13.4%,青小金早和陆财号各占5.6%,早熟型矮南早1号,占15.6%;其他占2.9%。广陆矮4号,1970年引进,1972年在瓶窑区北湖公社张堰大队栽种106亩,亩产425公斤。1973年,全县种广陆矮4号19.83万亩,占早稻总面积的47%。是年,云会公社朝阳10队,栽种1.05亩,平均亩产578公斤。1979年全县早稻42.57万亩,其中广陆矮4号占80%左右,全县早稻平均亩产427.5公斤。70年代引进并应用的早稻主要品种还有二九青、原丰早、光丰1号、青秆黄、双科1号、军协等。此外,面积不大,为期不长的品种有:青马早、青董6号、温革、温珍、湘矮早等。其中,二九青,1971年引进,到1977年占全县早稻的16.8%,替代矮南早1号,成为早熟早籼的为主品种。原丰早,1974年引进,到1978年占早稻的18%。1980年余杭县的早稻品种布局实况是:广陆矮4号,占84.0%,二九青占9.1%,原丰早占4.5%,青秆黄占1.7%,其他占0.7%。1985年的实况是:广陆矮4号占54.3%,浙辐802占38.8%,一九丰占3.7%,二九青占1.3%,其他(8004等)占1.9%。

1981年始,推广浙江农业大学和余杭县农科所协作选育的早籼浙辐802,该品种获杭州市1983年科技一等奖。1984年,余杭县内早季种植14.81万亩,占早稻总面积的36.2%,基本上取代了二九青和部分广陆矮4号的面积,成为当时搭配晚季杂交稻的优选早稻品种,翻秋种植产量也较其他早籼品种高。唯米质欠佳。80年代初,为适应农村产业结构调整改革,发展名、特、优、新产品的需要,引进试种早稻优质米品种尚有红突31、红突27、“8004”等,获得成功并示范推广。1987年推广种植早籼二九丰。

1990年,早稻重点推广浙辐九号、浙辐762、中156。1994年,推广浙辐762为主常规品种的同时,推广早稻优质米生产,其中有浙辐218、早籼903。嗣后推广舟优903、浙辐762、嘉早05等品种。

2000年后，优质米品种以舟优903、杭931、嘉948为主，常规品种以嘉早05、杭87—91、浙辐762、嘉育293为主。推广中祖一号、G96—143、浙99—17、杭959等品种。

2007年，建立水稻高产示范方6个，面积160公顷，继续在全区范围内开展水稻优质高产示范与竞赛活动。重点示范推广早稻"杭959"，晚粳稻"秀水09"及"浙粳40"等优质高产新品种。推广一系列先进适用技术，应用水稻无公害生产技术7333公顷，水稻免耕直播技术5000公顷，富硒稻米生产技术333公顷。

2012年，在高产创建中，引进并示范推广甬优12、甬优538、浙粳88等高产优质新品种，推广应用水稻精确定量栽培、精量穴直播、强化栽培以及水稻机插、测土配方施肥、病虫害统防统治等水稻增产增效、省工节本技术，水稻产量再创新高。

晚稻　有籼稻、杂交稻、粳稻、糯稻之分。

籼稻。20世纪50年代以晚籼9号为主。1952年开始推广双季稻，晚稻品种主要是"晚籼9号"，有省肥、耐旱、抗病虫、米质好等优点，一般亩产水平200—225公斤，受当时农户欢迎。1958年以后，渐为粳稻所代替。60年代，在连作晚稻搭配种植籼稻品种，以利秋种提早茬口，称"早翻早"。如1965年全县晚稻中"早翻早"占17.3%，"早翻早"，即以早籼品种作晚季栽培的群众习惯称呼。这期间，用作"早翻早"的品种，主要是矮脚南特，间有广场矮、珍珠矮、团粒矮等。70年代，由于三熟制的发展及秋种的需要，"早翻早"在生产上比重增大，1972年，"早翻早"面积占21.7%，1977年占27.8%，主要品种为广陆矮4号。另外曾少量使用过原丰早、军协，温珍、温革等。1977年后，因杂交水稻的发展，客观上起了替代早翻早的功用，从而大为减少，1981年—1985年均占9%左右，品种多为浙辐802、广陆矮4号。1996年，"早翻早"面积573公顷，品种为浙辐762等。2000年，"早翻早"种植面积仅为13公顷。

杂交稻。1975年引进杂交稻多个组合，经试种，选定汕优6号，于1976年冬和1977年冬两次到海南岛加速繁育。杂交稻还有汕优64、协优64，1978年—1980年连续3年种植万亩以上，1978年被列为全省10个万亩杂交水稻试验示范点之一。1978年，全县种植杂交稻(绝大量是汕优6号，下同)7.67万亩。1979年增达16.9万亩，占全县晚稻总面积的34.5%。以后，杂交水稻种植面积逐年减少。90年代主要推广品种有汕优系统、协优系统、七优7号、七优2号、Ⅱ优63、八优161和闽优128。2000年种植杂交稻品种有汕优63、汕优10号、Ⅱ优63、协优46、八优161等。嗣后，新增品种有籼杂Ⅱ优培九、协优9308、协优7954、Ⅱ优2070，粳杂申优1号、甬优1号等。2005年，全区种植杂交稻473公顷，籼杂品种有Ⅱ优培九、Ⅱ优7954、Ⅱ优63等，粳杂品种有秀优5号、甬优1号、嘉乐优2号、嘉优1号等。

粳稻。1949年引入晚粳10509，1951年，被评为杭县第一"县选种"。1952年起，一方面通过杭县农场加速繁殖，同时在全县5个区、33个村示范繁殖，成熟时，田间评比，全部示范成功。1954年杭县推广晚粳，供应"10509"稻种28.115万公斤。到1955年，"10509"种植面积占全县晚稻总面积的75%以上。1955年种植面积占晚稻的75%。1952年，杭县农场从10509中选育成杭农1号。1960年全县种植达11.5万亩，占25.5%。"10509"及杭农1号的一般亩产水平在250公斤上下。随着生产的发展，1957年以后渐为金谷黄、太湖种等的兴起所更替。由于这些晚粳品种的推广应用，促使全县实现了"中改晚"和"籼改粳"等改革，水稻产量提高。这段时期，生产上种植的其他较主要的晚粳品种，还有：落霜青、老来青、猪毛簇、松萝卜头、野苗种、新太湖青及桂花球等。其中，松萝卜头是安溪乡塘东村唐顺福在1956年从晚粳稻中系统选育出的自然变异系。1960年全县晚稻45.06万亩中,晚粳稻总计占87.1%,按品种分:新太湖青占26.2%,杭农1号占25.5%,猪毛簇占11.8%,“10509”占8%,野苗种占7.8%,松萝卜头占5.8%,其他占2%。农垦58是1963年引进的,在当时全县晚稻平均亩产仅158公斤的水平,该品种在勾庄公社长斟7队种植0.85亩,获得亩产336.25公斤,在东塘公社黄家墩11队种植0.98亩,亩产805斤,从而震动很大。于是,称农垦58是世界稻、三八稻”(八百斤产量、八百斤稻草、八折出米率),有籼米的胀性,糯米的口感,是晚稻中的矮秆良种。1965年全县推广种植农垦58计11.77万亩,占26.4%,1966年达20.6万亩,占45.2%。是年,全县晚稻平均亩产水平是206.5公斤。1963年后,陆续引进农垦58、农红73、农虎6号等晚粳品种。1971年以后引进推广晚3—2、嘉湖4号、嘉四辐等。80年代引进推广秀水48、浙粳66、农桂早3—7等品种。90年代,品种有丙1067、丙91—17、丙91—47、丙814、丙850、原粳4号、丙1067、丙93—63、丙91—17和短秧龄品种秀水850(丙850)等。2001年后主要推广品种有丙97—34、丙99—04、浙粳20、浙粳27、丙97—405、香粳49、嘉花一号、秀水994、浙粳30、丙00—05、嘉991、秀水09、秀水110、丙97—405、浙粳50等。1970年全县晚稻共47.98万亩,粳稻占65.2%(另外,糯稻占14%,籼型早翻早占20.8%),分品种的情况是农虎6号占23.5%,农红73占17.3%,农垦58占15.8%,东方红占4.2%,其他粳稻4.4%。60年代引进并推广的晚稻品种,除农垦58外,较著名的还有,中粳台北8号(1960年)和台中育39(1965年),农垦57(又名“金南风”,1965年)、桂花黄(1967年)、科情3号(1967年)、东方红等晚粳及荔枝红(1961年)、农虎6号(1967年)、农红73(1968年)等。其中,台北8号于1965年全县种植6万亩,占13.5%,能耐迟播、早栽、得高产的连晚品种。农虎6号、农红73、农垦58,当时并称为“三农”,倍受重视,1972年全县“三农”仍占晚稻面积的52.7%,农红73和农虎6号,在余杭县的最大种植面积均是1975年,分别达到10,5万亩、17.3万亩,分别占当年晚稻总面积的21.9%、36%。晚3—2,是1972年引进的,次年在良渚农场品种对比试验中产量位列榜首。1977年良渚农场繁殖202.35亩,亩产458.05公斤。亭趾公社费庄大队栽种1474亩,亩产656.45公斤。1978年全县种植10万余亩,占20%以上,成为上述“三农”的接班品种之一。70年代引进并在生产上有一定地位的晚稻品种,还有桐青晚、加农14月Z红1号(以上1972年),双丰1号(1973年),嘉湖4号、矮粳23、武农早、船工稻(以上1974年),嘉四辐、双丰4号、南粳32、33(以上1975年),双选6号、2号(简称“双6”“双2”两者为姊妹系,1978年引入),系选20—3(1979年)等。其中,嘉湖4号以及与其有密切亲缘关系的嘉四辐,80年代初上升为余杭县晚稻中的主要品种。嘉湖4号1980年最大种植面积达14.6万亩,占30.2%,嘉四辐1983年达10.9万亩,占22.7%。80年代初引进的主要品种有:秀水48(1981年)、浙粳66.77—10(1982年)、农桂早3—7(1982年)、秀水04(1983年)和秀水46(1984年)等。其中秀水48,1985年种植达5.4万亩,占12.3%。秀水系统不但产量较高,且米质亦较优,有前途。1980年余杭县晚粳稻品种布局实况是:嘉湖4号占30.2%,嘉四辐占3.1%,晚3—2占8.9%,矮粳23占4.5%,农虎6号占2.3%,双选6号和2号分别占1.7%和1%,粳型杂交稻占0.6%,其他8.3%,合计为60.6%。1985年,品种布局演变为:秀水48占12.3%,晚3—2占9.8%,嘉四辐占7.8%,矮粳23占7,3%,浙粳66占3.4%,77—10占2.3%,秀水04占1.6%,秀水46占1.1%,农桂早占1.1%,其他占1,8%,合计为48.5%。自“10509”以后,60年代以来,余杭县的晚稻栽培中,粳型主要品种,更迭较频繁。

糯稻。20世纪50年代,种植的均为农家种,如鸡脚糯、白壳糯、红壳糯、桂花糯等。其中红壳糯在1965年种植达11.3万亩，占这年晚稻的25.3%。60年代以红壳糯为主，70年代以京引15为主。引进应用的较主要糯稻品种有盅台中糯（1960年）、虹糯（1967年）、京引15（1969年）、矮秆糯（1972年）、甲农糯（1973年）、桂414（1974年）、桂糯80和桂糯5号（1976年）、双糯4号（1979年）、紫金糯（1982年）、R817和祥湖47（1983年）、香血糯（1985年）等。其中，中糯京引15，生育期短，不需专用种田，群众欢迎，应用期较长，1976年种植面积达5.4万亩，占这年晚稻的11.1%，后为双糯4号所取代。80年代初以双糯4号为主，以后以紫金糯为主。1982年双糯4号达8.5万亩，占这年晚稻的17.6%。但由于双糯4号的糯性不够好，改发展紫金糯。1985年紫金糯6.2万亩，占14.2%。引入R817和祥湖47以后，这两个品种，表现熟期适中，抗稻瘟病力较强，产量较高，糯性又较好。90年代，糯稻种植面积占晚稻面积大致在13%—22%之间。1990年以祥湖系统（祥湖84、祥湖25）为主。90年代，品种有祥湖84、春江03、丙8893、绍糯119、春03、丙93—25、丙94—02、丙94—08等。2000年之后推广丙97—48、丙99—14等。

2006年，由区种子技术推广站与省农科院农作物与核技术利用研究所，通过浙江省2006年度“0406”计划项目的实施，合作攻关选育水稻新品种“航天36”和“浙糯4号”，并通过省农作物品种审定会第33次会议审定。2006年，重点推广“浙粳40”晚粳稻、秀优5号杂交粳稻。

春粮　宋以前已有大、小麦之分，无具体品种记载。南宋嘉泰年间（1201年—1204年），有晚大麦、六棱麦、中早麦、红粘糯麦，小麦则有白小麦、赤小麦。民国时期，小麦农家品种繁多，常以麦穗形状、色泽、芒的有无或长短、成熟迟早、产地来源等命名，如白雪柱、蜈蚣麦、光头麦、和尚麦、红须麦、淮麦、洋麦等。民国35年（1946年），杭县农业改进所引进浙农9号，比农家种增产一成左右。随后又引进浙农17号。小麦农家品种繁多，常以麦穗形状、色泽、芒的有无或长短，成熟迟早，产地来源等命名。如白雪柱（又名“白蒲麦”）、蜈蚣麦（分红壳、白壳）、光头麦、尚头小红须麦、淮麦、洋麦等。据民国《杭县志稿》载：1946年杭县农业改进所引进浙农9号小麦2100斤，分别在临平、塘河、留下、义桥、三墩、良渚等乡镇推广试种，表现比农家种增产一成左右，随后又引进过浙农17号小麦。中华人民共和国成立后，良种推广更为频繁，效果更为明显。

小麦。1950年，小麦中浙农9号、17号两个改良种的面积占40%左右，其余有白雪柱、淮麦、蜈蚣麦等。20世纪50年代先后引进小麦品种主要有浙农939、南大2419、中农28、矮秆红和玉皮等。其中，南大2419，1960年全县种植3.3万亩，占40.2%左右。矮秆红在1970年种植2.6万亩，占57.8%。60年代推广矮粒多、吉利、阿夫、大黑芒、万年2号、鄂麦6号、丰产3号及山农205等。其中矮粒多是1958年引进，1965年全县种植1.5万亩，占32.6%。70年代引进并推广过的较主要品种有：扬麦1号、浙麦1号（“908”）、扬麦2号（早白1—1）、扬麦3号（早红3—7）、武麦1号和苏麦2号等。其中，扬麦1号由于感赤霉病相对较轻，且耐病，自1972年引进，到1975年推广达4.8万亩，占这年全县小麦总面积的59.3%。而浙麦1号（“908”），1973年引进，表现早熟、避病、高产，较适合于水田迟三熟制及县内棉麻区套作，1981年全县种植达8万亩，占当年小麦总面积的84%，成为“当家”品种。此外，1974年余杭县试种过墨西哥小麦8个组合，即波塔姆、叶考拉、西阿诺、卡捷姆、伊尼阿、他诺瑞、拜尼莫、沙瑞克。结果不适应，未能推广。1977年，县内部分地区试种过少量以化学杀雄制种的杂交小麦，组合是：66—139X泰和X宁701），早白X扬麦1号、鄂麦6号X扬麦1号、早红X扬麦1号。翁梅公社联盟大队是主要试种点，共种50.535亩，平均亩产366.5公斤，其中4.295亩的亩产达407.25公斤。由于制种困难等缘由，未能推广。

80年代引进推广的小麦品种，主要有钱江1号(1981年)，扬麦4号和浙麦3号等。其中，钱江1号主要在县内棉麻地区种植。1985年余杭县小麦品种布局实况是：扬麦4号占35.7%，浙麦1号(908)占34.3%，钱江1号占24.3%，其他5,7%。

90年代引进推广小麦品种有浙麦2号、浙麦4号、浙麦5号、扬麦158、扬麦9号、宁麦8号。2000年之后引进扬麦5号，2005年以扬麦11为推广品种。

大麦。20世纪50年代，大麦农家品种有扁箕大麦、红茎二棱大麦、四棱大麦、六棱大麦等，以二棱大麦为主。60年代初、中期先后引进推广的主要品种有无芒六棱大麦、光芒二棱大麦和矮白洋等。70年代，引进推广大麦品种有早熟3号、浙农12号。其中，1970年种植矮白洋1.3万亩，占37.1%。1972年，引进早熟3号大麦，粒大、早熟，抗病、高产，耐迟栽，是啤酒工业的好原料，因此成为70年代后期大麦的主要品种。1981年全县种植达13.0万亩，占95.6%。同于1972年引进的浙农12号大麦，1975年曾占20%，此后即渐让位给早熟3号。80年代初期，啤酒工业勃起，对适合作原料的二棱大麦需要量大增，沪麦4号(1980年)和浙皮1号(1981年)等应运而生。另外，沪麦6号("77—130")，1983年种植1万亩，占5.9%，此后，主要是在大麦黄化叶病区种植。1984年引进浙农大2号(82—24)、3号(83—28)，正在试种。余杭县1985年种大麦14.34万亩，其中，沪麦4号占53.8%，浙皮1号占32.2%，早熟3号占8.4%，77—130占5.6%。米大麦，在50年代末曾推广过，品种主要是立夏黄。1960年种植2万亩，占当年大麦总面积的50%。60年代引进推广过"757""114"等。由于病害重且产量不高，到60年代后期，米大麦很少种植。

90年代引进推广浙农大6号、秀麦3号、浙农大7号、花94—30等。2000年后，引进浙皮4号。

蚕豆。《杭县志稿》载，杭县蚕豆均农家种，有青、白、大粒、小粒数种。清嘉庆《余杭县志》则有"白扁蚕豆"记载。50年代，豆类生产量少，品种不多，多作蔬菜。蚕豆品种有青、白、大粒、小粒等数种。1959年，引种慈溪大白蚕豆、萧山牛踏扁等，大多在田头地角栽种。60年代后，由于耕作制度的改革，蚕豆面积全县每年仅1万亩上下，其中许多是种在田头地角，或作为蔬菜。1999年，种植日本大白蚕豆260公顷。2000年，种植慈溪大白蚕豆0.52万亩(346.67公顷)、日本大白蚕豆0.22万亩(146.67公顷)。豌豆，有白花、紫花两种。2000年，种植中豌4号0.26万亩(173.33公顷)、中豌6号0.09万亩(60公顷)、本地豌豆0.08万亩(53.3公顷)。大豆，有春大豆、夏大豆和秋大豆3种类型。

良种繁育推广。20世纪50年代初，以就地选种、就地繁育、就地推广，群众自留互换为主，国家购贮供应为辅。1950年，杭县政府布置开展小麦选种运动，以区、乡为单位，推动各级生产委员会成立选种小组，以村为基础，发动群众"三比"(比生长、比栽培、比产量)，评选出"乡选种"，然后由县召开选种代表会，评"县选种外。杭县、余杭县分别评出的县选种计有小麦矮粒多、浙农9号、南大2419，大麦扁箕大麦，早稻大叶罗尖、天花落矮脚团头，晚籼9号，晚粳"10509"等。同时，发动群众进行大田片选，穗选留种。1952年，余杭县有4000余户农户参加穗选，穗选种子8.9万公斤，有1.2万余户农户参加片选留种，占总农户的34%，共片选留种14.15万余公斤。杭县穗选种子52.5万余公斤。

1959年，贯彻执行"四自一辅"方针，即群众自选、自繁、自留、自用，辅之国家调剂。1978年，贯彻执行"四化一供"方针，即品种布局区域化，种子生产专业化、种子质量标准化、种子加工机械化，实行以县组织统一供种。

20世纪50年代初，逐步建立起良种繁育推广网络，以县农场为核心，互助组、合作社为基础，选种模范、积极分子为骨干，分别建立繁种田、留种田体系与制度。由县农业局提供甲级良种，县粮食局供应乙级良种。1952年，杭县推广晚稻甲级种1.8万公斤，群众间换种达81.85万公斤。1954年，杭县供应良种272.6万公斤，其中甲级种0.75万公斤。1964年10月，推广余杭县勾庄公社长斗大队联办种子队繁育良种的经验，形成县良种场、公社小农场、大队种子队、生产队种子田的四级良种繁育推广体系。20世纪70年代，发展四级农科网，全县从1976年起全面推开。1980年，全县农科站、农科队的种子田达10028亩，占全县粮田面积的2.1%。不少农科队年年在搞种子提纯复壮，并做到。种子专人抓，留种专田插，保管专仓贮，有一批大队，如北湖公社张堰大队等实行大队统一供种。

实行联产承包责任制后，除继续以国营农场为基础，还特约种子专业户进行良种繁育。1985年，全县常规品种种子专业户250户，面积400余亩，杂交制种专业户66户，面积647亩。1971年，由县良种繁育场(良渚农场)为主，开始采用轴"三圃法"，即选种圃，株系圃、原种圃，对广陆矮4号实施提纯复壮，生产原种，纯度达到99.9%以上。经县种子协作组逐年对复壮原种进行有组织的鉴定，平均增产率6.24%。1981年，潘板公社求是2队种植原种13.8亩，平均亩产457.05公斤，比对照增产20.2%。早籼光丰1号、二九青、原丰早，晚粳晚3—2、矮粳23和油菜"浙油7号"等复壮原种也都有增产效果。杂交稻繁种、制种自1976年正式开展，1978年最盛时全县繁种318.3亩，制种5813亩。

1984年起，繁育不育系任务归省、市，县繁停止，仅制种。1985年，全县制种911亩，其中1976年及1977年冬，还分别到海南岛进行南繁。2005年，区政府重新发布《关于建立余杭区粮食作物种子救灾和安全生产储备制度的意见》，建立粮食作物种子储备制度，确定每年区级国家储备良种75万公斤，其中救灾用种25万公斤，粮食安全生产用种50万公斤。区种子技术推广站作为承储单位，承担全区种子储备职能，建立区级粮油种子基地106.67公顷，生产种子50万公斤，外出组织种源25万公斤，确保75万公斤区级种子的安全储备。2010年，余杭区常规粳稻以嘉991、秀水123、秀水33、原粳35为主导品种，扩大示范秀水134；杂交粳稻以浙优12、甬优8号、甬优9号为主导品种；杂交籼稻以中浙优1号、中浙优8号为主导品种；常规糯稻品种以浙糯5号、绍糯9714为主。2012年，重点推荐的水稻良种为：常规晚粳稻以秀水134、秀水123、嘉33为主导品种，扩大示范浙粳88；杂交粳稻以甬优8号、嘉优5号为主导品种，扩大示范甬优12；杂交晚籼稻以中浙优8号为主导品种，扩大示范盐两优888；常规晚糯稻品种以浙糯65、绍糯9714为主。2013年，重点推荐的水稻良种为：常规晚粳稻以秀水134、嘉33为主导品种，扩大示范浙粳88；杂交粳(籼粳)稻以甬优12、嘉优5号为主导品种，扩大示范浙优18、春优84；杂交晚籼稻以甬优15、甬优9号为主导品种；常规晚糯稻品种以绍糯9714为主导品种，扩大示范浙糯65。2014年，重点推荐的水稻良种为：常规晚粳稻以秀水134、浙粳88、嘉58为主导品种；杂交晚粳(籼粳)稻以甬优12、甬优538、春优84、嘉优5号为主导品种；杂交晚籼稻以甬优15、甬优9号为主导品种；常规晚糯稻以绍糯9714为主导品种。

2016年，区内常规晚粳稻以秀水134、嘉58为主导品种；杂交晚粳(籼粳)稻以甬优12、甬优538、春优84为主导品种；杂交晚籼稻以甬优15、甬优9号为主导品种；常规晚糯稻以绍糯9714为主导品种。2018年，重点推荐的晚稻品种为：常规晚粳稻以秀水134、嘉58、浙粳99为主导品种；杂交晚粳（籼粳）稻以甬优538、甬优1540、春优84为主导品种；杂交晚籼稻以甬优15、甬优9号为主导品种。

四、栽培技术

水稻栽培技术　水稻高产栽培是一个复杂的综合技术体系，涉及栽培区的环境（气候、土壤、灌溉水资源）、品种选择（熟期、品质、产量）、栽培措施（育苗方式、播种量、插秧密度、肥料种类、肥料用量、施肥时期、水分管理、病虫草害防治等）等因素。如何在充分利用当地气候、土壤的条件下，通过改变品种和施以合理的栽培措施，达到高产的目的。

育秧。清及民国志书有水育秧方法记载，包括清水浸种、盲谷落田、密播水育及凭脚印分畦、深水灌溉等。境内主要种植单季籼稻，历来采用露地育秧方式，于立夏至小满播种。50年代后普遍推广晒种、选种、药剂浸种、催芽等措施。1959年起，推广稀播老健秧，并随三熟制面积扩大，推广半旱秧田育秧。1963年始，推广尼龙薄膜育秧，并一度推广小苗带土移栽和试行“套插秧”、直播稻。1972年，推广小苗、寄秧两段育秧。1977年推广温室无土育秧。1982年，余杭县加入省地膜育秧协作组，在舟枕公社义桥大队试验，结果具有“三高”（出苗率高、成秧率高、秧苗素质高）、“三防”（防鼠害、雀害、烂秧）和“三省”（省工、省种、省本）特点，方法简便，还有一定早熟增产作用。1985年，地膜育秧成为二熟制早稻育秧主要方式。90年代初期，推广旱育秧技术，日本稻作专家原正市先后两次在云会乡施家漾村试点推广。1993年，水稻旱育技术列入县“7—20”科技工程项目，在保留原正市旱育栽培法的基础上进行改良。2004年，早稻旱育秧面积为0.9万亩（600公顷），占早稻面积的41.3%。

种植。1952年以前，单季中籼稻株行距都在1市尺左右。1952年，良渚乡金乾康互助组在9亩（0.6公顷）晚粳实施小株密植。1956年，境内80%面积亩插1.7万丛以上。1959年一度推广浓株密植，产生倒伏和病害严重。60年代提倡合理密植，走“穗粒兼顾”型增产路子，延续至今。常用的行株距为6市寸×3市寸、5市寸×3市寸、5市寸×4市寸（每亩3万丛—4万丛），小株密植。早插田每丛4株—5株，迟插田6株—7株，秧苗不足时，减株数不减丛数。1988年，水稻抛秧栽培技术由县农科所首获成功。该技术用塑盘育秧，选择适宜品种，播量一般每只盘播干谷75克左右，种子经过精选、催芽等处理再精细培育秧苗。1995年，全面推广水稻直播技术。直播栽培技术，既省工、省本，又早熟、高产，方法简单易行。1996年3月，从江苏锡山市引进水稻抛秧机，开始机械抛秧。水稻机械抛栽平均亩增产21.4公斤，增产5.2%。1991年，开始引进轻型栽培技术，经试验与示范应用，取得较好效果。该项技术主要包括旱地耐寒育秧、塑料盘式育秧、抛栽等8项。1999年，推广水稻“旱、直、抛”轻型栽培技术，占早晚稻总面积的41.4%。是年，仓前镇进行水稻免耕直播试点，后推广到良渚、余杭、瓶窑等镇。

另外，在水稻生产中还推广“三高一稳”、水稻高产群体质量栽培、稻（茭）鸭共育等技术。“三高一稳”技术即选用良种、壮秧多蘖、增丛减本、促苗早发、超前搁田、优化施肥等综合配套技术，达到高成穗率、高实粒数、高经济系数和稳定高产所需穗数的目的。1991年，首次引进推广该技术，比常规栽培亩增产37.5公斤。水稻高产群体质量栽培技术系引进江苏单季晚稻高产栽培技术。1999年，推广面积比当年常规栽培单季晚稻亩增46.5公斤。稻（茭）鸭共育技术以生产无公害高效益稻鸭产品为目标的大田畈、小群体、少饲喂的生态种养结合模式。2003年—2004年累计推广稻（茭）鸭共育技术1000余公顷，同时在余杭镇、径山镇、崇贤镇建设3个稻鸭共育农业生态园区。实施稻鸭共育水田比不养鸭对照增加经济效益179.4元/亩，实施茭鸭共育水田比不养鸭对照增加经济效益 381.1 元/亩。

栽培技术中的施肥、田间管理和防治病虫害与各地大致类同。

大麦和小麦栽培技术　大、小麦播种栽培形式，棉麻区与水稻区不同。棉麻区实行宽畦条播或沟边麦两种。水稻区，20 世纪 50 年代，畦加宽到 1.33 米—1.67 米，实行麦、豆分开种植。60 年代推广阔幅条播，由于县内稻区多黏重青紫泥，耕作困难，未能普及。1970 年，学习江苏省塘桥、龙桥种麦高产经验，实行宽畦深沟，"四沟"(总沟、直沟、腰沟、边沟)配套；先开沟，后掘地；薄片深翻，精细平整，适时播种，播后堑泥或有机肥盖籽，力求避免"三籽"(深籽、丛籽、露籽)，达到"五苗"(早苗、全苗、齐苗、匀苗、壮苗)。山区则有"稻板麦"，即晚稻收割后，撒播麦种于稻板上，然后施肥、开沟、盖泥，以出苗齐见长。70 年代初，提倡施足基肥，早施苗肥，重施腊肥。腊肥于春节前，用河泥或猪羊粪，肥量较大，往往冬发不足，春发过猛，后期易倒伏，多病虫。70 年代末，改为"施足基肥、早施苗肥，巧施穗肥"。促进早分蘖，中期控制苗数，后期春天看苗施肥。60 年代后期，开始推广敲麦、压麦，麦苗三叶期后越冬阶段，用木槌、滚筒或脚踩等方法镇压，以控上促下，促进分蘖，防止冻害，增强抗倒能力。1990 年，推广免耕法高产栽培技术，以良渚为中心的 7 个重点产粮乡镇，包括良渚、安溪(今属良渚街道)、勾庄(今属良渚街道)、云会(今属仁和街道)、长命(今属瓶窑镇)，实施万亩春粮连片种植示范方，获得成功。

2005 年，为深化大田结构调整，区农业局组织人员分赴嘉善、温岭等地考察，引进示范冬季高效种植新模式。对全区调整优化大田结构、提高土地利用率的情况进行深入调查研究，提出结构调整方案与目标，由区政府发文实施。列入大田结构调整的项目，采用"谁投资，补助谁"的方法，对发展设施栽培和一年生经济作物，采取以奖代补的形式给予重点扶持。全年粮食播种面积 2.98 万公顷，粮食和经济作物种植比例稳定在 48:52。首次实行对春花作物种植大户的补贴政策。全区共有粮油种植大户 1040 户，粮油复种面积 3340.13 公顷，发放省、市、区直补资金 125.32 万元；优质水稻种植大户 943 户，种植优质水稻良种 2836.2 公顷，发放省、区良种补贴资金 42.56 万元；春花大户 950 户，春粮、油菜复种面积 631.27 公顷，发放区级补贴资金 22.35 万元，合计发放粮食生产补助资金 190.23 万元。同时，通过发展规模经营，加快新品种、新技术的推广应用，努力提高产量和效益，使粮食生产继续保持稳定。

由于早稻种植面积减少，余杭区耕作制度由一年两熟、一年三熟为主逐渐变为一年一熟为主，据 2017 年调查数据，"小麦—水稻"耕作制度在全区占 13.6%，"小麦—早稻—晚稻"占 3%，"水稻–油菜"占 7.6%，单季晚稻占 75.8%。

第三节　经济作物

境内经济作物品类较多，其中茶叶、蚕叶、油菜籽、瓜果、蔬菜、络麻，是全省乃至全国的重点产区。随着城市化进展，种植面积有所减少，络麻、蚕茧等逐渐淡出。

一、茶叶

境内产茶历史悠久，唐时已具一定生产规模。唐顾况《临平坞杂题·焙茶坞》诗云："新茶已上焙，旧架忧生醭。旋旋续新烟，呼儿劈寒木。"可见其时临平已有茶叶制作。清嘉庆《余杭县志》载，"茶圣"陆羽一度来双溪隐居，撰写《茶经》。据载，今径山镇双溪将军山麓"陆家井"即当年陆羽汲水烹茶之处。由于《茶经》传播种茶、采茶技术，至北宋已有“草茶盛于两浙，两浙之品日铸第一”(欧阳修语)。历宋、元、明、清以至民国，茶叶盛产不衰。民国16年(1927年)，年产1235吨(杭县745吨，余杭县490吨)；民国21年(1932年)，年产1750吨(杭县850吨，余杭县900吨)；民国26年(1937年)，年产2590吨(杭县600吨，余杭县1990吨)。抗日战争时期，茶园荒芜，产量剧降。至1949年余杭解放前夕，两县仅存茶园近万亩，年产量320余吨。

中华人民共和国成立后，人民政府采取多种措施恢复和发展茶叶生产。1952年，茶叶产量525吨，1957年720吨，60年代产量下降，年均约500吨。1973年，密植速成茶园在漕桥试验成功，1978年恢复径山茶生产。1980年，茶园4.21万亩(2807公顷)，年产2750吨，超历史水平，成为全国产茶基地县之一。由于重视名茶生产，“径山”“谷雨春”等一批名茶得到恢复和发展。全省名茶评比中，径山茶被评为第一名，后连续3年评为一类名茶。1999年，浙江省人民政府认定“古钟牌”径山茶为浙江省农业名牌产品，径山茶生产基地面积达0.73亩(487.33公顷)，产量5万公斤，产值1100万元。是年，茶叶总产量为4785吨。2004年，径山茶获“浙江省十大名茶”称号。是年，全区投产茶园5.4万亩(3600公顷)，产值2.48亿元，其中名优茶产值2.10亿元，占茶叶总产值的85%；径山茶产量703吨，产值1.50亿元，其产值占区内茶叶总产值的60%。茶树品种较多，种植面积以鸠坑群体种居首。70年代后引进迎霜、翠峰、龙井43等良种。嗣后，全部采用无性系繁殖良种。茶类以炒青为主。

产区分布　20世纪80年代以前，称余杭镇、闲林、中泰等产茶地为“南路”，因以旗枪茶生产为主，又称“旗枪区”；东苕溪以西茶区，一般生产炒青，故称“炒青区”。1982年，根据余杭气候、土壤等地域差异，并兼顾区划完整性，茶区分成西南部丘陵茶区、西北部丘陵低山茶区和中部平原残丘零星茶区。西南部丘陵茶区范围包括闲林、余杭、中泰及仓前、五常等地，茶园主要分布在泰山、五朝山、娘娘山等高丘及外围的低丘坡地，约占区内茶园面积的35%。西北部丘陵低山茶区包括径山、鸬鸟、百丈、黄湖、瓶窑、良渚等地，茶园主要分布在径山、窑头山、王位山等低山外围的丘陵坡地，约占区内茶园总面积的56%。中部平原残丘零星茶区含苕溪以东所有产茶镇乡、街道，茶园多分布于低矮残丘坡地，占区内茶园总面积的8.5%左右。

20世纪70年代，推广低产茶园改造技术，主要采取深耕施肥、修筑梯塄改造土壤，台刈、重修剪等办法改造树冠及改植换种、补缺成园。此后，推广优质高产技术，实行换种改植，重新种植无性繁殖系良种，建立专业新茶园。90年代后，新种茶园全部推广无性繁殖系良种。2001年，省政府下达茶树改良通知，余杭区通过宣传、引导和典型示范，至2008年，无性系良种茶园总面积达2171.5公顷，良种覆盖率50.5%。规模开发(连片3.33公顷以上)新发展良种茶园190.87公顷，占当年新发展面积的47.9%。根据调查，良种茶园亩产名优茶47.5公斤，比群体种增产32%；平均亩产值7085元，比群体种增值68.7%。2009年9月，余杭区被认定为浙江省茶树良种化先进县。2012年，全区有24家蒸青茶生产企业，33条生产线，产量9000余吨。余杭区通过出口茶叶质量安全示范区复核。

名茶开发　清嘉庆《余杭县志》载，唐天宝元年(742年)，径山寺僧法钦“尝手植茶树数株，采以供佛，逾年蔓延山谷，其味鲜芳，特异他产，今径山茶是也”。及宋，径山茶名气益盛。明代田汝成《西湖游览志》载：“盖西湖南北诸山及诸旁邑皆产茶，而龙井、径山尤驰誉也。”清代谷应泰《博物要览》载：“杭州有龙井茶、天目茶、径山茶等六品。”

径山茶始栽于唐，兴盛于宋，以“崇尚自然，追求绿翠，讲究真色、真香、真味”著称于世，是有着 1270 多年历史的传统名茶。经过多年的科学化栽培、产业化经营与品牌化建设，使这一古老的茶叶焕发新的活力和魅力，先后获地理标志证明商标、中国驰名商标和浙江省十大名茶、名牌产品、著名商标以及省农产品证明商标创牌十大先锋、茶叶专业商标品牌基地等称号。2004 年首次当选浙江省十大名茶后，实现生产规模化、品牌知名化、技术标准化、产业组织化、管理规范化、包装统一化。

图 3–4　茶叶绿色防控试验示范

1978 年，余杭县农业局技术员金雅芬等开始着手径山茶生产的恢复工作并取得成功。1979 年，径山茶参加省农业厅主办的全省名茶评比，获全省第一名，嗣后连续 3 年被评为浙江省“一类名茶”。1982 年获浙江“省级名茶”。1987 年参加全国名茶评比，获农牧渔业部颁发的“优质农产品”证书，定为部级名茶。1987 年—1989 年连续 3 年保持杭州市名茶评比第一名。1987 年参加浙江省首届斗茶会 ，被评为全省“最佳名茶”，获特等奖。1991 年被杭州国际茶文化节组委会授予“中国文化名茶”称号，同年又获国家科委“七五”星火计划成果博览会金奖。径山茶恢复后，径山茶生产基地仅限于径山区域，面积 230 亩（1.53 公顷），年产量 2.50 吨。继径山茶生产恢复后，境内又陆续在径山周围新创径山茶花色品种，其中主要的有：省级名茶“谷雨春”，1986 年由余杭县农业局研制成功，系半烘炒绿茶类，主要产于双溪镇四岭水库两侧山腰坞岙及车坑坞山谷之中；省级名茶“双径雨前”，1986 年由余杭县农业局研制成功，系半烘炒绿茶类，主要栽种于双溪镇海拔 400 余米的大岗山上；省级名茶“娘娘山茶”和“余杭雀舌”，分别由县农业局、余杭镇农技站和长乐林场创制成功，均属扁形绿茶类。“娘娘山茶”于 1997 年获“省级名茶”证书，同年获中国茶业协会第二届“中茶杯”特等奖。1989 年“余杭雀舌”被浙江省林业厅评为优质名茶。

径山茶自 1978 年恢复生产后，曾只限于径山村所办茶场。90 年代以后，生产区域扩大到整个径山区域，范围涉及径山镇里洪、四岭、斜坑、塔湖山和鸬鸟镇锡坑等地。1997 年 3 月，余杭市技术监督局发布省内首例地方标准—DB330125.001—1997《径山茶》。

1998 年 3 月，余杭市径山茶业管理协会（现为杭州市余杭区径山茶行业协会）成立。径山茶行业管理协会成立后，将区内名茶统一为“径山茶”，2003 年 2 月，“径山茶”地理标志证明商标正式注册。径山茶以造型不同分为径山毛峰、径山玉露和径山龙井三大花色品种，并统一标准、统一包装、统一监管。1998 年，径山茶获浙江省首届优质农产品金奖；1999 年，获中国国际农博会金奖、浙江省农业名牌产品；2000 年，获“会稽杯”中国精品名茶金奖；2001 年，获中国国际农博会名牌产品、“古钟”商标获杭州市著名商标；2002 年，获浙江省名牌产品、国家无公害农产品。2004 年，径山茶获“浙江省十大名茶”称号；“径山茶”商标被评为杭州市著名商标，次年又被评为浙江省著名商标。2003年,杭州大麓茶业有限公司生产的"大麓牌"系列茶通过国际标准验证。

2006年4月,由区农业局、区径山茶业管理协会主办的区首届径山茶品评暨拍卖会在陆羽山庄举行,全区有31家径山茶企业参加。金、银、铜茶王3个奖项分别由杭州银泉茶叶有限公司、杭州王位山茶叶园区有限公司和余杭区径山水云涧茶厂获得。经拍卖,每500克金、银、铜茶王的茶叶价格,分别是3.8万元、2万元和1.3万元。8月,"径山茶"品牌在浙江省工商系统推进品牌大省建设工作会议上,入选"十大地理标志区域品牌"和"十大特色农产品品牌",并位居十大榜首,为全市唯一。2007年10月,径山茶"径亭杯"广告语、包装设计征集大奖赛评选出"心有径·茶为道——中国·径山茶" 等5条广告语和体现良渚文化韵味的包装为获奖作品。2007年,首次在临平城区设立9家径山茶专营店,并统一店面设计;使用有水晶特种防伪标志与相应产地编码的径山茶新款包装,对茶叶产区和生产基地实行可追溯;举办首届径山茶开采新闻发布会,统一新茶开采时间;首次建立并开通径山茶网站;将原区径山茶业管理协会变更为杭州市余杭区径山茶行业协会。2008年,径山茶总面积3.25万亩(2166.67公顷),年产量超过850吨,总产值2.3亿元。2009年6月,径山茶再次获评浙江省十大名茶。

2010年10月,"中国商标网"公布国家工商行政管理总局商标局在商标管理案件中认定的217件驰名商标,杭州市余杭区径山茶行业协会的"径山茶"注册商标位列第三,成为余杭农产品通过行政途径获得的首个中国驰名商标。2011年, 由浙江大学CARD农业品牌研究中心、《中国茶叶》杂志和中国茶叶网共同组成的中国茶叶区域公用品牌价值评估课题组,在浙江新昌举行的2011年中国茶叶大会上发布全国茶叶区域公用品牌价值,"径山茶" 品牌价值达10.42亿元。同时"径山茶"又被认定为2011中国茶叶区域公用品牌——"最具带动力品牌"和2011年浙江区域名牌、"2011消费者最喜爱的中国农产品区域公用品牌"。2012年4月,"径山茶"品牌荣获2011年最具影响力中国农产品区域公用品牌称号。浙江大学CARD农业品牌研究中心、《中国茶叶》杂志和中国茶叶网共同组成中国茶叶区域公用品牌价值评估课题组,在2012年中国茶叶区域公用品牌价值评估中,给"径山茶"品牌价值的评估为12亿元,比2011年增加1.58亿元。2013年5月,径山茶凭借其独特的品质特征、悠久的文化积淀、严格的行业管理和优秀的品牌建设,在众多参选茶叶中脱颖而出,当选为"杭州十大名茶"。6月,王位山茶叶园区有限公司选送的"径顶红"在首届"浙茶杯"红茶评比中获得金奖,杭州银泉茶业有限公司选送的"银泉红茶"获银奖。"银泉红茶"还在杭州优质红茶品评中获得优质红茶银奖。2013年11月,国家质检总局认为:径山茶地域关联性强,与当地地理和人文具有的关联性较明显,产品具有较高的知名度,历史渊源考据较充分,符合国家地理标志产品保护的法规,同意通过国家地理标志保护产品技术审查。2014年4月,径山茶2014年品牌价值为15.27亿元,比2013年增加2.9亿元。6月,余杭茶业专业合作社"娘娘山"牌径山茶在中国合作社经济年度成就奖评选活动中,获得中国具有影响力的合作社产品品牌大奖。6月20日—23日,"绿神茶苑"参加杭州2014年中国茶业博览会,"绿神"牌径山茶获绿茶金奖,"佛圣水"牌红茶获红茶金奖。2016年4月,杭州市余杭区径山茶行业协会举办第七届径山茶茶王赛,27家茶叶企业参赛。经专家组、茶企组和大众评审组从茶叶的外形、香气、汤色、滋味、叶底等5个方面进行密码评审,评出金茶王3名、银茶王3名、铜茶王4名,另有5家茶企获得优胜奖。余杭双溪龙生茶厂、余杭车坑坞茶厂、余杭黄湖云顶农庄参评的径山茶获得第七届茶王赛"金茶王"称号。5月20日—23日,第十一届浙江绿茶(西宁)博览会在青海国际会展中心举办。径山五峰茶业有限公司选送的径山茶在名茶评比活动中获金奖。5 月,余杭区组织茶企参加 2016“浙茶杯”优质红茶推选活动,其中,余杭王位山茶叶园区有限公司的“径顶红”牌红茶获金奖,杭州银泉茶业有限公司的“银泉”牌红茶获银奖。11 月 5 日—6 日,黄湖镇云顶农庄选送的径山茶在第三届中华茶奥会中获茶品赛绿茶组金奖。2018 年,径山茶获农业农村部产品地理标志登记认证。是年 5 月,余杭东坑坞茶厂选送的径山茶在第二届中国国际茶叶博览会上获金奖;8 月,余杭张家山茶场选送的“京张”牌径山茶在 2018 浙江绿茶博览会上获金奖。

1949—2010 年(每 5 年)余杭区(县、市)茶园面积及茶叶产量情况表

表 3-7

年份	面积(万亩)	亩产(公斤)	总产(吨)	年份	面积(万亩)	亩产(公斤)	总产(吨)
1949	0.98	32.5	320	(1978)	3.62	64.0	2325
(1953)	1.37	49.0	675	1980	4.21	65.0	2750
1955	1.45	45.0	650	1985	5.03	69.0	3459
(1958)	1.77	41.0	730	1990	5.06	88.0	4452
1960	1.52	57.5	875	1995	4.35	86.5	3765
1965	1.88	38.5	725	2000	4.23	120.0	5064
1970	2.44	52.5	1280	2005	5.06	166.0	8408
1975	3.16	60.5	1915	2010	5.49	175.0	9614

二、油菜

面积与产量 余杭的油料作物有油菜、棉籽和花生,以油菜为主。油菜种植历史悠久,明万历《杭州府志》:“子可作油故名。将花时,取其心食,最美。心去则蘖丛生,花更多,子更繁,为利倍之。”其时,品种为白菜型土种。普遍采用移栽技术,亩产量 30 公斤左右。由蚜虫传播的毒素病较普遍,年度间产量极不稳定。1949 年,余杭、杭县油菜种植面积 6.14 万亩(4093.3 公顷),总产量 1835 吨。

20 世纪 50 年代,油菜品种为白菜型的农家品种,1949 年—1952 年,油菜平均种植面积 8.99 万亩(5993 公顷),亩产 35 公斤,总产量 3140 吨。1956 年,种植面积 18.12 万亩(12080 公顷),亩产 32 公斤,总产量 5800 吨。60 年代初,油菜生产采取地区差额包干制,加之推广甘蓝型油菜品种,单产不断提高,1966 年亩产 45 公斤。1979 年,油菜籽的统购价由每百市斤 28 元提高到 36 元,同时实行超售加价并奖售原粮,促进油菜生产发展。1982 年,油菜种植面积 14.62 万亩(9746.7 公顷),亩产 104 公斤,总产 15215 吨。2000 年种植 14.5 万亩(9666.7 公顷),亩产 114 公斤,总产量 16493 吨。2004 年种植 6.85 万亩(4566.67 公顷),亩产 125 公斤,总产量 8544 吨。

油菜籽播种面积逐年减少,仅 2015 年有小幅增加。从 2010 年油菜播种面积 6.92 万亩,到 2017 年的 1.01 万亩,减少了 5.91 万亩;产量从 2010 年的 0.89 万吨,到 2017 年的 0.15 万吨,减少了 0.74 万吨;亩产从 2010 年的 129 公斤,到 2017 年的 150 公斤,增加了 21 公斤。2018 年,

油菜籽种植面积1.87万亩，总产0.3万吨，亩产160公斤。究其原因，近年来农资综合成本、土地租金、人工工资增长，油菜的生产成本显著增长，种植油菜没有经济效益。另一个原因是前茬水稻收获太迟，油菜生育期受影响，产量较低。

图3-5 良渚街道港南村油菜田（2019年）

推广新品种　余杭县油菜生产一直以白菜型品种为主。白菜型农家种有罗汉种、观音种、八月白等。1956年，棉麻地区引进甘蓝型油菜（胜利油菜）逐步推广到水稻地区。到1960年，全县推广面积约400公顷，占5.2%。此后，陆续引进多个甘蓝型油菜品种，主要有川油2号。20世纪70年代引进油菜良种有“370”、“480”、宁油7号、沪油23、浙油7号、东胜14选等。1980年，“480”种植3660公顷，占40.2%，平均亩产60公斤。1983年，浙油7号面积达5330公顷，占57.1%，平均亩产65公斤。80年代引进推广油菜品种主要有92—13系、92—58系、“82769”、浙油8号。1987年，92—13系推广面积4693公顷，占45.9%，次年占43.86%。1989年，92—58系推广3167公顷，占32.03%，1990年占51%，1991年推广面积达8807公顷，占86.1%，1993年占78.91%，1994年占85.8%，1995年占80.4%，1996年占71.6%，成为90年代主要生产品种。90年代，引进推广品种还有华油8号、汇油50、91—鉴1、浙农大605、浙油750、华杂3号等。2000年之后，引进推广主要品种有高油605、浙油758、浙双72、沪油15等。其中，浙油758在2001年推广面积4333公顷，占51.6%。浙双72在2002年推广3547公顷，占50.7%，2003年占72.87%。沪油15在2002年推广2800公顷，占40%。2005年，品种以浙双72、高油605、沪油15为主。

油菜栽培技术　稀播育壮秧：要求油菜秧苗达到株高6寸（约20厘米）、叶片6张、根茎粗6毫米以上标准，秧龄一般以30天—40天为宜，切忌育成高脚苗、湾蒲头或徒长的弱苗。1956年学习上海南汇县胜利油菜密植高产经验，逐步改为5尺—6尺（1米等于3尺）畦，每畦种4行，大小行，大行行距1.2尺，小行行距0.8尺，株距0.5尺—0.6尺，沟宽0.8尺，深1.2尺，每亩种植0.8万株—1万株，土地利用率显著提高。同时，推广合理施肥，要求“施足基肥，早施苗肥，壅施腊肥，巧施花肥”。并增施磷肥、钾肥。此外，油菜和麦田一样应用龙桥撬开深沟，即排除积水，降低地下水位，结合清沟，进行培土壅根保肥防冻。1974年起对油菜田喷施0.5%的硼酸或硼砂液。

1997年开始推广油菜秋发栽培技术，即充分利用秋季光热条件，延长油菜的营养生长时间，增加冬前的生长量，以确保油菜单株分枝数和结荚数，从而提高单位面积产量。主要栽培技术为以9月15日—20日播种为宜，秧龄控制在35天之内，早施苗肥、早施腊肥、早施苔肥，兼施磷、钾、硼肥，并用多效唑。油菜免耕直播技术，关键是抓住播种期，一般为10月20日至11月5日，品种宜选择偏春性的，施好随籽肥，施足长苗肥，重施蕾苔肥。同时抓好大田除草。

油菜主推品种原为浙双72、浙油18为主，逐渐以浙油50和浙油51为主。浙油50和浙油

51 含油量高，达到 50%左右，丰产型好，品种特性更适合机械化作业。2017 年 1 月我区出台《油菜全程机械化生产技术规范》，详细记录了油菜各个生长阶段的操作技术要点，用于指导余杭区范围内的油菜机械化生产。区内种粮大户沈兴连在 2012 年 4 月创造油菜最高亩产 242.5 公斤的浙江纪录。

三、蚕桑

桑树栽培　余杭蚕业始于良渚文化时期。兴于唐代，其时钱塘郭外已成蚕桑基地。宋代见于记载的桑树品种就有 10 多个，其中以临安桑、鸡桑为主。明代种桑已较普遍，横泾（今瓶窑一带）已是“绿桑遍地”（明冯梦祯《快雪堂集》卷五十三），且出现桑苗市场，王省曾《备经》载：“有地桑出于南浔，有条桑出于杭之临平。其鬻之时，以正月上旬；其鬻之地，以北新之江涨桥。”20 世纪 60 年代之前，余杭主要栽种本地桑品种，为火桑、裂叶火桑、四面青、余杭青桑等。60 年代后逐步推广应用四大良桑，即荷叶白、团头荷叶白、桐乡青和湖桑 197。

80 年代后，主要由养蚕大户自行买苗补植更新桑园。数量较少，每年种桑苗在 30 万株—50 万株之间；1989 年冬至 1992 年冬执行县政府恢复发展蚕桑生产的要求，各乡镇进行具体规划，由县、区、乡镇农业部门统一调苗，有计划地发展新桑园和改造低产老桑园。新栽桑主要分布在塘南、獐山、云会、良渚、仓前等地。1989 年—1992 年共栽植桑苗 1846 万株，新种改造面积 27.83 万亩（18553 公顷）。

2000 年起，开始引进省农业科学院蚕桑所育成的农桑 12、14 号。种植后，桑叶明显比荷叶白大、厚，产量高。经试验，农桑 12 号亩产 2050 公斤、农桑 14 号 2162 公斤，比荷叶白分别提高 28%和 35%。为快速推广农桑系列品种，2001 年在塘栖镇姚家埭村连片种植农桑 12 号 200 亩（13.3 公顷），2002 年在塘栖镇龙光桥村连片种植 100 亩（6.7 公顷）。余杭镇仇山村蚕桑特色园区在 2002 年连片种植 400 亩（26.6 公顷），次年又连片种植 430 亩（28.67 公顷），品种均为农桑 14 号。该园区被列入余杭区蚕桑特色园区和杭州市都市示范园区建设项目为余杭区东桑西移创造条件。

在 1986 年—2005 年中，1986—1988 年以及 1993—2005 年主要是一些养蚕大户自行在市场上买苗对桑园进行补植更新。因此数量较少，每年种桑苗在 30 万株—50 万株之间；1989 年冬至 1992 年冬由于执行县政府恢复发展蚕桑生产的要求，各乡镇进行具体规划，由县、区、乡镇农业部门统一调苗，有计划地发展新桑园和改造低产老桑园。

1989—1992 年余杭县实际种桑情况表

表 3-8

年份	栽植桑苗数量（万株）	新种改造面积（亩）	县拨扶持资金（万元）	备注
1989	240	1924.9	—	由乡镇扶持
1990	619	5021.1	25.11	
1991	609.58	5486.13	27.43	
1992	378.13	15397.92	14.83	
合计	1846.71	27830.05	67.37	

以上新栽桑分布在当时 30 个乡镇中，其中主要是塘南（今属塘栖镇）、獐山、云会（今均属仁和街道）、良渚、仓前等乡镇。2000 年起，开始引进由省农科院蚕桑所育成的农桑 12、14 号。种

植后，桑叶明显比荷叶白大、厚，产量高，经试验调查，农桑12号亩产2050公斤、农桑14号2162公斤，比荷叶白分别提高28%和35%。

蚕种　明、清时，蚕种多为农家土种。清光绪二十七年（1901年），杭州蚕学馆对诸蚕种进行纯系选育后予以推广。民国时，农民养蚕用种主要是余杭土种，品种有白皮、余九、余杭青、余夏、龙角等10余个，性状各异。光绪七年（1881年），杨乃武制有"凤参牡丹牌"蚕种。1930年，余杭以蚕种为业的有5.6万人。嗣后，开始应用一代杂交种，新蚕品种不断被引进、更新、推广。春用品种从瀛翰×华8、瀛翰×华9、镇5×镇8、镇11×镇12、苏16×苏17、东肥×华合、杭7×杭8更新到目前的菁松×皓月和春雷×镇珠为主。

80年代初乡镇工业逐渐发展，工业废气、氟化物污染越来越严重，尤其1982年和1986年出现的两次大面积污染事故，蚕业损失惨重。1980年，有10个公社的27个大队计6830亩（455.3公顷）桑园受到污染，损失蚕茧29吨；1982年，17个公社的170个大队28568亩（19045公顷）桑园受污染，损失蚕茧27.7吨。1986年，春蚕蒙受大面积氟化物中毒损失严重，全县有30个乡（镇）、201个村的15774张蚕种受害，共损失春茧26吨，少收茧款111.8万元。留下蚕种场也因污染问题，1986年仅完成生产计划的40%，损失9万多元。为寻找抗氟化物中毒性能的蚕品种，1986年—1995年，余杭每年引进数对蚕品种进行对比试验。1986年，科7×康2、诸苑×朝霞与浙农1号×苏12对照试验；1987年，芙蓉×湘晖、薪杭×科明与浙农1号×苏12对照试验，确定当时以浙农1号×苏12为余杭主要蚕品种。浙农1号×苏12具有很强的抗氟化物性状，但其茧丝量较低。在贯彻《余杭县亩产百公斤茧技术要点》和《氟化物复合防治技术》的同时，于1989年、1991年分别引进抗氟品种杭7×杭8、龙限×旭日、华丰×旭日、丰1×54A、芳山×星?明、秋丰×白玉等蚕品种与浙农1号×苏12对照试验。1991年，确立以好养、高产、优质的秋丰×白玉为余杭县主要蚕品种。

2000年以后，区蚕种主要是向杭州市种子总站统一购买，统一催青后发放给养蚕农户。2017年底，因城市化建设需要，位于南苑街道的区内最后一个催青室被征迁。初步计划是在塘栖镇利用现有用房改建成一座催青室，在新催青室改造未完成前，统一委托德清蚕种场负责蚕种催青工作。

养蚕　余杭素有"丝绸之府"美誉，蚕桑生产历史悠久，栽桑养蚕是余杭的传统产业。春秋战国时期，越国以"劝农桑"为国策，发展蚕桑。秦汉时期种桑养蚕进一步发展，晋以后称盛。以后各朝均提倡农桑。五代钱武肃王倡导的采藻罱泥种桑办法，沿用至今。南宋，蚕农开始饲养夏秋蚕。养蚕有《蚕书》。"饲养勿用雨露湿叶，盖蚕性恶湿。大抵春蚕多四眠，余蚕皆三眠。越人谓蚕眠为幼一、幼二、幼三、幼大。"（南宋嘉泰《会稽志》）明初"桑树蔽野，户户皆蚕"，蚕桑之盛，至民国而不衰。民国22年（1933年），蚕丝业达到历史最高产量，两县有养蚕农户15.15万户（其中余杭1.45万户、杭县13.7万户），占总农户的75%，年生产蚕茧22.39万担（其中余杭3.49万担、杭县18.9万担）。日本侵华战争全面爆发后，蚕业低落，1948年总产茧量下降到10548.56担（其中余杭1244.48担、杭县9304.08担）。

1949年，两县桑园面积9.86万亩，年饲养蚕种6.58万张，其中春蚕种占68.1%，不养夏蚕。年产茧1.63万担，其中春茧占70.6%。平均每亩桑地年产茧18.2公斤，春蚕平均张产茧为13公斤。全年蚕茧产值602万元，占种植业总产值的13.6%，占农业总产值的9.7%。

中华人民共和国成立后，政府采取多项措施发展蚕桑生产。1956年，全县桑园面积10.26

万亩,全年饲养蚕种11.27万张,其中春蚕种占62.3%,全年产茧5.23万担,比1949年增长221%。两县蚕茧年产值1441万元,比1949年增长139.4%。在该年两县种植业总产值比重中,占15%。1961年,全县年产茧仅21490担,比1956年减少58.9%。平均每亩桑地产茧只有25斤,全年平均张产11公斤,其中春蚕为12.5公斤。全县蚕茧年产值减到855万元,比1956年下降40.7%,占1961年全县种植业总产值的9.16%。1962年,贯彻全国蚕桑会议精神,且中央和省委制定了促进蚕桑生产发展的一系列政策,对蚕桑生产实行奖售。1963年,余杭县对建立专业桑园,实行补助原粮300万公斤,为培育桑苗,拨出原粮30万公斤。1964年,由省拨给余杭县木材800立方,毛竹4万支,长期低息贷款20.9万元。从而改善了养蚕的条件,调动了蚕农的积极性,加上中桥公社章岭大队试种"无杆密植桑"成功,并在全县推广,提高了生产水平,使余杭县的蚕桑生产重又得以恢复与发展。到1970年全县年产茧量达到6.09万担,1972年突破7万担,是年全县蚕茧年产值达到2028万元,占种植业总产值的12.5%。1974年,余杭县桑园面积为8.79万亩,全年饲养蚕种13.05万张,其中春蚕种占41,4%。全年产茧75195担,其中春茧占50.8%,夏茧占13.2%,秋茧占36%,为全县每亩桑地平均年产茧42.8公斤,全年平均张产28.8公斤,其中春蚕平均张产36公斤。全县蚕茧年产值为1982万元,占当年种植业总产值的12.4%。1975年以后,由于片面地执行"以粮为纲汐方针,使全县的蚕茧产量停滞不前,长期处于徘徊状态。除个别年份,如1978年因干旱而全年蚕茧产量下降到5.59万担外,大体各年均在7万担上下。其间,1979年国家调高茧价25.5%,1980年实行超国家基数加价15%的政策。是年全县年产茧总量重又达到72081担,产值为1999万元,占种植业总产值的11.6%。

1970年—1980年期间,余杭县蚕茧产量始终保持在3000吨—3500吨。1980年以后,工业废气氟化物等污染问题逐渐突出,污染桑叶,蚕食中毒。1980年全县春蚕期,有10个公社、27个大队,计6830亩桑地受到污染,损失蚕茧5805担,茧款92.88万元。到1982年污染危害范围扩大到17个公社、170个大队,28568亩桑地,损失蚕茧5538担,茧款126.6万元。是年,全县桑地共7.71万亩,全年饲养蚕种11,95万张(其中春蚕种占40.3%)。蚕茧年总产降到64638担(其中春茧占45.3%),全县每亩桑地年均产茧40.6公斤,全年平均张产26.8公斤(其中春蚕张产31.1公斤),蚕茧产值1840万元,仅占种植业总产值的8.5%。嗣后,余杭县的蚕桑生产逐渐衰退。1985年,全县桑地面积减少到6.44万亩,全年饲养蚕种仅6.49万张,其中春蚕种占38.9%。全县蚕茧年总产降到41822担,其中春茧占48.5%。亩桑年产茧32.5公斤。全年平均张产32.2公斤,其中春蚕张产80.2斤。全县蚕茧年产值只有1155万元,占种植业总产值的5.9%。

随着余杭工业的发展和城市化建设的推进,余杭农业的产业结构进行调整,蚕桑不再是支柱产业。1986年—2005年,余杭蚕桑生产总体上滑坡,桑园面积、饲养蚕种数量和产茧量总体呈下降趋势。

农业产业结构的调整,蚕业受到严重制约,造成实际养蚕农户大量减少。1989年—1992年就从41838户减少到35244户,1995年减至2.5万户左右,2004年只剩1.7万户。为稳定和发展蚕桑生产,政府采取一系列措施,1988年、1994年两度大幅度提高蚕茧收购价。1988年,蚕茧执行价比1986年提高2.6倍,对1986年春、夏、早秋三期的上茧每50公斤补给蚕农8元,采用每亩扶持100元(50元造地费借款,50元3年贴息贷款)发展和改造基地桑园1500亩(100公顷),1987年春茧起每50公斤加价20元。嗣后,1994年又比1993年提高1.8倍。2003年开始茧价放开,由茧站自行定价。

1990年，余杭有442家丝绸企业、职工3万多人，总产值10.2亿元，占工业总产值的32.9%;丝绸出口总额1.17亿元,占外贸出口总数的51.8%。县政府从农业发展基金中拨付扶持经费67.365万元,各相关乡、镇、村也出资配套扶持恢复发展蚕桑生产。1990年—1992年,蚕茧产量有所回升,共增产蚕茧160吨。1993年起,受经济效益影响,大批农户退出蚕桑业,蚕茧产量又出现下滑的态势。1989年—1992年就从41838户减少到35244户,到1995年只有2.5万户左右,到2004年只有1.7万户。1998年,全年产茧967吨。2005年,全年产茧838吨。

1983年,冬蚕桑承包到户经营后,饲养壮蚕逐步趋向"地蚕全芽育或条桑育"技术。90年代后推广"小蚕二回育"技术,并取得成功。2002年,塘栖、仁和等镇推广方格蔟营茧技术,使解舒率、上茧率均提高5%以上。2003年,塘栖镇引进钢管大棚养蚕试验获得成功。由于在粮食及甘蔗、茭白等作物大量使用有机氮农药"杀虫双",导致秋蚕特别是早秋蚕的大面积中毒损失,1991年早秋蚕中毒6555.5张,1992年早秋蚕中毒6959张。为避开这一时间,秋蚕三期布局调整为迟中秋、晚秋两期布局。20世纪90年代,境内养蚕逐渐衰败。

2005年后,蚕种饲养量不断减少,至2017年底全区全年蚕种饲养量已不到1500张,蚕桑产业萎缩非常厉害。

1949年—2015年(每5年)余杭区(县、市)蚕桑生产情况表

表3-9

年份	桑园面积(万亩)	饲养蚕种(万张)		全年茧产量(吨)	平均张产(公斤)	亩桑产茧(公斤)
		全年	其中:春期			
1949	9.86	6.58	4.48	815	13	8
(1953)	10.09	10.43	7.72	2335	23	23
1955	10.21	10.70	6.41	2310	22	23
(1958)	8.68	14.08	6.48	2345	17	27
1960	9.24	21.58	11.18	1795	9	19
1965	8.53	8.49	4.03	2160	26	25
1970	9.15	11.44	5.16	3045	27	33
1975	8.64	12.19	5.52	3485	27	40
(1978)	8.29	10.77	4.69	2795	26	34
1980	7.80	11.81	4.87	3605	31	46
1985	6.44	6.49	2.53	2091	32	32
1990	4.82	5.54	2.13	1785	32	37
1995	4.62	3.94	1.94	1288	23	28
2000	4.00	2.71	1.43	948	35	24
2005	3.67	2.01	1.26	838	42	23
2010	2.45	0.83	0.70	459.4	55	19
2015	—	0.29	0.24	166	57	—

从全年产茧量而论,1983 年以前春茧要占 40%左右,而 1983 年以后,春茧的比例逐步上升到 60%左右,秋茧比重下降。这主要是桑园面积较少的农户,往往一年养春蚕和中秋,甚至只养一期春蚕。

蚕业机构的改革。1992 年,县委、县政府对乡镇行政体制进行“撤、扩、并”改革,撤销临平、塘栖、余杭、瓶窑、三墩 5 个区,相应各区农技站也一并撤销,各区农技站人员进行分流;临平区农技站并入当时的临平镇农技站,其余塘栖、三墩、余杭、瓶窑 4 个站转为农业技术服务站;各乡镇的蚕桑辅导员 43 名只保留 16 名,减少 62.8%。同时,管理体制由行政管理属乡镇,业务指导在农业局的体制完全下放给乡镇。

1993 年 12 月,对农业局各技术推广站进行重组,蚕桑、果蔬、茶叶、棉麻 4 个站合并为余杭县特产技术推广总站。并将各区服务站正式定名为余杭县农技推广中心服务站。1995 年,全县有蚕桑技术专业人员 8 名,为 1985 年的 50%。1994 年 4 月,余杭撤县设市,改为余杭市特产技术推广总站。2003 年 12 月,余杭区特产总站、粮油总站、种子技术推广站合并为余杭区农业技术推广中心。

四、络麻(红黄麻)

植麻历史　余杭种麻历史悠久,是全国重点络麻产区之一。明嘉靖《仁和县志》载:明洪武十年(1377 年)赋税“农丝一十四斤七两二钱五分有奇,黄麻八十九斤九两九钱”。明永乐十年(1412 年),“蓝靛折黄麻八十九斤九两四钱”。又载:“货品,盐、丝、棉、油麻、黄麻、络麻、苎麻。”红麻于民国 28 年(1939 年)开始种植,当时日商白木公司在临平设点,从印度引进红麻品种于乔司一带种植。民国《杭县志稿》载:“乔司年产均三千担,临平各乡种植亦繁,分黄麻、络麻、苎麻数种,黄麻粗硬,不能供制细麻工业之用。苎麻则多用以织麻布。兹浙江农业改进所已于三十六年着手在临平、笕桥一带,推广台湾黄麻。”历年种麻面积 5000 余公顷,1956 年达到 9460 公顷。1964 年开始,由于络麻布局作部分调整,种植范围相对集中在临平和塘栖等地。1981 年,全国麻类科研会议在临平召开,促进余杭县络麻生产的发展。“六五”时期(1981 年—1985 年),余杭县年均种麻 5247 公顷,总产量 2.9 万吨。1987 年起,产业结构调整,种麻经济效益偏低,影响农民种麻积极性,种麻面积开始逐年减少。“七五”期间(1986 年—1990 年)年均种麻 3338 公顷,产量 18423 吨。“八五”时期(1991 年—1995 年),年均种麻 2120 公顷,产量 12204.8 吨。2005 年,种麻面积只有 33 公顷,总产量 205 吨。

品种改良　民国时,境内栽种的络麻有印度红麻、台湾黄麻、长果种荚头麻及本地圆果种土种黄麻。红麻以茎色可分红茎和青茎两种。青茎开花较早,有的 1.3 米高开花结籽,植株较矮,剥麻困难,产量低;而红茎株高,开花迟,产量较高,麻农均喜种红茎红麻。1967 年开始,从越南、广东等地引进一批黄红麻高秆品种,在塘南公社(今属塘栖镇)土山坝大队进行比较试验。红麻青皮 3 号亩产 467.2 公斤,广东黄麻粤元五号亩产 396.7 公斤,分别比当地长果种黄麻增长 85.9%和 57.9%。1970 年,从广东引进黄红麻种子进行多点试种,比当地黄麻每亩增产 75 公斤。1971 年开始大批从广东调种,是年栽培黄麻奥元五号和红麻青皮 3 号 290 公顷,占县内络麻面积的 5.9%,平均亩产 300.5 公斤。以后调种栽培面积逐年扩大,90 年代“南种北栽”达到 100%。1983 年,余杭获省农业厅黄红麻“南种北栽”优势利用和推广项目科技成果一等奖。

耕作制度　20 世纪 50 年代,积极推行花草(苜蓿)间作套种络麻,复种指数从 1949 年的 131.2 提高到 184.5。60 年代,全面推广塘南公社土山坝大队稻麻轮作,隔年打基础,合理安排茬口，增施有机肥料，促进粮麻双丰收的经验。1964年，把主产区万亩以上的乔司、九堡（现属江干区）、翁梅（现属南苑街道）3个公社划出267公顷络麻移到水田较多的五杭、博陆（现属运河街道）、塘南、超山（现属塘栖镇）等公社种植，以利于原来种麻过分集中的3个公社扩大稻麻轮作，实行粮麻双丰收。县政府为此每年拨出32万公斤原粮，以补贴粮食定产标准的差异。70年代，全面推广五杭公社国兴大队和博陆公社长征大队（现均属运河街道）宽畦狭沟横条播春粮（油菜）套种络麻的经验，麻田土地利用率从60年代的68%提高到80%。

栽培技术　络麻高产模式栽培技术：改进施肥技术，实施基肥施足、苗肥勤施、重肥早施、精肥巧施的一整套施肥技术。五杭公社国兴大队198亩（13.2公顷）络麻，每亩氮肥施用量折合纯氮素肥平均22.1公斤，其中有机肥占53.4%，络麻平均亩产达到515.7公斤。改迟播为早播，合理安排茬口。采用2.5米的宽畦，春粮选用早熟品种，间作行距放宽至0.4米—0.47米，络麻播种在4月底开始，立夏前后结束，早管促早发。改早剥为适时收剥，改河塘分散精洗为集中围田沤洗。经过品种改良，搭配部分中熟品种，推广分期收剥，尽量减少早剥面积，延长络麻生长期。推广地膜覆盖植麻，从1981年起小面积试种，至1985年累计年推广地膜覆盖植麻面积5775.6亩（385公顷），平均亩产450公斤，比露地植麻增产15%—17%。亭趾乡（今属运河街道）褚家坝村农户赵正农1985年种植0.49亩地膜覆盖杂优红麻，平均亩产745.7公斤，创全县络麻史最高纪录。1993年，据亭趾镇农技站对4种栽培模式的调查，实行小麦—红麻—蔬菜三熟平均亩产值1423.6元，比传统的两熟栽培亩增值771.92元，增长1.18倍，经济效益甚是可观。

五、棉花

余杭区（县、市）棉花种植历史悠久，当地群众有丰富的种植经验。1949年全县棉花平均亩产仅6公斤，1963年提高到每亩56公斤，成为全省首个棉花上《农业发展纲要》的县。从1980年后的5年间，棉花平均每年种植3.5万亩，平均亩产皮棉50.5公斤。1985年后，随着农业产业结构的调整，市场开放，种植规模递减。

至20世纪90年代末，规模植棉基本结束。2000年以后，只呈零星种植状态，面积、产量基本可忽略不计。

栽培品种　棉花栽培从起初的中棉，至20世纪50—60年代逐步由岱字棉取代，70—80年代以"协作2号"为主体，辅以少量的"钱江9号"，80年代后期被"浙萧棉1号"取代。

耕作制度　棉花实行麦草间作、棉麦套种之法，3年棉花轮作一年其他作物，可以是红麻、花生、瓜类及蔬菜。

购销政策：1954年9月14日，政务院颁布了《关于实行棉花计划收购》（简称统购）的命令，自这一年新棉上市起，棉花实行了统购政策。1960年国务院决定实施用棉布向棉农换购自留棉的政策，至1984年国务院决定等外棉退出统购，实行自由购销，同年取消了棉花换购政策。

1950 年—2015 年(每 5 年)余杭棉麻种植面积总产量情况表

表 3-10

年　份	棉花		络麻	
	面积(万亩)	总产量(吨)	面积(万亩)	总产量(吨)
1950	2.44	315	5.43	10225
1955	2.23	660	12.96	22830
1960	2.48	1095	8.11	15320
1965	5.17	3105	8.92	23390
1970	3.37	1720	7.48	19605
1975	3.42	1145	7.48	28930
1980	3.41	1415	7.55	23680
1985	2.95	1300	7.96	32654
1990	1.51	782	5.07	18861
1995	1.08	575	1.37	5359
2000	0.04	28	0.2	747
2005	0.04	65	0.05	205
2010	0.10	129.3	0.01	55.2
2015	0.08	100	0.0012	5

第四节　园艺作物

一、水果

生产历史及现状　余杭素有“花果之地”之称。战国时，越国作物见于记载的有 8 种，果为其一。东汉，橘为主要果品。南朝，果品增多，有梨、栗、杏、李、枇杷、梅等。境内落叶果树和常绿果树混交，果树资源十分丰富，有枇杷、梨、桃、杨梅、梅、果蔗、柿、樱桃、柑橘、葡萄、枣、草莓、蓝莓、无花果等 20 多种，特别是塘栖枇杷、临平甘蔗、超山杨梅等果品享有盛誉。此外，还有大量瓜类水果。

余杭果树栽培历史悠久。“良渚文化”水田畈遗址出土文物中有桃核，表明人们食用桃这一水果可追溯到四五千年之前。塘栖枇杷清初已负盛名，康熙十一年(1672 年)，孙治《灵隐寺志》有“枇杷出唐栖”的记载。民国 19 年(1930 年)浙江《工商半月刊》(第 2 卷第 10 期)《塘栖水果之调查》一文记载：“塘栖每年所产柑橘，约值银十万余元，内中朱柑占半，红橘次之，占十分之四，早红及蜜橘又次之，占十分之一”，“樱桃出产亦多，不下十万余斤”；枇杷“塘栖每年产量不下二十万担，每担价格自四元至十六元不等。销路以江苏、上海为大宗，占百分之六十，杭州、德清及其他各处占百分之四十”。其时，塘栖周围农家栽种果树之多，以致“白天难觅村庄，晚上难见灯光”。抗日战争时期，塘栖、超山一带公路沿线的果树，凡50米以内者皆遭日军毁伐，所剩果园也多荒芜。1949年，产量不及民国18年（1929年）的1/4。

中华人民共和国成立后，一度忽视发展经济作物，毁果种粮情况时有发生。特别是“大跃进”和“文化大革命”时期，农户发展果树被视为“资本主义倾向”而严加限制。1978年中共十一届三中全会后，农业生产贯彻执行“决不放松粮食生产，积极发展多种经营”方针，农村实行家庭联产承包责任制，推动水果生产发展。1983年9月，中共杭州市委、市政府在临平召开全市农业开发性生产会议，提出“七八年内打好水果翻身仗”，更进一步推动水果生产发展。除大观山果园、杭州市种猪试验场果园、安溪果园、大陆果园等外，农村陆续兴办了一批集体果园，农户也在宅旁自留地边栽种果树。同时，县农业部门充实技术力量，培训果树技术人员，引进培育果树新品种，试验推广栽培新技术。

图3-6 径山镇爱比利水果现代农业园

20世纪80年代后期，境内由于工业开发和污染等因素，水果种植面积日益减少，特别是超山青梅几乎灭绝。而此时西部半山区、山区迅速发展水果生产，形成水果特色区块。如鸬鸟蜜梨，黄湖青梅，瓶窑桃等。90年代以来，调整优化农业结构，发展都市型效益农业，区内果树发展较快，尤其是鸬鸟蜜梨、塘栖枇杷。并以“塘栖枇杷节”“鸬鸟蜜梨节”等形式进行宣传。21世纪初，随着果树设施栽培技术的应用，余杭区水果发展驶入快车道，小水果葡萄、樱桃、蓝莓、猕猴桃等发展较快，新兴水果火龙果、无花果有所发展，基本形成了以塘栖枇杷、鸬鸟蜜梨、瓶窑水蜜桃为地方特色的优势水果栽培树种与区域，成为我省枇杷、梨的鲜销水果主产区之一。2016年、2017年“派缇”草莓连续2次获得全国草莓金奖，2017年“山果湾”葡萄获得浙江省“十佳葡萄”，桃梨多次获得省市金奖。

1949年—2015年（每5年）余杭区（县、市）水果生产情况表

表3-11

年份	果树			果用甘蔗	果用瓜
	面积（万亩）	总产量（吨）	其中：枇杷产量（吨）	面积（万亩）	面积（万亩）
1949	2.50	8810	2105	0.51	0.61
（1953）	2.78	13715	3740	0.64	0.64
1955	2.24	9315	1560	0.36	0.72
（1958）	2.26	5905	880	0.45	0.32
1960	2.45	3620	1345	0.26	0.38
1965	1.73	5640	1430	0.85	0.29

续表 3-11

年份	果树			果用甘蔗	果用瓜
	面积(万亩)	总产量(吨)	其中:枇杷产量(吨)	面积(万亩)	面积(万亩)
1970	1.52	7055	1485	0.49	0.07
1975	1.65	6715	1230	0.70	0.14
(1978)	1.93	4600	835	0.40	0.21
1980	1.76	5060	690	0.71	0.47
1985	2.28	4894	674	2.57	1.44
1990	3.02	5530	1110	2.15	1.88
1995	2.85	5694	1417	2.24	2.42
2000	4.20	8929	1730	1.71	1.88
2005	3.77	23839	4649	1.21	2.16
2010	5.03	29574	5695	0.57	3.56
2015	5.17	39147	5636	0.24	2.19

枇杷　塘栖枇杷和江苏洞庭、安徽歙县、福建莆田,并称中国四大枇杷产区。

栽培历史与现状。塘栖枇杷不仅品质好、产量高,而且种植面积广。在历史上曾以塘栖镇为中心方圆四十里,枇杷林木成荫,即现在的塘南、东塘、丁河、宏磻等地,獐山、云会、沾驾桥、崇贤、小林、超山、五杭、勾庄等乡镇一部分,统称塘栖枇杷,至今情况并无多大变化。枇杷喜暖畏寒,产量受气温影响较大。塘栖襟带运河,又多港荡,小气候条件优越,加上果农有长期培植经验,所以塘栖枇杷久负盛名,驰誉中外。乾隆三十年(1765 年)出版的《栖乘类编》卷十四《纪事·纪物产》载:塘栖镇南丁山湖畔各村落"土性又宜果,如枇杷、蜜橘、桃、梅、甘蔗最著也。培植极工,旁无杂树,一亩之林,值可百金。枇杷有红、白两种,白为上,红次之,红者核大肉薄,甜而不鲜;白者核细肉腴,甜而鲜美。"

塘栖姚竹轩在其《绮云丛载》记述:"塘栖为杭州之首镇,土地肥沃,物产丰富,凡镇周围三十里内皆为枇杷产地。有塘栖专产而他处不及者记之,以见生植之美。塘栖田少,遍地桑果,春夏之间,一片绿云,几无隙地。出丝盖多,甲于一邑。为生植大宗果品以枇杷为著也。"清光绪《塘栖志》中对塘栖盛产的枇杷作了如此描绘:"四五月时,金弹累累,各村皆是,筠筐千百,远贩苏沪,岭南荔枝无以过之矣。"王士达《农务实业新编》说:"枇杷属塘栖最盛,有白毛红种、大红袍等名称,已形成多个品种。"

民国 18 年(1929 年)《工商半月刊》载有《塘栖水果之调查》:"一、枇杷。东至泉漳,南至界河姚家湾东家桥,西至毛墩坝、武林头,北至北杨墩,凡塘栖镇周围三十里内,皆为枇杷产地。惟枇杷品类颇多,优劣不一。塘栖每年出产枇杷不下二十万担,每担价格自四元至十六元不等。销路以江苏、上海为大宗,占全额百分之六十;杭州、德清及其他各处占百分之四十。运输全从水道,每船可装枇杷四十担。""塘栖镇的枇杷还输送到上海市场销售,特别是白沙枇杷的产量较大,并且由于品种比较名贵,所以被称为'天下一妙品'(清野长太郎《浙江社会经济调查》,1921 年)。"后因日本侵华战争,产量下降,到 1949 年中华人民共和国成立初,境内枇杷仅有 1.2 万亩

(800公顷),年产量为2110吨。1952年,枇杷被确定为浙江省5种重点水果之一,面积增至1.3万亩(867公顷),总产4775吨。1954年后,因自然灾害和政策的影响,面积和产量逐渐减少,至1969年,境内枇杷面积剩307公顷。1979年后,政府大力恢复发展塘栖枇杷这一传统名品,建立余杭县枇杷科研站,培植和引进新品种。1983年,余杭县农业局成为全国枇杷科研协作单位之一,加强对塘栖枇杷生产研究和管理。1985年10月,第4次全国枇杷科研协作会议在余杭召开,促进余杭枇杷恢复和发展。次年,境内枇杷面积为7751亩(517公顷),年产量880吨。1999年注册“塘栖”牌枇杷商标,次年制定并发布区级栽培技术规程《塘栖枇杷》、育苗技术规程等塘栖枇杷系列标准,2003年又升级为省级标准。次年5月,塘栖枇杷产品获得原产地域保护,并成功申报5000亩(333.3公顷)浙江省级无公害农产品基地。2005年,塘栖枇杷获得“农业部无公害农产品”称号。2005年,区内枇杷面积为1.05万亩(700公顷),年产量4649吨。2005年11月,区农业局、塘栖镇政府、区高新农业示范中心、浙江大学以及区农技推广中心等相关单位,在余杭高新农业示范中心对塘栖枇杷提纯复壮与品种改良工作启动。2009年，为了破解钱江经济开发区建设与塘栖枇杷产业矛盾用地之间的矛盾,实现塘栖枇杷产业转型升级,更好的传承和发扬塘栖枇杷传统文化元素,区委区政府制定《保护与发展塘栖枇杷产业的若干意见》(余政办〔2009〕304号文件,从2009年开始,用三年时间,新建了邵家坝、塘北、永胜、奉口4个枇杷生产功能区,面积2740.3亩(183公顷)。2011年5月,塘栖镇被命名为“中国枇杷之乡”;同年,成功创建了省级塘栖枇杷示范区，是第一批浙江省农业主导产业示范区，创建面积4913亩(328公顷),涵盖杭州琵琶湾生态农庄、塘栖枇杷特色园区、颐果庄园、天银港休闲农庄4个枇杷现代农业园区。2012年12月31日,“塘栖枇杷”注册商标被国家工商总局商标局认定为中国驰名商标。2013年,枇杷设施栽培技术获得成功,使软条白沙平均单果重达50克,最大单果重达71.86克,较传统栽培,模式分别提高了76%、71%,且表面光洁、锈斑少,市场反应较好。2015年7月14日,成立杭州市余杭区塘栖枇杷行业协会;2015年12月,余杭区农业局联合省气候中心、安信农业保险，在塘栖镇首次开展了塘栖枇杷低温气象指数保险试点工作，每亩保额3000元,保费240元(其中种植户承担120元,政府补助120元),2016年1月出现-7.8℃极端低温,按照保险合同,投保农户每亩可以获得1800元的理赔,投保面积1902亩,保险公司赔付342.36万元。2016年3月31日,中华人民共和国农业部公告第2384号,“塘栖枇杷”符合农产品地理标志登记程序和条件，准予登记，并颁发中华人民共和国农产品地理标志登记证书。2018年6月19日,塘栖枇杷首次销往新加坡。

枇杷品种。民国18年(1929年),《浙江省工商半月刊》调查,塘栖枇杷品种有头早、二早、大叶杨墩、细叶杨墩、五儿、大红袍、青碧、白种、瓜龙白、硬条白沙、夹脚、火种、软条白沙。“品种当推软条白沙为最,惜乎产量不多,且有隔年结果之缺点,又不耐久藏,故栽之者少。大红袍品质平平,果核尤多,惟栽种独盛。瓜龙白一名野种,寿命颇长,年年结果实又耐藏,熟后可保存十天不坏,加以核小品佳,产量丰富,为诸种之最有希望,而有提倡之价值也”(民国《杭县志稿》卷十四《实业》)。1963年,经浙江农业大学园艺系调查,余杭枇杷品种有软条白沙、硬条白沙、五儿白沙、平头大红袍、尖头大红袍、大种、大叶红种、夹脚、宝珠、青碧种、牛奶、头早、二早、六分种、尖头五儿、平头五儿、细叶杨墩、大叶杨墩18个品种。1979年后先后引进枇杷品种26个。1980年起,浙江省农科院园艺所、余杭县农业局、塘南乡枇杷科研场联合进行塘栖枇杷单株优选工作,选出小核大红袍、塘栖迟红、塘栖早丰3个优良单株,建立枇杷良种优株母本园。1985年,余杭

图 3-7　塘栖枇杷

共有 40 个枇杷品种，其中大红袍、夹脚、软条白沙等为当时推广良种。2002 年，从四川引进五星枇杷品种，次年引进宁海白荔枝和江苏冠玉等 6 个枇杷品种。2010 年，在塘栖镇邵家坝村建立塘栖枇杷资源圃 58 亩，收集保存了 43 份国内外枇杷种质资源，是浙江省农业厅授牌的浙江省枇杷种苗种植基地。2011 年，开展塘栖枇杷杂交试验。2018 年，浙江省农科院首个枇杷新品种推广示范基地落户仁和街道辰语家庭农场，引进了迎霜、迎雪、漫山红、浙白 10 号、浙白 14 号 5 个枇杷优良株系。

塘栖枇杷分 5 大类 18 个品种，常见的有以下几个品种：

白沙（俗名：白肉种）　软条白沙是塘栖白肉枇杷的代表品种，也是国内最著名的白沙枇杷，因其肉色乳白、肉质细嫩多汁、甜似蜜糖、品质极优而著称于世。其树势中庸，树形开张，有明显的中心主干，分枝力中等，枝细长较软，有时先端弯曲，树冠呈圆锥形至圆头形。叶小色淡，呈披针形，嫩叶上端似“兔耳状”，成叶正面油光亮。果中大，平均单果重 28.4 克，呈圆形或略高圆形。果面微黄白色，果皮极薄，易剥，剥落即纵卷成筒状。果肉玉白色，极嫩糯，汁液极丰，口感极鲜甜，含可溶性固形物 17%左右。每果含种子 2—5 粒，种子较小。软条白沙开花偏早，花期较短，在塘栖花期自 10 月中旬至次年 1 月中旬，果实在 5 月底至 6 月初成熟，系果中极品。

大红袍　大红袍原产于余杭塘栖，是浙江省最著名的红沙枇杷。其树形开张，基本上无中心主干，分枝力中等，树冠圆头形至半圆形，叶小色浓，叶面平展，呈卵圆倒披针形，叶尖似“鸡嘴”状。果较大，平均单果重 36 克，呈圆形或略扁圆形。果面浓橙红色。果顶平广，萼孔开张，呈端正的“五角星”状。果皮中厚而韧，易剥。果肉呈浓橙红色，组织致密，肉面光滑，甜多酸少，含可溶性固形物 14%左右。大红袍花芽易形成，开花期为 10 月中旬至次年 1 月下旬，在塘栖果实 5 月底至 6 月初成熟。在良好的肥培管理条件下，春梢、夏梢和早秋梢均能开花结果，能连年丰产。果实抗日烧能力强，耐贮运，适于鲜食和加工，是鲜食、制罐兼优的良种。

夹脚（俗名：夹脚五儿）　塘栖枇杷产地在较丰产品种后附加“五儿”，意即为较丰产。夹脚枇杷果大，呈歪倒卵形，果顶平广，基部尖峭，果粒间大小形状尚整齐，果顶呈麦秆黄色，绒毛长，斑点少，果皮厚薄中等或稍厚，剥落容易，果肉呈橙黄色，肉质较细，果汁极多，风味酸多甘少，味浓。其树势强健，抗逆性强，丰产，不易遭受冻害及其他污染危害，成熟较早，果形大。平均果重 34.1 克，含可溶性固形物 12%左右。约 5 月 28 日成熟。

杨墩（俗名：杨墩种）　杨墩原系塘栖附近的村名，有南杨墩和北杨墩两村，该品种原产于杨墩村，故而得名。杨墩种枇杷因树叶有大小之分，故有大叶杨墩和细叶杨墩品种之分。大叶杨墩果面浓橙黄色，果点粗而疏，绒毛疏且长；果皮较厚，易剥。果肉呈橙黄色，质地较粗，汁液中等，甜酸适口，含可溶性固形物12%—13%。平均果重32克，约5月27日成熟。

宝珠（又称红毛丫头或野种） 宝珠是塘栖枇杷中广泛栽培的优良品种。其树冠呈高杯状形，分枝角小。叶较大，呈狭长椭圆形，脉间波皱。宝珠果粒附着力强，短椭圆乃至卵圆形。果顶平广，基部尖峭或钝圆，果实呈淡橙红色或橙黄色，绒毛不多。果皮中厚，易剥离，果肉厚薄中等，淡橙红色，肉质稍粗，汁多，鲜甜，含可溶性固形物13%—14%。果小，平均单果重19克。约5月25日成熟。宝珠枇杷原系实生果树，塘栖当地果农一般均称之为野种。又因其果实较小，成熟早，果皮呈淡橙红色，故当地乡民均称之为“红毛丫头”。宝珠因成熟早，鲜食味道极佳，但其外貌不扬，故需“识货”者购之。

梨 梨是余杭区重点水果之一。梨树一般零星植，20世纪60年代大观山果园、大陆果园连片种植。1985年，余杭县农业局在鸬鸟镇进行以黄花梨为主的果树种植。至2005年，区内梨树面积共1.05万亩（700公顷），年产梨7862吨。蜜梨主要分布于鸬鸟、余杭、瓶窑、黄湖、闲林、良渚等乡镇，鸬鸟、余杭两镇种植蜜梨8857亩（990公顷），占区内种植蜜梨总面积的84.4%。1999年，余杭区制定并发布区级《余杭蜜梨》鲜果标准，注册“天堂鸟”牌商标。次年注册“娘娘山”牌商标，并从2000年起多次举办蜜梨节（梨王赛）。2001年，制定并发布区级《蜜梨生产技术规程》和《蜜梨育苗技术规程》，创办蜜梨研究所，建立鸬鸟蜜梨特色园区1680亩（112公顷），次年建立余杭镇娘娘山蜜梨特色园区1350亩（90公顷）。2002年，鸬鸟镇建立区内首个水果专业合作社——余杭区鸬鸟果农专业合作社。2003年，鸬鸟镇“天堂鸟”蜜梨、余杭镇“娘娘山”蜜梨分别建设200公顷和133公顷浙江省无公害农产品（水果）基地。同年，余杭镇“娘娘山”蜜梨获农业部无公害农产品称号。2005年，鸬鸟镇“天堂鸟”蜜梨建成33.3公顷有机食品基地；同年，余杭镇建立余杭镇蜜梨专业合作社。余杭蜜梨从2002年7月首次获得浙江省优质早熟梨评比会金奖以来，先后多次获得省级金奖。2005年7月30日，在2005年度浙江省优质早熟梨评比中，余杭镇蜜梨专业合作社和杭州余杭三水果业有限公司选送的翠冠梨获得金奖。8月7日，在省农业厅举办的2005年浙江省精品水果展销会上，余杭镇蜜梨专业合作社选送的雪青梨又获得金奖。另外，余杭蜜梨还获得4个优质奖。2006年，全区蜜梨进入盛产期，产量突破1万吨，产值超4000万元，成为全区第一大水果产业。由余杭三水果业有限公司选送的“天堂鸟”蜜梨，连续获得浙江省早熟梨评比、精品水果展销会评比和农业博览会金奖；余杭镇蜜梨专业合作社选送的“娘娘山”牌蜜梨在全省精品水果展销会上获得金奖。杭州余杭三水果业有限公司于2006年取得有机农产品（梨）的认证，并于2010年被国家环境保护部确定为杭州地区唯一一家国家有机食品生产基地。公司获得浙江省早熟梨比赛金奖、博览会金奖。2009年，余杭镇蜜梨专业合作社“娘娘山”牌翠冠梨、余杭三水果业有限公司的“天堂鸟”牌若光梨获省早熟蜜梨评比金奖。2011年，余杭三水果业有限公司代表浙江蜜梨赴北京参加中国农产品展览会；杭州余杭鸬鸟果农合作社的“杭鸟”翠冠梨、杭州康春农业开发有限公司的康春依园翠冠蜜获得浙江省早熟蜜梨评比金奖；制定标准《梨（桃）、肉鸡种养结合技术》（DB330110/08—2011）；梨枝屑代料栽培黑木耳初步成功。2012年，修订《余杭区蜜梨生产技术规程》（DB330110/T007—2012）；梨枝屑代料栽培黑木耳技术成熟应用。是年7月，“鸬鸟蜜梨”地理标志证明商标申报成功。2013年，杭州余杭三水果业有限公司成为邮政在杭州地区唯一一家“浙乡邮礼”项目水果采购基地。2014年，杭州三水果业有限公司的天堂鸟翠冠梨和杭州玉渚农业有限公司的玉渚牌初夏绿获得浙江省早熟蜜梨评比金奖；杭州余杭鸬鸟果农合作社开展蜜梨设施栽培初获成功。2015 年，杭州余杭鸬鸟果农专业合作社的杭鸟蜜梨获得浙江省精品果蔬展销会金奖；制定《蜜梨种苗繁育技术规程》(DB3301/T1051—2015)。2016 年，杭州余杭三水果业有限公司成为 G20 峰会保供基地。2017 年，制定《梨枝屑代料栽培黑木耳技术规程》(DB330110/T072—2017)。2018 年，杭州余杭鸬鸟果农专业合作社的杭鸟蜜梨获得省知名品牌农产品展示展销时令农产品金奖；杭州三水果业有限公司的天堂鸟蜜梨获省精品果蔬展销会金奖和最受杭州市民喜爱奖。

余杭区梨树品种丰富，其中原大陆乡（现属良渚镇）有梨树品种 19 个：八云、菊水、新世纪、20 世纪、二宫白、太白、杭青、杭红、黄花、黄蜜、来康、三花、铁头、晚三吉、博多青、明月、今村秋、平顶香、长十槲。还有山区黄霉梨、酒坛梨，平原地区雁荡梨（人头梨）等。1985 年后推广栽植菊水、新世纪、黄花、翠冠、雪青、丰水、雪芳、长寿等梨树品种；新引进中梨 1 号、中梨 2 号、新高、黄金梨等 6 个梨树品种，主栽品种有翠冠、翠玉、新世纪、黄花等。翠冠，适应性强，树势强健，树枝开张，易于形成短果枝，抗逆性强，结果性好，品质优良，成熟期早，丰产；果实近圆形，平均果重为 230 克左右，大果重 800 克以上，果皮光滑，底色暗绿，易产生锈斑，套袋后可改善外观；果肉白色，肉质细嫩且脆，汁多味甜，含可溶性固形物 11%左右；7 月中下旬开采。翠玉，原代号“5—18”，由西子绿×翠冠杂交育成；树姿较开张，树势强健，花芽极易形成，结果性能好；成熟期早，比“翠冠”早 7 天—10 天；果实扁圆形，果形端正，平均单果重 257 克左右；果顶稍平，果皮纯绿色，果面光洁具蜡质，果锈少，果点极小，萼片脱落，果梗粗短；果肉白色，果肉细嫩，口感脆甜，石细胞少，果心极小，可食率 85%，可溶性固形物 11.5%左右；设施促成条件下可无袋栽培，耐贮性优于翠冠；可与黄花、玉冠、清香互为授粉。新世纪，果实大小中等，平均果重 180 克，最大果可达 400 克以上；果皮黄绿色，表面光滑，充分成熟后转为淡黄色；糖度高，果肉稍硬；7 月末至 8 月初成熟。黄花，树势强健，树姿开张，抗逆性较强，耐粗放管理；果实圆锥形，单果重 250 克左右，大果可达 900 克以上；果肉白色，味甜、汁多，含可溶性固形物 12%—13%；8 月下旬成熟。

桃　境内各乡镇都有栽培。大多利用房前屋后、河岸塘边或荒山等处零星栽植。2005 年，桃树种植面积 6360 亩（424 公顷），年产量 6850 吨。民国时，“独山桃花，自昔著名。花落结实，品类繁多，有油光桃、透光红、关刀青、三时桃、小暑桃诸名。小暑桃最佳，惜不知用纸包，致有十桃九蛀之谚。油光桃成熟最早，透光红、关刀青栽植较多。三时桃皮白味鲜，实肥而硕，近年运销外埠特多。水蜜桃，近亦有栽植者，以余桥所产为最”（民国《杭县志稿》卷十四《实业》）。1949 年—1958 年间，桃树生产发展较快，除农民充分利用杂地栽桃外，部分乡、村建立集体桃园。后因效益不佳，桃果滞销，桃树生产发展缓慢。1983 年实行家庭联产承包责任制后，发展加快。至 1985 年，新植桃树 10 万余株，合 133 公顷，其中约 3 万株连片种植。是年，余杭县桃树面积 3436 亩（230 公顷），年产量 971 吨，占全县水果产量的 19.9%。其时，以东塘、崇贤、超山、大陆、安溪、彭公、长乐等地及农（牧）场为主产区。80 年代末，桃树栽培加快发展。至 1990 年，面积达 280 公顷。2000 年，瓶窑注册“毛元岭”商标，2004 年成立瓶窑镇桃果专业合作社，建立浙江省无公害农产品基地 80 公顷，次年获得“农业部无公害农产品”称号。除瓶窑外，良渚、鸬鸟、余杭、闲林、黄湖等乡镇均有大量栽培。2013 年，杭州玉渚农业有限公司的玉渚桃、瓶窑毛元岭桃果专业合作社的毛元岭桃、百丈钱山水果种植场获得杭州市首届优质鲜桃评比金奖。2015 年，杭州玉渚农业有限公司的玉渚桃获得杭州市第二届优质鲜桃评比金奖。2017 年，杭州北草园生态农业有限公司的北草园桃、百丈钱山果业有限公司的钱山桃获杭州市第三届鲜桃评比金奖，姚碧华家庭农场的野茅鸯桃获省精品果蔬展销会金奖；2018 年，杭州玉渚农业有限公司的玉渚蜜桃获浙江精品果蔬展销会金奖。

21 世纪初，农技部门通过不断引进优新品种，早中晚熟品种搭配，逐步改变了桃产区以往“品种单一、集中上市”的弊端，呈现出 5 月至 9 月，月月有桃，延长供应期。主栽品种有大观一号、仓方、湖景蜜露、锦绣黄桃等。大观一号，果实长圆形，平均果重 110 克，大果重 350 克；果面有红晕，外观美；肉质柔软，味较甜，汁多；丰产，6 月上旬成熟。仓方，树势强健，树姿开张，萌芽力、成枝力均强；7 月上旬成熟，丰产稳产；果形较大，平均单果重达 170 克；果实圆形，果面全红；果肉乳白色略带红色，偏硬溶质，肉质细密，汁多味甜，粘核，可溶性固形物 10%左右；耐贮运；对土壤适应性强，山地平原均可种植；花粉败育，必须配置适宜的授粉树，像雪雨露等；成熟期不一致，宜分批采收，以保证果实品质。湖景蜜露，中熟品种，果实圆形，平均果重 147 克，最大果重 442.8 克；成熟后全果呈粉红色，分布红晕较多，外观美；肉质细密，味甜，汁多，有香气，可溶性固形物 12%—14%；丰产稳产。锦绣黄桃，晚熟品种，树势旺且树姿开张，萌芽率高，成枝率强，长、中、短枝均能结果，花粉量大，自花授粉；成熟后肉质细密，食时软中带硬，甜多酸少，有香气，水分中等，风味诱人；外观漂亮，肉色金黄，果形整齐匀称，平均单果重 130 克，最大果重 700 克左右，可溶性固形物 13%—15%，核小；丰产稳产，8 月中旬至 9 月初成熟。

梅　境内梅树集中在超山周围，并以青梅为主，故称“超山青梅”。五代后晋时（936 年—946 年）开始种植。民国 18 年（1929 年）《工商半月刊》载有《塘栖水果调查》：“梅子。产区以超山为中心，东南接泰山、屯里、白马坑，西南至独山、横里、前村，北达龟山东、西两村，马鞍、王姑、白栗诸山，沿东稼桥、泉漳，而跨交溪，环绕三十余里。梅树约数百万，花时游人最盛。花落结子，分青梅、花梅两种。青梅花纯白，而实纯绿，俗称家梅。花梅花白而带微绛，实亦绿中带红，俗称野梅。大概塘栖所种之梅，花梅较青梅为多。梅在立春后开花，惊蛰时最盛。清明结果，立夏后可采。平均每株能结果一担余，市价每担六元至八元。销路以苏、沪为多（塘栖糖色，如青梅所制之翠梅，花梅所制之白梅，盛销苏属。苏商乃来山设庄，就地采购，腌胚挖核。男女手工，借于本地，亦农家副业收入之一。沪上冠生园特在超山车站旁，增辟梅林，建屋收购）。其运销至杭州者，全恃民船，溯运河直达拱宸桥，每船可装五十担以上。”民国 22 年（1933 年）《中国实业志（浙江省）》二七八（丁）有“四、梅子。其中杭县常年总产量 44000 担，总价值 264000 元，县内销量 14668 担，县外销量 29332 担，主要有杭州市、上海。杭县梅子主要产于超山地区。”民国 23 年（1934 年）6 月浙江省建设厅印行《浙江省建设月刊》第七卷第十二期“生产会议专号·调查”，首篇为杭县县长叶风虎《杭县之物产及农村状况》一文，文中说：“本县第一区之泰山、屯里、东家桥、吴家桥、南山、超山一带，栽植梅林，遐迩闻名，每年产额约在 20 万担。当青梅成熟期内，上海及苏州诸客帮，纷纷到地采办，先在当地醃胚，再行运销上海、苏州一带，作为糖果。上海冠生园所出之陈皮梅，其原料大都采自其本县。”陈嵘《造林学各论》写及：“超山梅之种类及其识别点：超山梅树共有六种，即红梅、白梅、鲜梅、花肩胛月、裹春、宋梅等种。是其中以鲜梅、红梅出产最多，白梅较少，至宋梅前仅存一株，只可为历史上之陈跡观。”“超山之育苗法：超山种梅之农人，用嫁接苗，以实生之梅苗为砧木。但普通农人，多不自设苗圃，用播种法育成苗木，而多向山野间挖掘天然繁殖之苗为砧木离地一尺处据去之，先择光泽无伤之干身，用接木刀，先行割一 A 字形，深及木质部，然后将皮部剥开，插入接穗。所用之接穗，系取自去年新生发育优良之枝条，约五六寸长。将其一方斜割，反面略削皮部，俟剥接之后，在其四周用稻草缠绕，于表面上再包以竹箨，至嫁接之时期，每年约行二次，即春分及秋分前后是也。”（陈嵘《造林学各论》，中华农学会丛书，680 页。）

1953 年，梅树种植面积 350 余公顷，产梅 3355 吨。后因“大跃进”“文化大革命”及受工业废气污染，梅树频遭破坏，产量锐减。至 1976 年仅产 185 吨。1979 年恢复至 312.5 吨。继又遭虫害和工业废气污染，至 1987 年，全县植梅面积 123 公顷，产梅仅 4 吨。20 世纪 80 年代末起，消除附近的污染源，引进抗污染能力强的梅树品种，同时开发西部山区梅园基地。在鸬鸟乡横山、前庄村和长乐乡平山村试种的基础上，又在横湖、百丈、长乐等地发展梅园 66.7 公顷。由于梅子售价较低导致梅园管理粗放，产量锐减。90 年代后，因蜜饯制作所需，梅园面积不断增加。2005 年，区内梅树种植面积 2745 亩（183 公顷），产量 539 吨。

余杭区梅树有 16 个品种，以升罗底、软条红梅为优。升罗底（青榔头）、大叶毛箩、小叶毛箩 3 个品种统称青梅，其果皮青绿，果大肉厚，肉质红脆，汁多无苦味，含酸量最高 4.58%，鲜食、加工均优，但产量低，栽培面积占梅区总面积的 10%左右。软条红梅，树势强健，抗逆性强，特别是抗污染能力较强，花芽大而饱满，开花最迟，投产早，着果率高，高产稳定。加工梅坯利用率达 60.5%，质量好，是加工梅良种，为主要品种。“品种：大叶猪肝　杭州超山产。树性强健，丰产。果稍微扁圆形，果梗短而粗，果顶梢凹入，缝合线浅。果皮黄绿，向阳部深红，汁多，味酸而清，品质佳良，五月下旬适度成熟，可供制造。本种果形大，为制咸梅、劈梅主要原料。小叶猪肝　杭州超山产。果形较小，果梗细而短，梗窪深，缝合线不明显。果皮黄色，向阳面深红色，味酸而清，生食为大叶猪肝佳。品质佳良，五月下旬适度成熟，可供制造，果实为陈皮梅主要原料。歪肩胛杭州超山产。果大，为歪圆形，其肩一方特高耸，故有歪肩胛或歪肩膀之名。果皮青黄，向阳面紫红。味酸而清，树形强健丰产，五月下旬适度成熟，可采收供制造。桃梅　杭州超山产。为长圆形，而先端突出尖锐，其形正如桃，故名。缝合线深。果面青黄，向阳面紫红，味清酸，五月下旬成熟，不甚丰产。白梅　杭州超山产。果小，为圆形，未熟时即无涩味，清酸可口。故果实稍发育清酸可随时采收。果面淡绿色。五月上旬即适度成长，可以采收，为制糖梅之主要原料。”（吴耕民编《果树园艺学》，商务印书馆发行，1934 年版）

青梅含单宁酸、酒石酸、林檎酸、苦味酸、氰酸等多量的酸，还含有蛋白质、脂肪、碳水化合物和多种维生素。能生津止渴，开胃解郁。梅子经加工可制成盐梅干、乌梅干以及梅酱、梅膏、梅醋等。塘栖超山生产的盐梅干、奶油话梅和糖青梅等蜜饯，出口东南亚，深受外商和港澳同胞欢迎。塘栖酿造厂曾生产过青梅酒，清冽味醇，甜中孕酸，乃宴饮中的佳品。

甘蔗　甘蔗是余杭一宗著名特产，种植历史已有千余年。临平甘蔗既脆又甜，其味甚佳，有“脆比雪藕甘比蜜，滴滴入口沉疴痊”之誉。主要分布在临平附近的小林、双林、星桥、翁梅、乔司及塘栖、塘南、超山一带。《祥符志》：“杭州土贡甘蔗。临平、小林、塘栖多种之。皮青者胜，紫者次之。又有小如芦者，曰荻蔗，亦甘。”（民国《杭县志稿》卷六《物产》）“甘蔗，产自丁山湖一带，南至小林，栽种之广，不亚枇杷，品种亦多。早者秋分可以收获，迟者在霜降之后。寒冻之时，须预藏土窖，至春发卖，味亦较甜。蔗分红、青二种。红者色红紫，茎围细长，质地坚实，含糖分较少。青者皮薄，色青，质地脆美，生食殊佳，亦可供制糖之用。”（民国《杭县志稿》卷十四《实业》）《中国实业志·浙江省》记载，1949 年，杭县种植甘蔗 5100 亩（340 公顷），直到 1980 年每年面积在

5000 亩（330 公顷）左右。1983 年，农村实行家庭承包责任制后，蔗区农民竞相发展甘蔗。到 1987 年达到最高峰，全县甘蔗种植面积达到 4.25 万亩（2833 公顷）。此后受经济效益影响，甘蔗种植面积逐年减少，1996 年只有 1.86 万亩（1240 公顷）。1999 年，与浙江大学合作，攻克果蔗去皮保鲜技术，并使用“临平”“江南玉竹”牌真空包装，解决甘蔗好吃难进城的矛盾。2000 年，制定并颁布区级企业标准《“江南玉竹”果蔗质量标准》。2005 年，区内甘蔗种植面积为 12135 亩（809 公顷），产量为 39273 吨。临平果蔗主要品种有临平紫皮等 4 种。临平紫皮，长势中庸，株高 1.3 米左右，叶色较浅，茎粗细中等，表皮紫色；皮薄，汁丰，肉质细，食之蔗渣如絮，无碎屑，味鲜美，耐贮藏，产量中等。白地拉（广东紫皮），长势强盛，株高 1.3 米—2 米，叶青绿或黄绿，茎粗，表皮紫色，皮厚薄中等；汁丰，肉质较粗，入口蔗絮稍有碎屑，味甜，耐贮藏，产量高；依叶色青绿或黄绿，该品种又可分成青叶紫皮和黄叶紫皮两个品系。上河青，长势较强，株高 1 米—1.5 米，叶色较淡，茎粗细中等，基部消瘦，故又名“小脚青”，节处较细，节间较长，呈鞭炮形，表皮黄绿色；皮薄，汁多，肉质嫩，入口蔗絮碎屑较多，味甜，不耐贮藏。秤杆青，主产塘栖，长势较强，株高 1—1.3 米，叶色浓绿，茎粗细中等，表面浅青；蔗粉厚，皮厚，汁液中等，肉质较粗，入口蔗絮稍有碎屑，味甜，耐贮藏。

杨梅　据《浙江建设——园艺改良专辑》九卷六期，杭嘉湖各县主要农产品统计表记载：“1933 年杨梅产量余杭县 400 担，杭县 2300 担”，两县共 2700 担。当时，余杭县杨梅产地主要在闲林、长乐、舟枕、彭公等地的山上，有零星种植及野生杨梅。又据《杭县志稿》十四卷（1946 年）记载：“杨梅，西自半山北麓沿南山地带，东至超山龙洞，为山家特产品。树形高大，叶阔长而光滑，品类有早酸荔枝、镶红、炭梅等名，而炭梅最佳。小者名金钱炭梅，亦优良。汁胞分尖团两种，尖者稍耐藏，团者味较甜，南山产者核尤小，为上品。销路由火车运沪，载杭、湖者用轮船为多，包装用竹制短篮衬以蕨叶，每担在廿六年前市价自八元至十二元，每树平均约产一担以上”。由此可见，1949 年前余杭县杨梅生产分布较广。1949 年后，主要分布在自半山沿山至南山、星桥、小林、超山一带。1952 年，余杭县杨梅面积 2300 亩，年产杨梅 22024 担。1985 年，余杭县杨梅分布于超山、崇贤、小林、塘南、星桥、北湖、彭公、双溪、长乐等乡镇，而杨梅集中产区是崇贤、超山两地。1985 年，余杭县有杨梅面积 1986 亩，年产量 254 吨，其面积占全县水果总面积的 8.7%，产量占 5.2%。进入 21 世纪后，杨梅面积、产量虽每年有增减，但总体上仍保持基本稳定，尤其是杨梅产量增长较多。2015 年，全区杨梅产量从 2005 年的 539 吨增加到 1210 吨，增长 124.5%。2018 年，余杭区杨梅面积 244 公顷，产量 1351 吨。

余杭区杨梅品种有大炭梅、小炭梅、早酸荔枝、镶红、东魁、荸荠种等品种，主要以大炭梅、小炭梅（也称金钱炭梅）出名。大灰梅果形较大，甜多酸少，味浓，肉质细而柔软，汁液极多，果色黑红带暗，美观，品质上等；当地与杭州市场销路最俏，价格较高，但不耐贮运。小炭梅果形较小，甜多酸少，汁液多，肉质致密稍硬，略有异味，果紫黑色，核小，品质中等；虽果小且肉质稍硬，在销路、价格上稍逊于大炭梅，但因耐贮运，能运往上海、湖州等地而扩大销路。

柿　余杭区柿树栽培据传已有近千年历史。北宋苏颂等撰《图经本草》载：“干柿，火干者，谓之‘乌柿’，出越州。”多为河边、塘边、房前屋后栽植，分布较广。以蒋村、五常等为多，旧时统称“古荡方柿”，杭沪宁驰名。据记载 20 世纪 30 年代初，常年总产量 440 吨。1949 年总产 955 吨，1974 年曾达 3610 吨，此后逐年减少，1987 年总产量只有 1172 吨。嗣后，由于工业废气污染加剧，柿子产量锐减。2005 年，区内柿树种植面积 580 亩（38.67 公顷），总产量 517 吨。柿子一般在9月中旬至10月下旬上市,从早熟至迟熟品种,先后在市场供应一月之久。尤其是蒋村(今属杭州市西湖区)方柿,脱涩后加工成硬柿,具独特风味,深受消费者欢迎。柿树品种有火柿、高脚方柿、扁花柿等。高脚方柿,树势中等,树冠开张,丰产性好;果实中大,平均单果重250克左右;果顶凹,蒂洼深,果面具有浅纵沟4条,萼片平展,也有向上反卷;成熟时,果皮呈橙黄色;果肉淡橙黄色,味甜汁多,核少;需经后熟脱涩方可食用,其加工催熟方法是将柿果集中装筐,密封堆放,中燃线香,经12小时催熟即可。《杭县志稿》卷十四《实业》载:"柿有数种,小者多火珠,先熟。大者名铜盆,极大者名方柿。须于半熟时采之,熟透则摇枝即落矣。取梨同藏稻草中,密护之,使成熟,其梨则味涩不可食。或青柿以石灰水浸之,则涩味尽去,甘脆如梨,名绿柿。又一种名牌柿,亦曰油柿,产于瓶窑,可制柿漆。"

二、蔬菜

概况　余杭蔬菜种类众多,历代均有记载。《吕氏春秋·本味》载,"和之美者,越骆之箘",箘即今之竹笋。见之志者,有菱、莲、笋、芹、荇等20余种,多属畦町所艺。境内蔬菜大致可分园蔬、泽蔬、野蔬三大类约50个品种。根菜类有萝卜、胡萝卜(俗称洋花萝卜、药性萝卜)、大头菜、芜菁甘蓝(洋大头菜)、芜菁等品种,白菜类有大白菜、小白菜、菜心、青菜(油菜)、黄芽菜等品种,甘蓝类有结球甘蓝(包心菜)、花椰花(花菜、菜花)、球茎甘蓝(苤蓝)等品种,绿叶菜类有菠菜、芹菜、莴苣(莴笋)、茼蒿(蒿菜)、苋菜、荠菜、蕹菜(空心菜)、芫荽(香菜)等品种,豆类有豇豆、毛豆、蚕豆、豌豆、菜豆(刀豆、四季豆)、扁豆等品种,葱蒜类有圆葱(洋葱)、大蒜、葱、韭菜等品种,茄果类有茄子、辣椒、番茄(西红柿)等品种,瓜类有冬瓜、黄瓜、南瓜、瓠瓜(葫芦)、丝瓜、菜瓜、苦瓜等品种,薯芋类有芋艿、生姜、马铃薯、菊芋(洋姜)等品种,芥菜类有榨菜(茎用芥菜)、瘤芥菜、叶用芥菜等品种,水生蔬菜类有茭白、慈姑、荸荠、藕、菱、水芹菜、芡实等品种,多年生蔬菜类有早竹笋、鞭笋、毛竹笋(冬笋、春毛笋)、芦笋、黄花菜、蕉藕等品种,食(药)用菌类有蘑菇、平菇(凤尾菇)、香菇、金针菇、灵芝、猴头、黑木耳、草菇等品余种。此外,还有腌制榨菜、萝卜干、倒笃菜等。

20世纪90年代,引进不少蔬菜新品种,采用大棚种植蔬菜的新技术得到广泛推广。蔬菜生产突破原先的季节限制。2000年,仅乔司镇、平山农场、亭趾镇(今属运河街道)的蔬菜示范园建设面积73.33公顷。乔司镇建33.33公顷蔬菜科技示范园;平山农场的33.33公顷稀有菜示范园种植象牙菜、观音菜、枸杞菜等6个品种;亭趾6.67公顷连片设施蔬菜园,育种日本南瓜、长瓜、茄等品种。莲藕、荸荠、茭白、慈姑及黄姜等传统品种较有特色,远近闻名。2005年,蔬菜播种面积28.7万亩(1913公顷),总产量达41.86万吨。是年,在全面调查崇贤水生蔬菜现状及工业污染情况的基础上,编制《无公害茭白标准化生产技术流程图》。崇贤村72公顷余杭水生蔬菜产业化基地申报为浙江省特色优势农产品基地建设项目。完成杭州市都市农业示范园区崇贤水生蔬菜示范园区建设,产生崇贤牌水生蔬菜品牌。年底,中日合资农产品加工企业——浙江佳伊乐食品有限公司在余杭高新农业示范中心建成。生产的冷冻蔬菜和调味蔬菜等全部销往日本等国际市场,是浙江省境内第2家蔬菜加工产品直接进入日本超市的企业。全年新注册"五科"和"乔司"2个蔬菜商标,"三家村"藕粉获得浙江省著名商标和省十大消费者喜爱的农产品称号。新成立余杭乔司新三蔬菜、余杭南苑钱塘蔬菜和余杭闲林聚宝灵芝等3家专业合作社,杭州余杭绿鑫水生作物专业合作社被评为杭州市十佳专业合作社和杭州市先进专业合作社。先后引进以色列FA-189、FA-516番茄、小绿一号尖椒、金福菇、观音菜、芥兰、蒲公英、鱼腥草等蔬菜新品种。其中189、516番茄为无限生长型,推广扦插繁殖方法后,节省了高额的种子费用;小绿一号尖椒为高杆品种,株高可达 1.5 米—1.6 米,抗病、抗寒、抗旱,商品性好、产量高,在全区试种后实现一季栽培周年采收;金福菇是高温品种,引进后在闲林试种成功,为杭州地区首次。同时,引进试验"青之源"系列肥料,效果较好。芡实是引进的水生作物新品种,经济效益好,栽培管理简单。全区种植面积由 2005 年的 0.44 公顷扩增到 2006 年的 3.83 公顷,平均亩产值 2500 元,种植效益是单季晚稻的 4 倍至 6 倍,产品主要销往江苏、福建、上海等地。

2007 年,随着设施蔬菜多样化增效技术的示范推广,乔司街道朝阳村 6.7 公顷蔬菜喷滴灌设施建成使用,成为全区设施鲜销蔬菜的精品基地,同时推动全区蔬菜大棚设施和新型农机具的推广。全年全区有大中棚蔬菜面积 1120 公顷,应用防虫网 69 公顷、杀虫灯 105 盏 280 公顷、性诱剂 13 公顷、滴灌 43 公顷、中耕机 15 台。经一年的实施,建成浙江省特色优势农产品基地——余杭高效生态蔬菜芡实生产基地。该项目总投资 72.53 万元,其中省补资金 50 万元。在塘栖镇超丁村、径山镇潘板桥村实施面积 66.67 公顷。基地年产速冻芡米 45 吨或干芡米 32 吨,总产值达 315 万元,实现总利润 135 万元,并辐射带动全区及周边地区发展芡实种植面积 133.33 公顷。2008 年,塘栖镇丁山河村的丁山洋农业发展有限公司,利用本地水面资源,从事水培蔬菜生产。将毛竹编成的浮床放在水面上,将育好的蔬菜秧苗移植在浮床上,使之吸收水中的磷和钙等营养生长。由于生产过程中不施肥用药,4 月首期 2 公顷多空心菜种植 2 个月后开采,成了市场抢手货。据测算,水上空心菜亩产可达 1 万公斤,亩产值可达 6 万元,除去成本每亩净收入 2 万元,同时水中还可养鱼。杭州市确定 2009 年—2011 年实施叶菜生产功能区建设项目,提高全市蔬菜生产水平和应急能力,保障市场叶菜有效供给。2009 年,余杭区申报立项 8 个叶菜功能区,实施面积 153.33 公顷,其中应急型功能区 8 公顷,保障型功能区 145.33 公顷。是年,实施完成珍稀食用菌新品种引进与推广项目,并通过省、市、区专家组验收。该项目引进珍稀食用菌新品种 14 个,通过试验筛选出金福菇"荆西口蘑"、秀珍菇"杭农 1 号"、草菇"V25"、姬菇"新 39"等适宜余杭栽培的 4 个新菌株。

2010 年,余杭区首次印制发放 5000 册集档案记录、安全用药指导、物理防治技术推荐、检测室规章制度及检测操作流程为一体的科学实用的《蔬菜农事档案本》,新建蔬菜安全快速动态检测网点 25 个。2011 年,全区有 14 个基地被列入 2011 年杭州市"菜篮子"基地,其中,叶菜生产功能区 12 个,建设规模 184.33 公顷,应急面积 54 公顷,主要用于保障杭州市"春淡"、"秋淡"季节和灾害性天气发生后城市叶菜的供应。常年性蔬菜基地 1 个,建设规模 40 公顷;食用菌产业基地 1 个,建设规模 7.67 公顷,年产食用菌 50 万袋。良渚、瓶窑、塘栖等镇(街道)13 家单位推广应用蔬菜植株残体资源化利用技术,应用面积 409.1 公顷,残体处理量 12898.2 吨。在全区各主要蔬菜基地建立统一的蔬菜规范化种植园区环境管理制度,为杭州

图 3-8 市级叶菜生产功能区

市首创。(注:蔬菜植株残体资源化利用技术是指将不能用于食用的蔬菜植株根系、茎秆、枝叶、果实等,通过收集、粉碎、堆置发酵等工艺,将植株残体生产成为有机肥直接还田,培肥蔬菜土壤,改善因蔬菜植株残体造成的环境污染。)是年,以杭州宇航梦园农业科技有限公司为主体创建单位的瓶窑蔬菜精品园创建完成。该特色蔬菜精品园区占地 70.67 公顷,总投资近 2000 万元,是余杭区第一家蔬菜精品园。2011 年,在区农业标准规范《无公害芡实生产技术规程》(2007 年 1 月 20 日发布)的基础上,区农业技术推广中心和杭州径海园生态农业开发有限公司总结本地芡实种植户的生产经验,参照和吸收国内外有关芡实的研究成果,升级制定杭州市农业地方标准《芡实生产技术规程》。2011 年,在市财政局、市农业局的要求和指导下,余杭区首次对蔬菜使用高效双低新农药提供 50%的财政补贴。全区完成补贴农药总金额 165.47 万元(其中财政补贴 82.74 万元,由市、区财政按 1:1 补贴,即市财政和区财政各补贴 41.37 万元),向符合条件的 23 家蔬菜基地、合作社和大户提供补贴农药 3.31 吨,推广面积 787.27 公顷。

2012 年,余杭区首次对蔬菜使用高效双低新农药提供 50%的财政补贴。全区完成农药补贴 220.4 万元(其中财政补贴 110.2 万元,由市、区财政按 1:1 补贴),向符合条件的 35 家蔬菜基地、合作社和大户提供补贴农药 5.346 吨,推广面积 1363.467 公顷,用于减少农药使用纯量,降低农药残留,保护天敌,确保农产品质量安全。2013 年,余杭区实施的市农业丰收项目"蔬菜可持续高效生态生产技术推广应用"通过验收。通过项目实施,总结编写番茄、黄瓜、茭白、小白菜、莲藕 5 种余杭区主要蔬菜作物的标准化生产技术规程,拍摄《早春保护地番茄栽培技术》视频教材一套;重点推广应用集中化穴盘育苗技术和土壤培肥改良技术,两年推广面积 29550 公顷。针对制约年展的多年栽培蔬菜土壤改良、"稻改菜"基地土壤改善问题及水生蔬菜合理用肥等重点、难点问题,经过两年的研究与试验示范,市农业丰收重点项目"蔬菜土壤培肥提质增效综合技术推广应用"实现重大突破,有关成果处于省内领先水平,获得杭州市农业丰收奖二等奖。2014 年,经市"菜篮子"工程建设领导小组办公室审核,余杭区 10 家单位列入杭州市"菜篮子"基地(蔬菜类)建设项目。其中,9 家为叶菜应急生产功能区、1 家为常年性蔬菜基地。通过项目建设,新增道路 4882 米、渠道 6597 米,完善蓄水池、喷滴灌抗旱设施、杀虫灯、防虫网等绿色防控设施,所有项目都建有机埠、蓄水池,实际完成总投资额 771.90 万元。10 月,10 个项目均通过市级验收组验收。

2015 年,余杭区首次推广杭州市蔬菜政策性综合保险 10 家市级"菜篮子"基地 66.87 公顷蔬菜面积参保,其中大棚投保 56.73 公顷,大棚薄膜投保 55.6 公顷,叶菜价格投保 62.87 公顷,露地蔬菜投保 16.87 公顷,投保费 110.79 万元(包括财政补助 81.71 万元,基地自交 29.08 万元)。扶持工厂化育苗基地建设,引导建立了浙农、美农和叶昊 3 个育苗基地,年育苗能力达到 3000 万株以上,不仅满足了本地的蔬菜生产需求,还销往杭州、台州、温州等兄弟区县市。2016 年,蔬菜产业进一步发展,全区已建有国家级蔬菜标准园 3 个,省级现代农业发展资金项目基地 2 个;市级"菜篮子"蔬菜基地 21 个,其中市级"菜篮子"蔬菜基地分 15 个叶菜生产功能区、3 个常年性蔬菜基地、2 个育苗中心、1 个食用菌基地;蔬菜专业合作社有 36 家,家庭农场 20 家、蔬菜生产(加工)企业 26 家,50 亩以上的企业、合作社、大户 50 余家,500 亩以上的蔬菜现代农业园区 20 个,其中 15 个为纯蔬菜种植园区,5 个为综合类(休闲观光)园区。余杭叶菜生产规模位居省、市前列,水生蔬菜在省内也占有重要地位。9 月,杭州良渚麟海蔬果叶菜生产功能区、杭州余杭满元叶菜生产功能区、杭州湾里塘莲藕常年性蔬菜基地等 3 家企业入选 G20 杭州峰会保供基地，10天累计供应青菜、莲藕、荷叶等蔬菜单品8个23059公斤，圆满完成保供任务。2017年，余杭区示范推广莲藕—甲鱼套养模式及关键配套技术，该技术解决了藕田中福寿螺的为害，为市民提供了生态精品甲鱼。

2018年，杭州市“菜篮子”工程建设领导小组办公室重新认定12个市级“菜篮子”蔬菜基地，其中叶菜生产功能区7个、常年性蔬菜基地3个、蔬菜育苗基地2个。余杭区认定第一批余杭区级“菜篮子”基地(蔬菜)4个，扶持规模种菜面积4802.178亩，补助资金96.845万元。建设美农现代育苗中心建设、满山红叶菜生产功能区建设项目、张国顺常年性蔬菜基地建设项目等3市级菜篮子提升项目，项目总投资294.03万元，补助150.5万元。是年，余杭区绿叶菜零售价格指数参保基地面积达14300亩，通过直供直销形式销售蔬菜累计82619.51吨，完成“秋淡”叶菜应急生产任务1500亩。杭州良渚麟海蔬果专业合作社和杭州湾里塘莲藕专业合作社入选2018年度种植业“五园创建”省级示范基地，是全省第一批“放心菜园”。

荸荠　又名马蹄、地栗，是余杭传统产品之一，至今已有900余年历史，是果菜药兼用，生熟皆宜的大众食品。生食鲜嫩多汁，有醒酒解毒之功能。荸荠洗净，风晒数日，待果皮起皱，成“风干荸荠”，贮放到夏也不腐烂，食味更为甘甜爽口。荸荠还可削皮加工成罐头“清水马蹄”，加工制成生粉，称马蹄粉。“初产运河东南岸，自拱宸桥以东，塘栖镇以西，以此为大宗出产，今各乡早秈收获，田中多植荸荠，复为夏种冬收之计，故产量越多。带泥者耐久藏，其销路直达长江流域。苏、常一带船只，来乡集购颇繁。”(民国《杭县志稿》卷十四《实业》)荸荠主要产地在塘栖、仁和、崇贤、良渚等地，其中以沾桥(今属崇贤街道)“大红袍”荸荠更为盛名。

1953年，境内荸荠种植面积达5.38万亩(3587公顷)，总产量在40吨左右。1960年起，荸荠种植面积锐减，至1976年仅4200亩(280公顷)。1985年，扩大到2.66万亩(1773公顷)，总产量在40吨以上。“清水马蹄”不仅在国内市场受欢迎，还销往国外。1990年后，荸荠转为鲜销为主，面积也逐年减少，1993年仅1.05万亩(700公顷)，2005年0.55万亩(367公顷)，总产量在830万公斤。主要集中在东塘(今属仁和街道)、沾桥(今属崇贤街道)一带。

2008年，通过两年的调研、品种筛选、纯化、扩繁、试验、研究，完成“杭州市地方名优蔬菜‘大红袍’荸荠的保护利用”项目。筛选出可直接利用的大红袍种质资源2份，建立1公顷的大红袍荸荠种质筛选纯化基地，并建立种质资源圃，保存大红袍荸荠材料31份，利用纯化的大红袍球茎繁殖大红袍荸荠3100公斤。在塘栖、崇贤、仁和推广应用无公害荸荠优质高产栽培技术面积148.67公顷，示范面积13.87公顷。总结出大红袍荸荠种质退化的4个原因并提出减缓退化的3种方法。

莲藕　大运河旁的崇贤、仁和、塘栖等平原水网地带盛产莲藕，多为塘藕，也有少量田藕和荡藕。20世纪80年代之前，莲藕多数制成藕粉，90年代以来以蔬菜食用为主，少量制成藕粉或制作糯米藕。藕及藕粉均以沾桥三家村产者最佳。三家村藕粉纯度高，含淀粉率低，含蛋白质较高，制作考究，形似薄片，白里透微红，质地细腻，香醇质洁。

1953年，莲藕种植面积5300亩(353公顷)，年产量858万斤。1988年减至为98亩(6.5公顷)。1989年增至1083亩(7.2公顷)，其中沾桥971亩(65公顷)，此后基本保持在千亩左右，2005年为3014亩(201公顷)，总产量450万公斤。自2016年起，运河街道的黑鱼养殖塘转为莲藕种植，排除了污染，还成了观光游览之处。

莲藕主栽早熟品种为东河早藕、安徽飘花。东河早藕，植株较矮，花单瓣，白爪红色，节间长，适于浅水种植；春藕白嫩甜脆，适宜炒食或生食，夏藕适宜炒食或煨汤；当年4月—8月栽种，次年6月中旬采收春藕，设施栽培春藕采收时间可提早至5月上旬，8月中下旬采收夏藕。安徽飘花，藕较粗，无花，适宜浅水田栽培；质嫩脆无渣，生食、炒食、煨汤均佳，尤其适宜制作糯米藕；一般4月上中旬定植，7月上中旬至10月采收。中晚熟品种主要为鄂莲系列中晚熟品种。该系列品种植株长势旺，产量高；节间粗壮，中间通气孔小，肉质肥厚，炒食甜脆，煨汤易粉，品质优；4月上旬种植，8月下旬至次年5月采收。

小林黄姜　临平自古物产丰富，沈谦曾举其中有名者：吾乡物产，自细砺之外，则有曲竹出《府志》，姜出《汇苑》，条桑出《戴记》，皆见之书册者，其他甚多。临平小林一带栽培黄姜历来有名，据记载，在北宋年间已盛产。《太平寰宇记》称："杭州土产干姜、橘、蜜，皆入贡。"明《本草纲目》亦有"临平山产姜"的记载。清嘉庆《大清一统志》卷二八六称："姜，仁和临平山出。"清乾隆《杭州府志》称："姜出仁和小林镇，近苏家村多种之。"民国《杭县志稿》写得更具体："姜，为临平小林等乡出产大宗。季春下种，夏暑作苇帘复之。秋初掘出者，谓之嫩姜，芽紫色，有清香，供杭、沪酱菜之用。秋末掘出者，曰老姜，置屋中。冬多寒，宜作小窖，以稻秆合埋之。销路北至平津，且及关外。"清张艮诧《姜》："野蔬诗十二，子姜居其一。小林苏家圩，列指新芽苗。擘来贡上方，结队蜜与橘。"苏家圩多种之。

小林黄姜因其姜块大壮、肉质黄密、辣香味强而著名。具有长势强、块茎大、形为瓜、皮淡黄、肉蜡黄、纤维少的特点；其外形小巧，姜片较薄，分枝多，多两片重叠，似双峰状。小林黄姜主要产地在小林（今属临平街道）及其紧邻的乾元、塘南、亭趾等地，尤小林苏家圩为多。这一地区多小粉土，透气性好，又为富磷区，很适宜姜的种植。

主栽品种红爪姜，长势强，地下基大；皮色淡黄，芽色淡红，肉色姜黄，纤维少。另一种黄爪姜，植株短，地下基小，辣味强。每年清明前3天—5天选种催芽，谷雨、立夏之间适期适量排姜。夏至、小满之间起者称为"娘姜"，处暑后收者称为"嫩姜"，立冬后收者称为"老姜"。

小林黄姜种植面积最高时为2439亩，产量3000吨上下。1965年，余杭县年产黄姜2500吨。1985年，黄姜面积扩大到202公顷，一般亩产1500公斤，总产4545吨。90年代后，随临平城区面积扩大，黄姜种植面积剧减，2005年种植面积仅500亩（33公顷）。

小林黄姜作为余杭区一名优特产，同时作为全国九大姜类中的上品，已被列入浙江省首批农作物种质资源保护名录。由于小林黄姜只种植在临平之乾元、小林一带，而城市化进程已经影响到小林乾元一带。加上效益较低，小林黄姜亩产约1500斤，而山东生姜能产3000公斤左右。种植和储存小林黄姜的传统工艺，已经慢慢失传，特别是催芽、窖藏的技术。小林黄姜面临绝种的危险。为了延续和推广小林黄姜，2015年开始，余杭区农技推广中心开始在径山和良渚余杭范围内进行种植，并列为杭州市科技局种子种苗课题。杭州爱比利生态农业开发有限公司也在径山镇四岭村引种小林黄姜。

慈姑　慈姑是宿根水生草本植物，崇贤、塘栖、仁和等地有多年栽培历史。1987年，慈姑种植280公顷，2005年达到980公顷，总产量2.05万吨。主栽品种苏州黄，叶片狭长，叶端较尖；球茎卵圆形，顶芽扁形白色；肉黄白色，微有苦味；抗病性较好，生产上常与水稻或茭白轮作。慈姑主要销往上海、江苏等外地市场，区内市场较少出售。1997年11月，组建余杭崇贤慈姑专业合作社。2001年11月，注册"崇贤"牌慈姑商标。2003年，区农业局制定余杭区农业地方标准《无公害慈姑生产技术规程》，通过标准化生产技术的推广，慈姑产量和质量都有提高。

茭白　余杭栽培茭白历史悠久，主要分布在崇贤、塘栖、星桥、瓶窑、余杭等镇(街道)，其中以崇贤栽培面积最多，质量较好。1988 年，种植面积 313.3 公顷。至 2005 年，全区茭白总面积达 1133 公顷，总产量 5 万吨。其中，崇贤栽培面积为 467 公顷。主栽品种为双季茭白“梭子茭”(也称纡子茭)，也有少量单季“八月茭”种植。梭子茭一般在清明前后育苗，7 月中下旬移栽，收获两季，当年 10 月—11 月采收一季，称秋茭，亩产量在 1250 公斤左右，高的可达 1750 公斤；次年 5 月—6 月采收一季，称夏茭(或蚕茭)，亩产量在 2000 公斤左右，高的可达 3000 公斤。“梭子茭”肉质茎形状较短而粗，中间粗大，两头较尖，形似纡子。“梭子茭”又分白壳半大种和紫壳大种，前者为早熟品种，肉质白嫩，品质好，产量相对低；紫壳大种为晚熟品种，品质中等，产量较高。当地以种植白壳半大种为主。2000 年，临平、星桥、崇贤实施茭白大棚栽培试验获得成功，所产茭白比露地提早 25 天上市，亩增收 1800 余元。2001 年 6 月，注册“崇贤”牌茭白商标。2003 年，崇贤镇崇贤村建立余杭区特色农业示范园区——崇贤茭白示范园区，面积 1080 亩(72 公顷)。2005 年，区内 7000 亩(467 公顷)茭白通过省无公害农产品基地认证，“崇贤”牌茭白被认定为国家无公害农产品。2006 年，崇贤镇崇贤村水生蔬菜产业化基地新建 1.67 公顷茭白大棚和 500 立方米茭白冷库，引进茭白新品种，设计制作“崇贤”牌茭白精品包装及水生蔬菜宣传画册等，推动全区水生蔬菜产业化发展的进程。

2003 年—2017 年余杭蔬菜地方标准

表 3-12

序号	地方标准规范名称	地方标准规范编号	标准起草参与单位	区行业主管部门
1	无公害慈姑生产技术规程	DB330125/T 013—2003	余杭区粮油技术推广总站	余杭区农业局
2	迷你桔瓜设施生产技术规程	DB330125/T 022—2004	余杭区农业科研与培训中心	余杭区农业局
3	无公害芡实生产技术规程	DB330125/T 031—2007	杭州市余杭区农业技术推广中心	余杭区农业局
4	猴头菇立体逆向栽培技术规范	DB330125/T 040—2009	杭州常青保健食品有限公司	余杭区农业局
5	小林黄姜无公害栽培技术规范	DB330110/T 068—2017	杭州余杭区运河街道博溪家庭农场	余杭区农业局
6	余杭区香蕉丝瓜栽培技术规程	DB330110/T 075—2017	杭州余杭区塘栖镇张国顺家庭农场	余杭区农业局
7	莲藕池底铺膜栽培技术规程	DB330110/T 079—2017	杭州市余杭区湾里塘莲藕专业合作社	余杭区农业局
8	茄果类蔬菜水肥一体化技术规范	DB330110/T 080—2017	杭州满山红蔬果专业合作社	余杭区农业局
9	竹林套种竹荪、大球盖菇生产技术规程	DB330110/T 081—2017	杭州余杭区百丈镇国定家庭农场	余杭区农业局
10	双季茭白生产技术规程	DB330110/T 082—2017	杭州余杭水韵果蔬专业合作社	余杭区农业局
11	梨枝屑栽培黑木耳技术规程	DB330110/T 072—2017	杭州苕溪绿色农庄	余杭区农业局
12	芡实生产技术规范	DB3301/T 202—2011	杭州市余杭区农业技术推广中心、杭州径海园生态农业开发有限公司	杭州市农业局

三、花卉

超山梅花，泰山、石鸽假山石，黄湖、长乐树桩盆景是余杭三大传统花卉盆景产地，其中以超山梅花为最，闻名遐迩。东塘普宁寺植有明代牡丹，花大色艳，据《唐栖志》载："东塘普宁院牡丹，为塘栖二十四景之一，相传于忠肃公手植。"原有"十八墩牡丹"，现存六墩（株）。

1958年起，余杭花卉进入专业商品化生产，1985年前后为产业发展兴旺期。1985年，县内有国营花圃5个、集体花圃22个、种花专业户1500多户，花卉面积100公顷。花卉有14个大类、155个品种、1510万株（盆），年收入1000余万元。超山、云会等地产梅花、月季，翁梅、乔司等地产匍地柏、龙柏，长乐林场等产茶花、茶梅、杜鹃。因效益不佳，1986年后转入花卉滞销期。2000年开始，社会对花卉的需求逐年增加，花卉生产稳步发展。2000年，余杭花卉生产面积627公顷，主要品种有玫瑰、剑兰、康乃馨等鲜切花和万寿菊、一串红、矮牵牛等花坛花，以及菊花、月季等盆栽花卉。产地以乔司、临平、云会、闲林为多。

2005年，余杭区花卉生产面积467公顷，年产值2500万元。南苑街道、乔司镇产百合花、剑兰、玫瑰、天堂鸟、银柳等鲜切花和万寿菊、孔雀草、一串红、矮鸡冠等花坛花，临平街道、星桥街道产一串红、矮牵牛、长春花、鸡冠花、彩叶草、四季海棠、金盏菊等花坛花和仙客来、一品红、红掌、菊花、凤仙花等盆花，余杭、塘栖等地产马蹄莲、天堂鸟、银芽柳等鲜切花和丰花月季等地栽花卉。

规模花圃　20世纪90年代初，平山农场种植康乃馨等鲜切花。90年代后期，星桥、乔司、南苑街道等地开始种植花坛花，品种有一串红、矮牵牛、万寿菊、矮鸡冠、孔雀草等10余个品种。2001年，地处南苑街道万常村的杭州万辉花卉有限公司，投资50万元建成荷兰香水百合花基地。2005年，百合花扩建后总面积130亩（8.67公顷），总投资953万元，钢管大棚43750平方米，年产百合鲜切花137万支，销售额821万元，利润253万元，成为杭州市都市农业示范园区。园区百合鲜切花品种主要有西伯利亚、索邦、元帅等5个，产品畅销浙、沪市场。2005年，杭州万辉花卉有限公司新增投资845万元，在径山镇四岭村新增鲜切花基地170亩（11.3公顷）和葡萄基地80亩（5.3公顷），以百合花、郁金香为主。

2005年9月，地处临平街道的杭州远致园林市政工程有限公司引进花卉水培技术，对铁树、绿萝、红掌等进行水培。是年，杭州嘉泰园林有限公司在瓶窑毛元岭建立湿生植物园，引进鸢尾200多种，年产鸢尾2000万芽。2008年，仁和街道（余杭高新农业示范中心）引进蝴蝶兰试种成功，余杭区高档花卉苗木产业逐渐形成规模。形成了以径山、瓶窑为重点，中泰、仓前、良渚、乔司等镇街为辐射，以径山森禾花卉苗木基地、长乐林国家杉木园、求是珍稀桂园，为代表的花卉苗木产业园区集聚板块。

2010年以后，随着人民生产水平日益提高及电子商务兴起，余杭区的花卉更趋向于高档化、专业化、集约化发展。高档花卉主要品种有蝴蝶兰、石斛兰、大花惠兰、国兰。2012年，余杭区制定《蝴蝶兰设施栽培技术规程》；2015年，制定杭州市地方标准规范《湿生鸢尾繁育技术规程》。仁和街道发展成为杭州市主要的蝴蝶兰、大花惠兰生产区，涌现出杭州阡陌园艺科技有限公司、杭州稼禾秀实园艺有限公司、浙江启美园艺有限公司专业生产公司、杭州金稼农业有限公司等，2017年年生产蝴蝶兰144万株。

同时，涌现了一批较有规模的花卉生产企业。如位于径山的森禾余杭现代花卉苗木产业园总占地2850亩，以生产彩叶苗木、高档盆花为主，园区拥有4万平方米智能温室，1080亩自动灌溉系统，是一个集新品种选育、新技术开发和工厂化、规模化、标准化为一体的现代农业生产基地。位于径山的杭州花境种业有限公司，占地面积200公顷，是一家以花卉和园林植物扩繁、新品种生产推广的科技型企业，以生产宿根花卉容器苗为主，年产宿根花卉200万株。位于瓶窑镇毛元岭的杭州嘉泰园林有限公司的余杭区水湿生植物园占地20公顷，2010年，引进鸢尾200多种，年产水生植物2000万株。位于余杭区南苑街道耀美花卉苗木现代园占地面积50公共场所顷，栋薄膜大棚7651平方米、连栋玻璃温室2700平方米、育种育苗场所432平方米，主要以生产容器小苗、草花地被、水生植物为主。位于仁和的杭州稼禾秀实农业占地8公顷，拥有现代智能温室1.2万平方，年产高档花卉蝴蝶兰30余万株。位于仁和街道东塘村的浙江启美生态农业有限公司占地33.6公顷，拥有现代温室大棚4.3万平方米，单体大棚1.1万，年生产蝴蝶兰、大花惠兰、一品红、常春藤等中高档花卉80万株。

主要品种　品种分鲜切花、花坛花、盆栽花、水生花卉及盆景。

鲜切花。余杭区生产的鲜切花主要品种有百合花、唐菖蒲、玫瑰、郁金香、天堂鸟、马蹄莲、康乃馨、银柳、切花月季等。

花坛花。花坛花卉一般都是草本花卉，余杭区生产的主要品种有：冬春季有羽衣甘蓝、瓜叶菊、三色草、金盏菊、雏菊、海棠、美女樱等，春夏季花有万寿菊、矮牵牛、孔雀草、金鱼草、长春花、一串红、矮鸡冠、夏堇等，秋季花有菊花、一串红、万寿菊、矮鸡冠、百日草、四季海棠、三色堇、黄金菊等。

盆栽花。盆栽花卉主要品种有菊花、石榴、夜来香、茉莉花、吊兰、文竹、三角梅、火焰南天竺、迭迭香、红掌、白掌、栀子花、碧玉等。

盆景。余杭、仁和、临平等街道生产的盆景，主要品种有：五针松、榆树、鹊梅、银杏、梅、青枫、杜鹃、南天竹、刺柏、金弹子、枇杷、石榴、佛手、女贞、红枫、鸡爪槭、罗汉松等。

水生花卉。主要品种有荷花、睡莲、香水莲、菖蒲、湿生鸢尾等。

第五节　植物保护

一、作物病虫害

余杭常见的水稻病害有28种、虫害23种，麦类病害有14种、虫害有5种，油菜病害有5种、虫害有3种。病虫害的种群类型、发生程度，流行频率等，因耕作制度的变革、作物品种、栽培管理、天气变化而发生变化，地区间有差异。其中，出现较频繁，威胁较严重的主要病虫有水稻的纹枯病、稻瘟病、稻曲病、稻纵卷叶螟、稻飞虱、螟虫等，大小麦的赤霉病和麦蚜，油菜的菌核病、霜霉病和蚜虫。另外，还有些较少发生或在局部地区间出现，但在某种条件下也可能较大范围发生危害的偶发性病虫，如条纹叶枯病、稻细菌性基腐病、稻干尖线虫病、稻青枯病、稻螟蛉、麦类锈病等。

蝗灾　历史上蝗灾曾在1148年、1182年、1206年、1215年、1457年、1525年、1546年、1613年、1641年、1672年大爆发。1936年在瓶窑一带出现过，此后已少见。但1988年在中桥、泰山两乡5个村620亩(41.3公顷)水田及南湖、白洋畈数百亩杂草和芦苇上出现蝗虫。

黏虫　1965年前很少发生，以后逐年增加，成为麦类害虫。黏虫在余杭县的防治适期一般在 4 月 20 日前后(即二代至三代幼虫高发期),在此期间,田间幼虫平均密度每亩达 1 万条以上年份有 1973 年、1976 年和 1979 年。20 世纪 90 年代后,此虫发生逐年减轻。

螟虫　俗称蛀心虫,历来为灾害性害虫。70 年代前,余杭县以三化螟、二化螟为主,70 年代后发生量剧降。推广杂交水稻后,二化螟和大螟又有所增加,而第一代螟虫重于第二、三代。2000 年—2004 年第一代螟虫大面积发生,二单、双混载地区重于纯单季稻地区。以二化螟为主,大螟、三化螟较少。历史上螟虫是一种灾害性害虫,现余杭区螟虫主要有二化螟和大螟,三化螟基本查不到。由于耕作制度改变,余杭区早稻面积大幅减少,缺少桥梁田,使螟虫降为次要害虫。但是随着二化螟对余杭区常用药剂抗性的增加,2017 年起二化螟危害逐渐回升,大螟发生量增加。稻螟蛉和黑尾叶蝉为余杭区水稻次要害虫,不单独防治。

2010 年—2017 年测报灯下诱虫量

表 3-13

年份	大螟	二化螟	稻纵卷叶螟	褐飞虱	白背飞虱	灰飞虱	稻螟蛉	黑尾叶蝉
2006	119	366	2474	75559	28487	31786	3913	0
2007	62	174	9322	18868	12732	2658	3382	1038
2008	31	18	2326	4582	2083	3113	1905	986
2009	28	10	258	809	1823	933	539	2695
2010	18	9	890	3279	5236	785	186	129
2011	90	32	1700	443	1782	1626	240	816
2012	105	102	635	2291	3073	1685	191	3102
2013	137	53	2174	1796	985	260	137	1585
2014	373	14	6667	1438	994	16	202	1608
2015	80	78	461	75	52	0	48	58
2016	188	282	1195	44	11702	22	132	111
2017	346	939	2042	123	894	2	21	442

稻纵卷叶螟　稻纵卷叶螟在余杭区不能越冬,初见虫源由南方迁入,全年发生 4 代—5 代。第 1 代幼虫在 5 月下旬至 6 月上旬危害早稻;第 2 代—4 代危害单季晚稻、连作晚稻;第 5 代在个别年份的 10 月中旬危害贪青迟熟的晚粳稻。各年发生时间、发生量和危害程度不一,有的年代世代重叠。一代中有 2 个—3 个高峰。通常以第 2、3、4 代危害较重。

60 年代中期开始,危害加重。70 年代起,即为水稻常发性主要害虫,1973 年爆发时,受害面积达 5.87 万公顷。2002 年—2003 年连续两年再度发生,以第二、三、四代危害最重。

2004 年至 2008 年连续 5 年大发生。2010 年起该虫发生程度下降, 对水稻造成的危害减弱。

2010 年—2017 年余杭区稻纵卷叶螟发生和防治情况

表 3-14

年份	发生程度（级数）	发生面积（万亩次）	防治面积（万亩次）	始见期	主害代	最高峰日亩蛾量(只)	累计田间赶蛾量(只)
2010	4	48	81	5 月 25 日	五(3)代、六(4)代	1048	14588
2011	3	73	89	5 月 17 日	五(3)代	3068	34960
2012	4	54	81.5	6 月 14 日	五(3)代、六(4)代	2083	26127
2013	4	58	58	6 月 1 日	六(4)代	1500	15735
2014	3	48	59	6 月 10 日	六(4)代	2115	8690
2015	3	31	31	6 月 4 日	四(2)代	1457	20420
2016	3	29	29	5 月 29 日	五(3)代	1127	14990
2017	3	46	20	6 月 4 日	五(3)代	1460	16670

黑尾叶蝉(蚰虫)　历年都有发生,并传播病毒,引起矮缩病、黄矮病等病害。20 世纪 70 年代以后,每年防治 2.67 万公顷—3.33 万公顷,进入 80 年代后逐渐降为次要害虫。

稻飞虱　余杭水稻主要害虫之一,一年可发生 6 代,以第五代发生量最大。1975 年、1979 年、1985 年受害均在 4 万公顷以上。1997 年以来发生量较重,因防治及时未出现大面积危害。在余杭区为害的主要有褐飞虱、白背飞虱、灰飞虱三种,以前两种为主。褐飞虱、白背飞虱不能在余杭越冬,初见虫源由南方迁入,一般一年发生 5 代。2005 年褐飞虱爆发成灾,之后 2006 年、2007 年、2008 年连年猖獗危害。2010 年四(2)代、五(3)代白背飞虱,六(4)代、七(五)代褐飞虱大发生。2012 年,五(3)代白背飞虱、七(5)代褐飞虱大发生。2010 年、2013 年,灰飞虱中等程度发生。

2010 年—2017 年余杭区褐飞虱发生情况

表 3-15

年份	发生程度	发生面积（万亩次）	防治面积（万亩次）	主害代	始见期	全年灯下累计虫量（头）	田间主害代百丛虫量（头）		
							平均	高	低
2010	5	55.4	78	六(4)、七(5)代	7 月 19 日	3279	5606	31283	83
2011	2	17.7	26.7	七(5)代	6 月 7 日	443	898	3684	100
2012	5	66.3	95	六(4)、七(5)代	7 月 5 日	2291	4442	12617	30
2013	4	48	60	六(4)代、七(5)代	7 月 4 日	1796	1182	7950	200
2014	4	47.4	65.45	七(5)代	7 月 7 日	1438	1100	5850	0
2015	2	37.35	44.42	七(5)代	7 月 27 日	75	616	7400	0
2016	1	14.9	19.4	六(4)代	7 月 27 日	44	208	385	30
2017	2	15.4	15.4	七(5)代	6 月 29 日	123	609	2087	0

稻瘟病　常发性水稻病害,在余杭区发生的主要为叶瘟和穗颈瘟,山区、围垦区比平原水网地带重,晚稻比早稻重。低温冷害年份和氮肥偏高田块最易发生。20 世纪 70 年代,早稻稻瘟病发生较轻,未作防治。80 年代后,危害加重。1985 年,早稻发病面积为 1.2 万公顷。90 年代中

期以来，由于选用抗病良种，此病在区内已成为次要病害。2011年起，稻瘟病有所抬头，多发生在老病区、山区、半山区。品种间的抗性差异显著，我区发病品种均为常规稻品种，如秀水134、浙粳88、嘉优5号等。2011年，穗颈瘟累计发生面积20亩次，整体发生程度为轻发生，山区、半山区稍重，黄湖镇有零星田块株发病率100%。2014年开始，稻瘟病在浙粳88等水稻品种上开始流行，2014年、2015年发病面积明显增加，分别1.5万亩和0.37万亩；且均有叶瘟发生，发病面积分别为0.1和0.02万亩。2017年开始，随着浙粳88退出种植，稻瘟病基本未见发生。单季晚稻常年均有不同程度的发病。

2010年—2017年稻瘟病、条纹叶枯病和稻曲病发生与防治情况

表3-16

年份	稻瘟病		条纹叶枯病		稻曲病	
	发生面积（万亩）	防治面积（亩次）	发生面积（万亩）	防治面积（万亩次）	发生面积（万亩）	防治面积（万亩次）
2010			0.2	0.5	0.2	27.2
2011	0.002	0.1	0.2	0.3	0.61	26.67
2012	0.036	2.58	0.09	5.46	0.21	24.37
2013	0.03	2.55	0.1	5	0.3	23
2014	1.5	25	无		1.51	39.33
2015	0.37	14.55	无		3.31	35.14
2016	0.02	14.9	无		3	21.9
2017	0.04	15	无		0.8	23

纹枯病　推广矮秆密植后，发生较普遍、危害较重。该病害初见于1972年，早稻多数年份发病面积在1.4万公顷左右。1975年以后，早、晚稻发病面积在3.57万公顷。随栽培制度改变，单季晚稻以杂交稻居多，水稻生长中后期若遇高温高湿更易发生。1979年—1985年，早稻发病面积均占种植面积的80%以上，为区内普发性病害，一般发生面积在2万公顷。2010年，早稻、单晚纹枯病均重发，全年发生面积2.03万公顷。单季晚稻一般在分蘖期就发病，孕穗前后病情发展快速，危害重，常年偏重发生，少数年份偏轻发生，如2017年。

2010年—2017年余杭区纹枯病发生及防治情况

表3-17

年份	早稻						单季晚稻					
	发生面积（万亩）	防治面积（万亩次）	始见期	丛病率	株病率	病情指数	发生面积（万亩）	防治面积（万亩次）	始见期	丛病率（%）	株病率（%）	病情指数(%)
2010	3.18	5.1	6月23日	59%	43.50%	5.45	27.2	89.7	7月24日	64.25	27.89	7.67
2011	1.34	3	6月16日	11%	2.17%	0.48	25.32	75	7月19日	63.50	36.02	
2012	2.22	3.27	6月15日	14.75%	6.57%	3.02	24.37	87.65	7月23日	64.50	32.84	8.43
2013	0.5	0.5	6月10日	18.75%	5.83%	1.14	23.6	76.5	7月13日	73.50	34.55	

续表 3-17

年份	早稻						单季晚稻					
	发生面积（万亩）	防治面积（万亩次）	始见期	丛病率	株病率	病情指数	发生面积（万亩）	防治面积（万亩次）	始见期	丛病率（%）	株病率（%）	病情指数（%）
2014	1	1	6月10日	44.75%	20.36%	4.72	22.15	68.15	7月12日	84.75	37.45	4.75
2015	0.66	0.66	6月15日	44.50%	18.96%	2.26	14.93	44.79	7月25日	67.50	28.34	6.43
2016	0.54	0.54	6月15日	68%	30.34%	4.54	15.3	30.6	7月30日	76.25	33.96	6.40
2017	0.22	0.22					15.4	30.4	7月21日	50	11.07	2.69

稻曲病　稻曲病是余杭区水稻后期的一种常发性病害，抽穗扬花期遇雨及低温则发病重，抽穗早的品种发病较轻，施氮过量或穗肥过重加重病害发生。随着杂交稻种植面积的扩大和施肥水平的提高，此病发生有逐年上升趋势。2014 年、2015 年、2016 年稻曲病均大面积发生，其中 2015 年发病严重，5 级（大发生）0.3 万亩，4 级（偏重发生）2 万亩。

病毒病　在余杭区水稻病毒病主要有：条纹叶枯病、南方黑条矮缩病、黑条矮缩病、普通矮缩病等。2005 年，区内发生条纹叶枯病后，病毒病的发生以该病为主。条纹叶枯病发生与水稻品种、播种期有很大关系，秀优 5 号（粳杂）、嘉 991、秀水 994（粳稻）、丙 9914（糯稻）、嘉秀 1 号、嘉花 1 号等品种较为感病，播种早比播种迟发病重。发生范围 2005 年集中在瓶窑、径山、百丈等山区乡镇，后向全区扩散蔓延，发生危害程度各地不一。重的地方丛发病率达 50%，株发病率达 16%，轻的地方丛发病率 0.5%，株发病率 0.2%。2006 年起，水稻条纹叶枯病的防控工作得到区财政专项补助，2008 年—2014 年，每年获区农发基金 20 万元补助。经过连续几年的预防，2014 年起未发现发病田块。

青枯病　2005 年 10 月 8 日，在余杭区出现了较大面积的水稻青枯死亡，全区总发生面积达到 3.9 万亩，其中严重受损稻田达 1.3 万亩，不少田块基本颗粒无收。晚稻产量仅为 439 公斤/亩，比上年减产 18.55%，损失粮食达 3.24 万吨。

赤霉病　余杭区麦类生产中的主要病害，严重影响麦类产量和麦粉质量有时还会引起人畜中毒。1972 年、1973 年、1975 年、1977 年、1983 年均大面积发生。严重田穗发生率达 93.3%，病情指数 46.3。该病是典型的气候型病害，发生轻重与抽穗扬花期气候条件密切相关，随着秸秆还田等政策的推行，我区赤霉病发生呈上升趋势。2014 年—2017 年余杭区赤霉病重发，平均每年发生面积占小麦种植面积的 53.3%。如 2017 年，发生面积达 2.76 万亩，占小麦种植面积的 80%，病穗率 40%以上田块 500 亩，病穗率 10%以上田块 7100 亩，未防治田块病情指数达 32.14%。

蔬菜病虫害　余杭区常年发生的蔬菜主要病害有：霜霉病、灰霉病、白粉病、黄萎病、枯萎病、早疫病、软腐病、菌核病、病毒病等。虫害主要有：夜蛾类、小菜蛾、菜青虫、蚜虫、烟粉虱、黄条跳甲、潜叶蝇、红蜘蛛、豆野螟、蓟马等。

茶叶病虫害　余杭区茶叶上常年发生的主要病害有：茶云纹叶枯病、茶炭疽病等；主要虫害有：假眼小绿叶蝉、茶尺蠖、茶黑毒蛾、茶橙瘿螨、绿盲蝽、茶毛虫、茶刺蛾、茶蚜、茶丽纹象甲、棘皮茶蓟马、黑刺粉虱等。

草害　随着水稻耕作栽培制度的改变，尤其是免耕直播面积的不断扩大，再加上长期单一使用同类型化学除草剂，余杭区杂草种群结构发生变化。优势种群发生明显变化，如普通稗草等传统优势种杂草下降，牛毛毡、节节菜、萤蔺、异型莎草、日照飘拂草、陌上菜、莎草、水竹叶、千金子、鸭舌草、丁香蓼等杂草明显上升，成为直播稻地区，尤其是免耕稻地区的主要优势种杂草。

此外，2006 年，椎实螺在水稻上首次出现危害。2008 年，福寿螺亦在水稻上出现危害，并扩散蔓延。

二、植保组织

县级　民国时期，县内偶有临时性病虫防治组织。“迨十六年后，基层工作渐次成立，官与民益得联系。本县县长叶风虎乃立水稻改良方法及防除虫害工作。”（民国 24 年《杭县政改革实施方案》）“一时螟害为之扫清，而从前诿天灾、仗神力之旧说，因之破除。”（民国《杭县志稿》卷十四《实业》）民国 20 年（1931 年）3 月，杭县县政府根据省农业厅指示，于临平区设总治虫事务所 3 处，分治虫事务所 5 处。实施区域包括临平、黎民、千金、安平、东元、西乾、长寿、永宁、丰稔、亭趾、高安、永安等村里（今属临平、东湖、运河街道），计田 33316 亩（2221.07 公顷），地 12904 亩（860.27 公顷），聘当时临平公安分局局长、亭趾公安分局局长、中心小学校长、国民党区分部成员及区农会成员等 5 人为稻虫防治会委员，并由省防治所派林森驻区督促指导。24 年（1935 年），为扑灭蝗灾，杭县在第四区设立治蝗事务所，派当时县建设科长和第四区公安分局局长分别为正副主任。民国 34 年（1945 年）后，虽建立了县农业推广所和农林场，有技术人员指导，但在当时的历史条件下，技术人员不可能发挥作用，仅宣传宣传病虫知识及小范围内搞些治虫防病示范，对全县面上的病虫害防治无济于事。“胜利以来，县府以建设农村必自发展农业始，自县级农村机构属于行政方面者，有县农业改进所。属于业务方面者，有县农林场。”（民国《杭县志稿》卷十四《实业》）

1949 年 5 月，杭县和余杭县解放，是月 22 日就在县政府内设立实业科（即现在的农业局前身），分管农业包括病虫害防治等事宜。1953 年建立杭县植物病虫防治站。1961 年改名为余杭县农业局病虫观察站。1978 年 3 月，定名为余杭县病虫测报站。1993 年，并入县粮油技术推广总站。2003 年，余杭区农作物病虫监测预警体系建设正式启动。2003 年，成立区农业生态与植物保护管理总站。1984 年 4 月，设立余杭县植物检疫站。站址在良渚，与县病虫测报站一起办公，工作暂由县病虫测报站的植保干部兼职。主要经办调运检疫、产地检疫等工作。2003 年 12 月，余杭区植物检疫站与余杭区农业行政执法大队合署办公。

图 3-9　稻田杂草调查（2010 年）

此外，1992 年前，全县临平、塘栖、余杭、三墩、瓶窑 5 个区农业技术推广站配有专职植保干部，指导乡村开展病虫防治工作。1992 年撤销临平、塘栖、余杭、三墩、瓶窑5个区建制,5个区农技推广站改为余杭县农业推广中心所属服务站。

乡村级 “自三十五年四月,在塘河乡观音桥,十一月在良渚镇张村塘大桥头、周家里,先后组织农产改良会四处,并指导其活动。半年以来,对于选择良种、改进耕作技术、发展副业等均能切实推行。”(民国《杭县志稿》卷十四《实业》)农村实行家庭承包责任制以前,余杭县各公社、大队和生产队都配备不脱产农民植保员。

1981年,永建公社试办植保公司。直接与生产队或农户签订承包合同,承包防治该公社5个大队43个生产队的水田8160亩(544公顷)病虫害。1982年扩大到11个大队84个生产队14432.88亩(962.19公顷)水田,占全公社总面积的87.4%。1983年建立闲林、东塘等10个植保公司,承包防治面积为46069.77亩(3071.32公顷)。另有大队植保专业队40个,承包防治面积31618.5亩(2107.9公顷)。以上两种统一承包防治面积占县内粮食面积的16.8%。大部分实行“五统一联”,即统一买药、统一保管、统一配方、统一时间、统一结算、联户防治;服务面积为37.9万亩(2.53万公顷),占全县粮食面积的79.5%。

1983年以后,农村全面实施家庭承包责任制,植保公司承包防治面积逐年减少。乡村植保组织形式改以服务站、配药站为主。一般以村设站,为农户提供农药拆零供应和技术咨询,以方便农户。1985年,全县574个村有植保服务站、配药站388个。是年经销农药155吨,营业额41万余元,开展技术咨询3030人次。

农作物重大病虫害监测预警体系 2003年启动实施,到2017余杭区的预警体系已建成粮油、蔬菜(包括水生蔬菜)、水果、茶叶、蚕桑等覆盖全区五大类经济作物的9个病虫测报点和1个病虫观测圃。测报点以虫情测报灯、田间系统调查为主要测报手段,2010年起,蔬菜监测点设性诱调查。2017年,良渚水稻测报点增设水稻虫情自动监测预警系统。

统防统治服务组织 2007年6月,在瓶窑镇组建经工商注册的余杭区第一家统防统治服务组织——杭州余杭惠农植物保护合作社,以“统一防治时间,统一防治药方,统一防治技术,统一防治药械”为主要内容开展统防服务,与每个统防农户签订“植保专业化服务协议书”,实行跨区作业,服务费用由双方约定。截至2018年,余杭区共有统防统治服务组织13家,有背负式机动喷雾机399台、担架式机动喷雾机224台,植保飞机9台,从业人员820人。

三、病虫害防治

民国35年(1946年),境内发生虫害,尤以稻苞虫为烈。县农业推介所派员勘视,并指导防治方法。是年10月拨发美国制杀虫特效药剂谷生乐仁4斤、砒酸铅25斤于农户应用,颇有效果。“入冬以来,农推所又派员下乡宣传,普遍发动冬耕,扩种冬作,期能消极收到防治虫害之结果。”(民国《杭县志稿》卷十四《实业》)20世纪50年代初期,植保工作实行“防重于治,以人工防治为主,药剂防治为辅”和“治早、治少、治了”方针。60年代,实施“防治结合”“防治并举”方针。1975年起,贯彻执行“预防为主,综合防治”的方针。2007年起,树立“公共植保”“绿色植保”理念。防治方法从以单纯人工为主防治发展为物理防治、化学防治、生物防治、农业防治等,逐步形成较为完整的综合防治体系。

人工防治 民国20年(1931年),杭县县政府在临平区设立稻螟实施区突击治螟。采取集中秧田,取缔农家自作秧田,齐泥割稻,掘毁稻根及滋水浸田杀蛹等措施。1935年,县政府发动群众,设奖灭虫。

1950年,杭县县长王德生在全县劳模会上总结:“当年治虫,以三化螟为主,共捕螟蛾

15613万只,卵块4912万块,拔枯心苗43万根,又48万斤。全县出动37万人,有20多万人参加捉虫,实现'家家治虫,人人动手',被救稻麦5万斤。此外,乔司区捉地蚕,塘栖区捉黄毛虫(蚕蛾)。"1952年,杭县发动群众掘稻根。出动人数达12.94万人次,铲除晚稻46.13万亩(3.08万公顷)的稻根。1954年,杭县政府农林科总结推广各季治螟掘稻根工具有三角铲、鱼尾铲、狭板锄、啄木鸟等。

物理防治 灯光诱杀。民国时期,就利用灯光诱杀趋光性害虫。民国20年(1931年),在临平治虫实施区,点200支光汽油灯84盏,平均396亩(26.4公顷)稻田一盏。1952年,杭县治螟,发动群众点大小诱蛾灯37488盏,点灯面积占水田面积的99.2%,捕杀螟蛾4216万余只。1977年,县良种繁育场及永建公社等75个大队装置20瓦黑光灯诱虫,一般20亩左右一盏,诱杀效果较好。推广后县内共装937盏,诱杀范围1.73万亩(0.12万公顷)。1979年后,因灯光诱虫兼杀大量益虫而停止使用。90年代后期,随着无公害农产品推广,利用灯光诱杀趋光性害虫和性诱剂捕杀害虫逐步推行。2016年,余杭区主要在水稻、蔬菜、茶叶、果树等作物上采用太阳能或频振式等杀虫灯防治害虫,实施面积42000亩,平均30亩—40亩一盏。

防虫网阻隔。根据不同设施和不同作物、季节,选择防虫网的幅宽、孔径、丝径、颜色等。余杭区主要应用在设施蔬菜、果树及水稻育秧上。2017年,设施蔬菜上应用面积13762亩,水稻上示范实施100亩,示范实施700亩。

色板诱杀。根据害虫的趋色特性,应用不同种类色板诱杀蚜虫、烟粉虱、叶蝉、斑潜蝇、蓟马等害虫。2017年,应用面积6700亩。

此外,2002年,在全区推广灌水杀蛹技术,解决越冬代二化螟蛹。2004年,推广使用诱捕器捕杀蔬菜害虫。

化学防治 主要是指采用各类药剂防治病虫害。但随着广谱性农药普遍而大量地使用,"残留、抗性、再猖獗"问题日趋严重。2011年起,杭州市出台高效双低新农药补贴农药政策,推广高效低毒低残留农药。余杭区农药施用总量从2011年的1061吨降低到2017年的930.3吨,减少12.31%。

土农药。余杭县历来有煎制土农药防治病虫害的经验。1959年7月上旬,小林管理区以苦楝树叶、闹羊花、乌桕树叶、野桃叶、松针、辣蓼草、臭梧桐叶、樟树叶、柏树叶等为原料治水稻病虫害。1976年,普遍推广滴油治虫,生产土农药10.62万公斤,治虫面积7116.7公顷。1977年,推广纸浆水液治虫,防治稻纵卷叶螟面积3.55万公顷。

化学农药。据《杭县志稿》载:民国35年(1946年)10月,杭县稻苞虫螟虫危害严重,"行总浙江分署拨发美国制杀虫特效药剂谷生乐仁(疑为谷仁乐生)4斤、砒酸铅25斤给杭县,由县农推所派员分发各乡农民应用。据调查结果,是项药剂用以防治蔬菜虫害颇有特效,以是启发人民对于化学杀虫药剂之信心"。1953年起,开始推广化学农药"滴滴涕"(二二三)、"六六六"等有机氯农药治虫。1955年,推广有机汞杀菌剂"西力生",用于种子消毒。20世纪60年代,开始推广应用有机磷农药乐果、马拉松、敌百虫、敌敌畏等。种子消毒的抗生素有"402"、使百克、浸种灵、线菌清,防病用的代森铵、稻瘟净、托布津、井冈霉素等。20世纪70年代前,以有机氮农药为主治虫时,按"治早、治少、治了"原则,药剂防治上见虫就治,有虫早治。70年代,有机氯农药用量逐年减少。至1979年,使用的农药为有机磷农药所取代。1983年,国家禁止使用有机氯农药后,县使用的主要农药为有机磷类的敌百虫、杀螟松、乐果、甲胺磷、马拉硫磷,氨基甲酸醋类的速灭威、叶蝉散、峡哺丹，有机氯类的杀虫脒、杀虫双及拟除虫菊醋类的杀灭菊醋等。2001 年 5 月，开始对高毒、高残留农药禁止销售和使用，推广使用 BT、杀虫素、吡虫啉、抑太保、乐斯本等生物农药和高效、低毒、低残留化学农药。2009 年 9 月，余杭制定《关于蔬菜生产安全使用农药安全指导意见》。明确禁用甲胺磷、甲拌磷、五氯硝基苯、氧化乐果、克百威（呋喃丹）等高毒残留农药，并对种植期短的蔬菜在杭州市范围内率先提出停用毒死蜱、乙酰甲胺磷、乐果、三唑磷等农药。

2010 年以后，余杭区使用的有机磷类农药杀虫剂主要为毒死蜱，敌敌畏、二嗪磷等也较多使用。氨基甲酸酯类农药主要为速灭威。菊酯类农药主要为溴氰菊酯、氯氰菊酯、氟氯氰菊酯、联苯菊酯。其他主要使用的杀虫剂有：氯虫苯甲酰胺、氟苯虫酰胺吡虫啉、阿维菌素、啶虫脒、茚虫威、吡蚜酮、噻虫嗪、烯啶虫胺、甲氨基阿维菌素、四聚乙醛、甲氧虫酰肼、乙基多杀菌素、噻虫胺、螺虫乙酯、氰氟虫腙、呋虫胺、氟虫双酰胺、虱螨脲、吡丙醚、虫螨腈、除蜗灵、甲维盐、苦参碱等。2016 年 3 月 1 日起，毒死蜱、丁硫克百威在余杭区限制销售、使用，乙酰甲胺磷、乐果退市。

杀鼠剂。主要使用溴敌隆。2004 年，开始落实专项财政资金灭鼠。2010 年投入 8 万元，2011 年起每年 15 万元。2010 年—2017 年共计发放毒饵站 38889 只（2010 年—2013 年），溴敌隆原药 1900 公斤、毒饵 73800 公斤。

2001 年 7 月起，室内外灭鼠禁止使用氟乙酰胺、毒鼠强杀鼠剂。2003 年，开展“毒鼠强”专项整治工作。

杀菌剂。2010 年后，余杭区使用的杀菌剂主要为福美双、多菌灵、百菌清、稻瘟灵、恶霜灵、霜霉威、三环唑、丙环唑、三唑酮、戊唑醇、己唑醇、噻呋酰胺、嘧菌酯、吡唑醚菌酯、醚菌酯、苯醚甲环唑、甲基硫菌灵、代森锰锌、噁唑菌酮、氟吡菌酰胺、氟唑菌酰胺、啶酰菌胺、氰烯菌酯、咯菌腈、咪鲜胺、嘧霉胺、烯酰吗啉、噻唑锌、异菌脲、噻菌铜、氟硅唑、链霉素、腈菌唑等。

除草剂。除草剂用量在不断上升。以灭生性的草甘膦、百草枯，封草的苄嘧磺隆、丙草胺，茎叶处理的氰氟草酯为主。乙草胺、精喹禾灵、草除灵、炔草酯、噻吩磺隆等也大量使用。2016 年 7 月 1 日起，全面停止使用百草枯水剂。草甘膦除老草，用量最大，10%草甘膦水剂在 2010 年退市。

生物防治 主要是指采用天敌利用、昆虫信息素诱控、生物药剂等方式防控病虫害。

图 3-10 连栋大棚内黄板诱集害虫种类调查

天敌利用。利用寄生性天敌赤眼蜂、丽蚜小蜂和捕食性天敌草蛉、异色瓢虫、捕食螨等防治烟粉虱、蚜虫等害虫危害。利用赤眼蜂防治稻纵卷叶螟、螟虫、棉铃虫、烟青虫、菜青虫；利用蚜茧蜂、食蚜瘿蚊、瓢虫防治蚜虫；利用丽蚜小蜂防治温室烟粉虱及蚜虫；利用智利小植绥螨防治叶螨等。1974 年，余杭区农技站在石鸽公社宝塔大队试用赤眼蜂防治卷叶虫试验，2 代卵寄生率 55.3%—83.5%，大田卷叶下降 79.6%—91.6%。凡适期放蜂 3 次—4 次，每次放蜂量 6 万头—8 万头,大田可望无卷叶虫。1975年,余杭区农技站又在永建公社扩大试用赤眼蜂防治稻纵卷叶螟。放蜂面积4429亩(295.27公顷),卵寄生率在放蜂区为29.5%—53.3%,对照区只有0—5.26%。防治效果为26.24%—53.3%。然用赤眼蜂生物赤眼蜂生物防治稻纵卷叶螟的方法,尚难大面积推广应用。2017年,释放赤眼蜂等天敌面积700亩。

图3-11 统防统治田统一防治

昆虫信息素诱控。余杭区主要应用的昆虫信息素有二化螟、稻纵卷叶螟、斜纹夜蛾、甜菜夜蛾、小菜蛾、桃小食心虫等性诱剂,分集中诱杀和迷向两种。在水稻及蔬菜上的应用主要为诱杀,而果树上采用诱杀、迷向2种。2017年,在塘栖、仁和、良渚、瓶窑、径山等地的蔬菜、水稻、茶叶及桃园上共应用6000亩。

生物药剂。2010年后,余杭区主要使用的生物农药和矿物源农药有井冈霉素、阿维菌素、甲维盐、乙基多杀菌素、苏云金杆菌、多抗霉素、农用硫酸链霉素、中生菌素、氨基寡糖素、嘧肽霉素、葡聚烯糖、鱼藤酮、除虫菊素、除虫菊酯、苦参碱、棉铃虫核型多角体病毒、苜蓿银纹夜蛾核型多角体病毒、斜纹夜蛾多角体病毒、白僵菌、极细链格孢激活蛋白、石硫合剂、矿物油等。2017年,在瓶窑满元农业科技有限公司基地试验示范用昆虫病原线虫制剂防治黄条跳甲,效果明显。2018年,昆虫病原线虫制剂列入杭州市蔬菜高效双低农药及绿色防控产品补贴名录。但是随着阿维菌素被其他药剂替代,井冈霉素对纹枯病的防效不如噻呋酰胺等药剂,整个生物农药用量呈大幅下降趋势。

此外,1975年,还在永建公社红星大队东风生产队进行过稻田养蛙治虫试验,放养田比对照田,叶蝉等减少26.7%—77%,稻纵卷叶螟成虫减少44%—75%。

农业防治 1984年,余杭县大面积系统实施以选用抗(耐)病品种、清除菌源、合理施肥、适时搁田的农业防治措施。据永建(今属余杭街道)等10个乡的调查:春粮采用扩大浙皮1号、沪麦4号等抗(耐)病品种面积占70%以上,早稻采用扩大广陆矮4号、二九丰等抗(耐)病品种面积占95%左右,晚稻采用扩大汕优6号、秀水48等抗病品种面积占70%左右。同时加强种子处理,并适时适度搁田,是年病虫害发生面积比上年下降17.8%。

综合防治 综合防治是以农业防治为基础,合理运用化学、生物防治等方式互相配合协调,达到安全、有效、经济、简便之目的。1975年—1978年,以生物防治、合作防治为主进行试点。1980年后,运用化学防治、生物防治、物理防治等措施相协调的综合防治,综合防治措施全面推广。1998年—2000年,实施“两无工程”(无草害、无螟害)。2001年—2005年,全面实施农作物重大病虫无害化处理工程。2008年,为确保农业生产、农产品质量和农业生态环境安全,减少化学农药使用,有效控制农作物病虫草害,余杭区开始推广绿色防控技术。2013年,基本形成以“三诱一阻”为重点的理化诱控技术和农业防治、生物防治、生态调控、科学用药等关键技术协调的农作物病虫害绿色防控集成技术模式。

第四章 畜牧业

良渚文化时期，境内先民饲养猪、犬、羊、牛等家畜，为“六畜”初兴。其时，并有原始渔业。养殖业历来为余杭农家主要副业，“丰伍留客足鸡豚”。民国时期，战争时断时续，养殖业时兴时衰。中华人民共和国成立后，养殖业获得空前发展，但也历经挫折或徘徊不前。随着改革开放和社会主义市场经济的逐步完善，良种繁育与推广、饲料生产与加工、畜禽防疫灭病及配套服务网络等体系的建立和完善，使余杭畜牧业和渔业得到较快发展。至2005年，养殖业总产值占农业总产值已达45%以上。

2008年，余杭区制定首个畜牧业扶持政策，发布《关于加强畜禽养殖污染综合治理实施生态畜禽养殖的办法(暂行)》，经过2年的实施，2010年对文件进行修改完善，提高建设标准，加大扶持力度。嗣后，又制定多项畜牧业扶持政策，为促进区内种养结合循环经济的发展起到积极的导向作用。与此同时，余杭区重视生态牧业的建设，2009年，建成市级畜牧养殖小区2个，分别是黄湖镇杭州万羽绍鸭和良渚镇良渚湖羊畜牧养殖小区；建成市级生态示范牧场3个，分别是瓶窑马头山野猪养殖场、余杭旺欣农业开发有限公司和中泰枫岭湖羊养殖场。建成区级生态畜禽小区4个、生态养殖场6个。随后，完成瓶窑镇创建杭州市动物防疫规范化乡镇，径山镇潘板桥村、鸬鸟镇前庄村、余杭镇仙宅村、黄湖镇青山村、黄湖镇王位山村等创建杭州市动物防疫规范化村建设的各项任务。

至2018年，共创建美丽牧场5家。有种畜禽场8个，供应长白猪、大约克猪、湖羊等品种，供种能力分别为种猪5000头，种羊2000只。有国家级畜禽遗传资源保种场1个，为浙江华丽牧业有限公司(湖羊保种场)。2018年，余杭区牧业总产值3.74亿元。生猪存栏3.63万头，出栏7.07万头；家禽存栏81.72万羽，出栏260.38万羽；羊存栏3.04万只，出栏5.55万只。至2018年，共创建省级美丽牧场14家、市级标杆牧场2家。有种畜禽场8个，供应长白猪、大约克猪、湖羊等品种，供种能力分别为种猪5000头，种羊2000只。有国家级畜禽遗传资源保种场1个，为浙江华丽牧业有限公司(湖羊保种场)；有国家级畜禽标准化示范场1个，为浙江灯塔种猪有限公司。

为加强畜牧业的管理，2006年2月，余杭区畜牧兽医局成立后，通过深化改革、创新实践，健全完善区、镇、村三级防(检)疫工作体系，形成以公共服务为主导、社会化服务为依托的基层动物防疫管理服务网络，重大动物疫病防控和动物卫生监督执法水平不断提升，切实保障了全区畜牧业的健康发展和公共卫生安全。2013年12月20日，余杭区畜牧兽医局被农业部授予“全国农业先进集体”称号。

第一节 家 畜

余杭境内畜牧业向以饲养畜禽为主。春秋吴越国时,马、牛、羊、犬、鸡、豕“六畜”齐全。据民国《中国实业志》记载:民国22年(1933年),余杭县、杭县两县养猪5.1万头、羊10.6万只、牛0.44万头,畜牧业称盛。日本侵华战争时期衰落。中华人民共和国成立后,虽几经波折,仍有很大发展,尤其是农村经济体制改革后,出现一批养猪、养牛、养禽、养兔的专业户和联合体,畜牧业开始向专业化、商品化、社会化方向发展,并成为区内农业七大支柱产业之一。1987年,畜牧业产值5599万元,占农业总产值的19.2%;1990年产值(1990年不变价)16458万元,占农业总产值的18.99%;1995年产值(1990年不变价)21229万元,占农业总产值的24.0%;2000年产值(现行价)达51414万元,占农业总产值的20.1%;2005年产值达8.3亿元,占农业总产值20.2%。2018年产值达3.74亿元,占农业总产值4.7%。

一、生猪

“本县猪市,向有客猪、乡猪之分。客猪大都来自江淮,乡猪则乡之人购于小猪行,豢养之以壮长者也。自抗战起,道途梗塞,肉价腾涌,乡间乃破例以猪牝牡自相配偶。其饲料向以酱园之豆酱渣及酒糟为大宗,精者以豆饼,今则以麸皮为主,其他蔬菜果皮及残羹冷炙均堪饲供。”(姚竹轩等《倚云丛载》)20世纪60年代初,先后引进金华两头乌、太湖黑猪和内江猪。80年代引进英、瑞系和丹麦系长白种公猪,并适当引进杜洛克、法系大约克。1988年通过“国家级瘦肉型商品猪基地县”项目验收。同时,推广多项养猪新技术。2010年,杭州市种猪试验场(杭州大观山种猪育种有限公司)荣获农业部首批“畜禽标准化示范场”荣誉称号。2017年,全区生猪存栏3.6万头,全年累计出栏9.18万头。有规模猪场10家,年出栏均在500头以上,占总出栏比例为98%;年出栏1万头以上猪场3家。2018年,全区生猪存栏3.63万头,全年累计出栏7.07万头。

饲养量　1949年,两县生猪年终存栏1.31万头。土地改革后,粮食产量提高,农民养猪增多。农业合作化中,饲养量持续上升。1957年,存栏7.37万头,比1949年增加5倍多。嗣后,受粮食丰歉和政策变化的影响屡有升降。1965年,年终存栏生猪18.13万头,全年饲养量37.89万头。1985年起,县政府取消生猪派购政策,开放价格,年终存栏总数回升到23.26万头,并形成养猪专业户327户。

1987年—2004年间,生猪饲养主要受市场供需变化而有所波动,年饲养量在44万头—70万头之间,最低年份是1996年,年饲养量仅为44.09万头,年末存栏14.91万头;最高年份是2003年,年饲养量达到69.28万头,年末存栏21.55万头。为改善区内生态环境,实现畜牧业乃至整个农村经济可持续发展,2002年,区人民政府《印发〈关于余杭区畜禽养殖禁养区、限养区规划与治理的若干规定〉的通知》,重点对生猪、奶牛实行禁、限养,星桥太阳、五杭圣雅豪、食品公司鑫鑫、余杭兴达、余杭湖山、中泰吉如、崇贤富田7家规模较大的养猪场陆续关闭。到2005年,除杭州市种猪试验场、杭州供港良种猪场和浙江灯塔种猪有限公司外,仅剩下昌兴(年出栏2.5万头以上)、蓝天(年出栏1.2万头以上)两家超万头规模猪场,其他养猪场(户)年出栏规模均小于3000头。由于养猪效益一直较好,促使养猪户从禁、限养区转移到余杭镇、瓶窑镇、塘栖镇等地的非禁、限养区继续从事生猪生产,生猪生产仍呈现出良好发展态势,生猪年饲养量

2001 年为 60.15 万头，2005 年为 69.65 万头。肉猪年出栏 50 头以上饲养户达到 1129 户，年出栏生猪 30.22 万头，占生猪出栏的 65.35%。2010 年，全区生猪生产平稳发展，总饲养量跟去年持平，母猪存栏小幅增加，自繁自养户有所增加。生猪存栏 17 万头，累计出栏 34.59 万头；母猪存栏 1.11 万头。由于良渚、运河等部分镇（街道）部分地区实施禁养，生猪存栏明显减少，2011 年底，全区生猪存栏 12.74 万头，母猪存栏 1.13 万头，累计出栏 34.43 万头。2012 年，生猪存栏 12.73 万头，累计出栏 27.95 万头；母猪存栏 1.01 万头。2013 年，生猪存栏 8.77 万头，累计出栏 27.39 万头；母猪存栏 1.1 万头。2014 年，全区生猪饲养量 21.38 万头（出栏 15.89 万头。2016 年生猪存栏 5 万头。全区共有 14 家生猪养殖场，其中存栏万头以上猪场 2 家，省级畜禽养殖标准化示范场 6 家，国家畜禽养殖标准化示范场 1 家，2016 年创建美丽牧场 5 家，创建市级标杆美丽生态牧场 2 家。全区生猪存栏 3.5 万头，全年累计出栏 8.07 万头。有规模猪场 10 家，年出栏均在 500 头以上，占总出栏比例为 98%；年出栏 1 万头以上猪场 3 家。

优良品种引进和推广。境内历来以饲养本地黑猪为主。60 年代初先后引进金华两头乌、太湖黑猪和内江猪。1986 年，母猪存栏数 12638 头，其中金华两头乌 5460 头，占 43.2%；本地黑 5750 头，占 45.5%。2004 年，母猪存栏数 14050 头，其中金华两头乌、嘉兴黑猪、龙游黑猪等纯地方种猪 2497 头，占 17.8%；土二、三元杂交种猪 4481 头，占 31.9%；纯外来种猪及其杂交种猪 7072 头，占 50.3%。

图 4–1　余杭养殖场行政大楼

1983 年，引进英、瑞系和丹麦系长白种公猪，更新脂肪型和偏脂肪型的中约克、苏白种公猪，并适当引进杜洛克、法系大约克。1983 年—1987 年间，采用更新良种公猪和实行母猪级进杂交相结合的方式提高瘦肉率，主要通过长白公猪与金华、嘉兴猪和本地土种猪二元杂交，通过杜洛克、长白公猪与浙白、嘉兴、金华猪的三元杂交组合，平均瘦肉率为 55.1%。1986 年，余杭县被省农业厅批准为瘦肉型猪基地县。1988 年通过“国家级瘦肉型商品猪基地县”项目验收。1997 年底，境内良种公猪有 95 头，其中丹麦、丹英长白种公猪 91 头，占 95.79%。1998 年—2002 年，从上海、金华、杭州大观山、省农科院等种猪场引进长白、大约克、杜洛克、皮特兰、PIC 等国外著名生猪品种，并进行扩繁，更新引进种公猪 571 头，更新引进种母猪 13129 头。通过品种改良，种公猪实现 100%外来化，外来品种母猪和二元以上母猪占母猪存栏总数的比重逐年提高，2004 年为 82.23%。到 2005 年底，区内良种公猪有 398 头，其中长白种公猪 276 头，占 69.35%。2010 年引进 4 个新品种。其中地方生猪品种 3 个。分别是 5 月底已引进嘉兴黑猪 21 头，其中黑母猪 20 头、黑公猪 1 头；11 月引进金华二头乌种母猪 15 头、种公猪 1 头和苏太种母猪 20 头，共计引进优质地方品种并与拨补助资金 4.46 万元。是年，认定生猪良种补贴项目供精良种公猪 137 头，其中长白公猪 54 头、大约克公猪 56 头、杜洛克公猪 27 头，完成对全区 32 户规模养殖场户实施人工授精母猪 11027

胎次。做好全区能繁母猪耳标钉载、信息录入等工作，采集和录入10848头能繁母猪的信息，并建立电子档案。2010年，杭州市种猪试验场（杭州大观山种猪育种有限公司）荣获农业部首批“畜禽标准化示范场”荣誉称号。并于2013年通过复评。2012年，完成能繁母猪耳标钉载和信息采集，新领耳标3253枚，已钉载并上传信息累计16912头/条。开展生猪人工授精技术项目，完成1.2万胎次能繁母猪的人工授精任务。2017年，从江西玉山县康保农牧有限公司引进玉山黑猪38头。

图4-2　全封闭猪舍外貌

推广养猪新技术　1987年4月，将快速养猪法和复合饲料添加剂列入科技发展计划，经过3年实施，推行“六改”技术措施，即改单一饲料为配合饲料和混合饲料喂养，改熟料为生料，改少餐为多餐，改分段饲养为一条龙饲养，改汤料为干湿饲料，改软棚为硬棚。推行“六改”饲养法后，平原和山区均缩短饲养期约40天，提高瘦肉率5%，提高出栏率3%。采用早期断奶技术，即在1日—3日龄肌注补铁针（如牲血素），7日龄采用乳猪全价饲料补饲，尽量让乳猪早开食，使乳猪提前断奶，提高母猪繁殖率。1997年10月，余杭市太阳养殖场采用妊娠母猪笼养、哺乳母猪床养、育成猪保育舍保温饲养等先进养殖技术，饲养在水泥地面栏舍内，并采用自由采食干料或人工定时喂饲半湿料相结合的方式喂饲全价饲料，实现生猪体重60日龄可达20公斤以上，180日龄可达90公斤以上较高生产水平。

2011年，继续加强能繁母猪信息预警体系建设，完成能繁母猪耳标钉载和信息采集，已钉载耳标14056头。生猪人工授精技术项目，确定供精良种公猪163头，其中长白公猪65头、大约克公猪70头、杜洛克公猪28头。2011年，完成省级《2011年度生猪良种人工授精项目》。至2012年底，项目按实施方案，大观山、灯塔、蓝天等单位共计完成全区12000胎次能繁母猪的人工授精任务，100%完成计划任务。2015年5月，余杭区引进纳米生态水处理技术，在生猪养殖场安装生态水处理设备，来降低养殖场臭气。纳米生态水处理技术，是用纳米技术，将常态下五角环形结构和链形结构的水转变成六角环形结构，对水分子进行超细微分解，氧离子增加，相对碱性增加，把营养和充足的氧迅速供应到细胞深处，促进营养吸收，增强排除废物能力。通过使用该技术，有一定的除臭效果。2015年，余杭区在杭州余杭金爱畜牧养殖有限公司实施“畜禽散养密集区生物发酵床零排放生态养殖成套技术”试验项目，通过原位发酵和异位发酵的原理，利用锯末、秸秆、稻壳、米糠、树叶等农林业生产下脚料配以专门的微生态制剂——益生菌来垫圈养猪，将猪只排泄物进行无污染处理与养殖过程有机结合。此项技术的运用，从源头上控制养殖污染，改善了养殖环境，真正成为零排放、无污染的生态养猪模式，基本实现了“生态、高效、可持续”的农业循环经济经营理念，突出环境保护。

能繁母猪补助及保险　2007年8月，对能繁母猪的补贴资金全部发放到母猪养殖户手中。

全区有母猪饲养户1920户，有能繁母猪1.05万头，按规定每头能繁母猪补助人民币50元，共补贴资金52.52万元。9月，开展政策性能繁母猪保险工作。保险金额为每头1000元，保险费为每头60元，其中省财政承担保费的20%（12元），区财政承担保费的60%（36元），投保饲养户自负20%（12元），饲养10头以下的农户应自负的保费由各所在镇乡（街道）承担。2008年7月，政策性能繁母猪的保险金额1000元/头，保险费60元/头，全区参保的能繁母猪14028头，占全区能繁母猪的96.82%。11月，能繁母猪补贴资金125.7万元全部发放到母猪养殖户手中。全区有能繁母猪饲养户2136户，能繁母猪14488头，比上年增加1390头、增长11.02%。

2011年，通过严格按照"见猪、见标、见人、见档"要求，对能繁母猪的信息进行采集录入，全区共有13个镇（街道）948户养殖场（户）存栏能繁母猪10699头（其中：灯塔种猪有限公司存栏能繁母猪1069头、供港良种场存栏能繁母猪501头）。按规定每头能繁母猪给予100元补助，共计下拨为947户饲养户9630头存栏能繁母猪补助资金92.292万元。2012年，完成全区10812头能繁母猪的信息采集和录入，补助108.21万元。

二、羊

羊是余杭主要传统家畜。据民国《中国农业志》载：民国22年（1933年），杭县养羊10万只，余杭县养羊6700只。一般饲养在"屋隅廊下，限于木栏，谓之羊棚。自春及秋，刈青草，削蔬茎为饲料。冬则藏桑叶或豆壳及番薯根皮以待用。山村则豢山羊，放牧于山坡，任自觅食"（《杭县志稿，实业卷》）。1949年，两县年终存栏羊5.84万只。嗣后，养羊生产持续发展，1957年达14.77万只，1965年28.94万只。后由于养羊效益偏低，1986年—2002年间，养羊生产总体呈逐年减少态势，1986年存栏14.16万只、1990年12.97万只、1995年11.39万只、2000年9.28万只、2002年8.77万只。2018年，羊存栏3.04万只，出栏5.55万只。

余杭长期以来以饲养湖羊为主，1949年羊总存栏数中，湖羊4.1万只，占70.2%，其余均为山羊。

湖羊　境内著名特产，一般无角，毛曲而柔，色自微黄。原产蒙古，南宋建都临安（即今杭州）时引进，经长期驯化选育而成。湖羊羔皮以其美丽、独特、持久的卷曲胎毛花纹，在国际裘皮市场上被誉为"软宝石"，为世界四大名羔皮之一。湖羊是国内特有的羔皮和多胎绵羊品种，是浙江省首批列入《国家畜禽遗传资源保护目录》的珍贵地方畜禽品种之一，也是国内重点保护的地方畜禽品种之一。

1962年前后，存栏保持在10万只以上，饲养万只以上有塘南、双林、小林、翁梅、九堡、乔司、勾庄7个公社（乡）。1965年，湖羊存栏数有11.5万只。此后，毛纺工业发展，羊毛价格调高，养羊农户从北方引进绵羊饲养，与湖羊滥配，造成湖羊种质变劣。成年羊的体重、繁殖率和羔皮品质都有所下降，饲养量减少。1978年，湖羊存栏6.5万只，占湖绵羊总数的25.94%。

1978年后，浙江省科委组织加强对湖羊选育的研究，开展提纯复壮工作，建立群选点和公羊后裔测定点。1979年，农业部、省农业厅拨专款将余杭县澧桥农场改组为全国唯一的湖羊原种场。1991年—1992年推广农业部新技术《改良羊及其改良技术》，从安徽省引进考力代公羊，开展人工授精，改良杂种绵羊，以公羔作肉羊饲养，提高羊肉产量，适应市场需要。2000年—2002年，组织实施农业部、国家农业综合开发办公室联合批准的"余杭市国家级秸秆养羊示范县项目"、农业部"湖羊舍饲增产养殖技术项目"，湖羊出栏率和养殖效益有明显提升。2001年，湖羊年末存栏4,64万只，占羊年终存栏数的51.79%；2005年，湖羊年末存栏6.42万只，占羊年终存栏数的55.83%。同时，规模化经营水平也有明显提高。2001年，存栏20只以上养羊场(户)有183户，存栏8916只，出栏6291只，户均存、出栏分别为48.72只、34.38只；2005年，存栏羊20只以上养羊场(户)有65户，存栏5561只，出栏5799只，户均存、出栏分别为85只、89只。

2002年6月，国家级重点种畜禽场——浙江余杭湖羊场挑选10头良种湖羊，无偿援助西藏那曲地区，并进行浙江湖羊在高海拔缺氧气候条件下生产适应性研究。通过两年引种试验，余杭湖羊已基本适应那曲地区高寒、缺氧、干燥的恶劣气候及自然放牧等当地粗放饲养方式。此外，以杭州余杭宏发食品厂为龙头的运河镇湖羊养殖基地，被省农业厅认定为无公害农产品基地，成为区内第一个无公害畜产品基地。该厂生产的“临平牌”红烧羊肉，被浙江绿色农产品认定委员会认定为绿色农产品，成为余杭区获得绿色证书的首个畜禽产品。2003年，杭州余杭宏发食品厂创办区内首个省级畜牧小区，即余杭区湖羊养殖示范小区。是年，市级“无公害湖羊”系列地方标准(DB3301/T048.1、2、3、4—2003)制定完成并推广实施。2008年12月15日，由余杭区湖羊保种工作指导组成员等有关单位专家领导组成的验收小组，对浙江华丽牧业有限公司承担的2008年度余杭区湖羊保种工作进行考核验收，完成保种选育湖羊532只。2009年12月，由余杭区湖羊保种工作指导组成员等有关单位专家领导组成的验收小组，对浙江华丽牧业有限公司承担的湖羊保种工作进行考核验收，2009年度，该公司完成保种选育湖羊622头。2010年，羊存栏4.77万头，年出栏6.33万头。2010年9月，浙江省第三届湖羊赛羊会暨首届练市湖羊文化节上，余杭区推荐选送的省二级种羊场——杭州余杭三水果业有限公司参赛种公羊获得一等奖。2010年12月2日，根据实施湖羊保种工作五年计划的要求，由区湖羊保种工作指导组成员等有关单位专家领导组成的验收小组，对浙江华丽牧业有限公司承担的2010年度余杭区湖羊保种工作进行考核验收。经考核，该公司完成保种选育核心群种湖羊567头，完成《余杭区湖羊保种协议》任务。是年，区湖羊保种小组开展技术指导，做好湖羊核心群的选育、饲养管理、疫病防控等工作，不断提高湖羊种群的质量，对华丽牧业有限公司种羊场7个系的530头母羊进行配种，已产羔羊920头。2011年，羊存栏4.28万只，出栏6万头。是年，浙江华丽牧业有限公司存栏湖羊1166头，共计完成保种选育群湖羊535头，超额完成了保种数量500头的指标。2013年，羊存栏4.47万头，年出栏5.01万头。湖羊养殖效益较好，年底时湖羊毛羊价格公羊32元/公斤，母羊略低28元/公斤，同比涨3元/公斤左右，涨幅约10%。2011年，开展本地湖羊种质资源保种，至12月，有核心群种羊535头，超额完成保种数量500头的指标。2012年，开展本地湖羊种质资源保种，完成湖羊5年保种开发总体目标任务。2012年，羊存栏4.5万头，年出栏5.11万头。2013年，羊存栏9.5万只。在2015浙江振兴湖羊产业大会赛羊比赛中，华丽牧业有限公司推送参赛的种公羊荣获体重组一等奖。

图4-3 咸丰养殖户喜迎余杭湖羊羊羔

在2015年浙江振兴湖羊产业大会暨第四届湖州南浔湖羊文化节中，余杭区省一级种羊场——华丽牧业有限公司养殖的种公羊，获得体重组一等奖。2016年，余杭区主推湖羊全混合日粮配制饲喂技术，全混合日粮是根据反刍家畜不同生长发育阶段的营养需求和饲养目的，按照营养调控技术和不同饲料搭配原则设计全价日粮配方，并按照配方把每天饲喂的各种饲料（粗料、精料、矿物质、维生素和其他添加剂）通过特定的设备和饲料加工工艺均匀地混合在一起，制成营养全价的日粮，饲喂全价日粮能有效促进湖羊生长，降低饲养成本，提高养殖效益。是年，羊存栏5万只。2017年，湖羊存栏2.85万只，出栏4.06万只。

2018年9月，由全国畜牧总站、省畜牧兽医局等有关单位共同实施，余杭区畜牧产业团队工作人员承担试验任务的后勤保障及日常管理工作的湖羊冷冻胚胎培育移植试验成功，浙江华丽牧业有限公司（原浙江余杭湖羊原种场）成为全国首批及唯一的胚胎培育移植试验点。试验采用的是国内最早一批保存在农业部国家家畜基因库的冷冻胚胎，该批胚胎1998年由省农科院在余杭湖羊保种场采集制作，在-196℃的液氮中保存至今。液氮可减缓胚胎细胞生长发育，使其达到几乎“静止”的状态，从而得以长时间保存。湖羊胚胎移植试验从2018年4月9日开始正式启动，试验人员将4个湖羊血统的24枚胚胎，分别移植到9只成年母羊子宫内，其中有6只母羊成功着床受孕。经过140天左右的孕期，8月29日至9月4日，母羊们陆续分娩，诞生9只小羔羊，其中一只夭折。存活下来的8只个体发育正常，其中初生重最重的达到4.8公斤。2019年，余杭区对口帮扶咸丰工作组安排项目资金，助建“共享生态牧场”湖羊养殖项目。

山羊　有角，毛直而疏，色或白或黑或褐。主要分布在境内西部丘陵山区。1949年有山羊1.74万只，占羊总数的29.8%。均系土种，体型较小，体重为公羊25公斤—35公斤、母羊15公斤—25公斤。母羊繁殖率强，一般双羔或3羔。公羊去势肥育后，屠宰率可达50%左右，且肉质鲜嫩。50年代后期到60年代中期发展较快。1963年底，全县有山羊5.83万头，是1949年的335%。由于山羊经济价值不高和封山育林、放养困难等原因，饲养量逐年下降，到1985年仅0.88万头。1988年后，对山羊肉需求迫切，山区农民重视发展山羊养殖。1989年，“肉用山羊优良品种引进及饲养技术推广”被列入县科技发展计划项目。是年，引进马头羊、黄羊、海门羊，1990年引进萨能羊等优良品种。通过典型示范和杂交试验，在彭公、鸬鸟和舟枕（今属余杭镇）等地进行推广，3年共发展山羊杂交改良羊群5626只。1991年，山羊饲养量21329只，存栏17500只，比1989年分别增长39.21%和42.28%。

1995年，从德国引进首批波尔山羊，通过纯繁扩群逐步推广。2000年，杭州余杭华英羊业有限公司率先从江苏徐州引进波尔山羊304只，其中纯种公羊4只、杂交母羊300只。翌年，该公司从北京引进纯种波尔山羊12只，又从浙江省农科院引进纯种山羊3只，其中一头纯种成年公羊购入价2.8万元。2001年形成波尔山羊产业化基地。至2003年底，境内有波尔山羊纯种及杂交系列种羊3500头，并列入国家星火计划。2004年，华英羊业有限公司建立羊肉加工厂，注册“径山”牌商标，生产“真空包装波尔山羊肉”。余杭镇单建忠从新昌引进纯种及杂交种波尔山羊，创办杭州余杭超裕波尔种山羊基地，被审定为省二级种羊场，成为区内首个种山羊场。2004年，该基地实施区级种畜禽繁育基地项目，即“波尔山羊繁育基地项目”，并通过验收。

三、牛

余杭传统养牛以役用为主，兼以乳用、肉用。牛种有黄牛、水牛、花牛诸种，以地方品种为主，也有引进国外良种牛进行繁育和改良的品种。

耕牛　1949年,年终存栏3332头,其中水牛2827头,占84.8%;黄牛505头,占15.2%。多分布于余杭、瓶窑两地区。20世纪50年代后,政府鼓励农民养牛,饲养量增多,1952年终存栏5364头,1970年存栏7778头。此后,随着农业机械化的发展‘耕牛逐年减少,1987年年末存栏2139头、1990年1884头、1995年1389头、1999年1301头、2000年919头、2005年526头。2010年,存栏733头(其中奶牛存栏236头)。2011年,牛存栏712头,其中奶牛存栏236头,保持稳定。2012年,牛存栏640头(其中奶牛存栏236头)。2018年,牛存栏248头,奶牛则在2015年之后就无饲养。

饲养的水牛、黄牛以肉用为主,鲜有役用者。

奶牛　1958年,塘栖、临平率先饲养奶牛。60年代初,瓶窑等地和南湖、平山等农场相继兴办乳牛场。1965年,乳牛存栏940头。1974年下降到150头左右。20世纪80年代后,城乡市场对鲜乳及乳乡制品需求量增加,乳牛饲养量增加,1983年存栏2215头,1987年存栏3961头,1993年达到4315头。此后,随着料价上升、疫病增多、饲养代价大等原因,奶牛生产逐年下滑。1995年,乳牛存栏为3989头、乳产量13631吨;1996年,存栏1187头、乳产量4520吨;1999年,存栏703头、乳产量3022吨。此后,养牛效益上升,促进奶牛生产发展。

2001年,乳牛存栏为824头,2003年为1308头,2005年为1690头。奶牛价格也随之上涨,青年奶牛的价格由1999年前后每头0.6万元上涨到2003年1.8万元,母牛犊也涨到每头0.4万元左右。2004年下半年开始,由于饲料价格猛涨,奶牛养殖效益锐减,奶牛价格也随之大幅下降,成年高产奶牛每头只需7600元左右,加上实施禁、限养政策,迫使部分养殖户停产歇业或搬迁至其他县市。到2005年中,区内仅剩余杭南湖、径山平山、良渚金鑫、临平屯里4个私营奶牛场。

境内饲养的奶牛品种都是“黑白花”。产奶水平因种性纯度、饲养管理技术及水平不同而参差不一。泌乳量高的奶牛一个泌乳期可达7.5吨左右,低的一般在5吨左右,全区平均为6吨—6.5吨。

2010年,牛存栏773头,其中奶牛存栏236头。6月份,小林吴炳泉奶牛场搬迁至临安,只剩下平山奶牛场。2012年,牛存栏640头,其中奶牛存栏236头。2013年,牛存栏372头(径山镇平山阿南奶牛场于5月实施禁养)。

奶业补助　2007年,实行奶牛良种补贴,每头能繁母牛每年补贴2支冻精,每支冻精补贴15元。2008年7月,根据《关于落实后备母牛补贴政策有关事项的通知》精神,对优质后备母牛补助500元/头,给后备母牛发放补助18.55万元。2009年,全区参加政策性保险奶牛144头,保费300元/头。全年对216头存栏优质后备母牛实行每头500元的补贴,发放补贴10.8万元。对每头能繁母牛每年补贴2支冻精,每支冻精补贴15元。根据杭州市政府办公厅《关于促进奶业稳定健康发展的扶持办法(试行)》精神,完成成年奶牛补贴3.18万元,鲜奶收购补贴19.43万元。2010年,对107头存栏后备母牛每头补助500元,财政补贴5.35万元,其中省、市财政各20%,计1.07万元,区财政3.21万元。径山镇平山阿南奶牛场符合杭州市《关于促进奶业稳定健康发展的扶持办法(试行)》要求,获3.6万元成年奶牛补助;杭州新希望双峰乳业有限公司收购杭州市内每公斤中心价2.95元以上的合格生鲜牛奶6500吨,获每吨补助40元,共26万元。另外,继续实行奶牛良种补贴,每头能繁母牛每年补贴2支冻精,每支冻精补贴15元。2011年,余杭区对符合补助要求的137头成年母牛下发补助资金5.6万元,对87头后备母牛申请财政朴贴4.35万元;经杭州市核查,径山镇平山阿南奶牛场符合文件要求的成年母牛137头,每头补助从300元提高到400元,补助5.6万元;完成全区唯一乳制品生产企业——杭州新希望双峰乳业有限公司的核查,并下拨补助资金27万元。2012年,根据省、市对后备母牛补贴资金管理办法、促进奶业稳定健康发展扶持办法的要求,经核查小组核查,对符合要求的径山镇平山阿南奶牛场的成年母牛130头,补助5.2万元;对杭州新希望双峰乳业有限公司补助25万元。2013年,完成奶业各类补助的核查上报工作,核查通过符合成年奶牛补助要求的径山镇平山阿南奶牛场补助3.6万元;杭州新希望双峰乳业有限公司收购合格生鲜牛奶计7250吨,每吨鲜奶收购补助40元,补助29万元。

四、兔

明洪武至成化年间,家兔列为余杭县贡品之一。1949年底,两县存栏兔6500只。20世纪50年代先后引进毛肉兼优的力克斯、青紫兰和毛用的英系、法系等良种,收益颇好,很快普及全县农村。1959年,年终存栏兔21.96万只,比1949年增长33倍多。后因兔毛滞销,饲养量下降。1964年,存栏8.14万只。1966年,兔毛畅销,恢复到17.24万只。1973年,兔存栏跌到3.38万只。1978年后,长毛兔生产再受重视,兔毛多次提价。1981年,长毛兔恢复到8.99万只。是年,勾庄公社(今属良渚镇)吴王村大队第二生产队3次引进联邦德国纯种长毛兔20只,与本地长毛兔进行杂交改良。改良后的联邦德国杂交兔,每只年产毛可达0.61公斤,比本地长毛兔多0.25公斤,且毛质好。80、90年代多次从上海、江苏、新昌、嵊州等地引进联邦德国安哥拉长毛兔。之后,随着良种引进及养殖户选育水平和饲养管理水平的提高,兔均产毛逐年提高。1985年,每公斤兔毛出口收汇价达39.3美元,养兔生产也达到历史较高水平,县内家兔(绝大多数是长毛兔)存栏11.38万只,养兔专业户419户。随后,兔毛价格持续低迷,养兔生产也随之下滑。1999年,家兔存栏仅为9000只(包括少量的肉兔和皮肉兼用兔)。2002年末,存栏长毛兔4639只,2003年末,存栏长毛兔2601只。2004年,长毛兔存栏数惯性下降,年终仅存栏2390只。2005年1—4月,兔毛均价每公斤154.5元,同比上涨47.4%,存栏长毛兔有所回升,达5000只以上。

20世纪90年代末,乔司、星桥等地出现存栏超6000只的獭兔养殖大户,后由于獭兔皮市场行情不佳,加上饲养管理不当病死率高,导致养殖失败而倒闭。2001年4月,余杭镇退伍军人冯建华从浙江萧山、江苏太仓、山东荣成等地引进1200只美系纯种种獭兔和119只法系纯种种獭兔,创办杭州余杭金兔牧业中心,在国内著名养兔专家、浙江大学动物科学院陶岳荣指导下,开展美系与法系獭兔杂交、改良、选育,繁育出大批纯种良种獭兔,并于2002年6月取得省一级种兔场"种畜禽生产经背许可证"。到2004年,该中心发展成为拥有饲养笼位1.68万个,常年存栏能繁种兔3000只,年出栏种兔1万余组(一公三母/组),年出栏商品兔6万余只的大型獭兔养殖企业。除金兔牧业中心和瓶窑镇阮建荣两家獭兔养殖场发展较快外,其他小户发展缓慢。家兔(主要是獭兔,另外还包括长毛兔以及少量实验兔、肉兔)饲养量2000年为1.22万只,2001年为8.46万只,2003年为12.15万只,2005年为16.4万只。

2010年,兔存栏5.18万只、年出栏9.88万只。2011年,兔存栏4.88万只,出栏5.86万只。杭州余杭金兔牧业中心今年因土地被征用而停养。2012年,兔存栏5.61万只,年出栏6.22万只。2013年,杭州科联兔业专业合作社成功创建省级实验兔标准化示范场。2017年,长毛兔存栏1200只;肉兔存栏2.2万只,出栏3.69万只,年出栏1万只以上肉兔场1家。2018年,兔存栏1.94万只,出栏7.17万只。

五、饲料生产企业

2010年前,区内有饲料企业33家,主要生产大类为配合饲料、饲料添加剂、浓缩料和添加剂预混合饲料。根据职能分工,饲料企业的行业管理主要职能在省、市饲料主管部门,饲料质量安全管理、产品检测职能在区农(渔)业行政执法大队。2013年始,随着全区美丽乡村建设、水环境综合治理等工作开展,全区畜禽养殖企业实施较大力度的禁养工作,全域关停水禽养殖企业和部分小规模的生猪养殖企业,对饲料行业生存带来了严重的冲击,致使饲料企业因产品市场销路锐减导致停产歇业,至2018年底,经备案饲料企业家数为10家。

第二节 家 禽

饲养家禽历来是农户主要家庭副业之一,以养鸡较为普遍。据载,1933年余杭县、杭县共有鸡18.02万羽、鸭1.07万羽、鹅0.59万羽。另外据《浙江农情》载:民国24年(1935年),两县共养家禽24.68万羽(其中杭县21万羽、余杭县3.68万羽),家禽总产值218112元(其中杭县19.5万元、余杭县23112元)。1949年底,两县存栏家禽56.65万羽。

中华人民共和国成立初,家禽发展很快,两县1953年、1954年年均达到71.6万羽以上。此后由于人民公社化强调发展集体农业生产,家庭饲养鸡、鸭受到禁养、限养的约束,1958年下降到28.05万羽。到1969年底,全县存栏64.68万羽,与1949年相比,20年仅增长14%。1978年后,农民发展家禽积极性增高,到1985年底,全县家禽存栏达122.84万羽,其中鸡85.98万羽、鸭36万羽、鹅0.86万羽,全年禽蛋总产量3078.15吨。县内有养鸡专业户83户,养鸭专业户321户,初步形成专业生产与家庭副业经营相结合的新型体制。

1986年—1997年,家禽生产主要受市场供求变化而呈现螺旋式增长态势,并呈3年一个周期的特点,家禽全年饲养量波谷为1986年297.18万羽、1989年345.75万羽、1992年548.1万羽、1995年712.43万羽、1998年896.32万。波峰为1988年405.06万羽、1991年699.57万羽、1994年728.14万羽、1997年903.01万羽。2018年,全区家禽总存栏81.72万羽,总出栏260.38万羽。1998年开始,家禽生产呈现逐年上升的发展势头,2000年为1365.27万羽,2002年为1728.55万羽,2004年为2195.15万羽。1997年,养禽户占总农户的比重为71.73%、2002年62.5%、2004年56.21%。生产规模上,1997年全区平均每个农户养禽51.22羽,2002年上升到77.44羽,2003年98.05羽,2004年124.51羽;2004年,存栏超1万只的蛋鸭养殖户就有19户,户均存栏1.83万羽;年出栏超10万羽的养禽户有仓前姚金华,塘栖杨金根,径山祝元明、祝建明、史正祥,鸬鸟张林海,黄湖楼爱兴7户。2005年7月,区政府全面实施苕溪干流两侧1000米、南中北苕溪两侧各200米范围内的鸭群禁养。嗣后,完成塘栖镇周国林蛋鸭生态养殖小区、仁和镇鑫星蛋鸭养殖小区两个市级生态养殖小区的建设,创建区级生态畜禽小区4个、生态养殖场5个。

一、鸡

余杭养殖的鸡种,原先主要是萧山鸡和本地鸡。20世纪50年代初,陆续引进多种良种鸡进行改良,有来航鸡、澳洲黑鸡、芦花鸡和火鸡。60年代引进白洛克鸡,70年代引进新浦东鸡、郎山鸡,80年代初期引进红罗鸡。1990年重点推广AA鸡、红宝肉鸡。

境内鸡场引进父母代种鸡2万多羽，逐步完善肉鸡繁育体系，自繁和引进良种肉鸡170万羽，良种鸡覆盖面74.64%。同时，改进肉鸡饲养管理和疾病防治技术，提高雏鸡成活率和肉鸡上市率，缩短饲养期，提高农户养肉鸡的经济效益。是年，家禽总饲养量432.42万羽，出栏上市禽肉3915吨，同比分别增长21.5%和25.4%，总产值3000万元，创利500万元。1991年推广AA鸡等良种苗鸡310万羽，1993年推广AA鸡等良种苗鸡180万羽，县内群养鸡全部实现良种化，以鸡为主的家禽良种比例达90%以上，快速型肉鸡饲养技术也得到普及。20世纪90年代末期，开始引进三黄鸡等。至2000年，快速型白羽肉鸡已基本被淘汰，只有极少数与肯德基等快餐店签订订单的农户饲养，其余全为三黄鸡品种，如萧山鸡、广西黄、岭南黄、仙居鸡、梅岭土鸡等。2004年1月，区内首个本鸡专业合作社——余杭区竹乡本鸡专业合作社成立。该合作社由黄湖镇楼爱兴等5个养鸡大户出资30万元发起，吸收会员15名，当年贩销苗鸡16万羽、成鸡15万羽。次年，受禽流感疫情影响，肉鸡一度滞销。

2010年10月，杭州市首届名鸡大赛举行。余杭区选送的径山镇杭州史氏生态养殖有限公司的“径双”牌土鸡和黄湖镇杭州龙头山生态养殖有限公司的“龙头山土鸡”获得“汤煲鸡王”称号。2010年，鸡出栏499.25万羽。2011年，由余杭苕溪绿色农庄承担的区级地方标准《梨(桃)、鸡种养结合技术规范》通过专家评审后发布。2011年，肉鸡出栏508.28万羽。2018年，肉鸡存栏32.11万羽，出栏134.66万羽；蛋鸡存栏20.26万羽。

2012年，全年引进东乡黑羽绿壳蛋鸡新品种2500套、丝毛乌骨鸡3500套。2012年，完成2个新品种引进，分别是：东乡黑羽绿壳蛋鸡新品种引进2500套，资金拨付1.25万元。引进丝毛乌骨鸡5000套，资金拨付2.63万元。2013年，杭州华杰禽业有限公司成功创建省级蛋鸡标准化示范场。2014年4月，杭州市农业局、杭州市畜牧兽医学会联合主办第三届“优质品牌鸡”评选活动。余杭区推荐选送的杭州龙头山生态养殖有限公司“黄湖龙头山”牌和杭州祝氏农业开发有限公司“祝林”牌“梅林土鸡”、杭州史氏生态养殖有限公司“径双”牌“仙居鸡”被评为杭州市十佳优质品牌鸡。2016年1月，杭州万羽养殖有限公司成为市级种禽场。年内还建立杭州金诚家禽养殖有限公司肉鸡生态养殖基地一个市级都市农业生态示范园区。余杭区彭公肉鸡养殖小区、余杭区塘栖镇蛋鸭合作社西苑2个养殖小区成为市级畜牧小区。

二、鸭

余杭饲养的鸭有蛋鸭和肉鸭两种。蛋鸭以绍兴麻鸭为主，肉鸭以黄婆鸭、北京鸭、杂交鸭及卵肉兼用的番鸭为主。历来农家中有俗称“赶大伙鸭”者，即将鸭群在稻田、水浜或水塘等处放牧，以鱼虾蛙虫等为食。20世纪80年代前，这类养鸭业多受限制而停滞不前。

概况　50年代，潘板桥乡(今属径山镇)感塘、俞家堰等村，有养群鸭上千羽农民10多户，常年在杭、嘉、湖水网地区放养，每年收入数万元。但到50年代后期，禁止鸭群进入水田、鱼塘、河浜等处，养鸭户被迫停养。80年代，养鸭业再度兴起。据1982年对塘栖等地62户养鸭专业户、重点户的调查，全年养鸭总收入达141673.66元，平均每户净收入1164.98元，占这些户农业总收入的77.2%。1983年，余杭县建立禽蛋基地，引进商品蛋鸭圈养新技术，改传统放养为圈养。到1984年，除国营孵坊生产500多万羽苗禽外，又办起乡村孵坊11家，年产苗禽300多万羽。是年，县内养鸭专业户和重点户达2000多户，圈养蛋鸭30万羽。

随着城市化进程的加快和农民增收渠道的增多，规模养蛋鸭户逐年减少，但养殖户的生产规模却不断增大，单产也有所提高。据统计，1996年蛋鸭专业户存栏蛋鸭为967羽/户，到2004

年已高达2498羽/户；1996年每羽蛋鸭年产蛋13.5公斤，2004年上升到年产15.0公斤以上。1992年10月，宏磻禽蛋交易市场建成营业，并在杭州等城市设立蛋品批发部，销售渠道日趋扩大。1994年度，该场收购鲜蛋125万公斤，销售鲜蛋87.5万公斤，加工销售咸蛋226万枚、皮蛋280万枚，总成交额608万元，获利9.8万元。禽蛋市场起到以销促产的效果，市场周围养鸭专业户不断增加。1994年，塘栖、崇贤蛋鸭养殖户发展到1456户，比上年增长14.02%；饲养蛋鸭75.75万羽，增长21.78%；鸭蛋总产量1339.83万公斤，增长30.55%；总产值7503.05万元，增长52.31%；鸭农获得养鸭经济效益1242.3万元，增长33.74%。嗣后，区内出现一批规模较大的蛋制品加工企业，如杭州顺丰祥食品有限公司、杭州健龙蛋品有限公司、杭州余杭区方达蛋制品加工厂、杭州余杭区东来蛋制品厂、径山长乐培青蛋制品加工厂等，其中顺丰祥、健龙两家公司的蛋品不仅进入省内外200多家大型超市，还出口美国、韩国、加拿大、马来西亚等10多个国家和地区。2002年，杭州健龙蛋品有限公司加工鸭蛋2410万枚，总产值1380万元，出口交货值1050万元。2005年，"顺丰祥"蛋品产值达3137万元，其中出口1030万美元。2010年6月，引进高邮青壳蛋鸭10000羽。2010年，鸭出栏694.12万羽。2011年，鸭出栏704.11万羽。2018年，鸭出栏20.17万羽。

养殖新模式　2008年，完成塘栖镇周国林蛋鸭生态养殖小区、仁和镇鑫星蛋鸭养殖小区两个市级生态养殖小区的建设，分别奖励18万元、17万元。同时，根据《余杭区畜禽产业发展实施方案》的规划，创建区级生态畜禽小区4个、生态养殖场5个。2012年，杭州华农养殖有限公司成功创建省级标准化示范场。还被评定为杭州市菜篮子肉禽蛋奶基地、出口基地、无公害基地和科技示范户。

2013年，杭州万羽养殖有限公司创建市级标准化蛋鸭示范场。2014年6月，仁和省级蛋鸭示范区创建点通过省级有关部门的考核验收。通过项目建设，改善了蛋鸭养殖园区的基本设施，创新了养殖模式，健全了各项制度，朝着规模化、标准化、生态化方向发展，实现蛋鸭"优质、高效、生态、安全"的目标。2016年，建立杭州余杭顺丰祥蛋鸭养殖示范园区一个市级都市农业生态示范园区。

新技术推广　1984年，从上海引进樱桃谷鸭及狄高鸭。樱桃谷鸭系英国著名良种肉用鸭，具有适应性强、生长快、体型大、饲料报酬高、肉质好的优点。1990年推广北京1系、TD系瘦肉鸭60多万羽，并改进狄高鸭、樱桃谷鸭饲养方法，提高肉鸭瘦肉率。之后，区内养鸭户根据市场需求变化，不时引进半番鸭（骡鸭）、樱麻杂交肉鸭、北京鸭、白番鸭等肉鸭品种。仍以绍兴麻鸭和杂交鸭为主，其中雌性绍兴麻鸭，农户一般饲养70天—80天后，作为青年鸭售给蛋鸭养殖户用于产蛋；雄性绍兴麻鸭，一般农户饲养70天左右后用于食用；其他肉鸭一般饲养50天—60天后即可上市销售。苕溪流域的径山、黄湖、鸬鸟、百丈、瓶窑、余杭等地为青年鸭（雌麻鸭）等肉鸭的主产区，出栏数占到全区出栏总数的60%以上。2012年，杭州华农养殖有限公司于2012年对蛋鸭污水，创新应用先进的阿科蔓污水处理系统，将蛋鸭的污水，经污水沟，泵入调节分级沉淀池，进行物理性沉淀预处理，经过人工湿地然后进入氧化塘氧化进行生物性处理，水质达标后回流入蛋鸭嬉水池或鱼塘，实行内循环零排放处理。同时，在市内率先创新了蛋鸭网床养殖新技术，提高了经济效益，也为带动仁和街道辖区内50多家蛋鸭养殖户科技致富，树立典型。

2014年，余杭区政府决定对全区存栏蛋鸭在1万羽以下的养殖场户实施禁养，保留了4家存栏在万羽以上的规模蛋鸭养殖场，对规模蛋鸭养殖保留场，要求必须提升污染治理设施。为此，在蛋鸭规模养殖的污染治理方面，改传统的“三格式沉淀池处理方式”，为“阿科蔓处理方式”。阿科蔓污水处理系统工程，主要由调节池、厌氧池、接触氧化池和生态处理池（人工湿地）组成，具有吸附过滤、离子交换、化学沉淀、生物降解和植物吸收等系统性的综合处理功效，能有效降解蛋鸭污水的化学需氧量（COD）、氨、氮等重要指标，使污水得到净化，实现养殖污水达标排放和内循环资源化综合利用。2014 年 9 月，从绍兴市越城区绍兴咸亨绍鸭育种有限公司引进绍兴种鸭 8000 羽。

三、鹅

余杭历来群养鹅者很少。60 年代中期，解放军驻余杭部队曾在北湖、南湖等地饲养群鹅。后因围垦改田，放牧场地减少而停养。苕溪、运河沿岸农民利用当地丰富的饲草资源发展养鹅生产。北湖乡张堰村为杭州小河孵坊、运河乡为良渚联合孵坊等分别建立起种鹅基地，所养鹅只多销往宁波、绍兴等鹅肉主销区。2000 年，安溪镇上溪村（今属良渚街道）养禽户盛杰，在康门水库旁办起存栏种鹅 1500 羽的种鹅场和孵坊，当年种鹅场顺利投产并对周边农户提供鹅苗 2 万多羽。2002 年，全区饲养量 6.12 万羽，2003 年 5.71 万羽，2004 年 13.34 万羽。

2003 年，区科学技术局先后两次从浙江宁波南方野生动物有限公司引进特种灰天鹅 130 羽，分送给塘栖、崇贤、乔司、径山、仁和、余杭等地 11 家农户试养。该鹅系国内引入多年的朗德鹅，原产于法国西南部朗德地区，以优良的肥肝性能著称于世。朗德鹅为中型鹅，体躯丰满，羽毛灰褐色，颈部接近黑色，腹部毛色较浅呈银灰色，腿健壮。成年公鹅体重 7 公斤—8 公斤，母鹅体重 6 公斤—7 公斤。肉质结实、细嫩、味美、营养价值高，鹅头、鹅掌、鹅翅、鹅肝等别具风味，鹅血、鹅胆、鹅掌黄皮、鹅肝等可制成多种抗癌保健药物和抗生素药物。羽毛产量较高，年拔两次，可产羽毛绒 350 克—450 克，且质地柔软。朗德鹅主要生产肥肝，成鹅长到 7 公斤时，进行“填鸭式”人工集中育肥，可使鹅肝重达 750 克以上。经试养，塘栖镇三官堂村一组的杨金根至 2005 年 6 月存栏已达 800 余羽。2011 年，余杭区引进浙东白鹅 300 只、仙居鸡 4800 套等优质良种，补助资金 1.45 万元。2011 年，由区畜牧兽医学会起草制定的区级农业标准规范《冬闲田种草养鹅技术规范》通过专家评审发布。2010 年，鹅出栏 4.16 万羽。2011 年，鹅出栏 4.77 万羽。2018 年鹅出栏 1.34 万羽。

1949 年—2015 年（每 5 年）余杭区（县、市）畜牧业生产情况表

表 4–1

年份	畜牧业产值（万元）	生猪（万头）		羊（万只）		兔（万只）		牛（头）		家禽（万羽）		
		年末存栏	全年出栏	年末存栏	全年出栏	年末存栏	全年出栏	年末存栏	全年出栏	年末存栏	全年出栏	禽蛋产量（吨）
1949	—	1.31	—	5.84	—	0.65	—	3332	—	56.65	—	—
（1953）	—	3.58	—	8.40	—	1.24	—	4188	—	71.70	—	—
1955	—	2.93	—	6.74	—	1.39	—	4401	—	59.68	—	—
（1958）	—	5.75	—	12.70	—	6.60	—	5958	—	28.05	—	—
1960	—	9.79	—	13.04	—	20.28	—	8917	—	51.47	—	—
1965	—	18.13	19.76	28.94	5.22	14.20	—	8324	—	60.09	—	1054
1970	—	23.13	24.73	30.02	3.44	4.97	—	8713	—	58.63	—	921

续表 4-1

年份	畜牧业产值（万元）	生猪（万头）		羊（万只）		兔（万只）		牛（头）		家禽（万羽）		
		年末存栏	全年出栏	年末存栏	全年出栏	年末存栏	全年出栏	年末存栏	全年出栏	年末存栏	全年出栏	禽蛋产量(吨)
1975	—	24.13	26.92	27.67	1.10	4.98	—	6652	—	55.00	—	2275
（1978）	4530	30.33	26.31	26.75	1.60	4.39	—	6016	—	65.00	—	1425
1980	5907	31.73	46.36	28.11	3.59	8.13	—	5953	—	90.60	—	1948
1985	11899	23.26	28.49	15.71	3.92	11.38	—	5701	—	122.84	—	3080
1990	16458	21.15	31.41	12.97	3.23	2.69	0.53	5991	473	134.16	298.26	2951
1995	31711	19.73	17.01	11.39	5.28	1.81	0.40	5378	515	280.75	431.68	7109
2000	50414	16.49	33.72	9.28	6.96	0.91	0.31	1857	254	393.63	971.64	15422
2005	82625	20.59	46.41	10.46	8.29	0.81	0.36	2575	629	479.16	1641.83	24973
2010	107100	17.00	34.59	4.77	6.33	5.18	9.87	733	417	353.17	1197.53	233.94
2015	57500	5.18	11.21	5.63	6.13	4.43	4.75	515	473	125.18	474.14	7499

此外，余杭农村蜜源丰富，养蜂历史悠久。宋人谢翱有《余杭樵歌》诗曰："樵斧丁丁响翠微，赦肩半脱汗身衣，因来避雨岩前调，裹得山蜂和蜜归。"（清嘉庆《余杭县志》卷四十）明万历《余杭县志》卷之二《籍产志》亦有"虫之属：蜂"的记载。山区农户常箍制圆桶招引蜂群栖居采蜜。民国时期改为活框式，使用摇蜜机离心取蜜。

20 世纪 60 年代，境内有油菜花、紫云英、枇杷花各 10 余万亩，夏秋有棉花 3 万余亩，还有西瓜、南瓜等水果蔬菜花数万亩，常年络绎不绝。但境内养蜂者较少，大部分蜜源被外地蜂农采去。1961 年，全县共养蜂 697 箱，1974 年增加到 2036 箱。80 年代起，随着产业结构调整，紫云英种植面积锐减，养蜂业受到影响。1982 年，全县养蜂专业户 30 户，养蜂 1000 余箱，年养蜂收入 35269 元，平均每户收入 1176 元。蜂产品主要为蜂蜜、蜂蜡。70 年代扩大为蜂王浆、花粉，80 年代后又有蜂胶等新产品。1985 年共养蜂 1307 箱，蜂蜜总产量 32250 公斤。2005 年，境内养蜂农户有 33 户，养蜂 3930 箱，蜂蜜总产量 12 万公斤。仓前镇永乐村王殿杨养蜂规模较大，有 1000 余箱。2018 年，境内养蜂农户有 70 户，养蜂 5684 箱。

第三节 疫病防治

一、畜禽疫病

畜禽疫病包括畜禽传染病和寄生虫病。历史上曾经危害畜禽的疫病达百余种，其中人畜共患传染病主要的有 10 余种。

猪病 主要传染病有猪瘟、猪丹毒、猪肺疫、仔猪副伤寒、霉形体肺炎（气喘病）、猪流感等 20 余种。20 世纪 50 年代，猪瘟、猪丹毒普遍流行，气喘病随着国营、集体猪场兴办而趋增，猪肺疫、乙型脑炎、仔猪白痢、副伤寒呈地方性流行。60 年代，上述疫病得到一定控制。"文化大革命"

期间，由于放松防疫，每年死于猪瘟在500头以上。1978年后实行月月补针和牲畜市场补针相结合，猪瘟发病头数逐年减少。1977年5月，首次发生牲畜五号病，病源是从河南省漯河采购仔猪带入并扩散的，经6年防疫工作，到1983年5月得到扑灭。80年代中期，疫病呈反弹趋势，仔猪副伤寒、水肿病、气喘病、仔猪白痢多起发生。猪瘟的年发病率自1983年起连续23年低于万分之一。1995年发生五号病疫点13个，扑杀病猪和同群猪231头；1996年发生75个疫点，扑杀处理病猪和同群猪326头。1997年起，疫情得到控制并开始下降。2002年，全区五号病疫点仅发生1个、病猪2头，五号疫病再次得到控制。2004年1月28日，乔司镇葛家村卢掌友猪场因未及时免疫发生牲畜五号病45头，连同群猪共扑杀处理442头。2005年5月19日，瓶窑镇内的杭州昌兴饲料有限公司养猪场发生疑似五号病，共扑杀无害化处理病猪1372头。2001年7月中旬至10月底，首次爆发猪蓝耳病，先后有16个镇乡不同程度地发生病猪3.3万余头，其中死亡4300余头，同时造成934胎母猪发生流产、早产、死胎，造成直接经济损失200多万元。经各级相关部门全力采取措施，较快得到控制。经查该病主要因猪贩和养猪户到海宁、海盐等嘉兴地区购入苗猪直接引入疫病并扩散。

图4-4 重大动物疫病采样

猪寄生虫病主要有肺丝虫病、姜片虫病、蛔虫病、细颈囊尾蚴病、囊虫病、疥螨病等10余种，以传统散养猪感染寄生虫较为普遍。20世纪60年代—70年代，猪肺丝虫病较普遍，70年代细颈囊尾蚴虫病为常见病，小猪弓形虫病也较多发。80年代中期以后，随着配合饲料普及和实施防疫检疫制度，寄生虫病得到有效控制。

牛病传染病主要有牛肺疫、牛恶性卡他热、奶牛流行热病、牲畜五号病、牛结核病、布氏杆菌病牛传染性结膜炎病等。1962年，潘板桥公社求是大队（今属径山镇）发生耕牛肺疫病，经市、县、区三级兽医人员及时抢救治疗，死牛5头。以后每年进行防疫注射，此后未再发生。1972年，北湖公社张堰大队（今属瓶窑镇）发生牛恶性卡他热，死牛7头。1984年，南湖、平山、下沙等农场发生奶牛流行热，死亡奶牛10头。流行热每5年—8年爆发一次，主发于7月—9月。

20世纪60年代—70年代，牛传染性结膜炎呈散发，发病集中在夏秋季。1999年冬，潘板桥、双溪（今属径山镇）、黄湖3镇4个村耕牛发生五号病共11头，连同群牛共扑杀深埋无害化处理32头。据查，病源由外地收购牛皮贩和屠宰销售的牛贩带入引发。此后，对存栏牛每年按规定强制免疫注射，不再发生。布氏杆菌病和结核病是人畜共患传染病，主要发生于奶牛。余杭县曾是布氏杆菌病历史疫区，自1979年起实行每年普查、防治，从1984年起连续20年无布病阳性牛。1993年12月，经省卫生厅、农业厅等主管部门联合检查验收，宣布为“布病控制标准”县。以后坚持每年抽检30%的奶牛。2005年实行奶牛“两病”普查，在良渚镇金鑫奶牛场查到布氏杆菌病阳性牛 46 头、结核病阳性牛 3 头，全部扑杀处理，经卫生部门对该场人员检测发现有 5 名布病阳性病人。80 年代后，每年普查都有结核病阳性牛病例，均及时予以处理。牛血吸虫病和锥虫病主要发生于耕牛，在余杭、瓶窑地区曾广泛流行，因坚持与人血吸虫病同步年年查治，阳性率从 1970 年的 16%，到 1982 伟以来均为零。1994 年 5 月，经省市家畜血防工作专家组考核验收，余杭达到农业部规定的家畜消灭血吸虫病标准。

羊病　羊传染病主要有羊炭疽、羊快疫、羊黑疫、羊染性胸膜肺炎、羊传染性结膜炎、山羊痘等。20 世纪 50 年代初，羊炭疽在塘栖、临平两地区流行猖獗，死羊丢人河中，致使病菌扩散流行，大批湖羊死亡。1963 年，在亭趾、五杭、博陆等地发生羊黑快疫，死羊 1100 多只，经省农科院和县兽医人员试制羊黑快疫苗，并经连续几年免疫注射，到 1978 年基本扑灭。1986 年，从福建等地引进山羊，带入传染性胸膜肺炎。2000 年引进波尔山羊、四川黄羊等，又发生羊传染性胸膜肺炎。2001 年秋季，瓶窑镇长命片、良渚镇大陆片爆发山羊痘，死羊 1000 余只，经疫苗预防注射，及时得到控制。

20 世纪 70 年代，水生饲料喂养绵湖羊，饲养地区肝片吸虫病危害严重。1973 年，临平、塘栖、三墩死羊 3 万余只，占当时存栏数的 15%，其中 70%系患羊肝片吸虫病致死，经采取药物驱虫为主的综防措施后，病害明显减轻并得到控制。

兔病　传染病主要有兔瘟、巴氏杆菌病、葡萄球菌病、魏氏梭菌病、大肠杆菌病、传染性口腔炎等。20 世纪 60 年代—80 年代初，球虫病易感染引起整群爆发，采用呋喃西林、磺胺二甲基嘧啶、氯苯胍等药物防治。1984 年 12 月下旬，良渚、勾庄（今属良渚镇）、潘板桥（今属径山镇）、小林（今属临平街道）、超山（今属塘栖镇）等地的部分村爆发兔瘟，死兔 4000 余只。病因主要是剪毛收毛商贩带入并传播，经兔瘟疫苗普遍防疫注射，疫病很快被控制。巴氏杆菌病、魏氏梭菌病呈零星发生，采取菌苗预防注射，疫情易被控制。兔葡萄球菌病、大肠杆菌病仍有散发。兔寄生虫病主要有球虫病、疥螨病。

禽病　禽病达几十种，发病多危害重的有鸡新城疫（俗称“鸡瘟”）、鸡传染性法氏囊病、马立克氏病、禽霍乱、鸡白痢、大肠杆菌病、真菌病、鸡球虫病等。鸭有病毒性肝炎、禽霍乱、鸭瘟、传染性浆膜炎等。禽病的发生流行一般不分年份季节，也无地域和品种间明显差异，而与饲养管理、设施条件、防疫技术、饲料质量、水质等因素关系密切。农村养禽以农户散养为主时，缺乏有效防治措施，几乎年年流行禽病，尤以鸡新城疫、鸡白痢、禽霍乱为烈。

20 世纪 80 年代中期，形成比较科学的免疫程序，鸡新城疫、鸭瘟、禽霍乱采用接种免疫等措施，发病和死亡大幅度减少。其时，鸡白痢和鸡球虫病主要危害雏鸡，推广离地饲养、改善饲养环境，发病率、死亡率明显降低。90 年代，法氏囊病、鸡传染性喉支气管炎，鸭传染悠浆膜炎、病毒性肝炎时有发生。2004 年初，国家实行禽流感疫情公布制度，全区扑杀处理家禽 12 起 45284 羽，其中来自上海南汇、安徽广德疫区的家禽 1 万余羽，塘栖港北村扑杀处理 2598 羽。

第四节　防疫　检疫

为杜绝畜产品出现较严重的质量问题，余杭区重视并加强畜牧业检疫防疫工作。2006 年 2 月，区畜牧兽医局成立；各镇乡建立经工商登记的社会化动物诊疗服务机构——镇乡畜牧兽医合作服务站。区畜牧兽医局对定点屠宰场(点)检疫规范进行整顿,严把屠宰场(点)进场关、检疫关和检疫不合格产品处理关,保障出场动物产品质量安全。同时,对牲畜市场和出口畜禽开展检疫。修订、完善畜牧业政策。

一、管理

机构　1978年9月,成立余杭县牲畜检疫站,配备必需的检疫检验设备,各区农技站均配备电冷箱。1989年建立县兽用疫苗冷库,配备防疫与疫苗运送专用车一辆,每个镇乡兽医站都配备了电冷箱,每个防疫操作组有冷藏瓶或保温包等,以后每隔5年左右更新增补一次。

2000年,建成余杭区动物疫病监测中心,拥有准备室、综合化验室、精密仪器室、无菌操作室、解剖室、收样室、资料档案室等。主要仪器设备有酶标检测仪、分析天平、荧光显微镜、生物显微镜、高倍体视显微镜、细菌快速鉴定及药敏仪,高速离心机、组织匀浆机、冷冰切片机、超净工作台、生化培养箱、恒温箱、高纯水机、蒸气灭菌器、干燥箱、清洗机和相关实验设备及各种试剂等。能进行细菌分离鉴定、血清常规试验、各种抗体和兴奋剂、激素的监测及常见病、多发病的诊断与检测。

2006年2月,区畜牧兽医局成立,下设1办、3股、1中心和5个区域站,招录27名全额事业人员和30名协检员。从"建、招、安、转"四个方面着手,推进畜牧兽医体制改革与完善。撤销镇乡畜牧兽医站,制定镇乡畜牧兽医合作服务站政策,转为社会化服务的兽医诊疗机构。

区一级和20个镇(街道)都成立防治动物疫病指挥部,20个镇(街道)均设有畜牧兽医专管员,负责指导各地畜牧生产,组织实施动物免疫、扑疫工作,负责上报动物疫情和防疫情况等。2007年,建立经工商登记的社会化动物诊疗服务机构——镇乡畜牧兽医合作服务站。19个镇乡(除1个因列入全区域禁养未建立外)均建立了服务站,有经工商登记的人员62名,聘请专(兼)职防疫员95名,共计157名,其中常年性防疫员76名。服务站在开展市场化服务的同时,切实承担起重大动物疫病免疫、控制、扑杀、疫情普查、勘验,防疫指导和畜牧生产调查统计等公益服务性工作。并按照《余杭区村级动物防疫员管理办法》,对镇乡服务站和基层(村级)动物防疫员实行规范化管理。各镇街以《关于落实政府购买服务切实加强基层动物防疫工作的指导性意见》的要求,按规定落实动物防疫工作经费,确保足额到位。

区畜牧兽医局还设立了兽医实验室,主要开展口蹄疫、猪瘟、蓝耳病、禽流感、新城疫等重大动物瘦病抗体检测活动,购置有酶标仪、洗板机等高端检测设备。2011年,该室通过国家兽医实验室考核,获得了农业部颁发的兽医实验室考核合格证书;2012年,通过浙江省质量技术监督局组织的实验室计量认证,2015年通过扩项和复审;2013年5月,被浙江省动物卫生监督局认定为第二批承担动物检疫规定疫病检测实验室;2013年11月,区编委同意杭州市余杭区畜牧兽医局调整内设机构,兽医实验室改名为动物疫病预防控制科,主要职能为动物疫病预防控制;2017年,通过兽医实验室续展考核,获得实验室考核合格证书。

责任体系　2006年,区畜牧兽医局为完善动物防疫责任体系,建立"横向到边、纵向到底"的三层防疫责任体系。即区政府与镇乡政府、镇乡政府与村委会,层层签订动物防疫责任状,并列入综合考核。通过"动物防疫示范村"建设,村委会与一般养殖户签订责任状,使责任状延伸到一般养殖户;区防指部成员单位与动物防疫重点乡镇建立联系制度,充分调动防指部成员单位对动物防疫工作的重视和工作积极性,落实部门在动物防疫中的责任;区畜牧兽医局的22名技术骨干与53个规模场建立联场带户责任制,各镇乡有95名技术人员与养殖大户签订动物防疫责任状。

2007年,余杭区建立重大动物疫病防控工作责任制度,落实了镇乡级政府和区级相关部门的动物防疫监管职责。全区1648个畜禽规模养殖场户共落实镇级动物防疫监管人员113名,其中40个规模较大的养殖场户,由区畜牧兽医局的36名工作人员共同实施防疫监管;153名镇乡政府工作人员成为全区266个村(社区)的动物防疫监管责任人,5名贸易局工作人员成为18个定点屠宰场(点)的动物防疫监管责任人,24名工商管理人员成为41个畜禽交易市场的动物防疫监管责任人,32名动物专业检疫员成为32家畜产品加工企业的动物防疫监管责任人。

2010年8月,对更新后的全区重大动物疫病场所监管责任人进行公告。为明确重大动物疫病的预防、控制、扑灭工作职责,促使防控工作重心下移,有效落实各项防控措施,按照属地管理和分级负责原则,对重大动物疫病场所监管责任人进行调整、补充、更新。各乡镇(街道)及农业、工商、经贸管理部门分别对全区279个建制村(社区)落实149个监管责任人,1348个畜禽养殖场(户)落实84个镇村级监管责任人,36个规模较大饲养场落实32个区级监管责任人,8个屠宰场点落实4个监管责任人,36家农贸市场(畜禽交易市场)落实17个监管责任人,并实施动态管理和定期监督,构建成横向到边、纵向到底的防控责任体系。2010年,对全区112名乡村兽医进行登记证核发工作。登记对象:在余杭区范围内从事动物诊疗服务活动,但尚未取得执业兽医师或执业助理兽医师资格证书的专职或兼职兽医人员,重点为村级防疫员、养殖场兽医以及兽药经营企业从业人员。

2011年6月,区畜牧兽医局召开全区村级动物防疫员首期动物防疫技术培训班暨畜牧兽医场所地理信息采集工作会议,为期一个月的畜牧兽医场所GPRS信息集中采集工作正式开始。截至7月,全面完成20个镇(街道)畜牧兽医场所的地理信息采集工作,采集各类场所地理信息1325个,其中镇(街道)畜牧兽医合作服务站11个、畜禽养殖场(小区)1168个、屠宰场9个、各类市场88个、动物诊疗机构26个、动物尸体无害化处理场所20个、动物检疫申报点3个。是年12月,由区畜牧兽医局与杭州网尽信息科技有限公司合作开发的余杭区畜禽养殖档案管理系统正式开通运行。该系统是余杭区动物及动物产品质量安全追溯体系建设的主要内容之一。

应急演练 2008年12月12日,省、市、区三级防治动物疫病指挥部,联合在杭州城北畜禽批发市场举行防控重大动物疫情应急演练,这是全省专门应对重大动物疫情举行的首次应急演练。省、市及余杭区防治动物疫病指挥部相关领导、指挥部部分成员单位,全省各地市和杭州市各县(市、区)相关部门负责人约250人参加演练观摩活动。通过应急演练,确保在发生高致病性禽流感等重大动物疫情时,能够及时、迅速、有序地扑灭突发疫情,保障畜牧业生产稳定和人民生命健康安全。2010年8月18日至19日,余杭区开展重大动物疫情应急演练。演练模拟一般突发动物疫情(即Ⅳ级疫情)的发生,由畜牧兽医专管员先行现场勘验,并对发病鸡群抽取血样,送区畜牧兽医局实验室进行H5N1Re-5和Re-4株抗体效价检测。当疫情确认后,由防疫人员对受威胁区开展禽流感紧急免疫接种,加固免疫防线,防止疫情扩散蔓延。同时,还组织相关人员观看重大动物疫情处置视频和《口蹄疫防控知识》《犬类狂犬病防控知识》宣传片。

2013年11月7日,鉴于重大动物疫情防控的新情况、新要求,以及机构改革变动的实际,采用经修订完善后新制定的《余杭区防控突发重大动物疫情应急预案》，举办一场涉及生猪口蹄疫和H7N9禽流感疫情应急处置等内容的防控重大动物疫情应急演练，明确部门、镇（街道）责任，提升从业人员的重大动物疫情处置能力和规范化处置能力，促进重大动物疫病防控和畜产品安全监管工作的开展。

二、畜禽防疫检疫

疫病防控　20世纪60年代，余杭县分片设立5个地区兽医站，开始实行生猪防疫卡制度。1969年，潘板桥公社试行畜禽合作医疗防治制度，随后各公社兽医站普遍推广实行。主要实行包防疫、包医疗、包药费，包阉割和因防疫、阉割不妥造成的死亡给予适当补助，称“四包一补助”。1981年春季起，潘板桥、舟枕（今属余杭镇）、崇贤等地和塘栖、临平、余杭、瓶窑4个牲畜交易市场试行生猪防疫注射后卡耳缺为标记的防疫制度，随后全面推广实行。1983年，卡耳免疫注射率达98.7%。1985年，普遍采取季节性防疫与平时补针相结合、窝边仔猪防疫与仔猪市场防疫相结合、产地检疫与农贸市场检疫相结合及建立防疫基金综合防治措施，生猪防疫密度稳步提高，连续3年猪瘟发病率控制在2%以下。

图4-5　重大动物疫情应急演练

20世纪50年代初，对猪瘟的疫区和曾发病地区分别实施紧急防疫和重点防疫。1959年开始一年一次秋季防疫注射。1962年采用春秋两季防疫和仔猪市场防疫。1980年起，针对猪瘟以仔猪为主的实际情况，全面推广窝边仔猪20日龄首免、60日龄（上市场猪）2免的防疫程序。1978年起实行疫情定期报告制度，开展疫情监测和疫情普查。80年代始，专业户规模化养禽开始发展，实行比较规范的免疫程序。1985年后，多种疫病高免血清和免疫蛋黄开始用于防疫。1985年起实行春秋两季防疫和平时补缺相结合的防疫程序，猪瘟注射密度一直保持在95%以上。除对猪瘟、猪丹毒常年防疫外，对某些曾是疫区和专业饲养场户还进行猪肺疫、仔猪副伤寒、猪五号病、乙型脑炎等疫苗的免疫注射。1995年起规定统一开展牲畜口蹄疫免疫注射，2001年牲畜口蹄疫实行强制免疫。结合疫病实际情况，各地还开展对猪细小病毒，气喘病、破伤风、链球菌、传染性胃肠炎、伪狂犬、蓝耳病等猪疫苗和山羊痘、兔瘟等的预防注射。

另外，对肉鸡、肉鸭和种鸡种鸭及鹅等家禽都分别制定并实行科学规范的免疫程序，增加的免疫品种重点有禽流感、减蛋综合征、传染性浆膜炎、鸭肝炎、细小病毒、副粘病毒等疫苗。2004年起对禽流感实行强制免疫。

2006年，免疫注射家禽禽流感1265.53万羽次、生猪口蹄疫43.26万头次、牛口蹄疫3018头次、羊口蹄疫9.6525万只次、佩戴免疫耳标21万余副、免疫狗狂犬病32109只次。全年抽检禽流感1462份、猪口蹄疫770份、鸡新城疫629份、猪瘟758份，监测布鲁氏菌病血样1249份、结核病626头、本地羊口蹄疫血样20份、检测生猪“瘦肉精”尿样6539份。对检测出的可疑、阳性和病害动物及其产品进行无害化处理。

2007年,组织开展以春、秋两季动物防疫攻坚战和高致病性猪蓝耳病阻击战为重点的重大动物疫病防控工作,全年全区共免疫注射禽流感疫苗1415万羽次,牲畜口蹄疫疫苗47.83万头次,其中生猪39.83万头次,羊7.75万只次,牛2447头次;猪瘟疫苗37.58万头次;高致病性猪蓝耳病疫苗12.72万头次,免疫密度达到100%。2008年6月—11月,全区首届基层后备动物防疫人员培训班在区第二职业高级中学举行。举办培训班的目的是缓解基层动物防检疫人员年龄老化、人员不足的困境,补充一批面向牧业生产第一线,具备动物养殖、疾病防治、防疫检疫工作技能的基层动物防疫人员。学员经过3个月理论学习和基层实习,均通过动物疫病防治员和动物疫病检疫工的考试,统一持证上岗。2008年12月,完成《家禽屠宰防疫规范》区级地方标准的制定。2009年免疫禽流感1403.9万羽次,生猪口蹄疫53.7万头次,羊口蹄疫10.86万只次,牛口蹄疫0.18万头次,免疫密度均达到100%。规模养殖场(户)免疫率、免疫档案建档率、牲畜二维码佩戴率均达到100%。定点屠宰检疫生猪695011头,羊35724只,牛1386头。2010年,全年免疫禽流感1107.88万羽次,免疫牲畜口蹄疫48.86万头次,规模养殖场(户)免疫率、免疫档案建档率、牲畜二维码佩戴率均达到100%。

2011年,全年动物检疫部门采集猪牛羊血清2471头份、家禽血清2077羽份;采集送市疫控中心畜禽拭子、血清、禽头等病原学检测样品876份(其中鸡血清33份、鸡头48个、鸭头4个、禽咽喉拭子540对、猪血清21份、猪咽试子40份、猪组织样品190组);抽检禽流感Re-4株血样1260份,合格率82.22%;禽流感Re-5株血样2077份,合格率96.73%;鸡新城疫血样1252份,合格率72.04%;猪口蹄疫血样1673份,合格率68.62%;猪瘟血样1673份,合格率74.30%。对不合格场点,以反馈单的形式进行书面反馈,并落实专门人员进行跟踪采样监测。是年,区畜牧兽医局开展流行病学调查,完成10个规模场、5个镇(街道)及3个屠宰场的流行病学调查任务,采集病料95份,对应血清180份,鸟粪25份,禽拭子460份。协助农业部流行病学调查,采集家禽血样及拭子各420份,完成1家奶牛场、2家种羊场的监测任务,采集血样401份,监测结果均为阴性。完成12个乡镇24份犬血样采样及100份牛血样检测,未发现血吸虫病阳性病例。2012年,采集猪淋巴结40份,禽拭子625对,牛O-P液40份、病料20份,羊脑50个。协助农业部流行病学调查采集家禽血样300份,泄殖腔—咽拭子500对,环境样品20份。完成1个奶牛场、2个种羊场及90个羊规模场的"两病"监测任务,采集血样1366份,监测结果均为阴性。完成133份牛和100份放养山羊血样检测,未发现血吸虫病阳性病例。

2012年,区畜牧兽医局组织开展春、秋两季集中免疫行动和夏、冬两季动物防疫加固,按照"镇不漏村、村不漏户、户不漏畜(禽)、畜(禽)不漏针"的要求,开展动物免疫工作。全区禽流感疫苗、生猪口蹄疫疫苗、牛羊口蹄疫疫苗、高致病性猪蓝耳病疫苗使用量均超额完成省、市全年目标任务。规模养殖场的免疫密度、免疫证发放率、牲畜二维码佩戴率卡挂率、免疫档案建档率均达100%。全年采集猪牛羊血清3047头份、家禽血清1544羽份,检测禽流感Re-4株血样1544份、禽流感Re-5株血样2027份、鸡新城疫血样1404份、猪口蹄疫血样1064份、猪瘟血样1295份。对不合格场点,用反馈单书面反馈,并落实专人进行跟踪采样监测。2013年,按照"镇不漏村、村不漏户、户不漏畜(禽)、畜(禽)不漏针"的要求,组织开展春、秋两季集中免疫行动和夏、冬两季动物防疫加固战。全区禽流感疫苗、生猪口蹄疫疫苗、牛羊口蹄疫疫苗、高致病性猪蓝耳病疫苗使用量均超额完成省、市下达的目标任务。规模养殖场的免疫密度、免疫证发放率、牲畜二维码佩戴率卡挂率、免疫档案建档率均达到100%。2013年，全年共采集猪牛羊血清1239头/份，家禽血清928羽/份；共检测禽流感Re-4株血样539份、禽流感Re-5株血样928份、鸡新城疫血样539份、猪口蹄疫血样709份、猪瘟血样709份。对不合格场（点），均以反馈单的形式提出书面整改要求，并落实专门人员进行跟踪采样监测。是年，全年共采集猪淋巴结25份，禽拭子1843对，犬血33份，病料2份，羊脑50个。协助农业部流行病学调查采集家禽血样260份，泄殖腔—咽拭子350对，环境样品20份。在“两病”监测中，共采集血样2100份，监测结果均为阴性，未发现“两病”（布鲁氏菌病、结核病）阳性病例；完成120份耕牛血样的采集和检测，未发现血吸虫病阳性病例。2014年，全国范围内小反刍兽疫大流行，多个省市区多个地区发生疫情。仓前街道从山东调入山羊发生输入性疑似小反刍兽疫疫情。随即开展小反刍兽疫疫苗的强制免疫。2016年—2018年，继续实施全面免疫措施，同时采取监测、扑杀、移动控制等综合防控措施，达到免疫无疫状态。实验室检测未发现小反刍兽疫病毒阳性家畜。2014年，区农业局组织开展春秋两季集中免疫行动和夏冬两季动物防疫加固战，按照“镇不漏村、村不漏户、户不漏畜（禽）、畜（禽）不漏针”开展动物免疫工作。规模养殖场的免疫密度、免疫证发放率、牲畜二维码佩戴率卡挂率、免疫档案建档率均达到100%。2014年，区农业局按春夏秋冬四季开展重大动物疫病防控督查工作和免疫抗体飞行监测。检查内容包括服务站建设、工作部署、资金落实、标识佩戴、强制免疫效果等方面。共检查镇（街道）52个次，场点97个次，采集样品1433份，用于强制免疫效果评价。2016年入秋，余杭区H7N9禽流感防控形势严峻。12月27日，余杭区召开防控工作紧急会议，下发《关于进一步加强家禽H7N9流感防控工作的通知》《农村散养家禽H7N9流感防控工作方案》等专项部署文件。节假日期间，落实应急值守和领导带班制度。针对卫生部门通报的人H7N9流感病例，开展流行病学调查、消毒灭源、家禽处置、采样监测等紧急防控措施。针对农村散养家禽输入性疫情风险大的特点，组织人员挨家挨户发放消毒药、告知书或摸排免疫，开展群防群控。

2014年，区政府办公室制定《余杭区人感染H7N9禽流感源头防控长效机制实施方案》，明确从1月23日零时起暂停全区活禽交易市场、农贸市场、花鸟市场以及小蔬菜门店等场所的活禽交易，不再重启活禽交易，活禽交易永久性关闭，实现了H7N9流感防控长效管理。至2016年底2017年初，人感染H7N9流感又再度卷土重来。为此，从2017年秋季集中免疫开始，统一用重组禽流感病毒（H5+H7）二价灭活苗（H5N1Re-8株+H7N9 H7-Re1株），替代原重组禽流感病毒H5亚型二价灭活疫苗（Re-6+Re-8）或三价灭活疫苗（Re-6+Re-7+Re-8），开始在全区所有家禽养殖场、散养户开展H7N9流感免疫。2017年，疫情平稳区内未出现人感染H7N9流感病例。

强制免疫政策　2010年开始，将狂犬病列入强制免疫病种；2014年，将小反刍兽疫列入强制免疫病种，余杭区强制免疫病种从四种增加到六种：猪口蹄疫、猪瘟、高致病性猪蓝耳病、小反刍兽疫、禽流感和狂犬病。由镇（街道）政府通过政府购买动物防疫服务方式落实免疫注射费用，疫苗由区畜牧兽医局负责免费供应，养殖业主实行强制免疫免费政策。

2014年，明确畜禽强制采样检测、牲畜强制隔离观察、因疫病免疫造成应激死亡及强制扑杀对养殖场（户）的补助标准。

2018年8月1日，开始实施重大动物疫病强制免疫“先打后补”政策。符合相关条件的规模养殖场先自主采购强制免疫疫苗、自行开展强制免疫抗体检测，经有关部门审核确认后给予其同期政府招标采购疫苗等值的经费补贴。率先在生猪保留场实施，实施范围为生猪口蹄疫、猪瘟和高致病性蓝耳病。

图 4-6 动物防疫员比武

产地检疫　随着畜禽产品的交易日益俱增，流动呈现纷繁复杂，人为传播家畜传染病的机会也随之增多。1978 年牲畜市场和出口畜禽开展检疫。其时，有出口畜禽基地 20 个，每年出口猪 4100 头、鸡 5 万羽。1980 年发布《关于加强牲畜检疫工作的布告》，并按国家农业部、卫生部、外贸部、商业部联合颁发的《肉品卫生检验试行规程》的规定严格处理。到 1985 年的 6 年中，全县牲畜市场检疫仔猪 112.44 万头、牛 159624 头。1985 年起，对县内 60 多个乡镇、农贸市场和村白肉供应点进行肉检，当年共检验牲畜白肉 17 万头。1996 年 4 月 1 日起，全县开始实行生猪“定点屠宰、集中检疫”，次年基本普及“定点屠宰、集中检疫”。2004 年，有生猪定点屠宰（检疫）场（厂、点）20 个，羊定点屠宰检疫场 1 个。全年生猪屠宰检疫 633148 头，检出病害产品 55330.4 公斤；羊屠宰检疫 47171 头，检出病害产品 226 公斤。

20 世纪 90 年代末，产地检疫逐步加强。2004 年，全区产地检疫生猪 28.2 万头，检出病猪 436 头；检疫羊 74619 只，检出病羊 551 只；检疫家禽 425.76 万羽，检出病禽 7328 羽；检疫牛 27 头，并对检出的病害畜禽及其产品均进行无害化处理。2003 年起，区动物防疫检疫监督所对位于乔司大井的华东家禽交易中心和位于良渚勾庄的杭州城北畜禽交易市场进行直派驻点检疫监管。是年共查检复检家禽 2108 万羽，检出处理病死家禽 23018 羽。2004 年检疫羊 74619 只，检出病害羊 551 只。活畜禽出县（区）境检疫猪 20402 头、羊 3257 只、家禽 1732168 羽。同时，对农贸市场和白肉供应点进行检疫（验）。

2006 年，全区屠宰检疫生猪 84.5 万头，羊 4 万只，检出病害产品 12.4 万公斤，分别比上年提高 45%、26%和 82%。产地检疫家禽 482.2 万羽、羊 8.5 万只、猪 15.3 万头，分别比上年提高 37%、29%、45%。全年出动检查 266 天、812 人次，检查涉及镇乡（街道）367 个次，生产经营单位 581 个次，查处违法违规单位和个人 102 家，立案 20 起，结案 18 起，罚款 1.88 万元。是年 4 月，区畜牧兽医局动物防疫执法监督示范窗口（城区动物防疫检疫站驻临平生猪屠宰场检疫组）通过省级验收。9 月，成为市级动物防疫执法监督示范窗口。2007 年，全年抽检禽流感血样 1627 份，鸡新城疫血样 712 份，猪口蹄疫血样 1032 份，猪瘟血样 1032 份，生猪“瘦肉精”尿检 7036 份。在“两病”监测中，采集种羊场羊血样 456 份，奶牛血样 1226 份，对疑似或阳性等动物及其产品按规定程序进行无害化处理。全区各屠宰场共屠宰检疫生猪 31.03 万头、羊 2.47 万只。同时，先后组织开展畜产品安全质量、“瘦肉精”专项整治、农产品质量安全检查、病死动物无害化处理、猪肉质量安全、农产品质量安全等为主题的专项整治活动，确保监督的全覆盖。2007 年 7 月，根据《杭州市实施〈中华人民共和国动物防疫法〉办法》的精神，率先开展外来动物及其产品的登记备案报验工作。凡是从区境外调入的动物及其产品均需进行登记备案报验。至年底，8

个备案报验点共备案2418批次、报验3846批次，其中报验生猪8.18万头、羊1.87万只、牛541万头、家禽1797.35万羽、畜禽产品1332.47吨。2007年，全区实施生猪产地检疫9.03万头，羊产地检疫1.08万只，家禽产地检疫102.52万羽。创建省级动物防疫示范村1个、市级动物防疫示范村5个、区级动物防疫示范村8个。2008年7月—9月，为确保北京奥运会期间畜产品安全，组织开展畜产品安全百日行动，以生猪及产品为重点，在生产、加工、批发等不同环节，对畜禽产品禁用药物残留物进行监督抽查。8月5日，在"余杭农网"公布动物防疫监管责任人、规模畜禽养殖场（户）禁限宜养信息及规模养殖场（户）名录。修改完善养殖档案，建立健全较大规模养殖场（户）的养殖档案，要求监管责任人指导养殖户填写。全年免疫禽流感1029万羽次、牲畜口蹄疫46万头次、猪瘟40.58万头次、猪高致病性蓝耳病19.45万头次，免疫率100%。实施定点屠宰检疫生猪56.17万头、羊34626只、牛1696头，产地检疫生猪11.5万头、禽885469羽、羊1874只。9月24日，在实行外来动物及产品备案报验工作基础上，开展电子备案报验工作。全年受理备案动物11634批次，报验13653批次，其中从区境外调入生猪31.86万头，羊37121只，家禽2135.46万羽；备案动物产品792批次，报验818批次，畜禽产品2970.8吨。调入动物及产品备案率和报验率达90%以上。2010年，全年规模场产地检疫生猪150138头，产地检疫率95%以上。2011年，全区定点屠宰检疫生猪67.2万头、羊2.5万头、牛0.2万头，检出病害内脏4.3万公斤，宰前检出不合格生猪1119头，对检出的病害动物及产品，在检疫员监督下，按规定作无害化处理，处理率100%。2011年，在临平城区、良渚片新建2个检疫申报点，实行到点申报检疫，推进动物检疫申报制度，促进动物检疫工作规范化。2011年，全年区畜牧兽医局受理外来动物备案23204批次，报验23033批次，其中从区境外调入生猪56.54万头、羊6423头、家禽2124.51万羽；备案动物产品1520批次，报验1519批次，畜禽产品14600.76吨，确保从区境外调入的动物及产品均得到有效追溯。2012年，全区定点屠宰检疫生猪74.8万头、羊2.6万头、牛0.2万头，检出病害内脏4.8万公斤，宰前检出不合格生猪1060头。对检出病害动物及产品，按规定全部进行无害化处理。

2012年，全年受理外来动物备案25962批次，报验25959批次，其中从区境外调入生猪69.62万头、羊10214头、牛2287头、家禽2169.39万羽。备案动物产品2979批次，报验2927批次，畜禽产品22868吨，确保从区境外调入的动物及产品都能得到有效追溯。2013年4月以来，在人感染H7N9禽流感事件的影响下，全区家禽养殖和销售一度陷入危机。区畜牧兽医局围绕H7N9禽流感防控和扶持家禽业稳定健康发展，开展H7N9禽流感疫情紧急监测，对辖区内所有养殖场户、家禽交易市场、屠宰加工场所全面开展动物流感疫情排查，并逐户发放《余杭区防控H7N9亚型流感告知书》。对全区活禽市场进行关闭或暂停交易，并暂停从人感染省份调入活禽，禁止本地活禽输出到省内其他市、县（市、区）。5月6日，区政府制定《关于积极应对H7N9禽流感扶持家禽业持续健康发展的意见》及配套实施意见，并开展补助核查，妥善做好补助资金发放工作。按照省、市、区相关文件精神，拨付给符合条件的种禽场、规模养禽场、收购加工企业及贷款贴息等补助资金663.61万元，其中省补191.93万元、市补100.21万元、区补371.47万元。

2013年，严格执行动物及产品备案报验制度，共受理外来动物备案20400批次，报验20398批次，其中从区境外调入生猪68.68万头、羊1.63万只、牛2593头、家禽1036.47万羽；备案动物产品4001批次，报验3954批次，畜禽产品273934吨，确保从区境外调入的动物及产品都能得到有效追溯。

图 4-7 杭州余杭培珠绍鸭专业合作社家禽自宰点

2010 年 4 月,余杭执行农业部《关于印发〈生猪产地检疫规程〉等 4 个规程的通知》精神,印发《生猪产地检疫规程》《反刍动物产地检疫规程》《家禽产地检疫规程》《马属动物产地检疫规程》。同年 5 月,余杭区首个规范化动物检疫申报点瓶窑动物检疫申报点在瓶窑镇彭公正式成立运作,瓶窑、径山、黄湖、鸬鸟和百丈等镇的畜禽养殖场户和动物及产品经营、屠宰、加工的单位(个人)在出售、运输、经营、屠宰加工动物及产品时,均需到申报点进行申报检疫。是月,位于乔司大井村华东家禽交易中心内的乔司动物检疫申报点正式开展工作。之后的两年间,在前期试点的基础上,临平城区、良渚、余杭和塘栖动物检疫申报点相继启用。2014 年 7 月,根据《浙江省活禽交易管理办法》的规定,余杭区政府下发《杭州市余杭区人民政府办公室关于开展家禽定点屠宰工作的通知》,明确实施家禽集中屠宰和杀白上市制度,指定华东家禽交易中心家禽屠宰场为临时家禽集中屠宰点,认定家禽自宰点 5 家,其中鸡 3 家、鸭 2 家。原乔司动物检疫申报点转为驻华东家禽交易中心临时集中屠宰点检疫组。同年,因区畜牧兽医局内设机构调整,良渚动物检疫申报点撤销,相关业务由塘栖动物检疫申报点负责。2012 年 1 月 1 日起,余杭区暂停征收动物检疫费,动物检疫所需经费纳入同级财政预算。3 月,余杭区首批共计确认 52 名官方兽医,从事动物检疫及动物卫生监督执法岗位。同年,余杭区出台《动物协检员管理办法》,2014 年 4 月修订《余杭区动物检疫员管理办法》,余杭区动物检疫工作人员权责明晰、考核有据。

自 2011 年 3 月起,余杭区启用农业部统一制定的新版动物检疫合格证明及动物检疫标志。2013 年 10 月 1 日起,余杭区作为全省五个试点区(县市)之一正式开展动物检疫合格证明电子出证试点工作,全面停止手写动物检疫合格证明出具。至年底,电子出证系统已开出动物检疫证明 1494 批次、动物产品检疫证明 5965 批次,初步实现动物检疫票证信息的电子化管理,动物检疫工作信息化监管能力得到有效提升。2015 年,共受理外来动物备案报验 11890 批次,其中从区境外调入生猪 58.79 万头、羊 3.8 万头、牛 0.34 万头、家禽 218.4 万羽;备案报验动物产品 4770 批次,调入畜禽产品 3.1 万吨,实现调入动物及动物产品的可追溯。2017 年 3 月,余杭区正式启用浙江省智慧畜牧业云平台动物检疫系统,实现了全产业链实施监管要求。

截至 2018 年底,余杭区现有城区、塘栖、余杭、瓶窑 4 个动物检疫申报点,自 2010 年以来的 9 年中,共计产地检疫生猪 53.5581 万头、活羊 10679 只、活牛 374 头、家禽 315.72 万羽。

屠宰检疫 余杭区实行"定点屠宰,集中检疫"制度。2010 年,整合瓶窑片区 6 家规模小设施简陋的生猪屠宰场,开设一家机械化屠宰场,全区共有生猪屠宰场点 7 个,牛羊屠宰场点 3 个,并统一由农业部门实施屠宰检疫。是年,经定点屠宰检疫的生猪 72.9 万头、活羊 2.9732 万头、活牛 1415 头,检出不合格动物 1200 头,病害内脏 36281.2 公斤、病害胴体 20216.5 公斤。之后,余杭区相继关停了乔司、闲林、塘栖、临平屠宰场。2011 年,全年全区实施屠宰场生猪"瘦肉

精”尿检45284份、莱克多巴胺尿检23670份、沙丁胺醇306份，阳性率均为零。完成监控点生猪禁用药物监测盐酸克仑特罗1309份、莱克多巴胺1309份、沙丁胺醇751份。完成定量监测采样猪尿样224批次，自配料6批次，配合饲料、预混料、添加剂31批次，猪肉或猪肝31批次，禽肉禽肝蛋70批次，牛乳10批次，送市畜牧兽医局畜产品安全监管处或农业部畜禽产品质量安全检测中心进行检测，全部合格。次年，实施屠宰场生猪盐酸克仑特罗尿检47743份、莱克多巴胺尿检8480份、沙丁胺醇7733份，阳性率均为零。完成监控点生猪禁用药物监测盐酸克仑特罗1300份、莱克多巴胺1300份、沙丁胺醇1300份，完成定量监测采集样品猪尿318份、猪肉或猪肝35份、禽肉禽肝蛋67份、生鲜乳8份、饲料51份，检测全部合格。2013年，实施屠宰场生猪“瘦肉精”尿检盐酸克仑特罗52840份，阳性率为零；莱克巴多胺监督抽检9208份，阳性率为零；沙丁胺醇监督抽检9208份，阳性率为零。完成监控点生猪禁用药物监测盐酸克仑特罗1416份、莱克多巴胺1416份、沙丁胺醇1416份。完成定量监测采样猪尿样288个样品、猪肉或猪肝38个样品、禽肉禽肝蛋87个样品、生鲜乳10个样品，经市畜牧兽医局畜产品安全监管处或农业部畜禽产品质量安全检测中心检测，全部合格。2014年，根据“家禽定点屠宰、杀白净膛上市”的总体要求，向经认定的首批1家家禽临时集中屠宰点及4家家禽自宰点派驻检疫人员，实施家禽屠宰检疫。2015年，共实施屠宰场生猪“瘦肉精”尿检企业自检盐酸克仑特罗36097份、盐酸克仑特罗—莱克多巴胺—沙丁胺醇三联1457份；监督抽检盐酸克仑特罗—莱克多巴胺—沙丁胺醇三联8166份。完成生猪养殖场户监控点生猪禁用药物现场快速检测猪尿样824份，合格率100%。完成畜产品定量检测采样猪尿样220份、猪肉猪肝25份、禽肉禽蛋57份、生鲜牛乳6份，经浙江省畜产品质量安全检测中心、杭州市畜牧兽医局实验室检测，合格率为100%。2017年底，全区剩余生猪屠宰场点3个，牛羊屠宰场点3个，家禽屠宰场点5个。

无害化处理　2009年8月，余杭区畜禽屠宰有限公司临平生猪屠宰场就安装了一套先进、安全、节能的无害化处理设备。2010年，余杭区实施完成径山屠宰场、余杭畜禽屠宰有限公司屠宰场等9个杭州市动物尸体无害化处理设施建设项目。建设项目包括每3小时可一次性处理12头大猪的湿化、汽化机组1套，每小时可一次性处理200公斤病害动物产品的焚烧炉1台，以及混凝土化尸窖，合计容积733.9立方米。2012年，根据省农业厅、省财政厅《关于做好生猪规模化养殖场病死猪无害化处理补助相关工作的通知》精神，开展养殖环节病死猪无害化处理场所认定工作。全区有24个场所纳入病死猪无害化处理补助范围，可按规定享受病死猪无害化处理补助。同时，实施杭州市病害动物尸体无害化处理设施建设项目14个，在6个镇(街道)建成化尸窖，容积2000余立方米。2013年，余杭区共申报杭州市病害动物尸体无害化处理设施建设项目14个，共涉及10个镇(街道)，化尸窖容积约2060余立方米，总投资达230余万元，其中有13个项目完成建设并通过验收。同时，根据省农业厅、省财政厅《关于做好生猪规模化养殖场病死猪无害化处理补助相关工作的通知》，开展养殖环节病死猪无害化处理的宣传、指导、监督。全年共收集和无害化处理死猪2.92万头，下达补助经费233.91万元，实现全区养殖环节病死猪无害化处理补助的全覆盖。2013年开展定点屠宰场检疫规范整顿，严把屠宰场、交易市场的进场关、检疫关和检疫不合格产品的处理关，保障出场动物产品质量安全。全年全区共定点屠宰检疫生猪75.4万头、羊2.7万头、牛0.25万头，检出病害内脏5.7万公斤，宰前检出不合格生猪1579头，对检出的病害动物及产品，在检疫员监督下，按规定100%作无害化处理。2007年—2012年，余杭区连续六年组织开展病害动物尸体无害化处理设施建设，共购置湿化机1台、焚烧炉5台、新建公益性或场(户)自用型钢筋混凝土化尸窖44座5435立方米,并通过省、市、区三级动物防疫示范村、畜牧小区、生态养殖场、标准化养殖场等项目实施,督促规模场(户)配套建设了一批病死动物无害化处理池(窖),用于场(户)日常自行投置处理,从而基本解决了除深埋以外的所有病死动物的规范化处理问题。

2013年,在市级不再组织申报动物尸体无害化处理设施建设项目的情况下,余杭区委区政府出台对动物尸体无害化处理设施建设由区镇两级各给予投资额40%补助的扶持政策。2013年新购置不锈钢湿化机1台、焚烧炉1座、新建公益性或场(户)自用型钢筋混凝土化尸窖14座2260立方米,2014年,共建设区级动物尸体无害化处理设施建设项目5个,以提升动物尸体的无害化处理能力。

2014年,根据省农业厅、省财政厅《关于做好生猪规模化养殖场病死猪无害化处理补助相关工作的通知》,区畜牧兽医局开展养殖环节病死猪无害化处理的宣传、指导、监督工作,实现全区养殖环节病死猪无害化处理补助全覆盖。全年共收集和无害化处理死猪24405头,下达补助经费195.24万元。2015年,对定点屠宰场(点)检疫规范进行整顿,严把屠宰场(点)进场关、检疫关和检疫不合格产品处理关,保障出场动物产品质量安全。全年全区定点屠宰检疫生猪64.5万头、羊5.6万头、牛0.34万头、禽172.6万羽,检出病害内脏4.3万千克,病害胴体4.1万千克,宰前检出不合格生猪597头。对检出的病害动物及产品,按规定全部无害化处理。对动物及产品实行备案报验制度,全年共受理外来动物备案报验11890批次,其中从区境外调入生猪58.79万头、羊3.8万头、牛0.34万头、家禽218.4万羽;备案报验动物产品4770批次,调入畜禽产品3.1万吨,实现调入动物及动物产品的可追溯。

2016年,制定《余杭区死亡动物集中收集和无害化处理实施方案》及实施细则,建立了全区死亡动物统一收集和集中无害化处理跨区域联动机制,并分别在养殖环节和屠宰环节有效运行。建立了统一收集、集中无害化处理体系,淘汰化尸窖等处理设施,在11个猪场和4个屠宰场建设冷库收集点15个,委托杭州回利生物开发有限公司实现跨区域处理,全面实施生猪政策性保险和无害化处理联动机制。养殖环节自8月1日开始运行,屠宰环节从12月1日起运行,实现了统一收集全覆盖,为杭州地区乃至浙江省范围内最早运行跨区域处理的区县。是年,查获应当检疫而未经检疫、检疫不合格、不具备补检条件的动物动物产品2306公斤,无害化处理2306公斤。

2010年—2018年,全区定点屠宰生猪548.7万头、活羊27.6622万只、活牛3.1529万头、家禽1537.59万羽,检出不合格动物8253头,病害内脏34.08万公斤、病害胴体27.2万公斤,对检出的不合格动物及产品,在动物检疫人员的监督下按规定作无害化处理,处理率100%,确保了畜禽产品质量安全。

动物标识和可追溯系统建设　2007年,根据《中华人民共和国畜牧法》和《畜禽标识和养殖档案管理办法》等规定,推进动物标识及疫病可追溯体系建设,督促全区做好新型牲畜标识佩戴及养殖档案登记工作,全年发放新耳标8万余副。同时,把全区存栏500头以上的规模养猪场(户)的基本情况、养殖结构、存出栏数据、成活率、疫病状况、强制免疫等信息全部输入电脑储存,每月一次将情况发送到动物标识及疫病可追溯体系规模养猪场信息传报门户。2009年5月,《余杭区动物标识及疫病可追溯体系建设方案》制定,生猪可追溯系统建设开始正式启动,首先在全区10个示范乡镇和5个追溯示范场进行试点。购买规模场IC卡80张,并为全区50

个二维码识读器进行网上注册。同时,采购二维码识读器、打印机、IC 卡等配套设备,举办全区动物标识和疫病可追溯体系建设操作技术培训班,规范使用仪器,确保各环节溯源信息的正确采集。2010 年,投入使用溯源用识读器 108 台,规模场卡、散养户卡、流通卡等各类 IC 卡共 565 张,移动票据打印机 35 台,台式票据打印机 19 台,以及配套充电器、手写笔、电池等多套。追溯覆盖乡镇由上年的 10 个增加到 14 个,场点数由上年的 5 个增加到 29 个。并将 7 个屠宰场和 1 个产地检疫报验点纳入试点范围,全年上传农业部数据库追溯信息 22526 条次,其中养殖环节 16028 条次,监督检疫环节 6498 条次,操作生猪 692466 头次。2010 年,中泰乡、余杭镇、运河镇建设为杭州市追溯建设规范化示范乡镇。

2011 年,确定全区屠宰场共 7 家,为宰前检疫试点场,申报点 1 家开展产地检疫信息上传,依托农业部"动物标识及疫病可追溯体系"和杭州市"动物疫精追溯信息管理系统"两个追溯数据库,以生猪二维码耳标标识为追溯体系建设的基本信息载体,采用移动智能识读器作为信息采集终端,实时的把饲养、产地检疫、运输、屠宰检疫四个环节的防疫、检疫和监督信息通过无线网络传送到中央数据中心,基本实现生猪从养殖到屠宰的网络实时监控和全程可追溯。全区上传追溯信息 67717 条,追溯生猪 1809290 次。成功创建杭州市生猪及产品质量安全追溯示范乡镇 3 个、余杭区生猪追溯示范点 30 个。2012 年,通过明确区域性生猪质量安全追溯负责人工作职责、开展追溯操作培训、按时发放追溯补贴等,实现生猪追溯全覆盖。全区上传追溯信息 108535 条(其中养殖防疫环节 44439 条、流通检疫环节 64096 条),追溯覆盖牲畜 1539523 头次(其中养殖防疫环节 1446365 头次、流通检疫环节 93158 头次)。余杭区成功创建浙江省生猪质量安全可追溯体系建设示范县。

2013 年,制定生猪及其产品质量安全可追溯管理工作建设方案,进一步明确各区域性追溯负责人工作职责,实施凭追溯信息开具产地检疫和允许屠宰上市的监管制度。全区共上传追溯信息 136.82 万条,真正确保生猪追溯体系建设全覆盖。2014 年,全区共上传追溯信息 101080 条,其中养殖防疫环节 23772 条、流通检疫环节 77308 条;追溯覆盖牲畜 755191 头次,其中养殖防疫环节 676611 头次、流通检疫环节 78580 头次,完成杭州市下达全年任务的 140%。同时,在前期试用和摸底的基础上,2014 年在所有生猪规模养殖场、蛋鸭规模养殖场和部分有条件的养鸡场率先推行余杭区畜禽养殖管理系统。该系统涵盖免疫、投入品使用、无害化监管、产地检疫、诊疗记录、抽检情况以及污染治理等所有动物防疫和畜产品安全环节。从而极大地提高了规模养殖场规范化程度和电子化水平,实现从终端对养殖过程的全程监管,有利于加快畜牧产业转型升级。

此外,自 2014 年以后,全区积极推行和探索生猪保险模式,全区 21 个生猪保留场全部参加了农业政策性保险,财政补贴 85%,其中中央财政补贴 40%、省财政补贴 200–/0、区财政补贴 12.5%、各镇街配套 12.5%,农户自负 15%。实现了生猪保险全覆盖,以及生猪保险和养殖环节无害化补助联动机制。

产品检疫分销信息化管理系统　动物产品交易市场由于动物产品高度集中、来源复杂、流动频繁,是重大动物疫病发生与传播的高风险场所。2018 年,为确保广大人民群众"舌尖上"的安全,促进动物卫生监督转型升级,区农业局物流中心动植物检验检疫站以信息化项目实施为抓手,开发动物产品检疫分销(换证)信息化管理系统,极大地提升了整体监管水平,更好地把好物流园区动物产品检疫关。

动物产品检疫分销(换证)信息化管理系统使检疫分销有追溯、有监管。动物产品经营单位根据每批动物产品库存信息，对销往杭州市区的动物产品使用该系统进行检疫分销,出具二维码分销凭证。所有经物流中心流出的货物都可以凭借二维码追溯到上游,保障了消费者的合法权益。这套二维码的分销凭证也变成了中心执法的一个重要证据,对所有入驻中心的商家形成约束，一旦超过检疫红线,该商家就将列入黑名单,根据具体情节轻重在一定期间内不得再次进入中心销售。该系统的运用还可以让检疫换证有质量、有品牌。动物产品经营单位根据每批动物产品库存信息，对销往杭州市外的动物产品通过该系统进行检疫换证申报，系统管理者审核通过的,给予检疫换证。新系统的运用让检疫证环节更规范,商品流通更便捷、更统一,在质量上擦亮余杭出品的招牌，逐步形成余杭出品,必是精品的烙印。

图 4-8 屠宰生猪追溯

另外,运用该系统使数据分析有串联、有并联。有了动物产品经营单位根据每批动物产品库存信息,内销与外销将不再是孤立存在的平行线,在工作上形成相互制约相互影响的串联模式,所有内销产品在原本检验检疫基础上,加上检验检疫证的材料关,一旦系统跳红,就说明可能存在安全隐患,一律不得分销。在监管上,也可以做提高效率的并联模式,过去必须人工核对、人工录入,难免会有疏漏与问题,但该系统的运行,就可以检验检疫与换证两条路共同执行、齐头并进,仅流程改良就提速 2 倍。

三、兽药行业管理

兽药管理 1987 年,境内有 6 家单位和个人持有“兽药经营许可证”。1996 年,余杭市农业局全面整顿兽药经营企业,按规定发放“兽药经营许可证”。是年,畜牧兽医总站会同工商行政机关对此开展专项检查,严格查处非法经营和销售假冒伪劣兽药。2000 年 1 月,成立余杭市农业行政执法大队。2002 痒处罚无证经营兽药 1 起,罚款 300 元。2003 年处罚无证经营兽药和销售违禁药物及假劣兽药 13 起,罚款 4 万多元。2004 年处罚销售假劣兽药 4 起,罚款 7500 元。2005 年处罚销售使用违禁药物 8 起,罚款 37590 元。余杭区畜牧兽医总站对全连 75 家单位和个人核发“兽药经营许可证”。

2011 年,结合本区实际制定《余杭区兽药 GSP 实施达标标准》,全面实施兽药经营质量规范管理。到 2012 年底,全区有 27 家企业通过考核验收,兽药经营质量规范管理走在了全省前列。

生物制品管理 根据农业部《兽用生物制品管理办法》,农业局负责辖区内生物制品管理工作。区畜牧兽医总站负责辖区内预防用生物制品逐级订购、供应及质量检测工作;各镇兽医站根据当地养殖业需要，每年向区畜牧兽医总站预报一次兽用生物制品种类和数量，根据需求计划半年补报增减用量；具有一定规模并配有专职兽医人员的畜禽饲养场，可向就近镇乡兽医站，或直接向畜牧兽医总站申报计划和购取自用兽用生物制品；兽用生物制品由兽医人员直接使用或在兽医人员指导下使用。生物制品品种主要有猪瘟、猪丹毒、猪副伤寒、猪链球菌、鸭瘟、鸡新城疫、禽出败、铝胶等疫苗。到2005年，包括禽流感、口蹄疫在内的疫苗品种达40余种。境内兽药生产企业有浙江银冠兽药饲料有限公司、浙江明珠动物保健品有限公司、杭州动物药品厂、杭州天农生物营养技术有限公司、杭州爱力迈动物药业有限公司、浙江大学科达生物技术有限公司。

四、畜禽屠宰行业管理

2014年6月，根据国家、省市对食品监管体制调整的精神和要求，余杭区将全区畜禽屠宰行业管理、屠宰活动的监督管理职责由区商务局划入区农业局。8月，对区畜禽定点屠宰检疫管理领导小组成员进行调整和充实，成立了由分管区长任组长，区财政局、区公安分局、区环保局、区卫计局、区住建局、国土余杭分局、区物价局、区市场监管局（区食安办）、区城管局、区商务局、区农业局等11个部门主要负责人组成的区畜禽定点屠宰检疫管理领导小组，办公室设在区农业局。9月，组建由农业、市场监管、公安、商务等部门相关人员组成的区畜禽屠宰联合稽查队。并成立了相应的镇（街）畜禽定点屠宰检疫管理领导小组及畜禽屠宰联合稽查队。

家畜屠宰行业管理　2014年7月，下发《关于明确畜禽屠宰管理工作有关事项的通知》，对家畜屠宰管理有关事项进行明确。2015年12月，下发《关于同意杭州径山畜禽屠宰有限公司增设牛羊定点屠宰点的批复》，同意杭州径山畜禽屠宰有限公司增设牛羊定点屠宰点。2017年11月25日，下发《关于同意设立羊定点屠宰点的批复》，同意杭州苕溪屠宰有限公司为我区羊定点屠宰点。

2017年12月，杭州余杭塘栖同益食品有限公司和杭州余杭畜禽屠宰有限公司分别因被列入“运河综保”“三路一环”拆迁范围关停。至此，全区生猪定点屠宰厂仅存“两场一点”，分别是杭州径山畜禽屠宰有限公司、杭州创浙畜禽屠宰有限公司和杭州余杭区三合屠宰场。全区羊定点屠宰点存“两点”，分别是杭州径山畜禽屠宰有限公司、杭州苕溪屠宰有限公司。

家禽屠宰行业管理　2014年3月，下发《杭州市余杭区人民政府办公室关于印发〈余杭区人感染H7N9禽流感源头防控长效机制实施方案〉的通知》，明确区农业局负责全区家禽屠宰监管工作。2014年7月，下发《杭州市余杭区人民政府办公室关于开展家禽定点屠宰工作的通知》，明确了《家禽定点屠宰厂建设标准》和《规模养殖场（合作社）家禽自宰点建设要求》，并指定华东家禽交易中心家禽屠宰场为临时家禽集中屠宰点，2014年7月，下发了《关于开展余杭区家禽自宰点认定工作

图4-9　加强屠宰行业管理（2016年）

的通知》,组织开展家禽自宰点认定工作。2014年9月16日、11月19日分两批认定了5个家禽自宰点。2016年5月6日,下发《2016年余杭区推进家禽"杀白"净膛上市工作专项行动方案》,推进家禽"杀白"净膛上市工作。

2016年6月,杭州华农养殖有限公司家禽自宰点因禁养关停。至此,全区现存家禽临时屠宰点1个、家禽自宰点4个,分别是杭州华东家禽交易中心有限公司家禽临时屠宰点、杭州史氏生态养殖有限公司家禽自宰点、杭州祝氏农业开发有限公司家禽自宰点、杭州龙头山生态养殖有限公司家禽自宰点、杭州余杭培珠绍鸭专业合作社家禽自宰点。

畜禽定点屠宰监督执法　2014年1月—2018年8月,组织开展生猪定点屠宰稽查行动,保持高压态势,共受理屠宰经营依法应当检疫而未经检疫的生猪立案42起,未经定点违法从事生猪屠宰立案5起,为未经定点违法从事生猪屠宰活动的个人提供生猪屠宰场所立案2起,移交公安机关2起,受理市、区长公开电话、信访交办单、举报电话54起,调查处理办结54起,共计查获未经检疫的生猪544头,生猪产品15947.5公斤,取缔生猪私屠滥宰违法场所76处,罚没款517008.39元。梳理2014年至今被行政处罚立案及被举报的当事人(共计38人),实地走访当事人就业情况,劝导5名当事人到屠宰场工作,排除了潜在的不稳定因素。组织开展家禽屠宰专项整治行动,履行防控职能,强化源头控制,查实家禽私屠乱宰窝点64家次,取缔64家次,行政处罚立案查处3起,罚款人民币9120元,查获活禽3970羽,产品550公斤。受理市、区长公开电话、信访交办单、举报电话65起,调查处理办结65起。

2014年—2018年余杭区畜禽屠宰企业生产情况

表4-2

年度	生猪定点屠宰情况		羊定点屠宰情况		牛定点屠宰情况		家禽定点屠宰情况(包括自宰点)	
	企业数量(家)	年屠宰量(头)	企业数量(家)	年屠宰量(头)	企业数量(家)	年屠宰量(头)	企业数量(家)	年屠宰量(羽)
2014	6	795220	2	34769	1	2638	6	2323248
2015	5	644658	2	61328	1	3635	6	1726874
2016	5	472957	2	29310	2	8005	6	3352520
2017	5	411949	3	26696	2	8586	5	4275046
2018	3	250437	2	24087	1	1316	5	3352250

第五章 渔 业

余杭古为沼泽之地,水产养殖业历史悠久。据良渚出土文物考证,早在距今5300年—4300年的新石器时代,就有氏族聚集和原始渔业。百年前鄂、苏、皖三省的渔民,陆续迁徙余杭以捕鱼为生。抗日战争胜利后,绍兴等地渔民来獐山、东塘、塘南等地外荡建箔养鱼,落户谋生。20世纪50年代以来,贯彻执行"以养为主,养殖、增殖、捕捞相结合"的渔业生产方针,50年代中期开发大运河养鱼,50年代末丁河鱼种场率先人工繁殖鲢鱼苗成功。60年代中期,良渚公社鱼种场繁殖草鱼苗成功,结束依赖采购长江天然鱼苗的历史。60年代后期,五常、和睦(今属闲林)等地首创双季塘养鱼,继而发展为一年多次轮捕轮放。70年代初期,京杭运河两岸塘栖一带,推广以草鱼为主多品种混养密放、轮捕轮放。80年代,东部江涂围垦区和西部低洼易涝地开发新养殖区,新开鱼塘780公顷。同期,先后推广池塘混养乌鳢(黑鱼)、池塘套养夏花、成鱼塘既套养乌鳢鱼种又套养家鱼夏花鱼种"双套"等技术。90年代,余杭大力推进农业产业结构调整,积极发展名特优水产品养殖,逐步形成了"两鱼一虾"(甲鱼、黑鱼、青虾)为主导的生产格局。2005年,渔业产值10.34亿元,占农业总产值的25.1%。2018年,全年水产品总产量5.97万吨,渔业产值18.39亿元。水产品总量供给充裕,鱼类31364吨,虾蟹类1987吨,贝类2009吨,龟鳖类24126吨。渔业产业化程度进一步提升。全区涉渔工业等产出3260万元;涉渔流通和服务业的产出6949万元,全区渔业经济总产出18.39亿元。

进入21世纪,余杭区重视水产养殖污染治理,开展生态渔业项目。2014年起,余杭区先后启动温室甲鱼关停整治和黑鱼退养工作,至2016年底,累计投入区级财政资金3.43亿元,关停整治温室甲鱼养殖面积201.22万平方米,黑鱼退养转产608.1公顷,共涉及养殖户1619家。引进异育银鲫"中科三号"、罗氏沼虾"南太湖一号"、杂交鲌、台湾泥鳅等清洁新品种,引导原黑鱼、甲鱼养殖户开展清洁养殖。全区完成鱼塘生态化改造467.8公顷,实施生态种养结合面积203公顷。继续引进推广清洁高效池塘循环水养殖技术,建成流水槽36条。

第一节 资 源

一、水域

水面 余杭区地势西高、东低、中凹。中部的塘栖和东部的临平一带系平原水网地带。京杭运河自东北入境穿越平原腹地31.27公里,流域面积667.03平方公里,并承受泰山、石鸽、闲林及杭州西郊的山水,河面宽60米—70米,连续众多河流,互相沟通。有余杭塘河、西塘河、东塘港、沿山港和禾丰港等6条支流、17条汊港,构成运河水系经陡闸调节,分南北两线沟通钱塘江和太湖,该地区河网交织,湖泊连片,池塘密布。西北丘陵山地,多山塘水库。东苕溪干流经中桥、舟枕、余杭、永建、吴山、长命、北湖、瓶窑、安溪、獐山等处,长45公里,经德清、湖州入太湖。

据1983年水产资源调查，全县有总水面120735.5亩（8049.03公顷），占总耕地面积的18.1%，其中内河水面70813亩（4720.87公顷）；池塘22921口，45573.3亩（3038.22公顷）；山塘1026口，2492.6亩（166.17公顷），水库21座，1856.6亩（123.77公顷）。

这些水面可养鱼的108492.2亩（7232.81公顷），占总水面的89.86%，其中内河60855亩（4057公顷），池塘43845.1亩（2923公顷），山塘2017.9亩（134.53公顷），水库1774.2亩（118.28公顷）。此外，流经县境的东苕溪水面5574亩（371.6公顷）。

水质 水质肥沃，天然饵料丰富。外荡底部平坦，淤泥较厚，含有丰富的有机物质和无机盐类，水深适中，上中下温差小，光合作用较强。加上河流两岸肥沃农田和岸地的大量营养物质随雨水流入，为浮游生物和底栖生物的大量繁衍提供了条件。池塘除上述有利条件外，还进行大量人工施肥投饲。由于村庄密布，房前屋后的池塘，有众多生活污水注入塘内，水质更为肥沃，饵料生物愈加丰富。

水体情况 境内各类水体深度不同，内塘平均水深1.5米左右，外荡一般为2米左右，山塘1.5米—2.5米之间，水库小(一)型5米左右，小(二)型2米—4米之间。水质肥沃，天然饵料丰富。外荡底部平坦，淤泥较厚，含有丰富的有机物质和无机盐类，水深适中，上中下温差小，光合作用较强。加上河流两岸肥沃农田和岸地的大量营养物质随雨水流入，为浮游生物和底栖生物的大量繁衍提供了条件，为鱼类生长提供了丰富的饵料资源。

图5-1 丁山湖水域 郭钊水 摄

随着20世纪80年代兴起稻田养殖和外荡、山塘水库的开发，养鱼水面增加。1987年，余杭全县养鱼面积85334亩（5688.93公顷），属乡村养鱼的74517亩（4967.8公顷），占87.3%；国营省市县属场（浙江省乔司农场、杭州茶叶试验场、市种猪试验场、市原种场、市大观山果园、县长岗农场、县长乐林场、县农场管理局、县平山农场、县农工商公司、县下沙农垦场、县南湖农场、县湖羊场、县南山林场、县四岭水库、钱塘江堤防所、留下蚕种场、石鸽良种场、县水产养殖场）养鱼的10817亩（721.3公顷），占12.7%。其中：外荡33895亩（2259.67公顷），属乡村养鱼的27770亩（1851.33公顷），占82%，国营省市县属养鱼的6125亩（408.33公顷），占18%；池塘49026亩（3268.4公顷），属乡村养鱼的44949亩（2996.6公顷），占91.7%；国营省市县属场养鱼的4077亩（271.8公顷），占8.3%；山塘水库2413亩（160.87公顷），属乡村养鱼的1605亩（107公顷），占66.5%，国营省市县属场养鱼的808亩（53.87公顷），占33.5%。

1990年，全县养鱼面积89100亩（5940公顷），属乡村养鱼的77636.6亩（5175.77公顷），占66.5%，国营省市县属场养鱼的1112.3亩（74.15公顷），占33.5%。

二、种类

余杭鱼类品种繁多,据 1990 年统计,主要经济鱼类分属 5 纲 13 目 18 科 47 种。淡水贝类资源丰富,计有 2 纲 4 目 10 科 38 种。

养殖鱼类　主要有鲢、鳙、草、青、鲤、团头鲂、鲫、中华鳖、乌鳢、翘嘴红鲌、加州鲈鱼和日本沼虾。

鲢鱼。别名“白鲢”。鲢鱼生长快、疾病少、产量高,肉质鲜嫩,是较易养殖的优良鱼种之一。

鳙鱼。别名“花鲢、包头鱼”。外形似鲢鱼,头部较大且宽,经济价值较高。

草鱼。素享盛名,历史上主要产区为东塘、塘栖、宏磻、蒋村(今属西湖区)、五常、亭趾、双林等地。肉嫩味鲜的杭州名菜“西湖醋鱼”,即用此鱼,以尾重 0.7 公斤左右为最佳。

青鱼。个体大,肉细嫩,味甚美。塘栖、双林等地产量最多。据清《塘栖志》记载:“丁山河湖民,以养鱼为业,所重者鲭……塘栖水乡数十里内荡漾溪河,渔者尤夥。”1952 年在京杭大运河起捕的青鱼达 75 吨,50 年代后期始,工业废水污染,青鱼的主食料螺蛳大为减少,加上饲养周期较长,成本较高,产量渐减。到 70 年代少量饲养,80 年代中期又逐步恢复放养。

团头鲂。别名鳊鱼,原产湖北梁子湖,1968 年五常公社鱼种场从浙江省淡水水产研究所引进。团头鲂食性广,抗病强,易养殖,味美肉嫩。

鲤鱼。生长快,食性广,病害少,系最早养殖的鱼类。一般销往北方。

鲫鱼。在自然水域广泛分布,食性广,肉味鲜嫩。是淡水养殖重要鱼种。因个体小生长慢,已被杂交品种所取代。

中华鳖。别名“甲鱼”。属爬行动物,全区自然水域均有分布。鳖肉嫩味美,蛋白质含量高,民间历来把鳖视为滋补佳品,品质以“青背白肚”的本塘甲鱼为佳。

图 5-2　自然环境条件下生产的优质鳖

乌鳢。别名“黑鱼、黑鳢头”。肉食性鱼类,以鱼虾为食。肉质细嫩,口味鲜美,营养价值高。乌鳢具有很强的适应力和跳跃能力,雨天能循水流翻越塘埂迁居邻近水域,体表保持湿润可离水存活 3 天之久。

翘嘴红鲌。别名“白条”。肉食性鱼类,主要分布在外荡和山塘水库,以鱼虾为食。20 世纪 90 年代末开始人工养殖。

加州鲈鱼。别名“大口黑鲈”。肉食性鱼类,以小鱼小虾为食。1995 年县水产实验场首次从广东省引进养殖。

日本沼虾。别名“青虾”。肉味鲜美,经济价值高,是本地重要的淡水食用虾。20 世纪 90 年代中期塘栖、仁和、良渚等地开展人工养殖,成为全区水产重点养殖品种。

野生鱼类　主要有鳜鱼、鲶鱼、沙塘鳢、黄颡鱼、逆鱼等 20 余种。

鳜鱼。别名桂花鱼,体宽肉厚,脂肪少,质细嫩,味极鲜美。

逆鱼。体小,卵多,肉肥、味鲜。每年五六月间,自太湖逆水而上,进入东苕溪上游产卵,此时捕捞量较大。

鲶鱼。适应性强,昼伏夜出,捕食鱼虾及水生昆虫,肉质鲜美,是淡水捕捞的主要鱼种之一。

沙塘鳢。别名“土布鱼”。多分布于湖湾内,肉质鲜嫩,属优质食用鱼类,但数量不多。

黄颡鱼。别名“汪刺鱼”。广泛分布于各类水域，肉质鲜嫩，属优质食用鱼类，2000年后逐渐成为人工养殖新品种。

余杭鱼虾产品　主要有本地淡水鱼，引进淡水鱼及甲鱼、乌龟等。

日本沼虾	Macrobrachiumniponense
罗氏沼虾	Macrobrachium,rosenbeTgii(Deman)
中华绒螯蟹(河蟹)	Eiocheir sinensis H.Milne Edvoarels
鲢鱼	Hypophthalmichtys molitrix (Cuvier et Valenciennes)
鳙鱼(包头鱼)	Aristichthys nobilis(Richardson)
草鱼	Ctenopharyngodon idellus(Cuviet et Valencinnes)
青鱼(螺蛳青)	Mylopargodon piceus (Richardson)
长春鳊(草鳊)	Parabramis pekinensis (Basilewsky)
团头鲂(鳊鱼)	Megalobrama amblycephala Yih
鲤鱼	Cyprinns carpio Linnaeus
鲫鱼	Carassius auratus (Linnaeus)
白鲫	Carassi s carassius cuvieri Temminck et Schlegel
银鲫	Carassius auratus gibelio (Bloch)
银鲴	Xenccllpris argentea Gunther
鳡鱼	Elopichthys bambusa (Richardson)
翘嘴红鲌	Erythroculter ilishaeformis (Bleeker)
赤眼鳟	Squalic barbus curriculus (Richardson)
南方马口鱼	Opsariichthys uncirOstTis bidens Gunther
逆鱼(土鱼)	Acanthobrama simoni Bleeker
䱗鲦	Hemiculter leucisculus (Basilewsky)
红鳍鲌	Culter erythropterus Basilewsky
青梢红鲌	Erythroculter dabryi
细鳞斜颌鲴	Plagiogn thops microlepis (Bleeker)
黄尾密鲴	Xenocy ris daridi BIeeker
花鲭(黄尾巴鱼)	HemibaTbus mac latus Bleeker
泥鳅	Misgurns anguillicaudatus (Cantor)
尼罗罗非鱼(非洲鲫鱼)	Oreochromis niloticus(Linnaeus)
奥利亚罗非鱼(非洲鲫鱼)	Oreochromis aureus (Steind chner)
莫桑比克罗非鱼(非洲鲫鱼)	Oreochromis mossambicus(Peters)
乌鳢(黑鱼、黑鳢头)	Ophiocephalus argus argus Cantor
鲈鱼	Lateolaorax japonicus (Cuvier et Valenciennes)
鳜鱼(桂鱼)	Siniperca chuatsi (Basilewsky)
沙塘鳢(土步鱼)	Odontobutis obscura(Temminck et Schlegel)
鲶鱼	SiIurus asotus Linnaeus
胡子鲶	Clarias fuscus(Lacepede)

黄颡鱼(黄刺鱼)	Pseudobagrus fulvidraco (Richardson)
鲻鱼	Mugil cephalus Linnaeus
鳗鲡(鳗鱼)	Anguilla japonica Temminck et Schlege
黄鳝(鳝鱼)	Monopteru s albus(Zuiew)
鲥	Macrura reversii(Richardson)
刀鲚	Coilia ectenes Jordan et Seale
短颌鲚	Coilia brachygnathus Kreyenberg et Pappenheim
麦穗鱼	Pseudorasbora parva (Temminck et Schlegel)
鲮鱼	Liza haematocheila (Temminck et Schlegel)
圆尾斗鱼	Macropodus chinensis (Bloch)
义尾斗鱼	Macropodus opercularis (Linnaeus)
刺鳅	Mastacembelus aculeatis(Basile sky)
鳖(甲鱼)	Trionyx sinensis
龟(乌龟)	Chinemys reeuesii

淡水贝类　主要经济贝类有三角帆蚌、褶纹冠蚌,为人工育珠资源。还有环棱螺、河蚬、无齿蚌等供食用。

中国圆田螺	Cipangopaludina chinensis (Gray)
中华圆田螺	Cipangopaludina cathayensis(Heude)
方形环棱螺(螺蛳)	Bellamya quadrata (Benson)
梨形环棱螺(螺蛳)	Bellam purificata(Heude)
铜锈环棱螺(螺蛳)	Bellamya aeruginosa (Reeve)
坚环棱螺(螺蛳)	Bellamya lapillorum (Heude)
双旋环棱螺(螺蛳)	Bellamya dispiralis (Heude)
角形环棱螺(螺蛳)	Bellamya angularis (Muller)
河湄公螺(螺蛳)	Mekongia rivularia (Kobelt)
大沼螺	Parafossarulus eximius (FraUenfeld)]
纹沼螺	Parafossarulus striatulus (Benson)
长角涵螺	Alocinma longicornis (Benson)
堇拟沼螺	Assiminea violacea Heude
光滑狭口螺	Stenothyra gladra A.Adams
方格短沟蜷	Semisulcospira cancellata (Benson)
湖沼股蛤	Limnoperna lacustrts (Martens)
圆顶珠蚌	Unio douglasiae (Gray)
中国尖脊蚌	Acuticosta chinensis (Lea)
扭蚌	Arconaia lanceolata (Lea)
圆头楔蚌	Cuneopsis heudei (Heude)
巨首楔蚌	Cuneopsis capitata (Heude)
三角帆蚌(三角蚌)	Hyriopsis cumingiz(Lea)

剑状矛蚌	Lanceolaria gladiola (Heude)
射线裂脊蚌	Schistodesmus lampreyanus(Baird et Adams)
背瘤丽蚌(麻皮蚌)	Lamprotula leai (Gray)
椭圆丽蚌(麻皮蚌)	Lamprotula gottschei (Von Martens)
薄壳丽蚌(麻皮蚌)	Lamprotula leleci (Heude)
洞穴丽蚌(麻皮蚌)	Lamprotula caveata (Heucle)
背角无齿蚌(水菜河蚌)	Anodonta woodicrna woodiana (Lea)
圆背角无齿蚌(水菜河蚌)	Anodonta woodiana pacifica (Heude)
椭圆背角无齿蚌(水菜河蚌)	Anodonta woodiana elliptica (Heude)
舟形无齿蚌(水菜河蚌)	Anodont euscaphys(Heud.e)
褶纹冠蚌(鸡冠蚌)	cristaria plicata (Leach)
河蚬(蚬子、黄蚬)	Corbicula fluminea (Muller)
刻纹蚬(蚬子、黄蚬)	Corbicula largillierti (Philippi)
湖球蚬	Sphaerium lacustTe (Muller)

第二节 水产养殖

一、池塘养鱼

民国时,“本县农村,大都利用池荡为养鱼业务,或私有,或公营,或分年轮值,均以此为农家副业。除逐年少数捕收外,每隔五年,干荡一次,届时,宾朋会食,谓之吃鱼汤饭。其杂鱼、虾、鳖遗留池底者,任邻村妇孺往来拾取,名曰6趁荡,盖遗秉滞穗意也。至其放养情形、防护方法,则各乡大概相同”(民国《杭县志稿》卷十四《实业》)。

分布及产量 余杭区池塘养鱼历史悠久,除西部低山丘陵的黄湖、鸬鸟等镇外,其他各镇乡均有分布。1949年,池塘养鱼4.01万亩(2673.3公顷),年总产成鱼4487.8吨,占淡水鱼总产量的73.6%,亩产成鱼111,9公斤。以后,产量逐渐提高。1951年,养鱼4.28万亩(2853.3公顷),总产成鱼4998.1吨,亩产成鱼116.8公斤;1952年起,连续3年年总产成鱼5000吨以上;1957年上升到6500吨以上。1958年以后受“大跃进”“文化大革命”影响,养鱼面积减少,1959年—1977年近20年中,多数年份养鱼面积在2200公顷左右,年总产成鱼徘徊在2000吨—3000吨之间,亩产成鱼75公斤—100公斤之间。

中共十一届三中全会以后,鱼产量连年上升。1979年,养鱼面积30734亩(2049公顷),总产成鱼上升到4394.5吨,亩产成鱼143公斤,总产、亩产分别比上年提高29.3%和30%。1981年,总产成鱼上升到5000吨以上,亩产成鱼162.5公斤;1986年,养鱼4.68万亩(3120公顷),总产成鱼11449.15吨, 首次超万吨;1990年, 养鱼47774亩 (3185公顷), 年总产成鱼达到15385吨,占淡水鱼总产量的86.5%,亩产358公斤。2005年,养鱼115054亩(7670公顷),年总产成鱼达到48122.6吨,亩产422.8公斤。2006年,余杭水产养殖主导品种“三鱼一虾”(甲鱼、黑鱼、白条鱼、虾类)发展态势良好。全区甲鱼养殖面积1216.13公顷,甲鱼产量11181吨,增加905吨;翘嘴红鲌池塘专养面积175.87公顷,产量491吨,增加50.7吨;青虾养殖面积2157.6

公顷，产量 3010 吨，减少 7 吨；黑鱼养殖面积 272.33 公顷，产量 6829 吨，与上年基本持平。“三鱼一虾”产值 7.53 亿元，占渔业总产值的 65.59%，比上年增加 1.22 亿元，增长 19.32%。2007 年，全区水产品总产量 5.74 万吨，渔业总产值（现行价）14.24 亿元，分别比上年增长 12.7%和 24.1%。名特优水产品产量（除鲢、鳙、草、鳊外）3.72 万吨，占水产品总产量的 64.7%；产值 13.15 亿元，占渔业总产值的 92.3%。全区涉渔工业产出 4.15 亿元，涉渔流通和服务业产出 1.3 亿元，渔业经济总产出 19.69 亿元。2009 年，全区水产品总产量 6.24 万吨，增长 5.1%，渔业总产值（现行价）13.69 亿元，增长 6.2%。名特优水产品产量（除鲢、鳙、草、鳊外）4.24 万吨，占水产品总产量的 67.95%；名特优水产品产值 12.94 亿元，占渔业总产值的 88.75%。全区涉渔工业等产出 1.47 亿元，涉渔流通和服务业的产出 0.9 亿元，渔业经济总产出 16.95 亿元。

2010 年，全区水产品总产量 6.35 万吨，渔业总产值（现行价）15 亿元。水产品总量供给充裕，全区名特优水产品产量（除鲢、鳙、草、鳊外）4.12 万吨，占水产品总产量的 64.88%；名特优水产品产值 12.75 亿元，占渔业总产值的 87.45%。全区涉渔工业等产出 3.73 亿元，涉渔流通和服务业的产出 0.68 亿元，渔业经济总产出 19.42 亿元。2011 年，全区水产品总产量 6.38 万吨，渔业总产值（现行价）16.17 亿元。水产品总量供给充裕，全区名特优水产品产量（除鲢、鳙、草、鳊外）3.54 万吨，占水产品总产量的 55.49%；名特优水产品产值 13.19 亿元，占渔业总产值的 81.57%。全区涉渔工业等产出 4.16 亿元，涉渔流通和服务业产出 0.86 亿元，渔业经济总产出 21.18 亿元。2012 年，全区水产品总产量 6.54 万吨，渔业总产值（现行价）17.55 亿元。水产品总量供给充裕，全区名特优水产品产量（除鲢、鳙、草、鳊外）4.33 万吨，占水产品总产量的 66.21%。名特优水产品产值 15.40 亿元，占渔业总产值的 87.75%。全区涉渔工业等产出 5.27 亿元，流通和服务业产出 0.97 亿元，渔业经济总产出 23.79 亿元。2013 年，全区水产品总产量 6.11 万吨，渔业总产值（现行价）14.4 亿元。水产品总量供给充裕，全区名特优水产品产量（除鲢、鳙、草、鳊外）4.01 万吨，占水产品总产量的 65.7%；名特优水产品产值 12.24 亿元，占渔业总产值的 85%，渔业产业化程度进一步提升。全区涉渔工业等产出 5.07 亿元；涉渔流通和服务业的产出 0.96 亿元，全区渔业经济总产出 20.4 亿元。2014 年，全区水产品总产量 6.28 万吨，渔业总产值（现行价）15.3 亿元。供给鱼类 41196 吨，虾蟹类 1015 吨，贝类 1458.6 吨，龟鳖类 19056.8 吨。全区涉渔工业等产出 4.27 亿元；涉渔流通和服务业产出 0.72 亿元，全区渔业经济总产出 20.3 亿元。

2015 年，全区水产品总产量 5.97 万吨，渔业总产值（现行价）14.5 亿元。水产品总量供给充裕，鱼类 41701 吨，虾蟹类 912 吨，贝类 1225 吨，龟鳖类 15645 吨。渔业产业化程度进一步提升。全区涉渔工业等产出 4.1 亿元；涉渔流通和服务业的产出 0.7 亿元，全区渔业经济总产出 19.3 亿元。2016 年，全区水产品总产量 5.83 万吨，渔业总产值（现行价）14.4 亿元。水产品总量供给充裕，鱼类 36269 吨，虾蟹类 967 吨，贝类 1500 吨，龟鳖类 19276 吨。全区涉渔工业等产出 3.8 亿元；涉渔流通和服务业的产出 7328 万元，渔业经济总产出 19.77 亿元。2017 年，全年水产品总产量 5.88 万吨，渔业产值 15.6 亿元。水产品总量供给充裕，鱼类 35484 吨，虾蟹类 1215 吨，贝类 1615 吨，龟鳖类 20450 吨。渔业产业化程度进一步提升。全区涉渔工业等产出 3150 万元；涉渔流通和服务业的产出 7935 万元，全区渔业经济总产出 17.88 亿元。2018 年，全年水产品总产量 5.97 万吨，全区渔业经济总产出 18.39 亿元。

1949 年—2005 年（每 5 年）余杭区（县、市）渔业生产情况表

表 5-1

年份	渔业生产产值（万元）	鱼塘面积（万亩）		淡水鱼起水量（吨）	淡水产品起水量（吨）
		合　计	其中：内塘		
1949	—	4.48	4.01	6100	—
（1953）	—	5.96	4.97	7310	—
1955	—	6.47	4.96	7910	—
（1958）	—	6.40	4.13	5315	—
1960	—	8.46	3.78	5255	—
1965	—	5.53	3.36	3985	—
1970	—	5.84	3.33	4495	—
1975	—	4.79	3.15	4015	—
（1978）	556	5.13	3.09	4325	—
1980	471	5.08	3.08	5690	—
1985	2182	7.54	4.23	11179	—
1990	2859	8.91	4.57	17787	—
1995	11179	8.82	4.47	23725	23725
2000	47285	7.20	3.56	24502	30038
2005	100528	5.54	3.22	42343	48533

生态鱼塘建设　2000 年，余杭将生态标准化鱼塘改造建设作为渔业可持续发展的基础，“清洁绿化余杭”行动的一项重要内容。2007 年，全区完成鱼塘改造 634.1 公顷，其中完成省级标准化鱼塘改造 293.7 公顷，完成“清洁余杭”行动重点推进村改塘面积 340.4 公顷。2008 年，完成内塘整治 899.92 公顷，下拨补助资金 334 余万元。全区第一、第二批重点推进村内塘生态化整治工作全部完成，并通过相关部门联合验收。2009 年，全年完成省、市生态型水产养殖塘标准化改造 465.93 公顷，省、市补助资金 296 万元。完成“清洁绿化余杭”行动鱼塘生态化建设 1600 余公顷，区级补助资金 757 万元。余杭区 2010 年生态型水产养殖塘示范建设项目通过省海洋与渔业局项目验收专家组的评审验收。至此，全区“十一五”时期标准化鱼塘改造全部完成，累计建设标准鱼塘面积 1460.3 公顷，投入建设资金 5249.7 万元。2011 年，塘栖镇塘北黑鱼养殖、瓶窑镇海深特种鱼养殖、径山镇漕桥甲鱼养殖等 3 个功能区以及运河街道生泰、塘栖镇永源、闲林街道骏马河、仁和街道仁姚和径山镇大牯牛等 5 个甲鱼高标准鱼塘建设项目完成并通过验收。3 个水产养殖功能区项目投入资金 947.97 万元，建设面积 174 公顷；5 个高标准鱼塘建设项目投入资金 592.15 万元，建设面积 81.33 公顷。2012 年，余杭街道上升水产、仁和街道仁溪水产、径山镇铖飞水产等 3 个养殖功能区，及塘栖镇丁氏、兴元高标准鱼塘建设等 6 个高标准鱼塘建设项目通过验收。3 个水产养殖功能区项目投入资金 973.83 万元，建设面积 141.93 公顷，6 个高标准鱼塘建设项目投入资金 563.75 万元，建设面积 87.73 公顷。2014 年，区农业局推动黑

鱼养殖向环境友好型发展方式转变，全年推广养殖“杭鳢1号”120公顷，在运河街道实施乌鳢混养、新品种引进、种养结合模式等养殖面积13.33公顷；对黑鱼养殖主产区运河街道的黑鱼养殖面源污染问题，研究制定三年行动方案。全年完成生态化改造面积291.60公顷，其中水产养殖塘设施改造面积156.67公顷、应用生态养殖技术面积134.93公顷（含“杭鳢1号”推广面积）。实施稻鱼共生轮作面积271.13公顷，其中稻虾轮作面积136.67公顷、稻鱼共生面积134.47公顷。2015年，区农业局渔业渔政管理总站以渔业项目为抓手，重点扶持池塘高效低碳循环水养殖设施、养殖塘标准化改造以及养殖尾水处理设施建设，全年累计实施渔业产业项目7个，涉及养殖面积180.6公顷，投入资金1234.7万元，其中申请省级以上和市级补助资金共计500万元。继续推进渔业转型促治水工程，累计完成养殖塘生态化改造264.27公顷，实施稻鱼共生轮作、藕鱼、藕鳖共生等195.87公顷。推广清洁养殖新品种“中科三号”异育银鲫，向6个镇（街道）免费发放夏花苗种120万尾，涉及养殖户35户，养殖面积166.67公顷。2016年，全区完成鱼塘生态化改造467.8公顷，实施生态种养结合面积203公顷。继续引进推广清洁高效池塘循环水养殖技术，建成流水槽36条。2017年，全区水产养殖面积4243公顷，其中，池塘2215公顷，水库393公顷，河沟1631公顷，另有稻田养殖面积2143公顷。全区水产品总产量5.88万吨，渔业产值15.6亿元，占全区农业产值的19.57%，渔民人均纯收入25100元。渔业产业作为余杭区现代都市农业产业体系建设的四大板块之一，“十二五”期间，余杭区紧紧围绕渔业转型升级、绿色发展和“美丽余杭建设”的工作总体部署，牢固树立生态渔业发展理念，坚持问题导向，注重源头治理，开展“低碳、高效池塘循环流水养殖新技术”示范点建设和污染型水产养殖转产转业，重点扶持池塘低碳高效循环水养殖设施、养殖塘标准化改造以及养殖尾水处理设施等建设，推广清洁养殖、“稻鱼轮作”和农牧结合、稻鱼共生新型种养等新模式，截至2017年底，累计完成养殖塘生态化改造20015亩，实施生态种养结合10055亩。

图5-3 2019年水生生物增殖放流仪式

养鱼技术　余杭饲养鱼类历来以鲢、鳙、草、鲤、鳊为主。“放养之池，以愈深为愈佳，惟青鱼与草鱼不能混合。”“大约普通每亩池内，白鲢三百尾，草鱼四十尾；或花白鲢三百尾，青鱼三十尾。至最好之每亩池内，花白鲢六百尾，草鱼二百尾；或花白鲢六百尾、青鱼二百尾。至养育青鱼之池，鳊鱼不宜多养。”“每遇天气酷热，须车新水入池；如遇大水，则围芦罠；荡旁有水獭之迹，则设黄狼夹以捕之；池滩伺黑鳢之影，则挟鱼叉以刺之。”“视池之肥瘠，放养数之多寡，饵料之适宜与否，均有极大关系。”（民国汪坚青等《绮云丛载》）20世纪50年代初，亩放养量一般为220尾—280尾，草、青、鲤、鳊等中层鱼占45%左右。丁河（今属塘栖镇），双林（今属东湖街道）等地以青鱼为主，东塘（今属仁和街道）、亭趾（今属运河街道）等地以草鱼为主。

1958年开始推行八字精养法。八字精养法是：水（水深水活）、种（良种体健）、饵（饵料量足)、混(多种混养)、密(合理密放)、轮(轮捕轮放)、防(防治疾病)、管(精心管理)。1961年,丁河公社郑家埭大队运用八字精养法,亩产222.7公斤,高于县平均水平2.25倍。60年代中期始因地制宜地发展成混养密放、轮捕轮放形式。轮捕轮放方式有一次放足、分期捕捞、捕大留小的,有分批放养分期捕捞的。1984年,五常、蒋村(今属西湖区),和睦(今属闲林街道)、东塘(今属仁和街道)、塘栖等7个乡镇1958口塘6673.64亩(445公顷),获平均亩产成鱼330.64公斤大面积高产。塘栖、东塘等地实行每年一次起捕,隔冬一次放足,多品种混养密放。1988年,宏磻(今属塘栖镇)成鱼塘1387亩(92.47公顷),实行多品种混养、合理密放,池塘亩产成鱼达522.4公斤,成为余杭县第一个亩产超千斤乡镇。

1989年,推广池塘养鱼高产模式"丰收计划"项目14671亩(978公顷),平均亩产成鱼达505.7公斤。1992年推广20178.8亩(1345.3公顷),成鱼产量8527.96吨,平均亩产422.6公斤。2005年,池塘养成鱼32158亩(2143.9公顷),总产成鱼21265.6吨,平均亩产661.3公斤。在推广实施常规养鱼技术的同时,先后推广池塘混养乌鳢、成鱼塘套养夏花鱼种、成鱼塘"双套"等技术。

特种水产养殖技术　中华鳖生态养殖模式。生态养鳖是在鱼鳖混养、虾鳖混养模式基础上摸索出一种养殖新技术。技术特点是从稚鳖到商品鳖整个生产全程在露天池塘中进行,通过投喂人工配合饲料与天然饵料,用2年—3年时间完成一个生产周期。放养时间在5月下旬到6月上旬之间为宜,稚鳖放养量控制在每亩1500只—1800只。放养期间及时调整池塘水位,并提早施有机肥培育水质,可每亩套养80尾花鲢和40尾白鲢夏花鱼种。以投喂人工配合饲料为主,套养青虾与螺蛳作补充饵料,并注意水质管理和病害防治。

青虾池塘养殖模式。主要有稻虾轮作、立体养殖等,其中淡水青虾立体养殖较一般传统养殖方式产量可提高50%以上。其养殖技术主要有控制虾塘面积和水深、坡度、塘底淤泥,浅水处及沿塘四周栽培宽1米左右水花生、空心菜等水生植物。虾塘中间水中设置网片,网片总面积应占虾塘面积的20%—30%。亩放优质虾种25公斤,规格为每公斤1000只—1600只,在10月—12月一次放足。日常管理以投喂青虾颗粒饲料为主,并适当投喂小杂鱼、冰鲜鱼、螺蛳、蚌肉等动物性饲料。

黑鱼池塘专养模式。为专养黑鱼的池塘面积以1亩—2亩为宜,水深1米—1.5米。在塘四周种植一些水草或水浮莲等。一般每亩放养规格为8厘米—10厘米的黑鱼种4000尾—5000尾。以小杂鱼为主食,投饲要定时、定位、定质、定量。经常加注新水,保持水质清新。饲养1个—2个月后,及时分批分养,同塘养殖的鱼种大小规格尽可能相同。防病采取生态综合防治方法,多用生物制品和中草药,少用抗生素,使用高效、低毒、低残留药物防治。

二、外荡养鱼

开发利用和产量　余杭区境内河流众多,荡漾密布,有三白潭、洪家漾等,运河等河流亦长而广,具有发展渔业生产优越条件。民国时,绍兴籍人多在塘栖一带纳粮养鱼。以花白鲢为大宗,青鱼、鳊鱼、鲤鱼亦养之,唯种菱处禁养草鱼。其时,养鱼水面不过数百亩。20世纪80年代初发展较快。据1983年水产资源调查,境内河水面70813亩(4720.87公顷),其中可养鱼水面60855亩(4057公顷)。河流水面最大为京杭大运河段10462亩(697.47公顷);4000亩(266.67公顷)上下的有良渚港、五常港、双桥港3条;1000亩—2000亩的有云会港、獐山港、崇贤港和丁河港4条。最大的漾(即小湖泊)为三白潭漾,面积719亩(48公顷);400余亩的有二白潭漾、

图 5-4 流水槽养殖池

北太漾、丁河漾和官塘漾 4 处；200 亩—400 亩的有鸦雀漾、头白潭漾、上塘漾、龙头漾、大石头漾、西太漾、洪仁头漾、王家漾、北塘泾漾、潭头漾和麻滩漾 11 处。境内水面的 70%由镇（乡）、村水产养殖场（水产村）经营，30%由国营水产养殖场经营。

据《杭县志稿》记载："本县河（湖）泊颇多，河流亦长而广，本可利用为渔区，然业此者惟新开运河塘栖里仁桥外至跨塘桥并泉漳相近西太漾由绍兴人纳粮养鱼。"民国 33 年（1944 年），绍兴人和当地人合伙在古荡漾、夏家漾等水面建箔养鱼。1949 年，境内外荡养鱼 4700 亩（313.3 公顷），年产成鱼 67.2 吨，亩产成鱼 14.3 公斤。1952 年开发养鱼的有獐山乡（今属仁和镇）境内的胡家漾、劳家漾、鸦雀漾共 500 余亩（33.3 公顷），东塘乡（今属仁和镇）境内的头白潭漾、一白潭漾、三白潭漾、大潭漾、葛墩漾和范家漾共 2000 亩（133.3 公顷），塘南乡（今属塘栖镇）境内的西太漾和塘栖镇的张泗漾共 412 亩（27.47 公顷）。是年养鱼面积为 7100 亩（473.3 公顷），年产成鱼 116.8 吨，亩产成鱼 16.45 公斤。1954 年—1956 年，逐步分段开发利用运河养鱼 8198 亩（546.5 公顷）；宏磻乡（现属塘栖镇）境内的麻滩漾、北太漾，超山乡（今属塘栖镇）境内的泰山港、王家漾、大石头漾，塘栖镇境内的洪仁头漾、丁山河漾、钟家墩漾和獐山乡（今属仁和镇）境内的分赃漾等共 2200 余亩（146.67 公顷）01956 年，养鱼面积增至 3,34 万亩（2227 公顷），年产成鱼达 316.05 吨。1958 年，开发临平至杭州的上塘河水面 500 亩（33.3 公顷）。1960 年，养鱼面积增至 4.5 万亩（0.3 万公顷），年产成鱼达 501-65 吨。因城市工业废水开始污染运河水面，1961 年，养鱼面积减少到 2.89 万亩（0.19 万公顷），年产成鱼仍达 1965 吨，亩产成鱼 68 公斤，接近当时池塘养鱼的水平。此后，喜旱莲子草盲目发展，大面积覆盖外荡水面，加上城市工业废水的污染，1968 年养鱼面积减少至 2.04 万余亩（0.14 万公顷），年产成鱼 1100 吨左右。1972 年，养鱼面积增至 2.5 万余亩（0.17 万公顷），年产成鱼 361.8 吨。1981 年，养鱼面积 20217 亩（1347.8 公顷），年产成鱼增至 800.9 吨，亩产成鱼 43.5 公斤。1987 年，养鱼面积恢复到 33895 亩（2259.67 公顷），年产成鱼 1745 吨，亩产 51.5 公斤。1990 年，养鱼面积 37987 亩（2532.5 公顷），年产成鱼 2079 吨，亩产成鱼 54.7 公斤。2005 年，养鱼面积 34201 亩（2280 公顷），年产成鱼 6260.6 吨，亩产成鱼 183.1 公斤。亩产与 1949 年相比提高 12.8 倍，与 1990 年相比增长 2.7 倍。

养鱼技术　外荡养鱼须建竹箔等拦鱼设施，竹箔种类有直过箔、瞒牢箔、兜底箔、桥兜箔、三角箔等，竹箔结构由竹帘箔门、竹桩组成。同时建渔舍，渔舍分座舍和行舍两种。座舍建在外荡中心箔口，竹箔设置升降浮门。行舍建在交通船只少而重要的外围箔口。外荡养殖品种以鲢、鳙为主，草、鲤、鲫次之。鲢、鳙鱼种以老口为主，仔口为辅，老口尾重 0.2 公斤—0.25 公斤，仔口规格每公斤 20 尾—24 尾，其他鱼种均放仔口。外荡常年管理主要是防逃、防偷、防病三关。鱼种放养前进行检疫和消毒。外荡捕捞主要步骤是选定网基、铲桩、清除水下障碍、用打网、丝网和拦网等赶鱼,然后使用网盘车大扦网捕捞。

1984年起,有选择地开发水面资源,因地制宜地选择有利河段、荡、漾,改稀放为密放、粗放为精养。其模式有分隔精养、拦养、圈养等。是年,精养外荡19处,年产成鱼305.3吨,增产62.3%,亩产成鱼121.34公斤。1989年起实施外荡养鱼高产模式技术推广。次年推广面积占外荡养鱼面积的27.35%,年产成鱼1720.76吨(包括老口产量),占外荡总产成鱼的82.77%,平均亩产成鱼165.63公斤。其中丰收计划项目平均亩产成鱼达到201.05公斤。

1979年,县水产养殖场、塘栖联合水产养殖场和云会水产大队等单位,试行外荡配套网箱养鱼。放养鲢、鳙、鲤、鲫冬片鱼种15.99万尾,共起水成鱼17671.9公斤,亩产3184公斤。1990年,成鱼网箱亩产成鱼2250公斤;鱼种网箱育鱼种98吨,215.6万尾。上增殖1959年开始实行外荡资源增殖,是年放养鲤、鲫鱼种4000万尾。1970年开始增殖中华绒螯蟹,至1990年(除1977年、1982年和1984年),先后18年共投放蟹苗(种)3577.9公斤,计49076.5万只,其中蟹种511公斤(6.1万只)。

20世纪70代起,开展外荡鳗鲡增殖,1970年25公斤,1972年256公斤,1973年136.5公斤,直放于县内外荡。五常外荡养殖一年后,鳗鲡尾重25克—50克。1975年县投资5000元,从九堡采购鳗苗10公斤、3万多尾,由五常乡鱼种场养殖2年,尾重200克—250克,出口日本。1985年,杭州市水产科学研究所培育鳗种50公斤,投放在县水产养殖场等外荡水域养殖。

三、稻田、山塘、水库养鱼

稻田养鱼　1958年,东塘、五常、超山等地推广稻田养鱼。是年,超山乡柴家坞村1组3.2亩稻田,于4月份放鱼种,秋后产鲢、鳙、鲤鱼251公斤,亩产78.4公斤,收稻谷1594公斤,亩产498公斤。1979年,东塘公社秧田大队选择一丘蓄水力较强、灌溉方便的低洼田0.64亩,分3次放鳙鱼32尾、鲤鱼20尾、尼罗罗非鱼4000尾,产成鱼109.5公斤,亩产171.1公斤。早晚稻两季亩产706.3公斤。1986年,县内有25个乡镇、农场稻田养鱼,面积864.23亩(58公顷),养成鱼的427.66亩(28.5公顷),产成鱼26.6吨,亩产62.2公斤;养鱼种的436.57亩(29.1公顷),产鱼种65.5万尾、18吨,亩产41.2公斤。

1988年后,稻田养鱼面积下降,至1990年仅有大并乡(今属乔司,行稻田养鱼,些.′竺亩(11公顷沸都是养鱼种,总产鱼种轨艇吨,亩产58.4公斤。1998年后,随着粮食购销任务的取消,各地再度利用稻田发展特种水产养殖,至2005年稻田养鱼面积45367亩(3024.5公顷),产量18600吨。

山塘养鱼　余杭西北部(瓶窑、余杭两区)丘陵山区,利用山塘养鱼有较长历史,1975年,山塘养鱼近百亩。1981年春,长乐(今属径山镇)径山村在1.5亩山塘中放养草鱼、团头鲂、鲢鱼、鲤鱼鱼种400尾,亩产150公斤。1985年,山塘养鱼发展到865亩(57.67公顷),产成鱼23.4吨,平均亩产27公斤。2002年,山塘养鱼面积1222亩(81.5公顷),产成鱼179.4吨,亩产146.8公斤。2005年,山塘养鱼面积753亩(50.2公顷),产成鱼190.2吨,亩产252.6公斤。

水库养鱼　境内共有水库27座,水面2763.1亩(184.2公顷),其中小(一)型水库5座,765亩(51公顷);小(二)型水库21座,945.1亩(63公顷);中型水库1座,1053亩(70.2公顷)。主要分布于瓶窑、余杭两地。1959年开始水库养鱼,养鱼面积1700亩(113.3公顷),年产34.25吨,亩产20.15公斤。后养鱼面积逐年减少,1979年后开始回升。2002年,水库养鱼面积1253亩(83.5公顷),产成鱼210.8吨,亩产168.2公斤。2005年,水库养鱼面积1263亩(84.2公顷),产成鱼 580.9 吨，亩产 460 公斤。

四、水生动物病及防治

常见水生动物疫病有出血病、肠炎病、烂鳃病、赤皮病（又称擦皮）、打印病、疖疮病、竖鳞病、水霉病、中华鳋病、猫头鳋病、车轮虫病、疯狂病、白头白嘴病、鱼鲺病、气泡病、水蜈蚣病、白底板病和摇头病等 40 余种。其中危害最严重的有草鱼出血病、肠炎病、烂鳃病、赤皮病，鲢、鳙、草鱼的锚头鳋病，鲢、鳙、鳊、鲫、鳢等的嗜水气单胞菌败血症（暴发性出血病），鳖白底板病、红底板病、腐皮病、疖疮病、穿孔病、鳃腺炎病、十二指肠穿孔病，翘嘴红鲌小瓜虫病。1984 年 3、4 月份，小三毛金藻发生在翁梅乡渔桑场和下沙渔场的江涂围垦盐碱塘内，共 150 亩池塘的鱼类大批死亡，损失成鱼 15 吨，鱼种 7.5 万尾，经济损失 3 万余元，病害面积占这一地区池塘总面积的 30%。20 世纪 80 年代，草鱼病毒性出血病增多，鲢鱼中华鳋病和疯狂病常见。1989 年开始，出现嗜水气单胞菌败血症（暴发性出血病），白鲫、鲢鱼首先感染此病，银鲫、本地鲫、团头鲂、鳙鱼、鲤鱼、乌鳢等都受感染，死亡率 50%以上，高的达 90%以上。1998 年开始，鳖的白底板病、红底板病、腐皮病、疖疮病、穿孔病、鳃腺炎病开始流行。2002 年，翘嘴红鲌出现小瓜虫病，死亡率在 50%以上。2004 年 6 月底至 8 月底，十二指肠穿孑L病暴发，生态鳖和温室鳖养殖区域均有不同程度发生，包括运河、临平、塘栖、余杭、径山等地，发病面积占总养殖面积的 60%左右，波及生态鳖养殖面积 650 公顷左右，发病对象均为 2 龄鳖，死亡率为 0.85%。

水生动物疫病的防治采取预防为主，治疗为辅，无病先防，有病早治。防治措施有：放养前用生石灰清塘消毒；鱼种分塘或入池前消毒；经常保持鱼池环境卫生，用微生物制剂调节水质；精心投饲、施肥，无病早防，鱼病流行季节的药物预防；发现鱼病，及早治疗，根据不同病情进行药物治疗和消毒。

五、渔具渔法

2009 年，区渔业渔政管理总站采用实地勘测、询问等形式对全区 21 家从事捕捞作业的外荡渔业生产单位进行渔具渔法调查。区内外荡水域从事捕捞作业的主要有 4 种网具，分别是船布无囊地拉网（大扦网）、定置单片刺网（丝网）、撑开罾架掩罩（夹鱼网）、定置延绳式倒须笼壶（虾笼）。

图 5-5 巨网捕捞

大扦网 此类网具主要在外荡养殖承包水域使用。作业渔船主要为水泥机动渔船船型，单船主机功率一般为 8.8 千瓦。单船作业人数 6 人—10 人。利用长带形的网具包围一定水域后，在岸边或船上曳行并拔收曳纲和网具，逐步缩小包围圈，迫使鱼类进入取鱼部而达到捕捞的目的。渔场：平坦型河床，水深 2 米—3 米。渔期：主要在 7 月至翌年 1 月。网具一端固定在岸边桩基上，其余部分装载在船上，一边行船一边横流放网。网具下纲沉于河床，放网结束后网具另一段固定在船上，并以岸边桩点为中心逆流驶向岸边，到岸边后由6人—10人拉拢网具，渔获物向网具中部或另一端集中。渔具长度可达100米—250米，高度可达6米—8米。网线结实。浮子：上纲配浮力较大的泡沫浮子，每隔2米设置一个。沉子：包括石头、砖块等，配重为0.5公斤—1公斤。

丝网　作业渔船主要为木质非机动渔船单船，作业人数1—2人。采用若干片长方形网片连接成的一列长带形网具，以铅块等为沉子，垂直定置敷设在鱼类活动的通道上，鱼类在洄游或受惊逃窜时刺入网目，或者缠络于网上而被捕获。渔场：河道湖泊。渔期：无固定渔期，全年、昼夜均可生产，高产期一般在夏秋两季。渔具配比：渔具网衣呈长方形，上纲配浮子，下纲结缚沉子。浮子：单片网片浮子70个，间隔0.15米—0.20米。首尾系泡沫浮子2个浮出水面。沉子：铅块，配重为1.5克，70个。作业场所场所应避开主航道，严格执行最小网目尺寸。

夹鱼网　岸边抛网，作业人数1人。双手持竹竿和网具形成的罩架，自上而下扣罩鱼类并收拢竹竿，使鱼类缠绕在网上，以获取渔获物。渔场：河道湖泊岸边水位较浅的水域，一般不超过1.5米。渔期：春夏秋作业，夏季为旺季。双手分别持一根竹竿撑开使网衣充分舒展，迅速把竹竿另一端下沉至河底，竹竿紧贴河床，并不断搅动竹竿，使鱼逃窜刺入网具。竹竿沿河底并拢，拉起网具，取出渔获物。渔具配比：3米长竹竿两根，网片一片4×2.5米，网衣两侧绑缚在竹竿上，使能平面张开。

虾笼　主捕鱼种青虾。利用笼状器具拦截捕捞对象进入而捕获，一般难以逃出。渔场：适用于大多数河道泊。渔期：全年均可作业。将虾笼放置在近岸水里用三根竹杆固定。一定时间后，将渔获物集中的一端，取出渔获物，一般每天获取一次。渔具配比：由框架、外网衣、倒须口等组成，单只虾笼尺寸为4米×0.4米×0.4米，中间设倒须口若干，沉子一般用石子缝于网底。

第三节　渔业管理

一、外荡水面定权发证

外荡水面属于国有，但历来使用权不够明确，相互争占现象严重，农、渔之间，村、场之间的纠纷时有发生。1985年县政府组成外荡水面定权发证办公室，专司其事，妥善解决历史遗留问题和有争议的水面纠纷23处。次年11月，外荡水面定权发证工作结束，发证单位有国营县水产养殖场、乡人民政府，区、乡、村水产养殖场和专业水产村共37个单位，发证水面5.26万亩（3506.7公顷）。2005年，区农业局牵头对外荡水面使用情况进行重新调查和登记确认，给25家原持证单位换发外荡水面使用证，发证水面29998.2亩（1999.88公顷）。

二、外荡渔民上岸工程

针对外荡渔业生产能力低，养殖效益不理想，渔民收入水平偏低，渔村集体经济缺乏可持续发展能力等“三渔”（渔业、渔民、渔村）问题，2007年区政府对全区13个专业水产村（组）3287名渔民的生活出路问题作了专题研究，根据新农村建设的需要，从稳步提高渔民生活水平这一根本目标出发，通过回收国有水面使用权证，建立渔民社会保障制度，使专业渔民老有所养，老有所乐。余杭区发出《关于转发〈回收专业水产村（组）国有外荡水面使用权证工作的若干意见〉的通知》《关于转发回收专业水产村（组）国有外荡水面使用权证操作办法的通知》，在“依法、自

图 5-6 苕溪清理定置网具

愿、整体”的原则下，专业水产村（组）可以一次性将拥有的国有外荡水面使用权证上缴区政府。同时，渔民可根据不同情况，办理农转非和养老基本生活保障安置。2007 年完成运河镇博陆村 750 名专业渔民上岸安置，2008 年完成仁和镇东塘、云会、獐山 3 个专业水产组（原水产村）799 人渔民上岸安置，2009 年完成余杭镇水产村、闲林镇民丰村 18 组、崇贤镇崇贤村水产组共 370 名渔民上岸安置，2015 年完成良渚街道万年桥社区、七贤桥社区水产组共 134 名渔民上岸安置。至此，全区共有 9 个专业水产村（组）设施渔民上岸工程，收回 17564 亩（1170.9 公顷）外荡水面使用权，2053 名渔民得到养老基本生活保障安置。

三、生态中华鳖产业建设

1998 年，余杭市科学技术委员会与亭趾镇道家圩村联办余杭市生泰中华鳖养殖有限公司，成功研发中华鳖池塘生态养殖模式并开展推广。2000 年，区本牌中华鳖管理协会成立，通过扩基地、抓标准、创品牌、拓市场，积极实施产业化发展战略。2001 年建成了国家级“万亩本牌中华鳖标准化示范区”。2004 年建成农业部“中华鳖生态健康养殖示范区”。2005 年余杭区被浙江省海洋与渔业局命名为“浙江省生态甲鱼之都”。2006 年全区生态甲鱼养殖面积达到 16315 亩，养殖量 2900 万只，年产值 3.4 亿元，并形成了规模化经营、区域化布局、专业化生产、投资主体多元化的产业化发展格局，“本”牌中华鳖集体商标成功注册，成为浙江省首个集体商标。2007 年余杭区被中国渔业协会授予“中国生态甲鱼之都”称号。2008 年 10 月，浙江上升农业开发有限公司、浙江蓝天生态农业开发有限公司、杭州闲林龚老汉特种水产有限公司、杭州盛煌农业开发有限公司等四家中华鳖养殖企业组成“中国生态甲鱼之都”展团，在北京全国农业展览馆参加第六届中国国际农产品交易会。2010 年 5 月，由余杭区农业局主持起草的国家标准《中华鳖池塘养殖技术规范》通过全国水产标准化管理委员会淡水分技术委员会审定，于 2012 年 2 月 1 日起发布实施。2010 年 10 月下旬，杭州市开展首届“十大名鳖”评选活动，余杭区选送的浙江上升农业开发有限公司的“西湖之春”牌甲鱼、浙江蓝天生态农业开发有限公司的“彪”牌甲鱼和杭州盛煌农业开发有限公司的“野池”牌甲鱼入选。到 2012 年底，全区生态甲鱼养殖场（户）500 余家，面积 2.48 万亩，养殖量近 4000 万只，年产商品鳖 1.3 万吨，销售产值 7.8 亿元，“西湖之春”甲鱼获中国农业名牌称号。“西湖之春”、“彪”、“金达”、“野池”等生态甲鱼品牌通过有机产品认证，成为全省乃至全国最大的甲鱼集中产区。

第四节 经营体制

一、集体经营形式

土地改革以后，渔民们从底薄力单的境况中逐步组织起来，走上集体经营的道路，历经互助组、生产合作社、人民公社和家庭联产承包等生产形式阶段。

互助组 1951 年，杭县第一个渔农互助组——丁河乡唐阿奎互助组建立，丁山乡沈阿水、王友根、高阿庆等渔农互助组相继建立。至 1954 年春，又有 9 个渔业互助组建立，共有渔船 79 艘。与此同时，第一个常年渔农互助组——丁河乡贾阿勇互助组建立，计 26 户、109 人，其中务农从事捕捞的 10 户，兼营鱼塘的 16 户，有鱼塘 61.42 亩。塘栖区第一批专业捕捞互助组 15 个也先后建立，共 121 户。唐阿奎互助组 4.37 亩鱼塘，1950 年亩产成鱼 50 公斤，1953 年增加到 360.5 公斤，增长 6 倍多。专业捕捞互助组开发外荡养殖 900 亩，实行养捕结合。1954 年 4 月，周光浩捕捞互助组，有 5 艘船，第一个月捕鱼虾 1163.5 公斤，产值 555.3 万元(旧人民币，下同)；公共积累 52 万元，第二个月增加到 110 万元。

生产合作社 1954 年冬，通过社会主义过渡时期总路线的宣传教育，激发了渔农民互助合作道路的积极性，杭县有 8 个互助组和 98 户捕捞渔民合建为渔农生产合作社。丁河乡 7 个常年互助组组成红星合作社，共 66 户，300 人。1956 年 1 月，良渚渔农高级社建立，114 户、503 人，其中劳动力 300 人。经营耕地 398 亩，池塘 26 亩，外荡 1200 亩，有渔船 200 艘、鸬鹚 537 只、渔网 813 张。渔业收入占总收入的 72.1%。是年 8 月 1 日，遭到 12 级台风袭击，仍获丰收，外荡总产成鱼 49 吨，平均亩产鱼 40.8 公斤，比当地农业社增产 1 倍以上。

双林乡新塘农业社，实行科学养鱼，268.33 亩池塘，平均亩产成鱼高达 220.9 公斤，其中 5.8 亩鱼塘，产成鱼 3.2 吨，亩产成鱼 551.72 公斤，为县内最早实现亩产超千斤(市斤)的鱼塘。1956 年年底，杭县第一个外荡捕捞渔业社——塘栖镇渔业生产合作社建立，137 户、226 人，分 14 个捕捞队。办起渔牧场、养蜂场、砖瓦厂等企业，实行捕养结合，开展多种经营。此后，博陆、三墩、余杭、仓前渔业社相继建立，仓前等渔业社还建立了养殖场，实行外荡养捕结合。

人民公社 1958 年 10 月人民公社化以后，片面理解“以粮为纲，全面发展”的方针，不少地方填塘改田，池塘面积大幅度减少，管理水平明显下降。外荡水面，农民盲目扩大养殖喜旱莲子草；70 年代，工业废水污染逐年加重，又加上鱼价统得过死，挫伤了渔农民的生产积极性，产量大幅度下降，从 1961 年至 1978 年，年产量一直在 4000 吨上下徘徊，年产量最低年份是 1962 年，全县养鱼面积 6.03 万亩，比合作化时期的 1955 年养鱼面积 6.47 万亩减少 0.44 万亩，减少 6.8%；成鱼总产量 3410 吨，比 1955 年的 7910 吨下降 56.89%。

联产承包责任制 中共十一届三中全会后，通过拨乱反正，纠正了公社化和“文化大革命”中的错误政策和做法，渔业生产得到迅速恢复和发展，1979 年，余杭县养鱼面积 5.11 万亩，成鱼总产上升到 5385 吨，比 1978 年增产 24.5%，亩产成鱼 106 公斤。1981 年始，试行联产承包责任制，进一步调动了渔农民的积极性，养鱼面积 5.65 万亩，成鱼总产 6245 吨，比 1979 年上升 16%，亩产成鱼 111 公斤。

联产承包责任制的形式，主要有 4 种：

独户承包。1983年230户、485亩，到1984年扩大到1050户、1900亩。

联户承包共养。1983年950户、1907亩，1984年改联户承包轮养，800户、730亩。

联户承包、专人负责。1983年1500户、1820亩，1984年960户、1782亩。

承包到组。1983年350户、752亩，1984年剩下友谊村19个承包组、552亩。1985年全部承包到户。

1984年底，20个池塘养鱼重点乡的池塘大部承包到户，面积33396亩，占全县池塘养鱼面积的87%。1985年底，全县池塘养鱼面积联产承包责任制形式的比例分别为：专户承包58%，联户承包22%，轮户承包20%。责任制一般实行"二定"（定鱼种塘或成鱼塘面积，定承包年限）、"二包"（包产量指标，包投售任务）、"一奖赔"（超额完成投售任务的奖励，完不成任务的负责经济赔偿）形式，体现了责、权、利结合。1987年底，塘栖镇丁河村自1983年实行鱼塘承包到户、分年轮养后，有两个组引进竞争机制，在承认原有承包户的承包权基础上，实行招标承包，并逐年推广全村。1990年12月，省委常委、副省长许行贯在省水产局《水产信息》上，对《余杭县丁河村推行鱼塘招标承包好处多》一文作了批示："这个经验好，请水产局加以总结、介绍、切实推广。"

二、水产村（场）

1990年底，余杭县外荡养鱼集体单位，即乡（镇）所属水产村（场）共有27个。

合作化时期至1968年前，在互助合作基础上建立起渔场（村）的，有塘栖镇钟家墩村、良渚打网村、永建水产养殖场、长命高俞塘村渔场、塘栖联合水产养殖场和黄家漾渔场等6个。1968年10月开始，对捕捞渔业进行社会主义改造，国家拨款拨料建房，实行陆上定居，至1972年底结束。贯彻执行"养捕结合，亦渔亦农亦工，多种经营，全面发展"的方针，改变了原来分散和漂流的生活状态。时实行水面统一经营，渔船、渔具统一使用，劳动力统一调配，产品收入统一分配4个统一。

1970年—1984年，建立的渔场有6个，其中1970年—1979年建立的3个，1981年建立的1个，1984年建立的2个。1984年，在捕捞渔业社会主义改造中建立的11个村（场），划分为16个专业村（场）。至1990年底，这16个专业水产村（场）共有1094户、3698人，劳动力2340人，其中养鱼劳动力1391人，年产成鱼1303.3吨，总收入978.43万元。

1990年底，全县有27个乡（镇）外荡养鱼集体单位，共有专业劳动力2563人，经营水面38732.7亩，其中外荡38132亩、池塘600.7亩，拥有固定资产569.44万元。

三、国营渔场

余杭县水产养殖场　场址位于塘栖镇西横头66号。前身是浙江省水产养殖公司杭（县）德（清）吴（兴）养鱼总场的杭县片，始建于1951年10月，总场设在塘栖镇吴家坝。杭县片有水面700亩，职工11人。1954年8月，杭县、德清、吴兴三县各自建场。杭县片改为地方国营杭县养鱼场，1958年4月，杭县撤销，划为杭州市郊，更名为杭州市塘栖养鱼场。1959年3月，改名为杭州市水产养殖场，1961年4月设余杭县，该场又改名为余杭县水产养殖场。

1951年建场后，逐步开发外荡及京杭运河杭县段水面养鱼，至1954年该场养鱼面积4900亩，1955年又开发丁山河漾外荡水面3800亩，总养鱼面积达到8400亩，年产成鱼303.65吨，亩产成鱼36.15公斤。至1956年，京杭云和分段开发完成，全场养殖面积增至2.1万亩，年产成鱼649.6吨，亩产成鱼30.3公斤。是年11月，在西险大塘獐湾段低洼沼泽地开挖鱼种塘，建立鱼种场，至1958年底共开挖鱼种塘57个、172亩。渔改时划出丁河漾水面9350亩为专业渔民的生产基地，该场养鱼面积降为1.21万亩，年产成鱼278.58亩，亩产成鱼23公斤。

图5-7　运河街道塘泾漾

1973年，京杭运河、北太漾等外荡水面7400亩，遭受工业废水严重污染，被迫停养。到1990年底，全场有职工194人，其中：经济管理技术人员5人，大中专科技人员4人。设有5个外荡养殖分场，养殖水面1.12万亩，可养鱼水面5850亩，鱼种塘246.73亩。该场在发展渔业的同时，积极开展多种经营，相继办起了育珠场、水泥沟管厂、工艺美术装潢厂及水产饲料厂等，逐步从以渔为主、多种经营发展到“以工为主，以工促渔”，生产经营的主要产品有：鱼畜禽饲料、水泥沟管、纸箱、鱼种、成鱼、珍珠等。全年产成鱼304.17吨，育鱼种119.28万尾，珍珠363.68公斤，饲料3051.67吨。全年总产值达507.89万元，实现利税68.54万元，净利润达42.67万元，人均创产值2.62万元，人均创利税3090元，拥有固定资产333.2万元。1993年被浙江省人民政府授予“省先进农业龙头企业”称号。

南湖农场水产养殖场　场址位于余杭镇。1985年8月，余杭县人民政府批准，南湖农场将一些低洼易涝、土质差、产量低的水田开挖建设为池塘，发展商品鱼养殖。1986年3月第一期工程破土动工，先后在农业一队的湖田畈、六队的朝阳畈、八队的湖山脚、十队的开荒畈4处进行机械推挖，共挖土方24.94万立方米，建涵闸7座，机埠1座，投资34.42万元，建成鱼塘4片，76个、面积653.57亩。当年养鱼555.32亩，放养鱼种48.62万尾，起水成鱼134.49吨，平均亩产242.18公斤，获利1.15万元。

1986年下半年，南湖农场引入世界银行贷款，为杭州淡水养鱼项目点之一。第二期工程从1986年12月始至1987年9月结束，投资46.57万元，共挖掘土方34.5万立方米，建成鱼塘59只，计570.95亩。配套工程投资2.55万元，建桥闸7座。至此，水产养殖场共有鱼塘135只，总面积1224.52亩。在发展池塘养鱼的同时，为了降低成本，1986年建立了鱼种队，培育鱼种。

1989年，该场又建造鳖池8只、面积1008平方米，进行人工养鳖试验。1990年，又投资20余万元，建造温室250平方米和石砌亲鳖池1182平方米，初步形成了产卵、孵化、稚鳖、幼鳖、成鳖养殖生产线。1990年5月，放养鳖钟5437只，总重量468.5公斤，平均规格每只86.17克，当年10月起捕，获鳖5033只，起捕率92.6%，总重量1032.24公斤，亩产682.6公斤。同年，放养亲鳖389只，产卵478窝、7952只，平均每窝产卵16.6只，受精6872只，受精率86.4%；孵出稚鳖5446只，孵化率达79.2%。至1993年有越冬温室5只，2427平方米，越冬幼鳖3.2万只，年产商品鳖2.8吨（6000只）。

四、集体渔场

余杭县下沙乡水产养殖场　场址位于下沙乡850头子。下沙乡（今属江干区）水产养殖场

紧靠钱塘江北岸，建于1984年10月。到1990年，全场占地面积960亩，建鱼塘358.8亩，鳗池33.45亩，建果园100亩，竹园130亩，蔬菜及饲料地200亩。1990年有职工64人(其中直接从事渔业的30人)。该场原是一片基本荒芜、盐碱严重、收益低微的围垦土地，亩产值仅27元。1985年开始挖塘抬地，改造盐碱，以渔为主，竹、果、菜多种经营综合开发，改善了生态条件。经济效益显著提高，1987年全部投产，共养鱼358.8亩，产成鱼108.78吨，亩产303.18公斤，总产值28.52万元，利润11万元。1990年产成鱼164.82吨，亩产成鱼560.25公斤，总产值69.4万元，利润19.6万元。成鱼产量、总产值、利润分别比1987年增长51.51%、1.43倍和78.18%。

1985年5月与浙江省水产养殖公司合资兴建养鳗场，建池33.45亩。利用钱塘江鳗苗资源优势，建造温室培育鳗苗，养鳗与发展罗氏沼虾、青虾、河蟹等名特优水产品养殖相结合，提高鳗池利用率。1988年产成鳗6.08万吨，创汇5.17万美元，1989年—1990年产成鳗19.26吨，创汇16.41万美元。

余杭县塘栖联合水产养殖场　场址位于塘栖镇丁山河村。前身系丁河鱼种场和丁河养鱼场，于1960年合并建立塘栖联合水产养殖场。经营外荡水面7000亩，租池塘360亩，当年从长江采苗400万尾，自繁鲢鱼苗73.5万尾，培育夏花鱼种110万尾，产成鱼120吨。1972年以后，外荡水面莲子草养殖扩大，影响到养鱼生产，鱼产量逐年降低。1978年后，推广科学养鱼措施，养草水面减少，鱼产量上升。1983年产鱼苗1797万尾，培育夏花鱼种1168万尾，产成鱼145.7吨，比1960年分别增长23.45倍、9.6倍和21.4%。1993年全场有外荡水面2083亩、池塘106亩，双滤面环道3只、40平方米，产鱼苗9815万尾，培育夏花鱼种1302万尾(居全县之首)，年产成鱼120吨。

该场于1967年进行人工育珠试验，1969年采珍珠6.179公斤，收入6463.2元。1972年至1989年共产珍珠1159.93公斤。随着育珠生产的发展，天然育珠蚌资源不能满足要求，1978年开始进行人工繁殖三角帆蚌试验，繁育小蚌2829只；1979年又繁育小蚌22.36万只，1980年“三角帆蚌人工繁殖”课题获县科技成果三等奖。1981年和1982年共繁殖小蚌30万只；1986年10万只；1987年20万只；1990年繁殖小蚌50万只，因受水污染而死亡。

该场1977年创利331元，1978年—1987年(除1985年外)年利润在1.21万元—5.70万元之间，最多的1985年创利17.69万元。1988年与杭州市化工研究所联营办厂；又和杭州市日用化学公司共同创办余杭县塘栖日用化工厂。1988年—1990年，年利润在12.84万元—16.23万元之间。1990年，已建成一个具有一定规模的以工为主，渔工并举的骨干渔场，年工农业总产值291.6万元，年创税利22.08万元，净利56.78万元，职工人均收入达3500元。

第六章　农业机具

良渚文化时期，农具种类已很丰富，且分工明细，农业耕作已由耜耕阶段发展到犁耕阶段。清代，从翻耕、播种到收获的各种农具已趋齐备，一直延续到20世纪50年代末期。余杭传统农业以精耕细作著称，并以与之配套农具为条件和标志。50年代以来，为发展农村经济和农业生产，积极开拓和推广应用各类农具与农业机械。经历改良农具、推广新式农具和排灌机械（1949年—1965年）；以水田耕作机械为主，推动水稻生产机械作业（1966年—1979年）；农业经济体制改革，进一步促进农业机械化3个阶段。境内粮食生产各个环节机械已齐备且向效益型机具发展，农副产品生产、加工等多领域机械不断引进，并投入使用，农业机具管理和经营也逐步完善。

2005年，余杭区制定《余杭区贯彻〈农业机械化促进法〉工作实施意见》与《杭州市余杭区农机化扶持资金管理办法》等政策，余杭区农机化走上法制化、规范化、高性能农机快速发展的阶段。

第一节　传统农具

余杭传统农业的精耕细作，是以与之配套的农器具为条件的。良渚文化遗址出土的农器具距今5300年—4300年，就十分丰富且系统配套。翻土工具有石斧、石铲、石锛、石犁等，收割工具有石钩、石刀、石镰等，稻谷加工有石臼、石磨盘、陶杵等。秦汉始用铁制器具，并利用畜力、水力。民国时有少量抽水机械出现，然直至20世纪50年代，农具改进不大，几乎没有农业机械。

余杭农村沿用至今的传统农具，大致有下述6类。

一、耕作农具

主要有锄头、犁等。根据地区和农艺要求不同，锄头分为阔板锄、狭板锄、四指锄、开山锄等。犁分为畜力牵引犁和人力犁。另外，耙水田还使用畜力牵引的木耙、木耖。旱地中耕时，根据作物种植密度，选用不同尺寸阔板锄（俗称“刮子”）、狭板锄。水田中耕时多用田耙、田籧，田耙为铁制齿形，田籧为铁制圆形。

二、加工农具

一般多用碌碡（石滚）、杵臼脱壳和石磨磨碎粮食和饲料。山区农户多利用落差水力，冲转大木轮、带动杵臼臼米或石磨磨粉。平原农村多用畜力和人力，城镇用木砻砻谷，机器碾米。

三、收获农具

收割均用镰刀、茅刀。镰刀形似月牙，刃口为排列整齐斜尖齿，由砂轮磨削而成，俗称“发齿”。茅刀形似半月，刃口锋利，无齿，也能割草。脱粒通用木制稻桶、长把连枷或木棒打击。稻桶为四方形，用于稻麦脱粒。连枷形似田耙，木制，叉头可旋转，用于豆麦脱粒，通常是将割下豆麦挑到晒场晒干而击之。清选谷物大都使用风车，手摇风扇吹送不同比重谷物、秕谷。晾摊用具有篾垫、竹匾，翻晒有木耙、推谷板等。

四、运输农具

木制双(独)轮车、扁担、箩筐、畚箕等。平原水网地区水路运输传统使用木船，配以橹、篙、桨。山区半山区难以行船的地方，则多用木排、竹排等。

五、排灌农具

以木制水桶、水戽、水车为主要工具。水戽两边穿绳，2 人拉绳戽水浇田。木制水车由车骨、车辐板、车厢、木转轮等组成，分脚踏和手摇两种，脚踏水车又分 2 人踏、3 人踏、4 人踏多种。

其他农具尚有罱河泥的泥夹，盛粪的粪桶，浇肥水的粪杓；养蚕用的蚕匾和蚕架及桑剪等。改良农具有华东水田犁、手拉胶轮车、水泥船等。新式农具有双轮双铧犁、人力喷雾器、人力插秧机、脚踏打稻机等。山区林业工具还有朴刀、钩销刀、劈篾刀、山锄、锯子、斧头等。

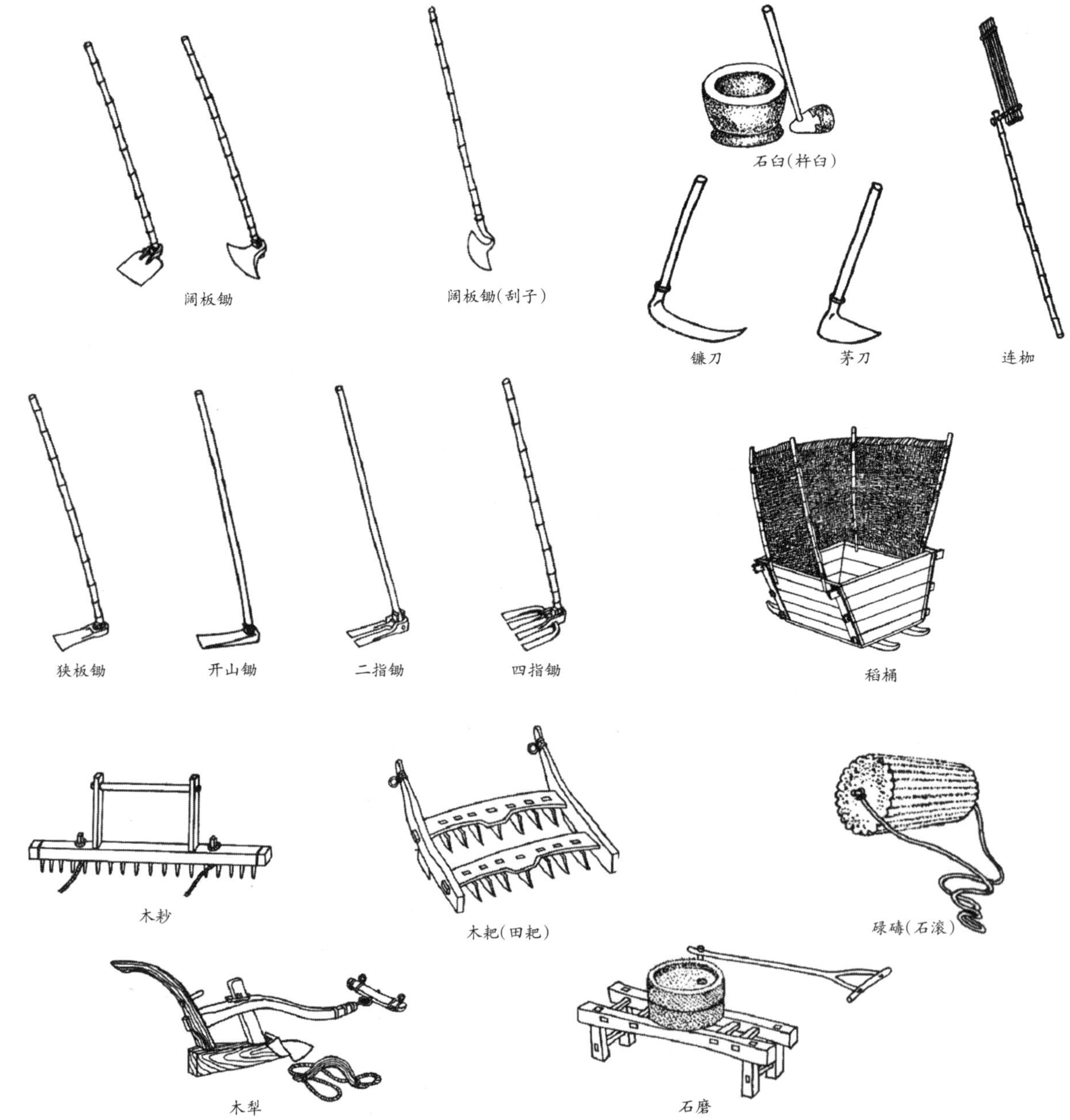

部分传统农具图

第二节 农业机械

1958年,余杭始有农机制造工业,逐步推广与发展植保机械、脱粒机、插秧机、收割机和手扶拖拉机等各种小型农业机械。1978年，全国第三次农业机械化会议的召开促使全县农业机械化运动达到高潮。1983年以后,开始实施家庭承包责任制等,单家独户的生产一度使农业机械的应用受到限制,发展较为缓慢。其时,主要拥有粮食生产作业机具,到1998年,粮食生产各环节机械已基本齐备,一些示范园区内已基本实现全程机械化,且从原先单一的粮食生产机具向效益型、经济型农机具发展。同时,引进农业喷滴灌、茶叶生产与加工、农副产品加工、农产品冷藏保鲜等多领域的农业机械。嗣后,农业开始着手产业结构调整,相应对农业机械也提出了新的要求,从原先单一的粮食生产机具向效益型、经济型农机具发展,引进和试验了设施农业喷滴灌、茶叶生产与加工、农副产品加工、农产品冷藏保鲜等多领域的农业机械。农业机械化事业也逐步走上服务社会化、经营企业化、管理社会化的发展道路。2004年11月,《农业机械化促进法》的出台及省农业厅、财政厅关于对大中型粮食机械实行以奖代补政策(购机补贴)的实施标志着农业机械化再次迎来发展。2005年,余杭区制定《余杭区贯彻〈农业机械化促进法〉工作实施意见》与《杭州市余杭区农机化扶持资金管理办法》等政策、文件,促使余杭区农机化走上了快速发展的轨道。

一、农机具拥有量

民国36年(1947年),杭县政府向行政院善后救济总署浙江分署借到5英寸抽水机3套,抽水抗旱。1949年,全县仅有柴油抽水机4台,11.4千瓦,其中2台拖水泵,2台拖水车。至1961年,境内才拥有农用水泵394台;1985年,全县农业系统农用水泵7369台,有离心泵、混流泵、轴流泵、深井泵等。1958年,余杭县引进一台德特—14(II.T—14)小型拖拉机;1985年,全县拖拉机发展到5932台,计57352瓩,其中手扶拖拉机5458台。另有机动打稻机29774台,48153千瓦,人力打稻机5531台,其他机动脱粒机2061台,7771千瓦。1973年全县农村机动船只14艘,计161千瓦,1985年,全县农用机动船(包括挂桨机)1279艘,计13230千瓦。1985年,全县拥有农用汽车315辆,21895千瓦。另外,尚有少量机引农具,电犁、机耕船等。

1991年,全县农业机械总动力34.9万千瓦,比上年增长4.87%,其中柴油机13.41万千瓦,增长6.17%;汽油机2.4万千瓦,增长1.1%;电动机19.09万千瓦,增长4.45%,机型动力、收获机械、植保机械、运输机械发展较快,耕作机械、排灌机械、农副产品加工机械也有一定程度的增长。全县农业机械总值1.15亿元,比上年增长3.7%,其中全民814万元,占7%;集体2906万元,占25.30%;农户7786万元,占67.7%。年内首次引进江苏省504四轮驱动联合收割机,大面积推广麦田开沟机,全年耕作机械动力比上年增长2.64%。1995年,全市共拥有各类农业机械10.1432万台,总动力39.3503万千瓦,比上年增加1524台,动力增加4728千瓦,增长率分别为1.53%和1.22%。其中按机械作业功能分：耕作机械1.0443万台、10.3938万千瓦；收获机械6.7135万台、920.5千瓦;植保机械411台、906千瓦;排灌机械1.3881万台、7.4587万千瓦;运输机械4412台、8.208万千瓦；农村产品加工机械4238台、3.7992万千瓦；其他机械902台、1950千瓦。按能源类型分:柴油机具1.4983万台、16.9585万千瓦;汽油机744台、2.1775万千瓦;电动机8.5705万台、20.2143万千瓦。年末全市拥有手扶拖拉机9957台,农用大、中型拖拉机420台;农用汽车656辆,农用机动船2625只,农用水泵14188台,打稻机6.7067万台,大中型联合收割机71台套,开沟机196台,耕整机10台,机耕船46艘。其中联合收割机和开沟机增长幅度最大,中型联合收割机新增16台,小型开沟机新增85台,增幅分别为89%和76.5%。

2000年底,余杭全市拥有各类农业机械9.26万台,总动力349250千瓦,其中耕作机械7896台,71971千瓦。收获机械63382台,89289千瓦。植保机械217台,543千瓦。排灌机械1.1万台,65118千瓦。农副产品加工机械3282台,27408千瓦。运输机械5059台,82907千瓦。年末全市拥有手扶拖拉机7709台,农用大中型拖拉机109台,农用运输车861辆,机耕船57艘,直播机16台,水稻插秧机7台,联合收割机133台,机动割晒机30台,谷物烘干机8台,机动喷雾机151台,农用水泵11986台,开沟机590台。

2005年底,余杭全区农机具拥有量达99217台(套),农机总动力43.26万千瓦,其中耕作机械6375台(套)、58210千瓦;收获机械6662Q台(套)、94197千瓦;植保机械324台(套)、846千瓦;排灌机械12555台(套)、74766千瓦;农副产品加工机械4539台(套)、35982瓦;运输机械6795台(套)、129094千瓦。全年实现机耕作业面积2.65万公顷,机械播种593.3公顷,机械收获1.94万公顷。2006年,全区拥有各类农业机械119985台(套),农机总动力46.38万千瓦,比上年增长7.2%,农业机械总值3.43亿元。其中耕作机械4487台(套),43048千瓦;收获机械74883台(套),98803千瓦;植保机械211台(套),326千瓦;排灌机械25274台(套),86315千瓦;农副产品加工机械1695台(套),16018千瓦;运输机械5325台(套),112422千瓦。全年完成机耕作业面积30767公顷,粮食机械收获面积2.2万公顷,机械秸秆还田面积7040公顷,机械分级水果170吨,冷藏保鲜贮存农产品1.4万吨。全区拥有在册拖拉机4582台,在册拖拉机驾驶员4209人,并启用全国统一的拖拉机新牌证。2010年,全区拥有各类农业机械112360台(套),农机总动力50.29万千瓦,农业机械总值4.25亿元。其中耕作机械4384台(套),46547千瓦;收获机械61009台(套),85975千瓦;植保机械1817台(套),2263千瓦;排灌机械23153台(套),87800千瓦;农副产品加工机械1393台(套),15274千瓦;运输机械5787台(套),127622千瓦。全年完成机耕作业面积3.1万余公顷,粮食机械收获面积2.53万公顷,机械秸秆还田面积5680公顷,水稻机械化插秧1637.13公顷,机械化收获油菜364.13公顷。

图6-1 水稻穴直播机作业(2016年)

2011年,全区拥有各类农业机械109292台(套),农机总动力50.84万千瓦,农业机械总值4.47亿元。其中:耕作机械4474台(套),48478千瓦;收获机械55923台(套),79315千瓦;植保机械2491台(套),2954千瓦;排灌机械22799台(套),88031千瓦;农副产品加工机械1449台(套),16923千瓦;运输机械5645台(套),124981千瓦。完成机耕作业面积2.93万公顷、粮食机械收获面积

1.98 万公顷、机械秸秆还田面积 0.69 万公顷、水稻机械化插秧 1303.87 公顷、机械化收获油菜 535.27 公顷。2013 年，全区拥有各类农业机械 103634 台(套),农机总动力 52.18 万千瓦,农业机械总值 4.87 亿元。其中：耕作机械 3710 台（套),43050 千瓦；收获机械 162 台（套),6721 千瓦；植保机械 1756 台(套),3048 千瓦；排灌机械 22570 台(套),88467 千瓦；农副产品加工机械 1370 台(套),16174 千瓦；运输机械 5352 台(套),122115 千瓦。全年完成机耕作业面积 28980 公顷，粮食机械收获面积 17806 公顷，机械秸秆还田面积 8186 公顷,水稻机械化插秧面积 1773 公顷,机械化收获油菜面积 693 公顷。2015 年,全区有各类农业机械 8.2 万台(套),农机总动力 44.85 万千瓦,农业机械总值 5.02 亿元。全年完成机耕作业面积 1.82 万公顷,粮食机械收割面积 1.13 万公顷,机械秸秆还田面积 4822.8 公顷,水稻机械化插秧 2695.73 公顷,机械收割油菜 519.47 公顷。2016 年,全区拥有各类农业机械 7.47 万台(套),农机总动力 43.19 万千瓦,农业机械总值 5.07 亿元。其中,耕作机械 3535 台(套)、44184 千瓦；收获机械 179 台(套)、8312 千瓦,植保机械 1663 台(套)、3126 千瓦,排灌机械 19543 台(套)、81646 千瓦,农产品初加工机械 1259 台（套)、15161 千瓦,运输机械 3035 台(套)、68662 千瓦。全年完成机耕作业面积 1.92 万公顷,粮食机械收获面积 1.21 万公顷,机械秸秆还田面积 9917.1 公顷,水稻机械化插秧 4212.87 公顷,机械收获油菜 597.53 公顷。

图 6–2　无人驾驶插秧机(2019 年)

至 2018 年底,全区农机年报显示农机拥有量达 65889 台(套),农机总动力达到 39.69 万千瓦,主要机械有耕作机械 3733 台(套),44908 千瓦；收获机械 192 台(套),9024 千瓦；谷物烘干机 141 台(套)；植保机械 1766 台(套),3578 千瓦；排灌机械 17046 台(套),72789 千瓦；农副产品加工机械 1148 台（套),14008 千瓦；畜牧养殖机械 676 台,3777 千瓦；渔业养殖机械 2681 台,7733 千瓦；林果机械 34 台,211 千瓦；茶叶机械 10074 台,50473 千瓦；食用菌机械 17 台,81 千瓦；运输机械 2350 台（套),51282 千瓦。全年完成机耕作业面积 21.98 万亩，机耕水平 84.54%,其中水稻 54.73%；机械播种 130368 亩,机械播种水平 49.86%,其中水稻机播 54.73%；机械收获 212234 亩,机械收获水平 81.17%,其中水稻机收 97.28%。

二、耕作机械

余杭田间耕作机械主要是各种拖拉机及其配套的犁、耙等。20 世纪 70 年代发展小型拖拉机为主,在部分地区使用机耕船。

拖拉机　民国 36 年(1947 年)9 月,行政院救济总署浙江分署在余杭县石蛤试办曳引机复耕区,开始引进小型拖拉机。民国 37 年(1948 年)3 月,闲林镇白洋畈归侨合作农场首次使用四轮拖拉机。1958 年,杭县引进一台德特—14 小型拖拉机,在乔司学稼村挂一张犁耕地。1959 年,杭州市国营拖拉机总站九堡分站成立,拥有从苏联及东欧等国进口拖拉机 19 台,开始在九堡(今属江干区)、乔司、下沙(今属江干区)、翁梅(今属南苑街道)耕作,后又转至水稻产区潘板桥、沾驾桥(今属崇贤镇)等地并逐年扩大耕作面积。至1961年底,大中型拖拉机发展到29台,计671.8千瓦,职工110人。1965年,引进手扶拖拉机8台。有工农—7型,富春江—10型(杭产东风—12前身),主要分配给农机化试点单位,仓前公社金星大队和长松大队。

中型拖拉机发展缓慢,到1973年底止,共有90台。其主要原因是:田块窄小,耕作时易下陷打滑,过田埂困难,且价格贵,为手扶的3倍以上,因而一般中型拖拉机多作运输工具。另外,全县还进行拖拉机选型工作。自然淘汰了一批不适宜本地的机型,如中型拖拉机中淘汰了一批“洋机”,手扶式中淘汰了常州—8型、红旗—5型、富春江—10型等等。为以后农机管理,零配件生产供应,提供了方便。

1972年,大面积推广三熟制,机耕作机械发展很快,手扶拖拉机增加迅速。1981年,机耕面积占粮食种植面积的80%。1983年,实施家庭承包责任制,机耕率一度连年下降,20世纪90年代后又逐步恢复。

耕作机械以小型手扶拖拉机为主,大中型耕作机械发展一直较为缓慢。1981年以前,全县拖拉机均为集体所有,1982年开始允许私人经营拖拉机,拖拉机有很大发展。1985年,全县拖拉机发展到5932台,计57352千瓦,其中手扶拖拉机5458台。2017年,全区有小型拖拉机2541台,次年2298台,主要型号为常州拖拉机厂的东风12型、东风151型,永康常州拖拉机厂工农12型。

20世纪90年代后,推广应用大马力背负式联合收割机,该机用50马力以上拖拉机带动,可根据需要与收割机械或旋耕机配套,分别用于收获和耕作作业。此后,大中型拖拉机逐步在耕作环节应用。2000年后,由于农业产业结构调整,粮食一季为主,小型耕作机械应用受到一定限制,大中型拖拉机进一步发展,在余杭片几个乡镇开始大面积应用。2004年后,浙江省出台大中型粮食机械以奖代补政策,受该政策影响,当年添置农田作业用大中型拖拉机10台(套)。2005年,全区大中型拖拉机总拥有量达134台(套)。2018年,全区总拥有量达到320台(套)。主要型号为常州东风DF954、DF1004,江苏常发CFG954J、CFG1004,久保田KUBOTA-854k,江苏-804p等。

2015年中泰街道钦秀家庭农场湖州思达1GLZ-220履带自走式旋耕机,2016年,瓶窑街道陈连明购买1台湖州思达机械制造有限公司生产思达1DZ-1型履带式多功能耕作机,解决了长期大型轮式拖拉机耕作带来田块耕作层破坏与田块越来越深的问题。2017年,增至2台。2018年新增18台,主要型号为思达1DZ-1型,申联重机浙江有限公司生产的艾禾1DZ—230A型。

机耕船　20世纪70年代末,引进机耕船(船型拖拉机),用于深泥脚水田(如湖田、沤田、烂泥田)的机械化耕作,以避免耕作下陷。采用12马力发动机为动力,生产率达3亩/时—5亩/时,较同级拖拉机高,而油耗低20%—30%。配套有锋铧犁、旋耕机、小耙等工作机具,能进行耕、耙、平阳等作业,是一种性能优越的耕作机械,余杭、仓前等乡镇应用较多。但不能像拖拉机一样实现一机多用,仅作为农田作业机具。1977年,全县船型拖拉机40台,1982年发展到165台。2005年,全区拥有机耕船56台。2014年,引进了JC-7049型大马力船型拖拉机2台在瓶窑张堰村进行试验,但效果不好。2018年,全区拥有机耕船228台,主要型号为浙江挺能胜机械有限公司的GN-18,GN-12。

配套农具　耕作配套农具是指与主机配套由主机牵引进行作业的耕作附机。包括旋耕机、开沟机、犁、耙等。

旋耕机。自引进拖拉机后,开始推广应用旋耕机,碎土能力强,能使耕层昏度松碎平整,很受农户欢迎。一直是耕作配套主要机具。2005年,全区有旋耕机4223台(套),其中大中型拖拉机配套旋耕机113台(套),小型拖拉机配套旋耕机4110台(套)。2018年底,区内有旋耕机2333台(套),其中大中型拖拉机配套旋耕机495台(套),小型拖拉机配套旋耕机1838台(套)。

开沟机。1974年,余杭县引进开沟机1台,主要用于春粮作物农田开沟,以降低地下水位,提高春粮作物产量。到1979年,县开沟机135台,后由于经济效益不高,一度停止该项目推广。1988年,再次引进大小开沟机各2台,分别与上海50型拖拉机和东风12型拖拉机配套作业。经试验,两种开沟机作业后沟型清楚、沟壁光滑、沟底平整,抛落沟两边的碎土可达2米以上,且土粒均匀细小,能完全覆盖种子,一次作业完成开沟、覆盖两道工序,功效较人工作业高40倍。同时,提高出苗率,用种量减少,较人工开沟产量提高一成以上。1989年,全县开沟机总量达到67台,1991年增至107台,以后逐年以较快速度增长。1997年,引进江苏昆山螺旋式开沟机,应用效果比较理想。到1998年,全区开沟机拥有量达到696台。1999年后,农业结构调整,春粮种植面积逐年下降,开沟机应用随之减少。后由于农业结构调整,春粮种植面积逐年下降,开沟机应用也随之减少。2011年,开始应用复式开沟旋耕机,单独的开沟机较少。

水田平整机 2015年,仁和杭州余杭益民农业生产服务专业合作社引进上海松江1BPS-500水田驱动耙1台,主要用于水稻机插、机直播前平田用。2017年,全区有4台,其中江苏产液压自动水平整平机主要型号ZP25-49有3台,配套在轮式拖拉机上,平田效果项一般。2018年始,液压自动水平整平机配套在履带式拖拉机上,平田效果较好。

秸秆粉碎还田机 2007年,余杭街道寿卫娣引进1台配套的大型拖拉机1台开元王150秸秆粉碎还田机,效果较好,以后逐年增加;2018年,全区有53台,主要型号为河南豪丰机械制造有限公司4J-200,江清淮机械有限公司1JF-180等。

三、排灌机械

余杭县境内使用动力抽水机,始见于民国23年(1934年),这年大旱,河塘干涸,部分富户购置动力抽水机。民国36年(1947年)9月,又值大旱。杭县政府向行政院善后救济总署浙江分署借到5英寸抽水机3套,抽水抗旱。次年,发放小型农田水利贷款,兴办农田水利和购置抽水机,这批抽水机后来均为乡长等私人所有。1949年,境内仅有柴油抽水机4台、11.4千瓦,其中2台拖水泵、2台拖水车。

1953年,在双林乡建成境内第一个国营抽水机站——临平抽水机站(该站1956年下放给集体)。1954年冬,建国营长命抽水机站,长命站初建时装内燃机5台,66.15千瓦。灌溉农田5900亩(393.33公顷)。1956年架成全县第一条农用一万伏高压线,长9公里,年底拥有电动机9台,计14.3千瓦,用于排灌。后随农用线路逐年增加,电力排灌有很大发展。

1960年,排灌机械634台,其中电动机210台。1965年,电动机增加到1209台。1976年,机电排灌面积50.47万亩,占总耕地面积的79.25%。随着电力设施不断改善,电力排灌发展较快。到1982年,机电排灌面积3.9万公顷,占耕地总面积的94.3%,基本上实现排灌机械化。内燃机排灌主要用于塘栖一带低扬程船上移动式机埠作业。农用水泵,60年代初,全县只有几种规格的离心泵,数量也很少。1961年,农用水泵394台。1985年,全县农业系统农用水泵7369台,有离心泵、混流泵、轴流泵、深井泵等。喷灌机,始于70年代。1978年,全县拥有喷灌机86台,1985

年373台,主要用于农场大片茶园、桑园、果蔬等地的机械化喷灌。1985年,全县有效灌溉面积65.63万亩,占耕地面积的98%。全县旱涝保收田45.16万亩,占总耕地面积的67.4%。至2004年,全区拥有排灌机械12108台(套)、71256千瓦,实现机械灌溉作业面积7.38万公顷;次年,排灌机械12555台(套)、74766千瓦,机械灌溉作业面积10.68万公顷。至2018年,拥有排灌机械17046台套,72789千瓦。

20世纪50年代,使用的水泵都是仿制美国卡佛式离心泵,扬程6米以上。60年代使用通过省级鉴定的浙农系列水泵,配以7千瓦—10千瓦动力,效率达70%—83.5%。1980年后使用180瓦—750瓦系列水泵。

四、植保机械

1958年,出现简单的植保器具,如喷粉雷、竹木高压喷雾器等,利用压力将药物喷洒。以后,出现简单人力机械,有担架式、单肩背负式等,均需两人才能操作。20世纪60年代中期,出现双肩背负人力杠杆式喷雾机,一人就能操作,很方便,以后有了很大发展。1965年,开始使用机动式喷雾(粉)机,用于果园、桑园和大田作物病虫害防治。有工农—36型、东方红—18型等。1982年,全县植保机械动力发展到2381千瓦。1983年后,大田作业变为以户为单位的小田作业生产,植保机械发展暂时受到限制。

1985年,全县共拥有人力喷雾机68496架、机动喷雾机768台。2000年,余杭区农机管理总站引进高压喷雾机3台,在鸬鸟镇蜜梨园区示范应用,这种新式喷雾机雾化程度可随意调节,并随机附100米(或200米,水管和不同射程的喷枪,使用方便。嗣后,该高压喷雾机在区内园林、粮田、果园开始较多应用。2005年,全区已拥有该喷雾机56台套。2008年,由于粮油生产规模化,病虫害统防统治政策出台,担架式等高压喷雾机开始广泛应用,2018年有机动喷雾机1766台,其中高压喷雾机681台,主要型号为嘉兴市天地植保机械厂的3WZ-45;诸暨市园农机械有限公司的3WZ-Ⅲ。

2014年,仁和杭州余杭益民农业生产服务专业合作社引进山东产的3WPG—600高低隙自走式喷干式喷雾机1台,用于旱地作物效果较好,平均亩减少工时成本40.62元。2017年底,自走式喷干式喷雾机增至5台。2014年,还引进山东卫士植保机械有限公司生产的WSZ-2410型24翼遥控无人超低量施药飞机一架,经瓶窑余杭惠农植物保护专业合作社开展水稻病虫害防治试验,效果良好,2018年,区内有植保无人飞机38架,植保无人飞机主要型号为东莞市大疆创新科技有限公司3W-DJI-8-10-015等。

五、喷滴灌机械

1996年,开始引进聚氯乙烯塑料管和氯乙烯半软管的喷灌系统,微喷在乔司镇配套应用。2000年,开始引进喷灌技术,长乐镇绿景塘村山林果园投资4万余元,建立第一个固定式喷灌工程,喷灌近50亩(3.33公顷)果园,因设备性能较差,效果不佳。

2002年,余杭镇现代农业园区在10公顷蔬菜大棚内试用滴灌技术,获得成功。既减轻劳动强度,还可促控蔬菜生长。2003年,南苑街道五科蔬菜基地推广50亩(3.33公顷),鸬鸟镇果园推广40公顷。后在花卉、苗木培植、果园、蔬菜等种植基地广泛采用。2005年,全区滴灌应用面积约为5000亩(333.33公顷)。

2006年起,喷滴灌系统被列入杭州市农机购机补贴目录,加快推广,仅2006与2007两年就推广喷滴灌工程21个面积4924亩。2007年,在余杭街道建成喷滴灌设施示范基地,建设面积 1177 亩,其中大棚微喷 40 亩,滴灌 1137 亩。《喷滴灌技术在种植业上的推广应用》获得了 2007 年杭州市丰收二等奖。花卉、苗木培植、果园、蔬菜等种植基地被广泛采用,2018 年,拥有喷滴灌系统 414 套,面积 1.38 万余亩。

六、种植机械

插秧机　历史上曾使用“秧马”和“莳扶”插秧。1960 年,为了大力推广人力木制插秧机,迅速定型成批生产,在临平公社召开插秧机现场比武会。各公社带新制插秧机一架,参加比武。其时,价格按企业不计利润,适当提取管理费用,国家不收税,确定每台插秧机出厂价格为 76.69 元,并产销见面,以支援插秧机的推广使用。该年 7 月止,共推广人力木制“浙江 1 号”插秧机 3000 台。根据“集体使用,重点试验”的方针,不少地方建立了插秧机专业队,规定有 10 台以上插秧机的单位,以生产队或农场或管理区为单位成立专业队。同时,规定每台插秧机配备 3 人,插秧、补秧、装秧,定人定机,拔秧人数根据机手的工效来配备。1971 年,余杭县开始推广使用机动插秧机。引进第一台东风—2S 型机动插秧机,在仓前公社金星大队试插。这是国内第一种正式定型机种,3 马力,适用洗根大秧龄苗机插。1973 年,县农机研究所研制成功余杭改制型人力插秧机 4 台。1977 年、1978 两年,机械化插秧发展到高潮。1977 年,全县拥有人力插秧机 233 台,机动插秧机 281 台,全年机插面积 5595 亩,机插率 0.59%。由于插秧机的制造质量,操作技术、零配件供应、维修网点等等因素,机插未能普及应用。

1980 年根据上级有关精神,县里规定未定型机停止生产,已有机械不再使用,因而全部报废。1988 年,舟枕乡(今属余杭镇)上湖村和崇贤镇向阳村列入杭州市农机化试点村,对劳动强度大、用工量多的插秧机进行机械试验应用。上湖村由省补助分配温岭产工厂化育秧设备 1 套,自购吉林产 2ZT—7358 型机动插秧机 1 台、早稻工厂化育秧 325 盘,机插 4.2 亩,亩产 410 公斤,比对比的手插工厂化秧每亩产量高 53 公斤,比手插常规秧产量高 25.7 公斤。晚稻机插 6 亩,亩产 400.5 公斤,比手插常规秧每亩增产 39 公斤。

工厂化育秧装土、浇水、抑种、覆土实行机械化作业,一次完成,播种均匀度好,秧苗标准化、规格化,适合机插,具较强的抵御自然灾害能力。1988 年—1990 年,上湖村以工厂化育秧设备育秧用于大田 192 亩(12.8 公顷)。因设备一次性投资大,且前期准备花工量大,经济效益不明显。

1988 年,崇贤镇向阳村试验应用简易盘育秧与机插配套技术,采用延吉 2ZT—7358 型插秧机与手插进行对比试验,机插秧田品种为早稻广陆矮 4 号、晚稻秀水 04,产量不理想。1989 年,机播早稻浙幅 802、晚稻秀水 37 生产情况较好。由于 2ZT—7358 型机动插秧机行体偏大,易拥泥、转弯不灵活,不能适应连作晚稻少本密植需要。同时对秧苗的要求高,三熟制早稻、晚稻和一些秧龄较长品种,机插比较困难。2007 年,引进了新一代洋马 VP-6 型乘坐式高速插秧机 1 台,井关步进式 6 行插秧机 1 台,育秧盘 8000 只,在我区的余杭与径山镇 4 个点开展试验,当年机插单季稻 520 亩,晚稻 80 亩,试验获得成功。2008 年,在省水稻机插作业补贴 40 元/亩的基础上, 每亩增加 30 元, 再加上购机补贴政策对插秧机的倾斜, 机械化插秧推广较快, 2008 年达到 7884 亩。2009 年,径山等地引进了育秧流水线,开始工厂化育秧,提高了育秧效率与质量,促进了水稻机插。2010 年,《水稻机械化插秧推广技术试验应用》获得 2008 年—2009 度余杭区科技进步二等奖。2012 年,首次引进密植型插秧机,该机具单行距 24 厘米、行数 8 行,比普通型插秧机增加基本苗数。2018 年,有水稻插秧机 174 台,主要型号为洋马农机(中国)有限公司 2ZGQ-6D(VP6D;久保田农业机械(苏州)有限公司 2ZGQ-6D(NSPU-68CMD,有育秧流水线 51 条,机械化插秧面积 4.95 万亩。

2017 年，由瓶窑华农农机专业合作社引进的洋马 VP6DZF 侧深施肥插秧机 1 台在窑北村开展首次试验应用,施肥插秧一次性完成。

抛秧机　随着经济体制改革深入,农业规模经营不断扩大,水稻轻型栽培技术得到推广应用。1996 年,余杭市农机总站率先从无锡引进水稻抛秧机,在省农机化示范区上湖村试验应用,在全省抛秧技术现场会上演示。全年共机抛 2480 亩(165.33 公顷)。到 1998 年,抛秧面积达 3.38 万亩(2253.33 公顷),但大都为手工抛秧。由于价格、质量、操作技术、农艺要求等因素制约,机抛未能普及应用。

直播机　1999 年,余杭镇木桥村种粮大户连加林自行研制 BR6A 型水稻精量点播机具,当绿申报获实用技术专利。2000 年 6 月,杭州市农业局与余杭市农业局在余杭镇上湖村现代科技示范园区联合举办单季稻机械直播现场演示会上，由引进的日产洋马直播机、上海沪嘉 J—2BD—10 型直播机和 BR6A 型直播机同场进行演示。BR6A 型水稻精量点播机一次性能完成点播和开沟两项作业,且整机机体小,操作轻便。后由于水稻种植以手插散播为主,没有继续推广应用。2012—2014 年,余杭区中国水稻研究所在仓前街道开展新型稻精确定量穴直播机试验。2015 年,在仁和杭州余杭益民农业生产服务专业合作社项目引进上海世达尔 2BDXZ-10SC 型水稻精确定量穴直播机 1 台试验,当年种植 500 余亩。到 2018 年底,全区拥有水稻精确定量穴直播机 24 台,主要型号有 南通丰盈机械有限公司的 2BD-10(240),宁波市大宇矢崎机械制造有限公司的 2BD-8。

油菜直播机与油菜移栽机　2008 年,引进 1 台江苏盐城产配套工农 12 型拖拉机的油菜直播机在仓前镇试验,效果一般。2010 瓶窑镇张堰村陈连明引进了 1 台武汉黄鹤拖拉机有限公司生产黄鹤牌 2BYM-6/12 型油菜小麦兼用联合直播种机进行试验,效果良好，但油菜直播与水稻收获茬口安排有冲突，油菜直播机推广不开。2010 年,引进一台南通富来威 2ZQ-4 型油菜移栽机在仁和杭州余杭益民农业生产服务专业合作社开展油菜机移栽试验,工效比手工提高 10 倍,但对田块要求较高,该合作社还开展自行研发了半机械化的油菜打洞机。2018 年,有油菜移栽机 2 台、油菜打洞机 4 台。

图 6-3　仁和益民合作社引进试用油菜移栽机(2009 年)

七、收获机械

余杭稻麦收获机械使用始于 20 世纪 60 年代,为电动打稻机与清选机械,70 年代开始推广割晒机。80 年代后期,联合收割机应用逐步发展。

割晒机　1972 年 11 月,南方 13 省、市收割机田间试验现场会在仓前公社召开后,县内开始推广收割机械，主要用在国营农场。1997 年先后引进永康产配工农 12 型手扶拖拉机的

GN91—1300割晒机和江苏泗洪产配东风12型手扶拖拉机的苏4GL—130割晒机，因机件在田间转移困难而未推广。1998年引进宁波奉化产东安4GL—120型稻麦割晒机，先后在余杭镇上湖村、长乐镇绿景塘村、仓前镇金星村进行示范推广，到1998年底共新增割晒机17台，收割面积0.35万亩(233.3公顷)，2002痒发展到80台，收割面积1.35万亩(900公顷)。后因收割机生产厂家停产，零配件供应困难等原因，使用者逐年减少。至2005年，全区拥有量为54台，计153千瓦。后因收割机生产厂家停产，零配件供应困难等原因，加上的普遍应用联合收割机，使用者逐年减少，至2018年，全区拥有量为4台，50千瓦。

联合收割机　1955年，国营乔司农场引进首台苏联产大型联合收割机，因不适合田间收割而固定在场地作单项脱粒作业。1988年，余杭镇上湖村引进桂林—2号联合收割机，瓶窑镇张堰村引进上海504拖拉机配套桂林3号联合收割机，解决部分地区烂田作业、收割困难问题。1995年陆续引进湖州130型自走式联合收割机和宁波奔野254拖拉机配套桂林4号联合收割机共25台(套)，收割面积达6.72万亩(4480公顷)。1996年引进杭州市首台日本产久保田半喂入联合收割机，作业性能优越。1997年引进韩国产东洋5050C、无锡产太湖1450、日本产洋马半喂人联合收割机，因价格太高而普及困难。

图6-4　半喂入收割机收获水稻(2012年)

2004年，为鼓励发展粮食生产，浙江省出台大中型粮食机械以奖代补政策，鼓励农机大户和种粮大户购置联合收割机，余杭区共增联合收割机9台(套)。全区联合收割机拥有量达132台(套)，水稻机收率达60%以上。2005年，全区有高性能半喂入联合收割机43台。2017年，全区联合收割机拥有量达到127台(套)，其中高性能半喂入联合收割机73台，2018年，达135台，其中半喂式联合入联合收割机69台，再加上外地联合收割机的跨区作业，水稻机收率达98.03%。联合收割机主要型号为洋马4LZ3.5A，4LZ3.0A，4LBZj-140D(aG600)；久保田轮式联合收割机4LZ-6A2，4YZB-3(PRO1408Y-4)，久保履带式联合收割机4LBZ-145C(PRO588-1)等。2018年，全区联合收割机拥有量达到135台(套)，其中高性能半喂入联合收割机69台，再加上外地联合收割机的跨区作业，水稻机收率达98.03%。当前联合收割机主要型号为洋马4LZ3.5A，4LZ3.0A，4LBZj-140D (aG600)；久保田轮式联合收割机4LZ-6A2，4YZB-3(PRO1408Y-4)，久保履带式联合收割机4LBZ-145C(PRO588-1)等。2018年杭州余杭区金硕农业机械化专业合作社还引进了1台适合烂田作业的收割机，型号为洋马4LZ-3.5A(YH880)全喂入联合收割机。

脱粒机　脱粒机具结构简单易于推广。60年代末，电动打稻机逐步代替脚踏打稻机，后随农用电网的扩大，脱粒机械动力增加，机脱面积扩大。1985年，全县机动打稻机有29774台，人力打稻机5531台，机械脱粒面积为84.4万亩(5.63万公顷)。90年代初，联合收割机推广应用后，机动脱粒机逐年减少。至2005年，全区机动打稻机为62365台。2018年，经审验的机动脱粒机只有14台。

油菜收割机　2005年，引进了湖州碧浪160稻、麦、油三用联合收割机在仓前镇农户阮士良开展试验，并召开了现场会，收获效果较好。2008年，由于机械的改进，油菜品种改良，购机补助政策对油菜收割机（稻、麦、油多用）补助倾斜，当年新增6台，机收347.5亩。以后油菜收割机逐年增加，机收面积不断增加，2018年，区内有油菜收割机（稻、麦、油多用）51台，主要型号为星光农机股份有限公司4LZY-2.0S，久保田农业机械（苏州）有限公司4LZY-1.8B（PRO688Q），机收面积6009亩，机收率32.18%。

八、农产品加工机械

粮油加工机械　1960年后，农副产品加工机械开始有专用动力。此后，随着农用电网扩大，专用动力有很大增长。20世纪70年代，县内乡村都建有粮食加工厂，为当地农民提供碾米、磨粉等服务。到1985年，全县已有农产品加工动力36161千瓦，粮食加工实现机械化。

2003年，余杭镇粮油加工有限公司从日本引进一组粮食加工流水线机组，包括脱壳、精选、抛光等多道工序，系区内首套自动化粮食加工流水线，粮食加工开始由分散、传统方式向现代化、集约化方式转变。其他规模比较大的粮油加工厂都用粮食加工流水线机组，2009年，杭州富义仓米业有限公司应用的湖北永祥粮油机械有限公司粮食加工碾米机械成套设备。2017年，仁和益民农业生产服务专业合作社引进江苏丹阳黎达稻米加工流水线设备，开展稻米加工、包装，完成水稻生产、加工到商品一条龙。

粮油烘干机　1997年，余杭市开始试验应用粮食烘干机，引进1台宁波1.2型批式循环谷物烘干机和2台上海三久立式烘干机，当年烘干粮食100万公斤，后由于烘干机的应用受天气条件限制、分散农户机械化烘干意识不强等原因，没有进一步推广应用。

1996年，余杭市粮食局下潘板粮库与金星粮库各购买1台12吨上海三久机械有限公司三久低温干燥机。2000年，永建粮库购买1台6吨上海三久机械有限公司三久低温干燥机，周家里粮库购买2台6吨金子农机（无锡）有限公司“无锡金子EG-606R”烘干机，到2001年粮食部门已有烘干机7台。2011年—2013年余杭区粮食局所属区粮食收储公司购买18台烘干机，建立批次烘干能力450吨的烘干中心。

2009年开始，径山丰和农机专业合作社购买2台上海三久机械有限公司产的粮食烘干机。2012年，烘干补贴实施后，农机合作社及农机户购烘干机积极性提高。至2018年，有粮食烘干机141台，粮油干燥基本上为机械烘干主要型号为上海三久机械有限公司的NEWPRO-120H，宁波天海制冷设备有限公司的热泵型谷物干燥机5HXRG-100。

农副产品烘干机　彭公（今属瓶窑镇）、黄湖一带盛产竹笋，农户制作笋干多用木炭土炉烘制。20世纪90年代后，彭公笋干制作渐成规模，笋干加工专业户开始向附近农民收购鲜笋烘制笋干，制造土制烘箱，多用木材作为燃料，内有20层—30层棚架，一次可烘制200公斤左右，成为笋干烘制主要设备。2004年，区农机管理总站从福州引进柜式农副产品烘干机干燥蜜饯。2005年，瓶窑彭公共应用笋制品专用干燥机4台，杭州梅园食品有限公司从常州引进蒸气式蜜饯FGH柜式烘干机2台，仁和街道三白潭水产加工厂开展福建三发发DFSH鱼类专用循环隧道干燥机1套进行青鱼烘干试验初步成功。《蜜饯机械化烘干技术示范与推广》还获杭州市2006年丰收三等奖。

茶叶加工机械　1958年，余杭县在石鸽沈家店兴建以电为动力的初制茶厂，使用制茶机。

至 1985 年，境内共有初制茶机械 1211 台。20 世纪 90 年代末，境内形成名优茶和蒸青茶加工为特色茶叶生产格局，蒸青茶流水线机械大规模投入使用。茶叶揉捻机、理条机、杀青机等名茶加工机械 1500 余台。2013 年，中泰乡从嵊州引进 1 台扁形茶炒制机，效果较好。2005 年，区内蒸青茶加工流水线达 31 条，推广扁形炒制机 1000 余台。2006 年 3 月，中泰乡泰峰茶叶机械制造厂生产的 6CC—60—3 型和 6CCB—800—1 型名茶炒制机通过省级农业机械推广鉴定，这是余杭首家产品通过省级农业机械推广鉴定的农机生产企业。2006 年，扁形炒制机 1521 台。2007 年，达 1912 台，全区扁形茶机械化炒制率达到 70%以上。是年，龙井茶机械化炒制技术的试验应用获 2005 年—2006 年度余杭区科技进步三等奖。2018 年底，全区拥有扁形茶炒制机 6693 台，扁形茶基本上实现了机械化炒制。

图 6-5　茶叶揉捻机（2012 年）

2009 年，径山四岭名茶厂引进了一条径山毛峰茶加工流水线，比原有单机组合生产效率提高 2.4 倍以上。

水果分级机　2001 年和 2002 年，区农机管理总站从台湾引进 2 台水果分级机，落户鸬鸟镇，用于蜜梨机械化分级。2014 年，鸬鸟镇杭州互惠果蔬专业合作社引进 1 台电子重量式果蔬分级机，型号 TN68A，效果较好。2018 年，全区拥有水果分级机 4 台。

饲料加工机械　有饲料粉碎机、青饲料打浆机等，1958 年后有较大发展。1982 年，县内有饲料加工机械 1566 台（套）。饲料加工业兴起和配合饲料发展，农村原有的小型加工机械减少，1998 年区内饲料粉碎机仅 84 台。

2017 年，浙江华丽牧业有限公司引进全混合日粮配置设备 TMR 卧式搅拌机一台，配套输送带等。一次性大约 30 分钟能搅拌 8 个立方米的饲料，比以前人工搅拌节约时间和人工 50%。

2018 年，免费实地检验饲料粉碎机 74 台。

九、其他机械

牧草加工机械　2002 年，余杭华英羊业有限公司从河南引进一套由牧草烘干机、牧草切碎机、牧草打捆机组成的牧草烘干加工成套设备。该设备利用燃煤作热风源，通过热瞬间差的烘干工艺，日加工可达 10 吨—16 吨。烘干的牧草成品颜色青绿、气味芳香，保留了鲜牧草的色、味及营养成分。该项目还被评为 2004 年度杭州市农业丰收三等奖。

2017 年，通过全区免费实地检验铡草机 54 台。次年，仅 14 台。

粪便处理机械　2013 年，引进型号分别为 ZN-068-9.5 和 Zm-045-8 的干湿分理粪便处理机各 1 台，在瓶窑杭州大观山种猪育种有限公司与塘栖和丰生猪养殖有限公司开展试验。2014 年，全区 18 个养猪场推广 19 台型号分别为 Zm-045-8 与 MJYS-780 粪便处理机在各养殖场应用。2017 年底，养猪场减少到 9 个，粪便处理机随之减少。

2016 年，径山金爱畜牧养殖有限公司引进 1 台嘉兴产 HF 翻混装置，用于填料翻堆，猪粪与其他填料翻堆后用做肥料。

畜禽废弃物无害化处理配套设施 2016年，杭州华东家禽交易中心有限公司购置处理量1吨/次干化机组XGH-1000型无害化处理机组一台，建设畜禽废弃物无害化处理配套设施。

运输机械 1978年，全国第三次农业机械化会议以后，拖拉机使用增多，配套挂车也同时增加，农忙耕地，农闲搞运输。至1985年，拖拉机发展到5932台，其中手扶拖拉机5458台。20世纪90年代以后逐步出现纯运输作业的小型方向式拖拉机。1996年以后，方向式拖拉机成为农村运输业的主要机型。2000年后，农村运输机械再次发生变革，大中型变型运输拖拉机成为农村运输市场主力。到2004年底，全区拥有登记在册运输小型拖拉机3120台、大中型拖拉机2346台。2013年1月，开始变型运输拖拉机停止上牌，进入存量管理，到期报废。2017年，全区拥有在册运输拖拉机2570台，其中手扶拖拉机250台，2018年，在册运输拖拉机2349台，其中手扶拖拉机231台。

2017年，径山镇四岭茗茶厂引进DJ-200田间单轨运输机1组，以解决茶园生产资料运输作业效率低下等问题。

挖泥船 为解决运河疏通和清淤问题，2002年1月，运河镇从江苏锡山市引进SZO—型船用抓斗式挖泥机，工作效率比人工作业提高10倍以上，平均每天可清淤200立方米。2006年—2007年开始河道清逐步用淤用泥浆泵，其他挖泥用挖倔机代替。

剥麻机具 1958年，乔司公社农机厂制成两人操作剥麻机。1990年为提供只需1人操作便可完成络麻的夹、剥两道工序的简易剥麻工具，余杭县农机管理总站研制6BMR—30型剥麻机。其工作原理是：络麻秆通过夹棍使麻皮与麻秆移位分离，同时在三角刀剖切下使麻皮刻出刀痕，以便剥麻皮。在人力拉动下，夹熟的络麻通过剥皮机拉，使麻皮与麻秆分开，完成剥麻工作。是年共试制3台，分别在临平、乔司两镇使用。后因络麻种植面积逐年减少，停止该机具推广。

田园管理机械 为解决蔬菜大棚机耕、除草等，2001年，引进台湾产小牛600微耕机1台在我区农科所应用，成功后已微耕机为主的田园管理机械逐步推广。2018年，有田间园管理机械279台，主要型号为上海田惠农业装备有限公司的3TG-5.5Q-750S，潍坊海林机械有限公司的3TG-5.5QX。

渔业用机械 1997年、1998年，渔业开始引用增氧机；2003年、2004年，开始引用投饵机。2018年，全区拥有增氧机2538台，投饵机105台，增氧机主要型号为上海义民电机有限公司的YL-1.5，浙江富地机械有限公司的YL-3。

草坪移植机 2004年，引进本田LZ-Ⅲ型草坪移植机，在星桥街道贾家村进行适应性试验，用该机起草皮每小时可完成作业面积1亩左右，较人工作业工效提高10倍以上，同时起皮后土壤平整，但皮层较厚，难推广。

挖藕机 2014年，崇贤杭州湾里塘莲藕专业合作社从山东华盛农业药械有限责任公司4—100瓦自走式挖藕机1台，效率比人工提高4倍。2015年，又引进3台。

秸秆捡舍压捆机 2014年，杭州余杭禾恒农技服务专业合作社引进上海世达捡舍压捆机9YFQ-1.9Z(TIB300)1台进行试验，由于稻草太潮湿，效果一般。

冷藏保鲜设备 2006年，鸬鸟三水果业有限公司建成了314立方米的水冷式冷藏保鲜库，保鲜技术由国家保鲜中心提供，由浙江春辉集团建造。以后冷藏保鲜库在果蔬等农产品冷藏上普遍应用。2018年，区内有冷藏保鲜库251套，441528立方米。

叶菜移栽机　2018年,引进HORTECH意大利产移栽机1台,在杭州满山花蔬果专业合作社试用,效果较好。

十、智慧农机

智慧农业主要是指农业物联网在农业产业重点生产环节、重点管理领域的应用,主要有:规模设施基地应用光温水肥自动控制系统、远程监控系统、病虫害预警系统等智能技术装备,实现农业种养过程的精细化、自动化和智能化管理,农产品质量安全可追溯;农业动植物生长数字模型、农业专家系统、农产品标准化智能生产模式等的构建与应用;应用全球卫星定位、地理信息、移动互联网等现代信息技术对我区农业耕地、农业设施装备、新型经营主体等资源要素进行监测、管理与服务;物联网及信息技术在农产品保供、应急生产、质量安全监管、病虫害防治、农业环境保护、农产品产销对接等领域的应用,提升综合生产能力、监管服务效率和社会化服务水平。

2013年,在余杭区良渚春溢蔬菜农业园区开展电脑控制的肥水一体化试验,以电脑控制施肥通道、灌溉水泵,可控制10个田间阀门和1个主阀门或者水泵,还可通过实时监测所施肥液的参数来适时调整施肥速度,实现肥水灌溉一体化、自动化。面积达100亩。通过项目带动、重点培育、试点示范,在蔬菜、花卉、水果、粮油、畜牧、水产等产业引进物联网技术和监管模式,涌现出一批"智慧农业示范(园区)点"。2014年,杭州鸿越生态农业科技有限公司生产基地引进可视化监控系统,通过电脑、手机两个终端对生产过程进行实时监测。并辅以环境监测系统,针对作物影响明显的CO_2、光照、温度及湿度等环境参数进行远程测控实现大棚温室内通风、调光、喷淋、遮阳等自动化控制,以达到植物需要的环境与营养。2015年,建设"智慧农业示范(园区)点"3家,均为种植业,建设面积17400米;2016年4家,其中种植业3家,面积508.6亩,水产养殖业1家面积200亩;2017年8家,其中种植业2家、面积416亩,水产养殖业3家、面积455亩,畜牧养殖1家、面积12亩,畜禽资源化利用智慧监管平台1家、区畜牧兽医局建设,青少年素质(科普)教育基地1家、由浙江物产径山长乐有限公司杭州长乐青少年素质(科普)教育基地建设。2017年,建成各种形式的智慧农业项目16家,次年达18家。

北斗智慧农机监管是通过将北斗终端安装在拖拉机上,实时监控秸秆粉碎还田机等配套机具作业情况,并将作业数据实时上传到管理系统,以实现农机定位监控、数据分析、面积统计、指挥调度等服务功能。核查人员通过查看拖拉机的历史轨迹、具体地块和面积,结合机手上报的秸秆还田作业明细表进行对比审核,以此确认实际秸秆还田面积。2016年,首次引进由浙大正呈科技有限公司开发北斗农机作业精细化管理平台,是年有72台拖拉机安装北斗终端,2017年,158台拖拉机、插秧机、收割机安装了北斗终端。次年达210台。

图6-6　植保无人飞机(2017年)

1960年—2015年(每5年)余杭区(县、市)主要农机具年末拥有量

表6-1

年份 数量 名称	单位	1960	1965	1970	1975	1980	1985	1990	1995	2000	2005	2010	2015
大中型拖拉机	台	65	64	70	162	275	269	274	420	109	138	165	251
小型拖拉机	台	—	8	15	1176	2890	5663	9352	9957	7709	6082	3881	2691
电犁	套	—	2	225	406	308	31	44	—	—	—	—	—
机耕船	台	—	—	—	—	—	—	69	46	57	99	238	236
插秧机	台	—	—	—	—	—	—	12	10	7	4	87	114
打稻机	台	5471	8002	11237	12075	11822	35305	55663	—	—	—	—	—
其中:机动	台	10	—	196	6581	11030	29774	54020	—	—	—	—	—
联合收割机	台	—	—	—	—	—	—	38	71	133	144	148	114
机动脱粒机	台	—	—	—	—	—	—	1296	67067	63233	66426	60841	31847
谷物烘干机	台	—	—	—	—	—	—	15	9	8	8	26	62
人力喷雾器	架	—	6715	16655	21582	25365	68496	109416	128376	—	—	—	—
机动喷雾器	架	—	—	78	161	599	768	380	411	151	255	1246	1596
农用水泵	台	(1961年) 394	1381	1878	4217	5978	7369	13105	14188	11986	12812	22700	18052
喷灌机械	套	—	—	—	—	—	—	67	31	30	104	379	405
粮食加工机械	台	(1961年) 218	624	1023	1319	1721	1711	1833	1771	1923	1802	1145	1063
油料加工机械	台	—	—	16	7	15	17	26	48	51	56	48	45
茶叶加工机械	台	—	—	244	355	558	581	1324	1433	—	—	4538	7001
饲料加工机械	台	(1961年) 81	147	497	941	1148	1094	1046	—	—	—	708	276
农用木船	只	11398	13544	13421	13219	12293	12303	11249	—	—	—	—	—
农用水泥船	只	—	284	1482	3156	5950	8541	9024	—	—	—	—	—
农用机动船	艘	—	—	—	31	1017	1279	2487	2625	—	—	—	—
胶轮手推车	辆	1420	15343	19320	26395	31084	45025	—	—	—	—	—	—
运输型拖拉机	辆	—	—	—	—	—	—	—	577	2118	5063	4827	3189
农用运输船	辆	—	17	—	47	190	315	558	1043	861	301	—	—

1965 年—2015 年(每 5 年)余杭区(县、市)农业机械(动力)情况表

表 6-2　　单位:千瓦

年份	农业机械总动力	其中						
		耕作机械	收获机械	植保机械	排灌机械	农副产品加工机械	运输机械	其他机械
1965	25444	2040	256	137	19623	3041	347	
1970	35454	4622	2217	187	22435	5548	445	
1975	85393	16594	13103	334	34395	17882	3073	12
(1978)	126016	26698	21290	638	43805	24687	7389	1509
1980	166572	35429	27509	1365	51745	29994	20236	294
1985	209290	57430	56000	1456	52166	36210	3158	2870
1990	308617	91636	55344	1000	68617	36984	54071	965
1995	396995	103938	92050	906	74587	37992	82080	5442
2000	352943	71971	89289	543	65118	27408	82907	12014
2005	432636	58210	94197	846	74766	35982	129094	39541
2010	502897	46692	61009	2263	87800	15274	127594	137271
2015	448517	42756	7779	3000	82758	15320	78859	20533

第三节　农机管理与服务

一、农机管理机构

中华人民共和国成立后,县农业局负有农机管理职责,承担改良农具、推广新式农机具工作,发展机械化事业。

1960 年 1 月,成立杭州市钱塘农业机械局,1961 年 7 月撤销。1966 年,成立余杭县农机具研究所,1980 年撤销。1967 年,成立县农机办公室,1969 年撤销。1972 年 5 月,恢复农机办公室。1976 年,在农机办公室基础上,成立县农业机械局,下设农机管理站。1984 年,撤销县农业机械局,县农机管理站划归农业局领导。

余杭县农机管理的机构尚有县农机管理站、县农机监理站、乡农机管理站和乡农机服务站。既负责农机使用管理,又抓安全监理,同时还配套做好服务工作,逐步形成了一个网络。

余杭区(县、市)农机管理总站　1976 年成立,时称县农机管理站。1985 年时,全站共有 6 名干部,其中技术干部 2 人。县级事业单位,负责行政管理全县农业机械引进、使用、维修事务,推广新式农机具和农机新技术,组织培训农机人员,1984 年起,受县政府委托,还负责全县农用柴油分配管理工作。1989 年 10 月,县农机管理站更名为县农机管理总站。嗣后,又随撤县设市、撤市设区更名。1994 年 6 月,更名为余杭市农机管理总站、农机监理站(两块牌子一套班子)。1994 年,增挂农机技术推广站牌子,后于 1998 年撤销。2001 年,更名余杭区农机管理总站、农机监理站。2011 年,两块牌子合为一,更名为余杭区农业机械监督管理总站,为参照公务员事业单位。主要职能为:贯彻执行农业机械化和农机安全管理的相关法律、法规、规章和政策;负责

农业机械的注册、牌证发放、检验、报废及农机操作人员的考核发证；负责核发《农业机械维修技术合格证书》及农机市场的日常监管；依法负责农机安全生产监督管理和道路外农业机械事故处理等相关工作。2018年底，有在编工作人员23名，计划外编制工作人员1名。

余杭区农机监理站　1985年5月，成立县农机监理站。时有7名干部，其中技术干部4名。负责12马力以下拖拉机监理工作，搞好农机安全生产，培训、考核拖拉机手，换发证照。检审验机车，建立健全驾驶员档案和机车技术档案，处理乡村公路上拖拉机事故，并会同交通、公安部门开展路检路查，协助处理国家公路上的拖拉机事故等。1985年，余杭县农机监理站被评为省农机监理先进单位。1986年，下设临平、塘栖、三墩、瓶窑、余杭安全监理组。2002年，瓶窑、余杭并为径山分站。

镇乡(公社)农机管理服务站　1975年，余杭县各公社建立农机管理站，配备专管员121人，以后发展到138人。为公社级事业单位。业务上接受县农机管理站的指导。具体抓好农业机械管理，新农机和新技术推广，农用柴油分配，组缇代耕、代运、代修理、代培训、代治虫，供应农机零配件等有偿或无偿服务。到1985年底，全县各乡农机服务站拥有固定资产11.45万元，房屋1.19万平方米，全年经营额682万元，利润54.4万元。

1993年，被定为自收自支事业单位，核定编制105人，财政每人每年补助800元不变。1997年起，余杭市开展五有农机站创建活动，潘板、良渚、仓前、塘栖、临平、中泰、余杭、原勾庄等8个镇乡通过验收，成为五有农机站。其中潘板镇农机管理服务站为省级五有农机站。2005年，有镇乡农机管理服务站19个，管理员69名。全区有19个镇乡(街道)农机管理服务站，固定资产原值达1140.22万元。2006年，全区有19个镇乡农机管理站固定资产1004.76万元，流动资产178.7万元，负债271.7万元，净资产为911.96万元，建筑面积15362.6平方米。2006年1月起，在编68名农机人员财政每人每年补助由原来的800元提高到18000元，2008年提高到3万元。从2008年开始到2012年，各镇街农机站人员与资产逐个由各镇街直接管理，人员工作重新安排，基本上一个镇街安排一名农机专管员，原镇街农机管理服务站也自然取消。2017年底，全区有农机专管员19名。次年，20名。

二、经营服务

农机经营　农机经营大体经历3个阶段。1979年前，农机经营以国营为主；1979年由大队农机队集体经营；1982年开始出现个人经营农机，原有集体经营为主逐渐由农户个体经营。到2004年，余杭区有农机经营户10893户，全年农机经营收入达1.5亿元。

2005年开始，余杭区成立中泰三德农业机械化服务合作社、杭州余杭昌盛农业机械化合作社、杭州余杭昌进农业机械化合作社和杭州径山镇小古城农机专业合作社(前三家为粮食机械化专业合作社，后一家为以茶叶机采为主的专业合作社)。2007年5月上旬，余杭区丰和农机专业合作社建立；2008年，新建杭州余杭禾恒农技服务专业合作社、杭州余杭益民农业生产服务专业合作社和塘栖镇益友农机专业合作社。

2011年12月，由径山镇丰和农机专业合作社筹建的全区首家区域性农机化服务中心建成。该中心投入资金293.45万元，落实土地1公顷，建水稻机械化育秧及粮食烘干工作用房1600平方米，温室育秧房500平方米，育秧大棚1000平方米，办公用房100平方米。引进高性能水稻插秧机9台，新增育秧硬盘2万只，育秧流水线12条；购置谷物烘干机4台，落实秧地2公顷，可实现单季为周边种粮农户提供规格化水稻秧苗33.33公顷，烘干处理粮食40吨/批。

2013 年 10 月，农业部办公厅公布全国创新示范合作社 30 佳，余杭益民农业生产服务专业合作社名列其中。作为余杭区最早完成规范化建设的农机合作社，现有注册社员 100 名，拥有各种农机装备 61 台(套)，长期流转土地 78 公顷，季节性流转土地 175 公顷，每年提供各种农机服务 2 万余亩次，服务农户超千户。自 2008 年成立以来，通过经营模式、管理模式、农机服务、农机技术的不断创新，成为杭州地区率先开展油菜生产全程机械化技术应用研究与试验的合作社，在油菜品种种植试验、油菜生产机械化技术应用等方面成效显著。先后于 2011 年、2012 年获得“国家油菜产业技术体系全程机械化示范合作社”“全国农机合作社示范社”称号。2018 年，发展至 19 家，其中杭州余杭益民农业生产服务专业合作社 2013 年被认定为全国农机示范社合作社。计有国家级农机示范社合作社 1 家，省级农机示范社合作社 6 家。2018 年，全区农机从业人员 7542 户，全年农机经营总收入达 3.84 亿元，新培育区域性农机综合服务中心 3 家。

农机修造　1958 年，建立县农机化修造厂，各公社相继建立农机厂。1982 年以后，农机维修由集体转向个体农机户，逐步形成了乡、村、个体农户的农机维修网络。1990 年，成立农机维修网点整顿办公室由农业、工商物价、财税四部门联合开展了农机维修网的整顿工作，是农机维修网点年经整顿后全县有农机修理工 303 名，维修点 225 个。以后几年和修理工有所减少，到 2004 年底，全区经审定发证的农机维修网点 130 个，农机修理 146 名。2004 年以后拖拉机逐年减少，再加上高性能农机的增加，需厂家增加售后服务能力，小的农机维修网点的业务不断下降，到 2018 年，农机维修网点只剩下 46 个，修理工 65 人。

农机供应　1963 年县农机公司成立。1970 年，三墩、余杭、瓶窑陆续成立门市部。1981 年以后公社农机服务站陆续开始从事农机整机、配件及油料的供应，县内基本形成较为完善的农机供应销售网络。1995 年以后，国家取消农用平价柴油的供应，同时农机销售市场也逐步放开，允许个体经营农机具及配件、油料。2004 年底，全区有农机经营企业 50 个，其中股份制或股份合作制 6 个，职工 122 人。以后拖拉机逐年减少，以经营农机配件为主的农机经营单位逐年减少，特别是 2008 年后各镇街农机站人员与资产逐个由各镇街直接管理，其经营的农机店基本上不再经营。2017 年，农机经营企业为 7 家，职工 10 人；2018 年，农机经营企业 5 家，职工 29 人。

农机保险　2014 年开始，除上道路运输拖拉机购买保险以外，其他农田耕作拖拉机，收割机等农机也开始购买保险，2017 年，开始实施农机政策性保险政策，是年购买农机政策性保险拖拉机 16 台，收割机 14 台，烘干机 23 台，插秧机 12 台。2018 年，购买农机政策性保险拖拉机 31 台，插秧机 10 台，烘干机 40 台，收割机 11 台。总保额达到 4948.9 万元，总保费 78810 元，其中农户自负 30%，23643 元；区财政补助 30%，23643 元；市财政局补助 40%，31524 元。

农机技术培训　1954 年 10 月，人力打稻机使用技术训练班在良渚农场举办，学员由农业生产合作社和常年互助组的青年积极分子 94 人，以及基层供销合作社社员 10 人组成。1959 年 3 月，杭县拖拉机站采取以老带新等措施，培养第一代拖拉机手 20 多人。1960 年 3 月，由优秀耕作能手和青年、妇女标兵 15 人组成的杭州市耕种新式农具促进团到余杭县活动。通过现场表演、比巧、指导等方式，大力推广双轮双铧犁、华东水田犁、改良深耕犁，“浙江 1 号”插秧机等先进工具。促进团实地操作表演 14 次，直接培训插秧机手、双铧犁手、深耕犁手 1009 名。1960 年，在上泗公社(今属杭州市西湖区)、良渚公社各举办插秧机手师资训练班，两期共培训 300 人左右。1967 年，在良渚公社举办全县第一期手扶拖拉机使用维修班，由县农机化办公室干部担任老师。1973 年，举办第一期中型拖拉机手培训班，学员 5 人，由县农业机电学校老师担任讲课和实习指导。经考核,全部及格,取得公路驾驶执照,并成为公社农机师资骨干。手扶拖拉机手培训一个月,中型拖拉机手培训三个月。培训分初训和复训,初训班为农田驾驶班,复训班为公路驾驶班。培训班系统地学习拖拉机结构原理、维修保养、故障排除、操作技术、交通安全规则等知识,并进行田间耕作、场地和公路驾车实习。1960年后,采用巡回传授方式为各公社培训农机具操作手。1973年,县级培训不能满足需求,采取县、区乡三级培训。还专门对农机管理干部进行专业培训。1974年、1975年两年,杭州市农业机械局又举办两期全地区农机专管员培训班,余杭县有81位专管员参加了学习。1978年10月,吴山、仓前公社举办了2期"书记驾铁牛"拖拉机培训班,参加人员有公社、大队两级书记,培训时间1个月。1979年、1980年,在县农业机电学校举办了4期农机队队长训练班,学习农机四大管理,时间15天,全县农机队队长都轮训了一遍。1982年,分两批在机电学校集中培训。参加考评的共147人,全县144人领到了农民技术员证书。22人被评为县级优秀农民技术员。永建公社沈天喜和博陆公社邵荣高被评为省级优秀农民技术员,吴山公社农机站被评为省级先进公社农科组织。至1985年底,全县共培训农机管理人员4674人次,各类农机技术人员43813人次。

1987年,县农机管理站在临平荷花塘建成农机培训基地,配备教职工12人,教学设施配备完整。此后农机培训由县农机培训基地统一承担。2000年,由于原荷花塘培训基地受市政工程拆迁影响,搬至临平开发区超峰路,占地12亩,建筑面积1400平方。2008年6月,因新建农机畜牧大楼需要,该基地被拆。到2005年底,全区累计培训各类农机具操作手、农机维修工及技术管理人员12.27万人次。

2004年,《中华人民共和国农业机械化促进法》及新的道路交通法施行后,主要为拖拉机驾驶员12分满分教育培训,为各类农机具操作手、农机维修工至少一年一次的安全教育培训,镇街农机管理人员及相关人员参加的各种农机新技术培训,培训由区、镇街农机、农业部门组织,每年3000—5000人次。

农机安全监理 1955年—1969年,拖拉机为国营拖拉机站和国营农场经营,农机的安全生产与监理由各单位按农业部颁布的《农机机务规章》自行监理。1970年—1984年,农机安全监理处于农机、交通、公安部门多头管理状态。1985年成立县农机监理站,正式主管小型拖拉机的安全监理,农机安全监理进入依法管理时期。2000年,余杭市农机管理总站配置了2条拖拉机安全性能超群检测线,结束依靠人为检测和测定的历史。2004年开始全面落实安全生产责任制。根据市所及区农业局与站签订的安全生产责任书及安全责任落实的要求,与各镇乡农机管理服务站签订安全责任状,分解了事故指标,做到职责明确,责任到人,严格控制农机事故发生率。同时结合拖拉机驾驶员安全轮训和年度检审验,与驾驶员(车主)签订了农机安全责任书3500余份。2007开始由区政府与各镇街政府签订农机安全生产责任书。2015年起,区农机总站与各镇(街道)农机管理部门、农机合作社签订了农机安全生产目标管理责任书和承诺书。

2004年5月1日道路交通法实施后,农机对拖拉机管理为静态管理,即上牌、年审、安全教育等,动态的上路检查执法由公安交警负责,农机总站人员无单独上路检查执法权。

2005年7月,余杭区在杭州地区率先建立农机警务室,与交通警察合作管理上路拖拉机,拖拉机道路交通事故得到有效遏制。2007年,农机站、农机警务室倡导以农机协会为依托,余杭区在全省范围内率先使用运输拖拉机粘贴反光标志,3月份开始试点,5月份全面推广,共有3359辆拖拉机粘贴反光标志,取得夜间事故下降55.9%的效果。之后,运输拖拉机每年都使用反光标志。同时,交警开始在农机站办事大厅设立了农用拖拉机违章行为信息查询平台、拖拉机驾驶员在农机站直接可以查询违章记录,方便了拖拉机驾驶员。对一个周期内不满 12 分违章记录的,由农机管理部门会同公安车管所直接消除违章记录,对一个周期内满 12 分的违章记录,通过培训,考试合格,农机管理部门出具培训考试合格记录通知,当事人凭农机管理部门的通知到公安车辆管理所消除违章记录。2009 年,制定《关于加强余杭区拖拉机报废更新管理工作的通知》,当年报废拖拉机 303 台,一定程度上消除了事故隐患。此后,每年按要求做好拖拉机报废更新工作。2017 年,报废 492 台。次年,报废 231 台。

2012 年,区农机监督管理总站成功创建全省农机安全监理“为民服务创先争优”示范窗口。该站在 2010 年成功创建余杭区“群众满意基层站(所)”的基础上,进一步深化创先争优成果,增强服务意识、改进服务作风、提高服务效率、提升服务能力。2013 年,根据区“关于在安全生产领域开展‘议热点、破难点’专题调研事故防范创新体系建设”要求,制订实施方案,开展农机安全生产法律法规的宣传教育活动,参加教育人数 2668 名,签订平安农机承诺书 2778 份,排查农机隐患 436 个,检查农业机械 1981 台次,创建平安农机示范村 4 个,示范户 103 个。与市农机管理总站联合拍摄农机事故应急演练电教片 1 部。次年,培训农机作业人员 1900 余人,编印资料 2000 余份,制作光盘 1 份。2017 年,培训 1500 余人次。2018 年,培训 2000 余人次。

农机化示范建设　2004 年 6 月起,重点抓好“农机安全村”的创建工作,首个“农机安全村”的创建在径山镇的麻车头村。2005 年,创建“农机安全村”11 个,2006 年底,全区已创建“农机安全”示范村 18 个,其中仓前镇高桥村被列为省“农机安全”示范村。2007 年,印发《余杭区创建平安农机,促进新农村建设活动实施意见》的通知。是年,经对各地创建工作的考核和验收,中泰乡成为全区首个“平安农机”示范乡(镇)。有 14 个村通过“平安农机”示范村通过验收,全区累计 32 个。2008 年,经对各地创建工作的考核和验收,确定仓前镇为“平安农机”示范乡(镇),7 个村为示范村,全区已累计建成“平安农机”示范乡(镇)2 个、示范村 39 个。2009 年,全区新建 7 个“平安农机”示范镇、39 个示范村、156 户示范户。至年底,全区已累计创建省级“平安农机”示范镇 9 个、示范村 52 个(其中省级 2 个)、示范户 430 户,并于 2009 年成功创建浙江省“平安农机”示范区。2011 年 12 月,农业部、国家安全生产监督管理总局公布 2011 年“全国平安农机示范县”名单,余杭区榜上有名。至 2011 年底,余杭区已成功创建省级“平安农机”示范镇 10 个、示范村 2 个;市级“平安农机”示范村 64 个,农机化示范村 1 个;区级“平安农机”示范户 669 户。以后,主要开展平安农机示范长效管理为主,示范镇、示范村基本不认定,每年开展平安农机示范户认定 100 户左右。2015 年—2018 年创建了省级农机合作社示范社 5 家,市级“平安农机”示范合作社 6 个,1 个示范镇(黄湖镇)。

2008 年起,杭州市农业局启动全市农机化示范园区建设工程。余杭镇粮油专业合作社建成的粮食农机化生产示范园区被成为杭州市第一批农机化示范园区。园区内粮食生产的耕、种、收、灌、治、加工等环节基本实现了全过程机械化作业,园区成为全区粮食生产机械化示范的样板。2009 年,径山镇丰和农机专业合作社建成杭州市级粮食生产全程机械化示范基地。2010 年,瓶窑华农农机专业合作社的华农水稻机械化育秧中心建设完成。2011 年,益民农业生产服务专业合作社建成了粮食生产全程机械化示范基地。2018 年,创建了浙江省农机化示范区,为杭州市首个。

三、技术推广应用

图 6-7 茶叶生产机械培训现场会(2017 年)

技术推广 20 世纪 80 年代,余杭农机技术推广应用主要项目有节油技术、旋耕机犁刀轴加装油封保护套、柴油机简便拆装工具、手扶拖拉机测功仪等。1982 年,推广负压节油器、三通油管等,到年底,全县有 912 台机车装上了负压节油器,占机车总数的 302。同时,各农机队都搞了多缸三级沉淀。吴山、仓前公社部分农机队采用了浮子取油,崇贤等 7 个公社推广应用了油水混合保养桶节油技术。1983 年据吴山乡前进村农机队调查,该队 7 台机车,过去每年要用保养油 70 公斤,使用油水混合保养桶节油新技术后,只要 20 公斤。1984 年,推广金属清洗剂,替代柴油清洗技术,经吴山、塘南、亭趾、博陆、大陆 5 个乡试用效果良好。犁刀轴保护套:1983 年春耕前,在吴山乡进行安装犁刀轴油封保护套定机试验,并不断改进,有效地解决了犁刀轴缠草问题,提高了机车作业效率,降低了机具维修费用。简便拆装工具:1983 年,在吴山乡进行了 195 型柴油机专用工具的推广应用。该套工具用拉、压力来拆装机具,可拆装气缸套、主轴承、气门座圈、气门导管、气门弹簧、各种衬套及活塞组装配等 15 种零部件。经吴山乡农机队 87 次拆装试用,证明使用该套工具装拆简便,减少了零件损坏,提高了修理质量。测功仪:1984 年 3 月始,以农机技术服务队的形式,在全县各区试验推广手扶拖拉机测功仪配合不拆卸检查仪,对手扶拖拉机功率、油耗进行测试、调整。全县共测定调整机车 339 台,其中 73 台机车机况比较典型。73 台中有 9 台符合完好标准,其余 64 台有或大或小毛病,经检测,空气滤清器密封性差的占 23%,清洁度差的占 27%,滤芯损坏和无滤芯的占 15%。机车漏油、漏水情况严重,漏柴油占 17.8%,漏机油占 16.4%,漏水占 5×5%。调整前,平均每台机车 9.05 马力,油耗每马力小时 235 克,调整后平均每台 11.08 马力,油耗每马力小时 209 克,取得较好效果。此项目,1984 年获县科技成果三等奖,1985 年获省科技成果四等奖,促进了全县机车技术状况的改善。

新技术应用工作 2007 年,在余杭镇、径山镇开展水稻机械化插秧技术试验与示范工作,引进水稻插秧机 2 台,育秧盘 8000 只,建立水稻机插试验示范方 4 个,完成水稻机械化插秧试验 40 公顷。余杭镇义桥示范方实现单季晚稻亩产 617.5 公斤,较同期、同区域、同品种直播水稻提高 90 公斤。6 月 15 日,余杭区水稻机械化插秧技术现场会在余杭镇召开。2008 年 5 月 23 日,区农机管理总站在径山镇进行油菜机械化收获现场示范,这是一项稳定粮食种植面积、提倡农田绿色过冬的配套新技术。全区新增油菜收割机 6 台,机收油菜 23 公顷。同时,在仓前镇落实 3.3 公顷油菜生产全程机械化示范基地,引进油菜直播机 1 台,10 月中旬在基地内进行机播油菜试验。2008 年,在余杭、径山、瓶窑等 10 个乡镇开展水稻机械化育插秧技术应用工作。全区引进高速插秧机 23 台,育秧盘 9.75 万只,完成机械化插秧面积 525.6 公顷。除单季晚稻应用机插技术外,早稻和连作晚稻也应用机械化插秧技术。同时,进行多品种水稻的机械化插秧技术应用试验。完成水稻单季直播与双季机插、单季机插三项技术的对比应用试验，双季机插100元投入纯利产出率18.37%，单季机插10%，直播0.71%。2009年，全区新增油菜收割机10台，机收油菜201.87公顷，建立油菜机械化收获示范方5个。在仁和镇落实10公顷油菜生产全程机械化示范基地，引进油菜移植机1台，开展机插油菜试验。2010年，在余杭、径山、瓶窑等9个乡镇开展水稻机械化育插秧技术应用工作。全区建立水稻机械化育插秧技术示范基地4个，引进插秧机31台，育秧盘14.4万只，完成机械化插秧种植面积1637.13公顷。2012年，余杭《油菜主导品种不同栽植方式田间试验方案》制定，确定仁和街道三白潭粮食功能区为试验示范基地，益民农业生产服务合作社为试验联合单位，深入研究油菜机械化移栽的农机与农艺配套技术。该项试验旨在选出全区主导品种油菜的最佳移栽期、最佳移栽密度及最佳生长管理模式，同时对机械一次移栽、机械打孔移栽及人工移栽的各项生产指标进行对比。2013年，余杭区首次开展水稻机械化育秧技能竞赛，共有11家农机与粮油专业合作社参加。比赛邀请省、市、区各级农机与粮油技术专家组成考核组，对参赛单位选送的秧苗进行现场评审。按照机插壮秧标准，通过取样测量、根数清点、色泽观测等考评方式，对秧苗的根、茎、叶、均匀度等进行全面考核并分项评分。最终，民旺农机专业合作社以173.5分获得水稻机械化育秧技能竞赛一等奖。2018年6月12日，在良渚街道举办全区首届水稻插秧机作业技能竞赛活动，全区10支代表队参加角逐。每支参赛队由领队、机手、助手各一人组成，机手统一驾驶六行9寸型高速乘坐式插秧机在规定时间内完成3亩田块的机插作业。比赛参照机插水稻大田栽培技术操作规程，综合插秧深度、株距、每穴株数、作业效率等情况进行评定，瓶窑镇的农机大户陈陛隆夺得冠军。经过长期努力，2018年余杭区主要农作物耕种收机械化水平达到73.19%。

图6–8　百丈溪口村举行的农业科技下乡活动现场（2018年）

此外，一般农机都有使用说明书或操作规程，耕作技术一般都是与农艺要求配套的。如，水稻全程机械化技术，油菜全程机械化技术，茶叶机械化加工机械技术等。这些机械化技术都有相应技术规程或标准，2017年，由杭州余杭益民农业生产服务专业合作社等单位起草的油菜全程机械化生产技术规程地方标准规范DB 330110/ T 074—2017由杭州市余杭区市场监督管理局发布。

四、农业机械补助

农业机械购置补助　2004年，据省大中型粮食机械以奖代补政策，区内购买大中型粮食生产农机具19台（套），总额195.19万元，补助财政65.06万元。2006年，杭州市实行适用农业机械购置补助政策，主要对享受全省大中型农业机械购置补助政策以外的先进适用农业机械购置实行补助。全区享受该政策购置农机具239台（套），购机总额170.68万元，落实财政补助资金49.98万元。同时，继续对农业生产服务组织及农机大户购置大中型农业机械实行购置补助。

全区享受该政策购置农业机械 54 台(套),投资总额 448.55 万元,落实财政补助资金 111.40 万元。2007 年,继续对农业生产服务组织及农机大户购置《浙江省 2007 年农业机械购置补贴产品目录》和《杭州市 2007 年农业机械购置补助产品目录》内农业机械实行购置补贴。全区享受该政策购置农业机械 764 台(套),购机总额 993 万余元,落实中央、省、市、区四级财政补助资金 298 万元。2008 年,继续对农业生产服务组织及农机大户购置《浙江省 2008 年农业机械购置补贴产品目录》和《杭州市 2008 年农业机械购置补助产品目录》内农业机械实行购置补贴。全区享受该政策购置农业机械 1130 台(套),购机总额 1577.37 万元,落实中央、省、市、区四级财政补助资金 518.81 万元。2009 年,全区购置农业机械 1806 台套,育秧盘 12.6 万只,购机总额 1563.804 万元,落实中央、省、市、区四级财政补助资金 753.481 万元。2010 年,继续对农业生产服务组织及农机大户购置《浙江省 2010 年农业机械购置补贴产品目录》和《杭州市 2010 年农业机械购置补助产品目录》内农业机械实行购置补贴。全区享受该政策购置农业机械 2371 台(套),育秧盘 14.4 万只,购机总额 1837.21 万元,落实中央、省、市、区四级财政补助资金 998.82 万元。

2011 年,余杭区继续对农业生产服务组织及农机大户购置《浙江省 2011 年农业机械购置补贴产品目录》和《杭州市 2011 年农业机械购置补助产品目录》内农业机械实行购置补贴。全区享受该政策购置农业机械 2130 台套,受益农户 961 户,购机总额 1847.82 万元,落实中央、省、市、区四级财政补助资金 787.23 万元。2012 年,余杭区农机购置补贴政策试点实行新的拨付方式,即先全额购机,由农户(农业生产经营组织)在购机后提出结算申请,再通过"一卡通"拨付补贴资金。全年落实中央、省、市、区级财政补助资金 481.08 万元,带动农民和农业合作组织投资 729.35 万元,享受该政策购置的补贴机具 940 台(套),受益农户 589 户。同时,开展"阳光购机"活动,通过政府平台与新开设的余杭农网购机补贴专栏,实行补贴政策、经销商、补贴标准、补贴对象、操作程序、投诉渠道、责任追究、网络监管等"八公开",保障农民群众的知情权、参与权和监督权。

2013 年共受理农机购置补贴申请 876 份，申请补贴资金 330.19 万元。其中，中央资金 265.04 万元,省补资金 12.88 万元,市补资金 30.5 万元,区财政配套 21.77 万元。新增各类农业机械 961 台(套),受益农户及组织 685 户。受理设施农业设备补贴申请 5 家,立项并完成验收 1 家,申请补贴资金 28.92 万元。2014 年,全年落实农机购置补贴资金 622.74 万元,其中中央资金 384.30 万元、省级补助资金 70.86 万元、市级补助资金 59.33 万元、区财政配套 108.25 万元。新增各类农业机械 992 台(套)、育秧盘 1.96 万只,受益农户及组织 606 户(个)。

2015 年,全年共落实农机购置补贴资金 566.022 万元,其中:中央补贴资金 370.431 万元,省级补贴资金 27.42 万元,市级补贴资金 127.041 万元,区财政配套资金 41.13 万元。制定出台《余杭区农业机械全价购置专项贷款管理办法》，明确主要用于在余杭区补贴机具经销商处全价购置列入省市农机购置补贴目录的农业机械设备，以农机购置补贴款为主要还款来源的贷款。全年新增各类农业机械 1021 台(套),育秧盘 2.72 万只,受益农户及组织 658 户。2017 年共受理购机补贴申请 745 份,受益农户 591 户,申请补贴机具 918 台(套),使用补贴资金 560.53 万元。2018 年,受理购机补贴申请 792 份,受益农户 593 户,机具 1030 台(套),使用补贴资金 856.7825 万元。

报废补贴　2009 年,区政府《关于加强余杭区拖拉机报废更新管理工作通知》中,除杭州市对农田耕作拖拉机补助外,每台上道路拖拉机报废更新补助 500 元—600 元。2013 年,根据《浙江省高耗能农业机械报废补偿实施办法》要求，开展拖拉机报废解体工作。以镇（街道）为单位，监督解体拖拉机 785 台，共计发放拖拉机报废更新财政补贴 194.81 万元（其中中央财政补贴 3.4 万元、省财政补贴 69.38 万元、市财政补贴 17.96 万元、区财政配套 104.07 万元）。2014 年，全区受理申请报废补贴的各类拖拉机 291 台，拨付补贴资金 81.5 万元，其中省级补助资金 27.54 万元、市级补助资金 12.65 万元、区配套资金 41.31 万元。

图 6-9　区农机总站赴中泰现场办理茶机补贴（2010 年）

2015 年，全区共受理报废补贴申请的各类拖拉机 227 台，共计拨付补贴资金 86.21 万元。其中：中央资金 6.45 万元、省级补助资金 23.5 万元、市级补助资金 21.01 万元、区配套资金 35.25 万元。2018 年，共报废上路拖拉机 231 台，下发补助 71.8 余万元。

农机作业环节补贴　2008 年为提高水稻种植机械化水平，省、市水稻机插政策出台后，余杭将机插作业环节补贴由 40 元/亩提高到 70 元/亩，油菜机械化收获补贴 40 元/亩，全年水稻机插面积 7884 亩，机收油菜 347.9 亩。2013 年，全区早稻机械化插秧补贴提高至 100 元/亩，全年完成水稻机械化插秧面积 1773 公顷，油菜机械化收获面积 695 公顷，申请补贴资金 234.97 万元（其中省财政 59.24 万元、区财政配套 175.73 万元）。2011 年，余杭出台订单粮机械化烘干补贴政策，对由余杭农户、农业专业合作组织等烘干服务主体提供机械化烘干服务的订单粮，按烘干后数量，对订单粮农户（农业生产经营组织）进行补贴，补贴标准 120 元/吨。该政策可增强农机主体开展社会化服务的积极性，对提高粮食生产机械化水平、促进农民增收、保障粮食安全具有积极作用。2012 年开始实施，受理并核定 2012 年度订单粮机械烘干量 7708 吨，发放财政补贴 92.49 万元。2014 年，全年完成水稻机械化插秧面积 1382.88 公顷，油菜机械化收获面积 650.20 公顷。申请补贴资金 1886059 元，其中省财政 487936 元、区财政配套 1398123 元。受理并核定订单粮机械烘干量 14595.249 吨，发放补贴资金 1751429.88 元。

2015 年，余杭区完成水稻机械化插秧面积 1353.31 公顷，油菜机械化收获面积 378.66 公顷，申请补贴资金 1686047 元。完成订单粮机械烘干量 1.58 万吨，发放补贴 190.16 万元。2016 年，水稻机械化精量穴直播与机械化育插秧一样，可享受作业补贴，对稻麦种植面积 50 亩及以上的大户应用水稻机械化插秧（包括机械化精量穴直播）享受早稻 100 元/亩，晚稻 70 元/亩的补贴；油菜种植面积 5 亩及以上的大户应用油菜机械化收获享受 40 元/亩的补贴，全年作业环节补贴总额约 200.2 万元，其中早稻机插补贴 12.5 万元，晚稻机插补贴 176.2 万元，油菜机收等作业补贴 11.5 万元。是年，出台秸秆还田政策，补贴 40 元/亩。2017 年上半年，核实确认面积 19276.27 亩，补贴资金 77.10 万元。2018 年开始，水稻机插秧补贴全年提高到 100 元/亩，精量穴直播还是 70 元/亩。水稻机插秧（精量穴直播）31760.54 亩，补贴资金 293.85 万元，油菜机收 1764 亩，秸秆还田 109146.97 亩，补贴资金 436.59 万元。定单粮机械化烘干 35546.912 吨，补贴资金 426.56 万元。

第七章 农村集体资产经营管理

境内余杭农村长期处于自给自足的自然经济状态。民国时，农业机械和农业科学技术引入，始有经济管理，然极为薄弱，涉及面亦极小。

中华人民共和国成立后，实行社会主义计划经济，加强了农村经济管理。余杭农村经济组织形成、发展和演变，大体分为三个阶段：第一阶段是对个体农业的社会主义改造，从1951年春到1958年秋，历时8年，主要从发展农业生产互助组到初级农业生产合作社和高级农业生产合作社；第二阶段是建立政、社合一的人民公社，从1958年秋到1983年下半年撤销人民公社体制，历时25年；第三阶段是政、社分设，人民公社解体，村一级建立经济联合社。随着农村商品生产发展，出现专业合作经济组织，并产生股份合作制经济组织。1991年，余杭县恢复或重建580个村经济联合社组织，4778个村民小组恢复生产队职能，村经济联合社作为村级集体资产主体地位得以确立。次年，实施《浙江省村经济合作社组织条例》，村经济联合社成为村级集体资产法定主体。为适应农业产业化经营，境内出现经民政部门批准建立的农民专业合作社，以助农增收为目的，以联合与合作为纽带，为会员提供指导、协调、维权等服务，引导农民专业合作社规范运作、健康发展。

为加强农村集体资产管理，维护资产所有者和经营者的合法权益，确保农村集体资产保值增值，促进农村集体经济发展，根据国家有关法律、法规，余杭区根据自身实际制定一系列办法和具体措施。2015年，全区实现农村经济总收入2372.23亿元，同比增加28.9亿元，增长1.23%。农民外出劳务收入36.82亿元，可分配净收入总额403.51亿元，农民所得总额208.13亿元，农民人均收入29043元。

第一节 农村合作经济组织

村一级建立经济联合社。随着农村商品生产发展，出现专业合作经济组织，并产生股份合作制经济组织。1991年，余杭县恢复或重建580个村经济联合社组织，4778个村民小组恢复生产队职能，村经济联合社作为村级集体资产主体地位得以确立。

1991年，余杭县恢复或重建村经济联合社组织，村民小组恢复生产队职能，村经济联合社作为村级集体资产主体地位得以确立。次年，余杭执行浙江省第七届人民代表大会常务委员会第二十九次会议通过的《浙江省村经济合作社组织条例》(2007年9月28日浙江省第十届人民代表大会常务委员会第三十四次会议修订)，村经济合作社尊重和维护社员、村内其他集体经济组织的合法权益。接受乡镇人民政府(包括辖有村的街道办事处，下同)的监督，协助和配合村民委员会工作，为村级组织履职提供必要的经费，合理安排村公共事务和公益事业所需的资金，并承担资源开发与利用、资产经营与管理、生产发展与服务、财务管理与分配的职能。

20世纪90年代末，为适应农业产业化经营，境内出现农产品行业协会和农民专业协会。经区(市)民政局批准，由农民专业合作社发展组建的新型合作经济组织。协会以服务农民专业合作社等农村专业合作经济组织为宗旨，以助农增收为目的，以联合与合作为纽带，为会员提供指导、协调、维权等服务，引导农民专业合作社规范运作、健康发展，将为繁荣农村经济，推进农村经济社会和谐发展发挥积极作用。2016年，全区农民专业合作社实现产品经营总收入5.9亿元，盈利2090万元，全区141个合作社注册商标163个，158个合作社取得产品质量认证，16个合作社获市级以上名牌产品，96个合作社组织实施农业标准化，125个合作社建立质量追溯制度和产品检测体系。

一、村经济合作社

2000年起，先后在乔司镇泥桥村、临平镇临平村进行社区股份合作制改革试点。农村社区股份合作制是以历史形成的区域性集体经济组织为母体，以合作制为基础，将股份制引入合作制，实行资本联合与劳动联合相结合的集体经济组织形式。是年11月，乔司镇泥桥村土地股份合作社成立，建有股东代表大会、董事会和监事会。该组织设置集体股和农户土地承包权股两种股份，采取优先定额分配方式，即组集体股和农户土地承包权股的分红为每年每股1元，其余经营利润作集体积累，用于扩大再生产、公益事业及村民福利。

2002年6月，临平镇临平村成立临平股份经济合作社。是年10月，全区505个村经济联合社调整为262个村经济联合社和4个社区。2003年4月，区委、区政府制定《关于余杭区推行农村社区股份合作制改革的实施意见》。同年8月，运河镇褚家坝村成立褚家坝股份经济合作社。2005年有34个推行股份合作制的村(社区)完成改革，撤销村经济联合社，成立股份经济合作社，共界定各类股东60130人，量化到人的集体资产16179万元、土地20105亩(1340.3公顷)。其中，净资产在100万元以下9个村，100万元—500万元9个村，500万元—1000万元15个村，1000万元以上的4个村。村级股份合作制经济分为4种类型：村级经营性资产、资源性资产及组级资源性资产全额折股明晰到户、量化到人；村级经营性资产和资源性资产折股明晰到户、量化到人，不包括组级资源性资产；村级经营性资产折股明晰到户、量化到人；土地明晰到户、量化到人。

2005年，区内10家新成立的股份经济合作社领取工商营业执照。2008年，完成16个乡镇、62个村(社区)的股份制改革，界定股东15.33万人，量化集体资产3.23亿元。累计完成211个村(社区)股份合作制改革，界定股东50.12万人，量化集体资产10.87亿元、土地5626.67公顷，完成涉及已撤村建居或拟撤村建居村的股份制改革79个。通过指导、扶持，创建区级示范性股份经济合作社5家，累计10家。

村经济合作社，是指在农村双层经营体制下，集体所有、合作经营、民主管理、服务社员的社区性农村集体经济组织。村经济合作社召开设立大会，设立大会应当有十八周岁以上具有选举权的社员过半数参加或者有三分之二以上户代表参加。所作决定须经应到社员或者户代表的过半数通过。设立大会通过本社章程，选举产生村经济合作社管理委员会(以下简称社管会)成员、村经济合作社监督委员会(以下简称社监会)成员，审议其他重大事项。经济合作社董事会是股东(代表)大会的执行机构和日常工作机构，一般由3人—5人组成，设董事长1名；监事会是常设的监督机构，一般由3人组成，设监事长(主任)1名。董事会和监事会成员由股东代表选举产生，先按差额1名—2名的要求向镇乡(街道)提交初步候选人名单，经考察同意后提交股东代表大会选举。董事会、监事会成员不得相互交叉兼职。股份经济合作社组织机构按法律、法规和章程规定履行职责，建立议事决策制度，严格议事决策程序。

村经济合作社依法代表全体社员行使集体财产所有权，享有独立进行经济活动的自主权。村集体所有的财产受法律保护，禁止任何单位和个人侵占、哄抢、私分、破坏村集体所有财产。

村经济合作社依法履行下列具体职责：保护管理村集体所有或者使用的土地和森林、山岭、荒地、滩涂等资源；经营管理村集体所有的资源性资产、经营性资产和公益性资产，组织各业集体资产的发包、租赁，拓展物业经营；提供社员生产经营和生活所需的服务；建立健全村集体资产经营管理、财务会计、民主理财、收益分配和产权制度。

各级人民政府应当按照依法、自愿、民主、公正的原则，鼓励和支持有条件的村经济合作社进行股份制改革。县(区)人民政府农业行政主管部门负责本行政区域内村经济合作社的业务指导、服务和监督工作。乡镇人民政府应当负责做好村经济合作社设立、选举、运行、终止的具体指导和服务工作。财政、金融、工商、质监、国土、建设、水利、交通、林业、科技、电力、供水等部门和单位应当按照各自的职责做好相关扶持和服务工作。

村经济合作社可以向工商行政管理部门申请登记注册，取得法人营业执照。具体登记注册办法，由省人民政府工商行政主管部门商同省人民政府农业行政主管部门参照农民专业合作社登记办法制定。村经济合作社合并、分立、终止的，应当经社员大会应到社员三分之二以上表决通过，报乡镇人民政府核准，并报县级人民政府农业行政主管部门备案。户籍在本村，符合下列条件之一，且遵守村经济合作社章程的农村居民，为本村经济合作社社员：开始实行农村双层经营体制时原生产大队成员，父母双方或者一方为本村经济合作社社员的，与本社社员有合法婚姻关系落户的；因社员依法收养落户的，政策性移民落户的等。

社员大会是村经济合作社的权力机构，由本社十八周岁以上的社员组成，依照本条例和章程行使职权。社管会是社员大会的执行机构，对社员大会负责。社管会成员由社员大会选举产生，社长可以由社管会在其成员中选举产生。社长或者其他代表合作社行使职权的负责人为法定代表人。社监会是社员大会的监督机构，对社员大会负责。社监会成员由社员大会选举产生，社监会主任可以由社监会在其成员中选举产生。

二、农村股份合作制

余杭区农村股份合作制改革自 2000 年开始试点。是年 11 月，乔司镇泥桥村召开建立土地股份合作制暨第一次股东代表大会，余杭市首家土地股份合作制企业宣告成立。企业入股土地 21.33 公顷，涉及农户 285 户，折成农户承包权股 26 万股，组级集体股 6 万股。入股土地由企业董事会统一经营管理，采用以商引商、滚动开发、土地置换的办法，发展农村经济，增加农民收入。土地股红采取定额分配的方式，每股每年 1 元，其余经营利润留作村集体结累。

2002 年，在原临平村进行社区股份合作制改革试点。该社区共有经营性资产 572 万元，设股份 5720 股，每股面值 1000 元。股权分一、二、三组(原临平杨家桥居委会)和四、五组(原临平罗庄居委会)两类，前者享有股份总额的 60%，3432 股，后者享有股份总额的 40%，2288 股。从而将村的集体资产以股权的形式明晰到户、量化到人，实现社员账面量化资产的独立化、价值化和明细化。当年 6 月，成立临平股份经济合作社，选举产生第一届董事会和监事会。临平股份经济合作社的建立为妥善处置撤村建居后的村社集体资产找到一条经营管理途径，也为 2003 年—2004 年全区推行社区股份合作制工作奠定基础。

2003年，区委、区政府制定《关于余杭区推行农村社区股份合作制改革的实施意见》，在全区农村工作会议上提出了五年完成一百个村股份合作制改革的任务，要求各镇街在当年选择1个—2个村进行试点，并确定由区委农办、区农业局对运河镇褚家坝村作重点指导并于当年完成改革试点。是年8月，运河镇褚家坝股份经济合作社成立，为全区第一个在撤村建居前实行农村社区股份合作制改革的村，在总结试点经验的基础上，编印《农村社区股份合作制改革工作资料汇编》，为指导全区各地稳步推进这项改革打下良好基础。

图7-1　勾庄股份经济合作社成立

2005年，全区完成34个村（社区）股份制改革，共界定各类股东5.71万人，量化到人的集体资产2.58亿元，量化到人的土地2.39万亩。2006年，全区完成56个村（社区）股份制改革，共界定各类股东9.56万人，量化到人的集体资产3.28亿元，量化到人的土地3.38万亩。2007年，全区完成56个村（社区）股份制改革，共界定各类股东9.65万人，量化到人的集体资产3.41亿元，量化到人的土地3.29万亩。2008年，全区完成63个村（社区）股份制改革，共界定各类股东11.29万人，量化到人的集体资产4.28亿元，量化到人的土地4.96万亩。2009年，全区完成40个村（社区）股份制改革，共界定各类股东7.28万人，量化到人的集体资产2.97亿元，量化到人的土地2.52万亩。2010年，全区完成11个村（社区）股份制改革，共界定各类股东2.98万人，量化到人的集体资产1.08亿元，量化到人的土地2.52万亩。

至2011年，农村股份合作制改革工作进入扫尾阶段。2011年，完成仓前街道葛巷村、塘南办事处李家桥村、姚家埭村、泉漳村、孤林村和余杭经济开发区圣塘河社区等6个村（社区）农村股份合作制改革任务。实施改革以来，全区累计完成262个村（社区）股份合作制改革，界定股东67.08万人，量化集体资产18.9亿元，量化村组集体土地5633.33公顷，完成工商（变更）登记218家。通过指导、扶持，创建区级示范性股份经济合作社5家，累计25家。2018年，完成全区20个镇街262个股份经济合作社股权信息化建设。共导入股东户股权信息183219户，股东股权信息746218.5条次，套打股权证186271本。

第二节　农村资产管理

农村集体资产是农业合作化和农民群众劳动积累的成果，承担稳定和完善充分结合的双层经营体制、发展农村集体经济、增加农民收入、促进共同富裕等功能。村集体经济组织依法代表全体成员对农村集体资产行使占有、使用、收益和处分的权利。镇人民政府（街道办事处）是本辖区内农村集体资产管理的监督责任主体，负责对农村集体资产管理的监督、指导服务和权益维护等工作。余杭区农业局负责对本行政区域内农村集体资产管理的业务指导、技术培训和监督。余杭区农村经济经营管理总站承担日常具体工作。

2001年,余杭区农业局、区委农办、区农垦公司合并为余杭区农业局(区委农办)。主要负责全区农村财务管理工作,承担全区农村集体经济审计和专项审计工作。2003年,余杭区农村经济经营管理总站增挂区农村合作经济审计站牌子,核定事业编制10人。2004年,余杭区农村经济经营管理总站(区农村合作经济审计站)升格为副处级事业单位。2011年,余杭区农村经济经营管理总站不再增挂区农村合作经济审计站。2018年,余杭区农村经济经营管理总站调整为正科级。

2010年12月,为切实加强村(社区)集体"三资"管理,区委农业和农村工作办公室、区农业局、区财政局联合制定《杭州市余杭区村(社区)集体"三资"管理制度》。探索推进村集体资金乡镇(街道)代管工作制度,实行村级集体资金统一由乡镇(街道)监管。各镇(街道)均建立村(社区)集体"三资"管理领导小组和办公室,各镇(街道)村级财务会计服务中心更名为村(社区)集体"三资"代理服务中心。

一、财务管理

管理制度　20世纪50年代,农村初级合作社、高级合作社财务管理由县委农村工作部负责指导,并在各乡配财务辅导员,承担业务指导工作。高级社设会计、出纳管理财务,设监事审查财务。1958年后,人民公社设财务科负责财务管理。1981年,随着村级集体经济的逐步发展,招聘公社财务辅导员,加强农村经营管理工作。1990年,县内51个乡镇、577个村修订财务管理制度。1991年,设立村总会计岗位,47个乡镇实行村总会计集体办公日制度,580个村编制村级经济预算方案,577个村成立民主理财小组。是年经考核验收,确认财务会计"三级"村26个、"达标"村266个。1993年3月,县政府制定《关于进一步加强村(社)财务管理的意见》。1998年,制定《关于加强村经济联合社财务管理工作的若干意见》,经检查验收,328个村达到财务管理规范化合格村标准,占总村数的64%。同年,在杭州市统一部署下,实施"村务公开、民主管理"制度,并制定《余杭市村务公开规范化操作规程(试行)》。2002年6月,村经济联合社财务账实行会计委托代理制,建立22个镇乡(街道)的村级财务会计服务中心,对全区505个村经济联合社财务由镇乡(街道)村级财务会计服务中心实行代理记账。2003年,开展"组账村代管"工作,对有组级经济的3941个组的财务实行村代管,并对区内村级会计财务软件进行功能升级。2004年,通过村规模调整,区内262个村经济联合社编制财务收支预算方案。

2005年3月,印发《农村集体经济审计制度》,明确以开展年度财务收支审计、专项审计和村干部离任审计等为重点,村级财务实施"三年轮审",加强村级财务规范化管理。即按照"每隔二年必审、村民集体访必审、社负责人离任必审"的"三必审"要求,制订审计计划;采用"直接审计、委托审计、交叉审计"的"三审合一"方式,落实审计任务;坚持"进点公告、过程公开、结果公示"的"三公开"形式,收集线索;推进"流程统一、文书统一、口径统一"的"三统一"工作,提升质量。围绕"审而要究、审而要改、审而要用"的"三个要"宗旨,强化审计整改。

2010年,制定《关于加强村(社区)集体"三资"管理工作的若干意见》《杭州市余杭区村(社区)集体"三资"管理制度》等一系列文件,通过"放权借力"优化方式,完成村级财务审计审核100个村,涉及村(社区)集体资产21亿元。并认真落实审计整改"五个一"制度,与区纪委组织联合检查、下发督办通知书、发送审计问责建议书等举措,落实整改措施192条,收回清理处置各类款项 2291.25 万元。2014 年,区政府下发《关于推行村级公务“零招待”加强村级非生产性开支规范管理工作的通知》,对村级非生产开支管理工作提出要求。规定实行村级公务“零招待”;实行公益事务、商务招待限额制;加强外出学习考察管理;规范报刊订阅行为;规范村干部补贴发放;严肃纪律,加强责任追究。2011 年 11 月,省农业厅省财政厅、省监察厅命名全省 10 个县(市、区)为第二批浙江省村级财务规范化县,余杭区名列其中。2012 年 10 月,成为全国农村集体“三资”管理示范县。2017 年,实施村级债务规模警戒线制度。次年,对农村集体产权交易管理作出具体规定。2018 年 3 月,余杭区农村产权交易中心和 20 个镇街农村产权交易中心成立,10 万元(含)以上的农村集体产权交易需进场交易。5 月,推行村级财务收支“非现金结算”。通过 POS 机收款和银行统发业务,实现村级财务低现金运转,克服现金结算的一系列弊端。

财务人员培训 2005 年,根据农业部、财政部实行新的农村集体经济组织会计制度的要求,区农经总站分别对全区 22 名镇乡(街道)的农经干部及中心会计和 262 名村(含股份经济合作社)的助理会计,举办 5 期新的农村集体经济组织会计制度培训班,集中讲授农村集体经济组织会计制度、集体经济财务管理、村务公开等专业财会知识,还就如何解决农村财务管理工作中存在的共性、个性问题进行讲解,参训人员 900 人次。2010 年 6 月 3 日—9 日,先后举办 4 期以村(社区)财务人员网上报账、村(社区)干部网上查询账务为主要内容的村级财务信息化管理培训班。同月 17 日至 30 日,区农业局、区财政局合作举办 3 期村级财务人员业务培训班,每期 3 天。各乡镇(街道)农经干部、中心会计、村级财务人员,共计 450 余人参加培训。2011 年 9 月 24 日至 25 日,区农业局、区财政局联合举办全区农村财会人员财政支农政策培训班,21 个镇(街道)500 人次参加培训。2012 年 9 月,会同区财政局举办全区农村财会人员 330 余人参加财政支农人员支农政策培训班。2013 年 9 月,组织新任村级财务人员业务培训班。

图 7-2 县财务辅导员培训班(1982 年)

村级财务规范化管理 2007 年 3 月,村级财务和土地承包动态监管网络开通。该系统以政务内网为依托,并在区政务平台创设“农经管理”专栏,内容包括农村土地承包信息查询、中心做账进度监管、村级财务决策分析等。区、镇乡(街道)、村等相关人员都能直接登陆“农村经营管理系统”,对村级财务和土地承包信息进行查询和分析。2007 年 7 月,由中共余杭区纪律检查委员会、区委农业和农村工作办公室、区农业局、区监察局联合发文建立村级民主监督理财报告制度。该制度主要为提高村经联社和股份经济合作社财务管理水平、规范财务行为,强化民主监督。明确民主监督理财小组审核后,必须填写“余杭区村级财务民主监督审核情况报告表”,报告表主报镇乡纪律检查委员会(街道纪工委),同时报中共余杭区委农业和农村工作办公室、区农业局备案。同时,就民主监督理财小组理财监督的主要内容、主要职责、报告程序和内容等进行明确。2008 年,在全面实行区、镇两级财务信息化管理基础上,完成余杭经济开发区、崇贤镇所辖村的出纳网上报账和财务信息化监管工作试点,上传动态监管信息 4 篇、动态信息 60 余篇。2008 年,落实村级财务定期分析制度,强化财务预决算管理。全年集中举办乡镇(街道)农经干部和中心会计审计业务培训两次,村(社区)换届后助理会计业务培训各 1 次,编印下发村(社区)财务管理制度汇编 500 余份。径山镇申报为国家级财务规范化管理示范点。2009 年,围绕"组织领导、会计代理、监督检查、管理手段,村级建设"指标,综合考评村级财务规范管理。当年评定三星级及以上标准服务中心 2 家。径山镇村会计服务中心申报国家级财务规范化管理示范点,经省、市农经相关部门验收合格,被国家农业部确定为全国农村集体财务管理规范化示范单位。全区在村务公开和民主理财上,落实 106 个村实行零距离公开,即公开到户。黄湖镇 6 个村全面推行村级财务流水账公开工作。中泰乡、五常街道实行"钱账双代管"试点,累计完成 5 个乡镇(街道)推进工作;有 9 个乡镇(街道)所辖村实行出纳网上报账管理,累计完成 11 个乡镇(街道),实现对村级财务即时监管。2010 年,"村出纳网上报帐"实现全覆盖,所辖村的初步实现了对村级财务即时监管。10 月,在闲林街道试行村级"三资"(资金、资产、资源)信息化和条形码管理,即依托区级集体"三资"管理信息化平台,将"三资"管理台账内容分门别类全部录入计算机网络,实行动态管理,将村级资产资源的实物图片、承包租赁合同、招投标文件等原始资料,通过扫描或图片上传的方式录入管理系统,建立数据库。在此基础上,通过系统分配给每项资产一个条形码,张贴在实物或条形码登记簿上(房屋建筑、道路设施和其他不宜在实物上张贴的资产),通过条形码明晰产权归属和管理责任人,并以条形码扫描的方式盘点固定资产,提高盘点的准确性和工作效率。

图 7-3 村级集体经济组织登记赋码操作(2019 年)

2013 年 10 月 9 日,为加强村级集体工程项目管理,落实村级集体工程监管责任,保障村级集体工程项目建设廉洁、高效、优质、安全,区政府办公室印发《余杭区村级集体工程项目管理办法》。该办法共 21 条,对村级工程项目管理作了进一步的规范,内含村级集体工程项目操作流程图、报批备案表、形象进度认定表、变更审批表、验收报告单、工程廉政合同、安全生产合同等内容,使村级工程项目实施有章可循,规范有效。同时,由区农业局、区监察局、工商余杭分局联合下发《关于推行使用村级集体房屋和土地租赁合同示范文本的通知》,要求各地统一使用余杭区村级集体房屋和土地租赁合同示范文本,不断规范村级集体房屋和土地租赁合同管理,维护村级集体经济组织合法权益,促进农村基层党风廉政建设。2013 年,以"抓典型、创特色、树亮点、带整体"的思路,通过"严格选点、精心育点、科学管点",开展"三资"管理样板村建设。首批有万景村、沾桥村、杭南村、和睦桥村、南峰村、中桥村、小古城村和胡桥社区等 9 个村

(社区)通过验收。2014年,葛巷村、塘北村、邵家坝村、李家桥村、天万村以及安乐社区等6个村(社区)通过验收,全区"三资"管理样板村总数达到15个。2015年12月,《浙江省农村集体资产管理条例》经浙江省第十二届人民代表大会常务委员会第二十五次会议通过,自2016年5月1日起施行,进一步规范了全省集体资产的管理水平。2017年1月,区农办、区农业局、区财政局联合发文,对《杭州市余杭区村(社区)集体"三资"管理制度》进行修订。

村级财务公开　2010年5月起,余杭区全面实行村级财务逐笔公开,即在坚持村干部报酬逐人公开、村级招待费逐笔公开的同时,扩大明细公开内容,对收入和工程建设、社会公益事业、出借款等支出实行按月逐笔公开,并确定每月16日前按时公开,保障村民知情权。同时,全区在坚持公开栏定期公开的基础上,又落实162个村实行公开到户,占总村数的61%。2011年6月20日,全市农村集体"三资"管理暨村务党务华数电视公开工作现场会在余杭区闲林街道召开。7月12日,全区村级集体"三资"管理暨村务党务财务华数电视公开工作推进会召开。在闲林等3个街道试点后,全区262个村(社区)除22个村(社区)因征地拆迁暂缓外,240个村(社区)实行村务、党务、财务华数电视公开,村民足不出户即可全天候、实时查看本村的村务、党务、财务信息。

此外,2010年10月,在闲林镇试行"三资"(资金、资产、资源)信息化管理的同时,又在该镇的10个村(社区)探索实施固定资产条形码管理的试点工作,涉及村集体资产1.43亿元。条形码管理是通过农村集体"三资"管理系统打印出条形码,随后张贴在各项固定资产上。在固定资产盘点时,通过条形码数据采集器进行扫描,避免人为因素影响,确保盘点的准确性和高效性。至年底,有2个村完成条形码管理的各项工作。

村级"三资"制度化管理　2002年6月,村经济联合社账务实行会计委托代理制,建立22个镇乡(街道)的村级财务会计服务中心,对全区505个村经济联合社财务由镇乡(街道)村级财务会计服务中心实行代理记账,即"村账镇管"。2003年开展"组账村代管"工作,对有组级经济的3941个组的财务实行村代管。2004年,通过村规模调整,完成并村并账之后,全区实行"村账镇管"的村经济合作社缩减为262个。2008年7月10日,财政部会计司副司长晏婉萍携省、市财政部门有关领导,到余杭区调研村会计代理制工作,对余杭村会计代理制工作给予充分肯定,认为村会计代理制方面的很多做法已走在全国前列。2010年,余杭区探索推进村集体资金镇乡(街道)代管工作制度。方式上分资金统管和印鉴监管两种。各村在支取现金或拨付银行存款时,必须在申请后面附上合规凭证,经镇(街道)"三资"代理服务中心审核后方可到银行取现或转账。到2010年底,全区有6个镇乡(街道)实行村级集体资金统一由镇乡(街道)监管。2010年12月6日,为切实加强村(社区)集体"三资"管理,区委农业和农村工作办公室、区农业局、区财政局联合出台《杭州市余杭区村(社区)集体"三资"管理制度》。该制度分总则、机构职责、资金管理、资产管理、资源管理、人员管理、"三资"监督、结报与档案、责任追究、附则等10章69条,涉及农村集体资产内容全,深度广,监管实,实现制度管权、管事、管人,维护村经济合作社的合法权益,促进农村经济社会和谐发展。2011年,区农业部门利用现代信息技术,通过"试点先行、以点带面"的方法,在各村(社区)全面推行村级集体"三资"信息化和条形码管理。对全区262个村(社区)安装"三资"管理软件系统,实现"三资"管理从粗放式向精细化、规范化、科学化的转变,促进农村集体资产增值保值。全区登记卡片32089张,涉及金额24.46亿元,盘盈资产2410宗/16640.4万元,资源性资产登记4864宗/6051.73公顷,挽回流失土地14宗/22.72公顷。

2011年7月5日，浙江省副省长王建满作出批示，肯定余杭区强化村级集体“三资”管理的做法和举措。8月6日，余杭区制定下发《关于开展“三资”管理样板村建设的方案》，在村级集体“三资”实行条形码管理的基础上，以“有资产图片、有资源图纸、有原始凭证、有工程文书、有经营合同”为标准，精选胡桥等9个村（社区）为“三资”管理样板村培育点。10月24日，余杭区被农业部评为全国农村集体“三资”管理示范县（市、区）。同时，开展村级资金镇（街道）代理工作，累计有19个镇（街道）完成该项工作。

2013年，全区“钱账双代理”工作实现全覆盖。2005年以来，为加强村级集体“三资”管理，有效解决监督滞后问题，促使监督关口前移，在村账代理的基础上，探索村级集体资金由镇（街道）统一代理工作，即“钱账双代理”，分资金统管和印鉴监管两种方式。各村在支取现金或拨付银行存款时，必须在申请后面附上合规凭证，经镇（街道）“三资”代理服务中心审核后方可到银行取现或转账。2013年，全区“三资”代理服务中心共拒绝入账票据118张，涉及金额373.8万元。2013年，以“抓典型、创特色、树亮点、带整体”的思路，通过“严格选点、精心育点、科学管点”，首批有万景村、沾桥村、杭南村、和睦桥村、南峰村、中桥村、小古城村和胡桥社区等9个村开展“三资”管理样板村建设。样板村所在镇（街道）在建设中坚持基础为先、特色为重、规划引领、以民为本的原则，注重与新型实用技术应用、新型管理机制创建、新型发展模式探索结合，形成一村一品。年内，宝塔社区通过检查验收，以其一村一品的特色，成为全区创新管理的“试验田”。是年，全区“三资”代理服务中心共拒绝入账票据118张，涉及资金373.8万元。

2014年，葛巷村、塘北村、邵家坝村、李家桥村、天万村以及安乐社区等6个“三资”管理样板村通过验收，全区“三资”管理样板村总数达到15个。2015年，余杭区继续开展以“三年轮审”为重点的农村财务审计工作，全年完成100个村的财务审计，完成审计整改95个村，落实整改措施276条，清理收回及处置款项1936.4万元。加大对村级财务的监督力度，配合区纪委开展村级廉情预警专项监督60次，发出黄色预警26个、橙色预警3个、红色预警8个，下发整改通知书（督办单）275份。贯彻落实区政府《关于推行村级公务“零招待”加强村级非生产性开支规范管理工作的通知》精神，组织专项检查1次，培训镇（街道）村（社区）相关人员2170余人。全年全区村级商务、公益等招待费开支同比下降70.83%。是年，有3个审计项目被评为杭州市优秀内部审计项目。

村会计代理制　2008年7月10日，财政部会计司副司长晏婉萍携省、市财政部门有关领导，到余杭调研村会计代理制工作，听取余杭区关于通过建立一个中心、健全两类制度、强化三项监督、坚持四权不变、落实五个统一，使全区村会计代理制工作得到不断深化和完善，并取得明显成效总体情况的汇报；到运河镇村会计服务中心进行实地考察，听取该镇就开展村会计代理制工作的情况介绍，查看村会计服务中心办公室、档案室，对余杭村会计代理制工作给予充分肯定，认为村会计代理制方面的很多做法已走在全国前列。2009年，举办农村集体“三资”（资金、资产、资源）监管工作业务、村（社）助理会计业务、农村经营管理系统、村（社区）出纳人员、村级财务信息化管理工作等各类培训班7期。编印下发村（社）村级“三资”管理制度及台账等汇编材料1000余份，500余人参加培训。

村集体资金代管　2010年，探索推进村集体资金乡镇（街道）代管工作制度，完成塘栖镇、仁和镇村级集体资金纳入镇会计服务中心代管工作。至年底，全区有6个乡镇（街道）实行村级集体资金统一由乡镇(街道)监管。2011年,余杭区继续推进村级集体资金镇代管工作,完成5个镇(街道)的扩面试点,全区累计有12个镇(街道)实行村集体资金代管。11月3日,浙江省农业厅、财政厅、监察厅联合发文命名全省10个县(市、区)为"浙江省村级财务规范化县",余杭区名列其中。

村级民主理财　2007年7月,建立村级民主监督理财报告制度。该制度主要为提高村经济合作社财务管理水平、规范财务行为、强化民主监督。明确民主监督理财小组审核后,必须填写"余杭区村级财务民主监督审核情况报告表"。报告表主报镇乡纪委(街道纪工委),同时报区委农办(区农业局)备案。同时,就民主监督理财的主要内容、主要职责、报告程序等进行明确。2016年,余杭区创新试点村级民主监督"3+X"模式,由原村监会3名成员加上随机抽调的2名村民代表或2名组长组成新的村监会,每月确定1天作为各村民主理财固定活动日,对村级财务进行核查。对存在的问题,在次月当日由村班子主要领导答疑解惑,对群众关注的焦点问题由参与村监会的村民代表解释。各镇(街道)相继出台脸面推行村级民主监督理财日制度》,巩固村监会的作用和地位。

二、审计

20世纪50年代—80年代,农业合作社、人民公社生产大队财务由社级财务人员互相审计,发现问题即行改正。1990年,清理村级财务,507个村实行集体办公及财务互审办法。1991年,580个村恢复或重新建立村经济联合社,开展农村合作经济审计,31个乡镇成立农村合作经济审计站,配备兼职和专职审计人员273人。是年,审计430个单位,审计金额8550万元。1993年6月,全县第一家乡镇级农村合作基金会成立,至1994年发展到10家。1994年建立余杭市农村合作基金联合会,筹集资金263.22万元,融通资金325.37万元,其中投放农业的有102.67万元,支持和扶持第二、第三产业222.7万元。1997年—2000年,根据农业部、财政部《关于全国范围内开展农村集体资产清产核资工作的通知》精神,省、杭州市和余杭市三级联合在星桥镇开展清产核资试点工作,随后全面清核乡镇、村集体经济组织、集体企业和行政事业单位占用的集体资产及账外资产,经市农村集体资产评估事务所审核并出具验证报告。至1998年底,509个村核发农村集体资产产权证。1999年—2000年,开展农村集体资产产权登记年检。余杭市村级集体资产总额8.06亿元,所有者权益总额5.65亿元。当年实现村级集体可分配收入1.17亿元,村均达到23.04万元。全市506个村中,当年可分配收入50万元以上村154个,其中超百万元村54个。2000年,加强村级财务审计。2005年,先后出台《余杭区村经联社财务管理制度》《余杭区违反村级财务管理责任追究制度》《余杭区村集体经济投资项目工程发包工作管理办法》《关于规范村级集体经济组织货币资金管理的通知》等4项制度,还印制2万册《余杭区村务工作规则》发放到镇、村干部及村民代表手中。同时,还总结实施村级财务计算机监管网络系统项目试点运行情况,详细规划制定出全区村级财务计算机监管具体实施方案。采取"交叉审计、中介审计、总站直审"三管齐下的审计方式,通过"放权借力"优化审计方式,进行村级财务审计。2010年,完成村级财务审计审核100个村,涉及村(社区)集体资产21亿元。通过落实审计整改"五个一"制度,与区纪委组织联合检查、下发督办通知书、发送审计问责建议书等举措,落实整改措施192条,收回清理处置各类款项2291.25万元,完成第二轮"三年轮审"。2017年底,全区共完成审计项目1395个,整改问题2441个,清理收回处置款项2.62亿元。

专项审计　2002年，针对群众反映的村级财务管理问题，农村经济经营管理总站及时进行专项审计。2003年，根据村规模调整的具体情况，379个原村经济联合社集体资产进行实地盘查和账面清理相结合的清理核实，完成清产核资工作，清理村级账面总资产9.3亿元，核增0.24亿元；村级负债4.47亿元，核减0.17亿元；所有者权益4.56亿元，核增0.41亿元；资源性资产5753.3公顷，其中山林2386.6公顷、耕地380公顷、其他2986.6公顷。2004年，区农经总站（区合作经济审计站）对26个村开展直接审计。2014年，余杭区组织开展以村干部离任审计为重点的“三年轮审”工作，全年审计77个村，其中离任审计37个村。村级财务整改问题191个，清理收回处置款项1840.57万元。是年，余杭区农村经济经营管理总站获浙江省内部审计先进集体，有2个审计项目被评为杭州市优秀内部审计项目。

村级财务审计　2005年，开展对99个村的财务审计，完成并发出审计报告93份，涉及资产总额10.56亿元。查出违规资金2909.95万元，提出整改建议229条，督促被审计村整改反馈措施145条，追回各类违规资金1674.53万元。2007年5月，中共杭州市纪律检查委员会宣教室到余杭区就农村财务审计工作进行采访。采访组分别对南苑街道苏家村、崇贤镇陆家桥村、临平街道横塘村的村党支部书记及部分村民代表进行采访，同时还采访了中共余杭区纪律检查委员会、中共余杭区委农业和农村工作办公室有关领导。采访组充分肯定余杭开展农村财务审计工作，认为该项举措在促进农村基层党风廉政建设中成效明显，在全市处于领先地位。节目于5月26日在杭州电视台综合频道“廉政经纬”专栏中播出。2007年，是村级财务“三年轮审”工作的最后一年，区农经总站（农村合作经济审计站）通过充实审计力量、规范审计程序、加大审计整改督查力度、落实审计专项经费等举措，形成村级财务审计“五化”的格局（即人员专业化、工作经常化、程序规范化、公开全程化、整改多元化），构建农村财务审计监督工作的长效机制。全年收回各类款项5390万元，其中收回超标发放的村干部补贴近30万元。累计审计项目326个，涉及258个村，落实整改措施449条。通过3年的村级财务审计，建立健全村级财务管理制度，既保护了村干部，也维护了村民利益，确保村级财务良性发展。2008年，余杭区启动第二轮农村集体经济三年轮审工作。实行乡镇街道交叉和中介初审、区复审，全年完成146个村的审计、审核，涉及村级资产16.5亿元。落实换届前资产清核262个村，完成离任审计41个村。强化审计整改，出台《余杭区农村集体经济审计整改督查办法》《关于建立农村集体经济审计整改“五个一”制度的实施意见》，与区纪委开展联合检查1次，落实整改措施214条，收回清理处置各类款项计2773.61万元。2009年，完成村级财务审计（审核）108个村，落实整改措施150条，收回清理处置各类款项2234.26万元。除坚持区级直审外，还实行镇审区核和镇镇互审。全年发布通报12期，开展督查6次，组织联查2次，发送督办书3次、审计问责建议书2次。在全市农村集体经济审计工作会议上，余杭作农村集体经济审计工作典型介绍；两篇审计案例分析入编《浙江省农村集体经济审计40例》一书，并获得浙江省内部审计案例二等奖和三等奖。

2012年，余杭区完成村级集体经济组织审计68个村（社区），落实整改的村（社区）81个，落实整改措施254条，处置回收各类款项1854万元，并督促各镇（街道）积极开展组级财务审计。2011年，区农业部门继续采取“交叉审计、中介审计、总站直审”三管齐下的审计方式，完成村级组织换届前250余个村资产审核和77个村村主要干部离任审计。累计落实整改措施168条，清理收回处置款项1631万元（其中资产核销额645.78万元）。2013年通过“交叉审计、中介审计、总站直审”三管齐下的审计方式,加强对村级集体经济的审计。全年完成村级财务审计76个村,落实整改措施243条,清理收回处置款项1012.15万元。同时,制定《2013年度专职审计人员考核办法》,组织审计人员参加省市内审协会举办的培训班,加快审计工作规范化、制度化的进程。根据2014年农村经济统计年报和168户农经信息户的调查统计分析,全年全区农民人均收入为26174元,同比增长12.1%。其中:报酬收入人均13076元,同比增长11.8%;财产性收入人均3852元,同比增长31.9%。全区农村经济总收入为2344.4亿元,同比增长1.9%;村级可分配收入为8.8亿元,同比增长15.8%。2016年,全区完成村级财务审计105个村,完成审计整改86个村,落实整改措施230条,为村级集体经济组织收回及挽回损失共4728.99万元。全区经各镇(街道)“三资”代理服务中心审核监督,共退回不规范凭证395笔,涉及金额5952万元,其中7笔共48万元不予入账,全区村级集体经济组织非生产性开支同比下降9.87%。2016年,全区各有关部门联合开展村级财务清理专项行动,覆盖全区262个村(社区),对村级财务审计中发现的问题、整改情况和村级财务收支情况等重点问题进行排查,共检查村级工程建设项目1169个,向127个村(社区)发放整改通知书,并通报相关问题,确保整改到位。2018年,完成89个村财务审计工作,落实整改措施459条,清理收回资金2952.9万元。

三、经济统计

余杭境内农村经济统计开始于20世纪50年代后期,主要统计农业合作社数量及入社人口数量。50年代末,人民公社收益分配统计内容包括农村收入、分配情况及粮食产量。“文化大革命”期间,农村经济统计一度中断。1974年恢复农村经济统计工作,至1982年形成比较完整的指标体系。

1983年,农业统计改为全面统计农村经济。在经营层次上,改统计集体经营为统计集体统一经营、农户家庭经营、新经济联合体、乡村企业;在行业项目上,改统计农、林、牧、副、渔为统计农、林、牧、渔、工、商、建(筑)、运(输)、服(务)等全部行业,同时反映行业收入、支出、留存等情况。1990年,增加农村各类合作经济组织建设、反映农民负担和合作经济组织内部资金融通等情况的指标和报表。

1996年初,形成与农村经济发展相适应,与新的农村财务会计制度接轨的农经报表制度,并将起报单位从乡镇级改为村级。农民家庭经营情况调查采取“记账式”,样本记账户数量占全村总农户数10%—15%。2005年1月,重新确定乔司、运河、仁和、仓前、瓶窑、径山、星桥等7个镇乡(街道)21个村的168户农户为三级农经信息户,将原良渚镇3个村的24户信息户调整为星桥街道3个村的24户信息户作为农经样本户。2005年,农经信息户统计农民人均所得8680元,比上年增加896元,增长11.5%,与全区各镇乡(街道)预测的情况基本一致。同时对农业部农业基点调查的12个村100户样本户,经调整后并入168户农经信息户中。至2005年形成与农村经济体制相适应的农村经济统计报表制度。是年底,262个村经济联合社农村经济总收入906.42亿元,农民人均收入8837元,村均村级可分配收入81.61万元,乔司镇五星村达498.12万元。2006年,全区完成农产品加工产值44.57亿元,增长39.4%,首次超过全区的农业总产值。2006年度,区农业产业化建设立项63个,通过验收58个,核定投入资金8036万元。申报杭州市农产品加工企业技术改造财政资助项目,获准6个,核定总投资2153万元。

根据2015年农村经济统计年报和168户农经信息户的调查统计分析,全区农民人均收入29043元,同比增长12.1%。全区农民人均转移性收入3669元,增长30.0%,占农民人均收入的

12.6%，比2014年提高1.9个百分点。全区农民人均财产性收入4348元，增长12.9%，占农民人均收入的14.97%。财产性收入中，绝对额最高的是房屋租金收入，人均3705元，占财产性收入的85.2%。全区农民人均报酬性收入达14440元，增长10.5%，增幅有所趋缓。报酬性收入占农民人均收入的49.7%，仍是全区农民人均收入的主要来源。全区家庭经营人均收入6543元，同比增长1.7%，占农民人均收入的22.53%。2016年，余杭区农民人均收入31868元，同比增长9.7%。从收入构成看：转移性收入增幅居首位，报酬性收入是全区农民收入的主要来源，家庭经营净收入有增有减，财产性收入增幅有所下降。

区内生产总值杭州市余杭区生产总值从2010年的656.21亿元增长到2018年的2312.45亿元，年均增长率为17.05%。其中，2010年杭州市余杭区农村经济收入达到18645297万元，2018年已达到27246828万元，年均增长4.86%。其中农村经济收入三产结构分布从2010年的2.79%、87.34%、9.87%调整至2018年的2.19%、80.75%、17.06%。

2010年-2018年度余杭区生产总值情况表

表7-1

年份	地区生产总值（亿元）	其中					
		第一产业		第二产业		第三产业	
		金额（亿元）	占比（%）	金额（亿元）	占比（%）	金额（亿元）	占比（%）
2010	656.21	38.45	5.86	334.77	51.02	282.99	43.12
2011	768.93	43.68	5.68	377.41	49.08	347.84	45.24
2012	871.84	47.19	5.41	400.38	45.92	424.27	48.66
2013	980.08	45.54	4.65	417.98	42.65	516.56	52.70
2014	1101.23	45.54	4.14	441.25	40.07	614.45	55.79
2015	1278.61	46.96	3.67	479.01	37.46	752.64	58.86
2016	1699.23	49.71	2.93	494.19	29.08	1155.33	67.99
2017	2034.47	50.38	2.48	586.01	28.80	1398.08	68.72
2018	2312.45	50.46	2.18	629.68	27.23	1632.30	70.59

2010年-2018年度余杭区农村经济收入情况表

表7-2

年份	区内农村经济总收入（万元）	其中					
		第一产业		第二产业		第三产业	
		金额（万元）	占比（%）	金额（万元）	占比（%）	金额（万元）	占比（%）
2010	18645297	520756	2.79	16283987	87.34	1840554	9.87
2011	20577487	561692	2.73	17698307	86.01	2317488	11.26
2012	22261587	585188	2.63	19082021	85.72	2594378	11.65
2013	23001458	591601	2.57	19593707	85.18	2816150	12.24

续表 7-2

年份	区内农村经济总收入（万元）	其中					
		第一产业		第二产业		第三产业	
		金额（万元）	占比（%）	金额（万元）	占比（%）	金额（万元）	占比（%）
2014	23443294	549391	2.34	19764616	84.31	3129287	13.35
2015	23732319	567591	2.39	19960958	84.11	3203770	13.50
2016	24346540	590024	2.42	20067688	82.43	3688828	15.15
2017	26067458	609621	2.34	21249261	81.52	4208576	16.14
2018	27246828	596861	2.19	22000683	80.75	4649284	17.06

2010 年杭州市余杭区第一产业总收入达到 520756 万元，2018 年已到达 596861 万元，年均增长 1.72%。2010 年农、林、牧、渔收入占比分别为 48.28%、6.49%、22.13%、23.10%；2018 年农、林、牧、渔收入占比分别为 60.38%、10.99%、9.59%、19.05%，其中农业、林业发展较为迅速，牧业、渔业有所缩减。

表 7-3 2010 年-2018 年度余杭区第一产业收入情况表

年份	第一产业总收入（万元）	其中							
		农业收入		林业收入		牧业收入		渔业收入	
		金额（万元）	占比（%）	金额（万元）	占比（%）	金额（万元）	占比（%）	金额（万元）	占比（%）
2010	520756	251440	48.28	33780	6.49	115244	22.13	120292	23.10
2011	561692	265720	47.31	38958	6.94	126161	22.46	130853	23.30
2012	585188	282773	48.32	41164	7.03	120327	20.56	140924	24.08
2013	591601	292992	49.53	45955	7.77	119063	20.13	133591	22.58
2014	549391	303342	55.21	48834	8.89	72641	13.22	124574	22.67
2015	567591	335096	59.04	52428	9.24	65737	11.58	114330	20.14
2016	590024	354062	60.01	57133	9.68	65827	11.16	113002	19.15
2017	609621	372535	61.11	61490	10.09	61510	10.09	114086	18.71
2018	596861	360399	60.38	65603	10.99	57131	9.57	113728	19.05

余杭区农村居民人均可支配收入从 2010 年的 15617 元增长到 2018 年的 37691 元，年均递增 11.64%。

2010 年–2018 年度余杭区农村居民人均可支配情况表

表 7–4

年份	人均收入(元)	增长(%)
2010	15617	—
2011	17951	14.95
2012	20304	13.11
2013	22647	11.54
2014	26581	17.37
2015	29159	9.70
2016	31608	8.40
2017	34358	8.70
2018	37691	9.70

第三节　村级集体经济

20 世纪 70 年代前，境内农村集体经济发展极为缓慢。70 年代末，农村实行家庭承包为主的统分结合的双层经营体制后，农村集体经济迈入健康发展之路，农村经济得到长足发展。1988 年，全县 17 个乡镇、144 个村建立农业发展基金制度，直接用于农业的以工补农资金 640 万元。全县农民人均收入 948 元，比 1987 年增加 104 元，增长 12.32%，人均收入最高的崇贤水产村为 2423 元，人均收入最低的黄湖镇高村为 493 元。1989 年，全县 90%的乡镇和 70%的行政村建立农业发展基金制度，83%的村建立农业有偿承包制，78%的村建立劳动积累制。全县农民人均收入 1018 元，比上年增加 70 元，增长 7.4%，人均收入最高的余杭镇为 1440 元，人均收入最低的黄湖镇为 787 元。1990 年，乡村两级共筹集农业发展基金 843 万元，比 1989 年增加 52.2%，共收入承包款 711 万元，比 1989 年增加 31.6%。全县农民人均收入 1062 元，比上年增加 44 元，增长 4.3%，人均收入最高的余杭镇为 1371 元，人均收入最低的黄湖镇为 789 元。1990 年全县农民的人均收入是 1985 年人均 648 元的 163.89%。

图 7–4　2019 年 10 月 16 日，在瓶窑镇 2018 年度村级集体经济发展建设项目验收

1991 年，村级经济进一步壮大，全县村级集体经济总收入 4711 万元，比上年增长 9.94%，村级集体可

分配收入在 5 万元以上的有 284 个村，占村总数的 48.97%，其中当年收入最高的村是长乐镇西山村，达 60.07 万元，集体经济少于 1000 元的“空壳村”还剩 2 个村。全县农民人均收入为 1147 元，比上年增加 85 元，增长 8%。1992 年，全县村级集体经济总收入 5985.21 万元，比上年增长 27%，其中村级集体可分配收入 4567.58 万元，比上年增长 23.9%，年末村级累计集体积累余额 4061.57 万元，比上年增长 16.3%；年末村级集体所有固定资产总值 39759.88 万元，人均 562.76 元，分别比上年增长 33.2%和 32.8%。当年集体可分配收入在 5 万元以上的村有 334 个，比上年增加 50 个，其中收入在 50 万元以上的村有 4 个，收入最高的村为瓶窑镇张堰村，达 68.61 万元。1993 年，余杭开展小康村建设活动，推进村级两个文明建设。全县村级集体经济总收入 9851 万元，比上年增长 64.6%，其中村级集体可分配收入 6145.48 万元，比上年增长 34.5%，年末村级累计集体积累余额 6255.66 万元，比上年增长 54%；年末村级集体所有固定资产总值 53826.83 万元，人均 766.34 元，分别比上年增长 35.4%和 36.2%。同时达到农民年收入超 2000 元，人均拥有集体固定资产超 1000 元、人均占有集体可分配收入超 1000 元 3 项小康村建设主要经济指标的村共有 19 个。1994 年，通过探索，建立土地使用权流转机制，推行农业股份合作制，成立股份合作制林场 52 家，经营林地 3.5 万亩；试行股份合作制的外荡单位 3 个，经营水面 5117 亩，占外荡总养殖总水面的 13.7%；余杭市首家茶叶生产股份合作制试点在潘板桥镇钱家滩村实施；是年，余杭市村级集体经济总收入 1.15 亿元，比上年增长 17.2%，其中村级集体经济分配收入 8096.88 万元，增长 31.8%，年末累计集体积累余额 8233.83 万元，村均集体积累余额 14.25 万元，年末村级集体所有固定资产总值 7.68 亿元，增长 42.7%，人均拥有集体固定资产额 1099.67 元，增长 43.5%。

1995 年，在塘栖镇及塘栖镇车家埭村开展镇、村两级农村集体资产管理体制改革试点，制定《余杭市乡镇集体资产经营管理试行办法》，建立健全农村集体资产管理体制和运行监管机制，不断探索集体资产保值增值新路子，加大对集体经济薄弱村的帮扶，村级集体经济不断发展。是年，余杭市实现村级集体经济总收入 14541.71 万元，比上年增长 25.9%，其中村级集体可分配收入 10318.89 万元，增长 27.4%，村均集体积累余额 18 万元，增长 26.3%；年末村级集体所有固定资产总值 9.97 亿元，增长 29.8%，人均拥有集体固定资产额 1425 元，增长 29.8%；村集体可分配收入在 30 万元以上的村由上年的 64 个增加到 81 个，在 5 万元以下的村由 164 个减少到 133 个。1998 年，根据农业部《关于在全国范围内开展农村集体资产清产核资工作的通知》，省、杭州市和余杭市三级联合在星桥镇开展清产核资工作的试点，11 月全面铺开，对镇乡、村集体经济组织、集体企业和行政事业单位占有的集体资产以及道路等账外资产进行全面清核。经清核余杭市镇乡、村两级集体资产总额为 16.73 亿元，其中镇乡级为 9.72 亿元，村级为 7.01 亿元，集体负债为 4.53 亿元；镇乡两级集体所有者权益（净资产）总额为 12.20 亿元，其中镇乡级为 7.19 亿元，村级为 5.01 亿元。是年，在杭州市统一部署下，开展“村务公开，民主管理”工作，至年底，余杭市 509 个村全国推行“村务公开，民主管理”制度，设置公开栏 512 块，监督箱 511 只，建立村务公开监督小组 509 个。1999 年，余杭市村级集体可分配收入 1.06 亿元，较 1990 年增加了 7550.68 万元，增幅 244.5%。但是，村间贫富差距较大。全市 509 个村中，可分配收入 50 万以上村 43 个，超百万村 9 个，5 万元以下贫困村 138 个，1 万元以下特困村 14 个。

2000 年 6 月，余杭市制定《关于进一步发展村级集体经济的若干意见》，明确税收、专项资金、用地用电、信贷保险等方面扶持村级集体经济发展。同年，全市村级集体经济可分配收入

1.16亿元，同比增长1020万元，增幅9.59%。村均达到23.04万元，可分配收入50万元以上村由43个变为54个，超百万村由9个上升至22个；5万元以下贫困村由126个减少为104个，1万元以下特困村由14个减少到10个，由此，村级集体经济进入了跨越式发展阶段。2003年，为解决村级集体经济发展不平衡，推动集体经济薄弱村的发展，余杭区开展“联乡结村”帮扶工作。是年3月，制定《关于进一步加强集体经济薄弱村帮扶工作的若干意见》，11月，又印发《关于进一步明确和调整集体经济薄弱村帮扶政策的通知》，明确对集体经济薄弱村的帮扶资金要足额到位，减免各项行政性规费，从区级部门和乡镇机关选派优秀干部，联系结对帮扶村指导工作等，是年，80多个区级挂钩结对部门共拿出200多万元资金及办公用品支持集体经济薄弱村；共批准立项“造血”项目9个，涉及薄弱村32个，计划建造标准厂房2.79万平方米，商业用房2767平方米，进行物业经营对外出租，总投资达2341.5万元。至年底，原48个帮扶的区级集体经济薄弱村经验收“脱薄”25个。

图7-5 2019年8月7日，区农业农村局、市规划和自然资源管理余杭分局在百丈镇半山村指导村级集体经济发展

2004年，乔司镇五星村、崇贤镇向阳村、闲林镇联荣村、南苑街道红联村、临平街道星火村、星桥街道南星村、中泰乡紫荆村、塘栖镇姚家埭村、瓶窑镇窑北村、运河镇章家河村被评为全区十佳经济强村。

2005年，制定《关于实施集体经济相对薄弱村组合式帮扶的若干意见》，实施为期三年的集体经济相对薄弱村组合式帮扶工作，确定33个相对薄弱村为帮扶对象，采取一位区领导联系、一个区级部门牵头、两家企业和一个相对富裕村结对一个相对薄弱村的组合式集团帮扶的形式。区级财政三年安排900万元专项资金，镇乡安排1:1配套帮扶资金，每个帮扶集团安排相应支持奖金。是年，立项批复主体产业发展项目23个，涉及27个相对薄弱村，项目内容均为建设标准厂房和商业用房进行物业经营对外出租，项目总投资3275余万元，总建筑面积54220平方米。对33个相对薄弱村共完成农民素质教育培训7117人次，有3个村新成立农民专业合作组织，18个村建立农村政策科技服务窗，20个村完成连锁便利店或放心示范店创建。有66家企业与薄弱村结对，企业支持资金总额达到215万元。2006年，在全区范围内组建分别由区级机关和区级单位牵头，工商企业、区级文明单位和科技人才组成的“百团结百村、共建新农村”团队。新批复主体产业发展项目9个，到位各类帮扶资金1832.49万元，其中区帮扶专项资金493.1万元，镇乡配套资金337.6万元，帮扶集团支持资金925.59万元，其他社会资金76.2万元。33个薄弱村中投入基础设施公益事业建设资金累计达到5000余万元，完成村级道路硬化80多千米，修建或新建危桥30多座，建抗旱机埠5座，同时结合村庄整治工作进行健身点、亮灯工程、农田水利基础设施建设和大量的露天粪坑、化粪池改造工程及公共厕所建设。完成4200余人次的农民素质教育，新建科技信息服务窗10个，放心店6家，组建农民专业合作组织

5 家。2007 年，是全面实现本轮帮扶工作目标的攻坚之年、收尾之年。全区组织由 124 家区级单位牵头，170 家工商企业、124 家文明单位、124 名科技人才以及区农村工作指导员参与的 124 个团队，分别与 124 个村建立结对共建关系。组织 102 名非公有制经济人士担任 96 个村的“经济顾问”。全区开展经济发展、基础设施、科教文卫、综合性等结对项目 166 个，到位结对资金 1904.44 万元，其中企业投资经营到位资金 1330.5 万元。。至 2007 年底，本轮帮扶共到位帮扶资金 2897.99 万元，其中区帮扶专项资金 821.1 万元，镇乡配套资金 488.66 万元，帮扶集团支持资金 1407.53 万元（其中区级牵头部门 462.9 万元，企业 851 万元，村 93.63 万元），其他资金 180.7 万元。2008 年，区委、区政府进一步加大发展壮大村级集体经济的力度，先后制定《关于发展壮大村级集体经济的若干意见（试行）》《余杭区村级集体经济发展项目与资金管理办法》《余杭区村级集体经济贷款担保实施细则》，并制定《2008 年—2011 年发展壮大村级集体经济规划》，目标是到 2011 年，全区村均经营性收入突破 100 万元，比 2007 年翻一番，有三分之二的村达到 50 万元以上，基本消除年经营性收入在 30 万元以下的村。是年，全区村经营性收入达到 1.75 亿元，消除年经营性收入 30 万元以下村 41 个。为进一步动员全社会力量参与新农村建设，进一步深入开展“联乡结村、共建新农村”活动，整合“百团结百村、共建新农村”活动、区领导“七个一”联系制度和“清洁余杭”行动中区级部门、工商企业结对重点推进村等政策与举措，完善和强化村企结对长效机制。全年全区开展结对活动 200 余次，参加活动人数 1100 余人次，落实结对项目 188 个，承诺结对资金 2270 余万元，到位资金近 2020 余万元。为帮助低收入农户增收致富奔小康，制定《余杭区“低收入农户奔小康工程”实施意见》，对 4102 户低收入农户建档立卡，建立了“一户一策一干部”制度。

2009 年，共批复村级集体经济发展项目 69 个，总投资 6.69 亿元，总规模 63.33 万平方米。经审计局审计核定，2008 年度有 54 个村符合区委“以奖代补”政策条件，共下拨补助资金 2800 万元。村经营性总收入 2.11 亿元，比上年增加 20.4%。是年实施低收入农户奔小康工程，制定《余杭区实施“低收入农户奔小康工程”2009 年—2012 年行动计划》，会同区民政局对 2008 年人均收入在 4000 元以下的农户开展调查摸底，经核实全区共有低收入农户 4299 户。同时，结合“双千”和“1+X”等结对帮扶 649 户低收入农户的基础上，再次结对帮扶 3650 户低收入农户，全区低收入农户“一户一策一干部”结对帮扶率达到了 100%。实施农村工作指导员制度。派驻农村工作指导员 186 人，其中区级 15 人、乡镇 171 人。评选出省级优秀农村工作指导员 3 人、市级 9 人。

2010 年 8 月，在《关于发展壮大村级集体经济的若干意见（试行）》的基础上，又制定《关于发展壮大村级集体经济的补充意见》《关于加强村级集体经济组织留用地管理的实施意见（试行）》，基本形成村级集体经济发展的政策扶持环境、内部运作机制和财务监督管理等方面较为完善的体系和发展氛围。减免村级集体经济发展项目的城市配套设施费等 7 种税收和规费，加大财政对村级集体经济发展项目贷款贴息力度。全年全区新批复 31 个村级集体经济项目，总投资 3.65 亿元，建设总规模 34.94 万平方米。全年村级经营性收入 2.69 亿元，比上年增长 19.4%，下拨“以奖代补”奖励资金 3000 万元。扎实开展“联乡结村、共建新农村”“送服务、听民声、聚合力、促发展”“双千”“1+X”及“一户一策一干部”帮扶结对等活动，开展联结帮活动 246 次，参加活动人数 1616 人次，实际到位资助项目资金 1469.53 万元。实施低收入农户产业发展项目 8 个，其中种养业基地项目 4 个，土地流转项目 4 个，共带动低收入农户 386 户、1207 人。

图 7-6 2019 年 1 月 11 日,余杭区村级集体经济集中消薄签约仪式隆重举行,四家村级组织代表与区公租房管理有限公司现场签订房产置换协议

是年,全区有农村工作指导员 179 人,其中区派 15 人。全年指导员们共走访农户 14806 户,撰写调研报告 68 篇,落实经济发展项目 76 个,落实水电路等基础设施项目 113 个,争取落实扶持资金 453 万元,调处矛盾纠纷 542 起,协助发展党员 306 人。2011 年,创新帮扶方式,组建由区领导牵头,区级部门和工商企业等参加的 34 个区级帮扶集团,联系区内 2010 年经营性收入最低的 34 个村,采取帮扶集团与联系村 1 对 1 帮扶的联结方式,把促进村级集体经济发展、促进农民增收致富、促进"美丽都市乡村"建设、促进民生条件改善、促进基层党组织建设作为主要帮扶内容,启动新一轮"联乡结村"帮扶工作。全区开展联结帮活动 128 次,参加活动人数 896 人次,实际到位资助项目资金 1787.45 万元。至 2011 年底,新一轮发展壮大村级集体经济工作结束。自区委 2008 年《关于发展壮大村级集体经济的若干意见(试行)》文件实施以来,全区共批复集体经济发展项目 120 个,总投资 14.77 亿元,总建设规模 120.6 万平方米。据农经部门统计,2011 年全区集体资产总额 76.77 亿,村均 2930 万元,同比 2007 年翻了一番多;全区村级经营性收入达 3.05 亿,村均 115 万元,比 2007 年增幅达 161.9%,平均年增长 22%。

2012 年,区委、区政府制定《关于进一步加快发展村级集体经济的若干意见》和《关于进一步加强我区村级集体经济组织留用地管理的实施意见》。在实行转移支付政策、实施"三年倍增行动计划"、考核激励、税收奖励政策、拓宽融资渠道、完善村企结对帮扶机制、减轻村级集体负担以及优化村级留用地政策等方面给予重点支持。制定《2012—2015 年发展壮大村级集体经济计划》,目标到 2015 年,全区各村(社区)集体经济经营性收入一般达到 50 万元以上,平均达到 160 万元以上,并有 6 个村达到 1000 万元以上。2012 年,全区村级集体资产 83.62 亿元、经营性收入 3.53 亿元、可分配收入 6.81 亿元。是年,继续开展"联乡结村"活动,印发《关于区领导新一轮"七个一"联系点、区领导"联乡结村"集团帮扶集体经济薄弱村联系点的通知》,启动新一轮"联乡结村"活动。全区共开展联结帮活动 128 次,参加活动人数 691 人次,实际到位资助项目资金 2473 万元,其中由 34 个区领导牵头的帮扶集团共筹措到位资金 900 余万元。2013 年,制定《余杭区盘活村级存量资产实施办法》,充分挖掘潜力,加快盘活村级存量资产,实现村属资产保值增值,加速推动村级集体经济发展进程。制定《余杭区村级集体经济组织留用地管理实施细则》,落实新增建设用地指标 312 亩。兑现"转移支付""税收奖励"等政策,下拨"转移支付"资金 6100 万元,其中,区级财政补助资金 3825 万元;"税收奖励"资金 511.85 万元。是年,全区村级经营性收入 4.23 亿元,村均超 150 万元。2014 年,全区实现财政转移支付 6100 万元,其中区级财政支出 3825 万元、税收奖励 1376.74 万元(均为区财政资金)。全区村级经营性收入 5.16

亿元，每村平均190万元。是年，区农业局完成第八批农村工作指导员考核表彰工作，王晓乐等3名区级指导员、周瑛等3名镇（街道）级指导员获得第八批市级优秀农村工作指导员称号。同时完成第九批16名农村工作指导员的选派工作。2015年，余杭区制定全国首部地方标准规范《村务公开和民主管理规范》。全年全区村级经营性收入达到5.92亿元，每村平均约224万元。实现财政转移支付4369万元，其中区财政支出3018万元；下拨"三年倍增行动计划"奖励资金780万元。

2016年，全区村级经营性收入6.51亿元，村均246万元。其中，30万以下村社区54个，70万元以下村社区108个；1000万元以上村社区11个，最高为乔司街道五星村3875万元。2017年，启动新一轮"联乡结村"行动。由43位区领导、60个区级部门、190多家企业组建的77个帮扶集团定向结对77个薄弱村，开展了以促进村级集体经济发展、推进美丽乡村建设和农民增收为重点的帮扶行动。到年底，43位区领导共带队走访结对村216次，梳理问题298个，解决问题210个；共筹集帮扶资金1054.74万元，落实项目55个，扶助困难群众810人。是年，全区262个村股份经济合作社实现村级经营性收入7.29亿元，村均278万元，同比上年增长12%。其中年经营性收入30万元以下村42个，70万元以下村102个，1000万元以上的村有17个，最高的为乔司街道五星村，达到4163万元。2018年，为进一步推动村级集体经济发展，特别是薄弱村的经济发展，区委区政府制定《关于进一步发展农村经济推进"富村惠农"三年行动（2018—2020）的实施意见》，开启新一轮消薄攻坚战，确定2020年全面消除经营性收入70万元以下村社区的发展目标，优化转移支付、增长激励等政策，加大对薄弱村的扶持力度。同时制定《关于进一步加强我区村级留用地管理工作的实施意见》。是年11月，为推动集体经济薄弱村发展，实现"造血式"脱薄，制定《集体经济集中消薄方案》，由区政府统一协调组成集体经济发展组团，选取发展相对困难的65个薄弱村，利用各村留用地指标统一置换五常西溪北苑房产获得出租收益，每年可获得租金收入2072万元。是年，全区村经营性收入8.9亿元，村均经营性收入339万元，全面消除经营性收入30万元以下村社区。其中，70万元以下村88个，1000万以上村21个，最高为乔司街道五星村4757万元。

附:农村集体资产管理体制的改革与创新

农村集体资产主要是指村(社区)、组集体所有或以投资、经营和劳动积累所形成的各类固定资产、库存物资、无形资产(包括房产、机械设备、农田水利设施、公益性设施、专利权、商标权)以及货币资金、有价证券和土地、林木、水面等自然资源。就是通常人们所说的集体“三资”,即资金、资产、资源。

中共十一届三中全会以后,中国进入改革开放新时期。中共十一届三中全会确立的“解放思想、实事求是”的思想路线,给农村集体资产管理指明了前进方向。余杭农村集体资产管理实现了从重点抓资金管理向全面加强资金、资产、资源管理的转变,农村集体“三资”管理水平稳步提升,形成了制度健全、产权明晰、权责明确、经营高效、管理民主、监督到位、手段先进的农村集体“三资”管理体制和机制。

一

中共十一届三中全会以后,余杭县从改革农村经营管理体制着手,注重农村集体资产管理,尤其是在村办集体企业异军突起之时,积极开展村级财务清理和规范达标升级工作,为进一步完善村级集体资产管理奠定基础。

(一)实行“三级所有、队为基础”的集体经济管理模式

在社会主义革命和建设时期,余杭农村集体资产主要采用社有社管、村有村管、组有组管的管理模式。1958年8月,中共中央作出《关于在农村建立人民公社问题的决议》,将原高级社集体所有的全部财产一律归公社所有,公社可随意调用大队、生产队和社员的劳力、资金、土地、财产;取消自留地,办大食堂,实行以“吃饭不要钱”为主的供给制和半供给制。1962年2月,中共中央发出《关于改变人民公社基本核算单位的指示》,提出把人民公社基本核算单位由生产大队改为生产队。

中共十一届三中全会以后,全县农村集体土地由集体经营为主的联产承包制向以家庭经营为主的联产承包制转变。1982年7月,针对农村社队会计辅导工作,长期由农业部门和银行各管一头,不利于加强社队财务会计工作,国家农牧渔业部和中国农业银行联合下发《关于农村社队会计辅导工作由银行转给农业部门主管的通知》,要求全国各地有条不紊地进行交接。接着,余杭县农村社队会计辅导工作,由农业银行转给农业部门主管。到1984年,实行政社分设,恢复乡(镇)政权建制,取消大队和生产队,相应改为村民委员会和村民小组,另设经济委员会管理经济工作。从而结束了长期以来所形成的集体经济“三级所有、队为基础”的管理模式,农民群众沐浴着“上缴国家的、留足集体的、剩下都是自己的”体制改革春风。

(二)村办集体企业异军突起,管理迫在眉睫

1984年3月,中共中央、国务院转发国家农牧渔业部《关于开创社队企业新局面的报告》中指出,发展多种经营,是我国实现农业现代化必须始终坚持的战略方针。乡镇企业,即社(乡)队(村)举办的企业、部分社员联营的合作企业是多种经营的重要组成部分,是广大农民群众走向共同富裕的重要途径。由此,全县56个乡镇575个村,为消灭空白村,村村办企业,在农村中的能工巧匠纷纷从过去的跑田头改跑码头,村办企业在改革开放的大背景下异军突起。对村办集

体企业的管理,主要采取3种承包经营责任制形式:一是对规模较大、产供销正常、具有一定管理水平的企业,实行利润分成。二是对产供销不甚稳定的企业,采取基础利润和超额利润分等级定奖,即实行有利有奖、无利无奖、超利多奖。三是对小型、亏损企业,采取利润包干、实奖实赔,俗称“一脚踢”。

随着农村联产承包责任制的推行和商品生产的发展,农村经营管理工作的对象、范围、内容都发生了重大变化。为了适应农村经济历史性转变的需要,改革农村经营管理体制,建立和完善乡经营管理指导站,已成为农村工作中的一项迫切任务。同年5月,县委农村工作部组织力量,到五杭乡协助乡党委进行农村经营管理体制改革试点工作。通过学习有关文件,分析农村的新形势、新特点,听取了干部、群众的意见,在统一思想认识的基础上,乡一级的经营管理体制进行四方面改革:一是建立经营管理机构。在乡党委、政府的统一领导下,建立乡经营管理指导站,各村和乡办企业相应建立经营管理小组。二是扩大服务范围。改变过去经营管理只为大队、生产队农业服务的办法,积极创造条件,为农村合作经济组织、乡村企业、联营企业、家庭工业,以及各种专业户、承包户、经济联合体提供经营管理方面的各种服务。三是改变服务重点。经营管理重点从管理扩展到经营方面,向经营单位提供市场信息和经营决策等方面的服务,实行经营与管理一起抓。四是改进服务方式。将自上而下的行政手段,逐步改变为根据经营单位的需要,加强指导和提供服务,并逐步开展有偿服务。五杭乡不少干部、群众反映:“乡里有了经营管理指导站,为我们发展生产、增加收入多了一个好帮手”。

五杭乡建立乡经营管理指导站的初步尝试,为改革农村经营管理体制提供了经验。同年7月,余杭县委转发县委农工部《关于改革农村经营管理体制,建立乡经营管理指导站的报告》,指出全县农村的经营层次、经济结构、经营单位对经营管理部门的要求以及农村的收益分配和统计工作等都发生了重大变化。以上变化给全县的经营管理工作带来3个不适应,即经营管理体制不适应、经营管理队伍的配备不适应、经营管理人员业务水平和工作方法不适应。为此,县委同意改革农村经营管理体制,建立经营管理机构。全县普遍建立乡经营管理指导站,在区一级相应建立经营管理办公室,全县的农村经营管理指导工作由县委农工部负责。

到1986年,村级集体经济收入在农村体制改革中多数有增加。全县村级经济总收入2825万元,其中村办企业上缴1331万元、农业企业收入788万元、农户上缴承包款和社会性开支统筹款278万元、其他收入428万元,累计集体积累2.69亿元,平均每个农业人口390元。当年收入在10万元以上的有38个村,占行政村数的5.6%。

(三)开展村级财务清理和规范化“达标升级”

1988年8月,建立余杭县农村经营管理服务总站,隶属县农业局领导,具体负责对全县所属各村的村级财务辅导工作。同时,撤销原局属的财务辅导股。1990年,为核实集体家底,理顺经济秩序,健全财务制度,壮大村级经济,对全县578个村、3827个组开展财务清理,乡镇、村、组三级共召开“清财”会议1443次,参加财务清理整顿5347人,核实村、组流动资金705万元、固定资产6923万元、债权1995万元、债务3680万元(不包括村属工业企业),农户历年拖欠款108万元,长期资产和有价证券48万元。清理中,纠正错账5916笔;追回短少的收款收据95张,金额1.5万元;收回和处理各种拖欠款1024万元;追回挪用款、超分配款和缺少款18万元;查处贪污案件13件,追回贪污款2万元。财务清理后,全县51个乡镇、575个村修订了财务管理制度,并以广播、张榜形式向群众公布,其中有571个村实行财务收支一支笔审批,有507个村实行集体办公,财务互审。

1991年,全县全面开展以规范化为目标的“达标升级”活动。全县575个村全部制订财务管理制度、财务人员岗位责任考核制度,设立村总会计岗位。注重对村财务人员的培训,当年举办培训班7期,培训财会人员692人次。47个乡(镇)实行村总会计集体办公日制度,575个村全部编制预算方案,资金使用趋向合理。当年用于生产性支出1321万元,占总支出的30.4%。557个村成立民主理财小组,组成人员2553人,全年开展活动1397次,村级财务收支向农民公布914次。经考核验收,确认财务会计“三级”村26个,“达标”村266个。

这一时期的余杭农村集体资产管理,沿袭着社有社管、村有村管、组有组管的传统管理模式,农民群众对集体资产的概念处于休眠状态,只管好自己的承包土地,对集体资产几乎并不关注。

二

1992年6月,为理顺关系,加强对农村经济管理工作的领导,余杭县农村经济经营管理服务总站,改为余杭县农村经济经营管理总站,隶属原由农业局改为县农业委员会领导。乡(镇)经营站放权由乡(镇)管理,县级主管部门着重抓业务指导和技术培训。

(一)稳定农经队伍,强化集体资产管理

随着双层经营体制的日臻完善,村经联社生产服务、协调管理、资源开发、兴办企业、资产积累的职能得到进一步发挥。1991年10月,东塘镇召开经济联合社社员代表大会,宣告全县第一个乡镇经济联合社成立。大会选举产生镇经济联合社社长、副社长和管理委员,并通过章程和相应决议。东塘镇经联社的成立是农村经济发展和深化改革的产物,是基于经济的发展,加强对镇农、工、商经济组织的管理和指导,协调村经联社的需要而建立的。章程规定:经联社是社区性的农村合作经济组织,是独立的法人代表。其基本职能是生产服务,管理协调,经营开发和资产积累。接着,百丈镇也建立乡级经济联合社。东塘、百丈两镇乡级经济联合社的建立,为全县健全乡级合作经济组织,理顺乡、村集体经营管理体制,发挥地区性合作经济组织作用提供了经验。1993年3月,县农委对全县农经干部、村总会计分3期进行《浙江省农村经济合作社组织条例》、村级财务管理、农业承包合同管理等业务知识培训,参训人员571人。同年4月,针对村(社)财务一支笔审批无度、请客送礼开支过大、拖欠款增多,村级财会人员年龄老化,经济待遇和工作地位普遍较低,在一定程度上影响了农村双层经营体制的完善和村级集体经济的巩固发展。为适应社会主义市场经济发展的需要,提高村(社)财务管理的整体水平,余杭县政府批转县农委《关于进一步加强村(社)财务管理工作的意见》,提出要提高对村(社)财务管理工作的必要性和重要性的认识;要进一步健全村(社)财务管理制度;要加强对村(社)财务活动的审计监督;要加强村(社)财会队伍的建设;要加强对村(社)财务管理工作的领导。到年底,全县20个乡镇318个村实行村会计养老保险制度,稳定农经队伍。为管好用好土地征(使)用费,提高资金的使用效益,促进农村经济快速发展和社会安定团结,1994年6月,余杭市政府下发《关于加强集体土地征(使)用费管理使用工作的通知》,规定国家建设征用和集体建设使用农村集体的土地,各用地单位在建设项目批准用地后,要及时将土地征(使)用费拨付给被征(使)用土地的集体经济组织,并通过集体经济组织妥善安置承包土地被征(使)用农民的就业和生活。集体土地征(使)用费,一般包括土地补偿费、劳力安置补助费、青苗赔偿费和地面附着物补偿费等。土地征(使)用费应作为集体专项资金,专款专用,主要应用于开发耕地、改善农田基本设施、开发性生产、兴办社会公益事业以及发展集体企业、兴办第三产业、解决劳动力就业。1995 年 5 月，由市委书记俞志华带队，市农委、土管局、劳动局等部门在勾庄镇开展土地征(使)用款规范化管理试点工作，出台了《勾庄镇土地征(使)用款管理和使用的具体实施意见》，摸索出一套能为广大农民基本接受，并在全市有推广价值的土地征(使)用款管理办法。随后形成《余杭市土地征(使)用款管理和使用办法》，对土地征(使)用款的归属、集体所有的土地补偿款和安置补助款的处理、交付土地征(使)用款的手续和程序、集体留用的土地补偿款、安置补助款的代管方式和使用范围等都作了具体规定。同月，为保护集体资产所有者、经营者的合法权益，落实占有、使用集体资产企业单位的经营责任，完善以资产为纽带的经营管理体系，确保集体资产的保值增值。在塘栖镇及其车家埭村开展镇、村两级集体资产管理体制改革试点工作。10 月 25 日，塘栖镇召开首届镇集体资产所有者代表会议，成立镇集体资产管委会，审议通过有关章程和制度。下半年，村级集体资产管理体制改革试点工作扩大到下沙、云会、獐山、亭趾等乡镇。为加强这项改革工作的领导和规范，市委、市政府建立市农村集体资产管理领导小组及其办公室，并制定出台《余杭市乡镇集体资产经营管理试行办法》。该办法设总则、资产经营管理机构、资产经营、资产管理与责任、附则 5 章 30 条。同年 9 月，浙江省在桐乡召开农村集体资产管理体制改革座谈会，进一步明确这项改革的重要意义、指导思想、基本原则和主要内容。余杭市为进一步做好延伸管理层次、拓展管理范围、理顺管理体制、完善管理制度，并结合塘栖镇试点的情况和全市实际，市委提出关于《余杭市乡镇集体资产经营管理试行办法》的若干补充意见。至年底，全市实现村级集体经济总收入 14541.77 万元，其中村级集体可分配收入 10318.89 万元；累计集体积累余额 10421.31 万元，村均集体积累余额 18 万元。村级集体所有固定资产总值 9.97 亿元，村集体可分配收入在 30 万元以上有 81 个村，5 万元以下有 133 个村。

1997 年，在亭趾镇开展村级集体资产产权登记试点工作，并在总结试点经验的基础上向全市推开。至年底，有 13 个乡镇的 216 个村完成产权登记发证工作。1999 年，在对全市 509 个村核发农村集体资产产权证的基础上，在杭州市率先开展农村集体资产产权登记年检。据年检统计，全市村级集体资产总额为 7.57 亿元，所有者权益总额为 5.27 亿元，分别比原登记值增长 10.3%和 8.6%。期间，开展清产核资、资产评估等工作。1994 年，在抓好村(社)财务管理规范化的同时，在全市 30 个乡镇的 40 个村中，开展村(社)财务审计和集体资产管理调查。同时，加强对乡镇集体企业转制过程中的清产核资、资产评估等工作。当年，市、乡镇两级对 93 家企业进行清产核资、资产评估，促进集体企业转制工作顺利进行，防止集体资产流失。1997 年，全市 509 个村(1996 年，村个数从 575 个减至 509 个)中有 505 个村完成集体资产的清产核资工作，占 99%；有 439 个村经市农村集体资产评估事务所审计，并出具验证报告，占村总数的 86.2%。经验审的 439 个村的资产总额为 11.54 亿元，比账面数增长 12.6%，负债总额为 5.96 亿元，减少 1.9%，所有者权益总额为 5.58 亿元，增长 33.507。同时，对 5 个乡 10 个村进行抽查。通过清理，查处贪污挪用案件 43 件，追回贪污挪用资金 25 万元，回收欠款 1600 万元。在全面清产核资的基础上，有 15 个镇乡的 282 个村结合本地实际，建立健全村经联社章程、集体资产管理制度。同年 7 月，为搞清农村集体资产的存量、结构、分布和运用效益情况，解决集体资产被侵占和流失的问题，农业部、财政部下发《关于开展农村集体资产清产核资工作的通知》，要求对农村集体资产包括乡(镇)、村集体经济组织的集体资产和乡(镇)村集体企业的资产进行清产核资。1998 年，浙江省、杭州市、余杭市三级联合在星桥镇开展清产核资试点工作。同年 11 月，全市乡镇、村集体经济组织、集体企业和行政事业单位占用的集体资产以及道路等账外资产进行全面清核和填报。经清核，全市乡镇、村两级集体资产总额为16.73亿元，其中乡镇级为9.72亿元、村级为7.01亿元；集体负债为4.53亿元；镇乡、村两级集体所有者权益（净资产）总额12.2亿元，其中乡镇两级7.19亿元、村级5.01亿元。1999年，国务院针对一些地方的乡村两级不顾农村经济实际状况，盲目向单位、个人举债，使乡村两级不良债务大量增加，债务包袱沉重。为此，国务院办公厅下发《关于彻底清理乡村两级不良债务的通知》，要求各地区、各部门对乡村两级不良债务进行彻底清理，化解老债务，有效制止新的不良债务继续增加，为农村经济健康发展创造良好的环境。9月，全市全面开展乡村两级不良债务清理工作（统计时间为1998年年末）。经清理，全市镇、村两级债务总额3.06亿元，其中镇级1.38亿元、村级1.68亿元；担保债务总额2484万元，其中镇级1464万元、村级1020万元。到2000年，全市村级集体经济持续增长，实现村级集体可分配收入1.17亿元，比1999伟增加1020万元，增长9.6%，村均达到23.04万元，比1999年增加2.14万元。全市506个村中，当年可分配收入在50万元以上的村有54个，其中超百万元的村有15个，分别比1999年增加11个村和6个村；5万元以下的贫困村有106个，比1999年减少20个村。

（二）规范村务公开工作，实行科学民主管理

1998年7月，杭州市委、市政府召开全市推行政务（村务）公开工作会议，研究部署开展全市政务（村务）公开工作。在杭州市的统一部署下，余杭市开展村务公开、民主管理工作。至年底，全市509个村全面推行村务公开、民主管理，共设置公开栏512块，监督箱511只，建立村务公开监督小组509个。为便于村务公开的操作，统一和规范村务公开内容，1999年9月，余杭市委办公室下发《余杭市村务公开规范化操作规程（试行）》，从6个方面进行规范化①，力争通过两年时间的努力，使全市的村务公开工作基本做到：公开内容真实全面、公开设施永久方便、公开时间定期及时、公开程序规范有效、管理制度健全完善、检查监督认真有力。同时，对村级财务公开问题，按村级收支、资产负债、收益分配、水电费收缴等四大类，统一设置15张村级财务公开表及说明，进一步规范村务公开工作。

2000年6月，杭州市委、市政府召开全市村务公开、民主管理工作会议，对当年工作提出要求。余杭市在调整充实市、镇乡两级村务公开工作领导班子和工作班子的同时，强化村级财务、民主管理工作，要求村务工作做到“五个百分百”②。全市506个村（2000年，村个数从509个减至506个），全部做到按表格规范公开、村干部报酬逐人公开、村务公开栏建在围墙外。按季定期公开的有482个村，占95.1%。招待费逐笔公开的有485个村，占95.7%。监督小组民主选举产生的有467个村，占92.1%，其中选出监督小组成员1644人，平均每村3.6人。2001年，重点是建立监督检查制度，通过每半年一次的全面检查，每季末的重点抽查和不定期的明察暗访，使全区村务公开、民主管理工作基本达到“五个百分百”的要求。全区505个村中，村干部报酬逐人公开、村务监督小组成员民主选举产生达到100%；村务公开栏在围墙外的有502个村，占99.4%，其中面积在5平方米以上的有236个村；按季定期公开的有496个村，占98.2%；按表格

①“6个方面进行规范化”，指公开内容规范化、公开形式规范化、公开时间规范化、公开程序规范化、制度建设规范化、检查督促规范化。

②“五个百分百”，指村干部报酬逐人公开100%、墙外有村务公开栏100%、按季定期公开100%、按表格规范公开100%、村务招待费逐笔公开100%。

规范公开的有 501 个村，占 99.2%；村务招待费逐笔公开的有 481 个村，占 95.2%。同时，有 221 个村的 1752 个组实行组务公开。

这一时期的余杭农村集体资产管理，村级集体资产成了农民群众看得见、摸得着的香饽饽，彻底唤醒了农民群众关注集体资产的意识，知情权、参与权、监督权、决策权的欲望越来越高。

三

为进一步提高管理效率，创新管理模式，促进由粗放式管理向精细化、现代化管理转变，余杭区对村级集体“三资”管理实行：管好账，推行村级“钱账双代理”；查好账，强化落实财务审计整改；晒好账，实行村级财务逐笔公开；建好账，实行“三资”信息化管理。并通过华数电视将财务公开到户。

（一）推行村会计代理制

2001 年 1 月，省委、省政府下发《关于进一步促进农业增效农民增收的若干政策意见》，共 40 条，提出了完善村务公开、财务公开制度，建立健全村级财务审计制度，提倡村会计代理制。同年，区委农办、区农业局选择崇贤、黄湖两镇建立村级财务会计服务中心，实行村会计代理制的试点工作。推行村会计代理制，就是把各村经联社的财务账目统一纳入到村级财务会计服务中心进行审核和记账，有利于进一步规范会计核算、加强财务管理、促进财务公开、实现管理手段现代化，也有利于精减人员、减少非生产性开支，是新形势下加强村级财务管理的有效模式，也是加强党风廉政建设的重大举措。2002 年，在实行村会计代理制试点工作的基础上，全面推行村会计代理制工作，建立 22 个村级财务会计服务中心，落实专项资金 120 万元，其中区级 54 万元、镇乡级 66 万元；落实办公场地 670 余平方米，配备电脑及配套设施 43 台套、会计档案 600 余卷；招聘中心会计 41 名，制订 5 项农村财务规章制度①；全区 505 个村按照自愿与依法委托等原则，全部纳入中心实现代理记账。实现了一镇一中心、一人一电脑、一村一账套的电算化代理记账模式，彻底改变了中华人民共和国成立以来已实行 50 余年的一村一会计、一出纳的传统农村财务核算模式。

2003 年，继续完善村会计代理制，对全区 21 个乡镇、街道、开发区村会计代理中心的 41 名会计进行集中培训，对全区村级会计财务软件进行功能升级，使升级后的财务软件不仅适用于村会计代理制的会计核算，而且村务公开表式内容可以通过计算机一次性生成，提高了公开栏资料的准确性，使农村财务规范化管理水平进一步提高。同时，为提高组级财务管理水平，理顺关系，区纪委与区农办联合下发《关于进一步加强和规范组级财务管理的意见》，要求进一步加强和规范组级财务管理工作，全面实施组账村代管制度。至年底，全区 3941 个组实行组账村管，占 91.2%，遏制了组级财务管理“一团糟”的现象，维护了农村社会稳定。

为统筹城乡经济社会协调发展，加快城乡一体化步伐，同年 9 月，区委下发《关于实施村规模调整的若干意见》，要求区委农办、农业局切实履行农村集体资产管理的职责，加强对撤并村集体资产的清产核资、产权界定、资产处置和股份制改造及新的村经联社建设工作的指导、协调、督促和服务。根据要求，全区 505 个村列入调整 379 个村，最终调整为 262 个村。区农经管

---

①“5 项农村财务规章制度”，指村级财务会计代理制工作制度、村经联社财务管理制度、村级财务会计服务中心会计电算化内部管理制度、镇（街）村级财务会计服务中心工作制度、村经联社财会人员岗位责任制度。

理部门将村规模调整中的集体资产核实和财务移交及资产融合工作作为重中之重。对379个原村经联社集体资产进行实地盘查和账面清理，出具审计报告379份，清理村级账面总资产9.03亿元,核实为9.27亿元,核增0.24亿元;村级负债4.47亿元,核实为4.3亿元,核减0.17亿元;所有者权益4.56亿元,核实为4.97亿元,核增0.41亿元。资源性资产5753.3公顷,其中山林2386.6公顷、耕地380.1公顷、其他2986.6公顷。对村规模调整的镇乡,集体资产处置融合时基本采用两种方法:一是农民群众没有特殊要求的,在做好思想工作的基础上简单相加融合;二是对农民群众反响强烈，按确定融合基准数，超基准数部分按比例量化到原村各组处置融合,量化资产不作分配,主要用于原村公益事业。2004年2月,区纪委与区委农办联合下发《关于进一步加强村级财务预决算管理的通知》,要求村经联社根据村级财务预算编制程序,认真编制财务收支预算方案,提交村民代表会议审议通过,并报请各乡镇(街道)审核备案,基层农经站和村会计服务中心监督执行。村级财务收支预决算制度的执行，为规范村级财务收支行为,有效压缩抑制非生产性开支,增加财务收支透明度,从源头上杜绝不合理、不合法开支的发生打下了良好的基础。

从2005年开始,实行村级财务“三年轮审”制度。2005年3月,为加强对农村集体经济的审计监督,保护农村集体经济组织及其成员的合法权益,促进农村经济发展,维护农村社会稳定,推进村务财务的规范化、制度化建设,区委办、区府办联合下发《关于建立农村集体经济审计制度的意见》,明确由区委农办、区农业局负责全区范围内的农村集体经济审计丁作,区农村经济经营管理总站负责具体实施,并决定从2005年至2007年,以村级财务“三年轮审”为目标,以开展年度财务收支审计和村干部离任审计为重点,对全区262个村全面开展一次审计。同时,充实审计力量、规范审计程序、加大审计整改督查力度、落实审计专项经费等举措,形成村级财务审计“五化”①格局。通过财务审计,收回各类款项5390万元,其中收回超标发放的村干部补贴30万元,落实整改措施449条。

2008年,余杭区启动第二轮农村集体经济“三年轮审”工作,实行乡镇(街道)交叉审计、中介机构审计和区农经部门直接审计的办法,完成区内146个村的审计和审核,涉及村级集体资产16.5亿元,完成全区262个村换届前的资产清核,完成离任审计41个村。同时,区农村财务审计监督协调小组办公室与区委农办联合下发《关于建立农村集体经济审计整改“五个一”制度的实施意见》,指出审计整改是审计工作的重要组成部分,是体现审计监督成效的关键环节,关联着保护干部,改善党群、干群关系。为进一步加大审计整改力度,有效促进农村集体经济审计整改落实到位,有力推动农村财务规范化管理。建立“五个一”制度②,区农委、农业局会同区纪委开展检查,落实整改措施214条,收回清理处置各类款项2773.61万元。到2010年,完成第二轮“三年轮审”工作,完成村级财务审计100个村,涉及村级集体资产21亿元,落实整改措施192条,收回清理处置各类款项2291.25万元。通过“三年轮审”制度,进一步建立和健全了村级财务管理制度,既保护了村干部,又维护了村民利益,确保村级财务的良性管理。

其间,加大对农村财务审计力度。2002年,为规范村级财务管理,加大农村财务审计力度。对东湖街道农机管理站的资产负债情况进行清理核实,为集体资产转制提供了保障。针对临平

①“五化”,指人员专业化、工作经常化、程序规范化、公开全程化、整改多元化。

②“五个一”制度,指一月一通报、一事一督办、一季一检查、一年一联查、一村一档案制度。

街道丁山村部分村民联名反映村级财务管理问题，抽调区级业务骨干，对丁山村经联社在2000年—2001年的财务收入情况进行全面审计，形成书面审计报告，及时向群众公布，澄清事实，消除群众对村干部的猜疑。同年，乔司镇受下沙、九堡等镇围垦土地流转资金分配到户的影响，要求将围垦土地流转资金进行分配，向区政府提出《关于要求对围垦土地流转资金进行分配的请示》。同年7月，区政府第41次常务会议决定，由区农经管理部门对乔司镇水西等5个村的1997年—2002年村级财务收支和围垦等专项资金收支情况进行审计。经过两个多月的账面审计与外查取证，向施工单位追回违规基建工程款51万元。2004年，对区内26个村进行财务审计，收回各种款项412.4万元，其中各种应收款221.4万元、出借款151.1万元、历年欠交租赁款26.34万元、现金和银行缺少款13.56万元。2005年，对区内99个村进行财务审计，涉及资金总额10.56亿元，查出违规资金2909.95万元，提出整改建议229条，落实整改措施145条，追回各类违规资金1674.53万元。2006年，对区内151个村进行财务审计和清产核资，审计资产13.58亿元，提出整改建议257条，收回催收欠交集体资产承包租赁款、各类借款、超发村干部报酬、各种垫付款、清理抵库领借款等2955.35万元。2009年，完成区内108个村财务审计，落实整改措施150条，收回清理处置各类款项2234.26万元，发布通报12期，开展督查6次，组织联查2次，发送督办书3次，审计问责建议书2次，并将整改措施落到实处。同年，在杭州市农村集体经济审计工作会上，余杭区作了典型发言，受到上级部门和兄弟县（区）的充分肯定。通过开展农村集体经济审计，提高了村级财务管理水平，增强了农村基层干部加强廉政建设与民主管理的意识，改善了农村党员干部与农民群众的关系。

（二）规范村级财务管理，创新集体“三资”管理模式

2008年，余杭区以规范村级财务管理为抓手，落实村级财务定期分析制度，强化财务预决算管理。全年举办乡镇（街道）农经干部和中心会计审计业务培训两次，村（社区）换届助理会计业务培训1次，编印下发村（社区）财务管理制度汇编500余份。2009年，财政部会计司副司长晏婉萍携省、市财政部门领导到余杭区调研村会计代理制工作，听取余杭区关于通过建立一个中心、健全两类制度、强化三项监督、坚持四权不变、落实五个统一，①使全区村会计代理制工作得到不断深化和完善，取得明显成效。晏婉萍一行还实地察看运河镇村会计服务中心，听取该镇开展村会计代理制工作的情况介绍，对余杭区村会计代理制工作给予充分肯定，认为余杭区村会计代理制工作的很多做法走在全国前列。同年，径山镇村会计服务中心被国家农业部确定为全国农村集体财务管理规范化示范单位。全区有106个村实行零距离公开，有11个乡镇（街道）所辖各村实行出纳网上报账，实现对村级财务即时监管。

从2010年5月起，全区全面实行村级财务逐笔公开，即在坚持村干部报酬逐人公开、村级招待费逐笔公开的同时，扩大明细公开内容，对收入和工程建设、社会公益事业、出借款等支出实行按月逐笔公开，并确定每月16日前按时公开，保障村民知情权。在坚持公开栏定期公开的基础上，又落实162个村实行公开到户，占总村数的61%。同时，为加强村（社区）集体资产管理，区委农办、区农业局、区财政局联合出台《杭州市余杭区村（社区）集体“三资”管理制度》。该

---

①“一个中心”，指村级财务会计服务中心；“两类制度”，指财务管理制度、监督检查制度；“三项监督”，指审计监督、会计监督、民主监督；“四权不变”，指集体资产所有权不变、集体资产处置权不变、集体资金使用权不变、民主监督权不变；“五个统一”，指统一财务制度、统一会计期限、统一票据管理、统一档案管理、统一财务公开。

制度分总则、机构职责、资金管理、资产管理、资源管理、人员管理、“三资”监督、结报与档案、责任追究、附则等10章69条，内容翔实、触角广泛、监管实用，真正维护了村经济合作社的合法权益，促进了农村经济、社会的和谐发展。2010年10月，余杭区在闲林镇试行“三资”信息化管理的同时，在该镇10个村(社区)探索实施固定资产“条形码”管理的试点工作，涉及村集体资产1.43亿元。“条形码”由宽度不等的多个黑条和空白组成，内含类别、名称、启用日期、责任人等诸多信息。只要手持数据终端点击“三资”管理软件系统，就能达到亮资产明细、露分布状况、明资产类型、显使用状况、展受益情况。2011年，余杭区全面推行村级集体“三资”信息化和“条形码”管理。在实行“条形码”管理过程中，全区盘盈资产2410宗、16640.4万元，资源性资产登记4864宗、6051.73公顷，挽回流失土地14宗、22.72公顷。同时，余杭区继续采取“交叉审计、中介审计、总站直审”三管齐下的审计方式，完成村级组织换届前250余个村的资产审核和77个村的村干部离任审计，共落实整改措施168条，清理收回处置各类款项1631万元，其中资产核销额645.78万元。同年，余杭区被浙江省农业厅、财政厅、监察厅联合命名为“浙江省村级财务规范化县(区)”

2012年，选择万景村、占桥村、杭南村、和睦桥村、南峰村、中桥村、小古城村、胡桥社区、宝塔社区作为村级集体“三资”样板村。至年底，全区除面临拆迁和华数线路整网的22个村(社区)外，其余240个村(社区)完成村务党务财务华数电视公开工作，村民足不出户，按按遥控器即可全天候、实时查看本村的村务党务财务信息，深受广大村民的喜爱。至2012年，全区262个村经营性收入3.53亿元，其中30万元以下有52个村(10万元以下有14个村)、30万元—70万元有82个村、70万元—100万元有34个村、100万元以上有94个村（超1000万元有3个村，即乔司街道三角村、朝阳村和五星村）。经营性收入超1000万元的村，其经营特点：一是经营性收入以房屋租赁为主要来源，最低的村也占74.18%；二是经营性资产占固定资产比重较高，全区经营性资产占固定资产比重为35.48%，而乔司街道3个村占50%以上；三是经营性固定资产价值高，全区经营性固定资产村均为359万元，而这3个村为2100万元以上。经营性收入低于10万元的14个村，分别为余杭经济开发区4个村、运河街道1个村、星桥街道2个村、仁和街道2个村、百丈镇2个村、中泰街道3个村。由于这些村缺乏经营性资源和资产，村级可支配收入以补助为主，村均资产远远低于全区平均值，经营性资产占固定资产比重明显偏低，经营性资产价值低廉。2012年，余杭区被省农业厅命名为浙江省农村集体“三资”规范化管理示范区，被国家农业部命名为全国农村集体“三资”管理示范区。

这一时期的余杭农村集体资产管理，主要是建好账，实行“三资”信息化管理；管好账，推行村级“钱账双代理”；查好账，强化落实财务审计整改；晒好账，实施村级财务逐笔公开。浙江省副省长王建满看了余杭区村级集体“三资”管理的主要做法后，充分予以肯定，并作出重要批示，指出：“农村村级集体‘三资，的管理，与农民群众利益息息相关，与农村基层党风廉政建设和民主建设十分密切，农民群众非常关注。余杭区强化村级集体三资，管理的做法和举措，有力地保障了农民群众的合法权益，维护了农村的社会和谐。”综观余杭农村集体资产管理体制的改革与创新，余杭已将农村集体“三资”管理工作纳入农村党风廉政建设总体布局，不断创新管理方式、拓展工作内容，在多年的探索实践中，逐步形成了富有余杭特色的管理模式，使村民对村级集体“三资”管理的知情权、参与权、监督权、决策权得到进一步保障。

（撰稿　陈尧夫）

第八章　农业产业化

20世纪80年代，实行家庭联产承包责任制，由集体经营向以家庭经营为主的联产承包责任制转变。农村出现种粮、种菜、养鸡、农副产品加工等专业户，并逐步形成规模经营。

1997年初，在余杭全市范围内开展了实施农业产业化调查工作。1999年，制定《关于进一步加快农业产业化经营的若干扶持政策意见》，随即建立农业产业化技术攻关制度，确定技术攻关项目和市场建设项目。自2000年以来，在加快农业产业转型升级，努力构建现代都市农业产业体系方面，大力培育发展新型农业经营主体，逐步形成以家庭承包经营为基础，农业龙头企业、农民专业合作社、家庭农场为骨干，其他组织形式为补充的新型农业经营体系。通过进一步强化内部管理，创新制度，鼓励企业引进和采用先进生产技术和管理经验，规范经营行为，提高产品质量档次，逐步密切与农户的利益机制等手段，发展多种形式的农业规模经营和社会化服务，有效化解问题和新挑战，保障农业健康发展。

余杭区委、区政府按照发展现代都市农业的思路，不断完善扶持政策、强化要素集聚、创新经营机制，大力推进农业集约化规模化经营，培育壮大了径山茶、塘栖枇杷、鸬鸟蜜梨、生态甲鱼、生态竹业等优势主导产业，带动发展了一大批综合效益型、特色产业型、生态休闲型等各具特色的现代农业产业。农业电子商务等新型业态蓬勃发展和农业保险的实施，给农民带来实实在在的实惠。并通过实施品牌经济战略，在政策上给予一定奖励，使余杭区的农产品拥有众多驰名商标、名牌称号。

第一节　产业化经营与主体培育

自20世纪90年代末以来，余杭坚持把推进农业产业化经营作为创新农村经营体制，加快农业结构战略性调整，提高农业竞争力的重要措施来抓。结合实际，大力扶持农业龙头企业，加强农产品市场体系建设，积极发展农村专业协会、合作社等经营组织，努力探索新型的农业产业利益联结机制。

进入21世纪后，余杭区委、区政府按照发展现代都市农业的思路，不断完善政策扶持、强化要素集聚、创新经营机制，以家庭承包经营为基础，大力培育发展农业龙头企业、农民专业合作社、家庭农场等农业经营主体，逐步构建起一个新型农业经营体系。

一、产业经营发展

1997年，余杭市通过开展农业产业化调查，确定了农业产业化建设的指导思想：立足全部农业资源的开发利用，面向国外市场，依托科技进步，发挥区位优势，推进两个根本转变。并制定《余杭市农业产业化发展规划（1998年—2002年）》，明确发展目标。

1998年，成立余杭市农业产业化建设领导小组。1999年，制定《关于进一步加快农业产业化经营的若干扶持政策意见》。并建立农业产业化技术攻关制度,确定甘蔗加工保鲜、三家村藕粉、蜜饯系列新产品开发、优质中华鳖基地建设等11项技术攻关项目和市场建设项目。是年,各镇乡实施农业产业化项目60项,总投资8515.5万元。2000年,全面谋划实施农业和农村经济结构战略性调整,大力开发高附加值特色产品,发展农产品加工业和出口创汇农业,提高农业效益、产品质量,开拓营销市场。各镇乡实施农业产业化项目85项,总投资9695万元,其中“蒸青茶生产技改扩建”和“三家村藕粉系列产品开发”项目被列为国家农业综合开发项目多种经营项目计划,“博陆黑鱼养殖”“鸬鸟黄花梨基地” 项目被列为杭州市农业产业化建设项目计划。是年末,余杭市有农产品加工企业310家,农产品加工产值10亿元。

2001年,余杭撤市设区,农业产业化经营发展进入一个新时期。是年,经批准立项区级农业产业化项目105项,核定总投资2.14亿元,其中“万头波尔山羊养殖基地”被列为杭州市农业产业化基地建设项目。是年,区内有一定规模的农产品批发交易市场11家,年交易额5亿元。外向型农业企业17家,主要出口茶叶、肠衣、蔬菜、竹制品等农产品。次年,市、区两级政府加大农业产业化建设项目扶持,总扶持资金326万元。全年列入省、市农业龙头企业5项,列入市级农业产业化基地项目2项,列入区级农业产业化建设项目91项,涉及农产品深加工、花卉苗木、畜禽、茶叶、果蔬等,总投资1.3亿元。2004年,经批准立项区级农业产业化建设项目77项,总投资3.5亿元,其中省级4项、市级12项。与此同时,农业产业的转型发展也推动了出口创汇农业的发展。肠衣、茶叶、水煮笋、蛋制品、竹制品、蚕丝等产品远销国外,农产品出口交货值7亿元。2005年,批准立项区级农业产业化项目57项,当年累计总投资3.47亿元,实际投资1.23亿元,补助资金3505万元。完成农产品加工产值31.97亿元,比2010年增长219.7%。至此,余杭区基本形成三大农业区域,即东部都市型花卉、蔬菜、特种水产及休闲产业区,中部规模型粮食、水产、家禽产业区,西部生态型的茶、果、竹畜产业区。并依据区域优势,培植水产、畜禽、蔬菜、茶叶、水果、林业、粮食七大主导产业,其产值已占全区农业总产值的85%以上。并按照都市型农业的发展定位,形成了多种产业化组织形式。有公司+农户为主要形式的龙头企业带动型,如杭州远圣贸易有限公司与20多户茶叶生产大户订立鲜叶收购合同,涉及茶园100公顷,茶叶年出口量达2900多吨;杭州余杭粮油加工有限公司以合同为纽带,与上千户农户进行产销联结,订单330公顷以上。有专业市场+农户为形式的市场带动型,如通过华东家禽交易中心有限公司带动,乔司等周边地区拥有大棚面积1.5亩—3亩不等养鸭大户30多户,年饲养量50多万只,从事肉鸭加工的农户500多户。有合作社(协会)+农户为形式的中介组织带动型,如本牌中华鳖管理协会、径山茶业管理协会等开展统一商标、统一质量标准、统一技术辅导、统一市场开发等一体化服务,促进行业的产业化经营。同时,余杭区建有各类农产品市场20

图8-1 杭州华东家禽交易中心(2013年)

多家，其中年交易额超 2000 万元的农产品专业批发市场 7 个，年交易额超亿元有 3 个。杭州华东家禽交易中心有限公司年交易额近 2 亿元，吸引河南、山东、江西、安徽、江苏、上海、福建等 10 多个省市及省内各地的客商。2006 年，区级农业产业化建设项目立项 63 个，通过验收 58 个，核定总投资 8036 万元。全区完成农产品加工产值 44.57 亿元，首次超过全区农业总产值，实现了历史的突破，有力地推进了农业产业化经营。

图 8-2　华味亨食品有限公司包装车间

2010 年以后，随着综合经济实力和竞争力不断增强，余杭区已发展成为城市化、工业化较为发达的现代化都市新区。与此同时，全区紧扣农业"规模化、企业化、现代化"发展方向，大力推进现代都市农业产业发展，促进农业产业转型升级和农民增收，全区农业产业保持良好发展态势。2010 年，全区完成农产品加工产值 86 亿元，与"十五"末的 2005 年相比，增长 169%。2012 年，有 18 个农业项目、7 个涉农服务业项目列入全区产业项目推进三年行动计划，年度总投资 1.7 亿元。完成农产品加工产值 114.13 亿元。2016 年，全区完成农产品加工产值 135 亿元，比 2010 年增长 56.9%。2018 年，全区完成农产品加工产值 156 亿元，以 2010 年为基准，年均增长 7.73%。

二、农业龙头企业

1994 年，随着农业产业化经营逐步发展，余杭涌现一批农业龙头企业。

余杭市制定《关于扶持发展农业和农产品加工、流通企业的若干政策措施》，对农业龙头企业包括农产品加工企业、农产品流通企业、农产品生产基地提供一系列优惠政策，税收、信贷上给予优惠，用地、工商登记、人才引进等方面给予支持。是年，报市政府批准后，命名余杭市余杭粮油加工厂、余杭市南山林场东明罐头食品厂、杭州平山乳品厂、余杭市南湖特种水产养殖场等为首批 10 家农业龙头企业，其中余杭市水产养殖场还被评为省先进农业龙头企业。至 1995 年，10 家农业龙头企业生产经营全年累计销售（成交）额达 2.21 亿元，实现利税 720 万元，比上年分别增长 16.4%和 21.5%。是年，又有余杭市竹制工艺厂、余杭市特种水产实验场、余杭市长乐罐头食品厂等 3 家企业加入到农业龙头企业队伍中。至此，全市有农业龙头企业 13 家。1996 年，随着行政区划分的调整，下沙蔬果批发市场、下沙水产养殖公司等 4 家企业划入杭州，而余杭市长乐精制茶厂经市政府命名为农业龙头企业。1998 年，经复评验收，市级农业龙头企业 10 家，其中余杭市水产养殖场、余杭市长乐罐头食品厂分别被列入省第一、第二批"百龙工程"农业龙头企业。

2001 年 12 月，经区委、区政府批准，组建成立余杭区农业龙头企业联合会和余杭区农业贷款信用担保促进会（简称"农业两会"），首批吸收团体会员 37 家、个人会员 31 名。利用这两个服务平台，把具有一定规模的农业龙头联合起来，提高农业企业的组织化程度，并妥善解决农业龙头企业发展中的信息、资金和技术问题。同时，结合全区农业主导产业，充分发挥农业龙头企业在科技推广上的引导示范作用，采取联基地、联大户、联产品等方式，先后建立了枇杷研究所、黑鱼研究所、黄花梨研究所等民间科研机构，有针对性地开展种养业品种的引进、试验、繁育、推广和疫病防治工作。是年，杭州三家村藕粉厂、余杭区竹制工艺厂被评为杭州市农业龙头企业；全区有农业龙头企业 11 家，建立生产基地 1533 余公顷，联结基地 3333 余公顷，带动农户 5 万户。自 2002 年以来，经区政府命名的农业龙头企业不仅数量成倍增加，而且规模也不断扩大。至 2002 年，农业龙头企业已发展到 18 家。2003 年，农业龙头企业达到 28 家。而到 2004 年底，农业龙头企业又增加到 52 家，其中省级 1 家（2004 年 5 月 20 日，杭州华东家禽交易中心有限公司被省农业厅等 5 个部门评为浙江省第三批省级骨干农业龙头企业），市级 18 家。年产值超亿元的企业达到 3 家。农业龙头企业的发展壮大，有力地促进了农业增效、农民增收。

2005 年 4 月，浙江佳伊乐食品有限公司、杭州贝因美豆逗儿童营养食品有限公司、杭州八鲜禽业有限公司、杭州余杭小洋坝肉品贸易有限公司、杭州科皇饲料有限公司等 5 家农业企业被命名为杭州市第 7 批市级农业龙头企业；全区累计有各级农业龙头企业 52 家，其中省级 1 家，市级 18 家。2006 年 4 月，杭州佳美旅游营养有限公司被命名为省级骨干农业龙头企业，杭州城北畜禽有限公司、杭州神源食品有限公司被命名为市级农业龙头企业；全区有区级以上农业龙头企业 63 家，其中市级农业龙头企业 20 家，省级农业龙头企业 2 家。2007 年 3 月，浙江上升农业开发有限公司、杭州顺丰祥食品有限公司、杭州金利丝业有限公司等 12 家企业被命名为市级农业龙头企业；全区共有区级以上农业龙头企业 78 家，其中省级 2 家，市级 29 家。2008 年 3 月 21 日，杭州余杭益民食品有限公司等 7 家企业被命名为杭州市级农业龙头企业；6 月 8 日，杭州忆江南茶业有限公司等 10 家企业被余杭区委、区政府命名为余杭区级农业龙头企业；全区有区级及以上农业龙头企业 86 家，其中市级 36 家，省级 2 家。2009 年，新增市级农业龙头企业 11 家、区级农业龙头企业 15 家，认定市级成长型农业企业 6 家；全区有农业龙头企业 107 家，其中省级 2 家，市级 47 家，区级 58 家；带动农户 12.3 万户，带动农民 16 万人，联结各类产业化基地 2.79 万公顷。

2010 年 8 月，杭州华东家禽交易中心有限公司通过省级骨干农业龙头企业监测，结果合格；10 月，杭州华味亨食品有限公司、杭州农副产品物流中心成为省级农业龙头企业，同时被评为第六批省级骨干农业龙头企业；全区区级及以上农业龙头企业已达 112 家，其中省级 3 家，市级 54 家，区级 55 家；带动农户 13.5 万户，带动农民 17 万人，联结各类产业化基地达 2.93 万公顷。2011 年，新迪嘉禾有限公司取得国家级农业龙头企业资格，实现区境内国家级农业龙头企业零的突破。同时，新增市级农业龙

图 8–3　杭州农副产品物流中心果品市场

头企业 9 家、区级农业龙头企业 12 家，认定市级成长型农业企业 8 家；全区累计有各级农业龙头企业 131 家，其中国家级 1 家，省级 3 家，市级 66 家，区级 61 家；带动农户 14.5 万户，带动农民 18 万人，联结区内各类产业化基地 3.13 万公顷。2012 年，全年新增农业龙头企业市级 6 家、区级 9 家；全区累计有各级农业龙头企业 136 家，其中国家级 1 家，省级 4 家，市级 72 家，区级 59 家；带动农户 14.8 万户，带动农民 18.3 万人，联结各类产业化基地 3.23 万公顷。2013 年，新认定 8 家区级农业龙头企业、5 家市级农业龙头企业，19 家到期复评企业符合认定条件，再加上部分老城区搬迁企业的资格确认，全区各级农业龙头企业已达 140 家。是年，新迁入省级农业龙头企业 3 家，新增市级农业龙头企业 5 家、区级农业龙头企业 8 家。2014 年，新增市级农业龙头企业 2 家、区级农业龙头企业 7 家；全区省、市、区各级农业龙头企业共计 139 家，其中国家级 1 家，省级 8 家，市级 74 家，区级 56 家；带动农户 15.8 万户，带动农民 19.9 万人，联结各类产业化基地 3.44 万公顷。2015 年，新增省级农业龙头企业 4 家、市级农业龙头企业 2 家、区级农业龙头企业 3 家；全区累计共有省市区各级农业龙头企业 140 家，其中国家级 1 家，省级 12 家，市级 70 家，区级 57 家。

2017 年，实施“优胜劣汰”的原则，注重品质提升、规模壮大、示范带动，新增省级龙头企业 1 家、市级龙头企业 2 家、区级农业龙头企业 5 家；区级及以上农业龙头企业 121 家，其中国家 1 家，省级 11 家，市级 57 家，区级 52 家。在数量上较 2016 年有所减少，但经过近几年的市场考验，农业龙头企业的整体质量水平在资源优化配置、企业制度创新、销售模式拓展、产品转型升级、专业人才引进、设备技术改造及品牌建设等方面都有所体现。次年，农业龙头企业发展在数量上稳定，为 121 家，其中国家 1 家，省级 11 家，市级 63 家，区级 46 家。

二、专业合作组织

农民专业合作社其前身是农民专业合作经济组织，它是指由从事同类农产品生产经营的农民和其他组织、个人，按照自愿、互利原则建立起来，实行自我合作，以提高农产品市场竞争力、增加成员收入的一种专业性合作经济组织，以农民专业合作社和农村专业经济协会为主要形式。20 世纪 90 年代末，为适应农业产业化经营，余杭出现农产品行业协会、农民专业协会。1998 年 3 月，辖区内首家农产品协会——余杭市径山茶业管理协会成立。并随着农业结构调整和产业化经营的推进，发展农民专业合作组织得到了各方关注。2006 年 10 月，《中华人民共和国农民专业合作社法》颁布，将农民专业合作社、农村专业经济协会两者进行了分离，并将发展农民专业合作社作为推进农业增产、农民增收的重点来抓。

农民专业合作社　所谓农民专业合作社是指在农村家庭承包经营基础上，同类农产品的生产经营者或者同类农业生产经营服务的提供者、利用者，自愿联合、民主管理的互助性经济组织。2003 年 4 月，余杭区首家农民专业合作社——顺丰祥禽蛋专业合作社成立；9 月，绿鑫水生作物专业合作社重组成功。

为规范和促进全区农民专业合作组织发展。2004 年 6 月，区政府制定《关于加快培育发展专业合作组织的目标和基本原则》，提出加快培育发展专业经济合作组织的措施，区财政每年在农业发展基金中安排不少于 100 万元资金，扶持专业经济合作组织的发展壮大；实行税收、用地、用电优惠；允许申报自营进出口经营权；鼓励农技人员和大中专毕业生从事专业经济合作事业。是年 8 月，区政府下发《关于印发〈余杭区农村专业经济协会培育发展和登记管理试行办法〉的通知》，委托各镇乡人民政府、街道办事处负责农村专业经济协会的管理。

至2005年,有经工商(民政)登记的农民专业合作组织54家,其中农民专业合作社35家、农业协会19家,人社(会)3000人,联结基地1.1万公顷,带动农户3万户。其中,省级示范性合作组织1家,即余杭区本牌中华鳖管理协会;市级示范性合作组织4家,即余杭区博陆黑鱼养殖协会、余杭区中泰苦竹业协会、余杭鸬鸟果农专业合作社、余杭区径山茶业管理协会;区级示范性专业合作社5家,即余杭绿鑫水生作物专业合作社、余杭顺丰祥禽蛋专业合作社、余杭毛元岭桃果专业合作社、余杭竹乡本鸡专业合作社和余杭鸬鸟果农专业合作社。

杭州市余杭区径山茶业管理协会拥有团体会员41家,个人会员36人。通过合力实施名牌战略,实行"统一品牌、统一标准、统一包装、统一监管"的行业管理,径山茶商标获国家工商行政管理总局商标局核准注册。2005年,径山茶基地面积已达2033公顷,产量703吨,产值1.54亿元,分别是1997年的133倍、234倍、154倍。杭州余杭顺丰祥禽蛋专业合作社入股社员51名,带动周边农户580户,固定资产达180多万元。2005年,共收购鲜蛋3500吨,为农户增收100多万元。合作社禽蛋基地被认定为浙江省无公害产品产地。

2006年,新增农民专业合作社18家,被认定为省级示范性合作社3家、市级示范性合作社4家。至年底,全区有经工商(民政)登记注册的农民专业合作组织75家,其中农民专业合作社53家,入股社员1442人,联结基地1万多公顷、带动农户2万多户。2008年,新增农民专业合作社42家、入股社员700余人,注册资金1500余万元;累计129家、入股社员2600余人,注册资金2900余万元,联结基地13333公顷,带动农户4万余户,涵盖茶叶、竹笋、水果、蔬菜、花卉苗木、家禽、水产等农业主导产业。创建省级示范性农民专业合作社2家,累计5家;创建杭州市级规范化农民专业合作社4家,累计16家;创建区级示范性农民专业合作社5家,累计20家。全区农民专业合作社拥有区级以上名牌产品10个,区级以上著(知)名商标9件,无公害、绿色、有机产品31个。2009年,新成立农民专业合作社26家,累计155家,有入股社员3557人,注册资金4235万元,联结基地1.33万公顷,带动农户5万余户,已涵盖茶叶、竹笋、水果、蔬菜、花卉苗木、家禽、水产等农业主导产业。新增2家省级示范性农民专业合作社,累计7家;新增4家杭州市级规范化农民专业合作社,累计20家;新增5家区级示范性农民专业合作社,累计25家。至年底,全区拥有注册商标的农民专业合作社68家,通过农产品质量认证农民专业合作社76家,建立质量追溯和产品检测制度的46家。

2011年,全区有经工商登记的农民专业合作社192家、入股社员5116人、注册资金6620万元、联结基地1.33余万公顷、带动农户5万多户。至2012年底,全区有经工商登记的农民专业合作社205家,入股社员6381人,注册资金7802万元,联结基地1.12公顷,带动农户5万多户。全年创建示范性农民专业合作社国家级2家、省级3家(累计16家)、市级4家(累计33家)、区级5家(累计40家),创建区级规范化农民专业合作社12家,累计86家。农民专业合作社通过农产品质量认证93家,建立质量追溯和产品检测制度的67家。2013年,通过深入开展农民专业合作社规范化建设,规范提升农民专业合作社18家,其中创建省级示范化农民专业合作社3家、市级规范化农民专业合作社4家、区级示范化农民专业合作社8家、区级规范化农民专业合作社3家。

2015年11月6日,余杭区禹农农产品专业合作社联合社正式成立,这是余杭区首家农民专业合作社联合社。联合社共有社员单位12家,其中国家级示范合作社3家、省级示范合作社4家、市级规范化合作社3家,联结基地1641.73公顷。全年产值1.34亿元。

2016 年，全区农民专业合作社实现产品经营总收入 5.9 亿元，盈利 2090 万元，全区 141 个合作社注册商标 163 个，158 个合作社取得产品质量认证，16 个合作社获市级以上名牌产品，96 个合作社组织实施农业标准化，125 个合作社建立质量追溯制度和产品检测体系。2016 年销售额超过 100 万元的合作社有 118 个，其中 300 万元以上的 40 个、500 万元以上的 28 个、1000 万元以上的 22 个、5000 万元以上的 8 个，创办加工实体的合作社 7 个。2018 年，杭州余杭建光黑鱼专业合作社、杭州余杭益民农业生产服务专业合作社、杭州余杭毛元岭桃果专业合作社、杭州良渚麟海蔬果专业合作社等 4 家农民专业合作社被命名为国家级农民专业合作社示范社。

专业合作社规范化建设　2007 年 7 月，在全区范围内开展“三位一体”的农村新型合作经济服务体系建设试点工作。整合农民专业合作社、基层供销社、基层信用社、涉农担保公司等单位，成立余杭区农村合作经济组织联合会，建立起着眼于农民专业合作社的资源共享、优势互补、功能齐全、分工明确的服务体系。同时，以实施《中华人民共和国农民专业合作社法》为契机，推进农民专业合作社规范化建设。全年新建经工商登记的各类农民专业合作社 31 家，累计 87 家；创建市级规范化农民专业合作社 4 家、区级示范性农民专业合作社 5 家。2008 年，创建省级示范性农民专业合作社 2 家，累计 5 家；创建杭州市级规范化农民专业合作社 4 家，累计 16 家；创建区级示范性农民专业合作社 5 家，累计 20 家。2010 年，为规范完善农民专业合作社建设，区农业、科技、林水、工商等管理部门联合下发《关于开展全区农民专业合作社规范化建设的实施意见》，在全区建立农民专业合作规范化建设考核体系，为杭州市各县（市、区）首家。经年终考核验收，有 54 家合作社成为第一批区级规范化农民专业合作社。新创建区级示范性农民专业合作社 5 家、杭州市规范化农民专业合作社 4 家、省级示范性农民专业合作社 2 家，全区已创建区级示范性合作社 30 家、市级规范化合作社 24 家、省级示范性合作社 9 家。

2011 年，余杭区创建省级示范性农民专业合作社 4 家，累计 13 家；创建市级规范化农民专业合作社 4 家，累计 29 家；创建区级示范性农民专业合作社 5 家，累计 35 家；创建区级规范化农民专业合作社 22 家，累计 76 家。合作社覆盖茶叶、竹笋、水果、蔬菜、花卉苗木、家禽、水产等农业主导产业，其中种植业 76 家、林业 41 家、畜牧业 21 家、渔业 33 家、服务业 21 家，拥有注册商标的农民专业合作社 70 家，有 77 家农民专业合作社通过农产品质量认证，有 46 家建立质量追溯和产品检测制度。2014 年，经逐级申报、推荐、审核、公示，余杭区杭州白荡漾淡水鱼专业合作社、杭州余杭鸬鸟果农专业合作社、杭州春溢联合蔬菜专业合作社等 3 家农民专业合作社被农业部认定为国家级农民专业合作社

图 8-4　余杭区费寺蓝莓专业合作社（2017 年）

示范社。截至年底，余杭区国家级农民专业合作社示范社达到5家。

2016年，新培育区级示范性农民专业合作社6家、市级规范化农民专业合作社4家，杭州余杭区联一竹笋专业合作社被评为国家农民专业合作社示范社。2017年，杭州山沟沟茶叶专业合作社、杭州绿鼎笋业专业合作社、杭州乡遇竹笋专业合作社、杭州良渚麟海蔬果专业合作社、杭州绿神有机茶专业合作社、杭州余杭区奔富农业科技服务专业合作社等6家合作社经过申报、评审被认定为省级示范性农民专业合作社，使全区省级示范性农民专业合作社达到25家。

截至2018年底，全区农民专业合作社已达到250家，合作社成员数为8236人，总资产达到22648万元，联结基地16.83万亩，合作社总收入57125万元，盈余1799万元，拥有注册商标的合作社有148家计170件注册商标，通过农业三品认证的有177家，全年培训社员10678人次。全区农民专业合作社按产业划分为种植业123家、林业47家、渔业37家、畜牧业13家、农业服务业30家，基本涵盖粮食、茶叶、水果、蔬菜、家禽、渔业、竹笋、花卉苗木等几大支柱产业。通过各级的努力，全区区级以上示范性农民专业合作社达到了91家，其中市级以上40家、省级以上25家、国家级9家。

三、家庭农场

家庭农场系以农户家庭为基本经营单位，以家庭成员为主要劳动力，从事农业规模化、集约化、商品化生产经营，以农业收入为家庭主要收入来源，并经工商登记的新型农业经营主体。2013年，中央明确提出了大力扶持和发展家庭农场，各地的家庭农场发展较快。余杭区围绕区域农业优势产业和主导产品，积极鼓励有能力的各类种养殖专业大户积极兴办家庭农场，经过短短4年多的努力，家庭农场已经悄然兴起并有蓬勃发展的趋势。截至2018年底，全区经工商注册登记的家庭农场有428家，经营面积达3.83万余亩，其中种植业的有163家、水产养殖的有71家、畜牧业5家、种养结合的有161家，年产值达到3.11亿元。区级及以上示范性家庭农场有76家，其中省级28家，市级30家。

2013年4月2日，杭州余杭区瓶窑镇梦溪家庭农场正式注册成立，这是区内第一家经工商登记的且冠有“家庭农场”的农业新型经营主体。2014年5月，按照省农业厅要求，选择运河街道博溪家庭农场等15家家庭农场作为省农民负担动态监测平台的监测对象，每年的6月30日、12月31日前按要求填报数据并上报。6月，为推进家庭农场发展，制定《关于加快扶持发展家庭农场的若干政策意见》，对在发展过程中，符合条件、运作规范、产品质量有保证的家庭农场，在沟、渠、路、电、大棚等农业基础设施建设方面的投入给予立项，经验收合格后，按核定投资额的30%给予补助，每个项目资助最高不超过20万元；对被评为市级、省级、国家级的示范性家庭农场的，分别给予5万元、15万元和30万元的奖励。9月，制定《余杭区示范性家庭农场认定管理办法》，对区级示范性家庭农场的创建标准、规模、条件和评审认定程序作出了明确的规定。2014年，按照“主体职业化、规模适度化、管理规范化、生产标准化、经营市场化、发展生态化”的要求，经过业主自愿申报、乡镇（街道）初审、区有关部门评审并考核验收、余杭农网公示等一系列程序，运河街道施杏玉家庭农场等19家单位被认定为首批区级示范性家庭农场。同时，推荐瓶窑镇梦溪家庭农场等7家单位申报2014年度杭州市级示范性家庭农场并获通过。是年12月，对7家获得杭州市级示范性家庭农场称号的单位进行了奖励，总计金额35万元。经各地申报、镇街初审，区农业局（区农办）、财政局、区林水局审核，并经公示无异议，同意将

“运河街道沈水华家庭农场基地建设项目”等 14 个项目列为余杭区首批家庭农场建设项目，总投资 630 万元，涉及蔬菜、水果、茶叶、水产、畜牧等多个产业。通过一年的实施，经审计、验收，13 个项目顺利通过，核定投资额 583.5 万元，下拨补助资金 175 万元。

为促进区内家庭农场向规范化、集约化方向发展，提升家庭农场从业人员的素质，培育一批有文化、善经营、会管理的新型农场主，全面提高农产品的质量安全水平和土地产出率，实现农业增效农民增收的目标，2014 年 10 月，举办由 66 位家庭农场业主参加的培训班，培训内容主要包括“家庭农场的规范化建设与市级示范性创建”“农产品全程质量安全管理与可追溯体系建设”“农产品品牌营销策略”“农业企业公共危机应对”“农产品电子商务”等内容。12 月底，全区家庭农场数为 119 家。

2015 年，全区家庭农场数达到了 233 家，比上年增加 114 家。是年，开展省、市、区三级的示范性家庭农场的申报、评审和认定工作，运河街道施杏玉家庭农场、杭州余杭区瓶窑镇梦溪家庭农场、塘栖镇戚凤仙家庭农场、余杭街道黄菊芳家庭农场、径山镇聚瑞家庭农场等 5 家单位被评为第一批省级示范性家庭农场；运河街道沈水华家庭农场、塘栖镇张国顺家庭农场等 7 家单位被认定为市级示范性家庭农场；运河街道博溪家庭农场、仁和街道九日家庭农场等 15 家单位被认定为区级示范性家庭农场。为拓宽家庭农场从业人员的视野与思路，促进家庭农场规范化建设，提升家庭农场的发展水平，更好的发挥家庭农场在现代农业现代化建设中的优势作用，2015 年 12 月，组织了由 30 多家区级以上示范性家庭农场主组成的考察团到嘉兴市嘉善县、海盐县两县考察，学习家庭农场规范化管理及在发展过程中的实际操作和成功经验。12 月 25 日，余杭区家庭农场协会成立，该协会由 8 家在区内有一定规模的家庭农场发起，首批会员单位有 26 家。会员大都是种植、养殖及种养结合为主的家庭农场，涉及竹笋、水果、蔬菜、粮油、水产、花卉等。协会设有为会员提供服务的生产指导、农资采购、经纪营销、财务管理、技术研发、项目管理、信息咨询、科学普及、质量安全等小组，引导和服务家庭农场生产组织，规范运作，增强进入市场能力，促进农业结构调整和农民增收，维护家庭农场的合法权益。

图 8-5　瓶窑镇福山家庭农场门面

2016 年 6 月，为进一步加强农业基础设施建设，推进生态农业发展，强化农业科技应用，加快农业经营主体培育，提升农产品质量安全水平，制定《关于加快推进生态都市农业发展的若干意见》，进一步加大了对家庭农场发展的扶持力度，规定对家庭农场新增农业基础设施（含设施装备）总投资达到 30 万元（含）以上的，按实际审定新增投资额的 30% 给予补助，补助上限为 30 万元，比原有政策的 20 万元增加了 10 万元。第二批区级家庭农场建设项目共立项19个，通过审计并经验收合格后，核定总投资1198万元，下达补助资金359.2万元。是年，区内各级示范性家庭农场又有增加，瓶窑镇姚碧华家庭农场、仁和周建芬家庭农场等9家单位被评为省级示范性家庭农场，余杭街道郎氏家庭农场有限公司、瓶窑镇跃岗家庭农场等6家单位被命名为市级示范性家庭农场，良渚启平家庭农场、径山镇项伟峰家庭农场等15家单位被认定为区级示范性家庭农场。年底，全区家庭农场数达到了296家，比上年增加73家。2017年，继续开展区级家庭农场建设项目工作，第三批项目共立项25个，总投资额1763万元，经审计和验收合格后，核定总投资1750万元，下达补助资金525万元。是年，径山镇锦洵家庭农场、仁和九日家庭农场等6家单位被评为省级示范性家庭农场，仁和街道环友家庭农场、瓶窑镇梁仁家庭农场等10家单位被命名为市级示范性家庭农场，仁和街道永先家庭农场、径山镇阿菊家庭农场等12家单位被认定为区级示范性家庭农场。全区家庭农场数达到365家。

第二节 电子商务与农业保险

在实施农业产业化，加快农业产业转型升级中，余杭开展了一系列具有一定创新性、开拓性、务实性的实践，并初见成效。电商等新兴销售模式实现快速增长，共保经营和互保合作方式的农业保险的推行，给农民带来实惠。

一、电子商务

余杭农业龙头企业、农民合作社、种养加销大户等农业经营主体，最初接触农产品网上交易大多是依托余杭农网、农民信箱产销信息发布服务功能来实现的，使余杭的农产品通过网络实现了信息互通、产品交易。嗣后，有部分农业经营主体通过组建网络专营机构，与电子商务营销团队合作，先后在淘宝网、天猫商城、天猫超市、京东商城、一号店、卓越亚马逊等各类网络销售平台开店，多种形式地进行产品销售。2009年，全区农产品网络交易额4000多万元，2009年—2012年农产品网络交易额年平均增长率35.72%。至2013年，开展农产品电子商务的农业经营主体已超30家，农副产品网店60余家，全区农产品网络交易额1亿多元。浙江新迪稼园农业有限公司、杭州绿尚家居有限公司、中泰街道紫荆村分别被评为杭州市农业电子商务企业和电子商务示范村。

2014年，余杭区明确提出积极拓展农产品网络销售渠道的要求，制定《余杭区支持电子商务产业发展若干政策意见》。而针对农村电子商务发展也开始酝酿制定相关扶持政策，并通过围绕交易市场集聚优势、立足农业优势产业电商化发展、开拓移动互联网农产品销售渠道、展示农业电子商务企业（平台）发展成效等举措，助推农业“电商换市”和农村“互联网+”新型经济业态发展。涉足电子商务的农业经营主体60多家，农副产品网店100多家，忆江南茶叶、双枪竹木、龙羽径山茶、华味亨食品、中泰竹笛等电子商务网络贸易初显成效。如忆江南茶业网络交易额1900多万元，“中国竹笛之乡”中泰街道仅紫荆村网络交易额就超2000万元。培育农村青年电子商务创业点3个，获杭州市农村电子商务项目扶持资金9万元。2014年，全区农产品网络交易额2.11亿元。2015年7月，制定《余杭区加快发展农村电子商务实施意见》，重点培育农产品电子商务产业园、第三方电子商务平台、农村电子商务服务机构、农村电子商务专业人才。

图 8-6 中华农业电商博览园余杭馆(2016 年)

2016 年,通过电子商务进村、电子商务进乡镇、农业企业电商化、电子商务村、农村青年创业点、电子商务人才培训、民宿电商点、农产品电子商务产业园、第三方电子商务平台、农村电子商务服务机构等杭州市、余杭区农村电子商务扶持项目创建,获杭州市、余杭区电子商务专项扶持资金 638.63 万元,引导和推动农业经营主体、创业者等进行网上交易。开展农产品网上年货节、农业经营主体服务对接等推介活动,以及举办农家乐和农民专业合作社电子商务建设、农业跨境电子商务、重点镇街特色农产品网络销售、农产品电子商务网络创业营销实战等专题培训,合力开拓农产品网销途径。全面启动村(社区)农村电子商务服务点建设工程,建成中国邮政"村邮乐购"农村电子商务服务点 205 个,标准化服务点有 80 个,有效运营率 80%以上;完成交易流水 180 万笔,销售金额 8400 万元;服务点为周边百姓代购商品 5682 笔,代购金额 18.8 万元;为周边百姓提供话费充值、水电费代缴等服务 110 万次,金额近 5000 万元。

2017 年,"村邮乐购"农村电商服务站点实现村(社区)全覆盖,建成服务点 500 多个,标准化服务点有 200 多个。区农村电商运营服务中心正式启用,上线邮乐网"余杭馆",集聚并销售余杭名特优农产品。同时,突出物流大市场、生鲜农产品等资源优势,通过政策扶持、重点推进、专题营销、网络拓展等措施,以建设中华农业电商博览园和天下良仓、土冒网、微土地、果星云、7+海鲜等一批本土农产品电子商务交易平台为主力,加快农产品网上产销对接。如中华农业电商博览园定位打造大型原产地精品农产品全体验式电商销售与推广平台,已入驻海外馆、省市馆 20 多个,并专设余杭展馆;蓝麦电商与浙江省农业厅签订战略合作,承建运营土冒网"浙江优农馆",打造线上农博会;培育年网销额 1000 万元及以上的涉农企业 15 家,姚太太、平仄茶叶、炎亭渔夫等企业年网销规模超 5000 万元。对塘栖枇杷、鸬鸟蜜梨、三家村藕粉、中泰竹笛、生态甲鱼等余杭名特优农产品电商化进行重点扶持,开展多形式的专题营销活动。如以电商培训、包装革新、物流速递等方式,突破塘栖枇杷保鲜及网销困难,完成快递订单 5 万件,网销额近 1000 万元;鸬鸟蜜梨与邮政"浙乡邮礼"、顺丰快递进一步强化合作,上市期增设专业网销通道,月销售突破万箱;中泰街道紫荆村"淘宝店"超 30 家,竹笛等竹制品年网销额 3000 多万元。2017 年 10 月,为强化余杭区与阿里巴巴的农村电子商务战略合作,确定《余杭区"农村淘宝"项目合作方案》。是年 12 月 12 日,杭州市余杭区人民政府与阿里巴巴(中国)软件有限公司正式签订《余杭区农村电子商务发展(农村淘宝)项目合作协议》,开始启动以区级运营服务中心、电商孵化中心和村级"天猫优品"服务点为主体的"农村淘宝"项目建设。2017 年,全区农产品网络交易额 5.7 亿元,2014 年—2017 年农产品网络交易额年平均增长率 39.27%,逐步形成具有余杭农村电子商务发展特色的多元化营销模式。2018 年 4 月,制定《关于进一步发展农村经济推进"富村惠农"三年行动(2018—2020 年)的实施意见》,将加快发展农村电商，增强产品营销实力纳入惠农“十条”措施，支持专业电子商务平台、第三方农产品电子商务平台的推广建设，对开设网店销售本地初级农产品、余杭品牌农副产品的企业和个人进行扶持，并制订配套的《余杭区农村电子商务扶持政策实施细则（试行）》，以进一步规范农村电子商务项目落地和实施。正式启动农村淘宝“天猫优品”项目建设，建成区级农村淘宝运营服务中心，重点开展“天猫优品”服务站农村淘宝合伙人招募及服务站的选址工作，秉承建一个成一个的原则，在径山、黄湖、百丈等地开设村级农村淘宝“天猫优品”服务站9个。同时，建成设有摄影室、众创空间、大教室、洽谈区等孵化功能的区级农村电子商务孵化中心。制定《余杭区农村电子商务孵化中心人才培育管理细则（试行）》，组建专业运营教练团队。有10多家企业签署协议入驻中心，通过举办各类培训班、上门指导服务、帮助设计制作、开设微信“余杭大农门”和微店等方式，为余杭农村电子商务创业团队提供孵化服务。继续加大对塘栖枇杷等本地名特优农产品电商化持续扶持力度，塘栖枇杷快递订单超过12万单，网销额突破2500万元。完成杭州市农村电子商务项目27个，验收通过“村邮乐购”标准化服务点143个、农村电子商务示范企业12家，拨付扶持资金300万元。2018年，全区实现农产品网络交易额8.4亿元。是年，良渚街道、乔司街道、塘栖镇3个镇街入选省级电商镇，仓前街道高桥村等35个村入选电子商务专业村。

图8–7　电商孵化中心送课下乡活动

二、农业保险

2006年，浙江省采取共保经营和互保合作方式，开展农业保险试点工作，试行种植、养殖业保险。2007年，余杭区被列为全省共保体试点新增22个地区之一。针对区内多数镇乡是生猪和鸭限养、禁养区的实际，将原省定险种“1+4X”调整为“1+2X”，即水稻、蔬菜（瓜果）、鸡等3种，同时首创水稻散户以村为单位联户投保，将占区内水稻种植面积84.3%的散户纳入农业保险范围。至年底，投保水稻面积27.26万亩、鸡1万羽、蔬菜大棚120余亩，总保费159.9万元，赔款共计558.24万元，赔付率245%；开展政策性能繁母猪保险工作，至年底，全区共承保能繁母猪11326头，参保率84.33%，总保费67.97万元，赔款共计4.55万元，赔付率6.69%。

2008年度，全区共开展水稻、能繁母猪、蔬菜大棚、鸡等4个险种，4个品种综合参保率达到95.69%。投保水稻面积28.65万亩、能繁母猪1.4万头、鸡3.07万羽、蔬菜大棚487余亩，总保费576万元，赔款共计75万元，简单赔付率为157%。同时，创新投保方式，水稻散户投保由以村为单位联户投保转换成以农民专业合作社为主体投保。2009年度，全区共开展水稻、油菜、能繁母猪、奶牛、公益林、蔬菜大棚、毛竹、鸡等8个险种，水稻、能繁母猪、奶牛、公益林4险种的综合参保率95%以上。投保水稻面积27.11万亩、公益林12.06万亩、能繁母猪1.25万头、奶牛144头、鸡1.47万羽、蔬菜大棚200余亩、毛竹12.1万亩、油菜1.12万亩，共收保费509.4万元，赔款共计94.3万元，简单赔付率18.51%。2010年度，全区共开展水稻、油菜、能繁母猪、奶牛、蔬菜大棚、林木综合(毛竹)、鸡等 7 个险种。投保水稻面积 27.11 万亩、林木综合(毛竹)3.26 万亩、能繁母猪 7855 头、鸡 4463 羽、蔬菜大棚 26.24 余亩、油菜 0.53 万亩,共收保费 376.6 万元,赔款共计 139.2 万元,简单赔付率 36.59%。

2011 年度,全区共开展水稻、油菜、能繁母猪、蔬菜大棚、鸡、公益林火灾、林木综合等 7 个险种。全区投保水稻面积 20.08 万亩、油菜 1.4 万亩、林木综合(毛竹)18.8 万亩、生态公益林 12 万亩、鸡 2500 羽、能繁母猪 4250 头、蔬菜大棚 202.65 亩,共收保费 535.8 万元,赔款共计 64.7 万元,简单赔付率 12.07%。2012 年度,全区共开展水稻、油菜、能繁母猪、蔬菜大棚、鸡、公益林火灾、林木综合、大小麦等 8 个险种。全区投保水稻面积 17.17 万亩、油菜 2.01 万亩、林木综合(毛竹)18.7 万亩、生态公益林 12 万亩、鸡 2500 只、能繁母猪 4970 头、蔬菜大棚 47.06 亩、大小麦 1.02 万亩,共收保费 521.6 万元,赔款共计 84.6 万元,简单赔付率 16.22%。2013 年度,全区共开展水稻、油菜、能繁母猪、大棚、公益林火灾、林木综合、小麦等 7 个险种。全区投保水稻面积 15.67 万亩、油菜 2.04 万亩、林木综合(毛竹)18.7 万亩、生态公益林 33 万亩、能繁母猪 6774 头、大棚 150 亩、小麦 1.05 万亩,共收保费 771.2 万元,赔款共计 436.4 万元,简单赔付率 56.59%。

2014 年度,全区共开展水稻、油菜、能繁母猪、生猪、大棚、大棚蔬菜、公益林火灾、林木综合、小麦、葡萄等 10 个险种。全区投保水稻面积 13.09 万亩、油菜 1.54 万亩、林木综合(毛竹)18.8 万亩、生态公益林 34 万亩、能繁母猪 4166 头、大棚 285 亩、小麦 9335 亩、大棚蔬菜 56 亩,葡萄 60 亩、生猪 10.13 万头,共收保费 955.4 万元,赔款共计 383.8 万元,简单赔付率 40.17%。2015 年,创新推出枇杷低温气象指数保险,指数类保险省略了复杂的查勘定损工作,实现简便快捷的指数化定损,在机制上避免了定损争议。保险当年发生-7.8℃日最低温度,塘栖全镇枇杷大面积绝收,对该镇枇杷种植户造成了不可预计的经济损失。当年赔款共计 342.36 万元,简单赔付率 750%。此外,还开展水稻、油菜、能繁母猪、生猪、大棚、大棚蔬菜、公益林火灾、林木综合、小麦、葡萄等 10 个险种。全区投保水稻面积 12.42 万亩、油菜 1.2 万亩、林木综合(毛竹)19.36 万亩、生态公益林 38 万亩、能繁母猪 4473 头、大棚 500 亩、小麦 12.09 万亩、大棚蔬菜 38 亩、葡萄 100 亩、生猪 10.15 万头,共收保费 963.6 万元,赔款共计 1167.5 万元,简单赔付率 121.16%。

2016 年,创新推出茶叶低温气象指数保险,为径山茶产业发展撑起金融“保护伞”。试点当年承保农户 2 户,收取保费 1.41 万元。此外,全区共开展水稻、油菜、能繁母猪、生猪、大棚、大棚蔬菜、大棚西瓜、公益林火灾、林木综合、大小麦、葡萄、枇杷等 13 个险种。全区投保水稻面积 10.82 万亩、油菜 7748 亩、林木综合(毛竹)15.1 万亩、生态公益林 38 万亩、能繁母猪 3779 头、大棚 989 亩、大麦 223 亩、小麦 1.85 亩、大棚蔬菜 345 亩、大棚西瓜 65 亩、葡萄 105 亩、生猪 8.9 万头、枇杷 4598.9 亩,共收保费 1250 万元,赔款共计 1430.5 万元,简

图 8-8 2019 年农业政策保险发放

单赔付率114.44%。2017年，枇杷、茶叶低温气象指数保险工作全面铺开，全区投保水稻面积10.02万亩、油菜1498亩、林木综合（毛竹）19.37万亩、生态公益林38万亩、能繁母猪3888头、大棚373亩，小麦2.63亩，大棚蔬菜314亩，生猪8.1万头，枇杷10369.6亩、茶叶1645.58亩，共收保费1449.8万元，赔款共计1326.58万元，简单赔付率93.88%。

2018年，积极开发地方特色险种，全省范围内率先推出新型农业经营主体综合保险，在试点的基础上积极推广茶叶、枇杷、农机综合、水稻收益险等地方特色保险，促进全区农业产业和经济的健康长效发展。全区开办农业险种16个，共有15084户农户参保，种植业参保面积约82万亩、畜禽参保近10万头（只/羽），保费收入约2976余万元，为广大农户提供风险保障11.12亿元，赔付金额达2166.25万元。

第三节　品牌建设

20世纪70年代以前，由于大部分农产品均系未经过加工的，没有自身明显特点的原料产品，如普通大米、玉米和小麦等；或农产品商品本身不具有因生产者不同而形成不同的质量特点，故农产品基本无品牌。80年代后，随着商品经济的发展，农业生产力水平大提高，农产品产量大增长，农产品开始进行一些粗加工，简单包装后出售，农产品注册品牌逐渐被广大生产经营者所知，但品牌注册使用策略尚停留在初级阶段，即农产品注册了品牌，但品牌设计、制作、宣传和推广力度不够。1998年起，实施品牌经济战略，并按照“一品一策”的思路，对获中国驰名商标、中国名牌产品、证明商标、原产地保护产品及其他国家级称号、国家级农业龙头企业的在政策上给予奖励扶持。

一、品牌建设成果

1998年，开始实施品牌经济战略，在农产品品牌创建上逐步形成“一社一标”“一镇一品”的“余杭模式”。把树品牌、创名牌工作作为搞好农产品生产、提高农产品质量和市场竞争力的重要抓手，通过注册商标、制订标准、改进包装、提高质量、开拓市场、扩大宣传等举措，涌现一批较高知名度的农产品品牌。

1998年以来，古钟牌径山茶、临平牌红烧羊肉、玉鼎牌大米、超山牌话梅、本牌中华鳖、西泠桥牌啤酒等6个农产品茶获过中国国际农博会名牌产品，其中古钟牌径山茶、本牌中华鳖还被省政府认定为浙江省农业名牌产品。1999年，共有23个农产品注册了商标。径山茶、蓝亿健螺旋藻等5个农产品获“99年中国国际农产品博览会名牌产品”。另外，三家村藕粉、羽天野酱鸭、博陆黑鱼、顺丰祥蛋制品等54个农产品先后获得过中国长春国际农博会名牌产品、浙江省优质农产品金银奖以及杭州市优质农产品的金银奖。

2002年，全区已注册农产品商标达205件，区径山茶管理协会的“古钟”“径山”，杭州三家村藕粉厂的“三家村”及杭州华味亨食品有限公司的“华味”等4件商标被评为杭州市著名商标；另经余杭区知名商标认定委员会认定，杭州梅园食品有限公司的“超园”、杭州宏发食品厂的“临平”、杭州顺风蛋制品有限公司的“顺丰祥”等9件农产品商标被认定为2002年度首批区知名商标。2003年2月14日，国家工商局正式核准注册径山茶原产地证明商标。2005年，树品牌、创名牌战略全面推进，通过注册商标、改进包装、提高质量、扩大宣传等举措，创出了一大批有一定影响的名牌产品和著名商标。是年，塘栖牌枇杷、万事利牌水产饲料等2个产品获省名牌产品；塘栖牌枇杷、玉鼎牌大米、万隆牌肉制品等3个产品获市名牌产品；娘娘山蜜梨等10个产品获区名牌产品。是年底，余杭区注册农产品商标297件，其中获得省级著名商标2件，市级著名商标6件，区级著名商标11件。全区基本形成了结构合理、特色鲜明、规模初具的品牌农业发展格局。

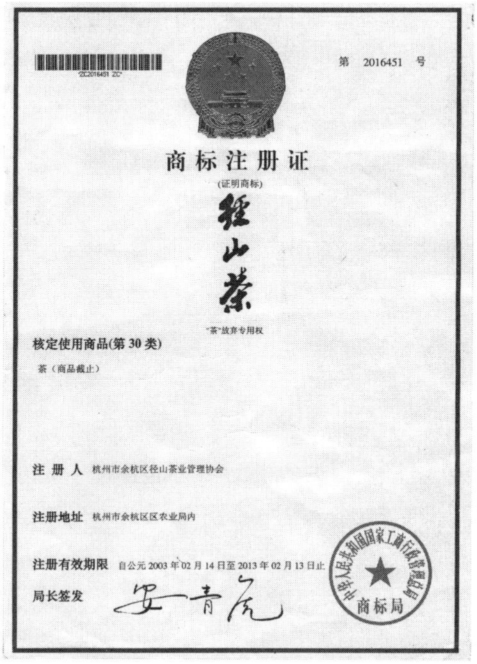
第 2016451 号
商标注册证
(证明商标)
径山茶
"茶"放弃专用权
核定使用商品(第30类)
茶（商品截止）
注　册　人　杭州市余杭区径山茶业管理协会
注册地址　杭州市余杭区区农业局内
注册有效期限　自公元2003年02月14日至2013年02月13日止
局长签发
商标局

图8-9　径山茶原产地证明商标注册证

2006年，新增省级名牌产品1个（“万隆”香肠）、市级2个（“西湖之春”甲鱼、“远圣”径山茶）、区级名牌产品9个（“博陆”牌黑鱼、“广济桥”牌大米、“忆江南”特色茶、“方达”牌蛋制品、“丝佳利”牌包覆丝、“金达”牌中华鳖“日本品系列”、“银泉”茶叶、“径山”牌波尔山羊肉、“万辉” 牌花卉）；新增省级著名商标3件（塘栖、大观山、双径）、市级3件（绿神、广济桥、玉鼎）、区级知名商标新增9件（运河、沁心、径峰、西湖之春、万隆、竹乡、玉渚、百叶、径山）。2007年，由杭州佳美旅游营养食品有限公司生产的“溢佳香”牌牛肉干、杭州市余杭区本牌中华鳖管理协会的“本”牌中华鳖、浙江上升农业开发有限公司的“西湖之春”牌生态甲鱼被评为浙江省名牌产品；“博陆”牌黑鱼、“彪”牌中华鳖、“金达”牌生态鳖、“万辉”牌鲜切花、“径山”牌羊肉、“佛鼎”牌径山茶、“银泉”牌茶叶、“丝佳梨”牌包覆丝、“顺丰祥”牌蛋制品（复评）被评为杭州市名牌产品；杭州佳美旅游营养食品有限公司的“溢佳香”、杭州余杭区径山古钟茶厂的“佛鼎”被评为浙江省著名商标；浙江上升农业开发有限公司的“西湖之春”、杭州金利丝业有限公司的“中强”、杭州万隆肉类制品有限公司的“万隆”被评为杭州市著名商标。

2010年，按照“一品一策”的思路，对获中国驰名商标、中国名牌产品、证明商标、原产地保护产品及其他国家级称号、国家级农业龙头企业的在政策上给予奖励扶持。通过大力实施名牌培育工程，使投入市场的农业品牌产品，更大范围、更深程度、更快速度地能参与竞争和占据市场。通过举办中国杭州竹笋节、塘栖美食枇杷节、运河“鱼羊”文化节、茶圣节、蜜梨节、仓前“羊锅节”等节庆活动，扩大了余杭农业优势产业和产品的品牌影响力。同时，根据产业特色优势，发挥径山茶、生态鳖、余杭竹笋等在农业优势产业上的领军作用，抓住塘栖枇杷、蜜饯、禽蛋制品等传统特色产业或农业加工强项这个重点，有意识地对这些农业品牌的创建加强引导。是年，全区农产品品牌经济年产值总量已近35亿元，占全区农业总产值的40%。涌现了一大批农业知名品牌，其中径山茶、千年舟、溢佳香、姚太太等4件商标获得国家驰名商标认定，古钟牌径山茶、塘栖枇杷获得原产地证明商标和国家地理标志产品，古钟、径山、三家村等11件商标被评为浙江省著名商标，古钟牌径山茶、本牌中华鳖、塘栖牌枇杷等5个产品被评为浙江省名牌产品。

2011年，余杭区新增“百丈牌”竹制品集体商标1件、市著名商标3件、区知名商标7件；区域品牌“径山茶”1件、市名牌产品4件、区名牌产品8件、省名牌农产品1件。至年底，全区累计农产品注册商标1179件，其中国家驰名商标4件、省著名商标12件、市著名商标22件、区知名商标48件；有省名牌产品9件、市名牌产品14件、区名牌产品22件，省名牌农产品2件。2012年，全区新增国家驰名商标2件、省著名商标2件、市著名商标2件、区知名商标11件，区名牌产品8件。至年底，全区农产品注册商标累计2598件，其中国家驰名商标6件、省著名商标14件、市著名商标24件、区知名商标59件；省名牌产品9件、市名牌产品14件、区名牌产品30件。2013年，余杭区新增“黄湖笋干”集体商标1件、市著名商标1件、区知名商标12件；省名牌产品2件、名牌农产品1件，市名牌产品1件，区名牌产品1件。全区农产品注册商标总数累计3012件，其中国家驰名商标6件、省著名商标14件、市著名商标25件、区知名商标71件；省名牌产品11件、市名牌产品15件、区名牌产品31件。径山茶、塘栖枇杷、百丈竹制品等国家地理标志产品、集体证明商标认定也已经顺利完成。2014年，余杭区农产品品牌新增蓝天生态农业开发有限公司“彪牌”、杭州华海木业有限公司“千年舟”驰名商标2件，省专业商标品牌基地1个；新认定省著名商标2件、市著名商标6件、区知名商标4件、区名牌产品6件。

2015年以来，立足“生态、高效、精致”的农业发展方向，围绕品牌强区的战略方针，不断强化要素集聚、完善支农政策、优化产业结构、创新发展模式，深入推进农业产业转型升级，按照“强化导向、注重绩效、突出重点”的原则，打造名优农产品、争创农业品牌。是年，“玉渚”鲜桃获得杭州市第二届优质鲜桃评比活动金奖，“北草园”牌赤月和白丽桃获得银奖；“玉渚”牌翠玉和初夏绿梨获得中国园艺学会梨分会第一届“中华杯”南方早熟梨评比活动银奖；“山果湾”牌夏黑葡萄获得浙江省葡萄评比优质奖；鸬鸟果农专业合作社的梨获得浙江省精品果蔬展销会金奖，“湾里塘”牌莲藕荣获2015浙江精品果蔬展销会金奖，“麟海菜园”牌小白菜荣获优质奖。是年，博陆水产品、仓前羊锅等2件商标被认定为集体商标，认定省著名商标3件、市著名商标6件、区知名商标7件；省名牌产品1件、区名牌产品2件。截至年底，余杭区共有国家驰名商标7件、集体商标8件、省著名商标21件、市著名商标40件、区知名商标65件；省名牌产品12件、市名牌产品11件、区名牌产品30件。

2016年，在第十一届浙江绿茶（西宁）博览会中五峰茶业有限公司选送的径山茶荣获金奖；2016“浙茶杯”优质红茶推选活动中，王位山茶叶园区有限公司提供的茶叶荣获金奖，银泉茶业有限公司产品荣获银奖；第三届中华茶奥会中，云顶农庄选送的径山茶荣获茶品赛绿茶组金奖。是年，“黄湖白壳哺鸡笋”商标被认定为地理标志证明商标，认定为省著名商标2件、市著名商标5件、区知名商标10件；区名牌产品4件。截至年底，全区共有地理标志证明商标4件、国家驰名商标7件、集体商标8件、省著名商标20件、市著名商标40件、区知名商标80件；省名牌产品12件、市名牌产品11件、区级名牌产品32件。2017年，绿鹰现代农业园区选送的红玉草莓获第八次中国草莓大会暨第十三届中国草莓文化节全国精品草莓擂台金奖。“北草园”、“钱山”鲜桃获杭州市第三届优质鲜桃评比活动金奖，“野茅鸳”牌湖景蜜露和“玉渚”牌新玉桃分别获得银奖和优质奖；杭州爱比利生态农业有限公司选送的“山果湾”牌夏黑葡萄获得浙江省十佳葡萄荣誉称号；姚碧华家庭农场的蜜桃获得浙江省精品果蔬展销会金奖。G20峰会期间提供的优质农产品：包括杭州湾里塘莲藕专业合作社提供的莲藕、荷叶；杭州良渚麟海蔬果专业合作社提供的红苋菜、黄秋葵、苦瓜等；杭州满元生态农业有限公司提供的广东菜心、青菜等；杭州龙头山生态养殖场提供的活鸡；杭州三水果业有限公司提供的翠冠梨。加工农产品包括新希望双峰乳业提供的鲜奶系列产品；知味观公司提供糕点系列；富义仓公司提供大米；双枪竹木公司提供竹筷产品;鸿光浪花有限公司提供的豆制品;万隆肉类制品公司提供香肠、酱鸭、鸭舌等产品。

2017年,认定省级名牌产品2件、市名牌产品6件。至2018年,全区拥有农产品品牌国家驰名商标8件、集体商标(含证明商标)14件、省著名商标24件、市著名商标42件、区知名商标63件;省名牌产品11件、市名牌产品6件、区名牌产品16件。

二、名优农产品展示展销

20世纪90年代,余杭就组织农业企业和农产品参加展示展销活动。只是当时参加的企业和农产品,无论是在规模、数量等方面都不大。进入21世纪后,各类博览会、交易会、展销会等活动日益丰富多样。余杭组织参加的企业和农产品,在规模上、数量上特别是在品牌质量上、市场影响上均大幅提升。

2001年8月,组织参加中国长春国际农业食品博览会。余杭区的"野天羽"酱鸭、"三家村"藕粉等6个农产品获名牌产品称号。11月,组织参加2001年中国国际农业博览会。余杭参评的"古钟牌"径山茶、"超山牌"话梅、"本牌"中华鳖、"玉鼎牌"大米、"临平牌"红烧羊肉等6个产品获名牌产品。2001中国浙江国际农博会,余杭参展的"古钟牌"径山茶、"本牌"中华鳖、"径山牌"水煮笋被评为金奖,"三家村"藕粉等5个农产品被评为银奖。2002年1月,组织农业企业在上海举办余杭名优农产品展销活动。4月,首届中国茶圣节在径山镇举行。并由区农业局为主组织进行了径山茶王赛和陆羽与径山茶文化研究会成立大会。8月中旬,组织参加第12届香港美食博览会。11月,组织参加杭州市第四届优质农产品展销暨新技术新品种交易会。共有20家企业参与,销售总额达53万元,成为历年余杭区各类农展会销售之冠。"三家村"藕粉、"玉鼎"大米、"忆江南"特色茶、"梦春牌"笋干获金奖。11月,组织参加2002浙江农业博览会。"径山牌"水煮笋、"三家村"藕粉系列、"本牌"中华鳖、"径山牌"和"古钟牌"径山茶、"临平牌"红烧羊肉、"玉鼎"优质大米第6个农产品获金奖。2003年11月,2003浙江农业博览会上,余杭区共组织26家企业的九大类30个农产品近200个品种参加展销。三家村藕粉、临平红烧羊肉、古钟径山茶、本牌中华鳖、万隆香肠、天堂鸟蜜梨、髯仔种獭兔等7个农产品获金奖;径山玉笋、申乐蒸青菜、玉鼎大米获银奖,另有8个产品获优胜奖,创下了历届农博会获奖产品之最。2004年11月,2004浙江农业博览会在浙江和平国际会展中心举行。余杭区组织26家企业的九大类30多个农产品近200个品种参加了展销,共实现销售额65万元,合同定货850多万元,创历届农博会销售之最。杭州三家村藕粉厂生产的"三家村"牌藕粉喜获"十大"市民最喜爱的品牌农产品,古钟牌径山茶、本牌生态鳖、三家村牌藕粉、临平牌红烧羊肉、玉鼎牌大米、秾仔牌腌腊兔肉等6个农产品荣获金奖产品,另有16个农产品获优质农产品奖。2005年1月,举办余杭区首届名特优新农产品展销会。展销会共有10万人次参观购物,实现销售额75.8万元。10月,径山茶、羽天野酱鸭等农产品参加第三届中国国际农业博览会,其中羽天野酱鸭荣获国际畅销产品奖。10月,杭州华东家禽交易中心有限公司等9家企业参加杭州(南京)优质农产品产销对接会,有20余种产品在南京亮相。11月,有18家企业、200余个产品参加浙江暨海峡两岸农业博览会,实现销售额75万元。另有43家企业的97个农产品参加浙江网上农博会。在省农博会评奖活动中,古钟牌径山茶、西湖之春牌中华鳖、临平牌红烧羊肉、玉鼎牌大米、梦春牌笋干、三家村牌藕粉、彪牌甲鱼等7个农产品获金奖,羽天野酱鸭等9个农产品获优质奖。在杭州和平馆举行的迎新春大联展中,余杭农产品销售额突破120万元,其中杭州华东家禽交易中心有限公司4天的销售额为35万元。

2006年1月，以倡导“绿色、安全、品牌”为主题的区第二届名特优新农产品展销会在余杭体育馆开幕。58家企业参展，销售额近80万元。10月，第四届中国国际农产品交易会在北京全国农业展览馆举行，浙江杭州佳美旅游营养有限公司的“溢佳香”牛肉干、卤半鲜产品荣获第四届中国国际农产品交易会畅销产品奖。12月，区第三届名特优新农产品展销会在仓前镇举行。2007年12月，浙江农业博览会在杭州和平会展中心举行。在此次博览会上，径山茶、顺丰祥蛋品、梦春竹笋、万隆香肠等9只农产品获省农博会金奖，余杭区推荐的浙江蓝天生态农业开发有限公司彪牌有机生态甲鱼、杭州佳美旅游营养食品有限公司溢佳香牛肉干2个优质农产品分别荣获省农博会最高级别的奖项“十大最受市民喜欢的品牌农产品”，占全省最受市民喜欢的品牌农产品总量的1/5，位居全省前列。12月，组团参加2007浙江（上海）名特优新农产品展销暨休闲观光农业（农家乐）展示推介会。省级农业龙头企业杭州华东家禽交易中心有限公司，市级农业龙头企业杭州八鲜禽业有限公司、杭州金利丝业有限公司等3家参加展销的企业6天共销售名优农产品55.8万元。同时，组织杭州大地之春农业休闲观光园、山沟沟农家乐休闲观光农业园等10家单位参加休闲观光农业（农家乐）展示和推介活动。2008年8月，余杭区组织华东家禽交易中心、益民食品、八鲜禽业、银泉茶业等4家企业参加香港美食博览会，展出余杭家禽、茶叶、水产、蜜饯等四大类10多个品种的优质农产品。10月，第六届中国国际农交会在北京农展馆举行。余杭浙江上升农业开发、浙江蓝天生态农业开发、杭州闲林龚老汉特种水产、杭州盛煌农业开发有限公司等4家生态甲鱼养殖规模企业，组成“中国生态甲鱼之都”展团，进行生态甲鱼展示展销。通过独具余杭“中国生态甲鱼之都”特色的强势宣传，余杭甲鱼知名度和影响力大大提升。2009年4月，第二届中国杭州竹笋节杭州（北京）优质农产品推荐会在北京喜来登长城饭店举行。余杭13家企业参加了本次推荐会。其中，浙江蓝天生态农业开发有限公司、浙江上升农业开发有限公司、杭州余杭区径山四岭名茶厂等3家企业与北京客商签订了1340多万元的供货合同。

2011年11月，以“优质食品与健康生活”为主题的第三届全国优质农产品（北京）展销周在全国农业展览馆新馆举行，浙江农业厅优农中心组织160余家优秀农业企业参展。余杭区杭州同福永酿酒、浙江上升农业开发、杭州彭公竹制品有限公司等3家企业参加展示展销活动。11月，2011浙江农业博览会上，余杭区有杭州富义仓米业、杭州顺丰祥食品、杭州顺升农业开发、杭州史式生态养殖、杭州华东家禽交易中心有限公司等11家企业参加展示展销活动，5天销售额超过200万元。2012年1月，余杭区组织30家企业参加2012中国农产品品牌博览会、

图8-10　2015年2月6日，余杭名特优农产品迎新春展销会

浙江省名特优水产品展示展销会、杭州都市圈优质农产品迎新春大联展活动，参展企业交易额达 200 万元。2013 年 1 月，余杭名特优农产品迎新春展销会在余杭体育馆成功举办，现场销售金额 270 余万元。2014 年 1 月，余杭名特优农产品迎新春展销会在余杭体育馆举办。11 月，余杭区组织 15 家农业企业参加 2014 浙江农业博览会，“富义仓牌大米” 荣获博览会金奖。2015 年 11 月，余杭区组织 15 家企业和合作社参加浙江农业博览会。其中菜博士山茶油、富义仓大米、上升甲鱼等 3 个农产品荣获 2015 浙江农业博览会金奖。2016 年 11 月，余杭区组织 38 家企业和合作社参加浙江农业博览会，其中 5 个产品荣获 2016 浙江农业博览会产品金奖，1 个产品荣获浙江农业博览会新产品金奖，2 个产品荣获浙江农业博览会产品优质奖。

图 8–11　富义仓展销优质大米

2018 年 1 月，2018 杭州市都市圈优质农产品迎新春大联展上，余杭区有 32 家参展企业，汇聚了生态甲鱼、腌腊制品、茶叶、蛋制品、粮油、糕点、竹制品等百余种余杭名特优农产品。余杭的法根小桃酥、塘栖粢毛肉圆入选首届“杭州十大农家名小吃”。11 月，2018 浙江农业博览会在浙江新农都会展中心、杭州和平国际会展中心举行。该届农博会围绕“实施乡村振兴战略，满足美好生活需要”主题，重点展示改革开放 40 年来浙江农业农村发展成就。余杭区组织 17 家农业经营主体参加，参展产品有蔬菜、大米、蛋及蛋制品、生态甲鱼、澳洲淡水龙虾、酱卤肉制品、豆制品、肉制品、酱制品、蜂蜜制品、腌腊肉制品、休闲食品、蕉藕食品、竹制品等。“双峰牌”酸奶、“西湖之春牌”生态甲鱼等 6 个名特优产品获得省农博会金奖，塘栖粢毛肉圆获“浙江省十大农家特色小吃”称号。

此外，余杭区举办的中国杭州竹笋节、塘栖美食枇杷、茶圣节、蜜梨节、蓝莓节、羊锅节、良渚论坛都市农业体验行等大型农业节庆活动有声有色，有效促进一、二、三产业的联动发展，塘栖美食枇杷节还被评为浙江省十大农事节庆活动之一。

第九章　农业园区

2001年，余杭撤市并区以后按照“创新机制、舞动龙头、带动龙身、甩动龙尾”的农业发展都市型效益农业战略的工作思路，实施特色农业园区建设战略。是年10月26日，杭州市余杭高新农业开发区正式开园，并被列为浙江省科技人才创业园、浙江大学农业专家创业园、复旦大学生态与环境产业创业园。首批11个农业特色园区建设项目批准立项。至2005年，余杭已形成以高新农业示范中心为龙头，30个农业特色园区为主体的“一中心三十园”的农业园区经济发展格局，通过发展园区经济，推进农业优势产业带和产业化基地发展，产生一批特色农业之乡，如运河镇为“甲鱼之乡”和“黑鱼之乡”，塘栖镇为“枇杷之乡”，中泰乡为“苦竹之乡”等并逐步形成东部高效农业区、中部生态休闲农业区、西部特色农业区三大都市型农业区块及渔业、畜禽、茶叶、水果等七大主导产业。

2010年，根据《浙江省人民政府办公厅关于开展现代农业园区建设工作的意见》精神，余杭区启动省级现代农业园区建设工作。2012年，区委区政府提出“规模化、企业化、现代化”的农业发展要求和建设100个千亩规模的现代农业园区的工作目标，拉开了区级现代农业园区建设的序幕，农业园区建设成为此后提升发展现代都市农业的中心任务。为了切实推进园区建设，是年区委、区政府把余杭高新农业示范中心归口区农业局(区农办)管理，将其职能转变为负责全区现代农业园区建设工作等，并建立区现代农业园区协会。

2018年底，余杭区级现代农业园区共132个，总面积14.64万亩。大径山省级现代农业园区(集聚区)纳入创建名单。

第一节　高新农业示范中心

2001年，余杭提出“搞好平台、吸引人才、引进项目、依靠科技、示范推广”，以此推进余杭农业和农村现代化建设。5月，成立杭州余杭高新农业开发区(杭州大地之春农业开发有限公司)。2004年1月，撤销开发区，组建余杭高新农业示范中心。2012年12月，余杭高新农业示范中心正式归口区农业局(区农办)管理。

一、中心模式

2001年5月，成立杭州余杭高新农业开发区；是年12月，成立杭州大地之春农业开发有限公司，注册资本1000万元，两单位实行两块牌子、一套班子。“搞好平台、吸引人才、引进项目、依靠科技、示范推广”，以此推进余杭农业和农村现代化建设。该中心位于崇贤、仁和两镇交界的石塘湾，东至京杭大运河，西至杭宁高速公路，南至仁和镇夏家桥村与崇贤镇裘家衅交界处，北至仁和镇普宁村，首期开发面积3.3平方公里。分为高新农业创业园、农产品加工区、科研培训服务区、休闲农业区4个区块。2004年1月，整顿全国开发区，撤销开发区，组建余杭高新农

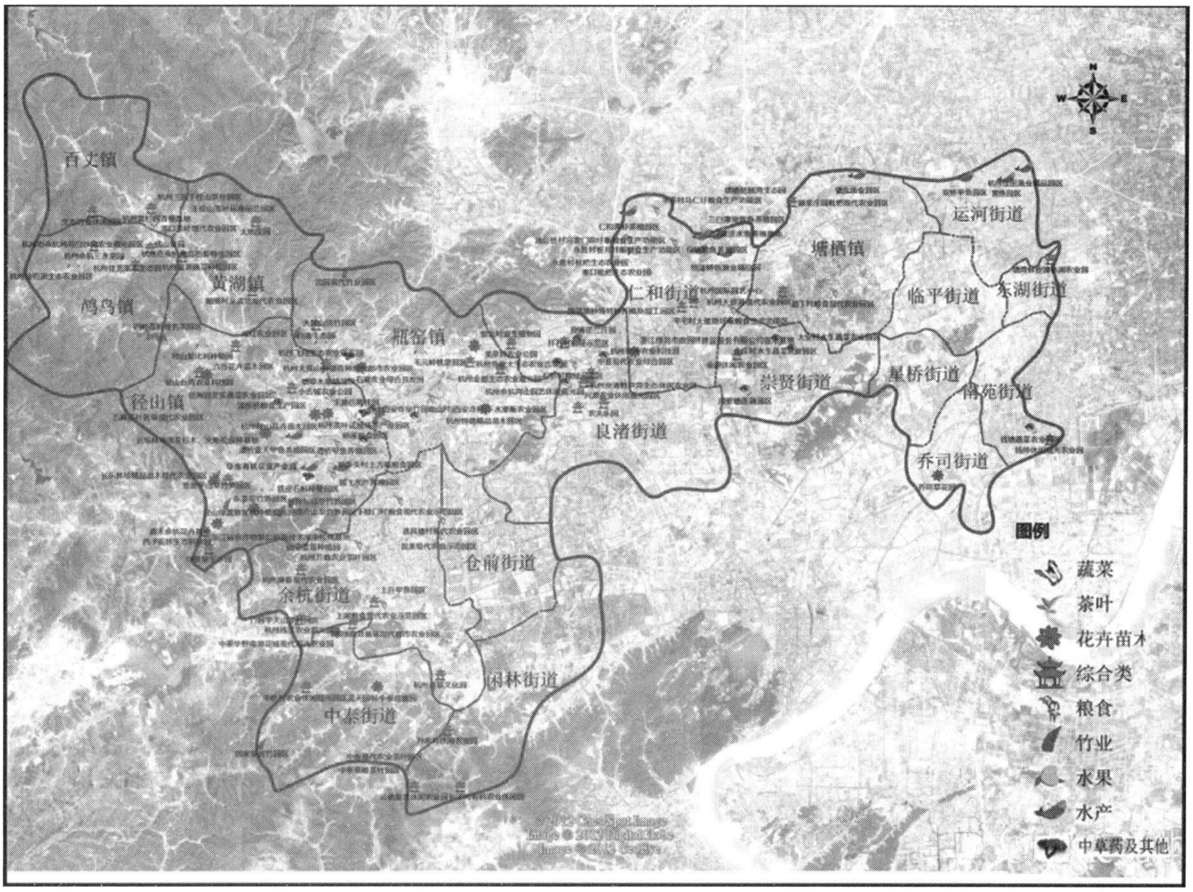

图 9-1　产业规划园区布点图

业示范中心。余杭高新农业示范中心，系区直属事业单位，内设办公室、招商部、规划物业部。主要职能：制订规划；抓好基础设施；引进农业高新技术人才、项目、产品、资金；推广农业高新技术，以促进传统农业向现代化农业转变，走都市型效益农业的路子，使农村稳定、农业增加效益、农民增收。

杭州大地之春农业开发公司负责经办土地征用、承租、出租等手续，按照土地有关政策，与有关镇、村签订土地租赁、土地出让协议书，做好经济补偿；并与入驻园区创业的企业签订各类合同。2002 年 10 月，中共中央政治局委员、全国人大常务委员会副委员长姜春云为园区题名。是月，被省农业厅确定为“浙江省农业科技人才创业园”“省级农业高新技术示范园区”；被杭州市科技局确定为“杭州市农业科技示范园区”“杭州市科技企业孵化器”。许多名牌大学、农业科研机构与园区建立形式多样的合作关系，建立浙江大学农业专家创业园、复旦大学生态与环境产业创业园和上海农科院余杭示范基地。

2009 年 8 月，杭州农副产品物流中心、余杭高新农业示范中心合并重组。同时，整合杭州农副物流集团有限公司，实行“一套班子、三块牌子”的运作模式。“两中心”重组后，余杭高新农业示范中心继续加大力度推进园区基础设施建设和招商引资工作；引进和推广农业高新技术，提高技术辐射范围；积极发展农副产品加工业和农业休闲观光业。是年，完成基础设施建设和固定资产投资 1.65 亿元、招商引资 0.94 亿元、税收 685.96 万元；完成科技辐射推广 1.5 万亩；农业休闲观光收入 500 余万元，接待游客逾 8 万人次。

2012年，余杭区委、区政府提出农业“规模化、企业化、现代化”发展方向和建设100个千亩规模现代农业园区的工作目标，决定将余杭高新农业示范中心归口区农业局(区农办)管理，主要负责编制全区现代农业园区发展总体规划及建设，研究拟订全区农业园区引进农业高新技术项目、产品、人才等的相关政策，指导全区现代农业园区建设规划制定、组织论证工作和建设项目的调查，组织全区现代农业园区重点项目策划包装、招商引资工作等。2012年12月6日，杭州市余杭高新农业示范中心举行授牌仪式，高新农业示范中心进入新的发展阶段。

二、规划及实施

为提升农业产业规模化、企业化、现代化水平，余杭高新农业示范中心委托浙江省规划研究院编制《余杭区现代农业园区布局规划》，2013年4月，通过区专资委评审，6月由区政府批复同意发布实施。首批规划布点园区132个（其中规划在千亩以上园区91个），建设面积18.67万亩(1.24万公顷)，计划总投资41.77亿元；其中产业类74个、综合类园区40个、粮食生产示范功能区18个，遴选精品园区30个。涉及企业经营的园区约为90家，合作社经营34家。在布局规划同时，余杭高新农业示范中心制定《余杭区现代农业园区项目管理与考评办法(试行)》，建立园区动态调整机制、准入和淘汰制度，6月中旬开展13年首批园区建设项目申报工作。经初审于8月上旬下达2013年第一批现代农业园区建设项目计划，首批立项22个，包括农业产业20个，林业2个，计划总投资1.27亿元，拟奖补资金3300万元。12月，开展2013年第二批园区建设项目的申报工作。2013年底，已启动项目建设的千亩以上现代农业园区已达27个，计划总投资1.21亿元。全区规划内园区当年完成总投入7.36亿元，完成年度目标的73.6%。

与此同时，2013年，余杭高新农业示范中心对闲林街道“西溪源·钱塘龙井”、孙家坞休闲农业观光园、径山镇威红农庄园区、杭州香草文化园区、闲林街道现代都市农业产业规划和“明日康”休闲植物观光园、农林集团“依蓝创意生态农场”等7个综合性现代农业园区开展了园区规划评(会)审和指导，并牵头组织相关部门对“依蓝创意生态农场”项目进行项目前置进行座谈。并结合省市浙台经贸合作平台规划建设工作，12月和省规划研究院签订余杭区浙台经贸合作平台规划协议。2014年2月，经区政府批准，委托省发展规划研究院启动“浙台经贸合作区规划”编制工作。经规划素材征集、实地调研走访以及规划意见征求等，5月底完成《浙台(杭州余杭)经贸合作区规划(讨论稿)》，并于6月19日组织召开《浙台(杭州余杭)经贸合作区发展总体规划(讨论稿)》部门评审会议，9月完成《浙台(杭州余杭)经贸合作区发展总体规划(送审稿)》第二次部门征求意见，并通过区专咨委组织召开的浙台（杭州余杭)经贸合作区发展规划专家论证会。

图9-2 径山森禾农业园区花卉苗木园

2014年初，余杭高新农业示范中心完成2013年度第二批现代农业园区建设项目审核、踏勘、筛选、发文立项，共立项园区建设项目 12 个，项目总建设面积 1.01 万亩（673.33 公顷），计划总投资 6532.81 万元，拟奖补资金约为 1900 万元。8 月经前期申报、现场踏看、部门会审，完成 2014 年度第一批园区建设项目发文立项，共立项园区建设项目 4 个，项目总建设面积 2051 亩（135.73 公顷），计划总投资 2093.66 万元，拟奖补资金 600 万元。

根据现代农业园区布局规划动态调整工作机制，经业主申报、镇街初审以及规划部门审核确认后，2014 年度新增 11 个现代农业园区布局规划，规划总面积 8997 亩（599.8 公顷），计划总投资 56130 万元。对首批布局规划中存在规划冲突的仁和街道“奉口枇杷生态农业园”取消规划布局资格；并对 3 个园区的规划内容予以调整。经调整后，2014 年规划布点园区 142 个（其中规划在千亩以上园区 95 个），建设面积 19.5 万亩（1.3 万公顷），计划总投资约 47.36 亿元，同时，针对“五城一基地”远景规划区内现代农业园区和园区三年建设认定评价工作机制情况出台相关补充意见。2013 年、2014 年两年累计实施园区建设项目 34 个，项目总投资约为 1.8 亿元。2014 年完成 2013 年度第一批 12 个现代农业园区建设项目验收考评工作，审定投资额 5497 万元，其中 11 个现代农业园区建设项目拨付了奖补资金 1560 万元。

2014 年，重点推进海亮生态体验农场项目推进，组织 2 次区领导层次的协调会，完成园区规划调整完善，基本落实园区规划内道路改建事宜，坟墓搬迁、建设用地审批、涉及绿景村土地整理以及新增土地流转等工作有序推进；对闲林街道胡家岭、孙家坞、明日康 3 个现代农业园区，径山镇梅林生态农业园，余杭街道康春现代农业园和塘栖镇良辰生态休闲园等项目在现场踏勘基础上，协助业主与规划部门对接，做好规划指导工作。

至 2014 年底，规划内园区实际土地流转面积 12.9 万亩（0.86 万公顷），其中新增土地流转面积 0.84 万亩（560 公顷）。在园区内落实中央现代农业生产发展资金项目 2 个、省级设施大棚建设项目 1 个、市级“菜篮子”基地建设项目 6 个、市级设施农业示范园建设及设施农业推广项目共 4 个、市级农民专业合作社提升发展项目 1 个，全年新建续建 31 个千亩以上现代农业园区，总投资 1.84 亿元。全区规划内园区当年完成总投资近 7.94 亿元，其中工商资本 79 家，投入 5.84 亿元。

2015 年，新增农业园区 13 个，取消园区规划布局 4 个。自首批园区规划三年来，累计增补农业园区规划 24 个，新增规划面积 1.9 万亩，取消 5 个。园区总规划布局已达 150 个，其中规划千亩以上园区 96 个（实际已达到千亩以上的 64 个），规划面积近 20 万亩。其中按产业类型分为粮油类 18 个、蔬菜类 13 个、水果类 11 个、茶叶类 12 个、水产类 13 个、竹产业类 8 个、花卉苗木类 16 个、中草药类 2 个、畜牧类 1 个、综合类 56 个。是年，新立项：第一批园区建设项目 10 个，项目建设面积 1.2 万亩（800 公顷），计划投资 5426.5 万元；取消 2014 年度第一批园区建设项目 2 个；完成 2013 年度第一、二批园区建设项目验收考评 7 个，合计审定投资额 3648 万元，下拨财政奖补资金 1000 万元。2003 年—2005 年，累计立项农业园区建设项目 54 个，取消 8 个，计划总投资 2.35 亿元，拟奖补资金 6370 万元；已完成项目验收考评 28 个，累计审定投资额 1.4 亿元，累计下拨奖补资金 3870 万元。通过项目建设，大幅提高了园区农业基础设施条件和先进生产设施应用水平。2015 年，还落实 12 个镇街 25 个重点农业园区完成园区建设总投资 2.06 亿元，超年度目标计划 27%。结合专项行动工作，制定《余杭区规范化现代农业园区认定管理办法（试行）》，经园区业主申报，镇（街道）、产业部门审核推荐，组织有关部门专家进行规范化园区评审，“余杭街道仙宅村科奥种业粮食现代农业园”等 30 个园区认定为首批区级规范化现代农业园区。

图 9-3　仁和街道恒泽特色渔业精品园

2016 年，余杭高新农业示范中心立项下达 2015 年度第二批区级现代农业园区建设项目 2 个，计划总投资 682 万元；组织对 2014 年度第二批和 2015 年度第一批合计 9 个现代农业园区建设项目开展验收考评，累计核定投资额 3894 万元，下拨项目奖补资金合计 1100 万元。根据区委农业产业政策，制定《余杭区现代农业园区提升发展项目管理细则》，同时组织申报立项 2016 年度现代农业园区提升发展项目 5 个，计划总投资 2203 万元。根据《余杭区现代农业园区准入与退出管理办法（试行）》相关要求，2016 年完成新增农业园区 10 个，清退园区规划布局 29 个。完成 2016 年度现代农业园区布局规划增补，现行规划内园区 133 个，占地面积 14.8 万亩（0.93 万公顷），其中新增面积 6482 亩（432.13 公顷）。2016 年，通过审价调减财政补助资金达到 150 万元。并召开 2 次现代农业园区建设项目推进工作会议，重点指导园区建设项目实施及验收各环节，规范在建园区项目管理，提高项目实施成效。高新农业示范中心继续推进落实"余杭区现代农业园区提升发展专项行动"，开展现代农业园区全面提升发展工作。主要做好牵头实施工作，分解落实年度工作目标任务到各相关镇街和部门科站，开展工作进展月报制，并完成对相关镇街及部门的年度考核与考评工作。是年，共落实 11 个镇街 31 个重点农业园区完成园区建设总投资 2.59 亿元，目标任务完成率 134%。

2017 年，余杭高新农业示范中心完成 2017 年度园区布局规划增补调整工作，新增和清退现代农业园区各 3 个，2017 年布局规划内园区 133 个，占地面积 14.7 万亩，其中新增面积 1971 亩。立项下达 2016—2017 年度 6 个园区提升发展项目，计划总投资 2922.5 万元；完成 2015 年度第一批、第二批 7 个园区建设项目验收考评工作，核定投资额 2921.8 万元，下拨奖补资金 820 万元；开展在建项目中期检查与指导、园区项目动态管理等工作。"径山镇蓝天漕桥水产现代农业园"被认定为 2017 年度规范化园区。2017 年，余杭高新农业示范中心开展大径山农业产业集聚区创建工作。集聚区规划总面积 6.25 万亩，以径山茶、花卉苗木和粮食为主导产业，培育发展休闲农业产业，规划建设项目 24 个，其中 18 个农业园区（企业、基地）项目、2 个国家农业综合开发项目（粮食）和 4 个农田大型水利工程项目，计划总投资 3.29 亿元。

三、考察和培训活动

2013 年，余杭高新农业示范中心举办全区现代农业园区建设创新发展培训班，有镇街农业分管领导、农办（农业公共服务中心）主任以及园区业主代表共 120 人左右参加。特邀了北京农学院都市农业研究所史亚军所长、浙江大学知名教授讲座，李红良副区长作了余杭"三农"形势分析与展望的专题报告。9 月初高新举办现代农业园区建设项目管理和推进会，对项目规范实施和下一步工作进行了部署。9 月 26 日—27 日，组织全区现代农业园区业主和项目管理人员赴衢州市衢江区、龙游县考察现代农业园区，共计考察二地三个省级现代农业综合园区，对园区内设施蔬菜、水果、生态循环"变废为宝"牧业、生态渔业养殖等各类园区 10 余个，考察效果较好;12 月 10 日,区委区政府还专门召开了全区现代农业园区建设现场会加以推进该项工作,并着重提出了现代农业园区“四换三名”的新发展理念。

2014 年 4 月、6 月和 8 月余杭高新农业示范中心分别组织蔬菜、综合、水果产业类现代农业园区业主和项目管理人员赴湖州、天台地区开展考察交流学习活动,分别参观考察 4 个本区产业内示范园区和 6 个周边县市同产业示范园区，并召开了业主交流座谈，搭建合作共享平台,促进园区产业良性发展。11 月,高新举办“南京农业大学-余杭现代农业园区建设发展高级研修班”全区相关产业主管部门、重点镇街农业负责人和园区业主代表 56 人参加。

2015 年 3 月和 10 月,高新组织召开“区级现代农业园区项目建设现场会暨项目管理培训班”,邀请区财政、审计部门专家领导讲座指导,进一步规范项目管理,提高项目建设成效。4 月、7 月,高新分别组织蔬菜、渔业、综合型、水果产业类现代农业园区业主和产业主管部门技术人员赴宁波、湖州和嘉兴等地开展考察交流学习活动。2015 年 11 月 23 日—27 日高新农业示范中心委托浙大农学院举办为期一周的“浙江大学—2015 余杭现代农业提升发展研修班”,区级相关部门、园区建设重点镇街和现代农业园区等近 60 人参加;副区长李红良作为特邀讲师与大家互动讨论“余杭现代农业提升发展中面临的问题和对策”。通过学习,加强交流与沟通,更新了管理理念与技术水平,提升了大家的工作和业务能力。

2016 年 7 月 14 日—15 日,余杭高新农业示范中心委托浙江省农科院举办了“2016 余杭现代农业提升发展短训班”,区级相关部门、园区建设重点镇街农业公共服务中心负责人和现代农业园区等业主一行近 60 人参加;组织园区业主、相关镇街、相关科站人员在区委党校举办了“全区现代农业园区互联网+创新转型知识更新培训班”,并考察了 4 个科技型和综合型典型园区。4 月、9 月高新分别组织农业园区业主代表和相关产业部门人员赴省外山东寿光、淄博等地及省内金华、丽水等地区考察现代农业园区建设情况,学习交流园区建设工作经验。

2017 年 7 月 12 日—14 日余杭高新农业示范中心委托浙江农林大学举办现代农业园区发展专题培训,区级相关部门、园区建设重点镇街农业公共服务中心负责人和现代农业园区等业主一行近 50 余人参加。3 月、4 月、12 月高新分别组织区级相关部门、镇街和园区业主代表等赴建德市、富阳区学习“果蔬乐园”“草莓小镇”建设管理经验,赴诸暨市、萧山区学习“米果果小镇”“绿科秀农业公园”农业三产融合先进经验,赴江苏省金坛、惠山和太仓学习考察田园综合体及休闲农业产业。

第二节　现代农业园区建设

2010 年,省委、省政府确定今后一个时期浙江现代农业发展的两个重要抓手——现代农业园区和粮食生产功能区建设。为此,余杭区在建设粮食生产功能区同时,组织申报和大力加强省级现代农业园区建设。

一、发展规划与发展政策

2010 年 2 月,现代都市农业发展“十二五”规划编制工作启动,11 月底,《余杭区“十二五”现代都市农业发展规划》编制完成。该规划提出“十二五”发展战略与目标,明确粮食、水果、畜牧等八大现代都市农业产业布局,确立“两区建设”“一中心四板块”现代产业体系建设、优势产业功能区建设及休闲观光农业板块建设四大发展重点及“现代农业产业集聚地建设工程”等十大工程。

2010年3月，余杭区制定《加快推进现代都市农业产业化发展的政策意见》，首次把区级农业产业化项目分为立项补助项目、备案以奖代补项目和技改贴息项目三大类，项目的扶持力度也有较大的提高。此外，对农业龙头企业建设、农业会展活动、农产品物流与营销、农业品牌建设、种子种苗基地建设等也提出较具体的奖励政策。2010年，余杭区“一中心四板块”现代都市农业产业体系构建的规划编制工作基本完成，先后出台径山茶、塘栖枇杷、生态渔业、生态竹业等4个产业板块的扶持政策，明确区财政每年投入近2000万元资金用于推动相关板块规划的实施。同时，为切实加大政策扶持力度，还结合省、市要求和本区实际，制定加快推进农业产业化发展、加快设施农业发展等配套政策意见。2012年2月，区级现代农业园区布点工作会议召开，并下发《余杭区现代都市农业园区发展空间布局工作实施方案》。5月，区农业局、林水局等有关部门负责人赴各镇(街道)进行实地调研，以规模集中连片33.33公顷以上、效益好、模式新等为标准对现代农业园区进行排摸。6月至8月，在镇(街道)上报、实地调研和衔接业主的基础上，明确134家园区名单，启动园区总体建设规划的编制工作，并成立余杭区现代农业园区协会。2012年12月6日，杭州市余杭高新农业示范中心举行授牌仪式。2012年，区委、区政府提出农业“规模化、企业化、现代化”发展方向和建设100个千亩规模现代农业园区的工作目标，决定将余杭高新农业示范中心归口区农业局(区农办)管理，主要负责编制全区现代农业园区发展总体规划及建设，研究拟订全区农业园区引进农业高新技术项目、产品、人才等的相关政策，指导全区现代农业园区建设规划制定、组织论证工作和建设项目的调查，组织全区现代农业园区重点项目策划包装、招商引资工作等。2013年4月9日，《余杭区现代农业园区布局规划》编制完成并通过区专资委评审；6月15日由区政府发布实施。首批规划布点500亩(33.33公顷)以上园区132个(其中千亩以上园区91个)，有产业类园区74个、综合类园区40个、粮食生产功能区18个，涉及企业经营的园区约90个，合作社经营34个。规划范围覆盖“五城一基地”之外适宜农业发展区域，总建设面积12400公顷，计划总投资41.77亿元，遴选确定精品园区30个。规划明确“一核、两翼、九大板块”的空间布局，即以径山镇全域及与周边余杭、瓶窑相邻部分为核心区域，以西北部天目山余脉向东、南两翼呈“人”字形延伸的浅山地带为两翼，以“8+1”特色主导产业为构架的九大板块；并建立园区动态调整机制，设置园区的准入和淘汰制度来实行长效管理。同时，制定《余杭区现代农业园区建设项目管理与考评办法(试行)》。8月初，立项下达首批现代农业园区建设项目22个，计划总投资1.21亿元；建设千亩以上现代农业园区27个。年内农业园区累计完成基础设施建设、生产设施、相关配套等总投入10亿元。2014年，制定出台《余杭区规范化现代农业园区认定管理办法(试行)》，启动区级规范化现代农业园区认定工作。经园区业主申报，镇(街道)、产业部门审核推荐，专家评审，余杭街道仙宅村科奥种业粮食现代农业园等30个园区被认定为首批区级规范化现代农业园区。

二、园区建设

农业特色园区　20世纪90年代，余杭已开始围绕粮食、蔬菜等农业主导产业开展现代农业园区建设。并先后在1995年、1996年组织相关乡镇、部门人员到嘉兴、湖州和江苏无锡等地的农业园区进行参观考察，为余杭农业园区建设学习取经。1997年4月，参加杭州市农业现场会的杭州地区七县市农业副市长和农委、农业局领导，参观余杭市安溪、良渚、云会3个镇(乡)

图 9–4 径山镇茶产业博览园

的农业示范园区。同年 12 月，中泰南头、安溪沈家门、良渚仰家塘 3 个村被列入余杭市粮食生产示范园区，新建“三面光”渠道 5355 米，新建或拓宽机耕路 5525 米，绿化植树 2741 株，修建机埠 4 座等。1998 年 10 月，余杭镇上湖现代农业示范园区建设项目通过了省园区办的验收，成为浙江省第二批以发展粮食生产为主的现代化农业科技示范园区。该园区总面积 680 亩，于 1996 年 8 月开工建设，1998 年 8 月建成。示范园区粮食年亩产 1004.3 千克，比建园前的 889.9 千克，年亩增 114.4 千克，增长 12.86%，年增收入 20.78 万元。1999 年，乔司镇、平山农场、亭趾镇的蔬菜示范园区建设开始启动。乔司镇建设 500 亩蔬菜科技示范园，平山农场建设 500 亩稀有菜示范园，亭趾镇建设 100 亩连片设施蔬菜园，总面积 1100 亩。

进入 21 世纪，余杭从城郊变成了城区。为此，区委、区政府确立了围绕“融入大都市、建设新余杭”的战略目标，并适时转变了传统农业的观念和做法，明确了加快农业结构战略性调整，大力加快农业园区创建，全面推进都市型效益农业建设的发展定位。

2001 年，余杭区政府制定《扶持农业特色园区建设的若干政策意见》，依据各地农业资源条件建设连片规模 800 亩以上的“一园一品”的高效益农业园区，计划从 2001 年开始用三年时间建设 10 个—20 个农业特色园区。对批准立项的每个特色园区建设项目根据建设内容实行基础设施建设一次性补助 30 万元—60 万元，对新建面积每亩一次性补助 100 元—600 元；对按照完成或提前完成园区建设项目的镇乡，区政府对园区建设有突出贡献的人员给予 1 万元—3 万元的奖励。与此同时，各有关镇乡也相应出台优惠政策。如运河镇对园区内新挖鱼塘每亩补助 600 元，仁和镇对连片新种苗木 50 亩以上的每亩奖励 100 元，仓前镇对连片种植无公害蔬菜和花卉苗木的按面积给予每亩 50 元—100 元的奖励等，把有限的资金集中用于农业特色园区建设，加快了园区建设的进程。同年 7 月，为切实推进农业特色园区建设，区政府成立由分管农业副区长任组长，区府办、区农业局、区发计局、区科技局、区财政局、区国土局、区林水局、区信用联社等部门负责人参加的余杭区农业特色园区项目建设领导小组。领导小组下设办公室，在区农业局内，具体负责全区特色园区项目的建设和管理。同时，有园区建设项目的镇乡也相应建立园区建设领导小组和实施小组，层层建立组织，落实工作责任，对园区建设中涉及的项目立项、发展规划、产品定位、资金筹措、政策处理、基础设施建设等具体工作进行决策、落实、检查和督促。

2001 年 10 月 15 日，区农业特色园区工程正式启动。在优惠政策的导向下，各地根据本地的资源优势和产业特色，积极申报农业特色园区建设项目，经层层筛选和综合平衡，首批 11 个农业特色园区建设项目批准立项，总面积 1.68 万亩，总投资 5382 万元。2002 年 11 月，全区第一个农业特色园区——优质粮种植特色园区通过验收。建成面积 3370 亩，投资 42.83 万元。

2002年,批准立项农业特色园区10个,建设面积1.21万亩,总投资9448万元。这21个已批准建设的连片800亩以上的农业特色园区进展顺利,主要涉及优质米、枇杷、茶叶、蔬菜、黄花梨、、花卉苗木、苦竹、竹笋、黑鱼、生态鳖、青虾、白对虾、特种鱼、波尔山羊等,基本涵盖了余杭的主导农产品,总面积2.89万亩。2002年,21个农业特色园区累计投入资金7800多万元,其中区财政下拨补助资金945万元。

2003年4月18日,余杭区召开农业特色园区建设推进会。此时,全区已批准立项农业特色园区建设项目23个,规划总面积3.05万亩,总投资16781万元。其中,新建园区11个,扩建园区9个,改建园区3个。经过两年来的实施,已初步建成鸬鸟蜜梨、仁和苗木、中泰花卉苗木等10个农业特色园区,投入资金5967.6万元,建成面积2.13万亩,取得了较好的经济效益、社会效益和生态效益,基本达到了"一园一品"、规模面积800亩以上的农业特色园区建设标准。

同时,通过农业特色园区建设,园区的档次逐渐提升。园区建设设施大棚620亩,修建道路56.6公里、桥梁8座、渠道36.5公里、机埠18座,架设电力线路18.6公里,植树绿化57亩,基础设施明显改善。注重农业特色园区内农产品标准化生产,已制订标准化生产11个,面积11060亩。如良渚特种水产养殖园区,在区有关部门的帮助下,制定白鲦鱼专塘养殖技术操作规程,采用不同食性鱼类按比例搭配的养殖方式,推广浮性颗粒饲料,以降低生产成本,提高经济效益。积极实施品牌战略,农业特色园区注册农产品商标10个,受益面积6400亩,销售收入3288万元,占园区销售总收入的52%。如鸬鸟蜜梨农业特色园区,在水果专家的技术指导下,园区内的黄花梨质量明显提高。运河黑鱼、鸬鸟黄花梨、瓶窑特种鱼苗、塘栖枇杷等农业特色园区,以业主投资为主,政府适当补助,实行企业化管理,市场化运作的方式,先后创办了民间科研所,对生产、销售、储藏、保鲜、包装等进行技术攻关,提升农产品科技含量、质量档次,增强园区的核心竞争力。2002年21个农业特色园区实现总产值7065万元,净收入2702万元,平均亩产值和亩净收入为4067元和1555元;产出率、商品率明显提高。并安排长年性就业劳动力372人,带动和辐射农户1127户,联结生产基地7200亩,起到了明显的示范辐射带动作用。

至2003年底,建设农业特色园区25个,下达补助资金407万元。已建成了余杭优质粮、鸬鸟蜜梨、仁和苗木、中泰花卉苗木、瓶窑早竹笋、运河黑鱼等11个农业特色园区。2004年,农业特色园区建设进程加快。实施农业特色园区建设27个,下达建设补助资金458万元。新增三园茶叶养殖等3个农业特色园区。已建成鸬鸟蜜梨、仁和苗木、中泰花卉苗木、瓶窑青虾、余杭蚕桑等21个农业特色园区。2005年,已创建农业特色园区30个。新增中泰茶叶种植、径山茶、紫杉园生态农业3个农业特色园区。已建成塘栖枇杷、崇贤茭白、中泰茶叶种植仁和苗木、鸬鸟蜜梨、余杭蚕桑等24个农业特色园区。

2006年底,余杭区已有区级农业特色园区30个,总面积2687公顷,规模总投资2.96亿元。核定区财政补助资金1933.8万元,下拨补助资金1834.8万元。建成的有鸬鸟蜜梨、仁和苗木、中泰花卉苗木、运河千亩生态鳖、塘栖枇杷等26个园区,建成面积2373公顷,投入资金1.5亿元。2007年,经省有关部门综合评审,余杭被省政府认定为浙江省首批农业特色优势产业综合强县。同时,还被认定为水产养殖产业强县。径山镇被认定为茶叶产业强镇,运河镇被认定为水产养殖强镇,百丈镇被认定为竹木产业强镇。2007年,全区农业特色园区建设基本完成。蓝莓长岗种植基地、径山森禾观赏植物基地成为区级农业特色园区，全区农业特色园区增至32家，建设面积2914公顷；新增市级都市农业示范园区7家，累计40家，面积3834公顷；新增省级高效生态园区2家，累计6家，面积897公顷。全年农业园区实现总产值7.5亿元，安排长年性就业人员1000人以上；带动和辐射农户1.6万余户，带动面积4667公顷。

农业示范园区 2008年12月6日，中国绿色农业协会授予余杭区“全国绿色农业示范区”称号，余杭高新农业示范中心被授予“全国绿色农业示范基地”称号。18日，余杭区在全国绿色农业科研2008年总结会和绿色农业示范区(基地)建设单位典型经验报告会上作题为《大力发展现代都市农业，积极创建绿色农业示范区》的典型汇报。余杭区通过农业综合开发、土地整理和园田化建设，80%以上的农田得到治理。并根据区域土地资源的特点，调整土地利用结构，因地制宜发展水产、水果、蔬菜、花卉苗木等产业，土地利用率和产出率不断提高。2009年，完成杭州市级都市农业示范园区2个、杭州市种子种苗基地4个、杭州市农业社会化服务项目8个、杭州市生态农业建设项目8个及区级种子种苗基地6个等项目建设，并通过各级验收。推进粮食、枇杷、茶叶、蔬菜、水产、畜牧等38个优势产业功能区建设，提升农业优势产业的发展水平，有效推动转型升级。2006年，余杭娘娘山茶叶、余杭森禾径山木本观赏植物、浙江上升生态鳖养殖、余杭顺丰祥蛋鸭养殖、余杭金诚肉鸡养殖、余杭乔司朝阳村蔬菜、余杭洪桐粮食、杭州余杭三水种养循环农业等8个园区被列入市级都市农业示范园区，并获市级以奖代补资金197万元。至2006年底，全区有市级都市农业示范园区33个，其中农业类26个，林业类7个，建成面积3129公顷，畜禽26917头、70万羽，涵盖苗木、水果、蔬菜等11个产业。

2010年，申报省级现代农业综合区2家，主导产业示范区8家，特色农业精品园16家。其中径山省级现代农业综合区、黄湖省级现代农业综合区等2个综合区，上升省级渔业主导产业示范区、蓝天省级渔业主导产业示范区、塘栖枇杷产业示范区等3个示范区，生泰特色渔业精品园、仁姚特色渔业精品园、永源特色渔业精品园、山水果业湖羊精品园、瓶窑蔬菜精品园、余杭蜜梨精品园等6个精品园已被确定为省级创建点。2011年4月，根据区委、区政府要求，区农业部门开展区级现代都市农业示范园区规划选点、各园区初步实施方案编制等工作，初步明确15个农业示范园区及其总体计划。计划建设余杭高新农业园区等15个示范园区，建设面积1.06万公顷，2015年力争建成3个至5个农业示范园区，2020年再建成3个至5个园区，亩产值1万元以上。至年底，园区建设三年行动计划(2012年—2014年)制定出台；径山镇小古城农业公园规划完成编制并通过评审，径山镇绿景堂生态园完成规划邀标并启动编制工作，全年投入资金29426万元。2011年，全区申报高新现代农业综合区1个，恒泽、博陆特色渔业主导产业示范区2个，佳田、海深、铖飞、尚河特色渔业和利川特色竹子等精品园5个。经省

图9-5 2013年9月17日，杭州市农业局局长程春建等一行，到余杭区径山省级现代农业综合区-粮食生产功能区指导径山麻车头晚稻高产示范方创建工作

级有关部门批准,新增现代农业综合区创建点1个、主导产业示范区创建点4个、特色农业精品园创建点7个。塘栖枇杷示范区、生泰甲鱼精品园、上升渔业示范区已通过省级验收,瓶窑蔬菜精品园、三水果业湖羊精品园、仁和蛋鸭示范区、永源甲鱼精品园等园区已基本建成。至年底,全区已累计申报省级现代农业综合区3个、主导产业示范区9个、特色农业精品园19个。已列入创建点的综合区3个、示范区7个、精品园14个,建设面积6100公顷;已通过考核验收的示范区2个、精品园1个,面积418.93公顷。2012年2月,区级现代农业园区布点工作会议召开,并下发《余杭区现代都市农业园区发展空间布局工作实施方案》。5月,区农业局、林水局等有关部门负责人赴各镇(街道)进行实地调研,以规模集中连片33.33公顷以上、效益好、模式新等为标准对现代农业园区进行排摸。6月—8月,在镇(街道)上报、实地调研和衔接业主的基础上,明确134家园区名单,启动园区总体建设规划的编制工作,并成立余杭区现代农业园区协会。2012年,余杭区2个省级特色农业精品园通过考核验收,2个省级主导产业示范区、4个省级特色农业精品园基本建成。至年底,全区累计申报省级现代农业综合区3个、主导产业示范区9个、特色农业精品园19个。列入创建点综合区3个、示范区7个、精品园14个,建设面积6100公顷。通过考核验收示范区2个、精品园3个,面积500.8公顷。园区新建各类大棚80公顷、喷滴灌设施60.67公顷、蓄水池3950立方米,土地整理与地力提升680公顷,新修沟渠4.6万米,新修建机耕路3.78万米,培训农民4070人次等,争取省、市、区各级补助资金1360万元。2013年,良渚蔬菜、仁姚黑鱼、仁溪青虾等3个精品园通过考核验收。2013年12月16日,径山省级现代农业综合区通过省级考核组的考核验收。该农业综合区于2010年7月获批成为第二批省级创建点,涉及径山镇10个村,规划布局为径山茶叶示范区、高产竹笋示范区、花卉苗木示范区、水产养殖示范区、花木精品园、畜禽精品园、粮食功能区等"四区两园一功能区",并辐射带动面积6600余公顷。经3年建设,累计投入资金18438万元,其中省级投入1435万元,市、区投入5689万元,自筹11314万元。综合区建成面积3500公顷,具有科技应用能力较强、政策服务环境创新、园区综合效益显著等特点,走在全省现代农业综合区建设的前列。

自2010年以来,全区列入省级现代农业园区创建点的综合区3个、示范区7个、精品园14个,建设面积8520公顷。至2013年年底,已通过考核验收的综合区1个、示范区2个,精品园6个,面积4150公顷,累计投入资金逾3亿元。2018年,余杭区制定《关于开展"百园农业"建设专项行动的通知(2018—2020年)》。明确开展"百园农业"专项行动的重要意义,指导思想、工作目标、主要任务、工作举措和实施步骤等,构建了未来三年余杭现代农业园区发展蓝图。在现有500亩以上规模园区的基础上,通过提升基础设施、延长产业链条、拓展农业功能、培育农业品牌、创新科技服务等,开展分类管理,规范园区与示范园区培育、完善区级现代农业园区提升发展和农业三次产业融合示范点创建活动。按照拉长长版、补齐短板,强化全区现代农业园区管理,引导园区向现代企业化管理方向发展的要求,并在园区分类管理认定基础上,开展示范园区、规范园区培育工作,已培育认定示范园区20家,规范园区33家。

2018 年余杭区现代农业园区建设情况表

表 9-1

所在镇街	序号	园区名称	建成时间
运河街道	1	双桥甲鱼现代农业园	2016 年
	2	佳田渔业现代农业园	2016 年
	3	荷塘月色莲藕现代农业园	2016 年
乔司街道	4	乔司草花现代农业园	2016 年
塘栖镇	5	超丁村粮食现代农业园	2016 年
	6	天银港现代农业休闲园	2016 年
	7	塘北鲜果现代农业园	2016 年
仁和街道	8	渔公桥村粮食现代农业园	2016 年
	9	永泰村马仁圩粮食现代农业园	2016 年
	10	永胜村板井圩畈粮食现代农业园	2016 年
	11	平宅村大雅路圩畈粮食现代农业园	2016 年
	12	仁和青虾养殖现代农业园	2016 年
	13	恒泽特色渔业现代农业园	2016 年
	14	仁姚黑鱼养殖现代农业园	2016 年
	15	三白潭常规鱼养殖现代农业园	2016 年
	16	合卉现代农业休闲园	2014 年
	17	启美花卉现代农业生态园	2016 年
	18	獐湾现代农业休闲园	2016 年
	19	博翔蕉藕现代农业园	2019 年
	20	宝斛禄铁皮石斛现代农业园	2020 年
崇贤街道	21	北庄村水生蔬菜现代农业园	2014 年
	22	湾里塘莲藕现代农业园	2014 年
余杭街道	23	上升水产现代农业园	2016 年
	24	康春现代农业休闲园	2016 年
	25	香韵佳现代农业生态园	2015 年
	26	下陡门村粮食现代农业园	2015 年
	27	洪桐现代农业生态园	2015 年
	28	永安村八亩滩粮食现代农业园	2018 年
	29	洪桐村宇家塘粮食现代农业园	2018 年
闲林街道	30	长子坞现代农业休闲园	2016 年
	31	孙家坞现代农业休闲园	2016 年

续表 9-1

所在镇街	序号	园区名称	建成时间
闲林街道	32	明日康现代农业休闲园	2017 年
	33	胡家岭现代农业休闲园	2018 年
仓前街道	34	连具塘村现粮食现代农业园	2016 年
	35	苕溪粮食现代农业园	2016 年
	36	金稼花蔬现代农业园	2018 年
	37	高桥无公害种养现代农业休闲园	2018 年
中泰街道	38	中泰茶业现代农业园	2014 年
	39	蓝天园林现代农业园	2016 年
	40	国家级苦竹现代农业园	2016 年
	41	朵云现代现代农业休闲园	2018 年
	42	新泰村四口田粮食现代农业园	2018 年
良渚街道	43	石桥村粮经现代农业园	2016 年
	44	纤石村粮经农业园区	2016 年
	45	花千谷现代农业休闲园	2016 年
	46	良渚野芦湾现代农业生态	2016 年
	47	新忠蔬菜现代农业园	2016 年
	48	春溢蔬菜现代农业园	2016 年
	49	麟海蔬菜现代农业园	2016 年
	50	芷兰庄园现代农业生态园	2016 年
	51	向山园艺现代农业休闲园	2016 年
	52	中亚现代农业休闲园	2014 年
	53	智坤现代农业科技园	2015 年
	54	亿脑现代农业休闲园	2016 年
	55	三合现代农业休闲园	2019 年
	56	神地花卉苗木现代农业园	2019 年
	57	龙荷现代农业休闲园	2017 年
	58	大陆村立新畈粮食现代农业园	2018 年
瓶窑镇	59	塘埠特种鱼现代农业园	2016 年
	60	西安寺村低田畈、圣塘畈粮食现代农业园	2016 年
	61	南山村[西安寺村]下水渠畈粮食现代农业园	2016 年
	62	毛元岭桃果现代农业园	2015 年

续表 9-1

所在镇街	序号	园区名称	建成时间
瓶窑镇	63	塘埠水果现代农业园	2016 年
	64	鱼佬大现代农业休闲园	2016 年
	65	西安寺龙华蔬果现代农业园	2015 年
	66	满元蔬菜现代农业园	2016 年
	67	嘉泰水湿生植物现代农业园	2015 年
	68	凯西爱花卉苗木现代农业园	2016 年
	69	西安寺早竹现代农业园	2015 年
	70	沈园现代竹业现代农业休闲园	2016 年
	71	绿野良渚生态园现代农业园	2015 年
	72	金都现代现代农业休闲园	2016 年
	73	径林茶叶现代农业园	2014 年
	74	浙农种业现代农业园	2016 年
	75	樱花现代农业休闲园	2016 年
径山镇	76	画镜种业花卉苗木现代农业园	2016 年
	77	森禾花卉苗木现代农业园	2016 年
	78	唯康水产养殖现代农业园	2016 年
	79	前溪村姚基畈粮食现代农业园	2016 年
	80	麻车头村上方畈粮食现代农业园	2015 年
	81	前溪粮食现代农业园	2016 年
	82	爱比利水果现代农业园	2016 年
	83	绿景猕猴桃现代农业园	2016 年
	84	绿景堂现代农业生态园	2016 年
	85	兴挺茶业现代农业园	2013 年
	86	银泉茶叶现代农业园	2013 年
	87	四岭双径茶叶现代农业园	2016 年
	88	五峰茶叶现代农业园	2015 年
	89	径山台湾现代农业科技园	2016 年
	90	威红农业现代农业休闲园	2015 年
	91	小古城农业公园现代农业休闲园	2020 年
	92	创耀铁皮石斛现代农业园	2016 年
	93	径山诚凯水产现代农业园	2016 年

续表 9-1

所在镇街	序号	园区名称	建成时间
径山镇	94	梅林现代农业休闲园	2019 年
	95	花之韵园艺现代农业休闲园	2017 年
	96	花海现代农业园	2016 年
	97	长乐森林中药材现代农业种植园	2019 年
	98	春风长乐现代农业休闲园	2019 年
黄湖镇	99	嘉源蔬菜现代农业园	2016 年
	100	王位山茶叶现代农业园	2016 年
	101	三园王位山茶叶现代农业园	2016 年
鸬鸟镇	102	佳龙果木现代农业园	2016 年
	103	三水果园现代农业园	2016 年
	104	蜜梨现代农业园	2016 年
	105	仙佰源现代农业休闲园	2016 年
	106	百岭鸟现代农业休闲园	2017 年
	107	博纳湖现代农业生态园	2017 年
	108	老水杉现代农业休闲园	2015 年
	109	伊兰现代农业休闲园	2016 年
	110	红豆杉现代农业园	2016 年
	111	红坐标花卉苗木现代农业园	2016 年
百丈镇	112	钱山果园现代农业休闲园	2015 年
	113	紫杉园香榧现代农业休闲园	2015 年
	114	溪口国庆茶叶现代农业园	2015 年
	115	九东仙境现代农业休闲园	2017 年
	116	绿杭现代农业休闲园	2016 年
	117	三叶青中药材现代农业园	2019 年
南苑街道	118	钱帅现代农业休闲园	2015 年
	119	耀美花卉苗木现代农业园	2019 年
临平东湖街道	120	丁塘现代农业休闲园	2018 年
农林集团	121	科信粮油现代农业园	2016 年
	122	长乐林场精品苗木现代农业园	2016 年
	123	钱江农业现代农业园	2016 年
	124	农夫乐园	2016 年

续表 9-1

所在镇街	序号	园区名称	建成时间
农林集团	125	径山西子·农林现代农业生态园	2016 年
	126	径山海亮明康汇生态体验农场	2015 年
	127	瓶窑大观山种猪育种现代农业园	2016 年
	128	径山茶产业博览园	2015 年
	129	长乐林场国家杉木、火炬松良种现代农业园	2016 年
	130	余杭仙宅蓝莓现代农业园	2014 年
	131	径山漕桥村蓝天水产现代农业园	2016 年
	132	瓶窑宇航梦园现代现代农业园	2014 年

三、配套设施

2010 年 5 月，余杭区制定《关于加快余杭区设施农业发展的若干政策意见》。是年，全区立项启动设施农业发展项目 10 个，总投资 2057 万元，重点扶持温室、连栋大棚及标准钢架大棚等。区宇航现代设施农业科技示范园被列为市级设施农业建设项目，“黑仔鳗种工厂化驯育配套设施建设”等 2 个项目被列为杭州市设施农业配套项目，完成投资 1900 余万元。至年底，全区有设施栽培面积 1133.33 公顷、连栋大棚 12.67 公顷、钢管大棚 470 公顷、普通大棚 375.33 公顷、季节性大棚 103.33 公顷、设施灌溉面积 2433.33 公顷；水产标准化池塘面积 2666.67 公顷、温室大棚养殖 113.33 公顷；设施化、规模化畜禽养殖 626.67 公顷。收割机、插秧机、名优茶炒制机、果蔬分级机等农机装备应用面得到扩大。

2011 年 11 月，余杭区制定出台《关于促进现代都市农业产业发展的若干意见》，加大对农业基础和装备设施的建设投入和支持力度。是年，全区立项农业基础设施、现代设施项目 16 个，重点扶持省级现代农业园区、现代都市农业“一中心四板块”、现代都市农业示范园区和区级优势产业功能区范围内路沟渠等基础设施建设，温室、钢架大棚等现代设施建设，投资 1616.12 万元。绿港和新迪设施等 2 个农业示范园被列为 2011 年度杭州市设施农业示范园项目，投资 4200 万元。“塘栖枇杷设施栽培技术的应用”等 5 个杭州市设施农业配套项目均已通过验收，完成投资 413.85 万元。2012 年，全区有 4 个 2011 年度省级现代农业生产发展资金项目完成建设并通过验收，4 个被列入 2012 年度省级现代农业生产发展资金项目完成设计方案编制并按计划顺利推进。2 个 2011 年度杭州市设施农业示范园项目通过项目审价、审计和市级验收，4 个 2012 年度杭州市设施农业示范园项目建设基本完成，5 个项目被列入杭州市设施农业配套项目并通过市级验收。12 个 2011 年度余杭区农业基础设施建设项目和 4 个 2011 年度余杭区农业现代设施建设项目通过验收，12 个项目和 6 个项目分别被列为 2012 年度余杭区农业基础设施、现代设施建设项目。2013 年，余杭区实施的省、市、区各级 2012 年农业设施项目全部实施完成。利川绿景堂百果园建设、优质径山茶标准茶园建设等 4 个省级现代农业生产发展资金项目通过审计及区级验收和绩效评价，完成总投资 809.88 万元，其中省补资金 255 万元；闲林龚老汉水产、金稼蔬菜等 4 个杭州市设施农业示范园项目先后通过项目审价、审计和市级验收，完成总投资 3627.02 万元，其中市补资金 570 万元、区补资金 533 万元；瓶窑大观山种猪育种现代设施建设、瓶窑华杰蛋种鸡现代设施建设等6个余杭区畜牧业基础(现代)设施建设项目通过验收，完成总投资593.34万元，其中区补资金150.5万元；秀山美地特种蔬菜现代设施建设、合龙葡萄园基础设施建设等11个余杭区农业基础(现代)设施建设项目通过验收，完成总投资1313.34万元，其中区补资金428.8万元。2013年—2015年，实施并通过验收水果、蔬菜、花卉苗木、畜禽、农机等市级设施农业示范园和设施农业配套项目25个，完成投资4812.27万元。其中，实施市级设施农业示范园项目4个，完成投资2791万元；实施市级设施农业配套项目21个，完成投资2021.27万元。

图9-6 2016年9月21日，副省长孙景淼调研余杭现代农业园区

四、现代农业产业园

余杭区现代农业产业园位于区域西部，区域总面积34.5万亩，包含5个镇街、22个村，涉及农业人口3.6万人。该产业园聚焦茶产业，整体布局“一核两心三片四景”，通过提升发展生产经营、精深加工、品牌营销、茶旅融合、资源利用等环节，构建“生产、加工、科技、流通、服务、文化、旅游”为一体的茶产业链条。2010年以来，区农业农村局通过实施深化改革、集聚资源、优化环境、激活市场等主要举措，着力构建联农带农新机制，有效推进了该产业园的三产融合发展，实现了产业园内农民持续增收。径山茶已先后获得中国文化名茶、中国驰名商标、农产品地理标志登记产品、中国国际茶叶博览会金奖、浙江省十大名茶等荣誉，品牌价值达到20.21亿元。2018年，余杭区现代农业产业园内的农民人均收入达49108元，同比增长12.7%，高于全区平均30个百分点。2018年启动申报工作，区农业农村局成立创建工作领导小组，精心谋划主导产业，科学规划园区建设模式，经过县级申请、文本评审、现场答辩、两部审查备案等多次选拔，最终，从众多申报园区中脱颖而出。次年，余杭区现代农业产业园成功入选国家现代农业产业园创建名单。

第三节 园区招商引资

一、宣传推广

2013年8月，余杭高新农业示范中心邀请区商务、旅游局、区台办、区侨办等部门召开招商引资引智工作恳谈会，整合区级部门招商资源优势，联合抱团招商。13年高新示范中心联合区级各相关部门共同组织开展“2013年台商台属中秋恳谈会”“民营企业传承与创新高峰论坛”“2013海外华商杭州投资洽谈会”等活动。

2014年，高新制作完成首期《现代农业园区》宣传刊物。对全区规模化农业园区分期分批进行深入挖掘和宣传，传递最新农业新闻，行业动态、挖掘和展示休闲观光及产品、农业人物故事。并开始利用微信公众号平台开展现代农业园区的宣传推广工作，在浙农旅微信、余杭发布等平台宣传现代农业及园区休闲、采摘、农趣游玩等相关园区资讯。

2015 年 3 月 11 日，余杭高新农业示范中心与区台办共同组织举办“梅乡携手合作共赢”余台农业园区考察和交流活动。台湾南投县信义乡乡长史强受邀带队信义乡农会总干事和理事长等一行 30 余人到余杭进行为期一天的现代农业园区考察交流。6 月、12 月高新农业示范中心分别举办“走进春天寻找最美丽农业园区”“走进秋冬寻找最美丽农业园区”摄影比赛活动，通过初次筛选、微信平台网上投票及最后的摄影专家组评选，最终分别评选出各类奖项。6 月 17 日，余杭区高新农业示范中心、绿景堂生态园共同策划举办“第一届绿景堂杨梅采摘节式暨余杭现代农业园区展销节”。11 月 5 日，由区政府主办，区农业局（余杭高新农业示范中心）承办的“醉美余杭，都市田园”2015 余杭现代农业园区招商推介会在良渚君澜度假酒店隆重举行，会议吸引了来自北京、上海、浙江等全国各地的 30 多家农业产业、休闲旅游产业的投资客商参与。

2016 年 5 月 25 日，高新农业示范中心、区台办共同举办“余台两地举行休闲农业发展论坛”活动。来自台湾南投县信义乡的农会理事长陈文瑞、黄志辉总干事一行 20 余人以及径山镇、瓶窑镇、良渚、余杭、闲林等镇街分管领导、余杭农业园区代表参加论坛。8 月，高新举办的“走进盛夏寻找最美农业园”摄影比赛活动落下帷幕，由此高新完成全年四季摄影比赛活动，记录和展现一年四季中余杭现代农业园区发展、生产建设、产业特色、休闲体验等精彩瞬间，并将三次摄影比赛获奖作品收集整理制作成摄影画册。11 月，高新设计推出“四季漫游”农业园休闲体验线路。该线路以“四季.漫游”为主题、通过花卉、茶叶、果蔬、休闲等不同农业产业特色、设计穿插组成的 16 条主题各异的各季最佳赏玩线路及推介手册，并于 11 月 28 日举办 2016 年余杭现代农业园区“四季·漫游”休闲体验推介会。

2017 年，农业三次融合发展工作列入区政府 2017 年重点工作，任务书内容考核，要求全年完成培育三次产业示范点 8 家以上。余杭高新农业示范中心通过制定出台《余杭区培育农业三次产业融合发展示范点实施方案》《示范点创建认定评分细则》、资金补助政策等，并面向农业园区开展调查摸底、座谈交流、组织申报、现场指导服务等工作。同时根据 2017 重点工作任务书要求，高新策划余杭三次产业融合发展区域公共品牌。3 月 14 日，区农业局、高新农业示范中心组织我区“农业三次产业融合示范点”区域公共品牌征集作品评审会，邀请了浙大农业品牌研究中心吴晓云、杭州市城市品牌促进协调副会长王伟础两位专家以及区文创办、区旅游局等相关部门负责人参加。通过多次讨论及征求专家意见，最终决定使用“禹上田园”为余杭区农业三次产业融合发展区域公共品牌名，聘请设计单位设计制作“禹上田园”品牌 LOGO，并提交国家商标总局注册商标及 LOGO 图案。11 月 17 日，余杭区召开以“回归都市田园”为主题的 2017 农旅项目招商推介会。会议由余杭区人民政府主办，余杭区农业局、高新农业示范中心、浙江省农业区域合作促进会承办，余杭区商务局、余杭区旅游局等单位协办。本次活动吸引了来自全国各地包括省一带一路、大健康产业、文化产业等 80 多家农业产业及休闲旅游产业的商会代表、投资客商代表参加。区政府副区长葛建伟到会致辞并做重要讲话。

二、成效

2005 年 11 月 8 日，余杭区 2005 年度农业招商引资洽谈会在余杭大厦举行，推出 32 个农业招商项目。来自美国、德国、英国、加拿大、丹麦等国外驻华机构的34家客商代表,与余杭的32个项目负责人进行洽谈。其中余杭高新农业示范中心等4家单位分别与客商举行了合作项目的签字仪式。洽谈会签订意向书22项,其中合作投资开发项目15项,市场开发项目7项,意向投资3600万美元。

图9–7 2012杭州余杭现代农业园区(上海)招商会

2012年8月29日,余杭区在上海举行以“回归乡土田园,打造都市农庄”为主题的2012年余杭现代农业园区招商会,有6个园区项目现场签约,总投资27.66亿元。按照农业“规模化、企业化、现代化”的要求,发挥区位资源优势,以现代农业园区为平台,通过建立农业招商项目库,重点推出23个园区招商项目,规划总面积2000余公顷。利用各级政府网站、农业网站、区招商平台建立园区网上招商引资平台,制作余杭区现代农业园区网上招商专题,委托专业单位录制专题宣传片、制作招商手册,对余杭农业投资环境及园区招商项目进行宣传,有百余名客商前往考察、洽谈或上门咨询投资农业园区事宜。2013年4月17日,举行海亮集团华东有机农业产业园项目签约仪式。作为余杭2013年度引进的一个大型农业重点项目,坐落于径山平山农场区块,规划面积80公顷,计划总投资2亿元,3年内完成投资,至2015年年底前建成投产。该项目主要以“有机食品、健康养生”为主题,突出有机农业生产、有机农产品加工配送展销、农业科技研发、教育培训体验、农业休闲养生观光会所五大功能亮点。全年在农业园区招商引资上,通过《浙江日报》、浙江影视等省级新闻媒体多次专题报道,进一步扩大影响;更新农业招商信息平台项目库,调查、收集和整理17个园区招商项目,发布招商手册;各地知名客商和实力雄厚的财团企业纷至沓来,先后接待印尼穆利雅集团海外投资机构(中国)公司业务部总监和台湾农训协会秘书长、美国CIS公司总裁和纽约商务传媒集团董事长、中国平安集团不动产有限公司投资发展部总监与渣打银行(中国)有限公司董事总经理等客商20余批100多人次,浙江大学污染环境修复与生态健康—教育部重点实验室实验基地、智坤农业、浙江明日投资、杭州兴利投资等一批农业项目落户余杭。

2013年,余杭高新农业示范中心共接待国内外客商20余批100余人次,陪同实地考察农业环境和走访农业园区和基地累计70余个。其中引进两个农业招商项目。海亮集团华东有机农业产业园。该项目从沟通接洽到签约,历时8个月,并于4月17日顺利举行签约仪式,8月15日正式完成海亮有机农业(杭州)有限公司工商登记注册。作为全区性的一个大型农业招商项目,规划面积1200余亩,计划总投资2亿元。浙江大学、教育部长江特聘教授杨肖娥团队与良渚春溢蔬菜联合社合作项目。建立“浙江大学污染环境修复与生态健康——教育部重点实验室实验基地”。这是区内首个产学研一体的农业园区“园中园”科研教育基地。

2014年,余杭高新农业示范中心共接待各地客商10余批40多人次,带领客商考察我区农业投资环境,走访农业园区和基地累计40余个次。引进台湾南仁湖企业入驻余杭投资发展现代农产品加工。项目落户瓶窑镇凤都区块,公司注册名称为杭州小青丁投资发展有限公司,注册外资888万美元,总投资1600万美元。12月,高新参加区台办、区农业局组织的余杭区现代农业园区业主代表一行10余人赴台参访考察交流,与南投县信义乡公所、信义乡农会和屏东县农会组织进行两岸农业合作交流座谈,宣传余杭农业投资环境和现代农业园区产业发展概况并开展余杭农业项目推介活动,为余台农业合作架起了桥梁,也为今后利用浙台经贸合作区搭建两岸农产品深加工技术等多方面合作打下了基础。

2015年,余杭高新农业示范中心共接洽全国各地客商40余批次,接洽项目10余个,陪同走访考察园区和基地20余个。引进农业项目3个,预计项目总投资达2000余万元。康成农业科技公司落户余杭崇贤街道龙旋村,打造集工厂化穴盘育苗、有机基质加工、现代设施农业、有机种植、配送、展示等功能于一体的现代农业科技示范园,现已完成主体工程建设并已投入生产。北京阿卡农业落户径山小古城慢谷农业园,"阿卡径山上"项目以小古城慢谷内农业设施园区为基础,以互联网农业生产与销售为核心,结合休闲农业和乡村旅游,打造具有示范意义的全新现代农业园区新模式。

2016年,余杭高新农业示范中心接洽意向农业招商项目10余个,走访园区40余个。当年引进大径山花海项目,项目注册资金1000万元,首期投资1.1亿元,于2016年10月正式开业,成为大径山旅游观光板块的重要组成部分。7月初,高新组织余杭区10余家现代农业园区负责人赴金华婺城区和兰溪考察当地现代农业园区及区农业招商项目业主,包括兰溪市喜燕农业香榧基地、金华市仙源山铁皮石斛基地、浙江石宫农业开发有限公司农业基地等。

2017年,根据区政府对农办农业局农业招商工作的考核任务要求,确保完成区外到账资金1500万元,余杭高新农业示范中心全年接洽农业招商项目十余个,带领走访考察基地30余次。全年引进农业招商项目5个,包括闲林农创产业园、浙江日日新农业科技公司、黄湖嘉源生态园合作项目、春风长乐农业园等项目。是年,实际到账并经商务局审核目标额度2500万元,圆满完成年度考核目标任务。

附:余杭高新农业示范中心的创建与发展

余杭历来是农业大县,粮、棉、麻、茧、茶、竹、鱼等均列入浙江省重点产区。余杭撤县设市后,市委出台《关于加快农业产业化建设的若干意见》,提出发展城郊型农业。若干意见实施后,针对城郊型农业发展实际,市委又下发《关于印发〈余杭市农业产业化发展规划(1998年—2002年)〉的通知》,将城郊型农业改为都市型农业,依托杭州国际旅游城市和本市旅游风景区,开辟集生产、经营、娱乐、休闲于一体的"观光农业""休闲农业"。为加速推进都市型农业发展,市委出台《关于进一步加快农业产业化经营的若于扶持政策意见》,提出鼓励和扶持农业企业和农产品加工企业;鼓励和拓展农产品流通服务;鼓励和扶持规模化生产经营和农业示范园区建设等方面政策。2000年,市委、市政府谋划和实施农业和农村经济结构的战略性调整,重点是全面提高农产品质量,大力开发高附加值的特色产品,发展农产品加工,优化农业区域布局,积极发展高效农业和出口创汇农业。

余杭撤市设区后,区委、区政府决定成立余杭高新农业开发区,进一步实施农业产业结构战略性调整,引领余杭现代都市农业朝着科技化、规模化、集约化方向发展。

余杭高新农业开发区的建立与建设

改革开放以来,余杭工业突飞猛进,尤其是工业园区的建立,为发展现代都市农业提供了丰富经验。2001年5月,区委发出《关于成立杭州市余杭高新农业开发区管理委员会的通知》,指出余杭高新农业开发区管理委员会为正处级全民事业单位,其主要工作职能:研究和制定余杭高新农业开发区相关发展规划和吸引外来创新创业的政策;搞好开发区基础设施等硬、软环境建设;广泛开展招商引资,发展高新技术农业产业和现代都市型农业;带动全区传统农业向现代农业转变,城郊型农业向都市型农业转变,为实现农村稳定、农业增效、农民增收作贡献,为余杭农业现代化发展提供示范和样板。是月,第34次区政府常务会议召开,讨论研究余杭高新农业开发区建设选址问题,决定由区政府专家咨询委员会召开选址论证会。区政府专家咨询委员会组织专家实地考察崇贤、东塘、云会区块现状,听取区农经委负责人关于建立杭州市余杭农业高新技术开发区设想汇报和区级有关部门领导情况介绍,经过与会者认真讨论、质疑和分析权衡利弊,认为崇贤、东塘、云会区块最优。经过选址论证,区政府发布《关于杭州市余杭高新农业开发区块定点的通知》,决定将余杭高新农业开发区块定点在石塘湾。石塘湾位于崇贤镇、东塘镇、云会乡(8月撤销)交界地段,东临京杭大运河,西至杭宁高速公路,南接仁和镇夏家桥与崇贤镇裘家兜交界处,北连仁和镇普宁村,总面积3.3平方公里。通知要求,经过3年—5年的努力,把开发区建成农业科技的研发推广中心、效益农业的示范基地、农产品加工重要载体和集休闲、观光、旅游于一体的农业胜地,成为全区发展都市效益农业的样板和龙头。要求各级各部门全力支持高新农业并发区的建设,尤其是崇贤镇、东塘镇、云会乡的党委、政府要抓住机遇,做好有关村、组干部群众的思想工作,指导抓好土地流转和征地拆迁等任务,配合杭州市余杭高新农业开发区管委会开展工作,促使开发建设早启动、早投产、早见效,为全区发展都市效益农业发挥示范引导作用。

为加快开发区建设,区政府办公室下发《关于杭州市余杭高新农业开发区块土地政策的若干意见》,明确余杭高新农业开发区管委会经过实施土地整理项目后,新增耕地面积的用地指标归开发区管委会,由开发区管委会全额征用,用于开发区非农建设用地项目,并按开发区的详规,落实地块,明确原属村、组的面积及界线。并确定土地征用价格,明确采取反租倒包的土地使用权流转形式,规定土地使用权的流转期限等基本政策。同时,区政府聘请浙江省农业科学院编制《杭州市余杭高新农业开发区总体规划》。9月,通过省、市专家评审和论证。规划确定杭州市余杭高新农业开发区首期规划开发面积3.3平方公里,分高新农业创业园区、设施瓜果生产区、名优水生作物水产区、名特花卉苗木区、农产品加工区、观光休闲农业区和科技培训服务区七大功能区块。

为实施规划,余杭高新农业开发区实施基础设施建设,首先开工高新大道,全长2.98公里。同时,启动土地整理项目。12月,余杭高新农业开发区管委会注册成立杭州大地之春农业开发有限公司,为直属国有独资公司,注册资金1000万元,主要职能是负责实施余杭高新农业开发区范围内的基础设施建设、土地租赁和招商引资等工作。杭州大地之春农业开发有限公司注册成立,标志着余杭高新农业开发区拉开实质性运营大幕。同时,根据招商引资的需要,管委会出台《杭州市余杭高新农业开发区扶持政策》,印发《杭州市余杭高新农业开发区投资指南》《杭州市余杭高新农业开发区招商指南》。至2001年年底,食用菌营养食品开发项目、"三家村"藕粉系列产品开发项目等明确落户开发区意向。

2002年1月,杭州市委常委、余杭区委书记徐松林在区委十届十二次全体(扩大)会议的报告中提出,要像抓工业一样抓农业,加快高新农业开发区建设,成为发展现代都市农业的龙头。为此,管委会确定2002年重点工作是基础设施建设、招商引资和筹备开园。10月,区委、区政府举行余杭高新农业开发区开园仪式。中共中央政治局委员、全国人大常委会副委员长姜春云为余杭高新农业开发区题名。省、市有关领导,省农业部门领导,复旦大学、浙江大学等有关领导以及来自美国、荷兰、日本、中国台湾等国家和地区的农业专家、投资商出席开园仪式。开园仪式上,省农业厅、浙江大学、复旦大学分别向余杭高新农业开发区授"浙江省农业科技人才创业园""浙江大学农业专家创业园""复旦大学生态与环境产业创业园"牌。同时,抓住杭州市举办"西博会"的契机,把余杭高新农业开发区推向海内外。在"西博会"经贸洽谈会上,管委会与中外投资商签约6个项目。在签约6个项目中,有3个项目完成注册登记,分别是杭州一田实业投资有限公司,注册资本3000万元;浙江华立环境艺术发展有限公司,注册资本1000万元;浙江格林森科技有限公司,注册资本150万元。基础设施建设实施十大工程,总投资6000余万元。完成入区道路2.8公里路基工程、浇筑过渡性沥青路面,完成区内道路7公里的路基工程;新建区内桥梁4座;完成栅桩港两岸6公里河堤砌石加高加固;完成土地整理3000亩;完成服务区内300余米主干道两侧人行道和绿化工程,以及开发区北界1000米绿化隔离带。同时,启动实施国家级标准排灌系统工程建设和水、电、通信设施入区工程,包括2000余亩田间工程、500余亩2个滴水灌溉区、3座灌溉机埠和6座闸站。

2003年1月,在中共余杭区第十一次代表大会上,区委书记何关新提出"实施'再造工程',建设经济强区"。在实施"再造工程"中,进一步明确余杭高新农业开发区"三年初见成效,五年结出硕果"的目标和任务,打造成为现代都市农业的龙头。余杭高新农业开发区管委会按照区委提出的目标和任务,确定工作重点是进一步加大基础设施建设和招商引资力度。基础设施建设方面,对已完成的工程搞好审计,对已开工的工程加快进度。招商引资方面,开展全方位招商引资、招才引智。是年，基础设施建设方面，新增架设高压线路1公里和低压线路6.5公里。完成区内所有自来水干线埋设工程，修整区内道路6公里。完成2公里内河道清淤、加工区内的部分污水管和雨水管道的埋设工程。整修绿化带4公里，完成与高速公路交界宽10米、长1.5公里绿化工程，完成区内河道两岸绿化和园区北边、运河边总长5公里围墙工程。完成国家农业综合开发和节水项目验收资料汇编、工程扮尾及园区的环境评估和污水处理系统的委托设计。经过建设，园区内的路、沟、渠、桥以及防洪闸站、河道砌石、污水雨水处理、土地整理等进一步完善，供电、供水、通讯、网络畅通。

招商引资方面，管委会组织力量先后赴上海、北京、南京、西安、海南、杭州、宁波、丽水、金华、昆山等地开展招商引资，引进项目7个，分别是中日合资浙江佳伊乐食品有限公司，注册资本91万美金；杭州宁电新瑞生物饲料有限公司，注册资本160万元；由科技人才合股投资的杭州天农生物营养技术有限公司，注册资本200万元；由农业科技人才合股投资的浙江格丽雅园艺有限公司，注册资本500万元；由复旦大学专家和浙江华立环境艺术发展有限公司合资的杭州华复环境科技开发有限公司，注册资本100万元；由复旦大学专家和客商杨启贵合资的杭州复科红杉有限公司，注册资本50万元；由杭州和源食品有限公司和上海农科院合作的杭州秀山美地农业科技有限公司，注册资本100万元。

由于余杭高新农业开发区起点高，建设速度快，并建立浙江大学、复旦大学专家创业园，为此被省农业厅授予"省级农业高新技术示范园区"称号，被列入杭州市第一批农业科技示范园。

余杭高新农业示范中心的建立与发展

2003年7月，国务院针对一些地方和部门擅自批准设立名目繁多的各类开发区，随意圈占大量耕地和违法出让、转让土地，越权出台优惠政策，导致开发区过多过滥，明显超出实际需要，严重损害农民利益和国家利益。对此，国务院办公厅下发《关于清理整顿各类开发区加强建设用地管理的通知》（国发〔2003〕70号），指出清查重点是省及省级以下人民政府和国务院有关部门批准设立的各类开发区，以及未经批准而扩建的国家级开发区，并要求在检查清理的基础上进行整顿规范。接着，省政府办公厅下发《关于切实做好开发区（园区）整顿规范工作的通知》（浙政办发明电〔2003〕173号）。2004年1月，区委、区政府决定，撤销杭州市余杭高新农业开发区管理委员会，成立杭州市余杭高新农业示范中心，为区直属正处级事业单位。

余杭高新农业示范中心根据农业发展趋势、专家论证意见和余杭实际，就其发展方向和目标定位作了必要修正和完善。发展方向：农业科技的研发推广中心、都市型效益农业的示范基地、农产品加工的重要载体、外向型农业的窗口、休闲观光的农业胜地。目标定位：打造科技型、生态化、观赏性于一体，具有江南特色和浙江一流的现代农业园区。并规划为高新农业创业园（以种子和种苗为主）、农产品加工区（加工和储藏保鲜）、科技培训服务区三大区块。

余杭高新农业示范中心是发展现代都市农业的重要载体和抓手。4月，区委、区政府在《关于统筹城乡发展，促进农民增收的若干意见》中，再次强调要加快高新农业示范区建设，真正成为全区都市农业的样板和示范，并提出区财政每年安排一定资金用于示范区基础设施建设。按照若干意见精神和"五年再造一个都市农业"的奋斗目标，余杭高新农业示范中心遵循"政府搭台，市场化运作"的发展模式，示范中心负责基础设施建设、配套服务和土地的出租与出让，具体项目由业主自主开发、自主经营、自负盈亏。示范中心与浙江大学、复旦大学、上海市农科院等科研院校建立合作机制，在中心内建立浙江大学农业专家创业园、复旦大学生态与环境产业创业园、上海市农科院余杭示范基地。示范中心推动大专院校科研单位的人才智力与企业工商资本强强联合，并将新品种、新技术辐射全区农户。入驻示范中心的企业按照“产业特征、产品特色、效益特点”发挥优势，促进现代都市农业发展，成为“五年再造一个都市农业”的龙头。

余杭高新农业示范中心也是全面推进生态区建设的重要载体和抓手。9月，区委、区政府在《关于全面推进生态区建设的意见》中，明确提出大力发展生态农业，要求以高新农业示范中心为龙头，以特色农业园区为重点，以农业龙头企业为基础发展生态农业。围绕生态效益农业，全面实施绿色农产品行动计划，发展绿色、生态和休闲观光农业作为农业产业结构调整的方向，努力提升绿色、有机农产品在农产品中的比重。同时，要求积极发展集休闲、健身、观光和陶冶情操为一体的生态旅游。

从大力发展现代都市农业到发展生态农业，区委、区政府要求示范中心发挥龙头带动作用，其工作重点仍然是继续推进基础设施建设和大力开展招商引资、招才引智。在基础设施建设方面，建成300米绿色长廊；完成污水管道工程的设计、招标；完成5公里道路沥青路面浇筑。在招商引资方面，完成招商引资项目5个，分别是杭州康德权饲料有限公司，注册资本300万元；浙江修生养品有限公司，注册资金500万元；杭州三意食品有限公司，注册资金400万元；浙江之豇种业有限责任公司，注册资金100万元；浙江华野科技发展有限公司，注册资金1000万元。是年，示范中心被区政府授予“2004年度余杭区农村经济发展奖”和“招商引资与出口创汇先进奖”。

2004年12月，在区委十一届六次全体(扩大)会议上，何关新在报告中肯定了示范中心的龙头作用，并提出仍以示范中心为龙头，要以集约、复合的理念提升产业化水平。接着，区委、区政府下发《关于进一步加大统筹城乡发展力度，全面建设小康社会的若干意见》，要求示范中心在加快提升农业园区档次、积极推进生态农业建设等方面发挥龙头作用，成为发展现代都市农业的样板和示范。为此，2005年1月，余杭高新农业示范中心召开工作会议，传达贯彻区委十一届六次全体(扩大)会议精神，以集约、复合的理念贯穿2005年工作，着力提升产业化水平，更好地担当起龙头带动作用。着手培育和挖掘示范中心的休闲观光功能，开发休闲旅游业，以提高农业的附加值，增强龙头带动力。6月，区政府决定在余杭高新农业示范中心召开现场会，检验示范中心所发挥的龙头带动作用。全区分管农业的副镇(乡)长和街道农办主任实地参观示范中心基础设施建设和部分入驻企业生产经营状况，听取杭州格林森园艺科技有限公司、杭州秀山美地农业科技有限公司、浙江佳伊乐食品有限公司、浙江华野园艺有限公司负责人介绍。其中“秀山美地”培育的桔瓜已辐射余杭镇100亩；“格林森”培育的水果已辐射鸬鸟镇、良渚镇等1000亩。与会人员认为，以集约、复合的理念提升产业化水平，以高新农业技术推进现代都市农业发展的龙头带动作用已初步显现。

为进一步探索和发展，真正实现余杭发展都市农业样板和示范的目标。10月，区政府专家咨询委员会邀请有关专家实地考察余杭高新农业示范中心，为示范中心更好地发挥龙头带动作用建言献策。是年，实现农产品加工产值7300万元、种养业产值1830万元。

2006年3月，区委、区政府提出建设服务业大区的战略目标，下发《关于加快现代服务业发展的若干意见》，提出以文化旅游、生态旅游、休闲旅游、乡村旅游为重点，打造“天堂门户、休闲余杭”。余杭高新农业示范中心按照若干意见精神，计划在杭州市举办世界休闲博览会期间举办观光采摘节，为余杭的第一产业向第一、三产业转型中发挥龙头带动作用。为此，第 18 次区政府常务会议讨论研究示范中心的计划，决定由区委、区政府主办，区委农办、农业局和区风景旅游局、高新示范中心承办大型旅游活动。活动命名为 2006 杭州世界休闲博览会余杭(大地之春)观光采摘节。5 月，余杭高新农业示范中心向游客推出精品水果采摘园、红杉珍稀植物园、蔬菜种子种苗园、休闲生态园、珍奇瓜蔬采摘园、水生蔬菜观光园、新优植物园和园艺盆景园 8 大景点。示范中心建有游客接待中心，配备电瓶观光游览车。采摘节期间，吸引省内外游客逾 1 万，杭州大地之春农业休闲观光区通过国家旅游局验收，成为余杭区第一个全国农业旅游示范点。

2007 年 9 月，示范中心正在探索发展休闲观光农业之际，区委、区政府决定召开全区旅游工作暨现代服务业大会，大力发展旅游经济区委、区政府印发《关于建设旅游经济强区的若干意见》，提出总体思路、发展目标、加大投入和加强领导、统筹规划和协调发展、打造精品和打响品牌、强化配套和完善功能、创新理念和引领发展、提升层次和规范管理、加大营销和拓展市场、接轨国际和跨越发展等 10 方面意见。

2007 年 12 月，区委、区政府召集区级有关部门及乡镇负责人，就“中华农业大观园”板块建设进行专题协调。会议提出建议，将余杭高新农业示范中心、杭州农副产品物流中心、仁和镇花园村、良渚镇南庄兜村近 10 平方公里的范围组成“中华农业大观园”板块，不仅符合休闲观光农业的总体规划和产业导向，而且还能极大提升余杭高新农业示范中心、杭州农副产品物流中心的知名度和影响力，有效实现 2 个中心在产业功能上的互补，对促进全区农业观光旅游、加快农业产业升级具有十分重要的意义。经过努力，余杭高新农业示范中心被农业部命名为“中华农业大观园”，并举行授牌仪式。“中华农业大观园”的创建成功，示范中心开启第一、二、三产业叠加发展的新格局。

余杭高新农业示范中心进入“整合”模式

2008 年 4 月 28 日，近在余杭高新农业示范中心咫尺的杭州农副产品物流中心正式开园。该中心是浙江省、杭州市的重点项目，是集农副产品和粮食交易、仓储、加工、信息、检测、物流配送等功能于一体的大型现代农副产品交易市场。同日，杭州农副物流集团有限公司挂牌成立，将原属于余杭高新农业示范中心的杭州大地之春农业开发有限公司纳入杭州农副物流集团有限公司，为集团公司的下属单位。10 月，朱金坤在《中华农业大观园管理体制改革方案》上批示，由杭州农副产品物流中心、余杭高新农业示范中心两个法人主体重组为主要内容，修改完善改革方案，并要求区委督查室负责修改“两中心”重组改革方案。修改后的方案指出，“两中心”法人主体重组，是为了整合杭州农副产品物流中心、余杭高新农业示范中心及特色乡村农庄范围内的商贸物流资源、高科技农业资源和土地资源，培育和发展余杭农业高新技术产业，拓展和延伸农产品的商贸物流、深加工产业，打造以“科研、贸易、物流、服务、生产、观光”为特色的农业产业链和现代都市农业综合体。杭州农副产品物流中心管委会与余杭高新农业示范中心管委会进行合并重组后，保留两块牌子，领导班子合二为一。同时，对管委会的体制、机制、规划、用人、用工、分配等方面进行综合改革。2009 年 8 月，“两中心”合并重组后，整合杭州农副物流集团有限公司，实行“一套班子、三块牌子”的运作模式。根据区委要求，余杭高新农业示范中心继续加大力度推进园区基础设施建设和招商引资工作；引进和推广农业高新技术，提高技术辐射范围；积极发展农副产品加工业和农业休闲观光业。是年，完成基础设施建设和固定资产投资 1.65 亿元、招商引资 0.94 亿元、税收 685.96 万元；完成科技辐射推广 1.5 万亩；农业休闲观光收入 500 余万元，接待游客逾 8 万人次。

2010 年，余杭高新农业示范中心按照区委《关于构建现代产业体系加快经济转型升级的决定》中提出的“大力发展休闲观光型、生态高效型、规模集约型、品牌特色型农业”要求，谋划扩大持续发展新空间。为此，抓住区有关部门编制现代都市农业“一中心四板块”发展规划的契机，委托省城乡规划院编制现代都市农业综合体概念规划设计导则，以现代都市农业综合体的理念建设余杭“中华农业大观园”。在规划编制过程中，遵循“整合、提升、创新、转型”的原则，进一步调整产业结构，重组优势，提升农业产业档次，发展农副产品精深加工业，并向物流产业延伸；发展休闲观光农业，并向乡村旅游延伸，发挥第一、二、三产业的叠加效应。

2011 年 5 月，为进一步落实《关于构建现代产业体系加快经济转型升级的决定》，余杭区构建现代产业体系领导小组召开专题会议，并下发《区构建现代产业体系领导小组专题会议纪要》。余杭高新农业示范中心按照纪要精神，进一步开展产业结构调整，重点发展高新农业技术项目、农产品精深加工项目、特色农业和休闲观光农业项目。积极引进符合现代都市农业综合体要求的企业入驻园区，优先引进拥有自主知识产权科技成果转化农业龙头企业以及国内外行业知名企业、驰名商标品牌企业。是年，实现科技辐射推广 2 万余亩，受益农户 4076 户；完成农产品加工产值 10.72 亿元、休闲观光农业收入 1015.68 万元，进一步打响“中华农业大观园”品牌同时，由南京大学城市规划设计研究院编制的《杭州现代都市农业综合体概念性规划》正式获批。规划区范围为，东临京杭大运河，南靠宣杭铁路复线，西至杭宁高速公路，北至东西大道，规划总用地面积 22.57 平方公里，包括原杭州农副产品物流中心、原余杭高新农业示范中心、运河沿线区域及北部水系较多区域。在规划区范围内建设“两带、两心、四区、一村”[①]功能区。规划提出，在新的管理机构与产业发展平台上，依靠科技创新和体制创新，努力打造“显著提高农业综合效益，建设生态、休闲功能突出，科技研发领先，管理、服务体系健全，产业化、标准化水平较高的现代都市农业综合棒”。

《规划》为余杭区现代都市农业示范区建设提供可借鉴的思路。2012 年 1 月，余杭区现代都市农业建设工作领导小组下发《关于印发（余杭区现代都市农业示范园区建设三年行动计划（2012 年—2014 年））的通知》，突出“整合、提升、创新、转型”的要求，并将高新农业示范园区列入余杭区现代都市农业示范区建设的重点之一。要求将高新农业示范园区建设成为产业科技化、生产集约化、农业休闲化、环境生态化的现代都市农业综合体，长三角知名的农业休闲胜地。并确定高新农业示范园区 2012 年—2014 年建设现代都市农业综合体的目标和任务，其中包括基础设施建设、农业综合区建设、农副产品加工区建设和休闲农业区建设。余杭高新农业示范中心按照通知精神，指导园区各休闲观光点完善设施，增强休闲观光功能。同时，盘活土地存量，实施“零土地”招商引资、招才引智。2 月，区长朱华在区第十四届人大第一次会议的报告中强调，大力发展生态高效、休闲观光为特色的都市农业，招引工商资本投资农业领域，逐步提

①“两带、两心、四区、一村”，“两带”指都市农业观光带和运河旅游观光带；“两心”指都市农业综合体中心和都市农业服务中心；“四区”指农副产品物流区、高新农业示范区、都市农业休闲区和农副产品加工物流区；“一村”指水墨乡村。

升农业产业规模化、企业化、现代化水平。

为提升农业产业规模化、企业化、现代化水平，区政府确定建设100个千亩规模现代农业园区的工作目标。同时，区委、区政府对完善良渚组团开发建设体制机制问题进行调研，下发《关于完善良渚组团开发建设体制机制的通知》，决定杭州市余杭区良渚组团管理委员会与杭州农副产品物流中心管理委员会合署办公；余杭高新农业示范中心归口区农业局（区农办）管理，为其下属正处级事业单位，主要职能是负责编制全区现代农业园区发展总体规划及建设，研究拟订全区农业园区引进农业高新技术项目、产品、人才等政策，指导全区现代农业园区建设规划的调研、编制、论证以及招商引资等工作。10年来，余杭高新农业示范中心引进各类农业企业42家，其中已见成效的加工型企业19家、种养型企业17家、服务型企业2家，累计招商引资45.52亿元。

余杭高新农业示范中心培育了一批科技型的农（林）业龙头企业，其中国家级骨干农业企业1家、省级林业龙头企业1家、市级农业龙头企业8家、区级农业龙头企业2家。这些科技型的农（林）业龙头企业，连接农户或基地，将新品种、新技术辐射推广到余杭农村各地，发挥应有的示范带动作用。同时，余杭高新农业示范中心为余杭开创休闲观光农业揭开灿烂的一页。做特色、做精品、做品牌、做生态、做服务，从“大地之春”到“中华农业大观园”，刻画出现代都市农业的发展轨迹。现代都市农业已经不是纯粹的第一产业，已向第二产业和第三产业延伸发展。既为城市居民休闲生活平添乐趣，又为现代农业创造良好经济效益。

余杭高新农业开发区、高新农业示范中心为余杭农业从城郊型农业向都市效益农业、现代都市农业快速转型升级提供了诸多有益的经验。当今，余杭随着工业化、城市化的快速发展，现代都市农业发展面临新情况、新问题，需要继续勇于探索和敢于实践，不断开创余杭现代都市农业发展的新篇章。

（撰稿　陈小忠　孟进）

第十章　农业行政执法

中华人民共和国成立以来，国家制定一系列的农业法律、法规与政策。余杭区委、区政府以及农业主管部门将法治农业建设（依法行政）作为“法治余杭”建设的重要组成部分，严格贯彻落实农业依法行政的各项工作任务，取得显著成绩。2005 年，余杭区农业局被评为浙江省农业系统“四五”普法先进单位、2004—2005 年度浙江省农业执法工作先进集体和杭州市农业法制规范化建设先进单位。2006 年，余杭区农业局被评为杭州市农业法制规范化建设先进单位，并被市农业局推荐为全省农业系统依法行政工作先进集体。2008 年，余杭区农业局被评为 2007 年度浙江省农业系统依法行政工作先进集体。2009 年，余杭区农业局被评为浙江省农业法制工作先进集体。2010 年，余杭区农业局被评为杭州市依法行政工作优秀单位。2011 年，余杭区农业局被区委、区政府评为 2006—2010 年“三五”依法治区和“五五”普法教育先进集体。2012—2013 年，被评为杭州市农业依法行政考核优胜集体。2017 年，余杭区被评为 2016 年度浙江省农业行政执法绩效考核优胜单位；余杭区农业局被评为 2016 年度杭州市法治农业建设（依法行政）工作优秀单位。2018 年，余杭区农业局被评为“法治余杭”建设先进单位和杭州市法治农业建设（依法行政）工作先进集体。

余杭区农（渔）业行政执法大队自 2005 年重新组建以来，先后被省农业厅评为省农业行政执法规范化建设合格单位、2004—2005 年全省农业行政执法先进集体、2007 年度农业行政执法绩效考核优胜单位、2008 年度全省农业执法示范单位、2011 年度全省农业执法工作先进集体。2013 年，被农业部命名为全国农业综合执法示范窗口。2019 年，被命名为杭州市模范集体。

第一节　法制建设

20 世纪 80 年代初，余杭农业主管部门就建立专门的农业行政执法机构，实施农业行政执法。同时依据相关法律，不断建立和健全农业法制的各项规章制度，开展法制教育培训，提高执法人员的政治业务素质，创新农业执法管理模式，确保农业行政执法的各项工作依法开展。

一、机构设置

沿革　1983 年初，余杭县农业局下设农业行政执法机构，依法实施农业行政执法。是年 1 月，国务院发布《植物检疫条例》，余杭县农业局随即建立植物检疫站。嗣后，设立动物防疫（检疫）站、兽医卫生监督所、农机监理站、渔政管理站，具体负责相关领域的农业行政执法工作。1992 年 6 月，县种子公司增挂“余杭县种子管理站”牌子，行使种子管理职责。1993 年 12 月，余杭县农业局设立法规科。1994 年 4 月，余杭撤县设市，先后改名为余杭市农业局法制科、农政法规科，主要负责农业行政执法体系的建设和指导，组织和协调农业行政执法。1999 年 9 月，增挂余杭市农业行政执法大队牌子。

2000年1月，成立余杭市农业行政执法大队，设办公室、管理科、稽查科，下设种植业分队、牧业分队、农机分队、渔政渔港分队。原植物检疫站、种子管理站、畜牧检疫站、兽医卫生监督所、农机监理站、渔政管理站均纳入农业执法大队，实行“两块牌子，一套班子”管理。同时为理顺经营与执法关系，种子公司与种子管理站分设，植物保护站与植物检疫站分设，种子管理站与植物检疫站合署办公，承担植物检疫和种子管理职能。2003年12月，农业行政执法大队与区植物检疫站合署办公，实行独立核算。

图10-1　2000年1月18日，余杭市农业行政执法大队成立

2004年，农业局机关设立农政法规科（行政审批科），其基本职责是拟订农业行政执法规范性文件；指导推进依法行政和普法宣传、教育工作；承担相关行政复议、行政应诉、行政处罚听证等工作；制定并组织实施农业行政执法责任制；负责清理和规范行政审批事项，对各类生产经营许可证进行监督和管理；负责对执法单位的执法指导、协调、监督以及农业执法人员的培训和证件管理工作；组织开展综合性农业行政执法检查，牵头开展联合执法行动；负责权力阳光政务工作。2005年6月，为推进渔业行政综合执法的规范化建设，在原区农业行政执法大队的基础上，成立余杭区农（渔）业行政执法大队。是年8月，建立重大植物疫情防控指挥部，进一步强化政府对重大植物疫情防控工作的领导。2006年，经浙江省植物检疫站培训考核合格，区农（渔）业行政执法大队在编13名工作人员，全部成为专职植物检疫员。根据《植物检疫例》第三条的规定，依法配备植物检疫制服，并于2006年10月8日起统一着制服上岗。2011年6月起，参照公务员法管理。此外，还于2008年在区农副产品物流中心设立由农业局主管的区农副产品物流中心动植物检验检疫站，主要负责物流中心的农副产品检验检疫执法工作。

管理模式　2004年，进行机构改革，对机关内设机构、下属事业单位进行调整整合。除农业局设立农政法规科（行政审批科）外，同时设立4家具有执法职能的农业行政执法单位，分别是区畜牧兽医局、区农业行政执法大队、区渔业渔政管理总站和区农机管理总站，具体实施农业执法工作。2019年10月，成立余杭区农业综合行政执法队，整合兽医兽药、饲料及饲料添加剂、畜禽屠宰、种子（种畜禽）、肥料、农药、农机、农产品质量以及动物卫生监督、动植物检疫、渔政等行政处罚以及与行政处罚相关的行政检查、行政强制、行政许可等执法职能，实现力量下沉，强化执法责任和力量配备，以区农业局名义统一执法。

为加强农业执法工作，创新农业执法管理模式，2005年5月，成立余杭区饲料行业协会和余杭区农资行业协会，对提升行业自律水平，促进行业发展发挥积极推动作用。2008年，聘用镇乡农业三产办、企业有关人员共31人组建余杭区农业执法协管员队伍，逐步建立并形成“一级执法，二级监管”的执法网络体系。同时组建各镇乡街道植物防疫专管员队伍。2010年，调整农业执法协管员人员结构，正式聘用28名农业执法协管员，其中种植业19名，养殖业9名，将执法触角延伸到各个领域。这一举措得到省市业务部门充分肯定，认为是全省农业执法工作的一次创新。

二、制度建设

为规范公正文明执法，不断提高办案水平，区农业局根据国家有关农业的法律法规，不断建立和完善农业行政执法的各项管理制度。

1998年10月，制定《余杭市农业局行政处罚案件审核、审议工作暂行规定》《余杭市行政执法错案责任追究实施办法》等，对农业行政处罚案件办理程序进行规范。2002年6月，区农业局委托区种子管理站等相关执法单位制定《行政管理委托书》。

2003年8月，区政府与区农业局签订《行政执法责任书》(2003—2007)。区农业局印发《余杭区农业行政执法人员文明执法若干规定》《农业行政执法人员守则》《关于进一步规范农业行政处罚案件办案程序工作的意见》，进一步规范农业行政执法人员行为。

2004年3月，开通“96323”农业举报电话，开通至12月底，共接到举报电话63个，并做到事事有着落，件件有回音。是年，区农业局与各部门签订《农业行政执法目标责任书》，委托区植物检疫站等相关执法单位订立《行政管理委托书》。2005年，组织开展农业行政处罚案卷评查活动。2006年，根据农业部要求，进一步规范农业行政执法文书制作；建立余杭区农业局农业行政执法联席会议制度；开展“浙江省诚信农资示范企业”创建活动。2007年7月，按照“浙江省农业行政执法巡查规定”的要求，开展执法巡查工作。2008年，制定《区委农办、区农业局督查督办管理办法》，围绕中心工作、重点工作、上级领导部署的工作以及人民群众关心的热点问题开展督查督办。2009年4月，制定《余杭区农业局重大行政决策制度》，就重大行政决策所包括的事项、决策程序、决策实施后的督查与评价作出明确规定。同时梳理依法行政权力目录和权力运行流程图，进一步明确饲料质量安全整治和兽药监管工作职责。2010年，制定《余杭区农业行政执法过错责任追究制度》，推行农业执法说理性行政处罚决定书。

2011年3月，制定《余杭区农业局行政处罚自由裁量权指导标准(试行)》《余杭区农业局行政处罚说明裁量理由制度》《余杭区农业局行政处罚裁量合法性审核制度》《余杭区农业局行政处罚案卷评查制度》《余杭区农业局行政处罚裁量案例指导制度》《余杭区农业局行政执法投诉监督制度》等一系列制度。4月，制定《余杭区农业行政执法重大案件集体讨论制度》。2012年，推进“权力阳光”工作。是年10月起，农业部在全国统一使用农业综合执法标识。2013年，制定《余杭区农业局农业行政执法责任制考核办法》，对所属单位执法工作进行年度考核，因行政复议、行政诉讼案件发生被更改、撤销或败诉的，取消评优资格。是年8月，在全省率先实施《余杭区农资监管与服务信息化建设验收标准》，后向全省推广。2014年，完成农业行政权力事项梳理，制定《农业行政处境罚案件信息公开制度》。

2015年，推行常年法律顾问制度，聘请浙江诺力亚律师事务所律师为农业局法律顾问。2016年5月，制定《余杭区农业局行政机关合同管理办法(试行)》。6月，重新制定《余杭区农业局农业行政执法责任制考核办法》，对各部门执法管理及队伍建设情况、执法公开与宣传培训情况、执法实施及制度建设情况、执法监督与救济情况、落实大联动机制及联络员队伍建设等行政执法工作实行年度责任制考核。2017年，制定《2017年度余杭区农业法制(依法行政)工作考核内容和评分细则》《余杭区农业局行政规范性文件管理办法》《余杭区农业局推行“双随机一公开"实施方案》和《余杭区农业局"最多跑一次"改革考核办法》,进一步加强法制农业(依法行政)考核管理工作,考核内容包括行政审批标准化规范化建设情况、商事登记领域证照联办情况、个人办事事项办理改革情况、"三个全覆盖"实施情况、网络平台建设情况、社会评价情况等方面有关内容。同时对《农业行政审批法律文件选编》进行修订。2018 年,在行政规范性文件管理、行政机关合同管理、信息公开管理制度的基础上,又制定《余杭区农业局公平竞争审查工作方案》《余杭区农业局推行"双随机一公开"实施方案》等法治制度。

此外,为确保各项制度的贯彻落实,建立农业行政执法责任制。将依法行政的各项法定职权分解到各科站,责任明确到个人,推动建立权责明确、行为规范、监督有效、保障有力的农业行政执法工作机制。每年开展农业行政执法责任制考核工作,对实施的行政处罚、行政许可、行政强制案件按照质量评查标准,组织开展农业行政执法案卷评查工作。

三、宣传教育

形式　境内农业法制宣传教育工作主要围绕宣传贯彻相关农业法律法规进行。1991 年,运用多种形式开展《中华人民共和国渔业法》实施 5 周年宣传周活动,召开《中华人民共和国渔业法》实施 5 周年茶话会,出动宣传车、宣传船 38 次,参加宣传人员 320 人次,重点渔业乡镇宣传覆盖面达 90%以上。组织渔政管理人员参加各类法制培训班 16 人次。

1994 年,编辑《农业法规选编》,发至各镇乡及有关部门。开展农业法律法规宣传月活动,农业系统"二五"普法教育通过余杭市普法领导小组验收合格。1997 年,举办 3 期农作物种子生产、经营者和兽医、检疫员上岗农业法律法规专题培训班,参加人员 131 人。播放安全行驶录像 35 场,受教育人数达 5000 余人次。用宣传车赴 18 个乡镇宣传《中华人民共和国动物防疫法》,并在《余杭报》等新闻媒体广泛宣传报道。此外,为贯彻《浙江省农业机械管理办法》和《农用拖拉机及驾驶员安全监理规定》,举办 6 期拖拉机手培训班,参加人员 441 人。是年,在局机关和直属单位开展以普及农业法律法规知识为主要内容的有奖竞赛,参赛者 183 人,10 人分获一、二、三等奖。

2000 年 12 月 1 日,《中华人民共和国种子法》正式实施,通过余杭市人大、市政府领导电视讲话和答记者问,举办各乡镇和有关部门负责人参加的培训班,开展《种子法》知识竞赛等多种形式,做好《中华人民共和国种子法》的宣传贯彻实施工作,并结合种子生产、经营开展执法检查,抓好种子市场整顿,保证种子产业健康有序发展。2001 年,《杭州市蔬菜农药残留量监督管理办法》颁布实施,7 月 1 日起在杭州市区范围内严禁在蔬菜种植区销售甲胺磷、甲拌磷、呋喃丹、氧化乐果、甲基 1605 等高毒高残留农药及其混配剂。2002 年 12 月,又发布《杭州市蔬菜农药残留监督管理条例》,禁止在全市范围内销售以上五种高毒农药及其混配制剂。在抓好宣传教育的同时,查处销售禁销农药的违法行为。2003 年 3 月 1 日,《中华人民共和国农村土地承包法》正式施行,通过广播、电视等多种途径大力宣传,培训、辅导、竞赛等多种形式组织深入学习。结合该法的实施,建立土地流转备案、土地承包权证书变更登记等制度,统一规范土地流转程序、合同示范格式等。加大对农村土地承包工作的管理力度,认真做好土地承包纠纷信访调处,开展全区土地承包情况的专项检查和调研,为稳定和完善农村土地承包关系作好准备。2005 年,《中华人民共和国农业机械化促进法》和《中华人民共和国道路交通安全法》颁布实施。区农机管理部门发放安全驾驶资料,开展现场咨询,制作专题报道,组织学习培训,做好农机拥有量普查。是年 3 月,由省农业厅、市农业局、区人民政府主办,区农业局等单位承办的"2005 年浙江省绿剑春季行动暨放心农资下乡启动仪式”在良渚镇中心广场举行,从而拉开全省放心农资下乡活动的序幕。

2006年3月,根据浙江省农业厅《关于开展“放心农资下乡进村宣传周”活动的通知》要求,在仁和镇举行“情系三农,送法律、送政策、送技术、送信息、送种子现场咨询活动”暨“放心农资下乡进村宣传活动”。是年11月,《中华人民共和国农产品质量安全法》开始施行,10月12日,省农业厅、市农业局、区农业局在余杭大厦联合举办浙江省《中华人民共和国农产品质量安全法》启动仪式暨报告会,省农业厅厅长程渭山、副厅长赵兴泉,市农业局局长邵银泽,区领导姜军、许明等参加会议,区级农业龙头企业负责人、农业园区业主、种养销大户等400余人参加,并通过广播、电视、报纸等多种途径和培训、辅导、竞赛等形式进行宣传和组织学习,分发宣传资料320余份。是年11月,结合宣传和贯彻《中华人民共和国农产品质量安全法》,在全区范围内开展为期一个月的饲料、甲鱼和水体环境的专项检测,对个别检测不合格的单位进行严厉查处。2007年3月,为配合“中国·瓶窑首届生态竹笋节”的举办,第二次“情系三农,送法律、送政策、送技术、送信息、送种子现场咨询活动”在瓶窑镇举行。是年4月,由区农业局、区民政局、区普法教育领导小组办公室联合制定《余杭区“法律进乡村”活动实施方案》,重点学习宣传《中华人民共和国宪法》、国家基本法律制度;学习宣传《中华人民共和国农业法》《中华人民共和国农产品质量安全法》《中华人民共和国种子法》《中华人民共和国畜牧法》《中华人民共和国动物防疫法》《中华人民共和国渔业法》《中华人民共和国森林法》《中华人民共和国农村土地承包法》《中华人民共和国农业机械化促进法》《中华人民共和国农民专业合作社法》《关于健全和完善村务公开和民主管理制度的意见》等涉农法律法规和新农村建设政策知识。3月至6月,组织开展《中华人民共和国农民专业合作社法》宣传活动,印发《关于组织开展〈中华人民共和国农民专业合作社法〉宣传活动的通知》,将《中华人民共和国农民专业合作社法》50问、《中华人民共和国农民专业合作社法》翻印本等有关宣传资料发放给农民专业合作社。通过宣传,在全社会形成了解《中华人民共和国农民专业合作社法》、关心支持农民专业合作社建设与发展的良好氛围,依法促进农民专业合作社规范发展。7月,区委农办、农业局举办农业行政执法人员培训班,局属农业执法、畜牧兽医、渔业渔政、农机管理等执法单位约60名执法人员参加培训。12月,在区委党校举办新修订的《中华人民共和国动物防疫法》培训班,各镇乡(街道)农业三产办主任(科长)、畜牧兽医专管员、辖区内畜牧业龙头企业、畜禽业农民大师、区畜牧兽医局工作人员等80余人参加培训。当月,还举办全区村干部法律法律知识培训班,全区各镇乡(街道)所辖的村干部共270余人参加培训。为切实做好新一轮行政审批制度改革的具体工作,10月,召开新一轮行政审批制度改革业务培训会议,办局各单位负责人20余人参加培训。

图10-2 2005年3月7日,浙江省绿剑春季行动暨放心农资下乡启动仪式

2008年,区农业局举办执

法办案业务培训班，对局系统30余名在岗执法人员进行执法案卷专题培训。抽调法规科、区农（渔）业执法大队、畜牧兽医局、渔业渔政总站、农机总站的执法骨干分成3个小组，对局属执法单位2008年以来按一般程序作出的所有行政处罚案卷进行交叉检查。为深入贯彻财政部《关于印发〈农民专业合作社财务会计制度（试行）〉的通知》精神，提高全区农民专业合作社会计队伍业务知识水平，举办农民专业合作社会计人员业务知识培训班，全区97家合作社会计人员参加培训。此外，2008—2009年，区农业局在良渚镇举行第三和第四次“情系三农，送法律、送政策、送技术、送信息、送种子现场咨询活动”。

2010年8月，在市委党校余杭分校举办全区村干部法律知识培训班，来自全区各镇乡、街道辖区内各村（社区）干部约200余人参加培训。2011年3月，杭州农副产品物流中心动植物检验检疫站开展“3.15”国际消费者权益日法规宣传活动，发放宣传手册300余份。9月，制定《余杭区委农办区农业局法制宣传教育第六个五年规划》。要求全系统广大干部、职工深入学习国家基本法律知识、农业专业法以及与本职工作相关的其他法律知识，不断提高法律意识和法律素质，提高依法管理和服务“三农”水平。11月，召开《中华人民共和国农产品质量安全法》实施5周年视频会议，总结该法实施以来取得的成效，并就下一步工作作出部署。召开农业行政执法人员培训会议，学习《中华人民共和国农产品质量安全法》，探讨在实际执法过程中遇到的问题及解决思路，对执法案卷和许可案卷进行互查互评。2012年3月，举办《中华人民共和国农业技术推广法》和《中华人民共和国行政强制法》专题培训班，局领导和全体中层干部参加培训。杭州农副产品物流中心动植物检验检疫站举办动物检疫法规和疫病知识培训班，物流园区肉类批发经营户和专管员30余人参加培训。7月，区畜牧兽医站城区站举办动物卫生执法技术培训班。10月1日，《浙江省农业机械化促进条例》正式实施，利用报刊、网络、专题讲座、张挂宣传横幅、发放宣传资料等形式对条例进行宣传和解读，同时举办培训班、座谈会和技术下乡等活动对条例进行全方位宣传。

2013年3月，召开《中华人民共和国农产品质量安全法》研讨会，重点研讨如何破解农产品质量安全处罚难的问题。4月，区农业教育培训中心举办种子生产和经营法规培训班，有关部门负责人和繁育种大户58人参加培训。7月，区畜牧兽医局举行全区动物卫生监督执法培训班，各动物防疫站负责人及执法骨干20余人参加培训。10月，杭州农副产品物流中心动植物检验检疫站对冷冻食品交易市场400多个经营摊主进行培训，重点学习《杭州市实施〈中华人民共和国动物防疫法〉办法》，以提高经营者的质量安全意识。2014年6月，区农业局组织开展“尚德守法，提升食品安全治理能力”为主题的农产品质量安全科普宣传直通车和消费者体验日活动，采用现场咨询、资料分发、展板展示、农残检测互动等方式，向种植户宣传农产品质量安全相关法律法规。9月，在运河街道举办“杭州市渔业资源保护科普下乡”宣传活动，通过走访基地、组织培训等形式，向当地水产生产者和群众宣传相关法律知识。10月，区农（渔）业行政执法大队举办培训班，学习贯彻《兽用处方药和非处方药管理办法》（农业部令2013年第2号）。12月，区农业局参加在临平人民广场举办的“12·4”国家宪法日暨法制宣传日活动，通过展板展示、发放资料、现场咨询等形式向群众宣传农业法律法规知识。

2015年，开展新修订的《中华人民共和国种子法》的宣传教育活动，完成《农业行政审批法律文件选编》的修订。是年1月，为保障元旦、春节期间农产品质量安全，区农业局联合南苑街道在保障桥社区和新城社区举办2期农产品质量安全法律知识“进村入社区”活动。3月，对20

个镇(街道)的农机作业人员进行培训,培训人员2297人,发放培训资料5000份。与杭州市农机管理总站联合拍摄农机事故应急演练电教片1部。4月,区农业教育培训中心举办农药法规知识暨测土配方技术培训班,160余名区内农药、肥料经营单位负责人参加培训。6月,为配合创建国家农产品质量安全县,区农(渔)业行政执法大队举办农产品质量安全培训班,各镇街农产品质量安全监管员、种植大户等114人参加培训。10月,区植物检疫站会同区农学会开展科普宣传直通车进基层活动,在径山镇、仁和街道开展植物检疫宣传咨询活动,举办现场咨询3场次,接受群众咨询300余人次。2016年8月,制定《余杭区农办农业局法治宣传教育第七个五年规划》。是年,区农(渔)业行政执法大队举办农药法规、种子法规、兽药法规、农产品知识等法律法规培训4期,培训管理相对人400余人次。通过培训,进一步提高管理相对人的守法意识,提升农资市场质量,保障农产品质量安全。对上牌持证的拖拉机、收割机、维修网点及其他农机作业人员进行为期一个月,共20场次的培训,1900余人参加培训。举办全区渔船安全生产及机动渔船驾驶员培训班,有关镇街水产专管员和登记在册的机动渔船驾驶员36人参加培训。

2017年,结合年度工作重心推进普法宣传,着眼于农业生产经营主体和农民群众的实际需求,增强普法针对性,将《中华人民共和国农产品质量安全法》《中华人民共和国土地承包法》《浙江省农村集体资产管理条例》和新修订的《农药管理条例》等涉农法律法规作为宣传重点,带动和促进全农业系统普法,采取灵活多样的形式,促进农业法律法规的有效实施。开展各类执法培训12次,培训执法人员300余人次,并选派农药、种子执法、动植物检疫防疫、农业检测人员等36人次,参加国家、省、市举办的专业知识培训班。制定《中共杭州市余杭区农业局委员会理论学习中心组2017年学习计划》《余杭区农业局(区农办)"周三夜访夜学"活动方案(试行)》和办局人员法律知识全员考试等学习活动计划,配套建立党组中心组学法、公务员学法等一系列制度,督促干部职工学法守法。全年共举办各类培训20余场次,培训三农管理人员600余人次。认真组织开展专题宣传活动,先后围绕"12·4"国家宪法日暨全国法制宣传日、"3·15"国际消费者权益日、农业科技下乡、植物检疫宣传月、农资信息化推进月等主题,开展农业法律进企入社系列活动。共出动普法人员165人次,举办现场咨询培训25场次,培训管理相对人1480余人次,接待群众咨询4100人次,发放宣传资料1.3万余份。

2018年,是推进"七五"普法工作的第三年,区农业局以"七五"普法为载体,充分利用传统媒体和新兴媒体,多层次、多途径开展农业法制宣传。突出《中华人民共和国宪法(修正案)》等学习宣传活动。以《中华人民共和国宪法》《浙江省行政程序办法》为学习宣传主要内容,运用"钉钉微考场"形式组织开展局系统全体人员学法用法考试活动,利用微信、电子屏幕等新兴媒体宣传《中华人民共和

图10-3　2009年7月16日,余杭区委书记朱金坤视察禾丰牧业仁和门市部

国宪法》,积极推进“互联网+农业普法”行动,并按区依普办要求参加“12·4”宪法日法制宣传活动,以需求为导向,重点对动物(宠物)防疫免疫和农产品质量安全法律法规知识加强宣传。落实普法责任制,按照“谁执法、谁普法,谁主管,谁普法”的要求,制定办局普法责任清单,明确全年办局法治宣传内容14项,落实责任宣传主体10个,认真组织开展“法律进企业(市场、园区等)”专项活动12批次,同时,结合“3·15”国际消费者权益日、农业科技下乡、植物检疫宣传月、农资信息化推进月等主题,开展农业法律进企入社系列活动。全年共出动普法人员178人次,举办现场咨询培训26场次,培训管理相对人3800余人次,接待群众咨询4800人次,发放宣传资料1.5万余份,悬挂标语横幅65条,大力营造浓厚的法制舆论氛围。认真落实“以案释法”工作,是年,编撰《解析未经兽医职业注册从事动物诊疗活动案》和《农资经营单位跨区经营劣质农药案》2个案例,通过“以案释法”,既提升执法业务工作能力,又丰富管理对象宣传方式。

实效 区农业农村局不断完善依法行政制度,农业执法规范化建设有机构、有人员、有制度、有装备、有成效。积极推进依法科学民主决策,广泛听取和采纳社会各界的意见和建议;深化行政审批制度改革,实行“一站式”服务,办结率100%,群众满意度100%。积极推进农业执法体制改革,成立农(渔)业执法大队,统一实施农业综合执法。同时,结合各种宣传活动,编印农村普法资料,组织普法人员深入乡村、集镇开展农业法律咨询服务,传授农资识假辨假知识,指导农民依法维权,满足农村普法需要。通过举办法制培训班,进一步提升全区农村干部的法制观念和法律素质及经营者的质量安全意识,提高依法管理和服务“三农”水平。农村基层基础工作,自治、法治、德治相结合的乡村治理体系得到进一步加强。1994年,农业系统“二五”普法教育通过余杭市普法领导小组验收合格。2005年,余杭区农业局被评为浙江省农业系统“四五”普法先进单位,2011年被评为余杭区“五五”普法教育先进集体。

第二节 行政执法

农业行政执法是政府部门行使行政权力的一种具体形式,《中华人民共和国行政处罚法》和《中华人民共和国农业法》等有关条款对此都有明确规定,从而为各级人民政府和农业主管部门实施行政执法赋予法律保障。农业行政执法的内容主要包括种子执法、农药执法、肥料执法、植物检疫执法、动物防疫执法、种畜禽管理执法、兽药执法、饲料执法、渔业执法、草原执法、农机监理执法、农产品质量安全执法等内容。余杭农业行政执法部门严格依据《中华人民共和国行政处罚法》等法律规定,统一执法标准和执法程序,正确行使执法职责,确保各项农业法律法规的贯彻落实。

一、农业综合执法

20世纪末至21世纪初,境内种子、农药、兽药无证经营与高毒农药销售情况较为突出,为此,农业行政执法部门加大执法和查处力度。1997年,农业局44名农业行政执法人员参加省农业厅举办的《中华人民共和国行政处罚法》和农业专业法规培训考核,实行持证上岗,亮证执法。是年,开展种子生产、经营大检查,共检查19个乡镇农贸市场的21个种子供应点、摊。受检粮食作物种子5.13万千克,蔬菜瓜果种子1000余千克。依法检查临平、塘栖、余杭等10个重点镇(乡)28家兽药、添加剂经营集体和个体。查处无证经营16家,其中9家分别被警告、停业处理。对7家基本符合经营条件的限期补办相关证照。查处无批文兽药4种，过期兽药5种，均全部没收或销毁。

1998年，境内秋蚕生产连续几年遭“杀虫双”农药危害，损失较大。为此，塘栖、东塘、獐山等重点镇相继出台在蚕区禁止销售和使用 “杀虫双”农药的规定，并加大查处力度。1999年，塘栖、东塘、獐山三个蚕茧生产区在秋期禁止销售和使用“杀虫双”农药，使迟早秋蚕受“杀虫双”农药的药害大大减轻，张产茧达26.86千克，比上年增加3.11千克。

2000年11月，依照法律法规，理顺农药、化肥等农资产品销售管理体制，余杭市农业局与工商余杭分局联合制定有关文件，对农药经营许可证的申领条件、办理程序以及与原农资经营许可证的衔接问题等作出明确规定，并合理设置农药、化肥等农资产品销售网点布局。同年12月，举办三期农药经营人员上岗培训班，参训人员考核合格后发给农药经营人员上岗证，实行“一照一证一点”管理。此后，农业局执法人员开展经常性执法检查，尤其在查处高毒农药、保证“放心菜”工程顺利实施方面，取得明显成效。

2001年，开展以吃“放心菜”“放心肉”，用“放心种”为内容的“绿剑打假保春耕”、“打假保健康”、饲料及添加剂集中执法周、农作物种子集中执法月等活动，开展15次联合执法，全年出动3190人次，共查处农业行政违法案件156起，有效遏制各类农业违法案件发生。是年1月，临平、乔司两地发生82人因食用含有“瘦肉精”猪肉的群体性中毒事件，2名责任人分别被判处有期徒刑4年。2002年，共查处销售高毒农药案件9起，查获甲胺磷等高毒农药268瓶，3%呋喃丹135包，共处罚金1.43万元，并对查获的高毒农药予以没收。

2003年，针对高毒农药销售区域面积广、隐蔽性强等特点，区农业行政执法大队采取“错时检查，不留死角，举报有奖，上下联动”的方法，加大查处力度，查获销售高毒农药并立案5起，总罚款1.3万元，收缴甲胺磷、呋喃丹等高毒农药约58千克。是年，全面开展毒鼠强专项整治。成立由区委农办主任、区农业局陈海群局长任组长的毒鼠强专项整治工作小组。采取广泛宣传，对农药经营人员进行强化培训，严格按条件核准杀鼠剂经营资格，落实长效管理机制等工作措施，联合工商、公安、贸易等职能部门加大查处力度，严厉打击制售毒鼠强等剧毒杀鼠剂的违法犯罪行为。在毒鼠强专项整治活动中共印制、发放和张贴通告1750份，出动农业执法人员452人次，检查各类农贸市场80余家，农资经营单位127家(次)，农药生产企业8家，取缔无证无照流动鼠药经营点7家，查获“三步倒”“一步亡”“气死猫”“全杀光”等违禁剧毒杀鼠剂(粉剂、水剂)575包(瓶)。是年，全区使用农药“直播净”总面积3333余公顷。6月中旬，部分镇乡稻田发生不同程度药害，出现了水稻死苗、枯心等不正常现象，全区药害总面积为2349.85公顷，其中需重播面积382.16公顷，农户反映十分强烈。为此，专门组成事故调查小组，对“直播净”货源渠道、销售去向和受损程度进行调查，掌握药害的第一手资料，同时就地封存库存产品，产品进行抽样送检，及时组织灾后自救，并与厂家协商理赔事宜，最终使事件得到妥善处理，将生产厂家杭州天一农化有限公司补偿的30万元如数拨付到各受灾乡镇、村及农户手中。2004年4月，开通“96323”农业违法举报电话，投诉举报范围涉及农药、化肥、种子、兽(渔)药、饲料及饲料添加剂、农机具等农业投入品市场和动、植物防疫检疫等领域。至年底，受理举报电话63个，做到举报一起，受理一起，调查一起，处理一起。是年7月，在全区首次开展的卫生杀虫剂专项检查中，查获一家无证生产卫生杀虫剂(蚊香)企业，对企业依法行政处罚1.5万元。被处罚单位不服处罚决定，向区政府提出行政复议，后经区人民政府法制办复议，维持原处罚决定。这是全

图 10-4　2013 年 8 月 1 日全国农业执法示范窗口现场及验收会议

区开展农业执法以来的第一个行政复议案件。2004 年 4 月，接到杭州大地农药厂污染纠纷举报，100 多名群众围堵厂区、情绪比较激动。接报后，区农业局迅速会同区环保局、区工业总公司等部门和属地塘栖镇开展调查和调解，阻止矛盾激化，防止事态扩大。据统计，塘栖镇泰山村 10 组的 58 亩茶树、103 亩水稻田、15 亩枇杷及 16 亩蚕豆、扁豆、油菜地，受杭州大地农药厂的污染，基本绝收，损失高达 39.172 万元，经耐心细致的思想工作，双方达成一致意见，由杭州大地农药厂补偿泰山村 10 组村民经济损失 21.74 万元，补偿款于 2005 年 5 月底前一次性到位。至此，这起农田污染纠纷得到平息，保护了农民权益，维护了社会稳定。

2005 年，共查处农业违法案件 110 起，结案 108 起，结案率 98%，其中一般程序 84 起，简易程序 26 起，共计罚没款 24.58 万元，其中处以 1 万元以上罚款案件 7 起。调处农（渔）业污染事故 58 起，为农民挽回经济损失 191.3 万元。2006 年 6 月，农业执法投诉举报电话由“96323”改为“12316”。全年出动农业行政执法人员 4729 人次，查办各类农业违法案件 76 起，结案 73 起，结案率 96%，罚没款 17.93 万元。调处农（渔）业污染事故 60 起，挽回经济损失 75.44 万元。是年 8 月，区农（渔）业行政执法大队对运河镇某饲料代销店的甲鱼配合饲料进行抽样检查，经农业部农产品质量监督检验测试中心检验，综合判定为不合格产品。依据《饲料和饲料添加剂管理条例》的规定，对当事人的违法销售行为给予没收违法所得、并处罚款 3 万元，是全区农业行政执法有史以来查处的罚没款数额最大的一起案件。是年 11 月，结合宣传和贯彻《中华人民共和国农产品质量安全法》，开展“绿剑行动”，突出源头治理，组织开展以农业投入品为重点的集中整治活动，出动执法人员 112 人次，检查生产、经营、使用单位 95 家，查获违规单位 11 家，查获假劣产品数量 3578 千克，处罚没款 4.95 万元。是年 3 月，将农资商品连锁经营网络建设作为农村现代流通工程的工作重点，被区委、区政府列入社会主义新农村建设“十大工程”之一。成立由分管农业的副区长任组长的区农资商品连锁经营网络建设领导小组，由农业局牵头，会同供销联社、工商分局、财政局等部门在全区范围内开展此项工作。按照标识、采购、配送、管理、服务、明码标价实行“六统一”的要求，先后完成试点、与乡镇街道对接、选址布局、装潢规范、考核验收等工作。截至年底，全区有农资商品连锁经营门店共 131 家，乡镇覆盖率达 100%，其中直营店 10 家，加盟店 26 家，便利店 95 家，区镇乡两级财政补助资金达 292.8 万元。同时实施规范化管理，依法统一印制农资“放心店”销售台账。

2007 年，全面启动农产品质量安全专项整治行动。共出动执法人员 1200 余人次，检查农产品批发市场 15 个（次），农产品生产基地 59 个（次），农贸市场 236 个（次），宾馆饭店 22 家，规模养殖场 664 个（次），畜禽屠宰场 162 个（次），家禽交易市场 41 个（次），畜产品加工厂 113 家

(次),农资经营店60余家,兽药经营店35家,饲料及添加剂单位20家,抽检农业投入品58批次,收缴销毁甲胺磷等高毒禁用农药兽药315.6千克,处理病害动物及产品195千克。是年9月,区农(渔)行政执法大队在临平街道结网村查获周忠红违法经营3种假兽药和2种人用药品的案件。由于其违法情节较为严重,农(渔)行政执法大队按照《兽药管理条例》的有关规定,给予没收违法所得5195元、并处罚款3.5万元的处罚,全年共查办案件32起,执行罚没款21.33万元。其中查办万元以上案件5起,5000元以上案件14起,罚没款超过4万元的案件2起。2009年3月9日,成立杭州农副产品物流中心动植物检验检疫站,开展动植物检验检疫执法工作。一年中,共进行市场巡查70余次,专项执法检查4次;检疫蔬菜、瓜果8.44万吨,签发检疫单证4.87万份,抽检从外省进入物流中心蔬菜、果品50个批次和25个批次的动物产品。为确保奥运会期间农产品质量安全,于7月—9月开展全区农产品专项整治百日行动。全年共查办农业投入品违法案件32起,总罚没款12.35万元。2009年,还开展"绿剑"春季集中执法行动、"种子执法年"、卫生杀虫剂市场专项检查、"两高"农药专项检查等执法行动。全年共出动执法人员520余人次,检查农业投入品生产经营使用单位376家次,基地农产品质量安全监测抽样310批次。查处农业违法案件38起,处罚没款18.1万元,其中罚没1万元以上案件7起,3万元以上案件1起。2010年,农业部、省农业厅、市农业局和区农业局下发文件,明确省市在杭州农副产品物流中心例行抽检由农副产品物流中心动植物检验检疫站承担,其余农产品质量安全的抽检任务由区农(渔)业行政执法大队承担。是年,组织开展春季"绿剑""种子执法年""助世博、保安全""兽药经营规范年"等专项整治行动,聘用28名农业执法协管员,做好农产品基地农产品质量安全监测抽样工作,全年共抽取农产品310批次,查处农业违法案件38起,处罚没款18.1万元,其中罚没1万元以上案件7起,3万元以上案件1起。

2011年,深入开展农产品质量安全整治执法行动,对在兽药经营单位检查中发现的余杭区南苑佳牧兽药经营部塘栖分部经营假劣兽药产品的行为进行查处。配合省"绿剑"集中执法暗访组对区内列入省重点监控饲料生产企业进行突击检查,检查浙江银冠兽药饲料有限公司生产的"毒力克""酶解蛋白饲料"等产品,对其生产流程不规范的问题进行约谈。是年,制定《余杭区打击侵犯品种权和制售假冒伪劣种子专项行动实施方案》,开展打击侵犯品种权和制售假冒伪劣种子专项行动。全年开展执法检查125天次,出动执法人员637人次,检查农业投入品生产经营单位516家次,查处各类农业违法案件29起,结案29起,共处罚没款15.3万元,其中万元以上大案6起。受理调处各类农业投诉举报22起,为农业生产经营者挽回直接经济损失15.63万元。是年,为全面贯彻落实省农业厅《关于贯彻实施兽药经营质量管理规范的通知》精神,全面推进兽药GSP的实施工作。区农业局制定《余杭区兽药经营质量管理规范实施方案》,成立余杭区兽药GSP实施工作领导小组,选定规模较大、经营条件较好、质量管理工作较为扎实的兴源水产技术服务部和禾兴牧业公司为兽药GSP实施试点单位,严格按照标准组织实施。同时制定《余杭区兽药GSP实施达标标准》,统一制作制度牌、标识牌、质量管理手册和台账记录本等;考核验收做到达标一家,通过一家。2012年,制定"绿剑"集中执法行动方案,精心组织,全年共出动执法人员726人次,检查农资生产经营使用单位517家次,依法查处各类农业案件33起,立案33起,结案33起,共计罚没款9.01万元。其中,植物检疫案件1起,肥料案件5起,种子案件4起,兽药案件8起,农药案件11起,饲料案件4起;此外,成功调处农业生产事故5起。

2013年,开展农资打假及农药使用专项行动。出动执法人员626人次,检查各类生产经营单位332家次,查处涉农违法行为28起,立案查处26起,共处罚没款34万余元。全年共抽取种子、农药、肥料、兽药、饲料及饲料添加剂5类农业投入品132个,检出不合格农业投入品10个,涉及生产经营单位10家,对抽检不合格产品进行查处。2014年,共出动各类执法管理工作182天次,出动执法人员699人次,检查抽检管理对象510家次,受理查处农业违法案件23起,办结23起,处罚没款11.46万元,其中,农业投入品违法案件19起,农产品质量安全案件3起,植物检疫违法案件1起。受理调处农业生产事故6起、区长公开电话交办件2起;参与办结市农业局交办案件1起。

2015年,共出动各类执法管理工作165天次,出动执法人员589人次,检查管理对象505家次,受理查处农业违法案件18起,办结18起,处罚没款5.6万元,其中办结农业投入品违法案件15起,办结基地农产品违法案件3起。同时,全年"12316"受理投诉举报13起,均得到妥善处理,其中涉及农业生产事故调处3起,挽回直接农业经济损失9.6万元。2016年,开展针对农业投入品的"绿剑"春、夏、秋季集中执法行动。出动各类执法管理工作172天次,出动执法人员608人次,检查管理对象667家次,受理查处农业违法案件13起,办结13起,处罚没款15.37万元。特别是在G20峰会前夕,接到仁和街道农业科举报,反映该街道有一水质改良剂生产企业涉嫌违法行为,当天赶赴现场进行检查勘验。经立案调查,对违法当事人无证生产经营兽药违法行为处罚没款11.33万元,成功办结一起大案。全年受理"12316"投诉电话6起,均得到妥善处理。其中瓶窑樱桃落果和径山茶叶烧苗事件,经多方协调,最终为农户获取补偿8万元。

2017年,共出动各类执法管理工作156天次,出动执法人员572人次,检查管理对象556家次,受理查处农业违法案件16起,办结16起,处罚没款63354元,其中办结农业投入品违法案件14起,办结基地农产品违法案件2起,受理电话信访投诉举报15起。2018年,共出动执法人员776人次,检查各类生产经营主体750家,查处违法行为17起,立案17起,其中大案要案3起,共计罚没19.19万元。调处农业生产事故4起,为受害种植业主挽回经济损失7.92万元。

随着农业法律法规的不断健全,执法管理能力的不断提升,严肃查处各类农业违法案件,受理调处各类农业投诉举报,为农业生产经营者挽回直接经济损失。同时治标与治本相结合,从源头上杜绝高毒农药和有害兽药品的销售。2008年,根据省市"十小"行业质量安全整治和规范工作的统一部署和全省农资质量安全整治与规范试点工作的要求,制订实施方案、落实各项工作措施,顺利完成农资质量安全整治与规范试点工作,实现年度工作目标。2009年,为使农资整治规范有一个参照样本,结合"农资市场规范化建设项目"的实施,区农(渔)业行政执法大队积极培育大型农资经销商,以杭州余杭农业生产资料有限公司和浙江禾兴牧业有限公司为承建单位,分别在塘栖镇柴家坞和塘栖镇里仁路,完成2家高标准规范化农资超市建设,为打造余杭农资品牌店新形象,提升余杭农资档次树立新标杆。至2012年底,全区有27家企业通过兽药GSP企业考核验收,余杭区实施兽药GSP工作走在全省前列,受到省市领导充分肯定,兄弟县市单位多次前来考察兽药GSP实施情况。2013年,确定35家农资经营单位为农资监管与服务信息化建设项目推进单位,并以此作为农业投入品监管工作转型升级的重点来抓。通过制定实施方案、开展试点示范、制定验收标准、实地对口指导、严格考核验收等工作,各建设单位的店容店貌得到根本改善，经营场所环境干净整洁，仓储场所农资产品分类堆放，经营管理信息化水平得到全面提升，共有 32 家单位通过了验收。2018 年，在全省率先实施全域农资行业整治，加强农资信息化点的建设、指导、培训、考核力度，加快农资信息化农资门店的建设进度，将全区 121 家农药经营单位全部建立农资信息化监管系统，覆盖率由 50%提升至 100%。全面推进全区兽药二维码追溯工作，全区 26 家兽药经营单位全面实行硬件配制、软件安装、教育培训、线上实施等工作。浙江省农资“两化”（信息化、规范化）推进会、杭州市农资“两化”现场会在余杭召开，余杭区被杭州市列为全市农资“两化”建设先行区。是年，开展全区农资经营专项整治行动，提高农药经营许可等准入门槛，彻底杜绝“低小散、脏乱差”经营，做到全区农资门店减量提质。共整治提升换证 104 家，每个镇街打造 1 家以上样板店，初步形成“线上有亮点，块上出重点，面上更均衡”的格局。并在全省率先调研使用二维码扫码备案和销售，对外来未经登记、备案、审核的农资产品，一律坚持严检严管严打，将销售和使用农业投入品风险减到最低程度。并健全农资“两化”长效管理机制，将 30 万元考核资金用于“两化”示范单位的奖补。

二、植物检疫执法

2001 年，为适应国内加入 WTO、制定进出境植物检疫政策的需要，根据农业部的统一部署，全区开展农业植物有害生物的普查工作，成立由局分管领导牵头、专职检疫员及镇乡相关人员组成的实施小组，并邀请森检站指导草皮的普查工作，共普查水稻、甘蔗、络麻、枇杷、茭白、草皮等六种作物面积达 1397.73 公顷，均未发现检疫性病虫害。同时做好植物检疫法规宣传和植物检疫登记证发放工作，举办检疫知识培训班 3 期，培训人员达 250 人次，核发植物检疫登记证 112 份。全年共签发调运检疫证书 206 批次。拓展植物检疫范围，开展对中药材、花卉等产品的检疫工作。2002 年 7 月，全区有 3 个园艺场、2 家花卉店发生蔗扁蛾疫情，其中染虫发财树 111 盆，巴西木 126 盆，榕树 10 株，橡皮树 1 株，统一给予销毁。是年，根据《浙江省植物检疫实施办法》办理植物检疫登记证 124 份。

图 10–5　2019 年 8 月 29 日，区规模种植基地农业投入品监管专项整治现场会

2003 年，继续依法拓展监管领域，对饲料加工企业实行植物检疫登记管理制度，发放植物检疫登记证 21 份，对从余杭区外调入的植物性原料进行检疫检查，查处无植物检疫登记证的饲料加工、生产单位 3 家，共处罚款 6000 元。为方便草坪种植和调运户的检疫签证，区植物检疫站在草坪生产基地——星桥街道设立植物检疫签证点。全面开展外来有害生物普查工作，重点对蔗扁蛾、豚草、美洲斑潜蝇、西花蓟马等有害生物开展调查。严格按规定征收植物检疫规费，全年共收取调运检疫和产地检疫费 28440 元，其中饲料原料调运检疫费 18780 元。2004 年 9 月 24 日，在瓶窑镇石濑村杭州市种猪场门口发现大量生长旺盛、植株高大的加拿大一枝黄花。省、市植物检疫站分别召开现场会。经媒体报道后，引起各级领导的高度重视，开展全方位外来有害生物的普查和扑灭工作，全区共扑灭加拿大一枝黄花 16.75 公顷。

2005年2月，根据省政府部署，开通鲜活农产品运输“绿色通道”，其间运输本省生产的鲜活农产品货运车辆，凭动植物检疫证书或农产品产地证明免费通行本省包含高速公路在内的收费公路（含桥梁、隧道）；8月，成立余杭区重大植物疫情防控指挥部，指挥部下设办公室（设区农业局），分管区领导任指挥长，进一步强化对重大植物疫情防控工作的领导。

2006年4月，鸬鸟镇山沟沟和仙佰坑两个村个别农户的梨园发生枝条枯死病情，经省防控指挥部组织全国植物检疫细菌性病害权威专家、南京农业大学许志刚教授，与浙江大学李红叶教授等到鸬鸟镇实地调查，采集检测样本，鉴定确认为梨枝梢干枯病，为国内首例梨树疫病病株，列为检疫性病害。为加强对疫情封锁，省政府批准在鸬鸟雅城村牛坞弄、太平山村塘坞、仙佰坑村后畈等设立3个临时检查站，并根据省防控指挥部的铲除扑灭方案，铲除5户农户4.89公顷梨园的2519株梨树和全镇所有梨苗共12.06万株，完成第一阶段铲除防控任务。2007年5月，浙江省委书记赵洪祝、省长吕祖善、副省长茅临生分别作出“紧急采取措施进行治理，坚决控制梨枯梢病的蔓延”等批示，要求有效控制梨树疫病蔓延；7月，副省长茅临生在省植防指办《植物防疫简报》第十一期“余杭区全面完成梨枯梢病病株铲除销毁工作”上作出“余杭区和杭州市领导重视，措施到位，全面完成任务应予肯定，希望继续关注，建立农民和农技人员疑难病症报告机制，防止个别漏网病株重新蔓延”的批示；杭州市市长蔡奇也在12345信访件上作出批示；全年共铲除51户农户的1022株发病梨树，涉及梨园42.97公顷，铲除疑似病株260株，共铲除梨树1282株；同时保留1户农户17亩梨园内的28株病株作为试验用地，全面完成铲除扑灭任务。

2008年5月，根据农业部《重大植物疫情阻截带建设方案》的规定，以及省、市业务部门下达监测点建设任务，结合我区植物疫情发生现状，首次设立6个疫情监测点，并计划用2年—3年时间逐步完善植物疫情监测和防控体系，进一步明确疫情监测工作职责。6月，在塘栖镇首次发现柑橘小实蝇疫情，并予以有效处置。2009年，率先在全省建成系统的植物疫情监测点，全区设立植物疫情监测点11个，对全区范围内的植物疫情进行全方位的监测，为植物检疫防疫工作打好基础。其中对瓶窑大观山村、塘栖超山村、余杭镇竹园村、鸬鸟镇雅城村4处监测点进行规范化改造，作为“精品监测点”向全省推广。9月，省农财两厅下达2009年度农作物病虫害测报预报预警体系建设项目，下拨20万元添置仪器设备，余杭区植物疫情监测点建设上升到升级项目。2011年8月，分别在乔司街道朝阳村花卉基地、农副产品物流中心绿化带普查到扶桑绵粉蚧，该虫为国内检疫性有害生物，予以及时有效处置。2012年2月，为进一步提升植物疫情监测点建设的规范化水平，制定《余杭区植物疫情监测点申报办法》和《余杭区精品植物疫情监测点建设标准》。

2013年11月，全国农技推广服务中心检疫处处长吴立峰到余杭区调研指导梨树疫病防控工作。实地察看鸬鸟镇梨树疫病防控现场，听取工作汇报，对余杭区在梨树疫病防控方面所做的工作给予充分肯定，称赞余杭区为农业增效、农民增收交出了一份很好的答卷。2017年11月23日，在全省植物检疫会上，余杭区作植物检疫工作典型发言。12月12日，余杭区被列入2017年度杭州市重大农业植物疫情考核先进单位。2018年，结合实际制定《余杭区农业植物、植物产品检疫签证制度》，强化植物检疫登记管理，发动镇村对辖区内种植基地进行调查摸底，杜绝外地种子种苗来余杭区签证现象。是年，余杭区植物检疫工作考核被浙江省评为优胜单位、被杭州市评为优胜单位。

三、渔业执法

1983 年 10 月，境内建立余杭县渔政管理站，定编 2 人；同年，塘栖区建立群众性的渔业联防队。1984 年，县渔政管理站定编 4 人；同年，临平、三墩、余杭 3 个区先后建立渔业联防队，4 个区共有联防队员 21 人。

1984 年 9 月，成立余杭县渔政管理委员会，由分管农业副县长任主任，县水产公司经理（水产局局长）为副主任，公安、司法、工商、林水、水产五部门负责人为委员，日常办事机构设县渔政管理站。1996 年，县农业局和县水产局合并，渔政管理站划归县农业局。2004 年，余杭区渔政管理站和区水产技术推广站合并，成立区渔业渔政管理总站，下设渔政管理站。有管理人员 10 人，配备 72 马力渔政船 1 艘，22 马力边三轮摩托车 1 辆，25、28 马力摩托艇各 1 艘，渔政监察车 1 辆，12 马力挂桨机船 3 艘及通信等设备。2005 年 6 月，为推进渔业行政综合执法的规范化建设，在原区农业行政执法大队的基础上，成立余杭区农（渔）业行政执法大队。

2013 年 12 月，区政府印发《关于开展外荡水域定置网具专项整治行动的通知》，规范国有外荡水域养殖捕捞行为，加强水生生物资源养护，改善水域生态环境。要求在 2014 年 4 月底前完成全区外荡水域中非法捕捞渔具、养殖网箱的清理工作，清退非法占用养殖水域，拆除非养殖水域内的各类拦鱼设施。2014 年 7 月，区政府印发《余杭区加强打击非法电鱼行为实施方案》，成立由分管副区长任组长，区政府办公室、区农业局、区公安分局、区林水局、各镇（街道）为成员的区打击非法电捕工作领导小组。组建一支由派出所民警、巡防队员、镇（街道）工作人员和村（社区）有关负责人组成的 136 人的渔政协查员队伍，2017 年增加到 167 人，形成区级有关部门合作，区、镇（街道）、村三级配合的联动体系。

渔政执法管理工作重点是查处水域纠纷和偷抢鱼事件，维护国营养殖场、渔农合作社、水产村和渔民的合法权益。1982 年 8 月至 1983 年底，余杭县公安局水上派出所先后查处偷抢鱼团伙 18 个，依法分别作出赔款、罚款、没收渔船渔具及行政拘留等处理。1985 年 5、6 月份，开展渔政法规宣传，张贴《浙江省淡水渔业生产和资源保护暂行规定》和余杭县人民政府关于执行规定的实施办法。查处无证捕捞 147 人、违章捕捞和偷鱼 621 人、违章渔船 453 艘、违反渔政法规事件共 1300 余件，收缴电瓶 9 只，拆除迷魂阵网 440 口，批评教育 784 人，由公安机关处行政拘留 3 人，罚款 4000 余元，没收鳗苗 10 千克，驱逐外县非法进入境内无证渔船 82 艘。

1986 年 1 月 20 日，《中华人民共和国渔业法实施细则》发布，开展渔业法规宣传教育。1986 年—1987 年，查处破坏水产资源的违章大型电捕船 12 艘、小型电捕船 21 艘。1988 年—1990 年，县、区渔政管理部门按照“以法治渔、以法兴渔”的指导思想，深入学习《渔业法》和《渔业法实施细则》，学习宣传与执法检查相结合，受教育 44.6 万人次。同时加强渔业综合执法管理，全年查处各类违法案件 1611 起，其中依法追究刑事责任 12 人，没收违规渔船 15 条，各类违规渔具 995 件；收取资

图 10-6　渔政执法

源赔偿费和罚款6.25万元，催收渔业水域环境污染罚款175.7万元。是年，全县渔政、渔港渔船管理机构有专职渔政人员10人，配置渔政船艇5艘，渔政汽车1辆，三轮摩托车1辆，无线电1台，对讲机10只，塘栖、三墩区建立渔政分站，配备渔政检查员13人。

1991年，组织水陆巡查600余次，查处各类违规案件297起，比上年减少约1/4，罚款和收取资源赔偿费2.12万元，没收各类渔具518件。对杀伤资源的传统作业进一步采取压缩和整顿，共拆除迷魂阵网100余口，余杭县渔政管理站荣获省、市渔政管理工作先进集体。1992年，查处各类违规案件441起，罚款和收取资源赔偿费1.65万元。县水产局与公安局联合下发《关于严禁使用电捕器具、炸鱼、毒鱼的通知》，以东塘镇、云会乡为试点，查处与宣传相结合，共查处违章电捕器具57套，狠刹电捕歪风。1993年，征收资源保护费10万元，依法查处各类违规案件167起，拆除有害渔具（老虎网）97口，并开展渔业水域环境污染监测调查和污水事故的处理，同时顺利开展对渔船渔港的监督管理。1994年，全年依法查处各类违规案件89起（其中大型电捕案件11起），作出罚款处理199人，赔偿资源增殖费和罚款3.35万元。会同有关部门调查核实养殖水域污染事故28起，处理并补偿损失16起31.62万元。

1996年，继续加强渔政执法，全年查处违规案件92起，拆除迷魂阵网36口，赔偿资源增殖费和罚款3.6万元。会同有关部门调查核实渔业水域污染事故11起，处理并补偿损失15.6万元。1997年，制定《余杭市渔政综合管理制度》，全年外出检查216次，查处违规案件148起，没收电捕器具55件，各类网具117口。是年，境内有外荡水面5.26万亩，其中常年污染和严重污染水面达3万亩，占57%。全年处理工业污水事故32起，应赔补偿款146.6万元，兑现10.03万元。1998年，全年外出巡查查300余次，出动检查人员2000余人次，查处违规案件108起。1999年，进行渔政水陆检查352次，出动检查人员1480余人次，查获违法、违规人员473人次。

2002年，在苕溪余杭段查获3艘大型电捕鱼船，处以没收电捕器具，罚款4000元的处罚。2003年，为贯彻落实《浙江省水产种苗管理办法》，区渔政站会同区水产技术推广站对全区水产苗种场进行专项执法检查。2004年，渔政管理工作围绕“依法治渔、强化管理、公正严明、服务渔业”的总方针，开展“2004绿剑行动”“渔业环保执法月”活动，执法检查范围从水上向陆上延伸，检查内容从以前的主要查处违法电捕鱼、使用违规网具等向查处偷钓鱼、禁用鱼药等方面延伸，检查对象从外荡渔业生产单位向池塘养殖场（户）延伸。全年共开展渔业行政执法检查57次、209人次。其中水上执法检查34次、142人次。查获违法案件15起，立案15起，查获违法行为人24人，共处罚款7200元，资源赔偿费600元，没收电瓶、电容、丝网等作案工具。是年，受理和调查处理渔业污染事故25起、污染面积4325.9亩（288.4公顷），其中外荡污染事故19起、面积4283亩（285.5公顷），内塘污染事故6起、面积42.9亩（2.9公顷），挽回渔业经济损失26.4065万元。

2005年，区农业、林水、工商四部门联合发布《关于严禁非法电捕作业的通告》。在做好常规性检查的同时，组织开展水产养殖用药、打击电捕、中华鳖专项整治、水生野生动物保护、打击非法偷钓、渔船安全检查等专项执法检查6次。全年出动执法检查101次，345人次参加。立案10起，结案10起，罚款3400元，没收电瓶2只、电容3只。其中电鱼案件6起，罚款1400元；渔业污染事故立案3起。首次对一起填毁破坏外荡养殖水体的案件进行处罚和对一起渔业污染事故排污方处以罚款。清除东、中沼溪河道内非法设置的拦河捕捞渔具。是年，全面推进外荡河蚌育珠综合整治工作，实际搬迁外荡河蚌养殖户106户，面积735.6公顷，完成外荡河蚌整治任务。2006年,结合宣传和贯彻《中华人民共和国农产品质量安全法》,在全区范围内开展为期一个月的饲料和水体环境的专项检测,对检测不合格的单位进行严厉查处。是年8月,区农(渔)业行政执法大队对运河镇某饲料代销店的甲鱼配合饲料进行抽样检查,经农业部农产品质量监督检验测试中心检验,综合判定为不合格产品。依据《饲料和饲料添加剂管理条例》的规定,对当事人的违法销售行为给予没收违法所得、处罚没款共计3万元。是年,对塘栖、仁和等镇的外荡水域,瓶窑、余杭段的苕溪水域进行保护渔业资源专项执法检查。全年调处农(渔)业污染事故60起,挽回经济损失75.44万元。

2007年,部署开展水产养殖业专项执法行动,制定了具体实施方案,召开全区水产养殖业专项执法会议,进行动员部署。举办全区温室甲鱼养殖业质量安全法律知识培训班,指导养殖单位和个体养殖户自查整改,并组织执法人员对养殖企业和个体养殖户开展执法检查。2008年,抽检各类投入品、水产品167批次,依法查处渔业违法案件10起,其中6起为电鱼案,2起为非法捕捞案,2起为水产养殖企业未按规定填写用药记录案。调处渔业污染事故34起,挽回渔业经济损失37万元,区级补偿渔业损失资金47万元。2009年,抽检各类投入品、水产品128批次,依法处置渔业违法案件12件,其中6起为电鱼案,3起为无证经营水生野生动物案,其余3起涉及水产品质量安全、渔业环境污染案。查处3起无证出售鲟鱼的违法案件,除依法没收9尾鲟鱼及违法所得730元外,罚款6000元。全年调处渔业污染事故27起,区级补偿渔业损失资金41万余元。是年,区渔政管理总站被评为2008年度全省渔业行政执法工作先进集体。

2010年11月,为规范水生野生动物经营利用行为,加强水生野生动物保护工作,区农业、工商等管理部门执法人员联合开展为期1个月的水生野生动物保护专项执法行动。检查驯养繁殖场3家、大型超市2家、农贸市场1家和餐饮企业、个体经营者35家。经查全区经营利用的品种主要有国家一级水生野生保护动物中华鲟,二级水生野生动物大鲵、胭脂鱼、匙吻鲟、杂交鲟等,大型餐饮企业和超市没有发现违规经营利用的行为,但小规模餐饮单位无证经营利用鲟鱼现象依然存在。依法责令6家出售杂交鲟的餐饮企业、个体经营者停止违法行为,对1家无证出售胭脂鱼的酒店立案调查,6家酒店递交不无证经营利用水生野生动物的承诺书。2011年9月,区政府发布公告,在上塘河流域(乔司街道、临平·东湖街道、南苑街道、星桥街道)和运河街道辖区内国有外荡水域开展禁用渔具综合整治工作。禾丰港水域的老虎网、虾笼及其附属设施全部清理完毕。全年共清理老虎网268口、虾笼1267个、板罾网1口,整治任务圆满完成。

2012年,抽检各类投入品、水产品196批次,依法处置渔业违法案件16件,其中3起为电鱼案,5起为无证经营水生野生动物案,3起为水产品质量安全案,其余5起涉及禁用渔具、水产投入品等方面。调处渔业污染事故32起,区级补偿渔业损失资金14.7万元。2014年查获非法电捕29起,立案查处非法电捕案件1起,罚款2000元,收缴电瓶等非法电捕工具58套。2015年3月,区打击非法电捕工作领导小组下发《关于开展打击非法电捕专项整治行动的通知》,启动为期3个月的打击非法电捕专项行动。4月初,在全区各镇(街道)悬挂横幅251条,分发关于严厉打击非法电捕行为的通告、宣传图等资料14600份,树立宣传牌32块,连续6天在《余杭晨报》刊登通告。整治期间,上门排查电捕人员498人,排查渔具经营单位24家,收缴非法电捕工具309套。全年收缴各类电捕工具484套。

2016年,各镇街渔政协查员共开展巡查1500余次,参检人员4500人次。加大与各镇街联合执法检查行动力度，全年组织联合执法12次，出动执法艇水面执法15次，收缴各类电捕器具453套，有效遏制非法电捕等违法行为的发生。出动渔政执法人员141人次，检查养殖单位271家次，立案查处违法违规行为4起，处罚金额3.1万元。完成水产类抽样检测任务255批次，其中农业部水产种苗抽样4批次、产品11批次，省级任务77批次，省级农产品质量安全放心县专项监测4批次，合格率为100%。全年依法处置渔业违法案件7件，其中2起为非法捕捞案，1起为无证经营水生野生动物案，4起为水产品质量安全案。调处渔业污染事故12起，区级补偿渔业损失资金36.18万元。

2017年，收缴各类电捕器具617套，处理110联动事件623起，办结网上信访72件。依法处置渔业违法（水产品质量安全）案件1起。调处渔业污染事故8起，补偿渔业损失资金32.1万元。2018年，抽检各类投入品、水产品228批次，依法处置渔业违法（水产品质量安全）案件1起。调处渔业污染事故7起，补偿渔业损失资金21.96万元。

四、动物卫生监督执法

1995年，为保障城乡居民吃上“放心肉”，先后组织423人次，深入30个乡镇，对77个农贸市场及村集市的屠工屠商进行全面清理整顿。与工商、卫生部门联合对农贸市场、苗猪市场、屠宰场等的肉类卫生进行大检查，检出病猪羊113头，病禽500多羽。在此基础上修订余杭市农贸市场、苗猪（羊）市场管理制度和余杭市防疫、检疫工作制度。1996年6月，余杭市副市长唐维生率有关部门突击检查临平、塘栖两镇3个生猪定点屠宰场的生猪防疫检疫检验工作。11月至12月，余杭市兽医卫生监督所组织73人对各乡镇农贸市场及村集市共79个屠工商和其他有关畜禽及其产品经营单位（个人）进行执法检查。1997年，检查25个镇（乡）农贸市场61个（次），9个镇生猪定点屠宰场14个（次），8个镇乡苗猪交易市场13个（次）。查处兽医卫生案件88起，其中无证经营41起，销售未经检疫猪肉35起，销售病害及变质肉6起，罚款4001元。1998年，是贯彻实施《中华人民共和国动物防疫法》的第一年，进一步加强动物防疫执行的监督检查和处罚力度，全年执法监督检查53次，深入19个镇（乡）屠宰场、农贸市场及苗猪市场，检查畜禽肉摊位2700余个，查获未经检疫上市销售肉类4764千克，没收销毁病、变质肉148.5千克，共处理案件46件，罚款3530.90元。全面开展对生产、加工销售单位和个人的动物卫生合格证的验收工作，共验收动物卫生合格证1018本。1999年，开展动物防疫执法大检查，共检查15个主要乡镇的16个定点屠宰场，屠宰检疫上市的猪肉出证率达99.7%。共检查农贸市场（点）298个（次），活禽交易市场13个（次）。

图10-7 屠宰场点均建有污水处理系统

2001年，开展畜牧业行政执法142天（次），出动人员429人次，共检查农贸市场（点）201个（次），屠宰场22个，冷库7个，宾馆、饭店等用肉单位12家，肉制品厂3家，种畜禽和规模猪场10个，还开展兽药市场专项检查。全年查处违法违规案件97起，其中查获未经定点屠宰检疫上市肉类

81起,共计3922.2千克;查处和销毁病死公母猪等劣质肉6起,共计4841千克;查获饲料店无证经营兽药2家,没收兽药10个品种,查获无证经营苗猪2家,当场责令停止经营。2002年,出动监督检查201天,参加人数489人次,共检查各类农贸(肉类)市场572个(次),定点屠宰场41个(次),规模养殖场15个(次),畜禽交易市场11个(次),宾馆、学校、饭店等食堂用肉单位50家(次),检查饲料及饲料添加剂生产经营企业28家(次),兽药店53家(次)。共查处违反动物防疫法规案件151起,立案16起,结案16起,结案率100%,共处罚款2.1万元。2003年5月,勾庄小洋坝屠宰场调入161头生猪宰前检出染疫病猪55头,对调入的161头生猪全部进行扑杀、深埋、消毒等无害化处理。6月,开展奶牛"两病"(结核病、布鲁氏菌病)的检测工作,对确诊结核病阳性的3头奶牛进行扑杀等无害化处理。2004年,对华东家禽交易市场和城北家禽交易中心进行执法检查,认真做好禽流感防控工作。区动物防疫检疫监督所对良渚镇行宫塘村大量收购、屠宰、销售病死猪的违法人员进行严厉处罚。2005年,对畜禽加工、经营企业开展禽流感防疫检疫专项执法检查。

2006年,商务部生猪屠宰加工行业专项检查组到临平屠宰场检查定点屠宰和生猪屠宰检疫实施情况,未发现猪蓝耳病假疫苗经营情况。2007年,区动物卫生监督所会同有关部门对城区农贸市场动物产品质量安全进行突击检查。是年7月,正式启动并实施外来动物及产品备案报验工作。2008年,全年检查生产、经营单位及交易场所1810家次。其中,专项检查8次,受理处理举报电话36个。查处未检动物及动物产品1036.5千克,查获违法、违规单位个人64家,立案查处案件48起。2009年,组织开展辖区内动物卫生监督与执法检查以及畜产品质量安全、生鲜乳质量安全、病死畜禽无害化处理等7项专项整治活动。查获违法单位和个人57家,行政处罚立案57起,罚款80980.8元。是年,区畜牧兽医局被省农业厅评为全省动物卫生监督与执法规范年暨畜产品质量安全年活动先进单位。2010年,动物卫生监督执法共检查1284天次,出动人员2991人次,检查生产经营单位3257家次,查获病害动物产品3513.55千克,查获违法单位(个人)64家,行政处罚立案53起,结案52起,行政处理3起,移送公安机关案件8起,罚没款总计48057元。

2011年,开展畜产品质量安全专项检查、"瘦肉精"专项整治、生鲜乳专项整治、病死动物无害化处理集中整治月以及春节、中秋、国庆期间畜产品安全专项检查等行动,出动检查1200多天次、人员2600多人次,检查生产经营单位3100多家次,查获违法单位和个人54家,行政处罚立案51起,结案51起,移送相关单位处理3起,罚没款5.63万元。受理、处理区长电话、举报电话、信访交办单30余起。2012年,区动物卫生监督部门全年出动检查1800多天次,出动人员3200多人次,检查生产经营单位3600多家次,查获违法单位(个人)45家,行政处罚44起,罚没款4万余元。2013年,开展节日期间畜产品安全专项检查、检疫信息追溯凭证实施情况专项检查、加强病死动物无害化处理监管、"瘦肉精"专项整治、生鲜乳违禁物质专项整治、兽药使用环节整治、肉及肉制品专项治理行动、动物诊疗机构专项执法检查、农产品质量安全"强网清源"集中行动、"蓝盾"护牧秋季专项行动等执法工作。全年共出动检查1918天次,出动人员3515人次,检查生产经营单位3398家次,下发责令改正通知书16份,查获违法单位(个人)40家,行政处罚立案38件,移送公安机关2件,罚没款总计8.98万元,没收违法物品1549千克。受理、处理区长电话、举报电话、信访交办单110件。

2014年,区农业局开展节日期间畜产品安全专项检查、畜产品质量安全百日严打行动、"蓝盾”护牧春季行动、生鲜乳违禁物质专项整治工作、动物诊疗机构专项检查、畜禽屠宰联合执法、畜禽定点屠宰企业专项执法检查等工作。全年共出动检查1608次，出动人员2931人次，检查生产经营单位2468家次。其中，畜产品安全专项检查181次，出动人员301人次，检查生产经营单位387个次。受理区长电话、信访交办单、举报电话46起，调查处理办结46起。查获违法单位和个人30家，行政处罚立案29起，结案29起，罚没款总计人民币120539.46元，移交公安部门处理1起。

2016年，组织开展动物卫生监督执法工作。出动检查1251次，出动人员2074人次，检查生产经营单位1872家次。受理区长电话、信访交办单、举报电话64起，调查处理办结案件64起。查获违法单位和个人24家，行政处罚立案24起，罚没款116915.82元，移交公安部门1起。查获应当检疫而未经检疫、检疫不合格、不具备补检条件的动物产品2306公斤，全部进行无害化处理。对辖区内动物诊疗机构设立情况、动物诊疗机构从业情况及执业兽医从业情况进行了检查。共开展4次专项检查，出动执法人员18人次，经检查，全区11家动物诊疗机构，全部取得动物诊疗许可证并在显著位置公示，未发现伪造、变造、受让、租用、借用以及出让、出租出借许可证行为。从业执业兽医19人、执业助理兽医师3人，查获2人涉嫌未经注册从事动物诊疗活动，立案调查处理。行政处罚立案2起，罚款2000元。

2017年，开展“两禁一超”专项行动，在全区范围内对养殖、屠宰、收购贩运环节实施整治检查。加大对养殖环节、收购贩运环节、定点屠宰环节的违禁药物抽检力度，共检查70家单位，出动执法人员159人次。开展严厉打击饲料生产和养殖环节违法使用兽用抗菌药物行为专项行动和省外动物及其产品调运“严查严管严打”专项监管行动，行动期间，开展监督执法94次，出动执法人员210人次，检查屠宰企业42家次、跨省调运动物及其产品经营单位45家次，办理“从省境外调入动物未备案(报验)登记案”立案6起，结案6起，共计罚没款0.8万元。共出动生猪定点屠宰、家禽屠宰、畜禽产品安全、动物诊疗机构各类执法检查890次，出动人员1976人次，检查生产经营单位1273家次。受理区长电话、信访交办单、举报电话70起，调查处理办结70起。，行政处罚立案23起，罚款18.9万元，无被行政复议、行政诉讼案件。查获应当检疫而未经检疫、检疫不合格、不具备补检条件的动物产品20165千克，无害化处理3741千克。

2018年，推进畜禽养殖场动物防疫条件规范管理工作，完成126家畜禽养殖场摸底调查。开展动物诊疗行业专项整治，严厉打击“无证开业”“无证行医”和未按规定开展动物诊疗活动等违法违规行为，共行政处罚立案8起，未结案1起，罚没款1.33万元。开展全区农产品生产记录和农(兽)药经营记录专项检查行动，检查28家规模养殖场和2家家庭农场的经营台账，出动执法人员67人次。出动各类执法检查821次，出动人员2002人次，检查生产经营单位1073家次。受理区长电话、信访交办单、举报电话55起，调查处理办结55起。行政处罚立案19起，罚款15.96万元，行政调解1起，涉案金额5000元，查获应当检疫而未经检疫的动物及动物产品2470.1公斤，全部无害化处理。无被行政复议、行政诉讼案件。

五、农机执法管理

1955年—1969年，拖拉机为国营拖拉机站和国营农场经营，农机的安全生产与监理由各单位按农业部颁布的“农机机务规章”自行监理。1970年—1984年，农机安全监理处于农机、交通、公安部门多头管理状态。1985年，成立余杭县农机监理站，农机管理执法工作由交通部门移交至县农机监理站，农机安全监理进入法规管理时期。其间，总站人员到各镇乡进行拖拉机年审,同时上路开展拖拉机执法检查。1987 年,组织全县性路检 11 次,被查车辆 3000 余台,纠正违章 2347 台次,扣车处罚 159 台,举办违章学习班 10 期,参加学习 280 人次。全年发生手扶拖拉机事故 24 起,重伤 13 人,死亡 15 人。1990 年,组织路检 38 次,现场纠正拖拉机违章 735 台次,全年发生农机事故 34 起,重伤 24 人,死亡 7 人,评出先进驾驶员 31 名,安全驾驶员 824 名。1991 年,全年发生农机事故 32 起,重伤死亡 8 人,直接经济损失 1.06 万元。为消除事故隐患,全县建立安全片组 117 个,参加安全活动机手 40200 人次,全年开展路查 23 次,纠正违章 443 台次,举办违章学习班 21 期,参加学习 338 人次,评出先进驾驶员 34 名,安全驾驶员 747 名。1993 年,全年发生拖拉机交通事故 8 起,重伤 7 人,直接经济损失 297 万元。全县 30 个乡镇全部定期开展安全活动,组织较大规模路查 18 次,纠正违章 789 台次,举办违章学习班 16 期,参加学习 409 人,评出先进驾驶员 40 名,安全驾驶员 429 名。

1995 年 3 月,农机总站单独成立路查队,出勤上路检查。全年上路检查 97 天,出动检查人员 757 人次,被查拖拉机 1669 台次,纠正违章 909 起,举办违章学习班 22 期,受训人员 808 人。1996 年,全年上路检查 66 天,出动检查人员 464 人次,检查拖拉机 1543 台次,查处纠正违章行车 576 起,举办违章学习班 18 期,受训人员 472 人。1997 年,开展拖拉机专项整治,全年上路检查车辆 2500 余台次,查获违章车辆 736 台次。1998 年,全年组织安全路查 22 次,共出动员检查人员 771 人次,查获违章行驶 1063 起,举办举办违章学习班 22 期,受训人员 899 人。2003 年,对“黑车非驾”进行重点整治,加强对外籍车辆的管理,举办以“反对黑车非驾,整治农村交通”为主题的现场咨询、宣传活动。

2004 年,根据省农业厅、公安厅、工商局、安监局文件精神,在全区范围内开展为期三个月的专项整治活动,通过宣传发动,集中整治,收到了较好的效果。区农机总站抽调监理人员,协同临平、余杭交警中队展开大规模整治活动。累计上路检查 38 天,在早晨 3 时—7 时、晚上 7 时—10 时与交警联合设卡检查 5 次,参加人员 186 人次,检查车辆 708 辆,纠正违章 543 起,扣车 25 辆,外籍拖拉机登记 70 余辆。是年 5 月 1 日,《中华人民共和国道路交通安全法》实施后,农机部门无上路检查执法权,从而一度出现拖拉机年检审率下降,农机事故上升的现象。为此,余杭区农业局、公安局在考察的基础上,于 2005 年 7 月在杭州地区率先成立“农机警务室”,实现农机与交警的有效合作,对上路的农机实现动、静结合的有效管理,并把外省籍拖拉机纳入管理范围,对外省籍拖拉机实行登记报备建档制度。9 月—12 月,“农机警务室”上路执法检查 350 余人次,查处违章 688 起,有效减少拖拉机事故。2006 年,农机警务室上路检查出动执法人员 227 人次,检查拖拉机 1350 辆,查纠各类违章行为 617 台次,建立外籍拖拉机档案 560 份,登记外籍车辆信息 502 台。2008 年,农机警务室全年出勤 578 人次,178 天,检查拖拉机 3500 多辆,查处违章车辆 862 辆。2009 年,进一步加大对拖拉机违法行为打击力度,农机警务室上路检查拖拉机 110 台次,查扣有严重违法行为的拖拉机 9 台。2012 年,开展农机事故隐患难排查,共排查单位 1952 家,查出隐患 442 家,整改 439 家,整改率 99.3%。

2015 年,开展农机较大事故防控、农机安全生产月、农机产品质量安全调查、春运期间农机安全生产专项检查等活动,农机管理总站出动农机执法检查 680 人次,排查检查监管对象 278 家,机县 862 台套,排查出隐患点 196 个,全部完成整改。全年解体报废拖拉机 227 台。

2016 年,为确保 G20 峰会期间农机“不出事,少出事”,制定农机安全生产保障工作方案,并开展系列专项整治活动,包括春运期间专项整治、农机维修网点的检查与治理,开展农机质量月检查活动、G20 峰会期间拖拉机禁行工作等，检查走访农机户 15 户，在 G20 峰会拖拉机禁行前，向农机作业人员分发限行告知单 2100 余份，禁运期间上道路执法巡查 12 次。全年出动执法人员 705 人次，排查并消除各种隐患拖拉机 241 台。2018 年，联合公安、安监部门制定《余杭区变型拖拉机专项整治工作实施方案》，共同开展全区变型拖拉机专项整治工作。配合交警开展联合检查 8 次，查处上道路拖拉机违法行为 1047 起，其中交警当场处罚 595 起，采取强制措施 452 起。

第三节 行政审批

农业行政审批主要涉及种子生产与经营许可证、农药和化肥经营许可证和植物检疫许可证等事项的审批。渔业行政审批主要涉及淡水渔业捕捞许可证以及船舶牌证和船员证书等事项的审批。畜牧业行政审批主要涉及兽药经营许可证、屠工屠商登记和动物诊疗许可证等事项的审批。农机行政审批主要涉及拖拉机、收割机以及驾驶员和维修网点等事项的年检年审。2010 年 10 月以前，农业行政审批分别由各行业主管部门分别办理。2010 年 10 月以后，农业行政审批的所有事项全部集中到余杭区市民之家区农业局行政审批窗口办理。

一、种植业行政审批

1996 年 5 月，境内开始核发植物检疫登记证，全年有 26 个单位（个人）申领登记证。1997 年，依法检查临平、塘栖、余杭等 10 个重点镇（乡）28 家兽药、添加剂经营集体和个体。查处无证经营 16 家，其中 9 家分别被警告、停业处理。对符合经营条件的限期补办相关证照。2001 年，核发（验）各类涉农许可证、照、牌 10489 份。其中核发植物检疫登记证 112 份，签发调运检疫证书 206 次。2002 年，办理植物检疫登记证 124 份。2003 年发放植物检疫登记证 21 份。此后，依照法律法规，理顺农药、化肥等农资产品销售管理体制、合理设置网点布局、对从业人员实施上岗培训考核合格后再发给农药经营许可证。每年通过执法检查，查处无证经营，对符合经营条件的发放经营许可证。2010 年 10 月，种植业行政许可证统一到余杭区市民之家区农业局行政审批窗口办理。

二、渔业行政审批

境内的外荡水面属于国有，但历来使用权不够明确，相互争占现象严重，农、渔之间，村、场之间纠纷时有发生。1985 年，县政府组成外荡水面定权发证办公室，专司其事，妥善解决历史遗留问题和有争议的水面纠纷 23 处。次年 11 月，外荡水面定权发证工作结束，发证单位有国营水产养殖场、乡人民政府及区、乡、村水产养殖场和专业水产村共 37 个单位，发证水面 5.26 万亩（3506.7 公顷）。

1986 年 1 月 20 日，《中华人民共和国渔业法实施细则》发布后，渔政部门按照有关法律法规进行渔业行政审批。1985 年—1987 年，每年依法核发淡水渔业捕捞许可证 463 本，其中专业捕捞证 421 本，兼业捕捞证 42 本。1988 年—1990 年，每年核发捕捞许可证 512 本（张），其中专业捕捞证 350 本，兼业捕捞证 42 本，临时捕捞证 120 本。1991 年，发放捕捞许可证 652 本，其中专业证 292 本，兼业证 67 本。1992 年，签发捕捞许可证 760 本。全年对船员培训合格、手续齐全的船只签发“三书一牌”（船员证书、登记证书、船舶证书）400 张，其中挂桨船 80 张，划船 320 张和渔业船只执照。并开展渔船水上安全监督检查。1993年，签发各类捕捞证917本，其中鳗鱼捕捞证413本。1994年，签发各类捕捞证1063本。1996年，共签发各类捕捞许可证473本。

2000年，办理养蚌育珠特殊许可证65张，珍珠养殖面积1万余亩(670公顷)。2004年，将渔业行政审批许可事项和办理程序上网和上墙公示，开展渔业船舶登记检验、渔业捕捞许可证的换发及规费征收工作。签发渔业捕捞许可证78张，渔业船舶登记148艘。年度检验渔业船舶148艘。12家水产种苗生产许可证通过年检，注销5家。2005年，清理涉及渔业的6项行政许可事项，即水产养殖许可证、浙江省水产种苗生产许可证、渔业捕捞许可证、渔业船舶登记证书、浙江省内河渔船船员职务证书、内河渔船检验证书。同时根据许可事项办理程序，组织开展渔业船舶登记检验、渔业捕捞许可证的换发及规费征收。全区核发渔业水域养殖证9871本，面积5451公顷。其中集体所有水域养殖证(红证)9772本，面积2346.13公顷；全民所有水域养殖证(绿证)46本，面积2930.67公顷；临时养殖证53本，面积174.27公顷。换发外荡水面使用证25本，涉及面积3113.85公顷，发证率100%。

2006年，签发渔业捕捞许可证68张，渔业船舶登记129艘；年度检验渔业船舶129艘。2007年，签发渔业捕捞许可证66张，渔业船舶登记120艘；年度检验渔业船舶120艘。核发渔业水域养殖证18本，涉及水域面积286.178公顷。2008年，签发渔业捕捞许可证89张，渔业船舶登记194艘；年度检验渔业船舶194艘。核发渔业水域养殖证47本，涉及水域面积618.467公顷。发放内陆渔业普通船员证书88本。2009年，签发渔业捕捞许可证88张，渔业船舶登记155艘；年度检验渔业船舶155艘。核发渔业水域养殖证18本，涉及水域面积207.348公顷。

2010年，根据农业部《关于加强内陆捕捞渔船管理的通知》和省海洋与渔业局《关于做好2010年度全省渔业捕捞许可证年审工作的通知》要求，检验渔业船舶194艘。其中，捕捞证年审155艘、受理补发捕捞证4本，征收规费7.16万元。在开展年审的同时，宣讲有关渔船安全生产的强制性法律法规，提高船主、驾驶员的安全生产意识，全区连续11年保持渔船安全生产零事故。是年10月，渔业行政审批集中到余杭区市民之家区农业局行政审批窗口办理。

三、畜牧业行政审批

畜牧业行政审批主要涉及兽药经营许可证、屠工屠商登记和动物诊疗许可证等事项的审批。1987年，召开关于开展整顿和加强屠工屠商管理工作会议，由农业部门对全县屠工屠商进行登记和兽医卫生技术考核。经整顿，全县共颁发屠工屠商考核合格证和兽医卫生许可证728份(人)。1995年，对77个农贸市场及村集市的屠工屠商进行全面清理整顿，共换(核)发兽医卫生合格证1300余份。并首次对余杭市内苗猪(羊)市场进行核发经营许可证证35家。1996年，余杭市兽医卫生监督所对各镇乡农贸市场及村集市共79个屠工屠商和其他有关畜禽及其产品经营单位（个人)，采取定时逐个现场实地进行《兽医卫生合格证》年审957份，新核(补)发证370份，为余杭市历史上年审面最广数量最多的一次。1997年，对境内所有屠工屠商和其他有关畜禽及其产品经营单位(个

图10-8　物检疫申报点窗口，受理全区动物产地检疫工作

人)全面进行年审,年审合格 961 个,占应验审数的 96%,全年审核发放兽医卫生合格证 101 个。2000 年,年检年审“动物防疫合格证”1180 份,新核发 69 份,核发年审率达 100%。2003 年,全区年审“动物防疫合格证”1010 份,新核发 52 份,核发年审率达 96%;新核发“兽药经营许可证”9 份,期满换发 10 份,全年查处无“动物防疫合格证”的苗猪经营户 3 家,无“兽药经营许可证”经营户 9 家。2010 年 10 月,畜牧业行政审批集中到余杭区市民之家区农业局行政审批窗口办理。

四、农业机械许可及年检审

1985 年,成立县农机监理站后,由总站人员下到各镇乡进行拖拉机年审。同时配合拖拉机、收割机及驾驶员年检年审,每年以乡镇为单位,对农机操作人员、农机维修人员至少进行一次安全教育活动,每年参训率在 90%以上。1986 年,检验拖拉机 4377 台,年检审率 92%,驾驶员 6487 名,占 92.2%。1987 年,发放拖拉机行驶牌证 1291 付。1988 年,对 6021 台拖拉机和 6602 名驾驶员进行检审验,并换发临平、塘栖、三墩三个区的证照。1989 年,换发新驾驶证 7315 本,行驶证 7228 本,检验拖拉机 6299 台,年审率 91%,驾驶员 6721 名,检验率 94.1%。1990 年,全县应验拖拉机 7366 台,实际验检 6686 台,占应检数的 90.8%,应审验驾驶员 7487 名,实际审验 6777 名,占应审数的 90.5%。1991 年,共检验手扶拖拉机 5249 台,检验率 91%;审验驾驶员 5914 人,审验率 90.6%。1993 年,共检验手扶拖拉机 5249 台,审验驾驶员 4967 人。1995 年,检验合格拖拉机 4622 台,审验合格驾驶员 4118 人。1996 年,检验合格拖拉机 4524 台,占 95.7%;审验合格驾驶员 4174 人,占 82%。1998 年,检验拖拉机 4277 台,占 90%;审验合格驾驶员 4437 人,占 96.3%。1999 年,检验拖拉机 4308 台,占 92.3%;审验合格驾驶员 4447 人,占 91.7%。

2000 年,余杭市农机管理总站配置二条拖拉机安全性能检测线,结束了拖拉机依靠人为检测和测定的历史。2002 年,检验拖拉机 3890 台、驾驶员 3760 名。核发小型拖拉机号牌 376 付,新驾驶证 393 本。2004 年全区小型拖拉机上牌 18 台,核发小型拖拉机驾驶证 42 人,协助市所上牌大中型拖拉机 560 台, 核发大中型拖拉机驾驶证 447 人。全区检验检测小型拖拉机 2832 台,占应检数 3102 台的 91.30%,审验驾驶员 2756 人,占应审数 3021 人的 91.23%,并配合市所检验检测大中型拖拉机 2346 台,审验驾驶员 1155 人。至 2004 年底,全区在册拖拉机 5466 辆,拖拉机驾驶员 4213 名,其中大中型拖拉机 2346 台,驾驶员 1155 名。2005 年共有 4000 余辆拖拉机参加年检验,年审达到 90%以上,其中小型拖拖拉机 2170 辆,占应验审数 92.14%,审验驾驶员 3300 人,年审率 92%,其中小型拖拉机驾驶员 2009 人,占应年审数的 91.7%。

2006 年,继续保留对拖拉机的年检,取消对拖拉机驾驶员年检年审,但对农机操作人员、农机维修人员等安全教育活动一直进行。是年,审验拖拉机 4394 台,换发新牌 4250 付。2008 年,农机畜牧大楼建成时对原拖拉机安全性能检测线进行改造,检测性能明显提升。2010 年,办理新注册道路运输作业拖拉机 220 台,转移 88 台,变更 95 台,补牌 62 台,补证 18 本,联合收割机注册 7 台,核发拖拉机驾驶证 93 本,联合收割机驾驶证 7 本。2011 年,办理拖拉机业务注册(上牌)159 台,转移 101 台,换驾驶证证 396 本,审验拖拉机 2995 台,其中手扶拖拉机 310 台。2013 年起,对上道路拖拉机停止上牌,办理农田用拖拉机业务注册(上牌)40 台。审验拖拉机 2723 台,其中手扶拖拉机 242 台。2013 年,对农田拖拉机、收割机、插秧机、烘干机四种危及人身安全的农业机械实行免费实地检验工作,并在鸬鸟镇开展八大类农业机械(农田拖拉机、收割机、插秧机、烘干机、机动植保机、机动脱粒机、饲料粉碎机、铡草机)的免费实地检验试点。

2014 年起，八大类农业机械的免费实地检验全区范围内全面推行。

2015 年理拖拉机业务注册（上牌）45 台，转移 66 台，补证 13 本，变更 80 台，补牌 31 台；办理拖拉机驾驶证换证 336 本，补证 10 本。审验拖拉机 2704 台，联合收割机 99 台、插秧机 83 台、烘干机 54 台、机动植保机 796 台、机动脱粒机 15 台、饲料粉碎机 110 台、铡草机 54 台。2016 年，新的余杭区径山检验检测室开始使用，对原检测线进行了全面改造。考虑到临平总站手扶拖拉机不能进城的情况，由总站人员下乡到临平附近镇街集中年审。全年共办理拖拉机登记业务 504 件次，办理农业机械驾驶证业务 611 件次，完成上道路拖拉机年度检审验 1955 台，检审率达 95%以上，其他机械 1325 台，其中农田作业拖拉机 260 台，烘干机 91 台，收割机 78 台，插秧机 74 台，铡草机 54 台，机动植保机械 687 台，机动脱粒机 14 台，饲料粉碎机 77 台。2017 年，办理拖拉机业务 270 次，办理拖拉机驾驶证换证等 283 次，许可维修网点 21 个。审验拖拉机 1650 台（其中农田拖拉机 48 台、手扶拖拉机 127 台），联合收割机 54 台、插秧机 61 台、烘干机 64 台、机动植保机 687 台、机动脱粒机 14 台、饲料粉碎机 77 台、铡草机 54 台。2018 年，检验上道路拖拉机 1322 台，免费实地检验农田拖拉机 148 台、联合收割机 58 台、插秧机台 65 台、烘干机 89 台、机动植保机 681 台、机动脱粒机 14 台、饲料粉碎机 74 台、铡草机 51 台。至 2018 年，全区设有 2 个年审点，一个设在农机总站内，另一个设在径山，并有 2 条固定拖拉机安全性能检测线。

此外，根据 1984 年 11 月农牧渔业部颁布的《全国农村机械维修点管理办法》的规定，农机维修网点应向县级农业（农机）管理部门申领农业机械维修技术合格证，并每年开展检审工作。1990 年，核发农业机械维修技术合格证 225 本，其中综合维修点 96 个，专业电焊修理点 110 个，专项电机修理点 19 个，进一步加强对农机维修网点的管理。至 1991 年，全县具有农业机械维修技术合格证的修理点 284 个，其中一级店 104 个，二级店 1 个，专项修理点 179 个，持证修理工 307 人。8 月，对 274 个维修点和 297 名维修工进行年审。1992 年，检审合格维修网点 285 个，维修工 305 人，占应检审数的 95%。1996 年，共检审合格维修网点 218 个，修理工 229 人。1997 年 1 月，实施《浙江省农业机械管理办法》，换发农机维修网点新证 218 个，审验修理工 228 人，办理新设维修点 21 个。此后，按《浙江省农业机械管理办法》的规定，每年开展农机维修网点年度检年审及监督检查工作，查处无证经营和未参加年审的农机维修网点。2001 年，检审合格维修网点 185 个，维修工 197 人。2005 年，根据省市统一布置，在 9 月—10 月，集中对农机维修网点进行清理整顿和换发新证。共出动检查 60 余人次，查处无证经营单位 8 家，其中立案 3 起，根据有关规定给予处罚。检查后核定全区有农机维修网点 154 家，农机修理工 156 人。2007 年，农机维修网点换证 152 个，此后，按农业部修订后《农业机械维修管理规定》，每三年换证一次，平时加强监管。2009 年，全区有农机维修网点 156 家。从 2009 年开始，对农机维修网点只换证，不再年审。2013 年，对 89 家农机维修网点进行检查。2017 年全区有持证农机维修网点 47 个。自 2018 年 7 月 28 日起，停止受理申请和核发农业机械维修技术合格证，以事后监管为主。

五、行政审批事项集中受理

2010 年 10 月开始，按照全区行政审批事项集中受理、统一办理的要求，余杭区农业局派员进驻区行政服务中心（市民之家），开设区农业局行政审批窗口。区农业局行政审批窗口主要负责涉及农业种养、畜牧兽医、渔业船舶、农业机械等方面的行政审批；按照规定权限，承担行政许可及非许可的审批事项、办事项目的统一受理和反馈工作。是年10月，制定《余杭区农业局“最多跑一次”改革考核办法(试行)》，将改革工作纳入年度考核。加强审批窗口规范化建设，优化服务流程，创新服务事项；提供“留置后补，容缺受理”服务；逐步开展“一窗受理”平台办事事项申请，深化“先照后证”；加大电子信息化应用，推广政务服务网“网上办”、“掌上办”；借助“互联网+”政务服务，通过信息共享平台，打破信息孤岛，减少群众提供材料内容。总体实现让数据多跑路，让群众少跑腿，使群众对改革的获得感、满意度明显增强。

2014年，印发《关于明确农业行政审批事项进驻区市民之家窗口集中办理有关事项的通知》，农业窗口行政审批事项由原来的8项增至31项，是年，办理行政许可事项1189件，其中种畜禽生产经营许可2件，动物防疫条件合格证核发1件，动物诊疗许可核发1件，农药经营许可182件，水产苗种生产许可1件，植物检疫证明核发1000件。

2015年，办理行政许可事项1290件，其中动物防疫条件合格证核发4件，兽医执业注册6件，动物诊疗许可1件，农药经营许可56件，兽药经营许可3件，渔业船舶检验许可46件，执业助理兽医师备案1件，渔业捕捞许可17件，植物检疫证明核发1156件。

2016年，办理行政许可事项1438件，其中农作物种子生产经营许可证核发4件，种畜禽生产经营许可4件，动物防疫条件合格证核发1件，兽医执业注册20件，动物诊疗许可核发10件，农药经营许可17件，兽药经营许可2件，生鲜乳收购许可1件，生鲜乳准运证明核发1件，水产种苗生产许可1件，水产养殖证11件，植物检疫证明核发1366件。是年，开展浙江省政务服务网行政处罚系统处罚裁量梳理入库和行政处罚网上办理测试工作，完成369个行政处罚事项的处罚裁量梳理工作，并对89个自建事项进行网上办理测试。

2017年，先后印发《余杭区农业局关于贯彻落实“最多跑一次”改革的通知》《余杭区农业局“最多跑一次”改革考核办法(试行)》等文件，提升行政许可办件时限和质量。严格执行“首问负责制”“限时办结制”“一次性告知制”等规章制度，确保各审批事项快速办结，实现无差错、无超时、零投诉、无违纪的工作目标。根据省农业系统办事事项两级指导目录，群众和企业到政府“最多跑一次”办事事项共计26项。做好行政审批事项“三个全覆盖”工作，实现所有事项开通网上申请、所有证照快递送达服务和所有的行政许可事项纳入到电子签章和电子文件归档系统的全覆盖。不断推进审批事项“两集中，两到位”，对无法进驻“中心”的办事事项加强规范性管理力度；推出“留置后补，容缺受理”服务服务举措，提升群众满意度。制作“最多跑一次”服务卡，建立业务指导QQ群、微信群，开通公共服务邮箱，及时为办事群众答疑解惑。深化“先照后证”改革，加强事中事后监管，用杭州市企业信用

图10-9 区农业局普法宣传活动(2016年)

联动监管平台,加强与市场监管(工商)部门的衔接,及时将企业信用联动监管平台接收的企业纳入到检查对象名录库。是年,办理行政许可事项1876件,其中种畜禽生产经营许可2件,,动物防疫条件合格证核发1件,兽医执业注册38件,乡村兽医登记许可3件,动物诊疗许可核发14件,农药经营许可9件,农业机械维修技术合格证核发30件,兽药经营许可22件,生鲜乳收购许可1件,执业助理兽医师备案2件,植物检疫证明核发1754件。至2017年底,受理办结的事项共计105452件(其中未进驻前"中心"办事事项合计103338件,进"中心"后办理的行政许可达2114件),其中通过即办的形式,实现"只跑一次"即刻办理的有105179件,占到了总办件量的99.7%,另有百余件事项通过"网上申请,办结核验"和"窗口申请,证照快递送达"形式实现"最多跑一次",还有数十件事项通过"互联网+政务服务"实现了业务办理"零上门",使"最多跑一次"实际办理比例达到了99.9%。

2018年,实行首席代表制度。首席代表常驻区行政服务中心,行使审核备案、登记发证、决定受理、现场审批等权利,对行政审批事项可以当场决定能否受理和现场办结权,负责本单位行政审批专用章管理和使用。制定领导值班服务制度,领导定期到业务窗口坐班体验,办理具体业务,零距离服务群众。建立沟通跟进机制,对办事群众进行电话回访,采取一周一回访,广泛听取意见建议。根据"一窗受理、集成服务"的工作要求,推行"无差别受理",有9个审批事项纳入证照联办事项目录,切实做到"网上办""跑零次"。2018年,农业审批窗口荣获"区级青年文明号"和年度"优秀窗口"称号。是年,办理行政许可事项1900件,其中种畜禽生产经营许可3件,动物防疫条件合格证核发3件,兽医执业注册53件,动物诊疗许可核发21件,农药经营许可143件,农业机械维修技术合格证核发7件,兽药经营许可2件,生鲜乳准运证明核发1件,植物产地检疫证明核发72件,植物、植物产品调运检疫证明核发1529件,依法不需要办理种子经营许可证的农作物种子经营者备案66件。至2018年,农业行政审批"最多跑一次"事项共计26主项,60子项。其中实现"零上门"的事项有2项,分别为植物、植物产品调运检疫证明核发和依法不需办理种子经营许可证的农作物种子经营者备案,占全年办件量总数的83.95%。

第十一章　农业科技推广与农业教育

余杭农业技术推广的历史源远流长。汉代逐步形成“教民稼穑”“劝课农桑”的传统。同时通过推广铁制农具,进一步提高耕作效率。至明朝初年,则采用税收办法推广种棉植麻。

余杭近代农业技术推广,是从19世纪末引进和改良品种开始而逐渐开展起来的。民国时期,杭县和余杭县建有农业推广所和农林场,开展推广良种、提高繁殖示范等工作。中华人民共和国成立后,余杭农业科技的研究和推广事业不断发展,农技推广体系逐步改革完善,一大批农业科技成果在生产上推广应用,促进了农业生产的发展。特别是20世纪80年代以后,进一步加强农业科技的研究与创新,加大对农民教育培训力度,引入农业信息化服务,将一大批科研成果应用于农业生产实践,为余杭农业大发展提供了坚实的科技保障。

第一节　农业科技推广

民国时期,原杭县和原余杭县均设立农业推广所。中华人民共和国成立后,成立农业技术推广站,开展推广良种、改革耕种制度、普及新农具、化学治虫等工作。1974年开始,逐步建立县、区、公社、大队、生产队四级农业科学实验网。2006年,深化农技推广体系改革,建立以农技大师为龙头、责任农技师为骨干、农民大师为基础的三级联动新型农村技术推广体系。2010年,启动建设集农业技术推广、动植物疫病防控、农产品质量安全监管、农业项目申报服务及农产品营销服务于一体的综合性农业公共服务体系,构建以政府为主导、科技为支撑、农民为主体、社会参与的“四力合一”的农业公共服务建设机制,农业科技推广工作取得一系列丰硕成果。

一、组织体系

民国时期　原杭县和原余杭县均设立农业推广所。原杭县农业推广所(以下简称“农推所”)设立于民国35年(1946年)1月,并附设农林场。农推所隶属县政府建设科领导,并受省农业主管机关指导。农推所配备主任、指导员、课员各1人。农林场场长由农推所主任兼任,另配技士、技佐各1人,技工4人。所址与场址在初成立时位于塘河乡之小河。由于农林场拟圈租民田,以作农林场地,未获当地人赞同,于是另行物色其他适宜场所。经多方接洽,于是年9月,勘定良渚镇公私土地80余亩,作为农林场地,因此农推所亦同时迁往良渚镇办公。至民国37年(1948年),县农推所人员增加到5人,其中公职农技人员4人(具有大学本科学历1人,中专学历3人),另有课员1人。1949年5月,杭县还建有蚕业指导组,实施蚕桑技术指导。

原余杭县在抗战前有一所县农林场,场址位于县城南郊石门塘,抗战时停办,场地荒废。抗战胜利后,于民国35年(1946年)2月恢复,并于同年7月改组为县农业推广所,设主任1人,技士3人,课员1人,技工11人。至1949年4月,县农推所有公职农技人员14人,其中大学本科毕业11人,中专毕业3人。同时,县农推所甄选农业学校毕业,从事农业推广工作三年以上,笃实诚朴、刻苦耐劳之优秀青年充任驻区推广工作。具体分配情况是:(一)县农推所技士3人,担任闲林归侨农场及石鸽里农场附近地区小麦、杂粮、水稻、竹木等示范区辅导员。(二)县农推所指定技士2人,担任舟枕、在城、西社3个乡(镇)之水稻、杂粮、造林示范区指导员。(三)县农推所技士2人,担任黄湖地区蔬菜、造林、水稻等推广区指导员。其余农技人员,在本所及所属农林场搞稻麦试验、繁殖等农业示范推广工作。

中华人民共和国成立后　杭县于1953年成立农业技术指导站,开展推广良种、改革耕种制度、普及新农具、化学治虫等工作,业务由省农林厅负责指导。次年改名为县农业技术推广站。1955年,杭县下设临平、乔司、上泗、留下、三墩、塘栖、东塘、四维9个区农业技术推广站,站内设农业、特产、畜牧、农具等专业组。1958年冬,撤区建大乡,改设乡农技站。原余杭县下设黄湖、仁爱、舟枕、仓前、闲林5个农技站,每站2人—4人。1958年后,国民经济处于困难时期,农技推广工作遭受挫折,基层农技推广站濒于解体。1961年4月,行政区域调整,建立新余杭县,成立新的余杭县农业技术推广站。至1963年,下属的余杭、三墩、瓶窑、塘栖、临平5个区农技站相继恢复。"文化大革命"中,各级农技推广机构处于瘫痪状态。1974年开始,逐步建立县、区、公社、大队、生产队四级农业科学实验网。

1984年,成立余杭县农业技术推广中心,属综合性的农业技术指导和服务中心,着重推广改革耕作制度、改良品种、改善土壤、培肥地力及改良栽培技术、主攻单产、改进植物保护及畜牧防疫检疫技术、农牧业生产工具的机电化改革、现代农牧业新技术等。农业局下设的农业技术推广机构有粮油、蚕桑、棉麻、茶叶、果蔬、技术推广站以及土壤肥料工作站、畜牧兽医站、病虫测报站、植物检疫站、农机管理站、良种公司以及县农业科学研究所、县农业学校、农业机电学校、良种繁育场、茶叶试验场和蚕桑、蚕种场等单位,分别负责有关专业的技术服务和管理工作。此外,1984年下半年起至1985年,全县51个乡(镇)农技站先后创办经济实体"农业服务公司",取得营业执照,开展无偿及有偿的农技服务工作。至1987年,全县乡级农技服务组织从业人员407人,其中从事技术服务的201人。

20世纪90年代,境内农技服务体系日趋完善。1991年,以加强乡镇级,延伸村组级为重点,村组级农技组织得到壮大,全县564个村配备农民技术员,占97.6%,其中464个村配备专职农技员,从而扭转基层农技队伍"网破线断人散"及"头重脚轻根底浅"的局面,基本形成以县农技推广中心为中枢,区、乡镇农技站为纽带,村农技服务组织为基础的农技推广服务网络。1991年,舟枕乡农技站、潘板镇畜牧兽医站、塘南乡农机站被省农业厅评为浙江省农技推广系统农业社会化服务先进乡农技站、畜牧兽医站、农机站。塘南乡农机站被农业部评为全国先进农机管理服务站。1997年,良渚镇农技站通过省农业厅"五有"(有一支服务队伍、有工作

图11-1　2019年8月,省农业农村厅茶叶首席专家罗列万(左一)在径山镇四岭村技术指导

场所、有服务设施、有服务实体、有试验示范基地)乡镇农技站达标验收,评为全省"五有"乡镇农技站。1998年,开展创建"五有"镇(乡)农技、农机、畜牧兽医站活动,全年有15个镇(乡)站通过省农业厅、杭州市农业局和余杭市农业局验收,其中省级2个,杭州市级1个,余杭市级12个。1999年,有6个镇(乡)站通过杭州市农业局和余杭市农业局验收,其中杭州市级2个,余杭市级4个。

2002年7月,成立省农业技术推广基金会杭州市余杭区执行部。围绕农作制度创新和新品种引进试验、新技术示范推广、新模式探索实践、新设施推广应用等方面,以项目的形式选题定项目,以资金资助的方式予以帮助,并对先进农技推广组织、优秀农技员、优秀项目成果给予奖励。省农业技术推广基金会杭州市余杭区执行部自成立至2017年,资助项目达341项,其中省市基金会资助项目90项,本区执行部资助项目251项。评选出先进基层农技推广组织31个、优秀农技员60名,其中被评为省市的先进基层农技推广组织10个、优秀农技员25名。自2008年开展评选优秀项目成果奖以来,共有33个项目获优秀项目成果奖,其中被省市农技推广基金会评为优秀项目的9项。2017年,省农业技术推广基金会杭州市余杭区执行部更名为杭州市余杭区农业技术推广基金会。

2003年,为进一步深化农技推广体系改革,促进农技推广机制和服务创新,推行农业科技人员重点项目落实制,以高级农技人员为龙头,以中级农技人员为依托,带动初级农技人员共同开展科技项目的科研与推广。是年,余杭区被确定为全国开展基层水产技术推广体系改革试点县,构建"一主二辅"的新型水产技术推广体系,即以区级水产技术站为主导,区域站(余杭、瓶窑、塘栖区域站)和镇乡水产技术推广站(运河镇水产技术推广站)为骨干,各类专业协会和民营水产研究所为辅的新型水产技术推广体系。是年,境内民营水产研究所达3家。年底试点工作通过全国水产技术推广总站验收。是年,确定17位有中级以上专业技术职称的农技人员组成"农技110"专家队伍。2006年,推行农技大师制度,在全区农业支柱产业中,建立以农技大师为龙头、责任农技师为骨干、农民大师为基础的三级联动新型农村技术推广体系。2007年,又建立首席农技推广专家制度。

2010年6月,制定《余杭区镇乡(街道)农业公共服务体系建设实施意见》,启动建设集农业技术推广、动植物疫病防控、农产品质量安全监管、农业项目申报服务及农产品营销服务于一体的综合性农业公共服务体系,构建以政府为主导、科技为支撑、农民为主体、社会参与的"四力合一"的农业公共服务建设机制。在总结余杭镇、塘栖镇开展农业公共服务体系建设试点工作的基础上,部署开展农业公共服务体系建设。至年底,全区共建立16个乡镇(街道)农业公共服务中心,197个村级农业公共服务站,配备乡镇(街道)农业公共服务人员178名、村级农业公共服务人员591名。2011年,塘栖镇、余杭街道被评为杭州市农业公共服务体系示范乡镇,建设提升运河街道双桥村等40个村级农业公共服务站。

2012年,根据浙江省《关于扶持建设基层农业公共服务中心的实施意见》,启动杭州市"三位一体"(农技推广、动植物疫病防控、农产品质量监管)农业公共服务体系示范乡镇建设。投资100多万元,完成良渚街道、仁和街道等2个省级示范性和仓前街道、闲林街道、百丈镇等3个省级一般性基层农业公共服务中心的创建,瓶窑镇和百丈镇成为市级"三位一体"农业公共服务体系示范乡镇。2013年,瓶窑镇、塘栖镇、径山镇、黄湖镇、崇贤街道等5个镇(街道)成功创建省级基层农业公共服务中心,其中瓶窑镇被命名为省级示范性农业公共服务中心,崇贤街道被命名为市级“三位一体”农业公共服务体系示范乡镇，同时进一步规范提升塘栖镇西河村等15个村级农业公共服务站，为满足现代农业发展需求提供有效的基层服务平台。2014年，仓前街道创建为市级“三位一体”农业公共服务体系示范乡镇，运河街道创建为第三批省级示范性基层农业公共服务中心，南苑街道、乔司街道、余杭街道、中泰街道、鸬鸟镇创建为省级一般性基层农业公共服务中心。至此，历时3年共完成16个省级基层农业公共服务中心创建工作，其中示范性4个、一般性12个，配备乡镇（街道）农业公共服务人员178名、村级农业公共服务人员591名，获杭州市副市长戚哮虎的批示肯定。

2015年，又新创建鸬鸟镇、黄湖镇2个市级“三位一体”农业公共服务体系示范乡镇。至2015年底，全区共创建余杭街道、百丈镇、仁和街道、崇贤街道、仓前街道、鸬鸟镇、黄湖镇等7个市级“三位一体”农业公共服务体系示范乡镇，历时5年的市级“三位一体”农业公共服务体系示范乡镇创建工作全面完成。

二、推广工作

境内的农业技术推广工作是从19世纪末引进和推广良种开始而逐渐开展起来的。民国时期，“迨十六年（1927年）后，基层工作渐次成立，官与民益得联系。本县县长叶风虎，乃立水稻改良方法：一改良品种，二深耕，三齐泥割稻，四灌水浸田，五合式秧田扫卵，六肃清白穗，七点灯诱蛾，八掘毁草根。凡关于水稻改良之育种，及防除病虫害工作，无不积极进行”（民国24年《杭县县政改革实施方案》）。

民国35年（1946年）杭县成立农业推广所和农林场后，做了一些农业技术的推广工作。一是将推广优良种子，改良农作物作为农推所之主要任务。1946年3月，向行总浙闽分署请拨龙凤尖谷子1270公斤、中秈十号谷子100公斤，分别在塘河、严庄等乡推广。4月间，又先后拨到美国菜籽175大袋，纯系九号小麦1050公斤，分别在临平、塘河、留下、义桥、三墩、良渚等乡镇推广试种。7月间，会同行总浙署推广菜饼150担，农民受惠亦属不浅。二是举办繁殖和地方试验。试验与繁殖，为农林场主要工作，乃在农林场附近特约示范农户25家，划用示范土地508亩，首先进行龙凤尖、中秈十号稻的示范繁殖，播植种子1270公斤。至秋收时，共收获谷子6.89万公斤，平均每亩产谷175公斤，较其他普通稻种，无论品质及产量均有改进与增加。是项稻种，经农推所会同省农业改进所派员备价收贮，以备明年推广繁殖之用。此外尚有美国蔬菜种子20种，经分区试验，结果多半发芽极差，且不易生长。又小麦地分试验，系利用农林场新辟场地，一般生长情形颇为良好，以是推广试验工作，颇能引起人民信心。三是防治病虫害。民国35年（1946年）夏秋之间，浙西一带稻田曾发生严重虫害。县内上泗区龙坞、树塘、云泉诸乡，先后波及，尤以龙坞之稻包虫危害最烈。县府当饬农推所派员勘视并指导防治方法，颇收效果。10月间，行总浙江分署拨发美国制杀虫特效药剂谷生乐仁2公斤，砒酸铅12.5公斤，由农推所派员分发各乡农民应用。据调查结果，是项药剂用以防治蔬菜虫害颇有特效。入冬以来，农推所又派员下乡宣传，普遍发动冬耕，扩种冬作，期能消极收到防治虫害之结果。四是组织农产改良会。会之任务为辅助农业推广所，改良并实际指导农民致力改良。本县农推所，自民国35年4月在塘河乡观音桥，11月在良渚镇张村塘大桥头、周家里，先后组织农产改良会4处，并指导其活动。半年以来，对于选择良种、改进耕作技术、发展副业、制造肥料、提倡垦荒、造产造林等工作，均能切实推行，成绩颇为良好。各处会员，塘河乡有40余人，良渚镇有六七十人。五是播种冬作。县内农民，除种植稻谷外，杂粮甚多。因近年来本省受战事影响，各县粮食感觉不足，以致本县粮食恐慌，几与他县相埒。播种冬作，即所以资补救。民国35年冬季，农推所派员至各乡督导实施，其成绩最优者，有良渚、纤石、崇化、严庄等4个乡镇。全县共扩种冬作15000亩，以小麦、大麦、豆类、油菜为主，预计可增产小麦1万担，豆类5000担，菜籽400担。

中华人民共和国成立后，进一步加强对农业科技推广工作的领导，农业科技推广工作全面推进。20世纪90年代后，落实"科技兴农"措施，对促进农业高产增效和可持续发展起到十分重要作用。

图11-2 2019年11月，满山红蔬果专业合作社倪进庄向农业农村部专家组介绍科技推广成果

种植业科技推广　中华人民共和国成立后至20世纪80年代中期，境内农业技术推广主要围绕农业"八字宪法"着重推广"七改"。一是不断改进耕作（饲养）制度，调整产业结构，合理组织搭配，发展间套连作，对时间、空间和自然资源等方面的深入开发利用，以提高复种指数（包括蚕、茶等的多季）；二是改良品种组合，重视种质内因，引用、选育并推广良种良苗良畜良禽；三是改良土壤，培肥地力，推广因土种植，增施磷钾肥及有机肥，讲究科学施肥；四是改良栽培、饲养管理技术，合理密植（养），精细管理，集约经营，主攻提高单产；五是改进植物保护及畜牧防疫检疫技术，推广二查二定，预测预报，应用新药、械；六是推广农牧业生产工具的机电化改革；七是不断引进推广现代农牧业新技术，发展科学水准，开拓生产内容，提高商品率、农畜产品的经济及社会效益。

这一时期，推广农业技术采取的形式和途径一是典型示范，以点带面。20世纪60、70年代，县农业局科技干部长期在良渚农场和良渚公社吴家埭大队蹲点搞"高产"试点；在勾庄公社庆丰大队搞"快速养蚕法"试点；在中桥公社章岭大队搞"无杆密植桑"试点；在闲林公社联荣大队搞"老茶园改造"试点；在潘板公社漕桥大队搞"密植速成茶园"试点。同时，在农业合作化时期，农业生产合作社普遍设立农业技术研究小组。人民公社化后，在大队设种子队、农科队；生产队设植保员、农科组。据1980年统计，全县550个生产大队有474个大队建立农科队。全县3669个生产队中有2828个生产队建立农科组，县、区、公社、大队四级科技网共有人员12197人。大队农科队的主要任务是示范和繁育，有条件的，因地制宜进行一些鉴定性的中间试验。例如，博陆公社长征农科队和翁梅公社联盟农科队开展粮食全年高产试验；北湖公社张堰农科队和塘南公社土山坝农科队开展良种繁育工作；崇贤公社向阳农科队的科学试验带动大面积生产以及群众性业余农技培训等，曾在全县起到示范、带头作用，多次受到上级表彰。其中博陆公社长征大队，1978年作为科学技术先进集体出席全国科技大会。二是编印资料，广泛宣传。20世纪60年代，曾编印《耕牛血防普查普治资料》2000份，《怎样养好湖羊》1000份等科技资料。1980年起，农业局每年选编《农业科技资料汇编》一辑，至2018年，共编印38辑。1983年6月，创刊《余杭农技通讯》小报，至1985年底共刊出57期，印发17.1万份。同时，各股、站结合自身专业编写相关资料，其中1982年编印《塘栖枇杷栽培手册》3000份，1985年编印《梅的栽培》600份、

《土特产栽培资料》5000 份、《培育桑苗图解资料》5000 份、《巨峰葡萄栽培技术》小报 3000 份、《黄红麻栽培技术要点》张贴宣传资料 2500 份等。

这一时期，农技推广的主要内容包括育种、栽培、土肥、植保等方面。在育种方面，1975 年前主要搞引种鉴定及品种的提纯复壮。1976 年起，杭州市科委每年下达早、晚稻选种和育种课题。1974 年—1985 年间，先后引进和推广"晚 3—2"、双糯 4 号、紫金糯、特种米、优质米"香粳 203"等品种；大麦引进沪麦 4 号、杭元 1 号等 20 余个品种。还向全县提供一定数量的"广陆矮 4 号"和"晚 3—2"原种和良种。在选育新品种方面，1976 年—1985 年，与浙江农业大学共同协作选育出的"浙辐 802"于 1980 年培育成功，1984 年通过浙江省农作物品种审定委员会的审定，并在南方八省一市推广种植，推广面积达 1700 余万亩，为此，受到部级、省级、县级表彰。在栽培技术方面，开始时仅囿于"三纲要攻关田""三千斤粮食攻关田"等粮食作物高产试验。1974 年以后，试验范围扩大到油料作物和耕作制度、用地培地、光能利用、经济效益等方面的试验。70 年代后期，在石鸽良种场试验，通过喷施硼肥解决大面积甘蓝型油菜花而不实的课题获得成功。经推广后，对提高全县油菜产量作出贡献。1979 年—1982 年，参与杭州市科委下达的"大面积高产低成本"研究课题，历时 3 年，在良渚公社联合大队试验，取得满意效果，1985 年获省农业厅科技成果三等奖。1980 年—1982 年，进行"麦、豆、稻两旱一水轮作制"试验获得成功，既提高经济效益，又通过用地与养地相结合改善土壤。同时，作为杭州市粮食高产协作组成员，参与"大麦叶龄促控栽培法"试验，获得 1985 年省农业厅科技成果三等奖和杭州市人民政府科技二等奖。此外，先后进行早稻育秧和迟播大麦采用地膜覆盖栽培技术的试验，取得成功并推广应用，取得良好成效。在土肥方面，最初进行绿萍和复合肥的肥效试验。1979 年，与省农科院土肥所协作，在石鸽公社等石灰性反应较强烈的土壤进行施用锌肥试验，证明对提高土壤结实率及产量具有显著效果。此外，还承担"我国氮磷钾化肥的肥效演变和提高增产效益的主要途径研究"的全国性课题的部分研究任务，该课题获农牧渔业部科研成果一等奖，有关科技人员受到表彰。

20 世纪 80 年代末，进一步加强对农业科技推广工作领导，农村科技推广工作全面推进。1986 年，"连作晚粳稻规范化栽培"和"无塔送水装置"两项农技科研推广成果通过杭州市级鉴定；"杨梅癌肿病病原菌及其防治研究" 成果通过浙江农业大学和县科委共同技术鉴定；"棉花根外喷施亚硫酸氢钠的试验与应用"通过县科委鉴定。闲林镇桦树村陶海根使用无粪合成料培育蘑菇获得成功。1987 年，余杭县被列入全省高产模式栽培县。全县有 24 个乡镇、60 个村、8449 户农户参加。全年早稻推广 2.7 万亩（1809 公顷），晚稻推广 2.72 万亩（1822 公顷），早稻平均亩产 430.6 千克，比常规栽培增产 7.5%，晚稻平均亩产 419.8 千克，比常规栽培增产 6.2%，共增产 147.5 万千克稻谷，增收 54.9 万元，余杭县农业局获省政府颁发的"推广水稻高产模式栽培"成果的"粮食丰收"四等奖。是年，双林乡红旗农机厂王礼田试制铁质轻便手拦剥麻机初获成功；云会乡印染厂在农技部门指导下，利用锅炉蒸气余热加温培育温室无土育秧获得成功。1988 年，继续推广粮食高产模式栽培，计划 24 万亩（1.61 万公顷），实际推广 24.6 万亩（1.65 万公顷），比非模式栽培总产增 6458 吨，增收 356.7 万元。实施黄麻高产模式栽培，全县推广面积 6266.2 亩（419.8 公顷），共 7 个乡镇、22 个村、5826 户参加，亩产比非模式栽培增加 46.6 千克，增产 11.8%。此外，还推广优良品种、早稻保温育秧、早稻无土育秧、配方施肥、增产节本等新技术。1989 年，粮食高产模式栽培技术推广进入第三年，全年共推广种植 24.71 万亩（1.86 万公顷),总产量95594吨,比非模式栽培增产8669.2吨,增收812.89万元。是年开始,推广水稻病、虫、草、鼠综合防治技术,当年推广水稻病、虫、草、鼠综合防治技术20.6万亩(1.38万公顷),获得杭州市农业丰收三等奖。

1990年起,落实"科技兴农"措施,根据省市统一布置,余杭县列入吨粮田工程建设县之一。计划用三年时间建设21个吨粮乡镇、22万亩(1.48万公顷)吨粮田工程。成立以副县长唐维生为组长的吨粮田工程建设领导小组,是年,11个实施吨粮田工程的镇乡中有10个镇乡的9.18万亩(1.48万公顷)实现吨粮计划。此外,是年农技推广项目达373项,其中91项获省、市、县奖励。1990年,推广水稻病、虫、草、鼠综合防治技术的面积达20.6万亩(1.38万公顷),占水稻播种面积的49.5%,每亩挽回粮食损失165千克,田间生态平衡逐步恢复,县病虫测报站主任任永发被授予浙江省水稻病虫草鼠综合防治工作先进个人称号。1988年—1990年,连续三年在全县34个单位,5090亩(341公顷)茶园实施茶叶综合高产优质栽培技术,与1987年相比,三年平均每亩增产14.27%,总产值增加113.89万元,增长30%。1988年开始,推广络麻高产模式栽培,1990年推广1.86万亩(1246公顷),占全县麻田面积36.8%,平均亩产456.1千克。是年,推广枇杷丰产高效技术,全县平均亩产350.2千克,比上年增加36.8千克,增长11.7%。

1991年,累计试验推广项目385项次,涉及粮油、土肥、种子、植保、棉麻、蚕桑、茶叶、果蔬、畜牧、渔业、农机等专业。在粮食生产方面,共推广粮食高产模式栽培28.12万亩(1.88万公顷),共增收粮食1027吨,增加收入780万元。1987年—1991年,累计推广粮食高产模式栽培108.49万亩(7.27万公顷),增收粮食36674.8吨,增加经济收入2994.05万元,粮食生产迈上一个新台阶。是年,有20个乡镇19.83万亩(1.33万公顷)粮田实施吨粮田工程,平均全年亩产1022千克,比上年亩产992千克,增长3%。推广水稻盘式育秧抛秧栽培新技术。全县早稻抛秧面积660亩(44.22公顷),晚稻抛秧面积745亩(49.92公顷),其中五常乡断桥村50.4亩(3.38公顷)抛秧连片示范方,早稻亩产430千克比手插亩增40千克,增长10.26%,晚稻亩产478千克,比手插增长7%左右。推广浙农大、省农业厅等单位共同完成的"七五"重点科研项目水稻"三高一稳"栽培法取得成功。全县早稻应用面积1.06万亩(710.2公顷),平均亩产426.8千克,比常规栽培亩产增41.8千克,增长9.79%。晚稻3.38万亩(2264.6公顷),其中9个乡1.07万亩(716.9公顷)统计,亩产480.2千克,比常规栽培亩产增38.82千克,增长8.64%。推广棉麻综合高产模式栽培,实施"双百棉"525亩(35.18公顷),"千斤麻"3253亩(217.95公顷),均超额完成省农业厅下达的任务。1992年,全县30个乡镇中有19个、25万亩(1.68万公顷)粮田实施吨粮田工程建设,有24万亩(1.61万公顷)粮田达到亩产吨粮,并有11个乡镇亩产超吨粮,其中塘栖、东塘、云会、博陆、亭趾、仓前等6个乡镇通过3年实施,组织验收,达到吨粮田工程

图11-3 2016年6月30日,区长朱华调研崇贤街道茭白秸秆综合利用工作

建设合格乡镇标准。是年，水稻“旱育苗稀植栽培技术”试验获得成功。该技术系日本稻作专家原正市先生多年研究并获得高产的新技术。云会乡施家漾村、余杭镇上湖村和县农科所分别列入省市试点。原正市先生于1991年11月20日和1992年3月6日两次到云会乡施家漾村进行指导。3个试点共播旱育苗秧田651.37平方米，实种早稻旱育秧田稀植栽培试验田11.923亩（0.80公顷），总产粮食6412.3千克，平均亩产537.8千克，比对比亩产增加62.4千克，增产13.12%。是年，实施棉麻连片示范夺高产项目，棉花连片种植30亩（2.01公顷）左右的有10个示范方，合计395亩（26.47公顷），络麻种植30亩（2.01公顷）左右的有103个示范方，合计3749亩（251.18公顷），均获得良好经济效益。

1993年，实施“吨粮、优质、千元”工程，列入农业科技发展计划重大科题项目。根据余杭县政府《关于“吨优千”工程实施规划的通知》，规划实施期限为1993年—1995年，面积20万亩（1.34万公顷）。是年，临平、良渚、仓前等19个镇乡实施5.03万亩（3370.1公顷），平均亩产1009千克，比常规增产6.21%；产值4617万元，平均每亩产值968元，比常规亩增值13%。其中县级示范方10处，面积3281亩（219.83公顷），平均亩产1018千克，比常规增产7.16%；平均每亩产值1083元，比常规亩增值26.4%。是年，推广应用棉麻综合高产栽培技术，棉花实施面积3250亩（217.75公顷），占全县棉田的24.7%；络麻实施面积1.05万亩（706.18公顷），占全县麻田的31.8%。棉花每亩增收皮棉9.2千克，增产16.3%；共增产皮棉710.4吨，增值22.43万元，络麻每亩增收原麻67.4千克，增产17.4%；共增产原麻29.9吨，增值65.07万元。茶叶生产采用的实用技术包括“优化施肥”、“优化防治病虫害”、选用良种、尼龙覆盖以及运用“三秋”新技术等，年增春茶7.95%左右。1994年，继续实施“吨粮、优质、千元”工程。余杭市级示范方12个，1480亩（99.16公顷）；乡镇级示范方25个，2030亩（136.01公顷）。共有19个乡镇实施“吨优千”工程建设，实施面积8.3万亩（5561公顷），平均亩产1212.5千克，平均每亩产值1562.60元，农业丰收项目“万亩水田实现‘吨优千’经过2年实施取得较好成绩，并通过杭州市验收。是年，大面积推广轻型栽培技术，制定《余杭市轻型栽培技术工程规划》。

1995年，推广粮食作物省工、省力、节本、增效八大轻型栽培技术，累计推广面积70.47万亩（4.7万公顷），占全年粮食面积73.4%。其中推广旱育秧（改良型）0.25万亩、旱地小苗带土1.2万亩、温室无土秧1万亩、抛秧0.32万亩、直播稻1.7万亩、大小麦免耕栽培6万亩、化学除草40万亩（次）、作物专用肥20万亩（次）。余杭上湖小农场20亩早稻抛秧平均亩产417千克，比大田增产37千克，亩增产9.7%；旱育秧早稻平均亩产428.8千克，比对照田增37.5千克，亩增产9.6%。是年，推广棉麻两项技术取得明显成效，其中“高效棉麻田资源配置”技术项目自1994年开始实施，累计在10个乡镇、24个村、3818户试验示范，面积4530亩（303.51公顷），亩产皮棉65.3千克，棉田间套亩净收入1392.06元，比对照增长47.7%，亩产原麻449.2千克，合计亩净收入1383.70元，比对照增长43%。“大面积棉麻田综防节工增效”技术实施两年累计在7个乡镇、68个村、3.014万户推广，面积3.195万亩（2140.65公顷），平均亩产皮棉59.5千克，比对照田增长14%，亩节约农药费3.4元，减少防治次数5.5次，节工4.5个。络麻亩产402.8千克，比对照田增长5.5%，亩节约农药费1.2元，节工2.5个。1996年，余杭市被列为全省粮食作物轻型栽培技术推广重点市（县）。全年推广以“旱、直、抛”为主的轻型栽培面积7740公顷。其中“水稻双抛千亩示范方” 项目列入省农技推广基金会资助项目。省人民政府授予余杭市农业局1996年度水稻轻型栽培技术推广二等奖。是年，实施农业节本工程技术——化肥深施技术丰收项目，推广面积35.9万亩（2.41万公顷），实现社会经济效益1053.8万元，11月通过省级验收。

1997年，推广水稻旱、直、抛技术1.75万公顷，应用轻型栽培技术到位率达100%。早稻每亩增产25.65千克，晚稻每亩增产22.5千克。投入43万元，在闲林镇白洋畈建立“余杭市农业局闲林科技实验场”，对千亩山垅冷水田进行改良，平均亩产达590千克，增产45%，树立中低产地改造样板。是年，在乔司镇胜稼村召开现场会，推广蔬菜微型喷灌和深井滴灌等新型园艺设施。1998年，余杭镇上湖村粮食示范方种植面积74.3公顷，年粮食复种面积171公顷，年亩产1005.9千克，年亩产值1390.48元，该示范方获省农业厅颁发的全省粮食生产优质高产示范方一等奖。是年，“20万亩水稻轻型栽培省工节本夺高产”项目获省农业厅1998年度水稻轻型栽培技术推广二等奖。推广“旱、直、抛”粮作轻栽面积15260公顷，其中旱育秧4733.3公顷，直播8633万公顷，抛秧2253.33公顷，平均亩产485千克，比常规亩产增22千克—45千克。

1999年，余杭市被列为农业部“九五”期间第二批“粮（粮食）经（经济作物）饲（饲料）”三元结构种植示范基地，总投资220万元，中央基建拨款投资100万元，地方财政投资120万元，用于建设黑麦草等牧草基地37.33公顷，改扩建猪、羊和畜禽检测用房3750平方米，青贮窖33立方米，冷库75立方米及配套饲料加工设备，检测仪器，采用新技术推广粮食、畜禽和水产的产业化发展模式。是年，推广水稻轻型栽培技术，栽培面积1.75万公顷，轻栽面积占水稻播种面积41.4%，轻栽早稻和轻栽晚稻平均亩增63.7千克和72.7千克。2000年，为提高单季晚稻产量，实施以壮秧、扩行、减苗、调肥、控水为主要内容的单季晚稻群体高质量栽培技术，推广面积1.2万公顷。推广水稻轻型栽培技术面积1.99万公顷，其中旱育秧3333.34公顷，直播1.47万公顷，抛秧1933.34公顷，轻栽面积占余杭市水稻播种面积的57.5%。

2001年，实施单季稻“双百”工程，落实示范方4个，共计70公顷，其中余杭镇上湖村33.33公顷示范方，平均亩产582.1千克，比未实施田块平均亩增95.1千克，亩增收123.63元，全镇1133.33公顷“双百”实施田，比未实施田块平均亩增产63.5千克，亩增收82.55元。全区共达标面积7933.33公顷，比计划多1266.67公顷，共增产6069吨，节约成本440.3万元。是年，无公害优质稻谷生产技术在余杭镇开展试验示范。以禁用甲胺磷、氧乐果、呋喃丹、甲拌磷、甲基对硫磷等高毒残留农药和推荐科学用药降低农药残留手段为主，以及推广应用丙98110、9663、余引1号优质稻种为主栽培品种的无公害优质稻谷生产措施在余杭镇进行示范，中心示范区面积33.33余公顷，带动实施面积1000公顷。农户与镇粮油加工厂签订合同，符合合同要求的每百千克加价6元。实施稻谷中甲胺磷等农药残留不超标，镇粮油加工厂订单生产的“玉鼎牌”大米多次获得农产品金奖。2002年，引进各类新品种50余个，其中水稻20个，瓜果蔬菜等30余个。通过试验、示范、考察评选，筛选出晚粳“丙99—04”“浙粳20”“嘉花1号”等10多个新品种，在区内加以推广。其中“丙99—04”“浙粳20”推广面积在1万公顷以上，成为全区晚稻当家品种之一。是年，投资23.54万元，在余杭镇现代农业示范中心设施蔬菜栽培区首次采用微电脑控制喷滴灌溉系统，实现设施农业的自动微灌。

2003年，国家级“粮经饲”三元结构种植试点项目通过验收。项目于1999年开始实施，到2002年完成，历时4年。粮食作物、经济作物、饲料饲草作物比例从1999年的82∶13∶5调整到2002年的51∶34∶15，新增产值1.34亿元，新增利润3541.8万元，项目区农民人均增收220元。是年，全区推广“浙粳30号”等良种1万公顷以上，良种覆盖率达98%以上。2004年，

“稻鸭共育农业生态园建设项目”被列为省、市、区三级农技推广基金重点资助项目，同时被列入杭州市科技计划项目。该项目分别在余杭镇下陡门村、径山镇前溪村和崇贤镇北庄村3个点进行示范实施，园区总面积64.14公顷，全区推广面积1014.54公顷（含茭鸭共育266.67公顷），至年底，累计增收稻谷259.1万千克，增效340.16万元。

图11–4　径山镇求是村画境种业生态拦截沟渠运维

2005年，区种子技术推广站会同省农业厅和省农科院，在径山镇漕桥村实施“百亩‘Ⅱ优7954’超高产攻关”项目，示范方超级稻最高亩产达796千克，杭州市在径山镇召开超级稻生产技术现场会。区种子技术推广站和浙江省农科院农作物与核技术利用研究所合作选育的常规晚粳稻新品种“浙粳40”“浙粳50”，通过浙江省农作物品种审定委员会审定，并在全省示范推广，区农技推广中心首次有了具有自主知识产权的品种。此外，全年引进早稻“杭959”、晚粳稻“秀水09”、以色列系列番茄、彩色茧等粮油、蔬菜、茶桑果新品种60多个，示范推广新品种10多个，全区良种覆盖率96%以上。经过两年的实施，杭州市农业丰收项目“优质常规水稻良种引进、繁育基地和推广体系建设”通过验收。至年末，全区有各级农业地方标准50多项，基本涵盖了余杭各大农业产业。2006年，落实粮食优质高产示范方21个，总面积733公顷。其中8个示范方参加省、市水稻优质高产示范竞赛活动，获杭州市一等奖1个、二等奖2个、三等奖3个。179户农户参加全省水稻“万村优质高产示范”活动，经测产，早稻高产示范方平均亩产526千克，攻关田最高亩产564.2千克；晚稻高产示范方平均亩产590千克，攻关田最高亩产692千克。是年，有4个项目被列入省市级农技推广基金会资助项目，其中，“冬作开发，薯稻‘双免’，稻鸭共育模式示范”项目列入省级农技推广基金会资助项目，“蒙娜丽莎”甜瓜新品种引进及推广、茭白田套养甲鱼模式试验和特菜引进示范与推广3个项目列入市级农技推广基金会资助项目。区种子技术推广站与省农科院农作物与核技术利用研究所，合作攻关选育水稻新品种“航天36”和“浙糯4号”，通过省农作物品种审定会审定。是年，重点推广“浙粳40”晚粳稻、秀优5号杂交粳稻、科糯991玉米、以色列系列番茄、津优系列黄瓜、浙茭2号茭白、茂绿茶叶、翠冠蜜梨、大团蜜露桃子等十大农作物新品种，推广应用稻鸭共育、水稻免耕直播、稻草覆盖春马铃薯、大棚西瓜全程覆膜栽培、翠冠梨二次套袋、无公害果蔬标准化生产、杀虫灯防虫网应用、桑茶新产品开发、秋制径山茶、大棚养蚕等十大农业新技术。区农技推广中心被评为2006年度浙江省农技推广工作先进集体、省农作物生产新品种（新技术）推广工作先进单位和区科技工作先进集体。

2007年，建立水稻高产示范方6个，面积160公顷，重点示范推广早稻“杭959”，晚粳稻“秀水09”及“浙粳40”等优质高产新品种。应用水稻无公害生产技术7333公顷，水稻免耕直播技术5000公顷，富硒稻米生产技术333公顷。在余杭镇、径山镇开展水稻机械化插秧技术试验与示范工作，引进水稻插秧机2台，育秧盘8000只，建立水稻机插试验示范方4个，完成水稻机械化插秧试验40公顷。其中余杭镇义桥示范方实现单季晚稻亩产617.5千克，亩产提高90千克。是年，余杭区农技推广中心被省农业厅评为2006年度全省农作物新品种新技术推广工作先进单位。2008年，列入杭州市中低产田改造的10个示范项目，共投入资金883万元，通过工程、农艺、生态等措施，以"治水、改土、培肥"为中心，改造面积560.4公顷，通过市级验收。是年，完成"杭州市地方名优蔬菜'大红袍'荸荠的保护利用"项目。建立1公顷的大红袍荸荠种质筛选纯化基地，利用纯化的大红袍球茎繁殖大红袍荸荠3100千克。在塘栖镇、崇贤镇、仁和镇推广应用无公害荸荠优质高产栽培技术面积148.67公顷，示范面积13.87公顷。建成浙江省特色优势农产品基地——余杭高效生态蔬菜芡实生产基地，项目总投资72.53万元，在塘栖镇超丁村和径山镇潘板桥村种植66.67公顷，年产速冻芡米45吨或干芡米32吨，总产值达315万元，实现总利润135万元，并辐射带动全区及周边地区发展芡实种植面积133.33公顷。塘栖镇丁山河村丁山洋农业发展有限公司，利用本地水面资源，从事水培蔬菜生产。首期2公顷多空心菜种植两个月后开采，亩产达1万千克，亩产值达6万元。是年，余杭镇粮油专业合作社建成的粮食农机化生产示范园区成为杭州市第一批农机化示范园区。园区内粮食生产的耕、种、收、灌、治、加工等环节基本实现全过程机械化作业，成为全区粮食生产机械化作业的样板。

2009年，余杭区被认定为浙江省茶树良种化先进县。无性系良种茶园总面积达2171.5公顷，良种覆盖率50.5%。规模开发(连片3.33公顷以上)新发展良种茶园190.87公顷，占当年新发展面积的47.9%。良种茶园亩产名优茶47.5千克，比群体种增产32%；平均亩产值7085元，比群体种增值68.7%。完成珍稀食用菌新品种引进与推广，共引进14个珍稀食用菌新品种，通过试验筛选出金福菇"荆西口蘑"、秀珍菇"杭农1号"、草菇"V25"、姬菇"新39"等适宜余杭栽培的4个新菌株，并通过省、市、区专家组验收。是年，在仁和镇建成10公顷油菜生产全程机械化示范基地，引进油菜移植机1台，开展机插油菜试验。10月，省科技厅组织专家对区种子技术推广站主持的浙江省农业科技成果转化资金项目优质高产粳稻新品种浙粳40的中式开发进行验收。2010年，实施中低产田改造示范项目5个，改造面积300余公顷。以"治水、改土、培肥"为中心，改善农田基础设施，提高农田综合生产能力，5个项目均通过市级验收。制定《关于加快余杭区设施农业发展的若干政策意见》，全区立项启动设施农业发展项目10个，总投资2057万元，重点扶持温室、连栋大棚及标准钢架大棚等。区宇航现代设施农业科技示范园被列为市级设施农业建设项目，"黑仔鳗种工厂化驯育配套设施建设" 等2个项目被列为杭州市设施农业配套项目。至年底，全区有设施栽培面积1133.33公顷、连栋大棚12.67公顷、钢管大棚470公顷、普通大棚375.33公顷、季节性大棚103.33公顷、设施灌溉面积2433.33公顷。收割机、插秧机、名优茶炒制机、果蔬分级机等农机装备应用面得到扩大。

2011年，引进和推广新品种132个，新技术71项，新模式40种，主持或参与实施各级各类农业项目300多个，建立农业标准化示范基地1866余公顷，新增农业"三品"基地2266余公顷。全年创建水稻高产示范方10个，总面积289.67公顷；高产攻关田34块，总面积4.78公顷。领导高产示范田7块，总面积1.28公顷。径山镇建立万亩示范片，面积683.8公顷。通过专家测产验收，径山镇前溪村甬优12高产攻关田亩产767.9千克，创余杭区水稻高产攻关田产量最高纪录，获杭州市竞赛评比第一名。余杭街道上湖村浙优12高产示范方，平均亩产658.4千克，创余杭区水稻高产示范方产量最高纪录，获杭州市竞赛评比二等奖。是年，在良渚、瓶窑、塘栖等镇(街道)13 家单位推广应用蔬菜植株残体资源化利用技术①。应用面积 409.1 公顷,残体处理量 1.29 万吨。同时在全区各主要蔬菜基地建立统一的蔬菜规范化种植园区环境管理制度,为杭州市首创。2012 年,围绕"科技进村入户,助力增产增收"的主题,开展"农业科技促进年"活动。全年引进、示范和推广农业优良品种 123 个、先进适用技术 64 项、新型种养模式 35 种、新机具 309 台(套)。实施各级各类农业项目 100 多个,其中国家级 8 个、省级 55 个。培训农民 2 万余人次,联系和指导农业企业、农民专业合作社等种养殖基地 300 余个。引进并示范推广甬优 12、甬优 538、浙粳 88 等高产优质新品种,推广应用水稻精确定量栽培、精量穴直播、强化栽培以及水稻机插、测土配方施肥、病虫害统防统治等水稻增产增效、省工节本技术,水稻产量再创新高。余杭街道上湖村城北畈单季晚稻高产示范方平均亩产 741.6 千克,径山镇前溪村姚其畈单季晚稻高产示范方平均亩产 727.5 千克。仓前街道苕溪村严家畈"甬优 12"高产攻关田亩产 888.7 千克,径山镇麻车头村上方畈"甬优 12"高产攻关田亩产 875 千克。瓶窑镇西安寺村低田畈、长岗农场马头山、永建畈等多个高产攻关田亩产超 800 千克。由余杭区农技推广中心和农业生态与植保总站联合实施的杭州市农业丰收重点项目——"蔬菜土壤培肥提质增效综合技术推广应用"通过验收。项目累计推广应用蔬菜土壤培肥提质增效综合技术总面积 43.46 万亩次(2.91 万公顷),实现总产量 80.34 万吨,总产值 17.01 亿元。该项目将土壤肥料与栽培技术相结合,按照实用性与先进性结合、用地和养地结合、生产发展和环境保护相结合的原则对蔬菜土壤培肥提质增效技术进行整合并推广应用,在区内蔬菜栽培历史上尚属首次。首次引进密植型插秧机和黄鹤牌 2BFQ-6 型油菜精量联合直播机,制定《油菜主导品种不同栽植方式田间试验方案》,确定仁和街道三白潭粮食功能区为试验示范基地,益民农业生产服务合作社为试验联合单位,深入研究油菜机械化移栽的农机与农艺配套技术。

2013 年,杭州市农业丰收项目"蔬菜可持续高效生态生产技术推广应用"通过验收。编写番茄、黄瓜、茭白、小白菜、莲藕 5 种余杭区主要蔬菜作物的标准化生产技术规程,拍摄《早春保护地番茄栽培技术》视频教材一套;重点推广应用集中化穴盘育苗技术和土壤培肥改良技术,两年推广面积 2.96 万公顷。是年,在良渚街道建设农业部粮棉油高产创建单季晚稻万亩示范片 1 个,面积 683 公顷。在余杭街道、径山镇等 5 个重点产粮镇(街道)建设省级粮食高产创建单季晚稻千亩示范片 5 个,面积 377 公顷;市级水稻高产示范方 7 个,面积 163 公顷;区级水稻高产示范方 10 个,面积 163 公顷。其中径山镇麻车头村上方畈杭州市水稻超高产攻关百亩示范方,示范品种"甬优 12"攻关田最高亩产达 866.8 千克,示范方平均亩产达 838.6 千克,麻车头村上方畈百亩示范方获得杭州市区政府领导示范方一等奖。是年,塘栖枇杷设施栽培技术首获成功。通过现代农业高新技术与传统栽培技术的融合与农艺创新,软条白沙枇杷平均单果重达 50 克,最大单果重达 71.86 克,较传统栽培模式分别提高 76%、71%,且表皮光洁、锈斑少,市场反应较好。是年,余杭益民农业生产服务专业合作社入选全国创新示范合作社 30 佳。合作社自 2008 年成立以来,通过经营模式、管理模式、农机服务、农机技术的不断创新,成为杭州地区率先开展油菜生产全程机械化技术应用研究与试验的合作社,在油菜品种种植试验、油菜生产机械化技术应用等方面成效显著,先后于 2011 年、2012 年获得"国家油菜产业技术体系全程机械

①蔬菜植株残体资源化利用技术是指将不能用于食用的蔬菜植株根系、茎秆、枝叶、果实等,通过收集、粉碎、堆置发酵等工艺,将植株残体生产成为有机肥直接还田,培肥蔬菜土壤,改善因蔬菜植株残体造成的环境污染

化示范合作社”“全国农机合作社示范社”称号。是年11月，径山省级生态循环农业示范区通过验收。示范区覆盖3个片区，面积达351.73公顷，包含有机肥—生态鳖/青饲料—养殖水生态处理—生态鳖/猪场—有机肥；有机肥—草/稻—猪场/羊场—有机肥；猪（羊）蚯蚓—鳖、梨、蔬菜、茶、竹—猪、羊、鳖、鱼等良性生态循环模式。2014年，在仁和街道建设农业部粮棉油高产创建单季晚稻万亩示范片1个，总面积693公顷；在余杭街道、径山镇等5个重点产粮镇（街道）建设省级单季晚稻千亩示范片5个，面积337公顷；市级水稻高产示范方7个，面积147公顷；区级水稻高产示范方12个，面积93公顷。建设重点径山镇麻车头村上方畈省、市水稻超高产攻关百亩示范方，示范品种“甬优12”；良渚街道石桥村陈胡圩区水稻超高产攻关百亩示范方，示范品种“甬优12”；仁和街道渔公桥村水稻精量穴直播技术推广高产示范方，示范品种“春优84”“甬优538”。经专家测产，麻车头村上方畈高产攻关田最高亩产831.2千克，百亩方平均亩产829.2千克；纤石村攻关田最高亩产880.9千克。径山镇麻车头村上方畈百亩示范方获得杭州市区政府领导示范方一等奖，仁和街道永泰村马仁圩畈高产示范方获得杭州市高产示范方一等奖，良渚街道纤石村高产攻关田获得乡镇长试验田第一名。是年，引进电子重量式果蔬分级机1台，水果分选效率提高3.5倍，用工量降低70%，1组分级机能服务梨园67公顷—100公顷。

图11-5 技术嫁接苗生产

2015年，在余杭街道建设农业部粮棉油高产创建单季晚稻万亩示范片1个，总面积740公顷；其他5个重点产粮镇（街道）建设省级粮食高产创建单季晚稻千亩示范片6个，总面积453.33公顷；在径山镇麻车头村上方畈建设超级稻千公斤攻关百亩示范方1个，在仁和街道渔公桥村建设常规晚粳稻攻关百亩示范方1个。经专家测产，万亩示范片平均亩产612.6千克，6个千亩示范片加权平均亩产748.4千克。是年，首次引进1BPQ-500型水田驱动耙（耕整机）1台、2BDXZ-10SC（20）自走式水稻穴直播机1台，开展机械的集成配套试验应用。经试验，平均每亩节本增效202.24元。2016年，在余杭街道等5个重点产粮镇（街道）建设省级粮食高产创建单季晚稻千亩示范片6个，总面积440公顷，平均亩产达753千克，比1995年平均亩产增加5千克。在径山镇麻车头村上方畈和仁和街道渔公桥村分别建设1个超级稻千公斤攻关百亩示范方和1个常规晚粳稻攻关百亩示范方。经专家测产，径山镇麻车头村上方畈“甬优12”百亩攻关方平均亩产862.6千克，攻关田最高亩产932.4千克，全区晚稻亩产首次突破900千克，百亩方平均亩产首次突破850千克。2017年9月，全国稻田综合种养现场观摩交流会在余杭区召开。全国农业技术推广服务中心主任刘天金率中国水稻研究所、浙江大学专家和来自17个省（自治区、直辖市）的与会人员70余人到仁和街道水胜水产专业合作社观摩鱼塘种稻现场，实地踏看虾稻共生—草鱼循环模式的核心示范片，了解芦苇稻的生长情况，听取余杭区实施虾稻共生—草鱼循环模式的经验介绍。

2018年,开展农业科技项目建设。以出台“惠农强村双十条”为契机,加大科技成果转化扶持力度,牵头制定《余杭区农业科技合作和现代种业发展项目实施细则》和《余杭区农业“三新”技术试验示范推广项目实施细则》,以项目为依托,开展技术攻关和集成,促进产业提升发展。实施农业科技合作项目和现代种业发展项目4个,实施“三新”技术试验示范项目4个。

养殖业科技推广 池塘养鱼在境内有着悠久历史。20世纪80年代始,采用许多水产品养殖高产新技术,扩大水产品的规模养殖,取得良好的经济和社会效益。1988年—1990年,完成部、省、市、县级水产科技试验和推广项目13个。县水产技术推广站被评为农业部科技推广先进集体。《万亩池塘养鱼综合高产技术推广》《万亩外精养高产技术推广》等项目形成规模效益。1991年,全面推广混养、套养和轮捕轮放养鱼技术,在池塘和山塘混养异育银鲫、乌醴鱼的面积扩大到2.25万亩(1507.5公顷),产商品鱼444.6吨,每亩增加收入273.6元。是年,余杭县荣获农业部授予的“七五”期间“全国渔业生产先进奖”,余杭县水产技术推广站被农业部授予全国农业科技推广先进集体。1992年,全面推广渔业混养、套养技术,在池塘和山塘混养异育银鲫、乌醴鱼的面积扩大到4.27万亩(2860.9公顷),产商品鱼976.565吨,这一技术经专家鉴定属省内首创。1997年,组织实施“二万亩池塘高产养殖技术推广”项目,获杭州市农业丰收奖水产项目一等奖。1999年,组织实施“淡水青虾大面积高产高效技术推广”项目,获杭州市农业丰收奖渔业项目一等奖。

2000年,组织实施“二万亩名优新水产品养殖技术推广”项目,获杭州市农业丰收奖水产项目二等奖。2007年,组织实施“池塘生态鳖病害综合防治技术示范与推广”项目,获杭州市农业丰收奖水产项目二等奖。2010年,“中华鳖生态养殖关键技术示范与推广”获得杭州市农业丰收项目奖二等奖;“中华鳖良种选育及产业化研究与应用”项目获得农业部2008年—2010年度全国农牧渔业丰收奖一等奖。中华鳖池塘养殖国家标准通过全国水产标准化管理委员会淡水分技术委员会审定。余杭区水产技术推广站被评为2009年度全省基层水产技术推广体系规范管理先进单位。2011年,区渔业渔政管理总站参与实施的“杂交鳢优质高效生态养殖模式研究”获杭州市农业丰收项目奖一等奖。2014年,遴选确定3个渔业科技试验示范基地、30名渔业科技指导员和120户渔业科技示范户。组织区渔技指导员参加渔技知识更新培训班,引进和推广水产养殖新品种4个、新技术2项、新模式4种,发布水产技术信息1367条。2015年,区农业局渔业渔政管理总站遴选确定华运家庭农场等3个渔业科技试验示范基地,新认定渔技指导员23名、渔业科技示范户120户。余杭中华鳖良种场通过省级良种场资格验收。2018年,将“名优淡水鱼循环水设施分级式养殖系统建设”“工厂化养殖智能控制系统建设”“罗氏沼虾育苗尾水生态处理技术”等3个项目列入余杭区农业科技合作项目计划,投资额为1725.1万元;“基于配合饲料在翘嘴鳜养殖中的试验与示范”“藕鳖生态种养模式试验示范”2个项目列入农业“三新”技术试验示范推广项目计划,此外,区农业局组织开展的“党建+”渔技推广服务活动,被评为2018年全省水产技术推广系统“推广服务好做法”。恒泽公司先进设施化“鱼校长”分段绿色养殖模式被评为2018年全省水产技术推广系统“绿色发展好模式”。

境内气候温和,土地肥沃,栽桑养蚕,最为适宜。20世纪80年代始,采用栽桑养蚕新技术,既节省桑叶和人工,又提高蚕茧的产量。1989年,推行“亩桑产茧百公斤配套技术”,以12个村、2924户的2403.8亩(161.05公顷)桑园作示范,全年产茧254.76吨,亩桑产茧105.98千克,比

1988年增产19.96%。1990年,在塘南、东塘、星桥、安溪4个乡镇1.2万亩(804公顷)桑园推行“亩桑产茧百公斤配套技术”,亩桑产茧比1989年增加15%,产值增加10.3%。1991年,蚕桑生产通过增加桑园投入、增养蚕种,应用节能炕房,推广新蚕种和新蚕药等配套技术,推行“双百斤茧高产技术”。1994年,在塘栖镇龙光桥村实施的“蚕桑高产优质配套技术”项目通过杭州市验收。1996年,推广“小蚕一日二回育”省力化养蚕技术9000张,占总发行蚕种量的34%以上,据测定,可节省小蚕用工1.94万工,节省桑叶2.1万千克,张产提高0.84千克,每张蚕可提高效益50元左右。1997年,推广小蚕平面二回育技术,应用2840张,大蚕少回育技术8175张,可节约劳动用工2.55万工,节约桑叶13.29万千克,平均张产茧量35.92千克,增产4.7%,每张蚕可提高效益53.58元。1998年,大力推广应用省力化养蚕技术饲养的蚕种9832张,节省劳动用工9.37万工,省工40%;节省桑叶442吨,节叶率3.39%—10.3%;增产蚕茧10吨,取得较好社会和经济效益。1999年,推广应用省力化养蚕技术17467张,占总养蚕量的67%,节省用工5.75万工,同时还节省桑叶的同时又提高蚕茧的产量。2000年,继续推广应用省力化养蚕技术1.894万张,占总饲养量的70%。2002年,中秋蚕在塘栖镇2个村20户农户中开展方格簇上簇技术试验,茧质可提高2个等级以上,茧价每50千克可提高70元—100元。2003年,继续推广中秋蚕方格上簇技术,全年使用方格上簇蚕种1000张,产茧3.5万千克,上茧率、出丝率分别比上年提高10.39和2.1个百分点。

三、大田种植新模式

2001年后，境内逐步推广稻鸭共育、稻草覆盖春马铃薯—单季晚稻模式、双膜覆盖春玉米—单季晚稻模式、大棚栽培食用菌、西瓜、橘瓜、养鱼稳粮增收工程等大田种植新模式。

稻鸭共育　这是一种以水田为基础、优质稻为中心、家鸭野养为特点,以生产无公害高效益稻鸭产品为目标的大田畈、小群体、少饲喂的稻鸭共育生态种养结合的新模式。鸭子以稻田害虫、杂草、浮游和底栖小动物为食,其排泄物是水稻很好的天然肥,从而减少农药、化肥施用量,有效保护农田生态环境。同时鸭子在稻丛间踩踏、觅食等活动,具有浑水松土、通气增氧的作用,促进水稻根系生长深扎及分蘖发育成穗,提高水稻抗病虫、抗倒伏能力。通过试验对比,采用稻鸭共育种养结合模式一般比不养鸭对照每亩增收100元—200元。2003年5月,浙江省农技推广基金会重点项目“稻鸭共育”正式在余杭、径山、仓前、崇贤、塘栖等镇乡实施。12月,省农技推广基金会会长、原浙江常务副省长许行贯就稻鸭共育技术推广应用等问题来余杭开展专题调研。2004年,“稻鸭共育农业生态园建设项目”被列为省、市、区三级农技推广基金重点资助项目,同时被列入杭州市科技计划项目。该项目分别在余杭镇下陡门村、径山镇前溪村和崇贤镇北庄村3个点进行示范实施,园区总面积64.14公顷,全区推广面积1014.54公顷(含茭鸭共育266.67公顷),至年底,累计增收稻谷25.91万千克,增效340.16万元。

稻草覆盖春马铃薯—单季晚稻栽培模式　马铃薯是一种高产、高效、适应性强广的粮饲菜兼用型作物,是余杭主要春播作物之一,常年种植面积稳定在160公顷左右。该模式在稻田免耕的情况下,直接将种薯摆放在土面上,然后用稻草全程覆盖,配合适当栽培措施,种植方式和收获相当方便,马铃薯收获后,又不耽误插种单季晚稻。2005年,仁和镇示范种植1公顷,平均亩产1700千克—1800千克,亩产值2000元左右,纯收入每亩1200元—1300元。该技术还利用前期单季晚稻稻草秸秆还田,增加土壤肥力,减少冬春季农田抛荒,提高土地利用率和产出率。

双膜覆盖春玉米—单季晚稻栽培模式 一般在2月中下旬在大棚内采用塑盘育苗,3月上旬4叶—5叶期间进行移栽,每亩植4500株左右,采用双膜覆盖,至6月上旬,春玉米即可采收上市。春玉米收获后,可种植单季晚稻,形成双膜覆盖春玉米—单季晚稻栽培模式。

大棚食用菌周年栽培模式 大棚栽培食用菌投入产出快、效益高,可以周年生产。可根据市场需求确定栽培品种和栽培时间,再综合当地气候条件确定。例如,秀珍菇栽培袋培养时间为25天—35天,可根据生产具体情况进行各类菌种选购或制作。一般安排在4月开始制袋,5月开始出菇,可采收至9月底、10月初。

大棚西瓜长季节栽培模式 大棚西瓜长季节栽培是一套西瓜三膜覆盖全程避雨长季节栽培技术。该技术实现南方湿润多雨地区西瓜长季节栽培技术的突破,具有品质优、产量高、上市季节长的特点。1月初播种,2月上中旬移栽,5月上中旬采收头批瓜, 可连续采收4批—5批瓜,一般可收至8月—9月,管理好的采收期可延至10月—11月。由于其一次种植,多次采收,季节长,产量高,经济效益非常明显。一般亩产可达3500千克—4000千克,亩产值可达1万元左右。

大棚橘瓜栽培技术 橘瓜不仅外观好、观赏价值高,且营养丰富。成熟的果实经烘烤或蒸煮后,口感粉香甜糯,常被酒店制成盛放鲍鱼和鱼翅的盅。一般一年可种2次,春播在1月下旬至2月中旬,苗龄25天—30天;秋播在8月下旬,苗龄在7天—10天。一座标准大棚(180平方米)通常种600株左右,其他管理与南瓜大致相似。

养鱼稳粮增收工程 主要的养殖模式有稻田养殖泥鳅、养殖田鱼、养殖甲鱼、稻虾轮作等。该养模式既能清除田中的害虫和杂草,同时,由于鱼虾在田间活动,还能疏松土壤,鱼粪又含有丰富养分,还可为水稻生长提供肥料,是创新农作制度、增加农民收入、稳定粮食生产、发展生态循环农业的重要举措。1999年,在獐山镇胜利村建成境内第一个稻虾轮作农业示范园区,总面积33.33公顷,年内投放第一批虾苗。2001年,加大农业结构调整力度,把发展稻田养殖作为大田结构调整的主要途径,全区稻田养殖面积达到3011.85公顷。稻田养殖品种以甲鱼、青虾、黑鱼等名特优水产品为主,其中稻田养殖青虾面积2093.47公顷,稻田养殖甲鱼面积680.47公顷,稻田养殖黑鱼面积178.33公顷,稻田养殖牛蛙、河蟹、南美白对虾及其他新品种面积59.58公顷。2012年,位于仁和街道的杭州永胜水产专业合作社试行浙江大学首创的“芦苇稻”为核心的“稻虾共生—草鱼立体循环种养”新模式,后在仁和、良渚、径山等街道(镇)示范推行。2013年9月25日, 浙江省副省长黄旭明一行专题调研余杭区以鱼塘种植芦苇稻为特色的养鱼稳粮增收工作。是年,在仁和、良渚、径山和崇贤等镇(街道),推广“稻虾轮作”“稻虾共生”“稻鱼共生”“藕鱼共生”等种养结合模式234公顷,建立示范基地1家。其中永胜水产专业合作社继续试点种植芦苇稻24公顷,建光专业合作社试点种植芦苇稻19.87公顷,亩利润比传统养殖高1600元。余杭区荣获2013年度省级养鱼稳粮增收工程示范县称号。2015年,实施稻鱼共生轮作、藕鱼、藕鳖共生等195.87公顷。

第二节 农业教育和培训

20世纪70年代以前,境内各级农业技术推广组织每年都根据农时季节举办短期培训班,培训内容主要是总结本地增产经验,推广先进生产技术。20世纪80年代后,各区农技站和乡农科站通过举办业余学校向农民传授农技知识。此外,余杭县农业学校、余杭县农业机电学校和中央农业广播学校余杭县分校分别承担相关农业专门人才的培训和学历教育。2004年,余杭区政府制定《关于实施农民素质教育工程的意见》,农民素质教育工程全面启动,农民素质教育迈上新台阶,余杭区多次被评为省、市农民素质教育和农村实用技术人才队伍建设工作先进单位。

一、农民素质培训

培训组织　20世纪90年代以前,对农民的培训主要依托基层农技推广组织每年根据农时季节举办短期培训班进行。此外,余杭农业学校以植保员、水稻技术员、蚕桑技术员、畜牧兽医和拖拉机手为主要培训对象,培养农村专门实用人才。

2004年,全面启动农民素质教育工程。成立余杭区农民素质教育工程领导小组,由分管副区长任组长,成员包括农业、财政、教育、科技、人社等10多个部门。由余杭区农业科研与培训中心具体负责农民素质教育日常工作。2011年11月,农业科研与培训中心更名为余杭区农民素质教育管理总站。其主要职能一是负责做好全区农民素质教育的计划制定、任务落实、服务指导与检查督促等相关工作;二是负责做好全区农民素质教育对镇街考核,完成省市对我区考核的相关工作;三是负责农民技能、农村实用技术、农民素质提升等培训工作;四是负责农村成人学历教育工作,承担浙江省农业广播电视学校杭州市余杭区分校的日常工作。各镇(街道)也相应成立工作机构。区农民素质教育工程领导小组制定年度农民素质教育工作实施意见,下达当年培训任务与项目,并将农民素质教育工作列入对镇(街道)的年度考核。同时整合教育资源,创新办学模式,通过创办农民技术学校、农民夜校、农民素质教育培训基地、校企联合办班、实用人才示范实训基地、田间学校等方式开展农民素质教育工作。

培训实施　1964年12月,成立杭州市南湖农业学校,址设余杭镇南湖石门,下设农学、农机、畜牧兽医3个专业。1969年12月,将南湖农业学校更名为余杭县农业机电学校。1970年10月,将余杭县农业机电学校中的农学、畜牧兽医2个专业划出,单独成立余杭县农业学校。1976年5月,又与余杭县农业机电学校合并建立余杭县"五·七"大学。1979年4月,又与县农业机电学校分开,恢复余杭县农业学校。1971年起,余杭县农业学校主要培训对象为植保员、水稻技术员、蚕桑技术员和畜牧兽医。20世纪80年代后,县农校培训的重点是乡(公社)级农民技术员。1971年—1985年,县农校共培训101期7261人次。余杭县农业机电学校自1965年创建至1985年,共培训118期8247人次,培训对象为手扶拖拉机驾驶员、农机管理人员以及汽车等机动车驾驶员等。此外,中央农业广播学校余杭分校自1981年创办以来,先

图11-6　新型职业农民种苗嫁接工培训(2015年)

后开设农学、农经、果树、农村财会、会计统计与审计以及畜牧检疫等专业，至1994年，累计办学7届，有216名学员毕业，获得国家教委颁发的中专学历证书，毕业生中有不少人成为乡镇党政领导或农技骨干。

1971年以前，各农技推广组织每年都根据农时季节举办短期培训班，时间一般为5天—7天，培训内容主要是总结本地增产经验，推广先进生产技术。20世纪80年代后，各区农技站和乡农科站通过举办业余学校向农民传授农技知识。1987年，举办广播讲座2139次，技术培训349期、23888人次，印发技术资料26.3万份。1988年，分别在县、区、乡三级培训农民技术员和农业生产骨干445期，培训31058人次。1989年举办各类培训班613期、25227人次。1990年，举办685期、38363人次。1991年，开展各类农技培训活动县级53期、6584人次；区级242期、38811人次；乡镇级398期、26302人次。此外，举办广播讲座1672次，专业会议（含现场示范、操作）1192次、35673人次。举办各类渔业技术培训班48期，参加培训1060人次，发放各种技术资料3900余份。是年，省农业厅核定余杭县农机管理总站技术培训分站为一级农机培训学校。1992年，举办县级培训42期、5267人次，镇乡级培训318期、21041人次。其中有50名青年农技人员参加专业技术干部继续教育班，50余名镇乡人员参加农技实体培训班。1993年，对全县农经干部、村总会计分3期进行《浙江省村经济合作社组织条例》、村级财务管理等业务知识的培训，参加培训人数571人。全年组织拖拉机安全技术培训班30期，有4689名驾驶员参加轮训。举办名特优新水产养殖培训班13期，参加培训人数600人次。1994年，举办名特优水产养殖技术培训班20期，1056人次参加学习，印发各类科技资料、简报2300份，组织7个渔业重点乡镇分管乡镇长赴广东等地考察鳜鱼、加州鲈鱼养殖技术。1997年，在农村首次开展“绿色证书工程”[①]培训，按《浙江省农民技术资格证书制度实施细则》和《浙江省绿色证书培训岗位规范》制定教育计划，全年实际受训1240人次，超额1.1倍完成杭州市下达的600名培训任务。1998年，举办各类培训125期，参训7860人次。举办绿色证书培训班15期，培训人数1500余人次。1999年，举办培训班89期，参训5262人次。举行绿色证书培训班48期，培训人数3176余人次。2000年，举办各类农技培训班63期，参训人员4617人次，内容为三黄鸡养殖、黄花梨修剪、稻田水产养殖等；全年培训“绿色证书”45期，培训人数3527人，发证2209人。

2004年，余杭区政府制定《关于实施农民素质教育工程的意见》，农民素质教育工程全面启动。成立农民素质教育工程领导小组，制定实施计划，下达培训指标，落实培训经费，确定培训机构，编写培训教材，组建师资队伍，开展培训试点工作。是年，全区培训17526人，其中非农技能培训10846人，“绿色证书” 和农业实用技术培训6680人（包括中青年农民学历教育542人），发放各类证书16612本，培训后转移就业2947人，超额完成杭州市农民培训领导小组办公室下达的任务，走出一条具有余杭特色的“三电一技，（电脑、电工、电焊、农业技能）的培训之路。是年，仓前镇、良渚镇、塘栖镇、运河镇人民政府获农民素质教育组织先进奖。

2005年实施万名农民素质培训工程，被区委、区政府列入为民办的“十件实事”之一。为此，扩大农民素质教育工程领导小组成员单位，成立由农业、财政、科技、教育、林水、人社等10余个部门组成的农民素质教育领导小组，制定年度《余杭区农民素质教育工作实施意见》。下达当

①“绿色证书”是农民从事某项农业技术工作所必须具备的知识、技能及其条件的资格证明。通过实施农民“绿色证书”培训，培养一批能起示范带头作用的农民技术骨干，以促进农民就业和农村富余劳动力的转移。

年培训任务与项目，并将农民素质教育工作列入对镇街的综合考核，加强对培训基地、培训质量、档案管理、资金使用等方面进行服务、指导和督查。全年参加各类培训的农民25311人，其中农村富余劳动力8066人，失地农民2245人，已在第二、三产业就业的农村劳动力5324人。农业适用技术（绿证）培训9676人，发放各类证书18399本。实现本地转移就业5067人，转移率61.2%。同时还培训4113名各类农机操作手，举办5期新的农村集体经济组织会计制度培训班，参训人员900余人次。全面完成省、市年初下达的计划目标任务，余杭区获得杭州市农民素质培训组织先进奖。

2006年，通过整合教育资源、改进培训方式、拓宽培训专业等形式来增强农民转岗就业的能力。全区有市级农民素质培训示范基地4家，农民夜校3家、农民技术学校3家。全年开展校、企联合办班21期，受训3511人；农产品经纪人受训727人次；农民素质受训37893人次，其中农村富余劳动力培训6522人、失地农民培训2583人、已就业农村劳动力培训14700人、农业适用技术（含绿证）培训10719人、农村实用人才培训1228人、后备劳动力技能培训2141人，发放各类证书26039本，实现本地转岗就业5706人。是年，余杭区被评为2005年度杭州市农民素质培训工作先进单位。2007年，全年开展各类农民培训2.69万人，实现本地转移就业9110人。其中分批分类开展针对外来务工农民企业岗位技能、失地农民就业指导、农业适用技术、家政服务等培训班16期，培训人数2800余人。区委农办被省农科教协调领导小组评为浙江省“千万农村劳动力素质培训工程”先进单位。

2008年，建成浙江省农村劳动力异地就业技能培训基地、市级农村实用人才示范实训基地和市级农民素质培训示范基地各1家，新增区级农民素质教育示范基地7家。全年开展各类农民培训29322人，其中农业专业技能培训8065人、农民转移就业技能培训8031人、农村实用人才培训2024人、务工农民岗位技能培训10654人、农村后备劳动力培训548人。开展农业优势产业经营主体培训1142人，重点转移技能培训559人。年内实现本地转移就业9480人。是年，举办各类渔民培训班8期，涉及新品种养殖技术、无公害养殖技术、水产品质量管理等内容，受训747人次，印发资料1500余份。2009年，为增强培训效果推出培训项目化。以转移就业技能培训、实用人才培训、SYB创业培训[①]、“双证制”学历培训[②]等项目为重点，严格把握项目申报、招标、实施等环节，择优选定培训基地，实现培训内容优化、转移就业定向、校企政企互动，将项目培训落到实处。同时结合全区农业产业发展现状，围绕生产经营、专业技能和专业服务三大类别进行课程设计，对培训课程进行立项审核。针对不同培训类别，确定不同的补助标准，每个项目按培训时间及考证级别给予资金补助。是年，开展蔬菜、茶叶、蜜梨、枇杷、甲鱼、畜禽等农业产业技能培训11期，培训农民1025人次；开展电工、电焊工、冲压剪切、SYB创业培训等转移就业技能培训12期，培训农民546人，直接转移就业454人。是年，全区开展各类农民培训31788人，其中农业专业技能培训10412人，转移就业培训8136人，农村实用人才培训1531人，务工岗位培训11244人，预备劳动力培训465人。在各类培训中含低收入农户1082人。通过多渠道转移农民就业7850人，发放各类证书14758本。

---

①“SYB”意为创办你的企业，由联合国国际劳工组织开发，是为有愿望开办自己中小企业的创业者量身定制的培训项目。

②农民“双证制”学历培训，是使具有初中学历的学员通过培训，取得国家承认的成人职业高中文凭和职业技能证书。

2010年,农民素质教育培训实行任务落实制、项目申报制、项目招标制,对后备劳动力、务工岗位技能提升、低收入农户培训等任务进行分解落实,对乡镇重点转移就业技能、实用人才培训等实行项目申报制度,对服装加工等转移就业、SYB创业培训等培训项目实行公开招标。全年培训农民31566人,其中农业专业技能培训7854人、农民转移就业技能培训8229人、务工农民岗位技能培训12868人、农村实用人才培训1804人、预备劳动力培训431人。全区低收入农民培训1122人。全年农村富余劳动力转移就业7428人,其中培训后直接转移就业5051人。是年,开通余杭农民素质教育网,开设政策文件、工作动态、招生就业信息、新闻媒体报道、学习资料等栏目。网站自创建以来,发布各类信息1980余条。2017年网站关闭,相关信息宣传转至微信等平台。2011年,制定农民素质教育实行"双证制"以及进一步做好农村实用人才培训、转移就业技能和创业强业培训等政策文件。重点抓好"双证制"、技能比武竞赛、农业专业技能培训、农民转移就业技能培训等工作。全年开展农民培训31608人,其中农民转移就业技能培训9739人,农业专业技能培训8302人,农村实用人才培训1910人,务工岗位技能培训11657人;实现劳动力转移5673人,培训直接转移5019人;"双证制"培训3757人。是年,区农村实用人才与农民素质教育领导小组创办《余杭农民素质教育》期刊(季刊),设置职业农民培训、农村实用人才培训、农村"双证制"培训、农民就业创业等专题内容,至2017年共刊发16期。刊登典型推荐50余篇,调研文章40余篇,工作动态237篇。

2012年,开展农民培训3.2万人次,其中农业专业技能培训6825人,转移就业技能培训7746人,SYB创业培训101人,农村实用人才培训2351人,务工岗位培训10811人(其中外地民工1035人),农村"双证制"教育培训获得双证人数4045人。农村劳动力培训后实现转移4536人。是年9月,区农业局与区财政局联合举办全区农村财会人员财政支农政策培训班,21个镇(街道)500人次参加培训。2013年12月,浙江省农民素质教育现场会在余杭召开,余杭区农民素质教育培训工作得到省、市领导充分肯定。余杭区被评为省"千万农民素质提升工程"优秀县(市、区)。全年通过成立区农民学校,以17家镇(街道)农民分校(成人学校)为骨干,健全农民培训体系;以培训项目为平台,实现市级项目促亮点、区级项目促就业、SYB培训促创业、竞赛活动促农民技能提升、"双证"教育促农民文化水平提高的目标。全年开展农民培训29526人。其中转移就业技能培训5592人,农业专业技能培训6994人,农村实用人才培训4176人,文明素质培训5205人,务工岗位技能培训2558人,外地民工培训738人,农村"双证制"教育培训4103人,农广校大中专生102人。转移农村劳动力3715人(含正规转移2589人)。

2014年,全区开展农民培训30289人。其中农业专业技能培训7861人,转移就业技能培训5218人,科学文明素质培训5588人,农村实用人才培训4043人。完成市级农民素质提升工程项目37个,培训1694人。在基层渔技推广培训方面,遴选确定3个渔业科技试验示范基地,30名渔业科技指导员和120户渔业科技示范户,并组织区渔技指导员参加渔技指导员知识更新培训班。组织镇(街道)渔技指导员和企业业主到湖州市长兴县、嘉兴市嘉善县、苏州市相城区和常熟市沙家浜考察现代生态渔业。全年举办各类渔业科技培训班13期,培训农民1047人次。2015年,开展农民素质教育培训21947人,完成任务的120%。其中农业专业技能培训6114人,农村实用人才培训3118人,农民转移就业技能培训3492人,文明素质提升培训4081人,务工农民岗位技能培训2564人,"双证制"教育培训2578人。是年,组织渔技指导员到浙江省水产技术推广总站参加渔技指导员知识更新培训班,提升渔技指导员服务水平。全年举办各类渔民培训班6期,培训农民770人次。

2016年,制定《余杭区农民素质教育实训基地(田间学校)管理办法》,建立农民培训田间学校,将全区每个产业较具影响力的15家基地列入"田间学校"。对"田间学校"承担的每一期培训课程实行项目化管理,实行"一班一结"制度,每年对田间学校进行考核验收,全年完成培训200人次、48课时以上的,区财政奖励3万元。是年,全区完成农民素质教育培训19019人。其中农业专业技能培训5968人,农民转移就业技能培训3161人,文明素质提升培训6965人,农村实用人才培训2291人,新型职业农民629人次。余杭区被评为年度省"千万农民素质提升工程"优秀县(市、区)。余杭区玉渚、四岭名茶厂、益民3家田间学校被评为第一批浙江省田间学校。2017年,完成农民素质教育培训18448人。其中农业专业技能培训5320人;转移就业技能培训2982人;文明素质提升培训7431人;农村实用人才培训2441人(包含新型职业农民700人次)。是年,农民培训田间学校稳步提升。经过农业企业园区等自愿申报,区农业局、林水局相关专家评审,余杭区四岭名茶厂、余杭益民农业生产服务合作社等15家单位被列入区级农民素质教育实训基地(田间学校)。此外,余杭区野鼎、恒泽、龙头山3家田间学校被评为第二批浙江省农民田间学校。至此,全区有6家区级单位荣获此殊荣。

2018年,全区开展农民培训18863人次,其中新型职业农民806人次,实用人才1752人次,转移就业2687人次,文明素质7814人次,农业专业技术5804人次。开展重点项目培训32项、1582人次,获得职业技能证书519人。是年,着力抓好培训项目管理,将重点培训项目划分分为农业领军人才项目、农业创新人才项目、农业技能人才项目,补助标准达到每人2万元、5千元、3千元。借力高校、实训基地的优势,开展形式多样的培训。与复旦大学合作,开展农业领军人才高端培训,来自全区的农创客、土专家、农业经营主体等38人参加培训,开设休闲农业开发、农业企业财务管理等针对性强的课程。加强对生产经营型、专业技能型、专业服务型的三大类型的新型职业农民培训,全年开办新型职业农民培训18期、806人次,如瓶窑镇举办的无人机植保机械培训班为期一年,开设水稻病虫害防治技术、气象学基础知识、无人植保机飞行训练、无人植保机遥控器训练等系列课程,让种粮大户率先掌握无人机植保新技术。此外,借助省市级培训平台,全区160名学员参加了各类省级培训,其中20名学员获得高级经纪人证书。还有26名学员参加为期一年的省农广校的桃梨、茶叶、粮油研修班。开展农业类中专、大专和本科教育培训工作,通过与高等院校合作及鼓励自学考试两种途径,培育农业专业人才。当年全区在读种植、花卉专业中专生112人次。与浙江农林大学合作,面向余杭区涉农方向的从业人员开展大专本科学历提升教育培养工作,实行补助学费70%的政策,通过成人高考,录取大专经济管理专业、本科农林经济管理17人。在西部镇街开展农村新型业态转移就业培训,其中在径山、百丈镇举办农家乐(民宿)培训班,135人获得中式烹饪师初级证书。开展订单式教育培训,按企业就业需求,定向开展职

图11-7 农民培训艺术插花现场(2016年)

业教育培训，举办西式面点师、物业管理员、养老护理员培训等9期457人，获得技能证书310人，以实现在家门口的充分就业。通过新闻媒体，开展“田间学校研修班”“新型农民培育”“就业创业能力提升”以及镇街培训典型跟踪等宣传报道。全年刊发各类培训报道299篇，人物典型31篇。其中在余杭晨报、余杭电视台等发布信息49条。国家级、市级媒体发布信息3篇。

2008年—2018年，全区累计组织各类农民培训27.5万余人次，其中科学文化素质教育4.6万余人，农业专业技术培训11万余人，转移就业培训5.3万余人，农村实用人才培训2.6万余人，学历教育（双证制）教育培训2万余人，务工农民培训1.7万余人，新型职业农民培训2600余人。自1981年以来，浙江省农业广播电视学校杭州市余杭区分校的学历教育结合农民培训，招收畜牧、竹业、枇杷、园艺等专业中专学历教育的学员1000多人，通过继续教育取得大专和本科学历的新型职业农民400余人。区农民培训职能部门撰写的《关于提升农民素质教育质量的对策研究》等20余篇调研报告在《农民科技培训》《浙江现代农业》《新农村》等杂志上发表。同时建立一支多层次的师资队伍，农民教育培训师资库共有36个职业的各层次师资329人。其中一个由100多人组成的省、市、区优秀农业专家及农民“土专家”队伍相结合的农民培训师资库，设立蔬菜、水果、茶叶、水产、民宿等教学指导模块17个，“土专家”们的教学方式接地气，互动性强，广受农民喜爱。抓好示范基地建设，全区有11家农民培训基地先后被评为省、市农民素质教育示范基地。余杭区的农民素质教育工作多次被评为获得杭州市农民素质教育工作先进区（县），2012年度及2014年—2017年度均被评为浙江省“千万农民素质提升工程”优秀县（市、区）。

2018年余杭区农民素质教育实训基地（田间学校）名单

表11-1

产业	单位名称
茶叶	杭州市余杭区径山四岭名茶厂
粮油	杭州余杭益民农业生产服务专业合作社
	杭州及时雨植保防治服务专业合作社
畜牧	杭州史氏家庭农场有限公司
	杭州市龙头山生态养殖有限公司
水产	浙江恒泽生态农业科技有限公司
蔬菜	杭州良渚麟海蔬果专业合作社
水果	杭州玉渚农业科技有限公司
	杭州爱比利生态农业开发有限公司
	杭州花果水农庄有限公司
	杭州余杭鸬鸟果农专业合作社
竹林	杭州上湖明山竹笋专业合作社
	杭州余杭区径山镇野鼎家庭农场
花卉	杭州余杭区名卉花艺发展中心
综合	浙江浙农农业科技有限公司

二、农村实用技术人才队伍建设

20世纪70年代，根据中共余杭县委要求，从1974年起，由当时的余杭县农业科学研究所承担培训乡村级农民技术员的任务。每年经区农技站推荐，挑选若干名有一定实践经验，并具有初中以上文化程度的中青年农民进行培训，培训时间为一年，培训方法以参加科研劳动为主，结合开设相关课程。1974年—1985年，共培训10期49人。这些农民技术员回到当地后，对所在乡村的农业生产起到积极的推动作用，有些人被充实到乡村领导班子，有的成为主要领导干部。1993年2月，杭州市人民政府召开1992年度享受国家特殊津贴科技人员表彰会，县农科所所长范忠信是境内第一个被评为有突出贡献和享受国家特殊津贴的科技人员。

2004年，余杭区作为全省4个农村实用人才试点县(区)之一，启动农村实用人才抽样调查工作，通过调查研究，为制定余杭区加强农村实用人才队伍建设的意见及农村实用人才规划，提供对策与措施。2005年，在初步完成抽样调查的基础上，根据余杭区"十一五"人才发展规划和《关于加强农村实用人才建设的实施意见》，制定《余杭区农村实用人才选拔管理工作意见》。明确农村实用人才的选拔范围和对象是本地农村中具有一定知识或技能，能够起到示范带动作用，为当地农业和农村经济和社会发展做出积极贡献，并得到群众认可的农村劳动者。并开展全区农村实用人才普查工作，确保人才队伍的有序壮大。

2006年，继续深化农村实用人才培养工作。是年，杭州市农办建成"杭州市农村实用人才信息管理系统"，各区、县(市)可以通过平台录入农村实用人才信息。全区有3002名农村实用人才录入杭州市农村实用人才信息库，15名录入杭州市农村实用人才师资信息库。是年，市、区两级启动优秀农村实用人才评选工作，余杭区竹笋研究所所长沈要刚被评为杭州市"十佳农村实用人才"，余向东等13人被评为杭州市"优秀农村实用人才"；俞国祥等10人被评为余杭区"十佳农村实用人才"。2007年，根据杭州市《关于加强实用人才信息库建设的通知》和《关于做好农村实用人才调查入库工作的通知》，当年新增入库人才2159人，累计录入5161人。2008年，在原区农民素质教育工程领导小组增挂区农村实用人才工作领导小组牌子，负责全区农村实用人才工作的政策制定、宏观指导、综合协调和督促检查。当年新增3861名农村实用人才录入杭州市农村实用人才信息库，累计录入9022人。全区有73人录入杭州市农村实用人才师资信息库。是年，沈要刚获得杭州市市政府特殊津贴奖，葛建时被评为杭州市"十佳农村实用人才"，张红被评为杭州市"优秀农村实用人才"。

2009年，认定各类农村实用人才4160人，全区农村实用人才信息库中人才数累计12747人，其中市级人才285人、区级人才847人、乡级人才11615人，女性人才1555人。全年举办农村集体"三资"(资金、资产、资源)监管工作业务、村(社)助理会计业务、农村经营管理系统、村(社区)出纳人员、村级财务信息化管理工作等各类培训班7期，500余人参加培训。编印下发村(社)村级"三资"管理制度及台账等汇编材料1000余份。2010年，新吸纳进入杭州市农村实用人才信息库的农村实用人才5888人，其中女性人才2138人，新增市级人才393人，新增区级人才2683人，全面完成杭州市布置的各项任务指标，获得2010年度杭州市农村实用人才信息库考核二等奖。是年，陈效绘被评为杭州市市政府特殊津贴奖，李生龙被评为杭州市"十佳农村实用人才"，李培珠、朱焕潮获得杭州市"优秀农村实用人才"称号。是年，沈要刚获得余杭区杰出人才奖。

2011年，余杭区委印发《杭州市余杭区"十二五"人才发展规划》，明确提出实施"十二五"新

图 11-8　2019 年 6 月 24 日至 28 日，农创客创业提升班在宁波大学举办

农村建设人才培养工程，围绕新农村建设和农业产业化发展，重点培养新农村建设的生产能手、经营能人、能工巧匠和乡村科技人员等人才。结合杭州市“三培养”工程，深入开展“双培双带”活动，努力把优秀的农村实用人才培养成党员，把党员中的实用人才带头人培养成村干部。实施农村实用人才“213”培养工程，到 2015 年，培育 20 个高级农民技师、100 个农民技师、300 个助理农民技师与农民技术员，每村农村实用人才 3 名—5 名为党员。重点引进实施农业产业化的领军人才 5 名以上，能够解决农业技术难题的高层次实用人才 20 名以上，并培育、引进特色产业示范带头人 1300 人以上。是年，区农业局下发《关于做好 2011—2013 年度农村实用人才示范实训基地选拔评定工作的通知》，制定《余杭区农村实用人才“三培养”工程实施意见》，评定 4 个区级农村实用人才示范实训基地，实施农村实用人才“213”工程，推荐 100 余名市级人才和部分优秀区级人才参加上级有关部门组织的各类高端培训。全区新增农村实用人才 1750 人，其中女性 746 人，新增市级人才 22 人。2012 年，制定《2012 年度余杭区农村实用人才“三培养”工程示范村（社区）创建实施意见》，在杭州市首创农村实用人才“三培养”工程示范村（社区）创建工作，① 是年，运河街道戚家桥村等 10 个村（社区）成功创建为“三培养”工程示范村（社区）。当年组织 130 多人参加特色产业、都市农业业务知识等农村实用人才高端培训班，推荐 105 名市级人才和部分优秀区级人才参加省市组织的各类高端培训。全年新增农村实用人才 1519 人，其中女性 533 人，累计农村实用人才 20213 人。高天荣等 10 人被评为余杭区“十佳农村实用人才”，任含星等 10 人被评为余杭区“优秀农村实用人才”，郑洪广获得余杭区突出贡献人才奖。

2013 年，新增各类农村实用人才 2165 人，其中市级人才 198 人，农村实用人才总量累计达 22082 人。新创建百丈镇半山村等 10 个“三培养”工程示范村（社区）；推荐 181 名优秀农村实用人才参加各级各类培训班，并与省农科院合作举办农村实用人才高端培训班 2 期，培训人数 105 人。2014 年，全区新增农村实用人才 1978 人，其中女性 891 人，总人数达 23310 人。继续开展农村实用人才“三培养”工程示范村（社区）创建工作，乔司街道永西村等 15 个村（社区）创建为“三培养”工程示范村（社区）。开展余杭区第三届“十佳农村实用人才”评选工作，李国叙、沈兴连、俞丽芬、郑冬明、贾国明、陶卫东、何林海、罗天子、陈保华、张红等 10 人被评为余杭区第三届“十佳农村实用人才”。俞根荣等 10 人被评为余杭区“优秀实用人才”。陈刚获得杭州市市政府特殊津贴奖，姚国忠获全国首届动物防疫职业技能竞赛决赛三等奖。

2015 年，新增各级各类农村实用人才 1519 人，其中女性人才 704 人，全区农村实用人才总

①“三培养”即把农村实用人才培养成党员，把党员培养成农村实用人才，把优秀实用人才培养成基层组织带头人。

量达到24194人。继续实施农村实用人才“213”工程,“十二五”期间共培育了42名高级农民技师、127名农民技师、541名助理农民技师与农民技术员。是年,沈建国、张高立、郑洪广、何林海、钱海山、沈要刚、楼情灿、李生龙、沈兴连、陈梅生、姚荣建、杭勇、谢一民、郑冬明、马良浩、江华民、来鸿飞、黄卫东、鲁勇良、张国顺等20人被评为余杭区二十佳现代农业标兵,在全区人才大会上受到表彰。2016年,制定《余杭区新一轮高层次人才引进培养“千人计划”实施意见(2016年—2020年)》,加大高层次人才、实用型人才、创新创业团队引进力度。是年,新增各级各类农村实用人才606人,农村实用人才总量24800人,其中女性7611人。加强与省农科院等院校合作,举办农村实用人才产业技术带头人培训班和农村产业技术创新与推广服务团队专家培训班。开展余杭区第四届“十佳农村实用人才”评选工作,评出张高立、郑洪广等10人为余杭区“十佳农村实用人才”。张高立获得杭州市市政府特殊津贴奖。

2017年,全区新增农村实用人才824人,总量达到25624人,其中女性7862人,张高立等11名实用人才入选区“千人计划”高技能实用型人才。张高立获得余杭区优秀中青年人才奖。同时根据全区农村实用人才培育现状,制定《余杭区农民技术人员职称评定管理办法》和《余杭区农业产业技术创新与推广服务团队运行管理办法(修订)》两个配套细则。进一步加强与省农科院等院校合作,举办余杭区首届大学生“农创客”培训班和农业产业技术创新与推广服务团队培训班。2018年,制定《关于进一步加强“三农”人才工作的实施意见》《余杭区农业生产领域全日制本科及以上学历毕业生和中高级专业技术职称人员相关补贴发放实施细则》,提高农业领域创业就业的本科及以上学历高校毕业生的最高补贴标准至12万元,共向106人发放253.5万元补贴。新引进中级以上专业技术职称人员3人,新引进本科以上学历高校毕业生40人,其中1人为博士学历,6人为硕士研究生学历。组织80余名农技指导员赴部省级院校开展为期一周的轮训学习,提升专业技能。同时粮油、蔬菜、茶叶、水果、渔业、畜牧、竹业、花卉苗木等6支团队专家围绕主导产业提升积极开展“三新”技术的试验示范和推广工作。全年新增农村实用人才1253人。何林海获得杭州市政府特殊津贴奖。

至2018年,全区农村实用人总量为26877人(女性8570人),其中市级人才1377人、区级8273人;45周岁及以下7415人;大专及以上学历3553人、中专及高中学历6595人;初中及以下学历16729人。此外,全区有F类以上农业高层次人才共有42名,其中B类1人,D类9人(新职农民6个,专技人才3名),E类21人(新职农民19人,专技人才2名),F类11人。农业人才办公室撰写的《余杭区农村实用人才状况调查报告》《余杭区实施农村实用人才“三培养”工程的探索与思考》等调研报告在《杭州农业与科技》等杂志发表。

表11-2

余杭区F类以上农业高层次人才汇总表

序号	姓名	单位	人才类别	备　注
1	范忠信	余杭市农业科学研究与培训中心	B类,享受国务院津贴	退　休
2	沈建国	区农业生态与植保站	D	市高层次人才
3	金国强	杭州市余杭区农业技术推广中心	D	市高层次人才
4	汪爱娟	杭州市余杭区农业生态与植物保护管理总站	D	市高层次人才
5	陈　刚	杭州春溢蔬菜专业合作社	D	杭州市政府特殊津贴

续表 11-2

序号	姓名	单位	人才类别	备　注
6	张高立	浙江恒泽生态农业科技有限公司	D	市贴、区“千人计划
7	陈效绘	杭州志绿生态农业开发有限公司	D	杭州市市政府特殊津贴
8	何林海	杭州良渚麟海蔬果专业合作社	D	杭州市政府特殊津贴
9	徐国辉	浙江森禾种业股份有限公司余杭分公司	D	区“千人计划”高技能实用人才
10	李浙烽	杭州康德权饲料有限公司	D	区“千人计划”高技能实用人才
11	庞法松	杭州市余杭区农业技术推广中心	E	区高层次人才分类(2017 年第三批)
12	方文英	杭州市余杭区农业技术推广中心	E	区高层次人才分类(2017 年第三批)
13	沈兴连	杭州余杭益民农业生产服务专业合作社	E	区“千人计划”高技能实用人才
14	杭　勇	杭州余杭水胜水产专业合作社	E	区“千人计划”高技能实用人才
15	任含生	杭州禹农农产品专业合作社	E	区“千人计划”高技能实用人才
16	徐建荣	杭州白荡洋淡水鱼专业合作社	E	区“千人计划”高技能实用人才
17	周水根	杭州绿鼎笋业专业合作社	E	区“千人计划”高技能实用人才
18	郑冬明	杭州余杭斗门禽蛋专业合作社	E	区“千人计划”高技能实用人才
19	孟方荣	杭州格真农产品专业合作社	E	区“千人计划”高技能实用人才
20	章星山	杭州余杭绿景早竹笋专业合作社	E	区“千人计划”高技能实用人才
21	张树峰	杭州余杭区径山镇张树峰家庭农场	E	区“千人计划”高技能实用人才
22	刘　松	明康汇生态农业集团杭州种植有限公司	E	区“千人计划”高技能实用人才
23	楼情灿	杭州银泉茶业有限公司	E	区“千人计划”高技能实用人才
24	韦葡雄	浙江浙农科技有限公司	E	区“千人计划”高技能实用人才
25	谢一民	杭州余杭科联兔业有限公司	E	区“千人计划”高技能实用人才
26	刘彩凤	杭州绿丰竹笋专业合作社	E	区“千人计划”高技能实用人才
27	杨琪峰	杭州北草园生态农业有限公司	E	区“千人计划”高技能实用人才
28	周金炎	杭州山沟沟茶叶专业合作社	E	区“千人计划”高技能实用人才
29	姚建光	杭州余杭黑鱼专业合作社	E	区“千人计划”高技能实用人才
30	罗亚东	杭州东源生物科技有限公司	E	区“千人计划”高技能实用人才
31	来江飞	杭州智坤农业开发有限公司	E	区“千人计划”高技能实用人才
32	孙志伟	浙江浙农科技有限公司	F	区“千人计划”高技能实用人才
33	王光峰	浙江浙农科技有限公司	F	区“千人计划”高技能实用人才
34	张　莉	杭州宇航梦园农业科技有限公司	F	区“千人计划”高技能实用人才
35	陈李波	杭州智坤农业开发有限公司	F	区“千人计划”高技能实用人才
36	董近赤	杭州奇妍园艺有限公司	F	区“千人计划”高技能实用人才

续表 11-2

序号	姓名	单位	人才类别	备 注
37	黄宗伟	杭州余杭奇奇观赏鱼专业合作社	F	区“千人计划”高技能实用人才
38	贾国明	余杭区仓前街道农业公共服务中心	F	区“千人计划”高技能实用人才
39	谢志虎	余杭区仓前街道吴山前村	F	区“千人计划”高技能实用人才
40	姜建明	余杭区运河街道新宇村村委	F	区“千人计划”高技能实用人才
41	李国叙	余杭区运河街道新宇村村委	F	区“千人计划”高技能实用人才
42	郎程鹏	杭州渔歌电子商务有限公司	F	区“千人计划”高技能实用人才

说明：全区 F 类以上农业高层次人才共 42 人，其中 B 类 1 人（已退休），D 类 9 人（其中新职农民 6 名，专技人才 3 名），E 类人才 21 人（其中新职农民 19 名，专技人才 2 名），F 类人才 11 人

三、新型农村技术推广体系建设

为进一步深化农技推广体系改革，促进农技推广机制和服务创新，建立新型现代农业技术推广队伍体系，2003 年，推行农业科技人员重点项目落实制，以高级农技人员为龙头，以中级农技人员为依托，带动初级农技人员共同开展科技项目，全年共立科技项目 22 个，安排项目经费 55.5 万元。

2006 年，制定《关于推行农技大师制度，建设新型农技推广体系的工作意见》。建立以农技大师为龙头、责任农技师为骨干、农民大师为基础的三级联动新型农村技术推广体系。全区近 250 名农技人员与各类农业专业大户参与申报。在仓前“羊锅节”上，5 位区级农技大师首次集体亮相，打出“农技大师面对面，服务就在你身边”的横幅，挂牌接受农民群众的现场咨询。2007 年，制定《关于实施首席农技推广专家制度的补充意见》，建立首席农技推广专家制度，确定沈建国等 14 人为首席农（林）技推广专家、75 名责任农林技师、134 名农民大师构成的新型农技推广队伍。明确首席农技推广专家是本产业的技术带头人，责任农技师是本产业技术推广和革新的主要力量，农民大师是农业技术革新的带头人和示范人等职责，并建立日常管理和年度考核体系。当年以这支新型农技推广队伍为主力，实施农业“四新”工程，开发农业新产品 10 个，推广新品种 10 个、新技术 10 项、新模式 10 项。2008 年，为保障新型农（林）技推广队伍的稳定性与灵活性，对农（林）技推广队伍实行动态管理，进行年度考核，对考核不合格的责任农技人员予以解聘，同时补充聘任其他符合条件的技术人员。是年 7 月，对首期新型农（林）技推广体系队伍中的 14 名首席推广专家、75 名责任农（林）技师、134 名农民大师进行考核，除 1 人不合格外，其余均通过考核，合格率 99.6%。同时根据首期工作开展情况，对《责任农（林）技推广队伍体系建设考核管理办法》进行修订和完善。2009 年，申报国家级基层农技推广体系改革与建设示范县项目，于 2009 年 11 月被农业部批准立项，实施期限为 1 年，项目补助资金 100 万元。项目确定粮食、茶叶、蔬菜、水果、水产、畜牧等六大主导产业的主推品种和主推技术，确定 100 名农技指导员，培育 1000 户科技示范户，建立 10 个农业科技试验示范基地，制作发放农技指导员手册、科技示范户门牌和手册等工作，并做好相关数据信息的网上录入。是年，完成第二期新型农（林）技推广体系队伍的聘任，共聘任三级责任农技人员 254 人，其中首席农技推广专家 13 人、责任农技师 88 人、农民大师 153 人。农（林）技推广队伍的聘期由首期的 1 年调整为 3 年。

2010 年 10 月,余杭区全国基层农技推广体系改革与建设示范县项目通过省农业厅专家组的考核验收。通过项目实施,全区在粮油、蔬菜、茶业、水果、水产、畜禽等六大主导产业中,培育 1000 户农业科技示范户,聘任 100 名农技指导员,建设 10 个农业科技试验示范基地。全年举办农业科技示范户专业技术培训班 6 期,发放农业科技示范户物化补助 15 万元,组织农技指导员参加省级专业知识更新培训班 7 期,试验、示范和推广主导品种 57 个,主推技术 25 项,建设农业科技试验示范总面积 456.33 公顷。第二期新型农技推广队伍体系继续保持高效、稳定运行。全年组织专题调研 84 次,撰写调研文章 84 篇,引进和推广农业新品种 118 个、新技术 76 项、新模式 37 种,主持或参与实施各级各类农业项目 295 个。首席农技推广专家和责任农技师共联结企业 78 家,基地 216 个,农户 1000 户,被新闻媒体报道 120 次,成效显著。

2011 年,连续第二年被农业部列为全国基层农技推广体系改革与建设示范县。根据项目实施任务,以粮油、蔬菜、水果、茶叶、水产和畜禽六大主导产业为基础,全年共举办农业科技示范户培训班 12 期,培训农户 1000 余人;组织农技指导员参加省级培训班 7 期,培训人员 100 名;建设农业科技示范基地 10 个;开展了 40 个主推品种和 20 项主推技术的试验示范和推广,累计投资 100 余万元,全面完成各项实施内容,余杭区被评为获全国农技推广示范县项目浙江省优秀区(县)。是年,全区新型农(林)技推广专家和推广人员 254 人,全年引进和推广新品种 132 个,新技术 71 项,新模式 40 种,主持或参与实施各级各类农业项目 300 多个,建立农业标准化示范基地 1866 余公顷,新增农业“三品”基地 2266 余公顷,举办农民专业技术培训班 194 期,培训农民 1.8 万余人次。余杭区联一竹笋专业合作社理事长沈要刚获全国“三农科技服务金桥奖”。2012 年,连续第三年被农业部列为全国农技推广示范县。以粮油、蔬菜、水果、茶叶、水产和畜禽六大主导产业为基础,全年共举办农业科技示范户培训班 12 期,培训农户 1000 余人;组织农技指导员参加省级培训班 9 期,培训人员 100 名;建设农业科技示范基地 10 个;开展了 22 个主推品种和 16 项主推技术的试验示范和推广,连续第二年荣获全国农技推广示范县项目浙江省优秀区(县)殊荣。完成第三轮新型农技推广队伍聘任工作,聘任责任农技人员 354 名,其中首席农技推广专家 14 名、责任农技师 145 名、农民大师 195 名。全年引进、示范和推广农业优良品种 123 个、先进适用技术 64 项、新型种养模式 35 种、新机具 309 台(套)。实施各级各类农业项目 100 多个,其中国家级 8 个、省级 55 个。培训农民 2 万余人次,联系和指导农业企业、农民专业合作社等种养殖基地 300 余个。区生态植保总站沈建国获得 2012 年度浙江省农技推广贡献奖,区联一竹笋专业合作社理事长沈要刚获得杭州市农业科技突出贡献者称号。

2013 年,继续实施基层农技推广体系改革与建设补助项目,围绕水稻、蔬菜、水果、茶叶和畜牧五大主导产业,遴选确定 818 名农业科技示范户,培育 80 名农技指导员,建设 5 个农业科技试验示范基地。全年共组织农技员参加省级培训班 8 期,培训人员 100 多名;试验、示范和推广农业主推技术 10 项、主推品种 10 个。项目投资 80 万元,各项实施内容全面完成,促进农业科技成果的转化与应用。区农业技术推广中心金国强获得 2013 年度浙江省农技推广贡献奖。2014 年,进一步加强基层农技推广体系改革与建设,围绕粮油、蔬菜、水果、茶叶和畜牧五大主导产业,遴选确定 801 名农业科技示范户,培养 80 名农技指导员,建设 5 个农业科技试验示范基地。全年共组织农技员参加省级知识更新培训班 5 期,培训 81 人次;组织农技员开展联结基地,指导科技示范户示范和推广 18 个主推品种、16 项主推技术。

2015 年,举办余杭现代农业提升发展研修班。区级相关部门、园区建设重点镇(街道)农业公共服务中心负责人、现代农业园区业主等近60人参加研修。副区长李红良参与讨论“余杭现代农业提升发展中面临的问题和对策”。2016年，连续第五年实施全国基层农技推广体系改革与建设项目，以粮油、蔬菜、水果、茶叶和畜牧等五大产业为主线，遴选确定68名农业技术指导员和346名科技示范户；建设省级现代农业科技示范基地6个，组织6大农业产业技术创新与推广服务团队开展农业先进适用技术和品种的试验示范及推广应用。全年共示范推广主推品种21个、主推技术18项。根据产业发展需要，在全区粮油、蔬菜、茶叶、水果、畜牧和渔业等六大产业中建立6个农业产业技术创新与服务团队，成员分别有国家级、省级、市级等单位资深专家、区级农业技术专家和乡土专家。建成首批省级现代农业科技示范基地6个，改善服务条件，为提升全区区农业科技服务能力提供示范平台。是年，6个基地共示范新品种14个，新技术新模式16项，新配备仪器设备172台(套)，开展观摩、培训达27次，培训和参观人数达1046人次。确定346户种养水平较高的新型职业农民和部分具有农民技术职称的农业科技示范户，带头示范农业主推品种和主推技术。推荐优秀农技员和科技示范户参与省、市级荣誉评选，其中农技员庞法松获2015年度浙江省农业技术推广贡献奖，科技示范户张高立为享受市政府特殊津贴人员。2017年，连续第六年实施全国基层农技推广体系改革与建设项目，在粮油、蔬菜、水果、茶叶、畜牧等五大农业主导产业，主推品种72个，主推技术32项。遴选确定66名农业技术指导员和333名科技示范户；建设省级现代农业科技示范基地6个，开展各类技术试验示范10项，组织各类培训班和观摩会18次，受训人数882人次。与区委组织部、省农科院联合举办1期农村实用人才产业带头人暨农创客培训班，邀请了省内知名专家学者进行授课，培训农业科技示范户达60余人次；在农业部农村实用人才培训基地——省农科院举办1期余杭区农业产业技术创新与推广服务团队培训班，培训团队成员及省级现代农业科技示范基地建设单位负责人共计50余人。区农教总站庞英华获2016年度浙江省农业技术推广贡献奖，区农业技术推广中心方文英获2017年度浙江省农业技术推广贡献奖。

2018年，建成省级现代农业科技示范基地5个，选聘农技指导员70名，培育科技示范户300名，建设提升农业产业技术团队6个。在粮油、蔬菜、水果、茶叶、畜牧等五大农业主导产业中，主推品种29项，主推技术25项。制定《余杭区农业产业技术创新与推广服务团队运行管理办法(修订)》，全年组织会议、考察、交流、研讨、培训等活动达20次，各团队分别建设产业示范推广基地3个，服务指导每个科技示范户5次以上，以不断培育壮大我区主导产业集群。重点推进示范基地的条件建设、技术提升和服务拓展。

四、农民技术职称评审

1990年，余杭县建立农民技术人员职称评定工作领导小组，负责农民技术人员职称评定工作。经考试、考核和评定，是年评出有职称农民技术人员2157人。其中农民技师115人，占5.33%；助理农民技师551人，占25.54%；农民技术员1290人，占59.81%；助理农民技术员201人，占9.32%。2000年，根据农业部、浙江省农民技术人员技术职称评定晋升的有关规定，对1998年底申报的种植业、水产、畜牧、农经、林业等5个专业的290名农民技术员进行逐个评审，最后评定通过289名，其中助理农民技师11名，农民技术员276名，助理农民技术员2名。

2002年底，全区农民技术职称评定和晋升工作由区科协转至区农业局负责。至是年底，全区累计有3351人获得农民技术职称，其中农民助理技术员314人，农民技术员2018人，农民助理技师727人，农民技师292人。2003年—2004年，共有122人获评出各类农民技术职称，其中，沈要刚获得农民高级技师，为余杭区获得农民高级技师第 1 人。

2005 年，加大农民技术职称评定工作力度，开展以各产业种养大户、农民合作组织社员和会员为主要对象的千名农民职称评审工作，1032 人通过农民技术职称评定，其中 128 人获得农民技师职称，301 人获得农民助理技师职称，603 人获得农民技术员职称，同年，取消农民助理技术员职称评定工作。

图 11-9　为新型农技推广队伍体系的首席农技推广专家发放聘书（2012）

2006 年—2007 年，787 人通过农民技术职称评定，其中 100 人获得农民技师职称，254 人获得农民助理技师职称，431 人获得农民技术员职称，李生龙、任含星获得农民高级技师职称。由于各种原因，2008 年、2009 年、2010 年农民技术职称评审工作没有开展。

2011 年，设立专项资金，对新评定为农民助理技师、农民技师和农民高级技师人员给予奖励，补助标准分别为 100 元、200 元和 500 元。2011 年—2015 年，710 人通过农民技术职称评定，其中 42 人获得农民高级技师职称，127 人获得农民技师职称，259 人获得农民助理技师职称。

2016 年—2018 年，215 人通过农民技术职称评定，其中 24 人获得农民高级技师职称，90 人获得农民技师职称，131 人获得农民助理技师职称，30 人获得农民技术员职称。2017 年 8 月，为进一步规范农民技术职称评审工作，制定《余杭区农民技术人员职称评定管理办法》，提高补助力度，对新评定为农民助理技师、农民技师和农民高级技师人员给予奖励，补助标准分别为 1000 元、1500 元和 2000 元。2018 年，根据余杭区人民政府《关于进一步加强“三农人才”工作的实施意见》，对新评出的农民技术职称人员，参照全区技能人才补助标准，即新评出的农民技师享受的补助从 1500 元增加到 2500 元，农民高级技师可享受的补助从 2000 元增加到 5000 元。全年共评定农民技术职称人员 81 人，其中，获得中初级农民技术职称人员 71 人，获得高级农民技术职称人员 10 人。至 2018 年底，全区共 6216 人获得农民技术职称，其中农民高级技师 69 人，农民技师 731 人，农民助理技师 1656 人，农民技术员及以下 3761 人。

1990 年—2018 年余杭区农民技术职称评定情况表

表 11-3

年度	农民助理技术员(人)	农民技术员(人)	农民助理技师(人)	农民技师(人)	农民高级技师(人)
1990~2002 年	314	2018	727	292	0
2003 年	12	33	14	8	1
2004 年	12	26	15	1	—
2005 年	—	603	301	128	—
2006 年	—	155	114	39	—

续表 11-3

年度	农民助理技术员(人)	农民技术员(人)	农民助理技师(人)	农民技师(人)	农民高级技师(人)
2007年	—	276	140	61	2
2011年	—	134	65	33	10
2012年	—	40	60	24	—
2013年	—	55	45	28	15
2014年	—	39	44	27	2
2015年	—	14	45	15	15
2016年	—	14	32	24	7
2017年	—	10	20	20	7
2018年	—	6	34	31	10
合计	338	3423	1656	731	69

说明:①2002年之前农民技术人员职称评审工作由区科协承担,2003年移交农业局。②根据省科协文件精神,从2005年开始不再评审农民助理技术员。③由于各种原因,2008年、2009年、2010年农民技术职称评审工作没有开展

此外,至2018年底,区农业农村局共有农业技术人才56人,占在编工作人员的24%。从职称看,具有正高级职称3人,占5%,副高级职称14人,占25%,中级职称21人,占38%,初级职称10人,占18%,无职称8人,占14%。从学历看,具有硕士研究生学历5人,占9%,大学学历40人,占71%,大专学历10人,占18%,中专学历1人,占2%。从年龄状况看,35岁以下20人,占36%,35岁至50岁22人,占39%,50岁以上14人,占25%。近三年新招录农业专业技术人员4名,占新进人员的40%。

在职称评定方面,局系统在2014年评审通过1名正高级职称人员、3名副高级职称人员、1名中级职称人员;2015年评审通过1名副高级职称人员、5名中级职称人员;2016年评审通过2名正高级职称人员、3名副高级职称人员、1名中级职称人员;2018年评审通过1名副高级职称人员。2017年起,根据《关于做好2017年度职称评审计划的通知》要求,全省事业单位专业技术人员职称评审采用评聘结合的方式,职称评审应在核定的专业技术岗位结构比例内进行,进一步完善能上能下的用人机制。

第三节　科技宣传和信息化建设

民国时期,县农业推广所下乡推广水稻改良方法以及病虫害防治等技术。中华人民共和国成立后,余杭农业部门将宣传普及农业科技知识、下乡指导推广技术成果作为为农民服务的主要手段和途径。21世纪初,开始筹建专为农村、农业、农民提供快捷便利科技信息服务体系,通过开通农村经济信息互联网站、实施“农民信箱”工程和“数字兴农”工程,在发布灾害性天气预警、农作物病虫动态预报、农产品供求信息发布、农业技术咨询、政策信息传播等方面发挥了重要作用。

一、农业科技宣传活动

自20世纪末开始，有计划地每年下乡开展农业科技宣传教育活动。1988年，由县农学会牵头，组织农技人员到黄湖等5个乡镇举办农技知识咨询及巡回展览，推广农业新技术，普及科学知识。1989年，县农学会组织下乡巡回咨询，不仅展示农业科技宣传图片，解答农民生产难题，还备有水稻良种、蔬菜水果苗秧供应。

1990年，为配合开展“农业科技推广年”活动，举办“丰收成果图片展览”，并下乡巡回展览和咨询，还与县科协、县文化局联合举办科教电影汇映月活动。1991年，参加“91科技之春”第五届科普宣传周活动，举办余杭县农林科教电影汇映活动。1994年3月，在余杭县农村工作会议期间，农业局在文化广场向与会代表展出介绍新良种、新型农机具和先进作物栽培技术文字图板，会后到各镇乡村巡回展出。

1995年—1996年，共举办4次科技下乡活动，70余名科技人员利用科技咨询、现场指导、播放录像等形式，宣传农业科技知识。开展科技人员“联大户、增效益”活动，这是农业部门在坚持蹲点、搞示范传统做法的基础上，结合农业和农村经济发展新要求而创新的新形式。有53名科技人员深入到专业大户（场）中去，联系大户52户，搞好服务，帮助解决实际困难，提高农业经济效益。

1997年3月，为认真贯彻中央10部委关于科技、文化、商品“三下乡”活动通知精神，与省农业厅、杭州市农业局、杭州市科委等单位在余杭镇举办大型科技“三下乡”活动，刘锡荣副省长现场指导。浙江农业大学、省农科院等单位50余名专家参与，带来近百项农业科技成果，数千份（册）图书资料，近2000余名农民参加活动。1998年9月，结合全国科技宣传月活动，在临平文化广场举行大型科技咨询活动，发放科技资料1000余份，咨询600余人次。10月，20余名科技人员到瓶窑、良渚、五杭、崇贤等地开展科技“三下乡”活动，展出图板、播放录像，发放科技资料6000余份。1999年1月，组织粮油、植检、特产等科技人员20余人到仓前、长乐、瓶窑等地开展科技咨询活动，，发放各类科技资料2500余份。2月，在余杭市农村工作会议期间，在临平文化广场开展科技咨询活动，发放各类科技资料1000余份。

2000年9月，在全国科技宣传月活动中，组织畜牧、水产、农机、特产和农业行政执法大队分别到良渚、黄湖、余杭等12个镇举办科技下乡活动，20余名中、高级科技人员参与，发放科技资料2000份，接受咨询人数达7000余人次。2002年，为适应农业种植结构调整后出现的新形势，采取以试验示范开路，农技网络宣传、结合技术培训等形式推广新技术、新农药。全年开展植保技术培训2次，组织提供新优农药20吨，推广面积1.8万公顷。2003年，区农业局组织67名中、高级科技人员参加5次科普宣传、农技咨询活动，接待群众咨询2000余人次，发放科技资料6500余份。2004年1月，区农业局与杭州市农业局在运河镇举办科技下乡活动。4月，区农业局会同沪、苏、浙农科院等单位在余杭高新农业示范中心举办大型科技咨询活

图11-10　2019年9月23日，在农民丰收节活动现场向农户提供技术咨询的专家

动，有关领导及三省百余名专家、教授参加活动，开设现代农业发展方向和水产技术两场专题讲座，为乡镇技术人员与农民解答种植、养殖方面的各种实际问题，促进了苏、沪、浙三地的农业科技交流。是年，开展百名农技人员联基地联大户活动，全区120余名农技人员参加该项活动，将农业新信息、新技术、新品种传递给种、养大户，帮助他们解决遇到的难题。区农技推广中心被省农业厅评为百名农技人员联基地联大户活动先进单位。

2005年，先后5次在余杭、良渚、仓前、径山等乡镇开展以送政策、送法律、送信息、送技术、送良种为主题的农业"五送"活动，来自区机关事业单位和省、市及上海市的农业科研技术人员200余人次参加活动。制作农业科技图板100余块，发放各类涉农法律、法规、政策及专业技术宣传资料1.45万份，现场展示宣传图板、画册近600块(册)，接受农民咨询8000余人次，免费赠送价值3.5万元的优质单季晚稻种子、蔬菜新品种等，该项活动获杭州市级重点科普宣传项目三等奖。是年，全区有129名农技人员参加联基地联大户活动，共联基地121个，联系种植大户45户，联系养殖大户8户，推广新品种40个，推广种养技术129项，培训5600人次。2006年5月，农业"五送"活动在瓶窑镇举办。举办大棚蔬菜优质高产技术培训班。2007年，在瓶窑"竹笋节"上开展农业"五送"活动，派出农业专业技术人员40余名，发放各类资料5000余份，现场咨询1500余人次。2008年，开展"百名农技人员进百村科技减灾促春耕"活动，派出11个科技小分队，对11个乡镇100个村开展技术指导和服务工作。参加第22届科普宣传周活动，发放涉农资料800余份，现场咨询100余人次。在黄湖镇开展以送政策、送法律、送信息、送技术、送良种为主题的农业"五送"活动，派出农业专业技术人员20余名，发放各类资料5000余份，现场咨询800余人次。2009年，在良渚镇开展以送政策、送法律、送信息、送技术、送良种为主要内容的农业志愿服务"五送"活动，共有30余名专家参加，分发各类资料5000余份，良种200多包，接待和解答农民咨询2000余人次。举办单季稻生产技术、蔬菜新品种新技术和蔬菜农残检测培训班各一期。

2010年，开展以送政策、送技术、送法律、送信息、送良种为主要内容的农业"五送"志愿服务活动2次，农业科技广场咨询服务1次，组织各产业责任农技人员及农技指导员开展各类农业科技下乡服务416次，面对面为基层农民群众解难事、办实事、做好事。2011年3月，开展由杭州市农业局、杭州市农科院和余杭区农业局联合主办的科技助农服务月活动。共展示新农机具20多种，赠送书籍50种2000多册、科普资料120种20000多册、标准化模式图20种8000多张、优新品种种子30种500多包，惠及农民2800多人。是年，开展以送政策、送法律、送信息、送技术、送良种为主题的农业"五送"志愿服务活动2次，重点突出"科学发展、科技创新"和"农产品质量安全"等与广大公众生产生活实际密切相关的主题，在现场开展农产品质量安全知识有奖竞答活动，并赠送种子、种苗和科技书刊。区农学会"五送"活动获得区科协优秀科普项目二等奖。

2012年10月，《浙江省农业机械化促进条例》正式实施，利用报刊、网络、专题讲座及张挂宣传横幅、发放宣传资料等形式对条例进行宣传和解读，并借助培训班、座谈会和技术下乡等活动宣传条例。2013年，制定《余杭区农业系统春耕备耕"五送"服务月系列活动实施方案》，发动全区农业系统干部和农技专家，结合实际采用举办科技咨询、上门走访、座谈交流、实地指导、现场培训等多种形式，帮助、指导农民群众抓好春季生产，解决实际问题。组建11个"三联"服务小组走访农业园区50余个，村(社区)70余个，专业合作社30余家，种养殖大户90个，帮助解决问题15个，开展技术面对面指导服务100余人次。在南苑街道开展农产品质量安全知识进社区活动。获2013年“全国科普日暨余杭区第27届科普宣传周优秀活动项目”三等奖。2014年，开展农民素质教育“进村入户”活动，专家现场为农民答疑解惑，提供技术指导，共发放技术资料700余份，把1000多份种子、苗木、早竹笋专用肥等送到农民手中。以“保护渔业资源，保障水产品质量安全”为主题，在博陆农贸市场采取展板、实物展示，现场咨询、赠送鱼药、与群众互动交流等方式进行宣传，在运河街道博陆成人培训学校举办水产品质量安全知识培训班，实地走访杭州佳田农业开发有限公司、李国叙黑鱼养殖场两家科技示范户，赠送相关投入品和科普宣传资料。开展农产品质量安全与农业标准化科普下乡宣传系列活动，获得2014年全国科普日暨余杭区第28届科普宣传周优秀活动项目奖。

图11-11　2019年4月1日，余杭区党员干部“三服务”暨科技下乡活动

2015年，开展“国家农产品质量安全县”创建科普下乡和科普惠农活动，接待咨询300多人次，发放书籍资料50余种一万余册，赠送蔬菜良种2000包、宣传环保袋2000只，惠及农民3000多人，并开展有奖知识竞答、蔬菜农药残留检测互动体验。获2015年余杭区全国科普日暨杭州市科普宣传周优秀活动项目奖。2016年，强化科技引领，助推现代农业发展，做好新版《余杭区农业科技资料汇编》编撰工作，全年向全区各镇街及相关单位印发500余册，组织15个农科单位在余杭街道举办一期大型农业科技下乡活动，积极参与林水局、科技局等单位组织的各类科普宣传活动。全年共发放农业科技资料50余种6000余册，速测卡600张，赠送蔬菜良种1000包、宣传环保袋1000只，惠及民众2500余人，有效推动农业科技入户工程。2017年，在南苑街道、鸬鸟镇开展农业科技下乡活动，除了常规咨询服务外，还开设新品种、新技术和农机具展示区。结合农业科技西进服务活动在鸬鸟镇举办一期《农药新条例》宣贯培训班。区农学会获2017年全国科普日暨余杭区科普宣传周优秀活动项目奖。

2018年，开展“强化科技引领 助力乡村振兴”为主题大型科普宣传活动。分别在瓶窑、百丈镇举办“余杭区水稻高产栽培技术”“竹林——中药材复合经营模式示范推广”培训班，特别邀请到浙江农林大学林业与生物技术学院的邵清松副教授，为百丈周边农户举办“竹林——中药材复合经营模式示范推广”培训班，借助高校专业师资力量提高农户生产经营综合能力，受到农民朋友们热烈欢迎。区农学会获2018年余杭区全国科普日暨杭州市第32届科普宣传周优秀组织单位奖。

二、农业信息化建设

余杭农网　为解决广大农民在增收致富中缺信息、缺技术、缺服务问题，以信息化推进农业产业化进程，提升农产品形象和竞争力，促进产品流通，2001年开始筹建专为农业、农村、农民提供快捷便利技术和信息服务的信息服务体系。依托1994年3月建立的余杭区农村经济信息中心，于2001年12月28日开通余杭农村经济信息的互联网站——余杭农网（www.yhnw.com）。网站设有12个主要栏目和2个数据库，开通“农技110”服务热线——96160110，组建一支由中级以上专业技术职称农业专家、区级涉农部门有关人员、基层农村工作者三个层面的70余人的信息员队伍。余杭农网开通第一年,发布农业新闻、农产品价格行情、农产品供求、农业技术、招商项目、政策法规、农业产品和企业介绍等信息1万多条,累计有来自国内外的1.8万余人次访问浏览网站,并与国家农业部网站和浙江农网、杭州龙网等网站进行链接。通过宣传推介、咨询答复、实地指导、科技示范、技术培训和收集分析与发布等形式,对外展示余杭农业、农产品,对内为广大农民、农业企业等提供技术、信息、市场等指导服务。

2003年,余杭农网根据杭州市的统一标准,通过数据库资源整合改造,农业新闻、农业技术、价格行情和供求信息栏目与杭州龙网实现数据库公用、资源共享,累计发布各类信息4万多条,有7万多人次访问浏览网站。进一步完善"农技110"服务热线,重组充实有88人组成的农业专家咨询和信息员队伍,建成余杭农业科技信息服务台,在全省农技110语音信箱的基础上,开通具有余杭特色、更贴近余杭"三农"的农业专家咨询热线和电话语音服务信箱。并按照实现农业信息入乡、进村、到户,提高、完善镇乡(街道)信息服务站,全面建设村信息服务点的工作要求,推进农业信息服务体系建设。对镇乡(街道)信息服务站,在原有硬件的基础上,重点完善工作制度等软件建设;对村级信息服务点,按照"四个一"标准(一套电脑设备、一条上网专线,一名信息员、一套管理和服务制度)进行建设,每个服务点配备电脑和ADSL(非对称数字用户环路)宽带上网,明确信息员的工作职责。全年共完善和建设镇乡(街道)信息服务站20个,建成村信息服务点174个。至2004年,新建村级信息服务点150个,全面完成324个村级信息服务点的建设任务。其中,村级信息服务点262个,农业龙头企业、农民专业合作社和行业协会、种养加销大户等农业经营主体信息服务点62个。一个以农村经济信息中心(余杭农网)为核心,以镇乡(街道)信息服务站为依托,以村级信息服务点为网点的农村信息网络服务体系基本形成。呈现出不同层面的为农信息服务的不同功能:区层面主要提供农业农村各类政策、信息发布和农业产前需求查询、产中咨询求助、产后供求帮助等信息指导服务;镇街层面主要提供信息下载与引导、为网站输送最新农业动态及数据库信息来源、发送生产者供求信息、开展实地咨询等信息现场服务;村层面主要提供政策宣传、村务管理、技术咨询、产品供求等信息传递服务;农业经营主体层面主要提供政策扶持、企业宣传、信息查询、供求发布、电子商务等信息专题服务。

图11-12　2017年7月11日,余杭区举办首届农创客素质提升培训班

为进一步扩展农业农村综合信息服务平台功能,于2008年和2013年两次对余杭农网进行功能升级改版,增加农业产业成果展示、网上农展会、阳光工程等新栏目。2016年11月15日,根据中共杭州市委、杭州市人民政府农业和农村工作办公室关于永久关停杭州龙网的决定,属杭州龙网子网的余杭农网正式关闭,上线15年来累计发布各类信息10万余条。

农民信箱　2005年,浙江省政府启动实施"百万农民信箱工程"。10月底,余杭区农业局、林水局、城乡一体化办、高新农业示范中心、供销社、财政局农财科等涉农部门纳入农民信箱，20个镇乡（街道）系统管理员注册完毕，324个村级信息员接受业务培训。至12月底，超额完成浙江农民信箱1500个注册用户任务，总注册用户达2241户，启用数1758户。

2006年，全区注册农民信箱1.43万户，启用1.4万户，启用率99%；培训农民信箱用户1.4万户，培训率99%。全区262个建制村联络点信箱100%开通，通过农民信箱发送手机短信30.93万条，发送信件34.49万封。平台发布公共信息219条、买卖信息426条、农业信息资源40条。有40多家涉农企业、30多家农业专业合作组织、2760户种养销大户进入农民信箱，通过农民信箱累计交易1134万余元。2007年，累计注册农民信箱2.74万户，启用率98%。并在灾害性天气预警、农作物病虫动态预报、农产品供求信息发布、农业技术咨询、政策信息传播、网络交易等方面扩大农民信箱为农服务的效能。如超强台风“罗莎”影响余杭时，预警与跟踪提醒短信通过农民信箱及时传达给广大农民早作应急准备，避免更大损失；每半月定期发送农产品生产销售行情联动信息，为茶叶、苗木、水产等大户及时提供实用、有价值的信息。注册的80家涉农企业、30家农民专业合作社、10家农家乐，通过用农民信箱促进产品销售。如杭州石门笋制品有限公司通过农民信箱将产品打入西北、东北等市场，销售额达250万元；杭州余杭仓前嘉庭园林绿化场通过农民信箱销售产品3.5万元。特别是在首届农民信箱网上农博会上，全区有40家农业龙头企业参展。期间，余杭农产品共被点击查看近2万次，网上询盘、电话咨询计200余次。卖出甲鱼、大米、禽蛋食品等产品累计超50吨，成交金额177.7万余元。其中，大单配送67次，配送金额97.8万元。2009年，开通农民信箱“每日一助”短信服务，农民信箱注册用户突破3.6万人。累计发送各类信息超过100万人次，发布农产品买卖信息3000余条。对农村信息员和农户2000余人开展历时6个月的第二轮农村信息化培训，培育农民信箱应用示范户550人。

2010年，完成全区农民信箱“三录一库”工程暨注册用户属性规范建设任务。农民信箱启用用户达3.4万余人，其中农业主体用户约4800人。2012年—2013年，先后建成农民信箱粮油、畜牧二级业务平台。种养加销大户在农民信箱上开设网上摊位200多个，展销农副产品500多种，年促成农产品交易额1000多万元。

2015年，按照农民信箱和万村联网系统升级改版的要求，对4.29万户农民信箱注册户进行属性数据库梳理、规范，对镇街、村（社区）信息员开展新版本系统功能操作培训。升级改版后的农民信箱，通过每日一助、买卖信息、农产品信息、商务信息等途径，其农产品供求信息服务功能得到了增强。如仓前街道灵源村湖羊养殖户，在农民信箱发布湖羊销售信息，售出湖羊500只，销售额63.2万元；又如蔬菜主产区南苑街道，在农民信箱发布蔬菜销售信息，售出各类蔬菜31.5万公斤，销售额59.4万元。至2018年底，全区农民信箱注册用户4.4万户，用户规范率97%。

万村联网　2008年，浙江省政府启动实施“万村联网工程”，为有需要的行政村、经济主体、农家乐、镇乡（街道）等提供自助建网站服务。是年，余杭区首批建立浙江省万村联网新农村网站达100个村（社区）。2009年，全区有252个村（社区）建立门户网站，其中160个村网站达到省级标准；10个村被评为杭州市农村信息化示范村。累计发布各类信息6800多条。

2010年，“万村联网”工程实现全区乡村全覆盖，镇乡（街道）、村（社区）门户网站开通率达100%，累计发布信息1万余条。至2013年，万村联网平台建设已成规模，新农村网站年发布信息1万条以上。2010年—2013年，全区共建成新农村示范网站省级8个、市级8个，建成省级农村信息化示范镇(街道)2个,建成市级农村信息化示范村13个,建成杭州市农村信息化示范企业(合作社)11个。至2018年底,纳入万村联网工程建设的村(社区)网站185个。其中,符合农业现代化评价指标的村(社区)网站185个,规范率100%。

微博与微信　为进一步推进农业信息化建设,充分运用新媒体拓展余杭城乡统筹发展和“三农”信息公开渠道,转变为农指导服务方式、方法,提升网络引导能力和服务水平,2014年10月,建立“余杭三农”官方微博、微信网络平台。构建“新农村、新农业、新农味”三大板块的“余杭三农”微信基本框架,开设“三农”动态、美丽乡村、龙头企业、生产指导、农产品、农家乐等基础服务栏目,实现余杭农网、微博、微信三方服务信息的互联、互融、互动。在试运行期间,编辑发布“余杭三农”微博、微信50多条。

2015年1月6日,“余杭三农”官方微博、微信正式启用,年编辑发布微博281条、微信250余条。2016年余杭农网关闭后,其部分功能和信息服务内容转移至微博、微信等平台。2016年和2017年,分别在5个村、10个村开展“一村一微”微信平台试点项目建设。2016年—2018年,共编辑发布“余杭三农”微博1208条、微信1303条,微信粉丝增至6万余人,“两微”新媒体信息宣传服务的影响力日益扩大。

信息服务工程　2011年8月,全区“数字兴农”工程暨信息服务工作正式启动,数字电视农村信息化栏目进入千家万户。发布政策、村务、技术和娱乐等服务信息8000多条。翌年,余杭区“数字兴农”信息服务工作通过杭州市考核。

2012年3月,启动现代农业地理信息系统建设,完成粮食生产功能区3546.67公顷、农业园区7112.2公顷和标准农田2000公顷的上图入库。2013年7月,启动农业“两区”(粮食生产功能区、现代农业园区)信息管理平台建设项目,主要开发农业产业项目管理信息系统,继续推进现代农业地理信息系统建设及应用,累计完成粮食生产功能区5226公顷、标准农田2800公顷和现代农业园区7184公顷的上图入库。2014年,基本建成农业“两区”信息管理平台,成功开发农业产业项目、现代农业园区、粮食功能区、农户承包土地及其流转等数据库和功能系统,累计完成现代农业园区7222公顷、粮食生产功能区5252万公顷和标准农田2814公顷的上图入库。2015年,余杭农业“两区”信息管理平台全面启用,开通农业产业项目管理、农业园区、土地流转服务等功能。2016年,完成30个美丽乡村和农业精品园地理信息的初次采集工作。

2018年4月,根据《余杭区“十三五”农业农村发展规划》和省、市、区信息化建设项目等要求,余杭区政府印发《余杭区智慧农村建设实施意见》,并召开动员大会、举办业务培训、明确创建任务、建立推进机制,全面部署落实智慧平台、智慧产业、智慧服务三大系统工程建设项目。经推荐申报、联合评估,在第一、二批美丽乡村精品村中确定2018年第一批智慧农村项目创建村81个。至2018年底,创建村均已采用万兆链路上联,村级公共Wi-Fi免费点位311个;验收通过43个创建村的“智慧窗口”建设任务,益农信息社、便民服务中心等服务站点已基本全覆盖,扩展24小时自助办事机覆盖面。同时,完成余杭区农业应急指挥系统硬件建设,装备4平方米的LED显示大屏、2个单兵、1个车载视频直播设备和10个光纤直连的农业基地实时户外可视化高清摄像装置;余杭区农业大数据云平台建设项目列入2018年区政府信息化专项,明确农业物联网监测、农业应急指挥、市场行情服务等智能化监管及服务开发模块。

第四节　农业科技成果

境内农业科学研究主要包括结合农业生产实践推进农业标准化建设和实用科学技术研究两个方面。农业标准化是指以农业为对象的标准化活动，其目的是将农业的科技成果和多年的生产实践相结合，制定“文字简明、通俗易懂、逻辑严谨、便于操作”的技术标准和管理标准向农民推广，不但能使农民增收，同时还能很好地保护生态环境。境内农业标准化建设始于1997年，至2018年制定的农业标准基本涵盖农业生产的各个领域，形式全方位的农业标准体系。中华人民共和国成立以后，农业科学研究逐步展开，特别是20世纪80年代后，农业科研活动十分活跃，科研活动紧密结合农业生产实践需要，与有关农业院校和科研机构合作，取得一系列丰硕成果。农业标准化建设和科研活动的开展为农业生产的发展提供了坚实的科技保障。

一、农业标准化建设

境内农业标准化建设始于1997年，是年3月，余杭市技术监督局发布省内首例地方标准《径山茶》(DB330125.001—1997)。该标准明确规定径山茶的产地、制作工艺。质量要求及抽样、试验、标志、标签、包装等各项技术规则，为径山茶规范生产提供基础性依据。1999年11月，浙江省质量技术监督局发布《径山茶》省级地方标准，该标准包括径山茶栽培技术、鲜叶和加工工艺技术、商品茶三部分，为境内第一个省级农业地方标准。

2000年12月，《淡水青虾的苗种繁育标准》《淡水青虾立体养殖技术操作规程》和《商品虾质量标准》等淡水青虾系列标准上升到杭州市农业标准规范并由杭州市市场监督管理局颁布实施。是年，《本牌中华鳖孵化与养殖技术》与《本牌中华鳖商品鳖》上升到省级农业地方标准。2003年2月，杭州大麓茶业有限公司生产的“大麓牌系列茶”通过国际标准验证，成为余杭区首个采用国际标准的农产品。11月，余杭区首个省级农业标准化推广示范项目《无公害乌鳢标准化养殖示范推广》通过专家验收。12月，青蒸茶省级标准通过评审，成为继径山茶后的第二个茶叶浙江省地方标准。是年，制定农业标准10种，其中省级1件，市级4件，区级5件，累计制定标准39件。2004年，余杭区第一个观赏性农产品《金鱼》系列区级地方标准通过验收；《无公害桔瓜生产技术规程》《生猪屠宰检疫规范》《无公害稻鸭共育技术规程》等3个区级农业地方标准通过专家审定。

境内第一个国家级农业地方标准则是2005年9月由国家质量监督检验检疫总局发布的《地理标志产品　塘栖枇杷》。至2005年末，全区各级农业地方标准达40多项，基本涵盖余杭各大农业产业，如传统的径山茶、旱竹笋，新兴的甲鱼、乌鳢、蜜梨及迷你桔瓜、翘嘴红鲌、稻鸭共育技术应用等。同时完成稻鸭共育技术、迷你桔瓜栽培技术、茭白生产等3个产品的模式图编制工作，在标准规范的通俗化、可操作性上做了有益尝试。2008年起，除继续加强农业标准的制定外，着力推进农业标准化示范园区建设，是年，实施市级农业标准化示范园区2个，区级农业标准化示范项目10个。2009年，实施“芡实标准化种植推广示范”省级农业标准化示范项目1个，区“毛元岭桃果标准化示范基地建设”等区级农业标准化示范项目11个。全年制订和修订7个农业标准规范，其中省级农业标准2个，区级农业标准5个。

2010年，进一步加强农业标准化建设，实施浙江上升农业开发有限公司“无公害中华鳖标准化养殖推广示范”等省级农业标准化示范项目2个、杭州余杭塘栖枇杷特色园区有限公司“塘栖枇杷标准化栽培示范”市级农业标准化项目1个、杭州宇航梦园农业科技有限公司“‘以色列1489番茄’设施生产标准化示范”等区级农业标准化示范项目10个，总面积达4667公顷。此外，还制订“蓝莓生产技术规程”等2个省级农业地方标准、“聚宝灵芝栽培技术规范”1个市级农业地方标准以及4个区级农业地方标准。是年，杭州市种猪试验场（杭州大观山种猪育种有限公司）荣获农业部首批“禽兽标准化示范场”称号。浙江蓝天生态农业开发有限公司成为全国第一家通过循环经济标准化试点项目的企业。2011年9月，国家质量监督检验检疫总局和中国国家标准化管理委员会发布《中华鳖池塘养殖技术规范》，该标准是余杭区主持制定的首个渔业国家标准，填补国内同类标准的空白。是年，实施农业标准化示范项目13个，其中省级1个、市级2个、区级10个。径山、小五山等5个径山茶标准化示范基地通过区级验收。

2013年起，积极探索农业标准化整区推进模式，余杭区被列入省级农业标准化综合示范区创建计划。是年，建设农业标准化示范基地17个，其中省级4个、市级3个、区级10个。其中杭州华杰禽业有限公司和杭州科联兔业专业合作社开展省级标准化示范场创建；杭州万羽养殖有限公司开展市级标准化示范场创建。3家养殖场根据省、市标准化示范场创建的要求，对畜禽舍及配套设施等进行改造建设，推广应用新技术、新设备，降低畜禽疫病的发生，减少用药量和环境污染，提升畜禽产品的质量，对全区加快推进标准化养殖场建设起到很好的示范带动作用。2014年，新建各级农业标准化示范基地11个，其中市级2个、区级9个；举办农产品质量安全与农业标准化科普下乡现场宣传活动2期，发放农业标准化生产技术模式图3379份，农产品质量安全宣传册8000余份。余杭区省农业标准化综合示范区创建工作以97分的成绩通过上级部门的考核验收。2015年，全区共实施农业（农产品）标准化示范推广项目7个，其中市级农业标准化示范项目3个、市级农产品标准化示范推广项目2个、区级农业标准化示范项目2个。是年6月，区农业局参与制定的省级地方标准《土壤阳离子交换量的测定》正式实施，较好解决国家相应检测标准中检测土壤局限性较大、耗时较长的难点问题。

2016年，区市场监管局、区农业局、区林水局、区财政局等单位联合制定新的《余杭区农业标准化项目管理办法》。全年建设市级农业（农产品）标准化推广示范基地4个，立项实施农业标准化示范项目10个，其中市级3个，区级7个。2017年，完成1个市级农产品标准化推广示范项目，7个区级农业标准化示范推广项目；联合区市场监管局完成2个市级农业标准化典型示范项目、2个市级农业地方标准规范制订项目和1个农业联盟和团队标准实施试点项目。结合农业科普下乡活动，在南苑、鸬鸟等地开展“推行农业标准化，确保农产品质量安全”大型宣传活动。

至2018年，全区共制定农业标准137项，其中区级农业标准73项，杭州市级农业标准36项，浙江省农业标准25项，国家级农业标准3项，基本涵盖农业生产的各个领域，形式全方位的农业标准体系。

余杭区农业标准化建设情况表

表 11-4

序号	标准名称	标准等级	发布时间	发布单位
1	无公害优质单季晚稻生产技术规程	区级	2002.9.15	杭州市余杭区市场监督管理局
2	无公害慈姑　生产技术规程	区级	2003.10.1	杭州市余杭区市场监督管理局
3	无公害獭兔　第 1 部分:种兔	区级	2003.8.8	杭州市余杭区市场监督管理局
4	无公害獭兔　第 2 部分:饲养管理	区级	2003.8.8	杭州市余杭区市场监督管理局
5	无公害獭兔　第 3 部分:疫病防治	区级	2003.8.8	杭州市余杭区市场监督管理局
6	生猪屠宰检疫规范	区级	2004.10.25	杭州市余杭区市场监督管理局
7	迷你桔瓜设施生产技术规程	区级	2004.10.25	杭州市余杭区市场监督管理局
8	无公害稻鸭共育技术规程	区级	2004.11.10	杭州市余杭区市场监督管理局
9	金鱼　第 3 部分:产品质量要求	区级	2004.8.15	杭州市余杭区市场监督管理局
10	清水养护盆花　第 1 部分　产品生产环境	区级	2006.8.18	杭州市余杭区市场监督管理局
11	清水养护盆花　第 2 部分　生产用种苗	区级	2006.8.18	杭州市余杭区市场监督管理局
12	清水养护盆花　第 3 部分　生产技术	区级	2006.8.18	杭州市余杭区市场监督管理局
13	清水养护盆花　第 4 部分　产品质量	区级	2006.8.18	杭州市余杭区市场监督管理局
14	无公害油菜生产技术规程	区级	2007.1.20	杭州市余杭区市场监督管理局
15	农业循环经济模式　规模猪场废弃物综合利用　第 1 部分:总　则	区级	2007.12.25	杭州市余杭区市场监督管理局
16	农业循环经济模式　规模猪场废弃物综合利用　第 2 部分:猪粪无害化	区级	2007.12.25	杭州市余杭区市场监督管理局
17	农业循环经济模式 规模猪场废弃物综合利用第 3 部分:蚯蚓养殖	区级	2007.12.25	杭州市余杭区市场监督管理局
18	家禽屠宰防疫规范	区级	2008.12.30	杭州市余杭区市场监督管理局
19	果桑栽培技术规程	区级	2008.12.30	杭州市余杭区市场监督管理局
20	梨(桃)、羊种养循环经济模式　第 1 部分:总则	区级	2009.6.10	杭州市余杭区市场监督管理局
21	梨(桃)、羊种养循环经济模式　第 2 部分:羊棚垃圾无害化	区级	2009.6.10	杭州市余杭区市场监督管理局
22	梨(桃)、羊种养循环经济模式　第 3 部分:牧草种植	区级	2009.6.10	杭州市余杭区市场监督管理局
23	“蒙娜丽莎”甜瓜生产技术规程	区级	2009.9.8	杭州市余杭区市场监督管理局
24	猴头菇立体逆向栽培技术规范	区级	2009.11.30	杭州市余杭区市场监督管理局
25	畜禽规模养殖卫生消毒技术规范	区级	2009.11.30	杭州市余杭区市场监督管理局
26	杂交鳢池塘养殖技术规范	区级	2009.11.30	杭州市余杭区市场监督管理局
27	余杭甲鱼池塘养殖技术规范	区级	2010.12.18	杭州市余杭区市场监督管理局
28	桑蚕双联片方格簇上簇技术操作规程	区级	2010.12.18	杭州市余杭区市场监督管理局

续表 11–4

序号	标准名称	标准等级	发布时间	发布单位
29	生猪生态养殖(种养结合模式)技术规范	区级	2010.12.18	杭州市余杭区市场监督管理局
30	冬闲田种草养鹅技术规范	区级	2011.12.28	杭州市余杭区市场监督管理局
31	金　鱼第 1 部分:繁育技术规范	区级	2011.12.28	杭州市余杭区市场监督管理局
32	金鱼第 2 部分:养殖技术规范	区级	2011.12.28	杭州市余杭区市场监督管理局
33	田力宝竹笋栽培技术规程	区级	2011.12.28	杭州市余杭区市场监督管理局
34	梨(桃)、肉鸡种养结合技术	区级	2011.12.28	杭州市余杭区市场监督管理局
35	蝴蝶兰设施栽培技术规程	区级	2012.12.08	杭州市余杭区市场监督管理局
36	北美冬青育苗技术规程	区级	2012.12.08	杭州市余杭区市场监督管理局
37	枇杷绿化苗木生产技术规程	区级	2012.12.08	杭州市余杭区市场监督管理局
38	设施樱桃生产技术规程	区级	2012.12.08	杭州市余杭区市场监督管理局
39	余杭蜜梨生产技术规程	区级	2012.12.08	杭州市余杭区市场监督管理局
40	中泰竹笛 第 1 部分:苦竹林培育技术规程	区级	2013.7.8	杭州市余杭区市场监督管理局
41	中泰竹笛 第 2 部分:苦竹材质量要求	区级	2013.7.8	杭州市余杭区市场监督管理局
42	中泰竹笛 第 3 部分:制作技术规程	区级	2013.7.8	杭州市余杭区市场监督管理局
43	中泰竹笛 第 4 部分:产品质量要求	区级	2013.7.8	杭州市余杭区市场监督管理局
44	早竹测土配方施肥技术规范	区级	2013.11.18	杭州市余杭区市场监督管理局
45	北美冬青生产技术规程 第 1 部分:盆栽	区级	2013.11.18	杭州市余杭区市场监督管理局
46	北美冬青生产技术规程 第 2 部分:切枝	区级	2013.11.18	杭州市余杭区市场监督管理局
47	樱桃苗木繁育技术规程	区级	2013.11.18	杭州市余杭区市场监督管理局
48	池塘虾稻共生养种 技术规程	区级	2013.11.18	杭州市余杭区市场监督管理局
49	蜜梨种苗繁育技术规程	区级	2014.11.5	杭州市余杭区市场监督管理局
50	余杭区香蕉丝瓜栽培技术规程	区级	2017.2.28	杭州市余杭区市场监督管理局
51	油菜全程机械化生产技术规程	区级	2017.2.28	杭州市余杭区市场监督管理局
52	清洁高效池塘流水槽养殖系统建设规范	区级	2017.2.28	杭州市余杭区市场监督管理局
53	覆盖早竹林种竹留养技术规程	区级	2017.2.28	杭州市余杭区市场监督管理局
54	蒸青煎茶 第 1 部分:栽培技术规程	区级	2017.2.28	杭州市余杭区市场监督管理局
55	三叶青生产技术规程	区级	2017.2.28	杭州市余杭区市场监督管理局
56	小林黄姜无公害栽培技术规范	区级	2017.2.28	杭州市余杭区市场监督管理局
57	桃种苗繁育技术规范	区级	2017.2.28	杭州市余杭区市场监督管理局
58	余杭区水稻病虫草绿色防控技术规程	区级	2017.2.28	杭州市余杭区市场监督管理局

续表 11–4

序号	标准名称	标准等级	发布时间	发布单位
59	梨枝屑栽培黑木耳技术规程	区级	2017.2.28	杭州市余杭区市场监督管理局
60	蒸青煎茶　第 2 部分:加工技术规程	区级	2017.2.28	杭州市余杭区市场监督管理局
61	早竹笋用林营造林技术规程	区级	2017.12.25	杭州市余杭区市场监督管理局
62	莲藕池底铺膜栽培技术规程	区级	2017.12.25	杭州市余杭区市场监督管理局
63	茄果类蔬菜水肥一体化技术规范	区级	2017.12.25	杭州市余杭区市场监督管理局
64	竹林套种竹荪、大球盖菇生产技术规程	区级	2017.12.25	杭州市余杭区市场监督管理局
65	蔬菜穴盘育苗技术规范	区级	2017.12.25	杭州市余杭区市场监督管理局
66	抹茶　第 1 部分:茶树栽培技术规程	区级	2019.1.25	杭州市余杭区市场监督管理局
67	抹茶　第 2 部分:加工技术规程	区级	2019.1.25	杭州市余杭区市场监督管理局
68	速生叶菜主要病虫害绿色防控技术规程	区级	2019.1.25	杭州市余杭区市场监督管理局
69	多花型蝴蝶兰栽培技术规程	区级	2019.1.25	杭州市余杭区市场监督管理局
70	单季晚稻全程机械化生产技术规程	区级	2019.1.25	杭州市余杭区市场监督管理局
71	植保无人飞机防治水稻病虫害技术规程	区级	2019.1.25	杭州市余杭区市场监督管理局
72	茶树主要病虫害绿色防控技术规程	区级	2019.1.25	杭州市余杭区市场监督管理局
73	蔬菜穴盘育苗技术规范	区级	2019.1.25	杭州市余杭区市场监督管理局
74	淡水青虾的苗种繁育	市级	2000.12.30	杭州市质量技术监督局
75	淡水青虾立体养殖技术操作规程	市级	2000.12.30	杭州市市场监督管理局
76	淡水青虾	市级	2000.12.30	杭州市市场监督管理局
77	梭子茭白　第 1 部分:生产技术	市级	2003.2.1	杭州市市场监督管理局
78	梭子茭白　第 2 部分:商品茭	市级	2003.2.1	杭州市市场监督管理局
79	无公害湖羊　第 1 部分:种羊	市级	2003.12.1	杭州市市场监督管理局
80	无公害湖羊　第 2 部分:饲养管理	市级	2003.12.1	杭州市市场监督管理局
81	无公害湖羊　第 3 部分:疫病防治	市级	2003.12.1	杭州市市场监督管理局
82	无公害湖羊　第 4 部分:羊肉	市级	2003.12.1	杭州市市场监督管理局
83	杭州水蜜桃　第 1 部分:商品果	市级	2003.12.1	杭州市市场监督管理局
84	杭州水蜜桃　第 2 部分:商品苗	市级	2003.12.1	杭州市市场监督管理局
85	杭州水蜜桃　第 3 部分:育苗技术规程	市级	2003.11.30	杭州市市场监督管理局
86	杭州水蜜桃　第 4 部分:栽培技术规程	市级	2003.11.30	杭州市市场监督管理局
87	无公害果蔗　第 1 部分:商品蔗	市级	2003.12.2	杭州市市场监督管理局
88	无公害果蔗　第 2 部分:栽培技术规程	市级	2003.12.2	杭州市市场监督管理局

续表 11-4

序号	标准名称	标准等级	发布时间	发布单位
89	无公害果蔗　第 3 部分：窖藏	市级	2003.12.2	杭州市市场监督管理局
90	大棚养蚕技术规程	市级	2004.11.10	杭州市市场监督管理局
91	百合鲜切花温室栽培技术	市级	2009.12.20	杭州市市场监督管理局
92	农产品追溯管理蔬菜农药残留定性检测工作程序	市级	2009.12.20	杭州市市场监督管理局
93	聚宝灵芝栽培技术规范	市级	2010.12.30	杭州市市场监督管理局
94	樟树苗木生产技术规程	市级	2011.12.31	杭州市市场监督管理局
95	芡实生产技术规程	市级	2011.12.31	杭州市市场监督管理局
96	衰退早竹林更新改造技术规程	市级	2011.12.31	杭州市市场监督管理局
97	绿化枇杷苗生产技术规程	市级	2013.12.31	杭州市市场监督管理局
98	湿生鸢尾繁育技术规程	市级	2014.12.31	杭州市市场监督管理局
99	北美冬青扦插育苗生产技术规程	市级	2014.12.31	杭州市市场监督管理局
100	杂交鳢“杭鳢 1 号”—芦苇稻种养结合技术规程	市级	2015.12.31	杭州市市场监督管理局
101	肉食性鱼类生态循环养殖技术规范	市级	2015.12.31	杭州市市场监督管理局
102	蜜梨种苗繁育技术规程	市级	2015.12.31	杭州市市场监督管理局
103	无刺枸骨育苗技术规程	市级	2016.10.25	杭州市市场监督管理局
104	批发市场蔬菜中农药残留快速检测良好实验室操作规范研究制定	市级	2016.10.25	杭州市市场监督管理局
105	传统插花花艺推广培训规范	市级	2016.10.25	杭州市市场监督管理局
106	黄颡鱼—渔稻种养结合技术规范	市级	2016.10.25	杭州市市场监督管理局
107	三叶青产业化栽培技术规程	市级	2016.10.25	杭州市市场监督管理局
108	覆盖出笋早竹林种竹留养技术规范	市级	2017.2.28	杭州市市场监督管理局
109	红爪姜无公害栽培标准化制定	市级	2017.3.22	杭州市市场监督管理局
110	径山茶栽培技术	省级	1999.11.10	浙江省市场监督管理局
111	径山茶鲜叶与加工	省级	1999.11.10	浙江省市场监督管理局
112	径山商品茶	省级	1999.11.10	浙江省市场监督管理局
113	本牌中华鳖孵化与养殖技术	省级	2000.11.18	浙江省市场监督管理局
114	本牌中华鳖商品鳖	省级	2000.11.18	浙江省市场监督管理局
115	草皮栽培技术规程	省级	2003.318	浙江省市场监督管理局
116	无公害枇杷　第 1 部分:苗木培育	省级	2004.1.17	浙江省市场监督管理局
117	无公害枇杷　第 2 部分:苗木	省级	2004.1.17	浙江省市场监督管理局

续表 11-4

序号	标准名称	标准等级	发布时间	发布单位
118	无公害枇杷　第 3 部分:栽培技术	省级	2004.1.17	浙江省市场监督管理局
119	无公害枇杷　第 4 部分:商品果	省级	2004.1.17	浙江省市场监督管理局
120	蒸青煎茶　第 1 部分:茶园栽培	省级	2004.1.17	浙江省市场监督管理局
121	蒸青煎茶　第 2 部分:鲜叶管理与加工	省级	2004.1.17	浙江省市场监督管理局
122	蒸青煎茶　第 3 部分:商品茶	省级	2004.1.17	浙江省市场监督管理局
123	原产地域产品 塘栖枇杷	省级	2005.4.26	浙江省市场监督管理局
124	径山茶第 1 部分:栽培技术规程	省级	2005.8.9	浙江省市场监督管理局
125	径山茶第 2 部分:加工技术规程	省级	2005.8.9	浙江省市场监督管理局
126	径山茶第 3 部分:质量安全要求	省级	2005.8.9	浙江省市场监督管理局
127	径山茶第 1 部分:栽培技术规程	省级	2010.4.26	浙江省市场监督管理局
128	径山茶第 2 部分:加工技术规程	省级	2010.4.26	浙江省市场监督管理局
129	蒸青煎茶　第 1 部分:茶园栽培	省级	2010.4.26	浙江省市场监督管理局
130	蒸青煎茶　第 2 部分:鲜叶管理与加工	省级	2010.4.26	浙江省市场监督管理局
131	蓝莓生产技术规程	省级	2010.4.26	浙江省市场监督管理局
132	绿化枇杷苗生产技术规程	省级	2017.3.13	浙江省市场监督管理局
133	退化旱竹林更新改造技术规程	省级	2017.12.05	浙江省市场监督管理局
134	北美冬青嫩枝扦插技术规范	省级	2018.1.18	浙江省市场监督管理局
135	地理标志产品 塘栖枇杷	国家级	2005.9.26	国家质量监督检验检疫总局
136	中华鳖池塘养殖技术规范	国家级	2011.9.29	国家质量监督检验检疫总局中国国家标准化管理委员会
137	蒸青茶	国家级	2016.6.14	国家质量监督检验检疫总局中国国家标准化管理委员会

二、农业科技成果

中华人民共和国成立以后，农业科学研究逐步展开，并取得一定成果，惜缺乏记载。1977 年后，科技成果逐年予以记载。

1978 年—1980 年，境内农村人民公社基层生产大队的科研活动十分活跃，涌现出中桥公社章岭大队、潘板公社漕桥大队、博陆公社长征农科队、翁梅公社联盟农科队等基层科研典型。其中潘板公社与省农业厅合作的“杂交水稻推广”获浙江省科技成果一等奖；中桥公社章岭大队“无杆密植桑”项目获得浙江省科技成果三等奖；博陆公社长征农科队“粮食亩产连年超三千斤”、翁梅公社联盟农科队“攻关田粮食亩产超三千斤”分别获得杭州市科技成果一等奖；县农科所“黄红麻光控留种”、潘板公社漕桥大队与浙江农业大学合作的“密植速成茶园”分别获得杭州市科技成果三等奖。

1981年—1985年，共有14项科研成果获省、市级科研成果奖，其中省级科技成果奖8项，杭州市级科技成果奖6项。余杭县农业局与浙江省农业厅合作的“黄红麻‘南种北栽’优势利用和推广”和“实行黄红麻与水稻轮作制的应用推广”二项科研成果分别获得浙江省科技成果一、二等奖；余杭县农业局与杭州市农业局等合作的“推广茶树密植速生高产栽培技术”获浙江省科技成果二等奖。

1986年—1990年，共有24项科研成果获省、市级科研成果奖，其中省（部）级科技成果奖11项，杭州市级科技成果奖13项。县水产局参与实施的“浙南河蟹大面积增殖增收技术”获农业部丰收奖二等奖；余杭县农业局的“早稻保温育秧技术”获浙江省科技成果三等奖；县水产局组织实施的“围涂池塘养鱼高产技术推广”获省科技进步星火奖二等奖；县水产局组织实施的“万亩池塘综合增产技术推广”获省渔业丰收奖三等奖；余杭县测报站等单位实施的“晚稻褐稻虱防治”项目获浙江省科技成果三等奖；余杭县农业局的“推广水稻高产模式栽培”“推广水稻优良品种”“13万亩秀水04获得丰收”“浙江省枇杷资源调查整理收集保存和利用研究”分别获浙江省科技成果四等奖；余杭县稻萍鱼协作组参与的“稻萍鱼共生高产技术开发”项目和余杭县农机管理站的“WT-5型无水塔供水装置”也获浙江省科技成果四等奖。1990年，县水产技术推广站被农业部授予“全国农业科技推广活动”先进集体。县农机管理总站站长韩新被农业部评为全国农业技术推广年活动先进个人。1986年，首次设立乡农技站农民技术员农技推广成果奖，当年共21项成果获奖。

1991年—1995年，共有19项科研成果获省、市级科研成果奖，其中省级科技成果奖5项，杭州市级科技成果奖14项。余杭县茶叶技术推广站（协作）的”茶叶加工高效节能设备与新技术的推广应用”、余杭县南湖农场二牧场（协作）的“奶牛群优化高产技术”和余杭市种子公司、余杭市农科所（协作）的“早籼新品种浙辐762的选育与推广”分别获浙江省科技成果三等奖。此外，产研结合，成效显著。“池塘养鱼高产高效综合技术推广”项目，实际推广面积2.42万亩，平均亩产482.4公斤，亩产值2240.74元，获得杭州市1991年农业（渔业）丰收奖三等奖；余杭县水产技术推广站实施的“牧草新品种—杂交狼尾草种植高产技术推广”项目实际推广面积3876.7亩，平均亩产鲜草9144.8公斤，节约精饲料4260吨，节约成本202.3万元，获得杭州市1992年农业丰收奖三等奖；杭州市政府授予县农业局果蔬站站长何富泉1991—1992年度杭州市优秀科技工作者荣誉称号。1995年，制定余杭市“九五”农业科技发展规划。

1996年—2000年，共有31项科研成果获省、市级科研成果奖，其中省级科技成果奖9项，杭州市级科技成果奖22项。余杭市种子公司（协作）的“杭州市粮油种子加工包装推广”项目获浙江省科技成果一等奖；余杭市特产技术推广站的“茶叶采摘和名优茶炒制机械的引进和推广”项目获浙江省科技成果二等奖。此外，1996年，在国家科委在北京举办的星火计划实施十周年暨“八五”农业科技攻关成果博览会上，余杭市农科所参展的“播一次种，收二季稻，稳产高产的再生稻技术”被国家科委评为优秀项目奖。浙江电影制片厂受委托到余杭市农科所拍摄“再生稻”农业科教片。1999年，境内推广水稻轻型栽培技术，栽培面积1.75万公顷，轻栽面积占水稻播种面积41.4%，轻栽早稻和轻栽晚稻平均亩增63.7千克和72.7千克。获省农业厅水稻轻型栽培技术推广二等奖。

2001年—2005年，共有40项科研成果获省、市级科研成果奖，其中省级科技成果奖6项，杭州市级科技成果奖34项。余杭区径山镇农技站（协作）的“茶树病虫无害化治理技术研究与推广”项目获浙江省科技成果一等奖；余杭区农机管理总站（协作）的“杭州市高效微灌工程的推广应用”项目和余杭区种子技术推广站；余杭区径山镇、余杭镇、鸬鸟镇农技站联合实施的“优质晚粳稻良种育、引、繁、推技术应用”项目分别获浙江省科技成果二等奖。余杭区承担实施一批水产科技推广项目成效显著。杭州市渔业“丰收计划”项目《余杭区大面积池塘生态鳖技术推广》实施1年，完成推广面积680.41公顷，实现总产值1亿多元，该项目获2001年度杭州市科技成果一等奖。2002年，杭州市农业“丰收计划”项目《翘嘴红鲌高效养殖技术推广》，经1年实施，完成推广面积82.53公顷，实现总产值911万元。该项目获2001年度杭州市科技成果二等奖。

2006年—2010年，共有37项科研成果获全国、省、市级科研成果奖，其中全国农牧渔业丰收奖一等奖1项，省级科技成果奖3项，杭州市级科技成果奖33项。区渔业渔政管理总站参与实施的“中华鳖良种选育及产业化研究与应用”获2008—2010年度全国农牧渔业丰收奖一等奖。余杭区农业生态与植物保护管理总站（协作）承担的“杭州市基本农田土壤地力长期定位监测研究”项目获浙江省科技成果一等奖；余杭区农技推广中心（协作）的“杭州市水稻单产提升重点技术集成推广”、余杭区种子管理站（协作）的“加甜型鲜食玉米新品种引进及推广应用”分别获得浙江省科技成果三等奖。区农业机械管理总站金启明荣获省政府2007年度浙江省农业科技成果转化推广奖（农业新机械推广专业）。此外，还于2010年承担农业部公益性行业（农业）科研专项《主要农作物有害生物种类与发生危害特点研究》项目的玉米、油菜、花生、大豆、甘蔗、马铃薯、茶树、梨树等作物有害生物种类与发生危害特点的调查工作。

2011年—2015年，共有19项科研成果获省、市级科研成果奖，其中省级科技成果奖7项，杭州市级科技成果奖12项。其中2001年以余杭区农业生态与植物保护管理总站站长沈建国作为主要完成人的《土壤障碍因子治理与示范推广》项目，获得浙江省农业丰收一等奖。2014年，由汪爱娟主持、区农业生态与植保管理总站等单位实施的《农作物病虫害绿色防控示范与推广》项目获得2014年度浙江省农业丰收一等奖。此外，还有2013年，由余杭区农技推广中心和农业生态与植保总站联合实施的市农业丰收重点项目“蔬菜土壤培肥提质增效综合技术推广应用”实现重大突破，有关成果处于省内领先水平，获得杭州市农业丰收奖一等奖。2014年，由沈建国主编的《余杭耕地质量与管理》一书由中国农业科学技术出版社出版；区农经总站撰写的《构筑“四金”平台，助推农民增收》获农业部“农民的钱袋子”专题交流活动优秀论文奖。2015年，汪爱娟参与的《草莓标准化安全生产集成技术的应用推广》项目获中华农业科技奖三等奖。区农业生态与植保管理总站马伟洪参与实施的《商品有机肥的安全利用模式研究与推广》项目获2015年度浙江省农业丰收二等奖。

2016年，区农业技术推广中心等单位实施的《籼粳杂交稻绿色高产栽培技术集成与示范推广》和《塘栖枇杷产业关键技术研究示范与推广》两个项目分别获得浙江省农业丰收奖二等奖。2017年，余杭区农业技术推广中心、区农业生态与植保管理总站等单位承担实施的《蔬菜节约型资源化集成技术的示范与推广》项目获浙江省农业丰收奖一等奖。由庞法松主编的《径山茶》一书由中国农业科学技术出版社出版。

1978年—2017年余杭区科技成果情况表

表11-5

年份	成果名称	完成单位	奖励等级	
			省(部)级	市级
1978	粮食连年亩产超三千斤	博陆公社长征农科队		1
1978	粮食亩产超三千斤	翁梅公社联盟农科队		1
1978	黄红麻光控留种	余杭县农科所		3
1978	密植速成茶园	浙江农业大学、潘板公社槽桥大队		3
1978	无杆密植桑	中桥公社章岭大队	3	
1980	杂交水稻推广	浙江省农业厅、潘板公社	1	
1981	推广技术承包,科学预防病虫害	永建农科站、余杭区农技站	3	
1981	推广茶树密植速生高产栽培技术	杭州市农业局、余杭县农业局等	2	
1983	黄红麻“南种北栽”优势利用和推广	浙江省农业厅、余杭县农业局等	1	
1983	浙辐802的选育	余杭县农科所		1
1983	恢复和发展唐宋名茶—径山茶	余杭县农业局特产股、长乐农科站	3	
1985	实行黄红麻与水稻轮作制的应用推广	浙江省农业厅、余杭县农业局等	2	
1985	枇杷瘤娥生活史研究	余杭县农业局	3	
1985	手扶拖拉机机械测功仪推广应用	余杭县农机管理站	4	
1985	红碎茶初精制引进技术	余杭县茶叶站		进步奖
1985	地膜覆盖植麻技术试验应用	余杭县棉麻站		进步奖
1985	大麦良种—沪麦4号的引进推广	余杭县种子公司、粮油站		进步奖
1985	低烟囱简易地火垅的技术设计和经济效益	临平区农技站		进步奖
1985	全年粮食高产低成本栽培技术	杭州市农业局、余杭县农科所等	3	
1985	膨化颗粒饲料机应用试验	余杭县农机管理站		进步奖
1986	早稻保温育秧技术	余杭县农业局	3	
1986	推广水稻高产模式栽培	余杭县农业局	4	
1986	推广水稻优良品种	余杭县农业局	4	
1987	WT-5型无水塔供水装置	余杭县农机管理站	4	
1987	棉花根外喷施亚硫酸氢钠试验	余杭县棉麻站、临平区农技站		进步奖
1987	关于工业污染区饲养浙农1号X苏12-代交杂种获显著效果	余杭县蚕桑站		进步奖
1988	低产田改良	余杭县土肥站	1	
1988	晚稻褐稻虱防治	余杭县测报站等	3	
1988	13万亩秀水04获得丰收	余杭县农业局等	4	

续表 11-5

年份	成果名称	完成单位	奖励等级	
			省(部)级	市级
1988	水稻祥湖 25、香水 11、祥湖 84、香水 04 和早稻沪红早一号的引种	余杭县农科所		2
1988	浙南河蟹大面积增殖增收技术	余杭县水产局参与	2	
1988	双滤面孵化环道的研究	塘栖区水产站		2
1988	生姜姜瘟病防治方法	临平区农技站		2
1988	双滤面圆形双道孵化设备	塘栖水产站、塘栖联合水产养殖场		2
1989	啤酒大麦浙农大 2、3 号推广	余杭县种子公司		2
1989	1.4 万亩池塘养鱼高产技术推广	余杭县水产局		渔业丰收一等奖
1989	万亩精养外荡高产养鱼技术推广	余杭县水产局		渔业丰收二等奖
1990	围涂池塘养鱼高产技术推广	余杭县水产局	星火二等奖	
1990	万亩池塘综合增产技术推广	余杭县水产局		渔业丰收一等奖
1990	稻萍鱼共生高产技术开发	余杭县稻萍鱼协作组(协作)	4	
1990	浙江省枇杷资源调查整理收集保存和利用研究	余杭县农业局	4	
1990	大面积渔用牧草种植高产技术研究	余杭县水产局		3
1990	池塘混养黑鱼(乌鳢)增值试验推广	塘栖水产站		3
1990	万亩棉地合理间套种高效益技术综合开发	余杭县棉麻技术推广站		星火三等奖
1991	茶叶加工高效节能设备与新技术的推广应用	余杭县茶叶技术推广站(协作)	3	
1991	奶牛群优化高产技术	余杭县南湖农场二牧场(协作)	3	
1991	引进繁育推广抗氟蚕品种	余杭县农业局蚕桑站		3
1991	池塘养鱼综合高产技术推广	杭州市池塘养鱼高产技术推广课题组		3
1991	长岗农场建立工农业结合生态小区研究	余杭长岗农场		4
1991	猪鸡全价饲料推广应用	余杭县农业局(协作)		4
1991	蚕桑丰产综合技术推广	余杭县农业局		4
1992	荸荠病虫害防治技术研究	余杭县农业局	优秀奖	
1992	杂交狼尾草种植高产技术研究	杭州市狼尾草推广协作组		3
1992	早籼浙辐 9 号选育与推广	余杭县农科所		4
1993	异育银鲫引种及大面积推广	余杭市水产局		3

续表 11-5

年份	成果名称	完成单位	奖励等级	
			省(部)级	市级
1993	稻麦良种繁殖和优良品种推广	余杭市种子公司(协作)		3
1993	棉麻高产综合技术推广	余杭市农业局(协作)		4
1994	早籼新品种浙辐 762 的选育与推广	余杭市种子公司、余杭市农科所(协作)	3	
1994	罗氏沼虾繁育基地建设	余杭市下沙水产养殖公司		3
1995	彭泽鲫引种及大面积推广	杭州市彭泽鲫引种及大面积推广课题组(余杭市水产技术推广站)	优秀奖	
1995	池塘混养黑鱼(乌鳢)技术推广	杭州市池塘混养黑鱼(乌鳢)技术推广课题组(余杭市水产技术推广站)		3
1995	生物钾肥推广应用	余杭市土肥站(协作)		3
1995	低氯系列专用复合肥开发与推广应用	余杭市土肥站(协作)		4
1996	优质晚粳良种的引进与高产示范	余杭市种子公司余杭镇农技站		1
1996	推广粮田规模经营,实现粮钱双丰收	余杭市农业局		2
1996	推广省力化养蚕配套技术,提高蚕茧生产效益	余杭市特产总站		2
1996	推广蔬菜设施栽培技术	余杭市特产总站、九堡镇、下沙乡农技站		2
1996	推广稻田除草剂乐草隆 20 万亩	余杭市粮油总站、塘栖、安溪、潘板镇农技站、余杭农业服务站		3
1996	名优茶省工、节本、高效配套技术推广	余杭市特产总站		3
1996	春花作物良种开发与基地建设	余杭市种子公司	技术改进 3 等奖	
1997	皮骨兼优晚熟红麻新品种“浙红 832”的选育及推广	余杭市种子公司(协作)	3	
1997	茶叶采摘和名优茶炒制机械的引进和推广	余杭市特产技术推广站	2	
1997	二万亩池塘高产养殖技术推广	余杭市水产技术推广站		丰收奖一等奖
1998	浙江省红麻高产、优质、高效综合栽培技术研究与应用	余杭市农业局(协作)	3	
1998	早籼新品种“杭 8791”的选育及推广	余杭市种子公司(协作)	优秀奖	
1998	新型种子处理剂“浸种灵”应用推广	余杭市植保站		3
1998	节本增效轻型粮食作物技术的应用推广	余杭市农科所、余杭市农业局(协作)		3
1998	名优茶示范基地及农工贸综合开发	余杭镇农技服务站、长乐镇茶叶特产站		3
1998	杭州市粮油种子加工包装推广	余杭市种子公司(协作)	1	
1999	山区稻麦两熟高产高效技术试验	余杭市种子公司、潘板、黄湖、双溪、勾庄等农技站	科技进步 3 等奖	
1999	推广新技术,促万亩果蔗丰收	余杭市特产技术推广总站、临平、乔司、亭趾、星桥镇农技站、临平镇姚富村	3	

续表 11-5

年份	成果名称	完成单位	奖励等级	
			省(部)级	市级
1999	淡水青虾大面积高产、高效技术推广	余杭市水产技术推广站、瓶窑、东塘、塘栖、獐山、安溪、余杭、潘板、五杭、五常镇(乡)人民政府		1
1999	杭州市中低产田(地)改造	余杭市粮油总站(协作)		1
1999	“无草害无螟害”工程技术推广	余杭市植保站(协作)		1
1999	统一育供秧,促进社会化服务	余杭市粮油总站、余杭、云会、中泰、仓前镇(乡)农技站		2
1999	稻麦两熟新品种示范推广	余杭市种子公司、双溪、勾庄、潘板、闲林等农技站		2
1999	螺旋式开沟机应用推广	余杭市农机管理总站、临平、余杭、塘栖、良渚、勾庄、安溪等农机站		2
1999	梨优良品种和优质丰产技术推广	余杭市农业局(协作)		2
1999	叶菜新优品种及高产栽培技术推广	余杭市种子公司(协作)		2
1999	推广优质早籼,实现增产增收	余杭市良渚镇农技站、良渚吴家埭村、仰家塘村村委会		3
2000	良种繁育高产技术示范推广	余杭市种子公司、余杭市潮羊场、余杭市石鸽良种场、余杭市亭趾镇农技站	3	
2000	粮食生产全程机械化配套服务	余杭市农机管理总站(协作)		1
2000	小型稻麦割晒机在小田块区域推广	余杭市农机管理总站、余杭市塘栖、余杭、良渚、瓶窑、长乐、双溪镇农机站		2
2000	二万亩名优新水产品养殖技术推广	余杭市水产技术推广站、余杭市塘栖、博陆、亭趾、五杭、临平、瓶窑镇人民政府		2
2001	优质稻生产与加工机械化技术示范	余杭区农机管理总站、余杭镇人民政府、余杭粮油加工有限公司	3	
2001	水稻增效节本新途径探索（旱育抛栽高产栽培)研究	余杭区农业科学研究所		科技进步3等奖
2001	池塘生态养鳖技术推广	余杭区水产技术推广站、余杭区运河镇人民政府、余杭区临平街道办事处、余杭区仁和、良渚、闲林、塘栖镇人民政府、余杭区星桥街道办事处、余杭区余杭、仓前镇人民政府		1
2001	优质稻生产与加工机械化技术示范	余杭区农机管理总站、余杭区余杭镇人民政府、余抗区新余农机有限公司、余杭区粮油加工有限公司		1
2001	乡镇工业节煤器推广应用	余杭区农村能源办公室		3
2001	实行村会计代理制创新农村财务管理体制	余杭区农经管理总站		农经成果3等奖
2002	优质牧草种植推广	余杭南湖牛奶场、余杭区畜牧兽医总站(协作)	3	

续表 11-5

年份	成果名称	完成单位	奖励等级	
			省(部)级	市级
2002	单季稻“双百工程”配套技术推广	余杭区农技推广中心(协作)		1
2002	翘嘴红鱼白高效养殖技术推广	余杭区水产技术推广站、余杭区良渚镇农办、余杭区水产实业公司、余杭区运河、塘栖镇农办		2
2002	渔业增氧机械的推广应用	余杭区农业机械管理总站、余杭区水产技术推广站、余杭区农业机械推广站、余杭区农业机械管理总站余杭分站、余杭区农机监理站、余杭区农业机械管理总站临平分站、余杭区瓶窑镇农机站、余杭区黑鱼研究所、余杭区东湖街道农机站		2
2002	优质牧草种植推广	余杭区畜牧兽医总站、余杭南湖牛奶场(协作)		2
2002	加强农经机构建设提高农经队伍素质	余杭农经总站		农经成果2等奖
2003	新农药护地净的推广应用	余杭区农业生态与植物保护管理总站(协作)	3	1
2003	整合村级资源健全集体经济发展机制	余杭区农村经营管理总站		1
2003	20万亩基地茶园亩值超双千元	余杭区特产技术推广站(协作)		2
2003	万亩设施栽培瓜菜新品种及配套技术推广	余杭区农业科学研究所、余杭区特产技术推广站、余杭区粮油技术推广总站		2
2003	名优茶同械加工技术推广应	余杭区农业机械管理总站、余杭区特产技术推广站、余杭区径山镇、余杭镇、中泰乡农机站		3
2003	优质无公害稻谷生产技术规程推广	余杭区粮油技术推广总站；余区径山镇农技服务中心、农业办公室、农技推广站；余杭区良渚镇农业办公室		3
2003	施养黄鸡综合防治技术	余杭区畜牧兽医总站、余抗区塘栖镇畜牧兽医站		3
2003	建立良种繁殖，发展獭兔养殖业	余杭区畜牧兽医总站、余杭区金兔牧业中心、余抗区余杭镇畜牧兽医站		3
2003	复合微生物活性制剂推广应用	余杭区水产技术推广站		3
2004	茶树病虫无害化治理技术研究与推广	余杭区径山镇农技站(协作)	1	
2004	杭州市高效微灌工程的推广应用	余杭区农机管理总站(协作)	2	
2004	双低高含油量油菜新品种浙双758示范推广	余杭区种子技术推广站(协作)		1
2004	套袋技术在蜜梨生产中的应用	余杭区农技推广中心(协作)		1
2004	珍稀食用菌新品种标准化技术推广	余杭区农技推广中(协作)		1
2004	水产品健康养殖技术推广	余杭区渔业渔政管理总站；余杭区运河镇、良渚镇、南苑街道、径山镇、余杭镇农技站		2

续表 11-5

年份	成果名称	完成单位	奖励等级	
			省(部)级	市级
2004	稻鸭共育技术技应用与推广	余杭区农技推广中心、余杭区畜牧兽医总站		2
2004	农产品冷藏保鲜技术推广	余杭区农机管理总站(协作)		2
2004	茶树无性系良种示范与推广	余杭区农技推广中心；余杭区径山镇、中泰乡农技站;余杭区余杭镇农技务中心;杭州远圣贸易有限公司		3
2004	湖羊产业化经营配套养殖技术推广	余杭区畜牧兽医总站临平分站、杭州市余杭宏发食品厂、余杭区运河镇农技站		3
2004	牧草加工机械化技术推广应用	余杭区农机管理总站		3
2004	土地流转机制的规范与完善	余杭区农村经济经营管理总站		3
2005	优质晚粳稻良种育、引、繁、推技术应用	余杭区种子技术推广站；余杭区径山镇、余杭镇、鸬鸟镇农技站	2	
2005	万亩无公害茭白标准化生产技术推广	余杭区农业生态与植物保护管理总站、余杭区农业技术推广中心		2
2005	推广"三沼"综合利用技术,促进生态农业发展	余杭区农村能源办公室		2
2005	探索村务管理机制推行村级规范化建设	余杭区农村经济经营管理总站		2
2005	浙蜜3号"西瓜标准化生产技术示范与推广	余杭区种子技术推广站(协作)		3
2005	农药残留微生物降解菌剂在早竹园中应用推广	余杭区竹业协会		3
2005	余杭区石门水库达标工程	余杭区水库达标工程小组办公室		3
2006	单季晚稻病虫无害化治理技术推广	余杭区生态与植物保护管理总站		1
2006	农村社区股份合作制改革后规范运作与发展问题的研究与实践	余杭区农经管理总站		2
2006	余杭区蜜饯机械化烘干技术示范与推广	余杭区农机管理总站		3
2006	万亩塘栖枇杷标准化生产技术推广	余杭区农技推广中心；余杭区塘栖镇、仁和镇、崇贤镇农办;余杭区塘栖枇杷专业合作社		3
2006	太阳能在农业生产和农村生活中的开发应用	余杭区农村能源办公室		3
2006	钱塘江三角鲂的开发与养殖示范推广	余杭区渔业渔政管理总站(协作)		1
2006	翘嘴红鲌标准化养殖技术示范与推广	余杭区渔业渔政管理总站(协作)		2
2007	"五统一"技术在蛋鸭饲养专业小区的应用	余杭区畜牧兽医局		1
2007	喷滴灌技术在种植业上的推广应用	余杭区农机管理总站		2
2007	池塘生态鳖病害综合防治技术示范与推广	余杭区渔业渔政管理总站		2
2007	建立健全一事一议机制发挥农民在新农村建设中的主体作用	余杭区农经管理总站		2
2007	十万亩单季晚稻标准化生产技术推广应用	余杭区农业技术推广中心、余杭区科研与培训中心		3

续表 11-5

年份	成果名称	完成单位	奖励等级	
			省(部)级	市级
2007	水稻褐飞虱综合防治技术推广	余杭区生态与植物保护管理总站(协作)		1
2007	夏秋蚕新品种繁育及配套技术的推广	余杭区农技推广中心(协作)		1
2007	黄颡鱼健康养殖技术推广	余杭区水产技术推广站(协作)		2
2007	晚粳新品种“杭 43”高产高效栽培技术示范推广	余杭区农技推广中心(协作)		3
2007	优质高产春萝卜新品种及其配套技术示范推广	余杭区农技推广中心(协作)		3
2007	15%虫挫微乳剂防治稻纵卷叶螟技术示范与推广	余杭区生态植保总站(协作)		3
2007	茶树病虫无公害防治技术推广	余杭区农技推广中心(协作)		3
2008	村级集体经济发展机制的创新与实践	余杭区农办		2
2008	全面推进村级股份制改革,切实维护农民权益	余杭区农村经营管理总站		3
2008	十万亩单季晚稻免耕直播高产高效技术推广	余杭区农业技术推广中心		3
2008	蜜梨生产主要环节机械化配套技术示范应用	余杭区农机管理总站		3
2008	毛竹四季笋山定向培育技术推广	余杭区林业工作站		3
2009	杭州市水稻单产提升重点技术推广	余杭区农技推广中心、余杭区仁和镇人民政府		1
2009	杭州市水稻单产提升重点技术集成推广	余杭区农技推广中心(协作)	3	
2009	杭州市水稻机械化育秧技术推广应用	余杭区农业机械化管理总站、余杭区山区农村饮用水工程建设管理、余杭区饮用水建设工程管理办公室		2
2009	探索建立土地股份制,促进土地规模经营	余杭区农经管理总站		3
2009	加甜型鲜食玉米新品种引进及推广应用	余杭区种子管理站		3
2009	加甜型鲜食玉米新品种引进及推广应用	余杭区种子管理站(协作)	3	
2009	杭州市基本农田土壤地力长期定位监测研究	余杭区农业生态与植物保护管理总站(协作)	技术进步 1 等奖	
2010	中华鳖良种选育及产业化研究与应用	区渔业渔政管理总站参与	全国渔业丰收一等奖	
2010	健全农村集体“三资”管理机制,促进农村社会和谐	余杭区农经管理总站		2
2010	中华鳖生态养殖关键技术示范与推广	余杭区渔业渔政管理总站		2
2010	叶菜安全生产与病虫无害化治理技术推广	余杭区农业技术推广中心		3
2010	标准农田地力提升技术示范与推广	余杭区农业生态与植物保护管理总站(协作)		3
2010	杭州市农村能源“双十万”工程节能减排技术示范与推广	余杭区农村能源办公室(协作)		1

续表 11–5

年份	成果名称	完成单位	奖励等级	
			省(部)级	市级
2011	深化农村集体“三资”监督管理,促进农村集体“三资”保值增	余杭区农经管理总站		1
2011	杂交鳢优质高效生态养殖模式研究	余杭区渔业渔政管理总站(协作)		1
2011	蛋鸭养殖小区规范化疫病防控技术研究与应用	余杭区塘栖镇农业三产办公室		2
2011	河道整治中集成应用生活污水处理技术	余杭区农村能源办公室		2
2011	湖羊增产技术示范推广	余杭区畜牧兽医局		3
2011	土壤障碍因子治理技术与示范推广	余杭区农业生态与植物保护管理总站(协作)	1	
2011	优质高产茄子、辣椒新品种示范与推广	余杭区农业技术推广中心(协作)	2	
2011	“菜、稻轮作”种植模式及配套技术的研究应用	余杭区农业技术推广中心(协作)	3	
2012	蔬菜土壤培肥提质增效综合技术推广应用	余杭区农业技术推广中心、余杭区农业生态与植物保护管理总站		1
2013	余杭区水稻杂草群落演替及治理技术研究	余杭区农业生态与植物保护管理总站		3
2012	杂交鳢清洁养殖技术推广	余杭区渔业渔政管理总站		2
2012	鸡新城疫综合防控技术研究与推广	余杭区畜牧兽医局、杭州市余杭区临平勤钦养殖场、杭州市余杭区郎家湾桑蚕养殖场		3
2013	万亩杂交晚粳稻超高产栽培技术示范与推	余杭区农业技术推广中心	3	
2013	余杭区出口茶叶基地质量安全集成技术体系示范推广	余杭区农业技术推广中心	3	
2014	农作物病虫害绿色防控技术示范与推广	杭州市余杭区农业生态与植物保护管理总站、余杭街道、径山镇、瓶窑镇、良渚街道、仓前街道、仁和街道农业公共服务中心	1	
2014	菱白多元化高效栽培技术及植株残体还田集成技术应用推广	余杭区农业技术推广中心		2
2014	阿科曼污水处理技术在蛋鸭养殖过程中的示范与应用	余杭区畜牧兽医局		3
2015	26 万亩粮食生产功能区水稻“三新”技术集成应用与推广	余杭区农业技术推广中心；余杭区农业生态与植保管理总站；余杭区瓶窑镇、仓前街道、良渚街道、径山镇、仁和街道农业公共服务中心	3	
2015	水稻优质高效栽培机械化技术推广应用	余杭区农机监督管理总站；余杭区农业技术推广中心；仁和街道、瓶窑镇、良渚街道农业公共服务中心、余杭益民农业生产服务专业合作社；余杭区华农农机专业合作社		2
2016	籼粳杂交稻绿色高产栽培技术集成与示范推广	余杭区农业技术推广中心	2	
2016	塘栖枇杷产业关键技术研究示范与推广	余杭区农业技术推广中心	2	

续表 11-5

年份	成果名称	完成单位	奖励等级	
			省(部)级	市级
2017	蔬菜节约型资源化集成技术示范与推广	余杭区农业技术推广中余杭区农业生态与植保管理总站、余杭区农民素质教育总站、余杭区农机监督管理总站、高新农业示范中心商务科、康成农业科技有限公、崇贤街道农业公共服务中心	1	
2017	蔬菜土肥水协同肥料减量技术研究与应用	余杭区农业生态与植保管理总站(协作)	技术进步2等奖	

2011年—2017年余杭区出版农业科技专著情况表

表 11-6

序号	时间	专著名称	作者	出版社
1	2011年9月	《畜禽产品安全选购与宠物健康饲料指南》	区畜牧兽医局	浙江省科学技术出版社
2	2014年4月	《余杭耕地质量与管理》	沈建国主编	中国农业科学技术出版社
3	2017年12月	《径山茶》	庞法松主编	中国农业科学技术出版社

第十二章　农产品质量安全

农产品质量安全是指生产的农产品必须符合保障人的健康和安全的要求。确保农产品质量安全，直接关系到广大人民群众的身心健康。余杭区委、区政府高度重视农产品质量安全工作，切实加强对农产品质量安全工作的领导，全面构建农产品质量安全的三级监管体系。按照“有机构履职、有人员负责、有能力干事”的要求，着力构建一支集种植业、渔业、畜牧业执法为一体的综合执法队伍，围绕产地环境、生产环节、农产品流通环节、投入品监管“四个环节”，深入开展农产品质量安全专项治理行动，不断加大对农产品质量安全监管力度。并大力推进无公害农产品生产基地建设，推广无公害农产品、绿色食品、有机农产品的种植规模，进一步提高农产品质量和品质。

第一节　农产品质量安全监管体系

为切实加强对农产品质量安全工作的领导，余杭区农业局成立农产品质量安全监管领导小组，专设农产品质量安全管理科。着力构建并不断完善农产品质量安全监管的责任体系、检测体系、追溯体系、信息化监管平台。运用物联网等信息化高新技术，不断提高农产品质量安全监管的科技含量。

一、责任体系建设

为加强对农产品质量安全监管，按照“提升区一级、强化镇街一级、发展村一级”的思路，积极构建区、镇街、村（社区）三级农产品质量安全监管网格体系。2012 年，成立杭州市余杭区农业局农产品质量安全监管领导小组，区农业局专设农产品质量安全管理科，全面加强对农产品质量安全监管工作。在镇街层面，依托农业公共服务体系建设，在 20 个镇街建立集农技推广、动植物疫病防控、农产品质量监管“三位一体”的农业公共服务机构，各镇街配备 1 名以上农产品质量安全专职监管员；在村（社区）层面，全区 222 个主要涉农的村（社区）成立由村委（居委）会分管农业的副主任担任的农产品质量安全协管员队伍，承担辖区内农产品质量安全管理职责；同时在各农产品生产基地配备内检员 298 名。2014 年，启动浙江省农产品质量安全放心县创建工作。制定《余杭区省级农产品质量安全放心示范县创建工作实施方案》和《关于加强农产品质量安全全程监管的意见》，召开工作部署会议，落实工作责任，按照方案要求，有序开展各项工作。全年各类农产品监测合格率达 98%以上，未发生重大农产品质量安全事件。2015 年，启动创建国家农产品质量安全县工作。2016 年 9 月，省农业厅等 4 部门正式发文授予余杭区为第一批省级农产品质量安全放心县称号。12 月，农业部正式发文，授予余杭区为全国首批农产品质量安全县称号，为杭州市唯一获得此项荣誉的区县，标志着余杭区农产品质量安全监管工作跻身全国先进行列。

二、检测体系建设

自2009年开始，余杭区不断加强农产品质量安全检验检测体系建设，形成区级检测站、镇街检测室、基地自检室三级农产品质量安全检测体系，检测辐射基本实现全覆盖。

区级检测站建设　2009年3月，杭州市余杭区农产品质量安全检验检测站成立。检测站隶属于余杭区农业局，主要负责辖区内（杭州农副产品物流中心除外）初级农产品质量安全检验检测及相关工作，为全区农产品质量安全监管工作提供技术支持。检测站建立后着手购置实验仪器设备、改建实验室和招聘人员，具备对初级农产品、农业投入品、动物防疫等检验检测的条件。

图12-1　2009年3月，区农产品质检站成立

2010年，完成农业部农产品质检和动物疫病防治项目。是年，农产品质检站项目和水生动物疫病防治站建设项目先后完工。农产品质检站项目是国家发展和改革委员会、农业部下达的全国农产品质量安全检验检测体系建设项目，投资400万元，对实验用房进行装修改造，购置气质联用仪、高效液相、原子荧光、原子吸收等一批先进仪器，具备初级农产品质量安全检验检测的基本条件。水生动物疫病防治站建设项目也是国家发展和改革委员会、农业部下达的动物防疫体系建设项目，属第三批扩大内需中央预算内投资项目之一，投资120万元，改建实验用房300平方米，购置实验仪器设备30余台（套）。该项目的建设和运行，填补了余杭区水生动物防疫检测的空白，同时增强水生动物防疫的技术支撑和监管手段。

2013年3月，杭州市余杭区农产品质量安全检验检测站通过“双认证”考核，获得省质监局颁发的“检验检测机构资质认定证书”和省农业厅颁发的“农产品质量安全检测机构考核合格证书”。可对外出具具有法律效应的检测参数49项，其中包括31项蔬菜和水果中农药残留参数、8项土壤营养元素参数。2016年1月，杭州市余杭区农产品质量安全检验检测站通过“双认证”复审和扩项评审，可对外出具具有法律效应的检测参数增加至58项，其中包括43项蔬菜和水果中农药残留参数、7项蔬菜和水果中重金属参数、8项土壤营养元素参数。

2017年12月，区农产品质量安全检验检测站完成实验室整体搬迁。配备专业技术人员7人，拥有实验室及办公用房1557平方米，配置气质联用仪、高效液相色谱仪、快速检测车等一批大型仪器及装备，全面负责辖区内农产品农药、重金属残留和土壤肥力等项目的定性和定量检测工作，

镇街检测室建设　2013年，依托农业公共服务中心建设，开展镇街农产品检测室建设工作，至2014年，按要求在17个镇街建设农产品快速检测室、配备检测人员、添置检测车及相关检测设备；同时，根据省政府为民办实事的要求，于是年4月，在全省率先对公众免费开放农产品快速检测，并统一制定和下发快速检测室基本制度及快速检测免费开放明白卡。2015年，印发《杭州市余杭区人民政府办公室关于进一步强化镇街农产品快速定性检测室保障工作的通

知》,进一步健全镇街农产品快速定性检测室机构、落实人员、明确责任、完善机制、提升检测能力。2018 年,在全区 11 个涉渔乡镇建立初级水产品质量安全快速检测室。

至 2018 年，全区创建省级基层农业公共服务中心 16 个，新建改建镇街农产品检测室 17 家,检测室面积达 626 平方米,配备农产品快速检测等仪器设备 541 台(套);结合星级市场、文明示范农贸市场、放心农贸市场创建,城区 10 家农贸市场均建立快速检测室并开放免费检测服务。

基地自检室建设　2009 年,在 5 个蔬菜生产基地建立蔬菜定性监测点,配置检测仪器,配备检测人员,开展技术培训,开展自检工作,确保上市蔬菜质量安全。2010 年,按照《关于印发〈余杭区关于加强生产领域农产品质量安全监督管理工作实施意见〉的通知》精神,开始在全区农业规模企业、农产品生产基地和农民专业合作社进行农产品动态检测点建设。是年,在农业规模企业、农产品生产基地和农民专业合作社建立自检自测网点 25 个,配置必要的检测用房、仪器设施和专门的检测人员,开展自检工作。全年实施蔬菜、生猪、畜禽、水果、茶叶、水产品等农产品定量检测 1296 批次,合格率 99%;开展快速定性检测 10005 批次,合格率 100%。2011 年,在全区农业规模企业、农产品生产基地和农民专业合作社建立自检自测网点 44 个,以蔬菜为重点,涵盖水果、水产品、畜产品、茶叶等品种。至 2017 年,在蔬菜、水果、茶叶、粮油、水产品、畜产品、林产品等领域生产基地布局农产品快速定性检测室达 105 家,当年生产基地开展自检 57197 批次,合格率达 99.84%。

三、追溯体系建设

2008 年 12 月,杭州市鲜活食用农产品质量安全追溯管理启动仪式在杭州农副产品物流中心举行,生猪、蔬菜质量安全追溯机制正式启动。2009 年,成立由区主要领导任组长,区农业、市场监管、商务、卫生、财政及杭州农副产品物流中心管委会等有关部门负责人为小组成员的余杭区农产品质量安全追溯管理工作领导小组。制定《余杭区农产品质量安全追溯管理工作实施方案》,将畜禽、蔬菜两类产品列入了首批追溯管理对象,将杭州农副产品物流中心肉制品市场、杭州蔬菜市场、良渚蔬菜市场和全区 10 个农贸市场、10 个农产品生产基地、10 个宾馆饭店列入试点范围,按照产地标志卡发放率、进货台账登记建档率、销售建档出票率、质量批次检测率、定点配送率“五个 100%”要求全面实行质量安全追溯管理。同时,明确区农业、工商、贸易、卫生、质监、财政、城管执法、杭州农副产品物流中心等单位具体工作职责和要求。是年 4 月,召开农产品质量安全追溯管理试点单位工作会议，布置试点单位开展农产品质量安全追溯管理工作任务。举办生产基地负责人业务知识培训班,并深入实地开展监督检查和指导。至年底,有 10 家农产品追溯管理试点单位达到产地标志卡发放率、进货台账登记建档率、销售建档出票率、质量批次检测率、定点配送率“五个 100%”的要求。有 5 个蔬菜生产基地建立蔬菜定性监测点,配置检测仪器,配备检测人员,开展技术培训和自检工作,确保上市蔬菜质量安全。同时完成生猪规模养殖场二维码标识佩戴、生产、防疫相关信息的收集、录入和数据库建立。全区发放农产品产地标志卡 1498 张。

2009 年 2 月,召开全区农产品质量安全追溯管理工作会议。制定《关于开展水产品、茶叶、水果质量安全追溯管理工作实施意见》,启动生产领域水产品、水果、茶叶质量安全追溯管理试点工作。通过建立生产档案制度、产品准出制度、交易持卡制度和溯源查询系统,实现三类产品从生产到销售环节的全过程监管，并建立与销售环节的信息对接，达到产品质量安全的可追溯。2010年，开展蔬菜、生猪质量安全追溯管理扩面各10家，水产品、茶叶、水果质量安全追溯管理试点5家，农产品追溯管理的覆盖面有所扩大。2011年，新增蔬菜、生猪、水果、水产品、茶叶质量安全追溯管理扩面单位70家。并将硬件与软件建设规范化、制度化，确保上市农产品安全。

2012年，坚持实施"杭州模式"的农产品质量安全追溯管理制度，在建成的90家追溯点中，建设高标准示范性管理单位30家，在蔬菜、水果、水产品、茶叶、畜产品等五大产业，新建农产品快速定性检测室30家。通过运用电子信息卡和网络平台等手段，完善制度和台账，规范生产和包装，实行自检和送检，严格实施产地准出管理，保证追溯的有效性。2015年，制定《余杭区农产品质量安全追溯体系建设实施方案》，进一步完善区级追溯管理系统，与省、市追溯系统进行有效对接。开展追溯体系示范点建设，按照省农产品质量安全追溯体系建设要求，全区45家区级以上示范性合作社、农业龙头企业、家庭农场等生产主体纳入建设项目范围。是年6月，余杭区获得"浙江省农产品质量安全可追溯体系县"称号。

2016年，印发《关于下达余杭区2016年度农产品质量安全追溯点创建计划的通知》，将杭州仙佰源生态农业开发有限公司等44家现代农业园区、农业企业、农民专业合作社和家庭农场列入当年农产品质量安全追溯点创建计划。5月，召开农产品质量安全追溯示范点建设会议，开展追溯信息平台操作业务培训，督促各建设单位按要求开展追溯工作。是年，制定《杭州市农副产品物流中心肉蔬追溯体系建设方案》，按照"监管部门立规范、市场主体建体系"的理念，以涉及食用农产品监管法律法规为依据，以信息数据流和票证管理为手段，以发展现代流通方式为基础，顺应市场经济发展和"互联网+食品农产品安全追溯"新形势，在蔬菜和肉类批发市场建立和完善食用农产品追溯体系，实现蔬菜和肉类来源可追溯、去向可查证、信息可查询，建立政府公共服务、行业自律和消费者监督相结合的长效机制，提升市场销售食用农产品质量安全保障能力。2017年，根据《余杭区食用农产品合格证管理试点工作实施方案》有关要求，深入开展食用农产品合格证试点工作，有序扩大合格证使用范围。对农业企业、合作社和家庭农场等生产主体上市农产品，推行"合格证+追溯码""品牌+合格证+追溯码"等模式实施合格管理；对已获"三品一标"的农产品，要求标识上市，或建立"认证标识+追溯码"模式实行合格证管理；对其他规模农产品生产者，由区农业局统一印发合格证或电子合格证(产地标志卡)。

2018年，将农产品质量安全追溯体系建设作为十大民生实事工程之一。余杭区在全省率先完成100个农产品质量安全追溯点的建设并通过考核验收，实现"监测全覆盖，主体可追溯"的目标。至2018年，已将全区500家规模生产主体规模生产主体全部纳入追溯监管平台，实现信息精准动态管理。建成农产品质量安全追溯点215个，使用电子合格证(产地标志卡)蔬菜种植散户1379家，共下发二维码合格证24万张，实现规模以上生产主体使用合格证全覆盖。

四、信息化平台建设

2009年1月，杭州农副产品物流中心动植物检验检疫站依据国家和省植物检疫部门有关要求，在物流中心4个农产品检疫签证点，推广应用计算机检疫管理系统，用电脑出证，以规范植物检疫行政许可行为，加强地区间检疫监测与防控联系，实现检疫日常管理信息化，成为全省率先进入植物产品检疫信息化的部门之一。

为真正做到农产品质量可控、可管、可查，实现信息化管理，于2011年建立余杭区农产品质量安全监管平台，以镇街农产品检测室和农产品追溯管理生产基地为基础，初步形成"区级监管—镇街管理—生产基地”正向监管和逆向追溯的农产品质量安全追溯网络体系。2015年，进一步完善区级农产品质量安全监管工作平台，与省、市追溯系统进行有效对接，积极构建全程信息化监管，将农产品质量安全快速检测，巡查、执法和案件处理，农产品质量安全应急处置、投诉管理等信息输入监管平台。

2017年，为进一步完善全区“网格化”监管体系，提升监管工作效率，制定《余杭区农产品质量安全智慧监管工作实施方案》，举办农产品质量安全智慧监管工作业务培训班，动员局属各监管人员和执法人员将农产品质量安全巡查、执法和案件处理等信息及时通过APP上传至监管平台，纳入信息化管理。2018年，为提升监管工作效能，完善更新农安监管APP的功能，完成农产品质量安全指挥监管APP升级项目考核验收，通过项目升级，将APP数据上传数量作为对镇街农产品质量安全考核事项之一，进一步落实农产品质量安全监管党政同责。

此外，还从2009年起，运用物联网、互联网等信息化手段，积极推广二维码技术在追溯管理中的运用。是年，完成生猪规模养殖场二维码标识佩戴，生产、防疫相关信息的收集、录入和数据库建立。至2018年，已为辖区内215家规模化生产主体安装追溯管理软件，配备二维码打印机。实现以二维码为产品标识、手机扫描显示相关企业和生产信息的追溯方式，消费者可便捷查询相关信息。

五、诚信体系建设

为进一步规范生产行为、提升监管成效、营造“守信激励、失信惩戒”的诚信秩序，加大农产品质量安全诚信体系建设。2009年，制定《余杭区农业局农业产业项目管理办法》，对农产品生产主体实行质量安全立项“一票否决”及黑榜制度。农产品生产经营单位在农产品生产经营过程中有不良行为记录，将其列入“黑名单”，按照法定程序通过新闻媒体或者网络向社会予以公布，并实施重点监督检查管理。同时，根据《杭州市农产品生产单位信用评级分类监管实施办法（试行）》有关要求，认真做好辖区内农产品生产单位信用评级的组织申报工作。至2018年，全区共有26家农业生产主体被评为杭州市农产品生产A级信用单位，1家被评为B级信用单位。

第二节　农产品质量安全监督管理

为加强对农产品质量安全的日常监管，按照“有机构履职、有人员负责、有能力干事”的要求，余杭区农业局着力构建一支集种植业、渔业、畜牧业执法为一体的综合执法队伍，与市场监管局、公安局等单位形成执法联动机制，围绕产地环境、生产环节、农产品流通环节、投入品监管“四个环节”，深入开展农产品质量安全专项治理行动，通过日常严格执法监管，有效遏制农产品生产经营违法违规行为的发生。

一、农产品质量安全管理

2001年，境内正式实施《杭州市蔬菜农药残留监督管理办法》，严禁在蔬菜种植区销售甲胺磷、呋喃丹等高毒、高残留农药及其混配制剂。2002年，由余杭区农科所筹建的“放心菜”生产示范基地全面投入生产。

2006年，围绕规范农药、化肥市场秩序开展为期1个月的“绿剑”春季专项整治活动，查获违法案件2起。2007年,全面启动农产品质量安全专项整治行动。共出动执法人员1200余人次,检查农产品批发市场15个(次),“三品”生产基地59个(次),农贸市场236个(次),宾馆饭店22家,规模养殖场664个(次),畜禽屠宰场162个(次),家禽交易市场41个(次),畜产品加工厂113家(次),农资经营店60余家,兽药经营店35家,饲料及添加剂单位20家,抽检农业投入品58批次,收缴销毁甲胺磷等高毒禁用农药兽药315.6公斤,处理病害动物及产品195公斤。全年查办案件32起,执行罚没款21.33万元。查办万元以上案件5起,5000元以上案件14起,其中罚没款超4万的案件2起。区农业局、浙江上升农业开发有限公司等被评为2007年度全省农产品质量安全管理工作先进单位。

2008年3月,杭州农副产品物流中心动植物检验检疫站正式开展动植物检验检疫工作。全年进行市场巡查70余次,专项执法检查4次;检疫蔬菜、瓜果8.43万吨,其中蔬菜7.41万吨、果品1.02万吨,签发检疫单证4.87万份,抽检从外省进入物流中心蔬菜、果品50个批次和动物产品25个批次。是年,启动农产品质量安全追溯管理,12月,杭州市鲜活食用农产品质量安全追溯管理启动仪式在杭州农副产品物流中心举行。确定一批生产、流通和餐饮企业为农产品质量安全追溯管理示范单位,实现基地直销农户杭州市食用农产品产地标志卡发放率达100%、批发市场和农贸市场进货台账登记建档率达100%、产品销售出场建档出票率达100%、农产品质量每车批检率达100%、饭店(宾馆、食堂)和快餐配送点实施率达100%的目标,食用农产品质量安全可追溯到生产源头。对杭州农副产品物流中心批发市场进行全面调查摸底,将全部信息录入网上农产品追溯管理系统,制作发放产地标志卡769张。是年,还制定《农产品质量安全事故应急预案》。2009年8月,农副产品物流中心启动蔬菜全检全测工作。为严格物流市场准入制度,销售者凭产地标志卡刷卡进场,只有显示检测合格方可入内销售。对进场后的蔬菜仍需进行抽检,抽检不合格产品通过标志卡信息直接追溯到生产者和生产地,便于农业执法人员及时开展调查。对检测不合格的蔬菜,及时移交市场监督管理局等执法部门进行销毁。为加强产地准出管理,对物流中心周边种植户进行多次整治,各镇街和生产基地农产品检测室对本辖区内持有产地标志卡的蔬菜种植户送检的蔬菜实行免费检测,并按要求出具检测报告,实时上传检测结果至监管平台。检测合格的种植户可刷卡直接进市场交易,实现产地准出与市场准入的有效衔接。是年9月,制定《关于蔬菜生产安全使用农药指导意见书》。区农业技术推广中心邀请省、市、区蔬菜植保专家对该意见书和《蔬菜病虫害防治药方推荐表》进行论证。意见书明确禁用甲胺磷、甲拌磷、五氯硝基苯、氧化乐果、克百威(呋喃丹)等5种高毒高残留农药,并对种植期短的蔬菜在全市范围内率先提出停用毒死蜱、乙酰甲胺磷、乐果、三唑磷等5种农药。是年,对良渚镇蔬菜基地质量安全进行整治。9月23日,区农业局组建蔬菜生产质量安全工作整治小组,进驻良渚镇开展督促指导工作;成立良渚镇农产品质量安全追溯管理工作领导小组,制定良渚镇蔬菜生产质量安全管理工作整治方案,整治工作取得明显成效。针对农副产品物流中心开展蔬菜全检全测工作后出现的不合格蔬菜问题,区农(渔)业执法大队会同有关单位和乡镇,加大对当地农资供应店的整治力度。查处无农药登记证、无农药标签等不规范的农资供应点4家,对170户农药残留超标的菜农逐个确认,开展批评教育和指导,并要求限期整改。全年举办蔬菜安全生产技术培训班5期,邀请市、区蔬菜专家上课,蔬菜种植大户及首批确定的各村蔬菜监管员720余人参加培训。

2010年,农业部、省农业厅、市农业局和区农业局下发文件,明确省市在杭州农副产品物流中心例行抽检由农副产品物流中心动植物检验检疫站承担，其余农产品质量安全的抽检任务由区农（渔）业行政执法大队承担。是年，根据《余杭区关于加强生产领域农产品质量安全监督管理工作实施意见》《余杭区生产领域农产品质量监督管理工作实施细则》，在全区推行农产品产地准出管理制度。在农业规模企业、农产品生产基地和农民专业合作社建立自检自测网点 25 个。同时根据《余杭区食用农产品合格证管理试点工作实施方案》有关要求，深入开展食用农产品合格证试点工作，有序扩大合格证使用范围。对农业企业、合作社和家庭农场等生产主体上市农产品，推行“合格证+追溯码”“品牌+合格证+追溯码”等模式实施合格管理；对已获“三品一标”的农产品，要求标识上市，或建立“认证标识+追溯码”模式实行合格证管理；对其他规模农产品生产者，由区农业局统一印发合格证或电子合格证（产地标志卡）。全区使用追溯码合格证主体数量 119 家，使用电子合格证（产地标志卡）蔬菜种植散户 1371 家，共下发二维码合格证 1585 卷（每卷 800 张）、卡片式合格证 24 万张。是年，根据省、市《关于组织实施“助世博、保安全”农产品质量安全监管专项行动的通知》要求，对全区供沪的农产品基地进行专项检查，切实抓好世博会期间的农产品质量安全。2011 年，国家食品安全督察组检查余杭区的农产品质量安全监管工作，认为余杭区高度重视农产品质量安全监督管理工作，生产基地有管理制度、有专门人员、有生产记录、有质量检测、有产品标识，基地的准出管理工作和追溯工作走在全国前列。是年，农产品质量安全监督管理以严厉打击农产品非法添加和滥用食品添加剂及农产品质量安全专项整治工作为重点，先后组织实施“瘦肉精”、农药残留、生鲜乳、兽药、水产品、农资打假等 6 个专项整治行动，检查生产经营单位 2411 家，出动执法人员 2209 人次，责令整改 5 起，立案查处 19 起，涉及金额 10.25 万元。是年，区农（渔）业行政执法大队被评为杭州市农产品质量安全监管工作先进集体。

2012 年 5 月，成立余杭区农业局农产品质量安全监管领导小组。7 月至 10 月，围绕食品安全“百日”整治活动，开展以茶叶质量安全、滥用果蔬保鲜剂、水产品非法添加孔雀石绿、豆芽生产中滥用添加剂、农产品批发市场和农贸市场非法添加等为主的农产品质量安全整治，共检查 414 次，出动执法人员 1471 人次，查处违法行为 7 起。对“12316”投诉举报电话，做到“有报必接，接案必办，办必到底”。同时研究构建农产品安全监管长效机制，建立农产品安全信息通报、联合执法、隐患排查、事故处置等协调联动机制，推进农产品安全工作重心下移、监管前移，全面提升农产品安全监管能力。2013 年，全面开展种养殖业农产品质量安全专项整治和“强网清源”集中行动等整治行动，共出动执法人员 3141 人次，检查生产经营单位 2572 户次，整治风险隐患 44 个次，查处案件 24 件，开展定量监测 1967 批次，合格率 98.95%，定性监测 9196 批次，合格率达 99%以上，处理农产品质量安全投诉举报 117 起，投诉举报案件处置率 100%。

图 12–2　第一届全区农产品质量安全检测技能比武大赛（2014 年）

2014年，全面开展七大类农产品专项整治行动，共出动执法人员2540人次，检查生产经营企业2231户次，查处农产品案件30起，处罚没款16.0845万元，取缔无证照企业2家次，处理农产品质量安全投诉举报52起，投诉举报案件处置率达100%。加大节假日期间整治力度。先后开展了水产品质量安全专项检查、市区联动专项执法检查等行动，共开展执法行动20余次，其中联合执法行动5个次，共出动执法人员492人次，检查户数393户，开展农产品定量检测125批次，合格率达100%，定性检测1253批次，合格率达100%。深入开展百日严打行动。共出动执法人员810人次，约谈企业192家次，其中违规企业5家次，公布黑名单企业1家次；开展农产品监督抽检443批次，合格率达98.9%；掌握线索9条次，打掉乔司豆芽菜加工和非法屠宰黑窝点6个，行政立案9起，涉案金额29898元，处罚没款21402元；受理投诉举报12起，投诉举报处理率100%。2015年，启动国家农产品质量安全县创建工作。全年区农业局检查农产品生产经营单位1979家次，出动执法人员2717人次，取缔无证无照生产经营单位25家，查处违法行为31起，行政立案14起；开展农产品定量抽检1718批次，合格率98.98%，开展农产品定性检测9320批次，合格率99.69%。

2016年，围绕G20峰会农产品安全保障目标，共出动执法人员1477人次，检查重点食用农产品种养殖基地数526家次，检查重点品种生产经营企业483家次，约谈违规企业4家次，排查出重点风险隐患23个数，完成整治重点风险隐患23个数，查处违法行为14起，行政立案13起，移送公安机关1起，受理投诉举报28起，投诉举报查处率达100%。是年，余杭区获得第一批省级农产品质量安全放心县和全国首批农产品质量安全县称号，标志着余杭区农产品质量安全监管工作跻身全国先进行列。2017年，出动执法人员2505人次，检查重点食用农产品种养殖基地数556家次，初级水产品养殖基地数155家次，行政立案38起数，查处违法行为38起数，查处关停非法违法生产经营单位1家数，受理投诉举报84起，投诉举报查处率达100%。完成各级农产品定量抽检1549批次，合格率达99.68%；全区17个主要涉农镇街农产品定性检测室开展农产品定性检测19149批次，合格率达99.80%；生产基地开展自检57197批次，合格率达99.84%；农产品合格证检测101808批次，合格率99.86%；生猪尿样检测8457批次，合格率100%。

2018年，开展农产品生产经营记录、茭白质量安全、“绿剑”集中执法等各类专项执法行动，共出动人员1695人次，检查单位1394家次，查处问题16起，责令整改18家，其中移交公安1起，共计罚没金额23万余元。开展各级农产品定量抽检1722批次，合格率99.42%，其中部级定量检测36批次，合格率100%，省级定量检测203批次，合格率99.01%，市级定量检测701批次，合格率99.57%，区级定量检测782批次，合格率99.36%；镇街开展农产品定性检测25038批次，合格率达99.98%；生猪尿样检测4272批次，合格率100%。

二、畜禽产品质量安全管理

1995年，为保障城乡居民吃上“放心肉”，全年农贸市场共检验白肉6.63万头，检疫家禽43.51万羽，羊9.61万只，检出病猪、羊肉113头，病禽500多羽，拔除“五号病”疫点13个。1996年，有14个乡镇75个疫点发生口蹄疫疫情，共处理病猪326头，堵截了疫情扩散，保障了市场供应的肉类质量安全。

2001年，开展以防止牲畜W（五号病）病为重点的动物防疫攻坚战。全区猪、羊、牛的免疫注射率分别达到90.2%、28.8%、89.8%，规模场（户）达100%，大大超过历史水平。2002年3月，余杭城区实行统一集中屠宰检疫。7 月,全面实行生猪免疫标识制度。凡出售、屠宰的生猪,必须凭免疫耳标和免疫证明,否则动物检疫员不得出具检疫合格证明。2003 年 5 月,勾庄小洋坝屠宰场调入 161 头生猪宰前检出染疫病猪 55 头,对调入的 161 头生猪全部进行扑杀、深埋、消毒等无害化处理。6 月,开展奶牛"两病"(布鲁氏菌病、结核病)的检测工作,对确诊结核病阳性的 3 头奶牛进行扑杀等无害化处理。

2004 年, 国家质量监督检疫总局局长李长江到杭州华东家禽交易中心检查防控禽流感工作。全年注射禽流感疫苗 947.34 万次,同比增长 672.9%。2005 年,按照省政府关于禽流感防控工作要求,在瓶窑镇市原种场内进行禽流感防控应急大演练。2006 年,杭州市农业、卫生等部门组成的防控禽流感检查组到南苑街道、乔司镇检查防控禽流感工作。区畜牧兽医站临平分站动物防疫执法监督示范窗口建设通过省级验收。

2007 年,根据《中华人民共和国畜牧法》《畜禽标识和养殖档案管理办法》等规定,推进动物标识及疫病可追溯体系建设,做好新型牲畜标识佩戴及养殖档案登记。把全区存栏 500 头以上的规模养猪场(户)的基本情况、养殖结构、存出栏数据、成活率、疫病状况、强制免疫等信息全部输入电脑储存, 每月一次将情况发送到动物标识及疫病可追溯体系规模养猪场信息传报门户。继续加强畜产品禽流感、鸡新城疫、猪口蹄疫、猪瘟血样抽检和生猪"瘦肉精"尿检工作。并针对"两病"监测,做好种羊场羊血样、奶牛血样采集,对疑似或阳性等动物及其产品严格按规定做好无害化处理。同时,通过督办整改、发函通报等措施,促进动物防疫和畜产品安全监管工作到位,也使抗体及违禁药物监督检测工作真正起到预警预报作用。

2008 年,实施外来动物及产品电子备案报验。9 月,在实行外来动物及产品备案报验工作前提下,开展电子备案报验工作,全年受理备案动物 11634 批次,报验 13653 批次;备案动物产品 792 批次,报验 818 批次,畜禽产品 2970.8 吨。调入动物及产品备案率和报验率 90%以上。为确保北京奥运会期间畜产品安全,7 月—9 月,余杭区重点围绕生猪及产品,开展畜产品安全百日行动。

2009 年 3 月,华东、城北家禽市场检疫监管视频监控系统投入使用,为全区落实农产品质量安全追溯奠定基础。5 月,按照《余杭区动物标识及疫病可追溯体系建设方案》,在全区范围内全面实施生猪可追溯体系建设。2010 年,生猪可追溯体系建设覆盖面扩量增点,全区养殖环节到屠宰检疫的全程畜产品质量安全追溯管理工作体系和框架基本形成。

2011 年,全年受理外来动物备案 23204 批次,报验 23033 批次;备案动物产品 1520 批次,报验 1519 批次,畜禽产品 14600.76 吨,确保区境外调入动物及产品的有效追溯。同时,加速生猪质量安全可追溯体系建设,进一步推进生猪追溯全覆盖。指导相关镇(街道)和养殖场开展市级生猪及产品质量安全追溯示范乡镇和区级生猪追溯示范点创建。抓好全区屠宰场生猪"瘦肉精"、莱克多巴胺尿检和沙丁胺醇检测,以及监控点生猪禁用药物监测盐酸克仑特罗、莱克多巴胺、沙丁胺醇等检测,全部合格。2012 年,受理外来动物备案 25962 批次,报验 25959 批次;备案动物产品 2979 批次,报验 2927 批次,畜禽产品 22868 吨,确保区境外调入的动物及产品都得到有效追溯。继续实施屠宰场生猪盐酸克仑特罗尿检、莱克多巴胺尿检、沙丁胺醇检测,完成监控点生猪禁用药物监测盐酸克仑特罗、莱克多巴胺、沙丁胺醇等检测,结果均合格。在生猪质量安全可追溯体系建设方面,余杭区通过明确工作职责、开展操作培训、按时发放补贴和开展创建为浙江省生猪质量安全可追溯体系建设示范县等举措,实现生猪追溯全覆盖。

2013年，严格执行动物及产品备案报验制度，共受理外来动物备案20400批次，报验20398批次；备案动物产品4001批次，报验3954批次，畜禽产品273934吨，确保区境外调入的动物及产品均得到有效追溯。是年，根据生猪及其产品质量安全可追溯管理工作建设方案，全面落实凭追溯信息开具产地检疫及允许屠宰上市的监管制度。同时，畜产品安全监测以违禁药物监测为重点，实施屠宰场和养殖场户监控点生猪禁用药物生猪"瘦肉精"尿检盐酸克仑特罗、莱克巴多胺监督抽检、沙丁胺醇监督抽检，阳性率都为零。2014年，在生猪质量安全可追溯体系建设方面，全年上传追溯信息101080条，超额完成杭州市下达的任务。是年7月，《杭州市余杭区人民政府办公室关于开展家禽定点屠宰工作的通知》下发，通过指定1家临时集中屠宰点，认定5家自宰点，全面实施家禽集中屠宰和杀白上市制度。7—12月，开展生猪及家禽定点屠宰稽查行动28次，其中四部门联合执法检查2次；检查疑似生猪私屠乱宰窝点29家次，查实16家次；取缔活禽非法屠宰交易点16家次，行政立案4起，行政处理12起，行政约谈当事人1人。受理家畜家禽区长电话、信访交办单、举报电话5起，调查处理办结5起。2015年，受理外来动物备案报验11890批次，备案报验动物产品4770批次，调入畜禽产品3.1万吨，实现调入动物及动物产品的可追溯。是年，围绕违禁药物监测重点开展畜产品质量安全监测，全年实施屠宰场、生猪养殖场户监控点盐酸克仑特罗、盐酸克仑特罗一莱克多巴胺一沙丁胺醇三联等禁用药物现场快速检测，合格率为100%。

2017年，出动执法人员666人次，检查定点生猪屠宰场场274家次，查获非定点生猪屠宰场场33处。对28家乳品企业执法检查30次。对畜禽产品储运、分销等流通环节，出动执法人员272人次，检查有关企业181家次。2018年，全力抓好非洲猪瘟防控工作，确保不发生区域性重大动植物疫情。共出动人员384人次，开展检查96次，检查经营户127家、养殖场10家、屠宰场3家、冷库46家；累计排查养殖场(户)3979家次、生猪288.39万头次；屠宰场255家次、生猪49056头次，未发现异常情况。共计排查封存来自高风险区产品68批次总计448.854吨。

三、水产品质量安全管理

2004年，定期开展鱼病监测预报工作，监测品种为甲鱼和草鱼，并开展质量安全强制性抽检。配合省海洋与渔业局开展年度水产品药残强制性检测，共检测甲鱼5个批次，黑鱼4个批次以及太湖流域小龙虾栖息环境检测；配合市农业局开展例行检测，全年检测常规鱼7批次，青虾10批次，甲鱼10批次。

2005年，完成水产品质量检测58批次，其中省级抽检42批次，市级6批次，区级10批次。抽检对象以甲鱼为重点，同时覆盖5个通过认证的无公害产品和基地。开展对中华鳖养殖企业及水产品生产重点企业的水产养殖场用药、投入品管理和使用、生产记录情况的专项执法检查，出动执法检查5次，参加执法人员25人次，检查生产单位18家。定期开展鱼病监测和预报工作，监测品种为甲鱼、翘嘴红鲌和草鱼。2006年，全年完成甲鱼、黑鱼等主要水产品现场质量抽检检查166个批次；4月—6月，组织开展兽药市场专项集中整治行动。根据余杭甲鱼养殖多的特点，重点检查甲鱼养殖场7家，主要检查用药、投入品管理和使用、生产记录等情况。9月，对全区水产养殖单位开展初级水产品质量安全专项执法行动，重点检查以无公害为主的大中型水产养殖场12家，未发现使用禁用药物行为。定期开展甲鱼、翘嘴红鲌和草鱼等品种的鱼病监测和预报。

2007年，水产品质量安全管理重点开展中华鳖专项整治、水产养殖规范用药宣传检查和水产品质量的检验与监督。全年完成各类抽检188批次，其中甲鱼、黑鱼等主要水产品质量现场抽样检查132个批次。2008年，根据省海洋与渔业局《关于印发2008年全省水产养殖业专项执法行动方案的通知》精神，结合余杭实际，制定《余杭区2008年度水产养殖业专项执法行动方案》，开展执法检查工作，对检查中发现使用禁用药物行为、三项记录不健全的情况加强处罚与整改力度。做好投入品、环境及水产品质量抽检工作，完成各类抽检167批次，其中甲鱼、黑鱼等主要水产品质量现场抽样检查140个批次。2009年，对62家规模养殖企业、质量认证企业和种苗生产企业进行现场检查，针对3项纪录不健全、管理措施不到位的情况发出整改通知书13份。同时，开展省、市、区三级水产品质量安全例行检测工作，完成产品、投入品和养殖环境监控抽检139批次。制定初级水产品质量追溯管理实施方案，以浙江上升农业开发有限公司和浙江蓝天生态农业开发有限公司为试点企业启动甲鱼产品的质量追溯管理。

图12–3　2019年8月13日，区食用农产品全过程追溯暨创新非规模主体农产品质量监管现场会召开

2010年，为确保世界博览会期间供沪水产品质量安全，全区开展“助世博，保安全”水产品质量安全专项整治活动。出动执法人员112人次，完成121家水产养殖单位的现场检查，签收保证农产品安全承诺书121份。同时，做好宣传、发放法律法规资料和规范的“三项记录本”等工作。区渔业渔政管理总站被省海洋与渔业局评为保障上海世界博览会期间水产品安全有效供给先进集体。2013年3月，为规范病死甲鱼无害化处置工作，防止疫病发生和扩散，保障生态环境和公共卫生安全，区政府印发《关于切实做好病死甲鱼无害化处置工作的通知》，明确要按照“统一收集，集中处置”的工作要求抓好病死甲鱼无害化处置工作。11月，又制定《余杭区病死甲鱼无害化处置工作考核办法》，设置6个大类14个方面的考核指标。全区17个涉及甲鱼养殖的镇（街道、开发区）落实人员队伍，建立长效管理制度，实现病死甲鱼无害化处置工作的常态化运行。全年统一收集、无害化处置的病死甲鱼数量达630.5吨。2014年，出动渔政执法人员70人次，检查养殖单位169家，查处违法案件2起，罚款1.2万元，对28家养殖单位提出整改意见。完成水产类抽样检测任务260批次，其中水产品204批次、投入品41批次、养殖环境检测样品15批次。对辖区内有甲鱼养殖单位的17个镇（街道）进行执法检查，共出动执法人员65人次，对105家甲鱼养殖场进行现场检查，未发现有病死甲鱼私自销售等非法现象，全年累计无害化处置病死甲鱼501.3吨。

2015年，组织相关单位签订水产品质量安全承诺书183份，送达告知书183份，发放水产养殖三项记录本547本。开展专项整治，出动渔政执法人员122人次，检查养殖单位193家，对6家养殖单位提出整改意见。加强水产品药物残留监管，全年完成水产类抽样检测任务253批次，合格率为99.6%；出动执法人员48人次，现场检查甲鱼养殖场79家，未发现有病死甲鱼私自销售等非法现象。全年无害化处置病死甲鱼共计344.83吨。2017年，以规模养殖单位为主要检查对象，全年开展执法检查50余次，出动检查人员120余人次，检查水产养殖单位200余家次。完成抽样检测201批次，合格率100%。无害化处置病死甲鱼207吨。2018年，抽检各类投入品、水产品228批次，依法处置渔业违法（水产品质量安全）案件1起。调处渔业污染事故7起，补偿渔业损失资金21.96万元。

四、宣传培训

农产品质量安全的监管需要广大公众的参与，为此，有关部门加大对农产品质量安全的宣传力度，同时开办各类培训班，对农产品生产和销售主体进行相关法律知识培训，以增强其自律意识。

宣传　2002年，开展农产品质量安全知识"进村入社区"、安全知识科普直通车、农业科技下乡和农产品质量安全"消费者体验"等活动，在余杭"三农"微博、微信等新媒体设立农产品质量安全宣传专栏等形式，大力宣传农产品质量安全的法规和全区农产品质量安全监管工作开展情况。2006年11月，《中华人民共和国农产品质量安全法》开始施行。10月12日，浙江省农业厅、杭州市农业局和余杭区农业局在余杭大厦联合主办浙江省《中华人民共和国农产品质量安全法》启动仪式暨报告会，省农业厅厅长程渭山、副厅长赵兴泉，市农业局局长邵银泽，区领导姜军、许明、孔祥华等参加会议，区级农业龙头企业负责人、农业园区业主、种养销大户等400余人参加。并通过广播、电视、报纸等多种形式进行宣传和组织学习，分发宣传资料320余份。2007年，区农业局、区民政局、区普法教育领导小组办公室联合制定《余杭区"法律进乡村"活动实施方案》，将学习宣传《中华人民共和国农产品质量安全法》等涉农法律法规作为重点宣传内容。2011年，召开《中华人民共和国农产品质量安全法》颁布实施五周年视频会议。2012年，结合开展农产品安全百日整治行动，在全区范围内宣传农产品安全知识，营造人人关注农产品质量安全的社会氛围。2015年，启动国家农产品质量安全县创建工作，开展农产品质量安全科普宣传直通车进基层活动5场次，发放各类宣传资料1.5万余册。2016年，邀请浙江日报等10余家省市新闻媒体座谈，为创建国家农产品质量安全县的宣传工作出谋划策，制作农产品质量安全宣传片在区电视台播放，在杭州之声广播电台进行直播，介绍余杭区开展农产品质量安全监管工作所取得的成效。2018年，全区开展11场农产品质量安全政策宣传活动，覆盖全区所有镇街。举办送科技下乡广场宣传等活动3场，宣传"三品一标"奖励实施细则等农产品质量安全知识和政策，发放各类宣传资料1800余份。

图12-4　2014年4月1日，农产品质量安全体验日活动

培训　2002年，举办绿色农产品质量安全控制知识讲座。深入宣传贯彻《浙江省农产品质量安全规定》有关精神，对农产品生产经营主体特别是隐患问题较多的企业，举办农产品安全生产和检验检测等教育技术培训班。2006年11月，《中华人民共和国农产品质量安全法》开始施行。对区级农业龙头企业负责人、农业园区业主、种养销大户等分批进行专题培训。2009年，

制定《余杭区农产品质量安全追溯管理工作实施方案》，召开农产品质量安全追溯管理试点单位工作会议，布置试点单位开展农产品质量安全追溯管理工作任务。举办生产基地负责人业务知识培训班，并深入实地开展监督检查和指导。2011年，《中华人民共和国农产品质量安全法》颁布实施五周年，为提高农业投入品和农产品生产经营使用主体的法律意识，举办法规政策培训班，提升生产经营第一责任人的责任意识，实现告知率、约谈率、培训率、承诺率达100%，指导督促农产品从业主体建立健全进货查验、索证索票、台账记录、农产品运输贮存及销售安全管理等自律制度。2014年，举办一期农产品质量安全监管队伍业务培训班，全区农产品质量安全专职监管员、村级协管员等140余人参加培训。举办水产品质量安全培训班2期，培训人员242人，发放水产养殖记录本250本、水产品质量安全知识汇编300本，签订水产品质量安全承诺书203份。2015年，启动国家农产品质量安全县创建工作。开展农产品生产经营主体农产品质量安全知识及安全生产等业务培训15期，培训人员2000余人次。举办水产品质量安全培训班1期，培训人员130余人。2018年，培训规模以上生产经营主体600余人，发放资料3000余份。举办农产品质量安全智慧监管工作业务培训班一期，举办无公害农产品内检员培训班2期，邀请专家进行无公害农产品认证授课和现场考试，培训获证人员达100余人。

第三节 农业“三品一标”

无公害农产品、绿色食品、有机农产品和农产品地理标志统称“三品一标”。“三品一标”是政府主导的安全优质农产品的公共品牌，是当前和今后一个时期农产品生产消费的主导产品。20世纪90年代，中国开始提倡绿色食品。21世纪初，农业部提出并启动“无公害食品行动计划”，并制定了相关国家标准。余杭区委、区政府高度重视农业“三品一标”建设，将农业“三品一标”建设作为农业发展进入新阶段的战略选择，推动传统农业向现代农业的转变。

一、无公害农产品

无公害农产品是指产地环境和产品质量均符合国家普通加工食品相关卫生质量标准要求，经政府相关部门认证合格、并允许使用无公害标志的食品。这类食品无污染、无毒害，是不对人的身体健康造成任何危害的安全食品。2001年，农业部提出并启动“无公害食品行动计划”，并制定相关国家标准，如《无公害农产品产地环境》《无公害产品安全要求》和具体到每种产品如黄瓜、小麦、水稻等的生产标准。

根据农业部有关要求，1998年，境内启动无公害蔬菜栽培，引进“无公害”生产设施防虫网，引进高效低毒农药替代高毒高残留农药，并做好残毒现场监测，逐步建立无公害蔬菜基地，并在农贸市场设立“无公害蔬菜摊位”挂牌上市，让市民能真正吃到“放心菜”。自21世纪初境内启动无公害农产品品牌建设。2002年，余杭区径山茶行业协会实施的茶叶基地、余杭粮油加工有限公司实施的稻米基地、杭州余杭宏发食品厂实施的红烧羊肉基地、余杭镇农业综合开发服务部实施的早熟蜜梨基地、杭州市余杭金兔牧业中心实施的獭兔基地、余杭本牌鳖协会实施的中华鳖基地通过浙江省无公害农产品基地认证，这些基地生产的茶叶、稻米、蜜梨、红烧羊肉、獭兔被认定为无公害农产品。其中余杭区径山茶行业协会生产的茶叶通过国家级无公害农产品认证。2003年，余杭粮油加工有限公司实施的稻米基地、余杭区特产技术推广站实施的枇杷基地、鸬鸟镇农业技术服务站实施的蜜梨基地、余杭博陆黑鱼协会实施的乌鳢基地、余杭区水产技术推广站实施的青虾基地、杭州海深特种鱼苗开发有限公司实施的黄颡鱼基地通过浙江省无公害农产品基地认证，这些基地生产的农产品被认定为无公害农产品。是年，余杭粮油加工有限公司生产的稻米、余杭镇农业综合开发服务部生产的早熟蜜梨通过国家级无公害农产品认证。2004年，通过浙江省无公害农产品基地认证的有余杭上窑蔬菜专业合作社实施的小白菜、茄子、南瓜基地，杭州市余杭区余杭镇溪塔村经济联合社实施的蔬菜基地，杭州余杭毛元岭桃果专业合作社实施的桃基地，杭州余杭小白菜养蜂场实施的蜂蜜基地；通过国家级无公害农产品认证的有杭州市余杭金兔牧业中心生产的獭兔、余杭本牌鳖协会生产的中华鳖、余杭竹笋业协会生产的早竹笋、余杭竹笋业协会生产的早竹笋笋干、杭州长乐罐头食品有限公司生产的水煮笋。

2005年，塘栖枇杷获得"农业部无公害农产品"称号。是年，余杭博陆黑鱼协会生产的乌鳢、余杭区水产技术推广站生产的青虾、杭州余杭区良渚国平白条鱼养殖基地生产的翘嘴红鲌、杭州闲林龚老汉特种水产有限公司生产的中华鳖等8个农产品通过国家级无公害农产品认证。2006年6月，农业部安全农产品认证中心专家会同省农业厅专家等组成的专家组对小白菜养蜂场进行现场检查考核；杭州市农业局水产专家组对浙江蓝天生态农业开发有限公司的中华鳖养殖基地进行无公害农产品产地认证现场检查。2007年，杭州余杭塘栖镇宏联水生作物专业合作社的"宏联"牌茭白等13个农产品被农业部认定为无公害农产品，黄湖镇万羽养殖和竹乡本鸡通过无公害农产品认证。2009年，春溢联合蔬菜专业合作社等4家单位通过无公害产地产品认证，"春溢""农香"等2个以新鲜蔬菜为主要产品的商标通过注册认证。

2010年，新增无公害农产品生产基地61个，其中种植业23个、畜牧业11个、渔业27个。新增有机食品生产基地26个，绿色食品生产基地5个。全年新增农业"三品"种植业基地面积2347公顷。审核推荐31个基地申请杭州市无公害农产品产地认定奖励，争取市级奖励资金31万元；推荐106个享受区级农业"三品"认证奖励，其中无公害62个、绿色5个、有机39个，奖励201万元。1月，农业部农产品质量安全中心对全国无公害农产品优秀检查员进行表彰，区渔政管理总站孔淼方获此殊荣。农业部农产品质量安全中心专家组对杭州余杭万山水产专业合作社的翘嘴红鲌养殖等无公害认证基地开展专项检查。6月，农业部农产品质量安全检验检测中心对塘栖镇和丰生猪养殖场和临平勤钦养殖场2009年通过的无公害产品产地认证的畜牧产品生产基地进行现场核查。是年，制定《余杭区关于加强生产领域农产品质量安全监督管理工作实施意见》，开始在全区农业规模企业、农产品生产基地和农民专业合作社进行农产品动态检测点建设。当年在农业规模企业、农产品生产基地和农民专业合作社建立自检自测网点25个，配置必要的检测用房、仪器设施和专门的检测人员，开展自检工作，基本实现凡经工商注册的蔬菜生产企业、合作社等实体单位检测网点的全覆盖。同时发放《蔬菜农事档案本》，各基地逐步形成"业主自律，乡镇协管，农技指导，行政监督"的蔬菜质量安全监管体系，蔬菜上市自检工作从"试点"逐步转变为"常规"。2011年8月，区农业局组成种养业专家组，对2011年拟申报无公害生产基地认证的78家单位开展无公害生产基地现场检查。全年新增无公害农产品基地76个，其中种植业基地38个，面积2000余公顷；渔业基地32个，面积833余公顷。完成10家规模养殖场无公害认证申报和3家规模养殖场有机畜产品认证。至2011年年底，全区主要农产品中农业"三品"的种植面积达2.33万公顷，占全区可食用农作物种植总面积的

图 12–5　沼液肥水一体化技术试验示范园区

55%以上。

2012 年，全年新增 100 个无公害农产品生产基地，面积 2000 余公顷。其中种植业基地 52 个，面积 2000 多公顷；渔业基地 43 个，养殖面积 660 多公顷；畜禽业基地 5 个。全区无公害农产品、绿色食品和有机食品的种植面积 2.3 万余公顷，主要农产品中有机、绿色及无公害产品种植面积比重超过 60%。2014 年，国家水产品质量监督检验中心对余杭区进行 2014 年第一次国家产地水产品质量安全监督抽查和无公害水产品质量安全跟踪监测抽检。2016 年，浙江桓泽生态农业科技有限公司、杭州余杭映秀农业有限公司等 48 个种植业基地和畜牧业基地被认定为浙江省无公害农产品产地，杭州余杭万山水产专业合作社、杭州余杭黑鱼专业合作社等 11 个水产养殖场被认定为浙江省无公害水产品产地。

2018 年，对全区“三品一标”产品进行联合专项检查，杭州黄湖镇云顶农庄、杭州径山五峰茶业有限公司由于连续认证并且保持良好的生产管理规范，获杭州市绿色品质创建项目奖补 15 万元；杭州良渚麟海蔬果专业合作社申报的杭州市绿色品质农业综合示范项目通过考核验收。是年，制定《无公害农产品认定暂行办法》，对无公害农产品认定的程序等相关内容作出明确规定。开展无公害认证材料审核和现场检查 124 次，指导和评定申报主体认证工作的开展情况，通过无公害农产品认证主体 124 家。至 2018 年底，全区通过无公害农产品认证主体 147 家，其中种植业基地 142 家，渔业基地 5 家。

二、绿色食品

绿色食品是指无污染、优质、营养食品，并经国家绿色食品发展中心认可，许可使用绿色食品商标的产品。在中国通常都将与环境保护有关的事物称之为“绿色”，为了更加突出这类食品出自良好的生态环境，因此称为绿色食品。20 世纪 90 年代，中国提出绿色食品的概念，相继制定《绿色食品产地环境技术条件》《绿色食品生产农药使用准则》《绿色食品生产化肥使用准则》等标准，并将绿色食品分为 A 级和 AA 级二个等级。

自 20 世纪 90 年代开始，境内逐渐将“绿色食品”概念引入农业生产领域，开始创建绿色食品品牌。2002 年，“本牌”中华鳖、“古钟牌”径山茶和“临平牌”红烧羊肉被认定为省级绿色农产品。2003 年，娘娘山蜜梨、玉鼎大米、秾仔兔肉、彭公早竹笋、梦春笋干、径山水煮笋等 6 个产品被列为省级绿色农产品，佛鼎牌径山茶通过国家 AA 级绿色食品认证。2004 年，通过 AA 级绿色食品认证的有余杭粮油加工有限公司生产的稻米。2008 年，市果树研究所申报的杨梅通过绿色产品认证。2009 年，新增杭州宇航梦园农业科技有限公司的番茄等绿色农产品 6 个。2011 年，新增绿色食品 9 个。2018 年，通过绿色食品认证主体 7 家。至 2018 年，全区共有绿色食品 55 个，获得绿色食品认证主体 29 家。

三、有机农产品

有机农产品是指根据有机农业原则，生产过程绝对禁止使用人工合成的农药、化肥、色素等化学物质和采用对环境无害的方式生产，销售过程受专业认证机构全程监控，通过独立认证机构认证并颁发证书，销售总量受控制的一类真正纯天然、高品位、高质量的食品。

境内自 21 世纪初启动有机农产品品牌建设。2002 年，境内通过有机农产品基地认证的有余杭区径山绿神茶苑实施的绿茶基地。2003 年，通过有机农产品基地认证的有径山镇径山村棋盘石茶厂实施的径山茶基地。是年，通过有机食品认证的有杭州余杭径山古钟茶厂生产的径山茶。2004 年，通过有机农产品基地认证的有杭州余杭华英羊业有限公司实施的波尔山羊基地、百丈镇农业服务部实施的茶叶基地，通过有机食品认证的有余杭粮油加工有限公司生产的稻米。

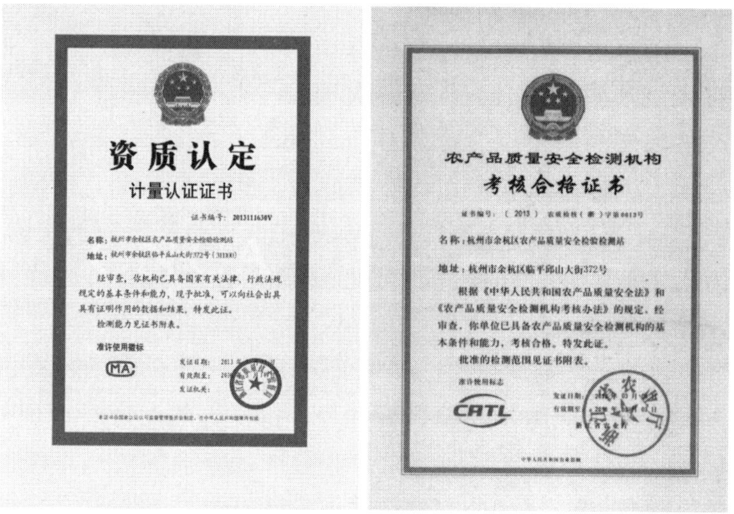

图 12-6　证书

2005 年 10 月，浙江蓝天生态农业开发有限公司获得国家认证机构颁发的“彪”牌有机中华鳖认证书，这是杭州市甲鱼产业第一家通过有机认证的中华鳖。此次通过有机认证的中华鳖养殖数量、规模在全国同行业中名列首位。“彪”牌中华鳖获得有机认证，标志着境内养殖的中华鳖产品品质已从“无公害农产品”向“有机农产品”的转变。至 2005 年底，全区共有 8 家企业的 11 个农产品通过有机认证，4 家企业的 8 个产品通过有机转换认证。2006 年，“王位山茶叶”“竹乡本鸡”通过国家有机食品认证。

2007 年，杭州余杭紫荆山茶业开发有限公司、杭州山沟沟农产品有限公司等生产的 9 个农产品被认定为有机农产品，杭州三园茶业有限公司、黄湖镇三园茶叶通过有机产品认证。2008 年，杭州禹航茶业有限公司的茶叶等 23 个农产品通过有机农产品认定。是年，径山茶和蓝莓进入北京奥运会。经过农业部茶叶质量监督检验测试中心和北京奥组委的检测，径山茶在北京奥运村参加中国茶展示，并被北京奥组委评为二级国家礼品茶。在奥运村茶艺室，3000 罐径山茶作为礼品茶赠送给各国运动员。同时，由浙江贝莱特蓝莓综合开发有限公司生产的 68 公斤蓝莓进入北京奥运会。

2009 年，新增塘栖镇广源水产养殖场的草鱼等有机农产品 13 个，杭州玉渚园艺有限公司的“玉渚”牌蜜梨通过有机认证。2010 年，杭州森乐农业开发有限公司通过有机农产品基地认证。2011 年，杭州径山五峰茶叶有限公司通过有机农产品基地认证，新增有机食品 25 个，完成 3 家规模养殖场有机畜产品认证。

2016 年，杭州余杭昌诚禽业专业合作社生产的鸡、鸡蛋通过有机农产品认定。2017 年，杭州梅林生态农业有限公司生产的鳖、鳙鱼、鸡、鸭、鹅、猪 6 个农产品通过有机农产品认定。2018 年，杭州爱比利生态农业开发有限公司、杭州清心茶业有限公司通过有机农产品基地认证。至

2018 年，全区有机农产品基地达 12 家。

四、农产品地理标志

农产品地理标志是指农产品标示农产品来源于特定地域，产品品质和相关特征主要取决于自然生态环境和历史人文因素，并以地域名称冠名的特有农产品标志。推动农产品地理标志登记保护有利挖掘、培育和发展独具地域特色的传统优势农产品品牌，保护独特的产地环境，提升独特的农产品品质，增强特色农产品市场竞争力，促进农业区域经济发展。至 2018 年，境内有 2 个农产品荣获国家地理标志产品称号。

塘栖枇杷国家地理标志产品　20 世纪前期，塘栖枇杷的栽培达到鼎盛，栽培区域拓展到整个塘栖地区。民国时期，塘栖枇杷栽培区域东至泉漳约 6 公里，西至东塘约 6 公里，南至姚家湾约 5 公里，北至德清县境约 10 公里，面积大约 2 万亩（1340 公顷）；根据民国时期关于塘栖枇杷的调查报告，塘栖枇杷种类繁多，有很多优良品种。国立浙江大学农学院园艺系 1930 年的《塘栖枇杷调查报告》认为，塘栖枇杷品种至少有 14 种。汪仲毅的《塘栖枇杷栽培概况》认为塘栖枇杷有 13 种之多。赵丕钟的《农村副业调查：塘栖枇杷栽培之现状及其应对改进之措施》记载，塘栖枇杷的种类特别复杂，统计不下一二十种。根据当时的调查，其种类大致有十三四种之多。中华人民共和国成立后，1963 年，经浙江农业大学园艺系调查，塘栖枇杷品种有软条白沙、硬条白沙、五儿白沙、平头大红袍、尖头大红袍、大种、大叶红种、夹脚、宝珠、青碧种、牛奶、头早、二早、六分种、尖头五儿、平头五儿、细叶杨墩、大叶杨墩等 18 个品种。

1979 年后，政府大力恢复发展塘栖枇杷这一传统名品，建立余杭县枇杷科研站，先后引进枇杷品种 26 个。1999 年，注册“塘栖”牌枇杷商标，次年制定并发布塘栖枇杷区级栽培技术规程等塘栖枇杷系列标准，2003 年又升级为省级标准。2004 年 3 月，国家质检总局批准余杭区对塘栖枇杷原产地域产品保护的申请，并成功申报 5000 亩（333.3 公顷）浙江省级无公害农产品基地。2005 年，塘栖枇杷获得“农业部无公害农产品”称号。2012 年，“塘栖枇杷”商标被国家工商总局商标局认定为中国驰名商标。2016 年 3 月，经专家评审和公示，确认塘栖枇杷符合农产品地理标志登记程序和条件，准予登记并获颁“中华人民共和国农产品地理标志登记证书”。这是塘栖枇杷继获国家驰名商标后又获得的一项国字号荣誉，也是余杭区第一个国家地理标志产品。

径山茶国家地理标志产品　径山茶始栽于唐，兴盛于宋，以“崇尚自然，追求绿翠，讲究真色、真香、真味”著称于世，是有着 1270 多年历史的传统名茶。

1978 年，余杭开始径山茶的恢复创新。1979 年，径山茶参加省农业厅主办的全省名茶评比，获全省第一名，嗣后连续 3 年被评为浙江省“一类名茶”。1982 年，获浙江“省级名茶”称号。1987 年，参加全国名茶评比，获农牧渔业部颁发的“优质农产品”证书，定为部级名茶。

径山茶自 1978 年恢复生产后，曾只限于径山村所办茶场。20 世纪 90 年代以后，生产区域扩大到整个径山区域，范围涉及径山镇里洪、四岭、斜坑、塔湖山和鸬鸟镇钖坑等地。1997 年 3 月，余杭市技术监督局发布省内首例地方标准《径山茶》（DB330125.001—1997）。1998 年，径山茶获浙江省首届优质农产品金奖；1999 年，获中国国际农博会金奖、浙江省农业名牌产品；2000 年，获“会稽杯”中国精品名茶金奖；2001 年，获中国国际农博会名牌产品、“古钟”商标获杭州市著名商标；2002 年，获浙江省名牌产品、国家无公害农产品。2004 年，径山茶获“浙江省十大名茶”称号；“径山茶”商标被评为杭州市著名商标，次年又被评为浙江省著名商标。

2005 年 1 月，“径山茶”商标成功获得在《国际商标注册马德里协定》成员国德、法、英等 15 个国家商标知识产权保护，为径山茶出口创造条件。2006 年，径山茶入选浙江省“十大地理标志区域品牌”和“十大特色农产品品牌”。2010 年，径山茶获中国驰名商标。2011 年，径山茶宴入选第三批国家级非物质文化遗产名录。2018 年，径山茶通过农业农村部农产品地理标志保护产品最终评审。2019 年 1 月，径山茶正式被农业农村部命名名为农产品地理标志保护产品。

图 12-7　径山茶地理标志证书

此外，2012 年，实施“鸬鸟蜜梨”品牌战略。2011 年 6 月，与工商余杭分局协商，开始“鸬鸟蜜梨”地理标志证明商标的申报工作，于 2012 年 7 月申报成功。

至 2018 年，全区有效期内的“三品”认证产品 446 个，累计认证面积 15.41 万亩（1.03 万公顷），主要农产品“三品一标”认证比例达 58.08%。

第十三章　农业生态环境保护

境内农业污染源主要是种植业农药、化肥对土壤和农作物的污染以及畜禽、水产养殖产生的粪便对水环境的污染；其次是农作物秸秆以及废弃农药包装物等对环境所造成的污染。20世纪80年代后，农业污染源对环境污染程度逐年增加。2001年，境内对建成区生猪实行全面禁养，嗣后，强化对苕溪流域鸭子散养管理；2005年起，加大“沃土工程”实施力度，推广平衡施肥、肥药双控、秸秆还田、病虫害综合防治措施，对废弃农药包装物实行回收处置，致使境内农业污染源得到有效控制，农业生态环境保护取得明显成效。20世纪70年代中期，境内开始发展沼气。80年代中期，推广应用太阳能热水器，近年来，又实施农村可再生能源利用工程综合示范乡镇建设项目。经过多年的实践，逐步探索出适合余杭实际的农村清洁可再生能源开发利用新模式。

第一节　种植业污染治理

境内上塘河流域种植络麻历史悠久，临平地区曾是全国重点络麻产区之一。每年9月中旬，络麻开始收剥，麻农将麻皮浸泡在河中，麻皮的有机质及有毒物质造成水体缺氧，到11月中旬达到高峰，河水变黑发臭，到春节前后才有所好转。1982年9月—11月，上塘河等内河受麻水污染的水域达33.33平方千米，化学需氧量指标超过国家地面水标准10倍左右。1987年起，调整产业结构，再加种麻经济效益偏低，影响农民种麻积极性，因此种麻面积逐年减少，至2005年，种麻面积仅33公顷，总产量205吨。同时推广干法脱胶技术，麻水污染逐年减轻直至消失。

境内农用化肥施用始于民国22年（1931年），开始引进过磷酸钙、氯化钾等化肥。民国35年（1946年）10月，杭县稻包虫、螟虫危害严重，行总浙江分署分发美国制杀虫特效药剂谷仁乐生2公斤、砒酸铅12.5公斤，由杭县农业技术推广所分发乡民使用，开境内农作物虫害化学药剂防治之始。20世纪50年代—80年代，随着化肥和农药施用量的不断增加，严重污染水体、土壤和农副产品。化肥和农药对环境污染的治理已是刻不容缓。

2007年，余杭区实施测土配方施肥，并被农业部列入测土配方施肥项目县，后又在推广测土配方施肥技术的基础上，实施“肥药双控”工程。通过实施测土配方施肥，推广商品有机肥、蔬菜高效双低农药，开展植保统防统治服务、病虫害绿色防控等工作，减少农业面源污染，逐步改善农业生态环境，保障农产品质量安全；同时节省肥药成本，实现农业生产效益的最大化。

一、测土配方施肥技术与“肥药双控”工程

测土配方施肥技术　1959年，农业部门首次对全县土壤进行普查，应用测绘技术将土壤普查成果制作成“土地利用规划图”“土壤图”“改良利用图”等。1979年，又进行第二次土壤普查，

制作成“余杭县土壤图”“余杭县低产土壤分布图”“余杭县土壤农化图(氮、磷、钾、锌、硼、酸碱度、盐分和有机质含量图)”,为改良土壤提供科学依据。1982年,全县施肥总量(折合标准肥)935700万公斤,其中各类有机肥287960万公斤,有机肥和无机肥的比例为1:2.5,比例依然严重失调。

1987年,境内开始推广配方施肥①,全年推广配方施肥1.22万亩次(816.86公顷)。1988年,根据统一部署,在县农科所、吴山镇连坝塘村和星桥乡设立3个永久性水稻田耕层肥力监测点,对全县155个点的水田进行取土和肥力监测,为改造低产田、采用配方施肥和建设吨粮田工程,提供施肥改土依据。是年,实施配方施肥27万亩(1.81万公顷),超过计划任务的20.71%。增产稻谷2887.6吨,节省标氮肥616.48吨,增收94.66万元。1989年,是配方施肥技术推广的第三年,累计推广82.19万亩(5.51万公顷)。当年推广53.97万亩(3.62万公顷),占全年粮食播种面积的45%,全年节省标氮肥3713.05吨,增施有机肥175.8万担、磷肥2962.1吨、钾肥2555吨,增产稻谷8790吨,增产8.23%,增值733.3万元。

1990年,实施土壤肥力动态监测,对第二次土壤普查设置的15个主剖面点,再次取土分析,比较10年来的变化。对1987年在县农科所、吴山镇连坝塘村和星桥乡设立三个永久性水稻田耕层肥力监测点和全县155个点的水田进行取土和肥力监测,配方区耕层的土壤,理化性质优于习惯区、化肥区和空白区,配方区有机质含量比设点前增加0.02%,而习惯区、化肥区和空白区有机质含量分别比设点前下降0.11%、0.16%和0.22%。是年,粮食配方施肥24.25万亩(1.62万公顷),其中春粮(大麦)配方施肥1.2万亩(804公顷),占当年大麦总面积的8.8%,早稻配方施肥14万亩(9380公顷),占当年早稻总面积的36.5%,晚稻配方施肥9万亩(6030公顷),占当年早稻总面积的19.7%。1991年,实施配方施肥35.76万亩(2.4万公顷),推广增施磷钾肥及石灰性水田增施锌肥技术,建立全县首家乡镇级土壤肥料化验室——仓前镇土壤肥料化验室。1992年,推广红麻专用复混肥200吨,每亩增产原麻30公斤—40公斤;棉花推广使用助壮剂2220亩,共增产皮棉1.09万公斤,增值7.61万元。推广甘蔗种植平衡施肥技术,在星桥乡横山村试点,亩产甘蔗5583.9公斤,增产13.7%,节约成本61元。1990年—1992年,推广荸荠配方施肥省肥高产试验1万余亩(670公顷),亩增收57.50元,增幅10.98%。1994年,推广农作物专用肥2.69万亩(1802公顷)、1115吨,平均亩增产幅度达8.99%。推广应用微肥9.5万亩(6164公顷),平均亩增产幅度13.94%,实施粮食配方施肥52.7万亩(3.53万公顷),其中春粮配方施肥6.5万亩(4355公顷),早稻配方施肥19.2万亩(1.29万公顷),晚稻配方施肥27万亩(1.81万公顷)。1990年—1997年,全县累计化肥施用量近10万吨,年均增长0.64%,增长幅度有所放缓。1996年—2000年,化肥施用量在每公顷1500公斤左右,比1991年—1995年间施用量2000公斤减少40%左右,但化肥使用量依然居高不下。

2006年,境内开展耕地力调查,涉及耕地面积6600多公顷,完成200个土样的氮、磷、钾和有机质等1200个指标的化验。制定土壤养分丰缺评判标准与各类肥料养分含量施用标准,发放施肥建议卡3万份,由镇乡农技人员指导农户按建议卡施肥。

---

①配方施肥是以土壤测试和肥料田间试验为基础,根据作物需肥规律、土壤供肥性能和肥料效应,在合理施用有机肥料的基础上,提出氮、磷、钾及中、微量元素等肥料的施用数量、施肥时期和施用方法,包括“测土、配方和施肥”三大程序。

图 13-1　塘栖镇莫家桥村水稻病虫害绿色防控示范方

2007 年,余杭区被列入农业部测土配方施肥项目县，全区 15 个镇乡围绕水稻、蔬菜、早竹、茶叶、水果等优势作物,按照“测、配、产、供、施”5 个环节推广与实施测土配方施肥工作,并取得较好成效。全区 15667 公顷水稻节本增收 741.19 万元;2000 公顷油菜节本增收 93.75 万元;3800 公顷蔬菜节本增收 703.49 万元;2000 公顷茶叶节本增收 373.08 万元;3200 公顷早竹、瓜果节本增收 443.52 万元，全区 26667 公顷粮食经济作物共节本增收 2355.03 万元。减少肥料用量 151.83 万公斤,肥料利用率提高 5 个百分点,减少肥料流失 50 万公斤,进一步改善土壤的理化性状、生物活性,促进土壤微生物繁殖,促进生态平衡和生态良性高效循环。

2008 年—2009 年,余杭区被列为农业部测土配方施肥项目续建县。其中 2008 年,开展标准农田地力调查,对 17 个乡镇、694 户农户的农田地力进行调查和取样分析,全区 14760 公顷标准农田中,一等田面积 7813.33 公顷,占 52.9%;二等田面积 6940 公顷,占 47%;三等田面积 6.67 公顷,所占比例不到 0.1%。区政府根据分等定级情况编制《余杭区标准农田质量提升建设方案》。是年,推广测土配方施肥技术面积 4 万公顷,发放测土配方施肥建议卡 10 万余份。建立测土配方施肥示范基地 20 个,其中 10 个为粮食千亩大畈,示范面积 1200 公顷。研发配制早竹笋和水稻两种测土配方专用肥，委托大型化肥专业生产厂家定点生产，向农户优惠供应 1400 吨,应用面积 2000 公顷,反应良好。2009 年,为全国测土配方施肥项目实施的第三年,实施测土配方施肥面积 4.03 万公顷。建立区级测土配方施肥示范方 12 个，面积 858.07 公顷，实施“3414”小区试验 16 个,推广水稻、早竹笋配方肥 2950 吨,建立耕地地力长期定位监测点 5 个。全区节本增效 2600 万元以上,减少肥料用量 197 万公斤,减少肥料流失 86 万公斤。

2010 年—2015 年,余杭区被列为农业部测土配方施肥项目巩固县。2010 年,推广测土配方施肥面积 75.05 万亩(5.03 万公顷),比上年增加 15.05 万亩(1 万公顷),定点生产优惠供应作物配方专用肥 3200 吨，其中早竹笋专用肥 1300 吨，水稻专用肥 1900 吨，应用面积 7 万余亩(4690 公顷)。2011 年,在余杭、径山、瓶窑、中泰、仁和、塘栖、仓前等镇(街道)18 个村 19 个大畈实施 1333.33 公顷标准农田质量提升试点地力培育项目，种植绿肥 154.2 公顷，秸秆还田 1270.73 公顷;推广商品有机肥 638.93 公顷,应用配方专用肥 1745 吨;2012 年,在余杭、径山、瓶窑等镇(街道)23 个村 30 个大畈实施 2333.33 公顷标准农田质量提升土壤培肥项目,全年种植绿肥 215.93 公顷,秸秆还田 2056.33 公顷,推广商品有机肥 1380.07 公顷,应用数量 2395 吨,推广测土配方施肥技术和配方肥 1950.67 公顷,应用配方专用肥 918 吨。2013 年,推广测土配方施肥技术 75.05 万亩次(5.03 万公顷),应用配方肥 0.92 万吨(其中配方专用肥 1300 吨),应用面积达 40 万亩次(2.68 万公顷)。2014 年,继续在余杭街道、径山镇、瓶窑镇等镇(街道)的 20 个村的 20 个大畈实施 1800 公顷标准农田质量提升土壤培肥项目，全年共计种植绿肥面积

42.27 公顷，秸秆还田面积 1562.67 公顷，推广商品有机肥面积 1089.13 公顷，应用数量 2065 吨，推广测土配方施肥技术和配方肥面积 1396 公顷，应用配方专用肥 580 吨。

实施肥药双控工程　境内自 2008 年开始实施肥药双控。2010 年，制定肥药双控专项方案，编制三年行动计划，提出分年度计划和政策措施，并将其纳入《国家级生态区创建（生态余杭创建）三年行动计划（2010—2012）》。2013 年开始，肥药双控列为农业面源污染治理的重要内容。2014 年，在径山镇前溪村建立 1 个市级千亩“肥药双控”示范区，在全区建立 6 个区级千亩“肥药双控”示范区。全年全区开展测土配方施肥面积 5 万公顷，实施统防统治服务面积 0.6 万公顷，示范推广农作物病虫害绿色防控面积 463.5 公顷，推广配方肥 750.22 吨，商品有机肥 11320 吨。据测算，与 2012 年相比，2014 年化肥使用总量减少 6200.7 吨，农药使用总量减少 30.98 吨。“肥药双控”实施区的农作物每亩化肥用量减少（折纯）2.3 公斤；减少喷药 2 次，每亩农药用量减少（折纯）53.4 克。平均每亩可节省肥药成本 51.72 元，亩均可节本增效 164 元。

2015 年，深入实施“肥药双控”工程。在余杭街道、瓶窑镇、径山镇、塘栖镇、百丈镇、黄湖镇等镇（街道）实施标准农田土壤培肥项目 22 个，实施面积 1966.67 公顷。全年完成种植绿肥 42.27 公顷，秸秆还田 1700.6 公顷，推广商品有机肥 2393 吨、配方肥 523 吨，应用面积分别为 1223.6 公顷和 1482.47 公顷。制定《余杭区垦造耕地后续管护工作实施方案》《余杭区垦造耕地土壤培肥技术指导意见》，启动垦造耕地后续管理维护工作。全区开展测土配方施肥 5 万公顷，推广配方肥 4425 吨、商品有机肥 11620 吨。通过“肥药双控”工程的实施，全区化肥、农药施用总量分别较 2014 年减少 712 吨、折纯 34 吨。截至年底，建立“肥药双控”示范区 5 个，其中水稻“肥药双控”综合示范区 2 个、蔬菜“肥药双控”综合示范区 1 个、蔬果“肥水一体化”示范区 2 个。

2016 年，在全区范围内推广测土配方施肥 75.05 万亩次（5.03 万公顷），在余杭街道、瓶窑镇和良渚街道建立水稻测土配方施肥暨化肥减量增效示范方 3 个，在良渚街道、瓶窑镇实施水稻缓释肥、配方专用肥等肥效试验示范方 2 个；通过公开招投标确定水稻配方专用肥生产厂家和经销商，全年推广水稻配方专用肥 1000 余吨，带动全区面上推广各类配方肥 4690 吨（完成省市下达的任务）。全区共推广商品有机肥 1.26 万吨（完成省市下达的任务），应用面积 3 万余亩（2500 公顷），其中标准农田项目区施用 1368 吨，面上种植大户、合作社、农业生产企业等施用 8536 吨，其他散户施用 2696 吨。全区全年化肥用量为 39075 吨，其中氮肥 26184 吨、磷肥 7717 吨、钾肥 5174 吨；农药 950.3 吨；实现了全年化肥减量 1702 吨（折纯 505 吨），农药减量 24.9 吨，超额完成了省、市下达的化肥减量 470 吨（折纯）、农药减量 23.3 吨的任务。

2017 年，强化配方肥推广服务，重点推动配方肥进村入户到田。完成 300 个土壤样品采集工作；在余杭街道、瓶窑镇、镇建立 4 个标准农田土壤培肥项目，实施面积 300 公顷。项目区内配方施肥实现率达 100%。全区开展配方施肥 5 万余公顷（次），推广应用水稻、水生蔬菜、草皮和枇杷等作物配方专用肥 1600 余吨。全年推广应用商品有机肥 1.32 万吨，实现全年化肥减量 470 吨（折纯），农药减量 18.4 吨，超额完成了省、市下达的目标任务。

2018 年，开展水稻配方专用肥应用效果试验 2 个，水稻缓控释肥料应用试验 1 个；在塘栖镇建立枇杷配方专用肥应用示范方 1 个；同时，在余杭街道、瓶窑镇建立水稻缓控释肥料应用示范方 2 个，示范面积分别为 300 亩（20.1 公顷）和 100 亩（6.7 公顷）。发布测土配方施肥建议 3 期，开展面对面的技术指导服务 20 场次以上，举办不同层次技术培训班 20 期以上，发放宣传培训技术资料1万份，培训基层技术人员120人次、肥料经销商40人次、农民3600余人次，开展规模经营主体技术服务3万亩(2010公顷)；推广测土配方施肥技术65.5万亩次(4.39万公顷)，应用配方肥0.325万吨，应用面积达40万亩次(2.68万公顷)，取得较好的成效。共计推广应用商品有机肥1.35万吨，其中政策补助10000吨、标准农田质量提升项目区243吨、垦造耕地后续管护项目区3000余吨。至2018年，在“肥药双控”项目区内测土配方施肥和农药减量控害技术全覆盖，累计实施肥药双控面积301.5万亩(20.2万公顷)，其中，示范推广测土配方肥2.145万吨，应用面积为80.11万亩次(5.37万公顷)，推广商品有机肥8.97万吨；开展植保统防统治服务面积达98.94万亩(6.63万公顷)，推广蔬菜双低高效农药13.32万亩(8924公顷)，建立绿色防控示范区75个，示范面积为7.48万亩(5012公顷)。

此外，还于2008年，建立“余杭区测土配方数据库”，为开展余杭区内耕地基础地力评价、耕地质量动态监测等方面提供科学依据。该系统的本底土样数据1942个，为2007年的第二次土壤普查数据，此后以平均每年212个土样数据累积，截至2018年，余杭区测土配方数据库共有4283个土样数据。2017年，通过总结十年实施测土配方施肥技术推广田间土壤样品采集这一基础环节中的实践经验，获得一项国家实用新型专利《田间土壤样品快速采集器》。

成效　应用测土配方施肥技术有助于实现增产增收、减少农业面源污染。通过测土配方施肥，实现氮磷钾的养分平衡，使农作物实现不同程度增产。据测算，其中水稻亩产增加17.1公斤、油菜亩产增加10.2公斤、蔬菜亩产增加39.4公斤、茶叶亩产增加4公斤、早竹瓜果亩产增产9.9公斤。通过测土配方，以产定氮、因缺补缺的原则进行氮磷钾肥的合理配施，减少化肥用量。对粮油作物主要是减少氮肥用量，一般可节省13%左右(折尿素5公斤左右)；对经济作物，主要减少氮肥和磷肥用量，分别可节省10%和30%左右。与常规施肥相比，实施测土配方施肥，粮油作物肥料利用率可提高3个—5个百分点，蔬菜、水果等经济作物肥料利用率可提高5个—8个百分点。由于节省生产成本，从而提高农田收入。其中水稻每亩可增收42.73元、油菜每亩可增收29.32元、蔬菜每亩可增收63.54元、茶叶每亩可增收96.32元、早竹瓜果每亩可增收58.44元。例如，位于黄湖镇的杭州嘉源蔬菜种植园区，以种植蔬菜和水果为主，园区总面积为1100亩(73.7公顷)。针对土壤较瘠薄、肥力较差的实际，该园区在生产中注重以施用有机肥料来提高土壤肥力，2014年，商品有机肥用量从2012年的150吨提高至近1000吨，每亩年用量达900公斤。通过商品有机肥的施用，不仅替代了20%—30%的化肥用量，又使作物产量提高10%以上。同时，园区土壤肥力得到显著提高，据土壤地力检测，土壤有机质含量平均由从2012年的35.05克/千克提高至2014年的56.10克/千克。

二、水肥一体化技术

实施　2013年11月，余杭区开始运用水肥一体化技术①，引进新型水肥一体化设备，以电脑控制施肥通道、灌溉水泵，可控制10个田间阀门和1个主阀门或者水泵，通过实时监测所施肥液的参数来适时调整施肥速度，实现水肥灌溉一体化、自动化。这项新技术首先在良渚街道春溢蔬菜园区试点示范，示范面积为100亩(6.7公顷)，并在番茄作物开展不同肥料用量效果试验。

①水肥一体化是利用管道灌溉系统，将肥料溶解在水中，同时进行灌溉和施肥，达到适时、适量地满足农作物对水分和养分需求的水肥同步管理的技术。

2014年，新建良渚街道良益蔬菜基地、瓶窑镇满元蔬菜园区、满山红蔬果基地和杭州康春农业开发有限公司4个水肥一体化示范基地。开展一系列田间试验，逐步探索一些关键技术和参数。2015年，加大水肥一体化示范推广力度，新建水肥一体化示范基地6个，分别为浙农种业现代农业园区、杭州良渚麟海蔬果专业合作社、杭州玉渚农业科技有限公司、杭州新忠蔬菜专业合作社、良渚街道致绿家庭农场和瓶窑镇梦溪家庭农场。2016年，全区"水肥一体化"技术应用面积为近3000亩（201公顷），新建立"水肥一体化"示范基地5个，分别为杭州北草园生态农业有限公司、杭州俞绿蔬菜种植有限公司、杭州丰莹生态农业有限公司、径山四岭名茶厂和良渚鑫全蔬菜基地。其中，蔬菜示范点3个，水果示范点1个，种苗示范点1个；根据省农技推广中心的统一部署，在瓶窑镇满园蔬菜园区内实施蔬菜"水肥一体化"田间试验4个，其中"水肥一体化"技术规程试验2个，试验品种为茄子和辣椒；蔬菜施用不同水溶性肥料对比试验2个，试验品种为青菜和小白菜。2017年新建水肥一体化示范基地5个，分别为浙江森禾种业股份有限公司、杭州爱比利生态农业开发有限公司、杭州琳亚蔬菜种植有限公司、浙江金色池塘安祖花园艺有限公司和塘栖镇张国顺家庭农场。全区水肥一体化示范面积达3000余亩（201公顷）。编制《余杭区茄果类蔬菜水肥一体化技术规范》（地方标准：DB 330110/ T 080-2017），并顺利通过专家评审。该标准为以茄子、番茄和辣椒为代表的茄果类蔬菜应用水肥一体化提供一套切实可行和规范化操作流程。此项地方标准在浙江省尚属首次，也是杭州市范围内第一个蔬菜作物的水肥一体化技术规范。

2018年，制定《余杭区水肥一体化示范建设项目实施细则》，将水肥一体化技术纳入规范化管理，实施单独配套的财政政策予以扶持。是年，新建水肥一体化示范基地6个，分别为杭州康成农业科技有限公司、杭州宝铭葡萄专业合作社、杭州宝晟生态农业开发有限公司、杭州余杭鸬鸟果农专业合作社、杭州余杭区余杭镇费寺蓝莓专业合作社和杭州巢杭家庭农场有限公司。至2018年，全区水肥一体化示范基地达27个，其中省级重点示范点2个，市级示范点1个。示范基地土地覆盖面积4700亩（315公顷），实现年度应用面积近2万亩次（1340公顷），拥有设备43套。此外，当年还申报实施省级沃土工程土壤综合培肥化肥减量增效示范区建设项目，建立2个水肥一体化核心示范方，带动全区1500亩（100.5公顷）示范基地应用水溶性肥料46吨。

成效　实施水肥一体化技术后，灌溉和施肥基本实现精准化，减少水、肥的流失，提高水肥利用效率，一般可节肥30%—40%，节水50%—80%。水肥施用实行管道化和机械化操作，大幅降低人工成本，以200亩大棚蔬菜为例，施肥1次需要10个人工一天（计10工）完成，而在水肥一体化条件下只需要1个人工两天（计2工）可完成，可省工80%左右。同时作物产量得到提升，根据蔬菜作物试验结果显示，在化肥减量30%—40%情况下，各类蔬菜作物均实现了不同幅度增产。其中以青菜为代表的叶菜类蔬菜可实现增产10.9%，以黄瓜为代表的瓜类蔬菜可实现增产12.8%，以茄子和辣椒为代表的茄果类蔬菜平均可实现增产28.8%，其中辣椒增幅最大为33.2%，茄子为24.5%。例如，位于瓶窑镇南山村的杭州满山红蔬果专业合作社，以种植蔬菜为主，园区总面积300亩（20.1公顷）。2014年开始先后引进两套半自动水肥一体化设备后，不但解决用工难的问题，而且从原先的大灌溉大施肥逐步走向精准化施肥用水。实行水肥一体化技术，节肥30%—40%（主要节省氮肥用量）、省工80%左右，实现增产16%左右。2017年底，又购置一套可以精确到每个大棚的用肥用水量的全智能化水肥一体化设备，实现水肥一体化技术全覆盖。

三、推广应用高效双低农药

民国35年(1946年)10月，杭县稻包虫、螟虫危害严重，行总浙江分署分发美国制杀虫特效药剂谷仁乐生2公斤、砒酸铅12.5公斤，由杭县农业技术推广所分发乡民使用，开境内农作物虫害化学药剂防治之始。

1953年，境内开始推广化学农药“滴滴涕”等有机氯农药治虫。1955年，推广有机汞杀虫剂“西力生”用于种子消毒。1959年，小林管理区农民煎制土农药防治病虫害，以苦糠树叶、闹羊花、乌桕树叶、野桃叶等为原料治水稻病虫害。20世纪60年代，开始推广有机磷农药乐果、敌百虫、敌敌畏等，70年代，有机氯农药使用量逐年减少，至1979年，使用的农药为有机磷农药所取代。1983年，国家禁止使用有机氯农药。1987年，在南湖、平山农场应用推广几种除草剂对比试验，国产丁草胺除草剂效果达80%以上，成本比进口每亩节约10元以上。1991年，推广应用乙烯剂育壮秧技术8.81万亩次(5903公顷)，晚稻应用新型广谱植物生长调节剂“叶面宝”1.18万亩次(790.6公顷)，平均每亩增产9.63%。1992年，推广新型高效农药甲黄隆、朴虱灵、杀虫草、速朴威、新得力等5只高效新农药在全县使用，以取代甲胺磷、叶蝉散、杀虫双和丁草胺等老品种，共推广应用22.3万亩(1.49万公顷)。1994年，推广应用新型水稻除草剂“乐草隆”8万亩(5360公顷)，推广应用新型除灭细菌和线虫的浸种剂“浸种灵”1万亩。是年，新农药使用面积15万亩次(1万公顷)。1999年，新农药使用面积2.81万公顷。2001年5月起，禁止销售和使用高毒和高残留农药，推广使用BT、杀虫素等生物农药和高效、低毒、低残留的化学农药，至此，农药对水源和土壤的污染得以初步控制。

2011年起，在全区范围内推广使用高效双低新农药，并在夏季高温季节对蔬菜上使用指定农药开展补贴，以高效低毒低残留的农药替代高毒高风险农药，减少有潜在风险农药的使用，以此来减少农药用量，提高农产品质量安全。2016年，全区共推广价值110万元新农药，涉及全区30家蔬菜种植大户、合作社和示范基地。2017年，全区推广蔬菜高效双低新农药1.445吨(价值124.97万元)，应用面积为0.97万亩(649.9公顷)，涉及29家蔬菜种植大户、合作社和示范基地。2018年应用高效双低新农药1.5万亩(1005公顷)，推广氯虫苯甲酰胺、吡唑醚菌酯、乙基多杀菌素等14种高效双低新农药791.5公斤，性诱剂诱芯1170根，昆虫病原线虫1290亿尾，总投资79万元，财政补助资金39.5万元。2011年—2018年，累计推广蔬菜双低高效农药12.62万亩(8413公顷)，服务农户、基地237户，推广氯虫苯甲酰胺、吡唑醚菌酯、乙基多杀霉素等28种高效双低新农药26.20吨(折纯量3136公斤)，总投资1194.19万元，财政补助资金594.78万元。

2011年—2018年蔬菜高效双低新农药使用补贴情况表

表13-1

序号	年度	补助资金(万元)		
		区级	市级及以上	合计
1	2011	14.37892	14.37892	28.75784
		26.9886	26.9886	53.9772
2	2012	22.72	22.72	45.44
		32.28	32.28	64.56

续表 13-1

序号	年度	补助资金(万元)		
		区级	市级及以上	合计
3	2013	18.45	18.45	36.9
		21.75	21.75	43.5
4	2014	59.78	59.78	119.56
5	2015	0	46.936	46.936
6	2016	0	54.9955	54.9955
7	2017	0	61	61
8	2018	0	39.54875	39.54875

四、统防统治与绿色防控

植保统防统治服务　2007年起，余杭区开展植保统防统治服务。全区首家统防统治服务组织为杭州余杭惠农植物保护合作社。开始进行跨区植保统防统治服务，服务面积7049.97亩(470公顷)。统防农户可享受区级财政20元/亩的统防统治补助。2008年，扩大到4家植保合作社，统防面积达2万亩(1333公顷)，省、区两级财政配套给予统防农户总计40元/亩的统防统治补助，区财政给予服务面积超过500亩以上(含)的植保合作社每亩10元的良药推广补助费。此后，一直维持同等补助力度。2008年，试行《余杭区农作物病虫害专业化统防统治管理办法》(2010年正式实行)。

2009年，全区有6家乡镇级植保(农机)专业合作社开展水稻病虫害统防统治服务。2010年增至8家，开展病虫害统防统治服务面积5万余亩(3350公顷)，其中水稻病虫害统防统治面积4.99万亩(3331公顷)，服务农户2773户。2015年，试行《余杭区水稻病虫专业化统防统治实施细则》(2017年正式实行)，进一步规范植保统防统治服务工作。是年，杭州余杭惠农植物保护合作社在余杭区首家使用植保无人机进行统防统治服务。杭州及时雨植保防治服务专业合作社、杭州余杭好莱喜植物保护专业合作社、杭州余杭惠农植物保护专业合作社等合作社先后获得全国农作物病虫害专业化统防统治示范组织、浙江省规范性植保专业合作社等荣誉称号。至2017年，全区共有统防统治服务组织12家开展统防统治服务工作，覆盖全区13个镇街及农林集团。实施农作物病虫害专业化统防统治面积1.07万公顷，其中对种植大户和专业合作社等开展蔬菜、小麦、茶叶、果树等经济作物防统治服务7.5万亩(5025公顷)，对1500户农户的8.5万亩(5676公顷)水稻统防统治服务进行补贴资助。是年10月，为提高农作物生物灾害处置能力，根据《杭州市余杭区农作物生物灾害处置应急预案》和《余杭区水稻病虫专业化统防统治实施细则》，在瓶窑镇组织4架植物无人机、4台担架式喷雾机、20余人开展农作物生物灾害处置应急演练。

至2018年，全区共有统防统治服务组织13家，有背负式机动喷雾机399台、担架式机动喷雾机224台，植保无人机9架，从业人员820人，当年开展农作物病虫害防统治服务16万亩(1.07万公顷)，其中水稻统防统治服务面积9.7万亩(6464公顷，财政资金补助50元/亩)。2007年—2018年，全区累计开展统防统治面积98.94万亩(6.63万公顷)，其中财政补贴76.27万亩(5.08万公顷)。

2007年—2018年余杭区统防统治补贴情况表

续表13-2

年份	合作社数量	服务农户数	面积(亩)			财政补贴(元)			备注
			总	水稻	蔬菜	省	区	小计	
2007	1	392	7049.97	7049.97	0	70499.7	70499.7	140999.4	2007年省级、区级财政各补贴10元/亩
2008	4	1250	20000	20000	0	320000	680000	1000000	省级财政补贴16元/亩;区财政补贴农户24元/亩,补贴合作社(良药补贴)10元/亩
2009	6	2465	36971	36971	0	591536	1257014	1848550	
2010	8	2773	49965	49965	0	799440	1698810	2498250	
2011	9	5491	70000	70000	0	1120000	2380000	3500000	
2012	11	5886	84380	80880	3500	1350080	2868920	4219000	
2013	10	4576	84076	81276	2800	1345216	2858584	4203800	
2014	9	3436	77296.01	76009.51	1286.5	1236736.16	2628064.34	3864800.5	
2015	11	896	72276.485	72276.485		1156423.76	2457400.49	3613824.25	
2016	12	1922	78620.025	78620.025		1257920.4	2673080.85	3931001.25	
2017	12	1501	85138.975	85138.975		1362223.6	2894725.15	4256948.75	
2018	13	506	96966.526	96966.526		1551464.416	3296861.884	4848326.3	

绿色防控技术应用示范　1990年，余杭区开始实施病虫草鼠综合防治技术，面积达20.6万亩次(1.38万公顷),占全县水稻播种面积49.5%,每亩挽回粮食损失165公斤,比非综防田块多挽回19.42公斤。综防区比非综防区减少用药2.56次,减少成本3.88元。综防区每亩经济效益（挽回粮食损失和节省用药成本)138.5元。1991年，实施粮食病虫草鼠综防59.40万亩次(3.98万公顷)。1993年,实施病虫草鼠综合防治技术面积70.17万亩次(4.70万公顷),其中大、小麦10.37万亩次(6947.9公顷),油菜8.65万亩次(5795.5公顷),水稻51.15万亩次(3.43万公顷)。1994年,实施病虫草鼠综合防治技术面积50.70万亩次(3.40万公顷),其中大、小麦8.2万亩次(5494公顷),油菜7.5万亩次(5025公顷),水稻43万亩次(2.88万公顷)。1998年,病虫害防治面积达565万亩次(37.86万公顷),化学除草面积80万亩次(5.36万公顷),实施无草害工程示范面积10.5万亩次(6733.5公顷),无螟害工程面积4.1万亩(2747公顷)。1999年,实施无草害工程,面积3.49万公顷,节省成本14.58万元,余杭市农业局被省农业厅评为1999年稻田“无草害”达标县(市)建设先进单位。

2008年,余杭区开始推广绿色防控技术①。是年,建立水稻病虫害绿色防控技术示范点3个,推广示范区面积2000亩(134公顷)。2009年,建立经济作物绿色防控市级示范区1个,推广绿色防控技术示范面积3万亩(2010公顷)。2010年,建立经济作物绿色防控市级示范区1个。

①农作物病虫草害绿色防控是指以确保农业生产、农产品质量和农业生态环境安全为目标,以减少化学农药使用为目的,为有效控制农作物病虫草害而采取的环境友好型技术体系。

2011年，建立蔬菜及经济作物绿色防控示范方1个，推广蔬菜及经济作物绿色防控技术试验示范面积合计7万亩(4690公顷)。2012年在水稻、蔬菜、茶叶等农作物上推广绿色防控技术。建立省级示范区1个，市级示范区3个，示范面积1970亩(132公顷)，蔬菜绿色防控技术辐射面积7万亩(4690公顷)，水稻绿色防控技术推广面积23万亩(1.54万公顷)。其中春溢联合蔬菜专业合作社被列入省级农作物病虫害绿色防控示范区项目，采用防虫网、性诱剂、杀虫灯、色板、“高效双低”新农药以及清洁田园、高温闷棚等绿色防治技术开展病虫害防治，达到“控害、减量、增效、安全、优质”目标。并在春溢联合蔬菜专业合作社召开“杭州市蔬菜病虫害绿色防控暨地下害虫综合防治现场会”。5月，春溢联合蔬菜专业合作社获得“省级防控示范区”称号。

2013年，除采用以“三诱一阻”(杀虫灯光诱、黄板色诱、性诱装置性诱、防虫网阻断)技术外，还应用菜—菱轮作消除土传病虫害，种植黄秋葵、芝麻、大豆为寄生天敌提供蜜源和生物源农药等技术，开展绿色防控示范区建设，基本形成以理化诱控、生态调控、农业防治、生物防治、科学用药等关键技术协调的农作物病虫害绿色防控集成技术模式。是年，建立省级示范区1个，市级蔬菜绿色防控示范区3个，区级水稻绿色防控示范区4个、区级茶叶绿色防控示范区1个，示范面积5920亩(396.64公顷)，辐射经济作物绿色防控面积7万亩(4690公顷)，叶菜功能区覆盖率100%。

2014年，首次引进24旋翼低空遥控无人机1台，进行防治病虫害试验。全年累计防治水稻、大麦、小麦、油菜面积280.6公顷，工作效率比原有的背负式、担架式植保机械提高3倍—4倍。引进适用于旱地及水稻小苗时使用的高地隙自走式喷雾杆式喷雾机1台，进行防治病虫害试验，平均每亩减少工时成本40.62元。是年，余杭区农业生态与植物保护管理总站主持的“农作物病虫害绿色防控技术示范与推广”项目获浙江省农业丰收一等奖。2015年，实施统防统治服务7066.67公顷，水稻、蔬菜、茶叶、果树等绿色防控示范区增加到15个，示范面积1139公顷，推广绿色防控面积5333.33公顷，推广蔬菜补贴农药1000公顷。

2016年，在良渚街道新建立市级绿色防控示范区1个。全区建立以“三诱一阻”(性诱、色诱、光诱、防虫网)为主要内容的病虫害绿色防控示范基地15个(其中水稻6个，蔬菜6个，果树2个，茶叶1个)，示范总面积达1.69万亩(1132.3公顷)，辐射面积11万亩(7370公顷)。

2017年，制定余杭区地方标准《水稻病虫草害绿色防控技术规程》(DB330110 T 076-2017)和《余杭区农作物病虫害绿色防控示范区建设项目实施细则(试行)》，是年，建立绿色防控示范区17个(其中水稻7个，蔬菜6

图13-2　太阳能杀虫灯用于水稻有害生物防治

个,茶叶和果树各2个),示范面积1185公顷,辐射面积5924公顷。

2018年,重点推广生态调控、生物防治、农业防治、理化诱控、植物免疫、科学用药、减肥控害等技术。以6家市区级绿色防控示范区建设为核心,建设核心绿色防控示范区1200亩(80.4公顷),综合示范区1.78万亩(1192.6公顷)。是年,制定《茶树主要病虫害绿色防控技术规程》《植保无人机防治水稻病虫害技术规程》《速生叶菜主要病虫害绿色防控技术规程》3个余杭区地方标准。至2018年,全区共建立绿色防控示范区75个,示范面积为7.48万亩(5012公顷)。区财政每年提供31万元资金扶持业主开展绿色防控示范区建设。

成效 推广绿色防控技术有助于实现增产增收、减少农业面源污染。例如,位于仁和街道的杭州余杭益民农业生产服务专业合作社,拥有背负式喷雾机4台,担架式喷雾机29台,喷杆式喷雾机1台,植保无人机1台,作业人员69人,日作业能力3300亩(221公顷),具备较强的机械化服务、植保社会化服务能力。合作社于2010年开始从事水稻统防统治服务,在区级植保部门的指导下,按照病虫害绿色防控技术的要求,合作社提供机插、精确定量机械穴直播、植保无人机飞防等服务,以水控草,精准用药,减少除草剂的使用,在稻田周边机耕路、渠道边等种植芝麻、向日葵、百日菊等多花蜜源植物,并释放赤眼蜂等寄生性天敌,控制稻纵卷叶螟、二化螟等害虫,增加了田间生物多样性。在部分稻田放养甲鱼、牛蛙,通过甲鱼和牛蛙控制稻飞虱、二化螟、福寿螺。据测算,绿色防控示范区比周边农户平均用药减少0.7次,亩均有效成分用量减少53.35克,减少农药费42.12元,节本增收56.12元。再如,杭州新忠蔬菜专业合作社,成立于2010年,主要从事蔬菜种植业务。在区农业生态植保站的指导下,大力开展绿色防控工作,通过使用色板、性诱剂;安装太阳能杀虫灯、防虫网,建造了平棚防虫网室;种植蜜源植物黄秋葵,开展莴笋—菱角水旱轮作示范等集成绿色防控技术,取得显著成效。据测算,平均每亩减少农药用量155.73克,减少用工成本43.06元,节约用药成本37.20元,挽回损失178.58公斤,计384.21元。

五、推广肥药节约型生态种植模式

为减少农业面源污染,境内大力推广水旱轮作、翻耕播种和农业废弃资源还田等肥药减量型的生态种植模式,以生态化种植推动肥药减量化。

水旱轮作 通过宣传引导和示范带动,推行水稻—大(小)麦、水稻—油菜、水稻—蔬菜、水稻—西瓜、水稻—玉米等水旱轮作制度,特别是常年种植蔬菜作物的区域,通过水旱轮作,如隔年轮作水稻、茭白、菱角等,促进土壤养分循环利用,抑制病虫害的发生,进而减少化肥、农药用量。

翻耕播种 通过宣传引导、技术指导等措施,实行翻耕播种,减少水稻免耕直播面积,以降低化学除草剂用量。同时,通过政策引导,推广机械插秧技术,扩大机械化插秧面积,发挥其宽行密株、通风通光条件好、病虫害发生少的优势,努力减少农药用量。

农业废弃资源还田 主要是将作物秸秆、植株残体、畜禽粪便、沼液沼渣、生物菌渣等农(林)业废弃资源和农副产品加工所产生的无害废料加以处理并利用,特别是水稻、油菜、玉米、大小麦、番薯、马铃薯、中药材及部分蔬菜作物的秸秆,通过机械粉碎还田,以肥料化加以利用,实现废弃物资源的"变废为宝"。

第二节 养殖业污染治理

20世纪80年代，境内规模化畜禽养殖业快速发展，然畜禽养殖污染治理措施严重滞后，大多数畜禽养殖场污水处理设施尚未建立或者极不完善，许多养殖场的畜禽排泄物直接排入河流，对水质造成严重影响。临平副城的温室甲鱼养殖始于20世纪末，温室甲鱼养殖过程中产生的废水、废气污染成为影响上塘河、运河水环境改善和临平副城大气环境质量的主要原因之一。为此，余杭区于21世纪初开始建立畜禽养殖禁养区、限养区。2013年12月开始，关停所有温室甲鱼养殖场，以彻底解决温室甲鱼养殖带来的严重环境污染问题。

一、畜禽养殖污染治理

为改善生态环境，境内于2001年对建成区生猪实行全面禁养。嗣后，加强对苕溪流域鸭子散养的管理。

2002年，区政府发布《关于余杭区畜禽养殖禁养区、限养区规划与治理的若干规定》和《余杭区运河流域畜禽养殖业污染综合整治工作实施意见》。将区内绕城公路内侧的区域，东明山森林公园、天都城及良渚文化遗址群保护区、超山风景区、双溪竹海漂流景区的核心区，临平城区4个街道规划区，余杭、塘栖、瓶窑、良渚集镇核心区，各镇乡经批准设立的各工业小区、特色园区，苕溪干流两侧各1000米以内的范围，人口居住密集区域划定为畜禽禁养区。将集镇城建规划以内的区块，临平工业区规划范围内，各风景旅游区、文化保护区，市绕城公路外侧、国道、省道两侧500米以内的范围，运河干流和上塘河两侧500米以内的范围划定为畜禽限养区。禁养区和限养区的治理目标与要求为：禁养区内的规模化养殖场3年内逐步实现关停或搬迁；限养区内逐步控制和削减畜禽饲养总量，不得新建、扩建养猪场，现有规模化养殖场于2003年底前实现污染物排放达标。其他非禁养区、限养区的养殖场也要通过治理，逐步形成“养殖—沼气—种植(渔)”三位一体的生态农业新格局，使农业废弃物得到资源化利用，畜禽粪尿综合利用率达到80%以上。

2003年，根据年度畜禽养殖业污染综合整治工作目标，关停杭州牧源养殖场、余杭圣雅豪实验场养殖场、杭州湖山养猪场、杭州吉如养殖场等4家万头猪场；搬迁杭州市种猪试验场；并通过签订“禁养”协议，实现临平建成区、乔司镇、南山林场、良渚镇、南苑街道等地散养户生猪禁养8514头。同时，因地制宜选取多种治理模式，9家养殖单位污染治理设施经过改造，治污设施达到相关要求，全部通过验收。2004年，完成杭州鑫鑫猪业有限公司、杭州富田养殖场、杭州市原种场圣塘猪场、乔司镇高宜金奶牛场、乔司镇王红军奶牛场、崇贤镇骆阿孝奶牛场等5家规模养殖场关停与搬迁工作；成功实施临平建成区延伸区域的南苑街道、临平开发区、东湖街道散养户生猪禁养以及杭州市绕城公路内侧五常片、乔司片的散养户生猪禁养。共禁养奶牛337头、生猪17831头，搬迁生猪3914头，乔司、五常还削减限养区内生猪饲养量14524头。同时，依照“减量化、无害化、资源化和生态化”的治理原则，对浙江蓝天生态农业有限公司养猪场等16家单位，进行不同模式的污染治理和无害化设施建设。是年，东湖街道办事处获畜禽养殖综合整治一等奖，余杭镇、良渚镇、仁和镇、乔司镇、崇贤镇人民政府、五常管委会获畜禽养殖综合整治二等奖。2005年，在深入调查基础上，制定《苕溪流域养鸭污染综合整治工作意见》，规定禁养范围、治理要求和治理期限。通过建立组织、宣传发动、签订责任状、落实专项资金等措施，在部门配合、镇村联动下，如期完成苕溪流域黄湖、径山、鸬鸟、百丈、瓶窑、余杭、仓前和区农业资产经营有限公司禁养区范围内38个有关村（场）358户鸭农的260万羽鸭子禁养。鸭子禁养后，落实长效管理措施，做好鸭农"三转"服务工作。

2007年5月开始，开展运河流域及敏感地区畜禽禁养工作。经过深入调查摸底，科学制定政策，大力宣传发动，堵疏结合，加强苗猪（苗鸭）管理，抓好养殖小区建设等环节，运河流域及敏感地区共禁养（搬迁）生猪8万余头、家禽115万羽、奶牛444头。2008年，对乔司镇、余杭经济开发区小林奶牛场、良渚镇绕城公路以内区块、闲林镇02省道以北区块等区域的畜禽散养户实施禁养。共计禁养商品猪2.5万头，公母猪140头，羊8000头，蛋鸭1.35万羽，肉鸭7万羽，奶牛144头，涉及禁养户400户。同时，完成23家规模畜禽养殖场污染治理任务。其中，省级治理项目13家、市级治理项目5家、区级治理项目5家。

2009年，实施余杭镇钱国平养殖场等40家规模化畜禽养殖场污染治理项目设施建设，其中列为省级治理项目31家、列为区级治理项目9家。运用"沼气、氧化塘、综合利用"农业生态模式，共建造沼气池40处，计3980立方米，项目建设工程于当年全部完成，并投入正常运行。是年，完成黄湖镇杭州万羽绍鸭、良渚镇良渚湖羊2个市级生态畜牧养殖小区和瓶窑马头山野猪养殖场等3个市级生态示范牧场建设，共计奖励资金85万元。同时，建设区级生态畜禽养殖小区4个和生态养殖场6个。2010年7月15日，区农业、环境保护、国土、财政等管理部门联合下发《关于完善加强畜禽养殖污染综舍治理实施畜禽生态养殖的办法》，提高畜禽生态养殖建设标准，加大扶持力度，明确每个功能区基础设施建设投入60万元以上的，补助20万元至25万元；每新建1个生态场补助8万元至15万元。2010年11月8日，余杭区龙头山生态养殖、华标蛋鸭养殖、和丰生猪养殖等3个市级畜牧养殖小区和鸬平果园养鸡市级生态示范牧场建设项目，通过杭州市验收，获奖励资金69万元，其中小区59万元、生态示范牧场10万元。全区实施区级生态畜禽养殖功能区4个、生态养殖场5个。并运用"沼气、氧化塘、综合利用"农业生态模式，全区实施完成42家规模化畜禽养殖场污染治理项目设施建设，涉及塘栖、仁和、余杭、良渚、瓶窑、仓前、中泰、径山、鸬鸟、黄湖等10个镇乡，共建造沼气池42处，计3780立方米。

图13-3 杭州市种猪试验场1750立方米沼气工程

2011年，全区在巩固禁养成果、完善畜禽禁养长效管理的基础上，制定《余杭区畜禽养殖禁养区、限养区调整方案》等文件，增设包括良渚街道、运河街道全区域，超山规划区、闲林水库保护区，塘栖镇超山村，仁和街道东山村、九龙村、东塘村，仓前街道吴山前村，中泰街道中桥村，瓶窑镇奇鹤村，径山镇径山村、绿景村，百丈镇百丈村为禁养区。共禁养猪4.8万头、羊0.7万只、蛋鸭4.8万羽、肉鸭8.2万羽。此外，实施规模化畜禽养殖场沼气工程，全区共建造沼气池22处，计2450立方米。2012年，进一步继续扩大禁养范围，完善畜禽禁养长效管理机制。畜禽禁养范围扩大到瓶窑镇饮用水源保护辖区范围内和余杭街道辖区东苕溪两侧1000米范围内，其他畜禽养殖污染严重的敏感区域，包括径山镇四岭村、前溪村，塘栖镇宏磻村、丁河村，中泰街道泰峰村等5个村民集居区域。全年共禁养商品猪9991头，公、母猪327头，蛋鸭8.981万羽，肉鸭14.365万羽。2013年5月，为进一步深化农业面源污染治理，改善农业农村生态环境，保护饮用水资源，区政府制定《余杭区畜禽养殖污染综合整治工作实施方案》，计划用两年时间，对生猪存栏500头以下、鸭存栏1万羽以下的经营性畜禽养殖场（户）实施禁养。禁养种类主要为猪、鸭等污染严重的畜禽。同时，结合美丽乡村建设、"三改一拆"、畜禽禁养等工作，对生猪存栏500头以上、鸭存栏1万羽以上且营业执照、环评、动物防疫合格证等证照齐全，生产设施、治污设施配套的规模养殖场予以保留。经现场检查，下发"一场一方案"整治意见，要求33家拟保留的畜禽养殖场严格按照方案实施整改，经区级有关部门验收合格后方可作为保留场予以保留。同时，结合拟保留场建设，实施11家畜禽养殖污染治理项目、9家畜禽养殖减排项目，全面提升畜禽养殖场治理设施建设和排泄物综合利用率。

2014年8月，余杭区畜禽禁养工作基本结束，共涉及13个镇（街道）、单位，禁养户2038户，禁养生猪13.03万头、鸭子349.42万羽，拆除畜禽养殖棚舍69.64万平方米，其中区补助面积42.22万平方米，涉及区补助资金6143.27万元。对上海铁路局乔司编组站等4个区外单位及未达标畜禽保留场实施禁养。区外单位共禁养商品猪2130头、种猪45头、羊885头，拆除养殖棚舍面积6471.33平方米，涉及补助资金168.46万元。未达标保留场禁养涉及塘栖镇、仁和街道、瓶窑镇、农林集团4个镇（街道）、单位的17家畜禽养殖场（户），共禁养商品猪5749头、种猪474头、肉鸭2.41万羽、蛋鸭10.15万羽、种鸭1.57万羽，拆除养殖棚舍面积3.31万平方米，涉及补助资金212.16万元。并通过对养殖规模、证照持有、现有污染治理设施设备及其运行状况等整改，拟保留养殖场完成整改提升工作，按照《浙江省畜禽养殖场污染治理达标验收办法》的要求，余杭区组织环保、农业及其他有关人员，对前期整改工作组织验收。经验收，全区33家拟保留场有25家通过验收并明确保留，其中猪场21家、蛋鸭场4家。余杭区成为全省首个全面禁养污染型畜禽区（市、县）。2015年，对批准保留的25家生猪、鸭养殖场加强监管，摸清每个场的隐患情况，按照属地管理原则，对存在污染隐患的场要求参照《非禁养类畜禽养殖规模场养殖污染防治措施技术要点》，因地制宜进行生态化提升改造，确保畜禽养殖场污染防治到位，环境污染得到有效改善。

2016年，编制《杭州市余杭区畜禽养殖污染防治规划（2016—2020年）》，进一步完善禁限养区域划定，根据《杭州市余杭区环境功能区划》（2015版），将环境功能区划中的自然生态红线区、人居环境保障区、环境优化准入区、环境重点准入区、苕溪干流沿岸1000米范围和支流沿岸200米范围、运河干流沿岸500米范围和支流沿岸200米范围、上塘河干流沿岸500米范围和支流沿岸200米范围、重要湖泊水面区域及沿岸500米范围划定为禁养区；将环境功能区划中的生态功能保障区划定为限养区。是年，在2015年保留25家畜禽养殖场的基础上，关停14家，保留11家。为全面推进畜禽排泄物综合利用，提高畜禽排泄物异地利用扶持政策的可操作性，区政府制定《余杭区畜禽排泄物（沼液、沼渣）异地利用扶持政策实施细则》，当年组建畜禽排泄物异地利用配送服务组织4家，与全区约2.5万亩种植基地对接，实现畜禽养殖排泄物资源化利用和污染零排放。2017年，建设"余杭区畜牧兽医信息化系统建设项目""畜禽养殖废弃物资源化利用智慧监管平台项目"，初步实现智能化环境污染源的监控，实现生产过程中的实时监控、在线监管、远程指挥、辅助决策，降低监管成本，形成全区统一的全程可追溯、互联共享的追溯监管智慧畜牧监管网络体系。并与区环保部门管理平台链接，实现排放总量监控，为畜牧业实现智慧化管理奠定坚实基础。是年，投资407.4万元，将“和丰生猪养殖生态化改造示范项目”等5个项目列入2017年度余杭区畜禽规模场生态化、标准化改造示范项目建设计划，建设内容包括改建提升沼液存池、修建雨污分流沟渠、改建鸡舍等。2018年，实现畜禽养殖排泄物沼液沼渣异地配送资源化利用达18.57万吨，基本解决沼液沼渣异地利用难的状况，践行了畜牧业绿色发展理念。

此外，按照省市部署，余杭区于2016年实施美丽畜牧生态工程，推进美丽生态牧场建设。按照《浙江省美丽生态牧场创建标准》，2016年全区有6家单位开展美丽牧场创建工作，至年底3家单位通过省畜牧兽医局验收。2017年，全区有5家美丽生态牧场通过省级验收，创建市级标杆牧场2家。2018年，创建美丽生态牧场达9家。

二、渔业养殖污染治理

温室甲鱼养殖关停整治　境内温室甲鱼养殖主要在临平·东湖街道和南苑街道。温室甲鱼养殖始于20世纪末，2006年以来，温室甲鱼养殖污染问题受到社会各界的广泛关注。据调查，2011年，临平·东湖街道和南苑街道共有温室甲鱼养殖场（户）627户，温室面积114.5万平方米，占全区总量的80%以上，是全区温室甲鱼养殖最多最集中的地区。温室甲鱼养殖污染主要包括废气污染与废水排放污染两个方面。甲鱼养殖大棚燃烧木渣，烟尘排放浓度达700毫克/立方米，产生重度污染。温室甲鱼养殖过程中产生的废水、废气污染成为影响运河大麻、上塘河渡船桥交界断面水环境改善和临平副城大气环境质量主要原因之一。个别养殖户为了减少成本，燃烧废布料、废箱包边角料等废料，产生有毒有害废气，引起投诉。温室甲鱼养殖污染问题得到区政府的高度重视，曾多次专题研究部署，通过各部门努力，杜绝燃烧废料采暖的方式。2013年3月至2014年9月，投入区财政资金316.2万元，对137家养殖场共436栋23.43万平方米甲鱼养殖温室开展加温方式改进试点工作，也取得一定成效。但由于温室甲鱼养殖规模庞大，特别是废气污染影响健康的问题始终是群众投诉的焦点。2013年12月，为彻底解决温室甲鱼养殖带来的严重环境污染问题，余杭区人民政府制定《余杭区南苑、临平东湖街道温室甲鱼关停整治工作方案》，决定关停两个街道所有温室甲鱼养殖场。至2014年底，投入区级财政资金19275万元，关停南苑、临平·东湖街道温室甲鱼养殖场（户）748户，拆除温室大棚2140栋，123.27万平方米。

2015年，启动第二轮温室甲鱼关停整治工作。投入区级财政资金5296.2万元，关停运河街道、南苑街道、乔司街道、余杭经济技术开发区、钱江经济开发区塘南办事处等5个街道（开发区）温室甲鱼养殖户164户、拆除温室棚557栋，35.19万平方米。完成1.03万平方米温室设施提升改造，实现养殖尾水、尾气排放达标。2016年，投入区级财政资金5170.75万元，关停区农林集团和塘栖、仁和、仓前、余杭等10个镇（街道）温室甲鱼养殖场（户）147户，拆除温室大棚695栋，面积42.74万平方米。基本完成温室甲鱼养殖关停整治工作。

黑鱼养殖关停整治　境内黑鱼养殖主要集中在运河镇（街道）。2010年，运河镇开展黑鱼、甲鱼养殖集中区块改造工程及运河流域大麻断面两侧农业农村面源污染综合整治工程。实施黑鱼高效生态混养模式示范项目，开展杂交鳢孵化培育试验，推广颗粒饲料投喂20公顷，加大农业面源污染治理力度。2011年，完成运河、上塘河流域水产生态养殖治理和运河街道黑鱼养殖池塘标准化改造63.4公顷，建设生态高效养殖示范基地3家、杂交鳢苗种繁育基地2家，推广杂交鳢清洁养殖125.8公顷。2015年，开展黑鱼混养转产。至2016年底，投入区财政资金4588.68万元，完成运河、东湖、崇贤、塘栖、仁和、良渚等6个镇街黑鱼退养转产工作，涉及黑鱼养殖场(户)560家，退养转产面积9121.59亩(611公顷)。加强生产技术指导，编印发放转产指导手册，引进异育银鲫“中科三号”、罗氏沼虾“南太湖二号”、杂交鲌、台湾泥鳅等清洁新品种，引导原养殖户开展清洁养殖。

其他水产养殖污染整治 1996年，区渔政部门会同有关部门调查核实渔业水域污染事故11起，处理并补偿损失15.6万元。同时1993年、1994年两年杭州市综合工业污水补偿款得到兑现。1999年7月，塘栖地区的余杭市水产实业有限公司等8家单位的近万亩(660公顷)外荡渔业水域受到严重污染，渔业损失惨重。损失成鱼及老口鱼种32.95万千克，育珠蚌48万只，直接经济损失151万元，为余杭市1993年以来最为严重的一次污染事件。

2002年6月2日，仓前镇渔民村九店桥港水域遭到位于同镇石华村某企业工业污水侵袭，养殖的珍珠蚌和鱼类大量死亡，污染涉及渔业产值45万元。接到报案后，区渔政站会同区环保局有关人员赶赴现场调查取证，并采取补救措施，经剖蚌取珠挽回经济损失30余万元。经协调受损养殖户获经济补偿12万元。2004年，受理和调查处理渔业污染事故25起，污染面积288.4公顷，其中外荡污染事故19起，污染面积285.54公顷；内外荡污染事故6起，污染面积2.87公顷，挽回渔业经济损失26.41万元。

2012年，发生渔业水域污染事故29起，水域受污面积366.67公顷，鱼类死亡11万余公斤，造成直接渔业经济损失118.98万元。区农业局协调处理有明确污染源的责任事故9起，挽回渔业经济损失19.53万元，另有20起综合污染引发的污染事故，由区、镇(街道)和农林集团落实补偿资金82.38万元。

20世纪初，境内外荡河蚌养殖规模不断扩大，珠农大量施用有机肥，对水环境造成严重污染。2001年，对区内7700余亩外荡珍珠蚌养殖实施综合整治。2005年，继续开展外荡河蚌育珠综合整治工作，建立专门机构，进行调查摸底、制定政策、开展试点、落实补助资金政策，开展外荡河蚌养殖综合整治工作，当年实际搬迁外荡河蚌养殖面积11034亩(735.6公顷)，共106户养殖户。2006年，做好外荡河蚌综合整治扫尾工作，对有关镇乡下达外荡河蚌整治长效管理责任书，河蚌养殖的势头得到有效控制。此外，还在在全区范围全面清理外荡水域中虾笼、老虎网等禁用渔具和养殖网箱，清退非法占用养殖水域，拆除非养殖水域内的各类拦鱼设施；同时开展水生生物增殖放流，改善水域生态和河道景观。至2015年，外荡禁用渔具和养殖网箱已基本清除干净有效保障了水体的流畅和生态平衡。

第三节 秸秆综合利用与废弃农药包装物回收处置

为进一步推进生态循环农业发展，余杭区农业部门根据省、市关于农作物秸秆综合利用工作部署和要求，以提高秸秆利用率为途径，建立工作机制、落实监管责任、强化源头管理和政策引导，积极培育扶持秸秆综合利用主体，因地制宜推进秸秆肥料化、饲料化、能源化、基料化、原料化等综合利用工作，秸秆资源化年利用率稳定在90%以上。自2009年开始，余杭区在鸬鸟镇开展农药包装物回收工作试点，后在全区推广。经过多年探索与实践，形成较为成熟的以“镇街为责任主体、相关部门监督协调、经营单位折价回收，农资公司归集储运，专业环保单位规范销毁”的废弃农药包装物回收处置机制。余杭区“废弃农药包装物回收处置模式”入选浙江省农林水环境治理暨现代生态循环农业“十大创新技术与模式”。

一、秸秆综合利用

余杭区有农用耕地 50.8 万亩（3.35 万公顷）以上，每年水稻、大小麦、油菜、玉米、大豆和蔬菜等农作物秸秆可收集资源量达 18 万吨左右，其中稻麦和蔬菜秸秆约占总量的 84%。秸秆可收集资源量 1 万吨以上有余杭、瓶窑、径山、仁和、塘栖、乔司、崇贤和仓前等 8 个镇街。境内自 20 世纪 80 年代开始，推行秸秆还田，并取得一定成效。为进一步推进生态循环农业发展，于 2010 年制定《余杭区秸秆综合利用专项方案》，编制三年行动计划，提出整治目标和分年度实施计划和政策措施，并将秸秆综合利用工作纳入《国家级生态区创建（生态余杭建设）三年行动计划（2010—2012）》。

组织机构　2015 年，成立区农业局秸秆综合利用工作领导小组，下设办公室和农技推广中心工作小组、农机管理总站工作小组、生态植保总站工作小组、畜牧兽医局工作小组四个工作小组，办公室设在环境整治科，负责牵头协调秸秆综合利用的方案编制、监督检查、数据报送、宣传报道等日常工作。是年，区农业局印发《余杭区农作物露天焚烧黑名单制度》。自 2016 年 1 月 1 日起，露天焚烧农作物行为被环保部门查实的农业生产主体二年内不得申报财政支农建设项目，并不得享受当年非普惠制强农惠农补贴。

秸秆综合利用工作领导小组成立后，每年对全区主要农作物秸秆可收集资源量开展调查，摸清底数。通过组织外出考察学习、邀请省市专家专题研讨和编印秸秆综合利用技术资料等方式加强对镇街秸秆综合利用工作指导。在粮油作物重点镇街创建秸秆粉碎还田、腐熟还田、饲料化和基料化等综合利用示范点 9 个，同时举办全区秸秆机械化粉碎还田利用现场会，以点带面进行示范推广。

秸秆综合利用模式　境内推广秸秆综合利用主要采用肥料化利用、饲料化利用、能源化利用、基料化利用和原料化利用五种模式。

肥料化利用。肥料化利用模式是将秸秆采用机械化粉碎后还田作为肥料使用。1989 年，秸秆还田 31.09 亩（2.08 万公顷），其中麦秆、油菜壳还入早稻田 7.66 万亩（5132 公顷）；早稻草还入晚稻田 18.51 万亩（1.24 万公顷）；晚稻草还入春花田 4.92 万亩（3296 公顷）。1990 年，秸秆还田 20.50 万亩（1.37 万公顷），其中麦秆、油菜壳还入早稻田 1.50 万亩（1005 公顷）；早稻草还入晚稻田面积 20 万亩（1.34 万公顷）；晚稻草还入春花田 5 万亩（3350 公顷）。1991 年，余杭县实施三季秸秆还田 39.64 万亩（2.66 万公顷），其中春花秸秆还田 9.6 万亩（6432 公顷），占早稻种植面积的 24.9%；早稻草还田面积 20.1 万亩（1.35 万公顷），占晚稻种植面积的 46.7%；晚稻草还田面积 9.93 万亩（6653 公顷），占春粮种植面积的 48%。根据同田对比，春花秸秆还田区早稻亩产 406.9 公斤，比对照亩增产 25.1 公斤，增产 6.6%，亩增收 9.12 元；早稻草还田区的晚稻亩产 485.6 公斤，比对照亩增产 36.3 公斤，增产 8.2%，亩增收 15.6 元；早稻草一季还田后，其土壤容量可比对照每立方厘米下降 0.02 克，速效磷、速效锌含量可比对照分别增加 1.0PPm 和 3.87PPm，而有机质也可提高 0.09%；春花、早稻二季秸秆还田后，其土壤容量可比对照每一立方厘米下降 0.51 克，速效磷、速效锌含量可比对照分别增加 0.53PPm 和 5.9PPm，而有机质也可提高 0.13%。1993 年,全县三季推广秸秆还田 30 万亩次(2.01 万公顷),其中春粮秸秆还田 3 万亩(2010 公顷),早稻秸秆还田 15 万亩(1 万公顷),晚稻秸秆还田 12 万亩(8040 公顷)。1994 年,推广晚稻秸秆还田 16 万亩(1.07 万公顷)。

2010 年,完成秸秆还田 1287 公顷。2011 年,完成秸秆还田 1270.73 公顷,建成 10 个秸秆机械化粉碎还田示范点,秸秆综合利用率达 93%以上。2014 年,秸秆还田面积 1562.67 公顷。2015 年,全区采用机械化粉碎还田的稻麦种植面积为 5360 公顷,至 2018 年增加到 8040 公顷,并在仓前、瓶窑建成 2 个省级秸秆全量利用千亩示范区;全区 97 台秸秆还田作业机械安装北斗导航系统,实现秸秆机械粉碎还田面积的精准化管理;崇贤湾里塘莲藕专业合作社采用快速腐熟技术将水生蔬菜秸秆制成液态肥实现循环利用;乔司街道积极开展旱地鲜销蔬菜秸秆肥料化利用试点。

饲料化利用。饲料化利用模式是将某些秸秆用作于饲养动物的饲料。2000 年,余杭区实施国家级秸秆养羊示范项目,建设期为 2000 年—2002 年,计划总投资 240 万元,其中中央财政投资 80 万元,地方财政配套 80 万元,自筹资金 80 万元。为实施该项目,成立项目管理领导小组,制定实施方案,引进波尔山羊、黄羊及地方良种羊 1364 头,建立亭趾湖津荡村等示范场(户)7 个,引进电动铡草机 7 台。至 2001 年,该项目在 7 个重点乡镇实施,推广种植牧草 700 公顷,新建贮草窖 375 立方米,秸秆养羊试点取得成功。2003 年 7 月,国家级秸秆养羊示范项目通过验收,实际总投资 249 万元,建成青贮氨化池 8500 立方米,新购饲料切碎机 30 台,新增种公羊 150 头,新购化验设备 20 件,新建养羊示范场 7 个,累计新增出栏羊 6.79 万头,新增产值 2903 万元,新增利润 679 万元。

境内崇贤街道、塘栖镇等镇街是茭白主产区,春秋两季茭白种植面积约 9500 亩,年产茭白 2 万吨,产值 5000 万元,成为当地农民增收的重要途径。但每年产生近 2 万吨左右茭白秸秆,寻找茭白秸秆可持续利用的有效方法已成当务之急。2016 年,崇贤海柯生物科技有限公司采用包膜青贮技术开展茭白秸秆饲料化利用获得成功,茭白秸秆饲料化年利用量达 6100 吨,使原本当作垃圾填埋的茭白秸秆变废为宝;是年,南苑街道开展玉米秸秆统一收集与饲料化利用试点。此外,境内还有 15 家湖羊规模养殖场就近收集玉米、薯类和蔬菜等秸秆开展饲料化利用,年利用量在 1 万吨左右。2016 年,全区秸秆饲料化利用达 1.86 万吨。2017 年,全区秸秆饲料化利用达 2.66 万吨。2018 年,全区秸秆饲料化利用达 2.61 万吨。

能源化利用。系以秸秆为原料生产物质颗粒燃料的利用方法。境内杭州创赢新能源有限公司收集辖区内的油菜秸秆,经粉碎性处理制成生物质颗粒燃料,日均加工生产生物质颗粒燃料 24 吨。2017 年—2018 年,分别收集利用油菜秸秆 1229.5 吨、1260 吨。

基料化利用。是将秸秆用作培植菌类的基本材料。境内采用这一模式利用秸秆的主要有鸬鸟镇果农专业合作社和径山镇虹日食用菌专业合作社利用秸秆制成菌棒种植黑木耳和秀珍菇;仁和街道益民专业合作社利用水稻秸秆种植大球盖菇。2016 年,全区秸秆基料化利用为 0.05 万吨。2017 年,全区秸秆基料化利用为 0.1 万吨。2018 年,全区秸秆基料化利用为 0.08 万吨。

原料化利用。原料化利用是指引进企业将秸秆作为该企业生产的原材料。2016 年,境内开始运用这一模式处理秸秆。是年,仁和街道引进杭州恒麟环保科技有限公司,以稻麦秸秆为原料,生产草纤维和研发生物质颗粒燃料,年秸秆利用能力达到 5000 吨以上;运河街道支持九莲塘公司开展莲藕秸秆肥料资源化利用试点。2016 年，全区秸秆原料化利用为 0.2 万吨。2017 年，全区秸秆原料化利用为 0.38 万吨。2018 年，全区秸秆原料化利用为 0.12 万吨。

财政补贴政策　为加强对秸秆综合利用工作的扶持引导，2016 年 10 月，制定《余杭区农作物秸秆综合利用扶持政策实施细则》，规定秸秆机械化还田的补助对象为在余杭区登记注册具有独立法人资格的企业、农民专业合作社、家庭农场、粮油种植大户以及村级集体经济组织。对油菜、大小麦和水稻秸秆开展机械化粉碎并深耕还田面积在 200 亩以上的单位和个人，给予每亩 40 元的资金补贴。对年收集本区农作物秸秆 1000 吨以上并开展综合利用的单位，按照秸秆收集量分别给予肥料化利用 160 元/吨，基料化利用、饲料化利用、能源化和原料化利用 200 元/吨的补助。

成效　通过广泛宣传和积极引导以及秸秆综合利用扶持政策的实施，全区农作物秸秆禁烧和综合利用的理念和知识得到进一步推广。通过秸秆粉碎还田、腐熟还田、饲料化和基料化等秸秆综合利用主推技术的试点和大力推广，秸秆综合利用率逐年提升。2009—2011 年，全区农作物秸秆生产总量分别为 33.50 万吨、31.68 万吨、30.82 万吨，综合利用总量分别为 29.41 万吨、30.93 万吨、30.24 万吨。2011 年，建设 10 个秸秆机械化粉碎还田示范点，秸秆综合利用率达 93%以上。2016 年，全区农作物秸秆生产总量为 18.68 万吨，综合利用总量为 16.83 万吨，综合利用率达 90%。全区开展秸秆综合利用的规模主体共有 542 家，利用总量为 5.7 万吨，约占全区秸秆可收集资源量的 31.7%。其中还田面积 20 亩以上的利用主体 506 家，采用机械化粉碎还田、覆盖还田、生物腐熟还田、稻麦双套还田、行间铺草还田等方式，还田总面积约 7.8 万亩（5226 公顷）；饲料化利用主体 18 家，年利用量约 1.6 万吨；原料化利用主体 2 家，年利用量约 0.8 万吨；基料化利用主体 3 家，年利用量约 300 吨；开展打捆离田作业主体 13 家，年利用量约 2000 吨。2017 年，全区农作物秸秆生产总量为 18.91 万吨，综合利用总量为 17.5 万吨，综合利用率达 92.5%。2018 年，全区农作物秸秆生产总量为 17.71 万吨，综合利用总量为 16.54 万吨，综合利用率达 93.4%。

二、废弃农药包装物回收处置

余杭区每年农药使用总量为 2000 余吨，使用农药后所产生的废弃包装物大部分散落在田间地头，其残留物（残液）和包装物对土壤和水体造成了习惯性污染。从 2009 年开始，为深入开展生态城区创建，减少废弃农药包装物对土壤和水环境的污染，区政府决定将废弃农药包装物的回收处置纳入农业面源污染治理的一项重要工作。成立由区农业局、区环保局等部门组成的区废弃农药包装物回收处置工作领导小组，负责指导、协调和监督工作，逐步建立起“局党委领导、执法大队负责、镇街道协管、回收单位把关、全民联动参与”的工作网络。

实施　2009 年，首先在鸬鸟镇开展废弃农药包装物回收处置工作试点。通过建设定点回收堆放仓库、统一核定回收价格、落实回收专人等措施，鸬鸟镇全年回收辖区内各类废弃农药包装物 2.57 万件，支付补助资金 16.92 万元。2010 年，制定《余杭区农业废弃物利用处理和面源污染治理工作实施方案》，扩大农业废弃物回收范围，在黄湖、百丈、径山和瓶窑（苕溪以北）等四镇扩面实施，通过宣传发动、制定回收规则、严格督促检查等措施，农业废弃物回收工作稳步推进。全年回收各类废弃农药包装物 92.66 万件，支付回收处置费用 44.87 万元。

2011 年，根据境内“农药批发企业—农药零售店—农药使用者”的农药物流供应链特点，制定《余杭区废弃农药包装物回收处置实施方案》，签订四方协议，约束回收行为。首先由回收运输单位与镇街签订辖区废弃农药包装物回收归集处置协议，由区农业局鉴证；回收运输单位再与各农资经营单位签订分类回收协议，由镇街鉴证；各农资经营单位签订回收承诺书，交区农（渔）业行政执法大队和回收运输单位；回收运输单位还要与环保处置单位签订销毁协议。全区将165家农资经营网点列为各类废弃农药包装物固定回收点，负责回收各自销售或使用的农药包装物，确定杭州余杭农业生产资料有限公司等三家储运单位负责各网点回收的废弃农药包装物收集运输工作，并定期送至有处理资质的单位集中销毁。同时统一回收价格标准：农药瓶100毫升、101–300毫升、301毫升以上三个档次分别按每只0.2元、0.5元、1.0元回收；农药包装袋按50克以下、50克（含）以上两个档次分别按每只0.1元、0.2元回收。回收工作结束后，根据区废弃农药包装物回收处置工作小组对各镇街回收措施落实情况、回收数量等进行综合验收，并将验收结果与各镇街生态目标责任制考核奖励挂钩，据此由区财政安排专项经费拨付给各镇街，并由镇街向回收各方兑现回收费用，不足部分由各镇街配套解决。最终形成"以各镇街为责任主体、相关部门协调监督、经营单位折价回收、农资公司集中存放运输、专业环保单位归集销毁"的回收处置模式。是年，该模式在全区正式实施。全年回收各类废弃农药包装物859.32万件，回收总费用357.24万元，回收率达80%以上，无害化处理100%。2012年，进一步完善回收处置工作机制，针对农资流通体系发展的新变化和现代农业发展的新特点，把全区20公顷以上规模的种植业基地和农作物病虫害专业化统防统治组织单独列为废弃农药包装物回收点，做到废弃农药包装物回收工作全面覆盖。是年，回收废弃农药包装瓶210.98万个、废弃农药包装袋669.81万只，回收费用356.23万元，其中直接回收费203.37万元、回收工时费50.1万元、回收运输费50.84万元、销毁费25.97万元、特种用具购置费25.2万元。2013年，根据《区委关于加快推进现代都市农业发展的若干意见》和《余杭区"清水治污"农村生活污水及农业面源污染治理专项工作实施方案》，将废弃农药包装物回收处置工作纳入全区"五水共治"和农业生态环境治理的一项重要内容，废弃农药包装物回收处置工作继续稳步推进。全年共回收各类农药包装物821.82万只，其中农药瓶221.41万只，包装袋600.41万只；支付直接回收费用196万元。2014年，余杭区废弃农药包装物回收处置工作得到了省级业务主管部门的高度肯定，并在全省推行。全年全区共回收各类废弃农药瓶（袋）835.01万件，销毁废弃农药包装物100.84吨，共投入资金318.92万元。

2015年，余杭区"废弃农药包装物回收处置模式"入选浙江省农林水环境治理暨现代生态循环农业"十大创新技术与模式"。并在7月9日的《浙江日报》作了报道。全年共回收各类农药废弃包装物812.58万件，其中农药瓶235.61万件，农药袋576.97万件。销毁处置农药废弃包装物101.23吨，共投入资金325.17万元。2016年，根据《关于加快推进生态都市农业发展的若干意见》精神，在原政策基础上适当进行调整，将补助的废弃农药包装物焚烧处置费由原来的每吨2200元调整到每吨2800元，同意杭州立佳环境服务有限公司将废弃农药包装物回收价格调整为每吨3300元。全年共回收各类农药废弃包装物719.28万件，共处置农药废弃包装物108.16吨，无害化处置率达100%。全年共投入资金296.78万元。2017年，废弃农药包装物回收处置形成工作常态，全年共回收各类农药废弃包装物659.36万件，直接回收费用169.43万元；回收点共处置农药废弃包装物85.91吨，累计回收投入费用282.5万元。2018年，全区回收各类废弃农药包装物616.9万件，直接回收费163.06万元；回收点共处置农药废弃包装物73.24吨，回收处置总费用为268.73万元，核拨区级专项补助经费134.36万元。

成效　自2009年实施废弃农药包装物回收处置工作以来，不断通过电视、报刊等媒体，加大对农药包装物乱丢乱弃危害性和安全处理重要性的宣传力度，提高全民对乱扔农药包装物危害性的认识，营造全民参与环境保护的良好氛围。同时建立投诉举报机制，强化社会监督，鼓励村组之间、干群之间、村民之间开展横向监督，及时举报和纠正随意丢弃或不合理处置农药废弃物的现象，不断增强公众对农业环保工作重要性的认识，形成“清洁田园、爱护家园”的共同认识。

2009年—2018年，全区共回收各类农药瓶（袋）5300余万只，其中农药瓶1620余万只，各种规格农药包装塑料袋3680万余万只，销毁废弃农药包装物952.13吨，累计投入资金达2100余万元，每年各类废弃农药包装物回收率达到80%以上，回收废弃农药包装物无害化处理率达100%，从而有效减少废弃农药包装物对农业面源的污染。

第四节　农村可再生能源

余杭农村能源资源匮乏，旧时，农村能源资源种类主要是秸秆、薪柴等生物质能，境内无商品能源资源，所需的生产用能和部分生活用能依靠外地输入。20世纪70年代中期，境内开始发展沼气。80年代中期，推广应用太阳能热水器，后又推广应用太阳能路灯、庭院灯、显示屏、杀虫灯以及屋顶光伏发电。进入21世纪后，又陆续开展地源热泵系统、空气源热泵工程应用试点示范，实施农村可再生能源利用工程综合示范乡镇建设项目。经过多年的实践，逐步探索出适合余杭实际的农村清洁可再生能源开发利用新模式。

一、组织机构

1974年11月，余杭县革委会批准建立余杭县推广沼气领导小组，下设办公室。1980年1月，余杭县推广沼气领导小组改称为余杭县推广沼气办公室。1980年11月，批准成立余杭县沼气建设服务公司。1984年5月，将余杭县推广沼气办公室改为余杭县农村能源办公室，共有正式编制工作人员7人，并招录7名农村能源技术辅导员，从事全县沼气池建造、省柴灶砌筑等工作。同时将余杭县沼气建设服务公司改为余杭县农村能源建设服务公司，为全县开展沼气、省柴灶等农村能源建设搞好材料采购等服务。此外，在原三墩区、塘栖区辖下各镇乡配备1名农村能源专管员，开展沼气推广等业务工作，其余镇乡配备1名农村能源兼管员开展省柴灶、节煤灶推广等业务工作。2004年3月，余杭县农村能源办公室与新成立的余杭区农业生态与植物保护管理总站合署办公，站内有专职农村能源技术人员4名，各镇街配备农村能源兼管员1名，开展相应的业务工作。

二、沼气开发利用

自20世纪70年代中期开始，境内农村开始发展沼气。1986年，余杭县实施“全国沼气重点县”项目建设，历时5年，于1990年通过全国沼气重点县考核验收。5年间，全县累计建造户用沼气池6087只，成功率达99%，平均产气349.7立方米，推广沼液喂猪13537户，喂猪5万余头。90年代以后，随着全区农村生猪养殖户的减少和液化气的普及使用，绝大部分户用沼气池已废弃不用，并作填埋处理。

从2003年起，按照杭州市政府的统一部署，余杭区全面组织实施规模畜禽养殖业污染综合整治。在规模畜禽养殖场污染治理工作中，主要采用沼气技术处理畜禽养殖污水，取得很好的效果，既可治理畜禽养殖污染，又可制取可再生能源沼气。是年，根据农业部《关于农业行政实行就业准入的职业目录的通知》，举办全区首次沼气初级工培训班。

2004年，在余杭兴旺蔬果有限公司进行"养猪—沼气—蔬菜"生态模式示范，猪粪得到无害化处理和资源化利用，减少化肥、农药的使用量，生产的蔬菜不仅达到无公害，而且每亩可增加产值1500元。是年，余杭区实施的农村能源示范推广项目——农村生活污水净化池工程通过省农村能源办公室专家组验收。

2005年，制定《采用无动力厌氧技术处理农村生活污水实施意见》。全区共建生活污水净化沼气池2025立方米，并完成省级农村能源示范项目径山镇双溪中心村能源生态示范村建设，在黄湖镇赐壁村等5个示范村、整治村建设生活污水沼气净化池1645立方米。至2013年底，全区在非禁养区建成规模畜禽养殖场沼气工程194处，池容共计1.991万立方米，主要池型为地下池。

随着余杭区畜禽禁养力度的不断加大，全区规模畜禽养殖场逐年减少。至2018年，全区仅保留9家规模养殖场沼气工程，池容共计4200立方米。按照工程规模分类，有大型沼气工程1家（瓶窑镇的种猪育种有限公司1750立方米，地上池）；中型沼气工程1家（仁和街道的灯塔种猪有限公司500立方米，地上池）；小型沼气工程7家（地下池）。这些被保留的规模化种养殖企业基本建立以沼气为纽带的企业内部循环经济体系，实现农业废弃物资源化综合利用。例如，余杭镇黄菊芳家庭农场实施以沼气技术治理畜禽养殖污染并开展"三沼"综合利用项目，在规模养殖场及周边，建设粪便污水收集系统、污水处理系统和沼肥综合利用系统。养殖场建污水收集沟200米、干粪池（上盖瓦片，地面硬化）75立方米、沼气工程200立方米，沼气贮气柜22立方米，铺设输液管网2000多米，建山地贮肥池8个，共210立方米。从而建成沼液、沼渣等农业废弃物资源化综合利用的"猪—沼—作物"生态农业示范点。将干粪堆放在贮粪池内，经堆沤发酵腐熟后作茶树有机肥，污水全部及一部分粪便进入沼气池进行沼气发酵。沼液泵入贮肥池作茶叶及竹笋、马铃薯、番薯、西瓜等作物有机肥。沼液沼渣消纳有效配套面积170亩，资源化利用率利用率100%，喷施沼液的径山茶比对照亩增产30%，采摘期提早二天。同时所产沼气也全部用于家庭农场炊事。

三、太阳能利用

余杭区农村开展太阳能利用始于20世纪80年代中期，主要为推广应用太阳能热水器。此后，太阳能热水器应用规模逐年扩大，在农村居民生活中，玻璃真空管太阳能热水器得到广泛使用。

2004年起，太阳能利用的范围和功能进一步扩大。是年，在崇贤镇实施太阳能热水系统与农村建筑一体化工程，实施农户41户。2005年，在径山镇双溪村安装太阳能路灯6盏，建设太阳能集中供热示范点1处、200平方米。

2008年，通过实施市级农村能源生态建设工程，建成以推广户用太阳能热水器为主要建设内容的方桥村等市级农村清洁可再生能源利用示范村10个，涉及乔司、瓶窑、崇贤、仁和、鸬鸟、塘栖等镇。2009年始，先后在瓶窑镇崇化村、良渚街道石桥村、崇贤街道杭州金源农业科技有限公司蔬菜田开展太阳能杀虫灯在水稻、蔬菜、茶叶等作物有害生物防治的应用示范，取得了较好的防治效果。

2011年，在运河镇兴旺村建成1处较大规模的太阳能灯利用示范工程，共计安装使用太阳能路灯、庭院灯98盏，大来桥新农居点基本实现以太阳能灯代替普通路灯照明。2011年—2015年，在仓前、崇贤、黄湖、白丈、径山、瓶窑、仁和等7个镇街实施完成市级农村清洁可再生能源利用工程示范乡镇建设项目，在相应的镇街中学、敬老院开展太阳能集中供热工程、太阳能—空气能热泵互补热水工程推广应用示范，解决学校食堂、宿舍以及敬老院的热水供应问题。同时，通过该项目建设，在相关村道、村新农居点、健身点推广安装少量太阳能路灯、庭院灯以作照明用。其中崇贤街道2012年建成崇贤中学太阳能—空气能热泵互补热水工程。太阳能集热器与屋顶保温水箱、空气能热泵之间组成循环系统，由自动控制器完成循环的启闭。当天气晴朗时由太阳能集热器加热，使水温升高达到设定温度；当天气不好，热水温度达不到要求时，再经过空气能热泵补充加热。该工程充分利用学校2幢学生宿舍的空闲屋顶位置安装真空管太阳能集热器380平方米，另配8台较大功率的空气能热泵机组及保温水箱，每天可生产60度热水16吨供学校食堂、96间学生宿舍使用。由于该互补热水工程的所有设施都安装在学生宿舍的空闲屋顶位置，制取的热水又储存在屋顶保温水箱内，所以住在宿舍的学生使用热水时非常安全。据测定，太阳能—空气能热泵互补热水系统，年平均热水生产成本仅4元/吨，而电锅炉需32元/吨，单独空气能热泵为12元/吨。可见，太阳能—空气能热泵互补热水工程节能效果十分明显。至2018年，全区共推广太阳能热水器14.15万平方米，太阳能电池355处，供电33.23千瓦。

2005年—2018年余杭区可再生能源开发利用情况表

表13-3

年份	沼气工程（累计）		太阳能热水器（累计）	太阳能电池（累计）	
	数量（处）	池容（万立方米）	面积（万平方米）	数量（处）	功率（千瓦）
2005	35	0.667	3.1292	6	0.18
2006	46	0.795	3.9984	28	1.72
2007	43	0.49	5.0078	42	2.28
2008	64	0.725	6.72	42	2.28
2009	104	1.023	8.07	33	1.8
2010	146	1.401	10.00	58	4.4
2011	168	1.646	11.86	24	13.6
2012	188	1.911	12.827	38	22.18
2013	194	1.991	13.7144	245	29.93
2014	21	0.75	13.405	355	33.23
2015	21	0.77	14.15	355	33.23
2016	12	0.49	14.1474	355	33.23
2017	10	0.42	14.15	355	33.23
2018	10	0.42	14.15	355	33.23

四、可再生能源利用工程综合示范项目建设

余杭区农村可再生能源技术推广主要以实施项目为抓手。20 世纪 80 年代，实施完成“全国沼气重点县”建设项目，1990 年，实施省级“省柴灶普及”项目，改造户用省柴灶 8.4 万户，改造制茶节能灶 473 台。在城镇进行炉灶消烟除尘改造工作，改造煤灶 283 台，热效率从原来的 20%提高到 35%左右，烟尘浓度林格曼系数降低 1 级—3 级，该项目获得杭州市 1990 年度农业丰收综合一等奖。

1991 年，继续实施省级“省柴灶普及”项目，新改户用省柴灶 3.03 万户，改造城镇大中型节煤灶 84 只，改造制茶节能灶 1974 台，新建户用沼气池 312 只，其中畜牧大户生态池 24 只，推广沼液喂猪 53192 头，沼液养鱼 5000 亩。至年底，全县共推广省柴灶 10.09 万户，占应改灶的 75.74%，平均热效率 20%以上；共完成节能茶灶 4763 台，年节柴 316 吨，年节煤 2500 吨。余杭县通过省级“省柴灶普及”项目考核验收。

1992 年 1 月，副县长唐维生出席在北京召开的全国农村能源综合建设县工作会议，李鹏总理、朱镕基副总理亲切会见与会代表。1 月和 6 月，全国农村能源综合建设领导小组的领导和专家，先后两次到临平、星桥、小林等镇乡了解农村能源综合建设县建设规划编制情况，实地查看大、中型沼气池建设，制茶节能改造，农村低压电网改造及泵站节能改造等工作。8 月，县政府与国家计委、农业部、林业部、水利部、能源部、财政部等六部委签订农村能源综合建设县合同，以书面形式确定余杭县为“八五”期间全国 100 个农村能源综合建设县之一。是年，全县新建农村能源户用沼气池 305 户，推广户用省柴灶 2.5 万户，推广太阳能热水器 105 台，机械茶灶节能改造 408 台次，建成小水电站 1 座，植树造林 484 公顷，农田泵站改造面积 867 公顷，实施农机节油 3300 台次，水泥厂节能改造 5 座，砖瓦厂能改造 4 座，工业锅炉改造 25 台，工业炉窑改造 40 台，农村低压电网改造 286 个村，新增年节能能力达 2 万吨标准煤。是年，县农村能源办公室组织工程力量，帮助舟山市普陀区曙光农场建造 300 平方米沼气集中供气工程，日处理猪粪 20 吨，日产沼气 300 立方米。帮助金华市金华县种猪场建成 500 平方米沼气集中供气工程，日处理猪粪 30 吨，日产沼气 400 立方米。两项工程达到国内先进技术水平。是年 6 月，浙江石油勘探处在东塘镇、九堡镇境内打深井 80 余口，进行浅层天然气勘探，在东塘镇境内发现浅层天然气，储层深度为 38 米左右。1994 年，继续实施农村能源综合建设县项目，农机节油 6202 台次，水泥厂节能改造 4 座，砖瓦厂节能改造 8 家，工业锅炉改造 18 台，工业窑炉节能改造 40 台，新建沼气池 107 只，推广节能灯具 6800 只，太阳能热水器 1036 台，全年新增节能能力 1.6 万吨标准煤，累计年节能能力达 15.2 万吨标准煤，余杭市农村能源办公室被省计经委评为“省级节能管理先进单位。1995 年 10 月，农村能源综合建设县通过国家验收。共投入项目资金 13165.59 万元，实施综合建设子项目 24 项，取得较好的能源经济、生态和社会效益。新增年能源开

图 13-4　安装在村健身点太阳能庭院灯

发量 7058 吨标准煤,形成年节能能力 10.22 万吨标准煤,万元产值能耗从立项前的 1.145 吨标准煤下降到 0.53 吨标准煤, 而人均生活效能从 0.171 千克标煤/天·人提高到 0.647 千克标煤/天·人;森林覆盖率由 28%上升到 30.2%;土壤有机质含量从 2.76%上升到 2.8%;年直接经济效益 9241.85 万元。

2005 年起,开展农村清洁能源示范村项目建设。目标要求为以一个建制村为单位,通过一年的农村能源建设,清洁能源利用率达到 70%以上,省柴节煤灶热效率达到 30%以上,可再生能源(沼气、太阳能,本区主要是太阳能)利用户占总农户 50%以上。是年,余杭镇上文山村、崇贤镇陆家桥村、径山镇双溪村、东湖街道胡桥村和塘栖镇超山村经过项目实施,达到或超过规定的 3 个经济与技术指标,并通过考核验收。2006 年,农村太阳能光热光电和沼气利用上,建设以节能、增能、多能互补为主要内容的农村能源示范村 5 个。统一规划、统一品牌、统一安装太阳能热水器 3100 平方米,安装安全环保、节能无消耗、自动控制等特性的太阳能路灯 27 盏。开发太阳能在农业生产上的应用,在塘栖水产养殖场安装太阳能集中供水装置 50 平方米,用于水产业工厂化集约养殖,冬季可代替锅炉加热,提高温室水温,使鱼苗安全过冬。根据沼气热值高的特性,在中泰乡南湖生态蔬菜园"猪、沼、菜"生态农业模式基础上,安装 24 千瓦发电机组 1 台,代替部分柴油发电,年发电量 4 万千瓦时。太阳能光热光电和沼气利用范围的拓展应用可年产生经济效益 44.98 万元。2008 年,乔司镇良熟村等 6 个村通过区有关部门组成的专家组清洁能源利用示范村考核验收。2010 年,完成余杭镇上湖村、溪塔村、塘栖镇西河村、鸬鸟镇山沟沟村、仙佰坑村和仁和镇东山村共 6 个市级农村清洁可再生能源利用工程示范项目,新增太阳能热水器用户 906 户,安装太阳能灯 106 盏。全区累计建成清洁能源利用示范村 22 个。是年,余杭区农村能源办公室被评为 2010 年度杭州市农村能源工作先进集体。

2011 年, 在仓前街道举办杭州市农村清洁可再生能源利用技术宣传现场会暨农村能源技术下乡活动。是年,完成仓前街道和崇贤街道市级农村清洁可再生能源利用工程综合示范乡镇项目建设。仓前街道在 9 个村新装户用太阳能热水器 931 台 1862 平方米;在吴山前村新建太阳能曝气处理生活污水工程 2 处 240 立方米; 在宋家山村安装太阳能路灯 89 盏、庭院灯 24 盏。全街道可再生能源利用户率提高 11.3%,清洁能源利用率提高 3.81%,新增年开发利用清洁可再生能源 302 吨标煤,减少二氧化碳排放 785 吨。崇贤街道道增加太阳能热水器 961 台 1922 平方米;在街道敬老院安装 40 平方米太阳能集中供热;建太阳能集中供热—空气源热泵互补工程 1 处 380 平方米(配空气源热泵机组 4 台),解决街道中学 98 间宿舍热水供应问题;安装太阳能路灯、庭院灯共 75 盏 2250 瓦用于村道照明;安置太阳能垃圾箱一只、安装太阳能 LED 显示屏一块用于村务宣传;安装车库太阳能照明系统两套 140 瓦;安装太阳能曝气装置处理农村生活污水 2 处 300 立方米。可再生能源利用户率提高 8.5%,清洁能源利用率提高 3.2%,新增年开发利用清洁可再生能源 351 吨标煤,减少二氧化碳排放 913 吨。仓前街道和崇贤街道市级农村清洁可再生能源利用工程综合示范乡镇项目通过市、区两级验收。

2012 年,完成黄湖镇和百丈镇杭州市级农村清洁可再生能源利用工程综合示范乡镇建设。黄湖镇创建内容包括户用太阳能热水器、太阳能集中供热、太阳能路灯、太阳能杀虫灯、沼气联户供气、太阳能显示屏、沼液回收利用和农村生活污水处理设施改建提升等 8 项内容。项目总投资 388.86 万元, 全镇可再生能源利用户率为 68.7%, 提高 23.7%; 农村清洁能源利用率为 74.93%,提高 3.98%。百丈镇增户用太阳能热水器 931 户 1862 平方米,建太阳能集中供热工程

2处，其中150平方米用于农业休闲旅游、50平方米用于镇敬老院；安装太阳能路灯、庭院灯共50盏1500瓦用于村道照明；安装使用50盏1500瓦太阳能杀虫灯用于水果、茶叶有害生物防治；安装太阳能显示屏系统1处（双向供电）2000瓦，用于镇政府宣传栏和公示牌；建沼气联户供气工程1处150立方米，供气农户5户，并开展“三沼”综合利用等。黄湖镇和百丈镇市级农村清洁可再生能源利用工程综合示范乡镇项目通过市、区两级验收。

2013年，完成径山镇和瓶窑镇市级农村清洁可再生能源利用工程综合示范乡镇项目建设。径山镇新装太阳能热水器1030户2060平方米；建太阳能集中供热—空气源热泵互补工程1处150平方米用于镇敬老院；安装太阳能路灯65盏1950瓦用于村道照明；安装太阳能杀虫灯50盏1500瓦用于茶叶有害生物防治；建茶园沼液资源化利用工程2处，沼液储存池450立方米、铺设管网2230米，并购置沼液运输车1辆；安装太阳能曝气+人工湿地、人工湿地装置处理农村生活污水2处250立方米；安装使用地源热泵系统1处，用于甲鱼养殖温室温度调控。年开发利用清洁可再生能源329吨标煤，减排二氧化碳855吨。瓶窑镇新增太阳能用户1071户2142平方米；建太阳能集中供热—空气源热泵互补工程1处150平方米，用于镇中学；安装太阳能杀虫灯63盏1500瓦用于水稻有害生物防治；安装太阳能曝气装置处理农村生活污水4处480立方米。新增年开发利用清洁可再生能源323吨标煤，减少二氧化碳排放910吨。径山镇和瓶窑镇市级农村清洁可再生能源利用工程综合示范乡镇项目通过市、区两级验收。

2014年，完成仁和街道市级农村清洁可再生能源利用工程综合示范乡镇项目建设。全年新增太阳能用户1020户2040平方米；建太阳能集中供热—空气源热泵互补工程2处360平方米，用于镇中学；安装太阳能路灯、庭院灯共55盏1650瓦，用于农居点和健身点照明；安装太阳能曝气装置处理农村生活污水4处480立方米。新增年开发利用清洁可再生能源328吨标煤，减少二氧化碳排放854吨。仁和街道市级农村清洁可再生能源利用工程综合示范乡镇项目通过市、区两级验收。

农村清洁可再生能源利用工程综合示范乡镇建设情况表

表13-4

年份	项目实施单位	项目完成情况	备注
2011	仓前街道	1. 全街道增户用太阳能热水器931台1862平方米 2. 增150平方米太阳能集中供热工程1处用于水产养殖 3. 安装太阳能曝气装置处理农村生活污水2处240立方米 4. 安装太阳能杀虫灯30盏900瓦用于蔬菜基地有害生物防治 5. 安装太阳能路灯89盏、庭院灯24盏用于新农居点照明 6. 安装太阳能灯箱5处用于村务宣传	增年开发利用清洁可再生能源302吨标煤，减排二氧化碳785吨
2011	崇贤街道	1. 全街道增户用太阳能热水器961台1922平方米 2. 安装40平方米太阳能集中供热工程1处用于街道敬老院 3. 建太阳能集中供热—空气源热泵互补工程1处380平方米（配空气源热泵机组4台），解决街道中学98间宿舍热水供应问题 4. 安装太阳能路灯、庭院灯共75盏2250瓦用于村道照明 5. 安置太阳能垃圾箱一只、安装太阳能LED显示屏一块用于村务宣传 6. 安装车库太阳能照明系统两套140瓦 7. 安装太阳能曝气装置处理农村生活污水2处300立方米	增年开发利用清洁可再生能源351吨标煤，减排二氧化碳913吨

续表 13-4

年份	项目实施单位	项目完成情况	备注
2012	黄湖镇	1. 全街道增户用太阳能热水器 914 户 1828 平方米 2. 建太阳能集中供热工程 1 处 180 平方米用于镇初级中学 3. 安装太阳能路灯 35 盏 1050 瓦用于村道照明 4. 安装太阳能杀虫灯 30 盏 900 瓦用于蔬菜基地有害生物防治 5. 建沼气联户供气工程 1 处 150 立方米,供气农户 5 户 6. 建太阳能显示屏系统 1 处 2000 瓦用于镇政府公示栏 7. 改装沼液运输车 1 辆、建沼液储存池 3 只、购置沼液灌溉设施 1 套 8. 安装太阳能曝气、人工湿地装置处理农村生活污水 2 处 240 立方米	增年开发利用清洁可再生能源 309 吨标煤,减排二氧化碳 802 吨
2012	百丈镇	1. 全镇增户用太阳能热水器 931 户 1862 平方米 2. 建太阳能集中供热工程 2 处，其中 150 平方米用于农业休闲旅游、50 平方米用于镇敬老院 3. 安装太阳能路灯、庭院灯共 50 盏 1500 瓦用于村道照明 4. 安装使用 50 盏 1500 瓦太阳能杀虫灯用于水果、茶叶有害生物防治 5. 安装太阳能显示屏系统 1 处(双向供电)2000 瓦,用于镇政府宣传栏、公示牌 6. 安装太阳能曝气、人工湿地装置处理农村生活污水 2 处 200 立方米 7. 建沼气联户供气工程 1 处 150 立方米,供气农户 5 户,并开展“三沼”综合利用	增年开发利用清洁可再生能源 313 吨标煤,减排二氧化碳 813 吨
2013	径山镇	1. 全镇增户用太阳能热水器 1030 户 2060 平方米 2. 建太阳能集中供热—空气源热泵互补工程 1 处 150 平方米用于镇敬老院 3. 安装太阳能路灯 65 盏 1950 瓦用于村道照明 4. 安装太阳能杀虫灯 50 盏 1500 瓦用于茶叶有害生物防治 5. 建茶园沼液资源化利用工程 2 处，沼液储存池 450 立方米、铺设管网 2230 米,并购置沼液运输车 1 辆 6. 安装太阳能曝气+人工湿地、人工湿地装置处理农村生活污水 2 处 250 立方米 7. 安装使用地源热泵系统 1 处,用于 2400 平方米甲鱼养殖温室温度调控	增年开发利用清洁可再生能源 329 吨标煤,减排二氧化碳 855 吨
2013	瓶窑镇	1. 全镇增户用太阳能热水器 1071 户 2142 平方米 2. 建太阳能集中供热—空气源热泵互补工程 2 处 360 平方米用于镇中学 3. 安装使用太阳能杀虫灯 63 盏 1890 瓦用于水稻有害生物防治 4. 安装太阳能曝气装置处理农村生活污水 4 处 480 立方米 5. 建畜禽粪便资源化利用工程(生产商品有机肥)1 处,年收集处理粪便 3 万多吨	增年开发利用清洁可再生能源 323 吨标煤,减排二氧化碳 910 吨
2014	仁和街道	1. 全街道增户用太阳能热水器 1020 户 2040 平方米 2. 建太阳能集中供热—空气源热泵互补工程 1 处 150 平方米用于街道中学 3. 新装太阳能路灯、庭院灯共 55 盏 1650 瓦用于村农居点和村健身点 4. 安装太阳能曝气、人工湿地装置处理农村生活污水 4 处 480 立方米 5. 安装地源热泵系统 84 千瓦,用于花卉温室的温度调控	增年开发利用清洁可再生能源 328 吨标煤以上，减排二氧化碳 854 吨以上

第十四章　美丽新农村建设

1994 年，余杭实施农村奔小康工程。1996 年，开始实施社会主义新农村建设。至 2000 年，共有 27 个乡镇、423 个村实现小康目标。2003 年，浙江省委、省政府作出在全省实施“千村示范、万村整治”工程的重大战略决策，着眼于尽快改变农村建设无规划、环境“脏乱差”、公共服务建设滞后等问题，揭开了浙江美丽乡村建设的新篇章。余杭区委、区政府按照省、市要求，实施一系列农村综合整治建设工程，不断提升农村生产、生活、生态环境。2006 年，区委、区政府制定《关于全面推进社会主义新农村建设的决定》，进一步明确新农村建设的主要目标、基本原则，重点任务，全面启动新农村建设工作。2016 年，新农村建设又进入创建美丽乡村“转型升级”阶段，按照“绿水青山就是金山银山”的科学发展理念，着力构建具有全域美丽的余杭特色美丽乡村新格局。

第一节　环境整治

农村环境整治按照统筹城乡经济发展的要求，以村庄规划为龙头，以改善农村生产生活条件为重点，加大村庄整治力度，从治理“脏、乱、差、散”入手，加强农村基础设施建设，加快发展社会事业，使农村面貌有一个明显改变，为全面建设小康社会，实现农业和农村现代化打下坚实的基础。按照省市相关部署，余杭区从 2003 年起，实施“十村示范、百村整治”工程，开展“清洁余杭”行动，对境内高速公路余杭段沿线环境进行综合整治，农村环境面貌得到有效治理和明显改观。

一、实施“十村示范、百村整治”工程

2003 年 6 月，浙江省委、省政府印发《关于实施“千村示范、万村整治”工程的通知》，提出统筹城乡经济社会发展，加快全省农村全面建设小康社会、提前基本实现现代化。7 月，杭州市委、市政府作出实施“百村示范、千村整治”工程的决定并召开动员大会，全面部署村庄整治工作。余杭区委、区政府积极响应，立即行动。于 10 月组建区政府直属机构（正处级单位）余杭区城乡一体化建设领导小组办公室，明确其主要职责、机构设置和人员编制。办公室核定编制 20 名，下设综合科（组织人事科）、环境整治科、规划建设科、督查科，主要负责全区“十村示范、百村整治”工程的实施推进（简称“十百”工程）。随后，各镇乡（街道）、开发区管委会相继建立城乡一体化领导小组及其办公室，余杭区“十百”工程的领导组织架构基本形成。12 月，余杭区城乡一体化建设领导小组印发《关于开展实施农村村庄整治工程的通知》，决定从 2004 年起在全区范围内实施农村村庄整治工程。

2004 年 3 月，城乡一体化办公室举行挂牌仪式，召开 2004 年度村庄整治建设工作会议，部署村庄整治建设工作，对整治村建设的具体标准进行培训。4 月，城乡一体化办公室领导小组

图 14-1 2019 年 6 月 26 日,全市“美丽乡村”建设比学赶超活动代表现场考察小古城村

成员参观滨江区农村多高层公寓住宅小区、长河镇紫家坞村、余杭上文山建设现场和安吉高塘村等示范点,学习先进经验。6 月,印发《关于加快推进余杭区城乡一体化建设的若干意见》,明确全区推进城乡一体化建设的总体思路、基本原则和工作目标。村庄整治的总体思路和目标是按照以人为本和统筹城乡经济社会发展的要求,以科学发展观为指导,以实施“十村示范、百村整治”工程为抓手,以规划为龙头,以改善农村生产和生活条件为重点,以示范村建设和村庄整治为主要形式,加大财政投入和资源整合力度,加快推进城乡一体化,全面提升农村总体发展水平,扎扎实实向建设都市新区的目标迈进。从 2004 年起,用 5 年时间完成全区所有村庄的整治任务,重点建成 20 个以上示范村。其中,2005 年前完成 100 个村的整治建设,建成 10 个示范村。到 2007 年,建成 20 个示范村,全面完成示范整治任务,基本形成在空间、人口、经济、社会、生态等方面的城乡一体化。示范村建设要以全面建设小康为目标,按照“村美、户富、班子强”的要求,实现物质、精神文明与政治文明的协调发展,建设成农村新社区。整治村建设通过以治理村容村貌、垃圾集中处理、违章建设拆除、道路硬化、路灯亮化为主要内容,基本达到环境整洁、村貌美化、设施配套、布局合理的标准。是年,余杭区“十百”工程正式全面实施。按照“成熟一个,推进一个”的原则,启动以示范村、整治村建设为抓手的村庄整治与建设工程。在村庄整治建设中,突出强调规划的龙头作用,年初,根据余杭区村规模调整的实际,开展全区村庄布点规划工作,于 6 月底完成全区村庄布点规划编制并批复。制定《余杭区城乡一体化建设专项资金管理办法》《余杭区城乡一体化专项资金补助实施细则(试行)》《杭州市余杭区农村村庄整治建设标准》《杭州市余杭区整治村建设验收考核办法(试行)》《杭州市余杭区农村重点整治村考核验收办法(试行)》等相关文件,为村庄整治工作的顺利推进提供较为完善的政策保障。是年 8 月,杭州市村庄整治建设工作会议在余杭区召开,全市各区、县(市)城乡一体化办公室负责人参加会议,对余杭区前期村庄整治工作给予充分肯定。是年,围绕“布局优化、道路硬化、路灯亮化、环境洁化、周边绿化”的要求,启动 17 个示范村建设。余杭镇上文山村、鸬鸟镇仙佰坑村、东湖街道双林村和百丈镇半山村等 4 个示范村的村内主要道路硬化率达 100%,河道净化、卫生洁化,路灯亮化安装率达 100%,村庄绿化覆盖率平均达 30%,自来水入户率平均达 90%以上,村文化活动室、公共健身场、农贸市场、医务室等公益设施健全,被省委、省政府命名为“全面小康建设示范村”。同时启动 50 个整治村建设,其中 26 个村当年通过杭州市考核验收。26 个市级整治村共硬化村级道路 22.8 千米,村主干道硬化率达 100%;新装立杆路灯 2740 盏,亮灯率在 90%以上;拆除露天粪坑 5322 个,新建三格式化粪池 6250 口,卫生厕所安装率在 90%以上;新设置垃圾果壳箱 2300 个,新建公厕 65 座,建设

小型垃圾中转站32处。是年12月，瓶窑镇被全国爱国卫生运动委员会命名为国家卫生镇，是杭州市首个国家卫生镇。2005年，在编制创建示范村和整治村规划的基础上，委托有关单位编制《余杭区"十一五"期间村庄发展规划》，对全区"十一五"期间村庄建设情况进行总体设计。制定《余杭区重点整治村建设项目和资金管理办法》和《余杭区示范村建设项目和资金管理办法》，对示范村、整治村的申报条件、建设内容、建设标准、资金补助和审批程序等方面以项目管理的形式作出具体规定。余杭区示范村建设以"村美、户富、班子强"为要求，实现"四个文明"（物质文明、政治文明、精神文明、生态文明）协调发展，注重抓好以"一厅七室三中心"（百姓议事厅、治安调解室、科普阅览室、党员活动室、村务办公室、综合会议室、老年活动室、医疗服务室、信息传播中心、体育活动中心、文化娱乐中心）为主要内容的村级公共服务中心建设。是年，实施第二批50个村的村庄整治建设工作，整治村建设着重开展"三拆"（拆危房、拆违房、拆严重影响村容村貌和阻碍道路畅通的房子）、"三整治"（整治旧宅基地、整治"赤膊墙"、整治露天粪坑）工作。全年共硬化道路37.45万平方米，安装立杆路灯1796盏，河道砌石23470米，"赤膊墙"粉刷12.49万平方米，建设垃圾箱1668只，拆除露天粪坑4530只，新建三格式厕所4841座，新建公厕31座，新建农民健身公园25个（占地41850平方米），拆除违章建筑10517平方米，修建危房9032平方米。全区新农村建设总投入为3899万元，其中区、镇乡财政资金占总投入的13.4%，集体占80.6%，农民个人出资和社会力量参与的比例占6%。是年，25个重点整治村通过市级考核验收。余杭镇沈家店村、黄湖镇赐璧村、良渚镇金家渡村、东湖街道胡桥村、南苑街道新丰村5个村通过省级考核验收。

2006年，全区创建省（市）级"全面小康建设示范村"5个，市级重点整治村33个，一般整治村21个。33个重点整治村共投入资金5670万元，完成道路硬化43.07万平方米，村内主副干道实现100%硬化，新装路灯3089只，新增绿化面积8.63万平方米，完成河道砌石2.36万米，拆除危房、不雅建筑2.49万平方米，粉刷墙面17.12万平方米，拆除露天粪坑3545只，新建三格式厕所3761只，设置垃圾箱（桶）2891只，建成公厕47座，建立保洁队伍，收集垃圾、清洁路面和河面，洁化净化环境。2007年5月，组织65个村的村支书赴萧山、慈溪学习考察村庄整治和"清洁家园"工作，并在慈溪召开工作现场会。按照惠及全体农户的要求，改变以往仅突出工作亮点的做法，将道路、路灯等基础设施建设延伸到了全村各个区域，在整体提升的基础上再营造亮点区块，从而使"十百"工程惠及到更多农户。是年，以改善农村居民生产生活环境，提升生活品质为目标，充分发挥"十村示范百村整治"工程的龙头作用，继续加大村庄环境整治和基础设施建设力度，完善长效管理机制，余杭区城乡一体化建设领导小组办公室被中共浙江省委、省政府命名为全省"千村示范、万村整治"工作先进单位。塘栖镇宏磻村，余杭镇义桥村、洪桐村，径山镇小古城村，鸬鸟镇山沟沟村，良渚镇新港村，闲林镇华丰村，中泰乡枫岭村8个村成为省（市）级全面小康

图14-2 清洁河道（2015年）

建设示范村，塘栖镇泰山村等31个村市级重点整治村通过考核验收，塘栖镇三文村等28个村创建为生态村。百丈镇村庄整治“整镇推进”通过市级验收。

2008年3月，撤销余杭区城乡一体化建设领导小组办公室，村庄整治工作（示范村和整治村创建）归口区委农办组织实施。是年，确定创建杭州市级小康示范村9个，重点整治村33个，整（乡）镇推进镇1个。整治村建设实施项目涉及赤膊墙粉刷、危房和不雅观建筑拆除、路面硬化、路灯安装、露天粪坑拆除、三格式厕所改造、休闲场地建设、公厕建造、绿化建设等九大方面共378项。至年底，9个示范村和33个重点整治村基本完成基础设施建设项目。2009年，全区成功创建运河镇亭趾村等50个省级整治村，实施房屋美化、道路硬化、路灯亮化、环卫设施、休闲场地和其他配套设施建设等6个方面工程。赤膊墙粉刷20余万平方米，改造危旧房5.3万平方米；硬化村内道路70.2万平方米，总里程达351千米；安装路灯4942只；新（改）建垃圾中转站91座；新建休闲场地7.1万平方米；其他环境整修3万余平方米。百丈镇仙岩村等24个已整治村实施提升项目，闲林镇和鸬鸟镇完成村庄整治“整镇推进”项目，“一绕三线”高速公路沿线34个村，完成19个已整治村提升、7个村的重点整治和26个村庄绿化提升项目，完成赤膊墙粉刷8.6万平方米，拆除不雅观建筑3.5万平方米，新增村庄节点绿化提升10万余平方米。是年，根据杭州市委《关于深入实施“百村示范、千村整治”工程的若干意见》精神，在各地申报的基础上，确定仓前镇苕溪村、余杭镇仙宅村、运河镇南栅口村为创建村。各村因地制宜，注重特色地开展创建工作，成功获得市级全面小康建设示范村的命名。至2009年底，全区共成功创建省、市级“全面小康建设示范村”35个，其中省级5个，市级30个；创建“杭州市级重点整治村”183个，投入各类建设资金8亿多元。

2010年，全区有215个村（社区）实施村庄整治工程（不包括因城市化推进，近期有重大拆迁项目的47个村），其中省市级重点整治村208个，高速公路沿线整治村7个，省市级全面小康建设示范村35个，基本实现村庄整治全覆盖。全年投入资金3亿多元，道路硬化316万平方米，安装路灯3.2万只（杆），新建休闲场地37万平方米。

二、开展“清洁余杭”行动

自2004年启动实施“十百”工程后，村庄整治行动取得一定成绩，涌现出一批农村环境明显改善的亮点村。但在全区经济社会不断发展的新形势下，农村环境仍然面临诸多新问题、新矛盾，主要表现在点与面的不平衡，全区农村基本面上环境没有得到明显改善。2006年12月，在余杭区第十二次党代会上，提出以科学发展观为统领，以全面改善城乡环境卫生面貌为目标，从根本上解决城乡“脏乱差”问题，提升人民群众生活品质和文明卫生素质，推动全区经济社会和精神文明建设全面协调发展的总体工作思路。自此，全区村庄整治建设工作在继续开展“十百工程”的同时，进入全面实施“清洁余

图14-3　2019年1月24日，新华社、中国新闻社、农民日报等媒体走进余杭美丽乡村采访报道

杭”行动大会战阶段。

2007年2月，杭州市第十次党代会提出了全力打造覆盖城乡、全民共享的“生活品质之城”的目标。4月，区委、区政府召开共建共享“生活品质之城”大讨论暨“清洁余杭”行动动员大会，号召全区广大干部群众积极开展“清洁余杭”行动，全力争创省级示范文明城区，加快建设现代化都市新区步伐。大会提出“清洁余杭”的总体目标为：通过3年—5年的努力，使全区城乡环境卫生状况有根本改观，市容村貌形象有显著提升，群众满意度明显提高，力争3年全面见效，5年成为杭州最清洁的城区之一。成立以区委书记朱金坤为组长，区长姜军，区委副书记戚建国，区委常委、区委宣传部部长沈旭微，副区长楼建忠为副组长，区委宣传部、区财政局、环保局、建设局、农业局、林水局、卫生局、城乡一体化办公室、妇联等18个部门为成员单位的余杭区“清洁余杭”行动领导小组。领导小组下设办公室和副城片、塘栖片、余杭片、良渚片、西部片5个督查指导组，负责“清洁余杭”行动的指导督促、检查验收、信息上报、月度例会等工作。同时举办“清洁余杭”行动专题培训班，各镇乡、街道有关科室负责人，24个重点推进村（社区）主要负责人以及2007年“十村示范、百村整治”村庄整治工程创建村党组织书记等130余人参加培训。5月，区委制定《关于开展“清洁余杭”行动的实施意见》，明确“清洁余杭”的实施范围是全区城乡所有行政村和社区，并提出具体行动实施步骤。启动第一批107个村“清洁余杭”行动示范村、合格村的创建工作（包括24个重点推进村、28个“十百”工程创建村、9个历年小康示范村和城区46个农村社区）；同年10月，又启动推进第二批53个村（重点推进村）的“清洁余杭”行动示范村、合格村的创建工作。至年底，第一批107个村通过考核验收，成为首批“清洁余杭”行动示范村、合格村。是年10月，区委、区政府召开“清洁·绿化余杭”动员大会。将“绿化余杭”作为“清洁余杭”的一个延伸。“绿化余杭”行动总体目标是全区5年新增绿化面积2000万平方米，实施村庄、通道、城镇绿荫、矿山复绿、绿色家园创建等五大绿化工程。是年，崇贤镇、百丈镇创建成为杭州市卫生镇，余杭镇通过浙江省卫生镇第二次复评，并被列为巩固型等次。2008年9月，区委、区政府调整充实“清洁余杭”行动领导小组，设置农村清洁办、城区清洁办两个办公室。其中，城区清洁办设在区委宣传部，主要负责临平副城街道和塘栖、余杭、良渚三大组团中心镇社区范围的“清洁余杭”行动；农村清洁办设在区委农办、区农业局，主要负责全区农村地区的“清洁余杭”行动。此外，还设置7个督查指导组、10个督查小组和16个专项工作组，对各地“清洁余杭”工作进行分类督查和指导，实现“清洁余杭”工作在区域覆盖、行业覆盖和群众覆盖三个层面上的全面推进。制定“清洁余杭”行动工作方案、考核奖励管理办法、先进镇乡和整治达标村（社区）考核标准，以及“清洁家园”示范村、合格村（社区）考核标准等一系列政策文件，初步形成一套“清洁余杭”行动的政策框架和“清洁余杭”行动的督促、检查、通报、考评等考核机制和评价体系。实施区领导联系“清洁余杭”重点推进村制度，区级领导直接和重点推进村“一对一”挂钩联系，推动整治工作的开展。各有关部门分别制定河道整治、生活污水治理、庭院整治、通村联网道路、村内坟墓、农村改厕、健身器材维修更新等专项工作方案，各镇（街道）制定相应实施意见和奖励补助政策，落实专项资金。是年7月，第二批53个重点推进村通过验收；10月，启动第三批97个重点推进村的环境整治。是年，共清理垃圾15万吨，拆除露天粪坑和简易棚厕2.2万只，改建三格式无害化户厕1.9万只，新建公厕200余个，完成庭院整治5.5万户，新增农村绿化194.44万平方米，建设农村生活无害化污水治理点27个，清洁河道500多千米。闲林镇华丰村、民丰村分别通过省级卫生村和市级卫生村验收，瓶窑镇通过国家卫生镇复评，中泰乡成功创建为浙江省卫生乡镇。

2009年，历时两年的“清洁绿化余杭”行动集中整治阶段工作全面完成。基本实现预期目标，取得了阶段性成果。2007年—2009年，全区各村（社区）累计清理存量垃圾30多万吨，18万农户开展庭院整治；推进农村改厕，清理露天粪坑和简易棚厕近10万座，改建三格式户厕7万多只，新建公厕350个；建造生活污水处理点89处，池容13300立方米；改善水环境，完成河道清淤疏浚1100余公里，内塘生态化整治3万余亩；提高绿化水平，新增村庄绿化350万平方米，村均1万多平方米；消除视觉污染，村内坟搬迁2万多只，积极开展道路沿线、废品收购点、农贸市场、乱设摊点、八小行业、建筑工地、开水炉等专项整治工作；完善农村基础设施，完成道路硬化300多万平方米，拆除不良建筑15万平方米，粉刷“赤膊”墙及围墙面积60万平方米，路灯、休闲场地等服务设施进一步普及。注重建立长效保洁制度，全区各村实行生活垃圾袋（桶）装化，建立专业化保洁队伍和市场化运作保洁机制，农村专职保洁员近4000人。全区城乡人居环境、村容村貌发生了极大变化，农村基础设施和公共服务进一步完善，基本改变了“脏乱差”现象，群众满意度和幸福感大大提高。2007年—2009年，全区用于“清洁余杭”推进村的区财政资金约3亿多元，区财政每年安排农村保洁专项资金2000多万元，各镇乡（街道）按等额以上比例落实配套资金，公共财政向“三农”倾斜政策进一步落实，财政支付有效增加。

为进一步巩固“清洁绿化余杭”行动阶段性成果，2009年4月，区委、区政府制定《“清洁绿化余杭”长效管理实施意见》，要求进一步健全组织领导体系、垃圾收集处理体系、河道保洁体系、庭院整治体系、市场化运作体系、投入保障体系、村级经济支撑体系、社会参与体系、监督考评体系等九大长效机制；8月，又制定《“清洁绿化余杭”长效管理实施细则（试行）》。其目标是要在完成“清洁余杭”行动集中整治的基础上，完善提升整治成果，健全长效管理制度，全面落实卫生保洁、村容秩序、绿化养护、设施维护、环境保护等方面的养护管理工作。围绕“洁化、绿化、序化、亮化、美化”目标，做到环境保洁规范运作，农村垃圾集中收集率、8小时清扫保洁率、实行有偿保洁服务率、公共产品养护管理市场化运作率达到并维持在100%，垃圾无害化处理率达到90%以上。细则进一步明确长效管理考核对象、考核办法、考核程序、考核标准等事项，并确定奖惩制度及资金使用管理要求，对于“清洁绿化余杭”达标村，区财政按每人每年20元的标准补助（按本地户籍人口和常驻外来登记人口计算）。镇（街道）按1:1的比例落实配套补助资金，对“清洁余杭”先进村，在达标村补助的基础上，再按村规模大小给予每村3万元—5万元的奖励。区财政每年度下拨补助资金达3000万元左右。为确保各项制度的落实，由区“清洁余杭”行动领导小组办公室牵头，建立健全区、镇街、村三级监管督查考核制度，各督查考核组采取明查、暗访等形式，对全区各村（社区）进行督查考核，实施考核计分。考核时间每季度随机安排；镇街对辖区内各村（社区）进行长效保洁月度督查，将各村（社区）每月排名上报区清洁办，区级进行通报；行政村负责人对村内长效保洁进行日常管理监督，从而实现长效管理的切实到位见效。是年，第三批97个重点推进村全部通过验收，全区258个村（社区）中，64个村达到先进村（社区）标准，190个村（社区）达到合格村（社区）标准，另有4个村（社区）未达标。农村道路硬化率达90%以上，路灯亮化达80%，露天棚厕、村内坟基本消失，卫生改厕达95%以上，河道清淤平均一次以上，绿化等各项基础设施明显改善，公共服务日益加强，农村居民卫生意识和卫生习惯的有了明显改善。经乡镇（街道）推荐，全区评选出2009年度农村保洁管理先进单位10家，农村优秀保洁员100人，最清洁庭院组100个。余杭镇仙宅村成功创建省级绿化示范村和市级小康示范村，永安村成功创建区级生态村，中泰乡南峰村获杭州市"最清洁村"称号，临平·东湖街道被浙江省爱卫会命名为浙江省卫生街道，是余杭区第一个被命名的省卫生街道。

2010年7月，根据省市要求，为进一步深化"清洁余杭"工作，启动第二轮"清洁绿化健康文明"行动，制定《余杭区第二轮"清洁绿化健康文明"行动实施意见》，以"三村一镇"（重点提升村、市级美丽乡村精品村、中心村、风情小镇）建设为载体，促进基础设施延伸，不断改善农村环境面貌，不断提升农民生活品质。同年8月，20个重点提升村全面开展建设，通过立面整治、不雅观建筑整修、道路改造、路灯亮化、河道整治等九大方面工程建设，共投入建设资金2亿元。在重点提升村建设中培育出瓶窑镇奇鹤村、中泰街道中桥村等一批各具特色的个性村庄。全年有65个村（社区）被评选为"清洁绿化余杭"行动先进村（社区），193个村（社区）被评选为"清洁绿化余杭"行动达标村（社区），达标率100%。余杭镇被国家爱国卫生运动委员会命名为"国家卫生镇"，闲林镇通过"省级卫生镇"复查，鸬鸟镇创建杭州市卫生强镇。2011年，区"清洁余杭"行动领导小组农村办公室进一步健全制度，建立并完善月度通报制度，全年发布督查通报11期，开展2次全区性环境集中整治活动，并在监督机制中引入群众举报制度，农村地区卫生保洁常态化管理得到进一步巩固，农村环境状况和农民卫生习惯进一步增强。是年，20个重点提升村建设全面推进，总投资1.79亿元。全年共完成立面整治32.23万平方米、不雅观建筑整修6.20万平方米、围墙整修8.16万平方米、道路提升20.79万平方米、路灯亮化1068盏、河道整治9440立方米、标识标牌286个、线杆整治27.2千米、绿化提升32.11万平方米、新增农村污水处理设施容积1.15万立方米、新增入村标志14处、建成休闲场地9.53万平方米，建设提升健身点46处，新增垃圾收集车87辆、垃圾中转站47座、各式垃圾箱、果壳箱3842只、公厕39座、卫生无害化厕所991个，公共环境整理3.25万平方米，完成总体进度的80%。经年度考核，全区评出"清洁绿化余杭"行动长效管理先进村66个、达标村196个、基本合格村14个。百丈镇通过"省级卫生镇"考核验收，塘栖镇成功创建浙江省森林城镇。

2012年，完成20个"清洁绿化健康文明"重点提升村的创建工作，总共完成道路、水环境、垃圾处理、村容形象、村庄绿化等九大创建内容项目建设600余项，各类投资达1.8亿元。包括改造提升社区服务中心7家、灯光球场4个，改造老年活动中心、幼儿园，在村中布设停车位，绘制文化墙2.15万平方米，建成宣传栏32个，组织农民腰鼓队等，在因村制宜的建设原则下，逐步涌现出一批典型特色村庄。全年区"清洁余杭"行动领导小组农村办公室发布月度督查通报12期，开展4次季度督查、2次全区性环境集中整治和1次镇（街道）循环互检创新活动。经年度考核，全区"清洁绿化余杭"长效管理先进村和达标村占总考核村数的98%以上。余杭街道

图14-4 人工湿地建设（2016年）

获评浙江省爱国卫生运动60周年先进集体和“浙江省森林城镇”称号，瓶窑镇通过国家卫生镇省级复查，鸬鸟镇和黄湖镇创建成为浙江省卫生镇。2013年，“清洁余杭”区级督查由季度督查调整为半年度督查，加大日常巡查频度和力度。每两个月对农村地区209个村（社区）进行一次巡查，对环境卫生较差、长效保洁不到位的点位进行拍照记录，以督查抄告单形式反馈给相关镇（街道）和村，要求限期整改并予以反馈。是年，良渚玉文化园被评为杭州市第六批打造国内最清洁城市示范点，良渚街道港南村、塘栖镇超山村被评为杭州市乡村清洁先进单位。2014年，抓好“清洁绿化余杭”长效管理日常监管。对18个镇（街道、管委会、办事处）、211个村（社区）开展4轮次日常巡查，督促各地限期整改发现的问题。对10个镇（街道）的52个村（社区）进行回访检查，指导各村完善农村环境卫生监管机制；借助新闻媒体曝光农村地区10个环境“脏乱差”点位。组织镇（街道）、村（社区）“清洁绿化余杭”长效管理负责人200余人参加长效管理培训班，开展全区性集中整治活动2次。2015年，对17个镇（街道）、209个村（社区）的环境卫生开展3轮次日常巡查，发现并督促各地限期整改229处。结合“美丽乡村”“五水共治”“四边三化”等重点工作，对部分区级河道、主干道路周边农村环境开展专项检查。组织镇（街道）开展2次环境卫生集中整治，在瓶窑镇奇鹤村等3个村开展生活垃圾分类收集及末端资源化利用试点工作。

2016年，根据区委关于建立健全“一张图一本账一盘棋”工作机制的要求，制定《余杭区城乡环境卫生一体化管理工作实施意见（试行）》，建立涵盖城市、农村、公路、河道四大区域的城乡环境卫生一体化管理新机制，构建区、镇街（平台）、社区（村）三级城乡环境卫生一体化管理网络，实现城乡环境卫生管理全覆盖。完成崇贤街道、径山镇、余杭街道等3个镇（街道）城乡环卫一体化管理交接工作，对其余14个镇（街道）、269个村（社区）的环境卫生开展区级日常巡查3轮次，对部分区级河道、主干道周边农村环境开展专项检查，发现并督促各地限期整改问题178处。结合美丽乡村特色示范村建设，组织崇贤街道、径山镇、余杭街道、鸬鸟镇开展农村生活垃圾分类及资源化处理整镇推进工作，提升农村环境卫生水平。是年，区农业局将负责的城乡环境卫生监督管理职能移交区城管局，区农业局配合做好相关工作。

三、高速公路余杭沿线综合整治

杭徽高速公路余杭段沿线综合整治　2007年，为把高速公路沿线打造成“景观大道、生态走廊、惠民之路”，杭州市委、市政府启动实施杭新景（杭千）、杭徽高速公路沿线综合整治。余杭区积极贯彻落实市有关工作要求，开展杭徽高速公路余杭段沿线综合整治，是年7月，成立杭徽高速公路余杭段沿线综合整治工作领导小组，由区长姜军任组长，区级14个部门和沿线4个镇乡为成员单位。明确从2007年起，用3年时间全面实施杭徽高速公路余杭段沿线综合整治工程，整治范围以杭徽高速公路余杭段两侧可视范围500米为界，总里程为18.35千米，涉及4个镇乡（管委会）12个建制村，留下互通、余杭互通两个节点。整治内容为村庄整治、景观林带建设、废弃场地覆绿、坟墓搬迁及绿化、企业环境、矿山、广告牌、田间种养临时棚舍以及沿线农业产业带景观长廊建设。2008年，将杭徽高速公路余杭段沿线12个村全部列入全区“清洁余杭”行动第一批、第二批重点推进村，累计清理各类存量垃圾2万多吨，清洁河道40多千米，其中清淤疏浚31千米；完成庭院整治4800余户；清理拆除露天粪坑和简易棚厕2100余只，完成三格式无害化户厕改建1800余只，新建公厕13只，粪坑棚厕清除率和三格式无害化户厕普及率达到100%；建成农村生活污水治理点6处；实施内塘生态化整治28.48公顷。对不雅观建筑进行拆除或整治，完成6.56万平方米赤膊墙粉刷，清除墙体广告1000余平方米；整治不雅观建筑151处，拆除面积5600平方米。沿线12个村庄累计完成村庄绿化建设12.9万平方米，村均新增绿化面积1.1万平方米，沿线视觉效果进一步显现。完成路面硬化4.98万平方米，安装路灯294只，新建休闲场地1500平方米。是年10月，基本完成杭徽高速公路沿线整治工作。2009年，是杭徽高速沿线综合整治的最后一年。围绕查漏补缺、巩固提升要求，完成农业产业带建设、企业整治、裸露山体修坡绿化等项目，分别建立村庄、企业、坟墓、田间棚舍、绿化等长效管理制度，通过市级考核验收，获杭州市杭徽高速公路综合整治工作三等奖。

“一绕三线”高速公路沿线综合整治　随着高速公路沿线综合整治工作的不断深化推进，2009年3月，杭州市委、市政府又启动实施“一绕四线”（绕城、沪杭甬、杭浦、杭金衢、杭宁）高速公路沿线综合整治工作。属余杭境内“一绕三线”即绕城、沪杭甬、杭浦、杭宁高速公路沿线综合整治工作也于3月全面启动。区委区政府建立领导小组，出台实施意见和13个大类整治项目的实施方案。由区境内高速公路沿线综合整治工作领导小组办公室负责综合协调，区级有关部门牵头负责专项整治项目，沿线6个镇（街道）负责具体实施。年内，13个大类整治项目累计投入资金1.8亿元，完成村庄环境整治34个村（社区）共60个项目；景观林带建设100万平方米；拆除广告牌135块；企业整治20家；拆除临时棚舍、违章建筑及不雅观建筑6万余平方米；废弃场地清理平整15万平方米；取缔废品收购点33家；农业产业带提升建设106.67公顷；坟墓搬迁2038个、骨灰存放室整治2.17万平方米，完成市政府下达的年度目标任务，高速公路沿线视觉污染点基本清除，绿化林带渐次成型，景观效果改善，整治成效初显。河道、低压线、矿山整治完成50%以上。余杭区被评为杭州市2009年度“一绕四线”高速公路沿线综合整治突出贡献单位。

2010年，根据杭州市要求，余杭区继续实施高速沿线村庄环境提升专项整治工程，下发《关于下达“一绕三线”高速沿线村庄环境提升专项整治工程项目任务的通知》，实施19个村庄整治项目和4个高速沿线新农村建设示范村项目。投入资金1018万元，完成19个村庄立面美化和围墙改造15.2万平方米、清理堆积物3.25万立方米、整治违章及不良建筑6660平方米；4个示范村项目总投资2700万元，完成立面美化12.8万平方米、围墙改造2.8万平方米、清理杂物7.2万方、整治违章及不良建筑8550平方米、道路硬化4.3万平方米、安装路灯685只、绿化种植6.4万平方米、线杆整治1650米、休闲场地建设1.8万平方米、生活污水治理率70%以上。经过近两年的整治，全面完成“一绕三线”高速公路沿线村庄环境、景观林带建设、广告牌、企业环境、坟墓搬迁、违章建筑拆除、废品收购点清理、田间临时棚舍整治、废弃场地、农业产业景观带建设、矿山、低压线整治、河道、桥下净空区共14类整治项目，沿线生态环境得到有效改善，景观效果日益彰显。是年7月27日，召开余杭区“一绕三线”高速公路沿线综合整治工程表彰大会，评选出整治工作突出贡献单位5家、先进单位13家、先进村（社区）10个和先进个人103名。

第二节　新农村和美丽乡村建设

境内于1994年开始实施农村奔小康工程。1996年，开始实施社会主义新农村建设。至

2000 年，共有 27 个乡镇、423 个村实现小康目标，其中 19 个乡镇、212 个村跨进社会主义新农村行列。2005 年，东湖街道双林、胡桥两村通过省级“全面小康建设示范村”考核验收。2006 年，区委、区政府印发《关于全面推进社会主义新农村建设的决定》，进一步明确新农村建设的主要目标、基本原则，重点做好新农村建设“十大工程”、“星级村”创建等具体建设任务，全面启动新农村建设工作。后历经“示范引领”“整体推进”“深化提升”三个阶段，于 2016 年进入创建美丽乡村“转型升级”阶段。美丽乡村建设从一处美向一片美、一时美向持久美、外在美向内在美、环境美向发展美、形态美向制度美的转型升级。

一、新农村和美丽乡村创建

历程　1994 年，余杭撤县设市，实施农村奔小康工程。1996 年，开始实施社会主义新农村建设。1997 年，临平、塘栖两镇首批跨入杭州市级社会主义新农村乡镇行列，安溪、良渚、双溪三个镇实现杭州市级小康乡镇建设目标，余杭市级小康乡镇总数达 23 个，临平高地村等 46 个村实现余杭市级新农村目标，余杭市级小康村总数达 393 个。1998 年，崇贤、亭趾、博陆 3 个镇继临平、塘栖后，成为杭州市级社会主义新农村乡镇，临平镇东湖村等 123 个村实现余杭市级新农村目标；长乐、彭公两镇跨入杭州市小康乡镇行列，塘栖镇坞儿圩村等 22 个村实现余杭市级小康村目标。余杭市级小康乡镇总数达 25 个，小康村达 415 个，分别占乡镇、村总数的 92.6% 和 81.5%。1999 年，编制《余杭市农业和农村现代化建设规划》，开展农业和农村现代化教育活动，1/3 的乡镇制定现代化建设规划和实施意见。是年，亭趾镇被评为杭州市级新农村示范乡镇，余杭镇中南村、博陆镇螺蛳桥村被评为杭州市级新农村示范村；五常、五杭、乔司、星桥、闲林成为杭州市级新农村乡镇，余杭市级新农村乡镇达到 10 个；临平镇联胜村等 89 个村实现余杭市级新农村目标；云会乡河儿塘村等 8 个村实现余杭市级小康村目标。至 2000 年，共有 27 个乡镇、423 个村实现小康目标，分别占乡镇、村总数的 100%和 83.6%，其中 19 个乡镇、212 个村跨进社会主义新农村行列，分别占乡镇、村总数的 70.4%和 41.9%。2001 年，撤销县级余杭市，设立杭州市余杭区。2005 年，东湖街道双林、胡桥两村通过省级“全面小康建设示范村”考核验收。

图 14-5　2018 年 11 月 1 日，余杭区乡村产业振兴“百村接百企”大会

2006 年 2 月，区委、区政府印发《关于全面推进社会主义新农村建设的决定》，提出余杭区全面推进社会主义新农村建设的总体目标，决定在“十一五”期间，全面实施社会主义新农村建设十大工程：农业产业提升工程、农民社会保障工程、农村新型社区建设工程、农村公共服务工程、农民素质培训与转移工程、农村体制机制创新工程、农业科技创新和推广工程、农村现代流通工程、农村民主政治建设工程和农村新风尚塑造工程。成立立余杭区社会主义新农村建设工作领导小组，由区委、区政府主要领导任组长，区级 37 个部门参加，22 个镇乡（街道）也同时建立社会主义新农村建设工作领导小组。是年 4 月，区委、区政府制定《关于开展社会主义新农村

"星级村"创建活动的实施意见》,通过创建"星级村",统揽、整合村级各类创建工作,综合考评各村"生产发展、生活宽裕、村容整洁、乡风文明、管理民主"五大类指标。经考核,评定新农村建设星级标准,每颗星基本分值为100分,并加上相应的加分值,得出每类指标的考核分。每类指标得分在90分以上,其他指标均在60分以上,即获得该类考评的星级。最高为五星级,依次为四星级、三星级,三星级以下不评定。"星级村"创建还设年度村级经济指标、一票否决制等准入条件及具体的考核办法和奖励措施。年初由全区各村对照条件进行申报,年中由各镇乡(街道)、区级有关部门组织实施,年底由区领导带队、区级有关部门组成的区"星级村"考核小组进行考核,经区新农村建设工作领导小组审核,新闻媒体公开公示无异议后,由区委、区政府在全区农村工作会议上给予表彰、命名和奖励。凡连续两年达到"五星级""四星级""三星级"及以上的村,分别奖励15万元、10万元和5万元。运河镇博陆村等148个村符合准入条件,获准参加2006年度社会主义新农村"星级村"创建活动。12月,正式实施《余杭区社会主义新农村建设规划(2006—2020)》,规划主要内容包括构建农村现代产业体系、建设高品位农村新社区、强化农村基础设施建设、增强农村公共服务能力、提高农民综合素质、提升农村社会管理水平、推进农村体制机制创新、近期建设重点工程等,规划为全区社会主义新农村建设提供了科学依据。是年,余杭镇宝塔村、星桥街道星乐社区、南苑街道西安村、闲林镇华丰村等4个村成功省级全面小康建设示范村。31个村创建区级生态村。中泰乡、瓶窑镇通过杭州市级生态镇(乡)验收,鸬鸟镇顺利通过省级生态镇的验收。2007年,调整区社会主义新农村建设工作领导小组,在原来37家领导小组成员单位的基础上,新增加区供电局、区工商业联合会、杭州市农副产品物流中心管委会、中国人民银行余杭支行、余杭农村合作银行等5家成员单位,组长由中共余杭区委书记朱金坤担任。22个镇乡、街道也相应调整社会主义新农村建设工作领导小组成员。是年,命名2006年度五星级"星级村"6个、四星级16个、三星级58个。批准167个符合准入条件的村参加2007年度社会主义新农村"星级村"创建活动,年终评出"星级村"102个,其中余杭镇宝塔村等5个村为五星级村,运河镇螺蛳桥村等27个村为四星级村,运河镇长虹村等70个村为三星级村。是年,省委、省政府命名南苑街道西安村、星桥街道贾家村、仁和街道花园村、余杭镇宝塔村被评为浙江省"全面小康建设示范村"。余杭区被杭州市委、市政府评为2006年度社会主义新农村建设先进区。余杭镇被评为杭州市社会主义新农村建设示范乡镇(街道)。运河镇螺蛳桥村、南苑街道新丰村被评为杭州市社会主义新农村建设标兵村。

2008年,制定《杭州市余杭区社会主义新农村建设奖励实施办法》,进一步完善新农村建设考核体系,调整完善"星级村"考核内容,将镇乡街道工作目标和社会主义新农村先进镇乡考核合二为一,建立新农村建设工作季报和巡回督查机制。是年,余杭镇义桥村、洪桐村和径山镇小古城村、闲林镇华丰村、塘栖镇宏磻村、中泰乡枫岭村、鸬鸟镇山沟沟村等7个村被评为浙江省"全面小康建设示范村"。余杭区被杭州市委、市政府评为2007年度社会主义新农村建设优秀区。径山镇被评为杭州市社会主义新农村建设示范乡镇(街道)。闲林镇华丰村、余杭镇宝塔村被评为杭州市社会主义新农村建设标兵村。是年,开展廉政文化进农村工作,乔司镇和睦村等12个村被命名为廉政文化进农村工作示范村。2009年3月,区委、区政府制定《余杭区加快推进社会主义新农村建设三年行动计划(2009—2011年)》,行动计划分农村制度创新、现代都市农村建设和农村公共事业建设三大行动计划,确定36个社会主义新农村建设重点子项目的行动目标、行动步骤、责任主体和保障措施。是年,创建新农村"星级村"143个,其中"五星级村"10

个,“四星级村”49 个,“三星级村”84 个。仓前镇苕溪村、余杭镇仙宅村、运河镇南栅口村被命名为杭州市全面小康建设示范村。余杭区被杭州市委、市政府评为 2008 年度社会主义新农村建设综合优胜区。塘栖镇被评为杭州市社会主义新农村建设示范乡镇(街道)。乔司镇朝阳村、仓前镇葛巷村被评为杭州市社会主义新农村建设标兵村。杭州宏金印染有限公司、杭州诺贝尔有限公司被评为杭州市社会主义新农村建设贡献奖先进集体。

2010 年 9 月,区委、区政府制定《关于进一步加强城乡区域统筹发展的行动计划(2010—2015 年)》和《余杭区社会主义新农村“美丽洲精品村”创建实施意见》,以“村庄布局科学、经济产业发展、文化特色明显、生态环境美化、服务功能强化、制度建设完善、班子战斗力强”为基本目标,启动“美丽洲精品村”建设,创建时间为 3 年。选定径山镇小古城村等 4 个村为创建村,并开展创建规划和方案制定工作。“星级村”创建转换成“美丽洲精品村”建设。2006 年—2010 年,全区创建三星级以上的“星级村”214 个。其中,创建五星级“星级村”27 个、四星级“星级村”80 个、三星级“星级村”107 个,“星级村”创建成功覆盖率达到 84.6%。通过“星级村”创建活动,培育出“全国基层民主法治示范村”和“国家级生态村”的径山镇小古城村和以“掏羊锅”文化挖掘而开发“农家乐”的仓前镇葛巷村荣获“中国第一民俗村”称号的一批具有余杭特色的社会主义新农村建设示范典型。是年,启动塘栖镇市级风情小镇建设。

2011 年 3 月,制定《余杭区统筹城乡区域发展新农村建设项目五年行动计划(2011—2015 年)》,就做好统筹城乡各类规划、城乡土地利用和管理、城乡基础设施建设、城乡产业发展、资源要素配置、农村新型集体经济发展、城乡社会事业发展、城乡就业和社会保障、城乡区域管理机制体制、生态文明建设等十大统筹项目共 42 个子项目作出规划。10 月,区委、区政府在桐庐召开美丽乡村建设现场会,全区“美丽洲精品村”建设全面铺开。径山镇小古城村、闲林镇民丰村、塘栖镇超山村、仁和镇花园村 4 个创建村分别编制“美丽洲精品村”规划方案,并通过专家评审。启动乔司街道良熟村、仁和街道奉口村、永泰村崇贤街道四维村、余杭街道竹园村、闲林街道里项村和民丰村、仓前街道灵源村、良渚街道大陆村和纤石村、瓶窑镇张堰村、径山镇麻车头村和小古城村、黄湖镇王位山村、鸬鸟镇仙佰坑村 15 个市级中心村培育创建工作。是年,径山镇成功创建全国文明镇。运河街道成功创建杭州市生态文明街道。运河街道双桥村被农业部授予“全国一村一品①示范村镇”称号。余杭街道凤联社区成功创建省级绿色社区,中南村成功创建浙江省

图 14-6 瓶窑镇西安寺村

①“一村一品”是指在一定区域范围内,以村为基本单位,按照国内外市场需求,充分发挥本地资源优势、传统优势和区位优势,通过推进规模化、标准化、品牌化和市场化建设,使一个村(或几个村)拥有一个(或几个)市场潜力大、区域特色明显、附加值高的主导产品和产业,从而大幅度提升各村经济整体实力和综合竞争力的农村经济发展模式。

民主法治村，上湖村成功创建杭州市文化示范村，仙宅、洪桐、溪塔、宝塔4个村创建为杭州市级生态村；凤凰山村创建为市级健康单位。仓前街道宋家山村成功创建为杭州市文化示范村。中泰街道中桥村被全国妇联授予“2011年度全国妇联基层组织建设示范村”荣誉称号。完成塘栖镇邵家坝村、瓶窑镇奇鹤村、仁和街道花园村、中泰街道枫岭村、黄湖镇赐壁村5个市级精品村建设，完成塘栖镇市级风情小镇建设。

2012年，对全区美丽乡村建设进行了深入调研，研究适合余杭实际的工作目标。以改善农村居住环境，提升农民生活品质为出发点，围绕“村貌悦目协调美、村容整洁环境美、村民富裕生活美、村风文明身心美、村强民安和谐美”的“五美”建设要求，创建美丽乡村精品村。是年9月，举行特色精品村创建答辩会，经综合考评、实地调研，确定闲林街道民丰村、塘栖镇宏磻村、中泰街道南峰村和百丈镇百丈村开展特色精品村创建活动。特色精品村主要以“有产业优势、有工作热情、有百姓参与、有经济支撑、有致富路径、有特色亮点”为创建原则，注重环境整治与产业发展、旅游拓展、创业就业相结合，实现人居环境和自然生态、产业发展和农民增收、公共服务和人文素质全面提升目标。是年，启动径山镇双溪村双溪禅茶市级风情小镇建设，推进15个市级中心村培育。黄湖镇获国家级生态区创建特别贡献奖。崇贤街道通过省级生态乡镇复评。浙江省体育局授予仓前街道宋家山村为浙江省村级体育俱乐部。完成径山镇绿景村、径山镇径山村、中泰街道南峰村、中泰街道中桥村、闲林街道万景村5个市级精品村建设。

2013年，启动新一轮美丽乡村建设，4月，根据省、市关于建设美丽乡村、美丽杭州等工作要求，制定《关于深入开展美丽乡村建设的实施意见》，进一步明确创建工作的总体目标、建设任务、基本原则、建设标准及主要任务、创建程序、资金政策及管理、工作措施等内容。确定美丽乡村建设的目标是：以科学发展观为统领，围绕打造“和谐幸福新余杭”总目标，把建设“四美、三宜、两园”（科学规划布局美、村容整洁环境美、创业增收生活美、乡风文明身心美，宜居、宜业、宜游，打造农民幸福生活家园、市民休闲旅游乐园）美丽乡村作为基本导向，协同推进新农村建设与生态文明建设，坚持重点打造与普遍惠及相结合，以美丽乡村精品村、重点村、一般村创建和精品特色区块、精品线建设为载体，点线面结合，突出连线连片整治，加大建设力度，彰显人文特色，健全长效机制，努力形成村点出彩、沿线美丽、面上洁净的余杭美丽都市乡村格局，不断提升农民生活品质和生态环境质量，推进城乡经济社会发展一体化。实施的重点对象为“五城一基地”核心区块及城镇建设规划范围外的村。实施期限为2013年至2016年。建设标准主要为：特色精品村要求农村生活污水治理全覆盖，全村集中式处理率达到80%以上；重点村要求主要整治区域内生活污水治理全覆盖，全村集中式处理率达到65%以上；一般村要求中心区域生活污水治理全覆盖，全村集中式处理率达到50%以上。资金政

图14-7 运河街道双桥村

策为:对通过考核验收达到美丽乡村“特色精品村、重点村、一般村”创建标准的村,按本村常住户籍人口分别给予每人 2300 元、1800 元、1200 元的一次性奖励，区财政对每村最高奖励金额分别不超过 700 万元、500 万元、350 万元。镇街(包括村、社区)应按不少于区级奖励资金的 50%落实配套资金(其中瓶窑组团生态补偿机制涉及镇应按不少于 20%配套),创建村负责筹集其余所需建设资金(投资投劳不少于总投入的 10%)。鼓励从一般村向重点村、特色精品村逐级提升创建,通过验收的,按标准补足奖励资金。对“第一批重点提升村”申报创建特色精品村并达到标准的,每村给予 30 万元的一次性奖励。通过镇街申报和区级审核,确定全区 138 个村分两批次实施美丽乡村创建,其中第一批创建村共 59 个,第二批创建村共 79 个。同年 11 月,印发《余杭区美丽乡村创建管理工作实施细则》,进一步明确创建类别、创建程序、考核办法、规范管理、资金管理、职责分工等具体工作要求。同时,制定余杭区农村生活污水治理工作实施办法、美丽乡村创建中开展“结对共建”活动、余杭区第一批美丽乡村创建村工作方案等文件,全面推进全区美丽乡村建设工作。计划到 2016 年,全区基本建成 30 个特色精品村、50 个重点村、56 个一般村,培育 10 个左右美丽乡村精品区块(镇)和 4 条美丽乡村精品线路。是年,在镇(街道)、村自主申报的基础上,首批确定第一批 59 个村开展美丽乡村创建工作。启动鸬鸟镇山沟沟村省级历史文化村落保护利用重点村建设,启动鸬鸟镇雅城村、黄湖镇王位山村 2 个省级历史文化村落保护利用一般村建设,启动径山风情小镇区块市级精品区块建设,启动仁和—良渚都市农业风情线、径山禅茶风景线 2 条市级精品线路建设,推进 15 个市级中心村培育。塘栖镇通过国家级生态镇验收。余杭街道溪塔村文化礼堂作为区级样板推广。仓前街道宋家山村创建为浙江省文化示范村。径山镇获评全国一村一品示范镇。百丈镇被命名为杭州市美丽庭院建设工作先进乡镇。完成良渚街道新港村、仁和街道九龙村、余杭街道洪桐村、中泰街道紫荆村、鸬鸟镇山沟沟村 5 个市级精品村建设，完成径山镇双溪村双溪禅茶市级风情小镇建设。

图 14-8　百丈镇泗溪村

2014 年,在全省率先启动实施以农村生活污水治理为重点的美丽乡村建设,在推进农村生活污水治理的同时,各创建村在确保农村生活污水治理资金投入的基础上,按照量入为出、突出重点、注重实效的原则分两批实施以村庄环境修复为主的各类工程,主要实施道路整修、路灯设置、河道整治、公共活动场地建设、村庄绿化、文化设施、环卫设施、村容风貌整治等美丽乡村项目,总投资约 4.6 亿元。启动仓前街道葛巷村、径山镇四岭村 2 个省级历史文化村落保护利用一般村建设,推进 1 个省级历史文化村落保护利用重点村、2 个一般村建设，启动良渚文化遗址区块市级精品区块建设,启动超山美丽乡村精品线路、西溪湿地生态观光线 2 条市级精品线路建设,推进 15 个市级中心村培育。百丈镇、崇贤街道被评为浙江省文明镇(街道)。余杭街道溪塔村被浙江省档案局评为乡村记忆示范基地，成为余杭区首家乡村记忆示范基地。径山镇四岭村创建为省级小康体育特色村。百丈镇创建成为杭州市美丽庭院示范镇。完成1个省级历史文化村落保护利用重点村、2个一般村建设，鸬鸟镇山沟沟村通过省级验收并获得考核优秀完成塘栖镇宏磻村、崇贤街道鸭兰村、仓前街道吴山前村、仓前街道高桥村、径山镇小古城村5个市级精品村建设，完成径山风情小镇区块市级精品区块建设，完成仁和—良渚都市农业风情线、径山禅茶风景线2条市级精品线路建设。

2015年，为打造一条串起名镇（塘栖镇）、名湖（丁山湖）、名山（超山）的滨水休闲景观带，展现水乡风情特色，启动并完成"塘超小径"美丽乡村精品线路一期建设。推进2个省级历史文化村落保护利用一般村建设，启动塘栖镇丁山河村市级杭派民居示范村重点村建设。仁和街道花园村被认定为全国一村一品示范村镇。完成鸬鸟镇山沟沟村省级历史文化村落保护利用重点村、鸬鸟镇雅城村、黄湖镇王位山村2个一般村建设，鸬鸟镇山沟沟村通过省级验收并获得考核优秀，完成15个市级中心村培育，完成良渚文化遗址区块市级精品区块建设，完成超山美丽乡村精品线路、西溪湿地生态观光线2条市级精品线路建设。

图14–9　塘栖镇超丁村

2016年5月，为深入推进美丽乡村建设，区政府制定《余杭区美丽乡村建设提升行动实施方案》，提出按照"规划引领、突出重点、聚点连片、综合施策、软硬并重"的原则，集中力量建设精品区块（线路）、特色示范村和美丽庭院示范点，彰显地域特色，注重业态培育，优化人居环境，挖掘文化内涵，切实改善民生，着力打造美丽乡村升级版。计划用2年—3年时间，重点建设大径山美丽乡村精品样板区块，培育中泰、塘栖、良渚3个精品区块，创建10个特色示范村和100个美丽庭院示范点。启动并完成"塘超小径"美丽乡村精品线路二期建设。"塘超小径"美丽乡村精品线路起于塘栖古镇，止于超山风景区，工程全长约19公里，分东西两线，东线沿石目港，途经塘栖村、超丁村、丁河村、丁山河村至超山风景区海云洞；西线沿秋石北路，途经西苑村、宏磻村至塘栖古镇，工程估算总投资7542万元。完成仓前街道葛巷村、径山镇四岭村2个省级历史文化村落保护利用一般村建设，基本完成塘栖镇丁山河村市级杭派民居示范村重点村建设，完成15个村市级村庄生态环境修复项目建设。

2017年4月，为认真贯彻落实习近平总书记的系列重要讲话精神，深入践行"绿色"发展理念，实现余杭全域美丽目标，区委、区政府制定《"美丽余杭"建设三年行动计划实施方案（2017—2019年）》，开展水环境治理、品质城市建设、无违建创建、小城镇环境综合整治、城中村改造、清洁家园、美丽公路建设、风景田园、美丽乡村建设、城市管理提升十大专项行动。同时印发《关于开展"美丽余杭"美丽乡村建设专项行动的通知（2017—2019年）》，提出按照"建设美丽余杭、创造美好生活"的总体要求，围绕创建美丽乡村示范区的目标，积极开展美丽乡村系列创建活动,打造余杭美丽乡村升级版,促进城乡发展一体化。到2018年,争取成功创建全省美丽乡村建设示范区,创建10个美丽乡村示范镇街、10个美丽乡村精品区块(线路)。到2019年,全区所有建制村(已拆迁村和近期规划拆迁村除外)实现美丽乡村精品村全覆盖,其中20个村达到示范村标准。推动农村景区化建设,建成大径山乡村国家公园,培育5个AAA级以上景区村庄、50个A级景区村庄。6月,区政府制定《余杭区美丽乡村建设专项行动实施细则》,美丽乡村精品村采取村级自主申报、竞争建设的方式确定每年度(批次)创建对象。在资金政策方面,对大径山、中泰乡精品区块,其核定直接工程费由区财政承担,区补资金总额分别控制在5亿元、2亿元以内。其他镇街实施的精品区块、精品线路建设项目,区财政按核定总投资的60%予以补助,每个精品区块(线路)项目补助资金上限3000万元。其中,对运河街道等财力较薄弱镇街实施的精品区块(线路)建设项目,区财政按核定总投资的85%予以补助,每个精品区块(线路)项目补助资金上限4250万元。对精品村的创建,由区财政按核定投资总额的70%进行以奖代补,其余资金由属地镇街承担。是年7月,为加快推进美丽乡村建设专项行动,区委、区政府成立由区委书记、区长任双组长的全区美丽乡村建设工作领导小组,统筹推进全区美丽乡村建设工作,各镇街也及时成立相应的领导小组及指挥部。区农办(区农业局)选调13名优秀中层干部和年轻干部充实到区美丽乡村办。为加快推进全区美丽乡村建设,制定美丽乡村建设竞争性申报创建实施方案,建立建设进度旬报制度、项目建设督查方案等制度,编制美丽乡村建设规划设计导则和指导图册。聘请省建筑设计院、余杭城镇规划设计院负责全区美丽乡村各类规划设计的指导服务,杭州政通建设项目管理有限公司负责全区美丽乡村工程项目第三方监理。组建关部门业务骨干为成员的美丽乡村建设业务指导专家组,服务指导全区美丽乡村建设。区级相关部门分别制定杭派民居、农村道路、村庄绿化、农村文化遗产保护、景区村庄、杆线整治、庭院整治等专项工作指导意见或实施方案。通过村级自主申报、区级资格审查、现场核查、答辩评审等方式,确定三批次共127个美丽乡村精品村创建村,其中第一批创建村41个,第二批创建村52个,第三批创建村34个。同时确定大径山、中泰、良渚、运河、塘栖、瓶窑等6个精品区块(线路)建设项目。至年底,41个第一批创建村已全面开工,20个村创建项目通过区级预验收;52个第二批创建村完成规划方案编制及区级评审,部分村下达项目建设计划,大径山、中泰、良渚、塘栖、运河等5个精品区块和良渚古城外围水利系统精品线路已启动项目建设。启动鸬鸟镇雅城村驿路梨花风情小镇建设,启动径山镇径山村市级杭派民居示范村重点村建设;完成"塘超小径"风光线、径山漕雅风景线2条市级精品示范线建设,完成55个村市级村庄生态环境修复项目建设;径山镇、黄湖镇、鸬鸟镇、百丈镇4个镇获评省级美丽乡村示范乡镇,径山镇径山村、小古城村、四岭村、鸬鸟镇山沟沟村、雅城村、瓶窑镇奇鹤村、中泰街道中桥村、良渚街道港南村、新港村9个村获评省级美丽乡村特色精品村。

2018年,制定《余杭区美丽乡村建设"十不十宜"管理规定》,规范美丽乡村规划设计和建设管理,避免出现破坏乡村风貌、偏离乡村主题的负面现象,切实提高美丽乡村建设水平。制定《关于促进景区村庄运营发展的若干意见》,开展农文旅融合发展示范村创建,积极探索美丽乡村建设由建设到经营的转型升级,激发美丽乡村建设内生动力,促进美丽乡村可持续发展。计划每年创建5个左右的农文旅融合发展示范村,经考核验收达到创建标准的最高奖励600万元。是年,推进125个美丽乡村精品村建设(乔司街道永西村、仓前街道连具塘村不再列入创建名单)。第一批41个创建村完成项目建设,并完成区级考核工作。径山镇径山村等9个村考核优秀，并命名为美丽乡村创建先进单位；中泰街道新泰村等4个村考核不合格，要求限期进行整改。50个第二批创建村已基本开工建设，34个第三批创建村正在进行项目立项。6个精品区块(线路)整体形象进度90%，其中，瓶窑良渚古城外围水利系统精品展示线、大径山精品区块(一期)已全部完工，中泰精品区块(一期)形象进度90%，良渚精品区块形象进度95%，塘栖丁山湖周边及塘超小径区块形象进度75%，运河精品区块形象进度80%。启动运河街道杭南村、良渚街道新港村、仁和街道渔公桥村、瓶窑镇西安寺村、径山镇径山村、径山镇小古城村、径山镇四岭村、黄湖镇青山村、鸬鸟镇山沟沟村、百丈镇溪口村10个村市级精品村建设，启动塘栖镇塘栖村水乡人家市级风情小镇建设。推进余杭街道宝塔村、中南村，南苑街道高地社区，径山镇小古城村、径山村等村的省级善治示范村建设。完成鸬鸟镇雅城村驿路梨花风情小镇建设，完成径山镇径山村市级杭派民居示范村重点村建设，完成仁和田园风光精品线市级精品示范线建设，完成71个村市级村庄生态环境修复项目建设；良渚街道、瓶窑镇2个镇街获评省级美丽乡村示范乡镇，运河街道杭南村、塘栖镇塘栖村、黄湖镇青山村3个村获评省级美丽乡村特色精品村。

成效　自2010年，实施各类省市美丽乡村建设项目以来，全区共创建省级美丽乡村示范乡镇6个，省级美丽乡村特色精品村12个，省级历史文化村5个，市级中心村15个，市级精品村20个，市级精品线路4条，市级精品区块2个，市级风情小镇3个，市级精品示范线3条，市级村庄生态环境修复项目141个，市级杭派民居示范村2个，正在实施市级精品村10个，市级风情小镇1个。通过扎实推进“产、村、人、文”四位一体融合发展，余杭乡村振兴各项工作百花齐放、亮点纷呈。并在全省率先消除了经营性收入30万元以下的薄弱村，各项指标均居省市前列；坚守“环境立区”理念，余杭以打造全域“大花园”为目标，出台美丽乡村“十不十宜”管理规范，全覆盖推进125个精品村建设，获评2013年度浙江省社会主义新农村建设优秀单位、2014年度浙江省美丽乡村创建先进县（区）、2017年度浙江省社会主义新农村建设优秀单位、2018年度浙江省乡村振兴优秀单位、2018年度浙江省美丽乡村示范县(区)。浙江省乡村振兴领导小组办公室公布2018年度浙江省善治村名单，余杭区有16个村入选其中。

二、基础设施建设

农村饮用水工程　20世纪50年代初，境内农村开展挖新井、改旧井及饮水消毒。1977年，百丈乡石竹园村利用山间水源通过水管引水入农户，此为余杭农村最早的简易自来水。1982年，五杭乡（今属运河街道)五杭村建成自来水厂，系境内农村第一座自来水厂。1983年，余杭县列入世界银行农村改水贷款项目单位，接受约合924万元人民币的世界银行贷款，用于农村改水。1985年成立改水办公室，负责全县改水规划及水厂工程设计、管理、安装、施工监督、竣工验收等工作。年底，全县建造水厂191座，农村7.87万人受益。

1999年，启动实施农村二次改水。1999年—2005年，先后实施临平—塘栖、余杭—闲林、瓶窑—良渚、径山—黄湖四大区域性供水工程。新建塘栖自来水厂、獐山自来水厂、瓶窑自来水厂和扩建运河自来水厂。投资3亿多元，先后实施运河、塘栖、崇贤等17个镇乡(街道)20余项农村改水项目。

2007年，根据《余杭区山区农村饮用水工程建设管理实施意见》精神，启动新一轮农村饮用水工程建设，并列入年度政府十件为民办实事工程之一。是年，开展中泰、瓶窑、黄湖、百丈等5个镇31个村的农民饮用水利工程建设，全年新解决农村饮水不安全人口1.59万户5.69万人，超额完成杭州市政府下达的目标任务。2008年，中泰乡全面完成水改工程，成为余杭区第一个完成山区饮用水工程建设的乡镇。2009年，鸬鸟镇农民饮用水工程全部竣工。该工程自2008年下半年开始建设，包括建设分散式供水和集中式供水工程，涉及山沟沟村、太平山村、雅城村、前庄村。是年，良渚镇山区农民饮用水工程也全面完工，新增入网农户1420户。

2012年，中泰街道完成山区农村饮用水备用水源工程建设。受益农户5542户，人口19155人，较好解决干旱季节时常出现的缺水断水情况。2014年，鸬鸟镇分2年实施馒头山水厂集中式饮用水安全提升改造工程。百丈镇建设半山村等7个饮用水源山塘扩容工程。2016年，实施中泰街道市政管网加压供水工程。至2017年底，中桥、白云两个村加压供水项目完工通水，1020户用户率先喝上了放心水。

2018年，余杭区人民政府将“山区农村饮水保障工程”纳入为民办实事的重点项目之一，对瓶窑、径山、黄湖、鸬鸟、百丈五镇和闲林、中泰两个街道的供水管网设施实施提升改造。至2019年底，累计完成管道敷设810千米，完成泵站设备安装91座，新增受益人口25万人，西部山区提前实现自来水管网全覆盖。

农村生活污水治理　旧时，农村生活污水均就近就地排放。随着农村经济社会的快速发展、农民生活方式的转变以及外来人口的大量集聚，致使农村生活污水的排放量逐年递增，造成水环境日益恶化。为此，余杭区于2004年启动农村生活污水治理试点工作，在农村建设生活污水净化沼气池。2005年，区政府确定区农业局为负责污水净化沼气池技术实施的职能部门。至年底，全区共建生活污水净化沼气池2025立方米，776户农户产生的生活污水达标排放。完成省级农村能源示范项目“径山镇双溪中心村能源生态示范村”建设，建造生活污水沼气净化池280立方米，建预沉池100立方米，可集中处理200户农户产生的生活污水后达标排放；在黄湖镇赐璧等5个示范村、整治村建设生活污水沼气净化池1645立方米。

2006年，启动“百村千点”农村生产生活污水治理工程，制定“百村千点”农村生产生活污水治理实施方案，对全区统一截污纳管范围以外的，按照农村生产生活污水减量化排放、无害化处理和资源化利用的思路，分类分步推进“百村千点”农村生产生活污水治理工程。当年完成良渚镇东塘河村、径山镇径山村、瓶窑镇崇化村等省市区三级农村生活污水治理项目13个，建设农村生活污水处理设施3055立方米，2955户农户和5家“农家乐”经营户产生的生活污水全部达标排放；鸬鸟镇完成4项农村生活污水处理工程及一个集镇污水处理系统，即仙佰坑村施家边、前庄村赵家和山沟沟景区的汤坑、茅塘农家乐农村生活污水处理工程以及鸬鸟集镇生活污水处理系统。至年底，全镇污水处理能力达到日处理污水600吨，集镇生活污水处理率达80%；百丈镇完成集镇污水生物处理工程纳管一期、二期工程，在全区率先实现利用生物治污，日处理污水300吨。2007年，根据《百村千点农村生活污水治理实施方案》，完成仁和镇云会村、良渚镇荀山村、瓶窑镇奇鹤村等省、市、区三级农村生活污水治理项目52个，建设农村生活污水处理设施7880立方米，5195户农户和3家“农家乐”产生的生活污水全部达标排放。2008年，农村生活污水治理工程被列入余杭区政府为民办的十件实事之一。生活污水治理主要采用无动力厌氧生化技术，以建设无动力厌氧池为主，人工湿地、氧化塘、阿科蔓等后续处理技术为辅的处理方式。全区完成农村生活污水治理项目102个，建设污水处理池1.27万立方米，涉及农户6000余户。其中，仓前镇苕溪村张家斗生活污水治理项目通过验收，可处理80余户农户的生活污水。瓶窑镇3座污水泵站竣工并投入运行。径山污水工程输送系统完成“一泵一线”建设任务，建造长乐污水泵站，铺设从长乐污水泵站至余杭污水处理厂管线，工程设计规模为日处理污水3.9万吨，一期工程规模日处理污水0.8万吨，总投资9897万元。位于黄湖镇清波村的综合污水处理厂工程完工，并开始试运行，工程占地0.67公顷，总投资1050万元。2007年9月动工建设，2008年10月通过验收，日处理污水1000吨。12月，崇贤污水处理一期工程完工并投入试运行，一期工程建设规模为日处理污水2万吨，远期规模日处理污水6万吨，有效改善该地区的水环境质量，解决崇贤镇的污水出路问题。2009年，农村生活污水治理建设项目再次被列入十件“政府实事”之一。全年完成农村生活污水治理建设项目103个，其中结合绕城内侧河道整治工程，完成崇贤镇及良渚镇部分整治河道沿岸农村生活污水整治工程23个，建设处理池容1.01万立方米，接入农户6250户，总投资2200余万元。

2010年，农村生活污水治理建设项目继续被列入十件“政府实事”之一。完成农村生活污水治理建设项目80个，其中69个项目采用规模型无动力厌氧处理模式，10个采用分散式户用玻璃钢处理模式，1个采用厌氧结合人工湿地处理模式，共建设污水处理设施容积8800立方米，受益农户4000余户。2011年，完成农村生活污水治理项目121个，其中76个采用规模型无动力厌氧处理模式，33个采用分散式户用玻璃钢处理模式，12个采用厌氧结合人工湿地处理模式，共建设污水处理设施容积11400立方米，受益农户6300余户。至2012年，全区有18个镇、街道的155个行政村共实施451个分散式农村生活污水治理项目，对29953户（含截污纳管户）的农村生活污水实行无害化处理。

2013年11月，省委十三届四次全会作出以治污水、防洪水、排涝水、保供水、抓节水为主要内容的“五水共治”重大决策，明确提出要以治污水为突破口，推进转型升级。省市下达给余杭区的农村生活污水治理任务为：2014年—2016年，完成129个建制村治理任务，新增受益农户6.21万户，其中2014年完成41个建制村治理任务，新增受益农户1.95户；2015年完成60个建制村治理任务，新增受益农户3.34万户；2016年完成28个建制村任务，新增受益农户9200户。为此，全区美丽乡村建设及时调整方向，将农村生活污水治理工作作为美丽乡村建设重中之重，美丽乡村建设奖励资金优先用于农村生活污水治理。

2014年1月，余杭区积极响应“五水共治”行动，迅速贯彻省委、省政府关于打好治水攻坚战的一系列决策部署，制定《关于“五水共治”污水处理工作的实施意见》。提出在全区范围内全面开展截污纳管工作，实现企事业单位、城乡居民居住点的污水管网基本实现全覆盖的目标。自2014年起，确保三年、力争两年，使全区截污率、纳管率、处理率均达到80%以上。在治理模式上，距离市政污水管网较近具备纳管条件的村庄，主要采取截污纳管进厂处理。其他地区按照各村特点就地选择采取相应的农村生态化污水治理模式。对布局分散、地形条件复杂、污水不易集中收集的村庄，主要采取分散处理模式。全区污水处理主要由区住建局和区农业局牵头推进，其中区农业局负责组织协调138个美丽乡村创建村及其范围内的农家乐、小作坊等的农村生活污水治理工作。各镇街具体实施各自辖区内的污水处理工作。在资金政策上，提高原有美丽乡村建设奖励标准，对于美丽乡村创建范围内的138个村（社区）通过美丽乡村创建考核验收，农村生活污水农户治理率达到80%以上且达到“无违建村”创建标准的村，按本村常住户籍人口给予每人2300元的一次性奖励，区财政对精品村、重点村、一般村的每村最高奖励金额分别不超过700万元、650万元、500万元，镇街（包括村、社区，下同）按不少于区级奖励资金的50%落实配套资金（其中瓶窑组团生态补偿机制涉及镇按不少于20%配套），创建村负责筹集其余所需建设资金(投资投劳不少于总投入的10%)。是年4月,成立余杭区农村生活污水治理工作领导小组,统筹推进全区农村生活污水治理工作。区农办(农业局)成立“五水共治”分指挥部,抽调骨干人员集中办公。同月,制定《余杭区农村生活污水治理工作三年行动计划》,明确全区农村生活污水治理总体目标、实施步骤、基本原则、主要工作任务、保障措施、各村建设任务等内容,把治理农村污水摆在美丽乡村建设的重中之重,是年5月,编制《余杭区农村生活污水治理专项规划(美丽乡村篇)》,明确各区域治理模式、排放标准和工程量。为有序推进农村生活污水治理工作,分别制定《农村生活污水治理项目管理办法》《农村生活污水治理项目设计指导意》《农村生活污水治理工程第三方质量安全监管暂行规定》《农村生活污水处理工程质量安全督查方案》《农村生活污水治理项目档案资料管理工作要求》《美丽乡村农村生活污水治理项目农民监理员管理办法》《规范余杭区农村生活污水治理工程初步设计工作的通知》《农村生活污水处理工程项目验收考核办法》《农村生活污水治理项目施工及验收规范》《加强农村生活污水治理工程安全管理工作的指导意见》等一系列文件,建立农村生活污水治理项目设计、设备、管材预选库,规范规划设计、项目招标、工程施工、建材选择、项目监管、台账收集、考核验收等农村生活污水治理各个环节,全力推进全区农村生活污水治理工作。是年,107个村生活污水治理项目开工建设,44个村完成省级年度治理工作任务,新增受益农户19515户。余杭区被评为2014年度全省农村生活污水治理工作优胜区。

2015年,在推进农村生活污水治理项目实施的同时,积极谋划长效运行维护管理工作。是年4月,制定《余杭区农村生活污水治理设施智能监控管理平台建设实施方案》,对全区设计日处理能力30吨(含)以上的农村生活污水治理设施,由第三方运行维护单位负责长效管理工作,并建立全区统一的智能监控管理平台。是年9月,根据全省“五水共治”工作总体部署和《关于加强农村生活污水治理设施运行维护管理的意见》精神,建立农村污水治理设施运行体系。区政府明确区住建局为全区农村生活污水治理设施运行维护管理的主管部门,区农业局(区农办)、区环保局等部门配合,各镇街、实施村各司其职。是年,全区83个村实施农村生活污水治理工程,72个村完成省级年度治理工作任务,新增受益农户33870户。

2016年1月,区政府制定《余杭区农村生活污水治理设施运行维护管理办法(试行)》,明确区住建局为全区农村生活污水治理设施运行维护管理的主管部门,负责制定管理办法、管理标准、考核细则及年度计划等,牵头对农村生活污水治理项目进行指导、监督和考核。区农业局负责指导美丽乡村农村生活污水治理设施集中建设,项目验收后协助主管部门开展运维工作,配合做好长效运维工作。12月,区五水共治办公室制定《余杭区农村生活污水治理设施运维移交方案》,进一步明确移交提出、复查接收、资料存档、开展运维四方面工作。区农业局积极督促镇街做好移交台账资料的收集整理。是年,28个村完成省级年度治理工作任务,新增受益农户9203户。通过三年多的努力,截至2016年底,完成127个美丽乡村创建村农村生活污水治理工程,新增受益农户约5.5万户,总投入约7亿元,建成污水收集主管429千米(含接厂管网),支管555千米,接户管1276千米,全面完成省市下达治理任务,实现美丽乡村创建村农村生活污水治理农户受益率达到80%以上。2017年4月,区长办公会议决定全区城乡生活污水治理工作全部由区住建局负责组织、实施、指导。是年9月,区农业局将各镇街农村生活污水治理工程建设台账资料全部移交区住建局。

农村交通　境内最早建乡道是在20世纪50年代农业合作化时期,1956年7月,百丈乡红场高级农业合作社村民为解决山区毛竹运输问题，自发投工投料筑成采坞口至方家坞的简易公路。接着，双溪、鸬鸟、长乐等地也开始兴建乡道。70年代，水乡平原地区各乡自筹资金筑路架桥。1984年，全县实现乡乡通公路目标。1995年，境内有乡道72条，总里程217.82千米，但大部分公路为泥结碎石路面。1996年，在继建乡道的同时，重点提高乡道等级，低级路面向高级或次高级路面发展。至2002年，全区90条乡道铺设高等级、次高级路面，占总数的65%左右，7年内新建乡道56千米。

2003年起，实施“村村通等级公路”工程，到2005年底，共新建、改建通村四级标准公路359余千米，提前两年实现等级公路通村率、硬化率100%的目标。全区通村公交线路达65条，客运班车通达率91.6%。2006年，余杭区在等级公路村村通的基础上启动通村连网工程，至2010年，境内公路贯通262个行政村和3000余个自然村，实现了“公路通到家门口，客车开进村里头”的目标。

2016年，开展“四好农村路”建设。对大径山景区的漕雅线、双洞线、长径线、长西线等县道和S201省道进行整治提升。2017年，用工匠之心精心打造大径山景区、良渚申遗文化区、超山景区等三条“美丽公路”精品环线。是年，全区乡道长达335.18千米，村道长达1345.768千米。2018年，启动“四好农村路”建设三年行动计划建设，计划通过三年时间完成1000公里“四好”农村路建设。截至年底，全区完成193公里“四好农村路”建设。投入6000余万元，启动黄湖镇王位山和百丈镇平天堂森林古道修复工程。

农民住房　旧时，农村居住条件历来较差，农民多数居住低矮潮湿的泥墙房。至20世纪60年代末，翁梅、乔司一带农民仍住草舍。70年代起，农民建房开始增多，从大多翻建为砖木结构平房，逐渐改变为翻建砖木结构楼房。80年代，建房趋向美观，普遍采用钢筋混凝土结构，但因条件局限，缺少独户卫生和自来水设施。至1985年，农村居民人均住房建筑面积为30.75平方米。90年代，新建的农民住房多数为混凝土结构，建筑层高以3层居多。室内装潢讲究，设施配套齐全。2000年，全国第五次人口普查时，对22568户农村住户住房普查，共有房屋72407间，面积3511153平方米，户均155.58平方米。

21世纪以来，部分先富裕起来的农村，新建新农村住宅小区，农户住房面积在300平方米—400平方米之间，室内宽敞明亮，水、电及卫生间、厨房间设施齐全，有99.5%的住户用上自来水，97.6%的住户用上液化气，74.9%的住户有线电视入户。2005年，临平街道丁山村、星火村，东湖街道双林村、胡桥村，南苑街道新丰村、西安村，星桥街道安乐村、星桥村、贾家村，运河镇滩里村、圣塘河村，余杭镇上文山村、宝塔村、沈家店村、径山镇双溪村、求是村，闲林镇华丰村，塘栖镇西苑村，良渚镇崇福村，五常文一村等39个村，新建

图14-10　塘栖镇丁山河村杭派民居

农村住宅小区97.82万平方米，由农户出资，投资71584万元，统一建造钢筋结构的3层—4层住宅。然经济发展滞后的一些村庄，农户仍住旧房，有的房子年久失修，条件较差，危房仍然存在。2005年，农村居民生活居住面积户均为237.84平方米，人均62.10平方米，其中新农村住宅小区平均每户为300平方米—400平方米，此外，还有不少农村居民进城购买自住商品房。

2005年，境内开始推行农村居民多（高）层公寓建设。2007年5月，中共余杭区委、区政府制定《关于开展农村居民多层公寓建设试点工作的实施意见》和《关于减免农村居民多层公寓建设工程有关规费的通知》，成立区农村居民多层公寓建设领导小组及办公室。9月，区农村居民多层公寓建设领导小组办公室印发《农村居民多层公寓建设人口安置补充意见》。2008年，开始全面推行农村居民多（高）层公寓建设。是年4月，中共余杭区委办公室制定《关于全面推行农村居民多（高）层公寓建设的实施意见》，提出全区农村居民拆迁后的安置用房要按照“鼓励高层、推行多层、限制双（多）联”的要求进行建设，除个别确因地理等客观条件所限的偏远镇乡和零星安置点外，其他地区一律不得再批建“两户一联”和“多层多联”形式农居点。2008年—2013年，全区农村居民多（高）层公寓开工面积1217.30万平方米，竣工面积607万平方米，入住户数6712户。

2015年，对拆迁农民实行多元化安置模式。除农民多（高）层公寓安置外，实行货币化安置新模式。同时制定《余杭区推行多户多联安置模式的实施意见》，指导各镇（街道）开展多户多联工作，邀请3家知名设计单位，分临平、塘栖、良渚、余杭四个片区，依据不同地域经济、社会人文以及城市形态设计3套多户多联方案。塘栖丁山河村“杭派民居”项目被列入杭州市第一批“杭派民居”创建重点村。至2018年底，农村常住居民人均住房建筑面积达64.8平方米。

农村改厕　农村改厕起始于20世纪50年代初期，结合血吸虫病防治，取缔河边、塘边露天粪缸，并搭棚、加盖，定期贮存，集中管理粪便。1960年建造一批简易厕所。1970年起，逐步推广三格式无害化粪池。1974年起，粪池与建沼气池相结合，人畜粪便添加垃圾杂草贮存发酵使之产生沼气，既除害灭病，又解决燃料问题。1991年3月，成立县改厕办公室，并设县改厕技术指导小组。8月，县政府拨5万元专款用于农村改厕，是年改建厕所1500座。

2000年5月，对17.21万农户调查，农户卫生厕所普及率为45.05%，无害化户厕仅为10.3%，农村尚存露天粪缸10万户多只。2001年起，开展双整治活动，至2005年底，全区清除露天粪缸6.5万只，新建三格式无害化厕所6.92万座，全区农村卫生厕所普及率92.53%、三格式无害化厕所普及率48.15%。

2006年，进一步推进农村卫生改厕工作。全年新增卫生厕所15767座，农村卫生厕所普及率93.95%；三格式无害化厕所普及率51.88%。2007年，结合卫生村创建和“清洁余杭”行动，推广应用三缸式化粪池改厕技术。制定《余杭区24个重点推进村消除露天粪缸（农村改厕）工作方案》，加大对农村自建砖砌三格式厕所检查指导力度。卫生厕所普及率达97%，三格式厕所普及率60%，新建无害化公厕100座。2008年，在崇贤镇召开改厕现场会，明确改厕技术标准。卫生厕所普及率98.53%，三格式无害化厕所普及率68.35%。

2009年，制定《关于加强全区清露拆棚长效管理实施意见》，区爱卫办暗访抽查全区各乡镇（街道）“清露拆棚”工作，对发现的问题及时抄告整改。同时开展“一绕三线”两侧“清露拆棚”整治工作。全区卫生厕所普及率、三格式无害化厕所普及率分别达到100%和83.81%，良渚镇纤石村成为杭州市农村改厕示范村。2010年，全年新增三格式无害化户厕1.31万座，其中预制式

4782座。全区农村卫生厕所普及率、三格式无害化厕所普及率分别达到100%和90.01%。临平·东湖街道新塘社区和运河镇杭信村申报创建市改厕示范村通过区级验收。

2011年，余杭区申报中央农村改厕项目，建设任务3000座。10月底，该项目通过市考核组验收，群众满意率为98%。通过中央农村改厕项目建设，全年新增无害化卫生户厕8817座，全区卫生厕所和无害化卫生厕所普及率分别达100%、95%。2012年，举办两期改厕技术规范、台账资料管理和改厕信息数据录入培训班。卫生户厕、无害化户厕普及率分别达到100%、98.29%。2013年，仁和街道完成中央农村改厕任务450座，并通过省、市爱卫办考核验收。至年末，全区卫生户厕普及率达到100%，无害化户厕普及率达到100%。2014年—2016年，巩固改厕成果，全区卫生户厕普及率和无害化户厕普及率继续保持100%。

图14–11 径山镇四岭村公共卫生间

2017年9月，制定《余杭区“厕所革命”专项行动方案》，开展“厕所革命”专项行动，区农业局主要负责农村公厕综合整治工作。2018年5月，根据《浙江省农村公厕改造工作实施方案》、市委办公厅《杭州市农村公厕综合整治三年行动计划(2018—2020年)》等文件精神，制定《余杭区农村公厕综合整治行动实施方案》。至2018年底，全区完成485座农村公厕改造建设，其中有141座美丽乡村精品村标准公厕，总投资7700万元，超额完成省下达的任务，基本实现“村村有标准公厕”目标，农村公厕综合整治(改造建设)实现全覆盖。余杭区被评为浙江省农村公厕改造工作考核优秀县(市、区)。

第三节 休闲观光与乡村旅游

全面实施乡村振兴战略，离不开休闲农业和乡村旅游发展。自2003年以来，余杭区以现代农业、生态园林、民俗文化为资源，建设一批以产业发展为基础，集生产、生活、生态于一体的多功能特色的休闲农庄、休闲渔场、农业教育园、农业科普示范园等休闲农业示范基地。同时大力发展以乡村民俗、乡村风情以及传统文化为主题的乡村旅游，开展创建美丽乡村精品村、农家乐特色村活动。至2018年，全区共有休闲观光农业园区53家，其中国家级农业旅游示范点2家；共有全国休闲渔业示范基地1家，省级休闲渔业精品基地12家；有127个村(社区)实施美丽乡村精品村创建，成功创建省级景区村庄20个，径山村等9个村被评为全国美丽乡村特色精品村；共有民宿(农家乐)400余家，其中省(市)级农家乐特色村7个。

一、休闲观光农业园

政策扶持 2005年，制定《关于休闲观光农业园区建设的若干政策意见》，提出区级休闲观光农业园区建设标准，将休闲观光农业园区划分为特色类休闲观光农业园区和综合类休闲观光农业园区两大类型，明确相应的奖励标准，特色类休闲观光农业园区经验收合格后，一次性奖励10—20万元，综合类休闲观光农业园区经验收合格后，一次性奖励30万元—50万元。2006年，制定《关于加快余杭区休闲观光农业（农家乐）规范发展的实施意见》。是年，全区有18家单位被列为区级休闲观光农业园创建项目，规划总投资3.6亿元。2008年9月，制定《关于加快休闲观光农业（农家乐）规范化建设的若干意见》，提出在全区建设休闲观光农业"十大板块"的新思路，对板块规划编制、项目申报、具体实施等提出要求，进一步明确规划编制经费及板块内农业休闲观光园区、农家乐特色村、农家乐经营户（点）建设等方面的相关扶持政策，有力促进休闲观光农业（农家乐）的发展。

图14-12 仁和街道普宁村牡丹花节

建设过程 余杭区农村休闲观光始于2003年。是年，区农业局、区风景旅游局组织各镇街申报休闲观光农业园区项目。当年申报休闲观光农业园区项目有14个，上报建设面积1294余公顷，投资4.844亿元。其中位于径山镇绿景村的余杭绿景休闲观光农业园批准实施。绿景村面积85.3公顷，村内有鱼塘、茶园、山林、四季果园、特色蔬菜园等园区，农业观光旅游资源十分丰富。当年，余杭绿景休闲观光农业园基本完成休闲渔业区、休闲度假娱乐区等项目建设，于9月开园，接待游客3万余人，旅游收入50余万元。余杭绿景休闲观光农业园区成为首家区级休闲观光农业园区。2004年，建成余杭竹园观光休闲农业园区、余杭高新农业示范中心休闲观光园区（杭州大地之春农业开发有限公司）、余杭区五常西坝生态农业观光园区、杭州塘栖派克兰枇杷观光园、杭州良渚生态农业观光园等4个区级休闲观光农业园区。

2005年，有仁和镇夏家桥休闲观光农业园区、山沟沟农家乐休闲观光农业园区等6家休闲观光农业园被评为区级休闲观光农业园区。余杭绿景休闲观光农业园区被评为杭州市休闲观光农业旅游示范单位。2006年，杭州鱼佬大休闲观光农业园、杭州西溪创意休闲农庄、华立南湖花城休闲农庄、良渚向山休闲观光园、余杭翠羊湾休闲农庄、杭州山谷演义休闲农庄被被评为区级休闲观光农业园区。余杭竹园观光休闲农业园区、余杭高新农业示范中心休闲观光园区（杭州大地之春农业开发有限公司）、余杭区五常西坝生态农业观光园区被评为杭州市休闲观光农业旅游示范单位。鸬鸟镇山沟沟村被省农办、省旅游局认定为"浙江省农家乐特色示范村"。

2007年，杭州钱江生态观光园、杭州野芦湾生态休闲农业园、阿汤生态农业园、杭州闲林龚老汉农业休闲观光园被评为区级休闲观光农业园区。杭州鱼佬大休闲观光农业园、良渚向山休闲观光园、山沟沟农家乐休闲观光农业园区、余杭翠羊湾休闲农庄、杭州金沙滩休闲农庄和格林农庄被评为杭州市休闲观光农业旅游示范单位。是年，全区农业休闲观光产值达3.5亿元。2008年年底，启动径山茶文化板块、运河农业文化产业板块和良渚农耕文化板块总体规划的编制工作。是年，杭州久盛生态科技园、绿景堂生态休闲园被评为区级休闲观光农业园区。华立南湖花城休闲农庄、杭州山谷演义休闲农庄、杭州闲林龚老汉农业休闲观光园、良渚浪里白条休闲园被评为杭州市休闲观光农业旅游示范单位。

2009年，完成良渚农耕文化、径山禅茶文化、运河生态农业、塘栖枇杷、余杭创意农业等5个休闲观光农业板块的规划编制。区委农办获得2009年度全省农家乐休闲旅游工作三等奖。博望·龙悦水庄、龙荷农庄被评为区级休闲观光农业园区。山沟沟村、阿汤生态农业园、三白潭绿色农庄、天银港休闲农庄（正红农庄）、金钟山农庄等单位被评为杭州市民最喜爱的乡村旅游点。是年，南湖花城休闲度假庄园和阿汤生态农业观光园分别获"三星级乡村旅游点"和"二星级乡村旅游点"称号。2010年8月，召开区休闲观光农业协会暨第一次会员大会，区休闲观光农业协会正式成立，协会共有会员66名，其中单位会员39家、个人会员27人，杭州同家乡村乐园董事长王爱武任协会会长。是年，杭州秀山美地农业观光园、杭州同家乡村乐园被评为省级农业厅休闲观光农业示范园。另有杭州同家乡村乐园、浙江农业博览园（农夫乐园）、杭州秀山美地农业观光园、杭州三白潭绿色农庄、余杭区琵琶湾生态农庄、杭州余杭水邻天农庄（金鳖园）、仓前葛巷村（羊锅村）等7家单位被评为杭州市休闲观光农业旅游示范单位。

2011年，同家乡村乐园被评为国家级农业旅游示范点，阿汤生态农业园、金钟山农庄被评为杭州市休闲观光农业旅游示范单位。余杭区琵琶湾生态园被评为市级休闲观光农业旅游精品示范项目，被国家旅游局批准为AAA级旅游景区。自2010年10月全面启动AAA级景区创建工作以来，琵琶湾生态园投资兴建或改造提升基础服务设施，基本建成以有机农业休闲旅游为特色，以有机枇杷采摘区、有机草莓采摘区、赏荷采莲区、四季果蔬采摘园等农业景观为依托，以地方民俗文化为核心载体，集有机农业教育实践、农业科技、有机农业休闲体验、地方民俗文化为一体的综合性生态游乐区。是年，实现休闲观光农业直接经营收入4.18亿元，接待游客405万人次。2012年，博望·龙悦水庄、杭州茗源生态农庄被评为杭州市休闲观光农业旅游示范单位。区农办（农业局）联合有关单位开发创建集宣传展示、虚拟体验、互动交易等功能于一体的网络平台——"余杭休闲观光农业虚拟游"。

图14-13 童子湖农庄

2013年，杭州野芦湾生态休闲农业园、天银港休闲农庄（正红农庄）、良渚生绿园农庄被评为杭州市休闲观光农业旅游示范单位。是年，全区休闲观光农业经营总收入超5.8亿元，累计游客达500万人次。

2015年，径山小古城—慢谷（金巴登）、杭州鸬鸟黎鹰乡村牧场被评为杭州市休闲观光农业旅游示范单位。2017年，结合"美丽乡村"建设，突出"提升发展"主题，进一步提升休闲观光农业发展水平，全年接待游客875万人，经营收入8.28亿元，同比增长15.3%。

2018年11月，举办院士专家余杭行暨中日休闲农业发展论坛，12名中外专家就休闲农业、乡村旅游作专题报告，并对余杭乡村和农业发展，特别是农村文化的挖掘与保护提出宝贵意见。至 2018 年，全区共有休闲观光农业园区 53 家，其中国家级农业旅游示范点 2 家。

2003 年—2016 余杭区休闲观光农业园建设情况表

表 14-1

序号	休闲观光农业园名称	设立的时间及等级
1	余杭绿景休闲观光农业园区	区级休闲观光农业园区（2003 年）、市级休闲观光农业旅游示范单位（2005 年）
2	余杭竹园观光休闲农业园区	区级休闲观光农业园区（2004 年）、市级休闲观光农业旅游示范单位（2006 年）
3	余杭高新农业示范中心休闲观光园区（杭州大地之春农业开发有限公司）	区级休闲观光农业园区（2004 年）、市级休闲观光农业旅游示范单位（2006 年）、省级农家乐特色点（2007 年）、国家级农业旅游示范点（2006 年）
4	余杭区五常西坝生态农业观光园区	区级休闲观光农业园区（2004 年）、市级休闲观光农业旅游示范单位（2006 年）
5	杭州塘栖派克兰枇杷观光园	区级休闲观光农业园区（2004 年）
6	杭州良渚生态农业观光园	区级休闲观光农业园区（2004 年）
7	仁和镇夏家桥休闲观光农业园区	区级休闲观光农业园区（2005 年）
8	杭州蓝天园林集团余杭区中泰休闲观光农业园区	区级休闲观光农业园区（2005 年）
9	山沟沟农家乐休闲观光农业园区	区级休闲观光农业园区（2005 年）、市级休闲观光农业园区（2007 年）
10	鸬鸟蜜梨休闲观光农业园区	区级休闲观光农业园区（2005 年）
11	良渚休闲观光园区	区级休闲观光农业园区（2005 年）
12	塘栖枇杷休闲观光园区	区级休闲观光农业园区（2005 年）
13	杭州鱼佬大休闲观光农业园	区级休闲观光农业园区（2006 年）、市级休闲观光农业旅游示范单位（2007 年）、省级农家乐特色点（2007 年）、省四星级农家乐经营点（2008 年）、省五星级农家乐经营点（2015 年）
14	杭州西溪创意休闲农庄	区级休闲观光农业园区（2006 年）
15	华立南湖花城休闲农庄	区级休闲观光农业园区（2006 年）、省五星级农家乐经营点（2008 年）、市级休闲观光农业旅游示范单位（2008 年）
16	良渚向山休闲观光园	区级休闲观光农业园区（2006 年）、市级休闲观光农业园区（2007 年）
17	余杭翠羊湾休闲农庄	区级休闲观光农业园区（2006 年）、市级休闲观光农业旅游示范单位（2007 年）
18	杭州山谷演义休闲农庄	区级休闲观光农业园区（2006 年）、市级休闲观光农业旅游示范单位（2008 年）、市三星级农家乐经营点（2011 年）
19	杭州钱江生态观光园	区级休闲观光农业园区（2007 年）
20	杭州野芦湾生态休闲农业园	区级休闲观光农业园区（2007 年）、市级休闲观光农业旅游示范单位（2013 年）、省四星级农家乐经营点（2016 年）、省级农家乐特色点（2014 年）
21	阿汤生态农业园	区级休闲观光农业园区（2007 年）、杭州市民最喜爱的乡村旅游点（2009 年）、市级休闲观光农业旅游示范单位（2011 年）

续表 14–1

序号	休闲观光农业园名称	设立的时间及等级
22	杭州闲林龚老汉农业休闲观光园	区级休闲观光农业园区（2007 年）、市级休闲观光农业旅游示范单位（2008 年）、省四星级农家乐经营点（2008 年）
23	杭州久盛生态科技园	区级休闲观光农业园区（2008 年）
24	绿景堂生态休闲园	区级休闲观光农业园区（2008 年）
25	博望·龙悦水庄	区级休闲观光农业园区（2009 年）、市级休闲观光农业旅游示范单位（2012 年）、市三星级农家乐经营点（2015 年）
26	龙荷农庄	区级休闲观光农业园区（2009 年）
27	秀山美地农业观光园	省级农业厅休闲观光农业示范园（2010 年）、省级农家乐特色点（2011 年）、省四星级农家乐经营点（2011 年）、市级休闲观光农业旅游示范单位（2010 年）
28	杭州三白潭绿色农庄	省级农家乐特色点（2012 年）、杭州市民最喜爱的乡村旅游点（2009 年）、市级休闲观光农业旅游示范单位（2010 年）、市三星级农家乐经营点（2011 年）、省四星级农家乐经营点（2012 年）
29	格林农庄	市级休闲观光农业旅游示范单位（2007 年）、省四星级农家乐经营点（2008 年）
30	杭州余杭水邻天农庄（金鳖园）	省级农家乐特色点（2011 年）、市级休闲观光农业旅游示范单位（2010 年）、省四星级农家乐经营点（2013 年）
31	余杭区琵琶湾生态农庄	省级农家乐特色点（2013 年）、市级休闲观光农业旅游示范单位（2010 年）、市级休闲观光农业旅游精品示范项目（2011 年）
32	天银港休闲农庄（正红农庄）	杭州市民最喜爱的乡村旅游点（2009 年）、市级休闲观光农业旅游示范单位（2013 年）
33	塘栖超山休闲农庄	市三星级农家乐经营点（2013 年）
34	杭州茗源生态农庄	市三星级农家乐经营点（2011 年）、市级休闲观光农业旅游示范单位（2012 年）
35	同家乡村乐园	省级农业厅休闲观光农业示范园（2010 年）、国家级农业旅游示范点（2011 年）、省级农家乐特色点（2012 年）、省四星级农家乐经营点（2013 年）、市级休闲观光农业旅游示范单位（2010 年）、市三星级农家乐经营点（2011 年）
36	良渚浪里白条休闲园	省四星级农家乐经营点（2008 年）、省级农家乐特色点（2008 年）、市级休闲观光农业旅游示范单位（2008 年）、杭州市民最喜爱的乡村旅游点（2009 年）
37	浙江农业博览园（农夫乐园）	市级休闲观光农业旅游示范单位（2010 年）、省级农家乐特色点（2011 年）、省五星级农家乐经营点（2012 年）
38	良渚生绿园农庄	市三星级农家乐经营点（2012 年）、市级休闲观光农业旅游示范单位（2013 年）
39	金钟山农庄	杭州市民最喜爱的乡村旅游点（2009 年）、市级休闲观光农业旅游示范单位（2011 年）、市三星级农家乐经营点（2011 年）
40	径山小古城—慢谷（金巴登）	市级休闲观光农业旅游示范单位（2015 年）
41	径山翠峰庄园	市级农家乐精品示范项目（2014 年）
42	杭州鸬鸟黎鹰乡村牧场	市级休闲观光农业旅游示范单位（2015 年）
43	杭州金沙滩休闲农庄	市级休闲观光农业旅游示范单位（2007 年）
44	径山童子湖休闲农庄	市三星级农家乐经营点（2011 年）

续表 14-1

序号	休闲观光农业园名称	设立的时间及等级
45	径山镇千户农庄	市三星级农家乐经营点(2012 年)
46	涌泉山庄	市三星级农家乐经营点(2012 年)
47	杭州龙玺生态农业开发有限公司	市三星级农家乐经营点(2012 年)
48	超山休闲农庄	市三星级农家乐经营点(2012 年)
49	径山镇径山村绿神茶苑	省四星级农家乐经营点(2008 年)、省五星经营户(2012 年)
50	浙江翔浙生态农业有限公司	市三星级农家乐经营点(2015 年)
51	杭州绿湖农业科技开发有限公司	市三星级农家乐经营点(2015 年)
52	杭州金都生态农业观光有限公司	市三星级农家乐经营点(2015 年)
53	杭州婷慧生态农业有限公司	市三星级农家乐经营点(2015 年)

2005—2018 年余杭区休闲渔业园区建设情况表

表 14-2

序号	休闲观光渔业园区名称	设立的时间及等级
1	杭州余杭西坝生态农业观光园	2005 年省级
2	杭州良渚国平休闲渔业示范园区	2005 年省级
3	杭州余杭区骏马河渔村	2006 年省级
4	龚老汉休闲农业观光园	2007 年省级
5	塘栖超山休闲农庄	2007 年省级
6	塘栖琵琶湾生态农庄有限公司	2009 年省级
7	浙江上升农业开发有限公司	2010 年省级
8	杭州鱼佬大生态农庄	2010 年省级
9	杭州水邻天农业休闲观光有限公司	2012 年省级和国家级
10	杭州琵琶湾生态农庄有限公司	2012 年省级
11	杭州鱼佬大生态农庄	2013 年省级(渔业精品基地)
12	杭州梅子湾水产养殖有限公司	2014 年省级
13	杭州婷慧生态农业有限公司	2018 年省级

二、休闲渔业园区

发展休闲渔业，是推进乡村振兴战略的重要手段，是渔业供给侧结构改革的重点领域。余杭区从调整渔业产业结构为切入点，大力发展休闲渔业。

余杭区从 2005 年起开始建设休闲观光渔业园区。是年，杭州余杭西坝生态农业观光园和杭州良渚国平休闲渔业示范园区被评为余杭区首批省级休闲渔业示范基地。2006 年，杭州余杭区骏马河渔村被评为省级休闲渔业示范基地。2007年,又有龚老汉休闲农业观光园、塘栖超山休闲农庄被评定为省级休闲渔业示范基地。2009年，塘栖琵琶湾生态农庄有限公司被评定为省级休闲渔业示范基地。

2010年,浙江上升农业开发有限公司、杭州鱼佬大生态农庄通过省级休闲渔业示范基地验收。2011年1月，余杭街道金鳖园农庄和塘栖镇琵琶湾生态农庄2家单位通过省海洋与渔业局、省旅游局的考核评审,被认定为首批浙江省省级休闲渔业精品基地。2012年,杭州水邻天农业休闲观光有限公司被评为省级休闲渔业精品基地,同年12月又被农业部渔业局认定为全国休闲渔业示范基地。2013年—2014年,又有杭州鱼佬大生态农庄、杭州梅子湾水产养殖有限公司被评为浙江省省级休闲渔业精品基地。

2018年,杭州婷慧生态农业有限公司获评“浙江省省级休闲渔业精品基地”,园区位于南苑街道钱塘社区,规划面积1024亩(68.6公顷),其中水面面积123亩(8.24公顷)、垂钓面积42亩(2.81公顷)、大棚面积60亩(4.02公顷),累计投资2700多万元,是一家集农业观光、垂钓采摘、农家餐饮、商务会议及微旅休闲于一体的渔业休闲综合性园区。至2018年,全区共有全国休闲渔业示范基地1家,省级休闲渔业精品基地12家。

三、农家乐与民宿

扶持措施　2006年,余杭区政府印发《关于加快休闲观光农业(农家乐)规范发展的实施意见》。浙江省也于当年开始评选省级农家乐特色村。2007年,制定《余杭区“农家乐”经营户星级评定和奖励办法》,对照浙江省农家乐经营户旅游服务质量星级评定办法,从硬件设施、安全卫生、环境保护、服务质量等方面进行评定,确定一、二、三星级三个等级,对达到相应等级的农家乐经营户分别一次性奖励3000元、5000元、8000元。对具有突出带头示范作用的农家乐经营户给予一次性奖励2万元。2012年,余杭区政府印发《余杭区农家乐突发公共安全事件应急处置预案》,提高农家乐经营者应对突发公共安全事件的处理能力,以保障农家乐经营单位及游客的生命财产安全。2015年,成立余杭区现代民宿业发展工作领导小组,制定《关于加快发展现代民宿业的实施意见》,提出全区现代民宿业发展的总体要求、建设要求,明确扶持重点和保障措施。以瓶窑、径山、黄湖、鸬鸟、百丈五镇为重点,中泰、闲林、良渚、仁和等街道适度发展,条件成熟一批发展一批,稳步推进全区现代民宿产业发展。利用农民空闲的房屋(或闲置的村集体用房、农林场房等),按照“自然、生态、静谧”的要求,结合当地自然生态、人文景观等资源,以及农事体验等农业生产活动,经整体设计、修缮和改造,为游客提供具有乡野休闲养生功能的住宿场所。以杭州市民宿示范点建设标准为准,凡通过市级考核认定的,按相关政策给予褒奖。2017年,制定《加快推进农家乐规范提升的实施意见》提出全区农家乐规范提升的总体要求、主要内容,工作进度安排,以及工作保障等。2017年—2019年,区财政安排1000万元专项资金用于扶持农家乐发展。制定《农家乐服务规范与等级评定标准》,对全区304家农家乐(民宿)开展以证照办理、规范服务为主要内容的整治工作。2018年,制定《余杭区鼓励民宿(农家乐)发展的若干政策意见》,鼓励民宿(农家乐)规范提升,推出分级评定,凡合格民宿给予经营者5000元的奖励;合格民宿通过规范、特色、精品评定的,区财政分别给予1万、3万、5万元的一次性奖励;取得民宿区级以上相应等级或荣誉的,另给予国家级5万元、省级4万元、市级3万元的奖励。同时提出引导精品建设、推动集聚发展、强化市场营销等扶持奖励政策。

规范化发展　境内农家乐于2006年开始步入规范化发展的轨道。是年,浙江省开始评选

省级农家乐特色村，鸬鸟镇山沟沟村获评首批省级农家乐特色村称号；而市级农家乐休闲旅游特色村评选始于 2007 年，是年，鸬鸟镇山沟沟村是杭州市首批获评的 14 个特色村之一。杭州鱼佬大休闲观光农业园和余杭高新农业示范中心休闲观光园区（杭州大地之春农业开发有限公司）被评为省级农家乐特色点。余杭区获得 2006 年度全省农家乐休闲旅游工作一等奖。2008 年，杭州闲林龚老汉农业休闲观光园、格林农庄、良渚浪里白条休闲园、径山镇径山村绿神茶苑、杭州鱼佬大休闲观光农业园被评为省四星级农家乐经营点；华立南湖花城休闲农庄被评为省五星级农家乐经营点；径山镇径山村被评为市级农家乐特色村。2009 年，径山镇径山村被评为省级农家乐特色村。

2010 年，仓前街道葛巷村被评为市级农家乐特色村；杭州市举办新型农民技能竞赛，陈立萍获杭州市新型农民"农家乐"特色宴席技能竞赛二等奖。2011 年，鸬鸟镇太公堂村被评为市级农家乐特色村；仓前街道葛巷村被评为省级农家乐特色村；农夫乐园、秀山美地农业观光园、金鳌园农庄被评为"浙江省农家乐特色点"，秀山美地农业观光园被评为省四星级农家乐经营点；杭州三白潭绿色农庄、杭州茗源生态农庄、同家乡村乐园、金钟山农庄、径山童子湖休闲农庄等 14 家单位被评为市三星级农家乐经营点（户）。余杭区荣获浙江省农家乐休闲旅游工作一等奖。2012 年，塘栖镇超山村被评为市级农家乐特色村；杭州三白潭绿色农庄被评为省级农家乐特色点和省四星级农家乐经营点；浙江农业博览园（农夫乐园）、径山镇径山村绿神茶苑被评为省五星级农家乐经营点；良渚生绿园农庄等 5 家休闲农庄被评为市三星级农家乐经营点。

2013 年，余杭区琵琶湾生态农庄被评为省级农家乐特色点；同家乡村乐园、杭州余杭水邻天农庄（金鳌园）被评为省四星级农家乐经营点；塘栖超山休闲农庄被评为市三星级农家乐经营点。2014 年，杭州野芦湾生态休闲农业园被评为省级农家乐特色点；径山翠峰庄园被评为市级农家乐精品示范项目；完成秀山美地休闲农庄、杭州鱼佬大生态农庄、杭州良渚野芦湾生态休闲农业园等 3 个市级农家乐污染治理建设项目和市级山沟沟农家乐休闲旅游集聚体项目、野芦湾农家乐旅游精品示范项目建设。全年休闲观光农业（农家乐）接待游客 599 万人，经营收入 5.81 亿元。2015 年，径山镇小古城村被评为省级农家乐特色村；鱼佬大休闲观光农业园被评为省级五星级农家乐经营点；博望·龙悦水庄、浙江翔浙生态农业有限公司等 5 家休闲农庄被评为市三星级农家乐经营点。2016 年，杭州野芦湾生态休闲农业园被评为省四星级农家乐经营点。2017 年，全区民宿（农家乐）经营户累计 300 余户，拥有床位 6000 余张，餐位 2.8 万余个，就业人员 6000 余人，全年接待游客 875 万人，经营收入 8.28 亿元，同比增长 15.3%。是年，鸬鸟镇太公堂村被评为省级农家乐特色村。2018 年，全区新认定规范民宿（农家乐）94

图 14–14　民宿逸景湾

家、特色民宿（农家乐）11 家、精品民宿（农家乐）9 家；启动 3 个基础设施改造提升项目；径山镇双溪村被评为省级农家乐特色村。

余杭区农家乐特色村建设情况表

表 14–3

序号	农家乐特色村名称	设立时间及等级
1	鸬鸟镇山沟沟村	省级农家乐特色村（2006 年）、市级农家乐特色村（2007 年）
2	径山镇径山村	省级农家乐特色村（2009 年）、市级农家乐特色村（2008 年）
3	仓前街道葛巷村	省级农家乐特色村（2011 年）、市级农家乐特色村（2010 年）
7	塘栖镇超山村	市级农家乐特色村（2012 年）
4	径山镇小古城村	省级农家乐特色村（2015 年）
5	鸬鸟镇太公堂村	省级农家乐特色村（2017 年）、市级农家乐特色村（2011 年）
6	径山镇双溪村	省级农家乐特色村（2018 年）

第十五章　名优特产

余杭地处江南，自然环境优越，既有水网平原，又有山地丘陵，加上地少人众，历来精耕细作。平原种粮、栽桑、植果、养鱼，山区育林、培竹、种茶、造纸，创造出众多名优特产。明清时期，余杭平原地区村村栽桑，户户养蚕，蚕桑丝绸生产发达，塘栖一带成为"湖丝"主要产地。余杭所产的蚕种供应杭嘉湖及苏南地区，盛时县内13万人口有5万多人经营蚕种，年产蚕种100多万张。在农产品中，塘栖枇杷、临平甘蔗、超山青梅等更是蜚声省内外。民国18年(1929年)，浙江省政府在杭州举办"西湖博览会"，塘栖丝绸、余杭笔管、余杭清水丝绵、塘栖糯米馒糍等多种产品获奖。境内的湖羊羔皮由于质量超群，出口国外，被誉为"软宝石"。

中华人民共和国成立后，大力发展经济，努力增加农产品供应市场，大力开发工业新产品销售国内外。塘栖枇杷经过品种改良，知名度不断提高；沾桥大红袍荸荠加工成"清水马蹄"出口东南亚；"三家村"藕粉成为杭州著名旅游产品之一。在水产养殖上，余杭充分利用自身优势，除了鲢、鳙、青、草、编、鲫六大家鱼大幅增产外，甲鱼、黑鱼、黄鳝、螃蟹、沼虾人工养殖成功，其中本牌中华鳖养殖面积达到5000余亩，被命名为浙江省甲鱼之乡，产品出口日本、韩国。2004年5月，塘栖枇杷和径山茶获得原产地证明商标，本牌中华鳖获得原产地集体商标，并朝着中国驰名商标努力。

第一节　种植类

余杭地方特产自古以果品闻名，四季不断，长年不绝。民间有歌谣："樱子开头炮，荸荠收龙梢。梅子连枇杷，还有杏李桃。花红接石榴，柿子加葡萄。重阳吃菱藕，腊月甘蔗咬。"民国年间，临平有安益茂、协和顺、协兴、陈万隆、丁益感、罗福昌等家"地货行"，收购当地水果后外销。周边德清、桐乡及海宁翁家埠、许村等村民赶集多以临平为主，成为农产品集散地。据《杭县志稿》记载：临平、乔司每年出产甘蔗10万捆，瓶窑每年出产柿子10万斤，外销各地。大运河贯穿塘栖，交通历来称便，塘栖镇水北街、顺德桥一带以及西石塘是有名水果集散街，经营水果的地货行有洽记、顺昌、义昌、源记等25家之多，经营品种以枇杷为最，年销量3000余吨。余杭自古为茶叶、竹笋、药材的主产地，径山茶早就闻名，早竹笋远销苏沪，中药材300多种。近代乔司、临平、塘栖一带，种植杭白菊、荆芥、元参、白芷，本地商号收购、加工后销往外地，世称"杭四味"。

一、塘栖枇杷

塘栖枇杷是余杭最负盛名的地方特产，其果形美观，果肉玉白，嫩糯鲜甜，汁丰欲滴，营养丰富，为果中珍品。除宜生食外，可加工成罐头、果酒、果酱等。枇杷可入药，具有清热润肺、止咳

化痰、健胃利尿等功效。塘栖种植枇杷历史悠久[①]，清康熙《栖里景物略》已提及。清光绪《唐栖志》中对塘栖盛产的枇杷作了如此描绘："四五月时，金弹累累，各村皆是，�千百，远贩苏沪，岭南荔枝无以过之。"民国22年（1933年）《中国实业志》载："浙江枇杷，以杭县之塘栖为最有名，产量也最丰……不但形体巨大，汁水亦多，为他乡所不及。"塘栖枇杷为全国四大主产区之一，其他三大产区为江苏吴县洞庭山、安徽歙县三潭、福建莆田宝坑。塘栖枇杷品种有白沙、红种、草种三大类18个品种，主栽品种"软条白沙""大红袍""夹脚""杨墩""宝珠"，尤以"软条白沙"为最，属国宝级优质品种，堪称枇杷中的珍品。塘栖枇杷主要集中在塘栖镇一带，"塘栖枇杷栽种于镇周，东至泉漳、五杭，南及界河、姚家湾、东家桥，西至毛墩坝、武林头、南杨墩，北为德清县之北杨墩，周围30余里。"（《塘栖镇志》，上海书店1991年版，第105页）仁和镇和崇贤镇2005年种植面积亦有16.8平方公里，年产量为3500吨。

图15-1 塘栖软条白沙枇杷

塘栖一带池塘密布，土壤肥沃，加上果农栽培精细，采取"筑墩栽植、巧施羊肥、冬覆寸泥、精细疏果"四大方法，因而越长越好。塘栖镇为此还建成枇杷特色园区0.68平方公里。塘栖枇杷于1963年5月在北京首届全国农业展览会上展示，在1980年全国首届枇杷品种评比中荣获鲜食、制罐2项第一名，1999年10月注册"塘栖"牌商标，同年获市优质农产品展销会金奖，2001年荣获中国浙江国际农博会银奖。2001年11月，浙江省林水局命名塘栖镇为"浙江枇杷之乡"。2004年5月，国家质检总局宣布塘栖枇杷已获"原产地域产品保护"。2005年，获浙江省名牌产品和杭州市著名商标的称号，同年11月名列余杭区公众喜爱的十大商标之一。2006年，塘栖枇杷被评为区优质农产品、国家地理标志产品（GB/T19908-2005）。2007年3月，被评为浙江省著名商标。2008年3月，国家商标局正式核准31类相关商品"塘栖枇杷"证明商标的注册。2011年5月，塘栖镇被命名为"中国枇杷之乡"。2012年12月，"塘栖枇杷"注册商标被国家工商总局商标局认定为中国驰名商标。2016年3月，中华人民共和国农业部公告第2384号，"塘栖枇杷"符合农产品地理标志登记程序和条件，准予登记，并颁发中华人民共和国农产品地理标志登记证书。

二、临平甘蔗

临平甘蔗始植于唐，盛栽于宋，已有千余年栽培史，因其松脆多汁，甜而不腻，食之口中无碎屑，故有"脆比雪藕甘比蜜，滴滴入口沉疴痊"之美誉。民国《杭州府志》卷七十八："仁和临平、小林多种之，以土窖藏至春夏可经年味不变，小如芦者曰荻蔗。"因甘蔗可鲜吃，也可窖藏至翌年清明食用，调节淡季水果市场，远销江苏、上海、山东、河南、江西、安徽等10多个省市。

---

①《新唐书，地理志》载："杭州余杭郡，上。土贡：白编绫、绯绫、藤纸、木瓜、橘、蜜姜、干姜、芑、牛膝"（中华书局1997年版《新唐书》289页），中无枇杷一项。另李时珍《本草纲目》第三十卷果之二载："案郭义恭《广志》云：枇杷易种，叶微似栗，冬花春实。其子簇结有毛，四月熟，大者如鸡子，小者如龙眼，白者为上，黄者次之。"并未提及塘栖枇杷。

临平甘蔗的主要品种有临平紫皮、“白地拉”(广东紫皮)和上河青、秤杆青等。以上塘河为界,河南各乡以种植“紫皮”为主,河北各乡以栽培“青皮”为多。临平甘蔗汁多味甜,除土质、气候条件外,关键是施肥,蔗农以鸡粪、羊粪为主,辅以菜饼。甘蔗不仅营养丰富,能解渴除疲,还有清热生津润肺化痰的药用价值。民间相传甘蔗合荸荠、竹叶煎服,有清火、止咳等功效,用余火煨熟的蔗,能治小儿百日咳。

除了临平以外,塘栖也是甘蔗主产区,民国时期,塘栖甘蔗年产70多万担,以外销杭、嘉、湖为大宗,上海次之。

清代诗人姚宝田《甘蔗》诗称:“小林贡甘蔗,记之潜氏书。登场舞竿木,到老味有余。似此坚多节,异哉心未虚。”自古以来,甘蔗被视为“吉祥之物”,民间相互馈赠,喜庆之日必有甘蔗,寓意是“甘甜似蜜,节节有加”“节节高、步步高”。近年来临平甘蔗逐步被广东高杆甘蔗所代替,种植面积越来越小。

三、五常方柿

余杭自古盛产柿子,明成化《杭州府志》称:“柿有方顶、绿心、牛奶、火珠数种,多出钱塘瓶窑。”民国时,“瓶窑每年出产柿子10万斤,外销各地。”(民国《杭县志稿》卷十四《实业》)余杭柿的品种很多,有红柿、黄柿、火柿、方柿、塔柿等。西溪的五常、蒋村是著名柿子之乡,旧时以“古荡方柿”著称于世。

方柿有两个品系,即扁花柿和高脚柿。扁花柿果实中等大,平均单果重188克,呈扁圆形。果面有四条纵沟,但不很明显。果皮橙黄色至橙红色,萼片小而薄。国庆节前后上市,多作软柿供食。高脚方柿果实特大,单果平均重250克,最大的达350克,呈高方圆形。果顶明显凹陷,蒂洼深,果面四条纵沟明显。萼片大而革质。充分成熟时,果面橙黄色。但产地多于果面呈黄绿色时早采,用石灰水浸渍脱涩后,果肉嫩脆,味鲜甜,成为有浓郁柿香味的“酣柿”。故冬至前后,酣柿在杭城颇为畅销。五常方柿久享盛名,主要成因有二:一是产地生态条件(柿鱼共生)有利于柿果内质提高,柿树高大的树冠大部分“占领”着池塘的空间,柿叶等落入塘里有利于浮游生物繁殖,鱼食浮游生物而肥;酷暑时节,柿树投影于池塘水面,为鱼儿“纳凉”创造了场所,有利于鱼儿安全越夏;鱼粪及死鱼烂虾沉于水底,肥泥富含磷、钙、镁等,用作柿树肥料,对柿果内含物质的合成和积累十分有利。二是产地果农有一手柿子脱涩后熟的硬功夫,无论软柿酣柿,能使脱涩后熟恰到好处,既脱涩彻底,又使软柿“软而不酥”,酣柿“脆而不软”。柿果内含养分特多,营养成分相当丰富,还有降血压、治喉炎之功效。

四、鸬鸟蜜梨

余杭鸬鸟地处山区,气候适宜水果生长,特别是梨树。至今,境内还有树龄百年以上的野生梨树上百株。20世纪90年代,果农在科技人员指导下,通过引进和改良品种,全面推广黄花蜜梨。蜜梨个大,皮薄,外观润泽,生津润燥,清热化痰,具有治疗热咳、噎嗝、便秘、中暑、醉酒的功效。是不可多得的珍果。1999年,镇农技服务中心为鸬鸟黄花梨申请注册了“天堂鸟”商标。“天堂鸟”蜜梨为浙江省著名商标。2000年,鸬鸟镇被命名为“浙江省黄花梨之乡”。2008年,鸬鸟全镇种植面积8586亩,产量5080吨,产值2009万元。全镇蜜梨栽种面积近万亩,并建有千余亩面积的鸬鸟蜜梨特色园,是省级无公害生产基地、国家级高新农业水果示范基地。2016年,蜜梨产量达到30万公斤,加上鸬鸟当地一些合作社的产量共销售50多万公斤。

鸬鸟蜜梨品种有翠冠、新世纪、黄花、变异黄花等20余个品种。翠冠具有适应性强、树势强健、树枝开张、易于形成短果枝、抗逆性强、结果性好、品质优良、成熟期早、丰产等特点；果实近圆形，平均果重为230克左右，大果重800克以上，果皮光滑，底色暗绿，易产生锈斑，套袋后可改善外观；果肉白色，肉质细嫩且脆，汁多味甜，含可溶性固形物11%左右；7月中下旬开采。新世纪，果实大小中等，平均果重180克，最大果可达400克以上，果皮黄绿色，表面光滑，充分成熟后转为淡黄色；糖度高，果肉稍硬；7月末至8月初成熟。黄花，树势强健，树姿开张，抗逆性较强，耐粗放管理；果实圆锥形，单果重250克左右，大果可达900克以上；果肉白色，味甜、汁多，含可溶性固形物12%—13%；8月下旬成熟。

图15-2 鸬鸟翠冠蜜梨

五、小林黄姜

临平小林一带栽培黄姜，据记载，在北宋年间已盛产。《太平寰宇记》称："杭州土产干姜、橘、蜜，皆入贡。"明《本草纲目》亦有"临平山产姜"的记载。清嘉庆《大清一统志》卷二八六称："姜，仁和临平山出。"清乾隆《杭州府志》称："姜出仁和小林镇，近苏家村多种之。"小林黄姜因其姜块大壮、肉质黄密、辣香味强而著名。具有长势强、块茎大、形为瓜、皮淡黄、肉蜡黄、纤维少的特点。

小林黄姜主要产地在小林（今属东湖街道）及其紧邻的乾元、塘南、亭趾等地。这一地区多小粉土，透气性好，又为富磷区，很适宜姜的种植。主栽品种红爪姜，长势强，地下基大。皮色淡黄，芽色淡红，肉色姜黄，纤维少；另一种为黄爪姜，植株短，地下基小，辣味强，每年清明前3天—5天选种催芽，谷雨、立夏之间适期适量排姜。夏至、小满之间起者称为"娘姜"，处暑后收者称为"嫩姜"，立冬后收者称为"老姜"。

李时珍《本草纲目》载："姜辛而不荤，去邪避恶，生啖熟食，醋酱糟盐蜜煎调和，无为宜之。可蔬可和可果可药，其利博矣。"姜有除风邪寒热、治伤寒头疼鼻塞、咳逆上气，止呕吐，去痰下气，治霍乱，消浮肿和健脾胃等功能。故有"冬吃萝卜夏吃姜，郎中先生丢药箱"的谚语。姜是重要调味品，可加工成姜片、姜粉，制成糖姜、酱姜、醋姜、糟姜。小林黄姜种植面积最高时为2439亩，产量约3000吨。80年代后，随着临平城区面积扩大，种植面积减少。

六、沾桥荸荠

荸荠，又名马蹄、地栗，古称芍、凫芘。盛产于余杭沾驾桥一带（今崇贤街道），明嘉靖《仁和县志》载："荸荠，近产独山。"（今崇贤境内）相传早在南宋已列入贡品。

荸荠主产地在运河两岸，尤以沾驾桥产的大红袍荸荠最著名。该处河港交错，土质松软肥沃，极宜荸荠生长，每年小暑前后育种，早稻收割后于大田移栽，冬至前后收获。按收获期可分"冬摸荸荠"和"春摸荸荠"。以"冬摸荸荠"为优，每年冬至后至第二年立春收获，表皮通红，色泽鲜艳，酷似红袍，故称"大红袍"，以个大、皮薄、质脆、肉白、汁多、味甜、无渣而著名。

20世纪30年代，运河两岸均有种植，70年代起，荸荠削皮成鼓形，精制加工成"清水马蹄"罐头，远销港澳及欧美，1984年和1985年两次获国际金奖，享誉国际市场。

荸荠制的马蹄粉，其粉质纯细，洁白晶莹，素与藕粉、菱粉媲美，是销往港澳以及南洋一带的传统副食品，被华侨淀粉商赞为“淀粉三魁”。用于夏令羹点和冷饮食品配料，还能做粉丝、饴糖和酿酒等。洗净风干，待果皮起皱，称“风干荸荠”，其味甘甜美味。荸荠还兼具一定的药用价值。据中国医学科学院分析，每百克可食部分含醣 21 克、热能 91 千卡和丰富的矿物质，还含有多种维生素。荸荠性味甘、微寒、滑，有安中益气、开胃消食、清热止渴、醒酒解毒等功效。

七、超山杨梅

清《栖里景物略》有载：“塘栖超山产杨梅，南山杨梅尤佳。”到民国时，每年所产杨梅不下 10 万余斤（5 万多公斤），主要有大炭、小炭之分。

大炭杨梅，是超山杨梅品种群中最出名的品种。该品种果大，形圆，单果平均重 12 克，最大的可达 18 克。果面深紫黑色，色深的程度，实属国内罕见。果底有一颗翠绿色的“小瘤”，看上去宛如镶入黑绒毡中的翡翠，外观极美。大炭梅肉柱长而粗，呈棒槌状，尖端多钝圆，深紫黑色，内部为鲜红色。壁薄汁丰，含糖 15%，含酸 1.7%，甜酸适度，品质上乘。大炭梅以“色深如炭”而独具特色，与余姚的“荸荠种”、黄岩的“东魁”、温州的“东岙”、萧山的“迟色”杨梅一起被列为“浙江五大巨梅”。

小炭梅，又名金钱炭梅，是超山杨梅的又一良种，肉柱排列紧密，耐贮运，主产崇贤南山等地。此外，超山杨梅还有荔枝杨梅、湘红杨梅等。

“杨梅除鲜食外，还可加工成杨梅干、杨梅果脯、杨梅酱、杨梅罐头。每当杨梅收获季节，塘栖镇大街小巷，均有果农装筐叫卖，购者极众。居民多用烧酒浸之，有医治感冒、中暑和驱风湿，消疲劳之动能。”（《塘栖镇志》，上海书店 1990 年版，第 107 页）

八、超山青梅

民国 19 年（1930 年）《工商半月刊》之《塘栖水果之调查》称：“杭州青梅，远近驰名，但考其实际，则原料皆大半来自塘栖。梅树多栽植于镇之东南，超山更为著。”发达的现代交通推动了超山旅游业发展，上海冠生园开发的陈皮梅畅销全国，原料取给于超山，有力激发了超山梅产业的兴旺。

梅子不仅是解渴止痰的妙品，而且还能治咳嗽、泻痢、妇女血崩、小孩头疮等症。这在李时珍《本草纲目》里都有记录，超山一带，大凡青者用来作蜜饯，红者作药用，如光绪《唐栖志》载：“梅、李则独山、超山、蟠杨、横里为盛。梅有青、红二种，青者蜜饯，红者入药，苏商收买，每就其地大开园场。”“梅以生果供食者甚少，故作为鲜果，殆无价值。我国江浙两省盛产梅果，其主要用途为供各种制造之原料。”“今则陈皮梅风行全国，制造进步，销路推广，栽者日益增多，浙江杭州超山为其著名产地。”（民国吴耕民《果树园艺学》，商务印书馆，1934 年版）据《中国实业志》载，民国 22 年（1933 年），杭县梅子总产量 2200 吨。日本侵华战争时期，梅树被砍，产量下降。新中国成立后重新得到发展。至 1953 年，梅树种植面积 350 余公顷，产梅 3355 吨。1957 年，超山青梅约有 5000 多亩，总产量达 671 万斤。受工业污染，至 1987 年，全县植梅面积 123 公顷，产梅仅 4 吨。自 20 世纪 80 年代末起，消除附近的污染源，引进抗污染能力强的梅树品种，同时开发西部山区梅园基地。在鸬鸟乡横山、前庄村和长乐乡平山村试种的基础上，又在横湖、百丈、长乐等地发展梅园近 66.7 公顷。由于梅子售价较低，导致梅园管理粗放，产量锐减。2005 年，区内梅树种植面积 2745 亩（183 公顷），产量 539 吨。

超山青梅为名品，其果实肥大，色泽青绿，味酸汁多，松脆爽口，加工、鲜食俱佳。大部分制成咸梅干、蜜饯和青梅酒、梅酱、梅醋等,部分出口东南亚。

余杭区梅树有16个品种,以升箩底、软条红梅为优。升箩底、大叶毛箩、小叶毛箩三个品种统称青梅,其果皮青绿,果大肉厚,肉质松脆,汁多无苦味,含酸量最高4.58%,鲜食、加工均优,但产量低,栽培面积占梅区总面积的10%左右。软条红梅,树势强健,抗逆性强,特别是抗污染能力较强,花芽大而饱满,开花最迟,投产早,着果率高,高产稳定。加工梅坯利用率达60.5%,质量好,是加工蜜饯的主要品种。

九、塘橘

民国《杭县志稿》记载:"蜜橘塘栖特产,原种来自江西,明代列入贡品,出产亦多。自清光绪十八年(1892年)、民国十九年(1930年)二次大冻,树多冻萎,……惟塘栖气候与土质于栽桔不甚适宜,须根本改良。"又据1930年《工商半月刊》第二卷第十期《塘栖水果之调查》载:"塘栖每年所产柑橘,约值银十万余元,内中朱橘占全额之半,红橘次之,占十分之四,早红及蜜橘又次之,占十分之一。"又云:"价格自三元至十一元。销路以杭州为主,近郊各县次之。"并还记载了当时柑橘的主要栽培品种有朱橘、早红、红橘、蜜橘、假蜜橘等5个,还分别描述了其主要特征特性。以上资料说明,余杭县在明代就形成了柑橘生产,民国期间柑橘栽培达到一定的面积,年产柑橘约万担,已形成商品。当时在杭州、金华一带,"塘桔"老幼皆知。

十、良渚春笋

又称大陆春笋,为早竹笋,民国时就闻名,产地包括今三墩、五常一带。以早、嫩、鲜的特点在杭、沪、宁地区享有盛誉。这里地处低丘与平原,多东南坡向。西北有较高山脉,风速小,日出早,冬天温度常在10℃以上,特别适宜春笋早发。每年立春一过,竹笋就上市,部分早笋直接空运往香港。

20世纪70年代,附近瓶窑镇的长命、彭公等地发展早竹笋,推广春笋冬出技术,用砻糠、稻草覆盖竹地,每亩可产1000余公斤,冬至前后就能上市。1991年,早竹笋面积达1万余亩(666.67多公顷),总产量10487吨。至2005年,每亩产早竹笋1.5万吨。1995年,彭公重视农业科技运用和推广,推行早稻抛秧直播轻型栽培技术,亩产达400公斤;早竹笋生产推行覆盖技术,达802万元;笋干生产由于采用了新工艺,产值达330万元;由于竹农采用"春笋冬出"技术,使彭公竹笋销售收入达1431万元,占竹笋总收入的84%。2004年,杭州余杭瓶窑早竹笋专业合作社成立,从事竹笋种植、加工、销售、技术推广。

十一、径山茶

径山茶是浙江传统名茶,又名径山毛峰。产品因产地而得名,属绿茶类名茶。径山山岭高耸,岭峰高处多雾,气候潮湿,峰谷山坡多为黄、红壤,土质肥沃,结构疏松,有绝佳的种植环境。相传径山寺开山祖师法钦曾植茶树数株,采以供佛,逾年蔓延山谷,其味鲜芳特异。后日本僧人南浦昭明禅师在径山寺研究佛学,归国时带去径山茶籽和饮茶器皿,并把碾茶法传入日本,径山成为日本茶道文化发祥地。清雍正《浙江通志》有"径山茶"条目,清嘉庆《余杭县志》卷三十八记载:"产茶之地有径山,四壁坞及里山坞出者多佳,至凌霄峰尤不可多得。大约出自径山四壁坞者色淡而味长,出自里山坞者色青而味薄。此又南北乡之分也。"清康熙年间钱塘诗人金虞有《径山采茶歌》曰:"半阴半晴谷雨时,一旗一枪无几株。氤氲香浅露光涩,颇觉深山春到迟。"

1978年,在农业技术人员帮助下,恢复发展径山名茶。栽种面积约20平方公里,主要分布在径山、余杭、中泰、黄湖、闲林等乡镇,年总产量达600多吨。1979年,径山香茗被浙江省列为省名茶之一。1985 年被农牧渔业部评为全国名茶,1988 年荣获首届中国食品博览会银奖。列入全省十大名茶,并获浙江省著名商标。2008 年,径山茶总面积 2166.67 公顷,年产量超过 850 吨,总产值 2.3 亿元。2009 年 6 月,径山茶再次获评浙江省十大名茶。2010 年 10 月,余杭区径山茶行业协会的“径山茶”注册商标位列第三,成为余杭农产品通过行政途径获得的首个中国驰名商标。2018 年,径山茶获评农业农村部农产品地理标志认证。是年,径山茶在全区的茶园面积 6.45 万亩,总产量 8512 吨,产值 8.95 亿元。

径山茶采制技术考究,嫩采早摘,以谷雨前为佳。采摘标准为一芽一叶或一芽二叶初展。通常 1 公斤干茶需 6.2 万个左右芽叶。径山茶成品条索纤细苗秀,芽峰显露,色泽绿翠,汤色鲜明,有板栗香,经饮耐泡。

第二节 养殖类

余杭养殖业历史悠久,据塘栖《栖乘类编》记载,明清之际,塘栖西南诸乡就曾有人据地成池,畜鱼种藕,故运河沿岸为渔业最盛区域。塘栖鱼行除本地销售外,大多用活水船装运送往杭、沪、苏、嘉等地。民国年间运售沪上者,仅次于太湖、菱湖两帮。余杭东乡和西溪一带也是渔业重要产地。20 世纪 90 年代以来,发展名特水产品,逐步形成甲鱼、黑鱼和虾类为主导品种的生产格局。

一、余杭逆鱼

逆鱼又名鲔鱼,俗呼跳白鱼,是余杭特产。《山海经》称:“苕水中多鲔鱼。”每逢黄梅季节,鱼儿便会从太湖逆水而来,在余杭镇通济桥周围产籽繁衍。梅雨一过,又返回太湖。每当“盛夏梅雨,大水时至,鱼逆水而上。始自沙溪,而逆钱塘之安溪、瓶窑,与水争道,万千为族,渔者截流举罾,一网可数斤”(《重修浙江通志稿》)。清嘉庆《余杭县志》载:“五月溪水暴涨时,太湖鱼逆流而上,至临安界,即随水东还,身不渝二寸,鳞文细白,名曰逆鱼。其味亦异于凡鱼,居人设投网,不分昼夜,至夏至日即止。”此鱼色银白,味鲜美,很受欢迎。

20 世纪 70 年代建造青山水库后,苕溪流水渐趋平缓,逆鱼减少。

清代余杭诗人章浚有《食鲔鱼》诗:“黄梅雨过鮆鱼肥,逆水来游傍钓矶。三两寸长菖叶小,百千头聚藻蒲依。一镫乍罨青溪艇,双扇如撑白板扉。料得老渔乘夜去,倒钩凉月浸蓑衣。”

二、博陆黑鱼

黑鱼,又名乌鱼、乌鳢鱼。肉多白嫩,味鲜美,每百克含蛋白质 19.8 克、脂肪 1.4 克。也是药用鱼子类,有去湿、利尿、通气消肿、催乳补血和愈合功效。

图 15-3 博陆黑鱼

黑鱼是余杭水产养殖主导产品之一,其人工养殖始于 20 世纪 90 年代。经过几年快速发展,成为余杭重要产业,并逐步形成区域化布局、规模化生产、集约化经营、系列化服务的产业化格局。2003 年，全区黑鱼专养面积 3360 亩（224 公顷），产量 6000 余吨，是全省规模最大黑鱼养殖基地。“博陆”牌黑鱼因其品质、品味和口感与野生黑鱼无异而远近闻名，深受消费者青睐，产品畅销杭州、南京、宁波、上海、武汉、广州等大中城市，并出口韩国。1998 年获浙江省优质农产品银奖，2001 年获浙江省首届渔业博览会金奖、中国国际农业博览会银奖。博陆被浙江省海洋与渔业局授予“黑鱼之乡”称号。

2003 年，博陆黑鱼及其养殖基地分别通过了浙江省无公害农产品认证和无公害水产品养殖基地认证。2015 年后，因治理污染，黑鱼养殖逐渐减少。

三、本牌中华鳖

2000 年，余杭区整合 146 家中华鳖养殖场（户）成立本牌中华鳖管理协会，会员基地养殖面积 1.16 万亩，注册“本”牌商标。本牌中华鳖采用全生态养殖模式，从稚鳖到商品鳖全程在露天池塘中养殖，通过投喂人工配合饲料与天然饵料，用 2–3 年时间完成一个生产周期。由于恢复了甲鱼冬眠的自然习性，延长了生长周期，商品鳖质量得到显著提升。产品先后被评为浙江省名牌产品、中国国际农博会名牌产品及全国最畅销农产品。2005 年，本牌商标经国家商标局批准注册为国家级集体商标。2006 年，获浙江省著名商标和浙江省十大特色农产品品牌称号。2006 年，本牌中华鳖销售 4100 吨，覆盖江浙沪市场并远销日本和韩国，销售额达到 2.16 亿元。

图 15–4 本牌中华鳖

四、余杭蚕种

余杭蚕种素负盛名，早在清代就行销杭、嘉、湖各地。清崔应榴《蚕事统记》称：“蚕有杜种、有山种，山种皆买之余杭。其蚕食叶粗猛，兼耐燥湿，比杜种易养，缫丝分量之较杜种为重，乡人牟利，趋之若鹜。”还有人将余杭蚕种售往日本。清人赵第鼎《辑里湖丝调查记》称，民国 19 年（1930 年）前后，“余杭人口十三万人，而全持蚕种业为生的达五六万人”。清末以县城西门外的“何福清”蚕种最有名，仅其一家，年产蚕种近万张，每年都由其决定蚕种价格和发包日。吴福清所售蚕种用“牡丹为记”的牌号。清光绪年间，余杭杨乃武出狱后，以养蚕育种为生，到 19 世纪 80 年代时“风参牡丹”“杨乃武记”牌号已远近闻名。民国 19 年，余杭登记牌号蚕种商达 1350 家，主要有 “吴祥富记”“沈元龙记”“洋房”“地图”“金松梅”“吴翔丰”“竹春堂”“吴云龙”“田丰伟”“双狮”“比石堂”“鸿翔凤”“天宝堂”，最盛时年产蚕种 100 万张。民国时，育种商号锐减，中华人民共和国成立后改由国家蚕种场统一制种。

第三节 加工类

余杭物产丰富，人民手勤心巧。在长期的生产实践中，利用先进的生产工艺，将当地所产加工成远近闻名的土特产，其中享有盛名的有清水丝绵、湖羊羔皮等。

一、清水丝绵

余杭镇东西诸乡自古产丝绵，尤以吴山乡（今属仓前镇）凌村营所产数量多、质量好。《杭州府志》称：“钱塘、仁和、余杭……以同宫茧与出蛾茧不任缫丝者，称为绵，以余杭所出为佳。”宋、元、明各朝，都将其列为贡品，清康熙时还远销日本。民国期间，余杭镇有丝绵行4家，以“苏晋卿”“老恒昌”最有名，年收购量约400担。老恒昌年收购约200担，产期日收500斤—600斤，行销沪杭等地。“苏晋卿”清水丝绵在民国18年（1929年）“西湖博览会”上获特等奖。

余杭清水丝绵色泽洁白无瑕、边道薄匀、手感柔软绵和、质地坚韧，即使长久存放也不会泛黄，是制作御寒衣服被褥的上等材料，余杭清水丝绵按品质高低，分成牡丹牌、红牌和绿牌几个等级，以牡丹牌为最佳。清水丝绵的漂洗讲究水质，余杭镇有得天独厚苕溪之水。工艺流程为茧前处理、蒸煮、剥翻、漂洗、扯绵、干燥、包装，蒸煮、漂洗，去掉茧中丝胶，净留丝质，丝绵质量好。余杭丝绵素以光亮洁白、无绵块、无绵筋、无杂质、手感柔滑、弹性好、厚薄均匀而驰名中外。加工清水丝绵，要求茧丝拉松、边口拉薄，分布均匀。用针线串成串挂于竹竿之上，一次性晒干，出口产品还要加第二次松环的工序，以一斤（0.5公斤）为单位分套成件。

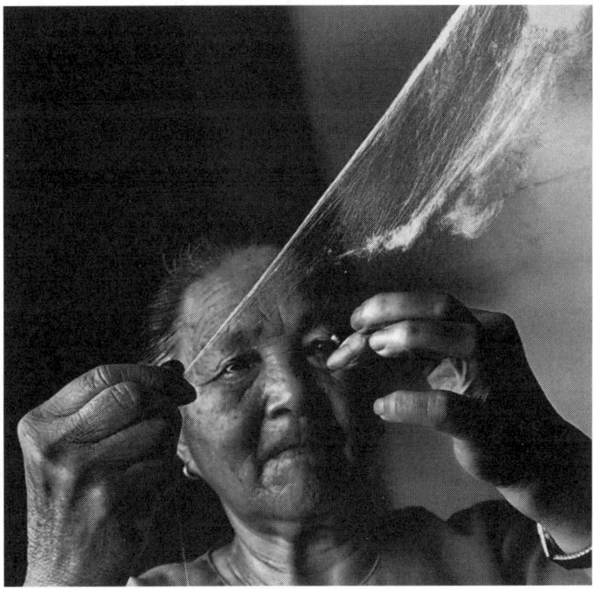

图15-5　清水丝绵制作技艺

余杭清水丝绵，2008年6月列入第二批国家级非物质文化遗产。2009年，作为“中国蚕桑丝织传统技艺”的子项目，被联合国教科文组织列入“人类非物质文化遗产代表作名录”。

二、湖羊羔皮

湖羊羔皮，俗称“小湖羊皮”，皮板轻柔，毛色洁白，毛丛光亮。波浪花纹，清晰美观，富有弹性，扑而不散。可根据消费者爱好，随意染成各种鲜艳的色泽。优秀的染色师能将白色羔皮染制成各种兽皮花纹。因此，许多国家的富豪巨贾，视其为珍品，有“世界软宝石”之称。余杭是湖羊羔皮重点产区，1923年开始出口，在国际市场一直享有盛誉。特别是西欧一些国家的妇女，喜欢用小湖羊皮制作翻毛长短大衣、披肩、围巾、帽子等。日本和中国港澳地区等对小湖羊皮的需求也十分迫切。小湖羊皮根据毛的色泽以及花纹的宽窄度和清晰度，分级贮藏。从1957年至1986年的30年间，全县共收购小湖羊皮123万张，最多的1968年曾收购5.8万张，为国家换取了大量外汇。20世纪90年代以后因湖羊饲养量逐渐减少，湖羊羔皮收购逐步下降。

三、余杭笔管

笔管是余杭传统名产，著名的善琏“湖笔”，其笔管原料大多出自余杭。过去余杭镇南乡盛产苦竹，苦竹细长而均匀，一亩竹山可产几万斤。每年秋冬，农民把它砍下山来，用细砂带水砂去黑皮，漂清后晒白，用笔管刀分节切下，除去节头，量材选料，按质分类。余杭所产苦竹“心实性坚”，“其节疏，其体劲直，虽久不裂”（清光绪《余杭县志》卷三十八）。余杭所制笔管节长形圆，颜色洁白，无瑕斑，厚实坚韧，不易破碎，不易虫蛀。余杭笔管庄讲究量材选料，按质分类。其所产笔管按高低档次可分为楝、选、元、亨、利、贞6等；按粗细要求分为上正、上上、上匀、小楷、指全5个品种；按长度分为细全、青方、粗全、甲全、平管、筒管、三料、四料、短套、长料10个规格。细全、青方是主品，长度分别为17厘米和14厘米；三料和四料的长度分别为22厘米和24厘米。细全、青方是用来制作各种规格的中、高档毛笔的；粗全制作低档毛笔，其余制作烟管、鼓棒。

余杭董恒昌笔管庄，在余杭镇中正路，清光绪二年（1876年）开业，兼制毛笔，在上海设有笔管分庄。民国18年（1929年），董恒昌所产的中长锋羊毫在"西湖博览会"上展出，获得一等奖。后笔庄移上海营业。余杭笔管业在抗日战争前最为兴盛，民国22年（1933年）外销6万捆，约2.4亿根。除在本省内销售外，还远销吉林、辽宁、黑龙江、河北、河南、北京、上海、山东、江苏、安徽等省市。后随着钢笔、圆珠笔等硬笔取代毛笔，笔管生产大为减少。

四、中泰竹笛

中泰竹笛产于中泰乡铜岭桥一带，系以苦竹制作用于吹奏的民间乐器，也是独特的民间工艺品。中泰是浙江省苦竹之乡，为全国苦竹定向培植示范园区，早有"南乡竹海，绿色宝库"之称。中泰苦竹为国内独有的制作民族乐器笛、箫的上等优质原材料。20世纪70年代，上海民族乐器厂就在中泰乡开办联营厂开始制笛。2005年，全乡共有竹笛生产和加工配套企业86家，从业人数5000余人，2006年生产竹笛150多万支，占全国生产总量的73%，竹笛加工产值达4000多万元。生产的各类高、中、低档竹笛、竹箫等产品畅销全国及新加坡等国家。竹笛制作工艺十分细腻、严密，前后需要70多道工序。首先是选料，要选3年以上苦竹原料，取其靠根部的竹节，并置通风处2年以上。还要弃掉虫蛀、伤疤，余下才是上选的制笛材料。

图 15-6 中泰竹笛制作技艺

中泰竹笛以其音响优雅、做工精细、用料考究、风格独特而得到乐界的重视和人们的喜爱。融入竹刻、竹雕民间工艺的中泰竹笛既有高雅飘逸浮雕之秀，更有音色瞭亮的笛声之美。2006年6月，省文化厅授予中泰乡"省民族民间艺术（竹笛）之乡"称号。

五、"三家村"藕粉

藕粉自古是余杭土产，民国《杭州府志》卷八十四载："藕粉，舂藕汁，去滓，晒粉。西湖所出为良，今出唐栖及艮山门外。"据清光绪《唐栖志》载："藕粉者，屑藕汁为之，他处多伪，掺真赝各半，惟唐栖三家村业此者，以藕贱不必假他物为之也。"余杭沾驾桥三家村（今属崇贤街道）一带地势低洼，河港交叉，塘荡特多，土壤肥沃特别适宜莲藕生长，粉质细腻，是制藕粉的最佳选择。寒露到翌年清明，是制藕粉时节，更以霜降到小雪所制藕粉最好。

三家村藕粉色泽微红呈片状，洁净清香，无杂质、耐久贮。营养价值很高，有生津开胃，清热补肺，养血益气等功效，且极易消化，是最宜老人、产妇、婴儿和病人食用的滋补品。"昔赖手工操作，自磨藕、榨汁、晾晒，每担鲜藕可制粉 6 斤—7 斤。自农历八月半至次年清明为生产期。尤以舍廊村所产为佳。”（《塘栖镇志》第 109 页）

清代诗人姚思勤《藕粉》诗云：“谁碾玉玲珑，绕磨滴芳液。濯泥本不染，渍粉讵太白。铺奁暴秋阳，片片银刀画。一撮点汤调，犀匙溜滑泽。”泡若后不食用，15 分钟会化成汤汁，此为鉴别真假三家村藕粉简单可靠的方法。三家村藕粉，旧时素由私商收购后，运销全国各地。1972 年，美国总统尼克松访华时，在杭州品尝三家村藕粉后，赞不绝口。

六、烘青豆

塘栖、东塘一带历来有做“烘青豆”的习俗。清初《栖里景物略》记载：“土人七八月间初熟时，取其青而嫩者，剥出煮熟，烘燥为之熏豆，藏于点茶。”

每逢毛豆上市，家家户户便选择壮实的“香脂豆”，加盐煮熟后放在炭火上烘干即成。烘青豆，俗称烘豆，味咸，色青，鲜美爽口。既可闲食，又可下酒，老人还将烘豆磨成粉食用或用以佐早粥。烘青豆制作过程是：先将新鲜毛豆荚剥去外壳（不能去内衣），淘净，入锅煮熟（不要煮酥），去汤盛竹箩内任其晾干；火盆盛装炭火（硬柴火也可，以看不见火焰为度），用竹篾皮圈住，将煮好的豆摊放竹筛上，搁于竹篾皮上端烘烤约三四个小时。烘时勤翻，并注意火候，以免烘焦竹筛和竹篾皮，或发生其他意外。用铁丝筛烘则稍快一些，但仍须小心。烘青豆色泽要青，发黄者不是上品，且豆粒过于饱满也不很理想，豆粒细小略呈扁形者为佳。清代塘栖诗人韩应潮《烘豆》诗：“莫笑冬烘老圃俦，豆棚早屑话深秋。匀圆剥出纤纤手，新嫩淘米瑟瑟流。活火焙干青玉脆，盈瓶赠到绿珠投。堆盘正好消寒夜，细嚼诗情一种幽。”

民间流传的茶会，即用烘青豆泡茶，俗称咸茶，乃用上等茶叶加烘青豆及盐渍过的橙皮、野芝麻、香干丁等作料冲泡而成，色、香、味齐全的茶，深受妇女喜爱。吃烘豆茶有很多讲究，诸如水要现烧，茶叶要嫩，烘豆要青，作料要全。吃烘豆茶用“吃”不用“喝”，也有着讲究，涯斗最后可以连茶叶一起吃完。2005 年，“吃咸茶”被列入杭州市余杭区首批非物质文化遗产名录。塘栖人张永华将烘青豆传统制作工艺加以改良和产业化，并创办杭州忆江南茶业有限公司，专门生产、配制烘豆茶等系列产品，还将烘青豆这一独具余杭特色传统小食经“沃尔玛”等知名跨国公司销往世界各地。

七、黄裕和小磨麻油

临平黄裕和麻油店创始于清道光初，后制作麻油技术不断提高，销量倍增，声名鹊起，慕名来购者络绎不绝，更有沪、嘉、湖等地到临平游人购作馈赠礼品。旧时，市场上麻油有大磨、小磨之分，小磨质优于大磨。黄裕和生产小磨麻油，闻名遐迩，百年不衰，其关键在于芝麻的选购，以当年收获的颗粒饱满无杂质的本地白芝麻为主，崇明产的优质芝麻为辅。芝麻经过细筛后再用清水淘晾干，以备炒制。炒制，把握好炉灶火候，旺弱适中；把握好熟的程度，做到均匀、快速翻炒，确保芝麻不焦，以免烧焦而影响麻油的色香味。芝麻入磨成糊（每作以百斤芝麻为准）人缸，凭经验加入少量的沸水，用棍棒在缸周顺时针方向缓缓搅转，杂质用铜瓢舀尽；用空心铜锤在麻酱表面轻轻掀压使麻油上浮，即舀出；第三次又用铜钹反复揿压。如此多次，油渣表层出水，油尽成渣。这样生产出来的麻油，具有“色黄而清莹，香浓而久凝，味醇而不腻，久存而不坏”四大特点。一般麻油的保存期为 1 年，黄裕和的小磨油可保存 3 年品质不变，且无沉淀物。黄裕和麻油店在临平重光桥侧，因为黄氏小磨油的名气大，后临平人将“重光桥”称作“麻油桥”。

第十六章　机　　构

中国自古是一个农业大国，从战国商鞅提出“国之所以兴者，农战也”的奖励耕战之法，到西汉文帝刘恒提出“夫农，天下之本也”、景帝刘启提出“农，天下之本也”的重农措施后，重视农业、以农为本的政策成为历朝历代竞相效法的最基本的经济指导思想，并被当作立国之本。中国历史上均设置了诸如治粟内史、大农令、大司农、司农寺卿等不同职能、不同称谓的农业职官，还有渔人、水虞、渔师等专司渔业之职官。而劝课农桑便是一方州、府、县吏治的要务，知州、知府、知县等官员都必须在辖区内积极劝农耕织，发展农业生产。至清末，开始设置管理农业的行政机构农工商总局，下设农务司，具体掌管农林诸事。光绪二十七年（1901 年）浙江省设立农工商矿局，宣统元年（1909 年）改为劝业道。辛亥革命后，农林（水利、渔业、气象）机构均由省分区设置。民国初由浙江省实业厅兼管，民国 16 年（1927 年）后由浙江省建设厅管理。

中华人民共和国成立后，农业作为国民经济重要的基础产业，中国共产党和人民政府历来非常重视农业、农村、农民问题，党委、政府均设置有指导管理农业、农村工作的相关机构。自 1949 年 5 月设立实业科到 2018 年的农业局（农办），余杭的农业、农村管理机构的成长史与人民政权的成长史同步共进。近 70 年的岁月更迭、时代变迁，虽然名称改来改去，机构拆拆并并，变动频繁，但建制的构成与变化总是伴随着余杭农业农村经济社会的发展而不断地调整、充实和完善。

第一节　农业工作机构

清代之前，境内无专设的农业机构，有关农业行政事务均有地方行政长官知事、知县统揽。民国元年（1912 年）1 月，废清朝设置的钱塘、仁和两县，改置杭县。民国 3 年（1914 年）设道制，置钱塘道，道尹驻杭县，杭县与余杭县均直属钱塘道。中华民国初建，在行政组织设置上依旧沿用清朝旧制，县公署中并无专管农业事务的机构，而仍由县长等地方行政长官综管全县行政事务。民国 16 年（1927 年）5 月，废道制，实行省、县二级制，杭县析出 6 个地区置杭州市。同年 8 月，浙江省政府委员会主席张人杰、建设厅厅长程振钧以建字第 7215 号令令各县县长克期组织成立县政府建设科。民国 17 年（1928 年），县政府成立建设科，内设科长、科员、技士、技佐等人员，负责管理全县农业、林业、水利、交通、道路建设等行政技术业务。建设科在行政上对县长负责，业务上由浙江省建设厅及所属部门管辖。

1949 年 5 月 2 日、3 日，余杭县、杭县先后解放。22、23 日，余杭县人民政府、杭县人民政府相继建立，并设实业科，负责分管全县农业、水利、林业、交通建设等事宜。其间，机构名称屡有变化，有建设科、农林科、农林建设科、农林水利局、农业局、水利局、林业科等各种称谓。1958 年

4 月，杭县建置撤销，并入杭州市郊区。10 月，余杭县建置撤销，并入临安县。

1959 年 3 月，杭州市郊区分成拱墅、半山联社，并先后建立农林水利局、农业机械局。1960 年 1 月，拱墅、半山联社合并，建立钱塘联社，并建立农林水利局、农业机械局、畜牧特产局。1961 年 3 月，余杭县从临安县析出，并入钱塘联社。4 月，撤销钱塘联社，恢复余杭县建制，并建立农业局。

1962 年—1965 年，余杭县农业、水利、林业部门先后合并，建立农业局。1966 年 5 月 16 日，"文化大革命"开始。1967 年 3 月，中国人民解放军余杭县人民武装部奉命建立生产办公室，暂时负责全县工农业生产。1968 年 7 月 10 日，成立由军队、干部、群众代表组成的余杭县革命委员会，实行党政"一元化"领导。工作机构由县革委会政治工作组、办事组、生产指挥组、人民保卫组所替代。1968 年—1969 年，农业局在历经革委会、人民农业服务站革委会、农业办公室的撤撤建建后，于 1970 年底得以恢复。1977 年—2001 年，农业局机构撤并分合、职能调整变化较多，林业水利、农业机械、水产、土地管理和审批征用、农村经济经营管理、农场管理等职能先后并入或析出。2001 年 3 月，余杭撤市设区，并建立新的农业局。

（一）1949年—1959 年

1949 年 5 月，余杭县人民政府（人民委员会）建立实业科。1950 年 6 月，撤销实业科，改建为建设科，1953 年 1 月撤销。1951 年 2 月 23 日，建立农林科。1955 年 5 月，农林科改建为余杭县农林水利局。1956 年 8 月，余杭县农林水利局分设为农业局、水利局、林业科。1958 年 8 月，建立农具改革办公室。1958 年 10 月，余杭县并入临安县。

实业科

　　副科长　周传文（1950.2—1950.6）

建设科

　　科　长　周传文（1950.11—1953.1）

　　副科长　周传文（1950.6—1950.11，主持工作）

农林科

　　科　长　周传文（1951.6—1953.1，兼任建设科科长）

　　　　　　惠兆福（1954.4—1955.1）

　　　　　　林宽祥（1955.1—1955.5）

　　副科长　李祖镜（1953.2—1954.4，主持工作）

农林水利局

　　局　长　于一峰（1955.5—1955.11）

　　　　　　高荫良（1955.11—1956.6）

农业局

　　局　长　白洪利（1956.8 未到职，1956.8—1958.9 由周光信主持工作）

　　　　　　高潮铭（1958.9—1958.10）

水利局

　　局　长　周光信（1956.8—1958.10）

林业科

　　科　长　刘承武（1956.8—1958.10）

农具改革办公室

副主任 陈幼芳(1958.8—1958.10)

1949年5月,杭县人民政府(人民委员会)建立实业科。1951年12月,撤销实业科,改建为农林建设科。1955年6月,农林建设科改建为杭县农林水利局。1956年9月,建立杭县水产局。1957年2月,杭县水产局改称水产科。

实业科

科　长 胡广清(1949.5—1950.3)

韩力民(1950.3—1951.5)

刘延发(1951.5—1951.7)

李广新(1951.8—1951.12)

副科长 姜兴茂(1949.5—1950.3;1951.3—1951.10)

农林建设科

科　长 李广新(1951.12—1953.11)

黄瑞卿(1954.10—1955.6)

副科长 黄瑞卿(1953.9—1954.10,其中1953.11—1954.2主持工作)

王成君(1953.12—1954.8)

王庆云(1953.12—1955.6)

农林水利局

局　长 李广新(兼,1955.8—1956.6)

王庆云(1956.6—1957.5)

葛爱华(1957.5—1958.4)

副局长 黄瑞卿(1955.6—1956.8)

王庆云(1955.6—1956.6)

詹茂馨(1955.9—1958.4)

汤永桂(1956.9—1958.4)

张和清(1957.1—1957.8)

张新民(1957.2—1957.8)

水产局

副局长 沈金发(1956.9—1957.2)

水产科

副科长 刘兆成(1957.2—1958.4,主持工作)

1958年4月,杭县划为杭州市郊区。5月,建立杭州市临平、塘栖、三墩、上泗4个区。各区人民委员会建立农林科,农业生产和农村工作由杭州市郊区办事处及中共杭州市委农村工作委员会负责领导与管理。10月,实现人民公社化。1959年1月,区建制撤销,农林科随之撤销。

临平区农林科

副科长 施明辉(1958.5—1959.1,主持工作)

塘栖区农林科

副科长 张和清(1958.5—1959.1,主持工作)

三墩区农林科

副科长　李寿根(1958.5—1959.1,主持工作)

(二)1959 年—1961 年

1959 年 3 月,杭州市郊区分别建立杭州市半山联社管理委员会、拱墅联社管理委员会。同月,建立半山联社农林水利局。1959 年 11 月,建立半山联社农业机械局。

农林水利局

副局长　曹庆南(1959.3—1960.1 主持工作)

李荣祥(1959.3—1960.1)

董连荣(1959.6—1959.12)

农业机械局

副局长　金高虎(1959.11—1960.1)

肖兴炎(1959.11—1960.1)

1960 年 1 月 14 日,半山、拱墅联社合并,建立杭州市钱塘联社管理委员。同月,建立钱塘联社农林水利局、农业机械局、畜牧特产局。

农林水利局

局　长　孙兆存(1960.1—1961.4)

副局长　李荣祥(1960.1—1960.10)

宋竹友(1960.7—1961.4)

王祖庭(1960.7—1960.10)

张有瑜(1960.10—1961.4)

农业机械局

局　长　周松樵(1960.1—1961.4)

副局长　范甦武(1960.1—1961.4)

畜牧特产局

局　长　徐桂龄(1960.1—1961.4)

副局长　张有瑜(1960.1—1960.10)

沈虹士(1960.2—1961.4)

(三)1961 年—1994 年

1961 年 4 月,钱塘联社析出上泗区全部、留下区大部,并入原属杭州市的九堡公社,恢复县建制,定名余杭县。同月,建立余杭县农业局。1962 年 6 月,余杭县农业局与余杭县山林水利局的水利部门合并,建立余杭县农业水利局。1965 年 3 月,余杭县农业水利局与余杭县林业局合并,建立余杭县农业局。1968 年 7 月 17 日,建立余杭县农业局革命委员会。1969 年 3 月 18 日,撤销余杭县农业局革命委员会,建立余杭县人民农业服务站革命委员会。1969 年 12 月 12 日,撤销余杭县人民农业服务站革命委员会,建立农业办公室。1970 年 12 月 28 日,恢复余杭县农业局,并建立革命领导小组。1972 年 5 月 18 日,建立农业机械办公室。1976 年 1 月 5 日,撤销农业机械办公室,建立余杭县农业机械局。1977 年 11 月,余杭县农业局所属林业水利机构划归余杭县林业水利局。1978 年 4 月 20 日,撤销余杭县农业局革命领导小组。1984 年 1 月 27 日,余杭县农业机械局并入余杭县农业局。1984 年 2 月 23 日,建立余杭县水产供销公司,余杭县农业局所属水产机构划归余杭县水产供销公司。1984 年 10 月 24 日，建立余杭县水产局，与余杭县水产供销公司两块牌子，一套班子。1988 年 7 月，余杭县农业局所属土地管理和审批征用机构划归余杭县土地管理局。1990 年 5 月 1 日，政企分开，撤销余杭县水产供销公司，归属余杭县水产局管理。

农业局

局　长　宋竹友（1962.1—1962.6）

副局长　宋竹友（1961.4—1962.1，主持工作）

张有瑜（1961.4—1962.6）

沈虹士（1961.4—1962.6）

俞文孝（1961.9，未到职）

农业水利局

局　长　宋竹友（1962.6—1965.3）

副局长　张有瑜（1962.6—1965.3）

沈虹士（1962.6—1963.6）

周光信（1962.6—1963.12）

农业局

局　长　宋竹友（1965.3—1968.7）

副局长　张有瑜（1965.3—1966.7）

汤永桂（1965.3—1968.7）

唐章利（1965.3—1968.7）

钟发寿（1965.3—1968.7）

农业局革命委员会

副主任　郑元春（1968.7—1969.3，主持工作）

人民农业服务站革命委员会

副主任　郑元春（1969.3—1969.12，主持工作）

游慕圣（1969.3—1969.12）

农业办公室

主　任　朱万成（兼，1969.12—1970.12）

副主任　游慕圣（1969.12—1970.12）

农业局革命领导小组

组　长　乔元魁（1970.12—1978.4）

副组长　游慕圣（1970.12—1978.4）

宋竹友（1972.5—1978.4）

戴志达（1977.7—1978.4）

丁柏泉（1977.11—1978.4）

农业机械办公室

主　任　王林千（兼，1972.5—1976.1）

副主任　张志华（1972.5—1976.1）

农业机械局

负责人 王万富(1976.1—1977.4,主持工作)

张志华(1976.1—1977.4;1977.5—1977.7)

农业机械局

局 长 孙兆存(1977.7—1983.4)

副局长 张志华(1977.7—1981.11)

文成仪(1981.11—1984.1,其中1983.4—1984.1主持工作)

应家柳(1983.4—1984.1)

农业局

局 长 乔元魁(1978.4—1981.10)

戴志达(兼,1981.10—1984.1)

陈明松(1984.1—1985.10)

方鸿鑫(1985.10—1993.5)

郁连荣(1993.5—1994.4)

副局长 戴志达(1978.4—1980.12,其中兼,1980.12—1981.2)

丁柏泉(1978.4—1982.8)

陈三六(1978.4—1984.1)

沈虹士(1979.11—1984.1)

洪生林(1981.8—1982.10)

唐维生(1982.9—1984.1)

韩元芳(1982.10—1984.1)

方鸿鑫(1984.1—1985.10)

应家柳(1984.1—1985.6)

章季怀(女,1984.7—1986.3)

林小松(1985.12—1994.4)

凌美娟(女,1986.3—1994.4)

赵福洪(1989.3—1994.4)

金文校(1989.3—1994.4)

水产供销公司

经 理 陈三六(1984.2—1984.10)

副经理 王志镛(1984.2—1984.10)

曹祖发(1984.2—1984.10)

水产局(水产供销公司)

局 长 陈三六(1984.10—1986.12)

(经理) 濮志同(1986.12—1989.1)

副局长 王志镛(1984.10—1990.5)

(副经理)曹祖发(1984.10—1990.5)

水产局

局　长　王志镛(1990.5—1994.4)

副局长　王志镛(1990.5—1990.5)

曹祖发(1990.5—1994.4)

严正华(1992.6—1993.3)

(四)1994 年—2001 年

1994 年 4 月 5 日,余杭以原行政区域撤县设市。余杭县农业局、余杭县水产局随之改为余杭市农业局、余杭市水产局。1996 年 11 月 18 日,撤销余杭市农业局、余杭市水产局,建立新的余杭市农业局。

农业局

局　长　郁连荣(1994.4—1996.11)

副局长　林小松(1994.4—1994.10)

凌美娟(女,1994.4—1996.11)

赵福洪(1994.4—1996.11)

金文校(1994.4—1996.11)

马金德(1994.7—1996.11)

水产局

局　长　王志镛(1994.4—1996.11)

副局长　曹祖发(1994.4—1996.11)

农业局

局　长　郁连荣(1996.11—2001.3)

副局长　金文校(1996.11—2001.3)

曹祖发(1996.11—1998.4)

凌美娟(女,1996.11—1998.4)

马金德(1996.11—1998.9)

俞再国(1998.4—2001.3)

陈月兴(1998.4—2001.3)

马继春(1998.9—2001.3)

(五)2001年—2018 年

2001 年 3 月 9 日,撤销余杭市,设立杭州市余杭区。25 日,余杭区正式挂牌。余杭市农业局随之改为杭州市余杭区农业局。2001 年 8 月 10 日,不再保留杭州市余杭区农业局,建立新的杭州市余杭区农业局。9 月,不再保留杭州市余杭区农垦总公司,相关职能纳入新组建的杭州市余杭区农业局。2008 年 3 月,国有农、牧、渔场管理等职能划归杭州余杭农林资产经营集团有限公司。

农业局

局　长　郁连荣(2001.3—2001.8)

副局长　金文校(2001.3—2001.8)

俞再国(2001.3—2001.8)

陈月兴(2001.3—2001.8)
马继春(2001.3—2001.8)

农业局

局 长 陈海群(2001.8—2007.3)
胡永林(2007.3—2012.3)
丁少华(2012.3—2018.7)
叶维军(2018.7—)

副局长 俞再国(2001.8—2003.10)
陈月兴(2001.8—2012.10)
孙耀华(2001.8—2004.10)
汤宝荣(2001.8—2010.11)
马继春(2001.8—2007.12)
姚子兴(2002.5—2004.10)
洪 平(2004.10—2014.1)
胡建春(2004.10—2006.9)
江新渊(2004.12—2012.8)
解宏伟(2006.9—2009.8)
胡惠生(2008.1—2018.12)
宋祖建(2010.1—2011.9)
施金昌(2010.11—)
王利群(女,2012.8—2014.11)
吴春仙(女,2013.5—)
余海根(2016.1—2017.10)
孙立英(女,2017.10—)
章雪梅(女,2018.12—)

第二节 农村工作机构

1949年5月2日,余杭县解放,次日杭县解放。是月15日、19日,中共杭县委员会、中共余杭县委员会相继建立。1949—1954年,余杭县、杭县党委机关设有秘书处(办公室)、组织部、宣传部、统一战线工作部、市镇工作委员会(城镇工作部)、财政经济委员会、民运部、工业部等机构,负责剿匪反霸、减租减息、土地改革、抗美援朝等民主革命和恢复国民经济的任务。1954年,杭县、余杭县先后建立农业生产互助合作部等机构,负责开展农业生产互助合作化运动。1958年4月,杭县建置撤销,并入杭州市郊区。10月,余杭县建置撤销,并入临安县。

1959年3月,杭州市郊区分成拱墅、半山联社,并建立农村工作部,负责贯彻落实党在农村的方针、政策,开展农村调查研究。1960年1月,拱墅、半山联社合并为钱塘联社,并建立农村工作部。1961年3月,余杭县从临安县析出,并入钱塘联社。4月,撤销钱塘联社,恢复余杭县建制，并建立农村工作部。1962 年—1963 年，农村工作部先被撤销，后又恢复，一直存在至 1968 年上半年。1968 年 7 月，成立由军队、干部、群众代表组成的余杭县革命委员会，实行党政“一元化”领导，工作机构由县革委会政治工作组、办事组、生产指挥组、人民保卫组所替代。

1976 年 10 月，十年“文化大革命”结束，余杭进入了一个新的历史发展时期。1977 年，随着余杭县革委会的办事组、政工组、生产指挥组撤销，有关工作机构相继恢复，并建立农村工作办公室。1984 年，重建农村工作部。1986 年，随着农村经济社会的不断发展，农村工作部变为农业委员会，且从党委工作机构归入政府工作部门序列。1996 年，为切实加强对农业农村工作的指导，农业委员会变为农村经济委员会，并增挂市委农村工作办公室牌子。2001 年 3 月，余杭撤市设区。嗣后，不再保留农村经济委员会，保留区委农村工作办公室牌子。2004 年—2012 年，区委农村工作办公室先后更名为区委农业和农村工作办公室，区委、区政府农业和农村工作办公室。

（一）1954 年—1959 年

1954 年 5 月，中共余杭县委员会建立农业生产互助合作部，1956 年 11 月，农业生产互助合作部改称农业生产合作部。1958 年 10 月，余杭县并入临安县。

农业生产互助合作部

部　长　刘泽绵（1954.7—1955.9）

副部长　刘泽绵（1954.5—1955.7）

惠兆福（1954.12—1955.9）

农业生产合作部

部　长　刘泽绵（1955.9—1956.6）

董家年（1956.6—1958.10）

副部长　惠兆福（1955.9—1958.4）

姚克勤（1956.6—1957.5）

龚再林（1956.6—1957.7）

李祖镜（1956.6—1958.10）

1954 年 4 月，建立中共杭县委员会农业生产互助合作部。

农业生产互助合作部

部　　长　朱万成（1954.4—1955.9）

刘绪贤（1957.3—1958.4）

第一副部长　徐珍三（1954.4—1958.4，其中 1955.9—1956.6 主持工作）

第二副部长　朱承素（1954.4—1954.8）

副 部 长　孟兆才（1954.6—1956.9）

周传善（1954.8—1957.9）

乔元魁（1956.6—1957.8）

冯庆荣（1956.6—1957.11）

孙兆存（1956.6—1957.9）

李凤泰（1956.6—1958.4）

曹阿荣（1956.6—1958.4）

钟根水（1956.6—1958.4）

（二）1959 年—1961 年

1959 年 3 月，杭州市郊区分别建立中共杭州市半山联社委员会、拱墅联社委员会。同月，中共杭州市半山联社委员会建立农村工作部。

农村工作部

部　长　孔繁桂（1959.7—1960.1）

副部长　乔元魁（1959.3—1959.4）

曹阿荣（1959.5—1959.7）

孙兆存（1959.6—1960.1）

1960 年 1 月 14 日，半山、拱墅联社合并，建立中共杭州市钱塘联社委员会。同月，中共杭州市钱塘联社委员会建立农村工作部。

农村工作部

部　长　乔元魁（1960.2—1961.4）

副部长　黄玉高（1960.1—1960.7）

钟根水（1960.1—1961.4）

王祖庭（1960.10—1961.4）

（三）1961 年—1994 年

1961 年 4 月，钱塘联社析出上泗区全部、留下区大部，并入原属杭州市的九堡公社，恢复县建制，定名余杭县。同月，建立中共余杭县委员会农村工作部。1962 年 6 月，撤销农村工作部。1963 年 1 月，选举产生了中共余杭县第一届委员会，并恢复农村工作部。1966 年 5 月“文化大革命”开始至 1968 年 7 月，农村工作部依然存在了两年，后虽没有明文撤销，但实际上已形同虚设了。1977 年 4 月 19 日，建立农村工作办公室。1982 年 4 月 20 日，建立余杭县农业区划办公室，1986 年 1 月 23 日撤销。1984 年 1 月 23 日，农村工作办公室撤销，重建农村工作部。1984 年 3 月 5 日，建立余杭县多种经营办公室，1986 年 1 月 23 日撤销。1986 年 1 月 23 日，撤销农村工作部，建立余杭县农业委员会。1992 年 6 月 30 日，余杭县农业局所属农村经济经营管理机构划归余杭县农业委员会。

农村工作部

部　长　朱万成（1961.4—1962.6）

副部长　钟根水（1961.4—1962.5）

杜长春（1961.4—1961.9）

农村工作部

部　长　刘传训（1963.2—1968.7，其中 1965.3—1965.11 市委批准离职休养）

副部长　孙兆存（1965.3—1968.7，其中 1965.3—1965.11 主持工作）

朱镒明（1965.3—1968.7）

农村工作办公室

主　任　金银根（兼，1977.7—1980.12）

金银根（1980.12—1981.10）

乔元魁（1981.10—1984.1）

副主任　朱万成（1977.4—1982.12）

王兴辉（1977.4—1984.1）
乔元魁（1977.7—1981.10）
吴永发（1979.5—1984.1）

农业区划办公室

主　任　吴国良（兼，1982.4—1984.1）
施明辉（1984.5—1986.1）

副主任　施明辉（1982.4—1984.5）
陈三六（1982.4—1984.2）
周如汉（1982.4—1984.4）

农村工作部

部　长　唐维生（1984.1—1986.1）

副部长　王兴辉（1984.1—1986.1）
杨云芳（1984.1—1986.1）

多种经营办公室

主　任　韩元芳（1984.3—1986.1）

农业委员会

主　任　唐维生（1986.1—1989.3）
马宝连（1989.3—1994.4）

副主任　杨云芳（1986.1—1986.4）
王兴辉（1986.1—1988.10）
韩元芳（1986.1—1989.4）
崔希钢（1986.1—1994.4）
郁连荣（1989.3—1993.5）
陆寿良（1991.8—1992.6）
卢显龙（1993.5—1994.4）
陈海群（1993.5—1994.4）

（四）1994 年—2001 年

1994 年 4 月 5 日，余杭以原行政区域撤县设市。余杭县农业委员会随之改为余杭市农业委员会。1996 年 11 月 18 日，余杭市农业委员会更名为余杭市农村经济委员会，增挂中共余杭市委农村工作办公室牌子。

农业委员会

主　任　马宝连（1994.4—1996.11）

副主任　崔希钢（1994.4—1996.11）
卢显龙（1994.4—1996.11）
陈海群（1994.4—1995.3）
罗连水（1995.10—1996.11）

农村经济委员会

主　任　马宝连（1996.11—2001.3）

副主任　崔希钢(1996.11—1997.4)
　　　　卢显龙(1996.11—2001.3)
　　　　汤水明(1997.6—2001.3)
　　　　吴佩翔(1998.4—2001.3)
　　　　汤宝荣(1998.4—2001.3)
　　　　王水农(1998.9—2001.3)

市委农村工作办公室

主　任　马宝连(兼,1996.11—2001.3)

(五)2001 年—2018 年

2001 年 3 月 9 日,撤销余杭市,设立杭州市余杭区。余杭市农村经济委员会(中共余杭市委农村工作办公室)随之改为杭州市余杭区农村经济委员会(中共杭州市余杭区委农村工作办公室)。2001 年 8 月 10 日,杭州市余杭区农村经济委员会不再保留,新组建的杭州市余杭区农业局保留中共杭州市余杭区委农村工作办公室牌子。2004 年 10 月 10 日,撤销中共杭州市余杭区委农村工作办公室,建立中共杭州市余杭区委农业和农村工作办公室,与杭州市余杭区农业局合署办公。2012 年 3 月 26 日,中共杭州市余杭区委农业和农村工作办公室更名为中共杭州市余杭区委、杭州市余杭区人民政府农业和农村工作办公室,与杭州市余杭区农业局合署办公。

农村经济委员会

主　任　马宝连(2001.3—2001.8)
副主任　卢显龙(2001.3—2001.8)
　　　　汤水明(2001.3—2001.8)
　　　　吴佩翔(2001.3—2001.5)
　　　　汤宝荣(2001.3—2001.8)
　　　　王水农(2001.3—2001.8)

区委农村工作办公室

主　任　马宝连(2001.3—2001.8)

区委农村工作办公室

主　任　陈海群(2001.8—2004.10)
副主任　姚子兴(2002.5—2004.10)
　　　　俞再国(2003.4—2003.10)
　　　　陈月兴(2003.4—2004.10)
　　　　马继春(2003.4—2004.10)
　　　　孙耀华(2003.4—2004.10)
　　　　汤宝荣(2003.4—2004.10)

区委农业和农村工作办公室

主　任　陈海群(2004.10—2007.3)
　　　　胡永林(2007.3—2012.3)
副主任　洪　平(2004.10—2012.3)
　　　　胡建春(2004.10—2006.9)

陈月兴(2004.10—2012.3)
马继春(2004.10—2007.12)
汤宝荣(2004.10—2010.10)
解宏伟(2006.9—2009.8)
江新渊(2006.9—2012.3)
胡惠生(2008.1—2012.3)
宋祖建(2010.1—2011.9)
施金昌(2010.10—2012.3)

区委、区政府农业和农村工作办公室

主 任 丁少华(2012.3—2018.6)
叶维军(2018.6—)

副主任 陈月兴(2012.3—2012.9)
洪 平(2012.3—2013.12)
江新渊(2012.3—2012.8)
胡惠生(2012.3—2018.12)
施金昌(2012.3—)
王利群(女,2012.8—2014.11)
孙金星(2013.5—)
余海根(2015.12—2017.10)
孙立英(女,2017.10—)

第三节 高新农业机构

2001 年,建立高新农业开发区管委会。2004 年,高新农业开发区管委会改建为高新农业示范中心。2009 年,高新农业示范中心与农副物流中心管委会合并。2012 年,高新农业示范中心划归农办(农业局)管理,相当正处级事业单位。2018 年,为进一步规范机构设置,撤销高新农业示范中心。

(一)2001 年—2004 年

2001 年 5 月 11 日,建立杭州市余杭高新农业开发区管理委员会。2004 年 1 月 2 日,撤销杭州市余杭高新农业开发区管理委员会。

高新农业开发区管理委员会

主 任 胡永林(2001.5—2004.1)

副主任 汤水明(2001.5—2004.1)
周黎翔(兼,2001.8—2004.1)
陈荣斌(兼,2002.3—2004.1)
李淑娟(女,2003.4—2004.1)

(二)2004 年—2012 年

2004年1月15日，建立杭州市余杭高新农业示范中心。2009年8月，杭州市余杭高新农业示范中心管理体制与杭州农副产品物流中心管理委员会合并。杭州市余杭高新农业示范中心相关职能基本划归杭州农副物流集团有限公司。

高新农业示范中心

主　任　胡永林（2004.1—2006.9）
　　　　罗连水（2006.9—2009.8）
副主任　汤水明（2004.1—2006.9）
　　　　李淑娟（女，2004.1—2009.8）
　　　　周黎翔（兼，2004.2—2009.8）
　　　　陈荣斌（兼，2004.2—2006.6）
　　　　蒋　敏（2006.9—2009.8）
　　　　沈春松（兼，2006.9—2009.8）

农副物流集团有限公司

董 事 长　沈世杰（2008.5—2012.3）
副董事长　孟志刚（2009.8—2012.8）
总 经 理　沈世杰（2008.5—2009.8）
　　　　　孟志刚（2009.8—2012.8）
副总经理　杨全英（女，2009.8—2010.11）
　　　　　张国平（2009.8—2012.8）
　　　　　蒋　敏（2009.8—2012.8）

（三）2012年—2018年

2012年7月18日，余杭区委决定杭州市余杭高新农业示范中心划归中共杭州市余杭区委、杭州市余杭区人民政府农业和农村工作办公室、杭州市余杭区农业局管理，职能调整为承担全区农业产业化园区推进等。2018年12月21日，撤销余杭高新农业示范中心，相关职责由杭州市余杭区农业局承担。

高新农业示范中心

主　任　王利群（女，2012.8—2014.11）
　　　　钱祖华（2016.5—2017.3）
　　　　章雪梅（女，2017.3—2018.12）
副主任　董志高（2014.9—2017.10）

第四节　内设机构及直属单位

中华人民共和国成立以来，伴随着行政区域的变迁，余杭农业农村党政管理机构多变，职能常有并入或析出，内设机构和直属单位名称更迭频繁。曾先后出现农技指导站、农艺股、政工办事组、粮食生产组、畜牧水产特产组、林业水利组、秘书股、人事股、科技教育股、土地征用股、财务辅导股、农场企业股、粮食股、棉麻股、蚕桑股、特产股、畜牧股、水产股、财务股、生产股、供销股、病虫测报站、植检站、牲畜检疫站、土肥站、农科所、农业学校、农机学校、农机管理站、农机监理站、良种公司、粮油推广站、棉麻推广站、蚕桑推广站、茶叶推广站、果蔬推广站、畜牧兽医站、农业学校、农科所、种子公司、渔政站、水产推广站、办公室、经营管理科、生产业务科、科技开发科、农业区划科、生产技术科、企业管理科、法规科、调研科(基层建设科)、综合科、资源开发科、产业发展科、农经总站、组织人事科、法制科、计财科、科教科、农企科、粮油推广总站、特产推广总站、畜牧兽医总站、兽医卫生监督所、农业执法大队、农机化学校等诸多内设机构和直属单位的称谓,并有农技站、服务站等派出机构。

进入21世纪,随着农业农村社会经济的日益发展,特别是农业局、农经委(农办)合并后,余杭农业农村职能指导管理服务机构也根据形势发展的需要继续在调整,经过十多年的不断地增删、完善。现在,中共杭州市余杭区委、杭州市余杭区人民政府农业和农村工作办公室、杭州市余杭区农业局有内设机构及直属单位计23个。

一、内设机构

杭州市余杭区农办(农业局)机关内部职能机构设1室9科,即办公室(计划财务科)、组织人事科(老干部工作科)、科教科、城乡统筹科(环境整治科)、农政法规科(行政审批科)、农产品质量安全监管科、产业科、经济发展科、政策调研科(改革指导科)、信息科。

办公室(计划财务科) 主要负责综合协调局(办)机关和所属各单位工作,参与"三农"综合性问题调查研究,综合性材料起草、节能减排、安全保卫、财务等工作。前身为秘书股,1991年3月1日,更名为办公室;1997年5月9日,分别设立办公室、计划财务科;2002年4月26日,办公室增挂财务科牌子;2012年12月12日,更名为办公室(计划财务科)。

组织人事科(老干部工作科) 主要负责本系统党务群团、机构编制、劳动工资、老干部等工作。前身为政工办事组、人事股,1991年1月22日,更名为人事科;1997年5月9日,更名为组织人事科;2002年4月26日,增挂老干部管理科牌子;2012年12月12日,更名为组织人事科(老干部工作科)。

科教科 主要负责农科教结合的科技兴农和农业科普宣传等工作。前身为科技教育股,1991年1月22日,更名为科技教育科;1997年5月9日,更名为科教科。

城乡统筹科(环境整治科) 主要负责新农村建设和城乡统筹发展,牵头开展农村环境长效管理的指导、督查、考核等工作。前身为农场企业股,1991年1月22日,更名为农场企业科;1997年5月9日,更名为农企科;2001年农业局、农经委(农办)合并后,11月14日更名为经营管理科;2002年4月26日,更名为综合科(暂挂经营管理科);2008年4月3日,更名为综合科(挂环境整治科牌子);2012年12月12日,更名为城乡统筹科(环境整治科)。

农政法规科(行政审批科) 主要负责依法行政和普法宣传、教育,以及集中行政审批项目的审批及局系统行政审批制度改革等工作。1993年12月15日,设立法规科;1997年5月9日,更名为法制科;1999年9月7日,增挂农业行政执法大队牌子;2001年11月14日,更名为政策法规科;2002年4月26日,更名为农政法规科;2008年9月18日,增挂农产品质量安全监督管理科牌子;2012年12月12日,农政法规科与农产品质量安全监管科分设;2013年12月31日,增挂行政审批科牌子。

农产品质量安全监管科 主要负责农产品质量安全监督管理等工作。2008年9月18日,在农政法规科增挂农产品质量安全监督管理科牌子;2012年12月12日,单独设立农产品质量

安全监管科。

产业科 主要负责农产品加工与流通类项目、农产品品牌建设和农业龙头企业的管理等工作。2001 年农业局、农经委(农办)合并,11 月 14 日,建立产业信息科,前身为产业发展科;2003 年 12 月 23 日,撤销 2002 年 6 月 10 日建立的农业招商引资办公室(农业项目办公室),其职能划入产业信息科;2008 年 4 月 3 日,产业信息科分设为产业科、信息科(挂余杭农网牌子)。

经济发展科 主要负责农业发展规划和管理、农业资源调查与区划,以及农业基础设施、农业现代设施、休闲观光农业等建设项目的管理等工作。2001 年农业局、农经委(农办)合并,11 月 14 日,重设资源开发科;2002 年 4 月 26 日,更名为经济发展科。

政策调研科(改革指导科) 主要负责深化农村体制改革、发展农村经济等重大问题的调查研究,以及农村社区股份合作制改革、农民专业合作社培育、农村集体经济组织建设等工作。2001 年农业局、农经委(农办)合并,11 月 14 日,建立调研科,前身为调研科(基层建设科);2002 年 4 月 26 日,更名为政策调研科;2004 年 10 月 10 日,增设改革指导科;2012 年 12 月 12 日,更名为政策调研科(改革指导科)。

信息科 主要负责有关农业农村信息技术的推广应用、服务宣传,以及农村电子商务建设等工作。前身是依托农村经济信息中心于 2001 年 12 月 28 日开通的农村经济信息互联网站——余杭农网。2008 年 4 月 3 日,由产业信息科析出建立信息科(挂余杭农网牌子);2012 年 12 月 12 日,更名为信息科。

二、直属单位

杭州市余杭区农办(农业局)直属单位有 13 个。即杭州市余杭高新农业示范中心、杭州市余杭区农村经济经营管理总站、杭州市余杭区畜牧兽医局(杭州市余杭区动物卫生监督所)、杭州市余杭区农村土地经营承包纠纷仲裁办公室(杭州市余杭区土地流转服务中心)、杭州市余杭区农(渔)业行政执法大队(杭州市余杭区植物检疫站)、杭州市余杭区渔业渔政管理总站(杭州市余杭区渔船渔港监督管理站)、杭州市余杭区农业生态与植物保护管理总站(杭州市余杭区农村能源办公室)、杭州市余杭区农业技术推广中心(杭州市余杭区种子管理站)、杭州市余杭区农民素质教育管理总站、杭州市余杭区农业机械监督管理总站、杭州农副产品物流中心动植物检验检疫站、杭州市余杭区农产品质量安全检验检测站、杭州市余杭区农业教育培训中心(杭州市余杭区实用技术学校)。

高新农业示范中心 主要负责组织编制现代农业园区发展总体规划及用地规划、产业发展规划,以及现代农业园区建设等工作。前身为 2001 年 5 月 11 日建立的高新农业开发区管理委员会,内设办公室(挂规划开发部牌子)、招商部;2012 年 7 月 18 日,高新农业示范中心划归区农办、农业局管理;10 月 19 日,经区编委批准,高新农业示范中心为相当正处级事业单位,内设 2 个科室,即规划建设科、商务科。2018 年 12 月 21 日,撤销高新农业示范中心。

农村经济经营管理总站 主要负责农村集体经济审计、统计,以及农村集体“三资”监管等工作。1988 年 8 月,建立农村经济经营管理服务总站,前身为财务辅导股;1992 年 6 月 30 日,更名为农村经济经营管理总站;1992 年 11 月 4 日,建立农村合作经济审计站,与农经管理总站实行两块牌子,一套班子;1994 年 3 月 23 日,建立农村经济信息中心,与农经管理总站实行两块牌子,一套班子;2004 年 10 月 10 日,农经管理总站(农村合作经济审计站)升格为相当于副处级事业单位;2005 年 5 月 30 日,内设 2 个科室,即综合统计科、财务审计科;2011 年 5 月 25

日，农经管理总站不再增挂农村合作经济审计站、农村经济信息中心牌子；2018 年 12 月 21 日，农经管理总站机构规格调整为相当于正科级。

畜牧兽医局(动物卫生监督所)　主要负责依法实施动物防疫、动物及动物产品的检疫、动物防疫监督、动物疫病控制扑灭、畜禽屠宰和动物产品安全监管等工作。前身是畜牧水产特产组，1978 年—1984 年，先后有畜牧股、牲畜检疫站、畜牧兽医技术推广站等机构；1993 年 12 月 15 日，更名为畜牧兽医总站(包括畜牧兽医技术推广站、牲畜检疫站)；1994 年 8 月 24 日，建立兽医卫生监督所；2001 年 8 月 23 日，原临平镇畜牧兽医站成建制划转给农业局，更名为畜牧兽医总站临平分站；2002 年 10 月 20 日，兽医卫生监督所更名为动物防疫检疫监督所；2003 年 12 月 23 日，畜牧兽医总站、动物防疫检疫监督所合并，建立畜牧兽医总站，增挂动物防疫检疫监督所牌子；2005 年 10 月 27 日，畜牧兽医总站更名为畜牧兽医局，挂动物卫生监督所牌子，撤销畜牧兽医总站临平分站；2007 年 8 月 1 日，畜牧兽医局升格为相当于副处级事业单位；2007 年 12 月 27 日，畜牧兽医局(动物卫生监督所)内设 1 室 3 科 5 站，即办公室、畜牧科、防疫科、监督管理科和城区、塘栖、余杭、良渚、瓶窑动物防疫检疫站；2011 年 5 月 24 日，批准为参照公务员法管理事业单位；2013 年 11 月 21 日，防疫科更名为防疫指导科，并增挂动物疫病预防控制科牌子；2014 年 6 月 24 日，撤销良渚动物防疫检疫站，其工作职责划入塘栖动物防疫检疫站，增设检疫管理科、屠宰管理科；现内设 1 室 5 科 4 站，即办公室、监督管理科、检疫管理科、屠宰管理科、畜牧科、防疫指导科(动物疫病预防控制科)和城区、塘栖、瓶窑、余杭动物防疫检疫站。

农村土地承包纠纷仲裁办公室(土地流转服务中心)　主要负责农村土地承包纠纷的处理和仲裁，以及农村土地承包经营权、农村土地流转管理等工作。前身为农村土地承包纠纷仲裁委员会办公室，是 2007 年 6 月 14 日农办、农业局增设的内设机构(期间，为进一步推进农村土地承包的依法管理进程，2007 年 12 月 13 日，区政府又建立了余杭区农村土地承包纠纷仲裁委员会非常设机构，下设办公室，设在区委农办、区农业局)；2009 年 12 月 29 日，撤销内设机构农村土地承包纠纷仲裁委员会办公室，建立农村土地承包纠纷仲裁办公室，并增挂土地流转服务中心牌子。

农(渔)业行政执法大队、植物检疫站　主要负责农业综合监督检查，依法实施农业违法行为的行政处罚，依法开展植物检疫等工作。1984 年 4 月 21 日，建立植物检疫站；1999 年 9 月 7 日，农业行政执法大队牌子增挂在法制科；2003 年 12 月 23 日，农业行政执法大队与植物检疫站合署办公，实行两块牌子，一套班子；2005 年 6 月 20 日，更名为农(渔)业行政执法大队；2011 年 5 月 24 日，批准为参照公务员法管理事业单位。

渔业渔政管理总站(渔船渔港监督管理站)　主要负责依法实施渔业、渔港、渔船的监督管理，组织实施水生动物防疫检疫和渔业投入品使用监管等工作。水产技术推广站建于 1965 年 5 月，“文公大革命”时中止，1980 年 3 月恢复；1972 年—1985 年，还先后设立畜牧水产特产组、水产畜牧股、水产股等机构；1983 年 10 月 29 日，建立渔政管理站；1989 年 6 月 19 日，建立渔船渔港监督管理站；2003 年 12 月 23 日，撤销水产技术推广站、渔政管理站，建立渔业渔政管理总站，增挂渔船渔港监督管理站牌子；2011 年 7 月 6 日，批准为参照公务员法管理事业单位。

农业生态与植物保护管理总站、农村能源办公室　主要负责农业生态、植物保护和农村能源等工作。1978 年 3 月，建立病虫测报站；1979 年 11 月 28 日，建立土壤肥料工作站；1984 年，沼气办公室更名为农村能源办公室；1993 年 12 月 15 日，撤销土肥站、病虫测报站，其职能划入粮油技术推广总站;2003 年 12 月 23 日,建立农业生态与植物保护管理总站,与农村能源办公室合署办公,原属粮油技术推广总站的土肥、病虫测报职能划归新组建的农业生态与植物保护管理总站。

农业技术推广中心、种子管理站 主要负责农作物和经济作物品种的引进、试验、示范和技术推广,以及对种子行业依法监管等工作。1949 年—1969 年,先后设立杭临区种子管理站、杭县种子工作组、省种子公司余杭县支公司等机构,1978 年恢复良种公司建制;1972 年—1993 年,先后设立粮食生产组、粮食股、棉麻股、蚕桑股、特产股和粮油、棉麻、蚕桑、茶叶、果蔬技术推广站等机构;1984 年,建立农技推广中心;1989 年 1 月 9 日,良种公司更名为种子公司;1992 年 6 月 10 日,种子公司增挂种子管理站牌子,实行两块牌子,一套班子;1992 年 8 月 29 日,建立农技推广中心临平、塘栖、三墩、余杭、瓶窑服务站;1993 年 11 月 6 日,建立良种引进公司,与种子公司实行两块牌子,一套班子;1993 年 12 月 15 日,建立粮油技术推广总站(包括粮油技术推广站、土肥站、病虫测报站、植物检疫站)、特产技术推广总站(包括蚕桑、棉麻、茶叶、果蔬技术推广站),撤销农技推广中心临平服务站;2002 年 10 月 20 日,农技推广中心与粮油技术推广总站合署办公,实行两块牌子、一套班子;2003 年 4 月 7 日,种子公司更名为种子技术推广站;2003 年 12 月 23 日,撤销粮油技术推广总站、特产技术推广总站、种子技术推广站,以及农技推广中心余杭、瓶窑、塘栖服务站,建立农技推广中心,增挂种子技术推广站牌子,实行两块牌子,一套班子;2007 年 12 月 27 日,更名为农技推广中心、种子管理站,实行两块牌子,一套班子合署办公。

农民素质教育管理总站 主要负责农村实用人才与农民素质教育等工作。前身是农科所和农业学校。1959 年—1962 年,先后设立半山联社、钱塘联社、余杭县农科所,1962 年被撤销,1964 年恢复,1969 年又被撤销;1973 年 4 月,重建农科所,与科协两块牌子,一套班子,1976 年与科协分开单设。1964 年 12 月 15 日, 杭州市南湖农业学校创办,1966 年底下放给余杭县,1969 年 12 月 5 日,更名为农业机电学校;1970 年 10 月,农学、畜牧兽医专业教师和部分教学设备从农业机电学校划出,建立农业学校;1976 年 5 月,农业学校、农业机电学校合并为“五·七”大学;1979 年 3 月 10 日,撤销“五·七”大学,建立农业学校、农业机电学校;2003 年 12 月 23 日,撤销农科所、农业学校,建立农业科研与培训中心;2011 年 11 月 15 日,农业科研与培训中心更名为农民素质教育管理总站。

农业机械监督管理总站 主要负责农业机械的监督管理, 以及依法开展农机安全生产监督管理、道路外农机事故处理等工作。1977 年 5 月 14 日,建立农机管理站;1984 年 7 月 10 日,建立农机监理站, 与农机管理站合署办公;1989 年 10 月 5 日, 农机管理站更名为农机管理总站;1994 年 8 月 13 日,建立农机技术推广站,与农机管理总站实行两块牌子,一套班子;2003 年 12 月 23 日,农机管理总站增挂农机监理站牌子,不再增挂农机技术推广站牌子;2011 年 5 月 24 日,批准为参照公务员法管理事业单位,25 日更名为农机监督管理总站。

农副产品物流中心动植物检验检疫站 主要负责杭州农副产品物流园区内动植物及其产品的检验检疫等工作。2007 年 6 月 14 日,建立农副产品物流中心动植物检验检疫站。

农产品质量安全检验检测站 主要负责(杭州农副产品物流中心除外)初级农产品质量安全检验检测等工作。2009 年 3 月 9 日,建立农产品质量安全检验检测站。

农业教育培训中心(实用技术学校) 主要负责农民技能培训、农村成人学历教育等工作。

前身为创办于1964年12月15日的杭州市南湖农业学校，1966年~1976年先后更名为农业机电学校、“五·七”大学；1979年3月10日，建立农业机电学校；1992年6月23日，更名为农业机械化技术培训学校；1998年8月24日，更名为农业机械化技术学校；2006年1月17日，更名为第二职业高级中学，增挂实用技术学校牌子；2011年11月15日，第二职业高级中学更名为农业教育培训中心，仍增挂实用技术学校牌子；2017年8月30日，为优化整合余杭街道辖区范围内教育资源配置，撤销农业教育培训中心（实用技术学校），其工作职责由农民素质教育管理总站承担。

第十七章　党群组织

1949年5月，余杭、杭县解放。在县委领导下，中共农业部门组织投入剿匪反霸、镇压反革命、抗美援朝及土地改革、民主建政等斗争，社会秩序得到稳定，较快进入恢复经济的轨道。有步骤地实现从新民主主义革命到社会主义建设的转变，迅速恢复经济并有计划地进行政治、经济、文化和社会建设。与此同时，全面开展党的组织建设、宣传教育、纪律检查和统一战线等各项工作。境内农村党的组织日益健全，党员队伍逐步扩大，党的战斗力不断增强。其间，由于"左"倾错误思想指导，工作中出现失误，党内民主生活遭到严重损害，群众积极性受到挫伤。尤其在"文化大革命"期间，党的组织一度被迫停止活动。1978年改革开放后，农业部门党委加强政治、思想和组织建设，坚持改革开放，在加快社会主义现代化建设、全面建设小康社会等方面成就卓著。

20世纪20年代后，境内相继建立农民协会、共产主义青年团和妇女协会等人民团体，各政党为壮大自身力量，发展民众运动，支持各群众团体开展活动。中华人民共和国成立后，在中国共产党领导下，工会、共青团、妇女联合会(简称妇联，下同)等群众团体和其他社会团体相继成立。群众团体根据中国共产党在不同时期的中心任务，发动、组织、教育群众，投入社会主义革命和建设事业，发挥党和政府与群众联系的纽带和桥梁作用。"文化大革命"期间，各团体被迫停止活动。中共十一届三中全会后，各团体以经济建设为中心，结合当实际及各自特点，团结群众开展各项工作，为社会主义三个文明建设做贡献。

农业局工会、共青年、妇联积极主动地融入余杭"三农"发展大局开展工作、组织活动。工会组织围绕维护、建设、参与、教育四大职能，通过积极创建职工之家，科学建制、民主管理，丰富载体、文娱兼备，多措并举、维护权益，全面履行权利义务，强化组织自身建设，精心开展各项活动，锤炼队伍服务能力；共青团组织以服务党的中心工作、有利于青年成长和时代发展需求和提高青年凝聚力、战斗力为出发点，开展青年文明号、青年安全示范岗创建及各类志愿者服务等活动，展现凝聚青春为"三农"的青年风采、青年力量；妇女组织以妇女发展为第一要务，通过开展"双学双比"(学文化、学技术、比成绩、比贡献)、"巾帼建功"和巾帼文明岗创建等活动，提高妇女综合素质，在榜样带动、平台建设、干事创业中提升服务能力。

第一节　农业工作部门党组织、纪检组织

1949年5月2日、3日，余杭县、杭县先后解放。15、19日，中共杭县委员会、中共余杭县委员会相继建立。杭县、余杭县分别于1950年冬、1952年9月开始建立党组。1960年4月，为了加强党对政府工作的领导，钱塘联社在政府及工作部门中相应建立了农业等10个党组。1961年4月重置余杭县后，按部门开始建立了农业等7个党组。之后又对部分部门的党组进行了撤

建。1962 年,恢复和建立了农业等 7 个部门的党组。

1966 年 5 月以后的"文化大革命"初期,政权系统的党组织受到冲击,工作陷于瘫痪状态,被迫停止活动。1968 年 10 月,建立余杭县革委会党的核心领导小组,后又改称县革委会党的核心小组、县党的核心小组。1969 年,各党组织逐步恢复了活动。1970 年 8 月 26 日,选举产生了中共余杭县第四届委员会。在重新建立中共余杭县委后,县革委会的部分工作机构先后建立党委、党总支部或党的核心小组。是年底,农业局恢复建立党总支部。

1976 年 10 月,"文化大革命"结束。特别是中共十一届三中全会以后,全党的工作重点转移到社会主义现代化建设上来。在改革、开放、搞活的方针指引下,城镇和农村变化巨大,工农业生产迅速发展。余杭县紧紧围绕经济建设这个中心,加强党的思想建设和组织建设。1978 年,建立农业机械局党组,农业局党总支部改建为党组。1984 年,农业局党组改建为党总支部,并建立水产供销公司(水产局)党总支部。1987 年,农业局党总支部改建为党委,随后又建立了纪检组。1990 年,建立水产局党总支部。1992 年,农业局纪检组改建为纪委。1996 年,撤销农业局党委、水产局党总支部,建立新的农业局党委。翌年,建立新的农业局纪委。2001 年,余杭区委决定撤销农业局党委、纪委,建立新的农业局党委、纪委。2015 年,农业局纪委撤销。

(一)1960 年—1961 年

1960 年 1 月 14 日,半山、拱墅联社合并,建立中共杭州市钱塘联社委员会。4 月,建立中共杭州市钱塘联社农林水利局、农业机械局、畜牧特产局党组。

农林水利局党组

书　记　孙兆存(1960.4—1961.4)

农业机械局党组

书　记　周松樵(1960.4—1961.4)

畜牧特产局党组

书　记　徐桂龄(1960.4—1961.4)

(二)1961 年—1994 年

1961 年 4 月,钱塘联社析出上泗区全部、留下区大部,并入原属杭州市的九堡公社,恢复县建制,定名余杭县。1962 年 8 月,建立中共余杭县农业水利局党组。1970 年 12 月 28 日,刚恢复的余杭县农业局建立中共余杭县农业局总支部委员会。1978 年 1 月 21 日,建立中共余杭县农业机械局党组。4 月 20 日,撤销中共余杭县农业局总支部委员会,建立中共余杭县农业局党组。1984 年 1 月 27 日,余杭县农业机械局并入余杭县农业局,中共余杭县农业机械局党组撤销,建立中共余杭县农业局总支部委员会。1984 年 2 月 23 日,建立中共余杭县水产供销公司(水产局)总支部委员会。1987 年 5 月 9 日,中共余杭县农业局总支部委员会改建为中共余杭县农业局委员会。1987 年 9 月 18 日,建立中共余杭县农业局纪律检查组。1990 年 5 月 1 日,撤销中共余杭县水产供销公司总支部委员会,建立中共余杭县水产局总支部委员会。1992 年 11 月,中共余杭县农业局纪律检查组改建为纪律检查委员会。

农业水利局党组

书　记　宋竹友(1962.8—1968.7)

副书记　汤永桂(1962.8—1968.7)

农业局党总支部

书 记 乔元魁(1970.12—1978.4)

副书记 宋竹友(1972.5—1978.1)

农业机械局党组

书 记 孙兆存(1978.1—1983.4)

副书记 应家柳(1983.4—1984.1 主持工作)

农业局党组

书 记 乔元魁(1978.4—1981.10)

戴志达(1981.10—1984.1)

副书记 戴志达(1978.4—1981.2)

洪生林(1981.8—1982.10)

农业局党总支部

书 记 陈明松(1984.1—1986.8)

王金财(1986.8—1987.3)

水产供销公司(水产局)党总支部

书 记 陈三六(1984.2—1986.12)

濮志同(1986.12—1989.1)

副书记 莫炳法(1986.9—1988.1)

王志镛(1989.1—1990.5)

委 员 曹祖发、金晓初

农业局党委

书 记 马宝连(1987.5—1989.2)

方鸿鑫(1989.2—1993.5)

郁连荣(1993.5—1994.4)

副书记 赵福洪(1989.2—1994.4)

委 员 沈文鑫、沈建根、林小松、金文校

纪检组

副组长 沈文鑫(1988.1—1992.1 主持工作)

纪委

书 记 赵福洪(1992.11—1994.4)

水产局党总支部

书 记 王志镛(1990.5—1994.4)

副书记 严正华(1992.8—1993.3)

委 员 曹祖发、金晓初、严正华、俞再国

(三)1994 年—2001 年

1994 年 4 月 5 日,余杭以原行政区域撤县设市。中共余杭县农业局委员会、中共余杭县水产局总支部委员会和中共余杭县农业局纪律检查委员会随之改为中共余杭市农业局委员会、中共余杭市水产局总支部委员会、中共余杭市农业局纪律检查委员会。1996 年 11 月 30 日,撤销中共余杭市农业局委员会、中共余杭市水产局总支部委员会，建立新的中共余杭市农业局委员会。1997 年 1 月 6 日，建立新的中共余杭市农业局纪律检查委员会。

农业局党委

书　记　郁连荣（1994.4—1996.11）

副书记　赵福洪（1994.4—1996.11）

委　员　沈文鑫、林小松、金文校、马金德

纪委

书　记　赵福洪（1994.4—1996.11）

水产局党总支部

书　记　王志镛（1994.4—1996.11）

委　员　曹祖发、俞再国

农业局党委

书　记　郁连荣（1996.11—2001.3）

委　员　金文校、曹祖发、马金德、俞再国、陈月兴、马继春

纪委

书　记　赵福洪（1996.11—1997.1）

俞再国（1997.1—1998.4）

陈月兴（1998.4—2001.3）

（四）2001 年—2018 年

2001 年 3 月 9 日，撤销余杭市，设立杭州市余杭区。中共余杭市农业局委员会、中共余杭市农业局纪律检查委员会随之改为中共杭州市余杭区农业局委员会、中共杭州市余杭区农业局纪律检查委员会。2001 年 8 月 27 日，撤销中共杭州市余杭区农业局委员会、中共杭州市余杭区农业局纪律检查委员会，建立新的中共杭州市余杭区农业局委员会、中共杭州市余杭区农业局纪律检查委员会。2015 年 12 月，中共杭州市余杭区农业局纪律检查委员会撤销，中共杭州市余杭区纪律检查委员会派驻第八纪律检查组驻在中共杭州市余杭区委、杭州市余杭区人民政府农业和农村工作办公室、杭州市余杭区农业局。2017 年 7 月，更名为中共杭州市余杭区纪委、区监委派驻第七纪检监察组，并赋予部分监察职能。

农业局党委

书　记　郁连荣（2001.3—2001.8）

委　员　金文校（2001.3—2001.8）

俞再国（2001.3—2001.8）

陈月兴（2001.3—2001.8）

马继春（2001.3—2001.8）

纪委

书　记　陈月兴（2001.3—2001.8）

农业局党委

书　记　陈海群（2001.8—2006.9）

胡永林（2006.9—2012.3）

丁少华(2012.3—2018.6)
叶维军(2018.6—　　　)
副书记　陈建方(2001.8—2007.12)
陈月兴(2005.3—2012.9)
陈海群(2006.9—2007.3)
王利群(女,2008.1—2014.11)
俞来宝(2012.8—2014.12)
余海根(2014.12—2017.10)
钱祖华(2016.5—2017.3)
孙立英(女,2017.10—　　　)
委　员　汤宝荣(2001.8—2010.10)
俞再国(2001.8—2003.10)
陈月兴(2001.8—2005.3)
马继春(2001.8—2007.12)
孙耀华(2001.8—2004.10)
姚子兴(2002.5—2004.10)
洪　平(2004.10—2013.12)
胡建春(2004.10—2006.9)
解宏伟(2004.10—2009.8)
江新渊(2006.9—2012.8)
胡惠生(2008.1—　　　)
宋祖建(2010.1—2011.9)
施金昌(2010.10—　　　)
沈生泉(2012.8—2017.9)
董志高(2014.9—　　　)
孙金星(2014.10—　　　)
柳振洋(2015.12—　　　)

纪委
书　记　陈建方(2001.8—2007.12)
王利群(女,2008.1—2012.8)
俞来宝(2012.8—2014.12)
余海根(2014.12—2015.12)

纪检组
组　长　柳振洋(2015.12—2017.7)

纪检监察组
组　长　柳振洋(2017.7—　　　)

第二节 农村工作部门党组织

1976年10月,结束了十年“文化大革命”,党在思想、政治、组织上进行了一系列拨乱反正,各级党组织的建设得到了进一步加强。1977年,随着余杭县有关工作机构相继恢复,根据新时期社会主义现代化建设的需要,建立了农村工作办公室党的核心小组。1978年,为改善和加强党在政权部门的领导,农村工作办公室党的核心小组改建为党组。1984年,农村工作办公室党组撤销。1986年,建立农业委员会党组,1988年改建为党委。1996年,农业委员会党委更名为农村经济委员会党委。2001年,余杭区委决定撤销农村经济委员会党委。

(一)1977年—1994年

1977年7月15日,建立中共余杭县农村工作办公室核心小组。1978年6月21日,中共余杭县农村工作办公室核心小组改建为中共余杭县农村工作办公室党组。1984年1月23日,余杭县农村工作办公室撤销,中共余杭县农村工作办公室党组在25日随之撤销。1986年1月23日,建立中共余杭县农业委员会党组。1988年1月,建立中共余杭县农业委员会委员会。

农村工作办公室党的核心小组

组　长　金银根(1977.7—1978.6)

副组长　乔元魁(1977.7—1978.6)

农村工作办公室党组

书　记　金银根(1978.6—1981.10)

乔元魁(1981.10—1984.1)

副书记　乔元魁(1978.6—1981.10)

吴永发(1981.11—1984.1)

农业委员会党组

书　记　唐维生(1986.1—1987.12)

副书记　施明辉(1986.1—1987.12)

王兴辉(1987.9—1987.12)

农业委员会党委

书　记　唐维生(1988.1—1989.2)

马宝连(1989.2—1994.4)

副书记　施明辉(1988.1—1990.5)

王兴辉(1988.1—1988.10)

韩元芳(1988.10—1989.4)

卢显龙(1993.5—1994.4)

委　员　韩元芳、郁连荣、崔希钢、陆寿良、陈海群

(二)1994年—2001年

1994年4月5日,余杭以原行政区域撤县设市。中共余杭县农业委员会委员会随之改为中共余杭市农业委员会委员会。1996年11月30日,中共余杭市农业委员会委员会更名为中共余

杭市农村经济委员会委员会。2001 年 3 月 9 日，撤销余杭市，设立杭州市余杭区。中共余杭市农村经济委员会委员会随之改为中共杭州市余杭区农村经济委员会委员会。2001 年 8 月 27 日，撤销中共杭州市余杭区农村经济委员会委员会。

农业委员会党委

书　记　马宝连（1994.4—1996.11）

副书记　卢显龙（1994.4—1996.11）

委　员　崔希钢、陈海群、罗连水、吴佩翔、汤水明、汤宝荣、王水农

农村经济委员会党委

书　记　马宝连（1996.11—2001.3）

副书记　卢显龙（1996.11—2001.3）

委　员　崔希钢、陈海群、罗连水、吴佩翔、汤水明、汤宝荣、王水农

农村经济委员会党委

书　记　马宝连（2001.3—2001.8）

副书记　卢显龙（2001.3—2001.8）

委　员　吴佩翔（2001.3—2001.6）

汤水明（2001.3—2001.8）

汤宝荣（2001.3—2001.8）

王水农（2001.3—2001.8）

第三节　高新农业党组织、纪检组织

2002 年，建立高新农业开发区党组、纪检组。2004 年，建立高新农业示范中心党组、纪检组。2009 年，撤销高新农业示范中心党组、纪检组，以及农副物流中心党组。建立农副物流中心、高新农业示范中心党委，并建立区纪委驻农副物流中心、高新农业示范中心纪检组。2012 年，农副物流中心、高新农业示范中心党委及区纪委派驻纪检组同时撤销。高新农业示范中心 2012 年划归农办（农业局）管理后，党组织和纪检组织不再单独建立。

（一）2002 年—2004 年

2002 年 5 月 24 日，建立中共杭州市余杭高新农业开发区管理委员会党组、中共杭州市余杭高新农业开发区纪律检查组。

高新农业开发区党组

书　记　胡永林（2002.5—2004.1）

成　员　汤水明（2002.5—2004.1）

李淑娟（女，2002.5—2004.1）

纪检组

组　长　李淑娟（女，2002.5—2004.1）

（二）2004 年—2009 年

2004 年 1 月 19 日，建立中共杭州市余杭高新农业示范中心党组、中共杭州市余杭高新农

业示范中心纪律检查组。

高新农业示范中心党组

书　记　胡永林(2004.1—2006.9)

罗连水(2006.9—2009.8)

成　员　汤水明(2004.1—2006.9)

李淑娟(女,2004.1—2009.8)

蒋　敏(2006.9—2009.8)

纪检组

组　长　李淑娟(女,2004.1—2009.8)

(三)2009 年—2012 年

2009 年 8 月 20 日,撤销中共杭州市余杭高新农业示范中心党组、中共杭州市余杭高新农业示范中心纪律检查组,撤销中共杭州农副产品物流中心管理委员会党组。建立中共杭州农副产品物流中心、杭州市余杭高新农业示范中心委员会,并建立中共杭州市余杭区纪律检查委员会驻农副产品物流中心、高新农业示范中心纪律检查组。2012 年 8 月 20 日,中共杭州农副产品物流中心、杭州市余杭高新农业示范中心委员会和中共杭州市余杭区纪律检查委员会驻农副产品物流中心、高新农业示范中心纪律检查组同时撤销。

农副产品物流中心、高新农业示范中心党委

书　记　罗连水(2009.8—2010.10)

沈世杰(2010.10—2012.3)

副书记　沈世杰(2009.8—2010.10)

委　员　孟志刚(2009.8—2012.8)

杨全英(女,2009.8—2010.10)

张国平(2009.8—2012.8)

蒋　敏(2009.8—2012.8)

张春根(2009.8—2012.8)

纪检组

组　长　张春根(2009.8—2012.8)

第四节　系统机关党群组织

一、中共组织

20 世纪 50 年代,杭县、余杭县人民政府实业科(建设科、农林科、农林建设科)等未单独建立党组织,党员关系为县委党组所属机关党支部。1960 年—2001 年,农业和农村工作部门先后建立过党组、党的核心领导小组、党总支部、党委,以及机关党支部等党的基层领导管理组织。

2001 年,随着余杭撤市设区和机构改革,新的中共杭州市余杭区农业局委员会建立。并同步撤销中共杭州市余杭区农业局机关支部委员会、中共杭州市余杭区农垦总公司机关支部委员会、中共杭州市余杭区农村经济委员会机关支部委员会、中共杭州市余杭区农村能源办公室支部委员会，建立中共杭州市余杭区农业局机关总支部委员会。2002年，选举产生第一届中共杭州市余杭区农业局机关党总支部委员会，有机关行政、离退休2个党支部。2012年5月，建立中共杭州市余杭区农业局离退休总支部委员会，原属农业局机关党总支部的离退休党支部整建制划归农业局党委管理；6月，第一届中共杭州市余杭区农业局离退休总支部委员会正式成立。2013年10月，为加强机关党组织建设，理顺相关工作关系，便于对党员的管理教育，在中共杭州市余杭区农业局机关总支部行政支部委员会3个党小组的基础上，建立中共杭州市余杭区农业局机关总支部行政第一、第二、第三支部委员会。

至2018年底，中共杭州市余杭区农业局委员会有下属党（总）支部11个、党员201名。其中，中共杭州市余杭区农村经济经营管理总站支部委员会，有党员12名；中共杭州市余杭区畜牧兽医局总支部委员会，有党员39名；中共杭州市余杭区农（渔）业行政执法大队支部委员会，有党员10名；中共杭州市余杭区渔业渔政管理总站支部委员会，有党员16名；中共杭州市余杭区农业生态与植物保护管理总站支部委员会，有党员15名；中共杭州市余杭区农业技术推广中心支部委员会，有党员27名；中共杭州市余杭区农民素质教育管理总站支部委员会，有党员13名；中共杭州市余杭区农业机械监督管理总站支部委员，有党员16名；中共杭州农副产品物流中心动植物检验检疫站支部委员会，有党员4人；中共杭州市余杭区农产品质量安全检验检测站支部委员会，有党员6人；中共杭州市余杭区农业局离退休总支部委员会，有党员43人。

隶属于中共杭州市余杭区委直属机关工作委员会领导的中共杭州市余杭区农业局机关总支部委员会，有党支部3个、党员65人。其中，杭州市余杭区农业局机关总支部行政第一支部委员会，有党员21名；中共杭州市余杭区农业局机关总支部行政第二支部委员会，有党员22名；中共杭州市余杭区农业局机关总支部行政第三支部委员会，有党员22名。

二、工会组织

1958年3月，杭县农林水利工会县筹委会经杭县工会三届五次常委会研究决定撤销。1984年7月，余杭县总工会召开全县工会工作会议，传达学习全国总工会《关于整顿工会基层组织，开展建设“职工之家”活动的决定》，并制定了具体规划；8月，中共余杭县委员会批转了县总工会《关于整顿工会基层组织，开展建设“职工之家”活动的报告》。之后，农业局系统筹建成立工会组织，并向工会会员颁发会员证。且伴随着农业局、农机局、水产局、农经委、农垦总公司等部门的撤并，工会组织数次改选重组。

1990年11月，因机构调整，撤销余杭县农业局工会工作委员会、余杭县水产局工会工作委员会，建立新的余杭县农业局工会工作委员会。1997年3月，建立余杭市农业局工会工作委员会。2001年11月，撤销杭州市余杭区农业局工会工作委员会、杭州市余杭区农垦总公司工会工作委员会，建立新的杭州市余杭区农业局工会工作委员会。2012年5月，直接选举产生第一届杭州市余杭区农业局工会委员会、经费审查委员会和女职工委员会。

至2018年底，杭州市余杭区农业局工会委员会有下属工会11家、会员293名。其中，杭州市余杭区农业局机关工会委员会，有会员74名；杭州市余杭区农村经济经营管理总站工会委员会，有会员11名；杭州市余杭区畜牧局工会委员会，有会员87名；杭州市余杭区农（渔）业行政执法大队工会委员会，有会员15名；杭州市余杭区渔业渔政管理总站工会委员会，有会员15名；杭州市余杭区农业生态与植物保护管理总站工会委员会，有会员18名；杭州市余杭区农业技术推广中心工会委员会，有会员30人；杭州市余杭区农民素质教育管理总站工会委员会，有会员5名；杭州市余杭区农业机械监督管理总站工会委员会，有会员23名；杭州农副产品物流中心动植物检验检疫站工会委员会，有会员8名；杭州市余杭区农产品质量安全检验检测站工会委员会，有会员7名。

三、共青团组织

自1949年5月设立负责农业和农村工作的相关单位后，历经多次区域整合、机构撤并、名称更迭，共青团组织也几经调整、变迁。到1988年，余杭县农业局建有团总支部。

1988年6月，中国共产主义青年团余杭县农业局总支部委员会变更为中国共产主义青年团余杭县农业局委员会。1989年，向共青团员颁发团员证。1997年3月，撤销农业局团委、水产局团总支部，建立中国共产主义青年团余杭市农业局委员会。2001年，因余杭撤市设区和机构改革，建立中国共产主义青年团杭州市余杭区农业局委员会。

至2018年底，中国共产主义青年团杭州市余杭区农业局委员会有下属团支部5个、团员63名。其中，中国共产主义青年团杭州市余杭区农业局机关支部委员会，有团员26名；中国共产主义青年团杭州市余杭区农业局事业联合支部委员会，有团员16名；中国共产主义青年团杭州市余杭区农业局畜牧兽医局支部委员会，有团员8名；中国共产主义青年团杭州市余杭区农业局农业技术推广中心支部委员会，有团员7名；中国共产主义青年团杭州市余杭区农业局农产品检验检测站支部委员会，有团员6名。

四、妇女组织

1998年8月，建立余杭市农业局妇女工作委员会。1999年，建立第一届余杭市农业局系统妇女委员会。2018年8月，杭州市余杭区农业局系统妇委会升格为杭州市余杭区农业局妇女联合会，并在第一次妇女代表大会上选举产生了农业局妇联第一届执行委员。

至2018年底，杭州市余杭区农业局妇女联合会有下属妇女小组11个、妇女108名。其中，杭州市余杭区农业局机关妇女小组，有妇女33名；杭州市余杭区农村经济经营管理总站妇女小组，有妇女7名；杭州市余杭区畜牧兽医局妇女小组，有妇女25名；杭州市余杭区农(渔)业行政执法大队妇女小组，有妇女5名；杭州市余杭区渔业渔政管理总站妇女小组，有妇女3名；杭州市余杭区农业生态与植物保护管理总站妇女小组，有妇女8名；杭州市余杭区农业技术推广中心妇女小组，有妇女10名；杭州市余杭区农民素质教育管理总站妇女小组，有妇女3名；杭州市余杭区农业机械监督管理总站妇女小组，有妇女6名；杭州农副产品物流中心动植物检验检疫站妇女小组，有妇女3名；杭州市余杭区农产品质量安全检验检测站妇女小组，有妇女5名。

第五节　学会和协会

余杭区涉农或由农业部门主管的社会团体有杭州市余杭区农学会、杭州市余杭区径山茶行业协会、杭州市余杭区农业龙头企业联合会、杭州市余杭区径山燕青茶业协会、杭州市余杭区农业机械协会、杭州市余杭区农业生产资料行业协会、杭州市余杭区水产行业协会、杭州市余杭区水果产业协会、杭州市余杭区蔬菜产业协会、杭州市余杭区饲料行业协会、杭州市余杭区农村合作经济组织联合会、杭州市余杭区畜牧兽医学会、杭州市余杭区茶文化研究会、杭州市余杭区休闲观光农业协会、杭州市余杭区现代农业园区协会、杭州市余杭区塘栖枇杷行业协会、杭州市余杭区家庭农场协会计 17 家。其中，注册地址在农业局的有 10 家。这些学会、协会成立后，开展了一系列工作与活动，在资料汇编、标准制定、品牌打造方面成效显著，如编印《余杭（县市）区农业科技资料汇编》（年刊）；注册“径山茶”原产地证明商标（后改称地理标志证明商标）和驰名商标，参加国家农产品地理标志认证，获浙江省茶叶专业商标品牌基地、浙江省十大名茶、国家地理标志产品保护；制定《蒸青茶》和《中华鳖池塘养殖技术规范》国家标准等，并在科普宣传、论文荐评、技术咨询、专业培训、示范推广、经营管理、业务指导、协调服务、产品营销等方面做了大量工作，为余杭“三农”事业发展作出了应有贡献。

2017 年，根据《关于印发余杭区行业协会商会与行政机关脱钩实施方案的通知》精神，开展了行业协会商会与行政机关脱钩工作。11 月，16 家与余杭区农业局有主管关系的学会、协会均完成了脱钩。其中，杭州市余杭区农业机械协会、杭州市余杭区水果产业协会、杭州市余杭区蔬菜产业协会、杭州市余杭区饲料行业协会、杭州市余杭区农村合作经济组织联合会、杭州市余杭区畜牧兽医学会、杭州市余杭区现代农业园区协会等 7 家社会团体依法注销。直属管理脱钩后，农业行政管理部门将继续做好各相关经营主体的产业发展指导和服务工作。

农学会　1979 年 9 月 28 日，余杭县农学会成立，分农学、蚕桑、茶叶、棉麻、水产、畜牧 6 个学组，后又先后调整出现过作物栽培、种子、土肥、植保、蚕桑、棉麻、茶叶、水产、畜牧、果蔬、农机、农经等学组，以及粮油、茶叶、蚕桑、园艺、畜牧、水产、生态植保、农机等分会。现分为粮油、茶叶、园艺、畜牧、水产、生态植保、农机 7 个分会，有会员 166 人。

径山茶行业协会　1998 年 3 月 11 日，余杭市径山茶业管理协会成立；2007 年，更名为杭州市余杭区径山茶行业协会，有团体会员 70 家，个人会员 180 人。2017 年 9 月，取消径山茶行业协会与农业局的主管关系，依法独立运行。

农业龙头企业联合会　2001 年 12 月 28 日，杭州市余杭区农业龙头企业联合会成立，有团体会员 37 家，个人会员 31 人。2017 年 9 月，取消农业龙头企业联合会与农业局的主管关系，依法独立运行。

径山蒸青茶业协会　2002 年 11 月 22 日，杭州市余杭区径山蒸青茶业协会成立，有团体会员 24 家，个人会员 50 人。2017 年 9 月，取消径山蒸青茶业协会与农业局的主管关系，依法独立运行。

农业机械协会　2004 年 4 月 29 日，杭州市余杭区拖拉机驾驶员协会成立；2006 年 1 月 6 日，更名为农业机械协会，有会员 2000 余人。2017 年 11 月，同意农业机械机协会按照《社会团体登记管理条例》规定，到社团登记管理机关办理相关注销手续。

农业生产资料行业协会　2004 年 5 月，杭州市余杭区农业生产资料行业协会成立，有会员 129 家。其中，生产企业 4 家，经营企业 125 家。2017 年 9 月，取消农业生产资料行业协会与农业局的主管关系，依法独立运行，

水产行业协会　2004 年 7 月 21 日，杭州市余杭区水产行业协会成立，有会员 90 人；2012 年，水产品流通分会成立，有会员 34 人。2017 年 9 月，取消水产行业协会与农业局的主管关系，依法独立运行。

水果产业协会　2004 年 12 月 17 日，杭州市余杭区水果产业协会成立，有团体会员（个人）

会员62家(人)。2017年9月,同意水果产业协会按照《社会团体登记管理条例》规定,到社团登记管理机关办理相关注销手续。

蔬菜产业协会 2004年12月17日,杭州市余杭区蔬菜产业协会成立,有团体会员13家,个人会员69人。2017年9月,同意蔬菜产业协会按照《社会团体登记管理条例》规定,到社团登记管理机关办理相关注销手续。

饲料行业协会 2005年5月15日,杭州市余杭区饲料行业协会成立,有团体会员30家,个人会员50人。2017年9月,同意饲料行业协会按照《社会团体登记管理条例》规定,到社团登记管理机关办理相关注销手续。

农村合作经济组织联合会 2007年7月13日,杭州市余杭区农村合作经济组织联合会成立,有团体和个人会员100个;2016年11月,余杭区农民合作经济组织联合会成立,内设一办一中心一部一公司,与现行供销联社体制合署办公。鉴于两个联合会在性质、功能上相似,且新成立的联合会规模更大、定位更准。2018年6月,按照《社会团体登记管理条例》规定,到社团登记管理机关办理农村合作经济组织联合会相关注销手续。

畜牧兽医学会 2010年1月22日,杭州市余杭区畜牧兽医学会成立,有团体会员53家,个人会员174人。2017年9月,同意畜牧兽医学会按照《社会团体登记管理条例》规定,到社团登记管理机关办理相关注销手续。

茶文化研究会 2010年6月27日,杭州市余杭区茶文化研究会成立,有会员57人。2017年9月,取消茶文化研究会与农业局的主管关系,依法独立运行。

休闲观光农业协会 2010年8月11日,杭州市余杭区休闲观光农业协会成立,有团体会员39家,个人会员27人。2017年9月,取消休闲观光农业协会与农业局的主管关系,依法独立运行。

现代农业园区协会 2012年12月6日,杭州市余杭区现代农业园区协会成立,有团体会员66人,个人会员20人。2017年9月,同意现代农业园区协会按照《社会团体登记管理条例》规定,到社团登记管理机关办理相关注销手续。

塘栖枇杷行业协会 2015年7月14日,杭州市余杭区塘栖枇杷行业协会成立,有会员36人。2017年9月,取消塘栖枇杷行业协会与农业局的主管关系,依法独立运行。

家庭农场协会 2015年12月25日,杭州市余杭区家庭农场协会成立,有会员45家。其中,省级示范性家庭农场20家,市级示范性家庭农场10家。2017年9月,取消家庭农场协会与农业局的主管关系,依法独立运行。

第十八章　农耕文化

农业文化，是指在农业生产实践活动所创造出来的与农业有关的物质文化和精神文化的总和。其内容可分为农业科技、农业思想、农业制度与法令、农事节日习俗、饮食文化等。根据考古发现，早在四五千年前的良渚文化时期就有先民在境内从事农耕活动，由此逐渐形成具有余杭特色的耕作习俗、农事民俗、农副产品加工技艺以及流传于民间的农业谚语。进入21世纪后，余杭区进一步加大对农业文化遗产保护力度，全区共有20项农耕文化遗产分别被纳入国家级、省级、市级和区级非物质文化遗产名录。

第一节　农耕习俗

余杭土地肥沃，气候温和。根据考古发现，早在四五千年前的良渚文化时期先民就已开始种植水稻；到明朝，平原一带农村已是"桑树蔽野，户户皆蚕"；同时境内东部地区盛产络麻、甘蔗、枇杷和老姜；河流纵横交错，水塘星罗棋布，使得养鱼和种植莲藕成为农家的重要副业；而西部山区翠峦叠嶂，盛产茶叶、竹木，成为山民的主要经济来源。由此逐渐形成具有余杭特色的农业习俗。

一、稻作

稻作是境内最常见的生产活动，其习俗由来已久，盛行于20世纪50年代初合作化运动之前，此后逐步淡化。

落谷种　立春过后农家便做早稻秧田，工具是千步和秧耥。撒谷种前祭祀田公，在田塍上点3支香，烧1帖黄纸。不准小孩在田头讲"鸟要吃谷"之类不吉利话。扎稻草人并套上旧衣、戴上笠帽，手执蒲扇，插在秧田四周以恐吓鸟雀。

开秧门　芒种后拔秧种田，拔第一把秧叫开秧门。农家视为喜事，合家以鱼肉荤腥佐餐，另用猪头、条肉置盘中供田头，祈天保佑。开秧门需选日子，有"二、八不开秧田"之说。

关秧门　插秧至最后一丘田最后一丛秧时，称为关秧门。其时晚餐要请吃关秧门酒。插秧要求直、匀、快，忌种岔行，忌"关在汤罐里"，更忌"困棺材"(意思是中间未插完的地方被围住)。

车水　天旱时需车水灌田，工具为水车。民间信奉龙生水，故水车上的零部件名皆带"龙"字，如龙车、龙头、龙骨、龙板等。有2人—4人合踏的脚踏水车，也有单人双手摇的水车。坡陡地势高的山地，要用几部水车，逐级往上送水。其时，车水人高唱号子以记水车转数，也有敲锣打鼓以鼓点为记的，大多100转换一班人。

开镰　待备酒菜请过五谷神后，所割第一把稻谓之"开镰"。旧时脱粒用稻栈(又称稻桶)，稻谷挑回家摊在晒簟上晒干，用风箱(风车)扬净后收藏。收割后，遗落田里的稻头允许人们捡拾。

吃新米饭　新米砻出，第一餐烧新米饭时，不能加剩饭，须在落锅时加上一把黄豆，谓之豆（头）米。饭煮熟后第一碗敬天公，米筛内放饭菜酒，插一股香，供在大门口；第二碗供灶神。

二、种络麻

临平、乔司、翁梅等地曾是中国重点产麻区之一，明洪武年间就开始种植络麻，距今已有600多年历史，形成一套完整的种麻习俗。

播种　一般在每年4月25日前后将络麻种子套种撒播在小麦或油菜地里，此时，小麦、油菜还未成熟，等到小麦、油菜收割时，络麻苗刚好长叶，拔了油菜，割了小麦，就成了一片络麻地。

定苗　由于络麻种子撒播，所以出苗会有疏密，因此，当苗长到一定时候时要删苗补缺，俗称“定苗”。定苗一般两次，第二次定苗时，要给络麻地重新做垅，上泥施肥。

拔笨头络麻　络麻长到一人多高时，要将长得矮的络麻拔掉，称为“拔笨头络麻”，拔笨头络麻一般从8月开始，要拔两次，这样，留下的络麻才会长得更高更粗。

剥络麻　10月初络麻开始收获，俗称“剥络麻”，先将络麻拔起，放到长凳上，一人用两根苦竹做的夹棍，夹住两三根络麻，另一人抓住络麻使劲往外拉，夹掉络麻叶，将麻皮与秆分开。然后，将夹好的络麻皮剥出来，摊在地上晒干便可出售。也有农户将麻皮浸泡在河中，十天半月后，用棒槌将麻皮边敲打边漂洗，直到漂洗成白麻，晒干后出售。

三、种甘蔗

境内甘蔗始植于唐，盛栽于宋，至今已有千余年历史，尤以临平甘蔗松脆汁多、甜而不腻而闻名。甘蔗有紫皮、青皮两个品种，以上塘河为界，上塘河南的农村以种紫皮甘蔗为主，而上塘河以北的农村则以种青皮甘蔗为主。

排甘蔗　在地上开一条小沟，浇水拌匀湿泥，将种甘蔗平放在小沟里，两头沾上湿泥，以免在太阳暴晒下干枯。

删芽掰叶　当甘蔗发芽后长到半尺高时就要删芽，每节甘蔗只留一个最粗壮的芽，同时拔草施肥。等甘蔗长到有三四节高的时候就要开始掰甘蔗叶，一般要掰三次。

倒甘蔗　当地将收获甘蔗称为“倒甘蔗”。先用专用刀削去甘蔗叶，再将甘蔗拔起，整齐放在田垄上，将甘蔗叶搓成绳索，按10支一梱捆扎，便可拿去出售。

窖藏　找一块避风向阳的地块，挖一个两米来深的地窖，将一梱梱甘蔗整齐排放在地窖内，上面盖上稻草、泥土，经窖藏的甘蔗到第二年春天食用，依然鲜甜如初，同时可用作种甘蔗。

四、种老姜

境内从唐代开始种植老姜，到北宋年间已盛产，并列为皇家贡品，犹以小林黄姜最为有名。

排老姜　清明前3天—5天开始催芽，在谷雨和立夏之间在地上排姜，由于姜喜阴，所以常在桑园或油菜地里套种老姜。先在地里开一条小沟槽，撒一层有机肥作底肥，然后将种姜排放在沟槽中，盖上松软泥土，铺一层羊垃圾等有机肥。

搭阴棚　用小竹子、络麻秆等在种老姜的地垄搭一个棚子，防止老姜被太阳直晒而枯萎。

采收　老姜分三次采收，第一次在夏至到小满之间，起的是“娘姜”，用尖竹签在子姜与母姜连接处取下“娘姜”，要做到“娘离子不伤”，取下的娘姜适宜做姜片和姜粉。第二次是在处暑后收嫩姜，它可鲜食或制成紫姜、醋姜等。第三次是在立冬后，收获的是老姜，既可鲜食、用作烹饪调料，也可留作来年姜种。

五、养蚕

境内蚕业始于良渚文化时期，兴于唐代，至明朝，平原农村已是桑树遍地，户户养蚕。养蚕有一年一熟（春蚕）至一年三熟（春蚕、夏蚕、秋蚕），中华人民共和国成立后，逐步推广中秋蚕、晚秋蚕，变成一年五熟。旧时，养蚕习俗名目繁多。

扫蚕花地　农历大年初一，蚕花娘子（养蚕女子）要到蚕房扫蚕花地，须从外向里扫，意将蚕花扫进来。村人见面时互道“蚕花廿四分”祝福语。

请蚕猫　蚕房忌鼠，蚕农多养猫。还请“蚕猫”。蚕猫即用泥土烧制的泥猫。每年春天，苏北人摇船到蚕乡兜售泥猫，以米、面、豆等实物交换。船家谓“送”，蚕家谓“请”。泥猫置蚕房窗台吓唬老鼠。

轧蚕花　农历三月三，塘栖一带蚕农或步行，或划船，赶往超山等庙宇烧香，敬拜蚕神。男女老幼将头戴用彩纸或绢制成的小花称为蚕花，将其插在鬓边、髻头、帽檐，人群挤轧，故此俗称“轧蚕花”。超山轧蚕花在杭嘉湖蚕乡颇为出名，历来有“脚踏超山地，蚕花宝气带回门”之说，桐乡、德清一带邻近蚕农也纷至沓来。此外，临平蚕农还有到临平山夕照庵西的孟姜泉祈蚕的习俗，《临平记再续》中有“相约临平山下去，祈蚕先拜孟姜泉”的记载。

关蚕门　清明前蚕种进门时，蚕户在门窗上插野桃树枝避邪。用桃花纸糊窗，贴上蚕猫、聚宝盆、摇钱树等吉祥图案。称蚕为“宝宝”。待正式开始养蚕后，家家便将蚕房大门紧闭，专心养蚕，亲戚邻居也极少往来，俗称“关蚕门”。

开蚕门　农历五月，蚕熟茧成。蚕农将茧从蔟上摘下，称为落茧。落茧需从门口开始。此后蚕禁解除，蚕房开门迎客，亲朋邻里互祝蚕茧丰收，办酒庆贺。

谢蚕花　端午，蚕农以蚕花酒庆贺蚕茧丰收。姑娘、妇女聚在河埠头洗头戏耍，谓之洗蚕花水。请来皮影戏班演蚕花戏，皮影戏屏幕所用棉纸成为来年垫蚕匾的吉祥物。

六、渔业

养鱼　旧时，境内河流纵横交错，池塘星罗棋布，养鱼历史悠久，除西部低山丘陵的黄湖、鸬鸟等镇外，其他各镇乡均有分布，尤以塘栖、运河、仁和、五常、闲林等地为多。农家除种植水稻，植桑养蚕外，有的还以养鱼为生，由此形成养鱼习俗。

农历六月十五日和九月十六日，渔家奏乐祈神、聚餐。举行争选最佳水面的“夺大头”活动，其时一人掌舵，两人划桨，快者先择。20世纪50年代，此俗遂废。

图18-1　渔哨（2002年）

养鱼分外荡与内荡。外荡为荡、漾、潭及与之相通的港、浜。内荡是平原地带的池塘，一般人工开挖，孤立分布。渔谚：“大荡放秧（指鱼苗）不过正月半，小荡放秧不过二月二。”

外荡需建竹箔（鱼簖）以拦鱼，由竹、竹桩（座桩、碰桩、门桩、撑桩、保险桩）等组成，有瞒牢箔、直过箔、兜底箔、桥兜箔、三角箔等。门有浮门、死门之分，并排两道，航道上的鱼簖浮门可升降通船。死门略低于水面，钉死在河里，一般不通航。渔哨是鱼簖旁用竹架设的小楼，俗称簖棚子。

内荡养殖品种有鲢鱼、草鱼、青鱼、鳙鱼、鲤鱼、鳊鱼和鲫鱼。后随着网箱养鱼的开发及专用池塘的开挖，养殖户还养殖鳝、蟹、鳖、虾等水产品。每年冬天，是养鱼人家的收获季度。按照习俗，2 年—3 年要"干荡"一次。将鱼塘的水抽干后，群鱼扑腾跳跃，渔家与帮工将家鱼和主要杂鱼捉入篓中，放到簖中，等主人确认抓完鱼后，其余"杂鱼、虾、鳖遗留池底者，任由邻村妇孺往来拾取，名曰'趁荡'，盖遗秉滞穗意也。"干荡后，还要置酒庆贺，俗称吃"鱼汤饭"。少的摆上一两桌，多的摆上四五桌，菜肴以新鲜鱼虾为主菜，邀请干荡的帮工和亲朋好友围坐一起，喝酒吃鱼，庆贺鱼荡丰收。

渔网　捕鱼工具，分游丝网、敲敲网、扳网、赶虾网等。外荡水面宽阔，都用几十丈长游丝兜网，几条船共拖一口网围捕。一般外荡捕鱼则用一条船抛网作业，网有 10 余平方米。大型拖网作业俗称牵鱼，由专业捕捞队操作。扳网用在河水汇流处，有大小网之分。大者达数十平方米，四角分别用绳紧固在河道两岸，沉于水中，起网时用辘轳牵起绳子。小板网将四角捆扎在两根十字交叉弧形小竹竿上，竹竿一头捆在交叉点上。零星的捕捞工具还有赶虾网，又叫三角网，捕鱼时，一手持网，一手持竹竿在浅水中边赶边兜。

七、桑基鱼塘

桑基鱼塘在境内自明末清初兴起，到 20 世纪初已是十分普遍。境内蒋村、五常、和睦、塘栖、博陆、五杭等蚕桑和渔业主产区普遍采用种桑养蚕同池塘养鱼相结合的生产模式。在池埂上或池塘附近种植桑树，起到保护塘基的作用，同时以桑叶养蚕，以蚕沙、蚕蛹等作鱼饵料，以塘泥作为桑树肥料，形成池埂种桑，桑叶养蚕，蚕沙和蚕蛹喂鱼，塘泥肥桑的生产结构或生产链条，二者互相利用，互相促进，达到鱼蚕兼取的效果。采用桑基鱼塘方式不仅经济效益高，而且生态效益好。真如渔谚所说"桑茂、蚕壮、鱼肥大，塘肥、基好、蚕茧多"，是桑基鱼塘循环生产过程中各环节之间的联系的真实写照。

八、茶叶

境内产茶历史悠久，唐代已有一定生产规模，历经宋、元、明、清以至民国，茶叶盛产不衰。中华人民共和国成立后，人民政府采取多种措施恢复和发展茶叶生产，特别是径山茶被命名为国家地理标志保护产品，标志着余杭茶叶生产达到一个新高度。

境内茶叶产区主要在西部地区，其中西南部丘陵茶区范围包括闲林、老余杭、中泰及仓前、五常等地，茶园主要分布在泰山、五潮山、娘娘山等高丘及外围的低丘坡地。西北部丘陵茶区包括径山、鸬鸟、百丈、黄湖、瓶窑、良渚等地，茶园主要分布在径山、窑头山、王位山及外围的低丘坡地。悠久的产茶历史形成茶叶种植的习俗。

茶树良种繁育　一般采用短穗扦插和茶籽直播两种方法，短穗扦插采用半木质化的一年生作插穗，穗长 5 厘米，带一叶一腋，采用黄壤卫生土，苗床保持湿润、遮阴，于 6 月—11 月份扦插，一龄茶苗出圃定植。茶籽直播法即采用完全成熟的茶籽鲜果直播。

茶树种植　挖种植沟深 80 厘米，宽 60 厘米，施足底肥，一般每亩施农家肥 2000 公斤，采用单株定植方法，株距 40 厘米，亩植 2000 株左右。

茶园管理　每年 6 月结合浅耕，在疏松行间土壤的同时，及时清除茶园杂草，并埋入土中，以减少杂草对土壤水分和养分的消耗。春茶采摘结束后应修剪枝蓬，进行养蓬、施肥，为下一季茶叶生产打下基础。6 月—8 月是各种病虫害发生的高峰期，主要以小绿蝉、螨类、茶毛虫等为主，必须及时掌握虫情，根据害虫发生情况加以防治。对无性系良种茶园，要做好抗旱准备，有条件的地方可用滴管浇水。

茶叶采摘　采摘方法有留一叶采摘法、留二叶采摘法、留鱼叶采摘法三种，鲜叶分为五级，即一级多为一芽一叶及少数一芽二叶组成，芽叶整齐，鲜嫩度好；二级主要由 70%的一芽二叶和 30%左右的一芽三叶组成；三级由一芽二叶和一芽三叶各占一半；四级由较粗的一芽三叶和细嫩单片对夹叶各占一半；五级主要为粗老单片，对夹叶，芽叶比重极少。鲜叶贮运要做到采下的鲜叶及时松散地放入茶萝中，防止发热变红。

茶叶炒制　茶叶的手工炒制要在 300℃左右的炒茶锅里，不停用手翻炒，经过摊青、杀青、揉捻、烘焙等多道工序。在炒茶时，抛、扪必须结合，抛的目的是散发茶叶中的热气和潮气，扪的目的是把茶茎中的汁水挤出来。扪的时候，手掌要沿锅底推上来，一分钟至少要做 20 次，每一锅茶叶要持续炒制 15 分钟—20 分钟。在炒制完成之后还要经过揉捻的过程，将炒好的茶叶用双手揉捻，揉捻的目的是将茶叶揉成卷曲型，把茶叶中的内汁挤出，使茶内汁稍露表面，这样茶叶在冲泡时才能保持茶叶泽绿、汤色嫩绿的品相。

九、竹木

百丈、鸬鸟、黄湖、径山等乡镇盛产竹木。旧时，竹木依靠自然条件自生自长。中华人民共和国成立后，人民政府号召植树造林，逐渐开始人工造林。

树神　旧时山民信树神，尤对古树名木奉若神明，不准随意砍伐。村口大树被视为“风水树”，拜为“樟神菩萨”“白果娘娘”“大夫松”等。有人还将子女寄拜给树神，以求长寿富贵。祖宗坟墓、寺庙祠堂的树也概不例外。

扑山　也称“扑山钩梢”，隔年一次。毛竹出笋有大小年，小年夏伏天扑山，易使柴草枯死，变成毛竹肥料；大年笋长成竹后，在冬雪前钩完竹梢。山民用扑山刀将毛竹山中的灌木杂草清除，用钩梢刀砍去长竹梢，使竹长得粗壮，防雪压断。

捏油记　一小布袋，装着青油和煤灰调成糊状的黑色油灰，在嫩（当年青皮新竹，白皮老竹才可砍用）毛竹上捏写文字油记。不同山主油记有别，隔年一次，如被偷伐就能按油记寻找。

禁山　山林管理很严，每座山都有禁石、界沟或其他自然界限。山主所雇管山人大都在山林深处搭—茅棚居住，日夜看护。山主给管山人发竹片牌子，边沿刻大小形状不同的缺口，正反相对，各执一块，上山作业的人，必须随带竹牌与管山人对缺口，相符才准进山。偷盗竹、笋、木、水果者，必须赔礼悔过，轻者认错或放炮仗致歉，重者罚钱请戏班演戏。受罚者还要宴请山主和管山人，邀请长辈代为调解释怨，分发馒头、米馃等食物。砍伐坟头树、风水树、神灵树或山林火灾肇事者，必须开祠堂门当众惩罚，直至送官府究办

祭山公、山母　为祈求平安，村民上山干活、砍伐竹木，先在山神庙祭山公、山母。没有山神庙的山岙就在山口用 3 块石头搭一神座，供上猪头、鱼等菜肴以及香烛、纸元宝，然后上山干活。整个山岙生活落场（方言“做完”的意思）后再焚烧纸元宝。拖运竹木出山也要先到山神庙上供，以求一路平安。

判山　大宗山货买卖和劳作估工的一种方法，由经验丰富而精于计算的老山民担当。一般按竹木长势、地势平陡、上下山路程等因素，由山主与买者谈竹木柴笋等山货价钱，或山主与当工者协商钩梢扑山、砍伐竹木的工钱。或以货折钱或以工折钱一次买断，或待山货出售后拆账

分成。

山林禁忌　山林禁忌颇多，如吃饭需先抛饭粒在地，让山公山母先吃；上山不准带火做饭烧水，都带中午饭菜和茶水上山。吸烟后必须踏灭或浇灭烟蒂。互相招呼不能直呼其名，叫人吃饭或歇力，只能用柴刀敲打毛竹和学鸟兽叫唤。

出运　山溪筑坝蓄水，涨水时开坝放筏（排），顺流而出，至余杭镇、瓶窑镇等水陆码头出售竹木。砍毛竹大的10枝一捆，小的30枝一捆，一捆又称一帖，约250公斤。用篾索把竹梢两帖并连结扎成接龙式竹筏，一般连结扎成30帖左右，长达数十米。放筏前，须备猪头三牲到五圣庙祭拜以保佑平安。放排时，每张排上选熟悉航道、使篙技术精良、富有经验的人撑筏头和把舵，后面带1个—2个副手撑运。

随着山区经济的开发，公路已通到深山冷岙，出运竹木由水路改为陆路，由汽车装运。

十、花果

掘藕　藕是东塘、云会（两地今属仁和街道）、沾桥（今属崇贤街道）等地的土特产，唐代已开始栽种莲藕，宋代成贡品。

掘藕分春掘和夏掘2次。春掘，清明时掘上年七月夏掘时排种的藕，叫清明藕。在挑选部分藕秧边掘边排种后，其余掘起上岸。届时，车干塘水，藕农上穿棉挂儿，下穿棉短裤，下池塘污泥中用藕锹挖藕。藕锹是掘藕专用的工具，系一长方形小铁锹，装七八寸长木柄，顶端穿5寸长横档。夏掘在农历七月，为当年春掘时排种的藕，谓之夏白藕。除留种的仍保留在塘里外，其余全部掘起。夏掘时为水掘，掘藕人赤身露体仅以莲叶遮身，半身浸在水中劳作。邻县德清的塘泾、二都等地农民虽也种藕，但不善掘，故产藕地区的农民在自掘完成后，就去"判畈"代掘，作为副业收入。判的方式有两种：一是折价，由双方对藕塘实地估价，一次买断；二是拆账，一般为四六开（池主六，劳方四），也有七三开、对半分的。

境内沾桥一带以制作藕粉为主，闻名沪杭的"三家村"藕粉即以该地的"三家村"为名。1972年美国总统尼克松访华时，在杭州西湖品尝过"三家村"藕粉。藕的品种有家湖藕和野湖藕，家湖藕白杆宜生吃，野湖藕紫杆宜熟吃。如要取其淀粉加工成藕粉，则延至夏秋之交待藕熟透后才开掘，且一年只挖一次。

采摘枇杷　果农视枇杷为"黄金丸"，采摘时颇为小心。用大拇指和食指摘，不能刀割或攀折，故称摘枇杷。或连嫩枝成串采摘，摆放时不会互相挤压。盛放枇杷的器具用篾篓，大凡上部圆，底部略大呈六角形，每只角有一根竹片直至篓顶部作为支撑和拎环，篓中枇杷只能盛八分满。

掘荸荠　俗称摸荸荠，用双手把荸荠从泥田里摸出来，先用手挖起上层表土，后在生有荸荠的下层土中逐段翻摸，用手捏出荸荠盛入畚箕中。收过的荸荠田，田主允许他人用脚踏的方法捡拾剩余的荸荠，称为"踏

图18–2　采摘枇杷

荸荠”。旧时，沾桥、崇贤一带穷苦人家以捡拾剩余荸荠充饥度日。

尝鲜　枇杷、桃、梨、杨梅、樱桃、柿、荸荠等鲜果成熟时，产区有一惯例，即采摘佳品赠送亲友或邀请他人来品尝，称为“尝鲜”。长辈、亲家、姑、舅和朋友等都需上门赠送，且以竹篾编成的小篮盛放。果林和瓜地有人看守，行人路过歇脚或进入果园游玩，便任其品尝，但不准夹带。

第二节　非物质文化遗产

非物质文化遗产是指各种以非物质形态存在的与群众生活密切相关、世代相承的传统文化表现形式。农业文化领域的非物质文化遗产是我国非物质文化遗产的重要组成部分。境内农业文化领域的非物质文化遗产主要包括农业生产习俗、农事民俗以及农副产品的传统制作工艺等。至 2018 年，全区共有 2 项农业文化领域的非物质文化遗产被列入国家级非物质文化遗产名录，4 项农业文化领域的非物质文化遗产被列入浙江省级非物质文化遗产名录，4 项农业文化领域的非物质文化遗产列入杭州市级非物质文化遗产名录，10 项农业文化领域的非物质文化遗产被列入余杭区级非物质文化遗产名录。

一、国家级非物质文化遗产

蚕丝织造技艺(余杭清水丝棉制作技艺)　余杭清水丝绵制作历史悠久。余杭地处杭嘉湖平原，周朝时，种桑养蚕已是该地区重要的农耕生产活动。到了唐代开元年间（713 年—741 年），丝绵被列为贡赋。从宋代起，浙江上调的丝绵占全国上调的三分之二以上。南宋《咸淳贡赋志》记载：“钱塘、仁和、余杭……九县岁解绵以同功(宫)茧与出娥蚕非缫丝者湅为绵，今余杭所出为佳。”相传南宋高宗赵构建都临安(今浙江杭州)时，特谕把余杭丝绵列入贡品。元、明亦然。据《杭州府志》记载：“杭州(余杭郡)岁贡绵。”清时，余杭丝绵名声更大，康熙年间(1662 年—1722 年)曾远销日本。民国时，余杭“老恒昌”清水丝绵享誉国内外，1929 年，余杭苏晋卿制作的优质清水丝绵曾在西湖博览会上获得特等奖。

图 18-3　清水丝绵制作技艺

余杭清水丝绵以水净漂清而得名。从水源上看，余杭位于苕溪两岸，天目万山之水倾泻于苕溪，日夜流动，温而不寒，这种含杂质较少的淡水，对制绵很有利。大运河畔的塘栖镇、运河街道制作的清水丝绵也同样。清水丝绵制作经过选茧、煮茧、漂洗、剥茧做“小兜”、扯绵撑“大兜”、晒干等 6 道工序完成，制绵过程是一个去除蚕丝外层丝胶的过程，丝胶除去愈净，丝绵质量愈好，在技艺上极需要掌握分寸。从气候上看，余杭地处亚热带南缘季风气候区，温暖湿润，光照充足，雨量充沛，雨热同季，全年养蚕时间长达10个月。得天独厚的自然条件适宜桑树生长和蚕的饲养。

长期以来，余杭丝绵素以清水丝绵而著称于世。清水丝绵制作技艺以通过母女相传和口传心授的方式代代相传，丝绵制作更依靠个人的悟性及长期实践体会掌握，余杭人民在世代相传的过程中积累了丰富的经验，创造了奇特而精细的工艺。余杭清水丝绵制作技艺，手工技能要求高，完全依靠艺人所掌握的技巧经验来完成，是余杭劳动人民长期的智慧结晶。

丝绵是蚕桑生产的副产品，是利用蚕茧制成的天然保暖品。据现代科学分析，蚕丝中含有18种氨基酸，具有一定的抗过敏作用，有着"纤维皇后"的美誉，对人体健康十分有益。余杭清水丝绵洁白如凝脂、轻柔如浮云，边道薄而匀称，无块状，无杂质，柔软，韧性强，放置长久不泛黄，在历史上久负盛名，长期作为贡品进贡，是一份极其宝贵的历史遗产。

20世纪80年代以前，在蚕桑种植区，几乎家家种桑养蚕，户户都能制作丝绵。随着经济的发展，丝绵生产日渐稀少，被现代免翻技术所取代。清水丝绵只在小范围内生产，供自家使用，其传统技艺后继乏人。

2008年，"余杭清水丝绵制作技艺"被列入第二批国家级非物质文化遗产代表性项目名录，2009年，作为"中国蚕桑丝织技艺"的一部分列入联合国人类口述和非物质遗产代表作名录。保护责任地为余杭街道、运河街道和塘栖镇。

径山茶宴　径山茶宴是杭州市余杭区径山寺接待贵客上宾时的一种大堂茶会，是独特的以茶敬客的庄重传统茶宴礼仪习俗，是中国古代茶宴礼俗的存续，也是我国茶俗文化的杰出代表。

图18-4　径山茶宴

径山茶宴起源于唐朝中期，《余杭县志》有唐朝径山寺开山祖师法钦"佛供茶"条目。径山茶宴盛行于宋元时期，后流传至日本，成为日本茶道之源。据日本《类聚名物考》记载："茶宴之起，正元年中，筑前国崇福寺开山南浦绍明，入唐时宋世也，到径山寺谒虚堂，而传其法而皈。"

径山寺是佛教禅宗临济宗著名寺院，南宋时为皇家功德院，雄居江南禅院"五山十刹"之首，号称"东南第一禅院"。按照寺里传统，每当贵客光临，住持就在明月堂举办茶宴招待客人。径山茶宴从张茶榜、击茶鼓、恭请入堂、上香礼佛、煎汤点茶、行盏分茶、说偈吃茶到谢茶退堂，共有10多道仪式程序。在整个过程中，贯穿着大慧宗杲的"看话禅"，师徒、宾主之间用"参话头"的形式问答交谈，机锋禅语，慧光灵现。以茶论道，以茶播道，是径山茶宴的精髓所在。

径山茶宴堂设古雅，程式规范，主躬客庄，礼仪备至，依时如法，和洽圆融，蕴涵丰富，体现了禅院清规和礼仪、茶艺的完美结合，具有品格高古、清雅绝伦的独特风格，堪称中国禅茶文化的经典样式。径山茶宴具有悠久的历史价值和丰富的文化内涵。以茶论道，禅茶一味，体现了中国禅茶文化的精神品格，丰富并提升了中国茶文化的内涵，具有学术研究价值。径山茶宴对于近代“茶话会”礼仪的形成，对杭州地区民间饮茶礼仪习俗的存续都有重要影响，民俗学价值突出。

径山茶宴在径山已失传甚久，20世纪80年代以来，浙江茶界的有识之士试图恢复，举办多次仿效径山茶宴的仪式。径山茶宴依径山寺历代祖师、住持而传承，径山寺现任住持释戒兴为径山茶宴省级代表性传承人，并建立径山茶宴体验中心，使这一民俗瑰宝得以永续传承。

“径山茶宴”于2011年5月被列入国家级非物质文化遗产代表性项目名录。保护责任地为径山镇。

二、浙江省非物质文化遗产

塘北蚕桑生产民俗 塘栖位于杭嘉湖平原。这里水网密布，土地肥沃，自古以来，人们就有着栽桑养蚕的习俗，被誉为鱼米之乡、丝绸之府。栽桑养蚕历史悠久，蚕桑生产民俗产生至今已有近千年的历史，并以清末民初为最盛。

塘栖保存蚕桑生产民俗最好的又属塘北村，塘北村位于塘栖北郊，村内河边地角处处遍栽桑树，约有90%的农户沿袭蚕桑生产，家家户户都会缫丝、做丝绵，蚕桑收入占农民收入的一半，是全区的养蚕大村，还保存有蚕神庙——马鸣殿。

伴随着蚕桑生产，产生了许许多多相关的民俗。正月初一，蚕农们要扫“蚕花地”；清明要“轧蚕花”；农历四月为“蚕月”，开始养蚕；蚕农们要“关蚕门”；蚕熟茧成后“开蚕门”“谢蚕花”；到了农历十二月十二，相传为蚕花娘娘生日，这一天，蚕农们会在家中“敬蚕神”，做些“茧圆”作供品，在家中焚香点烛，颇为热闹。

塘栖的蚕桑生产民俗主要有以下一些特点：一是反映了蚕农对蚕神的敬畏。旧时，蚕农们把蚕敬若神灵，在很多习俗中都得到了体现；二是体现了蚕农们在长期的养蚕过程中的经验总结，如蚕怕生人冲撞，故产生了“关蚕门”习俗；三是反映了蚕农对蚕桑生产的重视，蚕桑生产旧时是农民的主要收入，这些也在习俗上得到了反映。

“塘北蚕桑生产民俗”于2009年6月被列入浙江省非物质文化遗产代表性项目名录。保护责任地为塘栖镇。

中泰竹笛 中泰竹笛产于余杭中泰街道铜岭桥一带，是一种以苦竹制作的用于吹奏的民间乐器，也是一种独特的民间工艺品。中泰是浙江省苦竹之乡、全国苦竹定向培植示范园区，有“南乡竹海，绿色宝库”之称。

中泰竹笛的制作源远流长，据江南笛王赵松庭考证，流行于日本的乐器“尺八”即是起源于中国，唐代时传入日本。“尺八”竹材出自于余杭中泰地区，元、明、清历代皇室都曾派乐匠到余杭中泰伐竹制笛。

中华人民共和国成立后，中泰竹笛制作一度沉寂。20世纪80年代，中泰成立笛箫社。20世纪90年代后，中泰铜岭桥农民创办制笛企业，中泰竹笛生产得以迅速发展。至2018年，中泰街道已有竹笛乐器厂近百家，从业农民近千人，年产中高档笛箫近百万支，圈内有人评价说：“世界上吹奏的十支笛子中，产自中泰的有四支。”

中泰竹笛历经70多道严格的工序制作而成，尤以烘烤、定调、打孔、校音等工序制作工艺严格，以做工精细、用料考究、音响优雅、风格独特而得到音乐界的重视和人们的喜爱。融入竹刻、竹雕民间工艺的中泰竹笛既有高雅飘逸的浮雕之秀，更有音色嘹亮的笛声之美。中国著名笛子演奏家俞逊发专门为中泰竹笛进行技术鉴定，给予高度评价，称中泰竹笛“神韵暗流，玉笛飞声”。

“中泰竹笛制作技艺”于2012年6月被列入浙江省非物质文化遗产代表性项目名录。保护责任地为中泰街道。

三家村藕粉制作技艺　三家村藕粉出自余杭区崇贤街道。三家村及其周围数十里藕乡，南宋时已成为贡品。20世纪70年代，美国总统尼克松、法国总统蓬皮杜访华来杭时，品尝过三家村藕粉后赞不绝口，周总理以三家村藕粉作为礼品亲赠两位总统携带回国。

三家村一带地理环境适合莲藕生长，种植的藕具有孔小、肉厚、味甜、香醇的特点。藕粉的品质优良，还得益于传统手工制作工艺，制藕粉采用“尖头日荷”品种，精选新鲜老藕，经过洗藕、磨粉、淘洗、过滤、沉淀、悬挂、削片、晒干等多道工序，其中技艺性最强的属削片，要削得极其薄透均匀。成品藕粉色泽微红，呈片状，有银白色光泽，色、香、味俱佳。三家村藕粉制作技艺不仅具有较高的历史价值和工艺价值，而且是杭州著名的地方特产，具有一定的经济价值。

“三家村藕粉制作技艺”于2016年12月被列入浙江省非物质文化遗产代表性项目名录。保护责任地为崇贤街道。

径山茶炒制技艺　径山茶是传统的历史名茶，始种于唐，盛于宋，至今已有1200多年的历史，自宋至清均被列为“贡茶”。宋开庆元年（1259年），茶种、茶具传入日本，开日本茶道之先河。

好山好水的优越地理环境和精湛的制茶工艺，造就了全国名茶——径山茶。在1985年全国名茶展评会上，评委们对径山茶下了“品质优异，风格独特”的评语，就是对径山茶质量和制作工艺的充分肯定。

手工炒制、小锅杀青、扇风散热是径山茶的工艺特点。径山茶采摘以一芽一叶或一芽二叶为标准，每千克干茶以6万个—7万个茶芽为标准，之后须经过摊青、杀青、揉捻、烘焙等多道工序，在300℃左右的炒茶锅里，不停用手翻炒。成品茶条索纤细苗秀，芽锋显露，色泽翠绿，香气清幽，滋味鲜醇，汤色嫩绿莹亮，叶底嫩匀明亮，经饮耐泡，以“三绿”和“三真”而名扬中外。

“径山茶炒制技艺”于2016年12月被列入浙江省非物质文化遗产名录。保护责任地为径山镇。

三、杭州市非物质文化遗产

红曲酒酿造技艺　红曲酒是一种以糯米为原料，以红曲替代麦曲作糖化剂，经多道工序而成的酿造酒，是黄酒的一个品种。红曲酒早在魏晋时代就已出现，至宋代，已相当普及。

余杭的红曲酒酿造技艺由平阳一带闽南语系的移民迁移到余杭百丈镇、径山镇等山区而带入，至少已有150年的历史。农历十月二十日是“做酒节”，无论天气阴晴，家家户户都做红曲酒。红曲酒以优质糯米、优质水源、天然红曲药为原料，经过浸米、蒸饭、拌药、落缸、翻米发酵、过滤抽酒等多道工序酿制而成。每道工序都很讲究，红曲药、米、水的配比，温度控制，发酵时间等都会影响酒的品质，稍有不慎就可能变酸成醋。民间酿酒高手掌握经验和技巧，酿造出高品质的红曲酒，外观色泽呈鲜红色，口感新鲜淡爽，醇厚微甜，醺香扑鼻。

“红曲酒酿造技艺”于2009年6月被列入杭州市非物质文化遗产代表性项目名录。保护责任地为百丈镇、径山镇。

蜜饯制作技艺　余杭自然资源条件独特，果树种植历史悠久。明代塘栖人吕需将外地加工蜜饯的手艺带回家乡，逐渐形成塘栖特色的手工蜜饯——糖色。

康熙年间（1662年—1722年）张之鼐所著《栖里景物略》卷二中有关于糖色起源的记载：

“以上俱糖制，其法始于吕（需）。”明代中期以后，塘栖成为京杭大运河上著名的水路码头和江南重镇。每到清明节前后，大批香客都要在塘栖停船住宿，从而形成具有塘栖特色的“香市”，糖色就是最重要的特色商品。当年最有名的商号有汇昌、恒昌、复昌和一些专做糖色的季节性作坊。到明末清初时，塘栖糖色已是“风靡两京”的时令小食（休闲食品），借助京杭大运河外运，远销苏州、上海、南京等地，直至京城。清代北京的潘荣陛《帝京岁时纪胜》就有记载：“香圆、佛手、蜜饯，塘栖荐新时品。”塘栖糖色素负盛名，“其品厥夥，不能枚述”。

据清初张之鼐《栖里景物略》一书记载，当时的糖色主要分两大类：糖制、蜜浸。近代，流传下来的糖色食品有糖水青梅、糖水枇杷、话梅、金橘、杏脯等几十味，而“糖水青梅”被誉为糖色之首，更是早在《随园食单》《陶庵梦忆》《顺天府志》及《杭州府志》中都有记载。近代余杭地区在招待上等客人时流传着所谓 “八大菜二十碟”中的四色糖色就有“糖水青梅”这道冷菜。

“蜜饯制作技艺”于 2011 年 2 月被列入杭州市非物质文化遗产代表性项目名录。保护责任地为杭州百年汇昌食品有限公司。

传统茶食制作技艺　茶食即传统点心，还被称作“嘉湖细点”。塘栖地处杭嘉湖地区的中心，是一个久负盛名的江南古镇。旧时塘栖是繁华的商埠，对“吃”特别讲究，除了美味佳肴之外，各类点心也纷纷为各大商号所推崇，家家拿出绝技，聘高手制作，使得各式传统食品遍布全镇，其美名也随着南来北往的商客的口碑传开，在杭嘉湖一带颇具名声。

旧时塘栖的传统食品主要由镇上一些著名商号生产，有“汇昌蜡烛复昌糖，糕饼要算李恒昌”之说，可见各大商家都有着自己的特色。传统食品用料考究，精工细作，主要有烘烤制品、油炸制品、蒸煮制品、熟粉制品等。每一类品种繁多，据统计可达 300 多种，制作工艺各不相同。如今塘栖集聚了“法根食品”“朱一堂”“老刀食品”等老字号传统茶食制作企业，超山农庄还建有民办的“江南民俗糕板馆”。

“传统茶食制作技艺”于 2014 年被列入杭州市非物质文化遗产代表性项目名录。保护责任地为塘栖镇。

吃咸茶　“吃咸茶”是流行于余杭区仁和、良渚、塘栖一带乡间的一种独特的饮茶习俗。旧时，那里是余杭区的主要的蚕桑生产基地，这三个镇（街道）的辖区都系水网地带，栽桑养蚕历史悠久。每年蚕熟茧成之际，乡民们均都要自行缫丝。在缫丝前，由于茧子上有一层絮衣，故必须把茧子外面的絮衣剥掉才能缫丝，于是乡民们换工做，互相串门剥茧衣，在剥茧衣过程中慢慢产生了 “吃咸茶”的习俗。

所谓“咸茶”，就是在茶中放入 “咸料”，“咸料” 由橙子皮、野芝麻、豆腐干丁等经盐咸渍后组成。在泡茶时，放入茶叶和“咸料”，冲入开水后再加入一把烘青豆就成为 “咸茶”。由于这茶中必须放入一

图 18-5　吃咸茶

把烘青豆，因此“咸茶”又被称为“烘豆茶”。在这些地方，“吃咸茶”的习俗一直流传至今，并且产生了许多独特的习俗，诸如“打茶会”“吃新娘子茶”等。“吃咸茶”还有许多讲究，比如水要现烧，茶叶要嫩，豆要青，料要多。“吃咸茶”吃到最后必须把茶中的豆、佐料，以及茶叶全部吃掉，不吃完是对主人的不尊重。“吃咸茶”的习俗洋溢着邻里和睦的气氛，由“吃咸茶”所产生的“打茶会”习俗，促进乡邻之间和睦。

“吃咸茶”于2008年12月被列入杭州市非物质文化遗产代表性项目名录。保护责任地为塘栖镇、良渚街道和仁和街道。

四、余杭区非物质文化遗产

至2018年，境内还有10项农业文化项目被列入余杭区非物质文化遗产名录。

农耕文化领域列入余杭区非物质文化遗产名录表

表18-1

序号	项目名称	门类	公布时间	保护责任地
1	轧蚕花	民俗	2005年11月	塘栖镇
2	车水号子	民间音乐	2008年7月	崇贤、良渚、星桥街道
3	红烧羊肉传统烹制技艺	传统手工技艺	2008年7月	运河街道
4	掏羊锅	民俗	2008年7月	仓前街道
5	笋干制作技艺	传统技艺	2009年6月	瓶窑镇
6	鲞菜制作技艺	传统技艺	2009年6月	星桥街道
7	米塑习俗	民俗	2009年6月	运河街道、塘栖镇
8	传统米酒酿制技艺	传统技艺	2011年6月	鸬鸟镇
9	鱼汤饭习俗	民俗	2011年6月	闲林、五常街道
10	苕溪撑排号子	民间音乐	2011年6月	余杭街道

第三节　农　谚

农谚，是农民在长期生产实践中总结出来的具有丰富智慧和普遍经验的规律性总结。农谚的内容主要包括农业生产中的农、林、牧、副、渔五业。同时，与农业生产紧密相关的土壤、肥料、水分、季节、气象、气候以及生产管理经验等在农谚中也占有较大比重。余杭的农谚是由民间集体创造、言简意赅、语言生动、流传广泛的口传短句俗语，通俗易懂、琅琅上口，具有鲜明的余杭地域特色。

一、气候类

日出胭脂红，无雨也有风。

日落西北满天红，不是雨来就是风。

日出猫迷眼，有雨不到晚。

东方日出白，就要有风发。

月着蓑衣，天要下雨。

半夜无星，大雨快临。

落雨见星，难想天晴。

星星眨眼，离雨勿远。

满天星，明朝晴。

要知明天热不热，就看夜星密不密。

正月二十不见星，沥沥拉拉到清明。

正月雾，日里无燥路；二月雾，水满山头多；五月雾，井里水勿多；六月雾，晒得塘水枯；七月雾，河港当大路；九月雾，沟里水勿多；十月雾，低田好摆渡。

春雾雨，夏雾热，秋雾凉风，冬雾雪。

早上有大雾，尽管晒衣裤。

夜雾阴，明朝睛。

霜夹雾，旱得井也枯。

早雾一散见晴天，早雾不散是雨天。

雾里日头，晒破石头。

三朝雾露发西风，若无西风雨不空。

春东风，雨祖宗；夏东风，燥松松。

久晴夜风雨，久雨夜风晴。

天上钩钩云，地上雨淋淋；天上鲤鱼斑，晒谷不用翻。

早上见红云，带上雨伞行；晚上见红云，出门方定心。

云幛推上南，阿婆屋里好撑船；云幛推落北，阿婆门前好晒谷。

早上浮云走，下午晒煞狗。

雷轰天顶，有雨没劲；雷轰天边，大雨连天。

一日春雷十日雨。

午雷两头空。

雷公先唱歌，有雨亦勿多；闪电不出声，雷雨不会来。

乌云接日头，半夜雨稠稠。

日落乌云洞，明朝晒得背皮痛。

棉花云，雨快淋，缸爿云，晒死人。

东南风，干松松；东北风，雨祖宗。

东风急溜溜，半夜雨稠稠。

西风刹南脚，泥头晒勿白。

五月南风落大雨，六月南风海要枯。

虹高日头低，明朝着蓑衣；虹低日头高，明日晒得背皮焦。

东虹日头西虹雨。

南天霍险（闪电）火门开，北天霍险有雨来。

东霍霍（闪电），西霍霍，明朝仍旧干卜卜。

早晨落雨饭后停，饭后下雨不得晴。

雨前麻花(小雨)落勿大,雨后麻花落勿停。
一落(下雨)一个泡,落过就好跑;一落一个钉,落煞落勿停。
雨打黄梅头,四十五天无日头;雨打黄梅脚,车水车断黄牛脚。
未秋先秋,踏断蛮牛。(干旱需戽水)
春霜不露白,露白要赤脚。
黄梅天,十八变。
六月不热,五谷不结。
冬旱吃饱,春旱吃草。
一日黄沙三日雨,三日黄沙九日晴。
蛇过道,大雨到;蛇上树,有大雨。
鸡啁风,鸭啁雨,蚂蚁拦路要落雨。
蜻蜓成群绕天空,不过三日雨蒙蒙。
狗喝水,天要落;猫喝水,天要晴。
早蚓出太阳,晚蚓迎雨扬。
临平山戴帽,阵雨就要到。
鸡儿进棚早,明朝天气好;鸡儿进棚迟,明朝必有雨;鸡鸭出笼早,当天雨就到。
泥鳅跳水面,大雨即涟涟。
缸出汗,地还潮,咸菜缸滴水,雨就来到。
盐缸滴卤,雨没大路。
黄鳝纳夜凉,近日有雨降。
蚂蚁搬家要落雨。
河底泛青苔,必有阵雨来;烟囱不出烟,一定阴雨天。

二、节气类

节气不等人,春日胜黄金。
年前立春过年暖,过年立春二月寒。
春不种,秋无收。
立春雨淋淋,阴阴湿湿到清明。
雷打立春,惊蛰雨不歇;雷打惊蛰后,低地好种豆。
未到惊蛰先打雷,七七四十九天雪花飞。
惊蛰种麦堆满仓,清明种麦一把糠。
清明断雪,谷雨断霜。
清明有雨正黄梅,清明无雨少黄梅。
立夏勿下雨,犁耙倒挂起。
立夏东南百草风,几日几夜好天公。
芒种芒种忙忙种,芒种一过白白种。
吃了端午粽,还要冻三冻;吃了端午粽,棉袄不可送。
端午落雨还好熬,初六落雨烂脱瓦。
五月端午晴,烂稻刮田膛。

夏至三朝雾，出门要摸路。（多雨）
夏至十日麦秆青，小暑不割麦自亡。
小暑起燥风，日日夜夜好天公。
小暑一声雷，黄梅倒转来。
朝立秋，凉飕飕；暮立秋，热到冬。
立秋湿脚，秋雨呱呱。
重阳无雨望十三，十三无雨一冬干。
霜降无霜，十八天暖洋洋。
寒露无青稻，霜降一齐老。
立冬晴，一冬晴。
头九二九，缩头拱手；三九四九，冲碎石臼。
落雪不冷，融雪冷。
冬寒不算冷，春寒冻死人。
冬雪是宝，春雪是草。
冬旱吃饱，夏旱吃草。
干净冬至邋遢年，邋遢冬至晴过年。

三、生产经验类

姑娘怕误女婿，庄稼怕误节气。
儿要亲生，田要冬耕。
桑地冬耕有三好，保水灭虫又除草。
冬季捻河泥，桑果胀破皮。
苗多欺草，草多欺苗，地里有草难出苗。
寒冬施肥施根线，抵过春天施三遍。
大寒小寒施腊肥，油菜小麦过冬齐。
春施催芽肥，夏施拔蘖肥，秋施嫩壮肥，冬施基础肥。
人要补，桂圆荔枝；田要补，河泥草子。
有收无收靠灌水，多收少收靠施肥。
深耕加一寸，抵上一担粪。
草子种三年，坏田变好田。
秀才不离书，种田不离猪。
人靠饭养，稻靠肥长。
肥田长稻，瘦田长草。
土肥长谷，猪肥长肉。
芒种芒种，样样要种；芒种勿种，再种落空。
秧好半年稻，叶好一半蚕。
千浇万浇，不如寸麦（指一寸长的小麦）一浇。
小麦屁股痒，不踏不敲不肯长。
麦怕春风连夜雨，稻怕寒露一朝霜。

千浇万浇，不如撒花（油菜）一浇。
早稻不种六月田，晚稻不过立秋关；晚稻莫过秋，过秋就勿收。
稻要泡，麦要燥。
好种长好稻，坏种长稗草。
三年不选种，增产要落空。
好儿要好娘，种田要好秧。
种子年年选，产量节节高。
稻熟要养，麦熟要抢。
有收无收在小蚕，多收少收在大蚕。
蚕老一刻，麦老一时。
人怕露筋，船怕露钉，桑怕露根。
茶树绿丛丛，只怕拱拱虫（茶尺蠖）。
稻田水多是糖浆，麦田水多是砒霜。
前三日早，正三日宝，后三日草（采茶）。
采得好，茶是宝；采不好，茶是草。
谷雨前后，种瓜种豆。
夏至杨梅满山红，小暑杨梅要出虫。
清明下种，立夏分行，小暑齐叶，伏里起节，白露齐杈，立冬倒蔗。
三日两头浇，廿日可动刀（指种小白菜）。
立夏种姜，夏至离娘。
八月半芋艿挖挖看，九月半芋艿剩一半。
静水鲤鱼流水鲫。
桃花含苞，鲤鱼扎草。
鲫鱼浮头，全池无救。
养鱼如绣花，一针不能差。
一脚勿去，一脚勿来。
只有懒人，没有懒田。
万物土里生，全靠两手勤。
只要功夫深，土里出黄金。
山怕无林地怕荒，人怕懒惰花怕霜。
三年护林人养树，五年成林树养人。
五谷丰登，六畜兴旺。
育六畜，则民富。
牛是农家宝，种田不可少。
种田无牛，日夜发愁。
秀才不离书，种田不离猪。
种田不养猪，好比秀才不读书。

第十九章　人　　物

第一节　人物传

陈　浑[①]

陈浑(生卒年不详),字子厚,桐庐县人。富阳侯陈硕之子。东汉熹平元年(172 年)为余杭县令,于民多有惠政。其治水利、迁城墉功绩尤大。县境有苕溪,自天目万山发源,洪潦奔涌而下,溪小不能容,泛滥横溢,漂没田庐,害及邻县。熹平二年(173 年),浑亲自勘察地形,征发民夫 10 万在县城西南筑塘围湖,以分杀苕溪水势。湖分上下,沿溪为上南湖,塘高 1 丈 5 尺,方 32 里;依山者为下湖,塘高 1 丈 4 尺,环山 14 里。湖面 400 余公顷,统称南湖。在湖西北凿石门涵,导溪流入湖,湖东南建泄水坝,使水安徐而出。又沿溪增置陡门堰坝数+处,遇旱涝可蓄可泄。当时,受益田千余顷。至今,东苕溪流域南部(自杭州至嘉兴一带)仍受其益。浑在任内,将县城从溪南迁至溪北,筑城浚壕,卫民固围,始作西险大塘,又在苕溪上建通济桥。县人称之建设为“百世不易,泽垂永远”,曾在南湖塘建陈明府祠以祀。后唐长兴四年(933 年)封为太平灵卫王。传说有仙术,故桐庐南北乡有陈侯公庙。

归　珧

归珧(生卒年不详),唐宝历元年(825 年)任余杭县令。时水利失修,南湖湮塞严重。归珧到任后,循汉代陈浑所开南湖旧迹,浚湖修堤,恢复蓄泄之利,民得以富实。又于苕溪之北开辟北湖,塘高 1 丈,方 60 里,蓄泄调节中、北两苕溪水,受益田地千余顷。时县北一带坑洼不平,天一下雨,山水骤至,常淹害行旅。归珧取开湖之土,筑西北甬道百余里。堤甫成,即毁于洪水。珧发誓道:“民遭此水溺不能拯救,某不职也。”再筑而就,众称“归长官塘”。北湖堤成后,中苕溪、北苕溪的洪水可以得到分泄,黎民百姓过上平安日子,但归珧因辛劳过度病逝任上。得知归珧“湖

①清嘉庆《余杭县志》卷二十一《名宦传》为陈浑立传。陈浑,熹平元年为余杭令,多惠政。其治水利、迁城墉,功尤大。县有苕溪,自天目万山发源,洪潦岁一再至,势甚奔涌,溪小不能容,则泛滥横溢,漂没田庐,邑被其灾,且冲激害及邻县。浑至,度地形,于溪南辟上下两湖,即湖之西北凿石门,导溪流入湖,以分杀其势。又延袤筑湖塘三十里余,俾水暂有所潴,然后安徐出滚坝,不至怒驰。及干沿溪一带,增置陡门、塘堰数十余处,俾蓄泄以时,旱涝无患,民至今利赖之。初,邑城在溪南,南渠河东通会省,舟楫往来虽便,而地平衍,形势控扼不足。及浑得请于朝,遂改置于溪北,背观国山列嶂,面临苕溪环抱如块,筑城浚濠,卫民固围,屹然为郡西重地焉。后唐及元,再徙溪南,未几竟复原址,如陈公旧,即今县治是也。识者以浑所建,为百世不易云。泽垂永远,邑人祠祀之南湖塘,以当时勳力有劳者段主簿、郎典案配食。唐长兴五年,封灵卫王。

成而身殉”的消息后，百姓在南湖塘边建起归府君庙，以表深深之怀念。余杭民间有“归珧誓死筑湖”之说。

杨 时

杨时(1053—1135)，字中立，号龟山，福建将乐人。北宋熙宁九年(1076)进士。崇宁五年(1106)为余杭县令。专务以德化民，而于水利犹尽心力。当时，权臣蔡京葬母于南湖之侧。听从方士意见，依恃权势，欲浚南湖潴水，以壮形胜。时征询父老意见，皆言不可。乃不畏权势，竭力阻之，京乃止。民感其德，建龟山书院以示纪念。至明代，龟山书院和原先的陈明府祠、归府君庙已不复存在。明成化二十二年(1486年)，邹干等人为纪念自东汉以来余杭“三县令”建南湖大堤之功，决定在龟山书院旧址，重建纪念陈浑、归珧、杨时“余杭三贤”的祠宇，称惠泽祠，后来余杭百姓干脆称其为三贤祠了。杨时早年师事程颢、程颐，“程门立雪”即其40岁时事，二程为当时知名的理学家。历知浏阳、余杭、萧山三县，皆有惠政，民思之不忘。萧山湘湖亦为杨时所修。时安于州县，不求闻达，四方之士，不远千里从之。以后曾任荊州教授、秘书郎、迩英殿说书兼国子监祭酒等官。高宗即位，授工部侍郎兼侍读，以龙图阁直学士提举洞霄宫，辞官，卒谥文靖。有《礼记解义》《列子解》《史论》《周易解义》《程粹言》《龟山集》等多种著作。《龟山集》卷十二、卷十三为《余杭所闻》，此为龟山理学思想成熟时之语录，价值甚高。

黄 黼

黄黼(生卒年不详)，字元章，余杭人。南宋乾道五年(1169年)进士，升迁至太常博士。上疏请孝宗于近臣中“择才略谋虑可以任重致远者”，委以统筹一方边防事务之重任，使其“出将入相”。孝宗嘉奖其意见“可谓尽用人之道”。后历任太常丞、秘书郎、户部员外郎，不久升任两浙路转运判官。时浙东频受旱涝，平常积贮不足以救荒，黄黼上疏请求动用漕运粮食贷予灾民。毗陵(今江苏常州)灾荒，饥民取草根以食，郡县官员隐情不报。黄黼得知后上报朝廷，请求调僧牒、缗钱赈济，救活了不少人。后任殿中侍御史兼侍讲，行起居郎兼权刑部侍郎。后被人弹劾落职。

夏 诚

夏诚，字与诚，号园趣，明定海人。幼孤，28岁时由定海迁仁和县，定居三峰山(今属仁和镇)。能文、善收藏书法名画和古鼎等文物，性严毅，持家勤俭而乐善好施。每逢大水灾，米价高涨，饥民遍野，夏诚把家中余米千石，尽数接济灾民。他说：“千金有尽，何如树义”，“忍一家之独饱哉！”经常为人排难解纷，义行传于乡里。明正统七年(1442年)，皇帝赐其玺书羊酒。晚年更积书著文，撰有《农舍祀先录》、《园趣存稿》，与名士项伯藏、陈士宁等作会赋诗，日“会文社”。卒年79岁，葬三峰山。以子时正被封赠为刑部郎中。

蔡润宗

蔡润宗(生卒年不详)，字克昌，号东洛，福建晋江人，嘉靖四年(1525年)举人，嘉靖二十三年(1544年)任余杭知县。当时有人怀疑他的学问，蔡润宗当庭开讲《周易》，众人信服。史载蔡润宗“恤民礼士，宽而有制”，“士敬民怀，三年如一日”。嘉靖年间，余杭地方水旱不断，连岁大歉，百姓生活极其艰难,“小民艰于征输”,就是朝廷的税粮都缴不出来,可是上面全然不顾百姓死活,还是照常催缴。蔡润宗心系民生,将缴纳的期限放宽,容百姓日后收成好了再补缴。因此,余杭的老百姓都非常感激他。可是,按照明朝的例制,漕例粮延期3月而不能及时解送,官员要降二级。下属把后果告知蔡润宗,蔡润宗长叹一声说:“假如牺牲自己可以替代百姓,那么我宁可不做这个官了。”因此他坚持不更改自己的决定。不久,上面派下来的督粮官就按照惯例向上告发。第二年,朝廷的决议下达,说是前次虽然犯例,但如果能在10天之内报解漕粮的话,可以从轻处分,只对知县处于“公杖”而不降职。朝廷派来的查办官员派人私下对蔡知县说,如果你能拿出5两银子的话,杖责就免了。蔡润宗推辞说:“我的俸禄只能让全家吃上稠粥,哪里能够拿得出5两银子呢!”县里有人愿意代蔡知县出5两银子。蔡润宗严厉地斥责说:“如果谁这样做,就是行贿以阻挠法律,这是罔上;连累百姓而保全本官,这使我愧对父老。谁也不要这样去做!”不久,查办官员又授意亲信特来告知:“如果你能拿出500两银子的话,那么整个事情都可以给你摆平了,你照样可以做你的县太爷。”蔡润宗听后,更加愤怒:“我的俸禄很少,拿不出500金!”查办官员气急败坏,将蔡润宗贬为宁国教授。县里的父老乡亲知道了这个消息,很快聚集千余人向上请愿,要求蔡润宗留任。那查办官大骂请愿群众:“不是县官买通你们来,就是你们这些刁民想结交巴结县官!”于是就把为首的打了一顿,将其驱逐。乡亲们全都哭着退出。蔡润宗听到此事,感慨万分地说:“唉!谁让你们这样去做的呢!”于是一边派人去慰问安抚父老,一边欣然解印,辞去官职。县里老百姓全都哭着送他,连住在深山穷谷里的老百姓也来为他送行。大家只好请蔡公留下脚上穿的靴全都哭看送他,连住在深山穷谷里的老百姓巷蔡润宗仕至建昌府通判,著有《四书讲章》《易学正言》。

钟化民

钟化民(？—1596),字维新,别号文陆,明仁和县博陆(今运河镇博陆村)人。明万历八年(1580年)进士,授惠安知县。多惠政,发现豪门权贵侵害民利官租,必绳之以法;清丈田亩,去浮额若干顷;审核徭役,减虚丁2万人;洛阳桥坏,渡者常溺于水,乃不顾艰难,尽力修复。御史安九域到福建巡行,所至无不歉收,及进惠安,却是一片丰收景象,征询原因,邻县百姓俱称颂钟公平日廉明,乃向朝廷举荐。任期未满,即调乐平,惠安县数万人向抚按请留。乐平是有名的难治之县,化民上任后,遇事精心考察,历久未决的疑狱,简短几句迅即断案,人都惧服。外县冤民,常不远千里,前来申告,即使案情复杂,也都迎刃而解,众称“钟青天”。乐平人将其所办案例汇编成《洗冤录》,赞化民有“三不要”,即不要官、不要命、不要钱。朝廷奖授山西道御史,出视陕西茶马,认为“边寨土寒,赖养马为业,今虑擅自出境,竟严加禁限。民间养殖、境内贸易皆废,公私缓急俱失资助”。乃请准越境贩卖。先是,宁夏年拨军饷万金,买米二万七千石,后为管事者所吞没,向民滥征。化民请求“以垦田饬入粟粮抵补,永停征派”,均一一获准。巡视山东,天大旱。初到,即审察重囚,释放冤者;免赋征,先赈济,后上报。不久因触犯权贵,被周弘禴弹劾,调行人司正,旋迁礼部主客员外郎,累迁仪制郎中,进光禄丞。万历二十二年,河南大饥,人相食,命化民兼河南道御史,前往赈济。化民单骑遍历州县村坊市井,慰问灾民,考察民政,从国库请拨30万金,留漕粮10万石,并火速通告各地,废止高价粜米禁令,以聚集商品米;设立粥厂赈济灾民;疗治疾疫;招回流移人口;掩埋遗骨。影响所及,地方官吏,勤于政事;盗匪敛迹;荒政大举,民心大悦。办完赈济,作《救荒图说》,得帝褒扬,提为太常少卿。万历二十四年,以右佥都御史巡抚河南，平南阳矿工与夹河人起事，上疏力争免征矿税。不久，病发而卒。市民失声痛哭，相率颂于朝。诏赠右副都御史，谥忠惠。

戴日强

戴日强(生卒年不详)，号兆台，明蒙城人。万历十六年(1588 年)举人，万历三十八年任余杭县令。是时，吏治多纾缓，而强独精敏，果敢有为。初，南湖者，邑之大利大害也。自嘉靖以后，塘堰渐圮，为奸民盗决，而千百耸囊蓄溪水之湖，涨塞为平陆，占佃者蟠结种植其中，以致天目万山之流骤发，湖不能受，南乡 18 里之民，漂溺几半。而钱塘延被其害，钱塘聂令议浚湖役未举也。及强至，请于督抚监司，悉治豪猾以重法，厘旧疆，躬率民，尽辟湖址，纵横十字，培原堤各 5 里，亘湖中。既令土之出有所容，而亦借堤之力，以暂缓洪波冲激之势。于是陡门函堰之制毕周。各设坝夫守之，而湖复故。至今余之言水利者称戴侯贤劳可法云。邑初有王确嘉靖志，体尚略，强咨之士大夫，博求省郡之有文学者，出则治民事，入则读书史，用人之才若己有。见人有一善，唯恐其不传。逾年，志成。余之版籍、艺文籍以独著者，以有强万历志为之征也。他如新学宫、修城隍庙，庶务俱举。强治有能名，豪党惮之。然拊小民孜孜，更予人以易近。在任 9 年，杖杀大猾陆万金，凡闾里暴黠为民害者，搜去之几尽。独以 73 里父老未尝轻有所笞辱。后升归德府同知，因士民挽留，任杭州府同知。

钱天鹤

钱天鹤(1893—1972)，字安涛。杭县(今余杭县)人。清宣统二年(1910 年)毕业于杭县国民学校，民国 2 年(1913 年)年以庚子赔款资送美国康乃尔大学农学院攻读植物育种，民国 7 年毕业，获农学硕士学位。民国 8 年回国，创办中央农业实验所。受聘为南京金陵大学农业科教授兼蚕桑系主任。主持无毒蚕种技术研究，在江浙一带广为推广，取得显著效益。中央国民政府迁都南京后，任教育部社会教育司司长、兼中央研究院博物馆馆长。民国 14 年 12 月，应聘出任浙江公立农业专门学校(浙江大学农学院前身)校长。民国 19 年初，任浙江省建设厅农林局局长，在杭州拱宸桥购置原英国领事馆馆址为场址和五百来亩稻田和部分旱地为试验地，建立农业总场，以后又改组为农业改良总场，为浙江现代农业科学研究事业奠定了基础。

民国 20 年任实业部中央农业研究所筹备委员会副主任，民国 21 年 1 月，中央农业实验所正在成立。民国 22 年 7 月，中农所改组，任副所长，负责日常所务工作。抗日战争爆发，任经济部农林司司长，民国 29 年为农林部常务次长，后任联合国粮农组织顾问、中国农村复兴联合委员会农业组组长。民国 37 年初随南京国民政府先迁广州，继迁台湾。1952 年任“农复会”委员，参与制定台湾农业政策与实施纲要，主持台湾农会的改选，并引种南非甘蔗新品种，成功地解除了台湾糖业的危机。同年“农复会”为支援金门、马祖两地农业建设，成立“外岛补助计划审议小组”，由他主持其事。1969 年因患轻度中风而退休。美国国际合作总署驻台分署及“农复会”联合赠送奖状，并于 1978 年在金门农业试验所内建立铜像和纪念碑，1973 年和 1982 年在台北和金门分设“钱天鹤先生奖学金”，以培养农业技术人才。

陈宰均

陈宰均(1897—1934)，字孺平。杭县(今余杭区)临平人。父伯庸为临平望族。民国 3 年

(1914)考入清华学校。民国7年官费赴美留学,入伊利诺大学专攻畜牧。民国10年毕业,获农F学士学位。复入康乃尔大学研究院,研究营养化学及家畜饲养学,两年后获硕士学位。民国11年由美赴德,师从生物化学名家Abderhalden教授,学业大进。民国13年归国,任青岛农林局畜牧组主任技师,于李村农事试验场兴建种猪与种禽场,推广畜禽良种。民国14年秋,应河北大学、北京农业大学之聘,任畜牧学教授。未几,因战乱,辍教南下,任浙江大学农学院教授。民国15年秋,应北京农业大学、河北大学电促,重返北京任教。此后专心致力于教育事业。民国18年他主持成立北平大学农学院动物营养研究室,进行动物营养及维生素之研究,是中国家畜营养学之奠基者。民国23年8月,因患肝病逝世于北平,年仅38岁。一生著作甚多,已问世者有《饲料与营养》《畜产学通论》《养牛学》《养猪学》《家禽学》《遗传学》等。

孟增山

孟增山(1908—1956),余杭县良渚镇人,世代业农。1950年,农村稻田螟虫危害严重,大部分晚稻遭受虫灾。虫灾造成大面积减产,亩产只收二三斗米(25公斤左右)。政府发动群众采取多种方法进行灭螟虫保苗行动,如人工摘除稻苗中卵块,夜里点灯引诱飞蛾,冬天掘掉稻根等灭虫方法。孟增山开动脑筋,自创比较有效的灭螟虫方法,他用丝绵结成网兜,在稻田上面捞捕,灭掉大量螟虫蛾蝶。1951年春,被评为全国劳动模范,同年秋,出席全国第一届劳动模范大会,受到党和政府领导人的接见。1952年为村农民协会主任,后当选为北肇和乡(今属良渚镇)农会主任、杭县农会委员。

金乾康

金乾康(1908—1967),余杭县良渚镇人,世代务农。解放初,金乾康积极参加土改,后被选为村土改主任、良渚乡农会副主任、区文教办副主任。1951年春,他与10户贫困农民组成临时互助组,次年转为常年互助组。金乾康带领全组学习科学种田方法,进行各种不同密度的插秧对比试验,总结出小株密植的插栽方法,又将水稻亩产提高到318公斤。互助组被评为模范互助组,他被评为农业劳动模范,并选为省人民代表大会代表。1953年,试种连作稻取得成功。他多次被评为"省农业劳动模范",并加入中国共产党。1954年,成立有57户社员的"金乾康农业生产合作社"。此后,推行"一穗传"选种法,并培育出良种"阿寿一号""前进四号"。

丁振麟

丁振麟(1911—1979),余杭县人。民国23年(1934年)毕业于浙江大学。先后在中央大学、金陵大学、云南大学任教。34年,考取留美实习生,先后在爱荷华农工学院、康奈尔大.学研究作物育种,发表《野生和栽培大豆的遗传研究》论文,获中央研究院科学论文二等奖,其研究成果被国际大豆专家广泛引用。次年回国,任浙江农学院农艺系教授兼农场部主任。1952年任浙江农学院教授兼副校长。1957年,发表《近代世界农业科学的新成就》,倡导引进国外先进科学技术。历任浙江农业大学副校长、校长,浙江农业科学院副院长、院长,全国农业学会副理事长,省农学会理事长,农业部科技委员会常务委员,省科技委员会副主任,全国科技协会委员,省科协副主席等职。毕生致力于农业科学技术研究和农业教育工作。关心农业科技成就,重视引进和运用国外先进经验。晚年从事农业生态、作物高产理论与品种资源等方面研究,著述颇丰,专著有《近代世界农业科学成就》《农业生产技术问答》《作物产量形成与高产理论》等；并主编《作物栽培学》《浙江农业科学论集》。

江洪元

江洪元(1906—1983)，民国36年(1947年)迁至临平镇李家桥村。1950年土改运动中被评为土改模范。土改结束后，串联12户贫困农民组织互助组，担任组长。1952年6月，办起杭县第一个初级农业生产合作社，即江洪元农业生产合作社，是年，合作社粮食亩产比周围社外农户高出18%，被评为浙江省劳动模范单位。1953年1月，江洪元出席浙江省第三届农业劳动模范表彰大会。1954年加入中国共产党，同年9月，江洪元农业生产合作社被命名为红旗高级农业生产合作社，江洪元任社长。是年虽受严重涝灾，粮食亩产仍比上年平均增加12%。1955年获得大面积增产，被评为1955年度浙江省生产劳动模范单位。到1956年连续5年保持粮食产量增长。江洪元秉性耿直，克己奉公。抗美援朝时，带头动员儿子参军，又将仅有的12万元(旧币)积蓄捐给国家。建社初期，江洪元家境困难，但每当政府发给救济款或物资时，他均分给其他困难户。在"瞎指挥""浮夸风"泛滥时，他不讲假话，不虚报产量。1961年初，江洪元不计个人得失，向上级建议改善大队经营管理、克服平均主义，划小基本核算单位。

蔡　堡

蔡堡(1897—1986)，字作屏，余杭县仓前镇人。著名生物学家、医学教育家。在读小学时，即以"欲斩长鲸无利剑，水云深处独徜徉"诗句，抒发对列强侵华的忧愤之情。民国8年(1919年)，在北京大学参加"五四"运动。12年赴美国留学，先后在耶鲁大学、哥伦比亚大学攻读生物学，获硕士学位。抱着"科学救国"的理想，婉辞纽约美国自然历史博物馆馆长奥字攻议生物学，获硕士学位。抱着"科学救国"的理想，婉辞纽约美国自然历史博物馆奥期朋聘请，于民国15年回国。历任复旦大学、中央大学、浙江大学生物学教授，浙江蚕桑研究所所长，中国蚕桑研究所所长，国立湖州蚕丝职业学校校长等职。1951年起，历任浙江医科大学教授，浙江省政协副主席，全国政协第三、第四、第五届委员会委员，浙江省科技学术协会副主席，中国动物学会名誉理事，浙江省动物学会名誉理事长。1958年，西湖水色变红。蔡堡受命进行西湖水体生态研究，作出蓝藻作祟的判断，以螺蛳灭藻的方法，在中华人民共和国成立10周年纪念日前完成西湖水变清任务。先后主编全国医药院校《生物学》《生物学实验指导》等教材。研究蝾螈生活史近10年。1978年出版《东方蝾螈胚胎发育图谱》，填补国内空白。撰写大量关于动物胚胎、蚕体遗传等生物研究学术论文，受到生物学界称誉。十年动乱中受迫害。1977年，蔡堡以80岁高龄，重上讲台，讲授遗传学。缺乏教材，亲自编写。执教数十年，桃李遍天下，其中不乏第一流人才，如著名生物学家童第周等。蔡堡为中国民主同盟盟员，热爱祖国，热爱共产党，勇于发表已见，被中国共产党领导人誉为"党的诤友"，多次被评为全国、省、市先进工作者。蔡堡亦精于诗词，留存手稿《诗集》1册。

钱和福

钱和福(1905—1991)，浙江嵊县(今嵊州)人，中共党员。12岁从嵊县移居余杭双溪，后定居在陶村桥村，做过长工、轿夫和小贩。解放后，1950年当选为陶村桥农会主任，1954年担任农业生产合作社副主任。人民公社化后，曾担任生产大队队长、党支部委员和副书记、农村信用合作社监事、供销合作社监事等职。先后被评为余杭县农业丰产模范、劳动模范，浙江省农业劳动模范，华东地区农业劳动模范。1954 年—1984 年连续当选余杭县第一至第六届人民代表大会代表、主席团成员和浙江省第一至第四届人民代表大会代表。

蔡壬侯

蔡壬侯（1917—1995），余杭县仓前镇人。与钺侯均为蔡堡之子。民国 30 年（1941 年）毕业于浙江大学农学院园艺系，获农学学士学位。先后在中国蚕桑研究所、贵州省立遵义师范学校、国立编译馆、国立湖州蚕校、东吴大学附中、嘉兴农校任职。1953 年起在浙江师范学院、杭州大学生物系任教。曾任浙江省植物学会名誉理事长、浙江省林学会顾问、浙江省林业厅蔡壬侯从事植物学、植物生态学的教学和科研工作 50 余年。1977 年，应中国科学院《中国植被》编委会之邀，赴北京参加《中国植被》一书的编著工作，该书于 1980 年由科学出版社出版，获 1987 年国家自然科学二等奖。1992 年，《浙江省海岸带调查报告》获国家科技进步一等奖。蔡壬侯发表论文百余篇，其中有多篇获奖。《植物的生长》一书，1970 年由科学出版社出奖。蔡壬侯发表论文百余篇，其中有多篇获奖。《植物的生长——生态系统》一文获得 1989 年浙江省优秀科普作品一等奖。

汪仲毅

汪仲毅（1904—？），杭县（今余杭区）人。国立浙江大学农学士。历任浙江省立植物病虫害防治所及浙江省昆虫局技术员，国立浙江大学、广西大学农学院、江苏省立教育学院昆虫学助教，浙江省立高级农业实验学校昆虫学教员兼昆虫技师、湖南农事试验场虫害系技师。著有《菜白蝶之研究》《临平螟虫损失之调查》及《稻螟虫之习性》《中文昆虫学著述汇报》《昆虫学讲义》《中国昆虫学文献索引》《稻螟虫之习性与螟害率》等。并独资主编《中国昆虫学文献索引学刊》《中国志书上虫害录汇编》《中国昆虫学字典》《中国经济昆虫名录》《中国虫谚》等书。

章文才

章文才（1904—1998），余杭县临平镇人。中国著名柑橘专家、中国现代果树科学技术奠基人之一。民国 16 年（1927 年）以第一名的优异成绩毕业于金陵大学农学院，获“金钥匙”奖并留校任教。18 年与管家骥、曾勉等人，在南京发起组织成立中国园艺学会。20 年应陈嘉庚邀请，赴福建厦门筹办集美农林专科学校并担任校长。22 年在浙江大学农学院任教，24 年赴英国伦敦大学研究生院学习，26 年获博士学位，并被推荐为英国皇家学会会员。同年赴美国康奈尔大学学习。27 年任美国加州大学柑橘系副研究员，是年冬回国任金陵大学教授兼科研部主任。28 年在四川江津进行柑橘选种，选出甜橙良种 26 号、20 号，解放后被分别命名为锦橙、先锋橙，成为中国甜橙栽培的主要品种。35 年应于右任邀请，赴陕西武功（杨凌）任西北农学院院长。36 年以后先后任金陵大学、岭南大学等校教授，1950 年任武汉大学教授、园艺系主任。1952 年全国农业院校调整后，任华中农学院（现为华中农业大学）一级教授、系主任、科研部主任、副院长、博士生导师等职。他桃李满天下，为中国培养出几代园艺学人。专著有《新鲜果实包装贮藏运销学》《柑橘：生产技术与科学实验》《英汉园艺学词典》等 11 部。获国家、部级科技进步奖多项，其中，获国家科技进步二等奖一项（1985年）。章文才先后任中国园艺学会第二、第三届副理事长，中国柑橘学会首届理事长，国际柑橘学会第四、第五届执行委员，湖北省科学技术协会副主席、名誉主席，第五、第六届全国人大代表，中国民主同盟第四、第五届中央委员，湖北省第四、第五、第六届政协副主席。

第二节 人物简介

陈 钟

陈钟，1919年出生，余杭人。浙江丝绸工学院教授。1944年毕业于中央技艺专科学校。历任杭州虎林丝厂副厂长、杭州纺织工业学校副校长、浙江丝绸工学院副院长、杭州丝绸印染联合厂总工程师及省纺织工程学会第四届理事长、名誉理事长，全国桑蚕品种审定委员会委员，国家发明奖评委会评委。省第五、第六届人大常委会委员。现为省人民政府经济建设咨询委员会委员、省人民政府参事。曾参与20721型自动缫丝机的研制和全国统编教材——《制丝学》的编写。

李月莲

李月莲，女，1954年出生，余杭区余杭镇人。1970年6月，下乡到长乐人民公社长西大队务农。下乡期间，多次被评为知识青年积极分子，曾出席浙江省、杭州市知识青年上山下乡积极分子代表大会，任共青团长乐（今属径山镇）人民公社书记、共青团杭州市委委员。1975年1月和1978年2月，先后两次当选为全国人大代表，出席第四、第五届全国人民代表大会。1978年12月调入余杭县物资供应公司，后任三墩（今属西湖区）物资供应站站长。1986年调入杭州西湖旅游总公司工作。

金雅芬

金雅芬，女，1937年8月出生，高级农艺师，历任余杭县农业局畜牧水产特产组茶叶生产指导、特产股股长、茶叶特产推广站站长等职。

1978年，金雅芬开始致力于发掘、恢复、创新径山茶工作，当年在径山茶附近发展密植速成茶园30亩。1979年春，采制部分鲜茶制成样品送农业厅参品，结果获全省30个名茶中第1名。经过四年的摸索，确定了径山茶烘青类炒制新工艺，1985年获农业部名茶证书；1987年获浙江省最佳名茶称号，并获特等奖；1987年—1989年连续获杭州市名茶之冠（包括西湖龙井）；1991年获中国文化名茶之称，同年获得国家科委“七五”星火计划博览会金奖。

1979年，金雅芬开始在余杭竹园村开发娘娘山茶，1980年获全省第7位名茶。1986年又在双溪四岭村创制谷雨春和双径雨前省级名茶，1987年谷雨春获全省并列第二位，被评为“优质名茶”。1985年在省农业厅的支持下，开展茶类试验，引进红碎茶制作技术与设备，并在双溪茶厂顺利试制成功。1970年开始，从广东、福建等地引进早熟品种种茶籽和茶苗，种植良种茶园2万亩。从1983年开始立题研究：提高春茶比重试验，使境内春茶的采摘期提早一个星期左右。

王家献

王家献，1937年9月出生，农艺师，1960年7月至1964年底在杭州市农业局工作，从事蔬果技术推广；1965年—1970年，任杭州市南湖农校教务处主任；1971年—1974年余杭县农业学校负责教务工作；1974年—1993年五七大学，县农校；1994年至退休余杭农业学校任副校长。

王家献经常深入调查研究、搞科学实验。四十年间，几乎跑遍了余杭所有乡镇和大部分村组，了解农民的实际需要，和农民一起种试验田，搞丰产片。他勇于实践，善于总结，搜集可用的技术资料，编写科普文章，推广科普知识，促进农民素质提高，培养了一大批乡村农业科技人才和农业生产的领导人才。在《浙江日报》、《浙江日报内参》和县级有关刊物上共发表科技实用文章36篇。曾获浙江省农业丰收二等奖、1989年获杭州市粮食丰收先进个人奖。

何富泉

何富泉，1943年1月出生，高级农艺师。1964年7月参加工作，历任浙江省委组织部社教工作队队员、诸暨县东溪公社党委副书记、余杭县良渚中学革委会主任、余杭县三墩区文教办公室副主任、余杭区农业局站长等职，退休后在鸬鸟镇农业公共服务中心指导蜜梨生产。

何富泉努力推动鸬鸟蜜梨、塘栖枇杷和瓶窑水蜜桃等余杭果业的发展，创新并普及了蜜梨无支架开心形；蜜梨套袋、绿皮梨生产、实施了蜜梨标准化栽培、无公害栽培、考证了塘栖枇杷起源、纠正了大学教材中枇杷黄毛虫生活史、创立了枇杷“三改”技术、探明了枇杷产质量与气候内在规律、首次探明了枇杷耐F-能力；查清了梅树耐F-、S+污染的阈值等。几十年来，他在国家级、省级和国际学述会议上等发表了28篇科技论文和调研文章，起草并颁布了塘栖枇杷国标等4个国家、地方标；参编著出版了3本科技书等。因成绩突出，曾先后多次被评为区级优秀党员，先进工作者，杭州市二十佳科技人才，2007年获“余杭区突出贡献人才”荣誉称号等。

范忠信

范忠信，1939年出生，高级农艺师，是长三角地区知名的水稻专家，享受国务院政府特殊津贴。在1973年调入原余杭县农科所后的几十年里，作为所里的业务骨干，他和同事一起不怕辛苦、刻苦钻研，在当时较为艰苦的条件下实施一系列科研项目，研发的水稻品种浙辐802，该品种的特性是即早熟又高产，成为长江下游地区的主推品种。研究成功水稻抛秧栽培技术，省时又省力。该技术在杭州市属首创，并得到了省农业厅的肯定。研究成功了水稻直播技术，减轻劳动强度，缓和季节矛盾，具有省工、省力、高产高效等优点。

范忠信承担众多科研课题项目，其中主要有粮食、经济相结合，用地与养地相结合，立体种植、沟里养鱼、空间栽培丝瓜等一系列课题项目。时任浙江省副省长的许行贯专门写信给范忠信，表扬他带领余杭农科所取得的优异成绩。

范忠信在余杭农科所工作期间，整个农科所总共获得各级各类奖项84项。其中，由他主持和参加的项目获得48个奖项，包括国家科技进步三等奖、农业部三等奖、省科技进步二等奖、杭州市科技进步一等奖等多项重量级奖项。

戴企平

戴企平，1950年12月出生，1976年7月毕业于浙江农业大学畜牧兽医系，1976年8月参加工作，先后在余杭县瓶窑区农业技术推广站、余杭区农业局畜牧股、畜牧兽医总站(局)、余杭市动物防疫监督所从事畜牧兽医专业技术和动物卫生防疫工作。曾任瓶窑区农技推广站和县(市、区)农业局畜牧兽医总站(局)副站长、站长，书记等职。

自2001年以来，戴企平调研并撰写《城市化进程中的余杭区畜牧业》《面对动物防疫的新情况 进一步做好动物防疫工作的对策与措施》《建立安全畜产品生产体系的探讨》等调研文章19篇，其中发表国家级杂志上6篇，获杭州市畜牧兽医优秀论文1篇。主持和参与实施完成了部、省、市、区各级畜牧兽医科技试验、示范和推广项目20余项，其中获得各级农业丰收奖及科技进步奖14项。指导、参与建成畜禽生态养殖场(小区)25个等，先后荣获全国、省、市、区先进工作者或区、局级优秀党员等荣誉20余次。

沈建国

沈建国，1966年5月生，农业推广研究员，毕业于浙江农业大学，区首席农技推广专家。1987年参加工作，2000年—2004年任余杭市(区)农科所所长，2004年—2008年任余杭区农技推广中心支部书记，2008年—2016年任余杭区农业生态与植物保护管理总站站长。先后获评全国“三农科技服务金桥奖”、全国“科技抗灾指导服务活动”先进个人、浙江省农作物新技术推广先进个人、杭州市优秀共产党员、杭州市先进科技工作者、余杭区“十大杰出青年”、余杭区突出贡献人才、余杭区“二十佳现代农业标兵”、余杭区“狮子型”干部、余杭区第十四次党代会党代表等荣誉。2012年，被列入杭州市“131”新世纪人才工程培养人选第一层次和享受杭州市政府特殊津贴专家，并入选农业部“万名农技推广骨干人才培养计划”。

参加工作以来，沈建国紧紧围绕“农业增产、农民增收”目标，先后开展了水稻免耕直播栽培、大棚西瓜长季节栽培、测土配方施肥、商品有机肥应用、水肥一体化等技术推广工作，取得了显著成效。同时，积极探索农作新模式，形成了具有余杭特色的“稻鸭共育”的典型模式，成功构建了“冬闲田养鸭—稻+鸭—鸭”“种草养鹅—稻+鸭—鸭”等种养结合模式。沈建国主持和参加了30项农业科技项目实施，有15项农业科技成果获奖，其中，省级奖项4项、市级9项、区级2项。主持并实施《杭州市耕地地力评价研究与应用》，该项目研究成果达国内先进水平，获得浙江省农业厅2013年度技术进步一等奖。

汪爱娟

汪爱娟，女，浙江余杭人，1968年5月生，1986年8月参加工作。现任民革余杭基层委副主委、余杭区第十一届政协常委、民革浙江省委会三农服务团副团长兼秘书长、浙江省农药生产许可审查专家库成员、省级劳模创新工作室负责人、杭州市委统战部统一战线同心·智库专家；曾任余杭区农业与生态植物保护总站副站长、中国妇女第十二次全国代表大会代表、浙江省第十一届人大代表、杭州市委统战部统一战线咨政建言专家库专家、余杭区九届和十届政协委员，2016年获农业推广研究员资格(正高)。

曾获全国五一劳动奖章、浙江省劳动模范、全国农作物病虫害防治工作先进工作者、浙江省农业科技成果转化推广奖、浙江省民革骄傲人物(首届十佳)、浙江省农作物重大病虫无害化治理工作先进个人、浙江省农作物病虫测报先进工作者、浙江省农村春季统一灭鼠先进工作者、浙江省植保技术推广先进会员、杭州市第七届青年科技奖(十佳)、杭州市先进科技工作者、杭州市农业科技先进工作者、余杭区中青年人才奖、余杭区三八红旗手等荣誉。

汪爱娟作为余杭区首席植保专家,常年工作在田间地头,在技术推广培训、指导服务和农药试验等方面成绩突出。工作期间,先后在省级以上刊物发表论文40余篇;主编或参编书籍9部;获得部、省、市、区科研成果奖17项次;获得实用新型专利4个;制定省、市、区级标准6个。其中主持的《农作物病虫害绿色防控示范与推广》项目获得2014年度浙江省农业丰收一等奖。

第三节　名　录

一、全国农业劳动模范与先进工作者

孟增山　1950年农业劳动模范(列席)　杭县三墩区肇和乡第六村

郑连根　1989年全国劳动模范(国务院)　余杭县永建乡下木桥村

兰兆祥　2000年全国劳动模范(国务院)　余杭镇上湖村

二、省(部)级农业劳动模范、先进工作者

孟增山　一等农业劳动模范　杭县肇和乡第四村

1958年度浙江省农业社会主义建设先进单位代表会议先进个人

朱阿祖　先进个人　杭州市郊临平公社禾丰大队

郎永根　先进个人　杭州市郊临平公社双林大队

施德林　先进个人　杭州市郊东塘公社第二大队

徐琴仙(女)　先进个人　杭州市郊塘栖公社塘北大队

1963年度浙江省农业先进单位代表会议先进个人(表彰时间:1964年3月)

徐阿亮　先进个人　余杭县中桥公社南头大队

1985年浙江省劳动模范(表彰时间:1985年12月)

蒋云生　劳动模范　杭州市种猪试验场

王淦清　劳动模范　余杭县五常乡友谊村

浙江省劳动模范(浙江省人民政府授予)

钱玉女(女)	余杭区良渚新罗村	浙江省劳动模范	1951年
翁子香	余杭县塘栖区农技站	浙江省劳动模范	1962年
费根芝(女)	中桥乡红旗大队	浙江省劳动模范	1962年
郑桂香	塘栖镇郑家埭大队	浙江省劳动模范	1963年
金水莲(女)	余杭县余杭镇水产养殖场	浙江省劳动模范	1982年
郑连根	永建乡下木桥村	浙江省劳动模范	1988年
吕培良	瓶窑镇石濑村瓜村组	浙江省劳动模范	1994年
兰兆祥	余杭镇上湖村	浙江省劳动模范	1999年

施雪龙	余杭区南苑街道高地村	浙江省劳动模范	2004 年
郎永根	余杭县双林公社红旗大队	浙江省先进工作者	1958 年
徐琴仙(女)	塘栖公社龙党桥村	浙江省先进工作者	1958 年
朱阿祖	临平公社禾丰大队	浙江省先进工作者	1958 年
丁金元	塘栖鲶鱼角生产队	浙江省先进工作者	1959 年
骆国伟	省农业厅余杭蚕种试验场	浙江省先进工作者	1962 年
汪爱娟	余杭区农业局	浙江省劳动模范	2013 年

三、科技人员名录

姓名	出生年月	籍贯	职称	工作单位
郎介金	1938.7	余杭	副教授	浙江农业大学
朱顺鑫	1923.10	诸暨	高级农艺师	余杭县农业局
吴佩青	1926.02	江苏宜兴	高级农艺师	余杭县种子公司
胡孝葆	1931.	象山	高级农艺师	杭州市种猪试验场
程世华	1931.11	江西新建	高级农艺师	余杭县农业局
袁映创	1934.2	上海市	高级畜牧师	杭州茶叶试验场
吕宝铨	1934.12	新昌	高级畜牧师	余杭县临平镇畜牧兽医站
周杏娣(女)	1935.2	鄞县	高级农艺师	余杭县种子公司
李寿林	1935.6	杭州	高级农艺师	杭州市茶叶试验场
徐文彪	1936.3	杭州	高级畜牧师	杭州市种猪试验场
裘庆来	1936.4	萧山	高级农艺师	杭州市茶叶试验场
袁增补	1936.10	江苏新沂	高级农艺师	杭州市茶叶试验场
张锡范	1936.12	嵊县	高级农艺师	余杭县蚕桑技术推广站
孙先顺	1940.8	余杭	高级农艺师	富阳县农技推广中心
金雅芬(女)	1937.8	镇海	高级农艺师	余杭县农业局
张法根	1936.5	余杭	高级农艺师	嘉兴市郊区农技站
温怀楠	1938.9	余杭	高级农艺师	嘉兴市农科所
应降玉	1934.2	余杭	高级农艺师	湖州市农业局
路玉坤	1935.12	余杭	高级农艺师	绍兴市种子公司
高　亮	1938.5	余杭	高级农艺师	武义县农业局植保站
汪尔正	1939.3	余杭	高级农艺师	舟山市种子公司

丛　录

第一节　诗文选

一、散文

祷仇王神文①

唐·白居易

维长庆三年，岁次癸卯八月癸未朔十七日己亥，朝议大夫、使持节杭州诸军事、守杭州刺史上柱国白居易，谨遣朝议郎行余杭县事令常师儒，以清酌之奠，敬祭于仇王神：尝闻神者所以司土地、守山川、驱禽兽，福生灵也。余杭县自去年冬迨今秋，虎暴者非一，神其知之乎？死者非一，神其念之乎？居易与师儒，猥居牧宰，惭无政化，不能使渡河出境。是用虔告于神。惟神庙居血食，非人不立。则人，神之主也；兽，神之属也。今纵其属，残其主，于神何利焉？於人何幸焉？若一酹之后，神其有知，即能挥灵神威，伏猛禁暴，人之福幸，亦神之昭昭。若人告不闻，兽害不去，是无神也，人何望哉。呜呼！正直聪明，盍鉴于斯。尚飨！

陈明府君庙记②

宋·扈大亮

余杭为邑，大溪横截，而众山之水合流其中，每岁淫雨，而天目之源一决，则湍悍奋溢，势不可御，为邑大患。王于溪南大野潴水，筑塘环绕凡三十余里，号曰“南湖”。于湖西北凿石门，以通大溪，溪流盈则注之，杀则泄之，此功之尤著者也。又尝建县于溪北，徙市于城西；创桥置堰，筑城开浚，虽历年滋久，民犹赖之。至于吏民祭祀，苟为尽诚，无不应者。大亮承乏于此，尝遇大水，而见王之功，为民祷而服王之灵，大亮亦受赐矣！凡古人兴作，苟有利于民，史必书之以示劝。况王由汉迄今，其神又能为民福耶？治平末，县令齐君新其庙貌，无文记其实，故书以永传焉。

---

①选自张思齐清康熙十二年(1673 年)纂《余杭县志》卷之七《艺文志》(上海、浙江图书馆藏康熙十二年刻本)，曹中孚、徐吉军点校。“仇山，山有仇王庙。唐刺史白居易因虎为害，为文祷于神，虎患遂息”(清《余杭县新志》卷之一《舆地志》)。虽则迷信，却也真实反映前人思想。

②扈大亮，宋熙宁三年(1070 年)任余杭县知县。该文原载张思齐清康熙十二年(1673 年)纂《余杭县志》卷之七《艺文志》。曹中孚点校。

寻临平湖记①

明·谈 迁

少读书知有临平湖。舟过其市，以湖问，则市南数里云。

庚午秋放归，泊西桥，榜人未发，风日晴好。度桥之南，溪声虢虢，古桧环抱迎人。入明因尼寺，其碑叙江左事。闻许及之题寺榜，隶法秀整，如受禅表，久不存。出行翳桑下，不碍衣帻。稻田苍黄，微芳絪緼，鱼沼接足下。土人贩鱼于江，始粉饲之，稍长则苹藻颇获其利。转南而问，云湖之近，则趾若轻者，已又若蹇也。渐遥见湖光，振衣而前。

周湖二里而嬴，水不盈尺，其浊若泾，茭苇鸥鹭之属阒如也。意象沉寂，客兴少沮，徘徊顾叹。语同辈曰："湖光如此，昔也吴王以之改元，晋武以之征胜，陈氏以之禳身。不宁唯是，张茂先、桓灵宝所以识博炫异者也。今涓流一石，其泥五斗，烟销景锢，何前人之见侈乎！"

湖距市数里，市距山三里，山与湖孰胜？曰山胜。吾非薄是湖也。湖远于山则湖之势不雄，又辱在田野，游屐所不至。并见弃于鸥鹭，则湖之积轻久矣，以侈于前人，吾得过而问焉。虽烟销景锢，何憾哉？凡旧迹皆当身历，宁受诒无受惰也。世之人有习游者，必守吾为指南矣。

南湖赋②

清·龚 嵘

维扶舆之景淑，萃佳气于东南。仰巀（山业）之乔岳，俯淳蓄于江潭。尔其禹迹，所经无余。肇于天目，发源群流。毕注青镇，迴波响山。斯睹龟塘，迅奔为水之府。冲决靡常，莫可殚数。北溃吴兴，南侵嘉土。不缓其支，孰纾其怒？相度厥功，石门为户。引水入湖，分条析缕。峙以长堤，如练如组。此南湖所由名，为苕溪之砥柱。

若乃湖分上下，制若纵横，二闸以节奔涌，二坝以防圮倾。湖自肇始，实自熹平。以陈侯之厚德，继归令之清名。筑甬道于百里，树佳荫于千龄。易榛芜而多稼，消畏垒为化城。港则沙溪泥孔，坑则铁步下清。是以南接凤凰，西拱琴鹤。北顾苎山，东连安乐。挹澄泓之鉴亭，窥羽客之篱落。考旧址于望湖，睇岳涧之杰阁。凡四序之所形，固一览之所握。讵时异而代殊，或蚁蛀而鼠凿。自西函之既坏，诚中流之需人。缅成杨之在宋，勤浚导以无堙。曰蜃潭、曰茭荡，法固井井；达南渠，于具区，势亦骏疆。迄相因而不变，务踵事而维新。

大抵湖藉堤以益培，堤藉树以愈固。坝以滚名，塍以坝辅。植植其根，英英斯赋。金勒初嘶，鸣鸠欲暮。王孙之草芊芊，初平之石瑀瑀。柳依依兮青归，桃灼灼兮红护。罗敷陌上之桑，与可庭前之树；竞参差而倚云，遂芳菲而载路。于是以游以怡，乃仰乃俯。岁既时登，民乐有祜。咸思鸠工，爰庇凌雨。庵有数椽，亭容旋武。假碧峦为罘罳，借白云为檐庑。扬泠泠以披襟，惜交交而共语。颜曰澄清，昭其志也。益以继鳌，遵其度也。前有问源，冀不迷也，中列三桥，复其故也。

---

①谈迁（1594—1657），祖籍汴梁（今开封），随宋室南渡，定居盐官（今属海宁），著有《枣林集》《枣林杂俎》《枣林诗集》等。该文选自《枣林艺篑》（清道光十一年木活字本）。去疾点校。

①龚嵘（？—1719），字岱生，福建闽县（今福州）人，清康熙十九年（1680 年）补余杭知县。该赋选自龚嵘清康熙二十四年（1685 年）纂《余杭县新志》卷之八《艺文志》。曹中孚、徐吉军点校。

至于宜晴宜月，宜风宜雨，宜棋宜麈、宜丝宜桐：怀佳晨以神往，集英彦于云从。或驱茗酪，或骋诗筒；或资坐啸，或信支筇；送归鸿于天际，望振鹭兮烟中。苟予衷之不滓，何所遇之能穷。若夫观樛葛而通以去蔽，观竹箦而通以潜修；观摇落而通以赈惠，观稚弱而通以噢咻。盟心兮饮水，忘机兮狎鸥，谋野兮有获，贞遇兮何求。他如青草赤沙，芍陂荆薮，徒夸异于游观，非有关于陇亩。将玩物而溺志，宁君驻所守。景三贤于在望，谅婍修之可久。庶几哉，未雨而绸缪，斯共济川之善后。

民国时期杭州塘栖枇杷产业发展状况

庞超飞

塘栖地处杭嘉湖平原，距离杭州城区约三十里，民国时期为杭县巨镇。该地土壤肥沃、气候温和，适宜果树的生长，因此有"杭县果园"之称，其中以枇杷最为出名。

一、民国时期塘栖枇杷的栽培状况

20 世纪前期，塘栖枇杷的栽培达到鼎盛，栽培区域拓展到整个塘栖地区。[1]民国时期，塘栖枇杷栽培区域东至泉漳约六公里，西至东塘约六公里，南至姚家湾约五公里，北至德清县境约十公里，面积大约二万亩；其中以东家河、西家河、丁山河、北杨墩一带最为出名。农户大多把栽培枇杷作为副业，多的有数十亩，少的也有一二亩。[2]枇杷的年产量较高，但根据当时统计数据的记录，相差较大。在总产量方面，有记载：塘栖每年出产枇杷不下二十万担。[3]驰名的塘栖枇杷，年可产八九万担。[4]在亩产方面，据记载：塘栖枇杷产量有大小年之分，相差甚距，大年每亩产量十余担，小年六七担。[5] 塘栖枇杷每亩大年可采收三十余担，小年则数担至十余担。[6]

根据民国时期关于塘栖枇杷的调查报告，塘栖枇杷种类繁多，有很多是优良品种。国立浙江大学农学院园艺系 1930 年的《塘栖枇杷调查报告》认为，塘栖枇杷至少有 14 种。汪仲毅的《塘栖枇杷栽培概况》认为塘栖枇杷有 13 种之多。赵丕钟的《农村副业调查：塘栖枇杷栽培之现状及其应对改进之措施》记载，塘栖枇杷的种类特别复杂，统计不下一二十种。根据当时的调查，其种类大致有十三四种之多，根据《塘栖水果之调查》的统计种类为 13 种，归纳如下[7]：

表 1

塘栖枇杷品种

品种名	树形大小	成熟期	每株最大产量	结果情形	果肉厚薄	肉色	果实大小	品质	平均每果果核
头早	大	五月上旬,立夏之后三日	二担	每年结果	薄	红橙	小	不甚好	四至八粒
二早	中等	小满三日,五月中旬	一担	虫多寿短	厚	黄橙	小	中等	三粒
大叶杨墩	大	小满后五六日,五月下旬	担半	隔年结果	薄	红橙	大	中等	五粒
细叶杨墩	小	迟三日,五月下旬	担半	年年结果	厚	红黄	小	好	四粒
大红袍	大	小满后十日,五月下旬	二担	年年结果	厚	黄红	大	中等	五至六粒
五儿	大	较前略早,五月下旬	二担半	年年结果	厚	黄橙	大	不良	四至五粒
青碧	大	端午节前后,六月上中旬	二担半	隔年结果	厚	黄橙	大	不佳	三粒
白种	大	较五儿略早,五月下旬	二担		厚	黄橙	中	中等	四至五粒
爪龙白种	大	与早早同,五月下旬	二担	寿长无弊,佳果耐藏	厚	橙红	大	良	三粒
硬吊白沙	中等	五月下旬至六月上旬	担半	隔年结果	薄	白	小	良	三至四粒
夹脚	中	同大红袍,五月下旬	二担	隔年结果	薄				
大种	大	比大红袍早,五月下旬	二担	隔年结果	厚	红淡	大	良	四至五粒
软吊白沙	大	同细叶杨墩,五月下旬	担半	隔年结果,多雨易裂	薄	白	中	最良	四至五粒

在众多枇杷品种中,软吊白沙品质最佳,但有产量不多、隔年结果、多雨易裂、不耐储存、核多等缺点,导致当时栽培此种枇杷的果农较少。大红袍的栽培比重较高,但是其品质中等,果实虽较大,核亦较多,称不上是上品。爪龙白种是当时最有潜力的品种,不仅产量非常高,树的寿命较长,核少肉多,还有耐储藏,没有隔年结果的弊端,与白沙、大红袍相比优点较多。[8]关于枇杷品种的栽培状况还有其他结论,如国立浙江大学农学院的调查结果:塘栖附近栽培最多者为五儿,次种之为青碧,又次之为大红袍。考察其原因,主要是因为五儿、青碧产量多,且便于储藏和运输,大红袍的产量虽比不上这二种,但其外观是枇杷中最漂亮的,所以还是有很多人购买。因此,这三种虽然品质不是最好的,但是种植的人较多。[9]

根据《塘栖枇杷栽培概况》描述,民国时期塘栖枇杷的栽培主要实行嫁接法。首先,砧木培养:五六月份把枇杷核播种在预定的空地里,盖上垃圾作为肥料。到第二年春天进行移植,株距为一尺左右;第三年再移植,株距为三尺左右;第四年移植,株距为六尺左右;在种子播种后三年或四年的立夏前后,就可以进行接木。其次,接穗:用二年生先端结实的枝条,长二三寸。在离地面一尺左右的地方锯断砧木,但不完全锯断,以砧木自然下垂为度(断口有一部分未断,与上部连接)。在砧木断口处用嫁接刀在皮层与木质中间切开,插入接穗,用稻草包扎,并在结合处涂上湿泥,用枇杷叶贴在外面,防止阳光直射及水分蒸发。在当年八月,接穗生长七八寸时将砧木上部剪去。接穗成活后,必须将砧木上的芽全部去掉,以节省养分,促进接穗的生长。除了嫁接法之外,农民也有用直接播种的方法(如台头种),但是其果实品质较差,因此很少运用。接穗后一年,进行定植,行距控制在十五尺左右,每亩能种二三十株。

枇杷树移植后，农民将摘果作为枇杷栽培环节中最重要的工作之一。摘除多余的结果，促进剩余果实的成长，一般摘果分为幼树摘果和壮树摘果两种。幼树摘果：枇杷木苗定植后二三年，就已经开始开花结果，但由于养料不足，果实较小，品质较差，所以农民将第一二年所结之果，全部摘除，使养分集中于枝干和根部，希望以后能丰收；壮树摘果：枇杷之花芽，常于一花轴上着生三四十朵，致结果甚多，但果实极小，并造成隔年结果的弊端，普通大果种每一花轴留五六个，小果种留七八个。[10]

民国时期塘栖枇杷所用肥料主要以自然肥为主，化学肥料运用还未普及。其所用肥料种类较多，如大豆粕、油菜粕、河泥、人尿粪、垃圾等，其中使用人尿粪、河泥较多，大豆粕、油菜粕较少，只有当时一些较为富裕的农户才会施用。大树施肥一般每年两次，在摘果后和冬季，摘果后每株用人粪尿半担，冬季先施人粪尿半担，然后再浇河泥；幼树仅在冬季施肥一次，普通人家每株用人粪尿四分之一担，如果用油菜粕或大豆粕则每株三四斤。[11]

塘栖枇杷的病虫害相对较少，因此农民一般忽视病虫害防治工作，而且对病虫害防治也处于以人工防治为主。其主要出现的病虫害及防治措施有以下几项：1.炭疽病：当果实成熟时表面生出暗灰色斑点，逐渐凹陷而腐败。防治措施：撒石灰硫黄合剂两三回；2.象鼻虫：专以蛀食果实为害，且能咬断果梗。防治措施：在树下敷布，用棒打落捕杀；3.天牛：穿孔啮食枝干。防治措施：产卵时将卵摘除，用铅丝从洞中钩出幼虫，随时捕杀成虫。[12]

二、民国时期塘栖枇杷的运销及产业拓展

塘栖枇杷的销售市场相对集中，主要分布在上海、浙北和苏南地区。各地区所占销售份额统计不一，“销路以运往江苏省及上海为大宗，占全额之百分之六十，往杭州、德清及其他各处者，占百分之四十。”[13]“枇杷之输出数量，上海约占百分之五十，南京、无锡、苏州约占百分之三十，杭州占百分之十，余则运销附近四乡。”[14]“销路以运往上海为最多，杭州、宁波次之，尚有少数运往其他各处。”[15]综上所述，虽然其他地区所占市场份额说法不一，但是上海为塘栖枇杷最大销售市场以及主要市场为太湖流域是毫无疑问的，这与当时枇杷的运输条件与储藏技术有关，不可能大量运销全国。

当时塘栖枇杷的包装较为简易，以竹篓盛放为主。包装枇杷均用圆形竹篓，高十五厘米，口阔二十八厘米，底阔十九厘米。用竹篾编成，眼甚大，阔二厘米至三厘米，每篓可装枇杷四斤。篓底垫衬枇杷叶或报纸，大都不加盖，但也有用桑皮封口在篮上，贴塘栖真正软条白沙等字样。在农村对于枇杷包装，较为普遍的是用较大的竹篮，每篮可装枇杷约十斤。[16]由于枇杷包装简易，致使枇杷在运输中较易损坏，不利于长途运输。

由于塘栖枇杷运往都市贩卖，因此农民不直接销售给消费者，必须通过水果商人。在塘栖做枇杷生意的水果商行分为坐庄和普通枇杷行二种：(一)坐庄：至枇杷收获期左右，外乡商人至乡镇设立临时收买处，由商人定一市价，农民即可直接售予；或由中间人代为至乡收买，故此种大都为现金交易。(二)普通枇杷行：为平时的水果行，至枇杷收获时期，由行家定价直接收买，然后由水果行运往沪杭各地，交易完成后，交价给农民。[17]中间人一般收百分之十五的佣金，普通枇杷行收购价格略高于坐庄，因为坐庄是现金交易，普通枇杷行的交易有一定的投机性，风险较高，所以收购的价格也较高。[18]

民国时期塘栖枇杷的对外运输，主要依靠水路，沪杭甬铁路开通后有一部分通过铁路运输。[19]塘栖枇杷对外运输成本除运费外，还有各种杂税，按照正常年份运送到上海的成本，统计如下：塘栖统捐每担正税 0.24 元、副税 0.0624 元，总共 0.3024 元；石门关卡税 0.8 元；石门湾关卡税 1.0 元；斗门关卡税 0.6 元；嘉兴南门关卡税 0.6 元；嘉兴西门关卡税 0.6 元；塘湾关卡税 1.5 元；西塘关卡税 0.4 元；四江口统捐每担 0.1 元。[20]按照用中等帆船运载四十担枇杷计算，从塘栖到上海运费在十四元左右，各种税收在二十二元左右，总共成本在三十五元左右。根据运费为售价的百分之十计算[21]，一船枇杷的销售总值在 350 元左右，每担枇杷的平均零售价在 8.8 元左右，每斤枇杷的售价在 0.088 元左右。

当时塘栖枇杷在市场上的销售情况，总体口碑较为不错，市场份额占有量较高。从塘栖枇杷最大市场——上海，分析其销售状况，在上海市场上销售的主要为以下 4 类："一曰白沙、二曰红种、三曰杨墩、四曰草种。软条白沙，其肉色之白，浆液之多，滋味之甜，一如鲜荔。顾其味甜且鲜，此为鲜荔所不及，故软条白沙不特为枇杷中之最佳者，抑亦果类中之珍品也。至于红种，徒有其名，非但远逊白沙，抑且不逮杨墩，特稍胜草种耳。而杨墩种甚佳，除软条白沙外当推此种，祇以皮色若草种，形体又细小，故不为人注意。"[22]塘栖枇杷品质中以软吊白沙为最好，杨墩种次之，红种第三，野种为最差。塘栖枇杷销售网络遍布上海的各个角落，"我们在街头、在巷角、在水果摊上、在小贩担中，都可看到那一篓一篓橙黄滚圆的枇杷。"[23]

上海市场上销售的枇杷，主要分为两种：一是来自杭州塘栖的塘栖枇杷，二是来自苏州洞庭山的洞庭枇杷。"上海所销的枇杷，以塘栖红种、白沙枇杷，及来自洞庭山的白沙枇杷为多。"[24]洞庭籍作者雅非对塘栖枇杷与洞庭枇杷进行比较："所谓的山上白沙枇杷，无非全是一些贱价的塘栖枇杷罢了。就是真正的洞庭山红沙——大红袍，我相信在上海也很少买得到的，因为货色既少、价格又贵，每篓五斤装的，至少也要售价七八角，白沙则须一元多，较之市上一般塘栖枇杷，其价相去何啻数倍。"[25]"塘栖枇杷早熟面目好看，价亦较贱，但吃起来，却酸涩而味淡。山上枇杷则不然，它的成熟时期至少要在端午后一星期，然而它的看相够不上塘栖货，并且价亦较昂，可是上了口就有分别了。"从中可得出，在产量方面，塘栖枇杷年产量比洞庭枇杷大；因此在价格方面也较为亲民，更为上海一般市民所接受，按照每篓枇杷五斤计算，塘栖枇杷的平均价格在五角左右，而洞庭枇杷即使便宜的也要七八角，贵的要一元多。但塘栖软吊白沙枇杷价格亦较贵，非一般洞庭枇杷所能及，"所谓真正塘栖白沙，京沪仕女，鲜得一尝其味，其他远区遐域，更不必论。"[26]在卖相方面塘栖枇杷也比洞庭枇杷好。至于品质方面，塘栖枇杷也不差于洞庭枇杷，不是雅非所说塘栖枇杷吃起来酸涩而味淡。塘栖枇杷的品质较为上乘，特别是软吊白沙，"软吊白沙品质优异，在我国枇杷种类中当首屈一指，无论何种，莫能超越，即洞庭昌照种，在吴县可视为珍品矣，亦不能望其项背。"[27]并且大多数人对于塘栖枇杷的描述也较为赞赏，如"塘栖枇杷果肉最松软，并含有很丰富的糖汁。"[28]而且从果树的价格看，塘栖枇杷树也较一般枇杷树高，"……白沙枇杷三元，独核枇杷三元，塘栖枇杷四元……"[29]

民国时期塘栖枇杷的销售不只局限于生果销售，还拓展到甜食加工和采摘游等方面。当时塘栖镇上有一家汇昌老店，将枇杷制成蜜饯销售，生意十分鼎盛，后来苏州、上海等地的商人都来采购枇杷，有的采购生的水果，带回去自己制作，有的在塘栖设厂制作。[30]"上海梅林公司亦在塘栖设立分厂，以极新鲜的枇杷装置罐头内，用科学方法保持此极鲜美的"树头鲜"佳味，运往京沪及国外等地，供给远地的仕女们，本受此名果美味。"[31]当时塘栖枇杷糖食加工业已经较为发达，还引进了现代化的罐装加工方式，在当时水果行业还是较为稀少的。此外，塘栖枇杷采摘游与农家乐也开始起步,“邻近的杭嘉湖等地的人士，亦不乏专程到这座枇杷园里来吃枇杷的,他们弯着身子在枇杷林里尽量的剥着枇杷吃,食量好的可以吃到五市斤光景,吃饱了枇杷再过了一息去用膳,仍不会减少原来的饭量。”[32]

枇杷蜜也是塘栖特产之一,当时蜂农们对于到塘栖采枇杷蜜极为热情。根据 1933 年一位蜂农的记载,“先前只是两三个蜂场去尝试了一下,以后便逐渐引起一般养蜂者的注意。在最近一两年来,更是见突然增加了。如本年转地塘栖者,即有四十余场,蜂群总数在五千群以上,从此也可见一般人之重视塘栖了。”[33]从上述五千群蜜蜂按照每群蜂采蜜五斤计算,一年能采两万五千斤蜂蜜。

三、民国时期塘栖枇杷产业发展存在的问题

当时塘栖人不断对枇杷品种进行改良,培育出较为优良之品种;积极进行市场开拓,在枇杷市场中占有较大份额;积极尝试枇杷深加工,突破枇杷储存方面的不足;努力开拓枇杷销售渠道,开创枇杷产业的采摘游与农家乐;不断提高枇杷果树的利用率,开展枇杷蜜采集项目,使塘栖枇杷产业发展取得可喜的成绩。但是,“塘栖附近之枇杷栽培,固有可取之处,而方法未当仍须改良者亦颇不少。”[34]当时塘栖枇杷产业的发展总体还处于初级阶段,许多方面还存在不足,需要不断改进。主要存在以下几点问题:

首先,枇杷栽培技术方面存在不足。民国时期对于枇杷栽培的科学实验还处于起步阶段,在枇杷接种的砧木选择、时期选择、接法选择;施用肥料的种类选择、时期选择、分量选择;枇杷优良品种的培育等方面存在不少问题。如塘栖枇杷品种繁多,但优良品种较少,而且就优良品种而言也存在不足,如品质最好的白沙,存在产量较少、隔年结果、不耐储存、容易裂果等问题;而产量较高、无隔年结果、耐储存等优点的爪龙白种,其存在品质不佳的问题。因此,当时有人倡议设立一个专门从事枇杷改良的研究机关,对塘栖枇杷的品种改良、接种优化等方面进行科学试验。

其次,塘栖农民在枇杷园管理上存在科学意识不足,经营上诚信意识不足的问题。施肥方面,农民一般直接施于土上或者松土后施肥,很少施肥后盖土,极易使养分挥发;剪枝方面,农民任由枝条生长,极易造成树枝往一面生长,诱发各种病虫害,影响枇杷树正常生长;病虫害防治方面,塘栖果农对枇杷树的病虫害常置之不理,经常造成损失;果实采收方面,除少数珍贵品种单独存放外,一般品种混杂放置,大小不一、优劣混杂,影响枇杷销售价格;产品包装方面,枇杷包装用普通的竹篓,篓底用绿叶或报纸垫衬,一般都不加盖,运输过程中极易造成果实损坏。除此之外,塘栖果农诚信经营意识较低,农民经常贪图利润、节省成本,栽培品质较差的抬头;或者将形态较好的枇杷放上面,较差的枇杷放下面,企图以次充好,损失商业经营信誉,影响消费者对塘栖枇杷的评价。当时,塘栖有识之士就已发现这些问题,建立塘栖民众教育馆,希望提高农民各方面的素养。

最后,民国时期塘栖枇杷在运销结构上存在需要改进的地方。塘栖枇杷对外销售主要依靠坐庄和普通枇杷行,中介机构对于果农的压榨较重。故有调查报告指出应组织建立枇杷合作社[35],统一对外销售、代为采购肥料等,减少中间商对果农的剥削。此外,果农也可以通过枇杷合作社统一塘栖枇杷的包装,提升塘栖枇杷的对外知名度;还可通过合作社,加强枇杷栽培科学方法的宣传,提高农民的经营道德,以及进行优良品种的大面积推广等工作。

注释：

[1]陈其峰：塘栖枇杷栽培史重考[J]，中国农史，2001，3(43)。

[2]赵丕钟：农村副业调查：塘栖枇杷栽培之现状及其应对改进之措施[J]，大众农村副业月刊，1936，1，4(2)。

[3]塘栖水果之调查[J]，工商半月刊，1930，2，7(25)。

[4]塘栖枇杷[N]，申报，1947-02-19(8)。

[5]吴保衡：塘栖镇的枇杷[N]，京沪沪杭甬铁路日刊，1934，995(2)。

[6]国立浙江大学农学院园艺系编：《塘栖枇杷调查报告(1930 年)》，第 20 页，633.316/3234，浙江省图书馆古籍部藏。

[7]塘栖水果之调查[J]，工商半月刊，1930，2，7(24—25)。

[8]汪仲毅：塘栖枇杷栽培概况[J]，自然界，1930，5，1(94)。

[9]国立浙江大学农学院园艺系编：《塘栖枇杷调查报告(1930 年)》，第 11—12 页。

[10]赵丕钟：农村副业调查：塘栖枇杷栽培之现状及其应对改进之措施[J]，大众农村副业月刊，1936，1，4(5)。

[11]国立浙江大学农学院园艺系编：《塘栖枇杷调查报告(1930 年)》，第 18 页。

[12]赵丕钟：农村副业调查：塘栖枇杷栽培之现状及其应对改进之措施[J]，大众农村副业月刊》，1936，1，4(8)。

[13]汪仲毅：塘栖枇杷栽培概况[J]，自然界，1930，5，1(94)。

[14]吴保衡：塘栖镇的枇杷[N]，京沪沪杭甬铁路日刊，1934，995(2)。

[15]国立浙江大学农学院园艺系编：《塘栖枇杷调查报告(1930 年)》，第 22 页。

[16]同上，第 21 页。

[17]赵丕钟：农村副业调查：塘栖枇杷栽培之现状及其应对改进之措施[J]，大众农村副业月刊，1936，1，4(6)。

[18]国立浙江大学农学院园艺系编：《塘栖枇杷调查报告(1930 年)》，第 21 页。

[19]吴保衡：塘栖镇的枇杷[N]，京沪沪杭甬铁路日刊，1934，995(2)。

[20]汪仲毅：塘栖枇杷栽培概况[J]，自然界，1930，5，1(94-95)。

[21]赵丕钟：农村副业调查：塘栖枇杷栽培之现状及其应对改进之措施[J]，大众农村副业月刊，1936，1，4(6)。

[22]谈塘栖枇杷[N]，申报，1932-07-05(11)。

[23]枇杷[N]，申报，1937-06-14(14)。

[24]端午节之农商[N]，申报，1940-06-11(9)。

[25]枇杷[N]，申报，1937-06-14(14)。

[26]曾勉之：苏州洞庭与杭州塘栖之枇杷(1937 年)[J]，园艺，1937，3，6；转引自林永金：塘栖枇杷[M]，香港：天马图书有限公司，2003：138。

[27]曾勉之：苏州洞庭与杭州塘栖之枇杷(1937 年)[J]，园艺，1937，3，6；转引自林永金：塘栖枇杷[M]，香港：天马图书有限公司，2003：138。

[28]塘栖枇杷[N]，申报，1947-06-02(9)。

[29]南洋种苗公司赠送果树苗[N]，申报，1933-09-08(6)。

[30]富庶之镇水果产区[N]，申报，1947-02-19(8)。

[31]塘栖枇杷[N]，申报，1947-06-02(9)。

[32]塘栖枇杷[N]，申报，1947-06-02(9)。

[33]夕砧：到塘栖采枇杷蜜[J]，农村旬刊，1933，1，6(91)。

[34]国立浙江大学农学院园艺系编：《塘栖枇杷调查报告(1930 年)》，第 24 页。

[35]35 关于组织合作社进行对外销售问题，国立浙江大学农学院园艺系编的《塘栖枇杷调查报告(1930 年)》和赵丕钟的《农村副业调查：塘栖枇杷栽培之现状及其应对改进之措施》中均有建议。

乔司绿麻栽培及麻线纺织之概况

焦龙华

乔司杭县之一镇也，以产麻得名。余以三月三日星期日之暇，前往详细调查，兹将见闻所得略志于后，以供参考。

乔司镇居笕桥与临平之中，亦为杭栖公路之一汽车站，位于杭城东北二十余里，该地一带所有田间作物，尽为蚕豆、油菜、绿麻及金花菜等，小麦反而不多见，而尤以所产绿麻为多而有名，正与笕桥以产大麻得名之地位同。

绿麻，本名黄麻，学名 Corchorus Capsularis L 俗又呼为青麻，江浙之所以称为绿麻者，殆以其茎色而名之，然不足包括其品种也。江苏之产地为海门、崇明等处，浙江则以乔司一带为其产地之一，而乔司之栽植绿麻，尤为代代相传，由来已久。故其耕作上之一切方法，均为土民所谙习。（考绿麻本东洋原产，《宋史·地理志》，已有郑州〔河南〕黄麻之记载，尤足征其原产于河南，今则台湾、印度均盛产之，今英美亦有之。）

绿麻品种甚多，以皮色言，可分为七种，然普通则多属青皮（绿皮）及红皮两种。乔司所植者，即多青皮种，绿麻性喜温而好雨，宜于砂质土垠，乔司地带，雨量多而土质胶性，以故其生长尚宜，为萧杭其他地区所弗及，五月下种，九月收割，生长期间，只需四月即可成熟。平均生长期之温度为摄氏二十五度，凡河滩淤泥处，亦可植之，且于其生长，尤属相宜。又据本地农民之经验，黄麻不必轮作，连作亦不见有何影响，并不必施肥，亦可蔚然繁殖。至栽植法，概用畦作，实生，直播，畦宽四尺，按条播者，则每畦播种六行，株距四寸（按绿麻以稍密播者为佳，因若株疏则生长茂盛，分枝多，则将来之纤维多节，不匀而易断，）农民亦有用撒播者，均以稍密为原则。

基肥用豆饼，或人粪尿，又有于播种覆薄土后，覆以草木灰者，补肥则多为人粪尿，中耕除草较简，勿须多费人工。

绿麻之收获，决不可迟至结实以后，须在正开花期中即行收获，如在花落子结后，则纤维不白而作灰色，韧性虽强，但不易剥皮。收获方法有二：一用镰刀齐地皮刈茎，一则用手连根拔出，乔司均用后法。拔后处理方法有三：一为露冷法，将麻杆平铺于荫处，令其自然发酵，后再割皮，此法用之者甚少；二为水浸法，将割下之麻茎扎成捆，浸于河中，夜则露于地，若不露于地，则茎生红色。露时须忌雨，满水则生黑点，有损纤维品质。故收刈绿麻，必在晴日；三为竹夹法，本地多用此法，其法乃在收获时，二人合作，一人拔麻，满握在手，另一人以手持二竹片，将麻梢夹入二竹片间，用力拉之，如是脱去麻之枝叶，枝叶弃于田间，藉作肥料，所得净茎，担之还家，候农闲时再剥皮，如有暇时，亦有即在田中随时剥取麻皮者。

剥麻皮之法甚简，农妇亦熟习之，但彼等熟中生巧，工作迅速，似具有一特殊之技艺者。其法乃先将麻捆摊开，将其长短分为上中下三等，上等者即最长之一类，普通则恒分为长短二类，若不分类，则非特制作不便，抑且有碍麻皮经济价值。如其长者，并不能得其应有之善价，而短者亦不能因和入长者后而得长者之价格，因是各失其本色，不能尽量表出原有之效用，而反加以混杂之名义。此点在吾国市场上之商品，为一般之通病，亟宜注意者也！麻茎分别后，即以利刀断去其根和梢部（普通每根平均长约三四尺），就凳每根自基至梢剥之，剥法乃先在离根数寸处折断，木质层与髓因断而向外突出，乘其与韧皮部分开之势，一手持心材，一手拉皮而撕开之，此韧皮部，即麻皮也；滑出完好之心材干髓，干后作薪用。工作当时，即心材归入心材，麻皮归入麻皮，井井有条，各不相混，手脚熟练者，三四秒即能剥好一根。

麻皮乃吾人收获之目的物，如上法所剥下之麻皮，名曰粗麻，因尚须处理后，方可应用，或纵使不再加工，亦须晒干后，才能出售。普通粗麻，每亩可收300——380斤。粗麻未干时，不可遇雨，理由已如前所述。粗麻经干晒后，即可收藏，以待冬春农闲时再加精制。干粗麻乔司市上亦有出售，惟其价格低廉，尤以近一两年受其他农产品价格之低落，致麻价亦大受影响，前一两年时，每担价恒在十三四元上下，本年度仅六七元云。

粗麻精制成净麻，恒于冬令或春初农闲时为之，在此时期常见本地农民，均孜孜于屋内工作者，即此加工作业也。其法将干粗麻放湿，槌之使能析成细缕，然后抽纤维捻曲，接成长麻线，如棉之放纱者然，然较纺纱之可用机器，则效率不可同日而语矣。待捻成麻线后，即可估其量，可经几段，以秤衡之；所谓段者，即匹也，麻线亦可出售，只可供织麻布用，因其实际并未有二纱相较而成线，仍为单纱状态，故与普通所用之麻线不同，捻制粗麻，亦常雇人为之。此项工作，类多家庭中妇女任之，捻纱之工资，以长度计，每丈得代价不过数铜币耳，彼妇女们恒以其所得，能偿彼一日之饭钱即足，故其工资必在两角之下。

从麻线织为麻布，则用木制之织机，每机价约十元，所织之麻布，各家长度一律，因其用度只一道耳。每匹麻布长二丈，宽一尺五寸，有七十扣（即经以七十根麻线也），每根麻线之粗度，其直径约二公厘，织成布，其每线之相距，在三四公厘左右，一熟练之织工，每日自朝至晚，可织十匹左右，若连经带织，一日亦可完全二匹，每匹售价二角三四分，可获纯益仅六七分云。

在春阳二三月时，乔司一带农民，悉居家经营此业，将所织成之麻布，折叠成匹，负荷入乔司市中求售，市中亦有专收买此麻布者数家，故麻布之收发，以乔司为中心地点，据老于经验者谈，乔司在此时期内，每日可出麻布近万匹，由收揽麻布商人，会集运往临平，由临平再自水陆两道分销于杭嘉湖及沪苏等商埠，由各该地再缝制麻袋，作包装物，以盛大豆及棉农产品。

综上所言，可知乔司产绿麻之盛，农家又几无不以织麻为副业，然于濡记之余，则又不能无感焉，请试言之：

一曰农村经济之衰落，足直接使此等手工业者更频乎危殆不堪维持之境地，乔司既以绿麻为盛产，则农家之收入，大部即凭乎此；但粗麻价格，较之前年，相差至一半之多，一般农民，虽见无利可图，然困于不能立改他道，再事生产，又无别术，重谋挽救，以资度日，又闻诸该地土著言，当地地价，前年每亩尚有七十元之谱，两年来，捐税增加，产品价格反下跌，今以每亩三十元求售，尚无雇主，麻民之生计，盖可见矣！

二曰织麻布之效速太迟，乔司绿麻之制造，由粗麻至细缕，捻线、织布，无一不以手工为之，若以时间计，每匹麻布之成，不知费时几久，而售价所得，则不过获洋贰角有余，劳资不足以相偿，成本既大，售价复低，势必至于并此蝇头微利，终亦不可获得，恃维生计，忧乎其难矣，故最宜设法改用机器纺织或可以资补救，然以今日农民之财力识力，亦未必即易致，是则有赖合作组织，方有济耳。

（作者焦龙华，民国时期畜牧学家。原载于《农村经济》第2卷第6期，1935年。）

1933 年余杭县取缔土蚕种风潮

松　尾

一、风潮发生背景

近代开埠后,江浙地区的蚕桑业得到了迅速发展。但由于蚕茧土种的缺陷,加上缫制技术的落后,传统方式生产的中国蚕丝在国际市场上日益受到冲击,中国传统丝业面临严峻的考验。晚清时期,就有有识之士提出学习国外先进技术,制造改良蚕种等主张,以振兴丝业。他们认为,我国的蚕种,数千年来,均系土法生产,不知应用科学检查蚕种病毒,致使品质不能随时代进步。制作优良的改良蚕种,是蚕丝业改良的第一步和关键。20 世纪 20 年代,中国知识界、企业界以及政府对蚕种改良的重要性和必要性认识逐步加深,并不同程度参与了蚕种改良。

到了 20 世纪 30 年代初,由于世界经济危机的打击,人造丝的冲击,加之天灾人祸,中国蚕丝业陷入困境。为应对危机,振兴丝业,1933 年南京国民政府逐步实行了蚕业统制,试图运用政府行政力量推行蚕种改良。在浙江省,设立了蚕桑改良模范区或改良区,在育蚕中心区域设立指导所,让农民使用改良蚕种,其中也包括当时的余杭县。

民国时余杭和新昌、嵊县、吴兴等地是浙江主要的丝茧产地。余杭种在土种中最负盛名,较盛于同省之新昌,嵊县、诸暨所产者,其销路达于杭嘉湖,海宁、海盐、平湖、桐乡、嘉善、崇德、德清、富阳、於潜、临安、新登、武康、昌化等县,更远达苏皖等省。

余杭土种生产方式有“前门”“后门”之别。前门指本人自行养蚕制种,后门还分“定种”和“购种”两类。“定种”指将本人印有牌号的空白连纸,发给附近蚕户,在此连纸上产卵制种,将来收回出售;“购种”指自己收茧不足,向邻近或他乡蚕户择其上簇之早者,出价购回自行制种。

余杭县六个行政区中有四区为制种区,其中一、四区最为重要,两区养蚕户均为专业制种家,所育之蚕都用来制种,制成的蚕种质量较高,当地称其为“细货”。而二、三两区则制丝、制种并重,所以制种较为粗放,尤其如二区,往往以双宫、薄皮留作种用,故当地称之为“粗货”,价格也较低廉。

余杭制种蚕户分布广泛,据 20 世纪 20 年代中期的调查,当时余杭西门、北门外的乡村里,几乎家家都在制造蚕种,在 10 平方英里的地上散布着 3000 个家庭,制种数超过 300 张的有 1000 余户,生产 1000 张以上的较大制种者有 14 户,其中有三户各制 3000 张。

据蚕桑研究社的登记,1927 年全县有 8000 余家庭在制造土蚕种,其中有牌号的土种商就有 1359 家,按每一牌号之制种家有特约蚕户五家计算,那么全县至少有制种家 6750 户。20 世纪 30 年代初,余杭年产额约在六十万张以上,产地以城西两区为最多,专门制种之蚕农,约达 3000 余户;全邑大小制种者,统计不下六七千户;育蚕则几遍全县;业蚕者达十之六七。蚕种是余杭县农民的主要生计来源。

二、风潮发生经过

1933 年初,国际丝价跌落,让浙江省政府深感推行蚕业统制的必要性,于是省政府建设厅改良蚕桑事业管理委员会增设临安为第二改良蚕桑模范区,并划定包括余杭在内的 7 个县为蚕业改良区。同年秋,又将改良区扩至 11 个县。省政府的措施,意图将蚕业改良工作普及到全省主要蚕区。

在蚕桑模范区和改良区,政府一方面改进育蚕技术,劝说农民多育改良蚕种,另一方面则通过行政力量，实行蚕种统治，严厉取缔土种。省政府认为对土蚕种应该从快从严，彻底肃清。省建设厅厅长曾养甫指出，过去政府推行改良蚕种收效不大，就是因为态度不坚决、力度不够大，仅仅通过宣传劝说，缺乏雷厉风行的实施措施。曾养甫的态度也代表了在推行改良种、取缔土蚕种过程中，省政府的态度。

1933年春，余杭县颁布《蚕种检查细则》，对土种加以取缔。政府的取缔政策在余杭推行时遇到了很大的阻力。3月24日，县政府在总理纪念厅召开育蚕农民大会。会后，一部分蚕农前往县政府请求救济。另有2000余人包围了县西湖蚕种制造场，将制造场焚毁一空。

第二天，取缔余杭土制蚕事务所在城内的蚕桑研究所成立。省民政、建设两厅联合发布的取缔余杭土制蚕种的布告张贴在街头。同日，余杭县政府召开由各法团代表、各乡（镇）正副乡（镇）长出席的会议。会上对于如何取缔土种，发生了争论。省建设厅代表兼取缔余杭土制蚕事务所主任倪绍雯认为余杭土蚕种含有病毒，必须根本铲除，不得有一粒遗留。余杭县长等行政系统的人也支持倪绍雯的想法。各法团代表则认为取缔行动应该有一个过程，首先应该进行广泛宣传，进行试点，引起农民信仰，才能减少推行阻力。代表们担心，如果在短期内强迫农民实行，容易引起误会。县党部也站在法团代表一边。由于双方各执己见，会议最终没有形成共识。双方在执行取缔行为时的理念分歧，导致后来在取缔具体执行时政策的不连贯和不一致，给农民带来混乱的信号。

26日，针对余杭农民反对改良蚕种、焚毁制种场的行为，省政府派保安队一营前往弹压，余杭的情势变得紧张起来。余杭县党部执委会为“顾恤民艰起见”，召集各法团代表召开会议，决定一方面劝导农民饲育改良蚕种，一面派人向省建设厅陈述理由，主张“在改良种未得人民普遍信仰以前，本县土种亦准其饲育。”但是因为建设厅厅长曾养甫将于次日来余杭亲自劝导蚕农改育改良蚕种，而作罢。

余杭的骚动发生后，3月30日，省建设厅令余杭县县长召集本地士绅开会，并派厅秘书江家眉、科长张范村到会，会议没有取得成果。当江、张准备返杭，在汽车站两旁，数千群众包围了其所乘汽车，一些人还跪在车前请愿。

之后，余杭县政府和党部派人分赴余杭各区宣传，反对取缔的声音才稍微缓和。但农民反对取缔蚕种的思想并未从根本上得以消除。

4月5日，到东乡的取缔余杭土蚕事务所指导员数人与当地农民发生冲突。下午，5000余人来到县政府及取缔所请愿。县基干队向请愿人群开枪，导致5人死亡，3人重伤，送往杭城救治。政府的行为激怒了农民，他们愤激暴动，捣毁了取缔所，晚上焚烧了仓前镇民生蚕种场。第二天晚10时又将镇长方培荣家焚毁。余杭农民反对取缔土蚕种的骚动甚至影响到了周边的临安等县，风潮扩大。

政府镇压农民的行为，激起了更多人的不满，余杭全县商店罢市。各法团代表吴仲长、黄金声等四人，赴杭向省政府民政厅、建设厅请愿，要求暂缓取缔土蚕种，省政府决定第二天开会讨论。

7日，黄金声、郦永言等再次赴杭向省党部报告前几日事情经过，并请求转知省政府，要求当年务必准许继续饲育和销售土种。

当日，省政府召开会议，认为推广改良蚕种、取缔土种，利国利民。为了改良蚕丝，省政府决定不改变既定政策。但同时，考虑到蚕讯已届，所剩时日不多，且迭次发生纠纷，省政府为防止请愿暴动风潮蔓延到其他县，且顾念到农民生活艰难，为了维持其生计起见，省政府还是做出让步，决定将取缔土种的政策从缓举办，仍允许农民自由售卖土蚕种。会议决定派省府秘书李余携带决定布告赶往余杭张贴，并与余杭县长冯世范会同讨论处置办法，劝导商店开市。

李余到达余杭后，与冯世范召集各公团、士绅召开会议，传达省府会议精神。会后，各法团代表赴乡张贴布告，劝导乡里，安抚民心。反对的风潮逐渐平息。但改良土种的推广工作直到1934年春才逐渐恢复。

余杭的这次反对取缔土种的风潮造成的损失据估计约有10万，其中大部分是私人之物，如俞某的森和木行、钱寿记的茧壳多担，姚寅正的住屋中多件器物被毁。此外，第二区公所、东乡姚嘉洪家、章坪家、方佩雄家、章龙生家、西乡鲍储猷家、李子鉴家也都被捣毁。

三、余论

国民政府自上而下推行的蚕种改良，遇到了蚕农激烈的反抗，当时不仅余杭，附近的萧山、临安等县也发生了反对蚕种改良、反对取缔土蚕种的风潮。改良运动受阻，根本原因还在于取缔土蚕种严重损害了制种户和种贩的利益。余杭“全县人口十三万，而全恃蚕种业为生者占五六万以上。”制种每张可获利五角，所以当地农民饲育蚕种的人很多，“无不以制种为获利捷径”，该县“现有家产者，大多起家于蚕种。”在土种业繁荣的时候，余杭每年可产种80多万张，每张种价为二元五角，仅此一项就可为全县带来200万元的收入。取缔土种势必断绝余杭等地饲育土蚕育户、制户和贩户的经济来源，必然引起其激烈反抗。所以，有人分析指出1933年余杭等地发生的反对改良蚕种的风潮，就是因为余杭当地兼营土种的地主土豪反对，利用经办人员工作上的缺点，煽动本县和临安制土种者发起的。

同时，改良蚕种的优势并不十分明显，改良的蚕种“在品质上虽较土种为健全，但据专家之批评，并不特别高明；且试验未久，亦无确实之把握。”民国前期，政府曾试图推行蚕种改良，由县政府将改良种数百张，分发乡间，蚕户领饲。但是饲育后反不及土种的七成。于是，本来就对改良土种积极性不高的蚕户，更加迷信饲育土种。

改良蚕种在价格上也不具优势，也阻碍改良蚕种的推广。改良种每张平均价格为八角至一元，而土种的价格只需三四角。为维持生活，减小开支，蚕农情愿购买成本较低的土种，而不愿预订价格较高的改良种。“至蚕种之优劣，来日收成之斗歉，顽愚农民，已不遑顾及。”浙江建设厅也承认“农民咸认种价过高，不愿饲育，转以土种较合经济，争相购买。”

政府在此次改良蚕种的运动中，在政策推行的方式上并未达成统一，浙江省建设厅和余杭县政府之间存在着分歧。县一级政府对于地方情况了解较多，并且着眼于地方社会的稳定，又有和地方各方势力的联系，使他们在改良蚕种运动中采取了比较温和的态度。而省建设厅其官僚大多从整个省、国家的角度看问题，对中外之间的差距有着深刻的认识，迫切渴望改变中国蚕业落后的局面，因而采取了激进态度。但他们没有认识到在中国农村推行改革的艰难程度，也没有对当时蚕农的处境有设身处地的了解和同情。以居高临下的态度，用行政强制的方法，并不会获得农民的理解和支持，只会加剧双方之间的不信任。

杭县培良果园纪事

何勤成

杭县培良果园创建于1933年,由何思毅(笔者父亲)等人创办。杭县培良果园是在塘栖农村对枇杷、青梅以及其他果蔬进行的科学改良试验与实践。当年,父亲认识到:塘栖枇杷流源远长,已有一千多年的历史,然而由于是个体农民单独经营,产量上不去,质量提不高,栽培技术相当落后。而塘栖的土壤和气候条件(水、肥、气、热)很适宜栽种枇杷,于是为提高果蔬的管理水平和效益,父亲着手筹建培良果园。

一、杭县培良果园的创办

物力支持　筹建培良果园首先得到了国民党元老张静江的赞同和支持,何思诚(笔者三伯父)和陈礼节(科教界的民主人士,解放后曾任杭州市副市长、政协主席)也鼎力相助。经研究,在塘栖镇附近的宏磻乡俞家木桥、超山乌龟山、塘南乡陆保村和丁山河蔬菜基地共购置了近300亩土地,创办了杭县第一家股份合作制农业生产企业。因父亲又名何祖培,为了培育优良的果蔬品种,故取名为“培良果园”。果园注册资本10万元(相当于10万银元),其中张静江出资5万元,占股本总金额的50%,何思毅、何思诚、陈礼节各出资1.67万元,各占股本总额的16.7%。股东们一致推举父亲出任培良果园经理,负责经营管理。而培良果园近300亩土地的“图照”(又称地契,系国民政府土地管理部门颁发的土地所有证书)由张静江保存,领取“图照”等文书的字据和副本,由父亲保管(我们都曾见过)。果园的办公场所是张静江提供的,位于杭州市南山路266号/柳营路6号的黄色小洋楼内(现已列为杭州市首批市级文物保护点)。

技术指导　枇杷和青梅等果树和果蔬的栽培得到了浙江之江大学(浙江农业大学前身)蔡教授和丁教授的指导。如在宏磻乡的俞家木桥生产基地,父亲曾在蔡教授、丁教授的指导下,亲手嫁接、栽培各种枇杷树,有以大红袍树为母本,嫁接软条白沙的;有宝珠(红毛丫头树)嫁接大红袍和硬条白沙的;还有同一棵树上,分别嫁接几种不同品种的。后来据父亲说,蔡教授解放前夕去了美国,船票是父亲提供的。中美建交后,他到余杭对外联络处打听父亲下落,但父亲已过世,便没有了下文。丁教授,解放前夕去了台湾。1978年夏,收到一封从美国寄来的信,信中打听父亲近况和培良果园的情况。1978年春,张静江女儿从美国来到塘栖运动场何宅,打听父亲等人的情况,因有种种顾虑,没有跟她联系。

销售渠道　当年果蔬的销售主要有两条渠道,一是通过一些上层关系人物对外介绍,如杭州的张静江(浙江省省长)、三伯父何思诚(上海《申报》副总编)、舅公俞轩堂(上海浙江实业银行行长)、父亲好友陈布雷(浙江教育厅长)、潘公展(上海《时事新报》总经理)、杨瑞龙等人帮忙介绍,直接销售。另有当地一些水果商贩,通过船运,销往上海、杭州等地。由于培良果园生产的塘栖枇杷,质量好,味道甜,在市场上很受欢迎。二是通过塘栖代理商杨宝魁先生,将鲜果供应给上海梅林罐头厂,加工成糖水枇杷、糖水青梅、糖水杨梅等水果罐头,销往省外市场,并出口到香港、东南亚各国。一部分供应给塘栖百年老店——汇昌南货栈加工成白糖青梅、话梅、白糖杨梅干等蜜饯。因为蜜饯品质优良,美味可口,深受消费者青睐,非常畅销。

二、杭县培良果园的基地分布

杭县培良果园共建有4个基地,分别是俞家木桥生产基地、超山乌龟山生产基地、塘南乡陆保村生产基地和丁山河蔬菜试验基地。

俞家木桥生产基地　位于距塘栖镇约2公里的宏磻乡俞家木桥村。果园进出有西、南、北三边，开有木门，主要从西门进出。出西门是成片枇杷林，东西长约300米，南北宽约200米，中间有一条用三合土筑成的主干道。主干道东侧宽约70米由东往西是一片桃树和从奉化引进的水蜜桃，从桐乡引进的美人李、花红，还有从日本引进的香水梨等等。俞家木桥生产基地由培良果园直接经营管理。抗战胜利后，该果园年产量达10多万斤，占塘栖枇杷总产量的10%—15%。

超山乌龟山生产基地　位于超山大明堂东南角一带，有100多亩，这里是一大片梅树林。抗日战争时期，曾遭日伪军砍伐，损失很大，抗战胜利后补种，才慢慢恢复。该基地生产的青梅，品质优良，肉厚嫩脆，味正个大，其产量占塘栖地区青梅总产量的30%左右，是上海梅林罐头食品厂和塘栖百年老店汇昌南货栈主要原料供应基地。乌龟山朝南的半个山坡约98亩，主要种植杨梅，品种以大炭梅为主，还有大红福橘（朱红橘）和樱桃、花红、石榴、枣子、柿子、板栗等，在山坡地里还种有一些红心番薯。超山乌龟山生产基地由沈阿贵负责管理，销售由培良果园与对方直接签订合同，收入归果园，沈阿贵按销售收入分红。

塘南乡陆保村生产基地　位于崇裕丝厂东侧一公里处，沿大运河北岸，东西长约150米，南北宽约200米，约有40多亩，主要栽种枇杷树。在抗日战争时期，这里的枇杷树，曾被日伪军砍伐当柴烧。抗战胜利后，虽经补种、移栽、嫁接、定植，但与俞家木桥基地相比，相差甚远，单株产量只有10多斤，由沈阿贵代管。

丁山河蔬菜试验基地　位于塘南丁河村。主要引进种植西红柿、卷心菜、花菜、浙大萝卜等蔬菜，还推广施用了过磷酸钙、钾肥、尿素等化肥新技术来培育蔬菜，取得了很好的效果。

三、杭县培良果园的技术改进

改良品种　培良果园创办后，在浙江之江大学蔡教授、丁教授的指导下，对原有的塘栖枇杷品种进行了培育。采用科学方法，进行嫁接、施肥、水分管理、修枝整形、疏花蔬果等田间管理。由此，塘栖枇杷、青梅等果蔬品种得到进一步改良，产量亦有所增加。

改良土壤　在俞家木桥生产基地的枇杷林里，套种豆科作物，因豆科作物根系发达，其根系有固氮作用，有助于土壤的改良。在果园南侧软条白沙枇杷树林里套种"香煮黄豆"，然后再加工成"烘青豆"，这也是塘栖著名的土特产之一。

积累肥料　为保证果园有机肥料供应，父亲在塘栖广济路名利旅馆后门和碧天茶楼后门西南角的交叉处，修建了一座全镇最大的公共厕所"大茅坑"，下置九只大粪缸，上用木板、木樑做支架，做了十八个坑位，呈环形设置，不分男女共用，屋顶盖有瓦片。由名利旅馆老板娘"曹三师娘"代为管理，俞家木桥等处将粪肥运到基地，放在化粪池里发酵，待腐熟后再施肥。这些肥料对果树增产起到了一定的作用。

杭县培良果园从1933年创办，经营到1949年，历时16年，对塘栖枇杷和青梅等果蔬产量增加、质量提高起到了积极的推动作用，为塘栖水果的对外推广作出了积极贡献。杭县培良果园是建国前果园经营和技术创新的有益尝试，影响很大。因此，父亲也成为杭县民国时期杭州农业科技界一位名人。

忆仓前农业生产合作社

张承模

1953年春，中共杭县县委继全县第一个农业生产合作社——双林乡江洪元合作社以后，决定在全县办12个试点社。其中乔司区两个，分别是星桥乡的灯塔社和仓前乡的仓前社。

我当时是团乔司区委书记，后来任区委组织委员，“分片包干”在仓前乡，成为仓前农业社的“办社干部”，我是以好奇和担忧的心情接受了这一全新的工作。

在仓前农业社的许多往事，虽然已事隔50多年，但至今仍留在我的脑海里。漫长的农村经济制度变更过程中，一个小小农业社的兴衰，虽不起眼，但它也充满了历史的沧桑，经历过的欣喜、忧愁和困惑，可谓五味杂陈。我在此作了一些片断的回忆，希望为你了解那段历史有一些参考。

合作化的基础和背景

杭县乔司区仓前乡仓前村（今杭州市余杭区南苑街道高地社区）位于钱塘江北岸，属钱塘江冲击地，土壤为半沙土，开垦历史近200年。地理位置北邻沪杭铁路，东毗海宁县，离临平仅10华里。

仓前村共有农户154户，耕地1081亩。解放前，仓前村农民受地主、商业资本、高利贷的剥削，广大农民终年辛勤劳动，不得温饱。当地流传着这样一首民谣：“一条裤子六根经，倒拖鞋爿呒后跟，戴顶帽子不见顶，吃了早顿呒夜顿。”

1950年土地改革后，广大无地、少地的农民分得了土地，在政治上和经济上翻了身。然而，土改以后的仓前村在生产和生活方面还有诸多的困难：由于这里是以产麻为主的经济作物地区，生产季节性特别强，单家独户生产遇到了许多困难。劳动力忙时不足，闲时有余。农具虽不缺，但作为常用的运输工具——羊角车即独轮车，多数农户买不起，只能借用或租用。至于大小水车就更难了。

缺生产资金是又一大困难，络麻、甘蔗在施足土肥以后，需用商品肥料较大，每亩麻类需用两张半豆饼、25斤肥田粉，合计旧币13余万元；每亩甘蔗需6张豆饼、60斤化肥，合计旧币35万元，种子甘蔗每亩需30余万元。这些对土改后不久的农民来说，是一个不轻的负担。当时老百姓说，小农经济是放在石臼上的鸡蛋，狗头上的油盏，经不起风吹雨打。

给毛主席写信的惊喜

在上述情况下，仓前村农民有组织起来克服生产困难的要求。开始，不少农户自发地搞“拌工”，进而组织了拌工组，参加拌工组的有112户农户。再后来发展到临时互助组和常年互助组，全村办起了8个互助组，参加农户分别占总农户的30%和66%。

1953年1月10日，浙江日报登载了杭县仓前乡庆模大会285名生产模范、先锋、干部写给毛主席的一封信，这封信是乡领导要我执笔写的，重点讲了仓前乡全乡包括仓前村组织互助组发展农业生产的情况。

开始我对写这封信很没信心，怕自己水平太低写不好，但寄到报社后竟登载出来，还是第一次收到了稿费，这对我、对大家都是一个惊喜。我们在信中报告的是在毛主席的伟大号召下，仓前乡全乡发展生产、改善生活的真情实景，得到了充分的肯定。

此时，全乡农民参加农业互助组的已占总户数的90%。组织互助组以后，开掘了河沟，改良了土壤，提前完成了生产任务。全乡首次联合出资购置了1部抽水机、10部大水车、36部羊角车、9台喷雾器，还养了107头肉猪。

办社第一年

1953年春天，合作社的筹建工作开始启动。首先是广泛宣传中共中央关于农村实行互助合作的两个决议以及办初级农业合作社的方针、政策，发动报名。其次是召开村民大会宣讲，并在盛家庵小天井里搭起了一个土广播台，特地请“外国铜匠”用铁皮做个大喇叭向全村反复宣讲。此后，召开仓前初级农业社成立大会，宣布批准入社的社员名单，选举产生合作社管理委员会和监察委员会，处理入社时的土地和劳动力分红比例、大型农具使用办法、树木入社计价、青苗估价折算、生产资金投资等具体事宜。

初级社办起来以后，大伙都有一种新鲜感和光荣感，积极性十分高涨。当年，该村种植络麻475.5亩，甘蔗226.9亩，花生31.5亩，小米28亩，红薯33亩。春季作物有大麦、小麦、油菜、草籽（绿肥）。主要副业有蚕桑、湖羊和土织麻布。办社第一年的春季作物都喜获丰收，加上络麻、甘蔗等秋季作物采用适度密植等技术措施亩产都超过往年，合作社的长处就这样显露出来了。

年底，我们总结出了初级社的“十大优越性”，如合作社能充分利用劳动力，把妇女和半劳动力组织起来，人尽其才，物尽其用，相信和推广科学技术、发挥土地潜力，提高产量。合作社在增加社员收入的前提下提取了公共积累，以扩大再生产。还一次交足了农业税，带头完成了国家交给的各项任务等。

为了38张春蚕种

1953年，仓前初级社养了38张春蚕种，由于连日下雨不止，雨水过多，桑叶减产严重。一匾匾蚕宝宝嗷起头，等桑叶吃，而桑叶又供不上。大家眼看春蚕吃不上桑叶长不了个而焦急万分。如果过不了这一关，这对刚刚办起来的农业社将是一个致命的打击。

在这样的情形下，我和社干部一起到乔司劳改农场借得货车一辆，冒雨外出购叶求援。我们先到了嘉兴，又到平湖，可摆在眼前的严峻问题是这一年春天缺叶的不只是乔司区，也不只是杭县，而是大范围地区都缺。整整3天，大雨滂沱，求助的结果却是一次次的失望，大家急得团团转，就像热锅上的蚂蚁。

寻叶、买叶的那些天，我们饱一顿、饿一顿，衣服被雨水浸透了，只能靠自己的体温去焐干，干了再湿，湿了再干。大家满脑子的桑叶对这些都全然顾不了了。苍天不负有心人，当我们终于听到有地方可以调剂一些桑叶出来时，简直喜出望外，兴冲冲地将桑叶一担一担死拖活拖地搬弄了回来。

回来以后，我终因劳累过度而病倒，当时的村妇女主任梅桂英大妈拎来一篮鸡蛋到乡政府里来看我，她坐在我的床沿，爱怜地说：“小张是为得阿啦社里几匾蚕宝宝拖倒咯……。”还有一些社员群众也到乡里来看我，安慰我，鼓励我。这一场战斗把全社的社员都动员起来、团结起来了。“大眠眠出，状元考出”。最后，蚕宝宝全部上了山，获得了办社以来第一个蚕茧丰收年。

晚上的民校与村民大会

在仓前农业社的日子里，每晚民校与村民大会的热闹情景也是令人难忘。

解放了，贫苦农民在政治上当家作主、经济上翻了身，没有读过书的大批青年迫切希望摘掉“睁眼瞎”的帽子，在识字扫盲运动中，仓前农业生产合作社和仓前村不甘落后。他们的民校校址设在村活动中心——盛家庵，师资以小学老师兼职，后聘请了民校老师。识字课本是统一发的，内容都是贴近群众生活的常用字，学得会，记得牢。

当夜幕降临，汽油灯把盛家庵照得里外锃亮。学员们背着嫁箣陆续汇集到这里，他们手里不停地接嫁，嘴里跟着老师学唱革命歌曲。有时俱乐部还组织大家来个节目，跳个舞；有时读报纸，学政治，这都是农村青年最开心的。等到学员到得差不多了，上课识字开始，当然是男学员学得大胆：“毛主席、共产党、工人、农民，……”喉气梆响。女学员虽然声音比不过他们，也都认真跟着念，把个宁静的盛家庵嚷得震天响，还深深地把老年农民也吸引进来。

记得盛家庵里夜夜都被挤得满满当当，为了争取早日扫盲，人人兴致勃勃，个个热情高涨，一年四季风雨无阻。

等到九时过后，村民大会才正式开始，区、乡驻社干部和村社干部有时讲形势、讲时事，宣传合作化好处；有时传达上级指示，但都是识字扫盲为先，会议随后，日复一日，夜夜如此。

“同志，同志，钢笔两支，昨业（昨天）还是文盲瞎子，跟朝（今天）会得写条子”，这是摘掉文盲帽子后的农业社社员的一句口头禅，表露了当时人们内心对拥有了文化知识的自豪感。

文艺大会演拿了第一名

随着仓前村农业合作化进程的推进，农民文化生活日益丰富多彩，仓前农民俱乐部当时在乔司区办得小有名气。

1955 年冬，杭县各乡村农民俱乐部将要汇集临平举行文艺大会演，这是各俱乐部大显身手的好机会。俱乐部主任朱百囡从县里开会接受任务回村，急得团团转。因为一没辅导老师，二没节目内容，根本无从着手。左思右想，只能把当时负责仓前村施教区的翁梅中心小学老师叶玲玲聘为辅导员。虽然对一个刚出校门、稚气未脱的 17 岁小老师不怎么放心，但实在没办法，就当勉强凑凑数吧！

围绕什么主题，采用什么素材，挑选怎样的演员，用什么表演形式……大家开始群策群力。

当时，仓前农业合作社办得红红火火，这不是现成的最好题材吗？就地取材，一锤定音，自编自导，自拉自唱，一出《歌颂农业生产合作化好》的歌舞表演出笼了。

从领舞到群舞，以张水虎、金珍珠为主角的六对男女小年轻，小伙子清一色着中山装（当时最时髦的装束），姑娘们穿着朵朵红花的外套，藏青色裤子，长辫子一甩一甩的，羞羞答答，却不造作，边歌边舞，场面相当热闹。

其实当年搞这次会演还真当不容易。因为解放初农村封建意识很浓，大姑娘平时在外面抛头露面不多，而那次要粉墨登场第一回外出参加这么大型的会演，有的爹娘不肯把她们放出来，后来是经过了动员再动员，才勉强同意。

好在这个节目主题鲜明，紧跟形势，又具有独创精神。演员们歌声嘹亮，舞姿优美，洋溢着青春活力，引来台下观众声声叫好。大会演足足用了两天时间才在临平戏馆落下帷幕。大家开了眼界，饱了眼福，学习交流，并且可谓是满载而归。因为仓前村农民俱乐部的节目摘得全县桂冠，《歌颂农业生产合作化好》获得了文艺大会演的第一名。

这可把大家乐坏了，一面大红锦旗高挂在活动中心——盛家庵。这是大家为仓前农业合作社争的光。有意思的是，后来该节目的男女主角张水虎和金珍珠真的结成了夫妻。

合作社里的那些人

办农业社离不开当时、当地那些人所付出的努力。这些人的形象和他们在工作中点点滴滴，至今仍在我脑海中留下深刻的印象。

梅春发：社长，村团支部书记，1953 年 1 月入党。他中等个子，黑秋秋的面庞，身体结实，既是一个好劳动力，又是村上唯一一个高小生。他平时语言不多，办事精干，为人憨厚，性格乐观平和。当选农业社社长之后，他把二十几户人家的这副担子全挑了起来，白天与社员一起劳动，晚上开会议事，几乎天天到深夜，从不叫累。他以特有的执着和韧性，对社里的事“和身扑”，得到了社员们的信赖。

沈洪喜：又名毛和尚，是一位优秀的互助组长，在全乡冒尖。他有管理才能，也打得开情面，群众中威信高。多数社干部会议在他家里开，熬夜到 12 点是家常便饭，他为了社务也无怨言。他拖着一个儿子，又做爹又做娘，孩子小，他走到那里跟到那里，一步不肯离开，每夜开会，孩子总是在他的身上睡着。

沈寿根：又名毛法，农业社会计。他的工作量特别大，白天劳动不少做，晚上会议不少参加，但账目搞得很清楚，被称为“社里的红管家”。

梅桂英：村妇女主任，又是共育室负责人，她以共育室为家，与蚕宝宝“同呼吸共命运”。她工作负责，活动能力也强，讲话很有召唤力，办事干练能顾全大局，全村男男女女都服她。

何阿庆：家里子女多，吃口重，一直住一间直头草舍。开会喜欢打头炮，平时跟人说话好像吵架一样，但为人正派、耿直，还常常为别人打抱不平，从不占公家半分便宜，是一个说一不二的硬汉子。

陈志兴：村团支部骨干。对公家事非常热心，完全丢开个人利益也办得到，还吃得起苦。只是有时吃了亏自己蒙在鼓里，被人称为“老实头菩萨”。

张水虎：青年团员，既是团支部骨干，农业社积极分子，又是民校和俱乐部的活跃分子。思维活跃，学习和工作都很努力。前些年曾担任临平电缆厂党支部书记。

黄米凤：女青年，团支部骨干，她家在仓前村小星桥边，开一家小店，卖些油盐酱醋和烟酒，社里有事叫她，随叫随到，要她开会发通知，从不误事，也不拿报酬。

再见小星桥

土改后广大农民为了寻求共同富裕，走组织起来的道路，在当时的历史条件下，似乎是一条“必由之路”，也曾发挥出它的优越性。但是由于农业合作化运动抓进度、赶速度，存在着“一哄而起”的问题，在如何巩固上存在着许多困难，而在机制上又存在着固有的、本质的弊端，所以它并没有达到想要的初衷，这在我们这些当事人的心里，难免留下一种浓重的苦涩。

在经历了半个多世纪的今天，我有机会与老伴叶玲玲再次踏上年轻时为之奋斗过的这块熟悉而又陌生了的土地，见到了不少当年的老朋友，我们的心情无比激动。流经小星桥的河水依旧在静静地流淌，但这里的一切已发生了巨变，不可与往昔同日而语了。

现在小星桥属于杭州市余杭区南苑街道高地社区的一个村落，生产结构已发生根本变化，人们住的是独家独户的别墅屋，出行自己开小车，谁能想到这样的好日子真正来到了，这都是改革开放带来的无限生机。

我衷心祝愿这里的一切明天更美好！

毛泽东为五常公社等浙江省七个关于干部参加劳动的材料写了批语

陈月华

干部参加劳动是党的优良传统，是培养和锻炼干部，使干部取得实践经验，密切联系群众，克服主观主义、官僚主义、命令主义的重要途径。1959年2月12日，中共中央发出《关于坚决贯彻执行“各级干部参加体力劳动的决定”的通知》。《通知》规定：人民公社的干部要用三分之一左右的时间、大队干部要用二分之一的时间、大队以下干部要经常参加体力劳动。接着，中共浙江省委作出决定，要求人民公社的干部要有一半左右的时间参加集体劳动，大队以下的干部基本上应当和社员一样，经常参加劳动。

五常公社干部参加劳动已形成一种社会风尚。遵照中央的指示精神和省委对各级干部参加体力劳动的要求，中共杭州市半山联社委员会发出《关于各级干部参加体力劳动的决定》。《决定》要求公社一般干部，参加劳动时间每人每年不得少于三分之一；管理区一般干部，参加劳动时间每人每年不得少于二分之一；生产队干部，基本上应当和社员一样经常参加劳动。1960年4月21日，钱塘联社党委发出《关于改进领导作风的决定》。《决定》要求公社干部要深入基层，实行“三同、五包”（同吃、同住、同劳动，包思想发动、包生产任务、包技术革命、包社员生活安排、包经营管理）；生产队长、党支部书记必须有三分之二的时间参加劳动；其他经济保管员、小队长、食堂主任、畜牧场长等，必须和社员一样参加劳动。1961年3月，《农业六十条》中规定：“人民公社各级的干部，都必须同社员一起参加劳动。公社一级的干部，应该按照不同的工作情况，分别参加一定天数的劳动，最少的全年不能少于六十天。每个生产大队的干部，一般地都要固定在一个生产队参加劳动，实行定工劳动、定额补贴。每个生产大队和生产队的干部，都要以一个普通社员的身份参加劳动，同社员一样评工记分。”《农业六十条（修正草案）》规定：“为了减轻社员负担，要求在若干年内，公社和大队一般不要从生产队提取公积金和公益金，生产队干部的补贴工分，要控制在生产队工分总数的1%以内”。五常公社党委遵照中央、省委的指示和联社党委的决定，在贯彻《农业六十条》中关于干部参加劳动的问题采取了三条措施：一是组织公社、大队、生产队三级干部和党员认真学习《农业六十条》，提高干部参加劳动的自觉性；二是转变作风，精简会议，为干部参加劳动创造条件；三是建立制度，严格控制误工工票的签发，做到尽可能地减少补贴工分。并要求所有大队干部都要落实到生产队参加劳动，同社员一样出工、评工记分、接受生产质量检查。从而，形成了干部参加劳动的社会风尚。据1962年统计，全公社37名大队支部书记和大队长中，参加集体劳动在250天以上的有16名，200天至250天的有17名，200天以下的有4名；全公社19名大队会计中，有11名参加集体劳动时间超过200天。同时，19个生产大队做到干部误工补贴不超过总工分的2%。1962年五常公社的劳动总工分为1327.24万分，大队和生产队二级干部的误工补贴为21.14万分，误工工分占劳动总工分的 1.59%，除去参加社员开会用去的补贴，二级干部的误工补贴总数 20.70 万分，只占劳动总工分的 1.56%，其中友谊、丘精、南河头、费家桥、金家塘、夹塘等 6 个大队，二级干部误工补贴不到 1%。通过干部参加生产劳动，大队和生产队干部在实践中深深感到有三大好处：干部只有参加生产劳动，才能取得指挥生产的发言权；才能及时发现和解决生产中的具体问题，促进生产的发展；才能进一步密切干部和群众的关系。

毛泽东为五常公社等 7 个材料的批语。1963 年 5 月 9 日，毛泽东为《浙江省 7 个关于干部参加劳动的材料》写了批语，提出阶级斗争、生产斗争和科学实验是建设社会主义强大国家的三项伟大革命运动，是使共产党人免除官僚主义、避免修正主义和教条主义，永远立于不败之地的可靠保证，是使无产阶级能够和广大劳动群众联合起来，实行民主专政的可靠保证。毛泽东批语的 7 个社队是平阳县城西公社、余杭县五常公社、瑞安县隆山公社、宁海县越溪大队、桐庐县俞家大队、金华县汤溪大队、青田县石溪大队。毛泽东的批语发表后，5 月 12 日，《浙江日报》头版头条以《五常公社大队干部劳动成风》为题作了详细报道，介绍了五常公社大队干部参加劳动的情况以及干部参加劳动有三个好：改造思想好、干群关系好和工作做得好。5 月 28 日，《杭州日报》登载了《五常干部坚持劳动好、思想生产双丰收》；6 月 14 日，又报道了《五常大队干部怎样做到劳动好、工作好》。1964 年 4 月 16 日，《浙江日报》发表了《五常公社干部劳动注意“五结合”》的文章，一是干部参加劳动与改造思想相结合；二是参加劳动与做好政治思想工作相结合；三是参加劳动与科学实验相结合；四是参加劳动与解决问题相结合；五是参加劳动与改进公社机关工作相结合。5 月 5 日，《解放日报》发表了题为《浙江五常公社干部劳动得更好》的文章。文章说：“1963 年五常公社 9 个干部，平均每人参加劳动 56 天，其中有 4 人参加劳动 60 天以上。社员称赞说，公社干部有‘四多四少’，即赤脚劳动多，田塍上走来走去少；田头商量多，关起门来开会少；落户在贫下中农家里多，睡在公社机关少；带头做出样子多，指手画脚讲空道理少。”

认真贯彻毛泽东的批语。1963 年 5 月 27 日，余杭县委转发了县委农工部《关于五常公社大队干部参加劳动情况的调查报告》，县委要求各区委、公社党委都要组织干部认真学习《毛泽东的批语》和关于五常公社的调查报告，帮助干部真正懂得干部参加劳动是党的优良传统之一，是党在社会主义建设时期的一项极其重要的决策；真正懂得《农业六十条(修正草案)》对人民公社各级干部参加劳动时间的规定的重大意义，提高参加劳动的自觉性。县委要求公社、大队、生产队干部，除老弱病残外，都要参加体力劳动，并在劳动中与群众交朋友，深入了解群众的思想和生产、生活情况，直接参加和领导生产。干部参加劳动的补贴工分都必须按照《农业六十条(修正草案)》的规定，坚决执行。同时，县委规定，干部参加体力劳动的情况作为考察鉴定干部的一项重要内容。同日，县委书记孔宪连写了题为《把五常之风吹遍余杭》的文章，在阐明干部参加劳动重要性的基础上，提出把“五常之风”吹遍余杭的五点要求，即加强思想教育，提高干部参加劳动的自觉性；县、区、社三级干部要以身作则带头参加劳动；三级机关要精简会议，为干部参加劳动创造条件；要研究解决干部参加劳动的有关政策；全县各级党组织要加强对干部参加劳动的监督。接着，全县各级党组织进一步组织干部学习《毛泽东的批语》，提高干部参加劳动的自觉性。从而，在全县形成了干部参加劳动的社会风尚。

杭县拔荸荠苗事件

陈月华

1954年杭县贯彻浙江省委的指示,在全县开展增产节约运动,争取1954年农业生产全面丰收与大面积增产,对主要的粮食作物水稻提出了产量20170万斤的目标。5月至7月,杭县连续降雨,导致特大洪水灾害,农业生产特别是水稻遭受重大损失,全县32万亩水田受淹成灾。据初步估计,全年的水稻产量只有17083万斤,与全年计划的差距达到3087万斤。而时间已近立秋,水稻种植的季节已过,要想完成全年的计划困难很大。为此,县委开始积极寻找增产办法。7月30日,县农林技术指导站提出增产计划措施,其中提出了种连作早稻的办法,即在早稻收获后再种一季早稻。因为早稻生产期短,现在到霜降还有90天,如果马上播种育秧,还可以有收成。

时年整个长江流域都遭受了水灾的侵害。7月31日,浙江省委召开直属县委书记会议,传达贯彻中央《关于积极采取有效措施力争按计划完成生产》的紧急指示。会上,杭县县委书记张树森提出了种连作稻的想法。会议认为“根据各地经验,如群众同意,行得通可以搞”。会后,杭县县委连夜召开紧急会议,贯彻中央及省委的精神,分析各地情况,继续研究增产办法。当时杭县九个区,上泗、临平、乔司三个区受灾程度较轻,粮食生产基本正常;三墩、瓶窑、留下三个区部分乡受灾较重,粮食生产遭受一定损失;四维、东塘、塘栖三个区受灾严重,对粮食生产影响较大。会议决定在采取继续抗灾救灾,抢收抢种;加强田间管理等常规手段的同时,在三墩、瓶窑、四维、东塘、塘栖5个区4万余亩稻田推广连作早稻.8月1日,县委召开劳模、老农座谈会,征求他们对种连作早稻的意见。有人认为,“季节已迟,没有把握”“;也有人认为可以一试。塘栖区农民反映,曾有农民在早稻收割后,稻根又发出苗来,没有加工施肥,7分田收了4斗大米。讨论结果,同意种植连作早稻。但提出当地农民习惯在早稻收了后种荸荠,种荸荠收入比种稻好,此时已经开始培育荸荠苗,让农民拔除培育的荸荠苗,改种连作早稻,“万一失败,群众要遭受很大损失”,推行起来会遇到阻力。决定采取两个办法,一是通过教育提高农民觉悟,一是在粮食派购、供应等方面采取限制措施,督促农民改种。以教育手段为主。8月1日至2日,召开县委扩大会议,贯彻执行各项增产措施。会上,向三墩、瓶窑、四维、东塘、塘栖等区下达了改种连作早稻硬性指标。并要求各区进行宣传动员,造成运动;家家户户动手;教育与法令相结合;有计划、有任务限制时间完成。并将扩大会议的情况及增产意见(未提拔荸荠苗)报告浙江省委。8月6日,省委办公厅转发了县委的报告,表扬杭县找了增产的关键。又于8月11日在《浙江日报》头版,发表《中共杭县县委动员干部群众以战斗精神贯彻省委指示,超额增产运动已在全县迅速展开》一文,并配发了社论。省农林厅粮食生产处调拨了45万斤稻种支持杭县推广连作早稻。

8月3—5日,各区先后召开区委扩大会议、支部书记、乡干部等一系列会议,贯彻县委的决定,培养典型,宣传“种荸荠对国家、对人民不利,卖荸荠给商人助长了资本主义”;“种连作早稻可以多卖余粮给国家,支援工业化”等思想。会后,即开展组与组、人与人之间的竞赛,动员农民拔除荸荠苗。9个县委委员也分头下乡,指导工作的落实。但部分乡干部对此仍有顾虑,“这种做法是脱离群众,对人民不利”,怕将来两头落空,遭到群众反对,怕作检讨。而群众的顾虑则更大,主要是怕遭受损失,“没有经验,最好先试试”“半年荸荠半年稻,不种荸荠饿肚皮”。在面对干部和群众的抵抗情绪时,对群众进行威胁、恐吓和乱扣政治帽子,提出“种荸荠,吃荸荠,不供应大米”；种荸荠是不爱国，是不服从国家计划。又提出种荸荠“要按种稻谷进行统购统销”“要多派统购任务”。但仍有部分农民思想不通，最后提出了彻底消灭荸荠，并组织了乡、村干部、积极分子进行普遍的田间检查（一般的检查二、三次，最多的检查了六次），有的直接动手拔荸荠苗。这样，从8月6日到9日，仅4天时间，4万亩田的荸荠苗全部被拔光。

由于对种连作早稻实在没有把握，部分农民种了晚稻秧苗，约3万亩左右种了连作早稻。到了9月中旬，天气转冷，连作稻虽已扬花抽穗，终因季节太迟，全部颗粒无收，造成重大损失。经济上，仅种子和肥料就损失21万多元；种荸荠的2万多户农户，如按往年的收成计算，损失估计达106.92万元。部分农民在春节之后，生活已相当困难，有的甚至出卖房屋、家具度日，要求国家扶助救济。

1954年11月26日，浙江省农业厅监察室将“杭县挖掉四万亩荸荠苗改种连作早稻全部损失的主要情况”，函报中央监察部。12月8日，监察部发函浙江省监察委员会，要求对该事件进行认真检查处理。省监委与杭县监察委员会及省农业厅组成联合检查组，分赴杭县的四维、三墩二区四个乡进行调查，历时三十天。1955年3月，浙江省委纪委在杭县县委纪委的配合下，对该事件再次进行调查。4月15日提出检查报告认为，杭县县委“在对待这样一个关系着千万人民生活的重大问题，事先未认真的讨论和研究，草率地作出决定。当这一错误决定遭到了干部和广大群众的抵抗时，又不倾听下面意见修改自己的决定，而仍然坚持继续贯彻。这种既不懂生产又不依靠群众，不走群众路线，而凭着自己愿望办事的主观主义、强迫命令的恶果，是将好事办成坏事、造成在政治上经济上的莫大损失，给党在群众中造成极不良的影响。”群众怀疑党的政策，“共产党的话不可不信，但也不可全信”，给今后贯彻党的政策任务带来了巨大的阻力和困难。

6月，省委作出《关于处理杭县县委强迫农民拔掉荸荠苗改种连作早稻失败的错误的决定》，指出，这是一个严重的错误，严重地损害了党和群众的关系。省委认为，产生这一错误的主要原因，是由于杭县县委对待改变耕作制度这样一个极其复杂的工作，采取了严重的主观主义，而缺乏认真严肃和实事求是的态度；这是实际工作中存在唯心主义思想的一个突出事例，省委对此也负有一定的领导责任。决定给予杭县县委以指责处分，给杭县县委书记以当众警告处分。在8月3日的《浙江日报》上，省委将这一《决定》公开发表，并配发社论《反对改变农业耕作制度中的主观主义的思想作风》，希望引以为戒。同时还刊登了杭县县委《接受去年超额增产运动的教训，克服主观主义、命令主义的错误，改进对农业增产运动的领导》的文章及当时的县委书记的《沉痛的教训——检查和批判我在实际工作中的唯心主义思想》的文章。为了减轻该事件在群众中的影响，同时也对遭受损失群众给予一定的帮助，省委派出负责干部，会同杭县县委到有关地区，向群众作公开检查，对因拔荸荠苗减少收入而生产、生活困难的农民给予必要的救济和扶持。

事后，杭县县委对于所犯的错误也有了深刻的认识。1955年3月20日县委向省委作出了书面检查，认识到错误产生的原因是“由于县委对于在过渡时期对小农经济逐步实行社会主义改造的方针、政策学习不够、认识不深，对于这样的重大问题的决定，缺乏认真的研究和讨论；是由于县委缺乏群众观念，不根据具体情况，不懂得生产知识，不倾听群众意见，漠视群众利益的官僚主义、主观主义、命令主义的作风。而究其根源，主要是骄傲自满情绪。在指导工作上好大喜功，为了争第一，出风头。”并采取了一些补救措施：在全体干部中作了自我检讨，启发干部开展了批评和自我批评。对遭受损失的农民，采取救济、贷款、预付订金、组织生产自救等办法。在1956年召开的中国共产党杭县第一次代表大会上，杭县县委的《关于七年来工作情况与今后任务的报告》中，再次对错误作了检讨，目的是为了“请大家讨论和批评”，“使全党同志统一认识，记取教训”。

大运河养鱼史事点滴

王华根

江南运河，从镇江，经苏州、湖州，到杭州，静静流淌千年，她为广袤的大地孕育出勃勃生机，她为苏杭经济文化铺展了繁华昌盛。20世纪50年代，国营杭县养鱼场，在大运河开发养鱼，留下了许多传奇故事。

一

新中国成立初期，沿海社会秩序尚不稳定，外海渔业作业遭受封锁。根据浙江省委关于“有重点有计划恢复渔业生产”和“发展内陆淡水鱼生产”的指示精神，1956年1月，杭县养鱼场全面勘察大运河，实施分期分段开发大运河养鱼计划。第一期开发从杭州拱宸桥向北至武林头，水面8200亩。同年7月，大运河第二期开发养鱼，从武林头延伸，向东经塘栖到塘南西河港；向北与德清雷甸黄浦漾口交界；向西与东塘观音桥相接；东北向与北塘河花五圣堂交界，水面1.25万亩。1957年，开发的两期水面全线投产。

1959年，大运河养鱼开发继续向南北两端延伸。南端拆除拱宸桥竹箔（有称拦鱼设备、有称鱼簖，也有称竹箔，以下统称竹箔），西至华丰造纸厂、和睦桥，与双桥交界；东至康桥、郎家桥、里盘桥，与上塘河交界；南至大关青龙桥，与蒋村交界；东南至文二街，余杭塘上与古荡交界，直至艮山新开河。北端从塘南西河港，向东延伸至五杭，并与亭趾公社协议，联合在250亩水面的塘泾漾养鱼。至此，杭县境内的运河水域开发养鱼的任务基本完成，开创了大运河养鱼的新局面，改变了“只捕不养，白水荒塘”的历史。

为有利于大运河养鱼的管理、捕捞，在沿运河的各个支流港口都建有竹箔，规模较大的、横跨运河的竹箔，在第一期开发运河段时，分别在拱宸桥、俞（余）泾渡和武林头设置竹箔，称为上、中、下关。第二期、第三期开发后分别在五杭、花五圣堂、黄浦漾口和东塘观音桥构建了竹箔。这些竹箔固定在河面宽阔的主要河道，金黄靓丽，与过往的帆船、机动船驳，相映生辉，构成了一道独特的风景线。

随着大运河养鱼的开发进程，淡水鱼的产量也明显增加。国营杭县养鱼场淡水鱼每年产量，从1952年的134.5吨，增加到1957年的960.4吨。大运河养鱼成了杭州，乃至上海副食品基地的活鱼仓库。当时的杭州食品（水产）供销公司，把大运河生产的鲜鱼，直送杭州、上海，进入市场。有时通过暂时存养，以满足节日消费需求。

以后，随着工农业生产的发展，大运河养鱼的生产环境发生了变化。水上运输变得更加繁忙，驳船载重量越来越大，给养鱼生产管理带来重大压力。运河沿岸两侧水面，农民种植水草（俗称水萝汉头），80%水面被覆盖，水体缺氧，水质恶化，严重威胁鱼类生存。工业生产污水和城市生活污水日益严重，到20世纪60年代，俞（余）泾渡以上水域，常年污黑发臭，鱼类无法生存。1973年,大运河停止养鱼。1975年、1976年曾试图恢复养鱼生产,但终未能如愿。

二

大运河开发养鱼,更重要的是改变了传统的养鱼模式,开创了崭新的养鱼生产局面,不仅给当地淡水鱼养殖带来了深远的影响,也给外地的淡水鱼生产提供了启示和借鉴。

大运河水域宽阔,河道长直;水上运输繁忙,机动客货轮驳昼夜不停,四季不歇;沿河港汊支流不下百处,逢有台风暴雨,河水猛涨,水流湍急……鉴于这些同养鱼生产直接有关的特殊性,必须改变传统的养鱼生产方式,探索出一套新的、适应运河养鱼生产的路子。

首先是解决竹箔和箔门的构建问题。竹箔是防止鱼类外逃的主要设施。没有竹箔拦阻,鱼群可以畅游苏州,直至“京口、瓜州”。而建造竹箔又要使驳船来往通畅,还要避免被水流冲击以至倒塌的危险。最后确定,以“V”字形,多曲折的竹箔构建方式,引领水势顺流而下,避免湍急水流直接冲塌竹箔。选择河水较深航道,在竹箔中间,设置箔门,以钢丝绳盘车牵引,使箔门能上浮下沉,并配专人昼夜值班,船来放门下沉,船过拉门上浮。既保证机动客轮、重大驳船畅通,又防止了鱼群外逃。让这跨越运河千米的竹箔,面对水涨水落、船来船往而稳固立足。

其次是改变传统的放养模式。一是增加鱼种放养量。传统每亩外荡放养鱼种,仔口(每公斤50尾左右的鱼种称为仔口)130尾至140尾;老口(每公斤3尾至4尾的鱼种称为老口)25尾至30尾。在大运河开发养鱼后,鱼种放养量明显增加,以后随着放养的品种增多,放养量越来越大。二是养殖的品种从单一的鲢、鳙鱼,增加青、草、鳊、鲤、鲫等鱼类,甚至到以后放养蟹苗;三是传统放养鱼种,先趸塘、暂养后再放外荡,改变为鱼种直放外荡,促进鱼种早饵食、早恢复、早成长。四是从传统的春放冬捕,改变为春夏多次放养、秋冬多次捕捞。这一系列的改变和创新,为淡水鱼养殖增产开拓了新的途径。

再次是改进传统的捕捞方式,着力改革网具。绍兴传统捕捞以丝网、打网赶荡,乌大网扦捕,适宜于小河水湾,显然已不能适应大运河养鱼作业的需要。为此,主要从以下几方面进行创新和改造:

一是选择较好的网基。选择水面宽阔、环境相对安静,鱼群便于集中的水湾漾面。同时,清除该水域河床中的障碍物,作为冬季大扦网捕捞的网基。

二是改变传统丝网、打网的赶鱼方法,采用拦网式赶鱼。用大扦网横拦运河,用人力和钢丝绳盘车牵拉,沿运河两岸徐徐向前移动,让受干扰的鱼群缓缓汇入网基。

三是改革网具和扦捕方法。①大扦网是捕捞的主要工具,在大扦网上,上加盖网,下设底网。盖网以竹架支撑,可避免网中鱼群受惊吓而跳跃外逃;底网有铅锡沉子,使底网随着大扦网的收缩,紧贴高低不平的河床移动,避免鱼群漏网。②改原来的车厢式袋底为“U”字形畚箕式袋底。“袋底”是大扦网最后鱼群汇集的地方。原用车厢式袋底,鱼群不易汇集,汇集的鱼群易因拥挤而发生窒息死亡。而使用“U”字形畚箕式袋底,随着大扦网收缩,因进口宽大,鱼群易顺利汇集,因袋底宽敞,能避免鱼群拥挤而窒息死亡。③利用钢丝绳盘车牵引拉网。原千米多长的大扦网,要用四、五十人牵拉,寒冬腊月,拉网拉得满身大汗。改用钢丝绳盘车牵引拉网,劳动力减少一半,劳动强度明显减轻,劳动效力明显提高。

从选择网基、改进赶鱼方法,到网具改进,提高了淡水鱼的起水率。记得俞(余)泾渡鸦雀漾,一网起水淡水鱼10万余公斤,从第一天下午开始过称卖鱼,通宵作业,到次日上午才算完成。

三

大运河养鱼，不能忘了那一代养鱼工人。他们奉献的艰辛和智慧，他们表现的勤劳和坚强，无处不闪烁着他们的敬业精神。直到今天，每当乘车跨越大运河时，眼前总会浮现出他们刚毅的身影，耳边总能听到他们豪放的笑声。

大运河的养鱼工人，一人一船一桨，一年四季，在风雨中行舟，在寒暑中作业，检查运河沿岸的江口支流的竹箔。特别是遇有台风暴雨，水涨流急，更要在风雨中搏击，抢修被急流冲垮的箔门，加固被台风摧垮的竹箔。鱼群因水流湍急而更加活跃，更易逆水外游，所以越是暴风骤雨、水流湍急时刻，越要抓紧抢修、加固，保护竹箔、箔门的安全，决不能有分秒懈怠。他们是大运河养鱼的卫士，他们把大运河视作自己辛勤耕耘的田园。

大运河的养鱼工人，在工作中表现出来的艰苦和顽强精神，令人赞叹。长期的水上作业，练就了好水性，真功夫。他们了解各类鱼群生长习性，那里有鳜鱼，何处有鳊鱼，了如指掌。朋友来了，飞舟撒网，赤身下水，你要鳜鱼就抓鳜鱼，你想鳊鱼，就能抓鳊鱼。然后打上一壶绍兴老酒，不出一个小时，就可相对而坐，嗫上一口酒，品尝一筷鲜，不亦乐乎！日常他们一个猛子，睁眼看到水底世界，检查水下竹箔完好状况，发现问题，就在水下直接修复。遇到大网扦捕，发生特殊情况，必需下水作业时，不管漫天飞雪，不顾滴水成冰，都能赤身露体，跃身落水，直入江底，解除隐患。有人说，靠喝白酒御寒；有人说，靠火被取暖。实际上是一种工作责任心，给了他们勇敢和坚强。

大运河的养鱼工人，在创新养鱼模式中，无处不体现了劳动者的智慧。横跨大运河的竹箔，长有千米以上，曲折有致，平整靓丽，看似简单，深究进去，实觉不易。构建竹箔，先要察勘河流曲直，摸清水流去向，了解河水深浅，确定通船箔门位置。然后，设计出竹箔线路走向。根据设计好的线路“打水测”，测出河床高低变化情况。他们用简单的工具，能得出科学的结果。一根竹竿（称水尺），一根棕绳（用以记标志），一块竹爿（记水测档案），沿着设计好的线路，测出准确的结果。根据水测情况编制出竹箔，下端正合河床高低的变化，天衣无缝，上端露出水面一米多的竹箔，高低一致，平整如裁剪。而打水测者，多是大字不识几个的劳动者。

令人惊异的事还要看网基，凭经验能预测网基汇集鱼的多少。他们到时驾一只小篷船，带上一根细竹竿，轻轻停歇在网基中。夜深时静听水中鱼群动响；晨曦中细看水面鱼群泛起的水花；东方发白时，用一根细长竹竿，轻轻探入深水，缓缓移动，揣测游动鱼群碰擦的密度。不出三四天观察，经过综合分析，就能测算出这个网基产量会有多少，十拿九稳，八九不离十。

大运河的养鱼工人，对酒有特殊感情。是工作的特殊性养成他们爱酒，还是爱酒养成了他们对养鱼事业的忠诚，不得而知。他们爱酒成了习惯，如“日出而作，日落而息”那样正常，酒渗进了他们的血液，“酿”成了他们的淳朴而豪爽、智慧而顽强的个性。不讲他们好客的喝酒佚事，不谈他们在家喝酒的喜悦，就讲他们一天之余，吃饭之时，总有阵阵酒香，他们有时独坐独饮，有时二三人对酌慢饮。不计酒菜，几条小鱼干，三块豆腐干，一碗青菜萝卜，都可以下酒，照样喝得甜甜美美。最热闹、最奢侈的喝酒是五六个人或七八个人相聚一起，围着大盆清煮鱼，或咸菜鱼，端起大碗酒，边喝边聊，边聊边笑，没有拘谨的礼节，更无寒暄和客套，酒不分你我，喜欢喝就喝，喝完为止。他们在喝酒中交流感情，在喝酒中随意商谈工作，在喝酒的氛围里，很多问题迎刃而解，很多困难都不在话下。酒的魅力发挥出他们的慷慨与坚强，酒的醇香洋溢着他们的智慧与力量。

大运河开发养鱼20余年，在运河漫长的历史中，仅仅是瞬间的闪烁。而大运河开发养鱼的过程中所发生的人和事，都令人难以忘怀，它在大运河经济文化发展史上留下了深厚的一页。

我家的一张土地房产所有证

陈 杰

我家里有一张祖父留下的土地房产所有证，大小一尺见方，纸面泛黄，但字迹清晰，保存完好。这张土地房产证是余杭解放后首任县长袁浩颁发的，是60年前余杭土地改革的见证。

首先映入眼帘的是上方的“土地房产所有证”七个大字，大字下面从右至左竖排写着土地证的持有人、颁发依据、土地房产的面积、持有人的权利及颁发人县长的印签，然后用表格详细列出土地及房产的坐落、种类、都（区）、图（段）、地号、面积、四至、长宽尺度、附属物、备考等，内容非常翔实。最右边是颁发日期“一九五一年六月”及“余杭县人民政府印”的鲜红印章，还有余杭县人民政府的骑缝章。

从土地房产证的文字中，我们得知当时颁发的依据是《中国人民政治协商会议共同纲领》第二十七条上的规定。《共同纲领》是在1949年9月29日的中国人民政治协商会议第一届全体会议上通过的，起到了临时宪法的作用。它分为总纲、政权机关、军事制度、经济政策、文化教育政策、民族政策、外交政策共7章60条。第二十七条规定“土地改革为发展生产力和国家工业化的必要条件。凡已实行土地改革的地区，必须保护农民已得土地的所有权。凡尚未实行土地改革的地区，必须发动农民群众，建立农民团体，经过清除土匪恶霸、减租减息和分配土地等项步骤，实现耕者有其田。”可见，这张土地房产证是受国家的根本大法（宪法）保护的。

我父亲祖上是在太平天国失败后从浙江嵊县迁来定居的，那时候的“下三府”（杭、嘉、湖）受战争的破坏，地荒人稀，很多“上八府”（宁、绍、台、温、处、金、严、衢）的穷苦百姓都逃荒到钱塘江以北来定居。到了我祖父这一代，几兄弟建起了几间楼房，祖父分得了一间半，就是土地证上写的三间房，因为楼上、楼下两层加起来刚好三间。我小时候住过那房子，楼层很低，楼上就两个小房间而已。还有半间是祖上分家造成的，和堂兄的半间连在一起，基本上作为走道，也派不了什么用场。这房子算是祖上的家产，并不是土改后分来的。至于田产，解放前祖上有一点点薄地，少得可怜，所以后来评的家庭成分是贫农。因此靠这点薄地是无法养活全家的。我的祖父一年到头辛勤劳作，但大多是替人做雇工，因此家人吃不饱饭是常事，有了病也没有钱医治。我父亲的一个姐姐十三岁时就得病死了，还有一个妹妹九岁时也死了。所以那个时候，老百姓最大的愿望就是拥有自己的田地，不再受剥削，能吃饱饭。因此，土地改革是顺应民心的大好事，也是新生的人民政权巩固的基础。

土地房产证上还明确规定，分得的土地、房产“均作为本户全家私有产业，有耕种、居住、典卖、转让、赠与等完全自由，任何人不得侵犯”，这是完全意义上的私人占有，个人拥有所有权和支配权。1956年农业合作化完成后到现在，土地成了集体财产，农民只有使用权，而不再拥有所有权，一直到现在都是如此。

证件的颁发人是县长袁浩。袁浩，山东沂南县人，1949年2月随解放大军南下，任南下第三中队队长。当时这批南下干部历时三个月，徒步三千里，于5月13到达杭州，5月19日接管原国民党余杭县政府，袁浩任余杭解放后的第一任人民政府县长，任期至1954年10月。当时接管余杭的县、区、乡干部大多是山东的南下干部。袁浩后来还担任两年的余杭县委书记，五十年代中期调任嘉善县委书记。

余杭的土地改革是从1950年12月全面展开的，成立了由县委书记任主任的土地改革委员会，土改工作分阶段进行，在余杭广大农村如火如荼开展起来。县委成立了5个土改工作队，下乡访贫问苦，发动群众，民主选举乡村两级土改代表。在农村划分了阶级成分，其中余杭县划了地主1236户，占总户数的3.27%。然后开展没收征收工作，土改中，没收了地主的土地、耕畜、农具和多余的粮食以及在农村的多余房屋，进行了合理分配。据统计，余杭县分到土地的农户共有2.58万户，共分得土地11.19万亩，我祖父一家就属于这两万多户农户之一。最后是复查总结，发放土地证。到1951年8月，土地改革基本完成。这次土地改革消灭了在农村延续几千年的地主阶级土地所有制，真正实现了农民"耕者有其田"的愿望，极大地调动了农民的生产积极性，农村生产力获得了较大发展。

从土地房产证上看，我祖父一家三口分得可耕地4.8亩，非可耕地7亩，可耕地包括田3亩6分，地1亩2分，非可耕地主要是指7亩山地。据《中国共产党余杭历史（1949—1978）》记载，土改前余杭县贫、雇、中农平均每人占地0.99亩，地主人均占地12.38亩。土改以后，祖父一家人均占地3.9亩，虽然常年在地里劳作，但再也不用交租了，生活发生了本质的变化，全家人梦寐以求的愿望实现了，内心对共产党充满了感激。1953年以后，农村实行合作化道路，我父亲都是积极参加，他23岁时就是农业生产合作社的社长，后来成了国家干部。

这张土地房产证，至今已整整六十年，留下了一段难忘的历史，它既见证了一个家庭的变化，也是国家在特定历史时期的重大决策的体现。

源远流长的余杭丝绸

张　迎

余杭素称"丝绸之府"。余杭作为"丝绸之府"那是有来头的。一来余杭的丝绸历史可以追溯到良渚文化时期。钱三漾良渚文化遗址出土了丝带和蚕纹陶器，据此推测，那时先民可能已开始种桑、养蚕、织帛和制造原始的缫丝工具了。二来余杭从种桑养蚕到缫丝再到丝织都声名在外，可以生产绸、缎、锦、纺、绫、纱、绒、绢等多种丝绸产品。唐代时，余杭盛产的绫类已有"天下为冠"的盛誉，成为宫廷贡品。

先说种桑养蚕。秦汉时期，余杭就有种桑养蚕的记载，晋以后逐渐兴盛。从唐至清，历朝都提倡农桑。五代钱武肃王倡导的采藻捻泥种桑办法，一直沿用至今。到明朝初年时，余杭已是一片"桑树蔽野，户户皆蚕"的景象，"公私仰给，维蚕桑是赖"。蚕桑之盛，至民国而不衰。余杭的农民还在长期的实践中积累了丰富的种桑养蚕的经验。宋朝时，已用嫁接法繁殖桑苗，并培育出火桑、四面青、睦州青、余杭青和荷叶白等桑树品种。余杭的蚕种在明朝时就颇负盛名，"各乡买蚕之船，衔尾而至"。从清朝光绪年间到民国，浙江省内主要蚕区嘉兴、吴兴、新登、昌化、桐乡、安吉等地多培育余杭蚕种，有十几个品类。赵第鼎的《辑里湖丝调查记》中还有余杭蚕种销往日本的记载。

早在秦汉时期，余杭境内出现了手工缫丝。历隋、唐、宋、元，缫丝技术和工具不断发展提高。明朝洪武年间，已有两人操作的木制脚踏丝车，一天可缫丝20—30两。南宋时，高宗赵构特谕把余杭的丝绵列为贡品。清代，手工缫丝进入旺盛时期，平原水乡农户家家都置有丝车。塘栖一带，缫丝者最多，成为著名的"湖丝"产地之一。到了晚清，随着国外新式机器缫丝机进入国内，所生产的白厂丝投放市场，手工生产的土丝销售日益艰难。为此，当地缫户曾按照土丝的粗细、色泽等，分类加以复摇整理，制成价廉物美的干经。塘栖丝厂生产的"丹凤"牌土丝，一度盛销。但土丝终因生产技术落后，逐渐被淘汰。清光绪二十一年（1895年）八月，在城镇（今余杭镇）叶涛、方锡炜引进50台机械缫丝车，创办经华缫丝厂，开境内机械缫丝之先声。翌年，南浔庞元济和杭州丁丙合资在塘栖镇创办大纶丝厂，拥有意大利缫丝车208台，为当时浙江省3家机械缫丝厂之一。大批农村妇女走进工厂，成为第一代的缫丝女工。民国10年（1921），大纶丝厂的缫丝车增加到486台，所生产的细厂丝驰名欧美，获利甚多，吸引工商界人士到塘栖办厂。民国16年，庞赞臣集资白银20万两，开办崇裕丝厂，有缫丝车492台。

有了种桑养蚕，有了缫丝业，余杭的丝织业同步在秦汉时发生了。到唐代时，余杭人已能织出绯绫、白编绫、纹绫等名贵丝织品种，被列为贡品。五代时，绢帛生产遍于民间。南宋迁都杭州，大批官绅巨富来到江南，丝织品销路激增，丝织业更臻兴隆。明代，开始出现雇工织绸现象，"贫者自织，有力者雇人织挽"。明成化、弘治年间，塘栖人张毅庵，由几张织机，很快增加到20多张。不少人家都以机杼致富。当时塘栖镇，已出现规模较大的机户和出卖劳动力的手工业工人。一部分农民脱离农家副业生产而走向独立发展的手工业和商业，资本主义萌芽由此产生。清初，塘栖、临平等地机户不断增多，成为全省著名的丝绸生产和集散市镇。光绪二十四年（1898），有一姓沈的余杭镇人，用蚕丝织成一顶帽子，外商重金购买，"传之彼国，诧为奇观"。有清一代，余杭的织绸机从"木机改铁机进而电机，织造原料变由纯丝改为掺用各种纤维交织，花式日繁"，丝绸生产获得长足发展。每当蚕熟茧成之时，机声轧轧，遍及乡野。

民国18年（1929）10月，首届西湖博览会举办。余杭的丝绸产品集体亮相。大纶、华纶丝厂生产的厂丝获得特等奖，崇裕丝厂生产的厂丝获优等奖；余杭土丝获一等奖；恒泰祥生产的绵绸获一等奖。

二、碑文

余杭向多唐宋诸碑，历世久远，存于琳官梵刹者无几，幸其文不湮。

重修南下湖塘碑记①

〔宋〕徐安国

绍熙五年秋八月，霖潦不止，洪发天目诸山，倏忽水高二丈许，冲决塘岸百余所，漂没室屋千五百余家，流尸散入旁邑，多稼化为腐草。

新天子嗣位，视民如伤，遣使旁午。适侍御黄公黼，弭节畿漕，奉承德意，掩骸赈饥。悼湖塘

①选自张思齐清康熙十二年（1673年）纂《余杭县志》卷之一《舆地志》。王庆点校。

之废，重为三州六邑之害，锐意兴复，力请于上，取弃地于马监，发陈粟于丰储，出钱币于漕库，关器用于殿司。揆时庀徒，悉募饥民，羸者以畚，壮者以筑，日役数千人，所活甚众。填筑败岸，帮广旧堤，列木以捍基，编竹以管土，增高既隆于旧，横敞复袤于前。

环视上下两湖，数十里间，如连岗之隐起，坚壁之横亘。邑既籍定，民可耕锄。复以溪塘环绕，一邑补治如初。独闲林塘附湖，当溪水之冲，随筑随隳。乃去其激水之平陆，以实败岸之罅隙，沿旧堤帮筑，其址益厚，绵五十余丈。工以夫计，二十万四千二百二十有四；钱以缗计，二万八千二百九十有二；米以石计，六千六百一十有六。

经始以是年十月，至庆元二年正月讫事。邑令周童董工役，簿吕大勋主钱谷，丞郑昌时、徐寿卿，尉胡辅之佐其事，漕属李耆明、叶时兼护之，始终尽瘁焉。

惠泽祠碑记[①]

〔明〕邹　干

余杭县南有巨湖，湖之堤东南隅，地势高爽，昔宋人建屋于上，以奉祀县令杨文靖公，号曰“龟山书院”。历世既久，遗构悉毁，故址为居民所有，种植桑麻，或为蔬圃，过者太息。后予致政还家，闻其地故人方彦璋，得之其子景高太学生，省墓归家，一日，因与之纵步长堤之上，俯仰昔人捍患之功，兴叹久之。稍东行，至书院旧址，景高曰：“此地数易其主矣，后为先人购得，亦尝有意前贤以俟兴复之者，不幸其志未伸而殁。今先生致大政归，正其时也，请以遗址奉之，愿振起颓风，一新旧迹，俾前人善政，光照不泯，德莫大焉！”

予有志于斯久矣，今又嘉景高尚贤如是，乌可辞哉！考之《郡志》，由汉及唐至宋，余杭令有功于当时后世，其陈、归、杨三人欤！汉熹平间，陈公浑筑南湖三十余里，即湖之西北，凿石门通大溪，泄水势，徙城置堰，有功于民独多。后唐长兴三年，封灵卫王，邑人立祠祀之。唐宝历中，归公珧因陈公故绩，修上下湖，又开北湖，溉田千余顷，筑甬道百余里，以免西北行李之患。耆旧相传，云昔洪水冲决堤岸，功用弗成。公与神誓：“民遭此水溺，不能拯救，是某不职也。神矜于民，亦何忍视其灾！”堤由是筑就，至今人名之曰“归长官塘”。宋崇宁间，杨公时专务以德化民，而于水利尤尽厥心。当蔡京贵盛，其母前葬余杭，因术者言欲浚南湖潴水为胜，托言便民。事下，询诸父老不可，时极言以阻之。

嗟夫！三贤之生，虽有先后远近之不同，然为政泽民，有功于水利，则同一心也，苕之民至今赖之。后杨文靖公以道学，从祀先圣庙庭及越之萧山县，亭有春秋祭祀，可云盛矣。惟陈、归二公与文靖公，本县祠庙久毁，祀事有缺，揆之于义，窃有未安。今也合三贤于一祠而奉之，则情文俱举，人心允矣。

于是，协市材命工，复得隙地二寻以增广之，而乡之士大夫君子，亦相与助之，冀成其美。遂作新祠宇三楹，制度简朴，不雕不饰，轩居门屋，次第完毕。甃以砖石，缭以垣墉，前临大湖，波光潋滟，而汀鹭渚禽，飞鸣上下。其西南一带，诸山森列环拱，朝晖暮霭，清胜莫加焉。诚栖神佳所，抑一邑之伟观也。由是塑各贤之像，设以神主。其名号并从生前职任与殁后追谥之称，位次之

①邹干，明余杭人。该文选自张思齐清康熙十二年(1673年)纂《余杭县志》卷之七《艺文志》，曹中孚、徐吉军点校。

列，亦依时之先后。祠宇总名之曰“惠泽”，以昭其布功于民也。广东布政使盱江左公赞篆书，以揭于楣。庶使邑之官民，有所瞻仰。岁时崇奉，修其祀事。神必昭格于冥冥之中，敷佑邑人，灾沴不作，年谷顺成，而裨益之功有莫测焉。

呜呼！事之兴废有数，而振作之则在乎人。凡在官守及与我同志者，徘徊其侧，顾瞻景仰，时加葺而新之，将来栋宇宏壮，神道肃清，后之人睹兹庙貌之庄严，山川之郁秀，宁不惕然有感于中，而思继恐衍。盛于永久欤？

祠经始于成化二十二年十一月，成于明年十月。予老矣，不能文，遂直叙其事之大略，刻石置于祠右，以示后日云。

化湾闸碑[1]

〔明〕黄汝亨

聂侯治钱塘之五年，士服教，民戴德，吏不敢为奸。下令流水沃焦润槁，所兴除不可胜纪。惟是苕溪居邑之西偏通霅溪、太湖注于海，沿袤百五十里，为闸有五，曰化湾闸者，北注径山，南注天目，承双流之要冲焉。水溢则合，旱魃则开，以堤以泄，讵惟钱邑是赖。盖三郡邑利病所关系重矣。创始于宋淳熙六年，重建自洪武，而永乐间数横决，闸圮至淹没郡国，人民流散。天子乃敕大司农夏公原吉，暨大纳言赵公岳，会同三司诣勘修筑，三年乃竣。迨正统十年，复以冲圮，民害尤烈。邑令叶公宗行申请事闻，上敕少司空周公经再勘。议动支广丰仓米三千七百石有奇，抽分厂木三千余株，筑治如故。详碣中，至今利赖之。盖百六十二年无患矣。

万历戊申夏四月，天乃降割，淫雨为灾，浃四旬不休。五月，塘崩闸复圮。苕水悬注如倾，三峡大浸稽天，桑田为海，下民其鱼，屋庐荡析，莳种无具，啼号离散，遍于四野。侯蒿目计拯，而里诸生徐生懋升，率父老徐梦麟、陈埙辈，伏侯庭具陈利害状。侯蹙额曰：“赤子在溺，父母之谓何？且一劳永逸，策之善也。前事后师，政之径也。民将亡命，吾何爱顶踵。”于是单车出出郭门，拿小艇，行赤曝下，涉巨浸。凡旬日数临患所，与父老议，谓：“闸不备，塘胡以御冲　冲则易溃，何以施筑？”

于是得衍义黄河筑堤法：用六尺竹篰千余，实之以石，下柱水为两股，中填土而垒之，高若干。发公帑可百金，庚粟百石。父老辈奋身董其事，不期月备塘成，举伏地欢呼曰：“是沟壑也而登之场圃，父母哉！虽然亡塘患水，亡闸亡以输水，则患旱焦烂之祸，与沦胥等，闸何可已。”侯乃复与父老辈议，闸工必千余金，乃瞻顾灾民不堪再浚，而赋无出帑藏且告匮。侯慨然曰：“不闻医家以血补血法乎？小损大益，先瘠而后肥。”于是量乡都之邻闸者凡八十里，亩派五厘，凡若干亩，可得九百金。民输恐后。又力请诸上官动支常平仓粟五百石，凡材木伐石，缮公取给焉。不足则捐俸，多方济之。

又躬为劳来将作，负畚者靡倦。为亘而高者四丈，培而厚者五丈，阔而疏其兑若口者九尺。甫一载余而闸成矣！父老子弟又举伏地欢呼曰：“是役也，水无虞浸，旱无虞焦，以堤以泄，可桑可田，非侯畴其乂焉。”于是徐生懋升率邑父老徐梦麟、陈埙纪其事，而属余辞。余览而叹曰：惠

---

[1]黄汝亨（1558—1626），字贞甫，明仁和（今杭州）人。官至礼部郎中。著有《寓林集》《廉吏传》《古奏议》。该文选自万历《钱塘县志，纪文》。《杭县志稿》卷二十一《艺文》亦载，题作《重修苕溪化湾闸记》。王庆点校。

哉懋哉，世世永赖哉侯也，而功视往者则倍，何者？往天子痌瘝下民，至勤以大司农、司空诸重臣，履亩兴筑，而侯只身肩之。往往费罄，司庚粟几四千，榷木三千，而侯半之。往阅三载乃底绩，所勘议者再，而侯捷之。侯利侔于百年。而三善溢于前人，其忧殷，其才敏达，其夙昔人人深矣！列郡邑所被润泽丰美甚博，侯其为众父父矣！夫善无近名，侯也；有孚惠德，以规百世，民也。碑曷能已。若夫请折停征，岁两行赈，活饥民，瘗死入骨，四境复业，比于丰穰。种种德政，详他纪中，又奚缀焉。为闸也碑，用告来者，侯名心汤，字纯中，别号铭源，豫章之新淦人。登甲辰进士。其辞曰：

苕水之湾，冲以双流。动决静啬，水旱为忧。以塘以闸，天惠我侯。身先子来，沟墍田畴。昔在列祖，拯溺救然。劳苦重臣，动经岁年。生民其亿，费亦溢千。事半功倍，侯若易焉。惟天降割，惟帝迪哲。百年同功，二贤合辙。昔也有叶，今也有聂。郑渠邵埭，千载争烈，泽国名山，永不湮灭。

蠲免浙江钱粮碑文（塘栖乾隆御碑文）①

〔清〕爱新觉罗·弘历

钦奉上谕：朕巡幸江浙，同俗省方，广沛恩膏，聿昭庆典。更念东南贡赋，甲于他省，其历年积欠钱粮，虽屡准地方大吏所请，分别缓带，以纾民力。而每年新旧并征，小民终未免拮据。朕宵旰勤劳，如伤在抱。兹当翠华亲莅，倍深轸切，用普均沾之泽，以慰望幸之忱。著将乾隆元年至乾隆十三年，江苏积欠地丁二百二十八万余两、安徽积欠地丁三十万五千余两悉行蠲免，俾吏无挂误，民鲜追呼，共享升平之福。

夫任土作贡，岁有常经，自应年清年款。江苏积欠乃至二百二十余万之多，催科不力，有司实不能辞其咎；而疲顽成习，岂民间风俗之浇漓，尚有未尽革欤？朕以初次南巡，故特加恩格外。嗣后该地方官务宜谆切劝谕，加意整顿。其在小民，亦当湔除旧习，勉效输将，勿谓旷典可希冀邀，而维正之供任其逋负也？

其浙江一省，虽额赋略少于江苏，而积年以来，并无积欠，岂犬牙交错之地，不齐乃至是欤！此具见浙省官民敬事急公之义，而江苏官民所宜怀惭而效法者也！朕甚嘉焉。着将本年应征地丁钱粮，蠲免三十万两，以示鼓励。各该督抚，其仰体朕惠爱黎元之意，严饬所属，实力奉行，使闾阎咸沾实惠，倘有不肖官吏，以还作欠，希图侵蚀，察出即行纠参，从重治罪。并将此通行晓谕造之，钦此。

乾隆十六年正月初二日

①碑在塘栖镇水北街。标题为编者所加。

三、诗词

临平坞杂题(录二)

〔唐〕顾　况

芙蓉榭

风摆莲衣干，月背鸟巢寒。
文鱼翻乱叶，翠羽上危栏。

临平湖

采藕平湖上，藕泥封藕节。
船影入何杳，莫将莲柄折。

(清沈谦《临平记》卷之四)

却到浙西

出杭州界入苏州，八年浙西郡灾旱，百姓饥殍道路相望，米价翔贵。是岁浙东大稔，因请粜五万斛贱估，以救浙西居人。诏下蒙允。是岁王璿伏诛，蒙圣恩加察奸邪。罔初入浙西苏州界，吴人恤灾之惠，犹惧旌幡，留戒于迥野之处，不及城郭之所，则相率泣拜于舟楫前。是岁卢周仁为苏州刺史。

〔唐〕李　绅

临平水竭蒹葭死，里社萧条旅馆秋。
尝叹晋郊无乞籴，岂望吴俗共分忧。
野悲扬目称嗟食，林极翳桑顾所求。
苛政尚存犹惕息，老人偷拜拥前舟。

(清张大昌《临平记补遗》卷四)

过临平湖

〔唐〕张　祜

三月平湖草欲齐，绿杨分影入长堤。
四家起处乌犹吠，酒客醒时谢豹啼。
山槛正当莲叶渚，水塍新筑稻秧畦。
人间漫说多歧路，咫尺神仙路欲迷。

(唐张祜《张承吉文集》卷六)

过临平

〔宋〕释道潜

风蒲猎猎弄轻柔，欲立蜻蜓不自由。
五月临平山下路，藕花无数满汀洲。

(宋释道潜《参寥子诗集》卷一)

苕 溪

〔宋〕朱继芳

维舟古祠下，野饭就鱼羹。
坐听篙人说，行逢纤路平。
居民难问姓，溪鸭自呼名。
天目无由到，沿洄更几程。

（宋朱继芳《静佳乙稿》）

过临平莲荡(四首)

〔宋〕杨万里

一

莲荡层层镜样方，春来嫩绿斩新黄。
角头一一张芦箔，不遣鱼虾过别塘。

二

莲荡中央劣露沙，上头更著野人家。
篱边随处插垂柳，檐下小船萦钓车。

三

朝来采藕夕来鱼，水种荷花岸种芦。
寒浪落时分作荡，新流涨处合成湖。

四

人家星散水中央，十里芹羹菰饭香。
想得熏风端午后，荷花世界柳丝乡。

（杨万里《诚斋集》卷二十九）

径山茶汤会首求颂二首

〔宋〕咸 杰

其一

径山大施门开，长者悭贪俱破。
烹煎凤髓龙团，供养千个万个。
若作佛法商量，知我一床领过。

其二

有智大丈夫，发心贵真实。
心真万法空，处处无踪迹。
所谓大空王，显不思议力。
况复念世间，来者正疲极。
一茶一汤功德香，普令信者从兹入。

（咸杰《密庵杰禅师语录》）

临平道中

〔宋〕范成大

烟雨桃花夹岸栽，低低浑欲傍船来。
石湖有此红千叶，前日春寒总未开。

岁饥郡行岩恤过余杭呈辛县尹

〔宋〕胡仲弓

山城百货集，富庶如丰年。
市有醉人卧，野无饿莩眠。
天目会深秀，余不流清妍。
山花堕酒琖，水鸟上渔船。
禄薄吏如隐，心闲令欲由。
人言风土美，我羡长官贤。
何须论赤望，此地称华颠。

（胡仲弓《苇航漫游稿》卷一）

九锁山

〔宋〕张景修

九锁山中多隐仙，洞门终古掩云烟。
茶生东坞偏迎日，松老西岩不记年。
翠箬久藏千岁药，碧池深纳半山泉。
苍崖纵使秦驱得，未信能移一柱天。

苕　溪

〔元〕戴表元

六月苕溪路，人言似若邪。
渔罾挂棕树，酒舫出荷花。
碧水千塍共，青山一道斜。
人间无限事，不厌是桑麻。

（戴表元《剡源集》卷二十九）

余杭四月

〔元〕白　珽

四月余杭道，一晴生意繁。
朱樱青豆酒，绿草白鹅村。
水满船头滑，风轻袖影翻。
几家蚕事动，寂寂昼门关。

（白珽《湛渊集》）

过临平(二首)

〔元〕方 回

临平山下泛归船，何必荷花五月天。
记取五更霜显白，桂芳桥买小鱼鲜。

行在名存一梦醒，西湖路近亦长亭。
陈桥驿与临平镇，兴废何人了汗青。

（方回《桐江续集》卷二十六）

陪逯西皋入桐扣山家分租

〔明〕张 辂

桐扣湾头暂泊船，闻陪杖履过前川。
好山深似愚公谷，古井犹存孝子泉。
半绿半红霜后叶，轻云轻雨日斜天。
田家苦受官租急，县吏推门夜不眠。

（张大昌《临平记补遗》卷四）

农家晚岁

〔明〕田艺蘅

丰年最乐是农家，十斛多收酒易赊。
输吏只堪供鼠雀，留宾犹可办鱼虾。
织田时有群仙过，负郭宁容上相加。
却笑少陵悬罄宝，卖文安得寄生涯。

苕 溪

〔明〕王心一

细雨苕溪曲，微风渡小航。
有园多种竹，无屋不围桑。
语觉吴侬近，流分震泽长。
乌巾春店近，白酒熟盈觞。

寄径山茶

〔明〕平 显

凌霄峰头生紫烟，不独能悟老僧禅。
清兴未减陆鸿渐，枯肠可搜卢玉川。
胚胎元气松风里，采掇灵芽谷雨前。
寄远幸凭金马使，封题求试碧鸡泉。

（平显《松雨轩集》卷七）

五杭道中

〔明〕戴　澳

平野雨初歇，湿云浮树巅。
人家新涨抱，村路小桥连。
桑秃蚕销假，菰香妇饷田。
惭余闲十亩，舟背夕阳牵。

（戴澳《杜曲集》卷十一）

临　平

〔明〕谈　迁

宿云栖岭上，往往有松苓。
叠嶂樵初到，空香梵乍听。
鱼苗太湖白，桑种睦州青。
欲问前朝事，轻舸此暂停。

（谈迁《枣林集》）

城楼远眺

〔清〕张吉安

洞天兼福地，名胜古余杭。
灵迹空山築，神功溯禹航。
高楼雄眺览，远景晰微茫。
潴水南湖阔，四峰北郭长。
寺留双径旧，关峙独松强。
六镇云连屋，三苕柳荫塘。
有山皆种竹，无地不栽桑。
问俗犹郭厚，祈年屡降康。
几番经旱潦，何术报循良

入余杭山中

〔清〕张应昌

溪流环绕禹航区，旱岁丰秋足稻稌。
夜夜纺车忙绩妇，家家砻磨乐田夫。
初开茗芷蓝田玉，误认梅英野岸芦。
茆屋数间余烬后，但能饱暖即欢娱。

（张应昌《彝寿轩诗抄》卷十二）

唐栖雨中

〔清〕吴锡麒

不因风雨减秋光，特送诗情到客航。
云气界开山远近，人家画人树丹黄。
隔桥听唱菱歌熟，比户催输桔税忙。
栖乘一编遗墨在，他时切莫寓公忘。

烘　豆

〔清〕韩应潮

莫笑冬烘老圃侍，豆棚骚属话深秋。
匀园剥出纤纤手，新嫩淘来瑟瑟流。
活火焙干青玉脆，盈瓶赠到绿珠投。
堆盘正好消寒夜，细嚼诗情一种幽。

径山采茶歌

〔清〕金　虞

天子未尝阳羡茶，百卉不敢先开花。
不如双径回春绝，天然味色留烟霞。
石泉松籁春无那，惊雷夜展灵芽破。
峰回寺掩路鸦叉，恰喜茶歌相应和。
半阴半晴谷雨时，一旗一枪无几株。
氤氲香浅露光涩，颇觉深山春到恳。
紫英落脚空名重，白绢斜封充锡贡。
拼向幽岩结翠丛，年年小摘携筠笼。

（清嘉庆《余杭县志》卷三十八）

乔司布

〔清〕黄　模

织贝花样多，我乡以地称。
觔棉四日纺，一机日千升。
春风抱布来，满城寒不凝。
中妇当窗叹，空梭赏曲绫。

（朱点《东郊土物诗》）

丁山湖

〔清〕周天度

划船双桨似蜻蜓，曲渚回汀互渺冥。

别有好山遮一角，树阴浓罩枇杷青。

（清光绪《唐栖志》卷十八）

姜

〔清〕张艮诧

野蔬诗十二，子姜居其一。

小林苏家圩，列指新芽出。

擘来贡上方，结队蜜与橘。

（朱点《东郊土物诗》）

缫丝厂

〔清〕凌明德

莫说夷奴制器良，抽丝也欲赖红装。

灵心会处机全活，纤手捞来水亦香。

巾帼多才回利薮，经纶大业操闺房。

风光最好斜阳候，燕语莺声唤渡航。

（凌明德《偶然吟稿初集》）

过临平

民国6年9月23日　郁达夫

清溪波动菱花乱，黄叶疏林鸟梦轻。

又是一年秋风味，稻香风里过临平。

（郁达夫《郁达夫诗全编》，浙江文艺出版社1991年版）

第二节　论　文

余杭农业发展概况（1949年—1978年）

金　玮

余杭地处浙江省北部的杭嘉湖平原，其自然环境、地理条件和区域位置都比较优越，再加上土壤肥沃，物产丰富，市场活跃，农业生产和农村经济历来较为发达。早在距今四五千年前的新石器时代，余杭的先民们就在这块土地上繁衍生息，开始了农业生产活动，并成为中华文明曙光——良渚文化的重要发祥地。因此，余杭素来享有“鱼米之乡、丝绸之府、花果之地、文物之邦”的美誉。中华人民共和国成立以后，余杭人民在中国共产党的领导下，进行了社会主义革命和建设，进一步解放了农业生产力，促进了农村经济的快速发展。虽然其发展的进程不是一帆风顺的，也经历了不少艰难和曲折。既有成就，又有波折；既有经验，又有教训。但是经过近三十年的努力,余杭农业走出了一条自己的路子,为党的十一届三中全会后的农村改革和发展做好了必要的准备。

一、恢复与发展时期(1949—1957 年)

1949 年 5 月 2 日、3 日余杭县和杭县(简称两县)相继解放,两县的历史翻开了崭新的一页。随着接管旧政权建立新的人民民主新政权的顺利完成,迅速恢复和发展已近崩溃的国民经济成了两县的当务之急。

(一)解放初期农业生产的恢复

当时,两县主要的经济命脉是农业,因为农业经济在那个时期的国民经济中占有绝对优势,只有农业生产搞上去了,搞好了,才能带动整个国民经济的健康、稳步、快速发展。1、建立机构。为了加强对农业生产的领导和管理,两县的人民政府成立后,都建立了新的农业领导管理机构——实业科,负责分管两县的农业、水利、林业、交通和建设等事宜。并接管了一些农业推广所、农林场,设立了蚕业指导所等机构。2、减租减息。1949 年 9 月 10 日—20 日,中国共产党浙江省第一次代表会议召开。会议确定了今后一年全党的中心工作,提出了在农村完成剿匪、反霸、减租、征粮、生产、组织群众的六大任务。9 月 25 日,浙江省人民政府根据《华东新区农村减租暂行条例(草案)》,发布了《关于执行华东新区农村减租暂行条例补充办法》。为了深入贯彻落实中共浙江省第一次代表会议的决议,全面部署和开展“六大任务”。两县县委分别于当年的 10 月、11 月召开了首次农民代表、各界人民代表等会议,并形成了进一步推动彻底清剿土匪、开展反霸斗争、进行减租减息和发展城乡生产的多个决议。而且两县还专门召开会议研究减租减息工作,决定通过广泛宣传《华东新区农村减租暂行条例(草案)》和浙江省政府的《关于执行华东新区农村减租暂行条例补充办法》等,采取走群众路线的方式,充分依靠贫雇农,巩固团结中农,全面开展减租群众运动。从 1949 年 10 月至翌年 2 月,杭县实行减租的土地达 168973 亩,余杭县达 77649 亩,当年每亩平均减租 25%左右。减租运动使农民生活和生产积极性有了一定程度的改善和提高,也给下一步农业生产和农村经济的恢复和发展提供了保证。同时,从政治上打击了封建地主阶级的优势,建立了农民阶级的优势,还进一步扩大了农会组织,到 1951 年 3 月,两县共有农会会员 38.8 万人。3、生产度荒。两县刚解放时,正值春耕、养蚕、采茶的农忙时节,并且自 6 月底开始,淫雨半个多月,两县 41 个乡水灾严重,为了做好救灾工作,两县县委和政府根据浙江省委、省军管委的号召,拨钱、拨粮、修堤塘,积极开展了生产救灾。当时的杭县还贷放化肥 37.5 万公斤,帮助灾民恢复生产。两县还设立了土产运销机构,购销土产,运回粮食与日用品,以利救灾需要。省军管会在此期间也先后组织了蚕丝、棉麻等工作队到两县,开展发放贷款、贷肥,推广水稻良种和下乡收购蚕茧、茶叶,以解决农民销售难的问题,并派出了除虫队,在塘栖指导和发动农民用农药来控制枇杷虫害,帮助恢复生产。1950 年 1 月 22 日,浙江省委召开扩大会议,着重讨论了生产度荒问题。强调把生产度荒作为群众性运动,领导群众生产自救,想各种办法做到粮食自给。2 月上旬,两县县委均召开了干部大会,传达贯彻浙江省委关于生产度荒的指示,决定成立县、区乡村各级生产委员会,2 月—4 月压倒一切的中心任务是生产度荒,通过发动群众互助互济,生产自救,政府拨粮拨款,帮助群众度过严重春荒。2 月 9 日—11 日和 3 月 16 日—19 日,两县县委分别召开了第二次农民代表会议,会议决定迅速开展生产度荒的群众运动,成立了县农民协会。当时的杭县还讨论通过了《杭县 1950 年生产计划提纲(草案)》。各区、乡村也采取各种形式将生产度荒的精神向广大群众进行了贯彻,并因地制宜地制订了生产度荒计划和具体办法。同时,按照4月4日浙江省政府发出的通令,建立了县、区、乡政府的灾情必报制度。据当时余杭县截至4月26日的统计,共开荒种植早熟作物4221亩,群众互助互济粮食1.3万公斤,村农会帮助解决粮食15.06万公斤,政府贷款蚕种2510张,贷款稻种2.36万公斤,发放救济原粮3.83万公斤,米2000公斤。杭县还组织工商界向农村贷肥。刚成立不久的供销合作社也深入农村,积极收购推销农产品,供应生产和生活资料。从而,解决了农民缺种、缺粮的困难,做到了浙江省政府提出的"不荒一亩田地"和"不饿死一个人"的要求。1950年,由于两县县委和政府的正确领导和大力扶持,加上开展了群众性的治水、治虫、积肥运动,农业生产也恢复较快。当时引进的晚粳稻良种"10509"和选育的早籼"矮脚团头——双谷种"等在整个20世纪50年代成为了早稻和晚稻的当家主栽品种。同时,针对稻螟虫、稻苞虫等危害严重的情况,两县县委的领导组织或亲自带领农民群众、干部、教师和学生下田治虫。杭县肇和乡被浙江省政府命名为"治虫先锋"。《浙江日报》在1950年5月26日还发表了《向杭县肇和乡学习》的社论。1950年粮食面积达80.27万亩,粮食总产量达104615吨,分别比1949年增长11.98%、75.75%;每亩粮地的平均年产量达205公斤,比1949年增长35.26%。棉花种植面积2.44万亩,总产量315吨,分别比1949年增长7.49%、125%。络麻种植面积5.43万亩,总产量10225吨,分别比1949年增长39.5%、94.39%。蚕茧和茶叶总产量分别为1385吨、375吨,比1949年增长69.94%、14.67%。两县解放后第一年在农业生产上获得的大丰收,不仅给人民群众的生活带来了好处,也给整个国民经济的恢复带来了生机和活力。

(二)农村土地改革运动的过程

为了彻底推翻统治了中国2000多年的封建土地制度,以解放农村生产力,实现耕者有其田的农民土地所有制,加速农业生产的恢复与发展,1950年6月30日,中央人民政府政务院颁布了《中华人民共和国土地改革法》。随后,华东军政委员会也颁布了《华东新区土地改革条例》。同年7月,浙江省委确定杭县义桥为土地改革基点乡,并下派工作队驻乡开展各阶层土地占有、租用等基本情况的调查,研究新区实行土地改革的方案。8月1日,华东军政委、浙江省委召开了全省第一届各界人民代表会议,会议通过了《为有秩序有步骤地完成全省土地改革而奋斗》的报告,纠正了有关土地改革的错误观点,确定了各项工作任务和要求。1、小心慎重,创造典型阶段。8月中旬,浙江省委在义桥乡进行土地改革试点工作,杭县县委在山桥乡开展土地改革试点。同时,临安地委和余杭县委分别在文闲乡、杨桥乡开展了土地改革试点。至9月下旬,试点工作基本结束。通过试点工作,取得了新区土地改革的经验,明确了完成一个乡的土地改革工作步骤和关键所在。2、典型突破,局部展开阶段。两县县委在总结土地改革试点经验的基础上,在9月和10月初,分别召开干部大会和举办土地改革培训班。组织干部整风学习,统一思想认识,克服不良的工作作风。同时,学习土地改革有关文件和试点经验,进行政策和纪律教育。两县共组织了有农民积极分子参加的12个土地改革工作队,分赴各乡,有组织、有领导地分期分批开展土地改革。9月,杭县三墩区和四维区所辖各乡全面展开,以取得点面结合的经验。杭县其他7个区和余杭县5个区仍进行土地改革试点乡工作。3、点面结合,全面展开阶段。10月,在各区大力进行土地改革试点的同时,放手发动群众,加大了面上广泛宣传土地改革意义和政策的力度。至10月底,杭县已有28个乡完成了土地改革,各区试点乡的工作也全部结束。12月,两县的土地改革运动全面展开。在这场运动中,由于两县县委正确把握土地改革的政策原则,土地改革的进行较为顺利。到1951年5月,两县的土地改革工作基本告一段落，约有26万多无地少地的农民无偿获得了31万余亩土地和大批生产资料。8月，两县普遍颁发了土地证，这场轰轰烈烈的农村土地改革群众运动终于圆满结束。土地改革不仅使广大农民从政治上、经济上翻了身，也使他们在思想上、文化上有了根本的转变，并表现出了极大的劳动热情，调动了广大农民的生产积极性，成为了推动农业生产迅速恢复和发展的一大动力。1952年，农业总产值(按1980年不变价计算，下同)达11307万元，比1949年增长82.3%，主要农产品的总产量均超过了1949年的水平。

(三)农业合作化运动的开展

1951年夏季结束的土地改革运动，使两县的农民真正实现了多年以来耕者有其田的愿望。然而，土地改革后的农村，占绝对优势的依然是落后的、分散的小农经济。再加上劳动力、生产资料上的不平衡，在生产经营中因此常常会遇到意想不到的困难，特别是遇到天灾人祸就更加突出了，在一些地方也就不可避免地出现两极分化现象，没有从根本上使广大农民摆脱贫困。所以，必须引导农民走组织起来、共同富裕的道路，对小农经济进行社会主义改造，建立社会主义农业合作经济。1、组建农业生产互助组。1951年9月，在全国第一次互助合作会议上，中共中央制定了《关于农业生产互助合作社的决议(草案)》，并于同年12月下发到各地试行。决议要求："按照自愿和互利的原则，发展农民互助合作的积极性"。两县县委根据中央的决议精神，进行了全面的贯彻落实。要求区乡根据生产发展需要与可能的条件，按照"稳步前进"的方针和自愿互利的原则，发展互助合作运动，引导农民走集体化道路。12月22日，杭县县委举办了互助组长训练班，进行土地改革后农村发展方向和"自愿结合，等价交换，民主管理"三大原则的教育。至年底，杭县农村拥有临时互助组400多个，试办常年互助组20个。到1952年底，杭县有常年互助组793个，临时互助组4737个，组织起来的农户占总农户的64.9%；余杭县有常年互助组505个，临时互助组1462个，组织起来的农户占总农户的60.2%。互助合作运动在两县开展的很顺利。这些互助组的建立，初步解决了单家独户所不能解决的一些困难，并能依靠集体的力量来抵御自然灾害。2、建立农业生产合作社。1952年4月，两县成立了县委农业互助合作社，对互助合作运动的具体指导进一步加强了。5月，浙江省政府发出了《关于试办农业生产合作社的指示》。要求有计划、有领导地普遍发展临时性、季节性的互助组，有基础的地区以推广、提高、巩固常年互助组为重点，同时由各级党委亲自领导和掌握，采取自上而下，有计划、有步骤地逐级试办一批农业生产合作社(简称初级社)。两县县委在大力发展互助组的前提下，也开始试办初级社。6月，杭县县委派出驻社干部，到双林乡江洪元常年互助组，实行"自愿入社，土地入股；收益按土地、劳力比例分红；评工记分，按劳取酬"的政策，帮助他们转办初级社。当时，第一批试办初级社的共有5个互助组，因为没有可供借鉴的经验，在试办初级社时只能靠在实践中边做边摸索。结果到秋收时，只有江洪元初级社成功了。至1952年底，杭县建立了初级社只有5个，而余杭县的首个初级社新桥乡朱阿毛初级社直到翌年2月才建立。1953年，随着三年国民经济的恢复，我国开始了实行第一个五年计划。而根据中共中央制定的党在过渡时期总路线的精神，对农业的社会主义改造步伐加快了。同年2月15日、12月16日，中共中央先后通过了《关于农业生产互助合作的决议》和《关于发展农业生产合作社的决议》，对进行农业社会主义改造的方针、政策和措施等作了较为系统的阐述。当时的两县分别召开干部大会，着重传达贯彻了党在过渡时期的总路线，广泛深入地开展了总路线、总任务的宣传教育。1953年12月，两县县委通过贯彻执行中共中央关于农业合作社的两个决议，在总结了前阶段办社经验的同时,把注意力和工作重点由发展互助组转到了兴建初级社上来了。初级社开始从试办进入了发展期。1954 年,杭县又新发展初级社 35 个,余杭县新发展初级社 7 个。由于初级社在生产和抗灾中比互助组更具有优势,使想加入初级社的农户直线上升。1954 年 7 月,两县县委相继召开各类会议,研究部署以互助合作为中心的农业增产运动,为迎接秋后合作社的大发展做好准备。当时的杭县有 1265 个互助组要求办社,还出现 135 个未经批准的"自发社"。为了既满足农民办社要求,又坚持办社条件,县委一班人分别深入到 15 个初级社总结办社经验。同时,还分 3 期培训了骨干 1533 人,有计划地发展了一批初级社。到翌年春,杭县初级社已发展到 928 个、3.22 万户,占总农户数的 37.2%;余杭县在 12 月,也分 5 期培训了骨干 1653 人。到翌年春,初级社已发展到 601 个、1.34 万户,占总农户数 41%。1955 年 4 月,两县县委贯彻执行浙江省委关于"全力巩固,坚决收缩"的精神,按照"停、缩、发"的方针,对初级社进行了一次整顿。到 6 月,杭县初级社收缩为 466 个、1.34 万户, 占总农户数的 16%; 余杭县初级社收缩为 504 个、1.04 万户,占总农户数的 32%。这次整顿调整是必要的,但也有操之过急的地方,挫伤了部分农民办社的热情。同年 7 月 31 日,毛泽东在省、自治区、直辖市党委书记会议上作了《关于农业合作化问题》的报告。他指出:"在全国农村中,新的社会主义群众运动的高潮就要到来。我们的某些同志却像一个小脚女人,东摇西摆地在那里走路,老是埋怨旁人说:走快了,走快了。"并批评中共中央农村工作部对浙江省农业生产合作社采取"坚决收缩"的做法。浙江省委也在当年召开的第五次党代表会议上,根据毛泽东的报告精神,对"坚决收缩"进行了批判。8 月 12 日和 15 日,两县县委都学习了毛泽东的这个报告,并先后召开县干部大会和乡党支部会、互助合作代表会、妇代会,以及村群众大会、社员大会等,广泛深入地传达贯彻《关于农业合作化问题》。同时,制订了实现农业合作化的规划。两县农村均出现了扩大老社、发展新社、合并小社的农业合作化高潮。到年底,杭县有初级社 1707 个,入社农户 5.25 万户,占总农户数的 61.4%;余杭县有初级社 933 个、入社农户 2.51 万户,占总农户数的 72.6%。3、发展高级农业生产合作社。1954 年,两县在迅猛发展初级社的过程中,也开始试办高级农业生产合作社(简称高级社)。8 月,余杭县新民乡曙光高级社建立,入社农户 48 户,土地 530 亩。10 月,杭县双林乡红旗高级社建立,入社农户 155 户,土地 1496 亩,鱼塘 49 亩。翌年,在星桥乡又试办了灯塔高级社。1955 年 10 月 4 日—11 日,中共中央召开七届六中全会扩大会议。会上通过了《关于农业合作化问题的决议》。毛泽东在总结报告中指出,在农业合作化问题上,群众要求大发展,过渡时期总任务要求农业适应工业,那种主张小发展的观点是错误的。会议对合作社实行"坚决收缩"进一步予以了批判。11 月 9 日,全国人大常委会通过了《农业生产合作社示范章程草案》。提出了在普遍建立初级社以后如何向高级社过渡的问题。两县县委随即组织干部学习七届六中全会扩大会议决议,广泛宣传《示范章程草案》,层层批判"坚决收缩"的"右倾机会主义"。在此政治形势下,两县农业合作化发展进程出现超速、过急发展的倾向,形成了一股办社越快越光荣、越大越好、越高级越先进的思潮。1956 年,两县农业合作化运动的步伐进一步加快,出现了办高级社的浪潮。鉴于当时一部分初级社尚立足未稳就急于过渡的实际情况,在发展高级社的过程中,采取了边整顿巩固、边发展的方法。到 11 月底,杭县建立高级社 413 个,入社农户 8.54 万户,占总农户数的 98.4%;余杭县到年底,建立高级社 116 个,入社农户 3.11 万户,占总农户数的 90%。原先以公有制为主导的多种经济成分并存的格局, 由于高级社的迅速膨胀霎时成为了单一的公有制经济。至此,在不到七年时间里,两县农村基本完成了高级形式的农业合作化,实现了农业的社会主义改造。

(四)农业生产水平迅速提高

在实施第一个五年计划期间,随着农业制度的不断变更,生产条件也大为改善,农业生产水平有了逐步地提高,农业取得了较快增长。因此,1956年1月25日,在毛泽东召集召开的最高国务会议上,讨论通过了《1956年到1967年全国农业发展纲要(草案)》(即四十条)。两县通过学习党中央提出的"四十条"后,经过调查研究,杭县县委制定了《1956年到1967年杭县农业发展纲要(草案)》,余杭县委制定了《以合作化为中心的农村工作全面规划》。同年2月起,两县召开了一系列会议,宣传贯彻执行"四十条"和本县规划,把工作的重心转移农业和国民经济建设上来。翌年11月,两县县委又对中共中央《关于组织全民讨论1956年到1967年全国农业发展纲要(修正草案)的通知》进行了传达贯彻,发动干部群众广泛学习"四十条",并对本地区的农业发展规划进行了讨论和修订,两县都掀起了一场农业生产的新高潮。到1957年底,两县发展国民经济的第一个五年计划胜利完成。实现工农业总产值14534万元,比1952年增长17.13%,其中农业总产值12521万元,比1952年增长10.74%,是1949年的101.92%。1.种植业发展较快。种植业是两县农业的主导产业,其中以粮食为主,同时积极发展各种经济作物。而粮食又以水稻为主栽作物。1949年前,两县水田耕作制度是以单季稻为主体的两熟制,间有晚稻。中华人民共和国成立后,经过土地改革、农业合作化运动,初期主要进行了以"三扩"(扩大晚稻、扩大粳稻、扩大间作稻)为特点的比例调整性改良。从1951年开始将单季稻改为间作稻,共改了1.2万亩。翌年,杭县农场首次将中籼稻改晚粳稻69.8亩,比中籼稻增产56%。1953年又在总结瓶窑区七贤乡的改稻经验后,开始全面推广晚稻、粳稻。到1955年,单季中籼稻面积仅剩9.26万亩,只占当年水稻总面积的15.4%。同时,又大力推广间作稻,俗称"嵌稻",到1955年间作稻扩大到4.51万亩。另外,塘栖地区的部分作物布局推行"早稻—荸荠"模式,1949年—1957年平均每年3.67万亩。从1956年又开始了"四改"(单季改双季、土种改良种、稀植改密植、春粮改绿肥),一直延续到1965年。1955年全县单季稻共49.11万亩,双季稻5.55万亩。到1960年,单季稻减少到6.58万亩,而双季稻发展到32.48万亩。通过双季连作稻面积的扩大,使春粮面积相应有所减少,再加上年需肥量的增加,带动了绿肥生产的发展,1949年绿肥面积仅4.45万亩,1957年扩大到15.36万亩。由于以上综合技术的作用,到1957年粮食总产量达139330吨,比1952年增长9.03%,比1949年增长134.07%,每亩粮地的平均年产量水平从1952年的257公斤,到1957年达到了286公斤,增长11.28%。随着水利条件不断改善下,使两县旱地面积呈逐年减少趋势。在山区、半山区的旱地以"冬作——夏秋旱粮"两熟制为主,兼种茶、果、竹等。当时东部滨海平原一带,主要是麦套种棉、麻为主,还盛行棉麻与其他经济作物轮作。水网平原地带旱地主栽桑、竹、果等,充分利用"天和地",对改变这些地区单一性的粮食生产结构,也起到积极的作用。耕作制度的改革后,对于人口密度较大、耕地相对缺乏的两县来说,土地的利用率和产出率都和以前不能相提并论了。与此同时,1957年棉花总产量达到850吨,比1952年增长220.75%;但络麻总产量为18740吨,比1952年下降19.15%。1957年的蚕桑生产经过数年的恢复,有了一定的起色,蚕茧总产量达2260吨,比1952年增长1.12%。通过垦复荒芜茶园,发展新茶园等一些扶持措施,茶叶总产量达到720吨,比1952年增长37.14%。水果总产量1953年曾达到了10295吨的好收成,但是1954年特大洪涝,毁掉果树2826亩,紧接着连续受到低温冻害、台风袭击、虫害暴发等因素,使全县果树倍受摧残,一时难以恢复,到1957年水果总产量为 6210 吨,比 1952 年下降 53.11%。另外,油菜总产量为 3765 吨,比 1952 年下降 20.32%。2.畜牧业全面增长。畜牧业作为两县农业的基本内容之一,其地位也十分重要。但畜牧业的发展除了受到政策的影响外,在当时受到粮食形势丰歉的制约也很大。土地改革后,农民为了发展生产,劳动致富,养猪的积极性开始高涨。特别是 1956 年 7 月 1 日,中共中央和国务院联合发布了《关于发展养猪的指示》,确立了积极组织社员家庭养猪,“私有、私养、公助”的方针。两县根据这项指示,结合实际,明确了畜牧业以养猪为中心。并把猪饲料列入粮食“三定”(即定口粮、饲料和种子) 指标内给予计划保证。到 1957 年, 生猪存栏总数达 7.37 万头, 比 1952 年增长 203.29%;其中“私有、私养”部分存栏达 7.03 万头,占 95.39%。羊作为两县的传统主要家畜在数量上比猪还多,大部分是湖羊,其余为山羊,尤其是湖羊,是本地的特产之一,以其羔皮而著称于世。1957 年羊存栏为 14.77 万只,比 1952 年增长 79.68%,其中湖羊存栏 10.10 万只,比 1952 年增长 69.46%。牛作为耕畜,历来受到重视,当时两县饲养的主要是水牛和黄牛等,而奶牛要到翌年才开始饲养。1957 年牛存栏达 5364 头,比 1952 年增长 18.93%,其中水牛 4132 头,占 77.03%。饲养家禽当时是作为农户主要家庭副业经营项目之一,以养鸡为多,几乎家家皆有。1957 年家禽存栏达 64.42 万羽,比 1952 年增长 2.73%。3.渔业生产稳步上升。作为鱼米之乡,拥有丰富的水面资源,淡水渔业的生产和发展有着良好的基础条件。自 1949 年以来,养鱼面积逐年增加,产量稳步上升。1957 年淡水鱼总产量达 7695 吨,比 1952 年增长 14.68%。4.农村副业也有一定的发展。1957 年副业产值达 70 万元,比 1952 年增长 45.83%,是 1949 年 180%,成为两县解放以来的最高值。这给农民经济收入的增加,农村市场的活跃带来了不小的作用。5.农业技术推广不断进步。在原先农业推广所的基础上,杭县在 1953 年成立了农村技术指导站,开展推广良种、改革耕作制度、普及新农具、化学治虫等工作。1955 年前后,两县均成立了分管农业的机构——农林水利局。之后,杭县成立了 9 个区农技站,余杭成立了 5 个区农技站,负责本区的农业技术推广工作。而在乡建立了技术推广网,即由合作社为单位建立粮油、蚕桑、畜牧等技术研究小组。在技术推广中,主要是通过典型示范、总结经验、开展培训等形式,不断改进耕作(饲养)制度,改良品种组合和品质,改良土壤和培肥地力,改进植物保护及畜牧防疫检疫,推广生产工具的机电化改革等。如在粮食生产上采用选用良种、培育壮秧、精耕细作、适当密植、合理施肥、合理灌溉和防治病虫害等栽培技术。对原有混杂退化的老品种进行改良,渐被团头、陆财号、中籼 10 号、晚籼 9 号、“10509”、“金谷黄”等杆矮、抗倒、耐肥、抗病虫,有一定生产潜力的新品种所替代更换。并且还在 1954 年后,改变了农业生产上原有的大株稀植习惯,大力宣传、示范、推广“小株密植”技术;在棉麻生产上以推广良种,防病治虫、条播密植、适时早播、宽槽条播、增施肥料等重点栽培技术;在畜牧生产上为合作社培养初级兽医人员,以预防注射为手段,大力防治畜禽疫病。并引进巴克夏及中型约克夏等良种猪,进行品种改良,积极推广发酵饲料和青贮饲料;在茶蚕枇杷生产上,推广普及小蚕共育制度,达到养蚕省工、省本、产量高的目的。改茶叶丛栽法为条栽法,使茶树保持较合理的群体生长结构。除采用分批、按标准、留叶采摘方法,春夏秋茶都采外,还推广了木质捻茶机、手摇杀青机、炒干机、滚筒机等制茶机构,缓和了争劳力的矛盾。作为水果主栽品种的塘栖枇杷,在当时是浙江省确定的 5 种重点水果之一。为此,在栽培技术上十分注重施肥与中耕,整枝修剪和疏花疏果,以及对病虫害的防治,使其在产量和品质上都有所提高。

1949 年—1957 年的九年中,特别是第一个五年计划时期,两县的农业生产得到了恢复和发展,农村的面貌有了很大的改观,农民的收入也有了一定的增加。但是由于原来的基础水平并不高,增加的绝对值还不大。在产业布局上也不平衡,重粮轻多种经营。并且粮食的增长速度还赶不上人口的增长速度,1957 年平均每人占有粮食 268 公斤,比 1952 年减少 15 公斤,粮食供需矛盾依然比较明显。同时,在农村工作的某些方面走得过急过快,存在着不顾当时实际条件等问题。

二、跃进与调整时期(1958—1965 年)

自从农村社会主义改造和第一个五年计划顺利实施完成后,两县分别在 1957 年 11 月、12 月,通过召开各层次、多形式的会议,认真贯彻“四十条”,进一步动员人民群众为实现农业发展纲要而努力。1958 年 1 月上旬,两县县委又按照《人民日报》元旦社论和浙江省委的有关指示,继续布置全县为实现农业发展而搞好各项工作。要求以大放、大鸣、大辩论的方法,批判“左倾”保守思想,掀起农业生产又一个新高潮,广大人民群众的建设社会主义的热情像火山一样地爆发了出来。

(一)农业战线的“大跃进”浪潮

农业生产的“大跃进”运动从 1958 年开始到 1960 年结束,共历时三年。早在中共中央正式向全国发出“大跃进”号召前,农业的“大跃进”序幕已经拉开了。1958 年 3 月,两县就开展了农业生产大检查。省委检查团杭县检查组也到杭县进行生产检查,历时一个月。通过检查评比的形式,促进农业“大跃进”形势。两县县委还在 4 月对渔业、蚕桑、家禽等工作发布了一系列指示,对各系统的工作和计划指标,开始提出一些不切实际的“大跃进”要求。1958 年 5 月 5 日—23 日,中共第八届全国代表大会第二次全体会议召开。会议通过了中共中央根据毛泽东倡议而提出的“鼓足干劲、力争上游、多快好省地建设社会主义”的总路线及基本点。完全肯定了已经出现的“大跃进”运动,认为中国社会主义建设正在经历着“一天等于二十年”的伟大时期。至此,国民经济的“大跃进”开始席卷全国。5 月 27 日,余杭县委马上召开干部大会,传达中共八大二次会议精神,认真学习总路线。会后,又进行了层层贯彻和宣传。与此同时,已划为了杭州郊区的杭县辖区也大张旗鼓地开展了总路线教育,浙江省、杭州市的机关和大专院校还组织 1300 余人,到原杭县农村进行宣传发动。《浙江日报》此后连续转载了《人民日报》社论,提出所谓“人有多大胆,地有多大产”,“十分指标,十二分措施,二十四分干劲”等口号。高指标、浮夸风开始盛行起来。农业生产上出现了虚报数字的高产“卫星”和“千、五、万”(即千斤麦、五百斤油菜籽、一万斤花草)等高指标。同年 6 月下旬,余杭县委及原杭县辖区通过贯彻浙江省委《关于创造万斤水稻丰产典型经验的通知》,掀起学湖北麻城等活动,盲目推行水稻插秧 2×2、3×3 密植法,晚稻种植后又出现移苗并丘等错误做法;并且不顾土壤科学规律,不切实际地深耕改良土壤,以为越深越好,破坏了耕作层。在浮夸虚报粮食产量的情况下,对耕地实行“三三制”(三分之一耕地休闲种花草、三分之一耕地种树、三分之一耕地种粮食和其他作物),造成了 1959 年粮食面积减少;将行之有效的“私养为主”的畜牧政策改为“公养为主”,收归公社兴办饲养场,还推广不切实际的催肥法等瞎指挥现象。同时,按照中央要把钢铁产量翻一番的精神和浙江省《关于 1958 年钢铁生产的决定》,1958 年夏季,开始大办钢铁,组织了几万人建造小高炉群和砍树烧炭,导致一些林木果树也跟着遭殃。农村的一大批青壮年都被抽调去大办钢铁,农业劳动力大量减少,农业生产只能由妇女、老人甚至少年儿童来承担。同时,由于当时人民公社的劳动力均采用集中使用的形式,在一定范围也造成了农时的延误,一些已成熟的农作物被丢在地里,致使当年的部分农作物收获浪费很大，丰产不丰收。如粮食作物因提倡大兵团作战，先收割，后脱粒，每亩浪费至少在15公斤以上。有的因收割后堆放时间过长，造成颗粒无收；络麻推广先拨后削，精洗麻浸而未洗，导致霉烂，给农业生产造成了很大损失。

（二）农村人民公社化的实现

人民公社的出现，实际上是为了当时农村开展“大跃进”运动的需要才应运而生的基层管理组织。1958年8月17日—30日，在北戴河召开的中共中央政治局扩大会议上，通过了《中共中央关于在农村建立人民公社的决议》。决议指出：“人民公社是建成社会主义和逐步走向共产主义过渡的最好组织形式”，并认为：“共产主义在我国的实现，已经不是什么遥远将来的事情了，我们应该积极地运用人民公社的形式，摸索出一条过渡到共产主义的具体途径。”

1.成立人民公社。余杭县和原杭县辖区的这场人民公社化运动是从1958年秋开始在兴起的。这年夏，杭州市委农村工作委员会根据《人民日报》连续报道的情况，特别是毛泽东对人民公社问题所作的指示精神，积极开始在杭州郊区酝酿成立人民公社的问题。为此，选择了临平区的双林乡、塘栖区的塘南乡、三墩区的良渚乡等6个乡作为试点乡，开始筹建人民公社的试点工作。这6个乡通过宣传教育、鸣放辩论，然后由群众个人申请，完全自愿地加入公社。1958年8月18日和9月8日、9日，良渚、塘南、双林等6个人民公社先后成立。9月30日，杭州郊区全部实现了人民公社化。在原有599个农业生产合作社的基础上，合并成立了三墩、留下、良渚、上泗、塘栖、四维、东塘、临平、亭趾、笕桥、九堡、西湖等12个人民公社，共116630户，522192人。原属杭县辖区为九堡、亭趾、临平、塘栖、东塘、四维、三墩、良渚、留下、上泗等10个公社，总户数为102034户。几乎在同时，余杭县的人民公社化运动也紧锣密鼓地展开了。同年8月下旬，为了确保公社化运动的顺利开展，余杭县也在仓前、泰山2个乡进行筹建人民公社的试点工作。9月8日，仓前乡成立了七一人民公社，泰山乡成立了上游人民公社。试点成功后，各乡出现了人人表决心，人人要求办公社的热潮。10月1日，余杭县实现了人民公社化。全县原来166个农业生产合作社合并成立了仓前、石蛤、跃进、长命、黄湖、双溪、仁爱等7个人民公社，共38000多户，140000多人。同月，余杭县建制撤销，并入临安县。至1958年10月1日止，在短短的一个多月的时间里，原杭县辖区和余杭县均成立了“乡社合一”“五位一体”的人民公社，全面实现了人民公社化。

2.兴办农村公共食堂。为了充分显示人民公社的优越性，有利于集体劳动、生活和学习的开展，人民公社还兴办了许多相应的福利事业，如公共食堂、幼儿园、托儿所、幸福院、缝纫组等。而在人民公社各种福利事业中起主导作用的，并作为共产主义萌芽来推广的，是被认为最能体现社员“共同劳动、共同消费”的场所——公共食堂。公共食堂的普遍推广，成了农村生活集体化中的一种重要形式。各地在公社化不久就在原先一些农忙食堂的基础上，或扩大，或新建，开始大办农村公共食堂。杭州郊区原杭县所辖的人民公社共兴办公共食堂1719个，用膳人数达411746人。而原余杭县的人民公社也兴办起了公共食堂855个，参加食堂用膳的有36000多户。并一度实行了以“吃饭不要钱”为主要内容的供给制和半供给制，提出了“鼓足干劲生产，放开肚皮吃饭”的口号。农村公共食堂的建立，在客观上解放了妇女劳动力，将大批妇女从烦琐的家务劳动中摆脱出来，参加了社会生产。而且还进一步培育了人们的集体主义思想，使家务劳动集体化、社会化，保证了组织军事化、行动战斗化、生活集体化在农村更加顺利的贯彻实施。还给社员的生活带来了一定的便利，部分社员也开始习惯了这种生活方式。但由于社员的经济水平不同，家庭人口多少和强弱不同，管理家务的能力不同，清一色的公共食堂就不可能完全适应各种社员生产、生活上的各种需要。并且与当时的经济和生产力的发展条件脱节，这种强行改变农民群众千百年来千家万户的家庭模式和生活习惯的做法，严重违反了农民群众的意愿。

3.人民公社的整顿和发展。人民公社成立后，为了促使公有化程度越来越高，就过分地强调了增加共产主义因素，将人民公社看成是全民所有制，原来“按劳取酬、按件计酬”的原则不执行了，推行供给制和基本工资加奖励等一套所谓向共产主义过渡的分配原则。并将原高级社集体所有的全部财产一律归公社所有，还把社员的一些生产和生活资料等在成立人民公社过程中都转为社有。这些简单化的做法，伴随着人民公社化运动的发展而产生了“共产风”，以及生产上的“五风”(即平调风、浮夸风、命令风、干部特殊风、生产瞎指挥风)等更加蔓延开来。据1959年清理：各级共平调生产队和社员土地45259亩、房屋13744间、农机具297101件、劳动力499635工、家禽618头，粮食555.6吨。针对在公社化运动中日益暴露出来的问题，中共中央从1958年11月第一次郑州会议开始，到1959年7月召开了一系列重要会议，对急于使人民公社由集体所有制过渡到全民所有制，急于从社会主义过渡到共产主义的错误，进行了批评，划清了社会主义与共产主义、集体所有制与全民所有制的界限，肯定了当时是社会主义阶段，人民公社基本上是集体所有制。面对人民公社化后出现的种种情况，11月20日至12月4日，浙江省委召开了全省农业会议。要求各地根据党的八届六次全会通过的《关于人民公社若干问题的决议》，认真做好整顿人民公社的工作。当时的杭州郊区和临安县按照上级的工作要求，分别于1958年12月底到1959年初全面地开展了整社运动。在整顿过程中，采用大鸣大放、大争大辩和大字报等形式，逐步理顺了公社内部一些经济关系，改变了一部分制度，澄清了有关人民公社问题的许多混乱思想。农民群众特别对社员个人所有的生活资料、存款在公社化后仍归社员所有，可继续经营家庭小副业等政策非常欢迎。通过从解决群众最关心的分配、生产、生活等问题入手，这次整顿人民公社的运动取得了一定的效果。不过，由于当时在思想路线和方针政策上对人民公社化运动还是持肯定态度的，“共产风”并没有完全被制止，对人民公社中存在的错误也缺乏正确和深刻的认识。1959年3月6日，杭州市委召开了五级干部会议，贯彻党中央和毛泽东在第二次郑州会议上指示的有关人民公社的14句话：“统一领导，队为基础；分级管理，权力下放；三级核算，各计盈亏；分配计划，由社决定；适当积累，合理调剂；物资劳动，差价交换；按劳分配，承认差别。”进一步开展整社工作。并根据浙江省委《关于整顿和建设人民公社的十项规定》的要求，当时的半山、拱墅联社党委为了切实解决人民公社的有关政策问题。制定了《农村人民公社管理体制和若干政策问题的规定》，对管理体制下放后的具体政策和公社内部大集体与小集体的关系等问题作了明确规定。按照以原来的高级社为基本核算单位的原则，将原杭县辖区的7个公社划分为214个基本核算单位，不作为核算单位的生产大队28个。但是，1960年1月7日至17日，中共中央在上海举行了政治局扩大会议。会议提出八年完成人民公社从基本队有制过渡到基本社有制的设想。为了贯彻中央精神，浙江省委在3月份召开了万人大会，提出了“埋头苦干，勤俭办社，粮畜并举，全面发展，创造条件，准备过渡”的号召。为此，各公社分别召开了千人大会。会议讨论了农村形势、生产规划和措施，以及人民公社从基本队有制向基本社有制的过渡等问题。把“创造条件，准备过渡”作为农村工作的主要任务。会后，各公社开始大办“五场”(农场、林场、畜牧场、蚕桑场、养鱼场)，导致“共产风”再度泛滥开来。

（三）农村政策的全面调整

在1958年兴起的“大跃进”运动和人民公社化运动中，由于“左”倾错误的严重泛滥，再加上自然灾害等方面的不利影响，导致了农业生产连年全面大幅度下降，农业总体生产水平倒退了好几年。1.农业生产发生严重困难。1959年—1961年的三年困难时期，给农业生产带来了致命的打击。与1958年相比，在这三年中，农业总产值连续二年下降，其中种植业一增二降；主要农产品总产量连续三年减产的有棉花、络麻、蚕茧、淡水鱼等；连续两年减产的有油菜、茶叶、水果等；一年减产的有粮食；猪、羊、牛的存栏数保持了增长趋势。1961年和1958年相比，农业总产值下降10.88%，种植业与牧业产值分别下降9.45%、6.73%。而粮食总产量虽然增长了2.41%，可是每亩粮地的平均年产量从332公斤下降到318公斤，人口却增长了16.84%，致使按人口平均占有粮食由312公斤下降到274公斤，其他各种作物也有不同程度地下降。在粮食总体水平下降的情况下，粮食定购又过多，使农民的口粮也发生了困难，处在鱼米之乡的余杭不少地方也出现了由于营养不良患浮肿病的人群。仅据当时钱塘联社不完全的阶段性统计，患浮肿病的就有7000多人。三年困难时期，作为余杭虽出现了洪涝、干旱等自然灾害的影响，但是没有当时“左”倾错误的人祸，挫伤了广大农民的生产积极性，破坏了生产力，这场带来全国普遍饥荒的灾害可能就能避免或减轻的，不会造成如此长时间、大范围的影响。2.全面调整农村的各项经济政策。为了克服这一严重的经济困难，中共中央和国务院从1960年下半年开始，对国民经济的发展政策进行了重大调整。翌年1月，中共中央召开八届九中全会，正式确定对国民经济实行“调整、巩固、充实、提高”的八字方针。此后，中共中央针对农村经济形势的发展现状，下达了一系列全面调整农村各项政策的文件和措施。1960年11月3日，中共中央发出了《关于农村人民公社当前政策问题的紧急指示信》（即十二条）。当时的钱塘联社党委马上分片召开会议，将“十二条”的精神进行了传达贯彻，原原本本地向群众宣读“十二条”的内容。还着重讨论了纠正一平二调“共产风”问题，就清退工作进行了研究部署，要求随清随退，坚决兑现。至1961年7月底，余杭县已退赔省、市、县、公社和队（包括生产队）五级的款值为674.7万元，其中实物退赔的146.3万元。同时，为了顺利渡过国民经济困难时期，从1961年3月开始，结合在中共中央工作会议上由毛泽东主持制定的《农村人民公社工作条例草案》（即农业六十条）的讨论、修改和试行，根据中央、省、市的有关指示精神，对人民公社化以来的农村政策进行了较大幅度的调整。着重为：一是调减了粮食征购任务。1961年，对年度的粮食购销指标作了调整，适当提高了“三留粮”（即自留的口粮、种子和饲料）标准。1961年余杭县粮食统（征）购数为43895吨，比1958年的52925吨调减了9030吨，调减幅度为17.1%，并且使得全县粮食统（征）购量所占粮食总产量的比重由1958年的33.2%调减到26.9%。同时，余杭县人口平均每人粮食的占有量逐年增加，由1961年的274公斤，分别增加到1962年的277公斤，1963年304公斤，1964年的319公斤，1965年339公斤。二是调减了农业税负担。1961年6月，国务院批准了财政部关于调减农业税税率的方案。经过调减，全县农业税平均税率和地方附加随即由1958年的17.5%和12%，分别下降到1961年的8.9%和10%。三是提高了主要农副产品的价格。对主要农产品粮食、棉花、络麻等在销售价格暂时保持不动的前提下，对收购价格进行了调整。保证农民对各项生产的投入与劳力能得到大致相等的报酬。并实行了农副产品奖售政策。四是恢复了农村集市贸易。根据“十二条”“农业六十条”的规定，当时的钱塘联社早在1960年11月就率先恢复了农村集贸市场5处，并拟定了几项管理措施使农村集市贸易“活而不乱、管而不死”。至翌年1月，全联社大小53个集镇都相继恢复了农村集市贸易。这对于进一步调动广大社员的生产积极性，促进农副业生产与多种经营的发展，活跃农村经济都取得了良好的效果。五是允许社员经营小规模的家庭副业。社员可以经营少量自留地和利用零星闲散土地，其产出的农产品归社员个人支配。并将原来的“公养为主，私养为辅”的养猪政策调整为“公养和私养并举，以私养为主”及公母猪实行“公有私养”的政策，这给农村畜牧业的发展带来了新的机遇。3.调整人民公社规模和体制。余杭县在对农村相关经济政策调整的同时，还通过深入贯彻落实“十二条”特别是“农业六十条”，对人民公社的规模和体制进行了必要的调整。余杭县委按照省、市的指示精神，分别在1961年的4月—6月连续召开了电话会、县委常委会和区委书记会等一系列会议，提出了余杭县委宣传贯彻“农业六十条”的意见，制定了调查研究的方案，并听取了各地汇报贯彻试行和调查研究的情况，分析了贯彻试行“农业六十条”后的农村形势。1961年5、6月间，中共中央对“农业六十条”又作了修正。同年8月、9月，余杭县委召开了扩大会议和三级干部会议，认真学习了中央关于讨论执行“农业六十条”的指示和“农业六十条”，划清了在处理三种所有制和三级所有制、民主与集中等方面的思想界线。并且于11月初在全县范围内普遍向群众传达和贯彻。自1961年4月余杭县新建后，为了有利于生产和经营管理，恢复了区级建制，并对原有规模较大的人民公社和生产大队、生产队进行了调整，实行公社、生产大队、生产队三级所有制。在“农业六十条”贯彻前，余杭县有16个大公社，平均每个公社有7140户；有生产大队427个，平均每个大队267户，有生产队3140个，平均每个队36户。到1961年10月，全县已调整人民公社8个，生产大队53个，生产队1421个。经调整，人民公社为49个，平均每个公社有2330户；生产大队为740个，平均每个大队有148户；生产队为7089个，平均每队15.4户。到1962年，余杭县共辖5区、5镇、50个人民公社、752个生产大队、7308个生产队，三级的规模比以前都有相当程度的缩小。1962年2月13日，中共中央发出了《关于改变农村人民公社基本核算单位问题的指示》，这是继“十二条”“农业六十条”之后，调整我国农村生产关系的又一重要政策。该指示把原来的基本核算单位从生产大队下放到了生产队，将原来生产基本单位是生产队，而统一分配单位是生产大队的不合理状况给理顺了。各区、人民公社按照县委的要求，大力开展了指示的学习贯彻，对以生产队为基本核算单位的三级所有制是我国现阶段人民公社的根本制度，至少30年不变的基本精神进行了广泛宣传。到1962年春季，余杭县90%以上的生产队实行了以生产队为基本核算单位。1962年9月27日，中共八届十中全会对“农业六十条”进行了再一次修订，并正式予以通过。从此，人民公社、生产大队、生产队三级的体制、规模和管理上的各种关系基本稳定了下来。4、调整农村经营管理办法。自1961年贯彻执行“农业六十条”后，人民公社的经营管理水平虽然有了不同程度的提高，但从尽快地恢复和发展农业生产的要求来看，还不完全适应。据当时调查，在余杭县所有的生产队中，经营管理比较健全，集体经济巩固的约占40%左右；经营管理一般还好，但不尽完善，集体经济一般巩固的约占50%左右；经营管理紊乱，集体经济不巩固的约占10%左右。针对这种情况，农民群众对进一步调整完善队的管理工作要求非常迫切。因此，余杭县在进入60年代后就普遍实行了生产大队对生产队的“三包一奖”制度（即包工、包产、包成本，超产奖励），而且承认了生产队在管理上的自主权，对劳力、土地、耕畜、农具采用“四固定”。生产队还用“四定”（即定作物品种、产量指标、增产措施、管理责任）责任制来做好落实到田的工作。并通过不断的调整，如设立专业操作组，将奖惩落实到组和人，实行定额管理等来改进管理办法。这些办法的实行，进一步克服了队与队之间在分配上的平均主义,使农民群众的个人利益和集体利益的关系更加密切起来。余杭县在人民公社化运动中一度实行了工资制和供给制相结合的分配制度，不仅影响了“三包一奖”的执行,而且还影响了社员参加集体生产的积极性。直实行“农业六十条”后,才根据人民群众的要求而取消了供给制,并在现金分配上遵循了按劳分配的原则,但是在粮食等实物分配上仍没有做到按劳分配为主。1961 年 10 月 28 日,余杭县委召开常委会,学习中央转发的邢台地委《关于南宫县贯彻大包干政策的通知》,同年 11 月,余杭县由点到面地全面推开了分配大包干和实物按劳分配加照顾的政策,得到了群众的拥护,认为这个办法才真正体现了按劳分配,多劳多得,不劳动者不得食的社会主义分配原则。而且基本上克服了人与人之间的平均主义尤其是在粮食分配上存在的不公平状况,广大社员的生产积极性更加高涨。

(四)农业学大寨群众运动的兴起

在 1964 年 1 月 28 日—2 月 9 日召开的全国农业工作会议上,突出介绍了山西省昔阳县大寨大队自力更生建设稳产高产农田等先进事迹和经验。次日,《人民日报》刊登了新华社记者的通讯报道《大寨之路》,介绍了大寨大队的先进事迹。同时,登载了《用革命精神建设山区的好榜样》的社论,号召学习大寨的革命精神。1964 年 4 月下旬,农业部通过到大寨大队蹲点调查,写出了《大寨大队调查报告》。对大寨的经验总结为一句话:以加工改造耕地为中心,综合运用“农业八字宪法”(即土、肥、水、种、密、保、管、工),达到旱涝保收,稳产高产。此报告受到了中共中央、国务院领导的高度重视,毛泽东向全国人民发出了“农业学大寨”的号召。同年 12 月,周恩来在第三届全国人大一次会议上所作的《政府工作报告》中,提倡全国学习和推广大寨先进经验。从此，农业学大寨的群众运动在全国范围内蓬勃深入地开展起来了。浙江省委办公厅于 1964 年 4 月 28 日出台了浙办〔64〕21 号文件,将《大寨经营管理工作经验》下发各地人民公社供参考,使全省更加深刻领会大寨的先进经验。余杭县委接到此文件后,随即根据《人民日报》2 月 10 日发表的《大寨之路》和省委办公厅 21 号文件精神,要求各人民公社按照大寨大队在经营管理上所采取的三种组织形式和计酬方法，深入学习和大力推广《大寨经营管理工作的经验》,努力提高农活的质量。各公社通过分别组织干部、社员认真学习,进一步树立了发挥大寨精神,坚持自力更生,努力搞好农业生产的信心和决心。一场涉及全县范围的农业学大寨运动开始慢慢地拉开了帷幕。在“文化大革命”前的两年多时间里,余杭开展农业学大寨运动的声势、范围、深度虽然都不是很大,但也取得了一定成绩,东塘公社黄家墩大队、仓前公社蚕桑大队、下沙公社松合大队、彭公公社西坞大队、百丈公社半山大队、北湖公社张堰大队等一批农业学大寨运动的先进典型——“大寨式”大队先后出现。同时,全县的一些水利设施得到了加强。据统计,1964 年—1966 年余杭县在水利建设上完成土石方 908 万立方米,投工 712 万工,超过了 1954 年—1963 年 10 年的总和。这些农业学大寨运动的先进单位的典型事例和水利建设成果,在促进全县农田基本建设、发展农业生产上起到了积极的作用。

(五)农业生产在调整中逐步恢复

1960 年 7 月上旬至 8 月 10 日,中共中央在北戴河召开了工作会议。会上通过了《关于全党动手,大办农业,大办粮食的指示》。要求挤出一切可能的劳动力,充实农业战线,首先是粮食战线。当时的钱塘联社党委于 8 月 16 日召开会议,学习贯彻了中共中央这一指示精神和《关于开展以保粮保钢为中心的增产节约运动的指示》《关于坚决清理劳动力加强农村第一线的紧急指示》。并对农村劳动力进行全面清理,将社办工业的劳动力从占农村人口的 8%压缩到 6%以下。

到 1961 年 5 月，余杭县已回乡的劳动力为 27279 人，而劳动力的增加，使农业生产劳力紧张的情形得到了缓解。同时，依照“调整、巩固、充实、提高”的八字方针，余杭县委认真贯彻实行了浙江省提出的“以粮为纲，粮畜并举，全面发展，综合平衡”的生产方针。在恢复农业生产的第一年首先以恢复粮食总产量为目标，同时逐步恢复生猪及经济作物生产。经过一年的努力，1961 年余杭县的粮食总产量达到了 163450 吨，比 1960 年增长 4.4%，但是经济作物和生猪由于干旱的影响和当时农村口粮水平还不高，经济作物与粮食争地、争工、争肥的矛盾尚未解决，再加上饲料紧张，养殖业发展也受到了制约。从 1961 年的主要农产品生产实绩分析，总产量已恢复和超过 1957 年水平的主要是粮、棉、油和羊、牛等五大类，其他农产品总产量均未达到 1957 年的水平。1962 年是恢复农业生产的第二年，也是较为关键的一年。通过一年的实践，使余杭县各级各部门提高了对于正确执行“以粮为纲，全面发展”生产方针的认识，逐渐改变了以往在执行生产方针上盲目提高粮食复种指数，过多地减少经济作物面积和用工的状况。树立了粮食是农业经济发展的基础，粮食生产的好坏，在很大程度上决定着整个国民经济发展速度，要全面发展农业生产，必须首先保证粮食生产的发展，在以粮为纲的前提下，还必须全面发展多种经营的观念。同时，认识到农业生产不是一种单纯发展粮食生产的经济，而是包括粮、棉、油、麻、蚕、茶、菜、果、药、杂等和农、林、牧、渔、副五业的综合经济。粮食生产应与这些产业密切结合，相互依赖，相互促进，共同发展。为此，余杭县在调整和恢复中对农业生产结构进行了合理布局，正确处理了内部的比例关系。并通过扩大和种好绿肥；改粮食“二熟制”为“三熟制”；推行水稻矮秆良种和“四良”（良田、良制、良种、良法）配套经验；推广棉麻“五改进”（即改进耕作、密植、施肥、防治病虫害的技术）栽培措施，合理进行棉麻与粮食、绿肥等农作物的轮作和套种；针对耕作制度改变的实际，在农作物病虫害防治上注重化学防治方法等农业技术手段，来提高和促进农业生产的水平。1962 年在保证粮食种植面积、提高粮食单位面积产量的基础上，扩大了棉花、络麻等经济作物的面积。当时，粮食种植面积为 103.7 万亩，比上年增长 3.4%；棉花面积为 2.31 万亩，络麻面积为 8.58 万亩，分别比上年增长了 0.9%和 18.2%。另外，诸如蔬菜、瓜类、荸荠、绿肥等其他作物面积也有所增加，总种植面积为 29.15 万亩，比上年增长 10.8%。这一年的粮食总产量达 174820 吨，亩产 169 公斤，分别比上年增长 7%和 4%；棉花、络麻的总产量分别比上年增长 7%和 43.2%。生猪饲养量为 11.92 万头，存栏 9.23 万头，比上年分别增长 24.2%和 25.1%；羊饲养量为 26.55 万只，存栏 22.54 万只，比上年分别增长 39.4%和 45.3%，农业生产的恢复出现了良好的态势。不过茶、桑、果园由于前几年在生产上的瞎指挥，过多地采摘与不适度的间作，再加上肥培管理不善等许多因素，树质大都衰退，要想全面恢复仍需较长的时间。在经过长达五年的上下共同努力，余杭县农村政策的调整和农业生产的恢复工作基本完成。至 1965 年，余杭县工农业总产值达 20997 万元，比 1961 年增长 30.4%。其中农业总产值达 17350 万元，比 1961 年增长 47.9%，比 1957 年增长 38.6%，农业总产值占全县工农业总产值的比重为 82.13%。人均工农业总产值 314 元，比 1961 年增长 13.8%。粮食总产量达 228900 吨，亩产 237 公斤，分别比 1961 年增长 40%和 45.4%，均创余杭县历史以来的最高水平。棉花、络麻、油菜等农作物的总产量也达到了余杭县有史以来的最高产量，其中棉花总产量达 3105 吨、络麻总产量达 23390 吨、油菜总产量达 6000 吨，分别比 1961 年增长 233.9%、112.2%、185%。蚕茧、茶叶和水果的总产量也有了不同程度的提高，达到了 2160 吨、725 吨和 5640 吨，分别比 1961 年增长 100.9%、21.8%、19.23%。另外，生猪饲养量达 37.89 万头，平均每户养猪 3.15 头，存栏 18.13 万头;羊饲养量达 34.16 万只,存栏 28.94 万只,都超过了历史以来最高水平。

在总路线提出后,当时的中央领导轻率地发动的“大跃进”运动和人民公社化运动,虽然反映了当时中央领导和广大人民群众迫切想改变中国农村经济文化落后状况的良好愿望,但忽视了客观的经济规律和当时的物质条件,致使高指标、瞎指挥、浮夸风和“共产风”为主要标志的“左”倾错误严重地泛滥开来,给农业生产带来了损害,国民经济发生了严重困难,使农民的权益和生活得不到保障。虽然经过调整,余杭的农村经济形势开始明显好转,人民群众的生活水平也有了较大程度的提高,但是农村社会主义建设已经走了一大段艰难的弯路,给社会主义经济建设的发展造成了消极的影响。

三、“文化大革命”与徘徊时期(1966—1978 年)

1966 年,是我国第三个五年计划的初始之年,农业生产经过前几年的调整已逐渐恢复了元气。并且从中央到地方都普遍加强了对农业的领导,对农业生产的各方面工作都作了一系列部署和落实,进一步贯彻执行了“农业六十条”,大力开展了农田基本建设,切实改善了农业生产条件。可是好景不长,1966 年 5 月 16 日,中共中央政治局扩大会议通过了由毛泽东主持制定的《中国共产党中央委员会通知》(即五一六通知)。8 月 8 日,在中共八届十一中全会上,又作出了《关于无产阶级文化大革命的决议》。这标志着历时十年的“无产阶级文化大革命”的全面开始。“文化大革命”的爆发,使得“左”倾错误开始在农业战线上更加泛滥开来,农业生产和农村经济的发展又一次陷入了步履维艰的徘徊境地。

(一)“文化大革命”初期的农业生产形势

自从“文化大革命”全面发动后,余杭县和浙江省社教四分团党委于 1966 年 6 月 25—7 月 1 日,召开了各人民公社党委书记和主任会议。会上传达了和学习了有关文件精神,提出了以“文化大革命”为中心,推动各项工作的开展。9 月 26—27 日,又召开了全县贫下中农代表会议。宣传传达和学习了中共中央 9 月 14 日发布的《关于县以下农村文化大革命的规定》和《抓革命促生产的通知》,要求争取革命和生产双胜利。并通过了给全县贫下中农、广大社员和干部的倡议书。不久,全县从学校到单位,从城镇到农村,纷纷建立“文化革命小组”和“战斗队”,层层批斗领导干部,宣称“踢开党委闹革命”。同时,随着各种“革命造反总部”的相继建立,大批所谓“资产阶级反动路线”,全县各级党委陷入瘫痪,基层党组织被迫停止活动,造反之风横扫全县各地。广大农村也不能幸免,被卷入了这场政治动乱之中。一些长期以来在农村行之有效的党的基本政策和制度措施均被否定,连“农业六十条”也作为修正主义遭到了批判。农业战线上的大动乱,导致农业生产遭受了严重的挫折。1967 年至 1969 年三年平均农业总产值为 18231 万元,比 1966 年的 18163 万元基本上没有什么增长。其中 1967 年达到 18712 万元,比 1966 年增长 8.5%; 而到了 1968 年又下降为 17584 万元,1969 年为 18397 万元, 比 1966 年仅增长了 1.29%。粮食总产量 1967 年为 265000 吨,比 1966 年的 252740 吨略有增长;到 1968 年却又减为 238590 吨,比 1966 年下降 5.6%;1969 年虽然略有上升,达到了 264105 吨,但仍和 1966 年的生产水平差不了多少。在经济作物中,除了油菜、蚕茧、茶叶、水果总产量有所增加外,当时占主导的工业原料棉花和络麻的总产量连续三年下降。1969 年棉花总产量为 1630 吨,络麻总产量为 20365 吨,分别比 1966 年下降 38.84%、10.56%。由于对社员家庭养猪的限制,生猪饲养量呈下降趋势,1969 年为 39.16 万头,比 1966 年下降 7.18%。另外,淡水鱼的总产量为 4150 吨,比 1966 年下降 10.85%。由于农业生产在“文化大革命”初期的三年中处于停滞状态,造成人口平均每人占有的主要农产品的数量下降，农副产品的市场供需矛盾又一次加剧了，给人民群众的生活带来了十分不利的影响。

(二)农业学大寨运动走入歧途

1967年9月，浙江省军管会批转了生产委员会《关于在全省农村开展学大寨群众运动的报告》，要求把农业学大寨运动和“文化大革命”紧密结合在一起，在农村深入开展“革命大批判”。同年12月4日，中共中央在《关于今冬明春农村文化大革命的指示》中，要求广大农村“积极开展革命大批判”，要“抓革命、促生产”。而此时的大寨大队已从一个自力更生、艰苦创业的典型，变成了在农村全面推行所谓“无产阶级专政下继续革命理论”的“左”倾错误的政治典型。就在农业学大寨运动正逐步走向歧路的形势下，1968年2月8日，余杭县委召开了有区、社、队干部和“造反派”参加的农业学大寨会议，全面部署开展农业学大寨运动。同年3月，余杭县农业学大寨办公室成立。5月，余杭县组织了30名干部去山西省昔阳县大寨大队参观取经，还将大寨的劳动管理经验带回来在全县推广。为了进一步掀起农业学大寨运动的新高潮，1968年10月16日—23日，余杭县又召开了农业学大寨会议。会议就进一步掀起农业学大寨的群众运动进行了动员，要求把学大寨、开展清理阶级队伍和革命大批判、斗批改等有机地结合起来，这次会议，对大寨式“政治评分”办法、改变所有制、“三献一并”活动等做法给予了肯定。会后不久的11月12日，为了把全县正在轰轰烈烈开展的农业学大寨运动再推向一个新的高潮，余杭县委又组织46个人民公社的180余人去大寨参观取经。随即，平原地区开始了拆埂并圩，挑墩平地，开沟筑路，进行园区化建设；山区开始了大造梯田、梯地，一场大规模的农田基本建设在全县各地开展起来了。余杭县自全面部署开展农业学大寨的群众运动后，树立了长松、金星、五星、友谊、张堰、学忠、章岭、黄家墩等8个农业学大寨的先进典型。与此同时，全县社、队又掀起了一个以大寨、南堡精神为榜样的“远学大寨，近学南堡”的群众运动。并邀请了桐庐县分水区和南堡大队的同志多次到余杭作战胜特大洪灾的事迹报告，还组织了2万余人去南堡参观。为了使全县争取在二三年内建成大寨式县的目标，1970年12月11日—22日，余杭县召开农业学大寨会议。会议认真回顾总结了近几年来在农业学大寨运动中的得失，统一了各地学大寨的认识和方向，从路线斗争的高度，明确了学大寨的根本。认为农业学大寨是五亿农民的大方向，是一场深刻的政治思想大革命，始终存在着两个阶级、两条道路、两条路线和两种世界观的激烈斗争。会议还要求全县各社、队按照县委制定的《关于在二三年内建成大寨式县的规划》，以大寨为榜样，紧紧围绕“二三年内建成大寨式新余杭”这个奋斗目标，以大寨精神学大寨，以昔阳经验赶昔阳，艰苦奋斗二三年，把余杭建成大寨式县。1973年10月，余杭县委再一次组织了县、区、公社三级干部赴山西省大寨大队、昔阳县和河南省林县参观取经。通过对照大寨等所谓的先进经验，认为农业学大寨运动是一个路线问题，学不学大寨，是农村两个阶级、两条道路、两条路线的一场尖锐斗争。学不学大寨，是走社会主义道路还是走资本主义道路的问题，是农村生产资料所有制的社会主义改造基本完成以后要不要继续革命的问题，极“左”思潮在农业学大寨运动中越来越凸显出来了。

(三)农业生产在艰难曲折中缓慢发展

为了稳定“文化大革命”初期农村动乱的局势，改变农业生产持续下降的局面，进入20世纪70年代后，中共中央、国务院恢复和加强了对农业生产的领导，对“文化大革命”中出现的“左”倾错误进行了一定程度的纠正，这对农业的发展起到了积极作用。

1. 农业形势在纠“左”整顿中好转。1970年8月25日—10月5日,国务院召开了北方地区农业会议。会议重申了“农业六十条”,对其在巩固集体经济和发展农业生产中所起的重大作用,对人民公社现阶段的基本政策,依然适用,必须继续贯彻执行。同时,将一些曾遭批判和否定的农村经济政策也给予了重申和明确,并强调要积极推广农业先进技术,加速发展农业生产。同年11月,余杭县委召开农村工作会议,学习贯彻了北方地区农业会议的精神,坚持按照“农业六十条”的规定,纠正工作中的“左”倾错误,主要是:对“三级所有,队为基础”保持30年不变的政策又进行反复宣传,重点做好所有制政策的落实工作,调整核算单位和生产队规模。到1971年4月,全县原来的498个大队调整为520个,其中两级核算的由247个减少到75个;生产队从2780个调整为3368个。并退还了社员自留地,恢复了按劳分配制度,鼓励社员从事家庭事业等等,将农民群众的生产积极性又激发了出来。而且,余杭县在制订1971年和第四个五个计划中,依照“以农业为基础,工业为主导”的总方针,要求搞好农田基本建设,全面落实农业“八字宪法”,积极发展以“五小”(小煤炭、小钢铁、小机械、小化肥、小农药)为主要内容的为农服务的小而全的地方工业。根据《全国农业发展纲要》的要求,认真贯彻“以粮为纲,全面发展”的生产方针,做到各产业合理布局,全面发展。到1970年底,余杭县第三个五年计划实施完毕,实现农业总产值达18849万元,比1965年增长8.64%。其中种植业产值达13194万元,牧业产值4347万元,副业产值66万元,渔业产值545万元。分别比1965年增长5.06%、20.65%、214.29%、9.44%。农民人均收入110元,比1965年增长17.02%。1970年主要农产品产量均有增长,其中粮食总产量达252810吨,比1965年增长10.45%;蚕茧总产量达3045吨,比1965年增长40.97%;茶叶总产量达1280吨,比1965年增长76.55%;水果总产量达7055吨,比1965年增长25.09%。油菜籽平产,但棉花、络麻因种植面积减少较多,总产量下降。另外,猪羊肉总产量达12103吨,比1965年增长54.16%。淡水鱼总产量达4495吨,比1965年增长12.80%。同时,余杭县的农业机械化程度也有所提高,1970年与1965年相比,农业机械总动力35454千瓦,增长39.34%;农用拖拉机70台、手扶拖拉机1150台,分别比1965年增加6台和107台。在整个第三个五年计划期间,由于“文化大革命”引起的大动乱,农业生产虽然通过整顿取得了一定的成绩,可是年与年之间发展很不平衡,波动较大。1966年、1969年农业总产值分别比1965年、1968年增长4.69%、4.62%;而1967年、1968年、1970年农业总产值的增长速度分别为3.02%、-6.03%、2.46%。在主要农产品中,除了蚕茧、茶叶、水果的增产幅度大于粮食增长幅度外,其余如棉花、络麻、油菜等的发展速度远远低于粮食的发展速度。其内部结构的不合理已经显现无遗了。

2. 在“批林整风”运动中发展农业。1971年9月,林彪反革命集团被粉碎后,全国普遍开展了“批修整风”(后称“批林整风”)运动。余杭县委也于12月23—30日在农业学大寨会议上传达了中共中央〔1971〕77号文件,以“批修整风”为纲,讨论修订了第四个五年计划和1972年农业生产指标,并对农业生产的任务和措施予以了落实。1972年3月,余杭县委根据中共中央1971年12月26日作出的《关于农村人民公社分配问题的指示》,组织力量赴良渚公社搞点。4月3日—6日,又召开了公社党委书记会议,在良渚公社试点取得成功的基础上,全面部署了贯彻《关于农村人民公社分配问题的指示》,要求各地针对当时农村在极“左”思潮影响下,普遍存在分配不兑现,劳动计酬上的平均主义等严重挫伤农民生产积极性的状况,着重抓好改进劳动计酬,落实“各尽所能,按劳分配”的政策。在学习大寨的管理办法上不生搬硬套,注重从实际出发，总结当地好的经验，坚持那些为农民群众所欢迎的简便易行的办法，并强调农业要全面发展，不能把党的政策所允许的多种经营当作资本主义去批判。这个指示的贯彻执行，解除了群众“怕变、怕统、怕刮风”的“三怕”思想，安定了人心，受到了全县农村广大干部和群众的欢迎，绝大多数的生产改进了劳动计酬方法及分配兑现的政策，全面按照“各尽所能，按劳分配”的原则，实行男女同工同酬。这不仅推动了农业生产的发展，还大力推动了多种经营和正当家庭副业的开展。随着“批林整风”运动的不断深入，党对农业的领导进一步加强了，党在农村的各项政策措施的贯彻落实与以前相比大为改观，农业生产和农村经济出现了较好的发展势头。1972年农业总产值达21286万元，比1971年增长9.49%；粮食总产量达308085吨，比1971年增长12.73%，均为“文化大革命”以来增幅最大的一年。特别是在粮食耕作制度和栽培技术上，通过改善土地生产条件，积极发展三熟制，并进一步开展“五提高”（即提高春粮比重、提高抗灾能力、提高施肥水平、提高植保水平、提高机械化程度）。通过扩大春粮面积，压缩部分绿肥田，使春粮种植面积从1970年、1971年的9.13万亩、14.33万亩，扩大到了1972年的22.49万亩，粮食总面积和复种指数都有所提高；水稻以推广早稻矮秆良种早、中、晚配套和“三秧配套”（即早稻小苗带土秧，保温育秧和稀播大秧配套；晚稻小苗带土秧，稀播大秧和大苗两段育秧配套）为主的栽培技术。持续开展以治水为中心的农田基本建设，在1968年~1970年间，余杭县掀起连续三年的大搞平整土地热潮，建设旱涝保收稳产高产农田。增施氮肥、牲畜肥及有机肥等，以提高亩平均施肥量。推广“两查两定”（即查害虫发育进度或病情、苗情和天气情况，按防治适期，定防治时间。查害虫发生数量或发病情况，按防治标准，定防治对象田），统一防治病虫害，并增加化学农药的供应量。提高农业生产的机械化或半机械化水平，全县农用机械总动力1966年为28404千瓦，每百亩耕地平均4.2千瓦；1972年为46479千瓦，每百亩耕地平均7.4千瓦，六年增长了76.19%。农民人均收入也为1966年以来的最高水平，达到了133元。

3. 农业生产再度受到干扰。1974年—1976年，“四人帮”反革命集团掀起了波及全国的所谓“批林批孔”及“批邓、反击右倾翻案风”运动。对中共中央、国务院的纠正“左”倾错误及调整国民经济的一系列政策，说成是“复辟”、“倒退”，是搞“唯生产力论”，使一度稳定的政治、经济局势又开始剧烈动荡了起来。1974年2月2日—10日，在余杭县召开的农业学大寨会议上，学习了中共中央有关“批林批孔”的文件和《人民日报》关于《把批林批孔的斗争进行到底》的社论，进行批林批孔。紧接着4月5日，余杭县革委会建立“三结合”的“批林批孔小组”和“批林批孔办公室”。随后，区、公社和各部门层层建立了凌驾于党委之上的批林批孔组织，“批林批孔”运动全面展开，直到翌年春才基本结束。到了1976年3月下旬，在浙江省委召开的地(市)县委书记会议结束后，余杭县又掀起了“反击右倾翻案风”运动。5月17日—21日，县委召开公社党委书记以上干部会议，布置所谓“反击右倾翻案风”及搞好工农业生产等工作。这两个运动的开展，使得一些“左”倾政策和做法重新有所回潮，农业生产又一次受到了严重影响。用1973年—1976年四年平均数与1972年相比，农业总产值、种植业产值、牧业产值分别下降4.59%、2.70%、11.70%；主要农产品总产量除络麻、水果、茶叶因种植面积扩大等因素分别增长16.26%、1.96%、26.68%外，粮食下降1.72%，油菜籽下降9.12%，棉花下降3.69%，蚕茧下降2.83%，生猪饲养量和存栏数分别下降3.58%、5.68%，羊饲养量和存栏数分别下降13.01%、10.06%，牛存栏数下降11.35%，淡水鱼下降4.28%，这是自1959年—1961年“三年困难时期”后农业生产上的又一个低潮。不过在此期间，社队的广大基层干部和社员群众由于在前几年纠正“左”倾错误和正确贯彻执行党的农村经济政策中已得到了益处，对这些极“左”思潮的错误提法和做法进行了直接或间接的抵制，一直坚持生产，从而在一定程度上减轻了“批林批孔”、“反击右倾翻案风”运动对农业生产造成的危害。如自1971年开始，余杭县普遍建立了县、公社、大队、生产队四级农科网。通过不断巩固和发展，到1974年，已拥有各类农民技术员2.1万余人。有180个社、队建立了农业科学基地，初步形成了一个自下而上的农业科学实验网，对农业生产的发展起到了一定的作用。并通过不断改进耕作制度，使全县新三熟制面积扩大到33万多亩，达到总面积的70%以上，46万亩水稻基本实现了矮秆良种化；蚕桑生产也改变了过去“三年栽桑，四年成林”的状况，试验推广了无秆密植桑1.5万亩；还在络麻育苗移栽、改良猪羊品种及微生物的试验应用等方面取得了一定成果。至1975年，余杭县仅就全年粮食亩产来讲，已有3个公社、76个大队、526个生产队曾超过“双纲要”，其中超过双千斤的大队有2个。同时，也为实现农业机械化创造了条件。1975年，全县的农用机械总动力达85395千瓦，还出现了金星、五七、红峰等机械化程度比较高的一些试点大队。从整个“文化大革命”期间的农业生产形势发展来分析，在运动初期和末期生产是下降的，中期虽有增长，但也是较为缓慢的。1976年同1966年相比，农业总产值和种植业产值只增长了9.89%、15.81%，而牧业产值和渔业产值却下降了7.87%、20.95%。主要农产品的总产量除茶叶、水果、油菜籽等分别增长170.89%、40.51%、72.56%，有较大增幅外，另外的虽有增长，但幅度不大，像粮食、络麻、蚕茧、羊存栏等分别增长了23.09%、7.82%、7.82%、24.76%、0.78%；棉花下降了55.91%，生猪、牛、家禽存栏分别下降2.98%、24.85%、11.84%，淡水鱼也下降22.77%。农民人均收入只比1966年增加了20元。因此，“文化大革命”的十年中，在农业上虽然也有过阶段性发展，但是农业生产总的发展态势始终未能彻底排除“左”倾思想的干扰，使得中央的农业和农村经济政策没能得到正确有效实施，农业生产和农村经济的健康发展受到了阻碍和破坏。

4. 两年的徘徊前进。1976年10月，“四人帮”反革命集团被粉碎了，标志着历时十年的“文化大革命”的结束。但是1977年—1978年这两年，由于在农村工作的指导思想上，“左”倾思潮并没有消失，依然坚持以阶级斗争为纲，继续强化农业学大寨运动，错误地将建设大寨县作为农业发展的惟一动力，并再次刮起了由生产队核算向生产大队核算过渡的错误“过渡风”，农村的体制依旧是人民公社一个模式。“文化大革命”中“左”的一套做法还在延续，仍然继续束缚着农业和农村经济的发展。当然，在这两年的时间里，通过开展“揭批查”运动，调整和充实了各级领导班子，并落实了相关政策，这对调动广大干部、群众的生产积极性，促进农业生产的恢复和发展起到了推动作用。尤其是推广以杂交稻种植为重点的农业增产技术，为粮食产量的增加创造了条件。1977年种植晚季杂交稻5079亩，亩产661斤，比常规晚稻亩产增产16.5%。1978年全县种植杂交稻面积达7.67万亩。1978年，每亩粮地的平均年产量首次达到800公斤大关，粮食总产量达383900吨，比1976年增长23.4%，都成为了余杭有史以来的最高水平。棉花、络麻、油菜籽、生猪、羊等也都呈现较好的发展势头。农业总产值达23861万元，比1976年增长19.5%。农民人均收入从1976年127元增加到了153元。

1978年12月18—22日，中共十一届三中全会在北京召开。会议作出了将全党工作重点转移到社会主义现代化建设上来的战略决策。同时，对农业问题进行了深入讨论，制订了《中共中央关于加快农业发展若干问题的决定（草案）》，对农业生产的发展提出了一系列政策措施和经济措施，从根本上端正了农村工作的指导思想，为后几年农村率先进行经济体制改革和农业生产的迅速发展奠定了坚实的基础。余杭农业由此迎来了一个前所未有的蓬勃发展新时期。

村规模调整促进农村全面发展

陈尧夫

村规模调整,是统筹城乡经济社会发展的需要,是促进农村改革、发展和稳定的重要举措,是农村生产关系适应生产力发展的必然选择。从余杭区域范围内的575个村调整为512个、509个、506个、505个至262个村的历史演变,演绎着余杭村规模调整的全过程,促进农村社会全面发展。

一

中共十一届三中全会以后,中国进入改革开放新时期。中共十一届三中全会确立的"解放思想,实事求是"的思想路线,给农村改革指明了前进方向。1983年4月起,全县56个公社实行政社分设,恢复乡镇建制。7月,石鸽乡宝塔、水产两个村划归余杭镇;1985年6月,星桥乡苏家、丁山两个村和双林乡胡石罅、星火、东安3个村划归临平镇;12月,北湖乡外窑村划归瓶窑镇,塘南乡西界河村、姚家坝村划归塘栖镇。1987年,余杭县行政区划为1个直辖镇、5个区、18个镇、34个乡、575个建制村,建制村一直保持到1995伟。其间,全县进行撤区扩镇并乡。1988年1月,北湖乡并入瓶窑镇;8月,双林乡并入临平镇。1991年1月,石鸽乡并入余杭镇。1992年5月,撤销临平区、塘栖区、余杭区、三墩区、瓶窑区,实行县直接管理乡镇的体制。小林乡、乾元乡、翁梅乡并入临平镇;大井乡并入乔司镇;塘南乡、宏硒乡、超山乡并入塘栖镇;沾桥乡并入崇贤镇;舟枕乡、永建乡并入余杭镇;和睦乡并入闲林镇;吴山镇并入仓前镇;双桥乡、蒋村乡并入三墩镇;大陆乡并入良渚镇;长命乡并入瓶窑镇;勾庄乡、肇和乡、运河乡合并,新建勾庄镇;鸬鸟乡与太平乡合并,新建鸬鸟镇;中桥乡与泰山乡合并,新建中泰乡。1995年8月,余杭镇水塔、西舍、百亩地、郭家4个村划人中泰乡。

1996年5月,经省人民政府批准,杭州市扩大市区行政区域范围,余杭市的三墩镇划归杭州市西湖区管辖;九堡镇、下沙乡(包括围垦区)划归杭州市江干区管辖。余杭市委、市政府在服从省委决定的前提下,积极做好干部群众的思想和稳定工作,为杭州市经济乃至全省经济的持续发展提供保障。余杭市两镇一乡共划出63个建制村。其中:三墩镇42个,分别为五里塘、南阳坝、厚仁桥、厨房抖、大港桥、荡王头、虾龙坝、三坝、浦家桥、罗家、杨家桥、陆板桥、山桥、杨家塘、东沙兜、金印桥、油车桥、肖家坝、南蔡、方家、草鞋桥、柴家坝、安头、后村、蒋家抖、方山、章家桥、高家湾、双桥水产、蒋村、包建、王家桥、周家、深潭口、三深、龙章、杨家埭、双龙、合建、登云圩、五联、驻家庄村;九堡镇9个,分别为九堡、杨公、八堡、牛田、蚕桑、格畈、三村、宣家埠、三围村;下沙乡12个,分别为中沙、下沙、头格、七格、智格、上沙、高沙、元成、东方、新元、松合、湾南村。两镇一乡划出后,全市有1个直属镇、22个镇、4个乡、512个建制村。1997每,塘栖镇鹦哥墩村并入丁山河村,朱家门村并入车家埭村,姚家湾村并入钱家角村,全市建制村从512个减至509个。2000年,临平镇撤销临平村;獐山镇撤销华墅村、岳山村、三星村,建立东风村,全市建制村从509个减至506个。2001年,南苑街道撤销东安村,建立东安社区,全区建制村从506个减至505个。

二

全区 505 个建制村中,1000 人以下有 124 个村,600 人以下有 13 个村,其中最小的村只有 15 户 47 人,而自然村落有 5000 余个。村规模小,布局分散,使得水、电、路等基础设施建设的成本大大增加,许多项目重复建设,浪费较大,村级规模“小、散、弱”的状况,严重制约着农村社会经济的全面发展。余杭区作为融入大杭州的新兴城镇,如何打破城乡分割的“二元结构”,统筹城乡经济,加快“三大组团”的城镇化建设,改变农村旧貌,建设新型社区已成为一项迫在眉睫的工作。

2003 年,区委、区政府根据省委、省政府“关于在经济比较发达和交通便捷的地区,继续加强村撤并的力度,科学的进行村规划,加快中心村建设,促进产业和人口的集聚”的指示精神,决定对全区 505 个建制村进行村规模调整,并对村规模调整的范围进行分类:一是建城区范围内的村,以推进撤村建居和农村新型社区建设为主,原则上不作调整;二是平原地区,以中心村扩容为核心,对规模在 1500 人以下的村,原则上进行调整,使之达到 3000—4000 人;三是山区、半山区,以生态村建设为目标,对一些地域相连,历史上曾经分合以及一些自然条件差、集体经济薄弱、规模在 800 人以下的村,原则上进行调整。

村规模调整工作涉及面广,政策性强,且没有统一的模式。对此,区委、区政府决定选择仓前镇作为村规模调整的试点单位,由区委农办牵头,会同有关职能部门组成工作指导组。2003 年 8 月,区委、区政府成立以区委副书记张竟成为组长,副区长孔祥华为副组长,区委组织部、宣传部、农办、农业局、民政局、建设局、法制办、公安局等有关部门参加的村规模调整试点工作指导组。同时,仓前镇成立由党委书记郑朝阳任组长,镇长冯玉宝、副书记马旭亮任副组长,各科室负责人参加的村规模调整试点工作指导小组和工作班子。村规模调整试点工作在区工作指导组指导下,由仓前镇党委、政府负责组织实施。试点工作分为调查摸底、制订方案;宣传发动、组织实施;完善制度、规范运作等 3 个阶段进行。至 8 月底,仓前镇原有的 25 个建制村,除 2 个拟撤村建居外,其余 23 个村调整为 8 个村,村干部职数由 105 人减至 75 人。通过试点,探索出一套具体的操作程序以及一些解决矛盾和难点的方法,从而为全区稳步推进村规模调整积累了经验。

在仓前镇试点的基础上,9 月 5 日,区委、区政府召开全区村规模调整工作会议,区委副书记、区长刘庆龙强调:村规模调整工作,既是贯彻落实“三个代表”重要思想的具体实践,又是全面建设小康社会,率先实现现代化的重要内容,要求各地必须把思想和行动统一到区委、区政府的决策上来,集中精力、周密部署、狠抓落实,切实打好村规模调整这场攻坚战。并就如何全面实施村规模调整提出具体意见,确保全区村规模调整工作在 10 月全面完成。会后,各乡镇、街道召开会议进行部署,推进村规模调整工作。

全区村规模调整工作从 9 月 5 日起全面实施,力争在 9 月底前完成新村挂牌,到 10 月 20 日前基本完成。总体分 3 个阶段进行:第一阶段调查摸底、制订方案。时间为 9 月 5—15 日,主要工作是统一班子成员思想,成立领导小组和工作班子,调查研究,多方面征求意见,形成村规模调整建议方案,出台村规模调整若干意见。第二阶段宣传发动、组织实施。时间为 9 月 16—30 日,主要工作是召开各类会议,统一村干部、党员组长、村民代表的思想,形成共识;召开全体党员大会、村民代表会议,形成决议;上墙公示,群众无异议后,按规定上报有关材料,配好干部,成立新村。第三阶段完善提高、规范运作。时间为10月1—20日,主要工作是召开新村三套班子会议,明确分工,搞好衔接;妥善处置集体资产,办好移交,理清发展思路,将有关政策文本等资料,分门别类,装订成册,建立档案,撰写总结。

为规范操作程序,区委、区政府相继出台《关于实施村规模调整的若干意见》《关于村规模调整工作的若干规定》《关于村规模调整工作具体操作方案》,以及编印《仓前镇村规模调整工作资料汇编》下发各地。为统一口径、统一步调,要求各地只做"规定"动作,不做"自选"动作。在实施操作中注重把好4个环节:1.尊重广大群众的意愿,慎重出台村规模调整方案。各地在调查摸底的基础上,要充分考虑原村的地理位置、交通条件、发展水平、历史变迁以及民风、民俗习惯等因素,根据"地相邻、人相近、情相亲"和有利于城镇建设、经济发展的原则,确保调整方案合情合理,为群众所接受。2.充分做好村民代表会议的准备工作,确保调整方案一次通过。村规模调整方案,必须经村民代表会议通过后,才符合法定程序。能否顺利通过调整方案,是整个调整工作中最关键的环节。3.优化配备新村干部,确保新村工作正常运转。新村干部的配备,要以党员、村民代表的民主推荐为基础,经组织考察,上一级党组织任命。村民委员会、村经联社的组织形式以村务领导小组、社务领导小组为过渡,时机成熟,另行履行法定程序选举。4.稳妥处置集体资产,确保村级集体资产平稳过渡。在做好集体资产清产核资工作的基础上,遵循"先调整、后处置"的原则,确保村规模调整工作顺利进行。同时,为确保农村社会稳定,保障集体资产安全,区委、区政府在《关于村规模调整工作的若干规定》中严明各项纪律。1.严肃政治纪律,确保农村社会稳定。2.严肃财经纪律,统一冻结村级账户,确保集体资产安全。3.严肃组织纪律,确保农村基层组织健康发展。4.严肃工作纪律,确保村规模调整工作程序到位。从而保障村规模调整工作有序进行,确保农村社会平稳安定。截至2003年9月,全区村规模调整工作全部完成。全区除126个拟撤村建居和保留原村以外,其余379个村调整为140个,减少239个,调整后共有建制村266个。

运河镇共有建制村22个:其中16个村合并为8个村,分别为湖津荡村与道家圩村合并,新建明智村;大来桥村与杨家墩村合并,新建兴旺村;南园村与庄前村合并,新建博陆村;南石桥村与金家埭村合并,新建东新村;长子村与双条坝村合并,新建双桥村;五杭村与中水渭村合并,新建五杭村;郭信村与杭北村合并,新建杭信村;黄家桥村与长春村合并,新建长虹村。拟撤村建居和保留14个村,分别为亭趾村、费庄村、章家河村、褚家坝村、南栅口村、滩里村、南横港村、新宇村、戚家桥村、螺蛳桥村、杭南村、唐公村、道墩坝村、圣塘河村。

乔司镇共有建制村12个:其中19个村合并为9个村,分别为学稼村与东三村合并,新建三角村;共和村与永东村合并,新建永和村;新三村与冯金村合并,新建朝阳村;葛家村与大井村合并,新建葛家车村;南蒋村与泥桥村合并,新建五星村;和睦村与水西村合并,新建和睦桥村;永西村与洪福村合并,新建永西村;良福村、洗马村与东仁村合并,新建良熟村;方桥村与目野村合并,新建方桥村。拟撤村建居和保留3个村,分别为胜稼村、吴家村、乔司村。

塘栖镇共有建制村28个:其中30个村合并为12个村,分别为龙光桥村、姚家坝村与郑家坝村合并,新建塘北村;丁山河村与鲶鱼角村合并,新建丁山河村;丁河村与朱家桥村合并,新建丁河村;三官堂村与蔡家埭村合并,新建塘栖村;车家埭村与钟家墩村合并,新建西苑村;俞家墩村、张家埭村与庞家墩村合并,新建超丁村;坞儿斗村、柴家坞村与钱家角村合并,新建柴家坞村;龙洞村、泰山村与南扒山村合并,新建泰山村;麻滩村、塘饼墩村与郎下村合并,新建三星村；白河头村与西庄村合并，新建西河村；莫家桥村与得胜坝村合并，新建莫家桥村；下柏圩村、曹家墩村与卫家埭村合并，新建宏磻村。拟撤村建居和保留16个村，分别为李家桥村、姚家埭村、泉漳村、孤林村、龙船坞村、朱家角村、漳河村、土山坝村、港北村、邵家坝村、酒店埭村、西界河村、三文村、超山村、唐家埭村、河西埭村。

仁和镇共有建制村20个：其中35个村合并为12个村，分别为新桥村、黄泥滩村与姚坪村合并，新建新桥村；秧田村、张田村与詹桥头村合并，新建葛墩村；得胜村、东新村、仲墅村与黄家墩村合并，新建东塘村；金家墩村与施家墩村合并，新建三白潭村；胜利桥村与前河圩村合并，新建永胜村；大善桥村、八字桥村、吴根桥村、胡家角村合并，新建永泰村；陈家洋村与陈家角村合并，新建双陈村；林家斗村、河儿塘村、夏家桥村、计家斗村与章桥村合并，新建花园村；栅庄桥村、木克桥村与杨家斗村合并，新建栅庄桥村；九龙村与莫家塘村合并，新建九龙村；西南山村、施家洋村与云会水产村合并，新建云会村；毛墩坝村与豆腐桥村合并，新建东山村。拟撤村建居和保留8个村，分别为平宅村、普宁村、东塘水产村、东风村、奉口村、洛阳村、渔公桥村、獐山水产村。

崇贤镇共有建制村11个：其中25个村合并为8个村，分别为崇贤村、严家桥村、崇贤水产村与哨虎港村合并，新建崇贤村；大安村、潘家村、诸家村与李家浜村合并，新建大安村；南山村、诸家浜村、水洪庙村与梅子湾村合并，新建沿山村；丁家木桥村、贺家塘村与横泾桥村合并，新建四维村；裘家划村与三家村合并，新建三家村；鸭兰村与平泾村合并，新建鸭兰村；北庄村、周家潭村与南车路村合并，新建北庄村；山后路村、山前村与蔡马村合并，新建龙旋村。拟撤村建居和保留3个村，分别为向阳村、陆家桥村、沾桥村。

余杭镇共有建制村16个：其中23个村合并为8个村，分别为溪塔村、永丰村与东塘村合并，新建溪塔村；永安村、姚村村与下木桥村合并，新建永安村；洪桐村与木桥村合并，新建洪桐村；土斗门村、港土罕村与仇山村合并，新建下陡门村；上湖村、七里村与安山村合并，新建上湖村；义桥村、新和村与郎宅村合并，新建义桥村；仙宅村、万石村与新岭村合并，新建仙宅村；竹园村、白坟村与丁桥村合并，新建竹园村。拟撤村建居和保留8个村，分别为凤凰山村、宝塔村、水产村、华坞村、上坟山村、沈家店村、金星村、中南村。

闲林镇共有建制村10个：其中0个村合并为5个村，分别为民丰村与和睦水产村合并，新建民丰村；方家桥村与全丰村合并，新建何母桥村；和睦村与梧桐村合并，新建万景村；灵溪村与寺前村合并，新建云栖村；里山村与项家畈村合并，新建里项村。拟撤村建居和保留5个村，分别为华丰村、桦树村、联荣村、闲林村、孙家坞村。

仓前镇共有建制村10个：其中23个村合并为8个村，分别为连填塘村、钟村、何家陡门村、高岗村与南凉亭村合并，新建连填塘村；高桥村、石华村与会源桥村合并，新建高桥村；林场村、葛巷村、圣殿村与渔民村合并，新建葛巷村；长松村与通义村合并，新建永乐村；仓前村与灵东村合并，新建灵源村；网填村与凌村营村合并，新建苕溪村；寡山村、三营村与新伟村合并，新建吴山前村；永兴村与章家村合并，新建永福村。拟撤村建居和保留2个村，分别为朱庙村、宋家山村。

中泰乡共有建制村12个：其中22个村合并为10个村，分别为铜岭桥村与巴家桥村合并，新建紫荆村；八角亭村与东溪村合并，新建新泰村；南涧村、思古山村与留家村合并，新建泰峰村；孟坞村与邱家坞村合并，新建双联村；张坞村与金村村合并，新建枫岭村；章岭村与铜山村合并,新建白云村;朱桥村、杨桥村与后殿村合并,新建中桥村;跳头村与中洪村合并,新建南湖村;南头村与九峰村合并,新建南峰村;郭家村与西舍村合并,新建岑岭村。拟撤村建居和保留2个村,分别为百亩地村、水塔村。

良渚镇共有建制村26个:其中62个村合并为20个村,分别为七贤桥村、九曲桥村与沿山村合并,新建七贤桥村;顾家埠村与群建村合并,新建崇福村;立早村、新圩村与杜甫村合并,新建杜甫村;打网村、周家里村与太平村合并,新建良港村;荀山村、杨村村与马家角村合并,新建荀山村;石桥村、小桥村与朱家荡村合并,新建石桥村;良渚村、仰家塘村与吴家埭村合并,新建良渚村;上纤埠村、花园桥村与沈家门村合并,新建纤石村;运河村、邱家门村与郁宅村合并,新建运河村;行宫塘村、上坝儿村、库头蚪村与陈国潭村合并,新建行宫塘村;吴家桥村、孟家湾村与盛家抖村合并,新建东塘河村;潘塘村、丁公村、邱家堋、大塘坝村与中潘塘村合并,新建西塘河村;吴王村、深港塘村与白洋村合并,新建勾庄村;庄家桥村、星桥港村与中星桥村合并,新建南庄兜村;歌罗桥村、九房桥村与冯家桥村合并,新建大陆村;屠家坝村与四郎桥村合并,新建东莲村;三合村与塘东村合并,新建新港村;后河村、上湖头村与西良村合并,新建港南村;杜城村、前山村与桥南村合并,新建杜城村;下溪村、中溪村、安溪村、上溪村与石岭村合并,新建安溪村。拟撤村建居和保留6个村,分别为谢村村、吴家库村、管家塘村、长桥村、小洋坝村、金家渡村。

瓶窑镇共有建制村14个:其中33个村合并为12个村,分别为长命村与胡林村合并,新建长命村;城隍山村与北村合并,新建凤都村;凤山村与雉山村合并,新建大观山村;羊山村与乌山村合并,新建瓶窑村;水河桥村、高俞塘村与柏树庙村合并,新建崇化村;毛元岭村、何中村、西中村与甪头村合并,新建窑北村;南山村、枉山村与上窑村合并,新建南山村;西安寺村与圣堂村合并,新建西安寺村;石濑村与翁家村合并,新建石濑村;板石村、两水坞村、东篁坞村、大山村与卸车村合并,新建彭公村;骑坑村与白鹤村合并,新建奇鹤村;塘埠村、西坞村、长岭村与石门村合并,新建塘埠村。拟撤村建居和保留2个村,分别为外窑村、张堰村。

径山镇共有建制村13个:由35个村合并为13个村,分别为四岭村与沙塘村合并,新建四岭村;径山村与里洪村合并,新建径山村;双溪村、竹山村、台山村、化城村与坑西村合并,新建双溪村;钱家滩村、吴山村与俞家堰村合并,新建小古城村;感塘村与汪家村合并,新建潘板桥村;求是村与陶村桥村合并,新建求是村;漕桥村、香下桥村与小五山村合并,新建漕桥村;袁家桥村、前溪村与百步村合并,新建前溪村;邵母桥村、麻车头村与长东村合并,新建麻车头村;长乐村、大坞村与长西村合并,新建长乐村;邵家畈村与西山村合并,新建西山村;桥北村、绿景塘村与冷水桥村合并,新建绿景村;斜坑村与平山村合并,新建平山村。

黄湖镇共有建制村5个:由16个村合并为5个村,分别为上街村与孙家门口村合并,新建虎山村;高村村、浪河口村与独山村合并,新建王位山村;车站村、白塔村、东山村与中街村合并,新建清波村;塔边村、里山村与东坞村合并,新建青山村;赐璧村、牌楼山村、件坞村与半坞村合并,新建赐璧村。

鸬鸟镇共有建制村6个:其中11个村合并为4个村,分别为后畈村、全城坞村与施家边村合并,新建仙佰坑村;横山头村与白沙村合并,新建雅城村;锡康村、祝家湾村与后坞村合并,新建太平山村;上高村、下余村与嵩村合并,新建山沟沟村。拟撤村建居和保留2个村,分别为前庄村、太公堂村。

百丈镇共有建制村6个:其中3个村合并为1个村,即溪口村、古城村与坪里村合并,新建溪口村。拟撤村建居和保留5个村,分别为石竹园村、半山村、百丈村、仙岩村、泗溪村。

临平街道共有建制村15个:为拟撤村建居和保留村,分别为上环桥村、小林村、建富村、陈家木桥村、屯里村、结网村、庄里村、禾丰村、乾元村、龙安村、石坝村、南公河村、万陈村、星火村、丁山村。

南苑街道共有建制村14个:其中3个村合并为1个村,即五科村、大园村与姚家村合并,新建钱塘村。拟撤村建居和保留13个村,分别为万常村、天万村、高地村、翁梅村、联胜村、红联村、联盟村、新丰村、西安村、苏家村、新安村、长树村、东湖村。

东湖街道共有建制村7个:为拟撤村建居和保留村,分别为塘湾村、新塘村、双林村、丁塘村、胡桥村、红旗村、工农村。

星桥镇共有建制村10个:为拟撤村建居和保留村,分别为南星村、枉山村、汤家村、星桥村、贾家村、太平村、安乐村、万乐村、周杨村、民乐村

五常街道共有建制村4个:由13个村合并为4个村,分别为西坝村、天竺桥村与油车斗村合并,新建荆丰村;友谊村与白庙村合并,新建友谊村;源谊村、断桥村、金家塘村与范家村合并,新建五常村;邱桥村、横家桥村、南河头村与木桥村合并,新建文一村。

余杭经济开发区共有建制村2个:为拟撤村建居和保留村,分别为红丰村、横塘村。

五常管理委员会共有建制村3个:为拟撤村建居和保留村,分别为荊山村、横板桥村、顾家桥村。是年,中泰乡撤销百亩地村,建立桃源社区;撤销水塔村,建立石鸽社区。仁和镇撤销东塘水产村和獐山水产村,建立獐山社区。至此,全区建制村从266个减至262个,一直延续至今。

三

2003年10月,全区各乡镇、街道的新村挂牌及集体资产移交等工作全部完成。村规模调整后,其成效显而易见。

1.村干部素质全面提高。村干部平均年龄从调整前43.3岁下降到41.2岁;高中文化程度以上的村干部所占比例由47.9%上升到60.1%,基本实现杭州市委推出的3个80%的“领头雁工程”,具有较强的“带头致富、带领致富”作用。

2.农民负担更加减轻。全区减少239个村,减少村干部799名,每年减少村干部报酬700余万元。同时,以每村的经营性招待费用、办公费用、报刊杂志费用等2万元计算,可直接节约非生产性支出470余万元。

3.资源配置更加优化。村级调控和发展余地扩大了,你有米我有锅,你有浆我有船,资源得到合理配置,发展前景更为乐观,村规模扩大了,发展规划更显合理,对一些过去由资源分割而造成的难题迎刃而解,村规模调整成为各项工作的“助推器”。

4.公益事业健康发展。全区各地对公益福利事业采取宜高不宜低原则。如乔司镇原泥桥、南蒋两村合并为五星村,对南蒋村农户来说,得到的第一个实惠是原村231名老年人(男60岁、女55岁)从2003年10月1日起,可享受到与原泥桥村303名老年人一样,每人每月男50元、女40元的生活补助。

5.生态村建设热情更加高涨。至2004年,全区有48个村申报创建区级生态村,其中黄湖、

径山等镇实现村村申报。余杭生态村建设从20世纪90年代中期开始至2004年,百丈镇石竹园村申报市级生态村首获成功。经过数年的努力和发展,尤其是村规模调整后,维护绿色生态,实现可持续发展的理念已深入人心,先后涌现出径山镇里洪村、小古城村和百丈镇半山村等一大批创建工作扎实、效果明显的先进典型。

6. 集体资产管理得到加强。全区各地对村级集体资产进行清理核实,村会计服务中心对379个原村按清产核资报告进行账面调整,并进行账套合并。同时,村级财务收支审批实行村党支部书记和村长双签字制度,并由村民主理财监督小组每月审核监督村日常发生的财务开支,进一步增强村级财务透明度,使财务监督更趋规范。

7.为民服务措施更加完善。全区各地相继出台基层民主政治建设制度,规范了村干部办事公开,有的村还设立村干部去向牌,便于群众办事,克服过去一些村"半天班"或"公章随身带"的现象。

大力发展优势农业

胡淑媚

余杭位于杭嘉湖平原南端,西依天目山,南濒钱塘江,总面积1223.73平方公里。"四山一水五分田"的余杭,属于北亚热带南缘季风区,日照充裕,雨量充沛;且地形地貌的多样性造就生物的多样性,农业生产具有良好的自然环境和地理条件。因此,余杭历来就是农业大县,素有"鱼米之乡、花果之地、丝绸之府"之称。经过一代又一代余杭人精耕细作、农技传授,涌现出径山茶、塘栖枇杷、沾桥大红袍荸荠、临平甘蔗、小林黄姜、三家村藕粉、余杭湖羊、清水丝绵等传统名特优农副产品。

中华人民共和国成立后,粮、棉、麻、茧、茶、竹、鱼等均列入浙江省重点产区。然而,在"文化大革命"中,余杭农业遭受严重破坏,粮、棉、油等产量徘徊不前或下降,家庭副业视为"资本主义尾巴"被割除,农民收入锐减。中共十一届三中全会后,改革开放给农村经济发展带来新的机遇,余杭优势农业走上恢复和振兴之路。

恢复发展优势农业

1979年2月,余杭县委召开全县三级干部大会,传达贯彻中共十一届三中全会和省委六届二次全体扩大会议精神,按照中央《关于加快农业发展的若干决定(草案)》精神,针对余杭传统农业以粮、棉、油等种植业为主的实际,提出"要正确地、完整地贯彻执行'农林牧副渔同时并举'和'以粮为纲,全面发展,因地制宜,适当集中'的方针,不仅要争取粮食生产大丰收,而且要求农林牧副渔全面发展,使集体经济进一步壮大,社员收入有较多增加,农村经济面貌有较大改变。"县委办印发《关于发展今年农业的几项主要指标》,要求粮食亩产增加100斤,总产量增加4300万斤;社员集体分配收入人均增加20元。具体指标:粮食(春粮、早稻、晚稻、杂粮)亩产1700斤,总产量超8亿斤,比1978年增长5.6%;棉花亩产130斤,总产量2.22万担,增长25.7吨;络麻亩产900斤,总产量66.6万担,增长5%;油菜籽亩产160斤,总产量19.2万担,增长5.2%;蚕茧总产量7万担,增长23.8 啪;茶叶总产量5万担,增长7.4%;淡水鱼起水量9.5万担,增长9.8%;生猪全年饲养量65万头,增长12%;湖羊年终存栏量28万只,增长4.67%;造林

7000 亩，建设油茶基地 5000 亩、毛竹基地 1 万亩等。县委出台《余杭县一九七九年度发展农业奖励标准》，该《标准》包括粮、油、畜指标，经济作物指标和社员分配指标等三大类，提出到年终按照社队的主要生产内容进行全面考核评奖。三大类指标全面达标，实行重奖；某项或几项生产成绩显著，给予单项奖；1979 年实绩达到指标而低于 1978 年，则不予奖励。

全县三级干部大会后，各公社党委结合本地生产实际，努力增产粮食、发展多种经营，集中力量把农业搞上去。从而打破传统农业单一结构，多种经营的发展有了政策保障。各公社党委根据《指标》和《奖励标准》要求，制定相应《奖励标准》，形成激励机制。1979 年，全县农业生产迅速恢复增长，除粮、棉、油大幅度增长外，蚕茧、茶叶、水果、淡水鱼、生猪、蔬菜、药材也有较大幅度增长。同时，全县大力恢复和发展优势农业。县农业局恢复生产南宋名茶——径山茶，在全省名茶评比中获第一名；塘栖枇杷主产区塘南公社成立枇杷科研站，从事优质枇杷培植和引进新品种；配合国家农牧渔业部和省农业厅，在余杭澧桥农场建设全国第一个湖羊场。径山茶、塘栖枇杷、余杭湖羊恢复生产，改变农业生产单一发展状况，为优势农业发展拉开序幕。

1980 年 12 月，县第六届人民代表大会第一次会议召开。县政府就 1981 年和今后 3 年主要工作进行部署，提出搞农业生产一定要完整地执行农林牧副渔并举，走农工商结合道路。1981 年，农业生产总的要求：在认真抓好粮食生产的同时，大力发展经济作物，争取各业都有一个较大幅度的增长。同时，确定 1983 年农业生产各项指标：粮食总产 9 亿斤，比 1980 年增加 2.3 亿斤；油菜籽总产 30 万担，增加 3.6 万担；棉花总产 3.8 万担，增加 9300 担；络麻总产 63.6 万担，增加 16.6 万担；蚕茧总产量 9 万担，增加 1.5 万担；茶叶总产 6.2 万担，增加 8000 担；生猪饲养量 80 万头，并积极发展羊、兔、奶牛等食草类动物；淡水鱼起水量 15 万担，增加 3 万担。1981 一 1983 年，造林 2.8 万亩，建立毛竹、小竹丰产林 3.2 万亩；水果、竹笋等有新的增长。走农工商结合道路，提高农副产品的商品率。至 1983 年，要求全县农副产品收购总额 1.52 亿元。

恢复和发展优势农业的主力军是广大农民。根据中央、国务院转发国家农委《关于积极发展农村多种经营的报告》，县委召开全县公社党委书记、主任会议，贯彻“决不放松粮食生产、积极发展多种经营；发挥集体和个人两个积极性”的方针。提出取消禁令，允许社员发展家庭副业；对劳动力富余的社队，集体可以扶持社员发展家庭副业；对有特长的社员，生产队可以通过订立合同等形式，鼓励和支持他们经营服务业、手工业。并对全县农村自留地、饲料地重新划分，适当扩大。从而促进家禽、家畜以及家庭手工业的发展。平原水乡地区出现家庭织土布、麻布，山区、半山区家庭编织竹箩、竹篮等。允许社员发展家庭副业，在一定程度上突破人民公社“一大二公”体制，但生产力还没有完全解放出来。根据中共中央批转《全国农村工作会议纪要》精神，县委召开全县农村工作会议，提出在加强农业生产责任制和落实农村各项经济政策的基础上，从 1982 年 3 月起推行以分田到户、土地承包为主的家庭联产承包责任制。是年 11 月，县委召开四级干部大会，决定全面实行家庭联产承包责任制。至 1983 年年底，全面实行家庭联产承包责任制基本完成，彻底打破人民公社“一大二公”体制，确立农民在集体土地上的经济地位，解放了生产力，调动了广大农民生产积极性。全县农村涌现出农业生产专业户（重点户）1733 户（包括饲养家禽、家畜专业户），也出现茶叶、土布、竹器及蚕茧、食品加工等专业户（重点户）。沾桥等地农民将自产的大红袍荸荠加工成清水马蹄，将自产的莲藕加工成藕粉；超山等地农民将梅、李等水果加工成蜜饯；塘栖等地农民将蚕茧加工成茧丝、丝绵。历史上久负盛名的三家村藕粉、余杭清水丝绵、超山蜜饯等得以恢复。

为鼓励农村经济发展，县委、县政府召开全县农村专业户（重点户）代表会议，对185户专业户（重点户）颁发“劳动致富光荣证”。县委、县政府要求各级党委、政府及各行各业，支持农村专业户（重点户），保护他们的合法利益，解决实际问题，促进农村专业户（重点户）发展商品经济。如饲养家禽专业户（重点户）反映饲料供应紧张问题，县政府采用以蛋换饲料的办法，每投售1公斤蛋，发放2公斤饲料，支持专业户（重点户）饲养禽蛋的积极性。从而农村专业户（重点户）增至2.48万余户，成为余杭优势农业恢复发展的主力军。优势农业中的家禽、奶牛分别增长5倍和2.5倍，春笋、老姜、枇杷等得到恢复和发展。

发展“城郊型”农业

全面实行家庭联产承包责任制后，余杭农民迸发出前所未有的生产积极性，农业全面增收，各类农副产品“超常规”增长。农民不但解决温饱问题，而且家家有余粮出售。1984年秋冬之交，一个前所未有的问题——农民“卖粮难”发生了。面对新情况、新问题，县委召开全县乡镇党委书记会议，进一步贯彻中共中央《关于一九八四年农村工作的通知》精神，强调放开农产品市场，引导农民进入市场。按照市委、市政府关于建设“城郊型农业”，实施“城乡协作，服务城市，富裕农村，活跃市场，方便群众”的方针，决定调整农业产业结构，适当调减粮食、棉花种植面积，扩大经济作物种植面积，其中粮食、棉花种植面积分别调减为9%和14%、其他经济作物面积扩大31%。

1985年，县委针对“卖粮难”等问题，进一步改革农村经济体制。按照中共中央、国务院《关于进一步活跃农村经济的十项政策》精神，取消粮食统购政策，实行合同定购；其他农副产品取消派购，全部放开。并按照市委提出“马车型”农业产业结构设想，全县在抓好粮食生产的同时，大力发展城乡市场需要的肉、禽、蛋、奶、鱼、菜、果、花等“八鲜”产品，朝着“城郊型”农业方向发展。

余杭东、北、西三面弧形拱卫杭州市区，发展“城郊型”农业具有明显的区域优势。“城郊型”农业，是向城市居民提供物美价廉的蔬菜、瓜果、禽蛋、肉类、牛奶等副食品，是发展优势农业的必由之路。走“城郊型”农业之路，必须适应市场需求，同时生产经营要向机械化、集约化、设施化、高效化方向发展，走符合余杭特色的“城郊型”路子。根据发展“城郊型”农业的实际，县委、县政府着重抓好乡（镇）村两级合作经济组织和各种专业性服务组织的建立和健全，形成与发展“城郊型”农业相适应的技术、机耕、排灌、运输、加工、供销和经营管理等方面服务体系。推进横向经济技术协作，引进先进技术，培育优势农产品。同时，组织农产品参展。

为发展优势农业，余杭县承办全国第4次枇杷科研协作会议，县农业局成为全国枇杷科研协作单位之一。在塘南成立枇杷研究所，加强对塘栖枇杷生产的研究，尤其对塘栖枇杷低产、衰败的原因，经过科学研究和试验，确定“软条白沙”“红毛丫头”“大红袍”等为当家品种，使塘栖枇杷得到有效发展。同时，余杭县参加全国名茶评比，径山茶被国家农牧渔业部评为部级名茶、部优产品。

1986年，全县各部门积极组织实施“星火计划”“丰收计划”，全年有“星火计划”项目29个。在实施“星火计划”中，对有一技之长的农民进行培训，建立一批科技示范户，促进传统农业向“城郊型”农业转变。春笋主产地瓶窑，有一科技示范户成功开发“春笋冬出”技术，寒冬腊月出产的新鲜春笋，深受城镇居民欢迎。在“丰收计划”实施中，全县24个乡60个村共8449户首批实行高产模式栽培,经验收比常年增产6.2–7.9%。是年,余杭县精制茶厂生产的天坛牌特级珍眉绿茶赴日内瓦参展,在第25届世界优质食品博览会上获金奖。县农业局开发的“谷雨春”“双径雨前”“娘娘山茶”“余杭雀舌”等茶叶,均评为省级名茶。名茶在市场上供不应求,茶农生产积极性高涨,加强茶园管理,选育良种,扩大种植面积,跻身全国产茶基地县级行列。1987年,余杭县成为全国10个高产模式栽培重点县之一。县水产局利用世界银行贷款发展淡水鱼,新建鱼塘4500亩,改造老鱼塘1.5万亩,实施国家农牧渔业“丰收计划”取得成功。是年,余杭县被国家农业部列为全国首批实施农业综合开发县。1988年,县委、县政府召开全县区委书记、区长会议,县级有关部门负责人参加,研究农业综合开发工作。农业综合开发是以农业生产区为重点,综合利用农业资源,运用工程和科技等措施,进行山、水、田、林、路综合治理,提高农业综合生产能力和农业综合效益。全县实施中低产田改造、排灌整治、绿化造林、吨粮田工程、山区小流域治理等项目建设,注重发挥高新科技示范作用。

1990年2月,县委、县政府召开全县农村工作会议,贯彻落实国务院《关于依靠科技进步振兴农业,加强农业科技成果推广工作的决定》精神,进一步明确农业发展一靠政策、二靠科技、三靠投入,最终靠科学解决问题。决定用3年时间建设21个亩产吨粮乡镇、266个吨粮村、22个万亩吨粮田。以“吨粮田”建设为突破口,开展科技兴农活动,即推广粮食高产模式栽培、配方施肥等。围绕“吨粮田”建设,全县开展“三创一有”(“三创一有”,指区创吨粮乡、乡创吨粮村、村创三纲田、组有攻关户。)活动,着重抓好技术措施配套、农业服务。建立乡镇级农业综合服务站,村建立“五统一”(“五统一”,指统一品种布局和良种供应、统一农机服务、统一推广农技、统一植保、统一排灌)服务体系。是年,粮食总产量39.79万吨,比1989年增长5%。稻米质量有较大提高,余杭镇农民以“电饭煲选良种”的办法,选择适应城镇居民口味的晚稻品种,高效高产。是年,余杭县被国务院授予1990年粮食生产先进单位”称号,被国家计委、农业部确定为全国商品粮基地县。

1991年,全县粮食、棉花、油菜籽、蚕茧等都有不同程度增长,生猪饲养量和淡水鱼起水量也有较大增长。淡水鱼养殖,全县内塘养殖面积4.72万亩,起水总产量163381吨;外荡养殖面积3.8万亩,起水总产量2101吨。淡水鱼养殖打破青鱼、草鱼、鲢鱼、鳙鱼“四大家鱼”单一格局,涌现出特色水产品养殖热潮。其中:鳗鱼起水量32吨,出口15.4吨;人工养殖甲鱼扩大到3个场(点),建成甲鱼养殖池3384平方米,年产商品甲鱼2877公斤,培育甲鱼种1.7万只。还养殖罗氏沼虾、青虾、河蟹等特种水产品。是年,径山茶被杭州国际茶文化节宣委会授予“中国文化名茶”称号,获科委“七五”星火计划成果博览会金奖。余杭县被农业部授予“七五”期间“全国渔业生产先进奖”称号;余杭县水产技术推广站被农业部授予“全国农业科技推广先进集体”称号。

余杭走上“城郊型”农业发展之路后,稻米、淡水鱼都打破传统单一的种养格局,品种多元化、质量适应城市居民需求。传统农业向“城郊型”农业转变,促进余杭优势农业提升发展。

发展“一优两高”农业

由于农业连年丰收,农副产品生产过剩,出现“卖难”问题,农民增产不增收。1992年9月,省委、省政府召开全省农村工作会议,决定调整农业产业结构,发展“一优两高”(指优质、高效、高产)并决定从1993年1月1日起,在全省范围改革粮食购销和价格体制,实行开放经营,逐步实现粮食商品化、经营市场化。接着，县委召开全县农村工作会议，传达贯彻全省农村工作会议精神，提出以“商品化、城郊型、高效益”的思路，调整农业产业结构，发展“一优两高”农业。决定从1993正1月1日起放开粮食购销，实行指导性收购计划，鼓励多渠道经营粮油。是年，批准个体粮店71家，从事粮油经营。

1993年1月，县委、县政府在良渚召开农业座谈会。会上，基层干部群众提出，可以根据城镇市场需求，因地制宜发展优质稻米、竹笋、水果、蔬菜。经过座谈，县委、县政府认为，余杭调整农业产业结构，发展“一优两高”农业，必须发挥地理优势，在发展“城郊型”农业已形成粮食、蚕桑、茶叶等商品的基础上，决定重点发展优质米、禽畜、淡水鱼、蔬菜、竹笋等5大类商品。]994年4月，县委、县政府下发《关于加快发展农业和农村经济的若干政策措施》，在大力发展“一优两高”农业方面：提出“根据商品化、城郊型、高效益的发展方向，近期要建设好优质米、名特优新水产品、商品菜、竹笋、禽畜等商品生产基地”；“县里将确定和扶持5个示范乡镇，各乡镇也要确定和扶持一批各具特色的示范基地。县级各部门要在资金、技术、信息、物资等方面给予重点扶持”；“要加快良种引进、繁育和推广，增加投入，建立一批粮食、经济特产、水产、禽畜、林业等良种繁育基地，增设一批供应网点”。同时，提出加快外向型农业发展和积极扶持农业龙头企业等措施。是月，余杭撤县设市。市委根据杭州市委部署，提出进一步加快小康村建设步伐，下发《全市农村小康村建设实施意见》，并将“农村经济商品率85%以上或农产品率65%以上”作为农村小康村考核标准之一。从而，余杭以建设小康村为抓手，加快发展“一优两高”农业，提高农产品商品化，进一步推动余杭农业快速走向市场。为贯彻落实《措施》，市政府确定仓前、塘栖、五常、彭公、九堡等5个乡镇为“一优两高”农业示范乡镇；命名市水产养殖场、余杭粮油加工厂、塘栖鸡场等10家企业为市级农业龙头企业和龙头市场，给予资金、税收、信贷扶持。1994年，早稻优质米基地面积4.5万亩，比1993年增加8000亩。实施粮食“吨优千”工程8.3万亩，亩产1212.5公斤。商品菜复种面积24.86万亩，总产量37.5万吨，增长44.9%。名优茶产量696.6吨.增长14.36吒，收入占茶叶总收入的65.2%。淡水鱼起水量2.27万吨，增长5%，其中罗氏沼虾、甲鱼、青虾、河蟹、加州鲈鱼等起水量4660吨，增长26.4%。早竹笋和笋材两用林基地分别扩大3.6万亩和2.5万亩。家禽饲养量728.14万羽，增长18.6%。禽畜基地年生产能力为：肉类3.02万吨、奶1.44万吨、蛋6123吨。

在调整农业产业结构，发展“一优两高”农业取得阶段性成效后，市委郊型现代农业。在市委下发的《关于余杭市中长期经济和社会发展的若干意见》中强调，在保证粮食自给的前提下，大力发展多种经营，引进和发展市场需要的名特优产品，并按产业化发展方向、区域化布局的要求，规划并建好十大农产品基地。实现产供销、贸工农一体化，连结一、二、三产业，发展农业龙头企业，实现农产品转化增值。要在建立农用土地使用权流转机制，推进农业规模经营的基础上，发展农业集约化经背，按照经营体制企业化、农业服务社会化的要求，发展“一优两高”农业，提高农业的外向度。并指出，调整农业产业结构要以市场为导向，以经济效益为中心，因地制宜，发挥优势，综合发展。既要优化现有结构，又要着眼农业资源的综合开发，使农业各业比重趋于合理。

为进一步落实“一优两高”城郊型现代农业，市委书记徐志祥在市委九届八次全体(扩大)会议上提出，在1996年“九五”计划的起步之年，要以稳定粮食生产为前提，力求“一优两高”农业有大的突破。稳定粮食生产，发展“一优两高”农业，既是保障供给、增加收入的需要，又是转变经济增长方式的重要内容。粮食生产的基本要求:稳定面积、禁止抛荒、主攻单产、保证总量、完成收购。发展“一优两高”城郊型现代农业的要求是加快农业综合开发,开创“一优两高”农业新局面。按照“有山路走山路、有水路走水路、有旱路走旱路”的办法,因地制宜发展种植业、养殖业、加工业和运销业。山区、半山区以发展林特产品和食草动物饲养业为突破口;平原水网地区以特种养殖业为着力点;近郊乡镇以种植反季节蔬菜为重点,大力调整种养业结构,巩固传统名优特产优势,开发新品种。并指出发展“一优两高”农业,要以市场为导向,以增加收入为中心,积极推行贸工农一体化、产加销一条龙。

是年,余杭遭受“6030”特大洪灾,早稻绝收5万亩,减产2.5万吨,但全年粮食总量31.98万吨,还是高产年。“一优两高”城郊型现代农业稳步发展,早稻优质品种种植面积扩大到4万亩,占早稻总面积12%。名优茶、枇杷、蔬菜均增产。名优茶收入3628万元,占茶叶总收入的78.9%。蔬菜总产量25.56万吨,开始大量运销杭州等城市。罗氏沼虾、甲鱼、青虾、河蟹、加州鲈鱼等新品种发展迅速,起水量4148.63吨,占全部淡水鱼起水量的22%。采用“春笋冬出”技术2596.9亩,生产早笋、毛笋、鲜笋共1.66万吨,笋干664吨,收入7423.78万元。“一优两高”农业初步形成“一乡一品”新格局,彭公早竹笋、鸬鸟优质蜜梨、超山蜜饯加工、塘栖枇杷和蛋鸭、良渚肉鸡、博陆黑鱼和甲鱼,优势农业初显优势。是年,全市农村经济总收入120.2亿元,比1995年增长13.8%;农民人均收入4152元,比1995年增长16.4%。

实施农业产业化

调整农业产业结构,发展“一优两高”城郊型现代农业,使余杭优势农业得到持续发展。但农业基础设施脆弱,农副产品生产销售能力薄弱,农业“靠天吃饭”等没有得到根本性改变。1997年,市委决定大力推进农业两个根本性转变,即经济体制由计划经济向市场经济转变、农业经济发展方式由粗放型农业向集约型农业转变,实施农业产业化建设。为此,市委下发《关于加快农业产业化建设的若干政策意见》。《意见》要求围绕支柱产业和主导产品,突出项目建设,明确投资主体,引入新的机制,优化组合各种生产要素,形成市场牵龙头、龙头带基地、基地连农户的种养加、产供销、农工贸、农科教一体化的“城郊型”现代农业格局,逐步实现区域化布局、专业化生产、一体化经营、社会化服务、企业化管理模式。根据市场需求和余杭资源及区域优势,培育粮食、蔬菜、水产、林业、畜禽、水果、茶叶等七大支柱产业和粮食、水产品、蛋鸭、蔬菜、竹笋、肉类、竹制品、茶叶、果品等九大主导产品;建设优质商品粮、名特优水产品、蔬菜、高产高效竹笋、畜禽等五大区域性农产品商品基地,恢复发展名优茶、传统名果、水生作物、果蔗、蚕桑等五大传统特产商品基地;建立蔬菜、竹笋、果品、水产、畜禽等五大专业性或区域性农产品批发交易市场。围绕九大主导产品,再发展一批企业,形成九大“龙型”经济群体。并给予财政、信贷、税费等政策扶持,推进农业产业化建设,确保余杭优势农业创新发展。

为加快农业产业化发展进程,全面提高农业综合生产能力,实现5年再造一个“余杭农业”发展目标。1998年3月,市委、市政府制订《余杭市农业产业化发展规划(1998—2002年)》。《规划》确立农业产业化发展目标:培育七大支柱产业,围绕九大主导产品,建成十大区域性高产高效农产品商品生产基地,新发展120家农产品加工、流通企业,建成五大区域性农产品批发交易市场,创立5个以上优质名牌农产品。在发展方向上,提出生产专业化、加工系列化、管理企业化、经营一体化、产品品牌化、服务社会化。重点培育“龙型”经济群体,实施粮食、蔬菜、水产品、禽蛋、肉类、竹笋、竹制品、名优茶、干鲜果等九大主导产品产加销“一条龙”。重点建设“优质商品粮基地”“名特优水产品基地”“蔬菜基地”“竹笋基地”“畜禽养殖基地”“名优茶基地”“名优水果基地”“水生作物基地”“果蔬基地”“蚕桑基地”等10个农产品商品基地。《规划》要求努力培育和发展农业龙头企业、加快市场建设、创立优质名牌产品。还提出，充分发挥余杭资源和区位优势，紧紧依托杭州国际旅游城市，依托余杭风景旅游区，积极发展东明山森林公园、黄鹤山科技乐园等旅游项目，努力开辟集生产、经营、娱乐、休闲于一体的“田园风光”“观光农业”“休闲农业”，力争建成4—5个有一定档次的样板。

为进一步加快农业产业化建设，1999年9月，市委出台《关于进一步加快农业产业化经营的若干扶持政策意见》，在鼓励和扶持农业企业和农产品加工企业、鼓励拓展农产品流通服务、鼓励引进新技术和开发新产品、鼓励招商引资和引进人才、鼓励和扶持规模化生产经营和农业示范园区建设等方面提出优惠政策。主要在税收、贷款、用地、奖励给予优惠，在政绩考核、职称评定等方面给予优先。通过上述3个文件的实施，激发余杭干部群众农业产业化建设的积极性，农副产品在创新中获得发展。市农业局牵头，组织茶农成立余杭市径山茶管理协会，为余杭农业第一个行业协会。为保证径山茶质量，制定并发布浙江省第一例农产品标准——径山茶(DB330125.001-1997)标准。《标准》明确径山茶产地、制作工艺、质量要求以及抽样、试验、标志、标签、包装等技术规则。博陆镇政府牵头黑鱼养殖户成立黑鱼养殖协会，有黑鱼养殖户210户，养殖面积1258亩，年起水量2000吨。黑鱼产品被评为浙江省优质农产品银奖。塘栖镇党委、政府举办首届枇杷节，拉开余杭农业“节庆经济”的序幕。塘栖枇杷注册为“塘栖牌”商标，并获杭州市优质农产品展销暨新技术新品种交易会金奖。乔司农民自筹资金开办家禽交易市场——杭州华东家禽交易中心，为华东地区最大的家禽批发交易市场，市场建活禽交易区块、杀白加工区块。五杭农民自办食品厂，生产真空包装红烧羊肉，解决城市居民“羊肉好吃烹饪难”的问题。崇贤三家村农民沈洪奎花30万元购买“三家村藕粉”注册商标，恢复生产三家村藕粉。

1999年，市政府建立农业产业化技术攻关制度，实施技术攻关项目11个。全市乡镇实施农业产业化项目60个，总投资8515.5万元，当年通过验收48个。10家市级农业龙头企业总资产9320万元，所有者权益3787万元，分别增长11%和13.3%，7家农产品批发交易市场年交易额1.5亿元，申请注册商标的农产品100种。是年，在中国国际农产品博览会上，径山茶等5种农产品获名牌；在杭州市农产品评审会上，本牌中华鳖等13种农产品获金奖、三家村藕粉等19种农产品获银奖。

发展效益农业

在培育农业龙头企业、名牌农产品和发展特色农业块状经济的同时，出现农副产品“大路货”较多、“名特优新”偏少。随着市场需求向多样化、优质化方向发展，必须通过提高农副产品质量，进一步实现增效增收。于是，余杭市委在全市干部大会上提出“加快调‘优，农业”的思路。以市场为导向，用正确的办法和有效的手段，指导农民调，领着农民干，帮助农民富。从提高规模经营和专业化水平着手，着力培育一批专业大户，建设和扩大一批农业示范园区和主导产业基地，巩固和发展一批具有余杭特色和竞争优势的主导产品、支柱产业，进一步扶持壮大农业龙头企业，重点培育一批带动农户、加工增值、市场开拓和科技创新能力产业化龙头企业。

按照全市干部大会对“加快调‘优’农业”的思路，2000 年 2 月，市政府召开农业工作会议，确定农业结构调整主攻方向和工作重点。市委副书记、市长何关新在市第十一届人大四次会议上进行部署，确立以“攻难点、树特色、强科技、扩规模、增效益”为加快农业产业化进程的工作思路，以取消粮食定购任务为契机，大力调整优化农业结构，发展产业化经营，加快农业向区域化布局、专业化生产、规模化经营方向迈进。从 3 个方面调“优”农业：一是大力发展创汇农业、观光农业、订单农业和精品农业；二是突破农产品加工和流通两个“瓶颈”，建立和完善适应市场经济体制的产业化经营机制；三是加强农业基础建设。4 月，本牌中华鳖管理协会成立后，组织会员赴上海销售本牌中华鳖。由于保持“青背白肚”原生态的特色，味道鲜美，深受上海市民青睐。“政府搭台，农企唱戏”，在塘栖枇杷节上举办招商会，为余杭农业招商先河。当场签约招商项目 14 个，其中农业项目 7 个，为发展创汇农业打下基础。是年，浙江省政府命名塘栖镇为“浙江枇杷之乡”。余杭与浙江大学联合建设安全高效农产品生产基地，首期优质稻米生产基地等 5 个子项目签约，标志着余杭将以先进技术为支撑，积极发展优势农业。余杭粮油加工有限公司被认定为农业部定点企业，为全省第一家部级定点农业企业。该公司围绕优质稻米生产等 5 项农业结构调整，开展生产经营活动。

2001 年 3 月，余杭撤市设区，这为余杭建立和完善适应市场经济体制产业化经营机制迎来新的发展机遇。区委发出《关于成立杭州市余杭高新农业开发区管理委员会的通知》，尝试以办工业经济开发区的模式发展优势农业，为余杭农业现代化发展提供示范和样板。经过勘察，区政府决定将高新农业开发区块定点在石塘湾，总面积 3.3 平方公里。并提出，经过 3—5 年的努力，把开发区建成农业科技的研发推广中心、效益农业的示范基地、农产品加工重要载体和集休闲、观光、旅游于一体的农业胜地，成为全区发展效益农业的样板和龙头。由于土地分户承包，小规模经背问题突出，严重制约农业产业结构调整、发展效益农业和增加农民收入。为此，区委出台《关于建立农用承包土地使用权流转制度的若干意见》。建立农用承包土地使用权流转制度，有利于土地、资金、技术、劳力等生产要素合理流动和优化配置；有利于连片开发，实现农业规模化、集约化经营和专业化生产。全区各地围绕调“优”农业的总目标，从实际出发，加快农业产业结构战略性调整步伐，呈现“机制调活、面积调大、品种调优、效益调高”的良好局面。通过反租倒包、土地使用权入股、农户转让等形式，流转土地 7.5 万余亩，形成连片规模经营。实施农业产业化项目 105 个，总投资 2.14 亿元，其中实施并通过验收项目 99 个。博陆黑鱼养殖、鸬鸟黄花梨基地通过市级项目验收。径山茶、本牌中华鳖为省级标准，并实施国家级万亩本牌中华鳖标准化示范区建设。新增农产品注册商标 124 件，获中国国际农博会、中国长春食博会及浙江省农业名牌产品 26 种。本牌中华鳖和临平牌红烧羊肉获浙江省首批绿色农产品认证。引进和培育农副产品名特优新品种 50 余种，主要集中在淡水鱼、蔬果及粮食。是年，浙江省政府命名博陆镇为“浙江黑鱼之乡”、亭趾镇为“浙江甲鱼之乡”。余杭万亩苦竹现代科技园可行性研究报告通过中国林科院及省林业厅评审。苦竹的选优与繁育，为发展中泰竹笛产业打下基础。余杭区现代农业示范中心建成，通过省级验收。现代农业示范中心位于余杭镇上湖、永丰、溪塔村，总面积 3000 亩，为水稻良种基地、无公害安全大米基地、无公害设施蔬菜基地及经济作物示范基地。杭州三家村藕粉厂与余杭区南苑农业开发有限公司合资组建杭州浙蒙粮食有限公司，在内蒙古科尔沁左翼后旗建立 4900 余亩的优质大米生产基地。余杭镇茶树嫁接换种技术通过省级评定，对改造老茶园、提升茶叶品质具有积极意义。引进蒸青茶生产线 13 条，总量28条,年生产蒸青茶5000吨,出口日本等国家,提高茶叶附加值。

调"优"农业取得良好成果,但由于国际国内形势变化,余杭优势农业发展面临新的挑战。2002年4月,区委贯彻落实江泽民总书记关于"扶持农业产业化就是扶持农业,扶持农业龙头企业就是扶持农民"的讲话精神,为适应中国加入WTO的新形势,按照"建机制、舞龙头、带龙身、甩龙尾"的工作思路,进一步推动农业产业化经营,促进农业结构战略性调整,全面提升农业产业层次,加快都市效益农业发展,并下发《关于进一步推进农业产业化经营的若干政策意见》。《意见》就大力扶持农业产业化基地建设、发展壮大农业龙头企业、提高农产品竞争力、拓展农产品流通渠道、发展农村专业合作社等方面提出优惠政策,给予一定的财政支持、税费优惠、贷款贴息。《意见》要求加快建设区域特色的产业化基地,加快发展粮食、水产、畜禽、蔬菜、林业、茶叶、水果等7大支柱产业,逐步形成区域特色更加明显的产业经济带。按照"扶大龙、育新龙、兴小龙"的思路,以粮食、蔬菜、水产品、肉类、禽蛋、竹笋、竹制品、水果、茶叶等9大主导农产品为重点,培育和发展农产品加工型、市场流通型、种子种苗型、技术服务型、中介组织型等农业龙头企业。为提高余杭农产品的市场竞争力,还提出要加大农业科技创新力度、大力推广农业适用先进技术、加快推进农业标准化和农产品质量标准体系建设、逐步完善农产品质量检测检验体系、努力打造农产品品牌等工作。在流通方面,壮大发展农产品批发市场、加强农产品营销队伍建设、在大中城市开设窗口等。并提出扶持农村专业合作社组织、支持组建行业协会、建立健全中介服务组织等。

为减轻农民负担,进一步提振农民发展农业产业化经营的积极性和创造性,10月,区委、区政府下发《关于全区进行农村税费改革的通知》,其主要内容:减调改稳、合理负担、转移支付、配套进行。在减调改稳方面,取消乡统筹费(向农民征收的政府性收费和集资)、取消屠宰税、取消农村劳动积累工和义务工;调整农业特产税,只征收农业税,不再征收特产税;改革规范村提留;稳定农业税。在上述两个文件的推动下,调"优"农业再提速、农业产业化经营水平再提高。至2002年年末,全区完成21个连片农业高效特色园区建设,连片均在790亩以上,共2.89万亩,总投资1.52亿元。连片农业园区涉及茶叶、蔬菜、花卉苗木、黑鱼、生态鳖、波尔山羊、苦竹、竹笋、枇杷、黄花梨、优质大米等农产品种养、加工、销售企业300余家,区级以上农业龙头企业18家,其中省级1家、市级7家、区级10家。农业龙头企业联结农户2万余户,生产基地7万余亩。1998一2002年,实施区级农业产业化项目369个,总投资7.89亿元;实施农业综合开发项目43个,总投资9050万元,其中国家级项目17个。农产品商标注册205件,其中国家证明商标1件;制定农产品标准29件,其中省级地方标准4件。2002年,全区农民人均收入6386元,比2001年增长9.4%,是5年来增长最快的一年。

发展现代都市农业

2003年1月,区第十一次党代会绘就2003—2007年新一轮发展蓝图,按照"全面建设小康社会"的要求,在农村经济方面,提出"力争五年再造一个都市农业"。以调整结构为主线,产业化经营为抓手,以增加农民收入为目的,城乡联运,构筑都市与农业和谐发展,生产与生态相协调的现代农业框架。按照"面积调大、品种调优、模式调新、效益调高"的要求,依据自然条件,明确主攻方向,进一步调整优化产业布局,基本形成东部、中部、西部3大都市农业区块。东部重点发展设施农业和农产品加工业,中部重点发展都市休闲观光农业,西部重点发展特色生态农业。按照“产业特征、产品特色、效益特点”的要求，大力建设农业特色园区。规划建设杭州市食用农产品工贸园区，积极培育龙头企业和各类农产品加工、营销企业，培育发展专业合作组织、行业协会，重视农业信息化建设，培育壮大农业经纪人队伍，提升产业化经营水平。按照“绿色、安全、优质、无公害”的要求，发展无公害农产品，培育“名、特、优”农产品，化解绿色壁垒，拓展国内外市场。建立农产品质量安全监测中心，健全农产品标准化体系和安全体系。鼓励工商资本和外资投向农业，建立多元化农业投入机制。

按照区第十一次党代会提出大力发展都市型现代农业的思路，区政府决定进一步发展7大支柱产业，大力发展名优特新农产品，提高市场竞争能力。新发展茶叶5000亩、水果4000亩，设施栽培1700亩，常年性蔬菜基地5500亩、花卉苗木和草坪5500亩，高档水产3000亩。加快区级农业特色园区建设，新建5万亩具有区域特色的农产品生产基地。推动农业龙头企业上规模、上档次，要求区级农业龙头企业总数25家，其中市级10家。组织实施农业产业化项目50个；培育农产品专业市场，力争年交易额超亿元的市场达到3家。同时，提出科技兴农，建立农产品安全质量保障体系。由于供求关系发生深刻变化，优势农产品销售和农民增收更加依赖城镇，市场竞争更加激烈，“力争五年再造一个都市农业”面临新的机遇和挑战。为此，区委、区政府于2004年4月把城乡统筹发展和农民增收作为“力争五年再造一个都市农业”的重点，出台《关于统筹城乡发展，促进农民增收的若干意见》，以加快余杭农业和农村现代化建设步伐。《若干意见》在“优化农业结构，发展都市农业”方面，提出发展农业园区经济、发展农民专业合作社、扶大扶强农业龙头企业、加强农产品市场流通体系建设、积极发展外向型农业、加快推进农业标准化建设和保护粮食综合生产能力等7条意见。围绕7大支柱产业，进一步推进农业结构战略性调整，要求到2007年建成具有示范带动作用的农业特色园区25个、休闲观光园区5个、农业专业村50个。区财政每年安排450万元予以支持。全区建立50个农民专业合作社，培育10个规模大、效益好、机制健全、管理规范的区级示范性农民专业合作社。经工商登记的农民专业合作社，为农户提供产前、产中、产后技术和劳务服务所得的收入免征所得税。自产农产品销售和农产品初加工免征增值税。区财政每年安排100万元用于奖励和培育农民专业合作社，安排500万元扶大扶强农业龙头企业，扶持农产品加工企业进行技术改造、扩大规模和建立基地。农产品市场流通体系建设以杭州农副产品物流园区建设为重点、专业批发市场为骨干、集资市场和分布合理的销售网点为基础，鼓励农产品进入超市。对年销售农产品500万元以上超市、营销大户和在区外年销售250万元以上的专营点实行奖励等。积极发展外向型农业，鼓励引进外来项目，扩大农产品出口。引导农产品加工企业开展质量体系和环保体系认证、注册商标、农产品质量安全体设，鼓励企业和种养大户到区外建基地、办企业、建市场，均给予一·定奖励。《若干意见》还就农业科技创新、农民素质等方面提出实施意见。《若干意见》实施后，区委、区政府按照“生态省”“生态市”的总体规划和区第十一次党代会提出的发展目标，提出大力发展生态农业。在《关于全面推进生态区建设的意见》中提出，大力发展生态农业，要以高新农业示范中心为龙头，以特色农业园区为重点，以农业龙头企业为基础。围绕生态效益农业，全面实施绿色农产品行动计划，以发展绿色、生态和休闲观光农业作为农业产业结构调整方向，努力提升绿色、有机农产品的比重。充分发挥区位优势和产业基础，开发具有余杭特色的茶叶、竹笋、枇杷、水产、畜禽等无公害、绿色、有机食品基地，整合做强农产品品牌，不断提高余杭农产品市场竞争力，实现农业增效、农民增收。

围绕“力争五年再造一个都市农业”总目标，针对在粮食安全、农产品流通、农业园区建设、发展农业龙头企业等方面薄弱环节，2005 年 1 月，区委、区政府下发《关于进一步加大统筹城乡力度，全面建设小康社会的若干意见》，深化和提升发展都市效益农业目标、任务、措施。在大力发展循环经济、着力建设都市农业方面，提出确保粮食安全、搞活农产品流通、加快提升农业园区档次、大力发展农业龙头企业、大力发展和规范农民专业合作社组织、积极推进生态农业建设、实施外向型农业战略等 7 条意见，为发展优势农业提出新举措。搞活农产品流通，以建设杭州农副产品物流园区为重点，鼓励开设名特优农产品专卖店，努力拓展连锁经营、电子商务、物流配送等现代流通渠道，走规模化发展路子。全面畅通鲜活农产品绿色通道，为农产品营销提供服务。提升农业园区档次，以建设余杭高新农业示范中心为龙头，提升 26 个农业特色园区的产业布局、产品质量、经营管理的水平和档次，力争新建休闲观光农业园区 5 个、省级现代农业园区 5 个、市级都市农业示范园区 8 个、农业专业示范村 6 个。发展农业龙头企业，进一步规范提高全区 50 余家农业龙头企业，其中市级以上 20 家，加工营销 1 亿元以上的农业龙头企业 5 家，专业合作社组织 40 家。发展外向型农业，鼓励支持农业龙头企业、专业合作社和专业大户到外地投资兴业，建立优质农产品基地，兴办农产品加工厂，开办优质农产品网点，重点抓好东北 10 万亩有机稻米基地建设、余杭甲鱼进京和创国家品牌工程。贯彻落实新的《若干意见》后，加快了余杭都市农业发展步伐。2006 年 2 月，区委、区政府在《关于全面推进社会主义新农村建设的决定》中提出，农业产业提升工程，要在加强基本农田保护、改善农业基础设施、稳定粮食综合生产能力的前提下，以建设现代都市农业为目标，以一、二、三产业叠加发展为动力，积极实施农业品牌、农产品质量和生态安全发展战略，大力推行循环农业经济，着力发展农产品精加工和休闲观光农业，加快推进径山茶、甲鱼和黑鱼、优质蜜梨、竹业、种苗、花卉等优势产业建设。到 2010 年，力争区级及以上农业龙头企业超 100 家，农产品加工产值达到历史最高水平 100 亿元，区级以上都市农业专业村 30 个，培育新产品 50 个、省著名商标 10 件和省级名牌产品 6 件。培育国家级农业龙头企业、农业标准化示范区、森林公园、农业观光园区、农产品物流中心、甲鱼基地各 1 个；省级农业标准化示范区 2 个；各类农业标准化生产基地面积累计 40 万亩，优势产业面积 30 万亩，设施栽培面积 5 万亩。由于农业产业提升工程的顺利推进，特色农业园区建设、特色农产品加工和销售、农产品商标和标准化认定、农产品食品安全保障等方面都取得可喜成绩。2007 年，区委、区政府提出“做精做特做新农业”的目标。在《政府工作报告》中提出“做精做特做新农业”任务：调整优化农业产业结构，推进优势农业产业带建设，加快发展农产品精深加工业。新增农业龙头企业 7 家，实现农产品加工产值 50 亿元，大力发展生态高效农业，建成市级都市农业示范园区 5 家。高新农业示范中心辐射带动面积 8000 亩，农产品加工产值 1 亿元；开发农业新产品 20 个，培育市级以上名牌农产品 4 个、著名商标 5 件；进一步打造“中国竹乡”品牌，改造低产竹林 5000 亩；建成农业标准化示范基地 5 万亩，健全农产品安全质量体系，进一步完善农业信息化服务平台。

经过 5 年的实施，余杭现代都市农业基本成形。2007 年，全区农村经济收入 1413.9 亿元，增长 18%；农产品加工产值 58.99 亿元，增长 32.3%；农民人均收入 10983 元，增长 14.2%。全区有特色农业园区 40 家，面积 5 万余亩，其中省级高效生态农业园区 6 家；带动和辐射农户 1.6 万户，面积 7 万余亩。区级以上农业龙头企业 78 家，其中省级 2 家、市级 29 家；年产值超亿元 10 家。农民专业合作社 75 个，注册农民信箱 2.74 万户，农民信箱农博会成交额 177.7 万元。批准区级休闲观光农业星级单位22家，其中省级3家、市级8家；农家乐992户，接待游客350余万人次，休闲观光农业产值3.5亿元。是年，余杭区被省政府认定为浙江省首批农业优势产业综合县（区、市）、水产养殖产业强县（区、市）。省政府认定径山镇为茶叶产业强镇、运河镇为水产产业强镇、百丈镇为竹木产业强镇，余杭高新农业示范中心成为全国农业旅游示范点。

全面发展优势农业

2008年10月，中共十七届三中全会通过《中共中央关于推进农村改革发展若干重大问题的决定》，为余杭全面发展优势农业揭开新篇章。根据《决定》精神，区委发出《关于深入学习贯彻中共十七届三中全会精神的通知》，提出要在转变农业发展方式上狠下功夫。按照高产、优质、高效、生态、安全的要求，以发展生态农业、观光农业和农家乐、设施农业等现代都市农业为重点，以现代科学技术改造传统农业，以现代物质装备提升农业生产力水平，以工业化致富农民，以城市化带动农村，以产业化提升农业，以统筹促改革、促发展，加快推进农业产业结构调整，着力发展优势特色产业，加快农业经营主体培育，积极推动农业与农村工业、农村服务业相融合，提高土地产出率、资源利用率、劳动生产率，增强农业抗风险能力、国际竞争能力、可持续发展能力。

2009年3月，区委制订《余杭区加快推进社会主义新农村建设三年行动计划（2009—2011年）》，提出“以科学发展观为指导，坚持城市化引领新农村建设战略，进一步深化农村体制机制改革，进一步调整农业产业结构，发展现代都市农业、高新农业、休闲观光农业，加快农业转型升级，加快农村公共事业建设，提高基本公共服务水平，加快‘五农一村’（“五农一村”，指农业、农村、农民、农民工、农场、城中村）建设步伐，打造以工促农、以城带乡，生产发展、生活宽裕、乡风文明、村容整洁、管理民主的新农村建设新格局”的总体要求。《三年行动计划》共3大类36个项目，其中在现代都市农业发展项目建设行动计划大类中，有优势产业功能区建设项目、现代农业经营主体培育项目、农村现代物流体系建设项目、农产品品牌建设项目、农业科技创新项目、农机装备设施建设项目、农产品质量监管体系建设项目、现代农业综合体建设项目、现代农林场建设项目等。每个项目都提出目标任务、指导主体、责任主体和保障措施。《三年行动计划》要求到2011年，建设农业优势产业生产功能区90个，其中粮食10个、径山茶9个、水果10个、蔬菜9个、生态鳖7个、鱼虾5个、畜禽17个、竹笋7个、花卉苗木6个、休闲观光10个。创建国家级农业休闲观光示范点3—5个、省级8—12个、市级8—15个，休闲观光农业（农家乐）总收入达7亿元。在现代农业经营主体培育方面，达到区级及以上农业龙头企业标准120家，其中国家级1家、省级7家（认定4家）；龙头企业联结基地50万亩、联结农户15万户；实现农产品加工值106亿元，销售额103亿元；规范提升农民专业合作社80家，其中达到省级示范性合作社标准10家（创建2家）、市级30家（创建15家），联合社达到6家；合作社社员总数6000人，注册资金5000万元以上，联结农户10万户，带动面积33万亩。在农产品品牌建设方面，培育省级以上著名商标18件、市著名商标20件、区知名商标40件，培育省级以上名牌产晶13个、市级18个、区级28个。在农业科技创新方面，引进和开发新品种新产品100个，优良品种覆盖率达50070以上；新技术（模式）应用30项，普及率达到50%以上；责任农技师和农民大师在乡镇一级覆盖率达到100%；万人农业科技人员达到4人以上。在农产品质量监管体系建设方面，建设区级无公害农产品示范基地（点）100个、农业标准化示范园区50个；制定各类农业标准90个，其中国家级标准2个、省级10个；完成无公害基地认证100个、绿色农产品认证20个，农业“三品”认证总数80个以上，基地面积占总面积60%以上。（“三品”，指无公害、绿色和有机食品）《三年行动计划》还就农民素质教育、农村信息化体系建设提出要求。到2011年，培训农民79350人次，包括实用人才培训、专业技能培训、经纪人培训、农业骨干培训。农业产业化经营“强将”培训10个；建设省级培训基地1家、市级3家、区级7家；取得职业资格证书4000人、执业农村经纪人700人。农业网络经济产值突破1亿元；全区农民信箱应用示范户培育1500人，创建区级信箱网上摊位100个，信箱买卖信息发布超过1万条。区委、区政府根据余杭城市化发展要求，按照“区域化布局、专业化生产、规模化经营”的思路，大力发展休闲观光型、生态高效型、规模集约型、品牌特色型的现代都市农业。为提升余杭现代都市农业，推动优势农业全面发展，2009年11月—2010年6月，区政府先后出台《关于转发（保护与发展塘栖枇杷产业的若干意见）的通知》等文件，就塘栖枇杷产业、生态渔业、生态竹业、径山茶产业及粮食功能区的提升发展提出具体意见，确定4大产业的生产布局、目标任务。塘栖枇杷产业种植面积15000亩左右，塘栖镇塘北村、邵家坝村，仁和镇三白潭村、东塘村等为枇杷生产功能区。“塘栖枇杷”争创中国驰名商标，把塘栖枇杷板块建设成为集传统历史名果、国家级名牌农产品、休闲观光于一体的现代都市农业和生态农业的典范。生态渔业，全面提升以甲鱼、黑鱼、青虾为主导品种的综合生产能力，运河、塘栖、仁和、余杭、径山、瓶窑、良渚、闲林等镇为生态渔业“二鱼一虾”（甲鱼、黑鱼及青虾）重点功能区板块。生态竹业，以优化竹林培育、提升竹业加工、发展竹商贸服务业、培育竹文化创意业，做到竹产业“一、二、三产业+创意产业”协调发展，全区竹林面积稳定在35万亩左右，其中1/3竹林建设成为生态高效示范基地，在百丈、鸬鸟、黄湖、径山、瓶窑、中泰等乡镇，各建设一个竹子生态高效示范基地。径山茶产业，围绕“提品质、升品牌、树品位”目标，进一步提升径山茶生产规模化、品牌知名化、产品无公害化、技术标准化、加工机械化水平。径山茶茶园面积稳定在5.5万亩，产量9500吨，总产值达到10亿元。径山茶证明商标获中国驰名商标，全面实行质量安全可追溯制度，实现茶叶生产、加工、销售全程质量控制，无公害基地面积保持100啪，有机茶生产面积达2万亩，良种覆盖率达80%以上。粮食生产澎区建设的重点，实施1个省级粮食生产功能区、完成10个市级粮食生产功能区建设任务。

2010年9月，区委下发《关于印发（余杭区三十一大产业集聚基地三年行动计划（2010—2012年））的通知》中，将余杭现代都市农业进一步明确为“一中心四板块”“一中心四板块”，指高新农业示范中心，塘栖枇杷产业板块、生态渔业产业板块、生态竹业产业板块、径山茶产业板块。高新农业示范中心要营造大都市观光、休闲农业，初步形成以“科研、生产、加工、服务、观光”为特色的农业产业链，打造都市农业综合体。塘栖枇杷产业板块，要大力发展生态高效、优质安全的塘栖枇杷产业，借助塘栖“名地”、运河“名河”、超山“名景”效应，整体打造“千年名果”新产业形象，实现一、二、三产业联动，积极发展塘栖枇杷精深加工和休闲观光旅游产业。生态渔业产业板块，要大力发展高效、生态、优质和安全渔业，走“高、精、新”都市生态渔业之路。生态竹业产业板块，要优化竹林培育、提升竹业加工、发展竹商贸服务业，培育竹文化创意业，促进“一、二、三产业+创意产业”协调发展，初步构建生态竹业板块的现代都市产业体系。径山茶产业板块，要一、二、三产业联动建设，借助“名文化”“名人”“名地”“名景”，提品质、升品牌、树品位。《三年行动计划》为余杭区“十二五”期间发展现代都市农业提出了指导思想、产业布局、发展重点、目标任务。2011年8月，区政府《关于批转〈余杭区“十二五”现代都市农业发展规划〉

的通知》中，确定“十二五”余杭都市农业发展战略：按照“优质、高产、高效、生态、绿色、安全”的要求，以农业省级现代农业园区、粮食生产功能区和“一中心四板块”建设为平台，形成以绿色生态农业为主体，优势精品农业为支柱，休闲观光农业为重点，布局合理、优质高效、城乡融合的现代都市农业新格局。把余杭农业提升为具有保障生态、服务城市、促进农民增收等多种功能的高效产业。按照“接二连三、接城联乡、移农富农”的发展战略，推动全区现代都市农业转型升级和持续发展。“十二五”都市农业目标任务：至 2015 年，力争形成以绿色生态农业为主体，优势精品农业为支柱，休闲观光农业为重点，布局合理、优质高效、城乡一体的现代都市农业新格局。全区农业总产值达到 80 亿元，年均增长 6%；农民人均收入 3 万元，年均增长 13.9%。“十二五”期间，围绕径山茶、生态渔业、水果（塘栖枇杷）、竹业等 4 大重点产业，发展蔬菜、畜牧、花卉苗木等三大优势特色产业，保障粮食战略产业，对余杭现代都市农业进行布局。“两区”指省级现代农业园区、粮食生产功能区，余杭现代都市农业重点建设省级现代农业园区、粮食功能区，突出构建“一中心四板块”，打造 100 个优势产业功能区，推进农业产业转型升级和持续发展。积极开发休闲观光农业，根据余杭农业与旅游资源特色，努力推进休闲观光农业（指径山茶文化板块、良渚农耕文化板块、塘栖水乡文化板块、老余杭创意农园板块、运河鱼羊美食板块、鸬鸟山沟沟农家乐板块、中华农业大观园板块、中泰竹乡笛韵板块、“羊锅”美食板块、生态竹海板块）“十大”板块建设，打造休闲农业精品项目。为加快余杭都市农业发展，《规划》提出推进现代农业产业集聚地建设工程、现代农业产业经营主体建设工程、农业科技推广转化应用建设工程、农业品牌创优建设工程、农业休闲观光建设工程、生态绿色低碳农业建设工程、农业安全体系建设工程、农业信息和农民教育服务建设工程、农副产品物流提升工程等十大工程。

2011—2012 年是全面实施“十二五”现代都市农业发展规划的关键之年。至 2012 年年末，累计建成粮食功能区 112 个，其中省级 1 个、市级 15 个、区级 96 个。建成优势产业功能区 95 个；在建或规划建设 500 亩以上连片优势精品园区 136 个，其中 1000 亩以上 94 个。“一中心四板块”建设基本完成，塘栖枇杷产业、生态渔业产业、生态竹业产业和径山茶产业均获快速发展。新增无公害农产品生产基地 100 个，面积 3 万余亩；余杭无公害农产品、绿色和有机食品种植面积 35 万余亩，主导农产品的有机、绿色、无公害种植面积比重超 60%。精品水果蜜梨、葡萄、蓝莓获省级奖项。农产品品牌建设方兴未艾，累计注册商标 2598 件，其中国家驰名商标 6 件、省著名商标 14 件、市著名商标 24 件、区知名商标 59 件；省名牌产品 9 件、市名牌产品 14 件、区名牌产品 30 件。全区累计各级农业龙头企业 136 家，其中国家级 1 家、省级 4 家、市级 72 家，带动农户 14.8 万户，联结产业化基地 48.45 万亩。工商登记农业专业合作社 205 家，入股社员 6381 名，带动农户 5 万余户。休闲观光农业长足发展，完成径山茶文化板块、良渚农耕文化板块、塘栖水乡文化板块、老余杭创意农园板块等十大板块规划编制工作。举办梅花节、茶圣节、枇杷节、蜜梨节、羊锅节、竹笋节等农事节庆活动，大力推销余杭休闲观光农业及农产品。全区已批准列入区级休“十大”板块，休闲观光农业园区 26 家，园（点）总数 80 余家。累计创建国家级示范点 3 家、省级农家乐特色村 3 个、省级农家乐特色点 9 家、省级休闲渔业示范基地 8 家、市级农家乐特色村 5 个、休闲观光农业旅游示范单位 23 家、乡村旅游点 5 家、市级乡村旅游示范点 1 家、区级休闲观光农业示范单位 5 家。此外，创建四、五星级农家乐经营户（点）11 家，三星级农家乐 20 家、区星级单位 39 家。是年，余杭区被评为浙江省农家乐休闲旅游工作一等奖。实施全国农技推广示范县项目，以主导产业为基础组织农民培训，建设农技队伍。农村居民人均纯收入20304元，比2011年增长13%，连续6年高于城镇居民人均可支配收入增幅。

改革开放30余年，余杭农业发生深刻嬗变。余杭历届党委、政府因势而谋，相继出台政策，指导和鼓励农民发展优势农业。余杭农民因势而为，释放出勇于创业、敢于创新的巨大能量。推行家庭联产承包责任制，解决农民温饱问题。积极发展多种经营，大力发展商品农业，让农民的钱袋子鼓起来。由于农业"超常规"发展，农产品出现"卖难"问题。之后，市场逐渐放开，农业渐入市场，直到取消粮食购销指令性计划。余杭从传统农业向城郊农业转变，大力发展"一优两高"农业、农业产业化、效益农业，直到都市农业。"十二五"的前两年，余杭以"区""园"建设推进都市农业规模化发展，优势特色纷呈。工业反哺农业，城乡支持农村，余杭都市农业与城市化、工业化、信息化相融合，为发展农业现代化竖起里程碑。

第三节 文件选录

关于印发余杭县农村股份合作企业试行办法的通知

余政〔1993〕7号

各镇乡人民政府，县政府直属各单位：

现将《余杭县农村股份合作企业试行办法》印发给你们，望各地、各单位根据此办法积极开展试点工作。在试点中有什么问题和情况，请及时与县体制改革办公室联系。

余杭县人民政府

1993年6月10日

余杭县农村股份合作企业试行办法

为了深化农村改革，理顺产权关系，转换企业经营机制，鼓励和引导股份合作企业健康发展，根据农业部关于农民股份合作企业暂行规定及有关通知，结合我县实际，特制定本试行办法。

一、企业性质

（一）股份合作企业是一种新型的社会主义集体所有制经济组织形式，是指两个以上劳动者或投资者，按照章程或协议，以资金、实物、技术、土地使用权等作为股份，自愿组织起来，依法从事各种生产经营活动，实行民主管理，按劳分配和按股分配相结合，并留有公共积累的企业法人或经济实体。

二、适用范围

（一）现有乡村集体企业，经乡（镇）政府或村委批准，以新增或招股转让产权等形式，吸收职工、其他企业和社会资金进行改建的企业。

（二）由农村集体经济组织和劳动者（或投资者）按股份投资组建的新企业。

（三）由两户以上个体、私营企业或劳动者，以资金、实物、技术等按股份联合，组成符合股份合作企业组织和管理办法并经过确认的新企业。

三、组建股份合作企业的基本原则

（一）从实际出发，因地制宜，允许多种股份组织形式，不搞“一刀切”。

（二）坚持按劳分配和按资分红相结合，以按劳分配为主。

（三）坚持入股自愿，股权平等，利益共享，风险共担。

四、资产评估

股份合作企业组建时，无论是新设或改组，都必须进行验资和清产核资（包括固定资产、流动资产、实物、技术、各项基金和债权债务关系等），合理评估，明确产权，并处理好债权债务关系。

资产评估和验资工作可以委托审计事务所、会计师事务所等有资格的评估机构进行，也可以由投资各方会同财政、银行（信用社）进行。评估时一般应按市场重置价值计算，也可以由投资各方按使用价值协商定价，评估结果应经原资产所有者认可。严禁低估国家、集体财产，防止公有财产流失。资产评估时，对于企业的技术、商标厂牌信誉、专利权等无形资产以及土地使用权应一并予以考虑。对权属界定有争议的资产，任何一方不得自行处置，由企业报县乡镇企业管理局商同县体改办研究处理。

五、股份设置

股份合作企业为有限责任企业。股份可按投资主体，一般分为乡（镇）村集体股、职工股和社会股等 3 种形式，原企业不是由乡（镇）村投资发起的，可以设置企业积累股。

乡（镇）村集体股：属于乡（镇）村集体所有资产（包括应交未交留在企业的资产），投入企业所形成的股份。其股权属乡（镇）村集体所有。

职工股：本企业职工以现金或实物、技术折价投入所形成的股份，其股权属职工个人所有。

社会股：本企业以外的个人和法人投入资金或技术等形成的股份，其股权属投资者所有。

企业积累股：企业职工历年劳动积累形成的财产所构成的股份，其股权归企业职工集体所有。

改组为股份合作企业的，其股份设置比例应视企业实际情况，由企业提出方案，股东（代表）大会通过，经乡（镇）村审定批准。

股份合作企业中职工股股金总额一般不少于企业注册资金的 30%。新设立的股份合作企业注册资本可以全额由职工股金构成，个人最高入股金额不受限制。

乡（镇）村集体股和社会股经原资产所有者同意，可以设为优先股，也可以设为普通股。职工股必须是普通股。优先股的红利按章程约定的分红率支付，不享有企业积累的权益。有些企业资产积累资金较多，职工贡献较大的，可以在乡（镇）村集体股中（设企业积累股的，应从企业积累股中），划出一部分（一般不超过 20%），根据对原企业的贡献与在册职工挂钩，只作为分红依据。被辞退、除名、擅自离开企业的职工、临时工不得享受。原企业部分资产根据需要，经乡（镇）村同意，可以由个人出资购买，或以租赁的形式供企业有偿使用，由企业逐年上交租金，租金水平应保证集体资产保值、增值。

国家给予企业的优惠政策所形成资产，应转入“国家扶持基金”，可暂作为集体资产使用。改组前原企业历年积累的福利基金和奖励基金余额分别全部转入股份合作企业的福利基金和奖励基金。

六、股份（股金）管理

股份合作企业不印制股票，由余杭县股份制试点工作协调小组统一印制记名《股权证书》，该证书由企业财务部门统一保管。企业向股东出具出资证明。出资证明，仅作为资产证明及分红依据。

入股者不得退股，职工股可以在本企业范围内转让；乡（镇）村集体股和社会股也可以转让。转让办法由企业制订，经股东大会或股东代表大会确定。

职工死亡、调离、退休、辞职或被企业辞退、开除、除名，其个人股金，可以根据企业章程，全额或部分退还股东，或由其合法继承人继承。

七、收益分配

股份合作企业执行乡村集体企业财务会计制度，仍应按规定上缴管理费和社会性支出。所得税税负不大于33%，也可以实行所得税目标管理。

企业年终实现利润在弥补亏损及依法缴纳所得税、预算调节基金和能交基金后，按以下顺序分配：

（一）支付优先股红利；

（二）提取15%不可分割的公共积累；

（三）提取生产发展基金、福利基金和奖励基金。由现有乡村改建的股份合作企业，提取的生产发展基金应占分配利润的35%左右，其余股份合作企业提取比例由董事会决定。生产发展基金属股东所有，按持股比例记入普通股股东名下，归企业使用，在企业扩股时，可用于增资扩股。福利基金和奖励基金归企业职工所有。

（四）支付普通股红利。

当年可供分配红利的利润不足以按约定分红率支付优先股红利的，由以后年度可供分配红利的利润补足。

企业发生年度亏损时，可以下一年度的实现利润在缴纳所得税前予以弥补，但弥补最多不超过5年；连续弥补5年后未弥补的亏损，用公共积累弥补，尚不足的亏损额按股份分摊。亏损当年及抵补期内不得分配红利。

乡（镇）村集体股分得的红利由乡（镇）村收取，也可以经股东大会同意，以借贷或扩股方式留在企业用于发展生产。

企业应按规定参加乡村企业职工养老金统筹，有关费用从福利基金中支付。

职工股本金只分红不付息。但在不发生亏损的前提下，允许企业按银行贷款一年基准利率提取利息列入生产成本，并入生产发展基金。个人股金分红应依法缴纳个人收入调节税，由企业代为扣缴，红利留在企业使用部分可缓征个人收入调节税，但转让或退股时应补征个人收入调节税。

八、组织机构和管理制度

股份合作企业必须依法制定章程，作为企业的行为总则。

股份合作企业的最高权力机构是股东大会或股东代表大会（股东人数在50人以上的，可以股东代表大会代替股东大会），股东大会或股东代表大会每年至少召开一次。股东大会一般实行一股一票制。股东大会或股东代表大会有权制订和修改企业章程，选举董事会成员，决定股份结构的变化，审议董事会工作报告、财务预决算和企业的分立、合并、终止、清算等重大问题。

董事会是股东大会或股东代表大会的常设机构,执行股东大会或股东代表大会决定,对股东负责,决定企业生产经营中的重大问题。董事会人员构成应按各种股份比例确定,董事会表决时实行一人一票制。在争议双方票数相等时董事长有两票表决权。

厂长(经理)由董事会聘任,也可以由董事长兼任。厂长(经理)是企业的法定代表人,对董事会负责,全权负责企业的生产和经营管理,有权聘任副厂长(副经理)和企业中层干部。

九、农村股份合作企业的审批

新建股份合作企业应有两个以上的发起人以书面形式共同提出申请,改组为股份合作企业的,应由原企业提出申请,提出申请时应同时提交股份合作企业章程、资产评估材料、验资证明、董事会决定的法定代表人证明书和乡(镇)村意见,经所在乡镇政府同意,在试点期间须报经县股份制试点工作协调小组(办公室在体改办)批准后,在县工商行政管理局核准,发给企业法人营业执照,方可营业。按照有关法律法规,需经有关行政部门批准经营的行业和产品,应在正式营业前,取得有关批准文件。

十、变更、终止与清算

股份合作企业的合并、分立,应报原审批部门批准,并经工商行政管理机关核准登记注册。

企业更名、增减注册资本及变更其他登记事项,应向原登记机关申请登记,办理注册手续。

企业有下列情形之一者,应予终止:

(一)章程规定的营业期限届满或规定的终止事由出现;

(二)股东大会决定终止;

(三)违反国家法律、法规,危害社会公共利益等,被依法撤销;

(四)破产。

属于第(一)(二)项规定终止的,由乡(镇)有关部门会同企业组织清算。企业资产按下列顺序处理:1.发放职工欠发工资;2.缴纳税款;3.归还银行抵押贷款;4.清偿其他债务;5.退还"国家扶持基金",交乡镇政府代管;6.公共积累余额用于发展新企业、职工福利事业,不得分给个人;7.退还优先股股金;8.剩余资产按入股比例分给持股人,企业积累股所得应并入公共积累使用,不得分给个人,个人所得应按规定缴纳个人收入调节税。

属于第(三)(四)项规定终止的,应当依照有关法律、法规的规定执行。

清算结束后,清算组织应当提出清算报告和有关验证材料,报原审批部门申请终止,经批准后办理注销手续。

十一、加强领导

为了适应社会主义市场经济新体制,有利于发展生产力,各乡镇政府和县政府有关部门应热情地支持和鼓励农村股份合作企业的发展,态度要积极,步子要稳妥,工作要细致,要在搞点取得经验的基础上逐步推开。既要纠正在观念上把股份合作企业当成私营、合伙企业,又要按股份合作要求,严格按程序组建。既要防止公有资产流失,又要防止不适当高估公有资产影响群众积极性。在工作中要坚持企业自愿,加强管理,积极引导,搞好服务,使我县股份合作经济健康发展。

本办法自发文之日起执行。

1993 年 6 月

中共余杭县委、余杭县人民政府
关于加快发展农业和农村经济的若干政策措施

县委〔1994〕30号

在党的十四大精神指引下，我县农业和农村经济进入了一个新的发展时期，农村形势总的是好的。但在经济体制转换和国民经济的高速增长中，农业和农村经济发展也出现了一些亟待解决的问题。农业是经济发展、社会安定、国家自立的基础，在发展社会主义市场经济的新形势下，坚持把农业放在一切经济工作的首位，切实强化农业基础地位，全面振兴农村经济，是事关全局的头等大事。这对于促进国民经济的持续、快速、健康发展，推动社会主义市场经济体制的建立，实现农村小康目标，都具有十分重要的意义。为此，根据中央和省、市委文件精神，结合本县实际，提出以下关于加快发展农业和农村经济的若干政策措施。

一、稳定和完善家庭联产承包制

1.以家庭联产承包为主的责任制和统分结合的双层经营体制，是我国农村经济的一项基本制度，要长期稳定，并不断完善。

2.为了稳定土地承包关系，鼓励农民增加投入，提高土地生产率，在原定的耕地承包期到期之后，再延长30年不变；承包荒山、荒坡、荒水、荒滩从事开发性生产到期的，可把承包期再延长50年。原定耕地承包期尚未到期的，一般不要随意变动原有的承包关系和承包土地。

为便于统一指导，加强承包管理，对于近年内已经到期或即将到期的承包关系，都从1994年开始计算延长后的承包期限。

为避免土地承包关系频繁变动，防止耕地经营规模不断被细分，提倡在承包期内实行“增人不增地、减人不减地”的办法。对以毛竹收入为主要经济来源的山区，提倡“动钱不动山”的办法。

3.延长耕地、“四荒”承包期，由村经济联合社统一发包或代理发包。属于乡镇集体所有的耕地和“四荒”，由乡镇经济联合社发包，或由乡镇农办代理发包。发包方应与承包方签订规范的承包合同。

4.按照土地“三权分离”的原则，逐步建立土地使用权流转机制。在坚持土地集体所有和不改变土地用途的前提下，经村经联社同意，允许土地使用权依法有偿转让。

在二、三产业比较发达，农业劳动力大部分已经转移，农户有比较稳定的非农收入的地方，可从实际出发，采用转包、反租倒包、入股等形式，积极推进适度规模经营。

二、稳定和发展粮食生产

5.对粮食生产和收购实行计划指导。1994年全县粮食复种面积要求达到96万亩，总产36万吨，合同收购为5185万公斤(包括农业税征收现粮部分)。

6.稳定粮食收购价格。1994年每50公斤早籼谷收购价为42元；对合同收购的早稻谷继续实行价外加价的办法，加价标准为每50公斤3.47元；农业税继续征收现粮，取消价外补贴。对确需征收代金的，代金标准为每50公斤46元。晚粳谷收购价每50公斤为50元左右。

7.健全粮食风险基金和储备制度。对1993年起筹集的粮食风险基金，实行专款专用，当年结算有节余，可以结转下年，滚动使用。

8.扶持重点产粮乡(镇)村和种粮大户。粮食部门要把合同收购和储备收购的重点放在重点产粮乡镇。县农行要安排专项贷款，帮助重点产粮乡镇发展经济。1994年省里安排的粮食生产扶持资金及专项优惠贷款，应主要用于粮食重点乡（镇）村和种粮大户发展粮食生产，推进规模经营。

三、大力发展"一优两高"农业

9."一优两高"农业是社会主义市场经济条件下对农业发展的客观要求，也是农民致富的重要途径。根据商品化、城效型、高效益的发展方向，近期要建设好优质米、名特优新水产品、商品菜、竹笋、畜禽等商品生产基地。

10.为了引导和推动"一优两高"农业发展，县里将确定和扶持5个示范乡镇。各乡镇也要确定和扶持一批各具特色的示范基地。县各有关部门要在资金、技术、信息、物资等方面给予重点扶持。

11.发展"一优两高"农业，要根据市场需求，合理调整生产结构，积极优化品种结构，提高农产品商品率和经济效益。要加快良种的引进、繁育和推广，增加这方面的投入，建立一批粮食、经济特产、水产、畜禽、林业等良种繁育基地，增设一批供应网点。

12.加快外向型农业发展。要积极扶持有出口前途的名特优农产品及传统产品发展，扩大农产品出口创汇能力；要拓宽农业对外交流渠道和范围，争取引进更多的外资，直接投入农业或兴办农业"三资"企业。

四、积极扶持农业龙头企业

13.农业龙头企业，是指能为农户提供一定服务、与农户建立起较为稳定的产销关系、能带动一批农户发展商品性农业生产的农产品加工经营实体。发展龙头企业是政府在市场经济条件下领导农业的重要手段和方法，必须重点扶持。要调动各部门力量加快龙头企业发展，坚持谁有积极性就扶持谁的原则；同时要因地制宜，合理布局，做到与生产基地相衔接。

14.对农业龙头企业要适当放宽工商登记条件。对一些新办但尚未完全具备条件的龙头企业，工商部门可以给其先登记、后规范，允许其逐步完善。县级农业龙头企业由县政府确认和命名。

15.积极采取措施，扶持农业龙头企业。1994—1996年，县财政每年切出200万元资金作为专项贷款，用于发展农业龙头企业，实行有偿借贷，滚动使用；县财政安排的农业发展基金、支农周转金也要重点用于发展农业龙头企业；县农业银行和农村信用社要把扶持农业龙头企业列入信贷计划；自有资金按比例落实的，银行要优先给予贷款；农业龙头企业收购农产品的资金，银行应优先安排。乡级农业发展基金也要有一定比例用于扶持农业龙头企业。

税收部门要对农业龙头企业从命名之日起免征所得税3年，免税期满后，对少数重点龙头企业纳税仍有困难的，经批准可继续给予1—3年减免30%—50%所得税的照顾。工商部门要对起龙头作用的农产品批发市场，免征市场管理费1年。土管部门对龙头企业基础设施建设用地，应视作农业用地。人事部门对于龙头企业引进人才要给予方便。与农民结成紧密的利益共同体的县级农业龙头企业，经县农委核查确认，报有关部门批准，可免交3年各项行政事业性收费和基金。

五、努力增加农业投入

16.坚决贯彻执行《中华人民共和国农业法》关于"国家财政每年对农业的总投入的增长幅度应当高于国家财政经常性收入的增长幅度"的规定，县乡两级财政今后每年用于农业生产性投入的增长幅度要高于财政经常性收入的增长幅度。

17.县银行在安排信贷计划时，要确保农业贷款增长率高于各项贷款平均增长率两个百分点以上。1994 年银行新增贷款规模中农业贷款的比重要达到 10%以上。

18.乡镇、村农业发展基金制度、农业劳动积累工制度、土地有偿承包制度（统称农业“三制”），是农村集体经济组织增加农业投入的一种有效形式，必须努力促使其巩固和完善。村级集体经济当年可分配收入中，要有 30%—40%用于农业。

19. 农村合作基金会是农村社区性资金互助组织，是农村资金服务体系的重要组成部分。要在遵守国家金融政策，保证资金安全的前提下，积极发展和办好农村合作基金会。凡是集体经济组织暂时不用的资金，都可以入股或利用支付时间差周转使用，也可以鼓励社区内农户、企业以入股或委托代管的形式参加农村合作基金会。

20.建立县级农用资金协调组织，统一协调使用包括财政支农资金、信贷资金、各种专项基金、上级配套资金等在内的农业资金。

六、切实保护耕地

21.根据我县人多地少的实际，要把贯彻“十分珍惜和合理利用土地，切实保护耕地”的基本国策放到突出位置，坚持一手抓土地的依法管理，保护好现有耕地；一手抓后备土地资源的开发，增加新的耕地，努力保护全县耕地面积的基本稳定。坚决执行县政府《关于坚决制止耕地抛荒的通知》的规定，制止耕地抛荒。

22.要依法加强土地管理，从紧从严控制占用耕地。要查处乱占滥用耕地的情况。要加强和完善农田保护区的建设，今后一切非农业建设用地（国家大型建设项目和县重点建设项目用地除外）应当避开基本农田保护区。

23.为加快土地后备资源开发，建立县造地专项基金制度。从土地出让金、土地使用权转让增值费中提取一定比例资金，由土管部门收取，财政专项储存，实行专款专用。

24.国家征用或集体使用农村集体所有的土地所支付的土地征用费或使用费，除支付给承包者的青苗赔偿费、土地附属物补偿费和不要求安排就业的劳力安置费外，其余的一律由乡村集体经济组织统一管理使用，用于发展生产，不得以任何形式均分到户。在具体方法上，可以以股份合作制的形式量化到农户，纳入农村合作基金会管理，有关农户可享受资金增值分红。

七、加快科教兴农步伐

25.加快发展农业和农村经济，必须紧紧依靠科技进步和提高劳动者的素质，全面实施科教兴农发展战略。

26.加强农业科技研究及推广。要围绕“一优两高”农业面临的一些技术难题，组织联合攻关。要继续增加农业科技的资金投入，继续实施“农业丰收计划”、“星火计划”、“燎原计划”，进一步完善农业丰收奖和农经成果奖制度，加快农业实用技术的推广和普及。要加强农村职业教育和技术培训，提高农业劳动者的科技文化素质。

27.根据国家《农业法》《农业技术推广法》及省、市有关法规和文件精神，健全以科技为先导的农村社会化服务体系，稳定农技推广机构特别是乡镇农技队伍，切实落实经费渠道，保障和改善农技人员的工作条件和生活条件。同时要提高农技队伍的政治和业务素质。

28.鼓励和动员农技人员以科技承包、科技入股、科技合作、带资金带项目等形式，走科技与生产相结合的路子。要保护他们的合法收入，允许他们多劳多得；对于成绩显著的，要给予表彰和奖励。

八、加强农业基础设施建设

29.水利是农业持续稳定发展的命脉,也是国民经济极为重要的基础产业,必须建设好。要贯彻“水利为社会、社会办水利”的方针,改革水利投资体制,多渠道增加水利建设投资。要继续抓好太湖流域杭嘉湖骨干工程的集资和建设工作。待杭嘉湖骨干工程完工后,要继续按原渠道征收“水利建设专项资金”,集中力量建设一批重要水利工程。要继续组织群众投工投劳,大兴农田水利基本建设。

30.继续实行造林、抚育、封山相结合,保护山林资源,提高森林覆盖率。要合理调整生产布局和林种结构,增加竹木和林产品的供给能力,改善农业生态环境。

31.加强农业综合开发是实现90年代发展目标的一项重要措施。要继续组织实施好农业综合开发项目。对农业综合开发区的配套资金,现行各项优惠政策要落实到位。对农业机械、农用工业等与农业发展关系密切的基础设施项目,应予继续扶持。

九、加快推进农村股份合作制

32.股份合作制是继家庭联产承包责任制后,农村经济体制的又一次重大改革。各乡镇要采取“认真试点、总结经验、分类指导、积极推行”的方针,争取用2—3年的时间,使股份合作制在全县农村各个领域推开。当前农村推行合作制的重点是乡村集体企业和渔业、林业、开发农业。

33.二三产业发达地区,要积极探索种植业和养殖业的股份合作经营;鼓励以股份合作的形式兴办农、林、牧、渔场和农机、水利、农资等服务实体;农村信用社和供销社也要积极推行股份合作制。

34.大力发展个体私营经济,引导个体私营企业推行股份合作制,扩大经营规模。同时要加强管理和服务,促其健康发展。

35.加强农村集体资产的管理工作。县农委、乡镇企业局等有关部门,要按照各自的职责,加强对集体资产的管理,并会同县体改办建立集体资产评估机构,承担资产评估、财务审计和监督管理工作。

36.乡镇应建立经济联合社,管理乡镇集体资产;村经济联合社要切实承担起村集体资产的管理职能。

十、切实加强对农业和农村工作的领导

37.党政一把手要亲自抓农业.重点是要抓调查研究,抓农业领导力量的配备,抓农业和农村经济重大问题的协调和决策,抓农业政策落实、农业投入和农业队伍建设。继续坚持县级四套班子领导联系乡镇的制度,协助抓好农业和农村工作。各乡镇领导也要建立相应的联村制度。

38.县、乡(镇)农业综合部门,机构要加强,职能要明确,力量要充实。农业行政主管部门也要相应加强。

39.各级政府要加强农业法律法规的宣传和实施工作,增强依法治农的自觉性,逐步把农业纳入法治的轨道。

40.建立县农村“小康村”建设领导小组,对全县“小康村”建设实行统一领导。各级各部门都要围绕建设社会主义新农村,确保我县提前实现小康目标这条主线,积极开展各项工作。

中共余杭县委员会

余杭县人民政府

1994年4月25日

关于扶持重点产粮乡(镇)村和种粮大户的若干政策意见

余政〔1995〕1号

各镇、乡人民政府,市政府各部门,三墩经济开发区蒋村办事处:

为了稳定发展粮食生产,推进粮田适度规模经营,根据中央、省和杭州市有关文件精神,结合本市实际,对年粮食合同定购任务100万公斤以上的乡镇和30万公斤以上的村,以及年经营粮田面积30亩以上或粮食合同定购任务在3000公斤以上的农户,决定采取以下扶持措施:

1.加大资金扶持力度。从1995年起,市农业发展基金在按规定渠道筹资的基础上,再由市财政每年增拨150万元。市农发基金每年要安排270万元作为扶持粮食生产的专用资金,用于重点产粮乡(镇)、村和种粮大户发展粮田适度规模经营及有关农业项目的资金补助,专用资金由市农委、财政局实行项目管理,掌握使用。

2.从专用资金中安排30万元,补贴给重点产粮乡(镇)发展粮食生产。该补贴款与乡(镇)年合同定购任务实际完成数直接挂钩,在年终结算,纳入乡(镇)次年农业发展基金中管理使用。

3.对种粮大户奖售化肥和柴油。定购任务在5000公斤以上的大户,定购任务内每收购50公斤粮食,奖售优惠价尿素5公斤,柴油3公斤;定购任务在3000—5000公斤的大户,定购任务内每收购50公斤粮食,奖售优惠价尿素3公斤,柴油2公斤。优惠标准:按同期市场价,尿素每吨优惠600元,柴油每吨优惠1000元。奖售办法:边收购边兑现。奖售差价从专用资金中列支,按收购季节分期结算。

4.实行信贷倾斜。银行和信用联社对重点产粮乡(镇)、村和种粮大户发展粮田规模经营所需的农业贷款要给予优先安排,并由市粮田适度规模经营专项扶持资金予以贴息。其中对定购任务在5000公斤以上的种粮大户,按投售额40%的比例发放的农业贷款,由粮食部门予以贴息。允许粮食部门把贴息支出打入收购成本。

5.提供售粮优质服务。粮食部门应把收购重点放在重点产粮乡(镇)、村和种粮大户。种粮大户交售国家定购粮,粮食部门要按国家收购价保证收购,并免费提供麻袋等包装物及上门收购等服务;交售定购量以外的粮食,价格随行就市,当市场粮价低于国家收购价时,粮食部门按国家收购价予以收购。在完成全年合同定购任务后,以村为单位,由粮食收购企业按每50公斤0.1元标准计付劳务费,其中30%归乡(镇)政府安排。

6.乡镇政府和村合作经济组织要积极帮助种粮大户解决仓库、晒场等困难,通过以工补农或在农发基金中安排一定的资金,支持他们建设必要的仓储设备,并在用地等审批手续上从简。但种粮大户不得擅自将生产性用地改作生活性用地。

7.要充分发挥市、乡两级农业服务部门和科协组织的作用,为种粮大户开展农业技术综合服务,采取集中上课,上门辅导,发放技术资料,优先提供高产、优质良种等多种形式,积极开展培训活动,逐步实施"绿色证书工程",以提高种粮大户的生产技术和管理水平。

8.健全良种繁育体系。市级良种繁育基地应安排在国有农场、重点产粮乡(镇)、村和种粮大户。除国有农场生产、提供良种外,从1995年起每年再向重点产粮乡(镇)、村和种粮大户收购计划内良种50万公斤,并可抵交国家任务。

9.种粮大户用电优惠。对种粮大户排灌、脱粒用电,经乡(镇)农办审核,市农委核准,每亩补助电费3元,补助费用从专用资金中列支。对种粮大户烘谷用电,予以优先安排,并做好用电服务。

10.市保险公司要积极开展对重点产粮乡(镇)、村和种粮大户的水稻保险业务,以减轻他们种粮的自然风险。保险费由市、乡两级农业发展基金各补贴25%。

11.种粮大户比较多的乡镇,要创造条件,积极筹建种粮大户协会或规模经营协会,以提高农民的组织化程度。市农委每年要对市级种粮大户确认一次,建立好大户档案。并负责筹建全市种粮大户协会,经常组织大户交流经验,切磋技艺,开展自我服务等各项活动,切实发挥协会联结粮农与政府、粮农与市场的纽带作用。

12.表彰与奖励。市委、市政府每年度召开表彰大会,表彰、奖励在粮食生产中成绩显著的乡(镇)、村和种粮大户。具体奖励标准如下:

(1)对完成年定购任务的重点产粮乡(镇),任务在100万—200万公斤的,各奖5000元,200万—400万公斤的,各奖1万元;400万公斤以上的,各奖1.5万元。

(2)对完成年定购任务的重点产粮村,任务在30万—50万公斤的,各奖1000元;50万公斤以上的,各奖2000元。

(3)对完成年定购任务的种粮大户,任务在5000—10000公斤的,各奖500元;1万—2万公斤的,各奖1000元;2万公斤以上的,给予特殊贡献奖。

余杭市人民政府

1995年1月23日

关于加快农业产业化建设的若干政策意见

市委〔1997〕61号

各镇乡党委、政府,市级机关各部门,市直属各单位:

农业产业化是农业发展的基本方向和必然趋势,是实现五年再造一个“余杭农业”的希望与潜力所在。为大力推进农业两个根本性转变,加快城郊型“一优两高”农业发展步伐,促进农业产业化、现代化进程,特就加快我市农业产业化建设提出如下政策意见:

一、指导思想与发展目标

1998年—2002年五年期间,我市实施农业产业化发展战略的指导思想是:立足全部农业资源的开发利用,面向国内外市场,依靠科技进步,发挥区位优势,积极推进农业两个根本性转变,努力实现农业生产的专业化、商品化和社会化。发展目标是:培育七大支柱产业,围绕九大主导产品,建成十大区域性农产品商品基地,新发展农业和农产品加工、流通企业120家,建立五大区域性农产品批发交易市场。到2002年,实现农业总产值(90不变价)13亿元,农村经济总收入280亿元,农产品加工产值22亿元,农产品商品率80%以上,科技进步在农业经济增长中的贡献率达50%以上,农民人均收入中农业收入占45%以上。

二、基本思路与工作重点

1.实施农业产业化战略的基本思路是:围绕支柱产业和主导产品,突出项目建设,明确投资主体,引入新的机制,优化组合各种生产要素,形成市场牵龙头、龙头带基地、基地连农户的种养加、产供销、农工贸、农科教一体化的“城郊型”经济格局,逐步实现区域化布局,专业化生产,一体化经营,社会化服务,企业化管理。

2.以市场为导向，确立支柱产业。根据市场的需求和我市资源、区位优势与基础条件，培育和确立粮食、蔬菜、水产、林业、畜禽、水果、茶叶七大支柱产业。到2002年七大支柱产业的产值占全市农业总产值的85%以上。各地要从实际出发，因地制宜，突出重点，培育和确立各自的主导产业和产品，加速形成一乡一业、一村一品的格局。

3.发挥区域优势，建立农产品商品基地。围绕支柱产业，要建立起优质商品粮、名特优水产品、蔬菜、高产高效竹笋、畜禽等五大区域性的农产品商品基地，恢复发展名优茶、传统名果、水生作物、果蔗、蚕桑等五大传统特产商品基地。尤其要加大粮食、水产、林业、特产和综合性五类现代农业园区建设的力度。

4.加快龙头建设，培育“龙”型经济。要在巩固提高现有农业企业和农产品加工、流通企业的同时，围绕粮食、水产品、蛋鸭、蔬菜、竹笋、肉类、竹制品、茶叶、果品等主导产品再发展一批企业，努力形成九大“龙”型经济群体。

5.大力搞活流通，拓展市场网络。要建立蔬菜、竹笋、果品、水产、畜禽五大专业性或综合性的农产品批发交易市场，逐步形成以区域性专业批发市场为中心，以乡镇综合交易市场为纽带，以中小型农贸集市为网点的市场体系。要坚持国家、集体、个人一起上的方针，积极发展产销一体化的营销队伍，按照经济规律组织农产品流通。要逐步探索建立金融、劳务、技术、信息等生产要素市场。

6.开发新产品，实施名牌战略。要围绕支柱产业和主导产品，增加科技投入，引进、开发新产品，提高产品质量，改进工艺包装，加大促销力度。在扩大原有名牌产品知名度和生产规模的同时。积极培育发展一批竞争力强，扩张潜力大的名牌产品。

7.力发展外向型企业，狠抓创汇品种开发。通过吸引外资，采取中外合资、合作和外商独资等形式，依靠科技进步，提高出口农产品的质量和档次，增强在国际市场上的竞争力，发展创汇农业，使全市农业“三资”企业、出口创汇企业有一个较快的发展。

三、加大政策扶持力度

1.财政上的扶持

（1）从1998年起，每年安排农业产业化扶持基金800万元，其中市财政每年统筹安排600万元，市农发基金安排200万元，主要用于农产品商品基地建设和农业龙头企业（市场）项目建设的有偿借贷，一定五年，实行滚动使用。其中用于无偿补助、信贷贴息及新产品、新品种的引进和开发资金100万元。

（2）对坡度在25°以下的荒山，实行连片开发，种植竹、果等，可以享受当年度的造田造地政策。

2.信贷上优先

（1）从1998年起，市农行、信用联社等金融部门每年安排3000万元的贷款规模，由市人民银行牵头，组织协调，具体落实，贷款利率原则上以基准利率发放，主要用于扶持农业产业化项目建设。

（2）对新办农业和农产品加工及流通企业，自有资金达到25%以上的，其立项开发的固定资产投资贷款，金融部门应优先安排。

（3）农行和农发行要与有关部门密切配合，每年组织一批上规模、上档次，并有较大带动和辐射作用的农业和农产品加工、流通企业项目上报省行，努力争取上级立项贷款。

3.税收上优惠

经市农经委和税务部门认可、批准,可享受下列税收优惠政策:

(1)对新办的以农副产品为主要原料的加工企业和农业服务企业,自获利之日起免征三年所得税,其中对固定资产投资在300万元以上的企业再减半征收三年。对市级龙头企业减半征收当年度所得税。

(2)市级农业龙头企业中,对直接向农户收购并进行加工销售的农产品(包括农产品的初级产品),增值税率调为13%;对收购免税农产品(包括农产品的初级产品),按收购额乘以10%的扣除率计算增值税的进项税额。

对销售自产的农产品,包括经初级加工后仍属农业初级产品的,免征增值税。

对确有困难的龙头企业,商请税务部门给予优惠照顾。

(3)各类集体兴办的农业企业,其耕地经批准调整生产结构的,在三年内仍按调整前农业税交纳。对新开发"四荒"资源,从事种植、养殖生产的,自有收入之日起,免征三年农业特产税。

(4)对镇乡办的农业企业和农产品加工企业上交的社会性支出,可按实际上缴数给予税前扣除。

(5)上述减免的各项税费应全部用于企业发展生产经营。

4.各部门支持

(1)减费扶持。按销售收入(产值)为基数收取的企业管理费、"菜篮子"基金、财政风险金、贴农金、工业用水排灌费和临时工管理费等规费减半征收。免交城市建设配套费、人防费、排污设施费等。

(2)农产品加工企业因生产需要新用地的,优先安排用地指标,并按征地手续办理;农产品批发交易市场和农业"三资"企业需新用地的,享受土地出让基准地价的最低下限价格;农业"三资"企业用地如利用中方老场地的,免交场地使用费;农产品加工、流通企业和农业"三资"企业用地,免交市本级造地费、土地管理费和农业发展基金。

(3)新建农副产品专业市场和综合批发市场,在开市二年内,免收市场管理费。市级农业龙头市场从首次命名之日起一年内免收市场管理费。

(4)对直接服务于农业的农业企业和农产品加工企业的生产用电、用水,供电、供水部门要优先安排;其中市级农业龙头企业收费标准低于当地非工业、普通工业价格。

(5)对上述企业(市场)的工商登记和变更登记,工商部门要给予方便。对基本具备工商登记条件但不完备的,可先登记后规范,逐步完善。

(6)对固定资产投资在200万元以上的农业企业、农产品加工和流通企业,如需要科委组织专家论证的,免交咨询费。

四、加强领导、落实措施

实施农业产业化发展战略,是全面推进农业两个根本性转变的重大举措,也是一项系统工程,必须高度重视,切实加强领导。各地、各部门要进一步抓好农业产业化发展规划的实施工作,做好深化农村改革,完善经营体制,依靠科技兴农,加大科技推广力度,建立健全市场网络,全方位搞好服务等方面的工作。市四套班子领导实行农业重点项目联系制度。市里成立农业产业化建设领导小组,下设办公室,并按产业相应建立工作班子。各镇乡也要建立领导小组,由党政主要领导担任组长,把这项工作列入议事日程,切实有效地抓好产业化建设。市农经委是农业产业化建设的主管部门，要积极负责地做好农业产业化发展规划和项目建设的协调、指导、管理和服务工作；各业务主管部门要做好计划制订、项目选择和工程管理等工作，抓好示范基地、良种基地和园区项目建设；市计经委、财政、税务、土管、金融、科技、工商、外贸、贸易、供销、供电、供水等部门要明确职责，齐心协力，积极主动地做好工作，合力开创农业产业化建设的新局面，促进我市农业和农村经济跃上一个新台阶。

中共余杭市委员会
余杭市人民政府
1997年10月22日

关于印发《余杭市农业产业化发展规划》的通知

市委〔1998〕30号

各镇乡党委、政府，市级机关各部门，市直属各单位：

为加快农业产业化发展进程，全面提高我市农业综合生产能力，实现五年再造一个"余杭农业"的战略目标，特制订《余杭市农业产业化发展规划(1998—2002年)》，现予印发。

各地、各部门要根据《余杭市农业产业化发展规划》，结合实际，制订相应的发展规划和实施计划，认真组织实施，促进我市农业产业化上一个新台阶。

中共余杭市委
余杭市人民政府
1998年3月23日

余杭市农业产业化发展规划(1998年—2002年)

农业产业化是农业发展的基本方向和必然趋势，是实现五年再造一个"余杭农业"的希望与潜力所在。根据城郊型经济发展定位和"稳粮增收保供给、强村富民奔小康"的要求，为了明确今后五年我市农业产业化发展的目标和任务，进一步加快农业产业化进程，不断提高土地产出率和农业经济效益，实现建设富庶文明新余杭的目标，从我市实际出发，特制订本规划。

一、我市农业产业化发展的基础条件

1.得天独厚的区位优势。我市地处杭嘉湖平原南翼，长江三角洲经济区的前沿位置，三面环抱杭城。交通便捷，集市发达，十分有利于发展城郊型优高农业。杭州经济技术开发区和上海浦东开发区的开发开放，已成为发展我市农业产业化的强劲拉力。

2.多样化的自然资源优势。全市总面积1228平方公里，总人口为78.49万人，其中农村人口63.63万人；我市属亚热带南缘的季风气候，光、热、水资源较丰富，地貌多样，山、水、田、地齐全，有利于粮食多熟制生产和茶、桑、果、菜、竹及林、渔业发展，且孕育出众多传统名产，如塘栖枇杷、临平甘蔗、径山名茶等。近几年，又新引进、推广了一批优质稻米、高档蔬菜、名优水产品等，物产更为丰富。

3.较雄厚的经济技术基础。我市属沿海经济开发县(市)之一，综合经济实力列全国百强县之一，是全省首批小康县市，乡镇工业经济已具备反哺农业的条件。经过多年建设，我市农业基础条件和物质装备已具一定规模。到1997年，全市国内生产总值101亿元，农业总产值8.46亿元，农村经济总收入131亿元；已拥有农业机械总动力33.45万千瓦，农村用电量4.42亿千瓦小时。

4.较为优越的政策优势。我市享受部分地市级经济管理权限，在用地、规划、项目审批、金融调控等方面具有相当的自主权。同时，我市还出台了《关于加快农业产业化建设的若干政策意见》、《关于发展外向型经济的若干政策意见》等一系列优惠政策，加大了扶持力度，为我市农业产业创造了一个良好的发展环境。

5.产业化建设已经起步，呈良好的发展势头。经过多年的探索与实践，我市农业生产结构逐趋合理，区域化布局初步形成，支柱产业基本确立，在粮食、蔬菜、水产品、竹笋、畜禽、茶叶、水果等产业建成了一批初具规模的商品生产基地，农村社会化服务体系逐步健全，培育发展了一批农产品加工和流通企业，在部分生产领域和主导产品中初步实行了产加销一体化经营。

当然，我市的农业产业化还处于初级阶段，农民的组织化程度不高，产业经济链较短，生产规模偏小，初级产品较多，综合效益较差，总之，一体化经营水平较低。同时，我们也要清醒地看到，我市农业资源约束硬化，利用率偏低；基础设施欠债较多，且负荷较重；农业环境污染尚未达到治理目标等，在一定程度上制约了农业产业化的发展。对于这些问题，应当作为我们在发展农业产业化过程中从拓展外延、提高内涵两方面所要解决的首要任务。

二、农业产业化发展的总体思路

（一）指导思想和发展思路

今后五年我市农业产业化发展的指导思想和思路是要以更加开明的政策，开放的环境，开拓的思路，用大手笔、大动作，面向大市场，立足全部农业资源的开发利用，依靠科技进步，发挥区位优势，围绕支柱产业和主导产品，突出项目建设，明确投资主体，引入新的机制，优化组合各种生产要素，实行多轮开发；建设高标准的农产品商品生产基地，发展加工龙头型企业，实施集团化战略、组建以龙头企业为核心、紧密型企业为依托、生产基地为基础的大中型农业集团，加快农产品批发交易市场建设的步伐，拓展农产品市场流通渠道，实行产加销、贸工农、农科教一体化经营；加速农业经济两个根本性转变，实现农业增产、农民增收、农村稳定，为到下世纪初建立高效农业产业体系，基本实现农业现代化奠定基础。

（二）发展方向

根据上述发展思路，我市农业产业化发展的方向是：

1.生产专业化。按照自然条件、资源状况、基础条件及区域性布局的要求，通过建立商品生产基地，提高农业生产的专业化程度，形成“一乡一业、一村一品”的格局。

2.加工系列化。按照国内外市场需求，在巩固提高现有农产品加工企业的同时，积极引进资金、技术、人才，发展外向型经济。培育农产品深加工龙头企业，努力形成多类型、多品种的产品系列，实现多层次增值，增强市场综合竞争力。当前着重抓好名优茶、笋、竹、粮食转化等产品的加工，要突破水产品、蔬菜、水果、畜禽等产品的加工。

3.管理企业化。按照企业组织的形式，建立大、中、小生产者相结合的组织体制，在纵向上实现生产、加工、销售一体化，在模式上实行资金、技术、人才的集约经营，形成责、权、利明确的经营体制，建立起“独立核算、自负盈亏，自我积累、自我发展”的企业化管理体制。

4.经营一体化。要围绕支柱产业和主导产品，把产前、产中、产后等诸环节有机地连接起来，重点发展加工、流通企业，形成比较系统的生产、加工、储藏、运销一体化经营体系，构筑粮食、蔬菜、茶叶、水产品、蛋鸭、竹笋、肉类、竹制品、果品等各具特色的“龙型”经济群体。

5.产品品牌化。以现有传统名特优产品为基础,通过优化品种,扩大规模;制定标准,完善工艺;改进包装,提高质量;科技攻关,系列开发等措施,着重培育一批竞争力强、扩张潜力大的名特产品,创出具有余杭特色的名牌产品。

6.服务社会化。要动员全社会力量增加投入,各部门密切配合,建立和发展农业产业化的信息服务、技术服务、销售服务等三大服务体系。

三、农业产业化发展的目标与内容

农业产业化发展的目标是:培育七大支柱产业,围绕九大主导产品,建成十大区域性高产高效农产品商品生产基地,新发展农业和农产品加工、流通企业120家,建立五大区域性农产品批发交易市场,创立5只以上优质名牌农产品。到2002年,实现农村经济总收入280亿元,农业总产值(90不变价)13亿元,其中七大支柱产业占总产值85%以上,实现再造一个“余杭农业”的目标。

(一)着重培育“龙型”经济群体

支柱产业和主导产品是农业产业化的前提和基础,“龙型” 经济群体是实现农业产业化的关键与核心。根据我市的资源和发展潜力,着重培育在现有产业结构中处于主导地位并有继续开发潜力和市场前景的产业、产品,形成九大“龙型”经济群体。

1.粮食产加销一条龙。通过优化结构,主攻单产,确保总量;扩大加工,促进粮食转化,提高附加值。到规划期末,实现粮食生产产值2.08亿元,加工产值2.40亿元,粮食产业经济链实现总产值4.48亿元。

2.蔬菜产加销一条龙。重点是抓好常年性蔬菜基地生产,通过优化结构,扩大交易,深度加工等手段,到规划期末,实现总产值2.12亿元,其中加工产值5000万元。

3.水产品产供销一条龙。重点是立足现有水面的开发利用,大力发展名特优水产品,在销售上有新的突破。到规划期末,实现总产值2.60亿元。

4.禽蛋产加销一条龙。重点发展养殖大户、返销队伍和交易市场,促进加工企业上规模、上档次。到规划期末,家禽饲养量达到1000万羽,鲜蛋产量13000吨,其产值达到1.78亿元,加工产值5000万元,家禽养殖产业经济链实现总产值2.28亿元。

5.肉类产加销一条龙。重点扶持规模型养殖场、养殖大户,积极发展肉类加工和批发交易市场。到规划期末,生猪全年饲养量达到60万头,羊达到28.5万只,肉类总产量5万吨,实现产值1.88亿元,加工企业产值达到5000万元,其产业经济链实现总产值2.38亿元。

6.竹笋产加销一条龙。重点是发展早竹笋、笋材两用林基地和流通企业、规模型的加工企业。到规划期末,年产早竹笋25000吨,毛竹鲜笋16500吨,产值2075万元,加工产值1.5亿元,竹笋产业经济链实现总产值1.71亿元。

7.竹制品产加销一条龙。重点发展竹制品加工企业,通过政策扶持、引导,促使其上规模、上档次。到规划期末,毛竹面积达到20万亩,年产毛竹500万支,实现产值4300万元,毛竹加工产值1.5亿元,产业经济链实现总产值1.93亿元。

8.名优茶产加销一条龙。重点是加快基地建设,提高质量,组建以“径山茶”为龙头的经营公司,开拓市场,打好名茶品牌战。到规划期末,实现茶叶总产量5000吨,产值6000万元。其中名优茶4000吨,产值4900万元。

9.干鲜果产加销一条龙。重点发展加工企业和市场,通过向外拓展销售市场、采用保鲜技术、深度加工等措施,到规划期末,干鲜果面积达到8.16万亩,年产量13.60万吨,实现产值4310万元,加工产值3.35亿元,形成年产值3.78亿元的产业经济链。

(二)重点建立农产品商品生产基地

农产品商品生产基地是农业产业化发展的依托,是龙头企业生存和发展的条件。在现有基地的基础上,按照培育龙型经济格局的要求,重点建设好十大高标准、高起点、高效益的农产品商品生产基地。

1.优质商品粮基地:在全市建设25万亩,复种面积达48.50万亩的优质商品粮基地,总产量19.62万吨。主要放在余杭、仓前、瓶窑、良渚、勾庄等14个重点产粮镇乡。

2.名特优水产品基地。在现有的基础上,充分挖掘潜力,提高现有水面产出率,大力发展名特优水产品,到规划期末,名特优水产品专养面积达9000亩,年产量3750吨。重点发展瓶窑、东塘、潘板、獐山、云会等镇乡的青虾养殖基地;博陆、五杭、塘栖、临平等镇乡的黑鱼专养基地以及五常、亭趾、闲林、南湖等地的鱼鳖混养基地。

3.蔬菜基地。以临平、乔司、星桥以及区域性城镇为重点,大力发展蔬菜基地;同时扩大二线蔬菜基地和季节性蔬菜基地,到规划期末,建立3万亩常年性蔬菜基地,年产量10.5万吨。

4.竹笋基地。在稳定早竹笋、扩大笋材两用林面积,提高产量,增加效益的基础上,抓好集中连片的基地建设,重点放在百丈、彭公、良渚、双溪、黄湖、长乐、中泰、闲林、鸬鸟等镇乡。到规划期末,早竹笋基地5万亩,年产量25000吨,笋材两用林基地5万亩,毛笋年产量10000吨。

5.畜禽养殖基地。生猪重点发展规模饲养,扶持年饲养量万头以上规模型养殖基地10个,100头以上的饲养大户1000户左右,到规划期末达到24万头,重点放在临平、星桥、塘栖、余杭、瓶窑、潘板等镇乡。家禽重点扶持养殖大户和市场流通,到规划期末,年饲养量达到750万羽,年产鲜蛋9000吨,主要放在塘栖、崇贤、东塘、獐山等镇乡。

6.名优茶基地。重点是加快良种茶园建设,实施名牌战略,扩大名优茶生产,提高经济效益。主要放在长乐、余杭、中泰、潘板、双溪、闲林等镇乡。到规划期末,名优茶基地3.2万亩,年产量达到3800吨。

7.名优水果基地。重点是发展蜜饯加工原料和优质传统名果等基地,主要发展塘栖的枇杷、黄湖的蜜饯加工原料、鸬鸟的黄花梨、瓶窑的桃子等,使之达到3.10万亩,年产量12500吨。

8.水生作物基地。重点是调整品种结构和市场销售,主要在崇贤一带发展3万亩基地,年产量达到5万吨。

9.果蔗基地。重点是连片种植,提高产量,主要在临平一带发展2万亩的基地,年产量达到66000吨。

10.蚕桑基地。重点是改造低产桑园,主要在塘栖、东塘、獐山一带巩固发展,到规划期末,使桑园面积稳定在1.5万亩,蚕茧产量达到1125吨。

(三)努力培育和发展农业龙头企业

农业龙头企业是实施农业产业化建设的核心。在规划期内,要坚持“积极引导,大力扶持,放手发展,不断提高”的方针和“谁有能力谁牵头,谁是龙头扶持谁”的原则,加大扶持力度,加大发展外向型农业和招商引资力度,在现有农业龙头企业的基础上,重点培育和发展名优茶、竹、笋、干鲜果、水产品、禽蛋、肉类、蔬菜、粮食等主导产品农业龙头企业。要扶优扶强,选好培育和扶持对象，制订相应的激励政策、措施，实行农业产业化与乡镇工业发展有机结合，大力发展农副产品加工企业；引导鼓励企业和农户通过联营、合作、参股、控股等形式，组建以龙头企业为核心的企业集团，使农业生产经营向集团化方向发展。到规划期末，市级农业龙头企业达到15家，年产值达到8亿元。力争有1—2家产值上亿元、利润超千万元的企业集团，外向型龙头企业6家，出口交货值1亿元，农产品加工企业年加工产值达到22亿元。

（四）加快市场建设的步伐

建立和发展有特色的市场体系是推动农业产业化发展的重要环节。在规划期内，重点抓好有特色、关联度大的农产品批发交易市场建设。要加强调控，合理布局，尽快制订和完善农产品批发交易市场建设规划，积极培育一批农副产品批发交易市场。要加快建设临平地区、瓶窑地区的两个农产品综合交易批发市场和蔬菜、竹笋、果品、水产、畜禽等五大区域性的专业批发交易市场。同时，要结合实际，遵循市场发育的自身规律，加快培育技术、劳务、人才、信息等生产要素市场。要采取有力措施，引导各种协会、中介组织和农民营销队伍，千方百计地搞好本地产品的促销工作。商业、粮食、供销、物资等流通部门要充分发挥流通主渠道作用和营销优势，采取工商联手、农商联手，有重点地去市外增设经营机构和贸易网点，有计划地去市外组织展销会、供货会，积极发展连锁经营、总经销、总代理、配送制等现代流通组织形式，努力开拓市场领域。到规划期末，批发市场达到12个，年成交额8亿元。

（五）积极创立优质名牌产品

优质名牌产品是实现农业产业化的重要条件，是农业产业化发展的主要内容，是改变广大干部、农民传统经营观念，增强市场意识的重要举措。在规划期内，要积极实施名牌战略，扩大农业产业化的名牌效应，要在现有传统名牌的基础上，发展一批扩张潜力大的优质名牌产品，使每个支柱产业都有1—2个名牌产品。

（六）大力发展“都市农业”

随着城镇居民生活质量的提高，要充分发挥我市独特的区位优势和资源优势，紧紧依托杭州这一国际风景旅游城市，依托“良渚文化”“径山”“超山”等现有的风景旅游区，积极发展以东明山森林公园、黄鹤山科技乐园等为主的旅游项目，努力开辟集生产、经营、娱乐、休闲于一体的田园风光的“观光农业”“休闲农业”。到规划期末，力争建成4—5个有一定档次的“都市农业”样板。

四、农业产业化发展的实施计划

按照农业产业化发展的总体规划，结合各产业的现状和特点，有计划、有步骤地分年组织实施。

各产业的分年具体实施计划参看附表。

五、农业产业化发展规划的实施对策和措施

（一）切实加强领导，抓好组织实施。农业产业化既涉及生产方式的变革，又涉及经济体制的变革，是一项全面改造传统农业，逐步实现农业现代化的系统工程，它涉及方方面面。在实施农业产业化进程中，政府的行为有着举足轻重的作用，如规划的制订实施，政策的导向和扶持力度等等，无一不对产业化的发展起着决定性的作用。因此，各级党委、政府必须转变观念，高度重视，把它列入重要议事日程，作为实现农业第二个飞跃和两个根本性转变的大事来抓，切实强化政府行为。一是加大宣传力度，要通过各种形式的宣传发动，使全市各级干部、群众真正认识到农业的根本出路在于产业化，形成一个层层参与产业化建设的新局面。二是要建立农业产业化领导体系。自上而下层层做到"四个一"：每一个支柱产业都有一付班子，一个规划，一套措施，一个实施办法。加强对产业化的全面管理、协调和指导。三是各部门要大力支持。农业是一个弱质产业，在发展中需要各部门、各行业的支持和帮助，有关部门要本着"欲取先予"的原则，在依法行政的前提下，做到最大限度支持，最大限度变通，最大限度简化，最大限度放宽，最大限度减负。围绕产业化，改进工作方法，转变工作作风，齐心协力，形成大合唱。四是加大落实和实施的措施。各地要根据市里制定的总体规划、发展思路和工作重点，按照本地实际，因地制宜确定发展支柱产业，制订好发展规划与实施计划。与此同时，要注重培育出一批先进典型样板，以点带面，典型引路。各级主要领导都要亲自联系，抓好一个产业化发展典型，用看得见、摸得着的事例来影响周围干部群众，营造一个发展农业产业化的良好氛围。

（二）突出项目建设，提高开发质量。实施农业产业化，必须突出项目建设，通过项目建设，带动和促进全市的产业化。要按照社会主义市场经济的观念和思路，坚持"谁投资，谁开发，谁得益"的原则，进一步明确投资主体和经营主体。一是要按照市场化、工程化、企业化的要求，选定目标，明确投资主体，加强项目的立项、评估、论证、审批、招租等综合评审。二是要细化分解，项项落实。不搞半拉子工程，提高项目的成功率和运营质量。三是要建立项目库。对发展前景较广、影响较大、目前实施有困难的项目，建立档案，以备今后实施。

（三）深化农村改革，增强发展活力。深化农村改革，建立行之有效的营运机制，是实施产业化的动力。为此，一要建立土地使用权流转机制。要按照"稳制活田，三权分离，依法自愿有偿"的原则，尽快建立土地使用权流转机制，鼓励基层大胆试，大胆闯。要积极稳妥地推进农田适度规模经营，对于"四荒"资源，可通过拍卖、招租、入股等形式，发展农业股份合作制，促进土地等生产要素的流转和优化配置。二要建立和健全多元化投入机制。要坚持以政府投入为导向、农民投入为主体的投资机制。农业产业化800万元扶持基金、金融部门核定的3000万元信贷资金，一定五年不变，要大部分用于主攻目标重点项目的实施，同时要进一步建立和健全农村合作基金会和农业"三制"建设。要花大力气招商引资，引进市外资金、人才、技术，加速产业化的发展。三要建立政策激励机制。制订政策性措施，鼓励机关各部门、企事业单位以及干部和职工利用资金、人才、技术、信息等各方面的优势，引进技术、资金等各种形式参与产业化建设，并给予相应的奖励。四要建立风险保障机制。要建立主攻目标实施的风险基金，以弥补生产者、经营者、投资者的损失。五要建立利益分配机制。要探索建立统一规章制度，确保投资者以及生产、加工、运输、销售、服务等各个环节的单位和个人都能合理地得到既得利益，特别是保护农民的利益，推进产供销一条龙、贸工农一体化的长期协调发展。六要完善社会化服务体系，要建立和健全乡村社会化服务组织，各种行业、专业协会、专业合作社和中介组织，做好产前、产中、产后服务。

（四）依靠科技兴农，提高经济效益。农业产业化是否能顺利实施，农民的积极性又如何，关键在于经济效益。从我市来看，无论是劳动力价格，还是生产资料，都比周边地区偏高，如果生产大路货的农产品，在价格上竞争不过生产成本低的内陆地区。唯有加大科技力度，在产品的质量和品牌及加工上下功夫，即生产具有地方特色和优势的名牌优质农产品占领国内外市场。为此，一是要大力推广良种、早熟品种，优化品种结构。二是要大力推广新型农艺，加大农业机械化的推广力度。三是要技术攻关，把农产品的保鲜、贮藏和深加工等技术列为科技重点攻关项目。四是要建立“百场千户万亩”科技示范基地。要以基地为基础，搞好新技术，新品种推广繁育示范基地建设；要加强技术培训，提高农民、经营者的科技意识和素质，实施农科教一体化的建设。大力发展和培育各类专业大户，提高农民的组织化程度。

（五）加强宏观调控，完善保障体系。要以《农业法》《农技推广法》等法律、法规为依据，健全依法保护和支持农业的机制。要建立健全包括信息预警系统、价格保护系统、农产品储藏系统、市场和服务系统等在内的宏观调控体系，特别是要以改革的思路不断推进农业社会化服务体系建设。要加强土地管理，着重做好基本农田保护区实施工作，制止各类违法用地和抛荒现象；要切实增加农业投入，强化农业基础设施建设和物质装备，提高农业综合生产能力和抗灾能力。加强农业生态保护和环境保护，促进农业生产可持续发展。

1998 年 2 月

关于进一步加快农业产业化经营的若干扶持政策意见

市委〔1999〕63 号

各镇乡党委、政府，市级机关各部门，市直属各单位：

为进一步加快推进农业产业化经营，促进农村经济发展，确保农业增效、农民增收和农村稳定，实现五年再造一个“余杭农业”，率先基本实现农业和农村现代化，根据《余杭市农业产业化发展规划》的要求和我市农业产业化发展的现状，特对市委〔1997〕61 号文件中的扶持政策修订如下：

一、鼓励和扶持农业企业和农产品加工企业

凡新办农业企业和以本市农产品为主要原料的加工企业《包括市级农业龙头企业》，并具有一定带动和辐射作用的，经有关部门批准同意，可享受以下优惠政策：

1.其新增生产性固定资产投入，贷款资金（包括自筹资金，下同）按银行基准利率在 1—2 年内予以 60%的贴息；固定资产超过 300 万元以上以及列入省级以上科技项目和高新技术企业的，予以 80%的贴息。

2.其建设用地优先安排，免缴市本级造地费、土地管理费、农业发展基金、水土保持设施费，免缴城市建设配套费、墙改保证金、企业管理费、临时工管理费等规费。

3.从获利年度起，三年内免征所得税；对固定资产投资额在 300 万元以上的，再减半征收三年。市级农业龙头企业减半征收当年度所得税，其中比上年增长 10%以上部分，实行先征后返 80%。

4.积极鼓励农副产品及其加工产品出口创汇。农产品出口的退税率为 5%，退税款优先到位。凡当年出口交货值 300 万元人民币以上的给予减免 30%—50%的所得税优惠；1000 万元人民币以上的，按实每交货 10 元人民币，奖励人民币 0.02 元，并减半征收粮食教育综合附加费。

5.对直接向农户收购并进行加工销售的农产品（包括农产品的初级产品），增值税税率为 13%；对收购免税农产品（包括农产品的初级产品），接收购金额乘以 10%的扣除率计算增值税的进项税额；对销售自产的农产品，包括经初级加工后仍属农业初级产品的，免征增值税。

6.农业企业自投产之日起，免缴农林特产税三年。

7.对固定资产投资额 200 万元以上的企业,如需科委组织专家论证的,免缴咨询论证费。

8.上述减免的各项税费应全部用于企业发展生产经营。

二、鼓励拓展农产品流通服务

9.因地制宜发展农产品批发交易市场。经市政府批准,对新办农产品专业市场和综合市场,其固定资产投入的贷款资金在 1—2 年内按银行基准利率贴息 80%;其使用土地优先安排,享受当地土地出让的最低大限价格;免缴市本级造地费、土地管理费、农业发展基金、水土保持设施费、水利建设基金;免缴市场管理费,三年内免缴所得税,其他各项规费扶持同农产品加工企业同等对待。市级农业龙头市场免缴当年度所得税和市场管理费。

10.大力培育产加销结合、风险共担、利益共享的流通服务组织。凡新组建农业合作服务组织(包括专业生产合作社)的,市级有关部门要予以支持和帮助,主动做好服务工作,享受加工企业的有关优惠政策,销售社员自产农产品的,一年内免征农林特产税。

11.鼓励发展农产品营销大户。各有关部门和各镇乡要积极为营销大户解决经营中的困难和问题。对营销本市农产品数量大、贡献大的营销大户,三年内免征所得税,一年内免征农林特产税。市政府在年终给予表彰奖励。

12.经批准,在 2000 年底以前,对批发和零售种子、种苗、化肥、农药、农机等农业生产资料的服务企业,免征增值税;对商业企业批发肉、禽、蛋、水产品和蔬菜业务的,其增值税的市本级部分实行先征后返。

三、鼓励引进新技术,开发新产品,争创名牌

13. 建立市级农业产业化建设技术攻关项目制度。为尽快把农业先进科技成果有计划、有步骤、有规模地转化为现实生产力,对当前生产上急需推广或解决的重大应用性技术以及农产品加工、保鲜等项目进行技术攻关。凡列入市级农业产业化技术攻关项目的,根据有关规定享受优惠政策。

14.农产品加工企业(包括市级农业龙头企业、场),凡引进、开发具有特色的新产品,新技术、新设备,能积极带动农户调整优化农业结构,联系农户 500 户以上或建立商品生产基地千亩以上的,给予 5 万元以内一次性补助。成效特别显著的予以重奖。对列入省级以上的新产品并经有关部门颁布的,给予 5 万元以内的补助。

15.凡对我市名优特新农产品及其加工产品制订地方标准,并指导帮助实行标准化生产的,给予 1 万元以内的补助。商标注册经批准的,给予一次性补助 3000 元。凡当年新创省级以上名牌产品或获得金奖、银奖产品的,给予 1—5 万元的奖励(同一产品不重复计奖)。

16.对在引进开发新产品、新技术、新设备中,成效显著、成绩突出的单位和个人,给予 3000 元—2 万元的奖励,并与项目主持人、实施人的政绩考核、职称评定、职务聘任挂钩。

四、鼓励招商引资,积极引进人才

17.市级各有关部门和各镇乡对农业招商引资、引进人才工作要大力支持,优先办事,优质服务。创造条件,尽快建立招商引资、引进人才的信息网络,加强信息服务。积极鼓励镇乡、企业单位和种养销大户,运用招商引资、引进人才交流会、展销会、宣传广告、上因特网等形式,招商引资,吸纳人才。

18.对办成外商和市外投资项目的有功人员给予奖励。凡引荐办成利用外资项目,经批准验资后的外资按实际到位额的 5‰,市外资金按实际到位额的 3‰,由市政府一次性给予奖励。

奖金均以人民币支付。

五、鼓励和扶持规模化生产经营和农业示范园区建设

19.凡坚持统一规划,合理布局,连片开发,规模经营,可持续发展的市级农业产业化项目,分别以贴息、补助或以奖代补的方式给予扶持。纳入市和镇乡规划内的项目优先安排;对具有特色、产加销一体化经营、示范辐射作用大,面积千亩以上、畜千头、禽万羽以上的基地,予以重点扶持。

20.凡有规划方案并经批准立项的市级农业示范园区和基地(除粮食类外),镇乡配套资金足额到位的,其基础性设施投入补助三分之一。凡列入杭州市级以上农业示范园区项目的,其补助资金,经验收合格后,全额划拨到项目区专款专用。

21.对新开发"四荒"农业资源,引进新品种、新技术,连片种植面积100亩或养殖面积50亩以上的,自有收入之日起,三年内免征农林特产税;对投资较大并具有较好示范辐射作用的,可免征5年,在第6—10年间再给予酌情减免。对连片开发坡度在25°以下的荒疏林地,经有关部门批准并验收合格后,可以享受当年度的造田造地优惠政策。

六、鼓励科技人员和机关干部参与农业产业化经营

22.全民事业单位科技人员和镇乡部门聘用人员,经批准离职参与农业开发和兴办农业各类企业的,在三年内保留其原单位工资待遇,并根据组织人事部门的有关规定,享受原单位的福利待遇。其他企事业单位可参照执行。

23.全民事业单位科技人员和镇乡部门聘用人员经组织同意参与农业科技承包的,可按合同(协议)规定获取应有报酬。

24.国家机关干部经批准离职参与农业开发和兴办农业各类企业的,在机构改革前保留其国家公务员身份,其工资福利待遇与第22条相同。

25.鼓励科技人员和机关干部参与农业产业化经营的具体实施办法由市委组织部、市人事局另行制定。

七、本《意见》从发文之日起执行,原市委〔1997〕61号文件废止。

中共余杭市委员会
余杭市人民政府
1999年9月16日

关于进一步规范径山茶业管理的通知

余政办〔2001〕13号

各有关镇乡人民政府,市政府各有关部门:

径山茶自合力实施名茶战略以来,生产规模迅速扩大,知名度显著提高,近年来连获省和中国国际农博会名牌产品称号。为了切实巩固这一成果,加快产业化进程,经市农业产业化领导小组研究,并经市政府同意,现就进一步规范径山茶业管理作如下通知:

一、进一步合力实施名茶战略。一是要规范称谓,统一称"径山茶",这是个关键,也是被实践证明的一条成功经验。径山茶的茶类可以多样,共同特点是"崇尚自然、追求绿翠,讲究真色、真香、真味",2001年起统一都称"径山茶",具体茶类区别可在标签栏中注明。二是径山茶业管

理协会(以下简称协会)要切实承担起管理职能,尤其要进一步加强品牌管理。经国家商标局批准,“径山”商标所有权已正式归属协会。为此,各生产经营单位在未经协会同意的情况下,严禁在茶叶及同类商品上冒用“径山茶”或“径山”字样等侵权行为。三是授权由协会申请注册“径山茶”证明商标,以进一步实现对“径山茶”商品名、原产地、特定品质、标准化的依法保护。政府已原则同意协会起草的《径山茶证明商标使用管理规则》(草案),这是“径山茶”证明商标的主件。为此,协会应慎重征求各方意见,抓紧完善《径山茶证明商标使用管理规则》和径山茶证明商标的申报工作。

二、积极鼓励有序竞争。为了鼓励企业间开展公平竞争,在统一向协会申请使用“径山茶”商标并征得同意的前提下,允许各生产经营企业同时使用自己的商标,并注明生产经营企业名称及地址,以有利于培育企业品牌,努力树立各自的企业形象。但不管采用何种形式,都必须分别与协会签订“径山”茶商标使用许可合同,并报商标局备案,自觉接受协会及有关部门的监督和管理,所用包装必须由协会统一监制,严禁擅自转让、转卖和自行印制。

对于径山茶的零星产户,可以通过各镇乡径山茶质量管理组统一挂靠径山茶业有限公司,具体手续是:有关镇乡径山茶质量管理组须与公司签订《径山茶质量保证协议》,同时还须逐个与产户签订《径山茶质量保证协议》。所签协议须报协会备案,作为日后质量监管工作的依据之一。

三、明确管理责任,加大监督力度。径山茶的质量管理近年来已逐步形成“企业自律、协会管理、行政监督、镇乡径山茶质量管理组协助监管相结合”的体系,并产生了较好效果,现再予明确:

企业自律。(1)自觉按相关标准组织生产和销售,包括严格执行欧盟制订的 MRL 标准,严格控制农残,把好鲜叶质量关,以及茶厂厂区、设备、从业人员的卫生标准等。(2)认真履行出厂检验,主项是感官品质、水份和净含量允差,实事求是确定等级,避免不合格产品的出厂或以次充好。(3)严格按照 GB7718 标准规范标签,特别是质量等级、生产日期和检验员真实姓名等。其中产品等级一律使用防伪标志。

协会管理。(1)品牌管理。(2)标准化管理(包括权力内的质量监督检查)。管理依据是《DB33/T257 径山茶》标准,国家相关标准,《“径山”茶商标使用许可合同》及待申请注册的《径山茶证明商标使用管理规则》等。(3)包装管理。做到统一设计、统一制作、统一发放,并实行包装的总量控制。(4)协同行政监督部门受理消费者投诉。

行政监督。(1)依法监督协会的管理行为。(2)依法对径山茶上市商品或待销产品履行抽查。(3)对不合格的产品(含包装)的生产、销售企业及作出承诺的中介机构、社会团体依法作出相应处理或处罚。(4)依法严厉打击各种假冒及侵权行为。

镇乡径山茶质量管理组协助监管。这一组织是按余标办〔1999〕03 号文件批准建立起来的。名茶生产涉及千家万户,行政监督和协会管理都难以全部到位,所以强化这一组织十分重要。镇乡质管组在同级政府领导下开展工作, 其成员须经市技监局和协会联合培训考核, 持证上岗,其主要职责是:(1)在辖区范围内开展径山茶标准化管理。(2)接受行政监督部门和径山茶业管理协会委托,在辖区范围内履行质量抽查及感官检验。(3)接受消费者投诉,并协同上级行政监督部门调查处理。(4)受委托做好质量监管的其它工作。

上述意见在实施过程中,市级有关部门及有关镇乡要各司其职,市径山茶业管理协会要制订具体实施办法并组织实施。在执行过程中，如遇不明或末及事宜，由市农业、工商、技监等部门及协会及时研究解决，共同把径山茶的产业化建设提高到一个新水平。

余杭市人民政府办公室

2001年2月2日

中共杭州市余杭区委关于建立农用承包土地使用权流转制度的若干意见

区委〔2001〕62号

各镇乡党委、政府，街道党工委、办事处，区级机关各部门、区直属各单位：

为促进农用承包土地使用权流转，加快农业产业结构的战略性调整，发展都市型效益农业，增加农民收入，根据省委〔2001〕1号《关于进一步促进农业增效农民增收的若干政策意见》精神，结合本区实际，就建立农用承包土地使用权流转制度提出如下意见。

一、建立农用承包土地使用权流转制度的重要性和必要性

当前，我区农用土地“延包”工作已基本完成，但土地均分承包、小规模经营问题始终没有得到解决。虽然一些地方对承包土地使用权流转机制作了一些尝试，但机制不够健全、手续不够规范、流转的面不广，已成为制约当前农业产业结构调整、发展效益农业、增加农民收入的一个突出问题。对此，各镇乡、街道要统一思想，提高对建立承包土地使用权流转制度重要性和必要性的认识。建立承包土地使用权流转制度，是实现农业和农村现代化、加快农业产业结构战略性调整的内在要求，是深化农村土地使用制度改革的一项重要内容。同时，也是应对我区推进城市化进程的呼应和配合。建立农用承包土地使用权流转制度，符合家庭承包责任制的原则，符合当前农村生产力的发展水平。它的建立，有利于土地、资金、技术、劳力等生产要素的合理流动和优化配置；有利于连片开发，实现农业的规模化、集约化经营和专业化生产；有利于促进社会分工分业；有利于发展壮大村级集体经济、增加农民收入。因此，各镇乡要把建立农用承包土地使用权流转制度，作为当前调整农业产业结构的重中之重来抓，创新制度，为发展都市型效益农业提供良好的制度环境。

二、农用承包土地使用权流转的指导思想、基本原则及流转形式

建立农用承包土地使用权流转制度的指导思想是：以党的十五大和十五届三中全会精神为指针，以稳定家庭承包经营为基础、统分结合双层经营体制为前提，按照社会主义市场经济以及农业和农村现代化建设的要求，促进土地使用权有序流转，实现生产要素的合理流动和优化配置，提高土地规模化集约化经营程度，加快农业产业结构调整，发展都市型效益农业，提高土地利用率、投入产出率、劳动生产率，促进农业增效、农民增收。

在具体工作中应把握好以下原则：

1.坚持“稳制活田，三权分离”的原则。在稳定家庭承包制的前提下，实行土地集体所有权、农户承包权和土地使用权的分离，按照市场经济的要求，搞活土地使用权，合理有序配置土地资源，形成新的生产力。

2.坚持“依法，自愿，有偿”的原则。承包土地使用权的流转，要在符合有关法律法规和政策的前提下，尊重大多数农民群众的意愿，有偿流转土地使用权，使土地使用权货币化、有偿化。对成片的土地流转，村(组)要根据《村民委员会组织法》和《浙江省村经济合作社组织条例》的

规定，召开村民（代表）大会进行表决通过。

3.坚持因地制宜，分类指导的原则。建立农用承包土地使用权流转制度要从本地的实际出发，根据非农产业的发达程度、农村劳动力的转移状况、土地利用率的高低、社会化服务程度等因素来综合考虑。要坚持条件，循序渐进，区别情况，稳步推进。切忌强迫命令，搞一刀切。

4.坚持有序流转，规模经营的原则。要强化土地所有者对土地使用权流转的管理职能，增强村集体经济组织的服务功能和调控功能，加强承包合同的动态管理和合同签订、纠纷调处等工作，以规范有序流转。同时要对流转出来的土地进行统一规划、连片开发、规模经营，以提高土地的综合生产能力。在流转过程中，个别农户要求继续经营的，可采取地块互换的办法解决。对不符合农用土地总体规划，且弃耕抛荒的或土地流转以后不开发经营的及经营不善等行为，要在教育引导的基础上，采取经济等手段加以处置，直至依法收回土地承包权和土地使用权。

各镇乡、街道要在把握上述指导思想和原则的基础上，因地制宜选择土地使用权流转的方式。目前，一般可采用以下几种流转形式：

1.农户间协商流转。农户之间经协商，直接转包全部或部分土地使用权。这种流转形式面广量大，各地要做好规范、引导等服务工作。

2.反租倒包。集体经济组织向承包户租用土地使用权，经地块调整连片后，再重新发包。这是土地流转的主要形式，各地要大力推广。

3.股份合作。农户以土地承包权折价入股，并与其他生产要素结合，兴办股份合作制等农业企业。农户以入股的土地承包权作为分红依据，实行利益共享，风险共担，也可包底分红或分成。这是一种新型的土地使用权流转形式，各地要积极探索和创新。

4.使用权出让。经村经联社同意，在一个较长的期限内，土地经营者或农业企业向承包户一次性受让土地使用权，出让的土地使用权期限应与土地二轮承包期限相一致。在二轮承包期内，实行小调整的村组，出让收益应由村集体统一保管，按实际承包期限分年划拨给承包户。为体现公开、公平、公正原则，显化土地的使用价值，一般应提倡承包土地使用权出让的公开拍卖。

5.土地互换。因土地连片开发经营的需要，在某一区块的土地上，个别农户要求自己经营土地的，村经联社要做好协调工作，采用与其他农户承包田或村集体的机动田进行互换的办法，实行相应土地的使用权流转。

此外，经村经联社同意，也可采取委托转包、租赁、季节性流转等形式。

三、推进农用承包土地使用权流转的实施工作

建立农用承包土地使用权流转制度要做到手续完备、权责明确、合同规范、管理有效。各镇乡、街道在建立承包土地使用权流转制度时，要按以下办法实施

1.建立土地流转中介服务机构。镇乡、街道可建立土地流转中介服务组织，负责搞好土地流转规划，收集发布土地供需信息，规范土地流转秩序，协调处理各方关系，为社会资本特别是工商资本投资农业创造良好的环境。

2.建立流转土地储备库。可以镇乡（街道）、村为单位，建立流转土地储备库，并按照当地的农业产业化发展规划和结构调整的重点，实行统一规划，统一对外招商和组织承包土地流转。列入储备库的土地，一般要集中连片，面积在100亩以上。储备库暂不开发的土地，可由村经联社临时发包或出租，也可由原承包农户继续经营。

3.规范合同内容。不论采取何种形式的土地流转,必须签订书面合同。合同内容应包括:一是明确土地流转的期限;二是明确合同双方当事人的权利义务以及违约责任、争议处理办法;三是明确经济利益关系,要充分体现土地流转有偿性,有偿款可以一次性确定,也可以确定基数,若干年递增或递减一定的比例;四是明确土地的用途,不得抛荒或掠夺经营,不得改变农业用地的性质。

4.加强合同管理。加强对承包土地使用权流转的管理是农业承包合同管理的重要组成部分,区、镇乡(街道)两级农业承包合同管理组织要切实履行职责,从原来的静态管理逐渐向动态管理转变。一是指导合同签订。各镇乡(街道)要帮助村经联社、农户或经营者签订规范的合同,做到提前参与、及早介入,防止因合同条款不清而引起纠纷;二是做好合同鉴证。土地流转合同签订后,应由镇乡(街道)农业承包合同管理委员会鉴证,涉及承包土地田块变动的,要及时办理承包权证变更手续;三是及时调处纠纷。各镇乡(街道)农业承包合同管理组织要发挥其职能,依法依章通过调解、仲裁等途径及时调处合同纠纷,维护双方当事人的合法权益;四是档案管理。土地流转合同及其涉及农用土地流转的相关资料,必须建立档案,分别由镇乡(街道)、村两级归档。

四、加强对农用承包土地使用权流转工作的领导

建立农用承包土地使用权流转制度,是推进农业结构战略性调整,发展都市型效益农业,增加农民收入的重要举措。这项工作政策性强、涉及面广、利益关系复杂。各镇乡、街道要高度重视,认真研究,精心部署,加强领导,摆上党委、政府的重要议事日程。在实施过程中,必须遵循坚持条件、积极引导;因地制宜,分类指导;形式多样、规范提高的方针。要加大对土地流转的宣传力度,在增强广大农民土地集体所有制观念的同时,总结土地使用权流转、推动结构调整,发展效益农业的成功经验,启发和引导农民加快土地流转的自觉性,进一步明确土地流转的目的和意义。要组织力量搞好调查研究,掌握土地使用的现状、流转方式及经营形式;了解农民对土地流转的思想反映;分析研究土地流转过程中的难点问题。要结合本地实际,研究制订具体规划和工作目标,以及相应的扶持政策。区政府每年安排一定的资金,专项用于镇乡(街道)、村实施土地流转工作的经费补助,各镇乡(街道)也要安排相应的资金,用于土地流转工作。区级有关部门要积极配合,通力协作,加强指导,搞好服务。通过上下共同努力,使我区的承包土地使用权流转制度能得到有效的推进和落实。

中共杭州市余杭区委
杭州市余杭区人民政府
2001年9月8日

关于进一步推进农业产业化经营的若干政策意见

区委〔2002〕28号

各镇乡党委、政府,街道党工委、办事处,区级机关各部门,区直属各单位:

根据江总书记关于“扶持农业产业化就是扶持农业,扶持农业龙头企业就是扶持农民”的指示精神,围绕“融入大都市、建设新余杭”的目标,按照“建机制,舞龙头,带龙身,甩龙尾”的工作思路,为适应我国加入WTO的新形势,进一步推进我区农业产业化经营,促进农业结构战略

性调整，全面提升农业产业层次，加快都市型效益农业的发展，特制订如下政策意见。

一、加快农业结构调整，大力扶持农业产业化基地

1.建设有区域特色的产业化基地。按照我区农业产业化发展规划要求，加快发展粮食、水产、畜禽、蔬菜、林业、茶叶、水果七大支柱产业，逐步形成区域特色更为明显的产业经济带。区农发基金每年安排150万元资金，用于优质高效农业生产基地建设。各地也要拿出一定的资金予以扶持。农业综合开发、土地整理、标准农田建设等资金要向产业化基地倾斜。

2.加快高新农业开发区、农业特色园区建设。高新农业开发区、特色农业园区的建设要采取业主投资的办法，实行市场化运作，企业化管理，充分发挥其示范带动作用。高新农业开发区要建成农业科技的研发推广中心、效益农业的示范基地、观光休闲的农业胜地，区财政三年内每年安排1000万元资金，用于扶持开发区的基础设施建设。对批准立项并验收合格的特色农业园区，按照余政发〔2001〕132号文件规定的优惠政策给予扶持。

3.加快"菜篮子"基地和林业生态产业体系建设。根据余杭区域经济的比较优势，抓好都市型"菜篮子"基地的规划制定与实施。建好以水源涵养林、城镇平原绿化、"绿色通道"工程为主的生态公益林，加大对生态公益林建设的扶持力度；加快推进绿化造林和林业产业化建设步伐，加大林业结构调整力度，具体扶持政策按照余政发〔2001〕154号文件执行。通过几年的努力，建成一批高起点、高科技的"菜篮子"基地和30万亩生态公益林。

二、发展壮大农业龙头企业，增强其带动辐射能力

4.坚持多种途径、多种方式创办和壮大农业龙头企业。按照"扶大龙、育新龙、兴小龙"的思路，以粮食、蔬菜、水产品、肉类、禽蛋、竹笋、竹制品、水果、茶叶等九大主导产品为重点，培育和发展农产品加工型、市场流通型、种子种苗型、技术服务型、中介组织型等类型的农业龙头企业。积极鼓励工商业主投资兴办农业龙头企业，凡新办农企业（包括加工流通企业），其当年生产性固定资产投资额在100万元以上的，给予一定的贴息或补助。

5.加大对农业龙头企业的扶持力度。按照"扶优、扶强、扶大"的原则，不断提高现有农业龙头企业竞争力和带动力，支持企业加快技术改造，扩大规模，增强实力。区农发基金每年安排150万元资金，扶持区级以上农业龙头企业的技术改造等项目，提高企业的经济效益，增强其带动辐射能力。

6.农产品加工企业和农业龙头企业税收政策。凡新办固定资产投资在100万元以上的农业企业和200万元以上的农产品加工企业，从开办年度起，由财政部门安排一定的资金给予扶持。第一年至第二年扶持资金的额度，为该企业二年缴纳的企业所得税乘以当年确定的补助比例；第三年至第五年扶持资金的额度，为该企业三年缴纳企业所得税的50%乘以当年确定的补助比例。区级以上农业龙头企业自命名之日起，由财政部门安排资金给予扶持。第一年至第三年扶持资金的额度，为该企业所得税乘以当年确定的补助比例；第四年至第六年扶持资金的额度，为该企业三年缴纳企业所得税的50%乘以当年确定的补助比例。对直接向农户收购并加工销售的农产品（包括农产品的初级产品），按收购金额乘以10%的扣除率计算增值税的进项税率；对销售自产的农产品，包括经加工后仍属农业初级产品的，免征增值税。

7.农产品加工企业和农业龙头企业用电用地政策。农产品加工企业和区级以上农业龙头企业的生产性用电，容量在315千伏安及以上的执行大工业用电电价，以下的执行普通工业用电电价。固定资产投资在200万元以上的农产品加工企业、农业龙头企业，其建设用地优先安

排;使用土地的级差地租和各项规费地方留成部分,经批准后可全额先缴后返。

8.加强对农业龙头企业的信贷服务。农业银行、农村信用社等金融部门,要把扶持农业龙头企业作为信贷重点,安排一定的规模和资金,通过资质评估,优先支持实力强、信用度好的农业龙头企业。要充分发挥农业贷款信用担保促进会的作用,帮助解决农业龙头企业在发展中所需的资金。

9.鼓励农业龙头企业通过多种形式与农户结成紧密型的利益共同体,发展订单农业。积极推行"公司+基地+农户"的经营模式,区农发基金每年安排50万元资金,鼓励农业龙头企业为农户提供新品种、新技术,发展订单农业。

10.加强对农业龙头企业的管理。对区级以上农业龙头企业实行动态管理,每二年考核一次,优胜劣汰。考核合格的企业可享受区级以上农业龙头企业的有关优惠政策。

三、依靠科技进步,提高农产品竞争力

11.切实加大农业科技创新力度。积极鼓励有条件的地方建立民营农业科研机构,鼓励有条件的农业龙头企业组建自己的研究开发机构,并鼓励这些农业科研机构承担农业科研开发项目。抓好种子种苗工程,积极开展名特优新品种的试验、示范和繁育工作,走种子产业化的道路。区科技三项经费中每年切出100万元给予扶持。

12.大力推广农业适用先进技术。各级农业技术推广机构和农技人员,要积极参与投身到农业产业化经营第一线,通过技术服务、技术承包、技术转让、技术入股等形式与农业龙头企业和农户开展多种形式的联合和合作;要围绕农业产业化经营,采取多种形式,培养各类专业技术人才和管理人才,全面提高农民素质。加强对农业龙头企业经营者的培训,提高企业的经营管理水平。区农发基金每年安排30万元资金,用于技术培训和推广。

13.加快推进农业标准化,建立农业质量标准体系。以提高农产品市场竞争力和保障农产品食用安全为目标,围绕大力发展无公害农产品、绿色食品和有机食品,建立一套以农业主导产业为主体的农业标准体系,贯穿于生产、加工和流通全过程,形成技术水平比较先进、管理规则与国际基本接轨的农业标准体系。积极引导企业开展ISO9000(质量体系)认证和ISO14000(环保体系)认证,发展绿色食品,为农产品进入国际市场开辟广阔的通道。区农发基金每年安排一定的资金用于农业标准体系建设。

14.逐步完善农产品质量检测、检验体系。区农业部门要会同区技术监督部门逐步完善农产品质量监督、检测体系和控制手段,力争到2005年前建成能覆盖全区农业主导产业的产品质量检验检测体系,杜绝有毒有害物超标的农产品流入市场。整顿和规范市场经济秩序,打击生产和销售假冒伪劣和有毒有害农产品的违法行为。

15.打造农产品品牌,提高农产品竞争力。积极支持农业龙头企业争创著名商标和驰名商标,指导申请国际商标注册,以应对加入WTO的挑战。涉农部门要积极鼓励农业龙头企业参加各种形式的农展会、推介会;各新闻单位要开辟公益广告专栏,加强免费广告宣传。要整合品牌资源,实行品牌共享。对获得国家级、省级、市级金银奖的农产品,区政府给予一定的奖励。

四、完善营销服务体系,拓宽农产品流通渠道。

16.发展壮大农产品批发市场。对目前已形成一定规模的农产品批发市场,要积极创造条件,改善流通环境,扩大经营规模,完善配套建设,增强辐射功能;鼓励有条件的农产品批发市场采取网上交易、直供配送等现代交易方式,不断提高市场的档次和知名度;经区有关部门批准,新办(扩建)农产品专业市场和综合市场固定资产投入在200万元以上的,在1年—2年内按银行基准利率贴息80%,使用土地享受区重点项目政策,免交市场管理费,并由财政部门安排一定的资金给予扶持，第一年至第三年扶持资金的额度为该企业三年缴纳的所得税乘以当年确定的补助比例，第四年至第六年扶持的额度为该企业三年缴纳所得税的50%乘以当年确定的补助比例。其他各项规费视同农产品加工企业同等对待。

17.加强农产品营销队伍建设。不断壮大农产品营销队伍,鼓励发展市场导向性的农产品营销大户,积极为营销大户解决经营中的困难和问题。对年销售本区农产品50万元以上的营销大户,三年内扶持资金的额度为该企业三年缴纳企业所得税乘以当年确定的补助比例。区农发基金每年安排一定的资金给予表彰奖励。

18.开设农产品销售窗口。要拓展余杭农产品销售网络,扩大销售半径,按照“政府引导,业主经营,市场运作”的原则,鼓励业主多渠道、多形式到大中城市开设农产品销售窗口;对进超市农产品年销售额在200万元以上的业主及年营销我区农产品100万元以上的超市，区政府将给予一定的奖励。区农业龙头企业联合会要突出服务,拓宽思路,加强交流,鼓励和支持业主在上海等大中城市开设余杭名优农产品专卖店,展示和展销我区近年来农业产业化成果,促进产销直接见面。

19.加快农业信息化步伐。发挥余杭农网的信息龙头作用,加强信息的综合和发布,及时提供国内外农产品市场供求和价格等动态信息;实施余杭农网下乡进村入户工程,提高信息的使用效益;加强农业信息员队伍建设,逐步建立一支思想素质好、业务水平高、掌握并善于运用现代信息技术的人才队伍;要适时更新、替换和增设余杭农网的网页及内容,提高信息的有效性,使余杭农网真正成为沟通国内外市场、对外招商引资和为农服务的窗口。

五、积极发展农村专业合作组织,提高农民组织化程度

20.明确农村专业合作组织的法人地位。按照“民办、民管、民享”的原则,积极引导和支持发展多种形式的农村专业合作组织,提高农民的组织化程度。工商行政管理部门要为农村专业合作组织办理开办和变更登记手续提供方便,合作组织可自主选择包括“合作社”在内的各种企业类型登记注册。

21.扶持农村专业合作组织的发展。农村专业合作组织销售自产的农产品,以及经其分级包装加贴品牌商标等的农产品,按财政部、国家税务总局《农业产品征税范围注释》的范围免征增值税;对其提供的技术服务或劳务所得的收入,免征所得税。区有关部门要加强对农村专业合作组织的指导,区农发基金每年安排50万元资金,扶持农村专业合作组织建设。

22.支持组建行业协会。积极鼓励农产品加工企业、农村专业合作组织、专业种养大户联合组建各种形式的专业协会,发挥行业协会在价格协调、标准制订、技术服务、品牌营销等方面的作用,提高参与国内外市场竞争的组织化程度。

23.建立健全中介服务组织。积极引导有条件的地方组建中介服务组织,推行“龙头企业+中介组织+农户”的联结模式,鼓励龙头企业通过中介组织为农户提供新品种、新技术,采用入股分红和利润返回等多种形式,与农户结成利益共享、风险共担的利益共同体。

六、切实加强对农业产业化经营工作的领导

24.提高认识,加强领导。各地、各部门要充分认识发展壮大农业龙头企业、提高农业产业化经营水平的重要意义,切实加强对这项工作的领导。各地要根据本地实际,制订落实提高农业

竞争力的具体政策和措施，加大扶持力度，支持农业产业化基地建设和龙头企业的发展。

25.健全组织，强化职能。农业产业化经营工作是一项庞大的系统工程，涉及农业、林水、财政、科技、工商、技监、国土、供电、交通、金融等部门，政策性强。要进一步健全产业化领导小组和办公室，充分发挥其职能。农业产业化领导小组要发挥综合、协调和指导作用，办公室要负责。加强农业产业化的项目管理和资金管理，确认和推荐农业龙头企业，协调各部门的关系，落实相应政策。区级有关部门要根据各自职责，最大限度地支持和促进农业产业化经营，为率先基本实现农业农村现代化做出贡献。

中共杭州市余杭区委

杭州市余杭区人民政府

2002年4月5日

关于余杭区推行农村社区股份合作制改革的实施意见

区委〔2003〕35号

各镇乡党委、政府，街道党工委、办事处，区级机关各部门：

为深化农村改革，切实推进城市化、工业化进程，明晰集体资产的产权，完善集体经济的有效实现形式及分配方式，维护集体经济组织及其成员的合法权益，确保农村社会稳定，促进农村经济的健康协调发展。根据国家有关法律、法规及政策规定。结合我区实际，就推行农村社区股份合作制改革提出如下实施意见。

一、推行农村社区股份合作制改革的重要性和必要性

近年来，特别是余杭撤市设区以来，随着农村城市化、工业化进程的加快，我区不少村，尤其是城镇附近的村凭借自身所处的地理区位优势，通过兴办多种实业，形成了一笔较为可观的集体资产。同时，这些村的集体土地已被或即将被大面积征用，农民已开始向居民转化，农村已开始向城镇转变，加上广大农民“产权意识”日益增强，这些村的集体资产如何处置已经成为一个突出的问题。这个问题不解决好，农民就不能全面融入城市中去，城市的发展就将受到很大的影响。为此，必须以改革为动力，坚持与时俱进、开拓创新、克难而进，积极推行农村社区股份合作制改革。通过引入股份制，改革村集体资产的产权制度和运行管理体制，把原来产权“虚置”的集体资金、资产、土地等以股权的形式明晰到户、量化到人，实现社员账面量化资产的独立化、价值化和明晰化。这样，不仅有利于进一步明晰集体资产的产权关系，保护集体经济组织及其成员的合法权益；有利于实行民主管理、民主监督，促进农村经济发展，保持农村社会稳定；有利于土地使用权流转，实现农业规模化、集约化经营；也有利于妥善解决失地农民的生活保障和农村婚嫁妇女、大中专学生等特殊对象是否参加征地补偿款分配等难题。同时，实行农村社区股份合作制改革，也是撤村建居，加速农民向市民转化，加强新型社区建设，加快城市化步伐的一项重要的基础性工作。

二、推行农村社区股份合作制改革的指导思想和应遵循的基本原则

推行农村社区股份合作制改革的指导思想是：以党的十六大精神和“三个代表”重要思想为指针，以加快发展为主题，以推进城乡一体化为主线，以维护农民合法权益为根本出发点，以明晰产权主体、理顺分配关系、依法规范运作、强化民主监督为核心内容，解放思想、与时俱进，

逐步建立起适应社会主义市场经济要求的，农民所有、农民管理、农民得益的集体资产运行机制和管理体制，确保农民收入稳定增长，确保农村经济持续发展和农村社会长期稳定。

根据上述指导思想，在具体实施过程中必须遵循以下基本原则：

1.坚持依法维护农户的土地承包权主体地位，确保农村土地承包关系长期不变的原则。农村土地承包主体是农户，在30年承包期内，土地承包关系应保持稳定，要切实改变因人口增减而不断调整土地承包关系的状况，做到“增人不增地、减人不减地”。资源性资产（即农村土地）折股后，原则上由农户承包经营，若土地被征使用，所得收益，可按农民实际享有的资源性资产股权进行兑现分配。

2.坚持集体资产全额量化，股权保持相对稳定的原则。要把除集体公益性资产外的全部集体资产全额量化，以股权形式明确到人。对村级集体资产（含村级土地），在村内量化明确到人；对组级集体资产（含组级土地），在组内量化明确到人。股权量化到人后，由股份经济合作社向持股股东签发由区统一印制的《杭州市余杭区村级股份经济合作社股权证书》，今后原则上实行“增人不增股、减人不减股”。

3.坚持合理处置各方利益分配关系，确保农村社会长期稳定的原则。农民是农村集体资产的所有者，最终利益的享有者。要改变目前集体资产人人“有份”、人人“无份”的状况，必须进行体制改革和制度创新，正确处理好国家、集体和农民之间的利益关系，切实维护农民合法权益，特别是农村妇女的合法权益。要积极探索村级集体经济发展规律和新的分配形式，并在合理控制村级组织正常运行成本与适度的资金额度后，村级集体收益应侧重向社员进行再分配。

4.坚持“客观、公正、民主”，依法规范运作的原则。推行社区股份合作制改革是一件新生事物，既要依法办事，又要客观、公正、民主地处理各方利益关系。对法律、法规不明确或无政策依据的问题，必须提交社员民主讨论，并按法定的程序、范围和期限进行公示，确保政策方案代表大多数群众的意愿。

三、推行农村社区股份合作制改革应把握的关键环节

推行农村社区股份合作制改革要在“依法、民主、公正、合理、稳定”的前提下，切实把握好以下关键环节：

1.把好清产核资“关”。要严格按照农业部、财政部《乡（镇）村集体经济组织清产核资办法》、农业部《农村集体资产清产核资资产所有权界定暂行办法》和《浙江省农村集体经济审计办法》和省、市、区有关文件规定，委托具有法定资格的审计或评估机构进行清产核资和评估。将集体资产按经营性资产、公益性资产、资源性资产分类清查，明确集体资产的权属关系。并通过对集体企业转制回收资金、土地征用补偿资金、各业承包租赁金、投资收益、村级资金出借和经济担保等进行专项清理，妥善处理好债权债务，避免集体资产流失。清产核资结果要在村务公开栏中张榜公布，并经社员（代表）大会确认，经镇乡政府、街道办事处审核，区农村集体资产行政主管部门（区农业局）确认，依法办理产权登记手续。

2.把好股权设置“关”。股权按资产的性质设“经营性资产股权”和“资源性资产股权”两大类。“资源性资产股权”原则上按实行股份合作制改革时的在册农业人口为测算依据，若人地矛盾不突出，也可按农户承包的土地面积为计算依据，“经营性资产股权”原则上可分设“人口股”和“农龄股”，一般两者各占经营性资产总股权的50%。“人口股”按实行股份合作制改革时的村经联社社员及其家庭农业人口设置，“农龄股”可在明确农龄工作的起止期限的基础上，按村经

联社社员从事各业生产的年限设置。有条件的村还可设“投入股”或“贡献股”。

3.把好股权量化对象“关”。村集体资产折股量化基本对象，原则上按在册的农业人口计算。同时符合下列情况者也是股权量化的基本对象：

(1)户口仍在本村的婚嫁妇女及其子女；离婚者及其子女。

(2)户口在本村并享有土地承包权的入赘女婿。

(3)五保户(股权证书不发至个人，由股份合作社托管；股权收益归集体，用于供养五保户；股权不能转让、赠与及继承，其本人去世后，股权作为股份合作社收益)。

(4)本村村民合法收养的子女。

(5)本村在读的大、中专学生。

(6)本村现役的义务兵。

(7)本村未及时办理入户手续的婴儿。

(8)本村违反计划生育的夫妇及其违反政策生育的子女(未被有关部门处罚的，不予股权分红，不得办理股权转让)。

(9)本村正在服刑和劳动教养人员(服刑和劳动教养期内，其股权及其收益由股份合作社托管)。

(10)1999 年后(包括 1999 年)迁入小城镇落户的；1999 年前迁入小城镇落户，目前仍享有土地承包权的。

(11)其他符合国家法律、法规、政策的。

上述(5)、(6)、(9)、(10)类情况者，其原户籍必须是本村农业户口。

下列情况者不是股权量化的基本对象：

(1)在入户时，已签订不享受社员权益的迁入农业户口人员(即挂靠人员)；

(2)已死亡，但未及时办理户口注销手续的农业户口。

4.把好时间设置“关”。推行社区股份合作制的“人口股”享有对象的截止时间，由镇乡、街道为单位进行明确。“农龄股”宜以 1982 年实行家庭承包责任制起，并年满 16 周岁，在本村从事生产的年限进行折算。

5.把好收益分配“关”。村股份经济合作社一经成立，必须严格按照合作社章程运行，年初要有财务预算、年终要有财务决算和收益分配方案。同时，要处理好与村委会的关系，确保村委会正常工作所需资金，具体可在收益分配前提取一定比例的资金用于村委会干部工资报酬、办公经费和公益性经费等，在此基础上，经营收益应侧重向股东进行股份分红。当发生土地征使用后，资源性股权转化为经营性股权，以货币形态存在时，可提取一定的比例用于股份合作社扩大再生产，然后可依照股东享有的资源性资产股权量化兑现，其量化兑现资金应积极引导农民参加养老保险。股份经济合作社经营性资产能否按股东享有的经营资产股权退股兑现，应由各股份经济合作社股东会议讨论决定，其退股兑现资金应首先用于农民的养老保险，在此前提下，若还有剩余资金可退股兑现则必须在本人自愿的前提下，符合以下三方面条件，经递交书面申请报告，由董事会审核批准。

(1)添置生产性资料、对外投资或用于再生产投资；

(2)参加其他各类社会保险；

(3)家庭婚嫁、建房、治病等重大事情。

6.把好组织设置"关"。股份经济合作社设立股东(代表)大会、董事会和监事会。股东代表按具有法定选举权股东人数的5%—10%设置,最少不得少于30人;董事会一般由3人—5人组成,实行等额选举,董事长原则上由原村党支部书记担任;监事会一般也由3人—5人组成,董事会成员不得兼任。

四、推行农村社区股份合作制改革的范围、条件和实施步骤

全区推行农村社区股份合作制改革的重点范围与对象:一是四个街道建成区的村(包括已确定实施撤村建居的村);二是临平工业区范围内的相关村;三是余杭、瓶窑、塘栖、良渚等中心镇的中心村;四是已经批准的镇乡工业小区所在地的村。推行股份合作制改革的村,应具备以下条件:一是村集体土地已基本被征用或即将被基本征用;二是村集体经济实力强,集体总资产在500万元以上;三是有较为稳定的经营性收入来源,年可分配收入在50万元以上。

各地在实施股份合作制改革过程中,要在经过详细调查摸底,反复统一思想,明确政策的基础上,规范操作程序。

1.宣传发动,统一思想。要召开村三副班子成员会议,组长、党员座谈会,社员代表座谈会,统一广大干部群众的思想认识;要通过广播、电视、村务公开栏,印发宣传资料等多种形式向基层干部和广大农民讲清推行股份合作制改革的目的和意义,讲清推行股份合作制改革的相关政策。

2.清产核资,制订方案。推行股份合作制的村要在全面核实集体资产家底后,根据国家法律、法规和有关政策精神,立足本地实际,拟定股份合作制改革的具体政策规定和操作实施方案。在张榜公布、广泛征求意见的基础上,召开社员(代表)大会讨论。改革的政策规定和实施方案必须经三分之二以上成员讨论通过,由镇乡(街道)农经站审核,经镇乡人民政府(街道办事处)批准,报区农业局备案。

3.把握政策,精心实施。按批准的实施方案进行股权设置、股份量化,选举产生村股份经济合作社股东(代表)大会的代表人选。在此基础上,召开首次村股份经济合作社股东(代表)大会暨成立大会,讨论通过《村股份经济合作社章程》,选举产生董事会和监事会。

4.规范管理,依法运作。村股份经济合作社成立后,必须对股份合作制改革过程中形成的有关决议、清产核资报告、实施方案、章程、股东名册等相关资料进行全面整理归档,并报镇乡(街道)、区农业局备案。

五、精心组织,加强领导,确保农村社区股份合作制改革的顺利推进

农村社区股份合作制改革工作是一项涉及面广、政策性强、利益关系复杂、操作难度大的系统工程,各级各部门特别是镇乡(街道)、村两级要从全区经济发展和社会稳定大局的高度,从推进农村城市化、工业化进程及城乡一体化建设的高度,充分认识推行农村社区股份合作制改革的重要性和必要性。要根据区委、区政府的统一部署,切实加强对这项工作的领导,区里成立以刘庆龙任组长,张竟成、孔祥华任副组长,区级各有关部门负责人组成的领导小组,下设办公室(设在农业局),具体负责全区推行农村社区股份合作制改革工作的指导、检查和监督工作。区级有关部门要按照各自的工作职责,通力协作,密切配合,强化服务。区农业局(农办)要切实履行农村集体资产管理的职责,抓好实施股份合作制改革中的集体资产清产核资、股权设置与量化、章程制定等方面政策和业务的指导、培训和审核;民政、公安、财税、工商等部门要强化服务意识,关心和支持农村社区股份合作制的改革。对改制过程中出现的违法违纪问题,纪

检监察等部门应及时进行查处。新闻媒体要加大舆论宣传力度,使广大干部群众充分了解股份合作制改革的目的和意义。各镇乡党委、政府,街道党工委、办事处是推行农村社区股份合作制改革的第一责任人,要建立相应的领导机构和工作班子,具体负责这项工作的组织实施,承担和落实各项任务。各实施村要建立股份合作制改革筹备小组,具体履行自筹建之日到首届股东(代表)大会结束期间的会议组织、政策宣传、工作落实、方案拟定、机构筹建等各项工作,确保农村社区股份合作制改革工作的顺利进行。

中共杭州市余杭区委
杭州市余杭区人民政府
2003年4月17日

中共杭州市余杭区委杭州市余杭区人民政府关于统筹城乡发展促进农民增收的若干意见

区委〔2004〕35号

为认真贯彻落实党的十六届三中全会和中央、省、市农村工作会议精神,加大统筹城乡经济社会协调发展的力度,进一步促进农民收入增长,改善农民生活质量,加快我区农业和农村现代化建设步伐。根据中发〔2004〕1号、浙委〔2004〕1号和市委〔2004〕12号等文件精神,经区委、区政府研究,提出如下意见。

一、优化农业结构,发展都市农业

1.突出重点,优化布局,发展农业园区经济。要围绕粮食、渔业、畜禽、蔬菜、林业、茶叶、水果七大支柱产业,突出重点,加快发展;要按照我市农业产业化发展规划,推进农业结构战略性调整,提升农业园区档次,增强园区辐射带动能力。到2007年,建成具有示范带动作用的农业特色园区25个、休闲观光园区5个、农业专业村50个。区财政每年安排450万元予以支持。要加快高新农业示范区建设,真正成为我区都市农业的样板和示范。区财政每年安排一定资金用于示范区基础设施建设。

2.加快发展农民专业合作组织,提高农民组织化程度。要根据农业各业的发展程度,及时培育建立各类农民专业合作组织。到2007年,全区建立50个农民专业合作组织,培育10个规模大、效益好、机制健全、管理规范的区级示范性农民专业合作组织。农民专业合作社和专业协会分别由市工商局余杭分局和区民政局负责登记,区委农办、区农业局牵头做好管理指导工作。经工商登记的专业合作社,通过向农户提供产前、产中、产后技术服务和劳务所得的收入免征所得税。销售自产农产品及初级加工的农产品免征增值税,区财政每年安排100万元资金奖励和培育农民专业合作组织。

3.扶大扶强农业龙头企业。继续对农业龙头企业用电、用地和信贷实行优惠政策,要充分发挥农业贷款信用担保促进会的作用,拓宽农业龙头企业的融资渠道。对农业龙头企业直接向农户收购并进行加工、销售的农产品依法按13%的税率计算增值税,销售自产的农产品包括经初加工后仍属农业产品的依法免征增值税。区财政每年安排500万元资金,扶持农产品加工企业进行技术改造、扩大规模、建立基地等。

4.加强农产品市场流通体系建设。要以杭州农副产品物流园区建设为重点,专业批发市场为骨干,集资市场和分布合理的销售网点为基础的市场网络,鼓励多种所有制经济投资农产品市场建设,加快农产品进超市的步伐。区财政对年销售余杭农产品500万元以上超市企业、营销大户和在区外销售余杭农产品250万元以上的专营点实行奖励。

5.积极发展外向型农业。要加大招商引资力度,鼓励引进外来项目、资金、技术、管理和人才,扩大农产品出口,提高我区农产品在国际市场上的知名度,对引进国外先进技术和出口型企业优先予以扶持。要积极引导农产品加工企业开展ISO9000(质量体系)认证和ISO14000(环保体系）认证；要积极支持农业企业争创著名商标和驰名商标，申请国际商标注册。对通过ISO9000、ISO14000认证的,获得驰名、著名和知名商标的农产品,区财政给予一定的奖励,以提高余杭农产品市场占有率。要积极实施农业走出去战略,鼓励企业和种养大户到区外建基地、办企业、建市场,拓展余杭农业发展空间。

6.加快推进农业标准化,建立健全农产品质量安全体系。以提高农产品市场竞争力和保障农产品食用安全为目标,大力发展无公害、绿色和有机农产品,建立一套以我区七大农业主导产业为主体的农业标准体系,贯穿于生产、加工、流通全过程的农业标准体系。区财政每年安排一定的资金用于农业标准体系建设。要建立健全农产品质量安全检测检验体系、动植物防疫检疫体系、农业投入品监督管理体系、土壤地力监测体系等,以不断提高我区都市农业的发展水平。区财政要重点予以支持。

7.保护粮食综合生产能力。要加大农田基础设施建设投入力度,区、各镇乡(街道)要在土地出让金中安排一定比例的资金,用于支持农业土地开发和中低产田改造,建设高标准基本农田,提高粮食综合生产能力。要采取有效措施,严禁全年性抛荒,尽量减少季节性抛荒,努力提高土地利用率。要制定农业用地规划,落实基本农田和标准农田保护措施。鼓励宜粮地区农民种好粮食,对粮食实行订单收购的,从粮食风险金中拿出一定资金,按订单直接补贴给农户。

二、加快农业科技创新,增强农业发展后劲

8.加快农业科研成果的推广应用。要继续加强与涉农高校、科研院所的合作,增强我区农业科技创新能力。要大力开展农产品加工、保鲜、储运等关键技术的攻关和推广,重点扶持种子种苗、无公害生产技术和农产品精深加工技术等农业科技攻关和推广项目,努力提高农业科技成果转化率。

9.改革现行农技推广体系。要重视基层农业科技队伍建设,按照我区农业产业分布,配置农技推广机构,完善运行机制。鼓励和支持企业、专业合作组织参与农业技术的研究、引进和推广,鼓励和支持科技人员、农村实用人才领办和创办农业高新技术企业。要按照有关政策落实基层农技推广人员的工资、福利、医疗和社会保障等问题。要增加预算内农业科技投入,科技三项经费中用于农业科技的资金每年必须有明显的增加。

10.提高农业信息服务水平。以余杭区农业信息服务中心为龙头,充分发挥“余杭农网”“农技110”的载体作用,加快建设覆盖全区的农业信息服务体系,提高农业信息服务水平。区财政每年安排一定的资金,支持农业信息服务网点建设,力争到2004年年底,全区262个村全部建立起农业信息服务点,农业园区和农业龙头企业上网率达到100%。

三、扎实推进“十村示范、百村整治”工程,切实改善农民生产生活条件

11.推进村庄整治和示范村建设。在对所有行政村普遍开展环境整治的基础上,从2004年

起，区财政每年筹措1亿元资金，按照工作进程，分期分批拨付，确保村庄整治和示范村建设工作的全面启动和顺利实施。到2007年，完成所有村的村庄整治任务，并重点建成20个以上示范村，以切实改善农民生活质量和居住环境。

12.高标准、高质量地搞好规划编制。要在搞好全区村庄布局规划的前提下，按社区型、迁建型、文化型、生态型四种类型做好示范村和整治村的规划编制，并与城镇体系规划、城市总体规划、生态区建设规划、土地利用总体规划、重大基础设施建设规划和供水、供电、道路、通讯等规划相衔接。2004年完成100个村庄的规划编制工作，2005年基本完成其他村庄的规划编制。

13.加大农村基础设施建设力度。实施乡村通达工程，着重改造农村公路，提高质量，完善网络。在2003年完成通村等级公路99公里的基础上，今年计划再完成150公里。到2005年，全区通村公路等级率和硬化率均达到100%，并消除现有农村公路危桥。实施"班车通达"工程，2004年将新开通10路通村班车，方便群众出行。要加大水利工程建设力度，继续加强山区、半山区小流域治理，综合提升防洪抗灾能力。

14.加强农村生态环境建设。围绕建设生态城区的要求，加快河道整治步伐，营造山清水秀的优美环境。到2007年底，全区清淤主要河道100公里，河道砌石75.4公里，河岸绿化35万平方米，改善城乡平原和河网水环境。建设生态公益林32万亩（约21333公顷），实现森林面积、森林蓄积、森林覆盖率三增长；实施畜禽养殖污染综合整治工作，到2007年，全面关停禁养范围内的畜禽养殖场，完成限养范围内的规模养殖场的污染整治，并完成苕溪流域养鸭综合整治工作。区财政每年安排一定的资金给予支持。

四、实施农民素质培训工程，提高农民就业致富能力

15.实施农村劳动力素质培训工程。到2007年，全区培训农村劳动力5万人，其中培训农业生产经营者2万人，以提高他们运用先进适用农业技术的能力，使他们成为发展都市农业的主体力量；培训失地农民和农村富余劳动力1.5万人，提高他们的就业能力和整体素质，拓宽就业门路；培训已在二、三产业就业的农村劳动力1.5万人，以提高他们适应从业岗位的技能，成为二、三产业的合格劳动者。从2004年起，区财政每年要确保培训专项资金的到位。

16.多渠道、多形式地开展培训。充分发挥现有职业技术学校、劳动力培训中心、镇乡成校、农函大、农广校等各类培训机构的作用，鼓励和支持企业和社会力量创办具有特色的民办培训机构，采用正规教育、短中期培训、专题讲座、远程函授等多种形式，广泛开展农村劳动力技能培训。要积极创造条件，对未升入高中阶段的农村初中毕业生，实行一定期限的义务职业教育。

17.建立完善培训工作体系。农办农业、教育、劳动保障、科协、工青妇等部门要明确分工，落实职责，建立健全协调合作的培训工作体系。各镇乡、街道要加强对这项工作的组织领导，落实培训工作专项经费，开展农民技能素质培训工作。各类企业要严格按照企业职工工资总额的1.5%—2.5%提取教育培训经费，列入成本开支，用于对员工的岗位技能培训。要大力发展农村职业教育，逐步建立农村终身教育体系。

五、提高农村工业化、城镇化水平，促进农村劳动力转移

18.推进小城镇建设。按照"科学规划、合理布局、设施完善、功能齐全、凝聚力强"的要求，进一步加快小城镇建设，尤其要扩大余杭、塘栖、良渚3个组团的城镇化规模，提高城镇的凝聚力和辐射能力，创造有利于农民进城创业的良好环境。

19.加快农村工业化步伐。要以临平工业区为重点，余杭、塘栖、良渚3大组团工业区块为

基础,全面提升工业化程度,发展区域性块状经济,加快农村工业化进程,努力为农民提供更多的就业增收机会。鼓励和引导各种所有制企业通过“订单”、培训,积极吸纳当地农村劳动力进入企业,加快农民市民化进程。对吸纳当地农村劳动力成绩显著的企业,要给予支持和表彰。

20.拓宽农村劳动力就业渠道。要立足当地资源优势、产业基础和区位条件,大力发展民营经济,加快生产要素集聚。鼓励有技术专长、经营特长、资本实力的农民开拓经营领域,发展二三产业,增加就业岗位。强化农村就业服务,构筑政府和社会多方为农村劳动力提供就业信息、技术培训、咨询、中介和合法权益保护的服务网络。

21.加快城乡统筹就业步伐,保障进城就业农民的合法权益。区劳保局要尽快制订出城乡统筹就业的计划,建立城乡统一的劳动力市场,形成城乡劳动力平等就业的制度,取消针对农民进城就业的不合理规定和收费,简化农民进城务工的各种手续,改善进城农民的就业环境,切实保障进城农民的子女教育、工资待遇、劳动保障等各项权益。要鼓励农民离土离乡,进城落户。对于农民进小城镇落户,可保留农村集体土地承包权。对已转为小城镇户口,并放弃农村集体土地承包权的农民,其家庭收入低于当地最低生活保障标准的,可享受城镇人口最低生活保障待遇。

六、完善农村社会保障体系,拓宽农村社会保障覆盖面

22.全面落实农村居民最低生活保障制度。按照应保尽保、应补尽补的要求,全面落实农村居民最低生活保障制度。到2007年,最低生活保障标准,要确保每人每月不低于120元。提高农村“五保”对象集中供养比例,到2007年,全区集中供养比例达到90%以上。对丧失劳动能力的特困人员,要实行社会救济,适当提高救济标准。

23.建立健全征地“农转非”人员社会保障制度。对经依法批准,征用土地,由农村人口转为城镇人口的,与城镇居民同等享有就业援助、失业保险、基本医疗保险、最低生活保障等待遇。要全面提高征地“农转非”人员的基本养老保险参保率,对征地“农转非”人员实行养老基本生活保障安置。

24.建立健全新型农村合作医疗制度。按照政府推动、农民互助、社会参与的原则,建立完善以大病统筹为主,医疗救助为辅,其他医疗保障为补充的多形式、多层次的农村医疗保障体系。到2005年底,农民合作医疗参保率达到90%以上,筹资水平年人均达40元以上。区政府按实际参保人数给予每人每年10元的补助,各镇乡、街道要按一比一的比例配套到位。

七、深化农村各项改革,促进城乡一体化新体制的建立

25.稳定农村土地承包关系,改革农村土地制度。要按照《中华人民共和国农村土地承包法》的规定,确保承包面积、四至、合同、权证四到户,进一步稳定农村土地承包关系;要按照依法、自愿、有偿的原则,积极鼓励、引导土地使用权流转。要实行严格的耕地保护制度,健全规范基本农田保护制度。区国土局、农业局要按照各自的职责做好工作。征地时,应留出一定比例建设用地,用于村级集体经济组织发展经济和解决农民就业。要积极探索建立农村集体非农建设用地使用权流转制度,使农民从集体土地上得到长期稳定的收益。

26.推进农村社区股份合作制改革。要坚持条件,把握原则,积极稳妥地推进农村社区股份合作制改革,明确集体资产产权,建立新型的利益分配与调节机制,确保集体资产保值、增值,保护农民合法权益。改革后的股份经济合作社享受农村集体经济组织的有关政策。需要登记

的,工商部门应当予以受理。登记后,其资产运行新增的所得税,区、乡镇受益部分五年内由同级财政给予适当奖励。

27.创新农村金融体制。积极实行动产抵押、仓单质押、权益质押、土地抵押、信用贷款等多种贷款方式,解决农民和农业龙头企业、农民专业合作组织等贷款难的问题。要充分发挥区农业贷款信用担保促进会等中介组织的作用,建立形式多样的农贷担保机构,创新信贷方式。鼓励农民自发组织的信用联合体,开展互助式担保。

28.巩固农村税费改革成果。认真贯彻落实中央、省关于减轻农民负担的政策、措施。从2004年起,对所有农户免征农业税,实行零税赋。要加强集体资产管理,深化完善村级会计委托代理制和村务公开制度,加快推进村级财务计算机网络化管理,全面实行村级财务三年轮审和村干部离任审计制度;进一步完善镇乡、街道政务公开制度。要采取措施,切实解决乡、村债务问题。

八、按照"三个代表"的要求,切实加强对农业和农村工作的领导

29.切实改善党对"三农"工作的领导。要始终重视农业的基础地位,把"三农"工作作为重中之重来抓。要把强化农业基础、增加农民收入、发展农村社会事业、缩小城乡差别作为考核各级党委、政府和领导干部政绩的重要内容。区委农办、区农业局要充实力量,完善职能,牵头抓好统筹城乡发展的重大工程。各行各业各部门要各负其责,密切配合,形成全社会支持农业、关爱农民、服务农村的强大合力,努力为农民群众办实事、解难事、做好事。

30.加强农村基层组织建设。要继续深入开展以"五个好"村级党组织、"六个好"乡镇党委为基础的"三级联创",以及"先锋工程"、"领头雁工程"等活动,不断增强农村基层组织的凝聚力和战斗力。完善村级组织运行机制,全面推行村干部报酬民主评议制度、村干部培训考核积分制度、合格村建设激励制度等。要建立机关干部驻村指导制度,从2004年起,在区、镇乡机关中挑选一批党员干部到农村,实行为期三年的农村工作指导员制度,担当起农村政策宣传、社情民意调研、上下信息沟通、农民致富服务、组织建设督导等职能。

中共杭州市余杭区委
杭州市余杭区人民政府
2004年4月27日

中共杭州市余杭区委　杭州市余杭区人民政府
关于发展壮大村级集体经济的若干意见(试行)

(2008年8月26日)

区委〔2008〕1号

为认真贯彻党的十七大和区委十二届六次全会精神,进一步增强村级集体经济服务功能,夯实新农村建设基础,推进农村经济社会持续健康发展,根据市委、市政府《关于加快发展村级集体经济的若干意见》(市委〔2007〕44号)精神,现就我区发展壮大村级集体经济(包括社区股份合作经济,下同)提出如下意见。

一、发展壮大村级集体经济的指导思想和目标任务

1.指导思想:以科学发展观为指导,以加强农村基层组织建设为重点,创新理念,坚持发展

壮大村级集体经济和加强村级集体经济管理两手抓,因地制宜、分类指导、完善政策、分级管理、强化考核。创新机制,建立以"授予渔"为主、"授予鱼"为辅的发展机制。创新模式,坚持以工(商)补农、以城(镇)带村,适度扩大村级留用土地,积极推进土地流转,大力发展现代都市农业,不断发展壮大村级集体经济,为建设社会主义新农村和"美丽之洲"奠定坚实的物质基础。

2.目标任务:到 2011 年,全区村均经营性收入突破 100 万元,比 2007 年翻一番,有三分之二的村达到 50 万元以上,基本消除年经营性收入在 30 万元以下的村。建立健全村财镇管机制、村级集体资产民主监管机制和保值增值机制,有三分之一的村达到基层党风廉政建设示范村标准。

二、加大对发展壮大村级集体经济的扶持力度

3.抓工作计划,落实村级集体经济发展措施。各镇乡(街道)要帮助村立足本地,结合城镇化推进和新农村建设,加快撤村建居、城中村改造、多(高)层公寓建设、招商引资和项目推进等工作,科学制订本地区到 2011 年村级集体经济发展计划和年度实施方案,明确发展目标和工作思路,明确具体措施和工作责任,狠抓落实。

4.抓存量盘活,扩大和提高村级集体资产价值。各镇乡(街道)和村首先要眼睛向内,盘活存量。积极整合闲置的办公楼、校舍、大会堂、厂房、废弃矿山和土地等集体资产,通过招商引资和自主开发,合作合资和异地开发,开发利用好存量集体资产,提高经济效益。

5.抓增量拓展,发展和壮大村级集体经济。各镇乡(街道)和村要用足用好政策,重点支持和扶持村级留用土地开发、建设多(高)层公寓、土地经营权流转、土地整理,发展高新农业、休闲观光农业和多种经营等,发展和壮大村级集体经济规模。

6.抓村级留用地安置,保障集体经济发展用地。各镇乡(街道)和村要积极推进城镇化,在推进过程中涉及各村土地征用时,要充分挖掘潜力,最大限度地落实村级留用土地,发展村级集体经济。村级留用土地在原有规定的标准之上,如有符合区产业发展方向、符合当地发展条件的好项目,报经区政府审批同意后,可以申请增加,最大可以增加到征用地面积的 10%以内。村级留用地必须事先由规划和国土部门按照城镇建设总体规划和土地利用总体规划选址确定。村级留用土地为村民集体所有,在镇乡(街道)的监督帮助下,由村集体负责开发。

7.抓合作开发,实现异地发展。各镇乡(街道)对区位条件差、建设用地少的村,如果有符合产业发展的好项目,可以安排到镇乡(街道)的工业功能区块内异地集中开发建设。异地开发项目以镇乡(街道)为单位申报并统一组织实施。区政府每年安排一定的建设用地指标,用于发展壮大村级集体经济。

8.抓多层公寓建设,落实村级配套用房。各镇乡(街道)和村在建设多(高)层公寓时,可按照区委办〔2007〕67 号文件精神,实施多(高)层公寓村级配套用房项目,建造村级营业性配套用房。村级营业性配套用房面积控制在多(高)层公寓建设总面积的 5%—8%以内。

9.抓土地整理和宅基地整治,拓展建设用地资源。各镇乡(街道)对村集体通过土地整理和宅基地整治增加的有效耕地归村集体所有和经营。其中获得的土地整理拆抵指标或建设用地复垦指标归镇乡(街道)部分的 70%归村集体所有。

10.抓土地流转,发展村级经济。各镇乡(街道)和村应该积极推进土地经营权流转,扩大规模经营。在依法、自愿、有偿的前提下,鼓励有条件的村通过村级组织开展土地流转,集中连片土地,引入现代农业项目,发展休闲观光农业(农家乐)经济,在优化土地流转服务和改善基础

条件的基础上,实现土地租金的级差,增加村级集体收入。土地流转面积每年递增15%以上,到2011年土地流转面积要占全区耕地总面积的50%以上。

11.抓分类指导,推动村级主导产业发展。各镇乡(街道)和村要立足实际,大力发展特色经济,实施村级特色经济发展项目。山区和半山区要依托自然资源丰富、生态环境好的优势,发展休闲旅游经济;平原水网地区要积极引导土地流转,发展规模化集约化经营,走一村一品、一村一业之路,来发展村级经济;城镇周边地区要依托城镇优势,走城市化带动战略,主动接受城市辐射,走配套服务之路。

12.抓基层组织建设,激励村干部创业创新。各镇乡、街道(管委会)和村要强化基层组织建设,重点是选好、用好村级组织领头雁,提升村级班子的凝聚力和战斗力。每年组织50%以上的村干部参加各种以提高经营管理能力和增强开拓创新精神为目的的培训活动,计划三年轮训一遍。

13.抓村企结对,营造集体经济发展共建氛围。各镇乡(街道)和村要按照"以城带乡,以工促农"的要求,进一步完善领导联系、部门牵头、工商企业和有关单位支持的村级集体经济结对帮扶发展机制。有效整合和发挥村级招商引资、农村社区建设、农村公益事业等各种现有工作资源,结合农村"清洁绿化健康文明"行动、生态保护补偿等工作机制,营造社会各界帮助支持村级发展良好氛围,形成村级发展共建共享新格局。

14.抓转移支付,确保村级组织正常运转。为确保村级组织正常运转,实行村务工作运转经费补助。对2007年经营性收入在10万元以下的村(不包括社区),在完成"清洁绿化余杭"各项工作并达到合格村以上标准的基础上,补足到10万元,补助时间最长不超过三年。所需资金由区、镇乡(街道)两级财政按1:1的比例分担,其中鸬鸟、黄湖、百丈、径山四个镇本级财政承担部分由区财政承担。

15.抓贷款贴息扶持,保障集体经济项目建设资金。区政府建立村级发展项目贷款融资和担保体系,原则上由杭州农信担保有限公司为担保实施主体,负责村级发展项目贷款担保。各地实施村属物业资产盘活改造项目、新建(购置)村属物业发展项目、异地开发项目、实施多(高)层公寓村级配套用房项目的,经审批同意,按村级经济实力,区政府给予贷款贴息。对上一年经营性收入在30万元以下的村给予全额贴息,30万元至50万元的村给予70%贴息,50万元至100万元的村给予50%贴息。贴息年限不超过三年。

16. 抓以奖代补,激发村级集体经济发展动力。实施发展村级集体经济以奖代补政策,对2007年经营性收入30万元以下的村,经发展物业项目,经营性收入达到30万元以上,并增幅超过80%的,每村奖励60万元;经营性收入30万元至50万元的村,经营性收入达到50万元以上,并增幅超过60%的,每村奖励40万元;经营性收入50万元至100万元的村,达到100万元以上,并增幅超过50%的,每村奖励20万元。

三、提高村级集体经济经营管理水平

17.深化农村社区股份合作制改革。各镇乡(街道)和村要按照到2009年基本完成农村社区股份合作制改革任务的要求,一手抓改革,一手抓深化完善,做到资产量化彻底、股权设置合理、管理制度到位,按现代企业的要求开展经营活动,促进集体经济更好更快地发展。完成农村社区股份合作制改革的村,如遇土地征用的,鼓励将征用款的土地补偿费部分通过优先股或扩股的形式入股股份合作社,用于建造标准厂房或商业用房,发展壮大集体经济。

18.加强村级集体资产和财务监管。各镇乡(街道)要加强对村级集体资产的监管,完善土地征用补偿费分配模式。凡土地征用费分配都必须依法制定分配方案,规范分配程序,不能一次分完,保留部分补偿费,采取入股、合作联营等方式,用于村级集体经济发展。村级集体资产发包、租赁必须采用公开招投标的方式进行;要进一步完善和规范村会计代理制,推行"村财镇管"模式,实行全程监管,各镇乡(街道)要切实承担起对村级集体资产和财务的监管职能;要加强村级财务审计监督,加大审计整改力度,建立审计整改反馈问责通报制度。

19.完善村级民主管理。各镇乡(街道)和村要进一步规范和完善村级经济民主决策的内容、形式和程序。建立健全公开内容真实完整、公开时间定期及时、公开程序公正规范、公开方式方便长效的村务财务公开制度。要加强民主监督,切实发挥村级民主监督组织的作用。

四、加强对发展壮大村级集体经济工作的领导

20.加强领导,落实责任。各镇乡(街道)要把发展壮大村级集体经济作为建设社会主义新农村的重要任务,作为加强基层组织建设的重要措施,切实抓紧抓实。各镇乡(街道)是这项工作的责任主体,都要建立主要领导挂帅的领导小组和工作机构。党政一把手是第一责任人,要切实担当起重任,扎实组织实施各项举措。区级有关职能部门要按照各自的职责紧密配合,认真解决好村级集体经济发展中的难点问题,为发展壮大村级集体经济提供良好的外部环境。

21.明确职责,措施到位。各镇乡(街道)要把发展村级集体经济纳入当地经济社会发展的总体规划,深入调研、认真分析各村发展条件和面临的制约因素,要按照区里的总体目标,制定本地区村级集体经济发展规划和政策措施。每个镇乡(街道)根据各地的实际情况每年确定 1 至 3 个村进行重点支持,并采取切实有效措施,确保完成目标。

22.强化监督,严格考核。各级各部门要进一步落实村级集体经济发展的工作责任,强化监督考核。从 2008 年开始,把发展壮大村级集体经济纳入对镇乡(街道)年终考核的主要内容,增大考核分值的权重,并与镇乡(街道)领导干部的政绩和选拔任用、经济待遇挂钩。区政府每年对为发展村级集体经济作出贡献的单位和个人进行表彰和奖励。

关于印发《余杭区加快推进社会主义新农村建设三年行动计划(2009 年—2011 年)》

区委办〔2009〕45 号

各镇乡党委、政府,街道党工委、办事处,区级机关各部门:

《余杭区加快推进社会主义新农村建设三年行动计划(2009—2011 年)》已经区委、区政府同意,现予印发。请结合实际,认真贯彻实施。

中共杭州市余杭区委办公室
杭州市余杭区人民政府办公室
2009 年 3 月 11 日

余杭区加快推进社会主义新农村建设三年行动计划(2009 年—2011 年)

为了认真贯彻落实《中共中央关于推进农村改革发展若干重大问题的决定》《中共浙江省委关于认真贯彻党的十七届三中全会精神加快推进农村改革发展的实施意见》和杭州市新农村建设及全面建设小康社会的部署,坚持解放思想、改革创新、强农惠农、科学发展的原则,积

极实施城市化引领新农村建设新战略，走以城带乡、以工促农，实现城乡一体化发展道路。2009年—2011年是我区社会主义新农村建设全面推进、创新发展的关键时期，结合我区实际，特制订本计划。

一、指导思想

全面贯彻落实党的十七届三中全会精神，以科学发展观为指导，坚持城市化引领新农村建设战略，进一步深化农村体制机制改革、进一步调整农业产业结构，发展现代都市农业、高新农业、休闲观光农业、加快农业转型升级，进一步加快农村公共事业建设，提高基本公共服务水平，加快“五农一村”建设步伐，打造以工促农、以城带乡，生产发展、生活宽裕、乡风文明、村容整洁、管理民主的新农村建设新格局。

二、总体目标

到2011年，农村经济体制和经营机制更加健全和规范，基本建立城乡经济社会统筹发展的体制机制；推进土地规模经营，建立一批农业优势产业功能区，现代都市农业发展水平显著提升；力争实现农村基本公共服务均等化，教育、卫生、文体事业不断进步，农民综合素质和转岗就业能力有较大提高，社会保障和社会管理不断完善；突出生态保护、环境整治和资源节约，农村人居条件、生态环境、生活质量明显改善，农村居民人均收入达到17500元，基本实现农村全面小康社会奋斗目标。

三、行动计划内容

（一）农村制度创新项目建设行动计划

1.农村土地流转项目

（1）行动目标：到2011年，全区流转土地（耕地）面积占土地（耕地）的比例达到60%以上，新增流转土地（耕地）面积11万亩；各镇乡均应建立农村土地流转服务中心，2/3以上的村建立土地流转服务站；农村土地流转基本达到规模化、规范化、市场化、标准化要求，达到全市领先、全省先进的目标。

（2）行动步骤：2009年，新增流转土地（耕地）4万亩以上，各镇乡均建立农村土地流转服务中心，一半以上的村建立土地流转服务站；2010年，新增流转土地（耕地）4万亩以上，2/3以上的村建立土地流转服务站；2011年，新增流转土地（耕地）3万亩以上。

（3）指导主体：区委农办（农业局）

（4）责任主体：各镇乡、街道

（5）保障措施：

①完善政策措施。进一步健全和规范农村土地流转管理制度，细化操作办法和政策措施，合理推进土地流转工作；加强土地流转的指导、管理和服务工作，促进土地有序流转。

②规范流转行为。按照“依法、自愿、有偿”原则，指导流转当事人依法签订土地流转合同，及时办理土地承包合同变更、解除、鉴证，规范土地流转行为，防范土地流转纠纷和侵权行为。

③发展服务机构。积极创造条件建立土地流转服务机构，完善服务功能，提高服务能力；做好土地流转的备案登记工作，及时将土地流转委托书、土地流转合同、土地流转备案登记表等相关材料报到农村土地承包仲裁办备案。

2.发展壮大村级集体经济项目

（1）行动目标：到2011年，全区村均经营性收入（村级集体可支配纯收入，下同）突破100

万元，有 2/3 以上的村达到 50 万元以上，基本消除年经营性收入 30 万元以下的村；建立健全“钱账双代管”机制、村级集体资产民主监管机制和保值增值机制，有 1/3 以上的村达到基层党风廉政建设示范村标准。

（2）行动步骤：2009 年，全区村均经营性收入达到 70 万元以上，减少经营性收入 30 万元以下的村数 30 个，经营性收入 50 万元以上的村数占总数的 40%以上；2010 年，全区村均经营性收入达到 85 万元以上，减少经营性收入 30 万元以下的村数 35 个，经营性收入 50 万元以上的村数占总数的 50%以上；2011 年，全区村均经营性收入达到 100 万元以上，基本消除年经营性收入在 30 万元以下的村，经营性收入 50 万元以上的村数占总数的 65%以上。

（3）指导主体：区委农办（农业局）

（4）责任主体：各镇乡、街道

（5）保障措施：

①落实配套政策。制订实施发展村级集体经济项目与资金管理办法、考核办法等配套政策，细化项目申报、资金管理、贷款贴息、以奖代补等措施，狠抓政策措施落实。

②明确目标责任。制订各镇乡、街道年度目标任务书，明确镇乡、街道的主体责任；指导各地制订集体经济发展规划和年度计划，落实具体项目、措施和责任；加强对项目建设的指导、督促、协调、管理和目标责任考核。

③完善征地补偿机制。完善土地征用政策，提高区片综合价补偿标准，制订土地征用区片综合价补偿费增加部分纳入村级集体经济发展资金的村级留用制度。

④加强指导和服务。建立村级集体经济发展项目的协调机制，解决村级发展用地、异地发展协调、项目建设规划等问题，建立村级集体经济发展项目库，实施项目化管理。

3.林权抵押贷款项目

（1）行动目标：到 2011 年，建立起操作规范有序、机制完善灵活、办理快捷易行的林权抵押贷款机制，对山区林权相关企业、林农申请的林权抵押贷款办结率达到 100%。

（2）行动步骤：2009 年，制订政策措施，开展林权抵押贷款试点工作；2010 年，扩大林权抵押贷款试点，林农申请的林权抵押贷款办结率达到 100%；2011 年，在办结率达到 100%的基础上，力争林权抵押贷款增长量有一定比例的提高。

（3）指导主体：区林水局、杭州余杭农村合作银行

（4）责任主体：各有关镇乡、街道

（5）保障措施：

①制定政策措施。开发林业信贷产品，拓宽林业融资渠道；加大林业信贷投放，完善林业贷款财政贴息政策，发放支持林业发展小额贷款；出台林权抵押贷款办法，健全林权抵押贷款制度。

②加强指导服务。规范林权管理的登记、注销、变更等业务，开展林权抵押贷款的登记业务；培育 1 家—2 家林权抵押贷款的评估机构，进行森林资源评估、抵押、核销工作。

③部门协调配合。林业、金融部门要加强沟通联系，及时研究和解决林权抵押贷款中出现的新情况、新问题；加强对抵押物的监管，切实降低金融风险。

4.农村社区股份制改革项目

（1）行动目标：到 2011 年，完成农村社区股份制改革任务，规范提升股份经济合作社运营

水平，创建区级示范性股份合作社20家，总数达到30家；有25家股份经济合作社对股东实现收益分配。

（2）行动步骤：2009年，完成51个村（社区）股份制改革任务，创建5家示范合作社，有18家合作社对股东实现收益分配，各镇乡完成1家土地股份合作制试点；2010年，全区267个村（社区）全面完成股份制改革任务，创建5家示范合作社，实行5家以上单位股权规范流转试点，有20家合作社对股东实现收益分配；2011年，创建10家示范合作社，推进5家以上单位股权规范流转工作，有25家以上合作社对股东实现收益分配。

（3）指导主体：区委农办（农业局）

（4）责任主体：各镇乡、街道

（5）保障措施：

①加快推进股份制改革。加强已完成股份制改革村的后续管理，督促搞好工商登记、材料备案等工作，指导股份合作社规范化运行；按照“依法、民主、公正、合理、稳定”要求，继续推进并完成股份制改革任务，做好工商登记、股权证下发等工作。

②创建示范性合作社。按照《余杭区示范性村级股份经济合作社创建标准》，加强指导服务力度，抓好示范性股份经济合作社创建，达到运行规范化、管理民主化，发挥示范带头作用。

③健全各项管理制度。探索股权流转向开放性发展，逐步调整股权结构，完善内部治理机制，使经营和管理逐步走向规范化、市场化，着力实现股份经济从福利型向资本型转变、从社区封闭型向社会开放型转变、从资产经营型向资本运营型转变。

5.农村集体“三资”监管项目

（1）行动目标：到2011年，以推行村级集体资金镇代管为重点，强化对村集体“资金”流动监管，推行“钱账双代管”的镇乡、街道达13个以上；以规范集体资产租赁和处置为重点，加强对村集体“资产”实时监管，全面实行村（社区）财务信息化管理系统区、镇乡（街道）、村三级联网；以加强土地征用备查账登记为重点，提高对村集体“资源”监管水平；强化“三资”群众监督，所有村（社区）财务每年分两次公开到户；强化“三资”会计监督，全区所有村级财务服务中心达到星级标准，每年举办村级财务人员培训不少于一次；强化“三资”审计监督，完成第二轮“三年轮审”工作，启动第三轮农村集体经济“三年轮审”。

（2）行动步骤：2009年，有2个镇乡（街道）推行“钱账双代管”，90个村完成财务审计审核，5家村级财务会计服务中心达到星级标准，5个以上镇乡（街道）实现村级财务监管系统三级联网，40%村财务公开到户，举办村级财务人员培训不少于一次；2010年，新增3个镇（街道）推行“钱账双代管”，90个村完成财务审计审核，第二轮“三年轮审”全部完成，8家财务会计服务中心达到星级标准，8个以上镇乡（街道）实现村级财务监管系统三级联网，60%村财务公开到户，举办村级财务人员培训不少于一次；2011年，新增5个镇（街道）推行“钱账双代管”，90个村完成财务审计审核，启动第三轮“三年轮审”工作，全区所有村级财务服务中心达到星级标准，所有村（社区）财务每年分两次公开到户，全面实行村（社区）财务信息化管理系统三级联网，举办村级财务人员培训不少于一次。

（3）指导主体：区委农办（农业局）

（4）责任主体：各镇乡、街道

（5）保障措施：

①完善运作机制。不断完善党委统一领导、党政齐抓共管,农业行政主管部门组织协调,相关部门各负其责的农村集体“三资”监管领导体制和工作机制,进一步强化镇乡、街道的监管主体作用。加强审计监督力度,确保“每隔二年必审、村民集体访必审、村干部离任必审”,落实审计整改督查办法,建立审计整改“五个一”制度,确保“审而要改、审而要究、审而要用”。

②加强监管力量。围绕强队伍、提素质、增活力,切实加强农经队伍建设,配齐配强专职的农经干部和代理会计;实行农经工作例会和定期分片组交流制度;开展村级财务管理人员培训工程,强化对涉及村级财务管理的农经干部、会计人员、村(社区)干部等培训。

③强化检查考核。每年制定“三级”监管工作计划,分解落实任务,明确考核要求,加强对落实情况的监督检查,确保我区农村集体“三资”管理水平明显提升。

6.农村社区建设项目

(1)工作目标:到 2011 年,全区城乡社区基本达到和谐社区目标。

(2)行动步骤:2009 年,各镇乡(街道)全面完成建制村的农村社区建设任务;2010 年,推进城乡社区基本达到和谐社区目标工作;2011 年,全区城乡社区基本达到和谐社区目标。

(3)指导主体:区民政局

(4)责任主体:各镇乡、街道

(5)保障措施:

①健全机制体制。建立健全村民自治、生产经营合作、全程服务、环境保护、健康教育、帮扶保障、群防平安、文明创建、农民素质教育“九大机制”和农村社区组织、农村社区服务“两大网络体系”。

②加强组织领导。建立区城乡社区建设协调小组统筹社区建设,形成党委领导、政府牵头、村级主办、社会支持、群众参与的领导体系和运行机制;明确部门职责,加大指导力度,探索创新举措,加快社区“八项机制”、组织网络、服务体系等建设;建立镇乡、街道组织领导机构,实行分级指导;发挥村民主体作用,发动社会力量参与农村社区建设。

③保障工作条件。落实“全国农村社区建设实验区”资金,确保创建任务完成;加大对农村社区服务中心、服务网点和文化娱乐、体育运动场所等基础设施建设投入,逐步建立公共财政投入为主,部门帮扶、社会捐助、集体自筹为辅的多元投入机制。

④强化督查指导。制定《余杭区农村社区建设评价标准》,制定社区建设计划,做好结合文章,积极开展达标工作,把农村社区达标活动纳入“星级村”“和谐社区”和“示范社区”考核范畴;开展区、镇乡(街道)、村三级联动督导检查活动,加强检查指导工作。

7.农村居民多(高)层公寓建设项目

(1)行动目标:到 2011 年,完成全区农村居民多(高)层公寓建设中长期规划,完成因地理条件限制而不能实施多(高)层公寓建设的村庄规划编制工作;三年计划实施多(高)层公寓安置项目 42 个,规划建筑面积 399.48 万平方米,可安置农户 1.12 万户以上。

(2)行动步骤:2009 年,完成临平副城和“三大组团”多(高)层公寓建设布点规划和多(高)层公寓实施范围以外地区的村庄规划编制工作。做好镇乡、街道中近期重大项目涉及多(高)层公寓建设的方案设计和项目实施工作。计划实施多(高)层公寓安置项目 19 个,规划建筑面积 202 万平方米,可安置农户 5890 户;2010 年,根据多(高)层公寓建设布点规划做好项目方案设计和项目推进工作,计划实施多(高)层公寓安置项目 13 个,规划建筑面积 94.31 万平方米,可安置农户 2837 户;2011 年,完成全区农村居民多(高)层公寓建设布点规划方案设计,全面推进多(高)层公寓项目建设,计划实施多(高)层公寓项目 10 个,规划建筑面积 103.17 万平方米,可安置农户 2439 户。

(3)指导主体:区建设局

(4)责任主体:各镇乡、街道

(5)保障措施:

①坚持项目依托,落实建设项目。以大项目建设为依托稳步推进农村居民多(高)层公寓建设,实行目标任务项目化管理,目标任务细化到月、明确到人,确保责任到位;建立和完善督查考核机制,强化考核激励,确保目标任务完成。

②坚持规划引领,加快项目建设。以《"一副三组团"建设实施意见》为前提,编制农居多(高)层公寓建设中长期规划,完善布点规划,优化建设选址;坚持高起点设计,树立精品意识,提高建设水平;贯彻以人为本的理念,完善各类基础配套设施和公共服务设施;积极推广应用太阳能与建筑一体化、节能保温外墙体系等新技术,提高住宅产业化水平。

③坚持科学管理,完善相关政策。按照"遵循法规依据、尊重群众意愿、符合实际情况"原则,加强农居多(高)层公寓建后管理,进一步完善购房资格认定和选房、购房程序、物业管理和业主委员会设立等相关政策。

④坚持实事求是,统筹城乡发展。切实加强对农村自建住房管理,营造村庄整治、节约用地的氛围。在多(高)层公寓建设范围内,坚决停止自建住房审批;情况特殊的,要严格审核审批程序。范围内的无房户、危房户等,按照"适度房等人"原则在新建多(高)层公寓小区提前统一安置;范围以外的村庄,鼓励村级集体经济组织通过退宅还耕、宅基地置换、土地整理等方式,开展村庄和宅基地整理,最大限度地挖掘存量土地。

8.政策性农业保险项目

(1)行动目标:到 2011 年,实现能繁母猪、水稻、油菜、奶牛等必保品种农业保险全覆盖,进一步拓宽余杭特色农业的新险种,不断健全农业保险各项工作机制,增强风险防范和灾后恢复生产自救能力,参保率高于上级要求。

(2)行动步骤:2009 年,健全工作机制,扩大保险品种,提高参保率,探索农业持续发展的长效机制,初步建立农业保险体系;2010 年,能繁母猪、水稻、油菜、奶牛等必保品种全覆盖,积极探索余杭特色农业的新险种;2011 年,健全农业保险各项工作机制,进一步拓宽余杭特色农业的新险种。

(3)指导主体:区发改局、区委农办(农业局)

(4)责任主体:各镇乡、街道

(5)保障措施:

①加强政策宣传。利用电视、报刊、网络等媒体宣传政策性农业保险意义和相关政策,营造良好工作氛围,增强农民参保意识,促进农业保险市场良性发展。

②加强保险培训。举办农业保险各品种的业务知识和技能的培训,提高技术人员的业务素质;为参保品种的定损、理赔工作做好技术界定和技术指导服务工作,提高工作效率。

③完善工作机制。完善区、镇、村三级行政组织和技术鉴定组织网络,不断充实专家库人员,加强部门协作配合;强化气象、病虫害预测、预警信息服务,增强农户预防灾害和生产自救

能力;增强保险公司的责任心,及时勘查、定损和快速理赔,增加农户对保险公司的信任感;健全奖惩制度,不断完善评比机制。

9.农业信贷担保项目

(1)行动目标:到 2011 年,杭州余杭农信担保公司实现注册资本 1 亿元,日均担保责任余额 3 亿元。

(2)行动步骤:2009 年,注册资本增加到 5000 万元,日均担保责任余额达到 1.5 亿元;2010 年,注册资本增加到 8000 万元,实现日均担保责任余额 2.4 亿元;2011 年,注册资本增加到 1 亿元,日均担保责任余额达到 3 亿元。

(3)责任主体:农林资产经营集团有限公司

(4)保障措施:

①加强制度建设。进一步规范现代企业制度,完善担保业务流程和风险防范体系,不断规范担保业务操作,加强风险控制。

②创新担保产品。不断创新担保服务品种满足客户企业需求,创新反担保措施,挖掘客户企业潜在资产实力,在控制风险的基础下最大限度的扶持客户企业发展。

③强化绩效考核。对担保业务实行分片管理,落实项目经理负责业务开发与保后监控工作;对项目经理实施绩效考核,把新业务开发、保后监控程度等与项目经理的收入相挂钩,提升风险防范水平。

10.农村宅基地登记发证项目

(1)行动目标:到 2011 年,基本完成符合登记条件的农村宅基地发证工作。

(2)行动步骤:2009 年,理清宅基地登记历史资料,摸清农户底数,选择 1 个行政村进行试点。积极做好农居多(高)层公寓的登记发证工作;2010 年,做好新型社区和农居多(高)层公寓登记发证工作,完成应发证的 50%;2011 年,基本完成新型社区和农居多(高)层公寓登记发证工作。其他类型的宅基地通过调查后,对符合登记条件的进行登记,完成应发证的 30%。

(3)指导主体:国土余杭分局

(4)责任主体:各镇乡、街道

(5)保障措施:

①制定实施办法。按照有关规定和上级工作要求,制定《余杭区农村宅基地登记实施办法》,从政策措施和规范操作上确保农村宅基地登记发证工作的顺利推进。

②抓住工作重点。在开展试点工作的基础上,以新型社区和农民多高层公寓为重点,加快宅基地登记发证,推动符合条件的其他类型宅基地的登记发证工作,努力扩大覆盖面。

③保证工作经费。全区农村宅基地登记发证工作正式启动后,为了保证做好农村宅基地登记的各项工作,在宅基地调查、登记发证等经费上给予保证。

11.农村法治建设项目

(1)行动目标:到 2011 年,创建杭州市级以上"民主法治村(社区)"15 家、"全国民主法治示范村"1 家。

(2)行动步骤:2009 年,创建杭州市级以上"民主法治村(社区)"6 家;2010 年,创建杭州市级以上"民主法治村(社区)"5 家;2011 年,创建杭州市级以上"民主法治村(社区)"4 家,创建"全国民主法治示范村"1 家。

（3）指导主体：区司法局

（4）责任主体：各镇乡、街道

（5）保障措施：

①实行创建年评制度。制定区级“民主法治村”创建标准，实行区级“民主法治村”创建年评制度；以量化评估体系为标准，对各村法治建设工作进行年度考核；建立动态管理制度，对于出现一票否决的村（社区）及时摘牌并通报。

②完善软硬件建设。完善各村（社区）开展民主法治村（社区）达标创建的软硬件建设，提升创建质量；根据区民主法治村（社区）以奖代补政策，做好各镇乡、街道相应的配套奖励工作，形成“比、学、赶、超”的争先创优良好氛围。

③规范决策体系。围绕决策程序的科学、规范，从决策的提出、总类、流程、监督等方面制定村级决策体系规则；加强对村干部法律知识的教育培训，发挥主管部门牵头和相关部门协作配合的作用，强化创建意识，提高村干部的法律意识和法律素质。

④开展法制宣传。积极开展法律进乡村活动，发挥各新闻单位的作用，加强法治建设宣传力度，提高“法治余杭”群众知晓度和社会影响力；深入实际，积极创作法治文艺作品；发挥法律工作者、司法和行政执法人员的积极作用，为新农村建设提供优质法律服务。

（二）现代都市农业发展项目建设行动计划

12.优势产业功能区建设项目

（1）行动目标：到 2011 年，建设农业优势产业生产功能区 90 个，其中粮食 10 个、径山茶 9 个、水果 10 个、蔬菜 9 个、生态鳖 7 个、鱼虾 5 个、畜禽 17 个、竹笋 7 个、花卉苗木 6 个、休闲观光 10 个；建设休闲观光农业十大板块，创建国家级农业休闲观光示范点 3 至 5 个、省级 8 至 12 个、市级 15 至 18 个，休闲观光农业（农家乐）总收入达 7 亿元。

（2）行动步骤：2009 年，建设粮食、径山茶等 38 个功能区，启动建设 3 个休闲观光板块，创建国家和省、市级农业休闲观光示范点各 1 个，休闲观光农业总收入 4 亿元；2010 年，建设水果、竹笋等 28 个功能区，新建 3 个休闲观光农业板块，创建国家和省、市级农业休闲观光示范点各 1 个，休闲观光农业总收入 5 亿元；2011 年，建设蔬菜、生态鳖等 24 个功能区，新建 3 个休闲观光农业板块，创建国家和省、市级农业休闲观光示范点各 1 个，休闲观光农业总收入 7 亿元。

（3）指导主体：区委农办、区林水局、区风景旅游局

（4）责任主体：各镇乡、街道

（5）保障措施：

①加强基础设施建设。以提高农业生产能力为目标，加强农田水利设施、中低产田改造、节水灌溉、鱼塘标准化改造和设施栽培、病虫害防治、农机改造等建设；保持基本（标准）农田面积，确保农业用地的稳定。

②做好科技创新应用。以提升科技创新成果转化能力和关键成套技术应用水平为目标，引进并实施一批农业科技成果转化项目，加快优良新品种、新装备、新设施、新技术示范推广，突出种子种苗、农产品贮运保鲜加工、农业资源综合开发利用等关键技术的研究与应用。

③加快生态模式推广。以保持农业生产环境、过程与产品的协调持续发展为目标，创建“国家级绿色农业示范区”，重点做好农业产地环境保护与改善、安全农业投入品、新产品新技术开

发、肥药双控技术、循环农业模式的推广与应用。

④加强引导和扶持。制订《余杭区农业优势产业功能区建设标准》，分解落实任务，整合各种要素，加大扶持力度，健全督查机制，推进项目建设；落实《关于加快休闲观光农业（农家乐）规范化建设的若干意见》，编制板块建设规划，抓好休闲园区、农家乐特色村等项目建设；发挥行业协会和合作社功能，规范经营行为、优化产业环境、提高行业素质，实现休闲观光农业可持续发展。

13.现代农业经营主体培育项目

（1）行动目标：到2011年，达到区级及以上农业龙头企业标准的120家，其中国家级1家、达到省级农业龙头企业规模的7家（认定4家）；龙头企业联结基地50万亩、联结农户15万户；实现农产品加工值106亿元，销售额103亿元；规范提升农民专业合作社80家，其中达到省级示范性合作社标准的10家（创建2家）、市级规范化合作社标准的30家（创建15家），联合社达到6家；合作社社员总数6000个，注册资金5000万元以上，联结农户10万户，带动面积33万亩。

（2）行动步骤：2009年，达到区级及以上龙头企业标准的100家，其中省级规模的5家（认定2家）、市级42家。龙头企业产品加工值80亿元、销售额76亿元，联结基地40万亩、联结农户11万户。规范提升专业合作社20家，其中达到省级示范性合作社标准的3家、市级规范化合作社标准的10家（创建4家），培育联合社1家。合作社年销售额8亿元以上；2010年，达到区级及以上龙头企业标准的110家，其中省级规模的6家（认定3家）、市级43家、国家级1家。实现产品加工值92亿元，销售额86亿元。联结基地45万亩、农户13万户。规范提升专业合作社20家，其中达到省级示范性合作社标准的3家（创建2家）、市级规范化合作社标准的10家（创建5家），培育联合社2家。合作社年销售额达到10亿元以上；2011年，达到区级及以上龙头企业标准的120家，其中省级规模的7家（认定4家）、市级44家、国家级1家。实现农产品加工值106亿元，销售额103亿元，联结基地50万亩、农户15万户。规范提升专业合作社20家，其中达到省级示范性合作社标准的3家、市级规范化合作社标准的10家（创建6家），培育联合社2家。合作社年销售额达到12亿元以上，带动农户面积30万亩以上。

（3）指导主体：区委农办（农业局）、区林水局、区供销联社

（4）责任主体：各镇乡、街道

（5）保障措施：

①扶优扶强，加大培育力度。以优势产业为基础，制订培育计划，加大扶持力度，做大做强龙头企业和农民专业合作社；大力培育示范专业合作社，增加服务性专业合作社；加大农业企业和合作社经营者培训教育，增强经营主体的能力素质；引导农民参加联合社，促进资源共享、互惠互利，实现规模化发展。

②完善政策，鼓励创新发展。完善政策措施，重点扶持新产品开发、新基地拓展、营销网络培育、电子商务平台建设；推动农业企业和合作社创新发展，鼓励基地外拓、产品更新、营销创新，带动农业增收、农民致富。

③创新理念，提供优质服务。各级各部门要注重调查研究，整合要素资源，创新工作理念，提高服务意识，主动提供帮助，协调解决困难，在政策引导、项目申报、技术培训和产品销售等环节提供优质服务。

14.农村现代物流体系建设项目

（1）行动目标：到2011年，全区镇乡连锁超市和建制村连锁超市（便利店）覆盖面均达100%，建成门店总数280家以上；新增农村现代流通连锁网点150家，总数达到700家，其中农资连锁150家、日用消费品连锁350家，农产品购销、农村医药、物资回收等连锁200家，连锁经营销售总额达6亿元；建设农村连锁超市配送中心1个，完成60家农贸市场改造提升。

（2）行动步骤：2009年，巩固农村连锁门店管理，农村连锁超市配送中心一期竣工开业。新增农村流通连锁网点50家，农资化肥配送率达到100%，主要日用消费品配送率达50%。完成18家农贸市场改造提升；2010年，提升农村连锁门店信息化联网，完成27家农贸市场改造提升。新增连锁网点50家，农资商品配送率达到90%，主要日用消费品配送率达到60%；2011年，进一步发展农村连锁门店，巩固已完成改造提升的农贸市场。新增连锁网点50家，农资商品配送率达到100%，主要日用消费品商品配送率达到80%。

（3）指导主体：区贸易局、区供销联社

（4）责任主体：各镇乡、街道

（5）保障措施：

①落实扶持政策，加强项目建设。落实《余杭区发展农村商贸流通网络实施意见》、《加快全区农贸市场星级化改造提升工作的实施意见》等政策，规范农村连锁商业网点建设和农贸市场改造；加强项目建设与管理，支持农村连锁超市配送中心建设；组建农资配送中心，提高农资配送服务能力；加快农贸市场改造提升项目和禹倡商厦配送中心项目建设。

②提高服务意识，加强连锁网络监管。加强对农村连锁商业、农贸市场的服务，协调解决实际困难；加强项目申报、业务培训和经营管理方面的指导服务；合理调整连锁经营网点规划和布局，加强连锁店的日常监管，确保农民买到放心商品。

③加大宣传力度，拓展农村流通领域。利用各类媒体加大连锁商业宣传，推动农贸市场超市化管理，鼓励和吸引工商资本参与星级市场改造提升；通过组建农副产品销售网站、农副产品购销专业合作社等形式，密切农产品产销对接，有效解决农产品“卖难”问题；积极探索发展农村医药、烟花爆竹和物资回收连锁等新型业态，拓展农村消费市场。

15.农产品品牌建设项目

（1）行动目标：到2011年，培育13个省级以上名牌产品、18个省级以上著名商标，其中“径山茶”培育成中国驰名商标和中国名牌农产品；市著名商标、区知名商标分别达到20件、40件，市级、区级名牌产品分别达到18个、28个。

（2）行动步骤：2009年，争创中国驰名商标2件、省著名商标8件、市著名商标12件。争创省级名牌产品9个、市级13个；2010年，争创中国驰名商标3件、省著名商标10件、市著名商标15件。争创国家名牌产品1个、省级11个、市级16个；2011年，争创国家驰名商标5件、省著名商标15件、市著名商标20件。争创国家名牌产品2个、省级13个、市级18个。

（3）责任主体：区委农办（农业局）、工商余杭分局、质监余杭分局

（4）保障措施：

①加大宣传，鼓励企业创建。利用各类农展会、网络等宣传平台，加大品牌宣传力度，充分发挥品牌效益；引导农业企业树立品牌意识，鼓励和吸引更多企业参与品牌创建和提升工作。

②规范管理，确保产品质量。进一步加强对品牌农产品的日常监管，杜绝品牌农产品的

质量安全事故和认证过程中弄虚作假行为发生，保证品牌产品质量安全，确保品牌建设的公信度。

③完善政策，规范创建行为。在具体制定和实施扶持政策上，必须坚持公平公正有效的原则，进一步规范和统一扶持政策，防止部分企业为认证而认证，为奖励而认证。

16.农业科技创新项目

（1）行动目标：到2011年，通过"四新"项目建设，引进和开发达到新品种新产品100个，优良品种覆盖率达50%以上；新技术（模式）应用30项，普及率达到50%以上；责任农技师和农民大师在镇乡一级覆盖率达到100%；万人农业科技人员达到4人以上。

（2）行动步骤：2009年，引进开发新品种（产品）30个，优良品种覆盖率45%以上。新技术（模式）应用10项，普及率45%以上。责任农技师达到85人、农民大师达到155人。万人农业科技人员达到2人以上；2010年，引进开发新品种35个，优良品种覆盖率50%以上。新技术应用10项，普及率50%以上。万人农业科技人员达到3人以上；2011年，引进开发新品种35个，优良品种覆盖率50%以上。新技术应用10项，普及率达到50%以上。万人农业科技人员达到4人以上。

（3）指导主体：区委农办（农业局）、区林水局、区科技局

（4）责任主体：各镇乡、街道

（5）保障措施：

①推行新型农技推广体系。完善新型农技推广体系的考核管理办法，鼓励和支持科技人员开展"四新"项目引进和推广工作，采取以奖代补的形式，提高科技人员积极性，提升现代农业科技含量。

②提升农村实用人才素质。通过举办培训班、外出考察等形式，提高农村实用人才素质，增强对"四新"项目的接受能力和推广应用能力，提高农村实用人才的辐射带动力。

③加强院校合作与交流。拓宽农业新品种、新技术、新模式、新产品的引入渠道，实现与大专院校、科研院所等的互动合作，加快先进农业科技的转化应用和升级换代。

17.农机装备设施建设项目

（1）行动目标：到2011年，实现农机总动力53万千瓦，水稻等粮食生产综合机械化水平70%以上，规模生产的油菜、蔬菜、水果、茶叶、畜禽、水产、林业等主导产业的主要环节和产品加工基本实现机械化，建设产业功能区农机化服务基地10个。

（2）行动步骤：2009年，大田耕作拖拉机稳定在2500台（其中大型拖拉机90台），机耕面积46万亩。插秧机增加到30台，粮食收割机150台，油菜收割机15台，植保机械700台，喷滴灌设施100台套，茶叶加工机械4300台，标准大棚设施1万亩，建设功能区农机化服务基地3个；2010年，新增大型拖拉机10台、插秧机10台、粮食收割机10台、油菜收割机15台、植保机械200台、喷滴灌设施10台套、田园管理机100台、茶叶加工机械300台。保鲜冷库增加到3.2万立方米，标准大棚设施增加到1.1万亩。建设功能区农机化服务基地3个；2011年，新增大型拖拉机10台、插秧机10台。新增粮食收割机5台，机收面积39万亩，占粮食面积90%以上。新增油菜收割机15台、植保机械150台、喷滴灌设施10台套、田园管理机20台、茶叶加工机械300台。保鲜冷库增加到3.35万立方米，标准大棚增加到1.2万亩，建设产业功能区农机化服务基地4个。

（3）指导主体：区委农办（农业局）

（4）责任主体：各镇乡、街道

（5）保障措施：

①稳定增加农机化投入。落实购机补贴政策，对重点推广的农机增加补助额度，加大水稻机插等重点机械与技术推广工作；落实作业环节补贴，提高机插水稻、机收油菜作业环节的补贴；对农机化装备项目建设、功能区农机化服务基地建设等进行补助或奖励。

②培育新型农机服务主体。鼓励发展农机专业合作社、作业公司、农机大户等新型农机服务主体，鼓励工商企业投资农机社会化服务，对新型农机服务主体实行小额贷款优惠扶持。

③重视工作考核和人员管理。对重点推广的农机化装备建设列入镇乡新农村建设考核内容；关注镇乡农机推广队伍建设，提高人员待遇；加强农机监理和管理，确保农机安全生产。

18.农产品质量监管体系建设项目

（1）行动目标：到2011年，完成基地农产品定量检测480批次以上，快速检测7800批次以上，建成全省先进的农产品质量安全检验检测站，建立区镇村（基地）三级快速检测体系，逐步提高检测合格率，初步建立起完整的农产品质量安全追溯管理体系；建设100个区级无公害农产品示范基地（点），发放食用农产品产地标志卡3000张；建设农业标准化示范园区50个；制定各类农业标准90个，其中国家级标准2个、省级10个；完成100个无公害基地认证、20个绿色农产品认证，农业“三品”认证总数80个以上，基地面积占总面积60%以上。

（2）行动步骤：2009年，建设无公害生产基地（点）30个，制发产地标志卡1000张，完成定量检测140批次、快速检测2500批次，30%的重点乡镇（街道）完成动态监测点建设。建立余杭区农产品质量安全检验检测站，开展农产品质量安全追溯管理试点。建设标准化示范园区10个，制订省级标准1个、市级2个、区级3个。新增无公害基地19个、绿色农产品7个、有机农产品6个；2010年，建设无公害基地30个，制发产地标志卡1000张，实施定量检测160批次、快速检测2600批次，60%的重点乡镇（街道）完成动态监测点建设。建设标准化示范园区9个，制订国家标准1个、省级2个、市级2个。新增无公害基地13个、绿色农产品6个、有机农产品4个；2011年，建设无公害基地（点）40个，制发产地标志卡1000张，实施定量检测180批次、快速检测2700批次，100%的重点乡镇（街道）完成动态监测点建设。初步建立起完整的农产品质量安全追溯体系。建设标准化示范园区10个，制订省级标准1个、市级2个。新增无公害基地15个、绿色农产品6个、有机农产品6个。

（3）指导主体：区委农办（农业局）、质监余杭分局

（4）责任主体：各镇乡、街道

（5）保障措施：

①加强检测体系建设，提高检测水平。建立健全与《中华人民共和国农产品质量安全法》相适应的农产品质量检测机构，不断提升检测能力和水平；强化农产品产地标志卡监管，全区所有通过“三品”认证的食用农产品产地标志卡制卡、发卡覆盖率达到95%以上。

②加强监督管理，建立长效机制。完善农产品质量安全追溯体系，加强产地环境、投入品、生产加工过程监管，建立覆盖重点镇乡（街道）的动态监测点；加强无公害示范基地（点）建设，经常性地开展监督抽查，深化检验检测制度。

③加大执法力度，保障安全生产。强化舆论宣传，加强农产品质量安全法律法规宣传教育；

突出监管重点,加强产地环境、农业投入品的执法监管;做好“三品”认证,加大对“三品”及生产基地监管,实施生产档案记录制度。

④注重完善提升,加快标准化推广。整理、修订已有的各级农业地方标准,争取国家和省、市级标准化项目建设,提升农业标准档次;鼓励和扶持农业龙头企业、农民专业合作社承建标准化项目和示范园区。

19.现代农业综合体建设项目

(1)行动目标:到2011年,基本完成“中华农业大观园”概念性规划、修建性详规和各类专项规划;完成一期部分征地拆迁和基础设施建设;拓展农副产品物流中心和高新农业示范中心建设,初步形成高新技术产业、休闲、观光为一体现代农业产业中心,形成“一区三中心”格局。

(2)行动步骤:2009年,完成“中华农业大观园”概念性规划、控制性规划。完成土地利用规划调整,基本完成杭州农副产品物流中心有形市场建设,拓展无形市场。加快高新农业示范中心项目建设;2010年,完成修建性详规和部分专项规划,基本完成一期项目前期申报,全面启动征地拆迁。深化拓展“农副产品物流中心”和“高新农业示范中心”两个中心建设;2011年,制定道路、市政、景观等专项规划,启动一期项目土地出让和基础设施建设,启动花园特色村建设,农副产品物流中心无形市场初具规模,高新农业示范中心成为科技型、生态化、观赏性的现代农业园。

(3)责任主体:杭州农副产品物流中心管委会、杭州高新农业示范中心、良渚镇、仁和镇

(4)保障措施:

①科学制定规划。立足高起点、高标准、高质量“三高”要求和合理性、超前性、配套性、特色性“四性”原则,制定“中华农业大观园”总体规划和专项规划。

②整合资源要素。理清杭州农副产品物流中心、余杭高新农业示范中心和周边镇、村管理体制,整合各种要素,明确“中华农业大观园”项目建设与管理主体,完善统一管理、统一建设、市场化运作机制。

③加快项目建设。整合“两中心”建设原有优惠政策,积极申请国家级、省级重点项目,培育产业集群;加快现有的市场项目、现代农业项目建设;加快项目建设的土地出让、征地拆迁、基础设施建设等前期工作。

④统筹项目运作。项目按三期建设,一期项目要打通中间区域—花园村,连通农副产品物流中心和高新农业示范中心;深化完善原有“两中心”项目建设,培育主导产业,实现产业有机结合和优势互补;采用“以地养地、财政反哺”和市场化融资方式,筹集一期项目开发建设资金。

20.现代农林场建设项目

(1)行动目标:到2011年,提升国有农林场的产业化程度,拓展高新技术产业和农业三产比重;建成示范性农林场8个,其中国家级2家、省级6家;建设农产品种植基地2个,特色基地2个;建立现代企业制度,完善法人治理机构;拓展发展空间,发展循环经济,建设湿地生态区1个、旅游度假基地2个;建成农林场职工安置房22万平方米,解决2709户住房困难问题;完善社会保障机制,改善生产生活设施,加强民主政治建设,提高职工生活品质。

(2)行动步骤:2009年,新建省级示范农场1家,总量达5家;建设种植基地1个、特色基地1个,建设湿地生态区1个。完成3.8万平方米安置房建设,解决484户职工住房问题。新建3个农林场社区之家;2010年,新建示范农场2家、种植基地1个、特色基地1个。完成6.2万平方

米安置房建设,解决916户职工住房困难问题;2011年,新建示范农场1家,总量达8家。完成5万平方米安置房建设和分配,启动7万平方米安置房项目,累计解决2709户住房困难问题。

(3)责任主体:农林资产经营集团有限公司

(4)保障措施:

①加快改革与发展。继续推进国有农林场改革,制定促进产业发展的政策措施;按照新农村建设要求,落实各项扶持政策,促进农林场新型社区建设、公共服务资源共享、人员素质培训和劳动力转移、科技创新和新风尚塑造等方面工作。

②加大招商引资力度。整合农林场资源,发挥土地优势,加大招商引资,吸引各类项目落户;加大基础设施建设,营造良好的发展环境;进一步为企业做好服务工作,促进企业快速发展,使企业在农林场引得进、留得住、出效益。

③加快重大项目建设。强化规划配置资源的导向作用,按照"先编制规划、后定项目"原则,启动一批重点项目建设;以《余杭区国有农林场产业发展纲要》为蓝本,合理安排产业项目和发展资金,优选一批投资项目,推进自主创新发展。

(三)农村公共事业提升项目建设行动计划

21."星级村"创建和"清洁余杭"行动项目

(1)行动目标:到2011年,所有行政村(不包括社区)完成星级村创建工作,其中创建五星级15个、四星级40个;完成"清洁余杭"行动目标任务,全区农村人居环境质量和村庄整治管理水平力争达到全省示范、全国领先;完成全区所有村的村庄整治任务,争创星级示范村10个、市级"全面小康建设示范村"10个。

(2)行动步骤:2009年,创建星级村110个,其中五星级10个、四星级30个。争创星级示范村3个、杭州市全面小康建设示范村3个。完成"清洁余杭"第三批推进村各项目标任务,完善政策体系、监管机制和投入保障机制,建立"清洁余杭"长效管理机制。实施45个重点整治村建设项目,基本完成"十百工程"重点整治村创建任务;2010年,创建星级村120个,其中五星级13个、四星级35个。争创星级示范村4个、杭州市全面小康建设示范村3个。抓好农村环境长效管理制度完善和实施到位;2011年,所有行政村(不包括社区)完成星级村创建工作,其中五星级15个、四星级40个。争创星级示范村3个、杭州市全面小康建设示范村4个。全区农村人居环境质量和村庄整治管理水平力争达到全省示范、全国领先。

(3)指导主体:区委农办(农业局)、区新农村办、区清洁办

(4)责任主体:各镇乡、街道

(5)保障措施:

①注重亮点特色,提高建设水平。根据各村地理环境、文化底蕴和产业基础,通过挖掘原有的产业、人文、生态等特色,围绕长效管理制度化、公共服务社区化、生产发展产业化、环境建设生态化、文明建设种文化、农村信息化等"六个化"和"一村一品、一村一景、一村一业"的要求,集中资源抓好星级示范村建设,加快新农村"星级村"、全面小康建设示范村创建,全面提升新农村建设水平。

②落实创建措施,加强资源整合。围绕创建新农村星级示范村和全面小康建设示范村,切实抓好各项创建措施的落实,进一步加强指导服务,明确目标责任,分批进行培育,使创建工作更加科学化、制度化、规范化。并统筹"清洁余杭"行动和村庄整治工作,推进环境整治和农村基

础设施配套建设。

③健全长效制度，提高管理水平。根据"清洁绿化余杭"长效管理制度，将卫生保洁、村容秩序、绿化养护、设施维护、环境保护等工作纳入长效管理范围；完善组织领导、垃圾收集处理、河道保洁、庭院整治、市场化运作、投入保障、村级经济支撑、监督考评、社会参与等"九大"体系，不断提高农村环境整治、建设和管理水平。

22."绿化余杭"行动项目

（1）行动目标：到2011年，新增绿化2000万平方米以上，使村庄绿化率普遍提高5%，建制镇绿化率达到30%，临平副城绿化率达到40%，人均公共绿地达到12平方米以上。全民绿化推动力从城区向组团、镇乡、农村基层延伸，逐步构建起点线面结合，覆盖城乡的绿地系统，力争达到"浙江省森林城市"建设目标。

（2）行动步骤：2009年，新增绿化600万平方米以上，重点完成南湖综保、西溪三期工程、河道岸绿、沿海防护林体系等绿化建设项目；2010年，新增绿化700万平方米以上，开展河道岸绿、矿山复绿等绿化建设；2011年，完善城乡绿地系统，查漏补缺，新增绿化700万平方米以上。

（3）指导主体：区林水局、区建设局、区绿化办

（4）责任主体：各镇乡、街道

（5）保障措施：

①量质并举，细化规划。围绕副城、组团、集镇与村庄四个层次，突出道路、河道、广场、公园、入城口和工程配套绿化等绿化建设重点，做好沿路、沿河、沿村庄、沿公建项目、沿企业、沿园区的绿化文章，确定分年度绿化重点，细化绿化任务，重点抓工程、抓项目，分年分批推进绿化建设。

②积极探索，创新机制。精心设计载体，广泛宣传动员，激活工作机制，创新工作方式，调动企事业单位和广大市民参与"绿化余杭"行动的主动性、积极性，完善义务植树、认建认养、捐资植绿、冠名绿化等多形式多渠道的绿化筹资机制，增强"绿化余杭"的持续发展能力。

③立足重点，快速推进。重点实施临平副城绿化，扎实推进农副物流园区和高新农业园区的"两园"、南湖和北湖的"两湖"、大运河和余杭塘河的"两河"、西溪湿地三期的"一溪"和超山综保的"一山"等重点工程配套绿化建设；开展以"三横、四纵、多点"为骨架的重点交通道路绿化建设；完成城镇周边、绕城以内、绕城周边和半山地区的河道绿化建设。

④提高标准，争创特色。按照宜花则花、宜果则果、宜林则林和生态、经济、休闲观光三结合的要求，优先选择基础条件较好的村，做好绿化规划、技术指导和政策引导，明确建设标准，细化建设措施，开展绿化特色村创建工作，为村庄绿化提供示范。

⑤建管并重，力求成效。进一步完善绿化长效管理机制，明确管理主体，落实管养资金，加强考核检查，提高绿化管养水平；强化执法检查和行政监督，依法严惩损绿、毁绿行为；建立专业管养队伍，落实绿地养护管理与补植，确保绿化建设成效。

23.生态村镇建设项目

（1）行动目标：到2011年，新创建"全国环境优美乡镇"7个，省、市级生态镇（街道）7个，区级生态村60个。

（2）行动步骤：2009年，3个"全国环境优美乡镇"通过预验收，完成3个省、市级生态镇（街道）和20个区级生态村创建；2010年，4个"全国环境优美乡镇"通过预验收，完成4个省、市级

生态镇(街道)创建和20个区级生态村创建;2011年,完成20个区级生态村创建工作。

(3)指导主体:区环保局、区生态办

(4)责任主体:各镇乡、街道

(5)保障措施:

①明确创建责任和任务。制定创建计划并通过年度目标责任制形式分解落实于各部门、镇乡政府、街道办事处。

②开展创建工作培训。举办全国环境优美乡镇、省市级生态镇(街道)、生态村创建工作培训班。

③做好项目管理。检查、指导各生态创建工作,指导相应的申报工作。

24.文明村镇(社区)创建项目

(1)行动目标:到2011年,所有村镇(社区)创建成为区级以上文明村镇(社区);力争创建国家级文明村镇(先进村)3个,省级文明村镇(社区)22个,市级文明村镇(社区)120个。

(2)行动步骤:2009年,创建区级文明村镇(社区)28个、市级文明村镇(社区)8个;2010年,创建区级文明村镇(社区)27个、市级文明村镇(社区)8个、省级文明村镇(社区)5个;2011年,创建区级文明村镇(社区)27个、市级文明村镇(社区)8个、国家级文明村镇1个。

(3)指导主体:区委宣传部、区文明办

(4)责任主体:各镇乡、街道

(5)保障措施:

①强化组织领导。进一步强化区镇两级创建工作办公室职能,加大日常指导、协调、督促和考核;分解落实部门职责分工,积极指导和严格考核,逐步使创建工作科学化、制度化、规范化;加强镇乡(街道)组织领导,明确责任,督促、指导各村落实各项创建措施。

②完善考核机制。修订和完善创建测评体系、考核奖励办法,提高基层创建的积极性、针对性和实效性,切实发挥文明创建在促进城乡文明建设方面的作用。

③抓好特色亮点。根据培育规划的要求,选择一批国家、省、市级的培育对象,制定扶持政策,加大指导力度,抓特色、创亮点,打造一批示范村镇(社区)。

25.乱葬乱埋专项整治项目

(1)行动目标:到2011年,平原镇乡(街道)全面完成坟墓治理工作,达到“三沿五区”及镇乡、村主要道路两侧1000米范围内基本无坟化;其他镇乡(除深山冷岙外)基本达到“三沿五区”及镇乡、村主要道路两侧500米范围内无坟化目标。

(2)行动步骤:2009年,全面完成“村内坟”治理工作,做好坟墓的调查以及骨灰存放设施改扩建工作。完成55处生态墓地扩建和50处骨灰存放室的改扩建工作,坟墓治理率达50%;2010年,全面开展坟墓治理工作,平原镇乡(街道)治理率达到90%,其他镇乡达到80%;2011年,全面完成坟墓治理工作,平原各镇乡(街道)基本达到“三沿五区”及镇乡、村主要道路两侧1000米范围内无坟化目标,其他镇乡基本达到“三沿五区”及镇乡、村主要道路两侧500米范围内无坟化目标。建立长效管理机制,加强骨灰生态葬法,巩固无坟化成果。

(3)指导主体:区民政局

(4)责任主体:各镇乡、街道

(5)保障措施:

①提高认识，加强领导。高度重视坟墓专项治理工作，与生态建设、新农村建设、“清洁绿化余杭”行动等工作有机结合，建立相应的领导小组和工作班子，确保人财物配置到位。

②广泛宣传，营造氛围。要充分利用电视、广播、公开信等形式的舆论工具加强坟墓专项整治的宣传力度，倡导现代文明，改变传统习惯，取得广大群众的理解、配合和支持。

③合理安排，明确目标。认真调查统计辖区内坟墓数量及分布情况，制定坟墓治理年度计划和三年规划，积极做好治理工作；加强骨灰动态和跟踪管理，确保基本达到“无坟化”目标。

④严格考核，确保落实。加强督查指导，建立进度月报制度。对完成治理任务的给予通报表彰和以奖代补政策；及时落实好配套资金，确保全区坟墓治理工作顺利开展。

26.河道整治项目

(1)行动目标：到2011年，全面完成内河河道(主要是区级以下河道)疏浚清淤工程；实施一般性河道整治(二类、三类建设标准)60公里以上；实施重点河道综合整治(一类建设标准)50公里以上。

(2)行动步骤：2009年，结合“清洁余杭”行动，完成内河河网疏浚清淤780公里。按全省万里清水河道建设要求，实施一般性河道整治10公里以上。以临平副城、崇贤地区河道整治要求，完成重点河道综合整治15公里；2010年，实施一般性河道整治25公里以上，实施重点河道综合整治20公里以上；2011年，实施一般性河道整治25公里以上，实施重点河道综合整治20公里以上。

(3)指导主体：区林水局、区建设局、区河道办

(4)责任主体：各镇乡、街道

(5)保障措施：

①加强领导，落实责任。按照职责分工和目标任务，细化、量化河道整治建设任务，做到指标明确、责任到人；实行领导包干工作责任制，建立专门管理队伍，确保领导和组织到位。

②加强宣传，营造氛围。及时反映工作动态和工作重点，加强宣传教育，努力营造全社会关注、参与、监督、支持河道整治的氛围，提高社会力量参与河道整治建设的力度。

③强化监督，严格奖惩。建立监督通报制度和综合整治月报制度，进行定期督查、不定期抽查；完善奖惩机制，表彰先进，鞭策后进。

④落实资金，规范操作。根据河道整治计划落实安排专项资金，镇乡(街道)落实配套资金；工程建设严格执行项目化管理、公开招标、质量监理、工程审计等制度，确保河道整治项目规范运作。

27.防洪减灾建设项目

(1)行动目标：到2011年，完成苕溪北塘加固、余杭组团防洪体系建设等工程；完成东苕溪河道主要束窄段拓宽工程，西险大塘达到100年一遇的防洪标准，左岸主要堤塘达到10年至20年一遇的防洪标准；改造与新建圩区泵站堰坝36座，使圩区防洪能力达到20年一遇，农田排涝能力达到10年一遇，灌溉保证率达到85%至90%以上；完成临村山塘水库除险加固30座。

(2)行动步骤：2009年，完成北塘加固堤塘17公里、余杭组团防洪体系行洪河道整治5公里。完成临村山塘除险加固11座，圩区新建改建泵站堰坝16座；2010年，完成北塘加固堤塘18公里、余杭组团行洪河道整治5公里。完成临村山塘除险加固10座，实施圩区新建改建泵站堰坝10座；2011年，完成北塘加固堤塘14公里、余杭组团行洪河道整治6.5公里。完成临村山

塘除险加固9座，实施圩区新建改建泵站堰坝10座。

（3）指导主体：区林水局、区河道办

（4）责任主体：各镇乡、街道

（5）保障措施：

①加强组织领导，落到建设项目。优化配置水利资源，增强水患意识和水环境保护意识，提高各级领导水利建设积极性；组建项目班子，狠抓重点项目建设；落实分级负责责任，确保水利工程顺利推进。

②完善筹资机制，加大资金投入。按分级负责的原则，建立多元化的筹集资金渠道，共同解决水利建设资金；落实《余杭区水利专项资金管理实施细则》，确保区、镇乡两级水利建设资金投入。

③严格项目管理，加快工程建设。严格设计管理，推行环保建设、水环境建设与水工程主体建设“三同步”制度；严格设计审查，使工程设计达到效益最大化；严格工程管理，完善项目法人责任制、工程招投标制、监理制，确保工程建设质量。

④加强队伍建设，强化依法行政。加大《水法》、《防洪法》、《水土保持法》等法律法规执法力度，加强执法队伍建设，提高行政执法能力，依法保障水利建设和水利工程管理。

28.农村生活污水治理项目

（1）行动目标：到2011年，完成300处农村生活污水治理点建设，其中创建示范点100处；经治理后的出水要求达到国家综合污水二级以上（含二级）排放标准。

（2）行动步骤：2009年，完成100处农村生活污水治理点建设，创建示范点40个；2010年，完成100处农村生活污水治理点建设，创建示范点30个；2011年，完成100处农村生活污水治理点建设，创建示范点30个。

（3）指导主体：区委农办（农业局）

（4）责任主体：各镇乡、街道

（5）保障措施：

①政策扶持，落实责任。采取区财政以奖代补和受益主体自筹资金方式，落实农村生活污水治理工程建设资金；加强对镇乡（街道）目标责任考核，将农村生活污水治理工程列入新农村建设目标考核和星级村创建等考评重要依据。

②因地制宜，突出重点。以“清洁余杭”推进村、“十百工程”示范村、市级生态村、苕溪流域重点水源保护为重点，实施农村生活污水治理工程；强化生活污水治理示范点项目建设，发挥样板带动作用。

③创新技术，确保质量。加强技术服务力量配置，借用或引进专业技术人员，通过携手大专院校等组织技术攻关，多模式、多途径、多方法治理农村生活污水，确保工程质量。

29.农村通村联网公路建设项目

（1）行动目标：到2011年，完成上报省市的农村通村联网公路307.8公里。

（2）行动步骤：2009年，完成农村通村联网公路105.8公里；2010年，完成农村通村联网公路105公里；2011年，完成农村通村联网公路97公里。

（3）指导主体：区交通局

（4）责任主体：各镇乡、街道

（5）保障措施：

①加强领导，明确职责。以镇乡为主体实施农村联网公路建设和管理，区交通主管部门加强技术指导、服务和支持，共同推进项目建设。

②科学规划，分类指导。坚持农村联网公路建设与实现全面建设小康社会规划相结合、与易地脱贫和人口梯度转移相结合、与农村工业经济和农业结构调整相结合、与土地资源和旅游开发相结合、与建设生态区和“十百工程”相结合的“五个结合”要求，制定农村联网公路建设计划。

③严管细抓，确保质量。严格按照省市关于农村联网公路建设的技术标准，切实把好技术标准关、设计质量关、合同管理关、工程质量关、安全生产关。

④落实政策，用好资金。采取“自筹为主、补助为辅”原则筹集农村联网公路建设资金；各乡镇要建立资金投入机制，落实好配套资金，积极探索利用农村土地整理、小城镇开发等办法筹集资金。

30.农村居民养老保险项目

（1）行动目标：到 2011 年，力争参保总人数达到 22.68 万人，切实解决老有所养的问题。

（2）行动步骤：2009 年，净增参保 2.3 万人，其中职工养老保险 1.1 万人，农村居民养老保险 0.8 万人，征地农转非养老保障 0.4 万人；2010 年，净增参保 2.3 万人，其中职工 1.1 万人，农村居民 0.8 万人，征地农转非 0.4 万人；2011 年，净增参保 2.3 万人，其中职工 1.1 万人，农村居民 0.8 万人，征地农转非 0.4 万人。

（3）指导主体：区劳动和社会保障局

（4）责任主体：各镇乡、街道

（5）保障措施：

①加大政策宣传。根据不同政策和不同农村居民保障层次需求，引导群众选择合适方式参加保险；通过电视、报刊等媒体广泛宣传，通过政策解答会、现场咨询会等形式面对面进行政策解答，使广大群众掌握保险政策。

②完善政策制度。高度重视农村居民养老保险参保工作，做好调查研究，坚持从实际出发，从农民切身利益出发，制定完善农村居民养老保险政策。

③全面抓好落实。本着自主选择、自由参保的原则，把任务分解到镇乡（街道），落实责任到个人，充分发挥部门联动，区、镇乡、村（社区）三级联动，全面落实年度任务。

31.城乡居民基本医疗保险项目

（1）行动目标：到 2011 年，筹资标准每人每年 500 元，总体设计住院报销比例 65%；门诊报销社区达 60%、区级 40%、省市 20%；进一步缓解老百姓“看病贵、看病难”问题。

（2）行动步骤：2009 年，筹资标准每人每年 360 元（其中个人缴纳 100 元，政府补助 260 元）。门诊报销比例起付线 100 元，社区卫生服务中心及站报 40%，区级医疗机构报 20%，省市医院报 10%。住院起付线为 500 元，在 500 元至 1 万元区间报销 60%，1 万元至 2 万元区间报销 70%，2 万元以上区间报销 80%，总体设计住院报销比例 55%；2010 年，住院报销比例达 60%，门诊报销比例相应提高；2011 年，筹资标准提高到每人每年 500 元，住院报销比例达 65%。门诊报销比例社区达 60%、区级 40%、省市 20%。

（3）指导主体：区劳动和社会保障局

（4）责任主体：各镇乡、街道

（5）保障措施：

①增加投入，完善服务。逐年增加两级财政投入，财政投入增加比例不低于筹资标准提高比例；按照“精简效能、合理配备”原则，配足配好定点医院工作人员和各种工作设备；进一步推进信息化建设，保证网络有序、稳定的运行，简化报销程序，方便参保居民，提高参保积极性，维护参保群众利益。

②加大宣传，创新思路。加大城乡居民基本医保政策的宣传，提高自我参保意识；创新城乡居民基本医保工作思路，不断完善城乡居民基本医保政策。

③抓好管理，强化监督。加强城乡居民基本医疗保险基金监督和管理，加强对定点医疗机构的监督检查，严格执行诊疗规范和各项规章制度，规范医疗服务行为，控制医疗费不合理增长。

④加强建设，提高素质。开展各镇乡（街道）、村联络员分层、分批的业务培训，加强自身业务知识学习，全面掌握相关政策和业务知识，不断提高自身的政策水平、业务素质和工作能力、工作效率。

32.农民素质教育项目

（1）行动目标：到2011年，培训农民79350人次，其中转移就业培训22500人，实用人才培训4500人，专业技能培训19800人，后备劳动力培训1250人，务工岗位培训30000人，管理人才培训600人，经纪人培训900人，农业骨干培训600人；农业产业化经营“强将”培训10个，转移农民21000人；建设省级培训基地1家、市级3家、区级7家；培育取得职业资格证书4000人、执业农村经纪人700人，每年新培育农村经纪人（组织机构）3个以上，总数达到20个以上；组建全区农村经纪人协会。

（2）行动步骤：2009年，开展各类培训26350人，其中专业技能培训6600人、转移就业培训7500人、后备劳动力培训450人、实用人才培训1500人、务工岗位培训10000人、低收入农户培训1500人、外地民工培训300人、农村集体组织管理人员培训200人、农业骨干培训200人、经营“强将”4个，转移农民7000人。建立区级培训基地3家、省级2家、市级2家。培育取得职业资格证书300人、执业农村经纪人50人，新培育农村经纪人（组织机构）3个；2010年，开展各类培训26500人，其中专业技能培训6600人、转移就业培训7500人、后备劳动力培训400人、实用人才培训1500人、务工岗位培训10000人、外地民工培训500人、低收入农户培训1500人、管理人员培训200人、农业骨干培训200人、经营“强将”3个，转移农民7000人。建立区级培训基地2家、市级1家。取得职业资格证书300人、执业农村经纪人员60人，新培育农村经纪人（组织机构）3个；2011年，开展各类培训26500人，其中专业技能培训6600人、转移就业培训7500人、后备劳动力培训400人、实用人才培训1500人、务工岗位培训10000人、外地民工培训500人、低收入农户培训1000人、管理人员培训200人、农业骨干培训200人、经营“强将”3个，转移农民7000人。建立区级培训基地2家、市级1家，取得职业资格证书300人、执业农村经纪人60人，新培育农村经纪人（组织机构）3个。

（3）指导主体：区委农办（农业局）、区劳动和社会保障局、区教育局、工商余杭分局、区供销联社

（4）责任主体：各镇乡、街道

（5）保障措施：

①加大扶持，落实责任。制定年度培训计划，将培训任务分解到各镇乡和区有关培训单位，并纳入镇乡年度考核目标；加大对重点培训基地的财政扶持力度，建设特色明显、功能配套的区域性重点培训基地；加大对吸收农村劳动力企业的扶持力度，按录用数量给予相应税收优惠。

②注重实效，培育精品。开展现代农业经营主体“十个一百”培训，着力培养农村实用型人才；实施“十个五十”转移技能培训，让培训者真正掌握一种专业技能；以优势产业为基础，以龙头企业、农业园区、专业合作社为依托，培训“十大”农业产业化经营“强将”。

③科学策划，实地指导。根据“三农”发展要求，科学策划培训方案，安排培训内容，创新培训方式，开展适销对路、有市场需求的培训活动；加强对镇乡（街道）实地指导，做好培训资源、内容的开发和策划；不断探索和开拓培训项目，及时更新培训内容，优化师资力量，使农民培训有实效、有影响力。

④拓宽思路，转移就业。实行政企、校企联合培训，利用现有各类培训资源开展联合培训，实现培训方式多样化；掌握企业用工方向，与企业商谈合作开展定向培训；开展订单培训，充分发挥职业学校、就业培训中心及社会中介机构的就业渠道，增加培训学员转移就业率。

⑤职业教育，不断加强。重点加快发展农村中等职业教育，健全职业教育培训网络，提高青年农民职业技能水平。逐步使从事农业的农民持证上岗，提高农业科技含量，推动富余农民持证从事二三产业。

33.农村学前教育建设项目

（1）行动目标：到 2011 年，提高学前三年教育的普及程度，积极推进“托幼一体化”工作；92%以上的幼儿园达到杭州市农村规范幼儿园标准，并进入区等级幼儿园行列；全区学前三年幼儿入园率继续保持在 98%以上，0 岁至 5 岁婴幼儿家长和看护人受训率达到 96%以上；优质学前教育集团达到 3 至 5 个；市学前教育先进、达标镇乡（街道）分别达到 65%和 100%。

（2）行动步骤：2009 年，88%以上的幼儿园达到杭州市农村规范幼儿园标准，并进入区等级幼儿园行列。全区学前三年幼儿入园率继续保持在 98%以上，0 岁至 5 岁婴幼儿家长和看护人受训率达到 93%以上。新增示范性早教中心 1 所，新增优质学前教育集团 1 至 2 个。市学前教育先进、达标镇乡（街道）分别达到 55%和 95%；2010 年，90%以上的幼儿园达到杭州市农村规范幼儿园标准，并进入区等级幼儿园行列。全区学前三年幼儿入园率继续保持在 98%以上，0 岁至 5 岁婴幼儿家长和看护人受训率达到 95%以上。新增优质学前教育集团 1 至 2 个。市学前教育先进、达标镇乡（街道）分别达到 60%和 100%。创建成为杭州市学前教育强区；2011 年，92%以上的幼儿园达到杭州市农村规范幼儿园标准，并进入区等级幼儿园行列。全区学前三年幼儿入园率继续保持在 98%以上，0 岁至 5 岁婴幼儿家长和看护人受训率达到 96%以上；优质学前教育集团达到 3 至 5 个。市学前教育先进、达标镇乡（街道）分别达到 65%和 100%。

（3）指导主体：区教育局

（4）责任主体：各镇乡、街道

（5）保障措施：

①提高认识，明确发展目标。把发展学前教育作为高标准“普九”的基础性工作来抓，将其纳入本地经济和社会发展的总体规划，研究制定加快学前教育改革与发展的规划和举措，解决

发展中的热点、难点问题，明确学前教育近期发展目标。

②加强领导，完善管理体制。建立联席会议制度，定期通报、协调、解决学前教育发展中出现的问题；实行“政府负责、分级管理、部门协作、多元化办学”的管理体制，把学前教育发展水平列为对各镇乡（街道）及相关部门工作实绩的考核内容。

③统筹规划，加快基础设施建设。按照600户以上的小区建1所规模4个班以上的幼儿园（托幼一体园）的标准同步建设配套幼儿园，确保配套幼儿园与住宅小区“三同步”；加快农村规范幼儿园建设，600户以上的村要建1所规模不少于4个班的规范幼儿园；镇乡（街道）依据学前教育发展及布局规划，整合教育资源，优先利用空余校舍改建规范幼儿园；在新农村建设中同步规划、建设规范幼儿园。

④加大投入，健全经费保障机制。公办幼儿园事业经费由区和镇乡两级预算安排，并做到逐年增长；镇乡（街道）每年安排相应配套经费，用于发展学前教育事业；公办幼儿园（含分园、教学点）新建、改建和较大规模的园舍维修，所需经费列入财政预算，由镇乡（街道）统一安排，区级财政按中小学校舍建设补助标准予以补助；安排学前教育设备补助专项经费，主要用于镇乡（街道）中心幼儿园、经济相对薄弱的农村幼儿园教育设备与玩具添置的补助；建立低保家庭子女入园教育资助制度。

⑤优化队伍，促进保教人员素质提高。实行幼儿园园长资格证书制度和幼儿园教师资格证书制度；根据公办幼儿园的办园规模和定编标准合理确定教职工编制数，不断充实公办教师队伍；各类幼儿园非公办教师在职称评定、评奖和评优等方面，享有与幼儿园公办教师同等待遇，并逐步提高工资福利待遇；幼儿园教师的培训统一纳入全区教师素质提升工程；加强幼儿园名园长、名教师的培养。

⑥规范管理，确保健康发展。实行镇乡（街道）学前教育经费管理、教师调配、教师工资发放、教师工作考核、教玩具配置、办学质量评估等“六统一”制度；组建以省示范性幼儿园和市示范中心幼儿园为龙头的学前教育集团；规范民办托幼园所的审批工作和办园行为；继续探索多元化办园模式；转变教育观念，为幼儿提供健康、丰富的学习生活和活动环境。

⑦完善督导，全面提升发展水平。完善学前教育专项督导制度，督促落实政府责任、加大投入、加快幼儿园建设、规范办园行为等；强化对幼儿园的督学，重点对镇乡（街道）中心幼儿园开展发展性评估，指导学前教育科研，引导幼儿园上等级、创示范、成名园，全面提升办园质量。

34.农村信息化体系建设项目

（1）行动目标：到2011年，100%的行政村建立新农村网站；创建省级农村信息服务示范点10个以上、市级服务站（点）10个以上；农业（农业经济生产主体）网络经济产值突破1亿元；全区农民信箱应用示范户培育1500人，创建区级信箱网上摊位100个，信箱买卖信息发布超过1万条。

（2）行动步骤：2009年，确保有100个行政村建立并运用新农村网站。督查2008年申报创建的10个省级农村信息服务示范点建设，申报创建2个市级标准化信息服务站（点）。推进农业经济生产主体信息化建设，实现4000万元的网络经济产值目标。新培育农民信箱应用示范户500人，建立区级信箱网上摊位40个，年发布买卖信息3000条以上；2010年，新增50个行政村建立并使用网站，全区新农村网站数达到150个。组织申报创建省级农业信息服务示范点，新建2个市级标准化服务站（点）。实现农业网络经济产值增长60%，年产值达到6400万。新培育农民信箱应用示范户 500 人，建立区级信箱网上摊位 30 个，年发布买卖信息 3000 条以上；2011 年,全区 100%的行政村建立新农村网站。申报创建省级农业信息服务示范点,全区示范点数达到 10 个以上。新建 2 个市级标准化信息服务站(点),总数达 10 个以上。农业网络经济产值保持增长 60%以上,年产值突破 1 亿元。新培育农民信箱应用示范户 500 人,达到 1500 人。新建区级信箱网上摊位 30 个,达到 100 个。年发布买卖信息 3000 条以上,累计突破 1 万条。

(3)指导主体:区委农办(农业局)

(4)责任主体:各镇乡、街道

(5)保障措施:

①加强网站建设。在年终农村信息化建设考核中增设新农村网站建设任务;对已建或计划新建网站到村,每年进行网站建设与管理培训;开展建网评选活动。

②创建示范点。组织镇乡(街道)开展示范点创建工作,加强实地检查和指导工作,开展创建工作交流会;落实站(点)创建、信息员补助等经费;加大投入,完善软硬件设备;大力开展农村信息化培训。

③促进网络经济增长。健全农业信息服务体制,转变服务模式;创建专业农村信息员队伍,做好信息对接等服务;引导农企、专业合作社以及种养加销大户运用网络等现代信息技术;推广应用农民信箱以及电子商务技术;组织好网上农博会,建立长效管理机制;打造全区农产品集中展示平台。

④抓好农民信箱应用。策划农民信箱应用方案,组织种养大户、农产品经纪人、专业合作社与涉农企业扩大应用农民信箱,展示企业产品,打造网络品牌,发展网络促销;重点抓好应用示范对象素质培训,提高信息化技术能力,培育信息化理念。

35.农村公共卫生体系建设项目

(1)行动目标:到 2011 年,建立资源配置优化、设施和技术先进、队伍素质优良、运行保障机制完善的农村医疗卫生服务体系;调整完善全区社区卫生服务中心(站)规划布局,实现一个建制镇乡(街道)有一家政府举办的社区卫生服务中心,打造“市内领先、省内一流”的社区卫生服务新网络;新改扩建 16 家社区卫生服务中心,112 个社区卫生服务站总建设面积为 10.71 万平方米,总用地 197 亩,总投资 3.65 亿元。

(2)行动步骤:2009 年,社区卫生服务中心开工 6 至 7 家,竣工 4 家。社区卫生服务站改造完成 50%,完成社区卫生服务中心资源整合,招录和引进各类社区卫生服务机构专业技术人员 200 名;2010 年,社区卫生服务中心建设基本完成并投入使用,完成 80%的社区卫生服务站改扩建,中心资源整合工作全面完成,继续招录和引进各类社区卫生服务机构专业技术人员 200 名;2011 年,全面实行社区卫生服务机构“收支两条线管理”,招录和引进各类社区卫生服务机构专业技术人员 200 名,形成完善的基层社区卫生服务体系。

(3)指导主体:区卫生局

(4)责任主体:各镇乡、街道

(5)保障措施:

①明确收支形式。根据《关于印发〈杭州市社区卫生服务机构收支两条线综合改革管理办法(试行)〉的通知》(杭财社〔2007〕1317 号、杭卫发〔2007〕327 号)精神,建立以“收支两条线”为主要形式的管理机制,抑制医疗费用的过快上涨,减轻群众的医疗费用负担,改变“以药养医”

现状。

②明确政府投入。根据卫生强区建设要求，对政府举办的社区卫生服务中心进行标准化、规范化建设(包括机构基本建设、房屋修缮、基本设备配备和信息化建设等)，投入的建设资金和收购资金由区、镇乡两级财政共同承担。

③明确管理体制。区政府统筹管理全区医疗卫生工作，镇乡政府、街道办事处承担辖区内医疗卫生工作的主要责任；将全区医疗卫生工作逐步纳入公共财政保障范围，并建立区、镇两级政府分项目、按比例分担的医疗卫生工作经费保障机制。

36.农村文化体育建设项目

(1)行动目标：到2011年，普及市级“东海文化明珠”，60%以上镇乡(街道)成为省级“东海文化明珠”，80%以上村建成区级文化村，力争有10个村(社区)达到省、市“文化村(社区)”标准；全区80%的镇乡成为浙江省体育强镇，普及镇乡(街道)和行政村健身苑(点)，改善村级体育设施；实现有线广播通响率95%，有线电视入户率98%，农村全面实现数字电视化，以此为平台推进信息化体系建设；保持我区上等级的业余文体队伍100支；加强对农村业余文艺骨干的培训，提升业余文体队伍的素质；加强“种文化”力度，继续开展“百千万”文化下基层、“相约周末”文化夜市等活动。

(2)行动步骤：2009年，崇贤镇文体活动中心建成开放。争创省或市级“东海文化明珠”镇乡1个，区级文化村(社区)30个，省、市级文化村(社区)3个，送出文艺演出100场，放映电影1200场，图书1万册。争创省、市体育强镇1—2个，省、市级体育先进社区12个，杭州市小康体育特色村12个。新建80个健身苑(点)、20个篮球场、25个乒乓球场；2010年，星桥、南苑文体活动中心建成开放。争创省或市级“东海文化明珠”镇乡1个，区级文化村(社区)30个，省、市级文化村(社区)3个，送出文艺演出120场，放映电影1500场，图书1.5万册。争创省、市体育强镇1至2个，省、市级体育先进社区12个，杭州市小康体育特色村12个。全区新建60个健身苑(点)，15个篮球场，20个乒乓球场；2011年，争创省或市级“东海文化明珠”镇乡1个，区级文化村(社区)30个，省、市级文化村(社区)3个。中泰乡文体活动中心建成开放。送出文艺演出150场，放映电影2300场，图书2万册。争创省、市体育强镇1至2个，省、市级体育先进社区12个，杭州市小康体育特色村12个。全区新建50个健身苑(点)，10个篮球场，15个乒乓球场。

(3)指导主体：区文广新局(体育局)

(4)责任主体：各镇乡、街道

(5)保障措施：

①明确责任，完善考核机制。切实加强镇乡(街道)对农村文化建设的领导，把文化体育建设纳入当地国民经济和社会发展的总体规划，列入重要议事日程；进一步完善考核体系和评价激励机制，加大对农村文化体育工作的督促、检查和考核力度，推进农村文化体育事业的发展。

②加大投入，加强扶持力度。进一步加大农村文化体育建设的资金投入，推进文化体育创建工程、全民健身工程、“百千万”文化下基层工程、文化遗产保护等活动组织开展。各镇乡(街道)要安排一定的农村文化专项经费，确保文体设施的建设、管理和群众性文体活动的开展。

③健全机构，提高队伍素质。加强镇乡(街道)文体服务中心建设，配齐、配强专兼职文化体育干部；组织开展社会体育指导员、村级文化管理员等培训，加强村级文化体育场所、设施的维护管理和健身指导等工作；继续开展业余文体团队等级评定工作，促进规范化管理，提升基层

文体队伍整体素质。

④协调配合，助推涉农产业发展。深入发掘余杭丰厚的文化积淀，传承历史文脉，为现代农业和旅游业的发展提供文化支持。指导帮助镇乡开展中国杭州竹笋节、超山梅花节、塘栖枇杷节等一系列涉农文化活动，助推余杭农业经济的新一轮发展。各指导、责任主体要对照以上行动目标，根据各自的工作职责，制定具体的分年度项目实施方案，分解落实年度目标任务，并上报区委农办。区效能考评办要加大督查，做到既各司其职，又互相协作，切实抓好各类项目的落实与推进工作，全面完成三年行动计划的各项任务。

中共杭州市余杭区委 杭州市余杭区人民政府
关于进一步加强城乡区域统筹发展的行动计划（2010—2015年）

区委〔2010〕54号

（2010年9月24日）

为认真贯彻落实市委、市政府《关于以新型城市化为主导进一步加强城乡区域统筹发展的实施意见》（市委〔2010〕17号）的精神，继续深入实施城市化引领战略，加快转变经济发展和城市发展方式，加快形成城乡区域发展一体化新格局，促进全区经济社会全面协调可持续发展，根据市委工作会议精神，结合我区“十二五”时期发展目标和任务，制定我区进一步加强城乡区域统筹发展的行动计划（2010—2015年）。

一、总体要求

（一）指导思想。进一步加强城乡区域统筹发展，是当前和今后一个时期深入实施城市化引领战略的主要任务，是新型城市化和城市国际化战略在我区的生动实践，是加快与主城区接轨、提升城市国际化水平的需要，是切实改变“东快西慢、东强西弱”发展现状、打造杭州北翼新“蓝海”的需要，有利于我区在更高层次上实现科学发展、协调发展、和谐发展，加快建设“品质之城、美丽之洲”。因此，我区要以邓小平理论和“三个代表”重要思想为指导，全面贯彻落实科学发展观，按照省委和市委的部署，坚持“六大发展战略”，以形成城乡区域经济社会发展一体化新格局为目标，以新型城市化为主导，发挥城市化引领城乡区域统筹发展的强大作用，推进区域发展方式、经济发展方式、农村生产生活方式“三个转变”，推进土地承包经营权置换城镇社会保障、以农村宅基地置换城镇产权住房、以集体资产所有权置换股份合作社股权“三个置换”，推进工业向园区集中、居住向社区集中、农业向规模经营集中“三个集中”，促进全区各领域与杭州主城全方位融合发展，推动城市和农村、平原和山区协调发展、加快发展，提高全区经济社会发展水平、农村文明程度和农民富裕程度，整体提升我区城市化、工业化、信息化、市场化、国际化水平和“五大文明”建设水平，努力使余杭成为全市乃至全省城乡区域一体化发展先行区。

（二）基本原则。

一是解放思想、创新发展。坚持以解放思想为先导，加大改革创新力度，大力鼓励支持有利于破除城乡二元结构、促进城乡区域统筹发展的创新和实践，加快形成有利于城乡区域发展一体化的体制机制。

二是以人为本、和谐发展。坚持以民主促民生，充分尊重群众意愿，严格依法依规依政策办事，着力推进基本公共服务均等化，不断提高城乡农村居民生活品质，让全区人民共享改革发展成果，促进社会和谐稳定。

三是以城带乡、统筹发展。坚定不移地实施“城市化引领”战略，以新型城市化为主导，不断提升临平副城、三大组团核心区（中心镇）的辐射带动力，做大城市、做新农村，走城乡区域一体化发展的路子。

四是区域联动、融合发展。坚持城乡互动、区域联动、优势互补，加快融入主城步伐，建立与周边县市的协作机制，完善各组团区域内镇乡抱团发展机制，实现城乡区域融合发展、共同繁荣。

五是分类指导、特色发展。立足实际、因地制宜、区分功能，科学谋划发展思路，准确把握工作重点，走特色发展、错位发展之路。临平副城和三大组团核心区（中心镇）要坚持有效集聚与有序疏散相结合，以新城建设为突破口，进一步提高城市国际化水平。各镇乡要逐步缩小城乡差距，有序推进城乡一体化。土地资源稀缺、生态环境优美、旅游资源丰富的地区，要充分发挥生态环境优势，大力发展以生态休闲旅游为龙头的现代服务业，积极发展现代农业，适度发展生态型、环保型工业，走非工业化的全面小康之路。

六是生态优先、绿色发展。把生态保护放在首位，正确处理城乡建设、产业发展与生态保护的关系，实现经济社会发展与生态保护的有机统一。西部山区各镇尤其要突出生态保护，保护好秀美山水、优美环境，成为大都市的生态屏障。

二、目标任务

（三）主要目标。到 2015 年，初步形成城乡区域规划建设、社会管理、产业发展、要素配置、生态保护、公共服务、民生保障一体化新格局，全区综合实力显著增强；城乡居民收入差距缩小，全区农村居民人均纯收入力争达到 28000 元、低收入农户人均纯收入达到 8000 元以上；一副三组团格局基本形成，城镇社区管理上规模、上水平，城市化水平达到 65%；三区八园集聚发展，五大产业集群规模发展，三十一大产业集聚基地快速发展，初步建立起一个具有国际竞争力的高端化、集群化、总部型、创新型的扎根于优秀历史文化、茁壮于高新技术产业、繁茂于现代服务业的常青树型现代产业体系；城乡基本公共服务均等化、教科文卫体社会事业发展、劳动就业和社会保障体系建设、整体文明程度高于全市全省；土地使用制度改革取得实质性进展，区域生产要素配置市场进一步健全，城乡一体化发展的动力活力显著增强。

（四）主要任务。围绕实现“六个一体化”，加大城乡区域统筹力度，促进城乡区域发展空间集约利用、生产要素有序流动、公共资源均衡配置、公共服务均等覆盖。

推进规划建设一体化。坚持“城乡一张图、全区一盘棋”，以“东强、西聚、中活、北优”为导向，以中等城市标准规划建设临平副城，以小城市标准规划建设三大组团核心区（中心镇），完善城乡区域规划体系，统筹推进城乡区域建设。

推进产业发展一体化。坚持“优势发展、特色发展、错位发展”，以现代产业体系规划纲要为导向，着力培育产业集群，加快建设产业集聚基地，因地制宜发展特色产业，形成主导功能明确、产业特色彰显、城乡区域联动的区域化、差异化、融合化、高端化产业发展新格局。

推进要素配置一体化。坚持政府引导与市场配置相结合，加强城乡统筹的各类要素市场建设，把更多的公共资源投向农村，让更多的生产要素流向农村，促进区域范围内资源要素合理流动、优化配置。

推进生态保护一体化。坚持“生态优先、环境友好”，深入实施“环境立区”战略，探索城市化、工业化和生态化融合发展新模式，打造生态城区和森林城市，建设资源节约型、环境友好型社会，增强可持续发展能力。

推进公共服务一体化。按照经济社会协调发展要求，大力发展社会事业，切实加强社会管理和公共治理，加快推进城乡基本公共服务均等化，让城乡居民共享发展成果、品质生活和现代文明。

推进民生保障一体化。加快完善城乡统筹的社会保障体系和劳动就业、社会保险、社会救助相互衔接的民生保障联动机制，初步建立起比较完善的运用民主的方法发现、解决和评估民生问题的机制，让人民群众享有“学有优教、劳有乐业、病有良医、老有善养、住有宜居、行有所畅、办事便捷、平安法治”的和谐幸福生活。

三、主要举措

（五）统筹城乡各类规划。进一步完善城市空间规划体系，在余杭区区域总体规划、“一副三组团”分区规划指导下，优化空间结构和功能布局，加大重要区域概念性规划、城市设计编制工作，重点深化新城、城市综合体的建设规划；加快全区控制性详细规划编制进度，提高控规覆盖率；加快编制村庄规划，重点培育中心村。按照城乡区域一体化发展要求，认真编制“十二五”规划，使之成为集中民智、凝聚合力、适度超前、引领发展的科学规划。按照城市空间规划、土地利用规划、基础设施建设规划、环境保护规划、产业发展规划、经济社会发展规划“六规合一”的要求，进一步加强各类规划间的统筹，建立由区政府区长牵头召集的规划统筹协调联席会议制度，协调各类规划的对接工作，提高规划的系统性、前瞻性、融合性、可操作性，完善统分结合的规划管理体制，进一步理顺规划编制、实施、检查、管理运行机制。建立结构合理、管理科学、程序严密、制约有效的“阳光规划”体系，有序推进城乡规划的民主决策和社会监督，不断提高城乡规划工作的透明度和公众参与程度。

（六）统筹城乡土地利用和管理。认真抓好新一轮土地利用总体规划修编工作，全面落实耕地保有量和基本农田保护目标，合理安排各业各类用地，优化城乡用地结构布局。积极实施农村宅基地整理、低丘缓坡资源综合开发利用等各类土地资源整理项目，2011 至 2015 年全区土地综合整治面积达到 10 万亩，土地复垦面积每年达到 1000 亩以上。建立健全农村宅基地退出、盘活和流转机制，积极开展城乡建设用地增减挂钩的土地置换改革，建立并逐步完善土地要素市场，将通过农村土地综合整治获得的建设用地增减挂钩指标、耕地占补平衡指标等纳入交易市场。推进工业向园区集中，促进“三区八园”土地整合利用。推进农业向规模经营集中，加大对土地流转的扶持力度，到 2015 年全区耕地流转总面积力争达到 32 万亩以上，占家庭承包总面积达到 80%以上。推进农民住房向大型居住区和中心村集中，开展无项目带动的多高层公寓建设试点，加大农村住房改造建设力度。加快推进农村宅基地登记发证工作，依法加强农村建房管理，坚决控制“建新不拆旧”、违法建房等各类违法用地行为。

（七）统筹城乡基础设施建设。坚持统筹兼顾、适度超前，推动城市基础设施向农村延伸对接，加快实现城乡道路交通、给排水、水利、电力、通信、信息、供热、供气等各类基础设施均衡化，到 2015 年全面建成覆盖城乡的市政公用基础设施网络体系。加快“一绕六射”高速公路、宁杭高铁、国省道建设，进一步优化区域对外交通体系。推进地铁一号线余杭段工程和东湖路延伸、秋石路北延等快速路建设，开展留石路西延、地铁五号线前期工作，加快实现“一副三组团”

与主城区无缝对接。实施临余公路、闲祝线工程，与周边城市形成紧密的网络化交通联系。推进实施拱康路、西安路、金昌路、荷禹大道北延等城市主干道建设，进一步完善区域路网体系，力争到2015年，构建"区内1小时、临平副城内20分钟"交通圈。着力改善农村交通，通村联网公路进一步得到完善。围绕"安全、便捷、经济、有序、低碳"的目标，确立并实施"公交优先"策略，建立完善的公共交通运行体系，到2015年公交出行分担率达30%左右。开展临平副城和三大组团的主要道路更新改造、交叉口渠化以及支小路改造，通过道路更新进一步改善城区交通状况，提高道路通行能力，同时带动道路沿线环境综合整治和土地开发利用，以推动城市有机更新，提升生活居住品质。加快建设临平副城和三大组团中心公交客运场站，优化与完善公交停靠站设置，完善中心乡镇公交首末站设施，高标准规划好地铁换乘枢纽设置、实现多种交通工具零换乘。加快推进城区慢行交通系统和静态交通系统建设，到2015年，公共自行车投放总量5000辆以上，机动车停车泊位增加10000个以上，居民出行满意度达到85%以上。加快仁和水厂、径山黄湖供水二期等工程建设，进一步扩大供水规模。加快建设"一副三组团"污水系统工程建设，建成临平污水处理厂一期工程，完成良渚、余杭污水处理厂二期工程并实现提标排放，建成塘栖、崇贤污水南排工程，加快截污纳管工程建设。加快组团城镇防洪行洪体系建设，主要城镇达到50年一遇防洪标准，骨干行洪河道基本达到规划行洪标准，平原行洪河道主次分明，网络格局形成。加强城乡河网水系的统一规划整治，提高重要河流的防洪标准，沟通河、湖、库水系，充分利用钱塘江、苕溪的引配水功能，使区内整个河网水系流动起来。同时，加大河道清淤和生态护岸力度，加大农业面源污染治理，力争运河余杭段水质达到V类水体以上，着力打造水清景美的江南水乡。加快电源电网建设，不断优化电网结构，提高供电质量。进一步优化干线通信传输网络，加快用户光纤宽带接入网的建设和改造。完善信息基础设施网络，推动公共信息资源跨部门、跨系统共享。积极推行热电联产、集中供热，扩大集中供热覆盖面。加快构建安全可靠、稳定高效的燃气供应体系，提高清洁能源利用率。

（八）统筹城乡产业发展。按照构建现代产业体系规划纲要的总体要求，统筹城乡产业发展，力争到2015年，一二三产比重调整为3.5:46.5:50，三次产业结构更加合理。提升发展现代都市农业，大力发展休闲观光型、生态高效型、规模集约型、品牌特色型农业，把农业产业提升为具有促进农民转移、服务城市发展、改善生态环境等功能的高效产业，重点发展区域优势种植业、休闲观光农业、外拓型生态养殖业、农产品加工业。到2015年，全区实现农业总产值80亿元。加快发展现代工业，以高端化、高新化、低碳化、服务化为导向，推进工业经济结构优化升级步伐，着力构建以高新技术产业为引擎、以现代装备制造业为支柱、以传统优势产业为基础的现代工业体系，进一步提高信息、生物、新材料和制造、设计等现代制造技术的关联度和融合度，高新技术产业、现代装备制造业和优势传统产业成为现代工业体系的支柱，产业能级和竞争力得到显著提升。到2015年，全区实现规模以上工业总产值2000亿元。优先发展现代服务业，以消费性服务业为基础，以生产性服务业为重点，以新兴服务业为方向，构筑"高增值、强辐射、广就业"的现代服务业体系，重点发展房地产业、现代旅游业、现代物流业、信息服务业、商贸服务业、总部经济，配套发展金融、科技、中介、社区服务业，把现代服务业打造成为我区现代产业体系的主导产业、首位经济。到2015年，服务业增加值力争达到550亿元以上。积极发展文化创意产业，强化规划引领和政策配套完善，全力打造具有鲜明功能定位和产业支撑的创意产业中心示范区。到2015年，文化创意产业实现增加值150亿元。着力打造现代装备制造、信息电子、绿色能源、健康医药和家纺服务等五大产业集群，做大行业龙头企业，拉长产业链，增加附加值，打造“群居价值链”。加快构建现代服务业“十一区”、文化创意产业“四大基地”、先进制造业“三区八园”、现代都市农业“一中心四板块”等三十一大产业集聚基地，坚持产业平台入驻项目专家评审制度，进一步完善项目流转、企业搬迁统筹协调机制，加快产业集聚基地非匹配性企业的有序搬迁，促进产业集聚发展。进一步深化招商管理体制改革，扎实推进园区招商和重点地块招商，着力引进一批具有关键性、引领性、带动性的重大项目。

（九）统筹资源要素配置。大力推进城乡人才资源一体化开发，今后5年重点引进或培养高素质党政管理人才、海外领军型创新创业人才、企业高端经营管理人才、现代产业发展急需人才、高层次高水平文教卫体专业人才、各类高技能实用人才等六方面人才。鼓励各类人才到农村创业创新，为协调推进新农村建设和城市化建设提供人才保障。积极引导工商资本、社会资本投入城乡一体化建设，鼓励和支持国有公司、农业龙头企业、农村股份制经济、农民专业合作社参与新农村建设。大力推进农村金融制度创新，积极开发和推广适合“三农”的金融产品，积极发展村镇银行、小额贷款公司等新型农村金融机构，探索开展农村互助社和农民专业合作社信用合作试点，支持有条件的镇乡设立政府创业引导基金，支持符合条件的企业上市融资，完善农村信用担保机制，努力缓解“贷款难”、“担保难”等问题。进一步完善土地征用补偿制度，加强限制用地、禁止用地的管理，有效控制和调节建设用地的供应总量和结构，科学协调城乡土地资源配置。建立反映市场供求关系、资源稀缺程度、环境损害成本的生产要素和资源价格形成机制，完善相关政策，从制度上更好发挥市场在资源配置中的基础性作用。

（十）统筹农村新型集体经济发展。创新农村新型集体经济发展的组织体制，落实镇乡党委政府的主体责任，健全完善区领导挂钩联系、部门牵头联系的组织体系。进一步健全村级留用地政策实现形式和村级集体经济发展用地指标的保障机制，盘活集体建设用地资源，完善项目资金筹措和融资保障，鼓励向村级股份合作社社员融资，土地征用补偿款入股、土地作价入股等形式投资发展项目，破解集体经济发展要素制约。深化农村社区股份合作、土地股份合作、农业专业合作改革，鼓励和支持三大合作组织以多种形式参与工业化、城市化和新农村建设。坚持分类指导、因地制宜、科学开发的原则，积极拓宽集体经济发展路径，支持和鼓励村集体经济组织参与宅基地整理等土地综合整治。加大发展村级物业经济力度，积极推广跨地区、跨镇乡异地开发的模式，以自主开发、合资合作方式建设集体物业项目，创新发展模式。进一步健全农村集体资金、资产、资源管理制度，落实村（社区）集体“三资”台账化管理，强化民主监督、会计监督、审计监督，确保集体资产保值增值。到2015年，实现全区村均经营性收入160万元以上，基本消除经营性收入50万元以下村。

（十一）统筹城乡社会事业发展。深入实施“健康余杭”行动，健全完善覆盖城乡的医疗救治、疾病预防控制、突发公共卫生事业预警和应急体系。加快社区卫生服务中心及站的标准化建设，打造“20分钟社区卫生服务圈”，建设“市内领先、省内一流”的社区卫生服务新网络。积极引进区外优质医疗资源，与省市医疗机构建立紧密型合作关系，深入实施“万名医师下基层”工程，开展区属医院与社区卫生服务中心定向帮扶活动，进一步提升我区城乡整体医疗技术水平。积极探索在统筹城乡发展中推进人口计生工作的政策和制度创新，建立和完善优先于计生家庭的户籍、土地、教育、就业和社会保障等人口计生利益导向政策体系，加强人口发展战略研究的应用，稳定适度低生育水平，推进人口良性均衡发展。大力弘扬良渚文化、运河文化、禅茶文化等历史文化资源，加快推进“文化名区”建设，运用文化元素培育特色魅力。继续推进“东海文化明珠”、省市体育强镇、公共图书服务“一证通”、“百场演出、千场电影、万册图书”下基层、广播电视“村村通”、“广电低保”等文化惠民工程，加强乡镇综合文化站建设，促进城乡公共文化服务均等化。加强农村优秀民间民俗文化资源的发掘、整理、扶持和保护，加强农村文物保护工作，实施不可移动文物保护修缮五年行动计划。加强农村体育健身活动场所建设，改善农村体育活动条件。统筹城乡文化市场监管，净化社会文化环境。进一步加大农村基础教育投入，优化农村学校布局，加快薄弱学校撤并，推进标准化学校建设，改善农村办学条件。深入推进农村中小学骨干教师“领雁工程”，完善城镇骨干教师到农村学校支教和优秀大学毕业生到农村学校工作制度。积极支持农村发展学前教育，推进名校集团化办学向农村延伸，进一步加强城乡学校互助共同体建设，全面提升农村各类教育发展水平和发展质量。到 2015 年，全区城乡 15 年教育普及工作达到市区中上水平，基本建成覆盖城乡的终身教育体系，初步建立起与我区经济社会发展相适应的现代教育体系。加快新农村科技示范镇（村）建设、加强农业科技创新平台建设，继续选派科技特派员、指导员深入农村、服务农民。加强农业新技术、新品种的引进及推广，加速农业科技成果的转化，增强农业科技企业自主创新能力，培育农业科技型企业和特色科技示范基地。加快推进镇村两级社区服务中心建设，推进“和谐社区”建设全覆盖，健全农村和谐社区“九项机制”、组织网络、服务体系等建设，强化镇村公共服务功能，推进社会工作向农村延伸。巩固以农村为重点的“十小”行业整规成果，建立长效机制，切实解决农村市场产品质量、食品安全和服务质量等方面的突出问题。

（十二）统筹城乡就业和社会保障。围绕创建充分就业城区和创业型城区，重点解决农村转移劳动力、城镇失业人员、大学毕业生、新余杭人四类群体就业问题，到 2015 年，城镇登记失业率控制在 2.8%以内，95%以上的农村社区达到充分就业社区标准，新转移农村劳动力 4000 人，二三产业从业人员占全社会从业人员的比重达到 88%左右。加强城乡劳动力培训，深化农民素质培训，培养造就有文化、懂技术、会经营的新型农民，提高农村劳动力素质。坚持非农就业和产业内就业“两轮驱动”，拓宽农民就业渠道，鼓励农民转移就业。实施积极的就业政策，落实“就业新政”，鼓励城镇失业人员自主创业、合伙创业，消除零就业家庭。抓好大学生就业工作，引导大学生树立正确就业观念，加大大学生创业资助力度，建立回乡大中专学生再教育制度和“农村大学生就业创业基金”，积极推进大学生创业园的建设，鼓励毕业生面向基层就业创业。进一步加强城乡居民社会养老保险扩面工作，加快推进养老保险、医疗保险全覆盖，提高工伤保险、失业保险、生育保险受益面。加强医疗救助、被征地农民基本生活保障、农村五保对象和城镇“三无”人员集中供养、资助贫困家庭子女入学和廉租住房等制度建设，完善城乡居民最低生活保障制度，提高农村低保救助标准。继续深入开展“万名党员干部结对帮扶万户城乡困难家庭”活动和“1+X”社会结对帮扶活动，帮扶结对责任主体每年至少为帮扶对象办一件实事好事。健全完善外来务工人员帮扶政策，实现外来务工人员和城乡居民一体化帮扶。发展面向农村的慈善事业，鼓励志愿者参与农村社会救助和社会福利事业。

（十三）统筹城乡区域管理体制机制。坚持以“品质之城、美丽之洲”为目标，以人居环境科学为指导，以“宜居田园城市、美丽都市乡村”为特色，深化“一副三组团”体制机制改革，加快撤镇建街、撤村建居步伐，优化临平副城空间结构、功能布局和城市环境，提升临平副城集聚力与辐射力；加快余杭、良渚、瓶窑三大组团核心区建设，不断完善各组团区域内镇（乡）街道抱团发展机制，促进人口集中、资源集约和产业集聚，提高组团核心区公共服务能力和水平。积极推进新城和综合体建设，提升新城和综合体的规划设计水平，提高城市国际化水平。积极推进城市有机更新，发掘和保护城乡文化，提升城市的特色、品位和功能。积极推进资源节约、环境友好型城镇建设，大力倡导“低碳、生态”，开展“美丽洲人居环境奖”争创活动。进一步推动“法治余杭”建设，强化法治指数成果运用，加强普法教育和宣传，培育法治文化，推进党委依法执政、人大依法监督、政府依法行政、政协依法履职和司法机关公正规范司法，不断提升法治水平，到2015年，全区80%以上的村、社区建成“民主法治村、社区”。进一步加强“平安余杭”建设，不断提升社会治安综合治理和城市应急管理水平，强化安全生产管理，健全多层次、立体型的社会治安防控体系，全面提高社会管控能力，让人民群众生活更具安全感。进一步加强“和谐余杭”建设，建立健全民主促民生的工作机制，着力解决各类民生难题，妥善化解各类社会矛盾，共建共享和谐幸福生活。

（十四）统筹生态文明建设。认真贯彻省委十二届七次全会精神，坚持发展生态经济、改善生态环境、培养生态文化、强化科技支撑、创新体制机制一起抓，统筹推进城乡区域生态文明建设。启动国家级生态区创建工作，确保到2012年底前全面达到国家级生态区建设要求。继续推进杭州市循环经济“770工程”、工业循环经济“2632”示范工程，大力发展绿色经济、低碳经济、静脉产业，淘汰落后产能，推广清洁生产和节能技术，全面推进节能减排减碳，确保完成节能减排任务，建设低碳城区。加大水污染防治工作力度，强化备用水源保护，加强山区农村饮用水工程设施管理，确保饮用水源安全。深化运河、上塘河、苕溪流域治理和小流域综合治理，强化主要河流沿线工业企业监管，巩固深化苕溪、运河两侧“禁养”工作，改善水环境质量。深入实施城乡河道整治，推进城乡污水处理系统和污水收集管网建设，提高城镇和农村截污纳管率，到2015年全区城镇污水处理率目标达到82%。大力开展大气污染整治，加快能源结构调整，加大对燃煤热电企业的监管，推进工业企业脱硫除尘，控制扬尘污染，加强机动车尾气的检测和管理。加强西北部和北部生态带保护，加强山地丘陵植被保育，充分发挥绿色生态屏障的作用。深入实施重要堤防加固、山区林道建设、生态公益林建设等工程，全面完成山塘水库除险加固任务，积极开展废弃矿山生态治理和综合利用工作，加强生态林、自然保护区、水源涵养区、湿地和生物物种资源保护，推进林相改造。到2015年，森林覆盖率丘陵区达到45%以上、平原地区达到18%以上，城镇人均公共绿地面积达到12平方米以上，达到“浙江省森林城市”建设目标。进一步消除视觉污染，规范户外广告设置，加大对违法建筑、违法广告的整治力度，加大架空线路的上改下力度，加强道路沿线整治。加强城区“双禁”工作，强化社会噪声和商业噪声监管，不断提高固定声源达标率。结合“文明余杭”创建活动，积极推进城镇生活垃圾分类处理。深入开展第二轮“清洁绿化健康文明”活动，加强以农村为重点的环境综合整治，大力实施整村、整镇、整河、整路和区域性连片环境整治，加快推进农村道路硬化、污水治理、水沟治理、卫生改厕、路灯建设、绿化建设、改厨改房等工作，建立、完善“户集、村收、镇运、区处理”的垃圾收集、中转、处理体系，推行农村生活垃圾市场化长效保洁机制。加强生态文化研究和生态文明教育，培育节能环保、爱护生态、崇尚自然的生产生活理念和适度消费、绿色消费的行为方式。建立城乡一体的污染防治监控管理体系，逐步建设覆盖城乡的数字环保工程。健全环境保护差异化考核机制，开展排污权交易工作，提高镇乡、街道加强生态建设和环境保护的积极性。

四、保障措施

（十五）加强组织领导。加快构建党委统一领导、党政齐抓共管、综合部门组织协调、有关部门各负其责的工作格局，形成规范化、制度化、常态化的工作机制。成立杭州市余杭区统筹城乡区域发展工作领导小组，由市委常委、区委书记朱金坤任组长，区委副书记、区长姜军任第一副组长，领导小组下设市域网络化大都市建设办公室和新农村建设办公室，市域网络化大都市建设办公室设在区建设局，由楼建忠同志兼任办公室主任，施建华同志兼任办公室副主任；新农村建设办公室设在区农业局（区委农办），由祝振伟同志兼任办公室主任，胡永林同志兼任办公室副主任。同时，区委、区政府确定10位区委区政府领导分别牵头负责本计划中的“十个统筹”工作，组织有关部门制定工作方案和实施细则并加以落实（见附件）。组团和开发区党工委、管委会要切实承担起区域内的统筹城乡区域发展工作，相应成立统筹城乡区域发展工作领导和工作机构。各镇（乡）、街道也要成立相应领导机构和工作机构，区级有关部门要确定负责城乡区域统筹发展工作的分管领导和业务科室。按照市委市政府要求，继续做好“帮扶结对”和都市圈协作工作，深化与周边安吉、德清、桐乡等县市的协作。不断加强基层组织建设，进一步提高基层党组织的凝聚力、战斗力。深入开展“三力提升”和“创先争优”活动，充分发挥党员干部在统筹城乡区域发展中的先锋模范作用。

（十六）加强项目化管理。按照“工作项目化、项目目标化、目标责任化、责任考评化”的要求，狠抓工作落实。认真制定城乡区域统筹发展工作的年度计划，明确年度目标任务，分解落实责任。在具体实施过程中，开展“三力提升”统筹城乡区域发展课题实践活动，按照“突破重点难点、打造精品亮点”的要求，确定一批课题，开展研究、探索和实践，为全区树立典型。加强全过程监督检查，由区效能考评办牵头，建立由区级部门、“两代表、一委员”等组成的监督检查组织，对统筹城乡区域发展的重点项目和重点工作进行跟踪检查，适时通报进展情况，及时交办落实，对重点项目探索开展全过程的绩效评估，对不作为、慢作为等行为实施作风问责。修改完善“1+X”科学评价体系，将城乡区域统筹发展工作与区级机关和镇乡（街道）综合考评挂钩，并作为干部考核和单位考评的重要依据。

（十七）创新投入机制。积极探索政府、市场、社会“三位一体”的投入机制。加大财政投入，2011年至2015年，区财政在原有预算内各类专项资金及增幅不变的前提下，每年新增2亿元以上资金，专项用于城乡区域统筹发展，建立健全对西部生态保护的补偿机制。进一步加大对西部镇乡生态保护、基础设施、农房改造、产业发展和新农村建设的投入力度。同时，区财政每年统筹安排土地出让金总收入的10%用于无大项目带动的农村多（高）层公寓等统筹城乡区域发展重点项目的建设。纪检监察、审计和财政要进一步加强财政资金监管，建立激励和约束机制，实施资金使用绩效评估和考核，鼓励先进，鞭策落后。积极引入市场机制，创新社会投资模式，发挥财政资金“四两拨千斤”作用。按照“非禁即入”的原则，大胆应用BT、BOT等多种形式，引导民间资本参与城乡基础设施、公用事业、环境建设等。

（十八）加强宣传教育。深入开展多层次、多途径、多形式的宣传教育活动，组织广大干部群众深入学习中央和省、市、区关于统筹城乡区域发展的决策部署和政策措施。充分利用报刊、广播、电视、网络等媒体，大力宣传统筹城乡区域发展的重大意义、指导思想、方针政策、目标任务、工作成效和典型经验，充分调动广大干部群众的主动性、积极性和创造性。引导企业积极参加“联乡结村、共建新农村”活动，支持社会公益事业，鼓励社会各阶层为统筹城乡区域发展献计献策、出资出力，营造全社会参与和支持城乡区域统筹发展的良好氛围。

附件："十个统筹"工作牵头领导安排表（略）

开展"三位一体"农村新型合作经济服务体系建设工作意见

余政发〔2007〕70号

各镇乡人民政府、街道办事处，区政府各部门、各直属单位：

为加快我区社会主义新农村建设步伐，提高农民的组织化程度，根据《中华人民共和国农民专业合作社法》和中共浙江省委、省人民政府《关于深化改革充分发挥供销社在新农村建设中重要作用的意见》（浙委〔2006〕106号）的有关规定，以及全省发展农村新型合作经济工作现场会精神，结合我区实际，现就开展"三位一体"农村新型合作经济服务体系建设工作提出如下意见：

一、充分认识"三位一体"建设工作的重要意义

开展"三位一体"农村新型合作经济服务体系建设是为农民专业合作社提供综合服务的平台，是联系工农、沟通城乡的桥梁和纽带。大力发展农村新型合作经济，符合农民群众根本利益，符合当前农业农村发展实际，符合新农村建设的基本要求。发展农村新型合作经济是促进现代生产要素投入农业和现代生产方式改造农业、促进现代农业发展的一个重要选择；是在坚持和稳定农村基本经营制度基础上，进一步推进农业经营体制创新，完善农村生产关系的一项重要举措；是政府转变农业管理职能，有效落实对农业农村的支持保护政策的一种有益尝试；是农民专业合作、供销合作、信用合作谋求自身发展壮大的一条现实途径。对此，各级各部门要从全局高度出发，充分认识发展农村新型合作经济的重要意义，切实抓出成效。

二、"三位一体"建设工作的主要内容与工作任务

主要内容："三位一体"就是以农民专业合作社为主体，以供销合作、信用合作为依托，以政府相关部门管理服务为支持，整合服务资源，强化服务功能，扩大服务供给，提高服务质量，达到优势互补、互促共赢。

工作任务：通过为专业合作社及其社员提供信贷担保融资服务，农资供应及农产品销售服务，生产技术、产品营销及管理培训服务等，建立起着眼于农民专业合作社的资源共享、优势互补、功能齐全、分工明确的服务体系，促进我区农民专业合作社更好更快地发展，实现农业稳定增效、农民持续增收、农村和谐发展。

三、组建区农村合作经济组织联合会

区农村合作经济组织联合会是服务于我区农业、农村、农民的社会团体，是我区涉农企业和各类农民专业合作社的合作组织，是区委、区政府联系和团结农民专业合作社及其成员的桥梁纽带与发展农村合作经济、建设农村和谐社会的助手。

农村合作经济组织联合会坚持"民办、民管、民受益"的原则，健全组织机构，同时强化政府指导，形成部门合力。联合会设理事会和监事会。理事会、监事会人员由区供销联社、余杭农村合作银行、区农信担保公司、专业合作社等代表担任。联合会办公地点设在区供销联社。

四、对"三位一体"建设工作的政策扶持

（一）整合组建农信担保公司。整合余杭农信担保有限公司、余杭工信担保有限公司供销分

公司，吸收农民专业合作社、农业龙头企业入股组建一个规模型的农业担保公司，整合组建的担保公司，暂由区农业资产经营有限公司(国有)、区供销联社(集体)的资金持大股，今后随着发展逐步减持国有股。担保公司根据各专业合作社实际需求，每年安排一定额度用于对农民专业合作社及其社员的贷款担保。担保公司对专业合作社及其社员的贷款担保手续费给予担保公司股东同等优惠。考虑到专业合作社及其社员的贷款担保额度小、风险大，由区财政对担保公司给予专业合作社及其社员的担保手续费优惠部分进行按实补助。同时对担保公司除按日平均担保额度1%进行风险补助外，再按实增加2个百分点的风险补贴。

(二)发挥资金支撑作用。积极探索实行动产抵押、权利质押、信用贷款等多种信贷方式。依托农民合作经济组织平台，完善农户联保贷款办法，成立农户联保小组，发展联保合作社，通过互保，放大信用总量，强化信用约束。余杭农村合作银行作为“三位一体”的组成部门，要按照资金优先、利率优惠、服务优质的要求，增加农业贷款投入，每年用于农民专业合作社的贷款总量不少于1500万元，对农民专业合作社的担保利率执行基准利率下浮10%的优惠政策，区财政对银行下浮利率部分按实进行以奖代补。围绕不同生产经营行业农民专业合作社产前、产中、产后的不同资金需求，推出风险度小、推广价值高的专项贷款新品种，简化办事手续，扩大贷款的受益面。

(三)强化农村流通服务功能。区供销联社和基层社两级供销社要立足坚持“为农服务”宗旨，依托供销社农业生产资料、日用消费品连锁经营的整体网络优势，采取有力措施，积极组织农产品进超市，着力构筑起余杭区农产品购销网络，并利用区位优势，在杭州农副产品物流园区建立余杭农特产品展示销售服务中心，为专业合作社及其社员提供产品交易、储存、展示销售的服务，不断强化农特产品的市场营销能力和流通服务功能；依托供销社的组织功能和农资、日用品连锁网络配送服务功能，积极创办农村综合服务社，将连锁经营网络延伸至专业合作社和村级综合服务社，提高农村市场质量安全水平，降低农业生产成本，提升新农村的品质品位，不断强化农村终端网络的综合服务功能。到2009年实现每个镇乡有2—3个综合服务社的目标。

五、切实加强对我区“三位一体”建设工作的领导

各级各部门要把开展“三位一体”农村新型合作经济服务体系建设作为推动现代农业发展的重要举措和解决三农问题的重要途径来抓，切实加强组织领导。区委、区政府成立了“三位一体”建设工作领导小组，由区政府分管领导任组长，区级有关单位的分管领导为成员，领导小组下设办公室(设在区农业局)，具体负责日常工作的综合协调管理。要加强对“三位一体”建设工作的指导，区农业局要牵头负责，区供销联社、农村合作银行、农技部门要高度负责，切实履行好各自的职责，加强指导、协助、扶持和服务。要营造“三位一体”建设工作良好氛围，各有关部门特别是宣传部门和新闻媒体要采取有力措施，运用多种形式，大力宣传介绍“三位一体”农村新型合作经济的政策、专业知识和典型经验，特别是扩大面向农民的宣传和引导，努力营造农村新型合作经济发展的良好氛围，大力促进农村新型合作经济的发展。

印发《关于促进现代都市农业产业发展的若干意见》的通知

区委办〔2011〕161号

各组团、余杭经济开发区党工委、管委会，各镇党委、政府，街道党工委、办事处，区级机关各部门：

《关于促进现代都市农业产业发展的若干意见》已经区委、区政府同意，现予印发，请认真贯彻实施。

中共杭州市余杭区委办公室

杭州市余杭区人民政府办公室

2011年11月9日

关于促进现代都市农业产业发展的若干意见

为加快推进我区现代都市农业产业体系建设，促进农业转型升级，根据《关于进一步加强城乡区域统筹发展的行动计划（2010—2015年）》（区委〔2010〕54号）和《关于构建现代产业体系加快经济转型升级的决定》（区委〔2009〕62号）文件精神，结合当前及今后一个时期的农业产业发展重点，提出如下政策意见。

一、指导思想

坚持以科学发展观为统领，紧紧围绕农业转型升级和农民增收，进一步整合优化农业政策，加大农业基础和装备设施建设投入力度，重点扶持省级现代农业园区与粮食生产功能区（以下简称“两区”）、现代都市农业“一中心四板块”、现代都市农业示范园区和主导产业功能区建设，积极引导工商资本投资现代农业，形成“以工哺农，以工强农”、“接二连三”的现代农业产业发展投入机制，进一步优化产业结构布局、推广应用先进适用技术、创新经营管理机制，集中力量建设一批规划布局合理、生产要素集聚、科技和设施装备先进、经营机制完善、经济效益和示范带动效应明显的现代农业园区，进一步推动我区现代都市农业又好又快发展。

二、基本原则

1.坚持整合优化、规范管理的原则。对现行农业产业扶持政策进行比较全面的梳理整合，进一步完善支农扶持工作流程，规范操作程序，统一资金列支渠道，提高农业扶持资金的使用效益。原各类别农业项目整合为现代都市农业产业发展项目（以下简称农业项目），统一申报，归口管理。

2.坚持突出重点、扶优扶强的原则。扶持政策向对我区现代农业产业发展有重大带动作用的示范性农业园区、优质大项目倾斜，区财政农业产业扶持资金70%以上用于扶持省级现代农业园区与粮食生产功能区、现代都市农业“一中心四板块”、现代都市农业示范园区和主导产业功能区范围内的项目和重点农产品加工流通项目建设。重点扶持以上项目的农业基础设施建设、现代设施装备和技术改造投入。对全区现代农业发展有重大影响、投资规模大、技术含量高的现代农业发展项目以及规模在3000亩以上的现代农业园区项目，采取“一事一议”政策予以支持。

3.坚持分类申报、避免重复的原则。各类符合申报条件的区级农业项目实施主体，可按建设内容分类享受相关扶持政策补助。所有申请享受区财政补助或奖励的项目，建设实施内容相同的，不得重复享受。涉及评定、命名奖励类项目由低等次向高等次升级的，在同一年度实行就高奖励,跨年度实行补差奖励。

4.坚持配套联动、向上争取的原则。发挥区财政资金“四两拨千斤”的作用,既要引导业主积极向上争取项目扶持资金,又要鼓励工商资本、民间资金投资现代农业项目。区级农业项目同时申报市级以上项目的,项目补助标准适当上浮。列入上级补助项目而未列入区级农业项目或未享受农业项目扶持政策的,区财政按照各级项目补助文件规定给予配套补助。申请区级配套补助的,必须先通过区农业局或区林水局会同区财政局审核备案。

三、各类扶持政策

(一)粮食生产功能区建设

粮食生产功能区(连片50亩以上)基础设施建设由区级相关部门核定投资额。列入区级粮食生产功能区的,区财政按投资额的80%补助,其余20%由镇(街道)财政承担;列入市级粮食生产功能区的,区级以上财政按投资额的90%补助,其余10%由镇(街道)财政承担;列入省级粮食生产功能区的,区级以上财政按投资额全额补助(以上补助资金含上级补助资金,核定投资额原则上不超过1300元/亩)。实行高标准、网格化整理的粮食生产功能区,原则上要求连片2500亩以上,达到规划建设标准的,基础设施建设经核定投资额后,由区级以上财政全额补助。区级粮食生产功能区同时申报省、市级粮食生产功能区建设项目的,成功创建为省级粮食生产功能区的每个奖励8万元,成功创建为市级粮食生产功能区的每个奖励5万元,主要用于创建的工作经费和日常管理。

鼓励和促进粮食生产高产高效创新,每年安排100万元资金用于粮食生产功能区内“新品种”、“新技术”和“新模式”的引进示范推广应用等。主要用于建立区级水稻原种制种圃和优新品种展示基地、重点产粮镇水稻良种繁育基地、示范方和开展粮油高产示范创建和竞赛活动。具体实施内容和奖补标准另行制定。

(二)农业基础设施建设

农业基础设施是指为改善农业生产条件、提高综合生产能力而实施的土地平整,进行沟、渠、泵站、供电设施、园区道路等基础设施建设。水产业基础设施还包括对养殖塘进行清淤挖深、塘形改造、塘堤护坡、塘埂拓宽整理。畜牧业基础设施还包括新建、改(扩)建畜禽棚舍、配套管理用房、围墙、防疫消毒设施、无害化及污染处理设施、废弃物综合利用设施、道路、净(污)进排水沟(渠)、配套电力设施等。农业基础设施建设以政府投入为主,带动鼓励农业产业主体加大投入。

省级现代农业园区、现代都市农业“一中心四板块”和现代都市农业示范园区范围内的农业项目,当年新增基础设施建设投入50万元以上的,区财政按实际投资额的50%给予补助(含上级补助),最高不超过100万元;其他地区列入区级优势产业功能区建设计划的农业项目,当年新增基础设施建设投入30万元以上的,区财政按实际投资额的30%给予补助,补助最高不超过50万元。

各农业产业基础设施建设内容、标准、申报条件等由区农业局或区林水局会同区财政局另行制定。

(三)农业现代设施建设

引导和鼓励农业产业主体加大对农业现代设施的投入,提升现代化技术手段的应用水平,促进农业转型升级,提高农业综合效益,打造精准农业、工厂化农业、环境安全型农业。种植业现代设施包括新建、扩建、改造智能温室、连栋大棚、钢架大棚、标准栽培棚架，环境控制设施、产前产后处理设施、农机化服务中心设施及配套的防虫网、遮阳网、喷微灌、小型农机具等附属设施；水产业现代设施包括排灌、增氧、投饵、控温、监测和水质净化等养殖辅助配套设施及设备；畜牧业现代设施包括饲料生产、标准化畜禽笼舍、自动饲喂、防疫消毒、防暑降温、供暖保温、集蛋及孵化设备、机械化挤（储、运）奶、畜禽杂交改良、废弃物综合利用和视频监控等先进设施设备、质量追溯管理载体和设备等。

省级现代农业园区、现代都市农业“一中心四板块”和现代都市农业示范园区范围内及其他地区列入区级优势产业功能区建设计划的农业项目，当年新增现代设施建设投入100万元以上的，区财政按实际投资额的30%给予补助，补助最高不超过200万元。同时申报市级和省级设施农业建设类项目的，区级以上财政补助总额度分别提高到35%和40%。

各农业产业现代设施具体建设内容、标准、申报条件等由区农业局或区林水局会同区财政局另行制定。

（四）农机装备建设

1.农业机械购置补贴。购买当前目录内农业机械的，可根据核定标准进行补贴，具体目录和补贴标准以省市区当年文件为准，区财政按规定给予配套。

2.农机化装备项目。发展农业机械装备、综合性现代农机装备及配套设施，当年新增总投入在30万元以上（不含基础设施建设投入）的，按照核定投资额30%以下的标准进行补助（凡已纳入当年农机购置补贴目录的农业机械装备应先享受农机购置补贴）。

3.农机化试验装备项目。在本地区属于首次引进的先进机械和设备，进行适应性试验，当年总投入10万元以上（含设备购置投入及试验费用）的，样机购置给予60%以上补助，并配套相应的试验经费。

4.农机专业服务组织建设。鼓励提高农机服务的组织化程度，对农机专业合作社、农机公司等新型农机专业服务组织，可优先享受各级财政购机补贴政策。对开展代耕、代种、代管、代植保等统一机械化服务的，作业环节实行每亩20—100元的补贴，具体标准以当年省市区相关文件为准。

5.平安农机示范建设。根据浙江省农业厅、省安全生产监督管理局、省公安厅《关于深化平安农机建设，促进新农村建设的意见》要求，对建成省级平安农机示范镇街、省级平安农机示范村、市级平安农机示范村、区级平安农机示范户的，每个分别奖励3万元、1.5万元、1万元、100元。

（五）农村土地流转

遵循“依法、自愿、有偿”原则，结合粮食生产功能区、现代农业园区、现代都市农业示范园区、优势产业功能区等建设，鼓励以委托流转、股份合作、招商引资等方式推进农村土地承包经营权流转，促进农业规模化经营。

1.鼓励土地集中连片流转。对新流出土地并与流转服务组织或村集体经济组织签订委托协议，耕地（园地、鱼塘）流转期限5—10年的，按每亩200元的标准对流出农户给予一次性补助；耕地（园地、鱼塘）流转期限10年以上的，按每亩300元的标准对流出农户给予一次性补助（以上均含上级补助）；林地流转期限10年以上的，按每亩100元的标准对流出农户给予一次性补助。上述已补助地块流转期满后，如再次进行流转不重复补助。

2.支持土地流转中介服务机构有效运作。镇街土地流转服务中心开展规范化土地流转中介服务，当年新增土地流转面积500亩（流转期限耕地5年以上，林地10年以上）以上的，按每亩20元的标准给予工作经费补助，最高不超过4万元；村级土地流转服务站开展规范化土地流转中介服务，当年新增土地流转面积100亩（流转期限耕地5年以上，林地10年以上）以上的，按每亩100元的标准给予工作经费补助，最高不超过8万元。

3.扶持发展土地股份合作制。凡新组建土地股份合作社，土地入股面积300亩以上、入股期限10年以上、运作规范且有一定经营效益的，给予每家土地股份合作社3万元的一次性补助；对土地入股农户按每亩50元的标准再给予一次性补助。

（六）农业生产经营主体培育

1.农业龙头企业培育。积极鼓励农业企业做大做强和提高自主创新能力。在本区境内注册的农业企业新取得市级、省级和国家级农业龙头企业资格的，分别给予2万元、10万元和20万元的奖励；鼓励区外国家级、省级、市级农业龙头企业落户余杭区，在余杭区注册、投资兴业。企业整体搬迁或总部搬迁至余杭的，可直接享受区内同级农业龙头企业政策。原则上各级农业龙头企业申报农业项目，同等条件优先立项。

2.农民专业合作社规范发展。按照“五化四统一”的要求，深入开展农民专业合作社的规范化建设活动，有计划地培育一批示范性农民专业合作社。对达到区级示范性农民专业合作社的，一次性给予5万元的奖励。鼓励农民专业合作社积极申报杭州市级规范化、浙江省级示范性和国家级示范性单位的创建，对获得市级、省级、国家级示范性（规范化）农民专业合作社荣誉称号的，区财政分别给予一次性10万元、15万元、30万元的奖励。

3.农业生产基地外拓发展。鼓励本地农业企业外建生产基地，凭土地租赁合同、当地政府证明以及产品运回余杭加工的证明，租赁面积在500—1000亩的，给予1万—2万元的奖励；面积在1000亩以上的，每新增1000亩，增奖1万元，最高不超过15万元，畜牧及其他类型生产基地按同等规模折算。

（七）农产品加工和流通

鼓励各类农业企业、农民专业合作社、农产品专业交易市场和农产品物流企业等项目主体在农产品加工和流通环节实施加工设备技术改造、新产品开发等投资，核定总投资在100万元以上（含100万元）的，基础补助比例为8%，申报主体是农业龙头企业和农民专业合作社的，补助比例适当上浮，其中区级龙头企业和区级示范性专业合作社上浮1%，市级龙头企业和市级规范化（示范性）专业合作社上浮2%，省级龙头企业和省级示范性专业合作社上浮3%，国家级龙头企业和国家级示范性专业合作社上浮5%。农产品加工企业类（含农产品专业市场类）项目最高补助不超过250万元。

区财政对农业企业原料收购、厂房等基础设施建设环节实施贴息政策。申报区级贴息项目的，当年发生的单笔银行贷款利息须在20万元以上，按3%贴息补助，贷款利率低于3%的，按实贴息补助；申报省、市级贴息项目的，贴息补助额度配套到5%；申报国家级贴息项目的，贴息补助额度配套到6%。补助对象重点为区级及以上农业龙头企业和示范性（规范化）专业合作社。单一项目区级补助不超过100万元。

鼓励有资质的农业企业、农民专业合作社、农村经纪人、农产品物流和贸易企业积极拓展本地农产品物流与营销业务。本地企业、合作社或个人在区外设专卖店，销售余杭农产品，年交易额在200万元以上的，按销售额的1%奖励，最高不超过10万元，每一申报主体每年限报5

家;农村经纪人员依法开展本地农产品购销配送活动,管理规范、台账清晰,年购销额 1000 万元以上的,给予 3 万元奖励。

鼓励农业企业积极参加各类展示展销活动。参加经区委农办组织的各类农产品展销活动的,给予摊位费 50%的补助;参加区委区政府和上级主管部门指定展示活动的,交通和住宿费用统一由区级会展经费专项列支。

(八)休闲观光农业

鼓励扶持休闲观光农业(农家乐)发展。申报休闲观光农业园区项目的,基础设施建设(含接待服务设施、现代农业设施、污水处理设施、电力配套设施等)投资额达到 100 万以上的,按不超过投资额 20%进行以奖代补;申报农家乐特色村项目的,基础设施建设(为农家乐配套的指示牌、公厕等公共设施,接待中心、游步道、停车场等休闲服务设施,文化保护、环境改善和提升等设施)投资额达到 100 万以上的,按不超过投资额 30%进行以奖代补。以上两类项目最高补助均不超过 200 万元。

被新评定为国家农业旅游示范点、乡村旅游示范点及浙江省农家乐特色村(点)、星级乡村旅游点(二星级及以上)、特色经营户的,按《关于批转〈余杭区旅游发展专项资金实施细则〉的通知》(余政办〔2011〕137 号)执行。

被新评定为浙江省休闲观光农业园区、杭州市休闲观光农业示范单位等荣誉的,在上级部门奖励基础上,区财政给予 1:1 奖励。

(九)其他农业扶持政策

1.农业标准化建设。

鼓励农业企业、种养大户、专业合作社、行业协会、农业技术服务机构等主体实施各级标准化推广示范项目和区级农业地方标准制(修)订项目,建设具有一定规模、科技含量高、组织管理完善、示范带动作用明显的农产品生产、加工基地。

凡实施区级农业标准化推广示范项目并通过评估验收的,按"优秀"、"合格"两类分别确定奖励标准,"优秀"类项目每个奖励 5 万元,"合格"类项目每个奖励 3 万元。项目申报实施细则另行制订。

对目前尚未制订国家标准、行业标准和省市级地方标准的,鼓励农业产业技术机构制订对本区农业生产具有促进作用的农业技术要求,能适应高效、生态农业发展趋势的农产品良种繁育、动植物疫病防控和产品生产、加工、流通全过程的技术、管理标准及各类农业机械的标准规范。凡完成区级农业地方标准制(修)订项目并通过审定的,奖励 2 万元。

2.农业"三品"认证。

农产品和生产基地通过无公害认证分别给予 1 万元奖励,通过绿色食品认证给予 2 万元奖励,通过有机产品认证给予 3 万元奖励。同一产品就高奖励,认证升级补差。对于无公害、绿色和有机认证中,同一基地同一年内认证 1 个以上产品的,按照每增加一个产品,增加 5000 元奖励。

3.农产品质量安全。

开展农产品质量安全动态检测体系建设。在全区农业规模企业、农产品生产基地和农民专业合作社建立自检自测网点,配置一整套仪器设备,区、镇两级财政按照 1:1 的比例对每个检测点进行补助,补助经费主要用于检测点的硬件建设,每个检测点补助不超过 5 万元。

开展农产品质量安全追溯管理工作(准出管理示范点建设)。继续扩大猪肉、蔬菜、水产、水果、茶叶质量安全追溯管理范围,按照追溯管理的要求和“五有”标准等相关标准,逐步推行农产品产地准出管理机制,确保农产品质量安全和可追溯。对每个农产品质量安全追溯管理示范点(准出管理示范点)给予2万元的补助。

4.种子种苗基地建设。

区级良种制繁育基地(良种场)。项目符合优势特色产业建设要求,具有固定的制繁育基地和一定的基础设施,享有品种资源优势和经营资质,拥有一定的技术力量,通过项目实施,能进一步完善制繁育基地基础设施建设,显著提高种子种苗质量,提高集约化供种(苗)能力;或符合区域产业和传统产业提升发展要求,具有一定的良种繁育工作基础和条件,项目实施后能在当地形成一定的优质良种生产规模和供应能力。每个项目按照综合评定结果给予不超过10万元的奖励。主要用于良种场和繁育场、规模化优质种子种苗繁育基地制繁种、供种与标准化种养殖技术指导补助。

地方特色种质资源保护与利用。建立地方特色优势农产品种质资源目录库,对具有较高保护和利用价值的重要地方特色和优势种质资源进行调查、整理、提纯,克服种性退化。通过可持续开发利用,改善当地品种结构和丰富地方特色优势农产品品种。区财政每年对列入地方特色种质资源保护与利用的项目进行经费补助。主要用于围绕地方特色品种保护、开发、利用等方面的种子种苗保种育种、科研、推广补助。

5.农业信息化。

鼓励现代农业信息化建设,提高现代信息手段在农业产业中的应用水平。每年创建一批区级农业信息化示范单位,对其在内部管理、农产品生产、销售等环节成功应用一项以上(含一项)信息化技术,并取得明显经济和社会效益,在全区同类企业(合作社)中处于先进水平,具有较高的推广价值的组织(具体评价指标另行制定),给予一次性6万元奖励。同时申报市级以上农业信息化示范项目的,区财政奖励金额视作配套资金。

扶持发展农业电子商务公司,对成立一年以上、会员数达到100家以上、年实现电子商务收入15万元以上的B2B电子商务公司和网上农产品年销售额在30万元以上(其中杭产农产品销售额占30%以上)的B2C电子商务公司,每年按照公司运营费用的25%进行补助,最高额度不超过12万元(区财政扶持一般不超过两年)。公司运营费用指农业电子商务公司的设备购置费、网站建设费、光纤租用费、信息购买费、品牌推广费、软件购买费、物流运输费等。同时申报市级以上农业电子商务公司项目的,区财政补助金额视作配套资金。

开展示范网站创建评选工作,推进余杭农村基层信息化发展。每年计划创建区级新农村示范网站10个,对每个获选网站给予1万元奖励。

6.生态牧业与畜禽养殖污染治理建设。

畜禽生态养殖场建设。鼓励发展优质、高效、安全的生态畜牧业和循环农业经济,减少畜禽养殖污染,实现畜禽养殖排泄物资源化综合利用。在宜养区范围内,与果园、桑园、茶园等种植基地有机结合,按照种植面积所能承载消纳的畜禽排泄粪便相配套的原则,实施种养结合生态循环养殖模式并达到一定规模的新建、改(扩)建畜禽养殖场,区财政给予一定的奖励。对验收合格的规模生态养殖场,按照项目建设投入资金和畜禽存栏量给予一次性奖励。其中,畜禽存栏规模达到生态养殖场建设标准的奖励8万元,超过存栏规模标准50%以上的,奖励15万元。

畜禽养殖污染治理。鼓励对原有畜禽养殖场(户)进行畜禽养殖污染治理。畜禽养殖污染治理项目经雨污分流、粪尿干湿分离，并配套建设干粪房、沼气池，粪尿及污水经沼气池厌氧发酵后灌溉于种植作物，实现资源化利用的或建立生物发酵床等其他设施，实现污染治理，达到畜禽养殖污染零排放。项目按照生猪存栏规模给予补助。存栏在100—250头的场奖励4万元，存栏在250—500头的场奖励6万元，存栏在500头以上的场奖励8万元。主要扶持环节为沼气池建设、干粪房、雨污分流、氧化塘或生物发酵床猪舍改造及菌种。

7.农业社会化服务。

以区农业社会化服务项目为平台，加快推进农（林）业专业合作组织、农业产业协会、农民专业协会、农机服务组织（公司）、民间科技信息服务组织（含民间研究所）、农村经纪组织（人、公司）等农业社会化服务组织建设。每年确定10个服务范围大、效果显著的农业社会化服务项目，采取以奖代补形式，给予每个服务项目3万元的补助。

四、有关事项

1.区政府成立由区政府分管副区长担任组长，区农业局、区财政局、区林水局、区高新农业示范中心等部门负责人为成员的现代都市农业产业发展领导小组，统筹协调现代都市农业产业发展工作。领导小组下设办公室（设在区农业局），负责现代都市农业产业发展项目立项、申报、实施、管理等日常工作。

2.调整完善现行现代都市农业发展奖考核标准和办法，重点加大对现代农业“两区”建设、“一中心四板块”建设和现代都市农业示范园区工作的综合考评，区财政将安排一定资金予以奖励。具体实施办法由区农业局（区委农办）、区林水局、区财政局制订。

3.对林业园区（功能区）基础设施、现代设施、经营主体培育、林业产品加工与流通、林业休闲观光区、林业标准化等方面的扶持同口径参照本意见执行。

4.原《关于印发加快余杭区设施农业若干政策意见的通知》（余政办〔2010〕111号）、《关于印发〈余杭区加快农村土地承包经营权流转的实施意见〉的通知》（余政办〔2009〕311号）、《关于转发〈加快推进现代都市农业产业化发展的政策意见〉的通知》（区委办〔2010〕56号）、《关于印发〈关于加快休闲观光农业（农家乐）规范化建设的若干意见〉的通知》（余政办〔2008〕190号、《关于完善加强畜禽污染综合治理实施畜禽生态养殖的办法》（余农发〔2010〕139号）、《关于转发〈发展壮大农民专业合作社的若干政策意见〉的通知》（余政办〔2008〕286号）等文件停止执行。此前有关农业产业扶持政策文件（包括林业产业扶持政策文件）与本文件有抵触或不符的，以本文件为准。原所涉及的农业项目等不再单独申报立项。

5.本意见自发文之日起施行。本意见有关扶持政策具体建设内容、标准和申报管理办法由区农业局（区委农办）、区林水局、区财政局另行制订。

中共杭州市余杭区委　杭州市余杭区人民政府关于进一步加快发展村级集体经济的若干意见

区委〔2012〕57号

（2012年6月29日）

为进一步壮大村级集体经济实力，更好地发挥村级组织服务发展、服务社会、服务群众的功能，切实增强农村基层组织的凝聚力、创造力和战斗力，促进城乡区域统筹发展，加快社会主义新农村建设，现就加快发展村级集体经济（包括社区股份合作经济，下同）提出如下意见。

一、提高认识，增强发展村级集体经济的责任感和紧迫感

发展壮大村级集体经济是建设社会主义新农村的经济基础，对于统筹城乡区域发展、全面建设小康社会、巩固党在农村基层的执政地位具有十分重要的意义。近年来，我区各地采取多种形式发展村级集体经济，取得了明显成效，但与社会主义新农村建设的要求相比仍有差距。各级各部门要从全面落实科学发展观的高度，充分认识加快发展壮大村级集体经济的重要意义，进一步增强责任感和紧迫感，创新机制，拓宽思路，真抓实干，着力破解集体经济发展制约瓶颈，不断增强村级集体经济实力，为建设"品质之城、美丽之洲"、共创和谐幸福新余杭夯实基层基础。

二、明确目标，积极探索村级集体经济发展的有效途径

新时期加快发展村级集体经济要以科学发展观为统领，以农民增收和集体增效为核心，因地制宜，整合资源，推进发展方式转变和发展模式创新，拓宽村级集体经济发展空间和实现途径。到 2015 年，全区各村（社区）集体经济经营性收入一般达到 50 万元以上，平均达到 160 万元以上，并有 6 个村达到 1000 万元以上。

（一）发展集体物业经济。以镇、街道、开发区等区级建设平台为单位，在符合土地利用总体规划、城镇建设规划和生态环境功能区规划的前提下，集中若干个村（社区）的集体留用地和财力，通过"统一规划、统一建设、统一经营（出租），产权独立，收益归村"的形式，在城镇、工业园区等区位条件较好的区域统筹建设（或购置）综合楼、三产经营用房、仓储物流设施、标准厂房等集体物业项目，形成规模集聚效应。

（二）盘活集体存量资产。鼓励村（社区）集体对闲置或低效使用的办公用房、老校舍、厂房、仓库等各类集体资产进行资源整合，充分挖掘存量土地、资产价值，提高使用效益。

（三）推进土地集中流转。鼓励通过村级服务组织开展土地集中连片流转，在改善农业基础条件的基础上引入现代农业项目，实现土地租金级差，增加村级集体收入。鼓励村级组织在农业园区内利用集体土地建设管理、物业等用房取得稳定收入。鼓励有一定旅游、民间文化等资源的村，通过招商引资等方式合作发展"农家乐"、度假村、休闲观光农业等项目，以土地使用权、资产、知识产权等资源形式参股，增加村集体的资源开发收入和经营服务收入，使资源优势转化为经济优势。

（四）提升经营管理水平。不断创新农村社区股份合作社的经营机制，促进集体经济持续、稳定、长效发展。鼓励将征地款中的土地补偿款通过优先股或扩股的形式投资建设集体经济项目。加强招商引资工作，积极引进技术含量高、能耗低、效益佳、环保型的企业，提高租赁资产的收益率；鼓励有实力但缺乏发展空间的村异地购置物业；鼓励村集体收购村域范围内亏损或倒闭企业的厂房、土地等资产，通过整合改造用于发展村集体经济。

三、完善政策，切实增强村级集体经济发展动力

（一）优化村级留用地政策。按照"优先预留、优先规划、优先地段"和"统一选址、集体使用"的原则，以镇、街道、开发区等区级建设平台为单位，编制村级留用地布点规划。建立项目储备库，统一对外招商，积极有序推动村级留用地项目落地，充分发挥资源产出效益。降低村级留用地申请门槛，实行额度预支制度。完善留用地开发模式，各村可结合实际及筹资能力、招商情况等，选择自主开发、合作开发、货币化安置以及土地换房产、房产折额度等处置方式。区政府每年安排省下达用地指标的 10%用于村级集体留用地项目建设，实施异地集中开发的项目优先

安排用地指标。通过实施建设用地复垦项目获取的城乡建设用地增减挂钩指标,优先用于村级留用地项目。

(二)实行转移支付政策。为确保村级组织正常运转,对村级集体经营性收入在 70 万元以下的村(社区)实行财政转移支付。以 2010 年、2011 年两年村级集体经营性收入平均值为基数,对经营性收入在 30 万元以下的村(社区),每年每个村(社区)补助 45 万元;30 万元(含)-50 万元的村(社区),每年每个村(社区)补助 35 万元;50 万元(含)-70 万元的村(社区),每年每个村(社区)补助 15 万元。同时,对 2011 年度全村户籍人口(按区公安分局数据)在 3000 人以上的村(社区),每年增加 5 万元补助;对瓶窑组团生态保护区、良渚遗址重点保护区范围内的村(社区),每年再增加 5 万元补助。补助资金由区、镇(街道、开发区)两级财政按 1:1 的比例分担,其中径山、黄湖、鸬鸟、百丈四个镇财政承担部分由区财政承担。本项补助政策一定三年,执行年限为 2012 年-2014 年。

(三)鼓励实施“三年倍增行动计划”。对村级集体经营性收入在 70 万元(含)以上的村(社区),以 2010 年、2011 年两年村级集体经营性收入平均值为基数,三年内(2012 年-2014 年)经发展物业等举措使年经营性收入实现倍增目标的,给予每村(社区)30 万元的一次性奖励。

(四)实行税收奖励政策。对村(社区)集体物业应缴的房产税、土地使用税,凡符合减免条件的,按规定程序上报减免;对不能减免村(社区)集体物业出租收入所缴纳的营业税、房产税、土地使用税、水利建设基金等税费(以下通称税费)中区级地方留存部分,采用“先征后奖”的方式实行分级奖励:其中,对上年度经营性收入 100 万元(含)以上的村(社区)集体所交税费,区级地方留存部分 80%奖励给村(社区);对上年度经营性收入在 100 万元以下的村(社区)集体所交税费,区级地方留存部分全额奖励给村(社区)。积极鼓励村集体开展招商引税活动,各地要出台相关政策,对新增加的税收地方留存部分提取一定比例奖励给村(社区)。

(五)加大融资扶持力度。镇、街道、开发区等区级建设平台应建立融资平台,帮助解决村级留用地地价款的支付和征地拆迁等费用。对采取协议出让方式供地的自主开发留用地项目,土地出让金可“分期缴纳、分期拨付”。积极探索开展“村银共建”活动,金融机构要完善支农信贷,优化金融服务,简化贷款手续,实行优惠利率。

(六)完善村企结对帮扶机制。进一步健全领导联系、部门牵头、工商企业和有关单位支持的村级集体经济结对帮扶发展机制,每年落实区级村企结对帮扶资金 1000 万元以上。鼓励村企自愿结对,开展项目合作、产品配套、村庄整理、资产出租、农副产品配送等,实现双赢。通过投资联营等形式兴建农业产业化基地、农产品加工基地等村级集体经济项目的,相关支农项目优先予以立项和扶持。

(七)创新集体存量资产盘活机制。坚持“于法周密,于事简便”原则,创新机制,出台政策,加大村集体存量资产盘活力度。鼓励开展农村土地综合整治,获得的多余建设用地增减挂钩指标和耕地占补平衡指标,优先用于实施整治的镇、街道、开发区等区级建设平台和村(社区)开发建设,也可由区政府收购,收益归镇、街道、开发区等区级建设平台所有,专项用于土地开发及农村基础设施建设。

(八)减轻村级集体负担。对村级集体经济发展项目建设中涉及的相关审批费用,属区级及以下收取的行政性规费予以免收。水务、电力、电视、通讯、消防、环保、建设等市政公用企、事业单位和服务性收费行业要最大限度地减轻村级负担。区委办〔2010〕131 号文件中规定的减免政策继续执行。

四、创新机制,为村级集体经济发展提供坚强保障

(一)切实加强组织领导。建立区发展村级集体经济工作领导小组,负责全区村级集体经济发展工作的组织、协调、推进、督促等。领导小组办公室设在区农办,负责日常工作。区级有关部门要各司其职,协作配合,制定和落实相关政策措施,共同推进村级集体经济发展。各镇、街道、开发区等区级建设平台是发展村级集体经济的责任主体,要坚持党政主导、市场运作、社会参与,科学制定本地区村级集体经济发展计划和年度实施方案,统筹谋划,明确目标,落实举措。各村(社区)是实施主体,要结合实际、勇于创新,积极作为、大胆实践,努力开拓集体经济发展新路子。

(二)优化项目服务指导。各级各部门要进一步加强村级集体经济发展项目的指导服务和监督管理工作。建立项目分级代办制度,简化行政审批手续,着力推动项目落地。镇、街道、开发区等区级建设平台要组织力量,全面负责做好村级项目报批等全程代理工作。区行政服务中心要加强村级项目审批程序的指导协调,落实专人做好代办服务工作。建立集体经济项目库,区商务局应根据产业规划,将村级集体经济项目、村级留用地、土地流转等纳入招商范围,着力提高招商质量。区级有关部门应建立村级集体经济发展项目审批“绿色通道”,减少办理环节,缩短审批时限,并指导规范项目审批环节中涉及的中介服务,提高办事效率。

(三)夯实基层组织建设。按照构建城乡统筹的基层党建新格局的要求,深化和巩固农村基层组织“领头雁”工程、“三级联创”、“先锋工程”创建活动成果,切实抓好村级组织建设。强化村干部培训,提高发展经济和社会管理的能力与水平,加强教育监督和管理,确保基层党员干部的清正廉洁。

(四)健全“三资”监管机制。各镇、街道、开发区等区级建设平台要切实承担起村级集体资产和财务的监管职能,深化村级集体“三资”管理机制,实行“一村(社区)一账户”制度,着力推进落实村级集体资金镇代理工作,强化村级集体资产发包、租赁等监管,规范村级项目管理,进一步加强村级财务审计监督和审计整改力度,提升集体资产保值增值能力。

(五)强化考核激励机制。各级各部门要将村级经济发展、村集体资产保值增值、村经营性收入、招商引税等作为对各镇街、村(社区)年度考核的重点内容,健全考核制度,落实工作责任。区委、区政府每年对发展村级集体经济工作进行考核,并纳入全区新农村建设考评内容,对作出突出贡献的单位和个人进行表彰和奖励。

本意见自发文之日起施行,由区农办(区农业局)负责解释,其他涉及村级集体经济政策与本意见有抵触的,以本意见为准。

中共杭州市余杭区委　杭州市余杭区人民政府
关于深入开展美丽乡村建设的实施意见

区委〔2013〕27号

(2013年4月17日)

为深入贯彻落实中共十八大精神和省、市有关部署要求,加快推进我区美丽乡村建设,全面提升新农村建设水平,促进城乡统筹发展,现提出如下意见:

一、总体目标

以科学发展观为统领，围绕打造“和谐幸福新余杭”总目标，把建设“四美、三宜、两园”（科学规划布局美、村容整洁环境美、创业增收生活美、乡风文明身心美，宜居、宜业、宜游，打造农民幸福生活家园、市民休闲旅游乐园）美丽乡村作为基本导向，协同推进新农村建设与生态文明建设，坚持重点打造与普遍惠及相结合，以美丽乡村精品村、重点村、一般村创建和精品特色区块、精品线建设为载体，点线面结合，突出连线连片整治，加大建设力度，彰显人文特色，健全长效机制，努力形成村点出彩、沿线美丽、面上洁净的余杭美丽都市乡村格局，不断提升农民生活品质和生态环境质量，推进城乡经济社会发展一体化。

二、建设任务

（一）实施范围。美丽乡村建设的重点对象为“五城一基地”核心区块及城镇建设规划范围外的村，根据各村区域特点和发展方向，分类开展特色精品村、重点村、一般村创建。有条件的镇街创建美丽乡村精品区块（镇），逐步培育美丽乡村精品线路；“五城一基地”核心区块及城镇建设规划范围内的村（社区），主要做好长效管理工作。

（二）实施步骤。2013—2015 年，在各镇、街道自主申报基础上，全区每年安排启动实施 10 个特色精品村、15 个重点村创建，其他村开展一般整治村创建，每个美丽乡村创建村建设周期不超过两年，一般村当年基本完成。

（三）建设目标。到 2016 年，全区基本建成 30 个美丽乡村特色精品村、50 个美丽乡村重点村、其余村创建为美丽乡村一般村，15%以上的农户成为美丽庭院示范户，建成 10 个左右美丽乡村精品区块（镇）和 4 条美丽乡村精品线路，把我区创建成为省级美丽乡村创建先进区（县、市）。

三、基本原则

（一）统筹结合、综合治理。坚持重点打造与全面惠及相结合，推进连线连片创建，全面改善农村环境面貌。立足环境整治与产业发展、生态保护、民生改善、社会管理相协同，依托美丽乡村创建，联动推进“四边三化”行动、农业园区建设、乡村旅游发展、文明文化建设、基层组织建设等工作，创新完善农村社会管理，提高人文素质，全面提升新农村建设水平。

（二）镇街主体、以人为本。落实重心下移、块抓条保的要求，美丽乡村建设要以镇街为单位通盘考虑、整体推进。切实发挥农民群众的主体作用，实行民主决策、民主管理，着力解决农民群众最关心、最直接、最现实的问题，引导他们自觉参与建设自己的美好家园，真正做到美丽乡村建设依靠农民、建设成果由全体农民共享。

（三）建管并举、谋求实效。坚持合力共建、群策群力，整合调动各级各部门和全社会力量，多渠道筹集资金，形成“政府主导、镇村负责、部门支持、社会参与”的美丽乡村建设格局。实行梯次培育，突出建设重点，强化绩效考核，确保取得实效。完善落实农村环境长效管理机制，切实巩固建设成果。增强村级经济“造血”功能，实现美丽乡村可持续发展。

（四）因地制宜、注重特色。立足农村经济基础、地形地貌、区位条件、人文积淀等实际，美丽乡村建设不仅要方便农民生产生活，改善基础设施和人居环境，更要遵循自然发展规律，切实保护农村生态环境，展示农村自然风貌，彰显乡土特色，注重发掘村庄个性和亮点，做到共性与特色兼顾、保护与发展并重。

四、建设标准及主要任务

（一）建设标准

1.美丽乡村创建村。按照美丽乡村建设考核评价标准（考核验收办法及标准另行制定），对村容整洁、民主管理、乡风文明和资金筹措等方面工作实绩进行量化考核评分（满分100分）。经综合考评，总分达到95分（含）以上的，评定为特色精品村；90（含）—95分的，评定为重点村；85（含）—90分的，评定为一般村。其中农村生活污水治理、防违控违、长效管理等必须达到相应指标，其他考核指标中有两项以上指标不得分或四项以上指标不达标的，不得参与评选。

特色精品村：农村生活污水治理全覆盖，全村集中式处理率达到80%以上；路网健全，入户道路硬化率在95%以上，路灯设置合理；村容村貌整洁有序，无视觉污染；生活垃圾日产日清，集中收集率100%；乔灌草合理搭配，有特色，成景观，实现绿化、彩化、庭院美化；文体、休闲等村民公共活动场所齐全；充分挖掘历史遗迹、风土人情、风俗习惯等人文元素，村庄文化特色鲜明，形成“一村一品”“一村一景”“一村一韵”。

重点村：主要整治区域内生活污水治理全覆盖，全村集中式处理率达到65%以上；通组道路基本硬化，入户道路硬化率在90%以上，主要道路设置路灯；村容整洁，垃圾收集设施完善，集中收集率100%；村庄绿化布局均衡，富有层次；合理建设村民公共活动场所。

一般村：中心区域生活污水治理全覆盖，全村集中式处理率达到50%以上；主要道路基本硬化，入户道路硬化率在85%以上；提高垃圾收集、保洁工作水平；村主要道路、河道、公共场所合理绿化。

2.美丽乡村精品区块（镇）。以全域景区化为要求，按照“统一规划、全域整治”的思路，各村联动连片整治，实施整体谋划打造，推动新农村建设与农业园区建设、村级集体经济发展、乡村旅游拓展、生态产业培育等工作结合，统一交通旅游标示标牌，连贯衔接区块节点，提升旅游接待设施和能力，形成景区标准、产业发展、特色明显的精品区块（镇）。

3.美丽乡村精品线路。在美丽乡村创建基础上，以“四边三化”为基本面，以风景名胜区、美丽乡村创建点、现代农业园区为支点，以沿景区、沿产业带、沿山水线、沿人文迹等为区域重点，串点成线、连线成片，培育运河风情线、良渚都市农业线、径山禅茶线、西溪湿地线等4条精品线路。

（二）主要任务

1.改善农村人居环境。加快农村基础设施建设和生态环境建设，积极开展农村道路改造提升、路灯亮化、水电改造、卫生改厕、公益设施建设等工程，重点加强水环境治理，大力实施农村生活污水处理，开展河道清淤疏浚、生态护岸等综合治理和沟渠池塘整治，积极做好农业面源污染治理工作。推进村容秩序管理，切实做好拆违控违、一户多宅清理等工作，完成区政府下达的防违控违整治目标，无新增违章建筑。开展不雅观建筑物（构筑物）整治、村内坟治理及环境综合整治，消除视觉污染。大力推进乡村绿化美化，开展美丽庭院创建，打造环境整洁、生态优美、设施便利、服务完善的美丽乡村。

2.推动农村产业发展。推进现代农业园区建设，大力发展生态高效、特色品牌、休闲观光农业，构建新型农业经营体制。积极培育乡村旅游、民宿旅游等农村新型产业，不断彰显美丽乡村宜居、宜业、宜游成效，推动农民创业就业，促进农民持续较快增收。运用经营村庄的理念，发展壮大村级集体经济，盘活存量资产，拓展增收渠道。充分发挥农村田园风光、山水资源、农耕文化、特色产业、森林景观等优势，构建绿色、高效的农村生态产业体系。

3.提升农村文明水平。加强以村党组织为核心的村级班子建设,深化农村基层党风廉政建设,规范村级组织运行机制和民主管理制度,不断提升农村社会管理水平。完善农村社区公共服务,提高农民社会保障水平。加强农村平安法制建设,维护农村社会和谐稳定。深化农村精神文明建设,弘扬传统美德,传播现代文明,开展群众性生态文明创建活动,引导农民养成健康文明的生活方式,营造良好村风民风。保持乡村功能和特色,加强历史文化和自然风貌的保护与利用,实现历史文化、地域文化和现代文化相融合,在共性中追求个性,打造多元化魅力乡村。

4.健全农村长效管理。巩固清洁绿化行动,建立健全农村环卫保洁、公共设施维护和村容村貌管理长效运行机制,加强专业化保洁和养护队伍建设,全面落实"村庄、道路、河道、庭院"等综合保洁工作,做好村庄绿化养护和道路、路灯、污水治理设施、环卫设施等方面的管护工作。健全"户集、村收、镇运、区处理"的农村垃圾收集处理体系,促进农村垃圾的减量化、无害化、资源化处理。完善区、镇街、村三级督查考评制度,加大社会参与、社会监督力度,提高农村环境长效管理水平。

五、创建程序

(一)申报审核。按照"整体谋划、分步实施"的原则,镇街根据全区美丽乡村总体目标要求,制定本镇街创建实施方案和分年度计划,向区政府申报(具体由区新农村建设领导小组办公室受理)。镇街申报的分年度计划及建设项目,应包括具体项目内容、建设地点、项目筹资渠道等,经区政府审定后发文明确。鼓励镇街积极申报实施美丽乡村精品区块(镇)、精品线路建设,连线成片创建范围内的村,在下达计划时予以优先安排。

(二)立项实施。区政府批复下达的年度建设计划作为项目管理的依据。镇街负责美丽乡村建设项目的监督管理工作,按计划有序推进各项工作。项目建设的具体组织实施方式由镇街自行确定,可由镇街直接组织实施或由创建村组织实施。区级有关职能部门分头做好指导服务工作。

(三)严格考核。按照"合格一个、验收一个、补助一个"的原则,在项目完成后,由镇街组织初验后提出项目总体验收申请,并由镇街出具项目总投资审查报告。区新农村建设领导小组办公室牵头会同相关部门按照考核评价标准进行考核验收,考核结果报领导小组审定。对通过验收的按评定等级给予奖励。

六、资金政策及管理

(一)奖励补助标准

1.美丽乡村创建村。对通过考核验收达到美丽乡村"特色精品村、重点村、一般村"创建标准的村,根据考评结果,按本村常住户籍人口分别给予每人2300元、1800元、1200元的一次性奖励,区财政对每村最高奖励金额分别不超过700万元、500万元、350万元。镇街(包括村、社区,下同)应按不少于区级奖励资金的50%落实配套资金(其中瓶窑组团生态补偿机制涉及镇应按不少于20%配套),创建村负责筹集其余所需建设资金(投资投劳不少于总投入的10%)。鼓励从一般村向重点村、特色精品村逐级提升创建,通过验收的,按标准补足奖励资金。对"第一批重点提升村"申报创建特色精品村并达到标准的,每村给予30万元的一次性奖励。

2.美丽乡村精品区块(镇)。对按规划完成培育建设并通过考核验收的精品区块(镇),区财政按照建设绩效和区块大小给予每个区块100万—200万元的奖励。

3.农村环境长效管理。完善督查考核机制,实行考核结果与补助额度相挂钩的经费保障制度。对被评为“清洁绿化余杭”长效管理达标村的,按每人每年25元(含绿化养护)的标准补助(按本地户籍人口和常驻外来登记人口计,下同);被评为先进村的,在补助的基础上按其当年总人数再给予奖励,2000人以下、2000—4000人、4000人以上的村,分别奖励3万元、4万元、5万元;对被认定为基本达标村的,按每人每年23元(含绿化养护)的标准补助。镇街应按1:1的比例落实配套补助资金。

(二)资金拨付。按照美丽乡村创建工作计划和实施进度,项目立项启动后区财政按预计奖励总额的30%预拨资金,项目基本完工后再拨付30%,验收合格后按评定等次拨付其余奖励资金。镇街要同步落实配套预拨资金和结算资金,着力解决创建村前期建设资金投入问题。

(三)监督管理。美丽乡村建设资金实行专账管理、专款专用,不得移用、挪用。各镇街要加强项目管理和资金监管,规范工程招投标、工程合同、资金拨付使用等各个环节程序,确保规范、依法、阳光操作。项目完成后,由镇街负责做好资金审计和项目初验,区级对扶持资金使用情况进行抽查。镇街未按规定落实美丽乡村项目建设配套资金的,取消项目验收资格。

七、工作措施

(一)加强组织领导。美丽乡村建设是统筹城乡发展、协同推进新农村建设与生态文明建设的重要抓手,各级各部门要高度重视,加强领导,改进作风,坚定不移把这项惠民工程不断推向深入。美丽乡村建设工作由区社会主义新农村建设工作领导小组统一领导,区新农村办具体承担综合协调、政策制定、检查督查、综合考评等工作。各成员单位是指导和服务主体,要从自身职能出发,各负其责,通力协作,加大对美丽乡村建设的支持力度。各镇街是责任主体,负责计划方案制定、项目组织管理、资金监管、审计初验等工作,要统筹谋划,精心组织,建立健全党政一把手亲自抓、各分管负责人具体抓的工作机制,着力加大工作力度,发挥村级组织的作用,调动广大农民群众建设美丽乡村的积极性。美丽乡村建设工作纳入区政府对各镇街的年度综合考评内容。对在规定时间内未完成创建计划任务的镇街,在全区范围内进行通报,并取消当年评选新农村建设等先进奖资格。对不作为、慢作为、乱作为等行为实施作风问责,力促工作落实。

(二)完善投入机制。建立健全“政府主导、社会参与、农民自筹”的资金筹措机制,调动各方力量合力推进美丽乡村建设。区政府每年安排美丽乡村建设专项资金,用于相关创建活动和长效管理工作的考评奖励。各镇街要统筹落实美丽乡村建设资金,切实加大财政投入力度,及时安排各村项目的建设资金。创建村要按照量力而行、尽力而为的原则,多方筹措美丽乡村建设资金,积极开展农村“一事一议”筹资筹劳等活动,引导农民群众出资出力共建美好家园。鼓励结合村庄整治开展农村土地综合整治、复垦工作,对通过土地整理获得的建设用地指标给予奖励。要按照不同建设项目的特点,通过投资、捐助、认购、冠名、认建等方式,积极鼓励吸引企事业单位、社会团体、个人等社会力量参与支持这项工作,建立多元筹资、共建共享的投入机制。

(三)加强条块协作。各级各部门要加强协调配合,条块结合、以块为主,理顺机制,整合力量,形成工作合力。建立健全协调机制和督查机制,对创建活动进行跟踪督促指导,实行进度通报制。建立美丽乡村建设考核评价、奖惩激励机制和创建退出机制,严格把关,确保创建质量。区级相关部门要加强指导服务,加大资源整合力度,以美丽乡村建设为载体,统筹实施新农村建设相关工作,并与城乡规划管理、基层党组织建设、党风廉政建设、民主法治建设、农村经济发展以及文明、健康、生态、绿色等各类创建活动结合起来,做到计划衔接、项目配套,努力发挥集成效应，切实提高美丽乡村建设水平。

（四）营造浓厚氛围。各级各部门要加大美丽乡村宣传力度，充分发挥电视、广播、报刊、网络等渠道，开展形式多样、生动活泼的宣传教育活动，持续营造人人参与、共建共享的浓厚氛围。积极倡导自力更生、艰苦奋斗精神，鼓励和引导农民群众自觉投工投劳投资，研究有效激励鼓励机制和活动载体，充分调动农民群众创建积极性。要广泛宣传美丽乡村建设工作中涌现出来的先进典型、先进经验，宣传部门要适时组织集中宣传报道，扩大美丽乡村建设社会影响力，激发创建激情，推动工作开展，形成上下一心、社会参与、齐抓共管的良好局面。

中共杭州市余杭区委杭州市余杭区人民政府 关于进一步加快村级集体经济发展的实施意见

区委〔2015〕32 号

为继续发展壮大村级（含撤村建居社区，下同）集体经济实力，更好地发挥村级组织服务发展、服务社会、服务群众的功能，切实增强农村基层组织的凝聚力、创造力和战斗力，促进城乡区域统筹发展，加快社会主义新农村建设，现就继续加快发展村级集体经济（包括社区股份合作经济，下同）提出如下实施意见。

一、认清现状，明确发展目标

截至 2014 年年底，全区平均村级集体经营性收入 190 万元，最高的村 3274 万元，最低的村 0.11 万元，其中 70 万元以下集体经济薄弱村 115 个，经过前几年的发展，基本实现了既定目标，但发展壮大村级集体经济的潜力与空间依然巨大，发展壮大村级集体经济的内在需求依然迫切。

本轮政策的预期目标是：到 2017 年年底，全区村级集体经济经营性收入突破 6.6 亿元，村均达到 250 万元以上，并有 12 个村达到 1000 万元以上。

二、不断创新，激发发展内力

一是积极发展村级集体物业经济。以镇、街道、开发区等区级建设平台为单位，在符合土地利用总体规划、城镇建设规划和生态环境功能区规划的前提下，集中若干个村的集体留用地和财力，通过“统一规划、统一建设、统一经营（出租）、产权独立、收益归村”的形式，在城镇、工业园区等区位条件较好的区域因地制宜统筹建设（或购置）综合楼、三产经营用房、仓储物流设施、标准厂房等集体物业项目，形成规模集聚效应。

二是着力破解存量资产盘活难题。根据国家五部委联合下发的《关于进一步加快推进宅基地和集体建设用地使用权确权登记发证工作的通知》，农房等集体建设用地上的建筑物、构筑物纳入宅基地和集体建设用地使用权确权登记发证的工作范围，实现统一调查、统一确权登记、统一发证。积极鼓励村级集体对符合条件的闲置或低效使用的办公用房、老校舍、厂房、仓库等各类集体资产进行资源整合，开展登记确权，充分挖掘存量土地、资产价值，提高使用效益。

三是健全土地流转长效管理机制。加强农村土地承包和农村土地承包经营权流转管理，建立农村土地承包经营权流转长效管理机制。鼓励村级服务组织开展土地集中连片流转（含二次流转），在改善农业基础条件的基础上引入现代农业项目，在不影响农民正常租金收入的前提下，允许村级组织遥过收取土地租金级差、中介服务费等形式，增加村级集体收入；鼓励村级组织利用规模经营设施农用地政策，采取折价入股、股份合作等多种形式取得稳定收入；鼓励村级集体经济组织成立农业发展公司，统一流转土地参与农业产业化经营增加集体经济收入。创新农村土地承包经营权流转机制，逐步推广“股金+流转金”的土地流转模式，建立土地承包经营主体、农户与村级集体利益多赢机制。

四是强化集体经济经营规范管理。通过强化监督，加强服务，创新手段，积极探索，继续抓好村级集体“三资”动态管理，着力提高村级集体“三资”管理水平。按照“建好账、管好账、查好账、晒好账、核好账”要求，不断完善各项管理制度，规范集体资产发包租赁管理、村级工程项目管理、村级货币资金管理；发挥村务监督委员会民主监督职能，落实村级财务民主监督管理制度；继续实施村级财务“三年轮审”工作，强化审计整改，确保村级集体资产保值增值。

三、优化政策，增强发展动力

（一）优化村级留用地政策。

按照《关于进一步加强我区村级集体经济组织留用地管理的实施意见》（区委〔2012〕53号）、《余杭区村级集体经济组织留用地管理实施细则》（余政办〔2013〕24号）和《关于进一步加强我区村级集体经济组织留用地管理工作的补充意见》（余政办〔2015〕53号）执行。

（二）优化转移支付政策。为确保村级组织正常运转，对村级集体经营性收入在70万元以下的村实行财政转移支付。以上年度村级集体经营性收入（农经年报数，下同）为基数，对经营性收入在30万元以下的村，每年每村补助45万元；30万元（含）—50万元的村，每年每村补助35万元；50万元（含）—70万元的村，每年每村补助15万元。在此基础上，1000人以上的村或社区（以上年度全村户籍人口为准，按区公安分局数据），每增加1000人增补1万元。补助资金由区、镇（街道、开发区）两级财政按1:1的比例分担，其中中泰、径山、黄湖、鸬鸟、百丈五个镇街及瓶窑镇苕溪以北7个村财政承担部分由区财政承担。

（三）强化增长激励政策。

1.村级集体经营性收入在70万元以下的村，以上年村级集体经营性收入为基数，实现当年增长比率达到或超过20%的，实行增多少补多少，最高封顶补50万元。

2.村级集体经营性收入在70万元（含）以上的村，以上年村级集体经营性收入为基数，实现年增长率达到20%，补助10万元，在此基础上，增幅每增长10个百分点，增补5万元，最高补助50万元。

（四）实施集体经济发展建设项目。

鼓励村级组织在不新增负债的前提下，切合实际需要和自身能力开展经营性基础设施购买、新建、维修和更新，积极发展壮大村级集体经济。单一项目当年投资30万元以上，补助比例30%，最高限补50万元，补助资金限用于村级组织实际拥有产权的设施设备投入。

（五）加大融资扶持力度。不鼓励村级组织不切实际的负债扩张经营。但对于村级组织留用地项目开发等确需融资的，鼓励村级组织和相关银行开展村银合作，通过村级组织在银行开设基本账户等互利模式，简化村级组织贷款手续，降低融资成本。鼓励村级组织在协商一致的前提下，吸纳村民个人资金，以入股形式参与村级项目建设，解决村级项目开发的融资困难，发挥民间闲置资金的最大效益。对采取协议出让方式供地的自主开发留用地项目，土地出让金可“分期缴纳、分期拨付”。

（六）减轻村级集体负担。对村级集体经济发展项目建设中涉及的相关审批费用，属区级及以下收取的行政性规费(含市政基础设施配套费)予以免收。水务、电力、电视、通讯、消防、环保、建设等市政公用企、事业单位和服务性收费行业要最大限度地减轻村级负担。严格禁止宣传媒体、群众组织等有关单位和组织借用“两会宣传”“节日宣传”“慈善赞助”“智慧农村”等各种名义对村级组织开展强制摊派性收费服务。

四、创新机制,强化发展保障

(一)切实加强组织领导。建立以区委、区政府领导牵头,区农业局(区农办)为总协调,区政府办公室、区农业局(区农办)、区发改局、区商务局、区财政局、区住建局、国土余杭分局、区行政服务中心、人民银行余杭支行等部门和单位共同组成的强有力的余杭区发展壮大村级集体经济工作领导小组,负责全区村级集体经济发展工作的组织、协调、推进、督促等。区级有关部门要各司其职,协作配合,制定和落实相关政策措施,共同推进村级集体经济发展。各镇、街道、开发区等区级建设平台是发展村级集体经济的责任主体,要坚持党政主导、市场运作、社会参与,科学制定本地区村级集体经济发展计划和年度实施方案,统筹谋划,明确目标,落实举措。各村级组织是实施主体,要结合实际、勇于创新,积极作为、大胆实践,努力开拓集体经济发展新路子。

(二)优化项目服务指导。各级各部门要进喙步加强村级集体经济发展项目的指导服务和监督管理工作。建立项目分级代办制度,简化行政审批手续,着力推动项目落地。镇、街道、开发区等区级建设平台要组织力量,编制好留用地项目招商计划统一上报商务局,并全面负责做好村级项目报批等全程代理工作。区行政服务中心要加强村级项目审批程序的指导协调,落实专人做好代办服务工作。建立集体经济项目库,区商务局应根据产业规划和镇街上报招商计划,将村级集体经济项目、村级留用地、土地流转等纳入招商范围,着力提高招商质量。区级有关部门应建立村级集体经济发展项目审批“绿色通道”,减少办理环节,缩短审批时限,并指导规范项目审批环节中涉及的中介服务,提高办事效率。

(三)夯实基层组织建设。按照构建城乡统筹的基层党建新格局要求,深化和巩固农村基层组织叫基层党建新格局要求,深化和巩固农村基层组织动成果,切实抓好村级组织建设。强化村干部培训,提高发展经济和社会管理的能力与水平,加强教育监督和管理,确保基层党员干部的清正廉洁。

(四)健全“三资”监管机制。各镇、街道、开发区等区级建设平台要切实承担起村级集体资产和财务的监管职能,深化村级集体“三资”管理机制,实行“一村一账户”制度,着力推进落实村级集体资金镇代理工作,严格控制村级非生产性开支,强化村级集体资产发包、租赁等监管,规范村级项目管理,进一步加强村级财务审计监督和审计整改力度,提升集体资产保值增值能力。

(五)强化考核激励机制。各级各部门要将村级经济发展、村集体资产保值增值、村经营性收入、招商引税等作为对各镇街、村年度考核的重点内容,健全考核制度,落实工作责任。区委、区政府每年对发展村级集体经济工作进行考核,并纳入全区新农村建设考评内容,对考核成绩突出的单位和个人进行通报表扬。

本意见自 2015 年 1 月 1 日起施行,实施期限暂定三年,由区农业局(区农办)负责解释,其他涉及村级集体经济政策与本意见不一致的,以本意见为准。

中共杭州市余杭区委办公室

2015 年 6 月 15 日

中共杭州市余杭区委　杭州市余杭区人民政府关于进一步发展农村经济推进“富村惠农”三年行动(2018—2020)的实施意见

(2018年4月12日)

区委〔2018〕18号

为深入贯彻党的十九大、中央农村工作会议、《中共中央国务院关于实施乡村振兴战略的意见》(中发〔2018〕1号)精神,全面落实区委十四届四次会议决策部署,以更大的决心、更明确的目标、更有力的举措推动农业全面升级、农村全面进步、农民全面发展,谱写新时代余杭乡村全面振兴的新篇章,现就进一步发展农村经济推进“富村惠农”三年行动提出如下实施意见。

一、重要意义

近年来,在党中央和省委、市委的坚强领导下,我区认真贯彻习近平总书记“三农”系列重要讲话精神和中央、省、市关于“三农”工作重要指示精神,以推进“五大余杭”建设、构建新型城乡关系为主线,不断完善政策支撑、强化要素保障、创新发展路径、打好美丽乡村、产业发展、“三农”改革、公共服务、集体经济五场硬仗,“三生融合、三产叠加”的产村人城乡统筹发展新模式已初见成效,成为全市唯一的首批国家农村产业融合发展“双试点”地区。2017年,全区262个村(社区)村级经营性总收入7.29亿元,村均278万元;农村居民可支配收入达到34358元,增幅连续11年超过城镇居民,城乡收入比下降到1.68:1,居全省最低行列。

同时,也要清醒认识到,农业农村农民问题始终是关系国计民生的根本性问题,余杭要打造全省“两个高水平”建设先行区,成为名副其实全省榜样,最大的不平衡仍然是城乡区域发展不平衡,最大的不充分仍然是农业农村发展不充分。与党的十九大提出的乡村振兴战略要求相比,与满足人民群众对美好生活的期待相比,我区村级集体经济发展质量不够高、收入来源渠道单一、“造血”功能不足、区域发展不均衡,农民增收长效机制不稳固、持续增收压力较大等问题依然存在。我们要以党的十九大精神为指引,全面贯彻落实乡村振兴战略“产业兴旺、生态宜居、乡风文明、治理有效、生活富裕”的总体要求,不断完善惠农政策、拓宽增收渠道、转变增收方式、挖掘增收潜力,千方百计推动村级集体经济发展和农民持续增收,为促进高水平城乡融合发展和全面建成小康社会提供有力支撑。

二、基本原则

——坚持党管三农、优先发展。加强党对农村工作的领导,健全党管农村工作领导体制,构筑适应新时代要求的农村基层党建新格局。始终把“三农”工作放到重中之重和优先发展的位置,在资金投入上优先保障,在政府项目上优先安排,在要素配置上优先满足,在公共服务上优先供应,在干部配备上优先考虑,加快补齐农业农村弱项和短板。

——坚持镇街主责、村级主体。各镇、街道是发展村级集体经济的责任主体,各镇、街道党(工)委书记是发展村级集体经济第一责任人,要统筹谋划辖区内各村级组织集体经济发展思路,明确目标、落实举措,增强村级组织发展壮大集体经济的内生动力和“造血”功能。村级组织要充分发挥主体作用,挖掘存量资源、激活沉淀资源,按照权责对等的原则,积极开展农村土地综合整治,实现集体增实力、农民增收益和产业增效益。

——坚持改革创新、因地制宜。积极探索村级集体经济在不同资源和市场条件下的实现方式，相关部门要研究突破村级集体经济发展上的制约性因素，在留用地开发、国有资产置换、权证办理、费用负担等方面进行改革创新。各镇街要深挖各村优势、突出区域特色、制定个性方案，推动集体经济发展。

——坚持融合发展、合力推进。坚持全区一盘棋布局、一张图规划，实现城乡区域全面融合、共同繁荣。打好集体经济发展和农民增收组合拳，建立上下联动的工作推进机制。各级、各部门要增强大局意识，明确职责、主动担当，在工作统筹、资金整合、要素支撑等方面都要形成合力，共同推动任务落实。

三、主要目标

全面贯彻落实党的十九大精神，以“五大余杭”战略为引领，坚持自力更生与政策扶持相结合，努力形成多点支撑、多元发力的村级集体经济发展、农业增效和农民持续增收新格局。2018—2020年，每年全区村级集体经济经营性收入增长8%以上，农村居民人均可支配收入增幅在8.5%以上。2018年，全面消除村级经营性收入30万元以下和总收入不足100万元的集体经济薄弱村；2019年，全面消除村级经营性收入50万元以下的集体经济薄弱村；2020年，全面消除村级经营性收入70万元以下的集体经济薄弱村，农村居民人均可支配收入达到45000元，高水平全面建成小康社会。

四、工作举措

（一）富村“十条”

1.实施集体经济经营性发展项目。鼓励多渠道壮大村级集体经济，有村级留用地（或指标）的要置换成资产，加快变现能力；有资金的要购买优质资产，稳妥高效地提高收益率。鼓励通过新建改建创新型用地的工业楼宇、购买商业楼宇，购置农民多高层项目商业、配套房产，开发特许经营、综合体类项目，抱团脱薄项目等途径发展村级集体经济。集体经济发展项目要以镇（街）为单位，因地制宜制定“一镇（街）一方案”，加强统筹管理，分年组织实施。对年经营性收入在70（含）万元至150（含）万元之间的村，单一项目当年投资30万元以上，补助比例30%，每村最高限补100万元；对年经营性收入在70万元以下的经济薄弱村，单一项目当年投资30万元以上，补助比例50%，每村最高限补200万元。特殊情况另行研究确定。

2.推进乡村旅游与集体经济融合发展。以美丽乡村精品村、精品区块、风情小镇、小城镇综合整治等创建为载体，打造一批A级景区村庄。注重村庄经营，加强招商引资，引进一批专业强、实力强、运营强的客商，做好A级景区村庄的运营管理与后续开发建设，促进乡村旅游集聚化、规模化发展。积极探索双赢运营合作模式，尽量让村集体参与股份，让村中基础设施和各类旅游资源发挥更大的市场效用，探索景区带动、产业带动、资源带动、文化带动等模式，推动A级景区村庄实现可持续发展。区财政每年安排4000万元资金，助推乡村旅游发展。根据游客人数、旅游收入、硬件设施维护等指标，对A级景区村庄每年进行绩效考核，按照考核结果对村集体或运营公司采取一定激励措施；扶持A级景区村庄新增的旅游配套设施项目建设和对外宣传营销等工作，积极开发乡村旅游线路及旅游产品。

3.落实留用地开发和耕地保护政策。严格贯彻落实《关于进一步加强我区村级集体经济组织留用地管理的实施意见》（区委〔2012〕53号）等文件精神，加快村级留用地政策落实，激发村级组织集体经济发展活力，推动村级集体经营性收入增长；按照《关于全面建立耕地保护补偿机制的通知》（杭土资余〔2016〕70号）和《关于调整我区耕地保护补偿机制相关内容的通知》（杭土资余〔2017〕58 号)，对涉及农村村级集体经济组织的耕地保护实施以奖代补政策。

4.进一步盘活村级存量资产。积极鼓励村集体对符合条件的闲置或低效使用的办公用房、老校舍、厂房、仓库等各类集体资产进行资源整合，开展登记确权，在符合产业导向及土地利用规划、城乡规划、环境生态功能区划、公共安全等相关要求的前提下充分盘活农村闲置土地、水库、房屋等集体经营性资产，提高使用效益。按照《余杭区农村集体产权交易管理办法(试行)》，进一步规范农村集体产权交易行为，扎实推进农村集体产权按规入场交易，努力破除程序性障碍，降低交易门槛，保障集体经济组织合法权益，防止集体资产流失和腐败行为发生。

5.提高土地整治保障水平。加大土地整治政策激励力度，鼓励村级组织开展违法建筑、不雅观建筑、“低小散差”企业等整治工作，增加有效耕地面积，优先在土地资源相对丰富、农民意愿一致、村级班子团结的村实施高标准农田建设、垦造水田、农村建设用地复垦等内容。通过取得耕地占补平衡指标等途径增加村级收入，从而壮大村级集体经济。同时，土地整治取得的回购资金分配，实行向集体经济薄弱村倾斜政策。

6.强化增长激励政策。对村级集体经营性收入在 70 万元以下的村，以上年村级集体经营性收入为基数，实现当年增长比率达到或超过 10%的，实行增多少补多少，最高封顶 50 万元；对村级集体经营性收入在 70 万元(含)以上的村，以上年村级集体经营性收入为基数，实现年增长率达到 10%，补助 5 万元，在此基础上，增幅每增长 10 个百分点，增补 5 万元，最高补助 50 万元。

7.加大融资扶持力度。对于村级组织经营性项目开发等确需融资的，要在不超越村级债务规模警戒线的前提下，鼓励村级组织和相关银行开展村银合作，通过村级组织在银行开设基本账户等互利模式，简化村级组织贷款手续，降低融资成本。

8.实施财政贡献激励。对村集体物业应缴的房产税、土地使用税凡符合减免条件的，按规定程序上报减免；对村集体物业出租收入所形成的地方财政贡献给予最大力度的补助。

9.继续实施转移支付政策。对村级集体经营性收入在 70 万元以下的村补足到 70 万元。对村级总收入不足 100 万元的村予以补足至 100 万元。补助资金由区、镇(街道、开发区)两级财政按 1:1 的比例分担，其中运河、仁和、中泰、径山、黄湖、鸬鸟、百丈七个镇街及瓶窑镇苕溪以北 7 个村由区财政全额承担。

10.切实减轻村级集体负担。对村级集体经济发展项目建设中涉及的相关审批费用，属区级及以下收取的行政性规费(含市政基础设施配套费)予以免收。水务、电力、电视、通讯、消防、环保、建设等市政公用企、事业单位和服务性收费行业要最大限度地减轻村级负担。加强村级财务监管力度，各镇、街道要切实承担起村级“三资”监管主体职能，严格控制村级非生产性开支，规范村级项目管理，管好集体经济收支账。

(二)惠农“十条”

1.提高财政直补标准，培育粮食蔬菜大户。对区内稻麦种植面积 50 亩(含)—200 亩的大户补助 230 元/亩，复种指数 1.5 以上的再补助 50 元/亩。200 亩(含)以上的大户补助 350 元/亩，复种指数 1.5 以上的再补助 100 元/亩。对种植蔬菜 50 亩以上的区级“菜篮子”基地，叶菜基地补补助 200 元/亩，常规蔬菜基地补助 80 元/亩。市级“菜篮子”基地，叶菜基地补助 300 元/亩，常规蔬菜基地补助 100 元/亩。

2.加快发展农村电商，增强产品营销实力。支持“农村淘宝”“村邮乐购”等专业电子商务平台在我区推广建设,对新增的新型村级站点(加盟店)给予一次性2万元补助。对场租经营面积达500平方米且经认定的农产品电商园,按每天每平方米0.3元的标准给予园区举办者租金补助。对第三方农产品电子商务平台,按其建设开发及运营维护等投入资金的30%给予补助,每年最高补助不超过50万元。对开设网店销售本地初级农产品(含竹制品)的企业和个人,按交易快递单3元/笔或平台流量等扣点费用的30%给予补助,最高不超过10万元。对年线上销售余杭品牌农副产品达200万元、500万元、1000万元的企业,分别给予10、20、30万元一次性激励。

3.积极发展民宿经济,丰富农村新型业态。依托自然资源和美丽乡村建设成果,通过培育农家乐,发展乡村旅游等新业态,发展“美丽经济”,拓宽农民增收渠道。区财政每年安排不少于5000万元资金用于扶持民宿(农家乐)发展,对符合要求的民宿(农家乐)按照床位和游客量给予一定补助(具体政策另定)。每年对带动农民致富和发展乡村旅游有较大贡献的10家民宿(农家乐)给予10万—20万元激励。

4.壮大新型经营主体,发挥农业规模效益。推进大径山首批“国家农村产业融合发展示范园”创建,汇聚土地、资金、政策等资源要素向新型农业规模经营主体倾斜,推进更多涉农项目落地,并在人才培训、学历教育、职称评审、农村金融等方面优先扶持,充分发挥其对农民增收的带动作用。对通过认定的区级、市级、省级及国家级示范性家庭农场和示范性农民合作社分别给予10万元、20万元、30万元及60万元一次性补助。鼓励家庭农场实施连片50亩(含)以上适度规模经营,新增农业基础设施(含设施装备)总投资达到30万元(含)以上的,按实际审定新增投资额的35%给予补助,补助上限为100万元。对运行状况良好、产值较高且通过认定的区级农业规范园区和农业示范园区分别给予15万元、30万元一次性补助。鼓励园区加大投入,提升园区基础设施,对农业园区总投资达到100万元(含)以上的,按实际审定新增投资额的40%给予补助,补助上限为300万元。每年对区内优势农产品行业协会组织的农产品展示展销活动给予一次性补助,最高不超过10万元。

5.推进科技成果转化,促进农业节本增效。引进农业院校、组织、机构专家团队,深化与浙江大学、浙江农林大学校地合作,推进院校农业科技项目落地余杭,对总投入200万元以上的农业科技合作项目和种业发展项目按核定总投入的50%给予补助,最高不超过300万元。实施“三新”技术试验示范推广项目,按核定总投入的50%给予补助,最高补助30万元。开展百名农技人员结对百个农业园区活动,解决农技推广“最后一公里”问题。加快农机化发展,推行以农机、植保为重点的全程社会化服务,降低作业成本。有序开展农业水价改革,对农业用水实施精准补助,2018年开展试点2000亩,2020年底前完成全区农业水价改革。加快竹产业转型发展,推进高山远山退化竹林生态修复,连片50亩以上经验收合格的,补助最高不超过3000元/亩;推广“一亩山万元钱”林下经济发展模式,总投资达到20万元以上的,按实际审定新增投资额的35%予以补助,最高不超过50万元,到2020年实施退化竹林生态修复1000亩,发展林下经济1000亩。

6.打造农业公共品牌,提升核心竞争实力。推进农业供给侧结构性改革,每年安排不少于300万元的资金用于小林黄姜、临平甘蔗等本地优质种质资源保护和应用推广,径山茶、塘栖枇杷等特色农产品品牌培育和壮大,余杭纸伞、清水丝绵制作、径山茶宴等农村非物质文化遗产保护和传承。支持培育农业公共区域品牌,做好农产品地理标志证明商标、集体商标注册和名牌产品申报等工作,加大品牌农产品营销宣传力度,创新营销方式,提升品牌知名度和价值。加强财政补助和政策引导，推进农业“三品一标”覆盖面，保障农产品质量安全，到2020年实现“三品”认证比率达60%以上，国家农产品地理标志增加到3个。

7.加大三农人才培养，开拓农民增收路径。强化乡村振兴人才支撑，激励各类人才在“三农”的广阔天地大施所能、大展才华、大显身手，打造一支“懂农业、爱农村、爱农民”的“三农”人才队伍。实施乡村人才培育聚集工程，发挥乡土人才的专业性和实用性，加快培养农村发展带头人、农村技能服务型人才和生产经营型人才；加强扶持力度，吸引高端人才和高校毕业生到农村创业创新，促进“三农”人才向基层流动、在一线扎根；建立“三农”人才培训体系，提高职业农民、村社干部科技文化及经营管理水平。力争到2020年，全区培育区级以上农村实用人才1万名以上、新型职业农民3000名以上、中高级专业技术人才100名以上，引进农业高端人才100名以上，挖掘乡土专家100名以上，建立总量稳定增长、素质整体提升、结果配置合理、作用有效发挥的乡村振兴人才队伍(具体三农人才政策另定)。

8.推行农村产权交易，拓展农民融资渠道。全面推进农民“四权”(土地承包经营权、林权、农村居民房屋权、集体资产股权)确权颁证和金融改革，赋予农民更多财产权利，解决农民致富路上融资困难。尽快完成农村土地承包经营权确权登记颁证扫尾工作；2019年底前基本完成农村宅基地及住房确权登记发证；2020年底前建立完整的农民“四权”金融抵押贷款机制，有效盘活农村资源，促进农民增收致富。鼓励金融机构创新“助农贷”“土地流转贷”“农机贷”“民宿贷”等金融产品，有效盘活农村资源，力争到2020年底，普惠金融农户受益户数达到10万户，农商银行“整村授信”覆盖率达100%。

9.实行农业贴息贷款，大力发展农业保险。加大金融支农力度，对区内符合高效、生态、精致发展方向的种植、养殖和三产融合农业规模经营主体的新增30万元以上生产发展涉农贷款，按照同期贷款基准利率的40%给予贴息，最高不超过30万元。加大中央和省级财政补助的农业保险品种推广和区级财政补助力度，继续探索天气指数保险、价格指数保险、信贷保证保险等新型产品和服务，扩大农业保险覆盖范围。2018年实施新型农业经营主体综合险，增强农业综合生产能力和抗风险能力。

10.统筹整合涉农投入，全面落实惠农政策。坚持“三农”优先发展原则，建立农业补助动态调整机制，完善直接补贴、良种补贴、农资补贴、农机补贴等补贴体系，探索农业基础设施财政全额投入机制。深化“六大西进”行动，推进城乡融合发展，培育森林休闲养生新兴业态，扩大城乡居民社会养老保险的覆盖面，提高保障标准和待遇，推进城乡一体的养老保险机制和社会救助机制，保证农村居民收入增速快于城镇居民。

四、保障措施

(一)加强组织领导

发展村级集体经济和促进农民增收工作事关农民安居乐业、事关农村和谐稳定、事关高水平全面建成小康社会大局。各级各部门要按照“以工促农、以城带乡”的总思路，将更多政策、资源、服务向农村倾斜，向农民惠及。区发展村级集体经济(消除集体经济薄弱村)领导小组各成员单位、区级平台、各镇街要完善举措、落实责任，确保各项措施有效落实。各“联乡结村”帮扶集团要结合帮扶对象实际，为结对村发展壮大村级集体经济和促进农民增收努力贡献力量。

(二)完善考核机制

区委、区政府要将发展村集体经济和促进农民持续增收工作纳入对各有关单位、区级平台和镇街考核内容,考核结果纳入年度工作目标责任制考核。要将发展村集体经济和促进农民持续增收作为干部考核任用的重要依据,对工作措施不力,不能如期完成计划目标的,主要领导一般不得调动工作;工作取得明显成效的,要作为优先纳入区管后备干部队伍和推荐村(社)干部考录事业编制的主要依据。

(三)加强宣传引导

要认真做好强农惠农兴农政策的宣贯工作,动员全社会力量来支持村级集体经济发展,营造发展壮大村级集体经济的良好氛围。要注重挖掘培树发展壮大村级集体经济的优秀典型,及时总结推广一批措施实、变化大的村,使村级组织学有榜样、干有目标。要通过各类媒体向农民提供实用信息和技术服务,及时总结和推广促农增收的经验,激发更多农民创新创业热情,不断扩大优秀典型的辐射力和影响力。

杭州市余杭区人民政府办公室关于印发《关于促进景区村庄运营发展的若干意见》的通知

余政办〔2018〕135 号

各镇人民政府、街道办事处,区直各单位:

《关于促进景区村庄运营发展的若干意见》已经区政府研究同意,现予以印发,请认真贯彻执行。

杭州市余杭区人民政府办公室

2018 年 11 月 22 日

关于促进景区村庄运营发展的若干意见

为提高我区景区村庄运营管理水平,推进乡村旅游、新型业态与村级集体经济融合发展,根据区委、区政府《关于进一步发展农村经济推进"富村惠农"三年行动的实施意见》(区委〔2018〕18 号)精神,特制订本政策意见。

一、开展农文旅融合发展示范村创建

1.通过竞争性申报、自主性实施和择优评选,每年在全区创建 5 个左右农文旅融合发展示范村。实施对象为全区获评省级 AA 级及以上景区村庄的建制村。农文旅融合发展示范村创建应达到"十有十无"标准(详见附件 1),要坚持以市场为导向,做好整体运营、管理、建设方案,通过打造文化品牌,完善配套设施,健全运营机制,加强市场营销,推动农业、旅游、文化及教育、度假、康养等产业深度融合。对在规定时间内完成创建任务,经考核验收达到创建标准的农文旅融合发展示范村,区财政按照创建实绩给予每村最高 600 万元的奖励。属地镇街为责任主体,应成立专门团队负责监督管理工作。创建村为实施主体,负责具体创建工作。区美丽乡村建设工作领导小组办公室牵头区文广新闻出版局、旅游局等职能部门,按照"一村一团队"实施指导服务。

二、实行景区村庄运营动态考核

2.对全区省级 A 级及以上景区村庄,由区农办会同区旅游局每年组织进行景区村庄运行管理工作绩效考核。根据游客人数、旅游收入、硬件设施维护等指标,对通过年度考核验收的运营管理单位,分优秀和合格两个等次,分别给予每村 10 万元、8 万元的奖励,其中优秀档次不超过总数的40%(具体考核办法详见附件)。

三、促进乡村旅游营销服务

3.支持各镇街、村组织开展具有本地特色、有一定影响力的农事节庆、民俗旅游等活动。相关活动应具有面向区外游客的宣传和营销内容,根据活动规模与成效酌情给予每次10万—30万元的奖励(没有面向区外营销和宣传内容的,不予奖励)。

4.支持各镇街组织开展农文旅推介宣传活动,按核定实际费用的50%给予补助,每次最高补助额不超过15万元。同一主体每年补助不超过两次。

5.鼓励开发农文旅结合、跨村跨镇街的特色旅游线路及旅游产品,经区级组织评审后,根据实际绩效每个给予不超过10万元的奖励。

6.每年安排100万元专项管理经费,由区农办统筹,重点用于景区村庄及乡村旅游的宣传营销、培训考察、安全监管、指导服务等工作。

三、建立健全景区村庄运营管理机制

7.支持搭建区域化景区村庄运营管理平台。以市场为导向,沿精品区块、精品游线或核心景区等区域(多村、整个镇街或多个镇街),引进国企或社会资本搭建乡村旅游及景区村庄的区域层级运营管理平台(如大径山生态区),区域内景区村庄及乡村旅游资源纳入平台进行统一品牌运营管理,整合资源,发挥规模效应,促进集聚化发展。后续由区域平台联合专业第三方运营服务团队,与区域内景区村庄分别合作建立运营公司,负责景区村庄的具体运营工作。对区域运营管理平台组织开展乡村旅游推介营销相关活动及开发特色旅游线路(产品)的,按照上述第3、第4、第5条政策予以奖励。

8.鼓励建立多样化景区村庄运营模式。除平台合作之外,鼓励村集体通过村企合作模式建立景区村庄运营公司,建立"一企多村、一企一村"等具体的合作运营模式。对有条件的景区村庄,可由村级集体组织自主成立运营公司,开展运营工作。鼓励探索其他符合当地实际的多样化景区村庄运营模式。

9.建立村集体经济利益保障机制。拓展乡村资源资本化渠道,积极探索经营村庄的有效途径。村集体自然资源、基础设施及相关配套服务应参股景区村庄运营公司,通过村集体入股分红、固定回报、租金收益、提供服务等多种方式,建立村集体与运营公司之间双赢的利益联结机制,发挥乡村资源价值,保障村集体经济利益,壮大村级集体经济,促进农民增收。

10.建立景区村庄运营公司管理制度。制定景区村庄运营公司认定管理标准,建立对运营公司动态考核和长效管理机制。运营公司应在景区村庄所在地注册成立运营公司,负责本景区村庄的具体运营和日常管理工作,并在村内确立办公场所,安排专职工作人员,并提供一定比例的本地村民就业岗位。

本意见自2018年12月30日起施行。

附件1

余杭区农文旅融合发展示范村创建标准

农文旅融合发展示范村创建是在美丽乡村精品村、景区村庄创建基础上,围绕实施乡村振兴战略总要求,以农村一二三产业融合发展为导向,通过挖掘农业农村多元价值、完善基础配套设施、建立运营管理机制，推动农业、旅游、文化及教育、度假、康养等产业深度融合，发展新型业态，促进村强民富，建设具有各自地域特色、文化品牌和独特吸引力的产业振兴示范样板。农文旅融合发展示范村主要应达到“十有十无”标准：

十有：

1.有至少一个现代农业园区或风景田园综合体；

2.有不少于 10 户农家乐(民宿)经营户，其中特色民宿不少于 3 户；

3.有分布合理、功能完善的乡村旅游配套设施，包括覆盖全村主要景点的旅游线路、游客咨询接待中心(接待点)、旅游公厕、停车场等；

4. 有主题文化品牌，包括文化主题、文化标识、文化活动、文创产品，且围绕主题文化沿旅游线路有成体系、多方式的展示，开展文化体验相关活动；

5.有一个专业化的运营公司负责景区村庄运营管理及开发建设，可以为“一企多村”“一企一村”或村自办运营公司等模式，并建立村企双赢的利益联结机制；

6.有一套“智慧农村”体系，包括主要区域 Wi-Fi 覆盖、智慧旅游导览系统、智慧窗口、智慧服务、监控系统等，达到智慧村庄标准；

7.有一个电商网点，且有本地农产品、伴手礼等旅游产品的综合售卖点；

8.有覆盖所有农户、定期开展的美丽庭院创建评选机制，并纳入村规民约；

9.有文化礼堂、村民图书室、健身设施、游步道等符合主客共享需求的公共文体服务设施；

10.有卫生保洁、垃圾分类和村级公共设施长效管理机制。

十无：

1. 无污泥浊水；

2. 基本无违法建筑、不雅建筑；

3. 基本无乱堆乱放；

4. 基本无裸露黄土；

5. 基本无乱贴乱挂；

6. 基本无乱拉乱接；

7. 无低散乱企业；

8. 无黑恶势力；

9. 无陈年信访；

10. 无封建迷信活动。

附件 2

余杭区景区村庄运营管理考核办法(试行)

一、考核对象

全区获得省级 A 级及以上景区村庄的运营管理单位(村集体组织或专业运营公司)。

二、考核条件

1.经营主体合法诚信经营，严格遵守各类国家法律、法规和强制性标准规定；

2.近两年内未发生重大安全事故、恶性治安事件和社会反响强烈的群体性负面事件；

3.无地质灾害隐患点,空气质量达到 GB3095-2012 规定,无劣Ⅴ类水;

4.通往村庄交通可进入性好,道路基本畅通;

5.有 A 级景区村庄旅游管理组织或运营机构;

6.能提供基本游客咨询服务;

7.村容村貌干净整洁,做到洁化、序化、美化;

8.有停车场所、公共厕所和标识标牌等公共设施;

9.有餐饮、住宿等基本接待能力;

10.符合《浙江省 A 级景区村庄服务质量标准》相应等级要求。

三、考核内容

1.有整体运营策划方案,包括空间布局、运营计划、组织架构等;

2.有完备的工作机制,配齐专门人员开展统计工作、信息报送、工作会议、专家咨询、组织协调等工作;

3.有招商引资计划,有序新增或提升各类旅游业态;提升传统业态(如农家乐升级版等),引进现代民宿、电商等新型业态;开发文化、娱乐、文创、采摘、运动、休闲等“旅游+”精品线路,有条件的可区域性整体策划;

4.开发与当地特色和文化紧密结合的旅游商品,打造品牌,有稳定市场推广渠道;

5.新增或培育特色民俗、文化、节庆等活动,并常态化开展;

6.有多元化市场营销方式,依托新媒体平台有效运作;

7.每年对景区村庄旅游从业人员开展培训,内容包括乡村旅游营销、旅游管理、旅游服务等;

8.有一定的乡村智慧旅游系统应用。

四、主要考核指标

1. 景区村庄年运营总收益;

2. 村集体经营性收入增长率和景区村庄直接收益;

3.村民人均年收入增长率及乡村旅游从业人数;

4.景点、住宿、餐饮、娱乐、购物等业态增长量;

5.游客过夜人数及年增长率。

具备下列情形的,给予一定加分:

1.A 级景区村庄位于国家 AAA 级及以上旅游景区或省级及以上度假区、省级旅游风情小镇内;

2.景区村庄或经营户获省级及以上品牌荣誉,如浙江省休闲旅游示范村、浙江省乡村旅游示范基地、中国乡村旅游创客示范基地等;

3.创办乡村旅游合作社、乡村旅游公司、农家乐或民宿行业协会(管理组织);

4.景区村庄纳入区域性平台进行联合管理。

五、考核组织

1.自评申报

根据考核评价标准,由景区村庄管理主体申请,经所在镇街审核并签署意见后,于每年 11 月中旬向区农办提交以下材料:

(1)景区村庄运营总结、工作机制(含合作协议、合作商基本资料等)、运营策划方案、设施投资明细、审计报告、活动照片、产品照片、工作台账等材料;

(2)其他相关材料(如特色项目的证明材料等)。

2.考核验收

(1)专业评估。由区农办、区旅游局委托第三方机构完成。

(2)工作考核。由区农办会同区旅游局等部门组成考核小组,对申报单位的运营管理工作进行资料核查、现场踏勘、专家评审、抽查暗访等。结合专业评估,形成考核结果。

(3)考核结果经公示无异议的,报区政府审定后,对运营管理单位给予一定资金奖励。

3.其他说明

如发现弄虚作假行为,即取消申报考核资格,三年内不得再申报。

中共杭州市余杭区委　杭州市余杭区人民政府关于推进乡村振兴战略的实施意见

(区委〔2018〕39 号　2018 年 9 月 5 日)

为深入贯彻党的十九大精神,全面落实《中共中央 国务院关于实施乡村振兴战略的意见》(中发〔2018〕1 号)、《中共浙江省委 浙江省人民政府关于印发〈全面实施乡村振兴战略高水平推进农业农村现代化行动计划(2018—2022 年)〉的通知》(浙委发〔2018〕16 号)和《中共杭州市委 杭州市人民政府关于推进乡村振兴战略的实施意见》(市委〔2018〕8 号)要求,高水平、高质量推进农业农村现代化建设,结合余杭实际,现就推进乡村振兴战略提出如下实施意见。

一、重要意义

党的十八大以来,在党中央和省市委的坚强领导下,我区深入学习贯彻习近平"三农"思想,牢固树立"农业强、农村美、农民富"的发展理念,以推进农业农村现代化为主线,不断完善扶持政策、强化要素集聚、创新发展模式,推进"三农"发展,有效发挥了稳定经济社会发展的"压舱石""定海针"作用。六年来,我区城乡区域融合发展取得明显成效,农业农村现代化建设水平不断提高,美丽乡村和农村环境建设显著改善,村级集体经济和农民生活品质持续提升。但也清醒认识到,余杭作为经济发达地区,要建设"五大余杭",打造全省"两个高水平"建设先行区,成为新时代发展排头兵,最大的不平衡仍然是城乡区域发展不平衡,最大的不充分仍然是农业农村发展不充分。与党的十九大提出的乡村振兴战略要求相比,我区农村产业高质量发展的任务依然艰巨,农村生态环境建设依然任重道远,乡村治理工作依然存在短板,农村发展活力依然有待激发,集体经济和农民持续增收的压力依然很大。

实施乡村振兴战略,是新时代做好"三农"工作的新旗帜和总抓手。全面推进乡村振兴,是加快推进农业农村现代化,解决社会主要矛盾的必然要求,是续写新时代"八八战略"余杭篇章和实践全省"大花园"战略的有力举措,是推进"五大余杭"建设,打造全省"两个高水平"建设先行区的重要支撑,是率先高水平全面建成小康社会,争当新时代发展排头兵的重要保障。全区上下一定要增强责任感、使命感、紧迫感,全面贯彻落实乡村振兴战略"产业兴旺、生态宜居、乡风文明、治理有效、生活富裕"的总体要求、省委《全面实施乡村振兴战略高水平推进农业农村现代化行动计划(2018—2022》和市委、市政府《关于推进乡村振兴战略的实施意见》,把实施乡村振兴战略摆在优先位置，让乡村振兴成为全党和全社会的共同行动，大力推进产业振兴、人才振兴、文化振兴、生态振兴和组织振兴，推动余杭乡村振兴走在全省前列。

二、总体要求

(一)指导思想。高举习近平新时代中国特色社会主义思想伟大旗帜，深入贯彻党的十九大精神，全面落实中央、省委和市委乡村振兴决策部署，严格落实农业农村优先发展和重中之重要求，按照“产业兴旺、生态宜居、乡风文明、治理有效、生活富裕”总要求，深入实施生态保护、产业振兴、环境提升、美丽乡村、文化繁育、乡村善治、富村惠农、城乡融合、改革创新、人才培育“十大行动”，统筹推进农村经济建设、政治建设、文化建设、社会建设、生态文明建设和党的建设，让农业成为有奔头的产业，农民成为有吸引力的职业，农村成为安居乐业的美丽家园，努力争创全国乡村振兴先行区、示范区。

(二)基本原则

——坚持党管农村。加强党对农村工作的领导，健全党管农村工作领导体制，构筑适应新时代要求的农村基层党建新格局，确保党在农村工作中始终总揽全局、协调各方，为乡村振兴提供坚强有力的政治保障。

——坚持优先发展。始终把“三农”工作放到重中之重和优先发展的位置，在资金投入上优先保障，在政府项目上优先安排，在要素配置上优先满足，在公共服务上优先供应，在干部配备上优先考虑，加快补齐农业农村弱项和短板。

——坚持农民主体。充分调动农民群众参与乡村振兴的主动性和积极性，发挥农民在乡村振兴中的主体作用。充分尊重农民群众的意愿和首创精神，把不断提升农民群众的获得感、幸福感、安全感作为一切工作的出发点和落脚点。

——坚持领跑示范。按照打造新时代经济发达地区乡村振兴排头兵的要求，以更大力度的改革创新，推动我区乡村振兴在目标、定位、标准、范围、成效等方面领跑示范，成为全省全国乡村振兴先行区和示范区。

——坚持城乡融合。把城乡融合发展作为贯穿乡村振兴的主线，强化乡村振兴制度供给，全面推进产、村、人融合，农村一二三产业融合，农村生态、生产、生活融合，自治、法治、德治相结合，实现乡村振兴大融合。

——坚持合力推进。坚持打好乡村振兴组合拳，建立上下联动、左右协同的工作推进机制。各级各部门要秉持真情实意、真金白银和真抓实干的“三真”精神，切实增强大局意识，明确职责、主动担当、形成合力，共同推动任务落实。

(三)主要目标

到2020年，乡村振兴体制机制和政策体系基本完善，建成乡村振兴示范区。全区农村新产业新业态收入年增长15%以上，农村居民人均可支配收入年增长8.5%以上，城乡居民收入倍差缩小到1.6以内，全区高水平全面建成小康社会。(下文未明确年限的目标，均为到2020年)

到2035年，乡村振兴目标率先实现。乡村产业兴旺发达，乡村环境生态宜居，乡风民俗健康文明，农村社会和谐稳定，农民生活富裕安康，率先实现农业农村现代化。富美田园乡村与繁华都市新区交相辉映、相得益彰的城乡统筹发展新格局全面形成。

到2050年，农业农村现代化达到国际先进水平，城乡经济社会全面融合，城乡居民美好生活高标准实现。

三、主要任务

（一）实施全域生态保护行动，全面守住乡村振兴生命线

1.保护全域生态环境。坚定不移走“绿水青山就是金山银山”之路，统筹山水林田湖草系统治理，切实加强自然资源和生物多样性保护，加强全区公益林、保护林管理，完善森林保护基础设施建设，推进自然保护区、森林公园、绿色生态廊道、湿地公园和郊野公园建设。全面实施生态文明示范创建行动，以改善生态环境质量为目标，维护生态系统功能为主线，落实城镇、农业、生态空间和生态保护、永久基本农田保护、城镇开发边界三条红线，加强耕地资源保护和绿色空间守护。完善资源有偿使用和生态补偿机制，提高污染排放标准，加快建立生态环境损害赔偿制度和责任终身追究制度，坚决制止和惩处破坏生态环境行为。［责任单位：区环保局、国土余杭分局、区林水局、区农业局（区农办）、国土余杭分局、区住建局（规划分局）、区大督查考评办］

2.深化大径山生态区保护。加大对径山镇、黄湖镇、百丈镇、鸬鸟镇全域和瓶窑镇苕溪以西以北区域生态补偿和生态环境保护的支持力度，大力促进西部镇森林资源保护、水资源保护、生态设施建设、生态创建和绿色经济发展。建立稳定的一般性财政转移支付增长机制，资金用于资源保护、环境整治、产业扶持、社会民生事业等各类项目建设以及基础设施长效管护工作的资金配套，每年补助上限资金按10%以上比例递增。支持西部镇街开展生态环境治理、基础设施建设、农村环境综合整治、生态产业发展及社会民生事业等项目建设，实施生态环保、农业、林业、水利、农村生活污水治理、学校改扩建等项目的工程直接费用由区财政全额承担。推进森林火灾综合防控体系建设，修订余杭区水利专项资金管理办法，进一步强化政策支持力度。［责任单位：区农业局（区农办）、区环保局、区林水局、区大督查考评办］

3.加快绿色农业建设。深化农业“两区”建设，推进粮食生产功能区提标改造，完善农田水利基础设施，创建大径山省级现代农业园区。严格耕地保护，确保粮食功能区面积19万亩以上、“菜篮子”基地面积1万亩以上，优化提升粮食供应和储备能力，提高种粮综合效益，保障“米袋子”“菜篮子”安全。大力发展现代种业，推进本地优质种质资源保护和应用推广，加强优势特色农业关键技术研发和成果转化。大力推进农业物联网、大数据、“互联网+”等技术应用，创建省级农业“机器换人”示范区，水稻耕种收综合机械化水平达到85%，主要农作物生产关键环节实现全程机械化。加快美丽产业建设，实施退化竹林生态修复和茶园阔叶化林相改造工程，推广“一亩山万元钱”科技富民模式，打造2个特色农业强镇、10个特色产业强村、60个美丽田园体验区和60个美丽农牧渔场。［责任单位：区农业局（区农办）、区林水局、国土余杭分局］

（二）实施乡村产业振兴行动，全面加快农村产业融合发展

4.加快质量兴农步伐。推进农业现代化建设，发展生态、高效、精致农业，创建省级畜牧业绿色发展示范县和渔业转型发展先行区。支持农业标准化建设，建成区级以上标准化示范基地120个以上，制（修）订标准150个以上，实现“三品”认证比率达60%以上，国家农产品地理标志增加到3个。完善全程追溯的“闭环式”农产品质量安全监管体系，农产品质量抽检合格率稳定在98%以上。加快农业产业体系建设，发展高品质农产品，加大农产品知识产权保护力度，推进“一镇一品”“一社一标”，打造农产品区域公用品牌和“品字标”农产品，新增地标标志、证明商标、集体商标等10件以上，提升产业价值链。办好农展会、招商会、“农民丰收节”、农产品节等会展节庆活动，发展节庆经济。推进现代生态循环农业发展，深化农业面源污染治理，实施化

肥农药减量增效行动，完善田间农业废弃物回收处置体系，加强农作物秸秆、林业剩余物综合利用。[责任单位：区农业局(区农办)、区林水局、区市场监管局、区商务局、区旅游局]

5.培育新型农业经营主体。实施农业经营主体提升发展行动，鼓励农村土地、林地流转，引导适度规模经营，培育发展农业龙头企业130个左右、农民专业合作社250个左右、家庭农(林)场350个左右、农业园区100个左右、农业社会化服务组织50个左右、农创客50个左右，加快建设知识型、技能型、创新型农业经营者队伍。深化与省市农科院、浙江大学、浙江农林大学等名院名校战略合作，引导农业企业与大院名校开展科技协作与示范，开展技术难题联合攻关、共同建设农业产业研发基地和农业科技示范基地，推动农业科技型企业发展。加大高端农业科技人才引进激励，吸引大学生和农业科技人才从事现代农业，扶持农村电商创业孵化和青年创客发展。[责任单位：区农业局(区农办)、区委组织部(人才办)、区林水局、区科技局]

6.促进农村一二三产业融合发展。大力开发农业多种功能，培育农村特色民宿、农村电商、乡村旅游、养生养老、运动休闲、乡村文创、森林康养、共享经济等新产业新业态，多途径、多形式开发农业生产、生活、生态功能。推进"浙江省全域旅游示范区"创建，申报1个世界文化遗产，提升1个国家AAAAA级旅游景区，培育创建4个国家AAAA级旅游景区，提升2个国家AAAA级旅游景区。加强乡村旅游运营管理能力，每年培育10个农文旅融合发展示范村，打造产业链条完整、布局合理、功能多样、业态丰富的农村发展新格局。推进农业综合体建设，打造高质量"百园农业"，打响"禹上田园"农业区域公共品牌，创建首批国家农村三次产业融合发展试点示范县(区)、大径山国家农村产业融合发展示范园，建设一批农村一二三产融合示范园。培育以森林特色小镇、森林人家为主体的森林休闲养生区，打造森林特色小镇1个，森林人家3个。提升发展农家乐(民宿)休闲旅游业，农家乐(民宿)旅游人次、营业收入分别达到1000万人次以上、10亿元以上。深化与阿里巴巴战略合作，推进农村电商和农产品电商发展，支持"农村淘宝""村邮乐购"等专业电子商务平台在我区推广建设，推动农产品营销体系数字化转型，农产品电商销售额达到10亿元。[责任单位：区农业局(区农办)、区发改局、区林水局、区商务局、区旅游局]

(三)实施农村环境提升行动，全面实现"大花园"战略

7.深化全域农村人居环境提升。全域纵深推进"美丽余杭"建设，打好生态环境治理、全域基础环境整治、"低散乱"企业淘汰硬仗，推进全域大绿大美建设，高水平推进农村人居环境整治提升，全面优化农村生产生活生态环境质量，提高农民群众获得感和幸福感。开展以"五个全域提升"(全域提升生态环境保护治理、基础设施建设、美丽乡村建设、农村文化保护传承、城乡环境融合发展)为主要内容的农村人居环境提升行动，到2020年全区基本形成以美丽公路、生态廊道为骨架，以山水资源、人文环境为底色的"美丽城镇+美丽乡村+美丽田园"的全域美丽空间形态，率先建立城乡一体、全域覆盖、权责明晰、保障有力、全民共享的农村人居环境建设治理管护体系，打造生产生活生态融合、人与自然和谐共生、人文特色彰显的美丽宜居幸福乡村升级版。[责任单位：区农业局(区农办)、区美丽办、区住建局、区林水局、区交通运输局、区城管局、区市场监管局、区环保局、国土余杭分局]

8.深化全域农村基础设施建设。加快推进千岛湖配供水、清水入湖等重大水利工程，进一步优化供水管网规划，有序实施农村大管网供水工程，加快实施山区饮用水安全保障提升行动，2019年底前全面完成改造提升项目，2020年底前完成农村片老旧供水管网改造和山区市

政管网延伸受益农户12000户。加强乡村通信和广电网络建设，推进信息进村入户工程，2018年新增移动5G站点30个，2019年实现接入网络带宽10000M到村、100M到户，确保农村生活、生产区域手机(4G)信号全覆盖，拓建"智慧窗口"、村级公共Wi-Fi、视频监控、旅游电子地图便民服务等智慧应用，打造农村"互联网+"行动示范工程。促进农村电子商务服务网点建设，完善邮政网点建设，促进邮政快递合作，推进邮政业服务农村电子商务发展，到2020年累计新建"E邮柜"300套，新建村邮乐购站点500个。加强农村强弱电杆线建设管理，探索建立农村强弱电网线架设规划审批制度，有序实施农村强弱电杆线序化整治，逐步解决"空中蜘蛛网"乱象。推进新一轮农村电网改造升级工程，完善村庄公共照明设施。[责任单位：区农业局(区农办)、区交通运输局、区旅游局、区经信局、区水务公司、邮政余杭分公司、国网余杭供电公司、电信余杭分公司、移动余杭分公司、联通余杭分公司、余杭华数公司]

9.统筹深化水环境治理。实施"污水零直接排区"和"美丽河湖示范区"创建，完善河长制，实施湖长制，注重水岸同治，完善"清三河"长效机制，进一步做好农村河道湖泊综合治理，管控小微水体，巩固提升剿灭劣Ⅴ类水治理成果。高水平做好滨水保护利用文章，加大码头整治力度，加大重要水源地周边和水质需改善控制单元内村庄整治力度，全面提升河道的生态性、自然性、观赏性、亲水性和文化性。到2020年，累计完成省级"美丽河湖"创建3个(条)、"最美河流"5条，创建区级"美丽河湖达标镇街(平台)"5个、美丽河湖60个(条)、"最美河流"10条以上，完成镇街河道综合整治工程30个，新建河道疏浚清淤工程37个，整治农村河道20公里，完成山塘整治6座。完成"污水零直排区"创建，基本实现全区污水"应截尽截、应处尽处"，大江大河、小河小沟水环境质量进一步改善，河湖水生态安全保障进一步提升。加强城乡污水处理能力建设，实施农村生活污水治理改造提升项目，完成提标改造项目264个；实行城乡污水治理统一规划、统一建设、统一运行、统一管理，落实农村生活污水治理长效运行管理制度，开展农村污水处理设施标准化运维，日处理能力30吨以上农村污水治理设施标准化运维达到50%以上。[责任单位：区治水办、区林水局、区住建局(规划分局)、区水务公司、区农业局(区农办)]

(四)实施美丽乡村建设行动，全面打造乡村宜居新格局

10.深化全域美丽乡村创建。坚持点线面结合、居业游共进、产村人融合，全域提升美丽乡村建设水平。全面开展美丽乡村系列创建活动，争创省级美丽乡村示范区(县)，系统实施美丽乡村示范镇街、精品区块(精品线路)、精品村(示范村)和美丽庭院示范户等"多级联创"，扎实推进基础环境、村容村貌、配套设施、景观风貌、产业培育等整治提升行动。2018年，基本实现美丽乡村精品村全覆盖，创建10个美丽乡村精品区块(线路)、10个美丽乡村示范镇街；2019年，全面完成美丽乡村建设专项行动三年计划(2017—2019年)，打造美丽乡村示范村20个、市级风情小镇2个，每年创建美丽庭院示范带100个左右。推动村庄景区化建设，全区70%以上的精品村建成省A级景区村庄，大径山区块所有村达到省A级及以上景区村庄标准，其中70%以上村达到省AAA级景区村庄标准。深入实施美丽宜居示范村建设，完成11个美丽宜居示范村试点验收工作，争创全国美丽宜居示范村和改善农村人居环境示范村。深入开展省级森林城镇、森林村庄创建，新创建省级森林城镇3个、省级森林村庄6个。推进卫生镇村创建，2018年实现省级卫生镇、村全覆盖。集聚党建、生态、文化、旅游、产业等优势资源，立体化推进新一轮美丽乡村示范创建，按照精致精美、特色韵味的要求，以村庄文化标识构建、特色风貌塑造和资源优势凸显为重点，打造一批文化特色鲜明、主题品牌突出、美丽经济激活的乡村振兴精品示

范村。[责任单位:区农业局(区农办)、区委宣传部、区住建局、国土余杭分局、区交通运输局、区城管局、区林水局、区文广新闻出版局、区卫计局、区妇联]

11.深化全域美丽农居建设。加强村庄规划设计,完成余杭区村庄布点规划编制,构建结构合理、布局科学、配套完善的镇村体系。加强乡村建设规划许可管理,抓好农居规划、审批、建设和监管,建立农房建设管理信息化平台,形成村(社)、镇(街)、区三级农房实时管理机制,严控违法搭建、随意乱建现象。建立农村建房建筑景观风貌管控引导机制,收集完善农房设计资源图库,全面落实农民建房带设计图审批机制和按图施工监管制度,引导形成农房建筑形态特色风貌。推进“杭派民居”示范点建设,打造一批具有乡土气息、地方特色、满足现代生活需求的新型村落样板和民居典范。实施住房困难地区农居改善行动,着力破解农民建房难题,通过整体规划加快盘活闲置、低效利用、零星分散的存量集体建设用地用于农民旧房改造建设,加大资金等要素保障,到2020年全面完成农居改善任务。[责任单位:区住建局、国土余杭分局、区农业局(区农办)]

12.推进民生实事工程。深入推进“厕所革命”,实现公厕高质量建设、高水平管理,落实农村公厕长效管养机制。深化农村户厕改造,巩固“清露拆棚”成果,全区农村无害化卫生户厕普及率保持100%。全面开展农村公厕综合整治,推进旅游厕所改造建设。2018年,完成农村公厕综合整治400座以上,实现美丽乡村精品村标准公厕全覆盖。到2020年,新建和提升改造旅游公厕25座。推进“垃圾革命”,全方位做好城乡环卫一体化管理工作,做好生活垃圾临时堆放点排查。完善城乡一体的环卫保洁、生活垃圾处理体系,做好村庄、河道、道路等日常保洁监管工作。推进农村生活垃圾分类处理,实施农户源头分类、回收利用、设施提升、制度建设等专项行动,建立分类投放、分类收集、分类运输、分类处理机制。2018年,实现农村生活垃圾分类覆盖率100%;至2020年,农村生活垃圾分类处理长效机制基本建立并长效巩固。深入开展“美丽公路”建设,打造“畅、安、舒、美”的公路出行环境,为建设美丽余杭提供基础保障。在完成“美丽公路”示范整治工程基础上,2018年完成各镇街实施的县道整治提升工程,2020年完成1000公里“四好农村路”建设。[责任单位:区城管局、区卫计局、区农业局(区农办)、区旅游局、区水务公司、区交通运输局、区妇联]

(五)实施乡村文化繁育行动,全面塑造淳朴文明良好乡风

13.培育农村新时代新风尚。以社会主义核心价值观为引领,坚持教育引导、实践养成、制度保障三管齐下,着力提升农村文明程度。深入开展习近平新时代中国特色社会主义思想、中国梦、爱国主义宣传教育,加强农村思想道德建设。实施公民道德建设工程,持续开展“发现真善美 传递正能量”主题宣传活动和“美丽余杭人”选树活动,注重家庭家教家风,弘扬红色革命文化,加强党性教育基地和爱国主义教育基地建设,深入推进农村文明家庭、最美家庭建设。深化文明村镇创建,积极发挥省级文明镇示范带动作用,大力推进省、市、区级文明村创建,小城镇环境综合整治镇街文明行动达标率100%。深入开展“新风汇余杭”系列活动,推进农村移风易俗,引导群众抵制铺张浪费、盲目攀比、斗富比阔的不良风气和陈规陋习,引导传递社会正能量,弘扬社会新风尚。[责任单位:区委宣传部、区文广新闻出版局、余杭广电传媒集团、区妇联]

14.全面繁荣农村文化。加强基层文化产品供给、文化阵地建设、文化活动开展和文化人才培养,不断增强农村文化生机活力。推进文化余杭建设,一村一韵“用文化”“种文化”“写文化”,开展美丽乡村“三文”(文化展示、文化活动、文创产品)创建,形成和巩固美丽乡村创建的空间

和思想阵地，培育休闲游、文化游、文创品三位一体的美丽经济新模式。加大优质文化产品供给，支持农村题材的影视、文学、艺术、综艺等创作。开展“幸福余杭艺术行”系列活动，送文化进农村文化礼堂。深化“相约”系列、“美丽洲”系列等公共文化活动品牌建设，有效对接农村群众文化需求，打造“农民送戏进城”的公共文化服务新模式，建设特色鲜明、层次丰富的服务项目体系。深入实施乡镇综合文化站服务效能提升工程，实施《余杭区乡镇（街道）文化站公共服务规范》地方标准，全面提升基层公共文化服务效率。继续推进农村电影放映工程，拓展农村公益电影放映形式和渠道，打造电影惠民新平台；办好广播电视《余杭乡村》节目，聚焦乡村振兴战略。深入推进农村应急广播工程和“智慧农村”数字电视窗口页面建设，加大农村地区4K超高清数字电视覆盖面。［责任单位：区文广新闻出版局、区委宣传部、区旅游局、区农业局（区农办）、区林水局、区文联、余杭华数公司、余杭广电传媒集团］

15.传承发展农村优秀传统文化。完善农村文化礼堂建设推进、管理运行、内容供给、文化培育、队伍建设、激励保障等机制，实现农村文化礼堂覆盖率100%，积极开展特色礼仪活动，培育礼堂文化。加强农业农村文化遗产挖掘保护利用，保护好文物古迹、传统建筑、农业遗迹、灌溉工程遗产等，有条件的可建村史馆。深化历史文化（传统）村落保护利用，建设提升5个历史文化村落保护利用村；加强古树名木保护，打造20个古树主题公园。深入实施农村优秀传统文化保护振兴工程，加强非物质文化遗产和农耕文明保护、传承和合理利用，组织开展传统民俗活动，促进传统工艺振兴。保护好优秀农耕文化遗产，启动“非遗记忆”抢救性记录工程，留住乡愁记忆。［责任单位：区委宣传部、区文广新闻出版局、区农业局（区农办）、区住建局、区旅游局、区林水局］

（六）实施乡村善治行动，全面推进乡村治理能力现代化

16.加强农村基层组织建设。强化农村基层党组织领导核心地位，切实加强对村级各类组织、各项事务的统一领导，探索建立不同治理主体权力清单和责任清单。充分发挥支部建在网格上的组织设置优势，广泛开展“建最强支部、做最美党员”创建活动，进一步强化村党组织和网格支部对自治组织、群团组织、社会组织、骨干力量的掌控力，扩大党在农村的组织覆盖和工作覆盖。按照地域相近、规模适度、活动便利原则，探索以龙头企业带建、村企联建等方式联合建立区域性党组织，建好用好农村党群服务中心。选优配强村“两委”领导班子，大力开展“争当四种人，争做排头兵”主题教育活动，加强“领头雁”队伍建设。开展乡村治理和经营管理高层次人才招引，注重农村优秀人才的发掘，加大从优秀村干部中考录乡镇公务员、招聘事业人员的力度。建立村干部轮训制度，区级层面确保村主职干部轮训全覆盖，各镇（街道）确保对所有村干部轮训全覆盖，每年至少轮训一次。发挥好村务监督委员会的全程监督作用，深化村务公开和民主管理。［责任单位：区委组织部、区纪委（监委）、区农业局（区农办）、区民政局、区总工会、团区委、区妇联］

17.创新乡村治理组织形式。切实加强基层党组织对乡村治理的全面领导，完善村民委员会和村股份经济合作社为主体、村务监督委员会为制约机构、社会组织为补充力量的乡村治理组织体系。培育有地方特色和时代精神的新乡贤文化，鼓励发展乡贤理事会、参事会、议事会等乡贤组织，吸引支持企业家、党政干部、专家学者、医生教师、技能人才等回馈故里，推动项目回归、人才回归、技术回援、文化反哺。加强政策扶持力度，创新发展模式，努力孵化一批、培育一批、指导一批农村社会组织、慈善组织、枢纽型支持型社会组织、志愿服务组织、社会工作服务

机构等，进一步优化农村社会组织结构体系。积极培育文体协会、环保协会、调解组织、志愿者队伍、爱心基金会等优质社会组织，充分发挥其参与农村社会治理和提供公共服务的作用。［责任单位：区委组织部、区委统战部、区民政局、区农业局（区农办）］

18.推进乡村治理“三治融合”。完善自治、法治、德治相结合的联动体系，提升长效管控和服务能力，加快建立党委领导、政府负责、社会协同、公众参与、法治保障的现代乡村社会治理体系，建设一批“三治融合”示范村、乡村善治示范村。坚持自治为基，不断健全村党组织领导下的充满活力和正能量的村民自治机制，发展和推广小古城村“众人的事情由众人商量”经验，建立基层党组织领导下的民事民议、民事民办、民事民管等村级民主管理制度，落实村规民约修订和合法性审查工作，探索建立村规民约执约情况评价机制。坚持法治为本，建立健全平台联动、网格治理、多元参与、预防和化解社会矛盾、信访工作等机制，推进农村法治建设和平安乡村创建。建设智慧治理体系，着力打造“互联网+智慧治理”先行区，完善社区和乡村两大基层治理体系，全面提升社会治理社会化、法治化、智能化、专业化水平。开展农村扫黑除恶专项斗争，始终保持对农村各类黑恶势力违法犯罪的严打高压态势。落实普法责任制，广泛开展送法下乡和农村普法教育；健全农村法律服务体系、司法救助体系和网格化管理体系，加快公共法律服务中心、基层站点建设，全面推进“律师进村”活动。坚持德治为先，实施乡村德治工程，鼓励村级广泛开展道德讲堂、道德评议等活动，坚持以规立德，注重以文养德，形成重德守法、明理有序的乡村氛围。［责任单位：区委组织部、区纪委（监委）、区委政法委、区民政局、区公安分局、区司法局、区检察院、区法院］

（七）实施富村惠农行动，全面促进人民群众共同富裕

19.发展农村集体经济。通过集体经济项目、乡村旅游、留用地开发、存量资源盘活、土地综合整治、金融扶持、转移支付、增长激励、减费退税、“三资”监管等举措，为村级集体经济发展保驾护航。分年度实施集体经济薄弱村“脱薄”任务，鼓励以镇（街）为单位，因地制宜制定集体经济发展“一镇（街）一方案”，确保到2020年全面消除村级经营性收入70万元以下的集体经济薄弱村。完善村级留用地政策，建立“易操作、利管理、稳收益、防风险”的村级留用地管理机制，促进村级集体经济持续健康发展，按照“三年基本消除欠账，五年全部完成置换”的目标，切实保障被征地农民获得长期、稳定收益，推进城乡统筹发展。全区实行不同区域分类操作模式：重点开发区域范围内原则上实行留用地额度置换房产办法；重点开发区域范围外鼓励采用额度换房产模式进行留用地安置，有条件的也可以选择自主开发或合作开发模式。加大对村级“三资”监管力度，严格控制村级非生产性开支，全面推行村级财务“非现金”结算工作，实行村级项目资金第三方监管，管好集体经济收支账。［责任单位：区农业局（区农办）、国土余杭分局、区住建局、区林水局］

20.促进农民持续增收。着眼农民群众“家门口充分就业便利创业”，大力发展农村旅游经济、生态经济、电商经济、文创经济、养生经济等美丽经济业态，支持农民参与农产品精深加工、商贸物流、文化旅游等经营性产业，实现乡村经济多元化发展，持续稳定增加农民经营性收入。坚持以创新创业带动就业，结合各地区产业特色，因地制宜、因人而异开展“订单式”培训，提高农民就业层次，加强农村富余劳动力就业服务体系建设，健全合理的工薪增长机制，提升农民工资性收入。完善农民利益联结机制，鼓励村经联社和当地农民以资金、土地经营权、房屋使用权等通过折股量化参与民宿、电商、农业园区、养生养老等农村产业化经营，形成利益共同体，

让沉睡的资源变资产、资金变股金、农民变股东，增加农民财产性收入。推进农村金融服务创新，稳妥推进“三地一房”抵押贷款等创新模式，引导金融机构增加对农村的信贷投放规模。建立农业补助动态调整机制，加大农业补助资金整合力度，进一步扩大城乡居民社会养老保险的覆盖面，完善城乡一体的养老保险机制和社会救助机制，增加农民转移性收入。到2020年，全区农村居民人均可支配收入达到45000元，高水平全面建成小康社会。［责任单位：区农业局（区农办）、区林水局、区人社局、区教育局］

21.提升农村社会保障水平。深入实施“10+X”惠民政策，不断扩大惠及面、提高含金量，持续提高余杭人幸福指数。完善城乡居民基础养老保险制度，建立健全城乡居民基本养老金标准政策调整机制。完善大病保险制度，大病保险合规医疗费用最低支付比例原则上不低于60%。完善社会救助体系，开展临时救助、“三个不让”、慈善等救助，实现不同救助方式的有机衔接，对符合低保、低边条件的农村困难家庭及时纳入保障范围，进一步筑牢兜底保障底线。加大对因病因残低收入农户的医疗救助和子女教育救助力度。落实困难残疾人生活补助和重度残疾人护理补助政策，加强农村残疾人公共服务供给，将农村低收入残疾人作为重点扶持对象纳入精准扶贫工作机制和贫困监测体系，落实“一人一档一策”的动态管理帮扶措施。［责任单位：区人社局、区卫计局、区民政局、区妇联、区残联］

（八）实施城乡融合发展行动，全面优化城乡资源要素配置

22.完善农村规划体系。在各级规划层面落实乡村振兴战略，加强乡村规划内容，推动完善城乡融合、多规合一的规划体系。统筹全区考虑土地利用、产业发展、生态保护等，主动对接省市战略规划，综合考虑全区经济社会发展、产业布局、人口集聚趋势，以及永久基本农田、自然保护地、生态功能区等底线要求，科学测算城镇、农业、生态三类空间比例和开发强度指标，合理设定阶段性目标任务，确保乡村振兴战略落地见效。加快编制覆盖城乡的分区规划，指导镇街开展村庄建设规划，加强对村庄风貌、建筑形态、设施布局的引导和管控，实现多规融合。［责任单位：区住建局（规划分局）、国土余杭分局、区交通运输局、区环保局、区农业局（区农办）、区林水局］

23.促进全域协调发展。深入推进人才、教育、卫生、交通、旅游、文化“六大西进”行动，进一步优化生产要素、公共资源在城乡间的合理配置，补齐西部等相对薄弱地区发展短板。区财政每年安排10亿元以上资金用于支持以山区为重点的城乡统筹协调发展。出台“三农”人才、林业惠农、民宿（农家乐）提升、美丽经济等政策，推进一批学校、医院、道路、文体大楼等民生项目建设，同时加强西部人才引进和培育、选派优秀教师支教、建设“30分钟市民学习圈”、加大优质医疗资源下沉、建立三级联动医联体、实施“美丽公路”和“四好农村路”建设、推进A级景区村庄创建、打造“一镇一品”文化品牌、提升公共文化服务能力，推动西部镇街以及部分平原农村地区经济社会全面协调可持续发展。做好“山海协作”“区县协作”和“联乡结村”，全方位、多层次实施帮扶合作项目，积极助推协作对象、结对地区经济社会发展。［责任单位：区发改局、区委组织部、区交通运输局、区文广新闻出版局、区旅游局、区教育局、区卫计局、区林水局、区商务局、区农业局（区农办）］

24.提升农村公共服务水平。加快发展农村学前教育、职业教育，巩固义务教育入学率。着力提升农村等级幼儿园和优质幼儿园覆盖率，加快义务教育标准化学校建设，优化城乡教育资源均衡配置，提升农村基础教育整体水平。深化“双下沉、两提升”工作，建立省市医院、区级医院、

社区卫生服务中心、卫生服务站协作机制，深入推进四级联动医联体工作。加大社区卫生服务站建设力度，提升家庭医生签约服务水平，提高群众获得感。全力推进农村示范型居家养老服务照料中心建设，积极引导鼓励专业社会力量参与运营管理，完善服务功能，丰富为老服务活动，进一步增强老年人获得感、幸福感。依托综治工作、市场监管、综合执法、便民服务等"四个平台"推进农村治理集成化、信息化，深入推进全科网格建设，提升农村社区服务水平。完善社区便民服务中心功能，按照"小事不出村社、大事不出乡镇"的要求，依托"一窗受理"平台、24小时自助服务区及"杭州办事服务"APP的推进应用，实现高频民生事项"简化办、网上办、就近办、移动办"。加强新型农村社区建设，加强农村社区工作队伍建设，建立民事代办清单、便民服务清单等制度，推动基本公共服务项目直接覆盖群众，积极打造农村田园社区。[责任单位：区发改局、区委政法委、区教育局、区民政局、区卫计局、区农业局（区农办）、区行政服务中心、余杭华数公司]

（九）实施三农改革创新行动，全面增强农业农村发展活力

25.推进农村土地全域整治。因地制宜推进农村土地全域综合整治、整村整治，出台《余杭区农村全域土地综合整治实施方案》，合理安排高标准农田建设、耕地后备资源开发、农用地整理、建设用地复垦、村庄建设等工程，并与特色农业培育、美丽村庄建设、集体经济发展、历史文化村落保护等有机结合起来，实现农田集中连片、建设用地集中集聚、空间形态高效节约的土地利用格局。统筹实施高标准农田建设，大力实施垦造水田和"旱改水"，全面提高耕地连片程度和质量，建设高质量标准农田，提升土地利用效率，改善农村生产、生活条件和生态环境。2018年完成耕地质量等级提升4000亩，垦造水田和"旱改水"2500亩以上，高标准高基本农田3万亩，申报省级百个农村全域土地综合整治示范工程。[责任单位：国土余杭分局、区农业局（区农办）]

26.深化农村土地制度改革。按照不动产统一登记制度要求，结合"三改一拆"、"无违建县"创建、城中村改造、美丽乡村建设等工作，妥善处理农村宅基地及住房历史遗留问题，稳步推进农村宅基地及住房确权登记发证工作：2018年完成农村宅基地及住房确权登记发证率占符合登记条件农村宅基地及住房数的70%以上，近三年新审批农村宅基地及住房确权登记发证发证率达到95%以上；2019年基本完成农村宅基地及住房确权登记发证工作，确权登记发证率达到符合登记条件总农村宅基地及住房数的90%以上。推进农村土地三权分置，完成农村土地承包经营权确权登记颁证工作，健全土地经营权抵押贷款工作机制，畅通农业经营主体融资渠道。开展重要生态区位林地有偿退出经营试点，推进林地经营权规模流转。全面推行农业水价综合改革，解决农田水利"最后一公里"管护问题。2018年完成试点2000亩水价改革任务，2019年完成全区50%有效灌溉面积农业水价改革任务，2020年完成全区100%有效灌溉面积农业水价改革任务。深化"坡地村镇"建设试点。加大土地管理执法力度，加强垦造耕地监管，完善农村违法用地、违法建筑防控体系。[责任单位：区农业局（区农办）、国土余杭分局、区林水局、人民银行余杭支行]

27.深化农村金融服务体制改革。建立健全实施乡村振兴战略财政投入保障制度，完善财政支农政策体系，创新乡村振兴投融资机制，提高政府引导基金对涉农企业的支持力度。明确政策性融资担保体系，最大限度调动各类融资担保机构服务"三农"的积极性。实施乡村振兴战略金融服务工程，未来五年农商行新增"三农"贷款100亿元以上。完善农商行和村镇银行的网

点布局，提高乡村振兴金融支持覆盖面，推进“整村授信”覆盖率，建立村银共建机制。创新农村金融服务产品，开展股份经济合作社股权抵押贷款业务，拓展林权抵押和农村土地“两权”抵押增量扩面。[责任单位：区发改局(区金融办)、区财政局、区农业局(区农办)、区林水局、人民银行余杭支行、余杭农商行]

(十)实施三农人才培育行动，全面汇聚乡村振兴内生动力

28.引导各类人才投身乡村振兴。加强招才引智，建立完善城乡、区域间人才培养和交流机制，建立城乡医生、教师、律师、专技人才、文化人员等定期服务乡村机制，促进各路人才“上山下乡”投身乡村振兴。构建“三农”人才振兴政策框架，创新引才、用才、育才体制机制。到2020年，完成“五个一”目标，即打造国内领先、具有国际水平的“三农”领军人才和创新团队10个以上，引进和培育农业科技人才100名以上，农技推广人才1000名以上，农村经营管理人才1000名以上，农村实用人才(含新型职业农民)10000名以上，建立总量稳定、结构合理、素质优良、作用突出的“三农”人才队伍和机制完善、充满活力、富有效率的人才支撑体系，为乡村振兴战略不断注入源头活水。[责任单位：区委组织部、区委统战部、区农业局(区农办)、区人社局、区卫计局、区教育局、区文广新闻出版局、区工商联、团区委、区妇联]

29.加强农村实用人才培养。与高校合作建立农民大学或农民学院，培育新型农民。推进农民素质提升工程和农村实用人才培训工程，实施乡村振兴领军人才培养计划和农业职业经理人培养计划，加大对农村高端人才培养力度，以家庭农场主、专业合作社、农业园区带头人、农产品经纪人、农业企业骨干和农业社会化服务能手等为重点，培育一批懂技术、善经营、会管理的新型职业农民队伍。办好农民学校和农民田间学校，加强对农村土专家、农村工匠、非遗传承人等人才的培养。[责任单位：区农业局(区农办)、区委组织部、区人社局]

30.加强基层人才队伍建设。坚持严管与厚爱结合、约束与激励并重，加强“三农”工作干部队伍的培养、配备、管理、使用，推动农村工作干部真正深入群众、真心依靠群众、真情关爱群众、真诚服务群众，锻造一支懂农业、爱农村、爱农民的“三农”工作铁军。制定实施“三农”干部培训计划，全面提升各级干部特别是领导干部做好“三农”工作的能力和水平，设立“三农”专家顾问团制度，为乡村振兴发展提供“智囊”服务。推进镇街干部队伍专业化，提高乡村干部本土化率。研究制定在职称评定、定岗定级、提拔使用等方面的配套政策，把农村一线作为培养选拔干部的重要途径，建立人才流向基层、扎根基层的导向机制。[责任单位：区委组织部、区农业局(区农办)、区人社局、区卫计局、区教育局、区林水局、区文广新闻出版局]

四、保障措施

(一)加强基层党建。高标准落实农村基层党建“浙江二十条”、市委“双基十条”，扎实开展农村基层党建“全域提升、全面提质”行动。持续开展后进村党组织整转，面向帮扶重点村、软弱落后村、集体经济相对薄弱村，全面派驻村第一书记或党建指导员，落实乡村振兴工作队、科技人才服务队、校地合作专家服务队、联乡结村帮扶集团等工作力量。落实“四种人”要求，深化“红雁”系列行动，选好育好用好管好农村党组织书记，加强村级领导班子建设，深化“党建+”工作方式，切实发挥党建引领助力乡村振兴的作用，充分发挥好农村党员示范带动作用。扎实开展“不忘初心、牢记使命”主题教育，推动“百千万”活动常态化制度化。加强农业龙头企业、农民专业合作社、农合联等新主体、新领域党建工作。[责任单位：区委组织部、区纪委(监委)、区农业局(区农办)、区供销联社、区工商联]

（二）加强组织领导。进一步完善党委统一领导、政府负责、农村工作部门统筹协调的农村工作领导体制。各级党政主要领导要亲自抓、当好乡村振兴总指挥，分管领导要直接抓，把乡村振兴具体要求落到实处。各镇党委、政府和街道党工委、办事处每年要向区委、区政府报告推进乡村振兴战略进展情况。原区城乡区域统筹发展工作领导小组（区社会主义新农村建设领导小组）改为区乡村振兴工作领导小组（区城乡区域统筹发展工作领导小组），由区委书记、区长担任双组长，办公室设在区农业局（区农办），统筹推进乡村振兴各项任务落实。[责任单位：区委办公室、区委组织部、区农业局（区农办）、区编委办]

（三）加强统筹协调。建立完善乡村振兴综合协调机制，区农业局（区农办）要发挥好总牵头总协调作用，进一步强化决策参谋、统筹协调、政策指导、推动落实、督导检查等职能。各成员单位要制定本部门落实乡村振兴战略的具体办法，明确分管领导，合力打好乡村振兴组合拳。编制余杭区实施乡村振兴战略五年规划，明确路线图、时间表、任务书，谋划一批乡村振兴重点项目、重点工程和重点工作。建立健全联合督查、交办督办、跟踪问效、宣传报道等工作制度，确保各项工作落实到位。[责任单位：区农业局（区农办）、区委宣传部、区发改局、区大督查考评办]

（四）加强资金保障。建立健全实施乡村振兴战略财政投入保障制度，公共财政更大力度向“三农”倾斜，确保财政投入持续增长。调整完善土地出让收入使用范围，进一步提高农业农村投入比例。创新乡村振兴投融资机制，加快形成财政优先保障、金融重点倾斜、社会积极参与的多元投入格局。严格落实《国务院关于探索建立涉农资金统筹整合长效机制的意见》精神，加大涉农资金统筹整合力度，集中财力办大事。[责任单位：区财政局、区农业局（区农办）、国土余杭分局]

（五）加强用地支持。对乡村振兴重点项目、重点工程和重点工作，要优先落实用地指标，并按照“最多跑一次”要求，简化审批手续。每年安排一定量的建设用地指标，用于农村基础设施提升、集体经济发展、村级公益事业建设、农业产业发展等。各地通过农村土地整治取得的各类用地指标优先用于乡村振兴项目。要积极盘活闲置、低效利用、零星分散的农村存量建设用地。进一步完善设施农用地政策，把农产品小型冷链烘干、初加工、休闲采摘、仓储流通、农机机库等纳入农业附属设施用地范围。[责任单位：国土余杭分局、区农业局（区农办）、区行政服务中心]

（六）加强工作考核。建立党政领导班子和领导干部推进乡村振兴战略的实绩考核制度，将乡村振兴考核纳入对镇街和区直部门的年度综合考评，考核结果作为选拔任用领导干部和评先评优的重要依据。[责任单位：区大督查考评办、区委组织部、区人社局、区农业局（区农办）]

《余杭农业农村志》撰稿人员

（按姓氏笔画排序）

马娟欢	王　芳	王　俊	王小英	王竞翊	王燕萍	方文英	孔淼方
平　原	卢　健	冯敏芳	朱　俊	朱　亮	朱　燕	朱建杰	朱徐燕
刘　坚	刘兴奎	刘舒童	寿胜红	严惠群	李　倩	杨　欢	吴佩玲
何　娟	何伟宏	汪　群	汪晓萍	汪爱娟	沈　萍	沈吉娇	沈志刚
沈晓鸣	沈海明	沈琴芳	沈富明	张凤娣	张舟娜	张陆根	陈小忠
陈尧夫	陈佳麒	范海芬	郁齐亮	金　玮	金　敏	金启明	庞法松
孟　进	孟鹏翔	赵　容	赵志敏	赵建根	胡　珏	胡剑光	胡胜强
胡淑媚	钟玉良	俞华芬	俞黎晓	施　青	施云翔	闻人秋群	洪雪敏
顾双燕	钱　东	徐良友	徐攀峰	高远明	高敏燕	黄　燕	黄锡志
黄颖琦	戚云华	盛建国	章　斌	梁英香	程立新	楼　玲	潘美媛
魏国庆							

后　　记

余杭农业农村历史悠久，上溯5000年前的良渚文化时期及今改革开放的昌明新时代，在漫长的社会发展中始终居先导性和基础性地位，为余杭经济繁荣乃至全市全省经济发展都有重要影响。改革开放以来，余杭通过不断创新理念、制度、科技等举措，推动了农业农村发展方式显著转变，促进了优势主导产业转型提升，综合生产能力得到了极大提高，农村面貌焕然一新，成为新时代全面展示浙江现代农业和乡村振兴的重要窗口。2018年3月，为全面反映余杭农业农村的历史和现状，尤其是展示布局合理、优质高效、功能多样、城乡融合的余杭现代农业新格局、新发展和农村新变化，区农业农村局、区委农业和农村工作办公室决定编纂《余杭农业农村志》。是年5月，成立杭州市余杭区余杭农业农村志编纂委员会，由局党委书记、局长丁少华任主任，并先后由继任局党委书记、局长叶维军和吴建中任主任，各分管领导任副主任，机关各科室、局属各单位负责人为委员。局党委副书记、副局长孙立英具体领导编纂工作。编纂委员会下设办公室，具体负责联系协调日常工作。聘请区地方志办公室原主任、副研究员王庆为主编，区农业农村局主任科员金玮和区非物质文化遗产专家库成员、省四监原副调研员应朝雄为副主编。制定编纂工作计划，召开志书编纂工作会议。6月起，正式编纂。

编纂《余杭农业农村志》，对积累和保存余杭农业农村历史和现状的资料，资政余杭农业农村工作，推动经济社会可持续发展都具有重要的借鉴意义。然汇余杭大地沧桑巨变的农业农村发展史、精湛的农艺技术和闻名遐迩的各色名产之大成于一帙，殊为不易。我们能参与其间，深感责任重大而谨勤于业。中国地方志有着悠久的传统，承载着中华民族源远流长的历史文化，必须认真继承。然而，这种继承又不是简单的承袭，必须有所创新和发展，与时俱进，以适应现实的社会。在余杭农业农村志编纂委员会指导下，根据《地方志工作条例》的规定与要求，依照“依法修志、实事求是，通贯古今、详今略古，承前启后、详独略同”的原则，全面、客观、真实、准确地记述余杭农业农村历史发展进程和改革开放成果，突出时代性、创新性，为努力打造新时代经济发达地区乡村振兴“余杭样本”的总体目标，开创余杭“三农”工作新局面提供存史、资政、教化作用。我们在编纂中，坚持质量第一、史实为准的原则，对入志的资料深入调查，详加考证，存真求实，坚持用事实说话，力求科学性、思想性和资料性的统一；严格按照地方志书编纂体例规范行文，志体横排纵述、述而不作、志不越境、通典不录，标题简洁、明晰、准确，文字通顺、朴实、严谨，事件要素齐全、完整，数字、标点符号、计量单位等按照国家有关规定正确使用，努力修出一部切实反映余杭农业农村历史沿革、变化规律的《余杭农业农村志》。为此，在编纂中，更要凸显余杭农业在改革开放以来特别是撤市设区以来重要事项、重点成效、重大变化等的完整记述，做到叙事突出，详略得当。同时，牢牢抓住具有余杭特色或独有的农业农村发展关键期、关键事、关键点，选好典型、亮点进行深度记述，由点及面地全方位呈现余杭农业新兴事物的发端、发展、结果以及现状。

我们认真学习，广泛搜罗，手足胼胝，稿不斉涂。在两年多时间内得以完稿，时间虽短，却也